이 책은 진정한 평화주의자가 되길 희망하는 내가
온 정성을 다해 조사하며 기록해나간 전쟁 역사이다.

_시오노 나나미

십자군 이야기

1

JYUJIGUN-MONOGATARI vol 1
by Nanami Shiono

이 도서의 국립중앙도서관 출판예정도서목록(CIP)은
서지정보유통지원시스템 홈페이지(http://seoji.nl.go.kr)와
국가자료종합목록 구축시스템(http://kolis-net.nl.go.kr)에서 이용하실 수 있습니다.
(CIP제어번호 : CIP2011002562)

Story
of the
Crusades

십자군 이야기

1

시오노 나나미

송태욱 옮김 | 차용구 감수

문학동네

차례

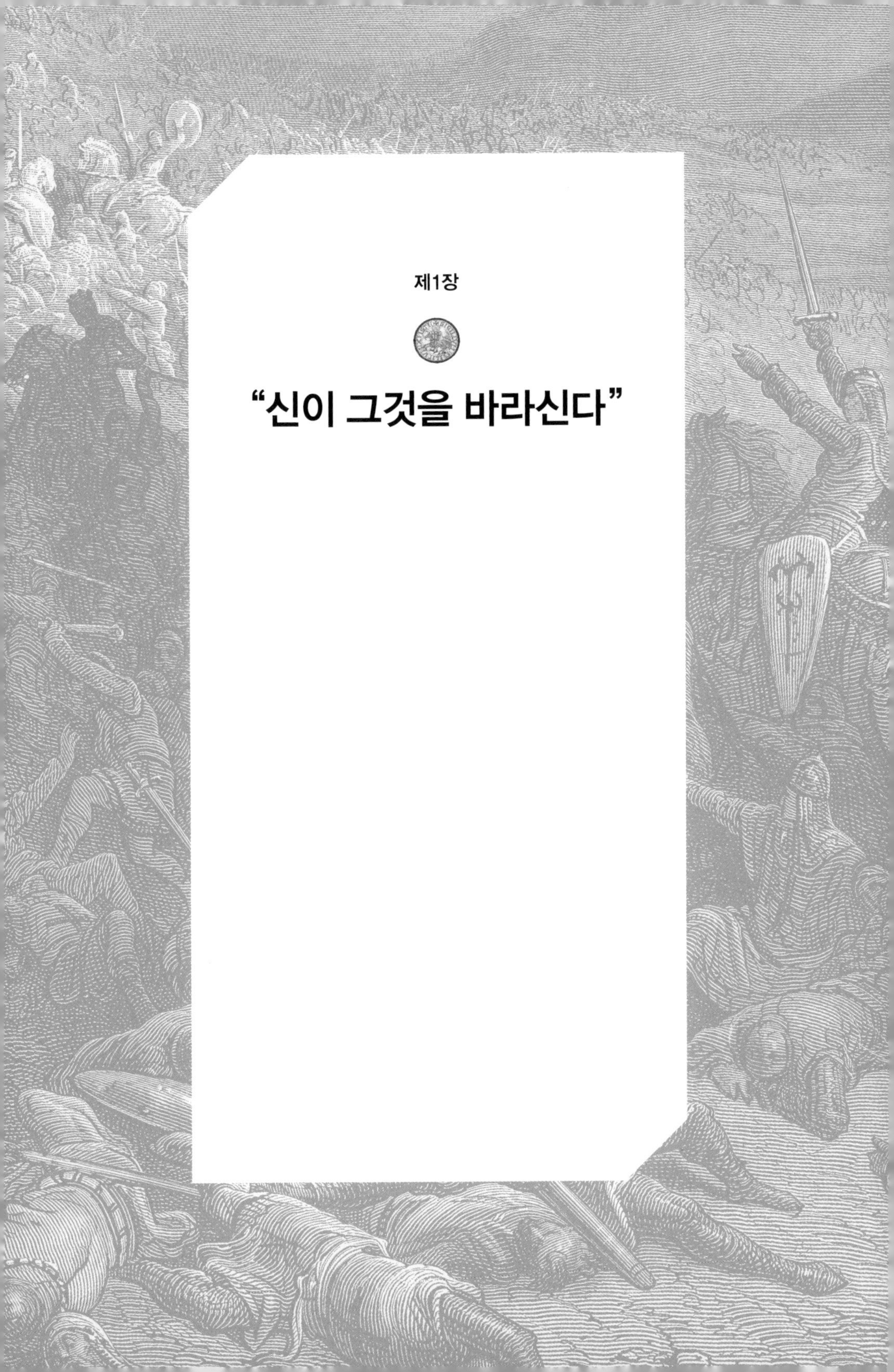

제1장

“신이 그것을 바라신다”

전쟁은 인간이 여러 난제를 한꺼번에 해결하려 할 때 떠올리는 아이디어다.

구원을 요청하기 위해 서유럽을 방문한 비잔틴제국 황제의 특사를 접견한 후, 교황 우르바누스 2세 역시 그랬는지 모른다.

역사상 동로마제국이라고도 불리는 비잔틴제국은 그리스도교를 국교로 삼은 대국으로 고대 로마제국의 동쪽 절반을 지배하고 있었다. 하지만 7세기 전반에 아라비아 반도에서 일어난 이슬람 세력에 눈 깜짝할 사이에 침략당해, 제국 안에서도 특히 풍요로운 지역인 시리아, 팔레스티나, 이집트, 북아프리카 등을 잃었다. 게다가 11세기 말인 이 시기에는 수도 콘스탄티노플에서 작은 배로도 건널 수 있을 만큼 가까운 소아시아까지 이슬람 세력이 육박해온 상황이었다.

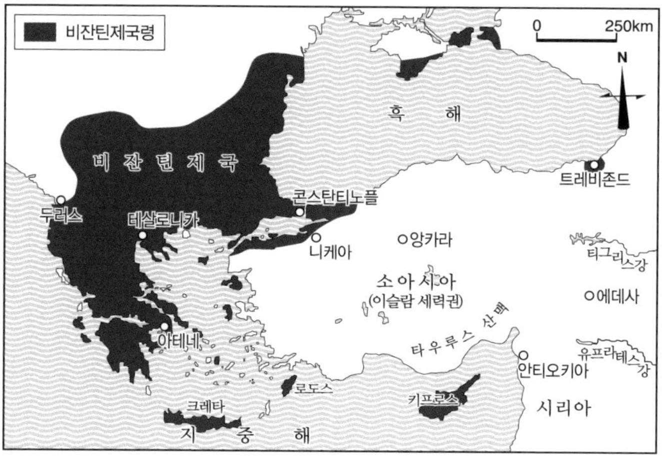

제1차 십자군 직전의 비잔틴제국

같은 그리스도교도이면서도 마찰이 끊이지 않았던 그리스정교회와 가톨릭교회는, 이슬람 세력이 수도에서 사흘 거리까지 육박해오자, 교리 해석의 차이 따위를 논하고 있을 여유가 없었다. 그리스정교회의 수장이기도 한 비잔틴제국 황제는 가톨릭교회 수장인 로마 교황에게 원군 파견을 정중히 요청했다.

사실 원군 요청은 이때가 처음이 아니었다. 비잔틴제국은 그때까지 몇 차례 서유럽에 도움을 요청한 바 있었다. 하지만 그 요청은 늘 대답 없는 메아리로 끝났다. 그러나 이 11세기 말, 로마 교황 자리에 앉아 있던 이는 가톨릭교회의 개혁파를 자처하던 클뤼니 수도원 출신의 우르바누스 2세였다.

샹파뉴 지방의 귀족 가문에서 태어난 이 프랑스인은 랭스에서 자라고 클뤼니 수도원에서 수학했다. 일찍부터 수도원 고위층의 주목을 받아온 젊은이였는지, 수도원장이 로마로 갈 때 동행하라는 명령을 받는다. 그때 로마에서 교황 그레고리우스 7세와 알게 되었다. 교황도 이 영리하고 젊은 수도사가 각별히 마음에 들었다. 그레고리우스 7세 자신도 클뤼니 수도원 출신이었던 것이다. 그후 젊은 수도사는 프랑스가 아니라 이탈리아에서 경력을 쌓게 되었다.

우르바누스 2세는 서른여섯 살에 로마 근처 오스티아의 주교로 임명되었고, 그후에도 자주 교황의 대리인으로서 황제와 왕, 유력한 제후와의 교섭을 담당했다. 그가 교황에 선출된 것은 1088년, 마흔여섯 살 때다. 그로부터 7년 후 이 교황 우르바누스 2세에 의해 십자군 원정이 제창된다.

그런데 개혁과 전쟁은 어떤 연관성을 갖고 있을까.

우르바누스 2세는 클뤼니 수도원에서 수학했고 교황 그레고리우스 7세에게 중용되었다. 그는 개혁파를 자임했으며, 당시 개혁파의 일인자로 평가되던 그레고리우스 7세에게 찬동의 뜻을 감추지 않았다.

그렇다면 그들에게 개혁의 대상은 무엇이었을까.

가난에 허덕이는 그리스도교도에게 도움의 손길을 내밀어야겠다는 생각은, 한 세기 후에 등장하는 성 프란체스코에게나 기대해야 할 것이었다.

그보다 백 년도 전인 이때 가톨릭교회 상층부의 머릿속에 있던 개혁이란, 인간세계의 모든 악을 해결하려면 신의 위임을 받은 성직자 계급이 앞장서야만 한다는 신념에서 비롯되었다. 이러한 그들의 입장에

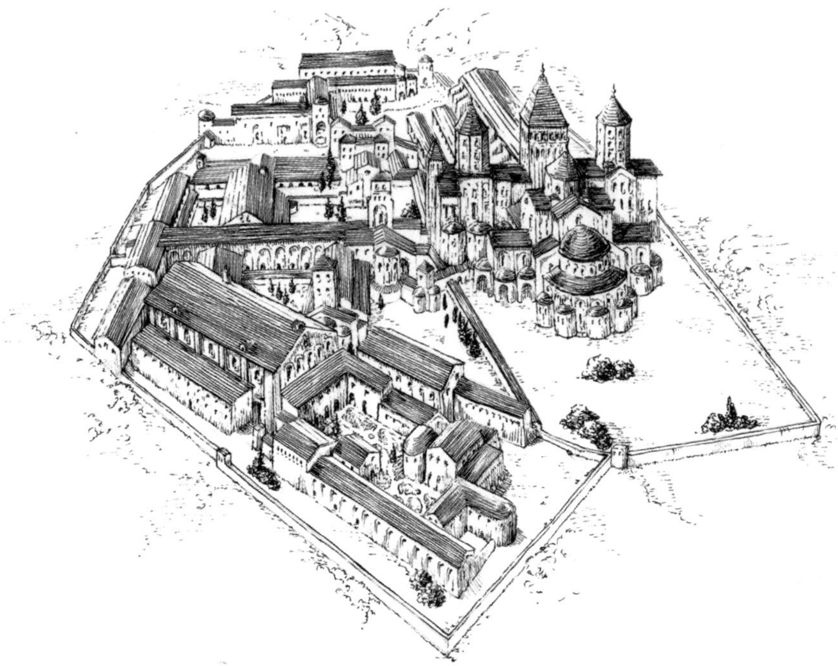

클뤼니 수도원(11~12세기)

서 보면, 그 길을 힘차게 나아가려는 로마 교황 앞을 가로막는 자는 설사 그가 황제나 왕이라 할지라도 그리스도교 세계의 적이 되고, 지상에서 신의 대리인인 교황은 그를 파문으로 엄하게 벌할 권리와 의무가 있는 것이다. 쉽게 말하면, 종교적인 면만이 아니라 그리스도교 세계의 모든 것을 로마 교황을 위시한 가톨릭교회가 지도하고, 세속의 군주들은 충실히 따르기만 하면 된다는 것이다.

후세의 역사가가 한 말을 빌리자면 '인간사회의 수도원화'였는데, 이에 반발한 사람이 신성로마제국의 황제 하인리히 4세였다.

카노사의 굴욕

1077년, 고등학교 세계사 교과서에도 실려 있는 '카노사의 굴욕'이 알려지자 서유럽 전역의 선남선녀들은 경악한다. 황제가 행한 인사(人事)에 교황이 반대한 것이 발단이었는데, 교황은 자신의 반대를 무시한 황제를 곧바로 파문에 처한 것이다.

파문의 위력은, 파문당한 자와 관계를 지속하면 그 사람도 파문당해 그리스도교의 적으로 간주된다는 점이다. 중세 사람들은 신앙심이 깊었다. 당연히 가신과 병사들은 파문당한 주인을 떠난다. 즉 파문이란 사회로부터 전면적인 추방을 의미했던 것이다.

젊고 혈기가 드센 하인리히도 한동안은 버텼지만 끝내 항복한다.

독일에서 비밀리에 이탈리아로 들어온 황제는 교황이 체재중인 카노사 성 앞에 섰다. 죄를 뉘우치고 용서를 구하는 자답게 얇고 수수한 옷차림으로, 줄기차게 쏟아지는 1월의 눈을 맞으며 내내 맨발로 서 있었다.

카노사 성은 이탈리아 중부에 광대한 영지를 갖고 있으며 개혁파의 지지자로 알려진 마틸데 백작부인이 거처하는 곳이었다. 그 성 안, 큼직한 난로에서 불이 기세 좋게 타오르는 따뜻한 거실에서 승리감을 만끽하는 쉰일곱 살의 교황. 한편 성 안에 있는 사람들이 내려다보는 가운데, 눈 속에 홀로 서 있는 스물일곱 살의 황제.

'카노사의 굴욕'은 서유럽 전역의 그리스도교도에게 교황의 권위와 권력을 일깨운 일대 사건이 되었다. 파문은 풀렸으나 교황의 완승으로 끝났기 때문이다.

그러나 그 이후의 일은 세계사 교과서에 실려 있지 않은데, 그후 8년 동안 황제 하인리히는 교황 그레고리우스를 바싹 궁지로 몰아넣는다. 젊고 혈기가 드센 남자에게 많은 사람들 앞에서 굴욕을 주고 치욕을 안기는 일은 현명한 방식이 아닌데, 교황 그레고리우스는 강단은 있었으나 정치적인 인간은 아니었던 것이다.

그레고리우스 7세는 나중에 로마 교회에 의해 성인의 반열에 오르게 되지만, 그가 죽은 곳은 그의 거처인 로마가 아니라 도피처였던 살레르노였다.

"나는 정의를 사랑하고 정의 아닌 것을 증오했다. 그래서 추방된 몸으로 죽는 것이다"라는 말을 남기고. 그렇지만 그레고리우스가 말한 '정의'는 어디까지나 로마 교회와 로마 교황이 모든 것 위에 있다는 생각과 다름없었다.

이 그레고리우스의 뒤를 이은 사람은 온후한 성격의 빅토르 3세였으나, 그는 황제와의 관계를 개선하지 못한 채 2년 만에 죽는다. 그 뒤를 이어 교황에 선출된 사람이 우르바누스 2세다. 1088년 봄, 젊은 수도사였던 그도 이제 마흔여섯 살이었다.

모든 가톨릭교도의 인도자로 여겨지는 사람이 로마 교황이지만, 중세의 교황은 오늘날처럼 일요일마다 산피에트로 광장에 모인 신도들을 향해 평화와 올바른 생활을 설교할 만큼 평온한 존재는 아니었다.

중세란, 좋게 말하면 군웅할거, 적나라하게 말하면 힘이 좌우하는 무질서한 세계였다. 지상에서 신의 대리인으로 여겨지는 로마 교황에게도 평온한 일상이 보장되지 않았던 것이다.

그레고리우스가 죽은 곳은 이탈리아 남부의 살레르노였는데, 우르바누스가 교황으로 선출된 곳도 그 근처 도시인 테라치나였다. 이 시기의 교황들에게는, 죽는 것도 교황이 되는 것도 로마 밖에서만 가능했던 것이다. 황제 하인리히는 아직 서른여덟 살. 카노사에서 당한 굴욕을 잊지 않은 황제는 군사력으로 교황을 몰아붙임과 동시에 교회 내부를 분열시킴으로써 대립교황을 선출하게 했다. 로마 교황이 지닌 권위를 뿌리째 무너뜨리는 책략을 부린 것이다.

그러나 그레고리우스 7세의 정신을 계승했다고 말하기를 주저하지 않던 우르바누스 2세는, 그것을 추진하는 방식에서는 보다 교묘했다. 눈 속에 세워두어 이기는 것보다 적이 쉽게 손쓸 수 없는 상황을 만들어 이기려고 한 것이다. 바로 적은 갖고 있지만 그 자신에게는 없는 것을 손에 넣겠다는 생각이었다.

하지만 교황은 군사력을 가질 수 없었다. 그러므로 다른 누군가의 군사력을 이용해야 한다. 그 '누군가'는 그레고리우스가 하인리히에게 내몰릴 때마다 그를 도와주었던, 이탈리아 남부의 노르만 왕조였다. 덧붙이자면, 그레고리우스가 숨을 거둔 도시인 살레르노도, 우르바누스가 교황으로 선출된 테라치나도 이탈리아 남부와 시칠리아를 지배하고 있던 노르만인의 영토였다.

교황에 즉위한 우르바누스 2세는, 시칠리아를 2백 년 만에 이슬람의 지배로부터 되찾은 공로자이기도 한 노르만 왕조와의 관계를 더욱 공고히 한다. 주교들이 모이는 공의회도, 하인리히가 지원하는 대립교황 때문에 로마에서 열 수 없었으므로, 노르만이 지배하는 도시에서 열었다.

또한 그는 교황에 취임하고 8개월이 지나서야 간신히 로마 땅을 밟을 수 있었는데, 그것도 노르만 병사들의 호위를 받고서였다. 하지만 이때도 테베레강에 떠 있는 섬에 단기간 머물렀을 뿐 산피에트로 대성당이나 교황의 공저인 라테라노 궁전에는 다가갈 엄두도 내지 못했다. 가톨릭교회의 가장 중요한 시설들이 모두 대립교황 클레멘스와 황제파의 지배 아래 있었기 때문이다.

그리스도교를 공인한 콘스탄티누스 대제가 기증한 이래, 8백 년 가까운 세월 동안 로마 교황의 거처였던 라테라노 궁전에조차 발을 들여놓을 수 없는 교황. 이것이 프랑스 땅에서 십자군을 제창하기 전 우르바누스 2세가 처해 있던 실상이었다. 즉 교황이 직면한 가장 큰 난제는 신성로마제국이 지닌 강대한 힘으로부터 어떻게 로마 교황의 권위를 지켜내는가 하는 것이었다.

그러나 이렇게 혼란스러운 상황의 한복판에 살면서 황제나 왕, 제후 등 누구보다 더 광범위한 정보를 꿰뚫고 있던 사람은 로마 교황이었다. 신도가 사는 땅이라면 어디에나 있는 사제. 그런 그들을 통솔하는 주교. 군주들 가까이에 반드시 대기하고 있는 고해신부. 그리고 각 지방을 담당하는 주교를 통하지 않고 로마 교황과 직접 연결되어 있는 수도원. 이 수도원들은 그 지방의 생산기지이자 경제기지였다.

비록 로마에 있지 못하고 각지를 전전할 수밖에 없다 해도, 이러한 정보원들로부터 온갖 종류의 정보가 교황에게 집중되고 있었던 것이다. 중세는 정보를 전달하는 사람이 상인과 성직자라고 해도 좋은 시

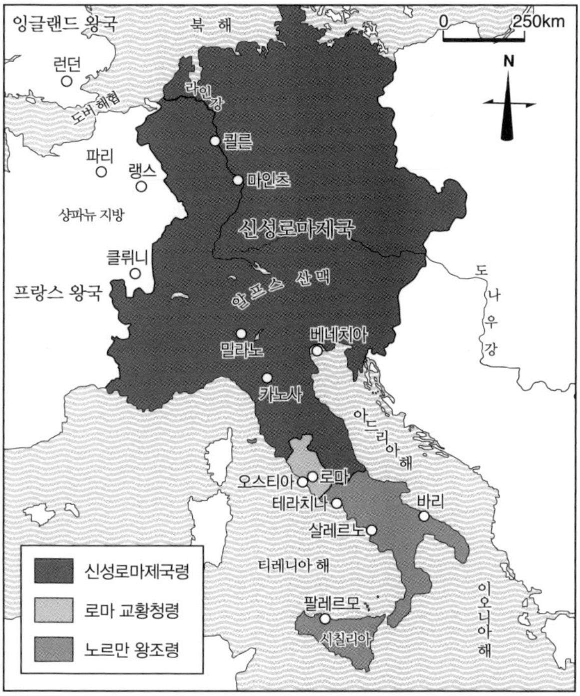

신성로마제국, 교황청 및 노르만 왕조의 각 영지(11세기 말)

대였다. 더군다나 상인과 성직자의 관계는 의외로 밀접했다. 자주 입장이 바뀌었지만 상인과 성직자는 매도자와 매수자 관계였기 때문이다. 이러한 사정 때문에 로마 교황은 폭넓은 시야로 책략을 세우는 데 누구보다도 유리한 위치에 있었다. 또한 세속의 군주들에 비해 '학식' 있는 이가 많았다.

우르바누스 2세는 교황에 취임한 해부터 프랑스에서 십자군 원정을 제창하기까지 7년 동안 로마에 거의 발을 들인 적이 없었다. 신성로마제국의 황제 하인리히가 서른여덟 살부터 마흔다섯 살이 될 때까지 여전히 교황에게 적대적인 자세를 누그러뜨리지 않았기 때문이다. 하지만 그 기간 동안 이탈리아 각지를 전전하면서도 정보에는 부족함이 없는 상태에서, 이 명석한 두뇌의 그리스도교 세계 개혁론자는 나름의 생각이 있었던 게 아닐까. 당시의 군주들이 자기 영토에만 관심을 집중하고 있는 가운데, 지금으로 말하면 글로벌한 입장에서 생각할 수 있었던 사람은 로마 교황이었을 테니까. 그리고 이 시기 유럽에서는, 이후 시대에 큰 영향을 미치게 될 대사건이 잇달아 일어나고 있었다.

노르만인의 잉글랜드 정복—1066년.

이것이 유럽 북서부 전역에 엄청난 지각변동을 일으킨다.

또다른 노르만 부족에 의한 이탈리아 남부와 시칠리아의 해방—1072년.

그리스도교의 본산이라 해도 좋을 로마에서 채 일주일도 걸리지 않는 거리까지 다가와 있던 이슬람 세력의 확대에 제동을 걸었다는 것만으로도, 이 사건이 초래한 역사적 영향은 컸다. 유럽에서 이를 정복이 아니라 '해방'이라고 부르는 것도, 원래는 그리스도교 나라였던 것이 이슬람 세계에 정복되었다가 다시 그리스도교로 돌아왔다는 것을 의미한다. 그레고리우스와 우르바누스 교황 둘 다 이탈리아 남부에 막 수립된 노르만 왕조에 의지한 것도, 단지 거리가 가깝고 군사력을 지닌 군주라는 이유 때문만은 아니었다. 이탈리아 남부와 시칠리아에서 이교도 이슬람을 타도한 그들의 공적을 인정했기 때문이기도 했다.

'카노사의 굴욕'—1077년.

교황과 황제의 권력 범위를 어디서 어떻게 선을 그어 구분할 것인가 하는 문제는 아직 해결의 기미조차 보이지 않았다. 그러나 그 직후 시작된 황제 하인리히의 반격 기간과, 교황이면서도 로마에 있을 수 없었던 세월까지 총 15년 동안 교황 우르바누스 2세는 '거처가 정해지지 않은 생활'을 해왔다. 또한 카노사에서 보여준 강경책의 결과가 어땠는지도 직접 경험해왔다. 연구자들에 따르면, 우르바누스는 그레고리우스에 비해 꽤 정치적인 인물이었다. 그는 상대가 가진 힘(군사력)에 대항하는 데 다른 군주의 군사력을 이용하는 것이 아니라, 상대가 가지려야 가질 수 없는 힘, 즉 교황만이 가질 수 있는 힘을 이용하여 상대를 약화시키려는 생각을 했던 게 아닐까. 제아무리 강력한 군사력을 갖고 있다 해도 황제는 "신이 그것을 바라신다"는 말은 절대 할 수 없으니까.

톨레도의 해방—1085년.

이베리아 반도는 이슬람 세력이 급속하게 확대되었던 8세기에 일찌감치 이슬람의 지배하에 들어갔는데, 2백 년 동안 조금씩 레콘키스타(Reconquista, 재정복)가 진행되어 11세기 말에는 스페인 중부까지 그리스도교 세력이 회복되었다. 중세의 그리스도교도에게는 이 스페인 전선도 상대가 이슬람이라는 점에서 어엿한 성전(聖戰)이었다. 예루살렘과 로마 다음으로 순례자가 많은 산티아고 데 콤포스텔라의 성지를 지키는 싸움이기도 했던 것이다. 십자군의 2백 년 역사에서 오리엔트로 원정을 간 스페인인은 거의 없다. 성전이라면 자기 집 마당에서도 진행중이었으므로, 다른 땅에서 벌어지는 성전에까지 참가할 여유가 없었기 때문이다.

이베리아 반도에서 이슬람을 상대로 한 전쟁의 근황은 로마 교황에게 기쁜 소식이었음에 틀림없다. 하지만 교황의 제창으로 병사들을 스페인에 보낼 생각은 없었을 것이다. 이베리아 반도에서 벌어지는 '레콘키스타'에 가슴이 뜨거워지는 것은 스페인 사람과 피레네 산맥 바로 북쪽에 사는 일부 프랑스인에 불과했다. 유럽에 사는 모든 그리스도교도의 가슴을 뜨겁게 달굴 무언가를 찾아낼 필요가 있었다.

성전을 호소하다

1094년 가을, 교황은 이탈리아의 중부 도시 피사에 있었다. 교황 일행은 그곳에서 피렌체를 거쳐 이탈리아 북부의 피아첸차로 향한다. 피아첸차에서 그레고리우스 7세파, 즉 그리스도교 세계의 개혁에 찬동하는 주교들을 모아 공의회를 열기로 한 것이다.

공의회란 근대국가의 의회와 유사하다. 원래는 가톨릭교회의 중요한 사항을 결의하는 기관이지만, 교황 그레고리우스 7세의 선언에 따르면 교회는 신앙상의 문제뿐만 아니라 신도의 생활 전반에 관여하고 책임을 져야 하므로 공의회에는 갖가지 문제가 올라온다. 남편의 불륜을 호소하는 왕비가 찾아오는가 하면, 이슬람 세력의 압박에 구원을 요청하는 비잔틴제국 황제의 특사도 피아첸차에서 교황을 기다리고 있던 사람 중 하나였다.

교황 우르바누스 2세는 그곳 피아첸차에서 겨울을 보낸 것으로 추정된다. 봄이 오기를 기다렸다가 알프스 산맥을 넘어 프랑스로 들어가, 론강을 따라 북상해 우선 클뤼니 수도원으로 향했다. 우르바누스가 태어난 곳은 샹파뉴 지방의 전원이고, 소년기를 보낸 곳은 고도(古都) 랭스, 수학한 곳은 클뤼니 수도원이다. 황제의 군대를 피해 이동생활을 계속해야 했던 이탈리아에서와는 달리 마음이 편했는지 그는 그 넓은 프랑스를 자유롭게 여행하며 돌아다닌다. 하긴 그것도 모두 그해 11월에 클레르몽에서 열릴 공의회의 사전 준비를 위해서였긴 했지만.

1095년 11월 클레르몽에서 개최된 공의회의 주요 무대는 실내가 아니라 실외였다. 우르바누스 2세는 대성당 앞의 광장을 가득 메운 군중에게 직접 호소하는 방식을 택했던 것이다.

이때 했던 연설의 정확한 내용은 남아 있지 않다. 하지만 연대기 작가가 남긴 기록을 참조하면 교황의 '호소'는 전반부와 후반부로 나뉘어 진행됐던 것 같다. 이제 쉰세 살이 된 옛 클뤼니 수도원의 수도사는, 그에게 인생의 승부처인 이 클레르몽에서 모든 청중을 향해 강력하게 설파한다.

먼저 전반부에서는 현재 그리스도교 세계를 뒤덮고 있는 윤리의 타락을 개탄한다. 신의 가르침에 반하는 이기적인 행위가 횡행하고 있는 현 상황을 규탄하고, 이대로 방치하면 신의 노여움을 살 것이라고 질책한다. 그리고 그러한 사태를 막는 수단으로 '신의 휴전'을 제창했다. 같은 그리스도교도들이므로, 영토의 보전을 위해서든 확장을 위해서든 전쟁을 그만두어야 한다고 주장한 것이다.

교황은 연설 전반부에서 그리스도교도를 비난했지만, 후반부에서는 그 공격의 화살을 이교도에게 돌린다. 그리스도교도들 사이에서 '휴전'이 실현된다 해도, 우리에게는 아직 중요한 일이 남아 있다며 말을 이었다. 동방에서 끊임없이 도움을 청하고 있는 '형제'에게 달려가, 이 신앙의 동포에게 도움의 손길을 내밀어야 한다고. 그리고 왜냐하면, 이라고 말한 뒤 다음과 같이 말을 이었다.

"이슬람교도는 지중해까지 세력을 확장해 너희 형제를 공격하고, 죽이고, 납치해 노예로 삼고, 교회를 파괴하고, 파괴하지 않은 곳은 모스크로 바꾸고 있다. 그들의 폭력을 더이상 용납해서는 안 된다. 지금이야말로 그들에게 맞서 일어설 때다." 그리고 한층 목소리를 높여 말했다.

"이것은 내가 명하는 것이 아니다. 주 예수 그리스도가 명하는 것이다. 그 땅으로 가서 이교도와 싸워라. 설사 그곳에서 목숨을 잃는다 해도 너희의 죄를 완전히 용서받게 될 것이다. 신께 부여받은 권한으로, 나는 여기서 그것을 분명히 약속한다.

어제까지 도적이었던 자가 그리스도 전사가 되고, 형제나 친지와 다투던 자가 이교도와의 정당한 싸움터에서 그 분노와 원한을 풀 날이 온 것이다. 지금까지는 푼돈을 받고 하찮은 일을 하며 세월을 보내던 자도, 이제부터는 신이 바라시는 사업에 참가하여 영원한 보수를 받게 될 것이다.

출발을 미뤄서는 안 된다. 각자 집으로 돌아가라. 그리고 겨울이 지나고 봄이 오면 곧장 주 예수 그리스도가 이끄는 대로 동방을 향한 진군을 시작한다. 신이 바라시는 성스러운 임무를 수행하기 위해."

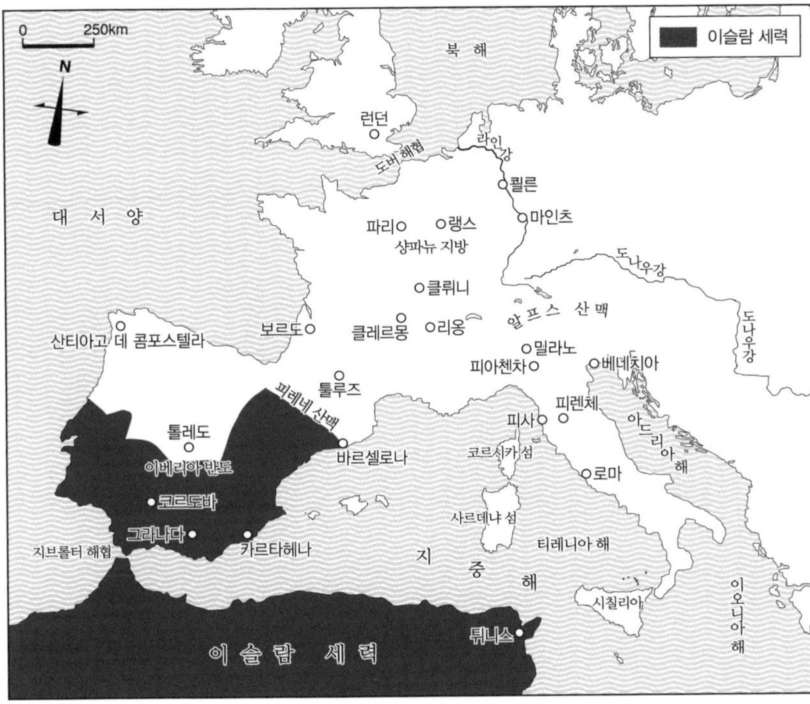

그리스도교 세계와 이슬람 세계(11세기)

연설을 듣고 있던 사람들은 한 사람도 빠짐없이 감동했다. 군중 사이에서 자연스레 "신이 그것을 바라신다(Deus lo vult)"라는 함성이 터져나왔고, 그 커다란 함성 속에서 한 사람이 막 연설을 끝낸 교황 앞으로 나아갔다. 그리고 교황 앞에 무릎을 꿇고 원정에 참가하겠다는 서약을 했다.

맨 처음으로 성전에 지원한 그 사람은 르퓌의 주교 아데마르였는데, 교황이 사전에 이 공의회를 준비하면서 만난 이들 중 하나였다. 또한 이 클레르몽 공의회에는 참석하지 않았지만 곧바로 성전에 참가하겠다는 의사를 밝혀온 사람이 있었다. 바로 툴루즈 백작 레몽이다. 스페인에서 이슬람을 상대로 싸워온 베테랑이기도 한 이 남자 역시 교황 우르바누스 2세가 공의회를 준비하는 중에 만난 사람이었다.

이렇게 1095년 클레르몽에서 열린 공의회에서 오리엔트 원정이 정식으로 결정되었다. 하지만 이때 정해진 것은 다음 세 가지뿐이었다.

그리스도교도들끼리는 곧바로 '신의 휴전'에 들어갈 것.

성스러운 전쟁에 참가하는 이들은 모두 가슴이나 등에 붉은 천으로 만든 십자 표시를 붙일 것.

동방으로 출발하는 날은 이듬해인 1096년 성모 마리아의 승천일(8월 15일)로 할 것.

참가하는 사람들은 모두 옷 위에 붉은 십자 표시를 붙이도록 했는데, 십자는 십자가를 의미하므로 그리스도교도라는 것을 나타내고, 붉은색은 그리스도를 위해 피를 흘릴 각오를 하고 있다는 뜻이었다. '십자군'이라는 명칭은 여기에서 유래했다.

그전까지 성지순례자는 위쪽이 십자 모양인 지팡이를 가지고 다녔는데, 이번에는 지팡이 대신 무기를 들고 순례를 떠나는 것이다.

일신교의 '순례'에는 속죄, 즉 나날의 생활에서 범한 수많은 죄를 순례를 통해 한꺼번에 씻는다는, 쉽게 말하자면 '장부의 기록을 지운다'는 의미가 있다. 그러므로 신도에게는 더할 나위 없이 중요한 임무인 셈이다. 그리스도교도는 이러한 마음으로 예루살렘으로 향하고, 이슬람교도는 메카를 향해 떠났다.

그러므로 중세의 그리스도교도에게는 십자군 원정도 순례행이었다. 다만 무력행사가 따르는 순례행이었다.

클레르몽에서 공의회를 열었을 때, 교황이 '예루살렘 해방'이란 말을 입에 담았다는 기록은 없다. 교황 우르바누스의 생각으로는 다른 무엇보다도 유럽의 세속 군주들이 벌이고 있는 전쟁을 멈추게 하는 '신의 휴전'의 성립이 가장 우선이었기 때문일 것이다.

그러나 인류 역사에서 전쟁은, 단지 그만두자고 주창하는 것만으로 중지된 적이 없다. 그러한 인간세계에서 군주들 사이의 휴전을 실현하려면, 지금 서방에시 서로 부딪치고 있는 힘과 에너지를 다른 데로 돌리는 수밖에 없었다. 동방을 그 목표로 삼은 것은, 동방으로 향하면 같은 휴전이라도 '신(神)의'라는 말을 붙일 수 있기 때문이었다. 즉 '예루살렘 해방'이라는, 당시 그리스도교도의 입장에서 더할 나위 없는 '대의'이자 '명분'을 가질 수 있었기 때문이다.

클레르몽에서 교황 우르바누스가 한 연설에서 고위 성직자 특유의 완곡하고 점잔빼는 표현을 모두 걷어내고 요점만 정리한다면, 지금까지 유럽 안에서 그리스도교도끼리 해온 일을 이제는 그리스도의 전사로서 오리엔트로 가서 이슬람교도를 상대로 하라는 것이었다. 이것이 진심이라면 교황은 굳이 예루살렘 해방이란 말을 꺼낼 필요가 없었다. 오늘날에는 상상도 할 수 없을 정도로, 중세의 성직자와 신자는 서로의 생각을 읽을 줄 아는 사이였다.

어쨌거나 '성지 탈환' '성지 해방'이라는 슬로건은 매우 적절한 것이라고 할 수 있었다.

우선 서유럽 전역의 그리스도교도의 가슴을 뜨겁게 했을 뿐만 아니라, 설령 그렇지 않은 사람이 있다 하더라도 반대하기가 어렵기 때문이다. 게다가 성공한다면 그 주창자인 로마 교황의 권위는 비약적으로 치솟는다.

우르바누스 2세는 대담한 승부를 건 것이다. 선임자인 그레고리우스 7세는 황제를 사흘 밤낮 눈 속에 세워둠으로써 로마 교황의 권위를 과시했지만, 그 강경책의 결과를 직접 경험한 우르바누스 2세는 로마 교황의 권위, 즉 세상의 모든 군주를 지도할 수 있는 힘을 지닌 것은 다름 아닌 로마 교황이라는 것을 수십만 명이나 되는 사람들을 동방에 보내 예루살렘을 무력으로 탈환함으로써 보여주려 한 것이다.

십자군의 탄생

그러나 우르바누스 2세가 아니라 그 누구라 해도, 11세기 당시 이슬람측의 만행을 십자군의 원정 이유로 삼기는 어려웠다.

이슬람교는 메카 순례를 중요시해왔다. 그리스도교도의 예루살렘 순례도 총체적으로는 이해심을 가지고 대했다.

하지만 때로는 만행도 저질렀다. 그중 하나가 이집트의 칼리프였던 알 하킴이 1008년부터 1009년에 걸쳐 예루살렘의 성묘교회를 파괴한 사건인데, 그렇지만 이것도 클레르몽에서 공의회가 열린 해로부터 90여 년 전에 일어난 일이다.

그후 얼마 지나지 않아 예루살렘을 포함해 팔레스티나 일대가 셀주크투르크의 지배를 받게 되었는데, 이슬람교도가 된 지 얼마 되지 않아 유독 용맹스러웠던 투르크인들은 때로 유럽에서 온 순례자 무리를 습격하기도 했으나 강탈의 수준을 넘어선 것은 아니었다. 요컨대 이슬람교가 지배하는 중근동에서, 서유럽의 그리스도교 세계가 비분의 목소리를 낼 만큼 순례자들을 대량으로 학살하거나 하는 일은 없었던 것이다.

물론 법도 질서도 없는 것이나 마찬가지인 중세시대에 성지순례란 유럽에서 중근동까지의 긴 여행을 감행하는 일이다. 강도에게 습격당할 위험도 컸을 것이고, 긴 여행 도중에 낭떠러지에서 떨어지거나 강물에 빠지거나 병들어 쓰러지는 사람도 많았을 것이다. 이탈리아 상인들의 기부로 예루살렘에 세워진 순례자용 의료시설은 이슬람측도 인정해주었고, 이슬람이 지배하고 있을 때도 계속 운영되었다.

우르바누스 2세가 클레르몽에서 한 연설 중 동방에서 끊임없이 도움을 구하는 형제들을 같은 그리스도교도인 우리가 도우러 가야 한다는 부분이 나오는데, 여기서 말하는 '동방'이란 이슬람 세력에 정복당하기 전에는 비잔틴제국령이었던 곳으로, 그리스정교도가 많이 살고 있던 지역이다. 이슬람이 지배하게 되자 이슬람교로 개종한 사람이 많았지만, 모든 사람이 이슬람교도가 된 것은 아니었다. 단순히 이교도에 대한 증오만으로 죽일 수 있는 규모를 넘어서는 상당한 수의 그리스도교도와 유대교도가 살고 있었던 것이 11세기 당시의 중근동이었다.

동방의 지배자가 된 이슬람의 위정자들이 이들 이교도의 존속을 인정하기로 했기 때문이다. 다만 여러 가지 제약을 받는 2등 시민으로.

게다가 '지즈야(jizyah)'라 불리는 일종의 '이교도세'를 내야 하는 의무도 부과되었다.

이슬람 세계에서 이교도에게만 부과되었던 여러 제약과 '지즈야'의 상세한 내용에 대해서는 『로마 멸망 이후의 지중해 세계』 상권에 이미 썼으므로 그 책 184쪽을 참조하기 바란다. 여기서 다시 자세하게 서술하면 본론에서 너무 벗어나기 때문이다.

'지즈야'만 내면 다른 종교에 대한 신앙을 인정한다는 것이 이슬람교도가 자화자찬하는 '이슬람의 관용'의 실태였다. 오리엔트에 사는 그리스도교도와 이슬람교도가 평등한 입장에서 공생관계를 형성했던 것은 결코 아니다.

교회의 종을 치는 것도 금지되었고, 말을 타고 가는 것도 금지되었으며, 이슬람교도가 걸어오면 길가에 서서 지나가기를 기다려야 했다. 이래서야 설사 겉으로는 '공생'이라 해도 평등한 것과는 한참 거리가 멀었다.

이슬람측은 '지즈야'라는 인두세가 지배자인 이슬람교도가 이교도를 보호해주는 대가라고 주장했지만, 진짜 의미는 '이교도의 존재를 참아주는 대신에 받는 세금'이었다.

그러나 이교도의 존재를 참아주지도 않았던 것이 같은 시대 서방의 가톨릭 세계였다. 그리고 이 시대에 동방에 살고 있던 그리스정교의 그리스도교도들은, 2등 시민이라는 지위를 감수하며 '지즈야'를 내고 있기는 했지만, 이미 3백 년이 넘는 세월 동안 그리스도교도로서 이슬람 세계에서 살아가는 것에 익숙해진 사람들이었다.

이 사람들이 서방에 있는 로마 교황에게 자신들을 이러한 상황에서 해방시켜달라고 요청했다는 사료(史料)는 현재까지 발견되지 않았다. 교황에게 원군을 파견해달라고 요청한 것은, 일찍이 비잔틴제국령이었던 중근동을 되찾길 바랐던 비잔틴제국의 황제였다.

어쨌거나 교황 우르바누스 2세는 선동가로서 상당히 유능한 사람이었고, 이후 조직책으로서도 뛰어난 재능을 보여준다. 그는 한때의 감격과 흥분은 금세 사그라진다는 것을 알고 있었을 것이다. 이후 열흘 동안 공의회가 토의를 거쳐 결정한 것은 다음과 같은 사항이었다.

1. 십자군에 참가하는 자에게는 완전한 면죄가 주어진다.

인간은 태어날 때부터 원죄를 지닌 몸이라는 것이 가톨릭 교리의 기본인데, 그 원죄에 일상생활에서 범하는 사소한 죄까지 더하면 특별히 나쁜 일을 하지 않았어도 죽은 후 천국에 갈 확률이 점점 줄어든다. 중세에는 그렇게 생각하는 선남선녀가 대부분이었다. 그런데 십자군에 참가하기만 하면 천국에 가는 것이 확실하다고 하니, 이들이 구원을 받았다고 기뻐한 것도 당연했다.

또한 완전한 면죄란 살인 등의 흉악한 죄를 범한 자에게도 '면죄'를 부여하겠다는 것이다. 즉 십자군에 참가하기만 하면 지금까지의 모든 악행을 없던 것으로 해주겠다고 하니, 무법자들까지 앞다투어 참가하게 되었던 것이다.

2. 질병 등 불가피한 이유로 참가하기 힘든 자는 다른 사람의 참가에 필요한 비용, 즉 의복이나 무기를 구할 돈을 헌금할 것.

이러한 결정은 빈민들도 십자군에 참가할 수 있는 길을 열어주었다.

3. 동산과 부동산을 불문하고 참전자가 남기고 가는 자산은, 로마 교황이 보증하고 소속 교구의 사제가 직접 책임지고 감시해서, 그가 귀국할 때까지 보전한다.

즉, 뒷일은 걱정 말고 안심하고 떠나라는 것이다.

4. 십자군 참가에 필요한 비용을 마련하기 위해 자산을 팔아야 하는 경우, 또는 그 자산을 담보로 빚을 내는 경우는, 정당한 값을 받을 수 있도록 교황이 보증하고 주교와 사제가 책임지고 감시한다.

5. 십자군에 참가하기를 원하는 자는 먼저 자기가 속한 교구의 사제에게 신청하고 허가를 받은 후, 십자가에 서약하고 나서야 출발할 수 있다.

이것은 십자군에서 오합지졸을 배제하기 위한 조건이었지만, 실제로 거의 기능을 발휘하지 못했다. 그것은 나중에 서술할 '민중 십자군'이 실증해준다.

6. 십자가에 서약한 후에도 출발하지 않거나, 혹은 출발했어도 도중에 일찌감치 돌아와버리는 자는 곧바로 파문에 처한다.

이것을 보면 교황 우르바누스 2세는 당초 상당한 수준으로 조직화된 군사력을 동방에 보낼 생각이었던 것으로 보인다. 이교도를 타도하겠다는 마음이 아무리 강해도 전력에 보탬이 안 되는 사람들은 필요 없다고 생각했던 게 틀림없다.

그러나 아무리 치밀하게 짜낸 안이라 해도 어딘가에서 계산착오가 일어나는 법이다.

은자 피에르

이 프랑스인 수도사는 남루한 수도복을 걸치고 당나귀를 타고서 마을을 돌아다니는 순회 설교사였는데, 그의 진솔함에 감명받은 사람이 많았다. 성지에서 벌어지는 이슬람교도의 횡포를 한탄하며, 지금 당장 성지를 탈환해 예수 그리스도가 태어나서 자라고 죽은 땅을 이교도의 손에서 되찾아오자고 호소하는 피에르의 열변은, 남기고 갈 자산도 없고 갖가지 채비를 갖출 여유도 없는 가난한 사람들에게 깊은 감동을 안겨주었다. 그리하여 사제의 허가도 받지 않은 남자, 여자, 어린이까지 은자 피에르의 뒤를 따르게 된다. 중세의 하층민에게는 일상생활 자체가 이미 가혹한 것이었다. 그들에게 십자군 참가는 그 혹독한 나날에서의 해방을 의미하기도 했다. 이렇게 하여 '민중 십자군'이 형태를 갖추어갔다.

그렇지만 교황 우르바누스 2세가 생각한 십자군과, 은자 피에르의 십자군이 전혀 다른 것이었다고는 할 수 없다.

양측 모두 자신들의 손으로 예루살렘을 주 예수 그리스도의 성도로 되돌리고 싶다는 공통된 생각을 갖고 있었던 것이다.

이슬람교도는 그리스도교도의 성지순례를 금지한 적이 없고 방해한 적도 거의 없으며, 약간의 돈만 지불하면 예루살렘을 방문해 성묘교회를 비롯한 그리스도교도의 성스러운 사적을 참배할 수도 있다고 이 사람들에게 말해봤자, 그런 말은 신앙이 없기 때문에 신자들의 마음을 이해할 수 없는 사람의 핑계일 뿐이라는 대답이 돌아올 것 같기도 하다.

예를 들어보자. 로마의 산피에트로 대성당에 들어가는 데는 입장료가 필요하지 않다. 그 안에는 미켈란젤로의 〈피에타〉를 비롯한 인류 최고의 예술품이 많이 있지만, 산피에트로 대성당은 어디까지나 기도하는 장소이고 그럼으로써 신에게 다가가는 장소이기 때문이다.

한편 바로 옆에 있는 바티칸 미술관은 입장료를 받는다. 그 안이 아무리 종교색 짙은 작품으로 가득하다 해도 미술관이지 성당이 아니기 때문이다.

이러한 관습은 다른 어느 성당에서나 똑같이 행해지고 있다. 오직 카라바조의 걸작을 감상할 목적으로 '산 루이지 데이 프란체시 성당'에 들어간다 해도, 그림이 있는 곳이 성당이기 때문에 아무도 입장료를 내라고 하지 않는다.

이것이 기도하는 장소와 예술작품을 감상하는 장소의 차이다. 그 증거로 성당 앞에는 구걸하는 사람이 있어도 미술관 앞에는 없지 않은가. 성당 앞에 있는 거지는 분명히 존재 이유가 있다. 신에게 기도한 후, 불우한 사람들에게 얼마간 기부하는 선행을 쌓게 하기 위해서다. 미술관을 보고서 감격한다 해도 거기서는 선행을 쌓는 것까지 요구하지는 않기 때문에, 신자가 아닌 나도 그건 나름대로 논리적이라고 생각한다.

또한 미술관에 들어갈 때는 복상을 주의할 필요가 없다. 민소매 옷이든 가슴이 파인 옷이든 상관없다. 하지만 성당에서는 어디선가 수도사가 나타나서 스카프 같은 것으로 가려달라고 말한다. 성당 안에서 베일로 머리를 가리는 습관이 오랫동안 이어져왔으므로, 맨살을 드러낸 어깨나 가슴골을 가려달라는 것도 당연한 일이다. 여기서도 신앙의 장소와 예술품 감상의 장소가 가진 차이가 드러난다.

이러한 관습이 21세기인 지금까지 답습되고 있으니, 지금으로부터 천 년 전인 중세 사람들은 더욱 당연하게 불만을 갖지 않았을까. 자신들이 신앙을 바치는 사람의 발자취를 더듬는, 말하자면 기도하고 예수에게 가까이 다가가기 위한 장소인데, 왜 입장료를, 그것도 이교도에게 지불해야 하는가, 라고 말이다.

이러한 생각은 교황이나 군주나 일반 서민이나 다르지 않았을 것이다. 이런 그들은 '성지 탈환' '예루살렘 해방'이라는 슬로건을 자연스럽게 받아들였을 것이고, 유럽에서 오리엔트로 가는 도중에 그것이 점점 더 강해지지 않았을까. 주 예수가 바라시는 일을 하러 간다는 확고한 신념과 함께.

민중 십자군

가장 먼저 유럽을 떠나 동방으로 향한 것은 은자 피에르가 이끄는 빈민들로 구성된 십자군이었다. 남겨두고 가는 자산의 처분을 걱정할 필요도 없고, 이렇다 할 군비(軍備)를 갖출 것도 없었으므로 누구보다 먼저 떠날 수 있었다. 이듬해인 1096년 8월 15일을 출발일로 정한 교황 우르바누스의 말은 지킬 생각도 없이, 그들은 1096년 봄이 오기를 기다리지도 않고 움직였다고 한다.

프랑스 북부에서도, 라인강 근처의 독일 서부에서도, 물줄기가 하나로 합쳐지듯이 모여든 참가자의 수가 얼마나 되는지는 아무도 몰랐다. 인솔자 피에르 자신도 알지 못했고, 알려고도 하지 않았을 것이다. 연구자들도 5만에서 10만 명쯤으로 추정할 뿐이다. 그중 대부분은 농민이나 도시의 하층민에 속하는 사람들이고, 도둑 등 범죄자들도 포함되어 있었다. 남자뿐만 아니라 여자와 어린아이까지 있었다. 대부분은 제대로 된 무기조차 들지 않았고 군장을 갖춘 사람은 극히 소수였는데, 그들도 당시 떠돌이 기사라 불리던, 일본으로 말하자면 '낭인'이었다.

당연히 규율 같은 것도 존재하지 않았고, 당나귀를 타고 가는 은자 피에르의 뒤를, 어떤 자는 짐수레를 타고 대부분은 걸어서 따라가는 게 행군의 전부였다. 물론 병참의 개념 같은 건 약에 쓰려 해도 찾아볼 수 없었지만, 유럽 내에서는 그나마 거쳐가는 지역에 사는 사람들의 인정에 의지할 수 있었다.

하지만 그것을 바랄 수 없을 때는 주저하지 않고 강탈했다. 유대교도가 사는 지역에서는 당연히 이교도라는 이유로 강탈이 더욱 심했는데, 그 지역이 신성로마제국의 영내였기 때문에 황제 하인리히로부터 강력한 제지를 받게 된다. 군대가 파견되자 도망갈 수밖에 없었지만, 그래도 천 명에 가까운 유대인이 희생되었다. 그리고 독일을 뒤로하고 헝가리 왕의 영내로 들어간 뒤에도, 같은 그리스도교도에게도 폭행을 계속하며 행군하는 양상은 달라지지 않았다.

그러나 이 '민중 십자군'에는 절대적인 강점이 있었다. 인적 희생에 전혀 무관심하다는 점이었다. 강탈행위를 하다가 몇 명이 살해당하든, 먹을 것이 없어서 도중에 쓰러져 숨을 거두는 사람이 속출하든 은자 피에르도 신경 쓰지 않았고, 함께 걷는 십자군 동료들 중에도 그런 것을 마음에 두는 사람은 없었다.

같은 규모의 군세라면 인적 희생에 민감하지 않은 편이 강하다. 유럽을 떠난 시점에는 10만 명이었던 것이 소아시아로 들어갈 때는 5만 명이 되었다고 해도, 그것을 걱정하는 사람도, 또 그 참상을 문제시하는 사람도 없었다.

'민중 십자군'은 그 상태로 비잔틴제국의 수도 콘스탄티노플에 도착했다. 1096년 8월 1일이었다고 하니, 교황 우르바누스가 출발일로 정한 날보다 2주일이나 앞서 도정의 절반을 답파한 것이다.

제후들

교황 우르바누스가 클레르몽에서 한 '호소'는 사실 군사력을 가진 군주들을 향한 것이었다. 그러므로 누가 그 호소에 응하느냐가 무척 중요했는데, 그것이 황제나 왕이 아니라 그 아래 지위인 제후에 머물고 만 것에는 다음과 같은 사정이 있었다.

서유럽의 모든 그리스도교 세계의 원정이라고 공언한 이상, 누가 생각해도 첫번째로 거론해야 하는 사람은 그리스도교 세계를 지키는 것이 존립의 이유였던 신성로마제국의 황제였다. 게다가 그 당시 황제 하인리히 4세는 십자군이 출진할 예정인 1096년에 마흔여섯 살이 되니 충분히 총사령관을 맡을 수 있는 나이였다.

하지만 이 사람과 로마 교회는 '카노사의 굴욕' 이후 계속해서 험악한 관계였다. 또한 교황 우르바누스의 속마음에는 십자군을 성공시켜 교황의 권위를 강화하고 황제의 권력을 약화시키려는 생각이 있었다.

교황은 하인리히 4세에게 부탁의 말조차 꺼내지 않았다.

황제를 제외하면 다음으로 생각할 수 있는 사람은 프랑스 왕이다. 프랑스 왕 필리프도 마흔네 살이었으므로 지위나 연령 면에서 총사령관에 적격이었을 테지만, 이 사람은 사생활에 문제가 있었다.

불륜을 저질렀을 뿐만 아니라 그 상대를 왕비로 삼으려 했고, 그 때문에 현 왕비와 이혼하려고 해서 교황의 분노를 사 파문당한 것이다. 클뤼니 수도원이 내세운 개혁은 교회 내부만이 아니라 그리스도의 가르침에 따르는 세속의 윤리를 개선하는 것이 목표였다. 그 개혁파에 속한 우르바누스 2세는 그런 면에서 문제가 있는 프랑스 왕을 내버려둘 수 없었으므로 파문에 처했던 것이다.

그러나 필리프는 교황의 권위에 대항해 파문당한 것은 아니었다. 교황이 자신의 이혼에 반대하는 것을 받아들이지 않았을 뿐이다. 그래서 파문도 미온적으로 이루어졌고, 가신들도 동요하지 않았으며, 하인리히처럼 눈 속에 서서 파문을 풀어달라고 할 것까지는 없었다. 그렇지만 아무래도 신이 바라는 십자군이라는 성스러운 사업을 맡길 수는 없었다. 그러나 파문을 당했을지언정 교황과 험악한 관계는 아니었던 프랑스 왕은, 자기가 안 된다면 동생을 대신 보내겠다고 제안했다.

그 때문에 1096년 서른아홉 살의 베르망두아 백작 위그가 십자군에 참가하게 되었다. 제1차 십자군이 '제후들의 십자군'이라 불리게 된 것도 피치 못하게 독일 황제와 프랑스 왕이 제외되었기 때문이다.

다만 제후라고 해서 자잘한 군주들의 집합을 떠올린다면, 이 시대에는 전혀 그렇지 않았다. 중앙집권 시스템은 십자군 이후의 시대에 확립되었고, 11세기의 제후들은 황제나 왕에 비해 지위는 낮아도 그 역량은 결코 뒤떨어지지 않은 존재였다.

공작이니 백작이니 하는 칭호로 불리긴 하지만, 이 제후들은 황제나 왕에게서 영토를 하사받아 영위했던 게 아니었다. 이미 자기 영토를 갖고 있던 상황에서, 황제든 왕이든 '저 사람이라면 지금으로서는 내게 불이익이 없겠지' 싶은 인물에게 일단 충성을 서약했던 것이다.

그들의 마음가짐을 이렇게 표현한 것은, 사정이 여의치 않으면 간단히 반기를 들었기 때문이다. 황제 하인리히가 눈 속에 서 있으면서까지 파문을 해제해달라고 호소했던 것은, 교황의 파문 조치로 제후들이 자신에게 등을 돌릴지도 모르기 때문이었다.

이 당시 툴루즈 백작 레몽이나 로렌 공작 고드프루아 같은 경우는 직할영토의 면적, 바꿔 말해 세금을 걷을 수 있는 사람의 수와, 그것을 사용해 유지할 수 있는 군사력 등은 프랑스 왕에 비해서도 결코 뒤떨어지지 않았다. 그러므로 교황 우르바누스 2세가 이 제후들에게 십자군에 참가할 것을 호소한 것은 당대 상황을 정확히 파악하고 내린 판단이라 할 수 있다. 그리고 제후들도 황제나 왕이 불참하는 것은 문제 삼지 않고 자주적으로 당당하게 응했다. 어쨌든 그들 대부분은 독립된 영토를 가진 한 지역의 어엿한 주인이었다.

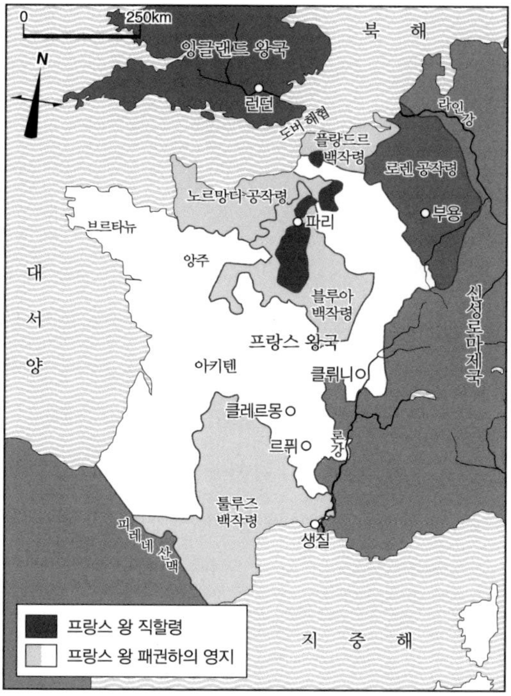

프랑스 왕 직할령과 제1차 십자군에 참가한 제후들의 영지

군대란 지휘계통이 통일되어야 효력을 발휘할 수 있는 조직이다. 통일되지 않고 뿔뿔이 흩어져 제멋대로 행동한다면 각자가 가진 힘이 유기적으로 활용되지 못하고 에너지가 낭비되므로, 설사 목적을 달성한다 하더라도 훨씬 많은 시간이 걸린다. 그러므로 전쟁을 일으키기로 결정했을 때 가장 중요한 것은 지휘계통의 일원화라 할 수 있는데, 교황 우르바누스 2세도 그것의 중요성을 알고 있었던 것 같다.

보통 같으면 다른 어떤 참가자보다 지위가 높은 프랑스 왕의 대리인인 위그가 총대장을 맡는 것이 당연했다. 서른아홉 살이라는 나이도 부족함이 없었다.

하지만 그는 대규모의 군사력을 갖고 있지 않다는 것이 문제였다. 형인 프랑스 왕은 자기 대신 참가하라고 말했을 뿐, 자기 휘하의 병사들을 절반 정도도 내어주지 않았다.

게다가 위그의 태도는 항상 거만했고, 용기는 있었지만 냉정함이 부족했다. 통찰력 있는 사람이라면 그를 한번 보기만 해도, 이 사람을 총대장으로 삼으면 원정에 실패할 거라고 판단했을 것이다. 다행히 위그 백작은 야심도 없었다.

십자군에 참가하겠다는 의사를 표한 제후들 중, 위그 백작만한 세력가는 아니어도 대규모의 강력한 군대를 갖추지 않았다는 점에서는 마찬가지인 이들은 다음 세 사람이다.

노르망디 공작 로베르, 블루아 백작 에티엔, 플랑드르 백작 로베르.

노르망디 공작 로베르는 영국을 정복해 노르만 왕조를 창설한, 역사상 '정복왕 윌리엄'이라는 이름으로 알려진 사람의 장남으로 태어났다. 하지만 아버지에게 반발하여 반란을 일으키는 바람에 영국 왕위를 날려버린 남자였다. 왕위는 그보다 훨씬 교활한 동생 윌리엄 2세에게 넘어갔는데, 영국을 공격하기 전까지 노르만족의 본거지였던 프랑스 북서부의 노르망디 지방이 아직 로베르의 영토로 남아 있었다.

정치적으로만이 아니라 경제적으로도 현명하지 못했는지, 로베르는 무슨 일에든 가장 먼저 필요한 돈이 충분하지 않았다. 그래서 노르망디 공작령을 저당 잡히고 동생에게 돈을 빌려 원정 비용을 충당했다.

이 일이 나중에 그의 입장을 악화시키게 되지만, 그는 교황 우르바누스의 호소에 진심으로 찬동하여 응한, 즉 십자군에 의한 예루살렘 해방을 추호도 의심하지 않았던 제후 중 한 사람이었다. 출발할 때의 나이는 마흔두 살, 몇 년이 걸릴지 알 수 없는 오리엔트 원정을 떠나기에 아주 적합한 나이였다.

블루아 백작 에티엔은 사정이 상당히 달랐다. 참가한 제후 중 가장 유복하다는 소리를 들을 정도였으므로 원정 비용을 걱정할 필요는 없었다. 하지만 그는 중세의 제후 중에서 찾아보기 힘든 타입으로, 그 시절에 일상다반사였던 영토 싸움에는 흥미를 보이지 않고, 학문을 좋아하고 온화하며 평화로운 생활을 사랑했다.

다만 유복한 영주였으니만큼 정복왕 윌리엄의 딸 아델라를 아내로 맞았다. 위대한 아버지를 의식하는 정도는 묘하게도 아들보다 딸이 더 강하다. 그래서 교황 우르바누스가 제창한 십자군 원정 소식이 전해지자마자, 백작부인은 남편에게 "노르망디 공작도 간다고 하니 당신도 가세요"라고 말한 것이다. 그렇지만 그는 예루살렘으로 향하기도 전에 전선에서 이탈해 귀국하게 되는데, 이때도 아직 서약을 못 지키지 않았느냐는 백작부인의 말에 반박하지 못하고 다시 오리엔트로 향한 걸 보면, 중세는 의외로 여자가 강한 시대였던 모양이다.

블루아 백작이 인솔한 군대는, 광대한 토지를 가진 유복한 영주이니만큼 정확한 수는 알 수 없지만, 어느 정도의 병력, 즉 수백에서 천 명 정도는 되었던 것 같다.

또 한 사람은 플랑드르 백작 로베르인데, 이 사람은 철이 들 무렵부

노르망디 공작가
(빨간색 바탕에 노란색 사자)

베르망두아 백작가
(노란색과 파란색 체크무늬)

플랑드르 백작가
(노란색 바탕에 검은색 사자)

블루아 백작가
(파란색 바탕에
은색과 노란색 대각선 띠)

터 주변 영주들과의 작은 전투에 익숙했고, 아직 재위에 있는 아버지도 풍족해서, 원정 비용이나 인솔해가는 병사나 딱히 강대하다고는 할 수 없어도 정예병을 갖출 수 있었다. 유럽에서 그리스도교도끼리 싸우는 대신 오리엔트로 가서 이슬람교도를 상대로 싸우라는 교황 우르바누스의 속내에 가장 적절하게 부합하는 사람이었다. 기병 5백 명을 인솔한 출진이었다고 한다. 나이는 아직 서른하나로, 세 사람 중에서 가장 젊었다.

블루아 백작 에티엔을 제외한 두 사람에게는 이외에도 세 가지 공통점이 있었다.

첫째, 십자군의 목적인 예루살렘 해방을 진심으로 믿고 있었다.

둘째, 그러므로 전장에서도 용감하게 싸웠다.

그리고 셋째, 목적을 달성한 후 유럽으로 돌아갔다. 즉 오리엔트 땅에서의 영토 획득에는 야심이 없었다는 점이다. 특히 로베르 백작이 이끄는 플랑드르 사람들은 싸우는 것도 훌륭했지만 물러가는 것도 훌륭했다. 그리고 이 세 사람은 우연찮게 출발과 행군을 함께하게 된다. 세 사람 모두 독자적으로 오리엔트까지의 먼 길을 답파하는 데 필요한 병력을 갖추고 있지 않았기 때문이었을 것이다.

툴루즈 백작 레몽 드 생질

교황 우르바누스는 클레르몽에서 공의회를 열 때부터 이미 십자군 총대장으로 툴루즈 백작 레몽을 생각하고 있었을 것이다.

오십대 중반이라는 나이는 당시로서는 노인이었지만, 참전하는 제후들 중 유일하게 이슬람교도와 전투를 해본 경험이 있었다. 스페인에서 '레콘키스타'에 참전하는 것은 프랑스 남부에 광활한 영토를 가진 레몽에게는 당연한 일이었다.

교황 우르바누스는 클레르몽에서 십자군 원정을 제창하기 전에 이미 레몽을 만났다. 또한 클레르몽 공의회에 오지는 않았지만 누구보다 먼저 십자군에 참가하겠다고 선언한 사람이 레몽이었다.

교황은 자신의 대리인 자격으로 십자군에 참가하기로 한 르퓌의 주교 아데마르를 이 툴루즈 백작 레몽의 측근으로 붙여주었다. 레몽은 교황의 대리인이 항상 옆에 있고 나이도 제후 중에서 가장 많은 자신이 바로 총대장이리라고 믿어 의심치 않았을 것이다. 십자군 원정에 찬동하는 마음에 조금의 흔들림도 없었으며, 아내와 차남까지 동행하게 하는 등 마음을 쏟는 모습이었다. 주변의 소영주들까지 소집하고 보니 그를 따르는 군대가 5만 명에 육박할 정도였다.

툴루즈 백작가
(파란색 바탕에 노란색 백합)

그런데 이 사람은 인망이 없었다. 동료가 될 제후들에게 인망을 얻지 못한 것은 그가 사소한 것에 너무 고집을 부렸기 때문이다. 또한 따르는 병사들로부터도 인망을 얻지 못했는데, 감정이 앞선 나머지 쓸모없는 전투에까지 전력을 다한 것이 그 원인이었다. 그런 탓에 출발 당초에는 상당한 군세였음에도, 그는 적과 싸울 때마다 수많은 병사를 잃게 된다. 그래도 병사가 따른 것은 그가 큰 부자였으므로 급료 지급은 확실했기 때문일 것이다.

툴루즈 백작 레몽의 이런 면을 주목하지 않고 총대장으로 판단한 걸 보면, 교황 우르바누스 2세는 국제정치에서는 달인일지언정 전쟁에 대해서는 잘 몰랐다고밖에 할 수 없다. 그것이 잘못된 판단이라는 것을 교황은 끝내 깨닫지 못했던 듯하다. 어쨌든 툴루즈 백작은 자신이 총대장이라고 믿고 출발했다. 이것이 팔레스티나에 도착한 이후 그가 한때 원정에서 벗어나는 원인이 된다. 십자군의 의미를 믿고, 전장에서도 상당한 활약을 할 사람이었으므로 십자군 전체로 보면 안타까운 일임에 틀림없다.

로렌 공작 고드프루아 드 부용

교황 우르바누스가 총대장으로 고려하지 않았음에도 아주 자연스럽게 총대장으로 여겨지던 사람이 로렌 공작 고드프루아 드 부용이다. 현재의 벨기에에 해당하는 하(下)로렌 지방의 영주로, 나이도 레몽보다 열여덟 살이나 어린 서른여섯이었다. 로렌 지방이 14세기 이후 프랑스 왕의 패권 아래로 들어가고 나서 이 사람의 이름도 프랑스식 발음으로 바뀌는데, 11세기 말인 이 시대에는 아직 신성로마제국에 속한 봉건 제후 중 한 사람이었다. 그러므로 로렌 공작 고드프루아는 프랑스인보다 독일인으로 보는 게 맞다.

어쩌면, 아니 거의 확실하게, 교황 우르바누스는 이 인물이 십자군에 참가하리라고 예상하지 못했을 것이다.

신성로마제국에 속하는 영지의 군주인 로렌 공작은, 신성로마제국 황제의 신하이며, 황제 하인리히 4세 편이어서 로마 교황을 적대시하는 사람 중 하나였기 때문이다. 심지어 하인리히가 교황 그레고리우스를 로마에서 내몰 때에도 동조했던 인물이라고 한다. 그런데 왜 그는 그레고리우스의 후계자임이 분명한 우르바누스가 제창한 십자군에 참가하기로 결심한 것일까.

연구자 중에는 제후들 가운데 이 고드프루아만은 왜 십자군에 참가했는지 모르겠다는 사람도 있다. 하지만 나는, 바로 그렇기 때문에 참가하기로 결정한 것이라고 생각한다.

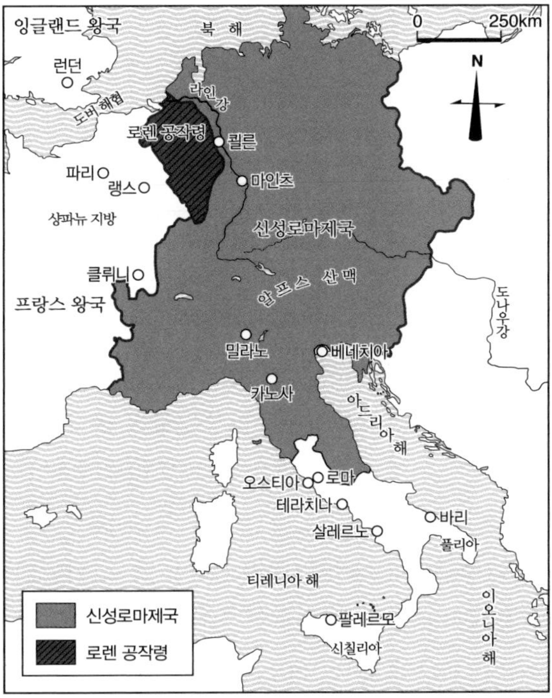

신성로마제국에서의 로렌 공작령

그 시절 삼십대 중반이라는 나이는 인생의 중간쯤에 해당한다. 즉 지금까지의 인생에서 자신이 무엇을 해왔는지 돌아볼 나이이기도 한 것이다.

그때까지 로렌 공작 고드프루아의 반생은, 그레고리우스에게 복수하겠다는 일념에 사로잡혀 교황을 몰아붙일 생각밖에 머릿속에 없던 황제의 뜻에 따라, 그레고리우스를 산탄젤로 성에 가두고, 교황이 된 우르바누스가 로마의 땅을 밟을 수 없게 하는 데 허비되어왔다.

만약 자신의 이 반생을 돌아본 고드프루아가 이제부터는 전혀 다른 인생을 살고 싶다고 생각했다면? 그리고 우르바누스의 클레르몽 연설을 전해듣고 그런 마음에 불이 붙었다고 한다면?

후대에 그려진 그림을 보면 로렌 공작 고드프루아는 실제 나이에 어울리지 않은 원숙한 얼굴로 표현되어 있다. 어떤 학자는 그가 동료들끼리 분열하는 일이 잦은 제후 가운데에서도 그런 분열에 가담하지 않은 인격을 갖춘 자였기 때문이라고 해석하기도 한다. 하지만 나에게는 자기 인생의 목표를 확실히 정한 사람의 고요하고 차분한 모습으로 보인다.

그렇지만 실제로 로렌 공작 고드프루아가 왜 황제 곁을 떠나 교황측에 가담하는 것이나 마찬가지인 십자군에 참가할 마음을 먹었는지는, 그 자신이 글로 써서 남긴 것이 없으므로 전혀 알 길이 없다. 그러나 일단 정한 이상 로렌 공작은 필요한 준비에 만전을 기했다. 만약 교황이 그 모습을 봤다면 틀림없이 그를 다시 보았을 만큼 규모도 군비도 완벽했다. 역시 완벽주의를 선호하는 독일인답다는 생각이 들 만큼.

십자군 원정에 필요한 모든 비용은 각자가 부담한다고 클레르몽 공의회에서 결정되었으므로 제후들은 각자의 방식으로 비용을 마련할 수밖에 없었는데, 광대한 영토를 가진 로렌 공작 고드프루아도 그렇게 많은 돈을 당장 구할 수 있는 상황은 아니었다. 병사들이 수만 명이나 되고, 게다가 몇 년에 걸쳐 써야 할 비용이었기 때문이다.

하지만 그에 앞서, 한 지역의 군주인 이상 피해갈 수 없는 문제부터 해결해야 했다. 남기고 가는 하로렌 공국의 통치를 상로렌의 영주인

형에게 맡긴 것이다. 고드프루아는 자식이 없었고, 두 동생 외스타슈와 보두앵도 십자군에 동행하기로 되어 있었다.

로렌 공작가
(노란색 바탕에 대각선의 빨간색 띠와 독수리)

그다음 문제는 원정에 필요한 비용을 마련하는 것이었는데, 우선 꼭 필요하지 않은 토지는 모두 팔아치웠다. 또 개인물품 중에서도 비싼 값으로 팔릴 만한 것들은 몽땅 팔았다. 그래도 부족해서 백성들에게 기부금을 걷었다. 그런데 예상보다 많은 기부금이 모였다는 걸 보면, 로렌 공작 고드프루아는 당시로서는 드물게 선정(善政)을 베푼 영주였는지도 모른다.

고드프루아가 차남이었으므로 그와 동행해 십자군에 참가하는 두 동생은 셋째와 넷째였다. 삼남 외스타슈는 작은 영지의 영주였던 모양으로 그저 단순한 영주 일가의 일원은 아니었다. 하지만 사남 보두앵은 자기 영지가 전혀 없는 처지였다.

아들이 많아 모두에게 영토를 나눠줄 수 없는 경우, 그중 한 사람에게는 성직의 길이 마련된다. 보두앵에게도 이런 종류의 취직 자리가 있었지만, 그의 성직 경력은 일찌감치 끊어진다. 성직자가 되기 싫은 젊은이가 스스로 뛰쳐나왔는지 아니면 무슨 문제를 일으켜 쫓겨났는지는 알 수 없다. 어쨌든 보두앵의 성직 경력은 시작하자마자 좌절되었고, 이제 막 삼십대에 들어선 젊은이는 아무것도 상속받지 못하는 처지이면서 결혼까지 한 상태였다.

고드프루아는 이 막내동생 보두앵 외에 동명이인인 또다른 보두앵도 십자군에 동행하도록 했다. 이 보두앵은 그들과는 사촌지간인데, 영주의 사촌이라면 그 역시 재산을 전혀 상속받지 못했을 가능성이 크다. 하지만 고드프루아와 이 두 명의 보두앵으로 이뤄진 로렌 공작 일족은 제1차 십자군에서 무척 중요한 역할을 하게 된다.

그렇다면 제1차 십자군이란 마치 여러 일족 무리가 떠난 원정이라 할 수 있지 않을까 싶다면, 그 생각이 맞다.

노르망디 공작에 블루아 백작, 툴루즈 백작, 로렌 공작. 이들은 공작과 백작인 만큼 우아하고 화려하며 귀족적인 사람들이었을 거라고 생각하겠지만, 그건 중세 후기가 되어서야 나타나는 중앙집권 시대의 산물인 궁정 귀족들에게나 해당되는 얘기지, 기나긴 중세의 전기와 후기의 경계에 해당하는 십자군 시대에서는 전혀 그렇지 않았다.

그 시대의 공작, 후작, 백작, 남작이란, 자기 힘으로 획득하고 자기 힘으로 유지하는 영지의 주인이고, 그것을 위해 없어서는 안 될 군사력으로, 핏줄로 이어진 일족 무리를 이끄는 우두머리였다.

역사에서는 '귀족'이라고 쓰지만 실상은 '호족'이자 '부족'이며, 스코틀랜드로 치면 '일가'라는 뜻의 '클랜(Clan)'이었던 것이다. 그 증거로 그들 모두 유래가 있는 문장(紋章)을 가지고, 행군할 때는 그것을 그려넣은 깃발을 앞세웠으며, 전장에서는 그 각양각색의 깃발 아래 분투하게 된다.

교황 우르바누스가 십자군 전사는 누구나 가슴이나 등에 붉은 십자를 달라고 한 것도, 가지각색의 표시를 방치하게 되면 십자군으로서의 통일성을 기할 수 없고, 그렇다고 그 문장들을 모두 없애는 것도 비현실적이니 최소한 붉은 십자 표시로 통일성을 기하자는 의도도 있었다. 군웅할거 시대에 이러한 '영웅'들을 하나의 목적을 위해 내보내는 것은, 서유럽 그리스도교도의 최고 우두머리이기도 한 로마 교황에게도 간단한 일이 아니었던 것이다.

그러나 공작이나 백작으로 호칭되지만 실상은 '클랜의 우두머리'였기 때문에, 우두머리가 십자군 원정이라는 모험에 나서겠다고 결정한 이상 일족 무리는 그에 따라야 했다. 이것이 당시 남자들에게는 당연한 삶의 방식이었다.

여러 면에서 제1차 십자군에 참가하는 제후의 전형에 해당하는 로렌 공작과 그 일족 무리가 이끄는 군대의 규모는 기병 1만 명과 보병 3만 명에 이르렀다고 한다. 하지만 이것은 상당히 과장된 숫자이고, 연구자들은 잘해야 그 절반이었을 거라고 말한다. 그래도 역시 제후들의 우두머리로서는 바람직한, 프랑스 왕 못지않은 군사력이었다.

더구나 기병과 보병 전원이 작은 철제 고리를 그물 모양으로 짠 '호버크(hauberk)'로 온몸을 감싸고, 그 위에 둔탁하게 빛나는 강철 갑옷을 걸친 중무장이었다. 그러므로 전투에서 이 2만의 병사가 접근해오는 것만으로도 적은 압도당했을 것이다. 더군다나 군대의 규율도 엄격해, 그들은 로렌 공작의 명령이 떨어지기만 하면 한 덩어리가 되어 돌격하는 전사 집단이었다.

풀리아 공작 보에몬드 디 알타빌라

제1차 십자군에는 로렌 공작 고드프루아 외에 또 한 사람, 왕자라는 의미이기도 한 '프린치페(principe)'라 불렸지만 사실은 이탈리아어로 우두머리를 뜻하는 '카포(capo)'로 불리는 것이 더 어울리는 남자가 있었다. 그는 풀리아 공작 보에몬드다.

이 시대는 노르만족이 크게 활약한 때이기도 한데, 일부는 북쪽으로 나아가 영국을 정복해서 노르만 왕조를 수립했고, 다른 일부는 지중해로 진출해 이탈리아 남부에서 비잔틴제국 세력을 쫓아내고 이슬람 세력하에 있던 시칠리아까지 정복해서 지중해 한가운데에 노르만 왕조를 세웠다. 그들이 바로 알타빌라 가(Casa d'Altavilla)에 속한 사람들이다. 게다가 이탈리아 남부에서는 아드리아 해만 건너면 바로 닿는 그리스에 상륙해 곧 비잔틴제국 심장부에까지 다가갈 기세였다. 풀리아 공작 보에몬드도 그 이전 몇 년간은 비잔틴제국의 군대와 싸워왔다.

비잔틴 군대와 싸운 전력이 있는 보에몬드가, 비잔틴제국 황제의 요청으로 시작된 십자군에 마흔일곱이라는 나이로 참가하기로 한 이유는 무엇일까.

답은 실로 간단하다. 자신만의 영지, 그것도 광대하고 풍요로운 영지를 원했다는 것.

시칠리아의 왕위는 아버지 로베르 기스카르의 총애를 받고 있던 동생 로제르가 차지하고 있었다. 보에몬드는 다른 곳으로 뜻을 펼칠 요량으로 전력을 쏟아부어 그리스를 침략했지만 비잔틴제국의 요청을 받은 베네치아 해군에 가로막혀 좌절되었다. 지상에서는 강했지만 노르만인은 해군을 갖고 있지 않았던 것이다. 그 해군을 손에 넣기 위해 이탈리아 해양국가 중 하나인 아말피를 한창 공격하던 중에, 클레르몽에서 우르바누스 2세가 십자군 원정을 제창했다는 사실을 알게 된다.

알타빌라 가
(파란색 바탕에 흰색과 붉은색 체크무늬 대각선 띠)

두말없이 즉시 참가 의사를 알리고 십자가에 서약했지만, 풀리아 공작 보에몬드는 십자군에 참가한 제후 중에서 예루살렘 해방이라는 슬로건에 조금도 감흥이 없었던 남자가 아니었을까 싶다.

그래도 그는 마흔일곱이 될 때까지 대부분의 시간을 전장에서 보낸 남자였다. 원정에 무엇이 중요한지 익히 알고 있었다.

이탈리아 남부 전역에 총동원령을 내린 결과 보에몬드는 기병 1만 명에 보병 2만 명을 모으는 데 성공한다. 다만 이 경우 역시 연구자들에 따르면 도합 3만 명이라는 숫자는 과장된 것이고 잘해야 그 절반이라고 하므로, 실제로는 1만 5천 명이 채 안 되었을 것이다.

하지만 전투가 벌어질 때 최전선에서 병사들을 지휘하며 싸우는 부대장급으로는, 이탈리아 남부와 시칠리아에 흩어져 있던 노르만 일족 중에서 특별히 젊고 유능한 남자들을 뽑아왔다. 모두 '귀족'으로 불렸지만 사실은 소영주들로 나름 전투에 익숙했고, 전투가 없을 때는 마상 창시합 등을 하며 일상적으로 실력을 연마해온 남자들이었다.

이런 '귀족'들의 수를 따지면 레몽이나 고드프루아의 군대보다 보에몬드의 군대 쪽이 훨씬 많았다.

이것을 보면 레몽 군대의 숫자와 고드프루아 군대의 장비에 비해 보에몬드의 군대는 정예병을 모아놓은 것이 특징이었다고 생각할 수 있다.

이때 보에몬드가 뽑은 최고의 정예 전사는, 보에몬드의 조카이자 이제 막 이십대에 접어든 탄크레디였다.

보통 제후들의 외모에 대해서는 기록이 없어 알기 어렵지만 풀리아 공작 보에몬드만은 예외다. 여자들이 그의 외모를 묘사한 글이 남아 있는데, 이 보에몬드라는 남자는 이상하게 여자들에게 인기가 많았다. 게다가 그리스도교도뿐 아니라 적인 이슬람교도 여자들한테까지 인기가 있었다고 한다.

비잔틴제국의 수도 콘스탄티노플에서 만난 황제의 딸 안나 콤네나의 눈에 비친 마흔일곱 살의 보에몬드는 다음과 같은 남자였다.

전체적으로 키가 큰, 유럽에서 온 제후들 속에 섞여 있어도 머리 하나만큼은 더 크고, 금발이며, 몸은 마른 편이나 탄탄한 체격이다. 파란 눈으로 쏘아보듯 사람들을 바라보고, 당당한 행동거지는 자존심이 세다는 것을 보여주며, 거친 성격이면서도 냉정하고 교활하다. 그러면서 뭐라 표현할 수 없는 매력을 풍긴다.

여자란 결혼상대를 고를 때는 안정을 최우선으로 생각하지만, 그게 아니라면 사회의 통념에서 벗어나 있고 신뢰할 수도 없는 형편없는 인간이라는 것을 알아도 미워할 수 없는 남자에게 끌리는 법이다. 위험하다는 걸 알면서도 모험에 나서는 남자에게 매력을 느끼는 것이다. 이런 유의 남자는 여자에게 나이와 종교의 차이를 넘어 그저 '남자'로만 보이는 존재다. 성도 예루살렘의 해방이라는 슬로건에 가슴이 뜨거워지지 않는 것쯤은 여자에게 아무 상관이 없는 것이었다.

이 보에몬드를 포함한 제후들이 제1차 십자군의 주인공이다. 하지만 그중에서도 주요 멤버를 고른다면 다음의 세 쌍, 여섯 명일 것이다.

툴루즈 백작 레몽과 교황의 대리인인 아데마르 주교.

로렌 공작 고드프루아와 그의 동생 보두앵.

그리고 풀리아 공작 보에몬드와 그의 조카 탄크레디.

이 멤버는 모두 강력한 군대를 이끌고 있었는데, 전장에서는 군사력의 대소가 발언권을 좌우한다. 그러나 그들이 주요 멤버가 된 이유는 그것만이 아니었다. 다른 무언가를, 그들은 갖고 있었다.

연대기 작가가 말하는 숫자를 믿는다면, 이들 제후가 이끈 병사의 총수는 족히 10만 명을 넘는 대단한 군세였다. 이것이 사실이라면 로마제국 전성기의 황제였던 트라야누스가 오리엔트 원정을 떠날 때 이끌었던 규모에 필적하는 셈인데, 오늘날의 연구자들 말을 믿는다면 실제 수는 그 절반인 5만 명 정도였을 것이다. 그래도 대군이다.

하지만 이 십자군에 최고사령관은 처음부터 끝까지 존재하지 않았다. 아니, 최고사령관을 정하자고 말을 꺼낸 사람조차 없었다. 그 때문에 지휘계통의 일원화는 끝내 이루어지지 않았고, 따라서 5만 명의 군대가 유기적으로 활용되는 일은 좀처럼 없었다.

오리엔트로 갈 때도 각자 다른 길을 택했고, 출발 시기도 제각각이었다. 그래도 집결지는 정해져 있었는데, 그것은 비잔틴제국의 수도 콘스탄티노플이었다.

제2장

우선 콘스탄티노플로

‘민중 십자군’의 운명

은자 피에르의 십자군은 교황이 정한 1096년 8월 15일이라는 출발일을 지키기는커녕 그보다 훨씬 빠른 시기에 출발했다. 비잔틴제국 황제 알렉시우스는 7월 말에 벌써 그들이 콘스탄티노플에 접근중이라는 보고를 받고 깜짝 놀랐다. 도착이 빨라서 놀란 것이 아니었다. 접근중이라는 십자군의 실태에 깜짝 놀랐던 것이다.

교황에게 원군 파견을 요청했을 때 황제가 기대했던 것은 전문 병사들의 파견이었다. 고대 로마제국과 달리 강력한 상비군의 전통이 없는 비잔틴제국은 용병을 쓰는 데 익숙했다. 이 시기 수도 콘스탄티노플을 지키는 병사 중에는 노르만족에 정복당한 영국에서 도망쳐온 색슨족이 많았다. 즉시 전선에 투입할 수 있을 만큼 훈련된 상태가 아니라면 돈을 주고 고용하는 의미가 없다. 황제 알렉시우스는 교황 우르바누스의 제창에 응해 일어난 제후들의 이야기를 전해 듣고, 돈으로 고용해 바로 전장에 나설 수 있는 병사들이 도착하기를 기다리고 있었던 것이다.

그런데 맨 처음에 모습을 드러낸 것은, 무기다운 무기도 없이 군장은커녕 누더기를 몸에 걸친 대집단이었다. 그것도 유럽에서 헝가리를 가로질러 발칸반도를 남하하는 반년의 세월 동안 피폐해질 대로 피폐해져서, 영락없는 거지 떼로밖에 보이지 않았다. 유럽을 뒤로할 때의 절반 이하로 줄었다고는 하지만, 그래도 수만 명에 이르는 군중이다. 남자만이 아니라 여자나 어린아이까지 포함된 수많은 사람들이 먹을 것과 입을 것, 그리고 여름이니 잠만 잘 수 있으면 충분하다 해도, 거처까지 요구해온 것이다.

황제 입장에서 보면 은자 피에르가 이끄는 십자군은 쓸모없을 뿐만 아니라 오히려 문제를 일으킬 게 뻔한 존재들이었다. 가난한 민중이 밀려들자 수도 근처에 사는 주민들의 불만의 목소리도 들려왔다. 황제는 이 민중 십자군 중 단 한 사람도 수도에 들어오는 것을 금했다. 아니, 금하는 정도가 아니라 아예 군대를 보내 철저하게 저지하고, 피에르만 궁전으로 불러들였다. 이만한 사람들을 선동하는 데 성공한 당사자를 보고 싶다는 호기심도 있었다.

황제 알렉시우스는 그해 마흔아홉 살이었다. 황제는, 프랑스 북부 출신에 사십대 후반에 접어든 남루한 차림의 은자를 보자마자 그들이 원하는 바를 알아차렸던 모양이다. 피에르가 요구하는, 하루빨리 성지 팔레스티나로 가고 싶다는 희망을 들어주기로 한 것이다. 황제는 피에르가 이끄는 십자군에게 먹을 것과 입을 것을 주었다. 그리고 보스포루스 해협을 건너 소아시아에 상륙하는 데 필요한 배도 제공했다.

그저 성가신 존재를 내쫓은 것이었을 뿐, 은자 피에르의 십자군이 언제쯤 보스포루스 해협을 건너 소아시아 땅을 밟았는지는 알려져 있지 않다. 하지만 그 수만 해도 수만 명이었다. 게다가 해협의 폭은 좁아도 파도가 높아 겨울이 다가올수록 바다를 건너는 것이 힘들어진다. 아마도 민중 십자군에 대한 이런 조치는 여름에 시작되어 가을에는 이미 끝났을 것이다. 은자 피에르의 십자군과 그후에 속속 도착하는 제후들의 십자군이 콘스탄티노플에서 맞닥뜨린 일은 없었기 때문이다.

이렇게 비잔틴제국 황제는, 그리스정교와 가톨릭이라는 종파의 차이는 있지만 같은 그리스도교도인 피에르와 그를 따라온 사람들을 이슬람 병사들이 기다리는 소아시아로 보내버렸다. 비잔틴제국령인 발칸 지역에서 그들이 행한 강탈과 행패가 변호의 여지 없는 만행이었다는 것은 사실이다. 또한 그렇게 많은 빈민들을 수도 근처에 머무르게 한다면 사회문제가 되었을 것이다. 소아시아로 보내버린 후의 결과는 누구라도 예상할 수 있었다. 그런데도 이 성가신 존재를 내쫓아버린 일은 비잔틴제국 주민인 그리스인들로부터 지지를 받았다.

이 시대 그리스인은 자신들이 라틴인이라 부르던 유럽인을 문명이 뒤떨어졌다며 멸시했다. 하지만 라틴인들 역시 십자군 원정을 통해 그들과 접촉하는 일이 잦아짐에 따라 그리스인을 혐오하게 된다. 그 시작이 은자 피에르의 십자군에 대한 그리스인들의 태도였다. 어쨌든 형식적으로는 친절한 배웅을 받고 떠난 민중 십자군을 기다리고 있었던 것은, 발칸 지역에서 만났던 것처럼 공포에 떠는 그리스도교도가 아니라, 이슬람 세계에서도 용맹하기로 소문난 셀주크투르크의 병사들이었다.

은자 피에르가 이끄는 십자군은 소아시아 땅에서 안개처럼 흩어져 사라진다. 이슬람측의 기록에 따르면 이 십자군은 투르크군과의 전투에서 2만 명이나 목숨을 잃었다고 한다. 그밖에 물과 먹을 것이 없어서 죽기도 했고, 기진맥진해서 쓰러져 있는 것을 인근 주민들이 죽이기도 했다. 여름에 보스포루스 해협을 건널 때만 해도 5만 명은 되었는데, 그해 가을에는 그중 절반 이상이 이미 '순교자'가 된 것이다. 교황 우르바누스는 십자군의 목적을 달성하지 못하고 도중에 죽어도 '순교자'로서 천국에 갈 수 있다고 보증해주었다.

이 고난 끝에 어느 정도의 사람들이 살아남았는지는 알 수 없다. 투르크군과의 전투 때 콘스탄티노플에 가 있어 목숨을 건진 은자 피에르와 그 외에 살아남은 사람들은 이듬해인 1097년 봄부터 소아시아로 향하기 시작한 제후들의 십자군에 흡수되기도 했고, 자기들 마음대로 동방으로 향한 사람들은 투르크 병사의 습격을 받거나 길가에 쓰러져 여기저기에 나뒹구는 주검 신세가 되었다. 은자 피에르의 열광적인 선동으로 들고일어나, 물도 먹을 것도 신이 준비해줄 거라고 믿고 고향을 떠나 동방으로 향한 '민중 십자군'은, 성지 가까이 다가가지도 못하고 소아시아에 발을 들여놓자마자 소멸한 것이다.

제후들, 속속 도착하다

이 '민중 십자군'이 소아시아로 떠난 해 가을에서 겨울에 걸쳐, 비잔틴제국의 수도 콘스탄티노플에는 '제후들의 십자군'이 도착하기 시작한다.

가장 먼저 도착한 프랑스 왕의 동생 위그가 이끄는 군대는 규모가 작았으므로 비잔틴제국의 황제도 대처하기에 용이했다.

교황 우르바누스가 정한 출발일에 맞춰 1096년 8월 15일 프랑스 북서부에서 출발한 베르망두아 백작 위그와 그 일행은, 클레르몽으로 남하한 후 남동쪽으로 접어들어 알프스 산맥을 넘었다. 이탈리아 반도에 들어가고 나서는 고대 아우렐리아 가도로 제노바, 피사, 로마를 거치고, 로마에서는 아피아 가도를 통해 바리에 도착해, 여기서 배로 아드리아 해를 횡단해 건너편 항구 두러스에 상륙했을 때는 이미 가을이 깊어가고 있었다.

이곳 두러스에서는 비잔틴제국의 수비대가 기다리고 있었다. 수비대가 수도까지 경호해주겠다고 하여, 그들을 따라 고대 에그나티아 가도를 통해 콘스탄티노플에 도착한 것이다.

비잔틴제국의 수비대가 길잡이로 나선 것은 황제의 명령을 받았기 때문인데, 그 명령에 숨겨진 속뜻은 비잔틴제국 영내에서 강탈 등의 폭력행위를 저지를 수 없도록 감시하며 수도까지 데려오라는 것이었다. '민중 십자군'은 비잔틴제국령인 발칸 지방과 그리스에서도 주민들에게 지울 수 없는 악감정을 남겼던 것이다.

콘스탄티노플에 도착한 위그는 황제의 손님으로 대우를 받았지만,

실상은 허울 좋은 인질이나 다름없었다. 이끌고 온 병사들과도 따로 떨어져 있었으니까.

위그에 이어 콘스탄티노플에 들어온 것은 로렌 공작 고드프루아가 이끄는 군대였는데, 그들도 8월 말에는 북유럽을 출발했었다. 이 군대는 로렌 지방에서 출발해 라인강을 따라 마인츠, 스트라스부르로 남하하고, 그후에는 길을 동쪽으로 틀어 도나우강을 따라 레겐스부르크, 빈을 통과한 다음 헝가리 왕의 영토로 들어갔다.

헝가리 왕과 주민은 반년 전 이 지역을 통과하면서 갖가지 폭력행위를 저지른 '민중 십자군'을 잊지 않고 있었다. 그렇지만 이번에 오는 건 중무장한 2만 명의 군대다. 무력으로 대항해서는 패배할 게 뻔했으므로, 헝가리 왕은 식량을 제공해달라는 고드프루아의 요구에 응하기로 했다.

하지만 식량을 제공했음에도 개의치 않고 군사력을 휘두를 것을 우려해, 로렌의 모든 군대가 헝가리 영토를 빠져나갈 때까지 붙잡아둘 인질을 요구했다.

쓸데없고 성가신 일을 피하고 싶었던 고드프루아는 막내동생 보두앵에게, 네가 가라고 명령했다. 보두앵은 인질이 되고 싶은 마음은 조금도 없었지만 형은 동생의 항변을 들으려고도 하지 않았다. 보두앵은 로렌군이 한 명도 빠짐없이 헝가리 영토를 벗어나 발칸반도에 들어갔음이 확인되고 나서야 형에게 돌아올 수 있었다.

비잔틴제국령이었던 발칸의 각 도시는 황제가 임명한 총독이 통치하고 있었다. 그들은 유럽에서 온 군대의 요구를 들어주라는 황제의 지령을 받은 상태였다. 이곳의 총독과 주민 역시 은자 피에르의 십자군이 통과할 때 당한 막대한 피해를 잊지 않았다. 유럽에서 온 병사라는 소리만 들어도 도망칠 정도였다. 게다가 서서히 접근하는 군대는 머리부터 발끝까지 무장한 이들이다. 황제의 지령이 없었어도 식량을 내놓았겠지만, 고드프루아도 그 이상은 요구하지 않았고, 대군이 행군할 때 일어나기 십상인 폭력사태도 일어나지 않았다. 이처럼 도중에서 병사를 잃는 일이 없었으므로 고드프루아는 병력을 그대로 유지한 채 콘스탄티노플에 도착할 수 있었다. 때는 1096년 12월 23일이었다.

그러나 1096년이 가기 전에 집결지 콘스탄티노플에 도착한 것은, 휘하 군대가 소규모였던 위그를 제외하면 로렌 공작의 군대뿐이었다.

다른 제후들은 출발이 늦었거나, 출발은 했으나 도중에 체류하는 기간이 길어지거나, 그도 아니면 비잔틴제국 수비대와 충돌하거나 해서 시간을 허비하는 바람에 육상으로나 해상으로나 이동하기 부적합한 겨울로 접어들고 말았다. 하는 수 없이 콘스탄티노플에 들어가려면 이듬해 봄까지 기다려야 했다.

노르망디 공작과 그의 매제인 블루아 백작, 그리고 플랑드르 백작으로 구성된 3인조는, 가을에 북서유럽에서 출발해 프랑스를 남하할 때까지는 좋았는데, 이탈리아로 들어간 후에는 행군이라기보다 수도원 시찰이나 각지의 관광을 즐기는 유람에 가까운 것이 되어버렸다. 이탈리아 남부의 항구 바리에 도착했을 때는 이미 겨울이었다. 겨울에 항해하는 것은 위험하다는 의견에 따라 기후가 온난한 이탈리아 남부에서 겨울을 지내기로 했다. 하루라도 빨리 팔레스티나로 가야 한다고 생각했던 플랑드르 백작은 기분이 상했다. 그래서 그 혼자 배를 조달해 자기 병사 5백 명만 데리고 먼저 떠났다. 남은 두 사람이 콘스탄티노플에 도착한 것은 이듬해인 1097년 5월에 접어든 뒤였다.

툴루즈 백작 레몽과 아데마르 주교는 10월이 되어서야 간신히 자기 영지가 있는 프랑스 남부에서 출발했는데, 프랑스 남부에서 곧장 동쪽으로 향해 이탈리아로 들어갔을 때는 이미 완연한 겨울이었다. 그래서 이탈리아 반도를 남하해 아드리아 해 서쪽 연안에 있는 바리에서 배를 타고 그리스로 가는 것이 아니라, 이탈리아 북부를 가로질러 아드리아 해 동쪽으로 나가 연안을 따라 남하하면서 두러스에 이르는 길을 택했다. 크게 우회하는 셈이지만 모든 도정이 육상이라 배에 의존할 필요가 없었기 때문이다.

하지만 병사의 수가 많은 것이 문제였다. 식량만 해도 엄청난 양이 필요한 군대를 이끌고 무사히 육로를 행군하는 것은 누구에게도 어려운 일이다. 더군다나 계절은 겨울이었다.

게다가 툴루즈 백작 레몽은 쉰다섯이라는 나이에도 자기 감정을 제대로 컨트롤할 줄 모르는 남자였다. 두러스까지 접근했을 때 사고가 일어나고 말았다. 레몽의 병사와 비잔틴제국 수비병이 서로 무기를 들고 격돌하는 바람에 아데마르 주교까지 부상을 당한 것이다.

이후 비잔틴제국 군대와의 사이에 긴장 관계가 이어졌지만, 그래도 이듬해인 1097년 4월에는 콘스탄티노플에 들어가는 데 성공한다. 하지만 3만은 되었다는 군대의 상당수를 행군중의 충돌로 잃었던 모양이다.

이탈리아 남부에서 출발했으니 답파할 거리가 제후들 중 가장 짧았음에도, 풀리아 공작 보에몬드와 그의 조카 탄크레디가 이끄는 이탈리아 남부의 노르만군은 1097년 4월에 접어들어서야 콘스탄티노플에 도착했다.

가깝다는 이유로 출발 자체가 늦어진 것도 있었다. 그러나 바로 얼마 전까지만 해도 비잔틴제국과 싸운 바 있던 보에몬드는 그리스를 잘 알고 있었다. 비잔틴제국 수비대가 지키는 두러스를 피해 남쪽으로 내려가 그리스 서쪽 연안에 상륙한 것이다. 게다가 그곳에서 그리스를 횡단해 콘스탄티노플로 향하는 길에 약탈을 거듭했다. 그렇다고 살인까지 저지르지는 않았던 모양이다. 말로는 군사훈련이라고 했으니 말이다.

그러면서 보에몬드는, 레몽의 군대가 콘스탄티노플 근처까지 다가왔다는 것을 알자 자기 군대의 지휘를 탄크레디에게 맡기고는 소수의 기병만 데리고 먼저 콘스탄티노플로 들어간다. 툴루즈 백작 레몽에게 추월당하는 것이 싫었기 때문인지도 모른다. 그나저나 비잔틴제국 황제의 영토 안에서 실컷 만행을 저질러놓고 당당하게 황제 앞에 나타난 걸 보면 그의 후안무치함도 대단하다. 하지만 이런 행위를 뻔뻔스

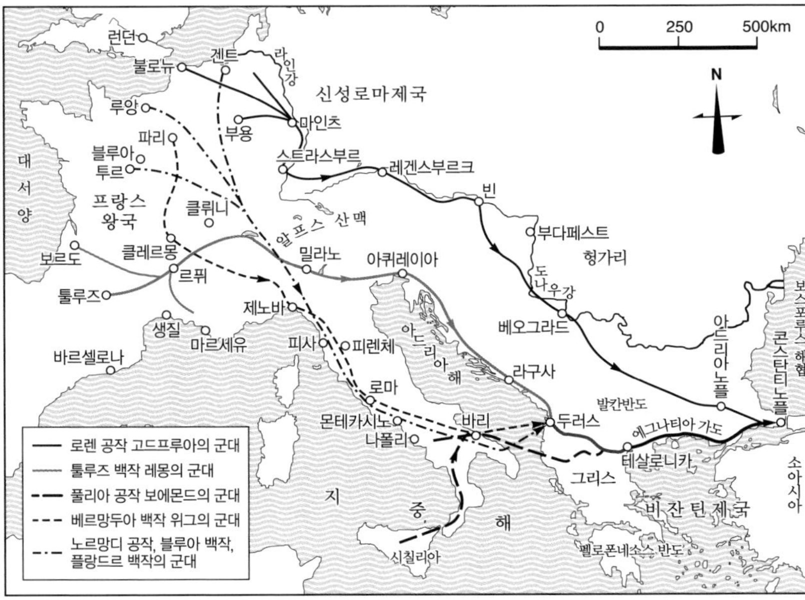

콘스탄티노플로 향한 제후들의 진로

럽게 해치우는 사람이 풀리아 공작 보에몬드이기도 했다. 물론 툴루즈 백작 레몽에게는 기분 좋은 이야기가 아니었다. 이후에도 이 두 사람은 사사건건 충돌하는 사이가 된다.

1095년 11월 클레르몽에서 교황 우르바누스 2세가 주창한 십자군의 구상은, 이렇게 1097년 봄 중계지인 콘스탄티노플에 전군이 집결함으로써, 성지 탈환과 성도 해방이라는 커다란 목적을 달성하는 길로 확실한 첫발을 내디딘 것처럼 보였다. 그런데 여기서 누구도 예상하지 못한 사태가 벌어진다. 위그를 제외하고는 가장 먼저 도착한 로렌 공작 고드프루아가 3개월이나 체류하면서도 받아들이려 하지 않았던 문제이기도 한데, 봄이 되어 제후들이 콘스탄티노플에 하나둘 도착하자 그것이 그들 앞에도 내밀어진다.

황제 알렉시우스의 음모

이 시기 비잔틴제국의 황제는 마흔아홉 살의 알렉시우스 콤네누스였다. 교황 우르바누스에게 원군을 파견해달라고 요청했던 사람이다. 알렉시우스는 황제이긴 하지만 오랜 세월에 걸쳐 제국의 고관이었던 유서 깊은 가문 출신은 아니다. 그가 속한 콤네누스 가문이 쿠데타를 일으켜 비잔틴제국의 황위를 손에 넣은 지 아직 반세기밖에 되지 않았다. 하지만 알렉시우스 자신은 15년이나 황위에 있었다. 그리고 그 15년간은, 보스포루스 해협 건너편까지 진출해온 이슬람 세력을 방어하느라 급급했던 세월이었다.

황제 알렉시우스는 발칸과 그리스 각지의 총독들의 보고를 통해, 서서히 접근해오는 제후들의 군대가 은자 피에르의 십자군과 전혀 다른 본격적인 전사 집단이라는 것을 알고 있었다. 그리고 일찌감치 도착해 황제 궁전의 손님으로 머무는 프랑스 왕의 동생 위그에게서, 이들의 최대 목적이 성지 팔레스티나의 탈환과 성도 예루살렘의 해방이라는 이야기도 들었을 것이다.

또한 위그는 이들 제후가 독립된 영토를 가진 한 지역의 당당한 주인이므로, 돈을 벌 요량으로 용병을 자처해 멀리 오리엔트까지 올 필요가 없는 이들이라는 것도 황제에게 이야기했을 것이다. 위그를 제외한 제후들 중에서 유일하게 1096년에 콘스탄티노플에 들어온 로렌 공작 고드프루아가 도착하기 전에, 황제 알렉시우스는 이미 일이 그가 기대하고 있던 것과는 다른 형국으로 진행되고 있다는 것을 알고 있었다. 노르만족이 정복한 영국에서 도망쳐온 색슨족을 용병으로 쓰는 것과는 전혀 다른 문제라는 것을.

그러나 황제 알렉시우스는 작전을 바꾸지 않았다. 도착하는 제후들 모두를 색슨족 용병을 고용하는 것과 같은 방식으로 대하기로 했다. 다시 말해 비잔틴제국 황제에게 충성을 서약하도록 한 것이다.

제후들이 오리엔트 땅에서 하려는 군사 행동에 대해서는 찬동한다. 오리엔트에 자신들과 같은 강력한 그리스도교도의 나라가 생기는 것도 찬성했는데, 그것은 이슬람 세계와 비잔틴제국 사이의 완충지대가 되기 때문이었다.

그러므로 그에 대한 지원은 약속하지만, 그 대신 제후들은 비잔틴제국 황제에게 절대적으로 충성을 맹세해야 한다고 한 것이다.

이렇게 되면 제후의 신분은 비잔틴제국 황제의 신하가 된다. 그렇다면 나중에 제후들이 그들의 군사력으로 정복한 땅의 모든 최고영유권도 자연스럽게 황제에게 돌아가게 되는 것이었다.

비잔틴제국 황제의 입장에서는, 소아시아는 바로 얼마 전까지 비잔틴제국의 영토였고, 시리아와 팔레스티나도 예전에는 비잔틴제국의 영토였다고 생각했는지도 모른다. 하지만 소아시아는 그렇다 쳐도, 시리아와 팔레스티나가 비잔틴제국의 영토였던 건 4백 년이나 지난 이야기였다.

요컨대 황제 알렉시우스는 유럽에서 온 군대를 이용해 이슬람교도에게 빼앗긴 옛 영토를 되찾으려고 한 것이다. 비유하자면 남의 떡으로 제사 지내자는 격이다.

이런 상황에서 황제가 갖고 있던 가장 효과적인 카드는 '배'였다. 대군이 보스포루스 해협을 건너려면 대량의 배가 필요하다. 지금 당장, 그것도 근방에서 그만한 배를 갖고 있는 것은 비잔틴제국뿐이었다. 그러므로 제후들이 황제에게 충성을 맹세하게 만들려면 그들의 군대가 보스포루스 해협을 건너기 전, 즉 그들이 아직 콘스탄티노플에 있는 동안에 해결해야 했다.

제후들에게는 도착하는 순서대로 서약서에 서명할 것을 요구하기로 했다. 전원이 모인 장소에서 요구하는 것이 아니라 각개격파를 노린 것이었다.

프랑스 왕의 동생 위그의 서명을 받는 건 간단히 끝났다. 사람이 좋아서 뒷일을 깊이 생각하지 않는 성격인 베르망두아 백작 위그는, 황제가 내미는 서약서에 서명했을 뿐만 아니라 콘스탄티노플에 막 도착한 로렌 공작 고드프루아를 설득하는 역할까지 맡고 나섰다.

로렌 공작 고드프루아의 군대는 황제의 지시에 따라 금각만을 사이에 두고 콘스탄티노플과 마주 보는 펠라 지역에 머무르고 있었다. 위그 백작은 황제의 배를 타고 그곳으로 찾아가 로렌 공작에게 서약서를 보여주며 서명을 권했다.

고드프루아는 비잔틴제국 황제와 얽히는 것을 피하고 싶었다. 자신은 서방의 황제인 하인리히 4세에게 충성을 맹세한 몸이므로 동방의 황제에게 같은 서약을 할 수는 없다며 정중하게 거절했다.

그러자 알렉시우스는 야영지에 있는 로렌군에게 식량 공급을 중단하는 수를 사용한다. 군량으로 압박하려 한 것이다. 그에 대해 로렌 공작은 곧바로 동생 보두앵에게 수도 근교의 마을들을 습격하도록 명했다. 그렇게 되자 황제도 식량 공급을 재개하지 않을 수 없었다.

그후에도 황제는 로렌 공작에 대한 압박을 포기하지 않았지만, 고드프루아는 태도를 바꾸지 않았다. 그래서 다시 식량 공급을 중단했고, 고드프루아는 전군을 이끌고 금각만 안쪽을 돌아 콘스탄티노플의 성벽 앞에 진을 치는 것으로 응수했다.

황궁은 성벽 가까이에 있었다. 곧바로 황제측도 활을 든 용병으로 구성된 수비대를 성벽 위에 일렬로 세워 단호한 방어 의지를 보였다. 하지만 군사충돌을 야기할 마음은 황제도 로렌 공작도 없었다. 고드프루아가 먼저 군대를 물리긴 했지만, 식량 공급은 재개되었다.

그러면서도 설득하러 찾아오는 위그 백작이 황제에게 가져가는 대답은 전혀 변하지 않았다. 어떤 때는 로렌 공작에게, 프랑스 왕의 동생이라는 신분을 생각하라는 일갈을 듣고 쫓겨난 적도 있었다.

그러나 봄이 다가오자 로렌 공작 고드프루아의 마음도 풀리기 시작한다. 툴루즈 백작 레몽의 군대도 가까이 왔고, 풀리아 공작 보에몬드의 군대도 접근했다는 보고가 들어왔다. 보스포루스 해협은 봄이 되면 건널 수 있다지만 대군이 한 번에 건널 수 있는 너비가 아니다. 수많은 배에 나눠 타고 건너야 한다. 또한 뒤따라 오는 군대가 도착하면 누구의 군대가 먼저 건널 것인가의 문제를 놓고 말썽이 일어날 것은 불 보듯 뻔했다.

그때 황제 알렉시우스가 내놓은 의견이, 아직 서약서에 서명을 안 했더라도 병사들이 보스포루스 해협을 건너는 건 상관없고, 배도 제공할 용의가 있다는 내용이었다. 고드프루아의 집요한 저항에 알렉시우스도 물러설 수밖에 없었을 것이다. 하지만 이것이, 봄이 찾아옴과 동시에 성지를 향한 행군을 재개하고 싶은 마음으로 가득했던 로렌 공작의 마음을 바꾸었다. 독일인답게 성실한 성격의 고드프루아도 어쩌면 3개월에 걸친 알렉시우스와의 줄다리기를 통해, 오리엔트화한 비잔틴제국 사람들의 사고방식을 배웠는지도 모른다. 충성 서약이란 그것을 서약한 자가 충성하고 싶다고 생각하는 동안만 유효하다는 사실을 말이다.

로렌 공작 고드프루아와 그의 군대가 콘스탄티노플에 들어간 것은 1096년 12월 23일이었다. 그가 서약서에 서명한 것은 이듬해인 1097년 4월 2일이 되고 나서다. 해상으로 가기 부적합한 계절이 끼어 있긴 했지만, 서명을 둘러싼 줄다리기가 벌써 3개월을 넘어서고 있었다. 그후에야 로렌군은 간신히 보스포루스 해협을 건너게 되었다.

도해가 시작된 것은 4월 4일. 고드프루아가 서명한 지 이틀밖에 지나지 않은 때였다. 도해는 순조롭게 진행되어, 그들은 승선 지점에서 동쪽으로 50킬로미터 지점에 있는 비잔틴제국의 최전선 기지에서 소아시아에서의 첫날밤을 맞았다.

황제 알렉시우스가 대결한 다음 상대는 풀리아 공작 보에몬드였다.

보에몬드는 예의 그 날카로운 시선을 황제에게서 떼지 않고 알렉시우스의 설명을 마지막까지 잠자코 들었다. 다 듣고 난 뒤에도 황제가 예상했던 것처럼 단칼에 거부하지는 않았다. 그 대신 황제의 얼굴에서 시선을 떼지 않고 말했다.

오리엔트 전선을 담당하는 비잔틴제국군의 최고사령관으로 임명해준다면 서명하겠노라고.

그 말에 황제도 말문이 막히고 말았다. 바로 얼마 전까지 있었던 비잔틴제국군과의 전투를 통해 보여준 이 노르만계 이탈리아인의 군사적 능력에 대해서는 지나치리만큼 잘 알고 있었다. 이 남자 손에 제국의 군사력을 맡긴다면, 그가 맨 먼저 할 일은 자신을 황제 자리에서 끌어내리는 것이리라고 알렉시우스는 생각했다.

입을 다물어버린 황제를 보고 보에몬드는 입가에 미소를 띠며, 탁상에 놓인 서약서를 자기 앞으로 가져다가 재깍 서명했다. 서약 같은 것을 전혀 믿지 않는 남자에게 그것을 요구한 황제 알렉시우스가 오히려 어리석어 보이는 장면이었다.

그러나 보에몬드의 오른팔로 나날이 명성을 높여가고 있던 탄크레디는, 도리에 어긋나는 일을 싫어하는 타고난 성격 때문에 서약서에 서명하는 것을 단호히 거부한다. 백부 보에몬드가 그냥 서명하라고 지시라도 했는지, 스물두 살의 이 젊은이가 마지못해 서명한 것은 소아시아로 건너가고 난 후였다.

이로써 보에몬드의 군대도 보스포루스 해협을 건너, 먼저 숙영지에 들어가 있던 고드프루아의 군대와 합류했다. 보에몬드의 군대가 해협을 건넌 것은 4월 26일이었다고 한다.

황제의 다음 상대는 그 직후 콘스탄티노플에 도착한 툴루즈 백작 레몽이었다. 동행하는 아데마르 주교는 성직자이기 때문에 이런 유의 충성과 무관했지만, 세속의 군주인 레몽은 대군을 이끌고 있다는 점에서도 황제가 반드시 굴복시켜야 할 거물이었다.

황제 알렉시우스가 다른 나라의 군사력을 이용해 자국의 안전을 보장하려 한다는 것은, 비잔틴제국 사람들이 촌뜨기라며 경멸하던 라틴인 레몽도 잘 알고 있었다. 황궁에 초대받아 서약서에 서명할 것을 강요당한 툴루즈 백작은, 자신보다 다섯 살 아래이며 호사스러운 황제 의상을 걸치고 있으나 빈약한 체격을 지닌 알렉시우스에게 한 마디 하지 않고는 배길 수 없었던 모양이었다.

"나는 신이 바라시는 일을 완수하러 이곳 오리엔트에 왔소. 그러므로 내가 따를 의무가 있는 것은 신과, 지상에서 그 신의 대리인인 로마 교황뿐이오." 그러고 나서 다시 덧붙였다.

"그러니 만약 비잔틴제국 황제인 당신이 직접 비잔틴제국군과 우리 군으로 구성된 그리스도교군을 이끈다면 나도 당신의 지휘에 따를 것이고, 당신이 요구하는 서약서에도 기꺼이 서명하겠소."

이것은 상당히 심술궂은 말이다. 용병을 부탁한 비잔틴제국에는 군사력이라 할 만한 것이 별로 없었고, 만약 있었다면 서유럽에 원군을 파견해달라고 요청할 필요도 없었을 것이다. 또한 자기 군사력이 없는 사람이 다른 사람을 지휘하는 총사령관을 맡을 수도 없었다.

황제 알렉시우스가 레몽의 이 말을 어떻게 생각했는지는 모르지만, 황제는 그 말에 아무런 대답도 하지 않고 서약서에 서명하라는 요구만 계속했다.

레몽 쪽에도 약점은 있었다. 첫째로 이미 앞서간 고드프루아와 보에몬드의 군대에 더이상 뒤처지고 싶지 않다는 것이었다. 하루라도 빨리 보스포루스 해협을 건너야 했다.

둘째로는 가슴속에 타오르기 시작한 고드프루아와 보에몬드에 대한 경쟁심 때문인지, 황제 알렉시우스와 좋은 관계를 유지해두는 것이 자신에게 유리하리라고 생각했던 것이다. 그래서 레몽은 타협하기로 했다. 보정(補正) 조항을 더하는 조건으로 서약서에 서명하기로 한 것이다.

그 보정 조항을 직역하면 다음과 같다.

"비잔틴제국 황제의 생명과 명예를 존중하고, 그것이 침범당하지 않도록 감시하며, 그 상태가 유지되도록 노력한다."

이렇게 되면 십자군이 정복하는 지방의 영유권을 비롯해서, 무엇을 어떻게 하는 것이 황제의 명예를 존중하고 또 침범하는 것인지 애매모호해진다. 이렇게 말뿐이고 알맹이는 없는, 다시 말해 해석하기 나름인 내용의 보정 조항을 꺼낸 레몽도 레몽이지만, 황제 쪽도 지금까지의 줄다리기로 많이 지쳐 있었다. 그렇다고 레몽 한 사람만 예외로 둘 수도 없었다.

그리고 레몽도 더이상 시간을 허비하고 싶지 않았다. 소아시아에서 로렌 공작의 군대가 일찌감치 움직이기 시작했다는 보고도 들어온 터였다. 툴루즈 백작 레몽은 기묘한 보정 조항을 더한 서약서에 서명했다. 그리하여 보에몬드의 군대보다 이틀 늦게 레몽의 군대도 보스포루스 해협을 건널 수 있었다.

이렇게 하여 드디어 고드프루아와 플랑드르 백작 로베르가 이끄는 북유럽의 군대, 보에몬드가 이끄는 이탈리아 남부의 군대, 그리고 레몽이 이끄는 프랑스 남부의 군대가 모두 본격적으로 이슬람 세계에 발을 들여놓은 것이다.

레몽의 군대까지 떠난 콘스탄티노플에, 5월이 되어서야 가까스로 도착한 것이 노르망디 공작과 블루아 백작 두 사람이었다. 각자 어느 정도 되는, 즉 수백 명에 달하는 병력을 이끌고 왔지만 앞서왔던 제후들의 군대에 비하면 소규모다. 앞서간 제후들도 서명했다는 말을 듣고 두 사람도 서약서에 서명했다.

소규모 전력밖에 이끌고 오지 못한 자는 전장에서든 외교의 장에서든 약한 입장에 놓일 수밖에 없다. 황제는 이들 두 사람에게는 줄다리기조차 시도하지 않았다. 선물 공세만 했을 뿐이다. 블루아 백작이 고향에 남겨두고 온 아내에게 보낸 편지의 내용처럼.

"사랑하는 아델라여, 그대의 아버지(정복왕 윌리엄)께서도 좋은 선물을 많이 주셨지만, 이곳 황제가 우리 두 사람에게 보내온 것들의 호

콘스탄티노플과 그 주변

화로움에 비하면 아무것도 아니라는 생각이 든다는 것을 고백하지 않을 수 없소."

귀스타브 도레의 그림에 나오는, 콘스탄티노플의 호화로움에 경탄하는 서유럽의 기사들이 바로 이 두 사람을 말하는 게 아닌가 싶기도 하다. 왜냐하면 이 두 사람은 서약서에 서명한 후에도 여전히 비잔틴 제국의 수도에 머물렀고, 보스포루스 해협을 건너 소아시아로 들어간 것은 앞서간 제후들이 니케아를 공격하기 시작했다는 것을 알고 난 뒤였기 때문이다.

황제 알렉시우스는 기분 좋은 나날을 보내고 있었다.

은자 피에르의 십자군은 아무것도 갖고 있지 않은 빈민들이어서 대처하기 어려웠지만, 성가신 그들을 서둘러 내보냄으로써 그 문제도 해결했다.

이어서 도착한 제후들의 십자군은 그와 반대의 의미에서 대처하기 어려운 집단이었다. 그들이 마음만 먹는다면 비잔틴제국도 날려버릴 수 있는 군사력을 갖고 있었기 때문이다. 하지만 이 문제도 서약서에 서명하게 함으로써 극복할 수 있었다.

이 시점에서 알렉시우스는 믿어 의심치 않았다. 서방의 촌놈들을 자기 생각대로 부릴 수 있게 되었다고.

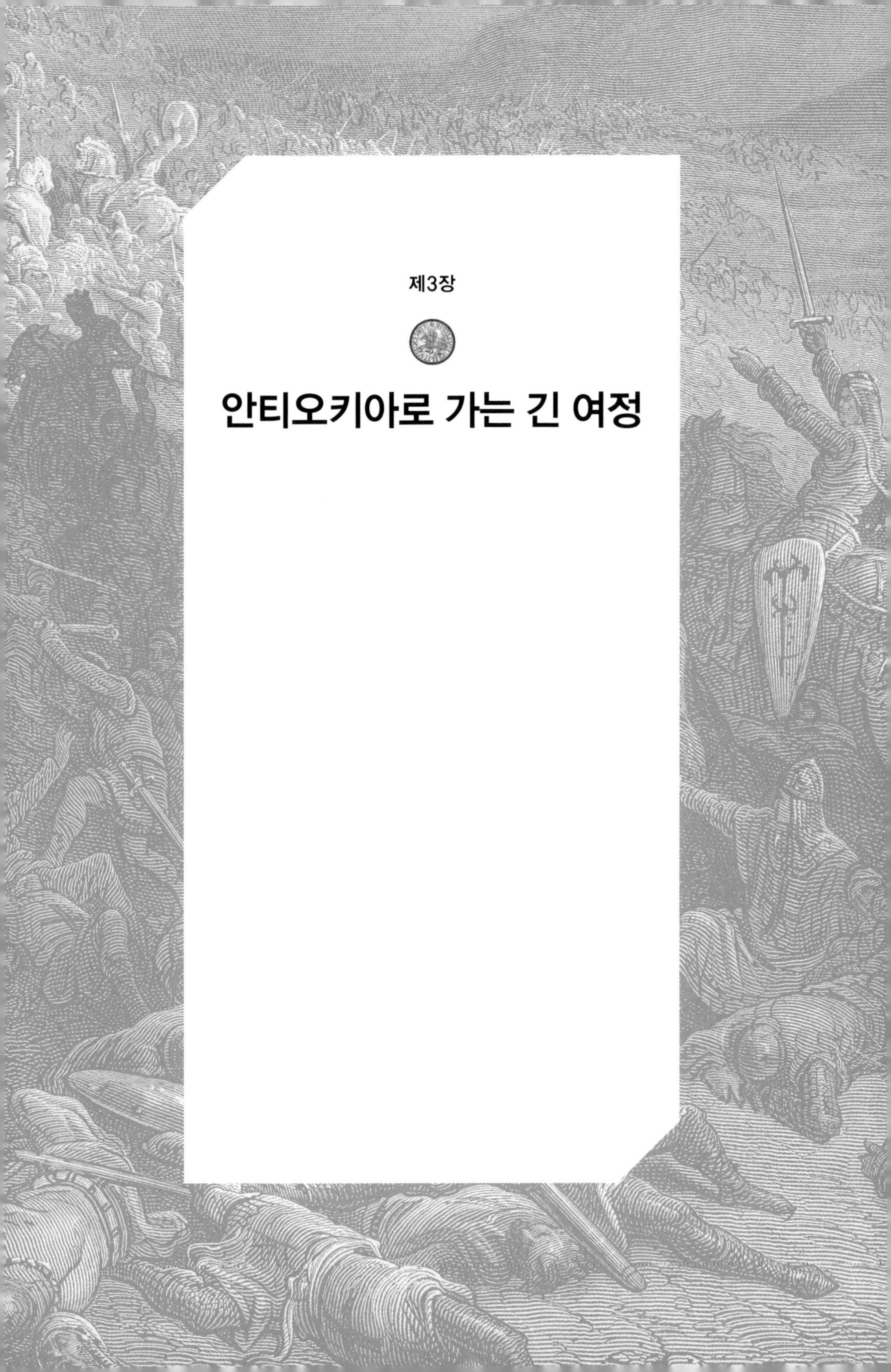

제3장

안티오키아로 가는 긴 여정

프랑크인

1097년 봄, 제후들이 발을 들여놓았을 당시의 소아시아는 셀주크투르크의 지배하에 있었다. 그렇지만 한 지배자 아래 통일되어 있었던 것은 아니다. 셀주크투르크 내의 두 부족이 영토 확장을 놓고 서로 싸우고 있었다.

크게 나눠보면 소아시아 서쪽은 니케아에 본거지를 둔 킬리지 아르슬란이, 동쪽은 코니아에 본거지를 둔 다니슈멘드가 지배하고 있었다. 이 두 사람은 몇 년 전부터 전쟁 상태에 있었다.

아르슬란은 용기는 부족할 것 없는 투르크인이었지만 아직 어린 열여섯 살이었다. 게다가 지난해에 은자 피에르가 이끄는 십자군을 상대로 대승을 거두었기 때문에 유럽인을 얕잡아보고 있었다. 제후들이 이끄는 군대가 상륙했다는 사실을 알고도 여전히 다니슈멘드를 상대로 전투를 계속하고 있었으니 말이다. 때문에 제후들이 니케아의 성벽 앞에 진을 쳤을 때, 니케아는 영주가 자리를 비운 상태였다.

소식을 들은 아르슬란은 황급히 다니슈멘드에게 휴전을 제안했고, 그것이 받아들여지자 서둘러 자기 군대를 이끌고 달려왔지만, 이 젊은 투르크 무장의 눈에 들어온 것은 자신의 수도를 포위하고 있는 프랑크인 대군이었다.

참고로 당시의 이슬람교도는, 투르크인이든 아랍인이든 이집트인이든, 어느 지역 출신이건 상관없이 서유럽 사람을 전부 '프랑크인'이라고 불렀다. 또한 비잔틴제국의 백성인 그리스인은 '로마인'이라 불렀다. 비잔틴제국이 공식적으로는 여전히 로마제국으로 칭해지고 있었기 때문일 것이다.

이 '프랑크인'이라는 호칭은 대충 정한 것으로 보여도 꽤 적확한 총칭이었다. 사실 유럽인들은 스스로를 '유럽인'이라고 칭하지 않았다. '유럽'이라는 개념조차 존재하지 않았고, 따라서 '유럽인' 자체가 존재하지 않았기 때문이다.

게다가 중세 유럽은 근대 이후처럼 프랑스, 영국, 독일, 이탈리아, 스페인 등으로 명확하게 나뉘어 있지 않았다. 그러므로 프랑스인, 영국인, 독일인, 이탈리아인, 스페인인으로 확실히 구분할 수도 없었다.

로렌 공작 고드프루아에게는 독일의 피도, 프랑스의 피도 흐르고 있었다.

툴루즈 백작 레몽은 프랑스 남부 일대의 영주이므로 프랑스인이라

할 수 있지만, 스페인의 아라곤 가문 사람을 아내로 맞이했다. 같은 프랑스라도 북동부 플랑드르 사람의 경우는 프랑스 쪽 피보다 스칸디나비아의 피를 더 많이 물려받았다.

게다가 이 시기에 크게 활약한 노르만인의 경우는 구분하기가 더 어렵다. 그들은 현지 적응력이 굉장히 좋아서, '노르만 정복'으로 영국인이 된 사람 외에도, 유럽 대륙에 남은 사람은 노르망디 지방의 프랑스인이 되고, 남하하여 이탈리아 남부와 시칠리아를 지배한 노르만인은 이탈리아인이 되었다. 그 때문에 2백 년도 지나지 않아 노르만족은, 이런 표현이 가능하다면, '적극적 소멸'을 하고 만다.

그렇게 이탈리아화했다는 이유로 이 책에서는, 같은 노르만인 중에서도 이탈리아를 지배하게 된 사람들은 풀리아 공작 보에몬드나 그의 조카 탄크레디처럼 이탈리아어식으로 표기하고 있다.* 독일인도 확실한 근거가 있다면 독일식으로 표기했다. 또한 영어식으로 읽을 수밖에 없는 사자심왕 리처드도, 실은 영국인이기 이전에 프랑스인이었고, 그의 영토 역시 프랑스까지 펼쳐져 있었다.

이것이 당시 유럽의 실정이었다. 그러므로 이슬람측이 이런 그들을 한데 묶어 '프랑크인'이라고 부른 것은 자연스러운 결과였다. 요컨대 '유럽인'이라는 호칭이 존재하지 않았던 시대의 유럽인이 '프랑크인'이었던 셈이다.

---

* 국내에서는 프랑스어식 표기인 '보에몽'과 '탕크레드'가 보편적으로 쓰이고 있으나, 저자 시오노 나나미의 의도를 존중해 본문과 같이 표기하였다. (옮긴이 주)

그러나 이슬람측이 '로마인'이라고 불렀던 비잔틴제국의 백성인 그리스인의 경우는 사정이 좀 다르다. 같은 이슬람교도면서 아프리카 북부에 살며 남유럽 일대를 휩쓸고 다녔던 해적들 역시, 『로마 멸망 이후의 지중해 세계』에서 이미 말한 것처럼, 지중해에 면한 남유럽에 사는 사람들을 '루미(Roumi, 로마인)'라고 불렀다. 이 사람들은 그리스인이 아니다. 하지만 이탈리아 남부와 시칠리아가 오랫동안 비잔틴제국의 영토였기 때문에 그렇게 부른 것이다.

중세의 비잔틴제국이 고대 로마제국을 계승한 나라라는 것은 비잔틴제국 스스로도 공식적으로 표명한 바 있다. 그러나 이슬람 세계는 고대 로마제국이 멸망한 후인 7세기에 발흥한 세계다. 이들은 로마가 로마였던 시대의 로마인을 모르는 사람들인 것이다. 그들이 알고 있는 것은 그리스도교화한 이후의 로마인이었다. 그러므로 비잔틴제국에 사는 그리스정교도와 남유럽에 사는 가톨릭교도를 한데 묶어 '루미'라고 부른 것이다. 아예 사정을 몰랐으니 그렇게 부르는 것에 저항감을 느끼지도 않았을 게 분명하다.

그러나 오늘날 우리는 천 년 전의 이슬람교도와 달리 '로마가 로마였던 시대의 로마인', 즉 그리스도교화하기 이전의 로마인을 알고 있다. 그러므로 천 년 전의 이슬람교도와 마찬가지로 비잔틴제국의 백성을 '로마인'으로 부르면 혼란스러워진다. 그래서 여기서는 '프랑크인'은 그대로 두더라도, 이슬람측이 생각하는 '로마인'은 '그리스인'이라는 호칭으로 바꾸기로 한다. 실제로 민족으로는 그리스인이었으니까.

또한 '프랑크인'은 동시대의 이슬람교도를 '아랍인'으로 불렀다. 아랍인이 아니라 투르크인이든 쿠르드족 출신이든 서유럽에서 온 그리스도교도에게는 모두 '아랍인'이었던 것이다. 코란이 아랍어로 쓰여 있으므로 교양인이라면 아랍어를 아는 것이 당연하게 여겨졌기 때문에, 이슬람교도의 대표라는 의미를 담아 그렇게 불렀는지도 모른다.

어쨌든 동방이나 서방이나 호칭 하나도 상당히 엉성했던 것이 중세 시대이자 십자군 시대였다.

니케아 공략

니케아는 콘스탄티누스 대제가 최초로 공의회를 개최했던 곳이며, 고대 로마시대부터 널리 알려진 고도였다. 방어체제도 완비되어 있었는데, 6킬로미터나 되는 긴 성벽이 도시 전체를 둘러싸고 있었다.

하지만 주민 중에는 비잔틴제국령이었던 시대와 다름없이 그리스인이 많아서, 이슬람화한 지 3백 년이나 된 중동처럼 그리스도교도를 2급 시민으로 대우하지는 않았다. 말을 타는 것이나 무기를 휴대하는 것까지 금지하기에는 그 수가 너무 많았던 것이다.

이 시대 소아시아의 거의 모든 도시에서 지배자와 그 밑의 전사 계급은 셀주크투르크인이었지만, 그 이외의 주민들은 대부분 그리스인인 경우가 많았는데, 니케아도 그런 도시 중 하나였다.

니케아의 영주인 투르크인 아르슬란이 제후들이 접근하고 있다는 보고를 받고서도 여느 때처럼 비잔틴제국 황제가 옛 영토를 되찾으러 프랑크의 용병을 보낸 것이리라 생각한 것도 무리는 아니었다. 이 시점에서 종교가 얽혀 있으리라고는 생각도 못 했을 테니까 말이다.

제후들은 이 고도를 영유하는 데는 관심이 없었지만, 그렇다고 니케아를 그대로 두고 앞으로 나아갈 수도 없는 일이었다. 미지의 땅인 소아시아를 북서쪽에서 남동쪽으로 답파해야 하는 만큼 배후를 안심할 수 있게 만들어야 했으므로, 니케아를 이슬람측에 남겨둘 수는 없었던 것이다.

1097년 4월 26일 니케아를 목표로 일단 두 세력의 군대가 출발했다. 제1군은 고드프루아가 이끄는 로렌군으로, 마르마라 해안을 따라 나아가다 니코메디아 근처를 지나 니케아로 향했다. 은자 피에르를 포함한 민중 십자군의 생존자들을 만난 것은 이 길을 나아가던 도중이었다.

이보다 조금 늦게 출발한 것이 보에몬드가 이끄는 이탈리아 남부의 군대다. 다만 이때 보에몬드는 비잔틴제국 해군과의 공동투쟁체제를 매듭짓기 위해 콘스탄티노플로 돌아가 있었으므로, 행군의 지휘는 탄크레디가 맡았다.

두 군대가 니케아를 둘러싼 성벽 앞에 도착한 것은 5월 6일이 되고 나서였다.

도착하자마자 두 군대 모두 성벽 앞에 진을 쳤다. 고드프루아군은 북쪽 성벽 앞에, 탄크레디가 이끄는 보에몬드군은 동쪽 성벽 앞에 진을 친 것이다. 보에몬드가 돌아온 것은 일주일 후인 13일이었다.

그리고 다시 사흘이 지난 5월 16일, 레몽이 이끄는 프랑스 남부 군대가 도착했다. 그들은 남쪽 성벽 앞에 진을 친다. 이 진영에는 플랑드르 백작이 이끄는 5백 명의 기병도 가세하게 된다.

6월 3일이 되어서야 겨우 도착한 노르망디 공작과 블루아 백작이 어느 진영에 가담했는지는 밝혀져 있지 않다. 이들에게는 가고 싶은 곳을 마음대로 고르라고 했을지도 모른다.

서쪽은 포위하지 않고 남겨두었는데, 서쪽 성벽은 호수에 면해 있기도 해서 방어가 허술했다. 더구나 이 호수는 바로 근처에 있는 마르마라 해로 통한다. 그래서 서쪽은 비잔틴제국군이 담당하기로 되어 있었다. 비잔틴제국에서 군대다운 군대는 해군뿐이므로, 적어도 군량 보급은 책임지겠다는 것이었다. 게다가 어쩐 일인지 황제 알렉시우스가 직접 보스포루스 해협을 건너, 제후들이 떠나고 없는 전선기지 펠레카눔에 와 있었다.

제후들의 십자군은 먼 유럽에서 병사들을 이끌고 오는 것만으로도 벅차, 무거운 공성기(攻城器)까지는 가져오지 못했다. 병사 수는 부족하지 않았지만, 제후들도 눈앞에 우뚝 솟은 견고한 성벽에 무작정 자기 군대를 돌진시킬 정도로 어리석지는 않았다. 그들은 일단 레몽이 도착하기를 기다렸고, 그가 도착하고 나서도 나흘간은, 영주가 자리에 없음에도 니케아 방어의 의지를 분명히 표명하는 투르크의 수비대와 성벽을 사이에 두고 마주 노려보기만 했다.

5월 21일, 전투중이던 다니슈멘드와 휴전하고 달려온 아르슬란이 이끄는 투르크 기병 1만 명이 공격해왔다. 임신중인 아내를 니케아에 두고 온 만큼, 젊은 투르크인 영주는 필사적이었다.

투르크군은 남쪽에서 공격해왔기 때문에, 그에 맞서 싸운 것은 레몽의 군대였다.

배후에서 공격해오리라고는 예상치 못했던 레몽의 군대는, 플랑드르 백작의 선전에도 불구하고 처음 한동안은 어려운 싸움을 하지 않을 수 없었다. 하지만 곧 고드프루아와 그의 동생 보두앵, 그리고 보에몬드와 그의 조카 탄크레디가 달려온 덕에, 유럽에서 온 제후들과 셀주크투르크의 첫 전투는 '프랑크인'의 승리로 끝났다.

시종 격렬한 전투가 이어졌다는 사실은 양군의 희생자 수가 증명해주었다. 투르크측은 4천 명이 넘는 전사자를 내고 패주했는데, 승리한 제후측의 전사자도 2천 명에 이르렀다. 이 격렬한 전투에서 젊은 술탄 역시 정신이 번쩍 들어 도망치고 말았다.

승리한 직후 그리스도교측이 전사한 투르크 병사 2천 명의 머리를 잘라, 천 급(級)은 니케아의 성벽 안으로 던져넣고 나머지 천 급은 자루에 담아 황제 알렉시우스에게 보냈다는 에피소드가 그후 서유럽에 널리 퍼졌다.

하지만 이 비참하고 잔혹한 에피소드에 대해 근현대의 서유럽 연구자들은, 몇 급을 성벽 안에 던져넣은 것은 인정하지만, 그 수가 천 급이라거나 절반을 황제에게 보냈다는 것은 언급하지 않는다.

또한 이슬람측 사료에는 이 참사 자체가 기록되어 있지 않다.

나는 이것도 이런 유의 사건에서 곧잘 찾아볼 수 있는 과장이라고 생각한다. 비참하고 잔혹한 에피소드는 승자 쪽이 너무 기쁜 나머지 숫자를 과장해서 남기는 경우가 의외로 많다. 그리고 패자가 남기는 경우에는 비극을 강조하기 위해 과장하기도 한다.

이러한 예는 역사를 대상으로 하는 자가 반드시 직면하는 문제인데, 이 사료들 사이를 통과해 최대한 사실에 가까이 다가가기 위해서는 다음 두 가지 조건이 필요하다.

첫째, 양자와 이해관계가 없는 제삼자가 남긴 기술이 존재할 것.

그러나 십자군의 역사에는 이런 제삼자가 없었다.

둘째, 정확성을 기하는 것이 습관이자 전통인 민족이 남긴 기록을 참고할 수 있을 것.

지금까지 내가 경험한바, 그 경우에 해당하는 나라는 둘밖에 없다. 중세 르네상스의 베네치아 공화국과 고대 로마제국이다.

베네치아 공화국은 상업국가였으므로 숫자가 정확하지 않으면 장사가 성립되지 않았기 때문이고, 로마제국은 다종교 다문화의 백성을 통합해 운명공동체로 기능하게 하기 위해 최대한 현상을 정확하게 파악할 필요가 있었기 때문이다. 고대 로마제국은 이미 멸망했고, 또한 베네치아 공화국은 이 당시 십자군에는 관여하지 않았다.

하지만 죽은 투르크 병사의 머리 몇 급을 니케아 성벽 안으로 던져 넣은 것은 사실이다. 성을 방어하는 투르크 병사의 사기를 떨어뜨리려는 의도였을 게 틀림없다. 실제로 전투에서 패한 술탄이 패주한 마당에 죽은 동료들의 머리까지 날아오자 방어하는 측의 사기는 급격히 떨어졌다. 하지만 이 기회를 활용한 것은 제후들이 아니라 근처에서 정세의 전개를 지켜보고 있던 황제 알렉시우스였다.

전사자를 매장하고 부상자 치료도 끝난 6월 17일, 제후들의 모든 진영은 니케아에 대한 총공격 준비를 완료했다. 다음 날 해가 뜨는 것을 신호로 북쪽, 동쪽, 남쪽 세 방향에서 동시에 공격을 가해, 그날 일몰 때까지는 니케아를 함락할 계획이었다.

6월 18일 이른 아침. 이미 각군은 성벽 앞에 진열을 정비하고 지휘관의 공격명령만 기다리고 있었다.

그런데 그때 소리 없는 외침이 일었다. 모두가 아연실색해 바라보는 가운데, 니케아 성벽에서도 가장 높은 곳에 있는 탑 위로 비잔틴제국의 깃발이 올라가 나부꼈던 것이다.

니케아가 이미 비잔틴제국의 영토라는 것을 이런 식으로 알게 된 제후들은 분개했다. 특히 젊은 탄크레디는 미친 듯이 격노했다.

황제 알렉시우스는 니케아를 무력으로 탈환할 마음이 처음부터 없었다. 니케아는 소아시아 중 콘스탄티노플과 가장 가까운 거리에 있으며 방어가 견고한 도시다. 주민 대부분이 그리스인이고, 비잔틴제국의 백성과 마찬가지로 그리스정교를 믿었다. 황제는 그런 니케아를 피 흘리지 않고 손에 넣는다면, 셀주크투르크에 빼앗긴 소아시아의 옛 영토를 수복하는 데 필요한 전선기지를 얻을 수 있을 거라고 생각했다.

그래서 황제는 비잔틴제국측의 담당구역이던 서쪽에서 성내로 밀사를 잠입시켰다. 투르크인이든 그리스인이든 병사와 주민 모두의 신변안전을 보장한다고 말하며, 비잔틴제국에 항복할 것을 권유했던 것이다.

믿고 있던 우군이 프랑크인에게 패하고, 그 군대를 이끈 술탄은 어디로 도망쳤는지도 모르는데다, 성 안으로 날아든 투르크 병사의 머리를 보고 놀라 어쩔 줄을 모르던 니케아 주민들은 황제의 권유를 받아들였다. 임신중이던 젊은 술탄의 아내도 갓 태어난 아기와 함께 콘스탄티노플로 보내져 안전한 생활을 보장받게 되었다.

제후들이 황제에게 분개한 것은, 약삭빠르게 니케아를 손에 넣은 황제의 방식 때문이 아니었다. 제후 중 그 누구도 니케아 왕 자리에 앉을 마음이 없었고 어서 동쪽으로 가고 싶어했다. 그러나 황제 알렉시우스는 투르크군과의 전투가 벌어진 5월 21일부터 총공격 개시일로 정해진 6월 18일까지 28일간, 제후들에게는 아무것도 알리지 않고 물밑에서 일을 진행했던 것이다. 게다가 그 성과가 분명해진 후에도 아무것도 몰랐던 것을 항의하는 제후에게, 전후사정을 해명하는 것이 아니라 콘스탄티노플에서 서명한 서약서를 들이밀 뿐이었다. 그때 서명한 것을 실행했을 뿐이라고. 그리고 곧바로 목숨만 살려주고 추방해버린 투르크 수비대를 대신해, 비잔틴제국 수비대를 보내 방어태세를 새로이 갖추었다.

탄크레디만큼 노골적으로 분노를 드러내지는 않았어도 모든 제후들이 결정적으로 황제 알렉시우스를 불신하게 된 시기는 이 니케아 공략 때부터다.

그러나 제후들에게는 아직 황제가 필요했다. 군량 보급과 함께 앞으로 소아시아를 답파하는 데 빼놓을 수 없는, 믿을 수 있는 길잡이가 필요했기 때문이다. 앞으로는 적지임이 분명한 지역을 가기 때문에 식량은 약탈을 해서라도 구할 수 있지만, 길 안내는 소아시아의 지세를 숙지하고 있는 그리스인에게 의지해야 했던 것이다. 그리고 그것을 제공할 수 있는 사람은 황제밖에 없었다.

6월 26일, 가져갈 수 있는 만큼의 물자를 받고 그리스인인 길잡이도 얻은 제후들은 차례로 니케아를 뒤로했다. 옛 로마 가도를 지나 드디어 소아시아의 내륙 깊숙이 발을 들여놓는다.

이런 프랑크군을 셀주크투르크의 대군이 기다리고 있었다. 패배 후 도망친 젊은 술탄이 숙적인 다니슈멘드를 찾아가, 프랑크인은 공동의 적이라고 설득해 군대를 제공받는 데 성공한 것이다.

도릴라이움 전투

니케아에서 동남쪽으로 30킬로미터쯤 나아간 곳에 있는 마을에 숙영하던 밤, 제후들은 회의 끝에 전군을 둘로 나눠 행군을 계속하기로 했다.

앞서가는 제1군은 풀리아 공작 보에몬드가 이끌고, 이탈리아 남쪽에서 온 그의 군대 외에도 프랑스 북부 사람이라고 해도 좋은 블루아 백작과 플랑드르 백작의 병사들이 가세한다.

조금 늦게 그 뒤를 쫓는 제2군은, 보에몬드 밑으로는 죽어도 들어가지 않겠다고 결심한 툴루즈 백작 레몽이 이끄는 프랑스 남부 군대였다. 이 제2군에는 레몽보다 강력한 군대를 이끌고 왔으면서도 라이벌 의식을 초월한 로렌 공작 고드프루아의 군대가 가세한다. 또한 프랑스 왕의 동생 위그도 이 군대에 가세했다.

이외에 병력이 10분의 1밖에 되지 않아 제3군이라고 하기에는 조금 부족한 군대도 같은 시기에 행군을 시작했다. 이 군대를 이끄는 사람은 주교 아데마르였다. 길 안내를 맡은 사람도 황제의 인선에 의존하지 않고 주교가 직접 뽑은 가톨릭교도 그리스인이었다고 한다. 제1군과 제2군이 골짜기 사이로 난 고대 로마 가도를 나아가는 것과 달리, 이 부대는 아데마르의 명령에 따라 고대 가도를 내려다보는 산길을 택했다. 군대가 10분의 1 규모였으므로 산을 타고 갈 수 있었다.

아데마르는 르퓌의 주교라는 어엿한 지위를 가진 성직자였는데, 교황 우르바누스의 대리인으로 임명되어 십자군에 종군하게 되었다. 원래는 병사들의 영혼을 구원하는 역할이지만 이번 원정중에 군사적 재능도 상당하다는 것을 보여준다. 즉 병사들의 육체까지 구원할 수 있는 재능을 갖고 있던 성직자였던 것이다.

보에몬드가 이끄는 제1군이 도릴라이움(현 터키 에스키셰히르)에 도착한 것은 6월 30일이었다. 여기서 밤을 보낼 예정이었던 보에몬드는 야영용 천막을 치라고 명령한다. 야영 준비에는 그에 상응하는 수고와 시간이 필요하기 때문에 해가 지기 전에 시작해야 했다.

이때 아르슬란을 선두로 한 셀주크투르크군이 습격해왔다. 도릴라이움이 산과 산 사이에 난 계곡이었으므로 매복하기 적합한 곳이라 판단했던 것이다. 다니슈멘드는 이 매복에 참가하지 않았지만 카파도키아의 태수(아미르, Amir) 하산까지 참전해 있었다. 말 그대로 소아시아 셀주크투르크의 모든 병력을 끌어모은 대군을 이끌고 승부를 걸어온 것이다.

허를 찔린 보에몬드는 곧바로 반격할 태세를 갖추었다. 물자를 쌓은 짐마차를 사방으로 늘어세워 울타리를 만들고 그 안에다 전투에 도움이 되지 않는 성직자와 병자들을 피난시켰다. 그리고 전체 군대를 셋으로 나눠 울타리 밖으로 나가 적극적인 요격 전법으로 맞섰다. 첫번째 부대는 탄크레디, 두번째 부대는 플랑드르 백작, 세번째 부대는 보에몬드가 직접 선두에 서서 이끌었다.

셀주크투르크군은 오리엔트의 전통에 충실하게 한꺼번에 다량의 화살을 쏘는 방식으로 전투를 시작한다. 화살에 적병이 쓰러지고 사방에서 들려오는 단말마의 비명에 적의 기세가 꺾이기를 노려 기병을 투입하는 것이다. 도릴라이움에서도 투르크측은 이 전법으로 공격했다.

빗발치듯 쏟아지는 화살에, 경무장한 보병들은 순식간에 차례로 쓰러졌다. 중무장한 기사들은 쏟아져내리는 화살 때문에 앞으로 나아갈 수 없는 상태였다. 투르크군은 산에서 내려오며 공격하고 십자군은 아래에서 맞서는 형국이라 십자군 쪽이 결정적으로 불리했다. 더구나 투르크군은 쓰러지고 또 쓰러져도 잇달아 새로운 병사를 투입했다. 소아시아 전역의 셀주크투르크 병사를 결집한 만큼 도릴라이움 전투에서 그들은 수적으로 단연 앞섰던 것이다.

혼전이 벌어져 고전을 면치 못하는 보에몬드군 중에는, 이대로 죽으면 천국에 갈 수 없다며 동행한 사제를 찾아와 고해를 청하는 병사까지 나오는 판국이었다. 하지만 그때 아군이 위급하다는 소식을 들은 로렌 공작 고드프루아가 불과 50명의 기병을 이끌고 달려왔다. 그리고 뒤이어 레몽이 이끄는 제2군도 전장에 도착했다.

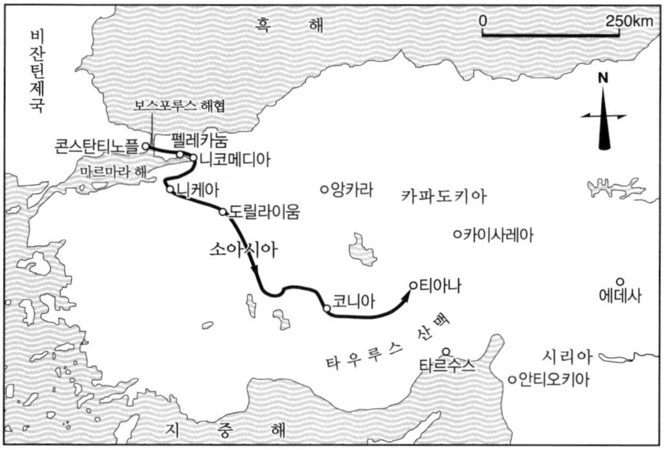

소아시아에서 십자군의 진로

투르크군을 이끌고 있던 아르슬란은, 적은 제1군밖에 없다고 믿고 있었으므로 제2군이 달려올 줄은 예상하지 못했다. 제2군의 도착으로 십자군측은 완전히 전세를 회복한다. 진용은 레몽이 정했다.

좌익은 보에몬드와 탄크레디의 이탈리아 남부 군대에, 프랑스 북서부에서 온 노르망디 공작과 블루아 백작이 가세한다.

중앙은 레몽의 프랑스 남부 군대에, 플랑드르 백작의 기병 5백 명.

우익은 고드프루아가 이끄는 독일 병사에, 프랑스 왕의 동생 위그가 이끄는 병사도 가세했다.

이렇게 되자 경무장한 보병은 후방으로 밀려나고, 중무장한 전투 전문가들로 대적하는 진용이 갖추어졌다. 모두 작은 철제 고리로 짜서 만든 '호버크' 위에 강철 갑옷으로 무장하고 있었다. 무기는 큰 창과 장검. 이러한 진용으로 투르크군에 맞섰던 것이다.

중세의 이 갑옷 집단에는 아무리 많은 화살을 쏟아부어도 모두 튕겨 나갈 뿐이다. 중무장인 만큼 나아가는 속도는 느리지만 한 사람 한 사람의 방어력은 절대적이므로 화살도 창도 칼도 여간해서는 효력을 발휘하지 못한다. 투르크군은 이때 처음으로 중무장한 서유럽 군대의 위력을 실감하게 된다.

지금까지 최강의 무기라고 생각한 화살이 튕겨나오는 것을 보고 투르크 병사들은 동요했다. 젊은 술탄이 필사적으로 독려하는 소리도 귀에 들어오지 않게 된 그들은 결국 전장에서 도망치기 시작했다.

하지만 달아나려는 투르크 병사 앞을, 그제야 산길을 버리고 내려온 아데마르 주교가 이끄는 부대가 가로막았다. 그 수는 적었지만 골짜기인 도릴라이움에서 퇴로를 막기에는 충분했다. 포위된 것은 이제 투르크군 쪽이다. 그래도 용맹스러운 투르크 병사의 이름에 부끄럽지 않게 끝까지 버티며 선전했지만, 승패는 이미 분명했다.

해가 저물기 직전의 전장은 3천 명의 투르크 기병과 2만 명이 넘는 투르크 보병의 주검으로 뒤덮였다.

그리고 도망친 적을 쫓아 투르크군의 본영으로 들어간 제후들은, 주인이 도망간 뒤 손도 대지 않고 남겨져 있던 귀금속을 비롯한 온갖 호화로운 물건들을 보고 입을 딱 벌렸다. 수많은 아랍산 준마도 호화로운 말옷을 입은 채 묶여 있었다. 오리엔트의 유력자들은 전장에 나갈 때도 전 재산을 가져가는 관습이 있었던 것이다.

도릴라이움 전투는 십자군의 대승으로 끝났다. 소아시아 전역의 셀주크투르크 전력을 결집한 군대를 이겼으니 이제 소아시아에는 십자군의 진로를 가로막는 이슬람교도가 없어진 것이다. 제후들이 이렇게 생각한 것도 무리는 아니었다. 그리스도교도를 상대로 두 번이나 패한 술탄 아르슬란이 재기하는 것은 먼 훗날의 일이다.

그러나 승리한 프랑스 병사 중 한 명이 투르크인에 대해 다음과 같은 말을 했다고 한다.

"얼마나 용감한 병사들이었던가. 그들이 그리스도교도였다면 더할 나위 없이 좋은 전우가 되었을 텐데, 정말 안타깝다."

소아시아를 포기할 마음이 없던 셀주크투르크인은 도릴라이움에서 패배한 이후 전술을 바꾼다. 대군을 결집해 정면승부하는 회전(會戰) 방식이 아니라, 작은 병력을 구사하는 게릴라 전법으로 바꾼 것이다.

소아시아는 내륙으로 들어가면 지세가 몹시 복잡한데, 그것을 숙지하고 있는 것은 그들이었다. 또한 게릴라 전법은, 이쪽 얼굴은 보이지 않기 때문에 적병이 불안해진다. 얼굴이 보이지 않는 적과 싸우는 것만큼 병사를 불안하게 하는 것은 없다. 게다가 회전 방식은 이기지 못하면 지는 것이지만, 게릴라 전법은 지지 않으면 이기는 것이다. 무엇보다도 '홈'에서 싸우는 이슬람측에 비해 그리스도교측은 '어웨이'에서 싸우게 되는 것이다.

용맹한 투르크 병사를 상대했던 만큼 도릴라이움 전투에서는 십자군측의 손실도 컸다. 2만 3천 명을 잃은 투르크측에 비해 십자군측도 4천 명에 가까운 병사를 잃었다. 이름이 알려진 귀족만 해도 네 명이나 전사했다. 이 손실에 주목한 제후들은 이후 전군이 한데 뭉쳐 행군하기로 한다. 도망친 아르슬란도, 카파도키아의 태수 하산도, 애당초 참전하지 않았던 다니슈멘드도 어디에 있는지는 몰라도 아직 살아 있었기 때문이다. 그들이 게릴라 전법으로 전환한 것까지는 십자군측은 미처 알지 못했다. 하지만 아무리 도릴라이움에서 패했다 하더라도, 이 셀주크투르크의 실력자들이 그대로 물러나리라고는 생각되지 않았다.

실제로 방어 책임자로서 체면을 구긴 아르슬란을 비롯한 투르크인들은 그대로 물러서지 않았다. 게릴라 전법만이 아니라 초토화 작전으로도 나왔다.

밭이라는 밭은 모두 불태우고, 가축도 모두 사라졌으며, 우물은 메우고 저수조에는 독을 집어넣었다. 지나는 마을들에는 사람 그림자조차 보이지 않았다. 그리고 비잔틴제국 황제는 군량을 보급하겠다는 약속을 거의 지키지 않았고, 또 어쩌다 지킨 경우에도 그것을 실은 짐마차를 예외 없이 도중에 투르크 병사들에게 빼앗긴 탓에, 프랑크인들의 손에는 아무것도 쥐어지지 않았다.

원래부터 그들은 병참(logistics)이라는 개념이 전혀 없는 중세의 무인들이었다. 먹을 수 있는 것이라면 무엇이든 입에 넣을 형편이어서 자신들의 말까지 잡아먹었기 때문에 걸어서 움직여야 하는 기사들이 늘어나는 마당이었다. 체력이 약해진 이 병사들에게, 산그늘과 언덕 위에서 투르크 병사의 화살이 빗발치듯 쏟아졌다.

가까스로 이코니움(현 코니아)에 도달했을 때는 어느새 8월 중순이었다. 투르크 병사의 초토화 작전과 게릴라 전법에 시달린 지 한 달 반이 지나서야 십자군은 가까스로 숨을 돌릴 수 있었다.

소아시아 중앙부에 있는 코니아는 13년 전까지는 비잔틴제국령이었으므로 주민들 대부분이 그리스정교도였다. 이 도시를 지배하고 있던 투르크인은 십자군이 다가온다는 말만 듣고도 도망친 상태였다.

오늘날에도 비행기 위에서 내려다보는 소아시아는 황폐한 산야로밖에 보이지 않는다. 하지만 직접 그곳을 여행해보면 실로 풍요로운 지방이라는 것을 알 수 있다. 농산물이 풍부하고 목축업도 활발하며, 광대한 평야는 없지만 맑고 수량이 풍부한 하천이 많다. 통상에 적합한 바다 쪽 지역의 풍요로움은 옛날부터 잘 알려져 있지만, 농업과 목축이 주된 산업인 내륙 쪽도 나름대로 풍요로웠다. 고대부터 여러 민족이 이곳 소아시아를 획득하려고 기를 썼던 것도, 또 비잔틴제국 황제 알렉시우스가 재정복에 집착한 것도 당연했다는 생각이 든다.

고도 코니아는 이 소아시아의 장점이 모두 집약되어 있다고 해도 좋은 중간 규모의 도시다. 주민이 우호적이었기에 공략하는 데 무력을 사용할 필요도 없어서, 십자군은 이곳에서 잠시 휴식하기로 한다.

하지만 큰 걱정이 없는 이 도시에 체재하던 중에 생각지도 못한 사고가 일어나고 말았다. 너무 마음을 놓은 탓인지, 툴루즈 백작 레몽이 병으로 쓰러지고 로렌 공작 고드프루아가 부상을 당한 것이다.

레몽은 상당한 중병이었다. 아무래도 마지막이라고 생각했는지 아데마르 주교로부터 종부성사를 받는다. 이제 천국에 갈 수 있겠다며, 지금까지 툭하면 떠들썩한 언동을 해대던 레몽도 병상에서는 조용한 쉰다섯 살 남자로 변해 있었다.

서른일곱 살이었던 고드프루아는 교외 숲으로 사냥을 나갔다가 부상을 당했다. 곰 사냥을 할 수 있다는 이야기를 듣고 나갔는데 반대로 곰이 덮쳐온 것이다. 간신히 곰을 죽이기는 한 모양이지만 넓적다리의 상처가 깊었다. 심지어 혼자 사냥을 나갔던 듯 시종들이 달려갔을 때는 이미 피를 너무 많이 흘려 정신을 잃어가고 있었다.

그래도 중세의 기사는 육체적으로도 튼튼했던 모양이다. 레몽의 천국행은 연기되었고, 고드프루아도 말을 탈 수 있는 상태까지는 아니었으나 어느 정도 회복했다.

제후들의 십자군은 코니아를 뒤로하고 동쪽으로 행군을 계속했다. 병을 앓고 난 레몽은 짐마차 위에 드러눕고, 체력이 떨어진 고드프루아는 들것에 실려가는 행군이었다. 하지만 두 베테랑의 이런 상태는 지금까지 그들에게 억눌려왔다고 생각하던 두 젊은 장수에게 마음대로 행동할 수 있는 용기를 주었다. 마흔일곱 살의 보에몬드는 병에 걸리지도 않고 부상도 입지 않았지만, 더할 나위 없는 이기주의자였다. 이기주의자는 자신에게 영향을 끼치지 않는 한 타인의 행동에 간섭하지 않는다.

타우루스 산맥

소아시아 동남쪽에 있는 티아나라는 마을까지 오자, 제후들은 어떤 길을 통해 안티오키아로 갈지 결정해야 했다.

티아나 남쪽에는 소아시아와 시리아를 가르는 타우루스 산맥이 가로지르고 있다. 이 산맥을 넘는 것이 가장 빠른 길이지만 그리스인 길잡이는 다른 길을 추천했다. 산속에는 필시 투르크 병사가 매복하고 있을 거라는 이유에서였다. 그보다 도정은 길어지지만 일단 카이사레아(현 카이세리)까지 북상한 후 거기에서 아르메니아인의 영토 안으로 돌아 북쪽에서 안티오키아로 접근하는 것이 보다 안전하다고 주장했다.

이제 막 삼십대에 들어선 보두앵과 스물두 살밖에 안 된 탄크레디는 이에 반대했다. 두 젊은 장수는 산맥을 넘는 것도 투르크 병사도 두렵지 않다고 우겼다. 그리고 보두앵은 형 고드프루아에게 그의 군사 일부를 데려가도록 허락을 받는다. 탄크레디는 백부 보에몬드가 마음대로 하라고 하자 그 말을 액면 그대로 받아들여 자기 휘하의 군대를 데리고 갈 자유를 얻었다. 이 두 사람이 산을 넘기 위해 출발한 것은 9월 10일이다. 함께 떠난 것이 아니라 따로 떠난 것이었지만.

이리하여 십자군의 주력군은, 거리는 멀지만 안전한 길을 택해 다시 행군을 시작했다. 카이사레아까지는 문제가 없었다. 그런데 그곳을 지나 크게 우회하여 시리아를 향해 나아가기 시작했을 때, 매복해 있던 투르크군의 습격을 받았다.

격퇴하긴 했지만 카파도키아의 태수 하산이 이끄는 투르크군의 습격을 받은 것은 이번이 두번째다. 병에서 회복한 레몽과 부상에서 회복한 고드프루아, 그리고 보에몬드까지, 비잔틴제국 황제가 붙여준 이 그리스인 길잡이를 의심의 눈으로 보기 시작했다.

황제 알렉시우스가 십자군이 통과한 소아시아의 각 도시에 지체 없이 비잔틴제국 병사를 보내, 영유를 기정사실화하고 있다는 것은 제후들도 알고 있었다. 하지만 그들에게 소아시아는 성지로 가는 통로에 지나지 않았다. 그러므로 제후 중 아무도 그들이 통과해온 지방에서 황제가 무슨 일을 하든 관심이 없었다. 그러나 안티오키아에 다가가는 이 시점에서 행군을 방해하는 행위는 용서할 수 없었다.

하지만 그리스인 길잡이가 일부러 십자군을 투르크 병사가 매복해 있는 길로 이끌었다는 증거는 없었다. 그래도 불신은 남았다. 떠들썩한 편이지만 쉽게 사람을 믿어버리는 성격이었던 레몽은 그렇다 쳐도, 대부분의 제후들은 비잔틴제국의 황제를 믿지 않게 되었던 것이다.

지금까지는 계속 길잡이라고만 쓰고 이름을 밝히지 않았는데, 제후들의 십자군이 소아시아를 답파할 때 길잡이 역할을 한 사람에게는 어엿한 이름과 지위가 있었다. 이름은 타티키오스, 지위는 그리스군 사령관 중 한 명. 즉 황제 직속의 가신이다. 이 타티키오스가 황제 알렉시우스의 뜻을 받들어 행동하리라는 것은 누구나 예상할 수 있는 일이었다.

이처럼 투르크군의 습격을 격퇴하면서 나아가기는 했지만 소아시아와 시리아의 경계에 거주하는 아르메니아인의 영토로 들어가고 나서는 그런 걱정을 할 필요가 적어졌다. 유럽에서 온 십자군은 가톨릭 교도이고, 아르메니아인은 다른 종파에 속하기는 했으나 그리스도교도라는 점은 같았기 때문이다. 아르메니아인들은 자신들이 지금까지 줄곧 이슬람의 바다에 고립되어 있다고 생각해왔던 사람들이다. 투르크의 압박을 물리쳐준 십자군에게 호의마저 품고 있었다.

제후들의 십자군은 아르메니아령을 지나 성지 팔레스티나로 가는 첫 관문인 안티오키아로 향했다. 1097년의 가을도 깊어가고 있었다.

한편 두 젊은 장수 보두앵과 탄크레디는, 주력군과 달리 투르크 병사의 습격도 받지 않고 타우루스 산맥을 가볍게 넘어 바다가 보이는 킬리키아 지방으로 들어섰다.

보두앵은 형 고드프루아로부터 5백 명의 기병과 2천 명의 보병으로 이루어진 상당한 규모의 병력을 빌렸지만, 탄크레디가 이끄는 부대는 기병도 보병도 그 절반에도 미치지 못했던 것 같다.

그 정도의 병력만으로도 탄크레디는 킬리키아 지방의 첫번째 도시인 타르수스를 점령하는 데 성공한다. 십자군이 온다는 걸 안 투르크 수비대가 재빨리 도망쳐버렸기에 손쉽게 성공한 것이지만, 한 명의 병사도 잃지 않은 것은 탄크레디가 좋은 기회를 헛되이 날려버리지 않는 무장이기 때문이기도 했다. 물론 이때도 기회를 놓치지 않았다. 시가를 둘러싼 성벽의 탑 위에는 곧바로 파란색 바탕에 빨간색과 하얀색 체크무늬 띠가 새겨진, 보에몬드와 탄크레디의 알타빌라 가의 문장이 그려진 깃발이 높이 내걸렸다.

며칠 지나지 않아 보두앵도 이곳 타르수스에 도착했다. 보두앵은 열 살이나 어린 애송이의 이런 행위가 마음에 들지 않았다. 시내에 들어가 탄크레디를 만난 그는 처음에는, 우리가 정복한 도시는 비잔틴제국 황제의 영유에 속한다고 명기한, 제후 전원이 서명한 서약서를 언급하는 온화한 방법으로 압박했다. 그러나 탄크레디는 그 말을 일소에 부친다. 보두앵이 하는 수 없이 그다음으로 언급한 것은, 두 사람이 가진 병력의 차이였다.

그것은 탄크레디를 현실로 돌아오게 했다. 타르수스의 주인은 탄크레디에서 보두앵으로 바뀌었다. 탑 위에서 나부끼는 깃발도 로렌 가의 것으로 바뀌었다. 물론 두 사람이 화해한 뒤에.

애송이들끼리의 언쟁으로밖에 보이지 않는 장면이지만, 이 애송이들은 우연히 일어난 일이라도 그 중요성을 간파하는 능력을 갖고 있었다.

이 시기, 강을 조금 거슬러올라가면 타르수스에 이르는 위치의 해안에 우연히도 한 척의 해적선이 정박해 있었다. 선장은 프랑스인이고, 덴마크와 플랑드르 출신의 선원이 모두 그리스도교도인 배였다. 십자군에 참가할 생각이라기보다 십자군 원정을 이용해 한몫 잡을 요량으로 북해에서 대서양으로 나와 지브롤터 해협을 통해 지중해를 서쪽에서 동쪽으로 항해해온 겁 없는 남자들이었다.

이 해적선 이야기가 타르수스의 주인 자리를 차지한 보두앵의 귀에 들어간다. 보두앵은 곧바로 그들을 타르수스로 불러들였다. 그런데 또 우연찮게도, 해적선의 선장은 보두앵이 속한 로렌 가 영지의 백성이었다.

머나먼 오리엔트 땅에서의 생각지도 못한 만남에 해적 두목은 감격하고 말았다. 보두앵은 감격하지는 않았지만 이 우연한 만남을 어떻게 활용해야 하는지는 알고 있었다.

그래서 우선 이 해적 우두머리를 자신의 부대장으로 임명하고, 2천 5백 명의 자기 병사 중에서 3백 명을 주고 십자군의 이름으로 타르수스 수비를 맡겼다. 이에 해적들은 다시금 감격했다. 신이 바라시는 일을 자신들도 하게 되었기 때문이다. 보두앵 입장에서 보면 안티오키아를 향해 남하하는 중에 십자군 본대로 돌아가야 했기에 조치한 것뿐이었다. 보두앵의 성직 경력이 끊어진 원인으로 보이는 그의 아내가 중병으로 쓰러졌다는 소식을 들었던 것이다.

탄크레디도 십자군 본대로 돌아갈 필요성을 느끼고 있었다. 교활함으로는 보두앵의 적수가 되지 못했지만 그만큼 책임감이 강했던 것이다. 다만 탄크레디가 본대로 돌아간 방식은 너무도 그다운 것이었다.

천 명 남짓한 병사만을 이끌고 어떻게 해냈을까 싶을 정도로, 탄크레디는 킬리키아 지방의 도시라는 도시를 모조리 정복해나갔다. 킬리키아 지방은 소아시아와 시리아의 경계에 위치한다. 그 때문에 황제 알렉시우스가 비잔틴제국의 영토로 되찾아오려 생각하던 지방이었다. 그것을 십자군의 영토로 기정사실화하는 것은, 비잔틴제국 황제의 손이 미치지 않는 지방이 되어버린다는 것을 의미한다. 황제가 불쾌하게 생각하든 말든 탄크레디와 보두앵은 알 바 아니었다. 그중에서도 특히 황제에 대한 충성 서약서에 끝까지 서명하기를 거부했던 탄크레디에게는 쾌감마저 수반하는 정복이었다.

그러나 이 두 사람이 타르수스를 비롯한 킬리키아 지방에서 마음 내키는 대로 정복한 것은, 성지 탈환을 목표로 하는 십자군이 이후 시리아와 팔레스티나에서 자유롭게 행동할 수 있는 길을 열어준 격이 되었다. 유럽에서 온 가톨릭교도와 비잔틴제국의 그리스정교도 사이는 점점 더 멀어질 뿐이었지만.

킬리키아 지방의 해안지대를 정복하고 있는 탄크레디를 남겨두고, 보두앵은 본대로 돌아왔지만 아내의 임종을 지키지 못했다. 하지만 다시 얼굴을 마주한 제후들 앞에서 해적에 관해 보고했던 것 같다.

해적 이야기는 제후들의 관심을 끌었다. 멀리 북유럽에서 바닷길을 통해 왔다는 것인데, 그렇다면 지중해에서 예전부터 통상활동을 하고 있는 그리스도교도의 해운력을 이용하지 않고 내버려둘 수 없지 않느냐는 것이었다.

서유럽의 해상 운송력을 이용할 수 있다면 비잔틴제국의 배에 의존할 필요가 없어진다. 그리하여 제1차 십자군과, 피사, 제노바, 베네치아의 이탈리아 해양도시국가의 공동투쟁체제가 시작된 것이다.

에데사 탈취

보두앵은 제후들 앞에서 또 한 가지 이야기를 했을 것이다. 친구가 된 아르메니아 영주의 동생을 통해, 모술의 영주에게 공격당하고 있는 에데사 영주 토로스로부터 지원 요청을 받았다고 말이다.

그리고 이것은 자신이 킬리키아 지방에서 활약한다는 소문을 듣고 요청해온 것이므로, 직접 에데사로 가는 것을 허락해달라고 청했다. 물론 그가 데려갈 병력은 형 고드프루아에게 부탁해야 했다.

여기서 한 가지 분명히 해두어야 한다.

그것은 제1차 십자군 당시 이슬람 세계에서는, 십자군이 종교를 기치로 내건 군대라고는 아무도 생각하지 않았다는 사실이다. 처음 한

동안은 늘 그렇듯이 비잔틴제국의 황제가 고용한 용병부대라고만 생각했다. 소아시아에서 십자군과 싸운 이슬람교도인 셀주크투르크의 영주들도, 이들이 비잔틴제국의 황제가 옛 영토를 되찾기 위해 고용한 용병이라고 믿었으므로 현재는 자신들의 영지인 소아시아를 방어할 생각으로 공격에 나선 것이었다. 이 투르크인들이 용감하게 싸운 것도 상대가 그리스도교도이기 때문이 아니라 자신들의 영지를 빼앗으러 온 침략자라고 생각했기 때문이다.

또한 이 십자군이 소아시아 땅을 북서쪽에서 남동쪽으로 행군하고 있다는 것을 안 후에도, 중근동의 땅에서 새롭게 영토를 획득하려는 것이라고 믿어 의심치 않았다.

당시 오리엔트의 이슬람 영주들은 영토를 확장하기 위한 싸움만 하고 있었다. 자신들이 그러하므로 새로운 침략자들도 마찬가지일 거라고 생각했다.

아르메니아파 그리스도교도인 에데사 영주와 이슬람교도인 모술 영주는 영지를 놓고 전쟁중이었다. 그 에데사 영주와 그리스도교도인 아르메니아 영주 사이가 좋았던 것은 두 사람 모두 그리스도교도였기 때문이 아니다. 아르메니아는 에데사를 침략할 의도가 없었을 뿐이다. 그렇게 사이가 좋았던 아르메니아인을 통해 에데사의 영주가, 가톨릭교도인 보두앵에게 모술 영주를 공격하러 와달라고 요청한 것도 다름 아닌 영토 문제 때문이었다. 이것 자체가 당시 중근동의 실정을 여실히 보여준다.

모든 것은 영토 문제이지 종교 문제가 아니었다. 십자군이 신의 깃발 아래 모인 군대이고 십자군 원정의 목적이 이슬람을 격퇴하고 그 땅에 십자군 국가를 세우는 데 있다는 것을 이슬람측이 정확히 알게 되는 것은, 이 시기로부터 무려 80년이나 지난 후에 등장하는 살라딘에 의해서다.

그때까지 대부분의 이슬람교도는 십자군을 영토 획득이 목적인 침략군이라 믿고 있었다. 꽤 먼 곳에서 온 침략자들이라고 생각했는지도 모르지만. 게다가 십자군 중에는 예루살렘 해방보다 영토 획득에 더 관심이 많은 사람도 있었으므로, 이슬람측의 판단이 백 퍼센트 오해였다고는 할 수 없다.

어쨌든 11세기 말인 이 시대에는 누구에게 도움을 요청한들 종교의 차이는 그다지 문제가 되지 않았다. 중근동 영주의 머리에는 영토 확장만이 가득했던 것이다. 그러나 지원 요청을 받아들인 보두앵과 그 보고를 받은 제후들은 어떤 한 가지 일을 떠올렸는지도 모른다.

예루살렘을 탈환한 뒤에도 그곳이 계속 그리스도교 도시로 유지되려면, 북쪽에 있는 안티오키아 역시 계속해서 그리스도교 쪽에 있어야 한다. 그리고 이 안티오키아를 이슬람측의 반격으로부터 지켜내기 위해 북동쪽에 위치한 에데사까지 그리스도교 도시로 만들면 전략적으로 만전을 기하는 체제가 이루어진다. 더구나 그로 인한 이점은 즉각 나타난다. 안티오키아를 공격할 때 십자군의 배후가 안전해질 수 있는 것이다.

역사를 돌아봐도 메소포타미아 지방에서 서쪽으로 진격할 때, 거리를 단축하는 지름길인 시리아 사막을 건너는 길을 택한 적은 없었다. 사막은 대상들이 건널 수는 있어도 대규모 군대의 원정은 불가능하기 때문이다.

그래서 중동에서 중근동으로 들어가는 경우는 유프라테스강을 따라 북상하고, 이 강의 상류 지역에 위치하는 도시들을 동쪽에서 서쪽으로 차례로 거쳐가는 것이 일반적인 경로였다. 물론 고대 로마제국처럼 서쪽에서 동쪽으로 진격하는 경우에도 방향만 다를 뿐 도정은 같다. 오늘날 터키의 동남쪽에 해당하는 에데사가 갖는 전략적 가치는 바로 이런 점에 있었다.

삼십대 초반밖에 되지 않던 보두앵이 이 사실을 알고 있었는지 어떤지는 알 수 없다. 또한 그것을 용인한 제후들이 이 시점에서 에데사가 갖는 전략적 가치를 이해하고 있었는지도 알 수 없다. 제1차 십자군에 대한 기록을 남긴 것은 모두 성직자들인데, 이런 사람들은 전략적 발상과는 거리가 멀다. 인간은 자기 관심 분야가 아닌 것에 대해서는 기록하지 않는 경향이 있다.

이것이 나의 지나친 생각에 지나지 않는다 해도, 결과적으로는 이처럼 되었다. 그리고 보두앵이 본대를 떠나 에데사로 향하는 것을 비난한 제후는 한 사람도 없었고, 그 때문에 안티오키아 공격에 참가하지 못함을 비난한 제후 역시 한 사람도 없었다.

보두앵은 기운차게 에데사로 향했을 테지만, 그가 이끈 병사의 수는 정확히 알려져 있지 않다. 하지만 타우루스 산맥을 넘을 당시 형이 빌려주었던 규모를 넘어서는 정도는 아니었던 것 같다. 그렇다면 5백 명의 기병과 2천 명의 보병 정도의 병력이었던 셈인데, 이는 너무 많지도 적지도 않은 병력이었으므로 에데사 영주 토로스는 크게 기뻐하며 맞이했다.

에데사 영주는 보두앵을 용병대장으로 삼을 생각이었으므로 우선 금화가 든 주머니를 내밀었다. 그러자 보두앵은 돈에는 관심이 없다고 대답했다. 그에 감격한 영주 토로스는, 그렇다면 양자로 들이고 싶다고 말했다. 토로스는 이미 노령에 자식도 없었다. 자신을 대신해 에데사를 지켜준다면 정식 양자로 맞이하고 싶다는 것이었다. 그 요청을, 보두앵은 받아들였다.

양자결연 의식은 에데사 중앙 광장에서 성대하게 거행되었다.

그런데 그로부터 얼마 지나지 않아 양부 토로스가 살해당했다. 이슬람측 사료에는 보두앵이 사주했다고 되어 있지만, 사실은 원한을 품고 있던 자가 늙은 영주를 죽이려 한다는 것을 보두앵이 눈치채고 있었으면서도 방관한 것으로 요약할 수 있을 듯하다.

어쨌든 영주가 죽었으므로 그의 양자인 보두앵이 에데사 영주가 되었다. 유럽에서는 자기 몫의 영토도 물려받지 못한 처지였던 이 남자는 고향을 뒤로한 지 불과 1년 만에 중근동에 있는 에데사의 영주 자리를 차지한 것이다.

물론 보두앵도 이후 모든 일이 잘 풀리리라고는 생각하지 않았다. 지금까지는 존재조차 몰랐던 오리엔트 땅의 영주가 되었지만, 백성이 바라는 것이 무엇인지는 금세 알아차렸다.

동방이든 서방이든 당시 사람들의 바람은 몸의 안전을 보장하고 세금을 적게 걷는 사람의 지배를 받는 것이었다. 이 두 가지만 보장해준다면 지배자가 누가 되든 상관없었다. 십자군을 단순한 침략자 집단으로 보고 있었으므로, 자신들의 지배자가 가톨릭교도라 해도 상관없는 것이었다.

그래서 보두앵도 에데사 시내에서 오리엔트의 호사스러움을 만끽하는 일은 제쳐두고 병사를 이끌고 주위 도시들을 정복하는 데 전념한 것이다. 그는 전투에 상당히 능숙했다. 그해가 끝나갈 무렵에는 토로스 시대보다 훨씬 넓은 영토를 획득했다. 당연히 에데사 백성들에게도 인기가 올라갔다. 보두앵은 백성들로부터 지지받는 영주가 된 것이다.

그 이후 보두앵이 통치하는 에데사와 그 주변 일대는 '에데사 백작령'으로 불리며, 시리아와 팔레스티나 지역에 건설되는 십자군 국가 중 하나가 된다.

물론 한동안은 안티오키아를 공략하려는 제후군 배후의 안전을 보장하는 것이 최대 임무였지만, 그후에도 오랫동안 메소포타미아 지방으로부터 이슬람 세력의 반격을 가로막는 방벽 역할을 했다. 만약 이것이 우연한 성과였다면 행복한 성과라고 말할 수밖에 없다.

이렇게 십자군 국가의 '목숨'을 향후 2백 년 동안 연장시켜준 킬리키아 지방과 에데사 일대에 대한 십자군의 패권 확립은, 제후로 구성된 제1차 십자군의 애송이 두 명의 손으로 이루어졌던 것이다.

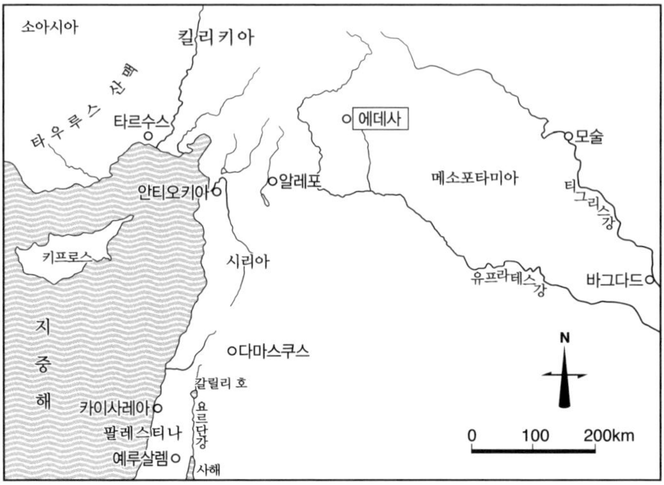

킬리키아 지방과 에데사 주변

이 두 사람은 이삼십대의 젊은이라는 것뿐만 아니라, 그런 이유로 대담무쌍하며 타고난 전투 기술을 갖고 있다는 점까지 닮아 있었다.

두 사람 모두 부모로부터 영토를 물려받지 못한 몸이다. 하지만 보두앵이 무엇보다도 자기 영지의 획득을 우선시한 것에 비해 탄크레디는 그렇지 않았다. 보두앵은 안티오키아 공략전에도 예루살렘 공략전에도 참가하지 않았지만, 탄크레디는 이런 중요하기 그지없는 공방전에 빠지지 않고 달려가 최전선에서 분투하게 된다.

1097년 10월 중순이 지날 무렵, 십자군 본대가 차례차례 멀리 안티오키아가 보이는 땅을 뒤덮기 시작했다. 보스포루스 해협을 건넌 지도 이미 반년이 되었다. 보통 속도로 행군해도 3개월이면 답파할 수 있는 소아시아를 통과하는 데, 그 배에 달하는 6개월이나 걸리고 만 것이다. 십자군이 입은 손실은 투르크군과 정면으로 전투를 벌일 때보다 게릴라 전법으로 바뀌고 나서 더 커졌다. 그리고 투르크 병사의 집요한 게릴라 공격을 격퇴한 후에도, 대규모 군대를 이끌고 행군하기 힘들 것이 뻔한 타우루스 산맥이 기다리고 있었다. 보두앵과 탄크레디는 산맥 서쪽에서 넘어왔지만 십자군 본대는 북쪽에서 넘었다. 결국 어느 방향에서든 이 타우루스 산맥을 넘지 않는 한 시리아로 들어갈 수 없었다.

6개월에 걸친 지난한 행군 뒤에 피로가 극에 달한 터라 곧바로 공격에 나설 상황이 아니었다. 하지만 북쪽에서 안티오키아로 접근해온 십자군은, 햇빛을 받으며 여유 있게 가로놓인 대도시 안티오키아의 위용에 눈을 뗄 수 없었을 게 분명하다. 유럽에까지 알려져 있는 오리엔트의 대도시가 그들 눈앞에 펼쳐져 있었다.

교황 우르바누스의 설욕

제후가 이끄는 십자군이 멀리 안티오키아가 보이는 지점에 도달한 것과 같은 시기, 멀리 떨어진 로마에서도 시대에 한 획을 긋는 사건이 화제에도 오르지 않고 조용히 진행되고 있었다.

교황 우르바누스 2세가 로마 교황의 공식 거처인 라테라노 궁으로 들어가는 데 성공한 것이다.

교황의 가톨릭교회 내의 경력은 1078년 오스티아 주교로 임명되었을 때부터 시작된다. 1078년은 '카노사의 굴욕'이라는 이름으로 알려진 사건이 일어난 다음 해다. 교황 그레고리우스 7세가 황제 하인리히 4세를 눈이 내리는 가운데 카노사 성 바깥에 사흘 밤낮을 세워놓은 사건인데, 로마 교황의 지위와 권위가 신성로마제국 황제 위에 군림한다는 사실을 서유럽의 그리스도교 세계에 과시한 사건이기도 했다. 하지만 그 이듬해부터 시작된 하인리히의 반격은 아주 집요했고, 그 때문에 궁지에 몰린 그레고리우스는 죽을 때조차 라테라노 궁에 들어갈 수 없었다.

그 7년 동안 젊은 우르바누스 역시 도망쳐다니는 교황과 행동을 함께해왔다. 또한 자신이 교황이 되고 나서도 9년 동안 라테라노 궁에 발을 들여놓을 수 없었다.

딱 한 번 로마에 들어간 적은 있었다. 하지만 그것도 테베레강에 떠 있는 섬에 며칠 머물렀을 뿐이다. 거기에서 라테라노 궁까지는 직선거리로 2킬로미터밖에 되지 않는다.

최초로 그리스도교를 공인한 로마 황제 콘스탄티누스 대제가 건설해 교황에게 증정한, 라테라노 대성당 근처에 세워진 라테라노 궁전은 이후 가톨릭교회의 수장인 로마 교황의 공식적인 거처로 이어져내려왔다. 교황이 소집하는 공의회가 라테라노에서 자주 열린 것도 그 때문이다.

'카노사의 굴욕' 이래 20년 동안이나 로마 교황이 이 라테라노 궁에 발도 들여놓을 수 없었던 것은, 황제 하인리히가 옹립한 대립교황과 그 파의 최고성직자들이 로마를 지배하고 있었기 때문이다.

이 상태가 20년 후에 일변한 것이다. 로마에서 열 수 없어서 대신 프랑스의 클레르몽에서 열린 공의회에서 우르바누스가 제창한 십자군이 실현되었을 뿐 아니라, 우르바누스의 제창에 호응한 제후들의 군대가 이제 실제로 오리엔트에 도착했다. 성도 예루살렘은 아직 해방되지 않았지만 서유럽이 모두 들고일어나 출발한 그리스도교도 군대가 그들의 성지인 시리아와 팔레스티나에 도착했다는 사실만으로도, 서유럽의 그리스도교 세계가 받은 충격은 컸다. 이것은 모두 우르바누스 2세의 호소에서 시작된 일이었다.

그리고 이것은, 아직 신성로마제국의 황제일지언정 하인리히 4세의 권위가 추락하는 결과로 이어질 수밖에 없었다. 이 남자는 오직 교황에 맞서는 입장을 고수하며 살아왔다. 교황의 권위를 재인식하는 사람이 늘어나면 그것은 그대로 황제의 권위가 추락하는 것이 된다. 이미 황제에게 충성을 맹세했던 로렌 공작 고드프루아도 십자군에 참가해 오리엔트에 가 있다. 그리고 황제의 후원을 잃은 대립교황도 더는 로마에 있을 수 없게 되어 이탈리아 북부로 도망가 있었다.

교황 우르바누스 2세는 황제를 눈 속에 세워둠으로써 로마 교황의 권위를 과시하는 것이 아니라, 전 유럽의 그리스도교도들을 이슬람과의 전쟁에 내보냄으로써 로마 교황의 권위를 과시하는 데 성공했다. 황제 하인리히를 상대로 한 권력투쟁에서 20년 만에 승리한 것이다.

하인리히 4세는 그 이후 9년을 더 살았는데, 40대에서 50대에 걸친 그의 만년은 쓸쓸했다. 로렌 공작 고드프루아 외에도 황제의 부하였던 영주나 기사들 중 십자군에 참가한 사람이 많았고, 또 이제 아무도 상대해주지 않는 아버지를 장남에 이어 차남까지 외면했다. 그가 죽은 것은 더는 견딜 수 없는 상황이 되어 독일에서 이탈리아 북부로 옮겨간 후였다. 카노사에서 일단 파문이 풀렸으나 교황을 궁지에 몰아넣을 무렵 다시 파문을 당했으므로, 그리스도교도로 매장되는 것이 허락되지 않아 가매장만 한 채 세월이 흘렀다. 5년 후에야 당시의 교황이 파문을 해제해주어 대성당에서 황제에 어울리는 웅장한 장례식을 거행할 수 있었다.

5년이라는 기간은 시효를 뜻하는 것이 아니다. 교황에 의한 파문 조치는 곧 신의 뜻을 받은 교황이 주는 벌이며, 신의 분노에는 시효가 있을 수 없다.

황제 하인리히 4세에 대한 파문이 그가 죽은 지 5년이 지나서야 풀린 것은, 그 이전에 예루살렘이 '해방'되어 서유럽 전역이 이 쾌거에 대한 열광으로 들끓었고, 그 와중에 로마 교황의 마음도 관대해졌기 때문이다.

고등학교에서 배우는 세계사 교과서에도 로마 교황의 권위가 최고조에 달한 것은 인노켄티우스 3세 때라고 쓰여 있다. 하지만 최고조에 달한 것은 12세기에서 13세기에 걸친 그 시기라 해도, 교황의 권위가 상승하기 시작한 것은 이보다 백 년은 앞선 우르바누스 2세 때부터다. 교황 우르바누스의 뒤를 이은 교황은 세 명 모두 우르바누스와 같은 클뤼니 수도원 출신이었다. 그리스도교 교회 내부에서도 십자군 원정을 제창한 우르바누스에게 찬동한 사람들이 늘어났다는 증거가 아닐까.

십자군은 프랑스의 유력한 수도원이던 클뤼니 수도원이 불을 붙이면서 시작된, 말하자면 종교가 주도한 '사회개혁운동'이었다. 그것이 근사한 결실을 맺을수록 클뤼니 수도원의 생각이 옳았다는 것이 확실해지고, 로마 교황의 자리에 그곳 출신자가 오르는 것이 당연해진다. 그리고 그것이 로마 교황의 권위와 권력의 증강으로 이어지므로, 가톨릭교회와 십자군은 그후에도 점점 더 운명공동체 관계를 강화해나가게 된다.

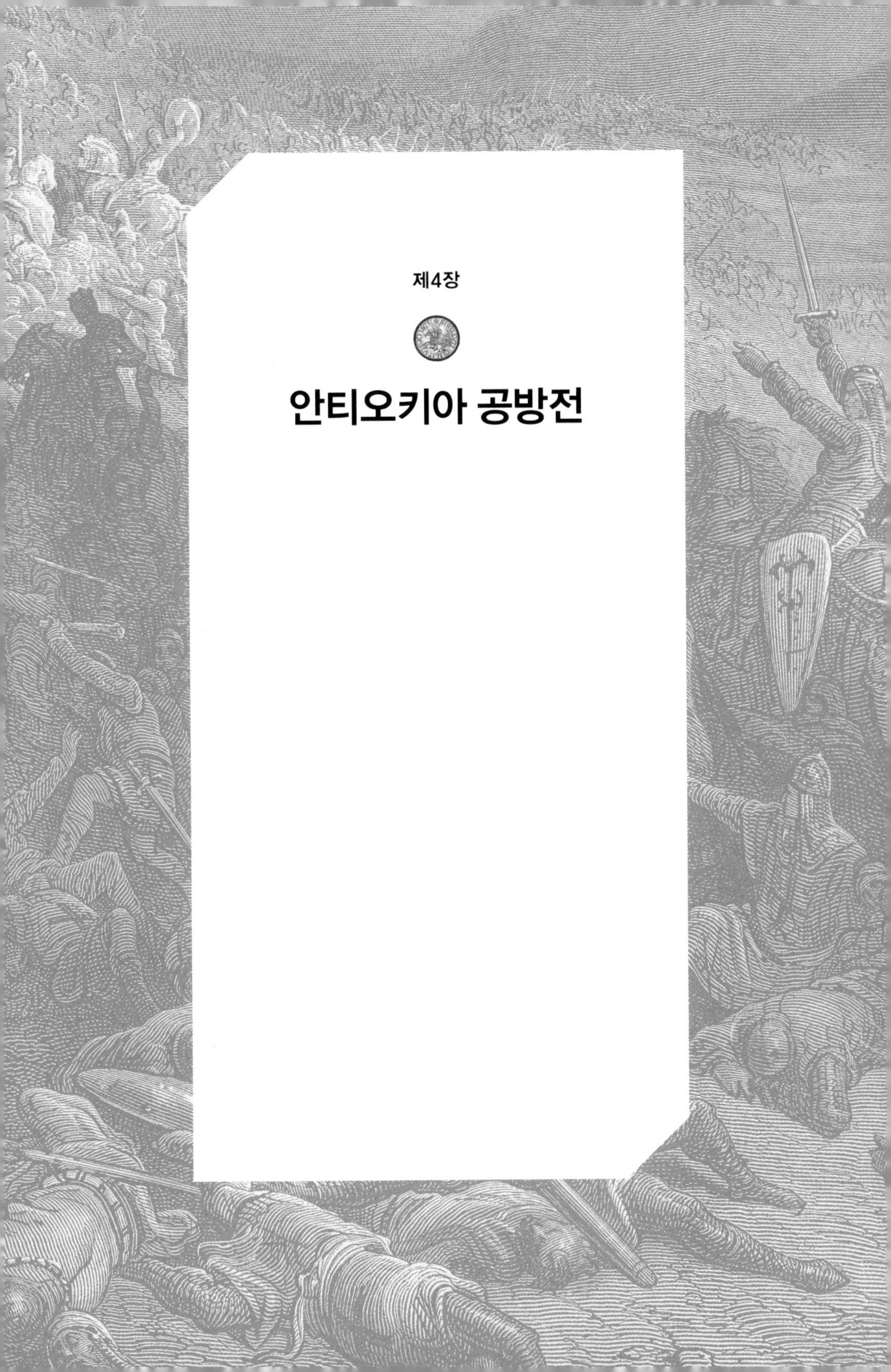

제4장

안티오키아 공방전

안티오키아는 21세기인 오늘날 터키식으로 안타키아라고 불리는, 시리아와의 국경 근처에 있는 터키의 일개 초라한 도시에 불과하다. 하지만 고대에는 이집트의 알렉산드리아와 나란히 오리엔트 2대 도시로 불렸다.

알렉산드로스 대왕이 죽은 후 그의 수하 장수 중 한 사람인 셀레우코스가 자기 영지가 된 시리아의 수도로 삼은 곳이 안티오키아다. 셀레우코스 왕조 시대에 안티오키아는 급속히 번영의 길로 들어선다.

이 헬레니즘 시대가 끝나고 지배자가 로마로 바뀌고 나서도 제국의 동쪽을 방어하는 최고책임자가 부임하는 지역은 언제나 안티오키아였다. 이 시대 알렉산드리아가 경제의 중심이었던 것에 비해 안티오키아는 제국 동쪽의 군사와 외교, 그리고 경제의 중심지 역할도 계속 담당했다.

로마제국이 그리스도교화하고 콘스탄티노플이 건설된 후에도 안티오키아의 중요성은 조금도 떨어지지 않았다. 외교와 군사의 중심에서는 벗어났지만 중동과 지중해를 잇는 교역과 견직물 산업을 비롯한 수공업이 활발하게 일어났기 때문이다. 때문에 안티오키아는 여전히 사람들을 매혹시키는 대도시였다. 이 시대에 제작된 지도만 봐도, 지중해를 에워싼 전 로마 세계에서 로마, 콘스탄티노플, 알렉산드리아와 함께 안티오키아 역시 대표 도시 중 하나로서 특별한 기호가 함께 표시되어 있다.

또한 예루살렘에서 포교가 어려웠던 초기 그리스도교 교회가 본격적인 포교활동을 시작한 곳도, 따라서 최초의 그리스도교도 커뮤니티가 형성된 곳도 이곳 안티오키아였다. 지방보다 도시에서 포교하는 것이 효율적이라고 생각한 초기 교회의 사도들, 그중에서도 특히 성 베드로가 눈여겨본 당시의 안티오키아에는 각지에서 여러 계층의 사람들이 모여들고, 그로 인해 진취적인 기질도 강했으리라 상상할 수 있다.

이슬람 세력이 확대됨에 따라 이 안티오키아도 쇠퇴의 길로 접어들기 시작한다. 이슬람 세력 확대의 주력이 서쪽 지중해가 아니라 동쪽의 메소포타미아 지방으로 향했기 때문이다. 안티오키아는 더이상 지중해 세계의 한 중심이 아니라 이슬람 세계의 변방 도시가 되어갔다. 이 쇠퇴를 막기란 쉽지 않았을 것이다. 고대에는 30만 명이었던 인구가, 중세 중기인 십자군 시대에는 불과 5만 명 안팎으로 감소했다고 한다.

도시 한가운데를 직선으로 관통하는, 2킬로미터에 이르는 대로의 양옆에는 열주회랑이 늘어서 있었는데, 고대에는 안티오키아의 풍요를 상징하던 이 열주회랑을 지탱하는 대리석 원기둥이 대부분 지진으로 쓰러진 채 방치되어 있었다. 시리아는 지진이 잦은 지역이기도 했던 것이다.

또한 예전에는 안티오키아를 지중해로 들어가는 최적의 입구로 만들어주었던, 외항으로 향하는 오론테스강도 토사가 쌓인 채 방치되어 이제는 배도 왕래할 수 없는 상태가 되어 있었다. 변방의 한 도시가 된 후 항구의 중요성도 점차 떨어져갔기 때문일 것이다.

그래도 오랜 세월에 걸친 번영의 축적물은 아직 남아 있었다.

안티오키아 전체를 둘러싸고 높다랗게 우뚝 솟아 있는 성벽은 전체 길이가 무려 12킬로미터에 이른다. 로마의 성벽이 20킬로미터였던 시대에 12킬로미터인 것이다. 게다가 비잔틴제국 전성기의 황제 유스티니아누스가 철저하게 보강했으므로, 안티오키아 성벽의 강도는 그러한 행운을 누리지 못한 로마의 성벽보다 뛰어났을 것이다.

게다가 성벽의 요소요소를 견고히 하는 탑만 해도 4백 개 가까이 되었다. 전방의 공격에만 대응할 수 있는 평면 성벽과 달리, 탑이 있으면 전방만이 아니라 오른쪽이나 왼쪽으로부터의 공격도 방어할 수 있다. 탑이 많으면 많을수록 방어력도 높아지기 때문에, 성벽의 요소를 견고히 하는 탑의 수는 성벽 전체의 방어력을 재는 척도가 된다.

안티오키아의 성벽은 이렇게 수비가 완벽했다. 기진맥진해서 도착한 십자군 병사들이 도저히 함락할 수 없겠다며 절망한 것도 무리가 아니었다.

하지만 사기 하나는 높았다. 이곳 안티오키아만 함락하면 그뒤에는 예루살렘 해방이 기다리고 있다고 생각했는지도 모른다.

이런 생각은 병사들을 이끄는 제후들도 마찬가지였다. 그리고 이들 중 몇몇은, 어떻게 하면 불가능을 가능으로 바꿀 수 있을지 생각을 짜낼 수 있는 기개와 능력도 갖고 있었다.

주위가 견고한 성벽으로 둘러싸여 있는 대도시를 공략하기는 무척 어렵다. 집 안에서 버티는 상대를 계속 집 밖에서 공격하는 셈이기 때문이다. 병력과 군량이 충분하다 해도 무더위와 혹한, 비와 눈과 바람을 고스란히 감수하면서 공격해야 한다. 더군다나 배후에서 적의 원군이 나타나지 않을까 주의를 기울이는 것도 게을리해서는 안 된다.

또한 열악한 환경에서는 역병도 발생하기 쉽다. 적과의 전투에서 죽는 자보다 먹을 것이 부족하거나 위생상태가 나빠 죽는 자가 더 많은 것이 공격하는 측의 고민 중 하나였다. 더구나 공격하는 내내 병사들을 통합하고 그들의 사기가 떨어지지 않도록 노력해야 했다.

바로 그 때문에 역사상 명장으로 알려진 사람들은 하나같이 공성전(攻城戰)을 싫어했다. 그들은 어떤 책략을 이용해서든 성벽 안에 웅크린 적을 성벽 밖으로 끌어내어 대규모 전투를 벌여 승부를 가르기를 원했다.

이수스와 가우가멜라에서는 다섯 배, 열 배나 되는 적을 상대로 대승을 거두었던 알렉산드로스 대왕도, 성채 도시인 티루스(현 티레)를 함락하는 데는 꽤나 애를 먹었다. 오를레앙을 함락시키는 데에는 무척 고생했던 율리우스 카이사르는 그보다 일곱 배나 되는 적을 상대한 알레시아 공방전에서는 며칠 만에 승부를 냈다. 그리고 포에니 전쟁의 막을 내린 카르타고 공방전에서는, 당시 최강이었던 로마군도 카르타고를 함락하는 데 3년이나 걸렸다.

이와 같은 역사의 교훈을 보면, 오리엔트 최대 도시 중 하나로 오랜 역사를 쌓아온 안티오키아가 쉽사리 함락되지 않으리라는 것은 누구나 알 수 있었다. 그렇다고 안티오키아를 이슬람측에 남겨둔 채 예루살렘으로 향하려는 생각은 아무도 하지 않았다. 이유는 간단하다. 그런 어리석은 짓은 용납되지 않으니까.

문제는, 안티오키아의 방어 책임자가 성문 밖으로 나와 공격하는 적극적인 전법을 취할지 여부에 달려 있었다.

이슬람 · 시리아의 영주들

안티오키아의 총독 야기 시얀은 이미 초가을부터 그리스도교군이 접근해온다는 걸 알고 있었다. 안티오키아의 방어 책임자인 이 노령의 투르크인은 결사항전을 다짐한다. 하지만 성 밖으로 과감하게 나가 공격하는 적극적인 항전은 아니었다. 정확한 병력은 알 수 없지만, 수하의 병력으로는 충분치 않다고 판단했던 것이다.

그는 다마스쿠스의 지배자 두카크와 모술 태수 케르보가에게 아들을 보내 원군을 요청했다. 두 사람 다 시얀과 같은 셀주크투르크족 출신이다. 그런데 같은 투르크인이고 안티오키아에서 가장 가까운 거리에 있는 알레포의 지배자 리드완에게는 도움을 청하지 않았다. 이러한 고려는 시리아의 당시 상황을 여실히 보여주는 것이다.

소아시아와 마찬가지로 시리아는, 11세기 말인 이 시기의 이슬람 세계에서는 신흥민족 축에 속하는, 뛰어난 군사력을 지닌 셀주크투르크인의 지배를 받고 있었다. 안티오키아와 다마스쿠스, 알레포 모두 지배자는 투르크인이었다.

알레포 영주 리드완과 다마스쿠스 영주 두카크는 형제였고, 안티오키아 총독 시얀의 딸은 리드완에게 시집을 갔다.

이러한 관계가 원만하게 지속되었다면, 이슬람측의 연대기 작가가 한탄하는 것처럼, 십자군의 시리아 침략이 그렇게 쉽사리 성공할 수는 없었을 것이다. 시리아에 들어간 후 안티오키아 앞에서 느긋하게 머무르는 것도 물론 불가능했을 것이다.

그런데 실제로는 그럴 수 있었다. 시리아의 각 영주들 사이가 원만하지 않은 상태였기 때문이다.

알레포의 리드완은 영주가 되자마자 두 동생을 죽일 계획을 꾸민다. 한 명은 살해당했지만 막내동생 두카크는 도망쳤다. 도망친 두카크는 다마스쿠스에서 힘을 모아 그 땅의 영주가 되었다. 두 사람 다 아직 젊었기 때문에 형제간의 험악한 관계는 변함없이 지속되고 있었다.

안티오키아 총독 시얀이 딸을 알레포의 리드완에게 시집보낸 것은, 가장 가까운 곳에 있는 알레포와 좋은 관계를 유지하는 것이 안티오키아의 안전보장에 도움이 되리라고 생각했기 때문이다. 하지만 리드완은 아내의 친정 따위는 무시하는 남자였다. 그후에도 알레포의 안티오키아 침략행위는 그치지 않았다. 딸이 알레포로 시집을 갔음에도 시얀이 리드완에게 구원을 요청할 생각을 하지 않은 것은 그 때문이었다. 가까운 지역의 구원이 필요해진 이때에도 알레포보다 다마스쿠스를 택한 것이다.

모술 태수 케르보가에게 원군을 요청한 것은, 티그리스강 상류에 위치하는 모술이 당시 강력했기 때문이고, 또한 안티오키아까지 세력을 확장하기에는 먼 거리였기 때문이다. 오늘날에도 알레포와 다마스쿠스는 시리아에 속하지만 모술은 이라크에 속한다.

또한 당시의 모술은, 지금은 모슬린이라는 이름으로 알려진 얇은 천을 이용한 고급 면제품 제조로 유명했을 뿐 아니라, 검고 끈적거리며 불을 붙이면 타오르는 액체, 즉 석유를 산출하는 곳으로도 잘 알려져 있었다.

총독 시얀의 구원 요청에 다마스쿠스의 두카크는 수락의 뜻을 전해왔지만, 모술 태수에게서는 아직 대답이 없었다.

11세기 말부터 12세기에 걸친 시리아의 이슬람 세력은 이처럼, 좋게 말해 군웅할거 상태였던 것이다.

동시대의 유럽 그리스도교 세계도 상황은 비슷했다. 다른 점은 유럽에서는 십자군을 일으킴으로써 왕과 제후들 사이에 '신의 평화'를 이뤄내는 데 성공하지만, 동시대의 중근동에서는 '알라의 평화'를 제창하는 사람이 없었고, 따라서 아직 그것이 이뤄지지 않았다는 점이다. 즉 안티오키아 총독 시얀은 '알라의 평화' 같은 건 꿈에도 생각하

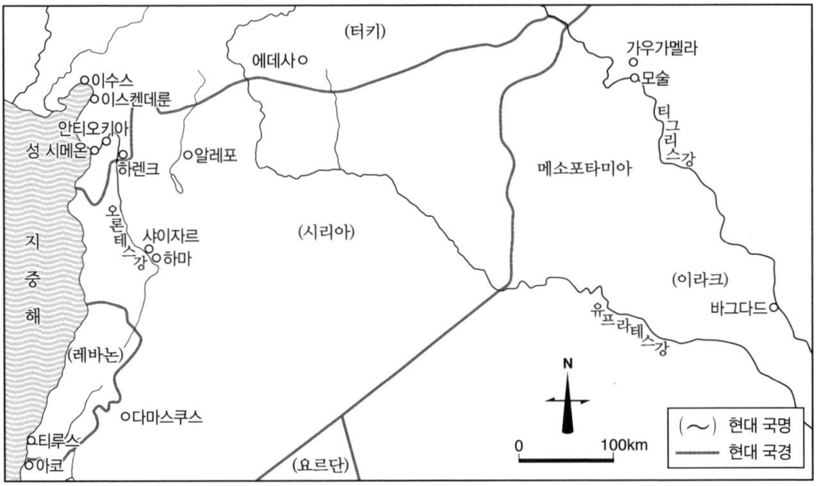

시리아와 그 주변

지 않는 유력자들에게 도움을 요청해야 했던 셈이다.

아들을 보낸 뒤 총독 시얀이 한 일은 안티오키아에 거주하는 그리스인 주교를 투옥하는 것이었다. 십자군이 접근한다는 것을 알게 된 시내 거주 그리스도교도의 대부분은 그리스정교도였지만, 그들이 주교를 떠받들고 봉기할까봐 두려웠기 때문이다.

하지만 안티오키아에 사는 그리스도교도는 무척 많았다. 연구자 중에는 주민의 절반 가까운 수였다고 하는 사람도 있다. 총독은 이 사람들이 봉기까지는 하지 않더라도, 가슴에 붉은 십자를 새기고 무장한 모습으로 다가오는 그리스도교도 군대와 내통하는 자가 발생할 염려는 충분하다고 생각했다. 주교를 투옥하는 정도로는 해결할 수 없는 문제라고 생각한 것이다.

총독은 방어력을 강화하기 위해 성벽 바깥쪽에 빙 둘러 파놓은 해자를 더욱 깊고 넓게 하라고 명령하고, 그 작업에 이슬람교도와 그리스도교도를 하루씩 교대로 동원하기로 했다. 그리스도교도들은 2급 시민으로 대우받는 것에 익숙해져 있었으므로 아무도 이런 방식을 이상하게 여기지 않았다. 그리고 그것이 몇 차례쯤 반복된 어느 날, 그리스도교도 남자들이 작업을 담당하는 날이었다.

해질 무렵 작업을 끝내고 돌아온 그들 앞에서 성문이라는 성문은 모두 굳게 닫혔다. 아무 데나 가라는 총독의 명령에 그리스도교도들은 시내에 남아 있는 집과 처자식은 어떻게 하느냐며 항의했다. 그러나 총독은 처자식과 자산의 안전은 자신이 책임지고 보장한다고 말할 뿐이었다.

이렇게 주민들 중 그리스도교도 남자들만 안티오키아에서 추방되었다. 총독 시얀의 입장에서 보면 이는 내통의 위험을 제거할 뿐만 아니라 식량을 절약하는 방법이기도 했다. 농성하는 측에서 가장 중요한 일은 식량을 언제까지 유지할 수 있는가 하는 것이니까.

신기하게도 이때 안티오키아에서 추방된 남자들 대부분은 점점 다가오는 십자군에게 가지 않았다. 유럽에서 온 알지도 못하는 그리스도교도에게 도움을 청하기보다, 친숙한 이슬람교도의 도시로 가는 편을 택한 것이다.

총독 시얀의 두려움이 근거가 없었던 게 아니라는 것이 곧 입증된다.

안티오키아의 위성도시 중 하나라고 해도 좋은 한 도시에서, 십자군이 접근해오는 것을 알게 된 그리스도교도 주민이 봉기한 것이다. 주민들이 투르크인 수비대를 습격하고 있다는 소식이 행군중인 십자군의 귀에까지 들려온다. 곧장 5백 명의 기병을 거느린 플랑드르 백작이 본대를 떠나 서둘러 달려갔다. 이 때문에 투르크 병사 전원이 죽임을 당했고, 이 일을 알게 된 다른 도시나 마을도 현실을 깨달았다. 그로써 십자군이 행군하는 서쪽은 이제 안전해졌다. 그것은 서쪽뿐이었을지언정, 안티오키아 주변의 위험요소가 사라졌다는 것을 의미했다.

십자군의 도착과 포진

1097년 10월 20일, 멀리 안티오키아가 보이는 언덕 위에 십자군의 첫 병사가 모습을 나타냈다. 이어서 십자군의 실질적인 사령관인 풀리아 공작 보에몬드, 로렌 공작 고드프루아, 툴루즈 백작 레몽 세 사람이 말을 타고 나타났다. 다른 제후들도 그 뒤를 따랐다. 그들 모두에게 안티오키아는 처음 보는 곳이었다.

타우루스 산맥을 넘고 오론테스강을 따라 행군해온 이들은, 안티오키아의 서쪽을 흘러 지중해로 통하는 오론테스강을 건너야 했다. 이 강에는 대도시 안티오키아의 첫 관문이라고 해도 좋을 만한 곳에 '철의 다리'라 불리는 견고하게 만들어진 다리가 놓여 있었다. 주민의 통행만이 목적인 다리가 아니었기에, 그 다리 양끝에 방어용 탑이 서 있고 수비병이 지키고 있었다. 이 '철의 다리'를 손에 넣기 위해 파견된 부대를 이끈 사람이 아데마르 주교였다.

이는 아마도 명령이 아니라 그가 자원한 일일 것이다. 도릴라이움 전투에서 그가 이끈 부대가 투르크군의 퇴로를 차단한 것이 승리의 결정적인 요인이 된 이후, 이 성직자는 군사적인 면에서도 적극적인 모습을 보였다. 아데마르 주교가 이끄는, 기병과 보병으로 구성된 부대는 '철의 다리'를 지키고 있는 두 개의 탑을 간단히 점거했다. 이제 안티오키아의 성벽으로 가는 길의 장애물은 모두 제거된 셈이다.

아마도 5만 명, 실제 전력은 그보다 훨씬 밑돌 것이지만, 그것이 먼 길을 답파해온 직후 십자군의 총 병력이었다. 그래도 대군인 것은 변함없다.

그날은 '철의 다리' 맞은편에 펼쳐진 평지에 천막을 치고 밤을 보냈다. 병사들은 앞을 다투어 안티오키아를 보려고 했는데, 바라본 자가 우선 감탄하고 그후 바로 절망한 것도 이 무렵일 것이다. 오리엔트에서도, 가을엔 해도 달도 한층 빛을 더한다. 그리고 모래먼지의 방해를 받는 날이 적어서 중근동 전역이 가장 아름다워지는 계절이다.

이튿날인 10월 21일, 풀리아 공작 보에몬드는 기병으로 구성된 부대를 이끌고 적의 동태를 살피러 나갔다. 이는 매복을 만날 위험이 예상되는 지대를 둘러보기 위함이었다. 보에몬드는 그날 하루를 이용해 안티오키아 주위를 둘러싸고 있는 성벽을, 화살의 사정거리 안에 들지 않도록 유의하며 시찰했다. 매복은 없었다. 또한 모든 성문은 굳게 닫혀 있었다.

안티오키아는 산 중턱에서 오론테스강을 향해 펼쳐진 평지에 건설된 도시다. 따라서 도시의 중심은 중앙이 아닌 북서쪽으로 치우쳐 있다. 다만 산을 끼고 있기 때문에 용수가 풍부했다. 그리고 성벽은 견고함 그 자체다. 산 위 가장 높은 곳에는 견고한 성채가 서 있다. 이런 성채는 일본 성의 천수각(天守閣)과 비슷하게, 시내가 적에게 점령당한 후에도 방어하는 측이 끝까지 틀어박혀 싸울 수 있는 거점 역할을 한다. 그 외에는 성채가 없다. 이 사실은 안티오키아의 방어가 4백 개나 되는 탑으로 중요 지점을 단단히 지키고 있는 성벽에 의존하고 있다는 것을 보여준다.

성벽에 뚫린 성문은 수비하는 측보다 공격하는 측에 더 중요하게 작용하는데, 보에몬드는 다음 다섯 개가 중요한 성문이라고 보았다. 여기서는 그 모든 명칭을 십자군 시대에 그리스도교도가 불렀던 대로 사용한다. 시계 반대방향으로 들어보자면 다음과 같다.

성채의 바로 북쪽에 있는 '철의 문'. 이 성문은 동쪽을 향해 나 있다. 즉 그대로 가면 유프라테스강에 이르는 것이다. 다만 산 위를 향해 있으므로 대군이 지날 수는 없다.

북쪽을 향해 나 있는 것이 '성 바울 문'. 이 성문은 '철의 문'을 지나면 바로 마주치는 문이기 때문에 매우 중요하고, 다섯 개가 아니라 두 개를 꼽으라고 해도 그중 하나에 들 정도다. 중근동의 도시인 안티오키아로서도 중동으로 이어지는 주요 도로를 향해 나 있는 중요한 문이었다.

주요 도로인 만큼 '성 바울 문' 하나로는 충분하지 않아서 바로 그 근처에 또 하나의 성문이 있다. 이 성문은 '개의 문'이라 불렸다.

고드프루아의 양옆에 보에몬드와 레몽으로 보이는 두 장수가 왕관을 쓰고 있는 것은
후세(즉 이 그림이 그려진 시대)의 오류이다.

그리고 서쪽을 향해 나 있는 것이 직역하자면 '공작(Duke) 문'인데, 이는 '사령관 문'이라는 뜻이다. 이슬람의 지배를 받게 되면서 메소포타미아 지방으로 향하는 길이 안티오키아의 주요 도로가 되었지만, 십자군 시대에는 지중해로 향하는 길이 주요 도로였기 때문이다. 따라서 이 '공작 문'은 서남쪽으로 난 '성 조르주 문'과 함께, 지중해와 교류를 유지하는 데 중요한 문이었다.

정찰을 마치고 진영으로 돌아온 보에몬드는 제후들에게 이 모든 것을 보고했다. 성벽이 너무 길어서 포위작전은 불가능하다는 것. 따라서 각 제후의 군대는 주요 성문 앞에 진을 쳐야 한다는 것. 그리고 각 제후들이 포진할 지역을 정하자고 제안했다.

하지만 제1차 십자군에는 명확한 총사령관이 없고 지휘계통도 일원화되지 않았다. 따라서 작전회의에서도 사령관 격인 제후들이 모여 정보의 전달과 교환은 했지만, 누가 어디에 포진하고 어디에서 공격할 것인가는 정할 수 없었다. 그 결과 제후 각자가 마음에 드는 곳을 골라 진을 치게 되었다. 때문에 누가 어디에 진을 쳤는가를 보면, 그 사람의 전략전술 능력까지 추측할 수 있다. 이 흥미로운 현상은 안티오키아 공방전 때만이 아니라 이후에 벌어지는 예루살렘 공방전에서도 찾아볼 수 있다. 이 안티오키아 공방전에서, 제후들은 각자 다음과 같이 진지를 택했다.

만약 이슬람측 원군이 온다면 이쪽이리라고 예상되는 북쪽을 향한

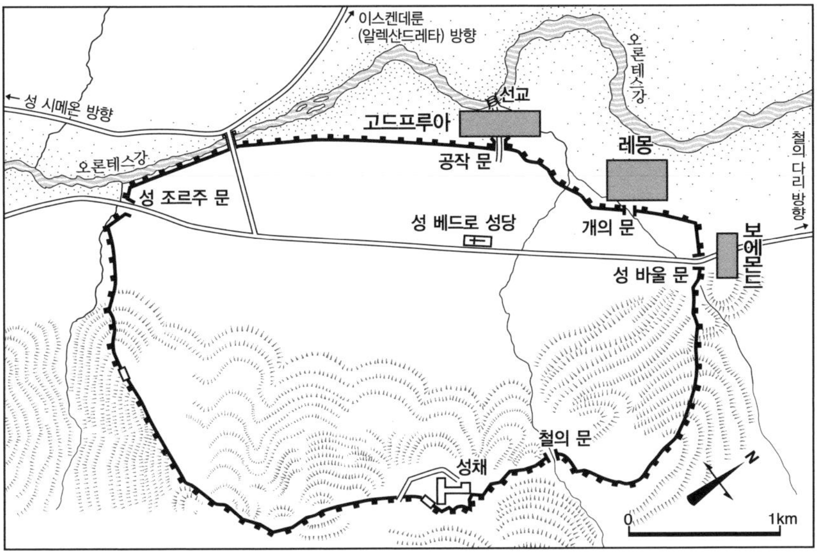

안티오키아 시가지와 각 장수의 포진
(Steven Runciman, *A History of the Crusades*, Vol. I)

'성 바울 문' 앞에 진을 친 것은, 보에몬드가 이끄는 이탈리아 남부의 노르만 세력.

그 바로 오른쪽에 있는 '개의 문' 앞에 진을 친 것은 레몽이 이끄는 프랑스 남부의 병사들.

서쪽으로 난 '공작 문' 앞에 진을 친 것은 고드프루아가 이끄는 독일 북서부의 병사들.

성채 바로 근처에 있는 '철의 문'은 문 자체가 산 위에 있어 포진한 채 주둔하기에는 적합하지 않았다.

또한 보에몬드는 지중해와 가장 가까운 '성 조르주 문'을 조카 탄크레디에게 맡길 생각이었다. 하지만 이때 탄크레디는 막 도착한 제노바 선박의 선원들과 협력해 킬리키아 지방 남부의 두 항구도시를 점령하는 데 전념하고 있어 아직 안티오키아에 오지 않은 상태였다.

이들 외의 다른 제후들, 즉 지금까지도 적극적으로 싸워온 플랑드르 백작 로베르를 비롯해, 프랑스 왕의 동생 위그, 노르망디 공작, 그의 매제인 블루아 백작, 그리고 아데마르 주교는 이른바 유격대 지휘관 격으로, 그때그때 필요한 지점에 가세하는 것으로 결정되었다.

로렌 공작 고드프루아는 '공작 문' 앞에 진영을 구축하자마자, 진영의 서쪽을 흐르는 오론테스강에 작은 배를 늘어놓고 그 위에 두꺼운 판자를 걸쳐 다리를 만들기 시작한다. 탄크레디가 맡고 있는 두 항구도시와의 연락을 확실하게 하려는 목적이었다. 고드프루아는 지중해 연락로를 확보하는 것의 중요성을 깨닫고 있던 사람 중 하나였다.

참고로 이렇게 탄크레디의 공로 덕에 십자군이 사용할 수 있게 된 항구도시는, 서유럽에서의 명칭을 번역하자면 하나는 '알렉산드레타'이고 또 하나는 '성 시메온'이었다. '성 시메온 항'은 십자군 시대의 호칭인데, 이곳은 오론테스강 하구에 위치했기에 고대 안티오키아가 번영하는 배경이 되었고, 십자군이 이 지역을 확보하는 데 집착한 이유 중 하나도 그런 항구의 효용성 때문이었다.

'알렉산드레타'는 오늘날 '이스켄데룬'이라 불린다. 바로 북쪽의 이수스 전투에서 페르시아 왕 다리우스를 상대로 대승을 거둔 알렉산드로스 대왕이 그후 건설한 항구로, 당시에는 이집트의 알렉산드리아와 구별하기 위해 '이수스의 알렉산드리아'로 불렸다. 이스켄데룬은 알렉산드로스를 터키어식으로 읽은 것이다. 아울러 이스탄불도 콘스탄티노폴리스(영어로 콘스탄티노플)를 터키어식으로 읽은 것이다.

도착 후 일주일 동안, 공격을 앞둔 제후들은 안티오키아측의 방해도 없이 착실히 진영을 구축해갔다.

보에몬드는 진영 구축을 끝낸 후에도 '철의 다리' 건너편에까지 병사를 주둔시키는 등 꾸준히 진영을 넓혀나갔다. 적의 원군이 나타날 가능성이 가장 높은 방향이었기 때문이다.

고드프루아 역시 작은 배를 늘어세워 만든 선교(船橋) 건너편에 있는 기지까지 수중에 넣고, 원군의 내습에 대한 대비책을 세우는 일을 게을리하지 않았다. 세 수뇌 중 레몽만이, 진영을 구축한 것 말고는 아무 일도 하지 않고 있었다.

10월 하순에 접어들 무렵 레몽의 진영이 갑자기 어수선해졌다. 단독으로 안티오키아를 공격하겠다고 병사 전원에게 무장 명령을 내린 것이다.

하지만 그 사실을 안 보에몬드가 직접 말을 타고 달려와 설득하자 그는 생각을 철회했다. 툴루즈 백작 레몽이 동료를 제쳐두고 선수를 치려다 일어난 소동이었는데, 쉰다섯 살로 제후들 중 가장 나이가 많은 프랑스 남부 출신의 이 남자는 마흔일곱 살의 보에몬드를 라이벌로 생각하고 있었다. 보에몬드도 레몽을 신뢰하지 않았다. 이 둘 사이에 낀 격인 서른일곱 살의 고드프루아는 두 사람의 싸움에 늘 초연했지만, 꼭 어느 한쪽을 지지해야 하는 경우에는 보에몬드 편에 서는 것이 상례였다. 이 안티오키아 공략전도 그런 '경우'였다.

탄크레디의 항구 정복 작전은 1097년 11월 중순 완전히 매듭지어졌다. 이 작전에 협력한 제노바 선박이 13척이었다고 하므로, 중근동의 십자군 세력을 바다에서 지원한다는 이탈리아 해양 도시국가의 계획도 본격적으로 시작되었다고 볼 수 있다.

피사, 제노바, 베네치아 등의 해양 도시국가는 모두 교역입국을 내세운 공화국이었는데, 이들은 단지 상품을 싣고 바다를 왕래하는 데 그치지 않았다. 이슬람교도 해적으로부터 스스로를 지키기 위해서라도 무장이 필수여서, 겉으로는 상선으로 보여도 여차하면 군선으로 재빨리 탈바꿈할 수 있는 인원과 무기를 갖추고 있었다. 즉 그들은 당시의 '해병'이기도 했는데, 그런 그들이 탄 배가 13척이나 입항했다는 것은 적게 잡아도 천 명의 해병이 상륙했다는 이야기다.

10월 말이 되자 드디어 안티오키아의 총독 야기 시안이 목을 빼고 기다리던 아들이 돌아왔다. 다마스쿠스의 지배자 두카크가 군대를 이끌고 도우러 온다는 낭보를 들고 온 것이다. 이에 마음이 든든해졌는지 시안은 처음으로 적극적인 전법으로 공격에 나선다.

안티오키아에서 동쪽으로 조금 떨어진 곳에 하렌크라는 도시가 있다. 그곳에는 투르크 병력 한 부대가 주둔하고 있었다. 총독 시안은 이 부대에 밀령을 내려, '철의 다리' 근처에 숙영하는 보에몬드의 군대를 배후에서 습격하라고 명한다.

이 습격은 간단히 격퇴되고 말았지만 그것으로 끝나지 않았다. 보에몬드는 곧바로 추격에 나서 하렌크로 도망간 투르크 병사 전원을 죽였고, 안티오키아는 다시 위성도시 하나를 잃었다.

식량 부족

1097년 11월 하순에 접어들자 십자군의 군량 부족이 더욱 심각해졌다. 성 시메온 항으로 들어온 제노바 선박 13척이 무기와 식량을 싣고 왔지만 그 정도로는 턱없이 부족했다.

안티오키아 앞에 진을 친 십자군은 크게 나누면 다음과 같은 구성이었을 것이라 생각된다.

제후

중무장한 기사

중무장한 보병

경무장한 보병

은자 피에르의 십자군 중에서 살아남은 사람들로, 실제 전력에 보탬이 되지 않는 남녀 순례자들.

이들이 먹는 식량의 질과 양에는 중세의 신분 차이가 반영되었을 것이다. 하지만 제후들도 무척 소박한 식생활을 견디고 있었다. 그렇지만 신분이 내려갈수록 입에 들어가는 것이 적어지는 것은 당연했다.

굶주림을 견딜 수 없게 된 사람들은 멋대로 약탈에 나섰다. 그 결과 노획물을 갖고 돌아온 자도 적지 않았지만, 약탈하러 간 마을의 주민들에게 쫓기다가 가까스로 도망쳐온 자가 더 많았다. 이 사람들이 무사히 돌아올 수 있도록 아데마르 주교가 성 바울 문 근처에 '말레가르 탑'을 세우고 한 부대를 배치했을 정도였다. 십자군 진영은 성탄절을 즐길 상황이 아니었다.

이러한 궁상은 보에몬드로 하여금 본격적인 군량 조달의 필요성을 깨닫게 만들었다. 그는 안티오키아 앞에 진을 친 전체 군대 중 2만 명의 병사를 데려가기로 결정한다. 그리고 특별히 플랑드르 백작을 동행시켰다. 지금까지의 원정에서 서른두 살의 젊은 백작이 보여준 적극적인 전법을 높게 평가했던 것이다. 또한 보에몬드가 빠짐으로써 취약해질 성 바울 문 앞의 진지 방어는, 바로 옆 '개의 문' 앞에 진을 친 레몽이 대신하기로 했다.

보에몬드가 2만 명이나 되는 병사를 이끌고 가기로 한 첫번째 이유는, 우선 목적지가 먼데다 넓은 지역에 퍼져 있다는 점이었다. 그는 안티오키아에서 150킬로미터 남쪽에 위치한 하마까지 다녀올 생각이었다. 하마에서 다시 150킬로미터를 남하하면 바로 다마스쿠스다. 보에몬드는 이슬람 지역 깊숙이 진입하려고 한 것이다. 적군과 마주칠 확률이 매우 높았다.

두번째 이유는, 강대한 병력을 이끌고 감으로써 도중에 위치하는 도시나 마을에 무언의 압력을 행사할 수 있다는 점이었다. 꼭 무력으로 강탈하지 않더라도 필요한 물자를 조달할 수 있을 것으로 생각한 것이다. 실제로는 압력을 행사함으로써 공짜로 징발하는 것에 지나지 않지만 말이다.

그런데 보에몬드와 플랑드르 백작이 떠난 다음 날, 그들이 자리를 비운 사이 그곳을 지키기로 한 레몽이 담당구역인 '개의 문' 앞에서 철수해, 고드프루아가 만들어놓은 '선교' 근처로 자기 군대의 진영을 이동시켜버렸다. 비가 쏟아져 천막을 친 땅바닥이 물에 잠겼다는 게 이유였다.

하지만 보에몬드군이 출발한 것과 레몽이 진영을 이동한 사실을 안티오키아 시내에서 알아차리지 못했을 리 없었다.

그날 밤 안티오키아 총독 시얀은 있는 대로 긁어모은 병사들을 이끌고, 무방비 상태인 '개의 문'을 통해 성 밖으로 나가 레몽의 진지를 습격했다. 진영 이동으로 하루를 보낸 터라 깊은 잠에 빠져 있던 프랑스 남부 병사들은 곧바로 반격에 나설 수 없어 고전을 면치 못했다. 고드프루아의 진지에서 도와주러 온 덕에 투르크 병사들을 격퇴할 수 있었다. 하지만 창이나 칼을 들기도 전에 목숨을 잃은 병사들도 많았다. 레몽군의 전력은 또다시 줄어들고 말았다.

한편 보에몬드의 군대는 남쪽으로 향하며, 무언의 압력을 수반한 군량 조달을 순조롭게 진행하고 있었다. 하지만 하마 바로 앞에 있는 샤이자르까지 갔을 때, 다마스쿠스의 수비대에게 노출되고 말았다.

원군을 파견해달라는 안티오키아 총독의 요청을 수락했던 다마스쿠스의 지배자 두카크는, 병사의 보고를 받자마자 곧바로 알아차렸다. 샤이자르에까지 모습을 드러낸 군대가 안티오키아를 공격하고 있는 프랑크인의 일부라는 것을.

두카크는 원군을 파견해달라는 안티오키아의 요청을 받아들였으면서도 그것을 실행에 옮길 날짜는 확약하지 않았다. 하지만 적이 자기 영토에 접근해왔다면 이야기가 달라진다. 곧바로 진격할 군대를 편성하여 자신이 직접 이끌고 북상했다. 이 다마스쿠스군과, 샤이자르에서 하마로 향하는 중이던 플랑드르 백작의 기병대가 맞닥뜨렸다. 전원이 강철 갑옷으로 단단히 무장한 기사단을 보고, 프랑크인과 처음으로 대면한 다마스쿠스 영주는 그들이 본대임에 틀림없다고 생각했다. 적의 수가 적다는 것에 힘을 얻은 두카크는 전군을 투입해 공격했다.

하지만 그 뒤에 보에몬드가 이끄는 본대가 거리를 유지하며 서서히 다가오고 있었다. 보에몬드에게는 휘하 군대를 양분하는 전술가의 재능이 있었던 것이다.

플랑드르 백작의 부대를 에워싸고 공격하는 다마스쿠스군의 배후에 보에몬드의 본대가 나타났다. 이것으로 전황은 일변했다. 도망친 것은 다마스쿠스군 쪽이었다. 다마스쿠스 영주 두카크 역시, 뒤도 돌아보지 않고 쏜살같이 도망쳤다.

그후 보에몬드와 플랑드르 백작 로베르는 군대를 이끌고 가까운 도시로 들어간다. 아니, 밀어닥쳤다는 게 더 어울릴 것이다. 그곳에서 밤을 보내고 처음에 예정했던 대로 하마까지 가볼 생각이었다. 어쨌든 다마스쿠스군을 물리쳤으니 당분간 아무도 그들을 방해하지는 못하리라는 것을 알고 있었기 때문이다.

그런데 그날 밤 지진이 일어난다. 상당히 강도가 셌던 모양으로, 굉음과 함께 집들이 무너져내리고 어둠 속에서 흔들림이 끝없이 이어졌다. 시리아인은 지진에 익숙했지만 지진이 드문 유럽에서 온 사람들은 그렇지 않았다. 그들은 지진이 신의 분노가 아닐까 하며 두려움에 떨었다.

이튿날 아침 보에몬드는 군량 조달을 그만 접고 안티오키아로 돌아가야겠다고 결심했다. 이슬람 병사들은 두렵지 않았지만, 지진의 공포는 보에몬드도 어찌해볼 도리가 없었기 때문이다. 징발한 물자도 충분했다. 왔던 길로 다시 안티오키아로 돌아가기로 했다. 1097년도 이제 단 하루만 남았다.

1098년으로 해가 바뀌고 첫번째 달인 1월도 거의 끝나갈 무렵, 안티오키아 앞에 진을 친 십자군의 군량 부족은 또다시 심각한 상태가 되었다. 제후들은 병사들을 이끌고 약탈하는 데 힘썼지만, 굶주림을 해결하기에는 역부족이었다.

만약 이 시기에 비잔틴제국 황제가 군량을 가득 실은 선단이라도 보내주었다면, 황제에 대한 십자군의 마음도 많이 개선되었을 것임에 틀림없다. 십자군의 원정로였기에 황제는 소아시아를 되찾을 수 있었다. 그 소아시아 남쪽 연안의 수많은 항구도시나 줄곧 비잔틴제국령이던 키프로스 섬에서는, 황제가 명령만 내리면 간단히 원조선을 보낼 수 있었다. 딱 한 번 키프로스에서 원조선이 입항했는데, 그것은 소아시아를 통과할 때 십자군의 길잡이 역할을 한 타티키오스가 개인적인 배려로 보낸 것이었다.

황제 알렉시우스는 십자군이 소아시아 남동쪽에 위치하는 킬리키아 지방을 정복한 후 그곳을 계속 점령하고 있는 것에 기분이 상해 있었다. 알렉시우스는 교활한 남자였을 뿐, 진정 깊은 꾀와 먼 장래를 내다보는 생각 같은 건 없는 사람이었다. 그리하여 비잔틴제국 황제는 십자군에게 은혜를 베풀 절호의 기회를 날려버리고 말았다.

게다가 포위가 불가능했던 1098년 초의 안티오키아는 완전한 봉쇄 상태가 아니었다. 남쪽을 향한 '성 조르주 문'을 통해, 적게나마 시내에 거주하는 그리스인과 접촉하기도 했다. 그리스정교도인 이들이 가톨릭교도인 십자군과 접촉한 목적은 식량을 비싸게 팔아먹기 위해서였다. 식량 가격은 날이 갈수록 올라갔고, 결국에는 제후들도 손을 내밀지 못할 만큼 터무니없는 가격이 되었다. 이것도 십자군에 참가한 사람들의 그리스정교도에 대한 혐오감을 키우는 데 일조했다.

공복 때문에 인간성마저 잃어버릴 판인 사람들을 보고 아데마르 주교는 한 가지 계책을 생각해냈다. 이렇게 된 것도 신의 분노 때문이니 속죄를 위해 사흘간 단식하라고 명한 것이다. 식량 부족에 의한 공복은 단순한 공복이지만, 죄를 씻기 위한 단식이라면 그리스도교도로서 자발적인 공복인 것이다. 이것에 모두 찬성하여 전원이 엄격하게 사흘간의 단식에 들어갔다.

그러나 신이 용서해주지 않은 것인지, 사흘이 지나도 공복 상태는 전혀 개선되지 않았다. 속죄를 위한 단식은 이내 단순히 식량 부족에 의한 공복으로 돌아가버렸다.

이 무렵부터 탈주자가 나오기 시작했다. 탈주자들은 오론테스강을 내려가 성 시메온 항까지 가면 그곳에 유럽의 배가 있다는 이야기를 듣고서 다들 그 방향으로 도망쳤다.

하지만 그 방향에는 탄크레디의 부대가 지키고 있었다. 탈주를 시도한 자는 모두 마치 목덜미라도 낚아채이듯이 붙잡혀 한 사람씩 되돌려 보내졌다.

그 탈주자 중에는 열광적인 설교로 사람들을 선동하여 민중 십자군을 결성했고, 도중에 그 대부분을 죽게 만든 당사자인 은자 피에르도 끼어 있었다. 탄크레디는 이 프랑스인 설교사를 보에몬드의 막사로 데려갔다. 그곳에서 은자 피에르는, 십자군 참가자 중에서도 그런 열광과는 가장 동떨어진 심정을 가진 보에몬드로부터 차가운 경멸의 시선을 받았다.

그러나 현 상황에 절망한 것은 이들만이 아니었다. 성벽 너머에 있는 안티오키아 총독 시얀 역시 절망적인 심정에 빠져들기 시작했다. 원군을 파견하겠다고 약속한 다마스쿠스 영주 두카크의 군대는 코빼기도 보이지 않았다. 군량을 조달하던 보에몬드와 플랑드르 백작 군대와의 전투에서 패배해 낙담한 탓이었는데, 안티오키아 총독 시얀은 그 사실을 모르고 있었다.

절망한 시얀은 가장 도움을 청하기 싫었던 알레포 영주 리드완에게 원군을 파견해달라고 요청했다. 와준다면 안티오키아의 영유권을 양도하겠다는 최후의 카드를 조건으로 제시하면서.

이렇게 되면 셀주크투르크의 유력자들 입장에서는 이야기가 달라진다. 지금까지는 같은 투르크인이면서도 영토확장을 노리고 계속 싸워왔다. 그런데 이제 원군을 보내기만 하면 그것을 실현할 수 있게 됐다고, 아직 프랑크인과 싸워본 적이 없는 리드완은 생각했을 것이다.

알레포 영주 리드완은 즉시 일족을 총동원했을 뿐만 아니라 하마의 태수까지 불러 안티오키아를 도우러 떠났다. 그 군대의 규모는 알려져 있지 않다. 하지만 알레포도 고대부터 내려오는 주요 도시 가운데 하나다. 또한 리드완과 동행하는 일족들 모두 그에 상응하는 영토를 갖고 있었으므로, 질이 아니라 양으로만 따지면 상당한 규모의 군대였을 게 틀림없다. 이 알레포군이 움직이기 시작한 것은 2월 초순, 십자군의 군량 부족이 조금도 개선되지 않은 시기였다.

이때도 보에몬드의 주도하에 이슬람 군대를 맞아 싸웠다.

보에몬드는 우선 기병만 이끌고 알레포군의 왼쪽으로 돌았다. 그리고 전투를 한다기보다 힘으로 밀어붙이는 기세로 오론테스강과 안티오키아 호수 사이의 평지로 적을 몰아넣는다. 그곳에 고드프루아가 이끄는 중무장을 한 보병부대가 기다리고 있는 것이 작전이었다.

전황의 전개는 보에몬드의 생각대로 진행되었고 또 그렇게 끝났다. 알레포군은 앞뒤로 한꺼번에 기병과 중무장한 보병의 공격을 받았다. 한쪽은 호수 또 한쪽은 언덕이라 옴짝달싹 못하게 되어, 완패는 아니어도 그에 가까운 패배를 당했다. 리드완과 그의 호소에 응해 참전한 시리아의 소영주들은 자기라도 살아야겠다며 도망치기에 바빴다. 리드완은 그대로 알레포로 도망쳐 다시 나오지 않았다.

게다가 알레포군이 다가온다는 보고를 받고 용기를 얻어 성벽 밖으로 나와 공격하던 시얀의 병사들은, 기다리고 있던 레몽의 군대에 패해 성벽 안으로 도망칠 수밖에 없었다. 리드완과 시얀이 합류하기는커녕 서로 얼굴도 보지 못한 사이에 끝나버린 패전이었다.

이것으로 십자군은, 마음만 먹으면 안티오키아에 원군을 보낼 수 있는 근처의 2대 영지인 다마스쿠스와 알레포에 모두 승리를 거두었다. 안티오키아 총독 시얀의 고뇌는 깊어갈 뿐이었다.

하지만 그해 2월중 십자군측의 상황에는 변화가 보이지 않았다. 군량 부족은 여전했지만 기분은 예전보다 훨씬 나아진 것이 변화라면 변화였다. 이슬람 원군을 물리친 것은 사람들의 기분을 밝게 만드는 데 도움이 되었다. 기사도 병사도 순례자도, 겨울이 지나면 봄이 온다며 희망을 가졌다. 그리고 실제로 계절의 봄과 함께 전황으로서의 봄도 다가오고 있었다.

3월 4일, 탄크레디가 보에몬드에게 전갈을 보냈다. 그 소식은 곧바로 제후 전원에게 보고되었다.

한 기사가 이끄는 선단이 저 멀리 영국에서 도버 해협을 건너 성 시메온 항에 입항했다는 것이었다. 더군다나 영국에서 온 그 선단은 십자군 참전을 지원한 기사들뿐만 아니라 군량과 다량의 목재도 싣고 있었다.

비잔틴제국령 어딘가에서, 아마도 소아시아 남쪽 연안이나 키프로스에서 조달한 것일 텐데, 그것은 단순한 목재 더미가 아니었다. 조립하면 간단히 탑을 완성할 수 있도록 미리 절단되어 쌓아올린 것이었다. 지금으로 말하자면 '프리패브(prefab)'* 같은 것인데, 기사들 입장에서는 이보다 배려 깊은 위문품도 없었다. 보에몬드가 곧바로 제후들에게 알린 것도 당연했다.

---

* 부품의 가공을 미리 해놓고 현장에서 조립하여 설치만 하는 건축 공법. (옮긴이 주)

그때까지 4개월간 안티오키아 앞에 포진하고만 있던 십자군은, 성벽으로 둘러싸인 도시를 공략하는 데 빼놓을 수 없는 탑을 세울 다량의 건축자재를 갖게 된 것이다.

왜 지금까지 십자군측은 직접 나무를 베어 목재를 조달하지 않았을까 하는 생각이 들지도 모른다. 시리아에는 사막만 있는 것이 아니었고, 특히 안티오키아 주변에는 수목이 충분했다. 수목을 아예 잘라내지 않았던 것도 아니다. 진지라고 해서 언제까지나 천막생활을 할 수는 없었을 테니까.

이유는 안티오키아 공략전에서 항상 주도권을 발휘하던 보에몬드가 군사력만이 아닌 다른 방식으로 안티오키아를 함락할 길을 찾고 있었기 때문이었다.

그런 보에몬드의 생각에 제후들이 찬동했는지는 알 수 없다. 하지만 안티오키아에 도착한 직후 서둘러 공격에 나선 레몽도 그후에는 단독으로 공격에 나서지 않았다. 대도시 안티오키아의 공략에는 쓸데없이 전력을 낭비하지 말고 신중하게 임해야 한다는 생각에는 제후들도 일치했을지 모른다. 병사들도 성벽을 공격하기보다 식량을 조달하는 일에 시간을 보냈다.

마치 조립완구 같은 형태로 도착한 다량의 목재는 곧바로 활용되었다. 병사와 순례자들까지 재미있어하며 일손을 더했기 때문이다.

순식간에 두 개의 감시탑이 세워졌다.

하나는 '라 마오메리'라 불리게 되는 탑으로, 성벽 바로 밑을 흐르는 오론테스강에 놓인 다리를 건넌 지점에 세워졌다. 이 다리를 건너면 길이 좌우로 갈리는데, 북쪽으로 향하면 '알렉산드레타 항'에, 서남쪽으로 향하면 '성 시메온 항'에 이른다. 따라서 지중해와의 연락로 확보를 중시한 십자군에게는 그에 대한 안전을 보증하는 중요한 역할을 하게 될 탑이었다. 이 감시탑의 방어는 레몽에게 맡겨졌다.

또 하나의 탑은 건축을 실제로 지휘한 사람의 이름을 따서 '탄크레디 탑'이라 불렀다. 감시탑을 왜 그 자리에 세웠는가에 대해서는 아무도 언급한 바 없다. 하지만 '성 조르주 문'에 대한 감시를 강화하는 것 말고도 또 한 가지 이유가 있었던 것 같다.

그 자리에 탑을 건설한 것은, 얼마 후 실행에 옮겨지는 보에몬드의 책략과 밀접하게 관련되어 있지 않을까 하는 것이다. 바로 그렇기 때문에 보에몬드는 신뢰하고 있던 탄크레디에게 탑의 건축을 일임한 것이 아니었을까.

또한 이 두 개의 탑이 안티오키아 공격에 필요하다기보다 공략 후 방어에 도움이 되는 곳에 세워졌다는 것도 보에몬드의 진의를 찾는 열쇠 가운데 하나라는 생각이 든다. 다시 말해 보에몬드는 영국인들이 운반해온 다량의 목재도 자신의 생각에 따라 활용한 것이다.

제후들은 이것을 알아챘을까? 고드프루아는 설령 간파했을지라도 잠자코 있었을 것이다. 로렌 공작 고드프루아는 타인의 야망에는 관심이 없는 남자였다. 툴루즈 백작 레몽은 어떨까. 그것을 알아챌 만큼, 이 프랑스인은 영리하지 못했다.

레몽이 방어를 맡은 탑은 3월 19일에 완성되었다. 단 2주일 만에 완성한 것은 영국인들이 그만큼 목재를 잘 손질해 보냈기 때문이다. '탄

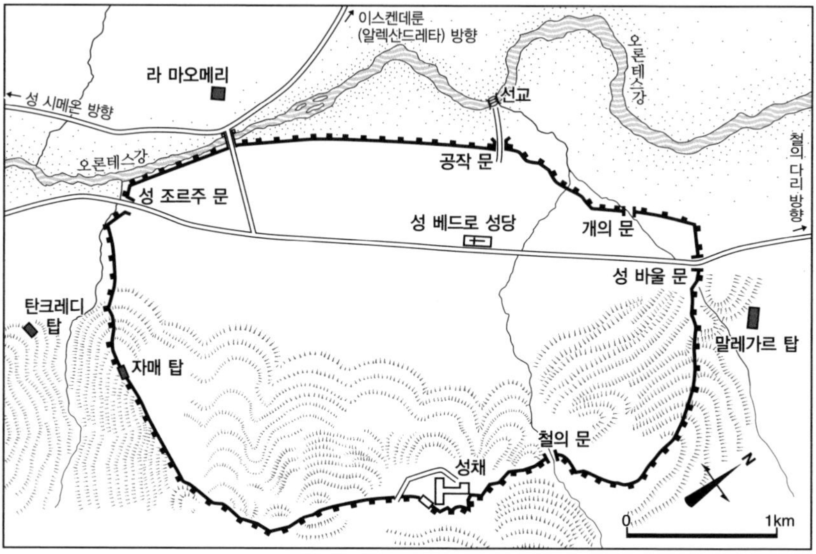

안티오키아 시가지 및 감시탑(Steven Runciman, *A History of the Crusades*, Vol. I)

크레디 탑'도 4월에 접어든 무렵 완성되었다. 이 탑이 완성됨으로써 '성 조르주 문'의 왕래가 한층 엄중한 감시를 받게 되어 안티오키아 시내에 사는 그리스인과의 접촉이 더욱 어려워졌다. 안티오키아를 에워싼 포위망은 조금씩 강화되고 있었다.

공격하는 십자군도 지키는 안티오키아도, 화려하게 검을 휘두르는 일 없이 성벽을 사이에 두고 서로 노려보는 상태였지만, 안티오키아를 둘러싼 공방전은 이미 6개월째에 접어들었다. 쌍방 모두 바라지 않았음에도 결국 지구전이 되고 말았는데, 이렇게 되자 아무리 시리아에서 일어나고 있는 일이라 해도 그 파문이 멀리까지 미치게 되었다.

1098년 4월도 끝나가던 어느 날, 이집트에서 온 사절을 태운 배가 성 시메온 항에 입항했다. 이집트 사절은 안티오키아를 공격하는 그리스도교군의 수뇌부를 만나고 싶다고 요청해왔다.

그 사절이 다름 아닌 이집트 칼리프의 재상(비지르, Visir) 알 아흐달이라는 것을 안 십자군 진영에서는 대소동이 벌어졌다.

이집트에서 온 사절

칼리프가 종교상의 지도자라면, '비지르'라는 관직은 그 밑에서 실제로 통치하는 사람을 가리킨다. 지금 같으면 입헌군주국의 총리에 해당하는 자리다. 그래서 그를 맞이하게 된 십자군측에서 야단법석이 난 것인데, 그것은 일촉즉발의 상태에 대비하는 군사적인 것이 아니라 손님을 맞이하기 전의 대청소 비슷한 것이었다.

명령받은 대로 진영의 대청소를 끝낸 병사들에게 내려진 다음 명령은, 각자가 갖고 있는 무기 중 가장 상태가 좋은 것을 지참하고, 갑옷과 칼과 창을 잘 닦아두라는 것이었다.

그리고 제후들도 콘스탄티노플에서 비잔틴제국의 황제를 만났을 때 이후로 내내 상자 안에 보관해두었던 예복을 꺼내 시종들의 도움을 받으며 차려입느라 바빴다.

갑옷과 무기는 예장용과 전투용으로 나뉜다. 흉갑에 가문의 문장이나 장식 등이 달려 있는 예장용은 그 아름다움이 거의 예술품이라고 해도 좋을 정도다. 오늘날 박물관이나 미술관에 전시되어 있는 것은,

자주 사용하지 않아 보존 상태가 좋은, 이런 종류의 무장(武裝)이다. 전투용은 현재는 복원도밖에 남아 있지 않은데, 실전에 편리하도록 만들어져 쓸데없는 장식이 전혀 없다. 칼리프의 특사가 방문한다는 소식을 듣고 제후들이 몸에 걸친 것은 예장용 무장이었다.

머리에서 무릎 아래까지 덮는, 작은 철제 고리를 그물 모양으로 하나하나 엮어서 만든 무장을 '호버크'라고 하는데, 당시 사람들은 간단히 '편물(maille)'이라고 했다.

기사 정도 되면 그 '편물' 위에 둔탁하게 빛나는 강철 흉갑을 입는다. 일반 병사는 가죽으로 만든 갑옷을 입었다.

그리고 십자군이므로, 전원이 그 위에 하얀색 바탕에 붉은색 십자나 붉은색 바탕에 하얀색 십자를 새겨넣은 대형 상의를 걸쳤다.

이리하여 안티오키아 앞에 포진중인 십자군은 위에서 아래까지 모두 예장을 하고서 이집트에서 오는 특사를 기다리고 있었다.

대청소를 하고 예장을 한 목적은 귀한 손님을 맞이하는 것만이 아니었다. 안티오키아를 공격한 지 6개월이 지난 지금도 십자군의 상태는 매우 양호하며, 이 정도라면 조만간 안티오키아가 함락될 것이 틀림없다는 인상을 이집트인에게 심어주려는 목적도 있었다. 이런 식의 의도적인 행동은 이 시기의 십자군만이 아니라 전쟁이라는 것을 조금이라도 아는 이라면 누구나 생각할 수 있는 일이었다.

이리하여 오리엔트 그 자체로 보이는 호사스러운 긴 옷을 몸에 걸치고 터번 때문에 더욱 키가 커 보이는 이집트의 재상과 그 일행은, 도열해 있는 기사와 병사들 사이를 지나, 역시 예장용 무장을 장신의 몸에 걸친 제후들의 환영을 받았다.

그러나 회담이 시작되자마자, 제후들은 입 밖으로는 내지 않았지만 속으로는 깜짝 놀랐을 것이다. 알 아흐달은, 이슬람교도의 나라인 이집트와 그리스도교도로 구성된 십자군의 동맹을 제안했기 때문이다.

당시의 중근동과 중동, 즉 이슬람 세계의 주요 지역에 해당하는 오리엔트 전역은 다음과 같은 상태에 있었다.

우선 종교 지도자 격인 '칼리프'가 두 명으로, 한 사람은 이집트의 카이로에, 또 한 사람은 현재의 이라크인 바그다드에 있었다.

카이로에 있는 칼리프는 파티마 왕조 계열로, 시아파의 우두머리다.

한편 바그다드에 있는 칼리프는 아바스 왕조에 속하고, 수니파를 이끄는 위치였다.

또한 '칼리프'는 세습이고 '로마 교황'은 선거로 뽑는 차이는 있지만, 종교 지도자라는 위치는 둘 다 비슷했다.

그리고 세속에서의 일인자인, 이슬람 세계의 '술탄'과 그리스도교 세계의 신성로마제국 황제를 비롯한 각국의 왕들도 서로 비슷했다.

다시 말해 칼리프란 종교상의 존재이므로 군사력이 없고, 칼리프의 권위를 군사력으로 받쳐주는 사람이 없으면 '권위'도 존속할 수 없다.

바그다드에 있는 칼리프를 군사적으로 받쳐주고 있던 것이 셀주크 투르크계 투르크인이었다.

한편 카이로에 있는 칼리프를 받쳐주는 것은, 같은 이슬람교도이자 아랍인을 중심으로 한 여러 부족이었다.

그리고 이러한 분열상태가 중근동에 미치자, 시리아는 투르크인의 세력 아래로, 그리고 팔레스티나는 아랍인의 세력 아래로 들어갔다.

이슬람 세계에서는 시조 마호메트의 정통성을 누가 계승했는가 하는 문제로 싸움이 끊이지 않았다. 이집트의 칼리프에게는 바그다드의 칼리프가 적이다. 그런데 십자군이 바그다드의 칼리프를 따르는 셀주크투르크가 점령하고 있는 소아시아와 시리아를 공격하더니, 이제는 그 시리아의 수도와 같은 곳인 안티오키아를 공격중이었던 것이다.

'적의 적은 아군'의 전형적인 예다. 이집트의 아랍인 입장에서 보면 투르크인과 싸우는 프랑크인과 동맹을 맺는 것은 알라 앞에 부끄러울 것 없는, 선택의 문제에 지나지 않았다.

제후들을 앞에 두고 이집트 재상은 말했다.

시리아는 좋을 대로 하시오. 하지만 팔레스티나는 손대지 말아주오.

그러나 팔레스티나 지방에는 그리스도교도에게 성스러운 땅인 예루살렘과 베들레헴, 나사렛이 있다. 그 성지에서의 그리스도교도 순례자들의 자유와 안전은 팔레스티나에 주둔하는 이집트군이 책임지고 보증하겠다고도 했다.

이에 대한 대답은 남아 있지만, 누가 말했는지까지는 알려져 있지 않다. 아마도 아데마르 주교의 말이었을 확률이 높다. 사고방식이 당시 로마 교회의 주류 그 자체였으며 교황의 대리인으로서 십자군에 참가한 아데마르에게는 제후들을 대표해 대답할 자격이 있었다. 르퓌의 주교는 이집트 재상을 앞에 두고 말했다.

우리가 신앙을 바치는 종교가 번영해야 할 곳은 바로 그것이 발현한 땅이라는 것이 우리의 확신이다. 이 소망을 실현하는 데는 기존의 국가도 군대도 필요하지 않다. 신도들의 신앙과 의지만이 그것을 실현할 수 있다.

그런 우리가 이곳 아시아 땅까지 찾아온 것은, 이슬람의 자비를 얻기 위해서도 아니고, 이슬람의 법을 따르기 위해서도 아니다.

더군다나 우리 그리스도교도는 칼리프 하킴 아래 일어났던(90년 전의 이야기) 폭행을 잊지 않고 있다. 그때 예루살렘의 성묘교회가 파괴되었고, 그곳에서 참배하던 순례자들은 죽임을 당했다. 그 사건을 통해 우리는 배웠다. 성지는 그리스도교도가 지켜야 하고, 뿐만 아니라 영유권을 갖고 지켜야 한다는 것을.

전쟁이냐 평화냐를 결정하는 입장에 있는 사람(칼리프)에게 돌아가 전해달라. 안티오키아 앞에 포진해 있는 우리 그리스도교도는, 이집트의 칼리프를 두려워하지 않거니와 바그다드의 칼리프도 두려워하지 않는다고. 그리고 우리는 예수 그리스도의 법과 정의를 함께하지 않는 그 어떤 세력과도 동맹을 맺는 일이 없을 거라는 말도 전해주기 바란다.

이런 말이 나왔으니 협상이 결렬되고 이집트 재상은 거칠게 자리를 박차고 일어났으리라 예상하겠지만, 실제로 회담을 지배하던 분위기는 훨씬 온화했다. 처음부터 끝까지, 결렬이란 말보다 의견의 일치를 보지 못했다는 표현이 적절한 분위기였다.

생각하는 것은 달라도, 중세 기사에게는 멀리서 찾아온 손님을 예의 바르게 대하는 기질이 있었다. 아데마르 주교도 말은 그렇게 했지만,

기사 가문 출신의 본성을 지니고 있었다. 그의 동생도 기사로 이 십자군에 참여하고 있는 것이다. 그리고 제후들도 좋은 의미로든 나쁜 의미로든 전형적인 중세의 기사 그 자체였다.

이들은 이집트 재상을 환영하는 잔치를 베풀고, 떠날 때는 서유럽의 많은 물품들을 선물했다. 회담은 의견 일치를 보지 못하고 끝났지만 예의는 지켰던 것이다.

선물이 무엇이었는지는 기록에 남아 있지 않다. 그러나 당시 이슬람교도와 교역하던 이탈리아 해양 도시국가의 배가 싣고 있던 물품이 참고가 될 수 있을 것이다. 그에 따르면 서유럽에서 오리엔트로 수출한 물품의 대부분은 수공업 제품이었다. 그중 하나, 지금 생각하면 흥미로운 것이 들어 있었다.

피사, 제노바, 베네치아에 앞서 이탈리아 해양 도시국가의 첫 주자로 나섰던 것이 아말피인데, 이 아말피의 상인이 오리엔트로 수출한 물품 중 하나가 휴대용으로 개량된 나침반이었다. 나침반은 본래 중국에서 발명되어 아랍 상인을 통해 들어왔는데, 그것을 들고 다니기 편한 형태로 만든 것은 이탈리아의 장인이었다. 그리고 아말피의 상인들은 그 나침반을 아랍인을 포함한 이슬람교도들에게 대량으로 팔아치웠던 것이다. 바닷길에서나 사막 길에서나 나침반의 쓰임새는 비슷했을 테지만, 중세의 강인한 비즈니스 정신을 보여주는 예라고 할 수 있다.

선물이 무엇이었는지는 분명하지 않지만, 십자군과 이집트는 이때까지만 해도 우호적인 관계를 유지했다. 이집트에는 해군이 있다. 시리아와 팔레스티나는 지중해 동쪽 연안에 접해 있다. 해상 전력을 지닌 상대를 쓸데없이 자극하는 건 당연히 어리석은 짓이었다. 팔레스티나로 진격하지 않겠다는 말은 절대 꺼내지 않으면서도, 재상 알 아흐달의 기분을 해치지 않고 돌려보낼 필요가 있었던 것이다.

그러나 5월로 접어들자마자 제후 전원의 안색이 심각하게 변했다.

셀주크투르크, 일어나다

십자군이 안티오키아에 도착하기 전 총독 시얀의 원군 요청을 받았던 모술 태수 케르보가가 6개월이나 지난 지금 드디어 움직이기 시작한 것이다. 게다가 바그다드 칼리프의 허가도 받은 모양으로, 모술이 가진 군사력만으로 원군을 꾸린 것이 아니라, 메소포타미아 지방에서 알레포, 다마스쿠스 등 셀주크투르크가 지배하는 전역에 원군 참가를 요청했다. 또한 티그리스강 건너편 동쪽에 위치한 페르시아의 병사까지 가담했다고 하니, 그리스도교도의 공격을 받는 안티오키아를 구원하기 위해 바그다드 칼리프의 영향력 아래 있는 수니파 이슬람교도 전체가 일어선 것이나 마찬가지였다.

모술 태수 케르보가의 지휘 아래 서쪽으로 향한 군대의 총병력이 어느 정도였는지는 알 수 없다. 하지만 기병 2만 명이라는 기술이 옳다면, 보병을 더한 총수는 20만 명에 이른다. 오리엔트 사람들은 늘 수를 과장하므로 반쯤 에누리한다 해도, 10만 명이 족히 넘는 대군이었던 것은 분명하다. 십자군 총 병력의 두 배 내지 세 배는 되는 셈이다. 제후들의 얼굴이 새파래진 것도 무리가 아니었다.

케르보가가 이끄는 대군은 고대의 파르티아가 로마제국 속주 시대의 안티오키아를 공격했을 때와 같은 코스를 택했다. 시리아 사막을 가로지른 후 유프라테스강을 건너는 것이 아니라, 먼저 북서쪽으로 방향을 잡고 그후 서쪽으로 나아가는 코스다. 이때 부딪치는 것이, 보두앵이 주인으로 있는 에데사 백작령이다.

케르보가 역시 적이 버티고 있는 지역을 배후에 남겨두고 행군을 계속할 수는 없다. 대군은 케르보가의 명령이 떨어지자마자 에데사를 에워싼 성벽을 공격하기 시작했다.

에데사 백작 보두앵이 어느 정도의 군사력을 운용할 수 있었는지는 알 수 없다. 하지만 이제 막 염원하던 자기 영지를 갖게 된 젊은 보두앵은 전력을 다해 방어에 임했을 것이다. 놀라운 것은, 유럽인의 지배를 받게 된 오리엔트인 에데사 주민들이 보두앵의 지휘 아래 실로 용감하게 분전했다는 사실이다.

케르보가는 식은 죽 먹기일 거라 예상했던 에데사 성벽 앞에서 발이 묶이고 말았다. 게다가 이런 상태가 3주나 계속되었다. 이 3주간이 십자군을 구하게 된다.

얼마 전부터 보에몬드는, 탄크레디를 제외한 어떤 제후에게도 알리지 않고 은밀하게 어떤 책략을 꾸미고 있었다.

그것은 안티오키아 내부에서 아군이 될 만한 자를 찾아내는 일이었다.

보에몬드의 계략

안티오키아를 둘러싸고 있는 12킬로미터나 되는 긴 성벽의 절반은, 높이는 비교적 낮은 편이나 산등성이를 따라 뻗어 있었다. 남서쪽에서 시작해 산 정상에 우뚝 솟은 성채까지 올라갔다가 다시 산등성이를 따라 평지로 내려오는 구조다. 물론 오르막길과 내리막길이 있는 이 산악지대의 성벽에도, 마치 대칭되는 모양으로 성벽의 중요지점인 탑이 나란히 서 있다.

안티오키아의 방어는 이미 말했듯이 견고하기 그지없는 이 성벽에 의존하고 있었는데, 특히 이 산 쪽 방향에서 적의 공격을 받을 위험성은 적었다. 무엇보다 이 울퉁불퉁한 땅 위에 적군이 공격을 위해 성벽 높이만한 탑을 세울 수가 없기 때문이다.

그래서 안티오키아 방어의 지휘를 맡은 총독 시얀은 평지 쪽 성벽의 방어는 신경 써서 투르크 병사에게 맡겨놓았지만, 산 쪽 성벽 방어는 그리스도교에서 이슬람교로 개종한 이들을 배치해놓았던 것이다.

그중에 피루즈라는 이름의 아르메니아인 부대장이 있었다. 이 사람이 맡고 있던 구역은 안티오키아에서 서남쪽 방향의 성벽으로, 그중에서도 '자매 탑'이라 불리는 탑을 중심으로 한 일대였다.

이미 한 달 전 이 '자매 탑'으로부터 3백 미터도 떨어져 있지 않은 지점에 '탄크레디 탑'의 건축이 완료되어 있었다. 만약 '성 조르주 문'을 감시할 목적으로만 이 탑을 세웠다면 더 가까운 곳을 택할 수도 있었을 것이다. 그런데 어찌 된 일인지 '탄크레디 탑'은 성벽이 점점 산등성이를 따라 올라가는 지점에 세워졌다. 이 지점에 '탄크레디

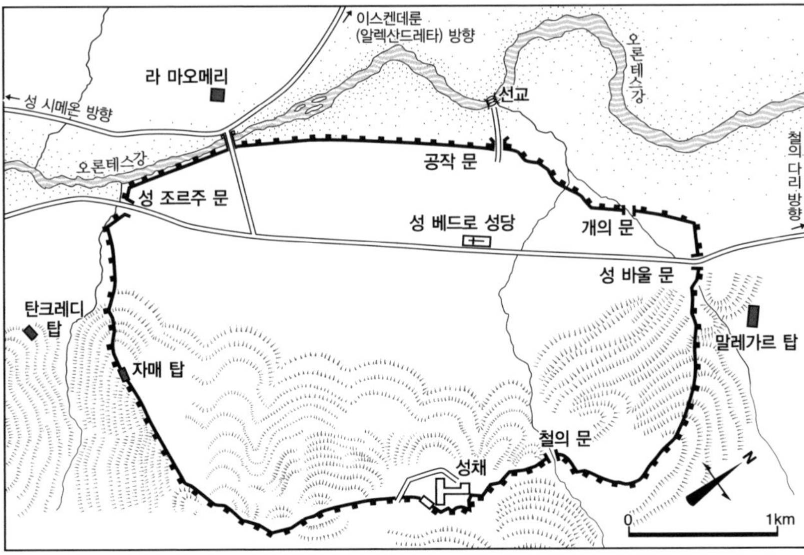

안티오키아 시가지(Steven Runciman, *A History of the Crusades*, Vol. I)

탑'을 세운 숨은 이유가 바로 '자매 탑'으로부터 가깝다는 것이었다. 신중하고 은밀하게 진행하고 있는 내밀한 교섭을, 적에게도 아군에게도 끝까지 숨기기 위함이었다.

원래 그리스도교도였던 아르메니아인 부대장과 접촉하고 그에게서 동의를 얻는 데 며칠이 소요되었는지는 알려져 있지 않다. 하지만 5월 말에는 보에몬드와 피루즈 사이에 동의가 성립되었다. 에데사에서 케르보가가 옴짝달싹 못하게 된 지 벌써 3주째에 접어들고 있었다.

6월 2일, 케르보가가 이끄는 대군이 안티오키아를 향해 다가온다는 것을 알고 제후들은 긴박한 표정을 감출 수 없었는데, 그중에서도 특히 블루아 백작은 공포 때문에 숨도 제대로 못 쉬는 상태였다.

그는 결국 그날 알렉산드레타 항을 목표로 진영에서 탈주했다. 따르던 일행까지 데리고 탈출하느라 들키지 않을 수 없었는데, 제후들 중 누구도 블루아 백작 앞을 가로막고 설득하거나 도망치는 것을 비난하지 않았다. 성격은 좋았지만, 그는 이제 있으나 마나 한 존재였기 때문일 것이다.

블루아 백작이 떠나간 날 오후, 보에몬드가 제후들을 모두 그의 막사로 불렀다. 그리고 그때 처음으로 그리스도교도였던 아르메니아인 부대장과 맺은 밀약을 알리고, 그에 따른 성내 잠입 계책도 밝혔다.

보에몬드는 말했다.

오늘 한밤중에 '자매 탑'에서 줄사다리 몇 개가 내려올 것이다. 그 줄사다리를 타고 50명의 병사가 탑으로 올라간다. 탑 위에는 피루즈와 그의 심복밖에 없을 것이다.

탑 위로 올라간 뒤 계단을 통해 아래로 내려가고, 모두 모이면 각자 미리 지시받은 성문으로 흩어져 달려가 안쪽에서 문을 연다. 그 직후 '성 조르주 문' '공작 문' '개의 문' '성 바울 문' 앞에 각각 대기하고 있던 제후들의 군대가 일제히 시내로 진격하면 안티오키아 함락은 끝난다.

그러기 위해서는 일단 안티오키아 시내에 있는 투르크 병사들의 주의를 '자매 탑'이 아닌 다른 곳으로 돌려야 했다. 그래서 십자군측은

십자군 시대의 안티오키아 산 쪽 성벽(상상도)

한밤중이 가까워오자 각 진영에서 병사들을 무장시켜, 마치 케르보가 군에 맞서 싸우러 떠나는 것처럼 대열을 편성하기 시작했다. 그 대열이 네 개의 성문을 통해 일제히 안티오키아 시내로 진입한 것은 아직 밤도 채 새지 않은 시각이었다.

허를 찔린 총독 야기 시얀은 공포에 사로잡혀 적이 없는 방향으로 도망갔고, 그곳에 입을 벌리고 있는 '철의 문'을 통해 성 밖으로 탈출했다. 하지만 곧 시종 중 하나였던 아르메니아인에게 죽임을 당했다.

총독의 아들로, 지금까지 몇 번이고 안티오키아를 빠져나가 태수들을 찾아다니며 원군을 요청하는 임무를 수행해온 샴스 알 다울라는 산 위의 성채로 도망치는 데 성공했다. 이 젊은 투르크인의 눈에 비친 안티오키아는, 여기저기서 타오르는 불꽃과 연기가 빚어내는 아비규환 속에서 막 6월 3일을 맞고 있었다.

안티오키아 함락

1098년 6월 3일, 단 하루 만에 안티오키아 시내에는 살아 있는 투르크인이 모조리 사라졌다. 시내에 이슬람교도밖에 없을 거라 믿고 있던 십자군은 기사든 병사든 순례자든 모두가 눈에 띄는 사람들을 이교도라 생각하고 마구 죽였기 때문이다. 안티오키아 함락으로 얼마나 많은 사람들이 죽임을 당했는지는 그리스도교측도 이슬람측도 결국 확실한 기록을 남기는 것이 불가능했다. 시내에는 총독 시얀이 추방했던 그리스정교도의 처자식들도 있었을 텐데, 그들이 어떻게 되었는지도 알려져 있지 않다.

다음 날인 6월 4일, 살육과 파괴에 지친 십자군 병사들은 자신들이 식량 저장고까지 불태워버렸다는 사실을 뒤늦게 깨달았다. 안티오키아가 7개월 동안이나 농성할 수 있었던 건 저장한 식량이 충분했기 때문이었다. 그런데 십자군 병사들은 함락한 안티오키아에서, 지금까지 성벽 밖에서 그랬던 것처럼 또다시 굶주림에 시달리게 된 것이다. 석조 주택들은 불타지 않고 남았지만, 입에 넣을 수 있는 것은 하나도 남아 있지 않았다.

그런 십자군 병사들에게 케르보가가 이끄는 대군이 접근해온다는 소식이 들려왔다. 케르보가는 3주일 동안 계속 공격했지만 요지부동인 에데사를 결국 포기하고, 다시 안티오키아로 진군을 시작한 것이다. 그리고 얼마 안 있어 이 대군의 선발대가 '철의 다리' 부근에 출몰했고, 다음 날인 6월 5일에는 멀리 안티오키아가 보이는 언덕 위에 케르보가가 모습을 드러냈다.

투르크군의 도착과 포위

6월 6일, 총독의 아들 샴스는 안티오키아가 함락되는 대혼란 속에서 산 위의 성채로 도망치는 데 성공하는데, 물론 이때 혼자는 아니었다. 투르크 병사 한 부대와 함께 이 '천수각'으로 도망친 것이다. 이것은 함락한 직후의 안티오키아에서 전략적으로 가장 중요한 지점이 아직 이슬람의 수중에 있다는 것을 의미했다.

그 사실을 알고 있던 보에몬드는 식량 저장고를 불태워버린 것에 낙담해 있는 동료들을 뒷전으로 하고, 산 위의 성채를 포위하는 벽을 만들기 시작했다. 이미 벽이 있었지만 그 출입구까지 폐쇄시켜버린 것이다. 병사들에게 지진으로 무너진 채 방치된 집에서 벽에 사용한 석재를 운반해오도록 명령해, 그것을 겹겹이 쌓아 '천수각'을 통째로 봉쇄해버렸다. 이것으로 산 위의 성채가 갖고 있던 전략적 가치는 상실되었다. 이제 이 성채에서 시내로 공격해 내려올 수 없게 된 것이다. 6월 6일은 이 작업이 완료된 날이었다.

다음 날인 7일, 사흘간이나 눈앞에서 봉쇄작업이 이루어지는 것을 지켜본 총독의 아들 샴스는 자신이 어떤 상태에 놓였는지 잘 알고 있었다. 그런 그도 케르보가가 이끄는 원군이 근처까지 왔다는 소식을 들었다. 그래서 케르보가에게, 성채는 아직 자기 수중에 있고, 성채 가까이에 입을 벌리고 있는 '철의 문'도 그리스도교도의 손에 들어가지 않았다는 사실을 알리기로 했다. 물론 서둘러 성채로 구원군을 보내달라고 요청하는 것도 잊지 않았다. 케르보가에게 이 편지를 전달할 임무를 맡은 병사에게는, 케르보가의 답신을 받기 전에는 돌아오지 말라고 명령했다.

편지는 그날 안에 케르보가의 손에 건네졌다. 편지를 읽은 모술 태수는 곧바로 비서를 불러 답장을 쓰게 했다.

자신의 오른팔인 아흐메드 이븐 메르완에게 군사를 이끌고 도우러 가라고 하겠다. 다만 조건이 있다. 산 위의 성채를 이 메르완에게 넘길 것. 이런 내용이었다.

답신을 읽은 젊은 샴스는 절망했을 것이다. 원군의 도착은 기쁜 소식이었다. 그러나 성채를 넘기는 것은 곧 안티오키아를 넘기는 것을 뜻한다. 아버지 시얀이 케르보가에게 원군을 요청한 것은 먼 땅인 모술의 영주가 안티오키아를 영유하는 것까지는 바라지 않을 것이라 생각했기 때문이었는데, 사실은 케르보가 역시 머릿속에 영토 확장밖에 없었던 당시의 영주들 중 한 사람이었다. 그리스도교도들을 격퇴하는 것보다 같은 이슬람교도의 영지를 빼앗는 일에 열심이었던 것이다.

총독의 젊은 아들에게는 다른 선택의 여지가 없었다. 샴스는 하는 수 없이 다시 케르보가에게 편지를 보내, 조건을 받아들이겠다고 전했다.

6월 8일, 메르완이 이끄는 군대가 움직이기 시작했다. 대군을 이끄는 자는 내보내는 병력의 규모에 신경을 쓸 필요가 없다. 그래서 메르완이 이끄는 병력은 일개 부대가 아니라 군대의 규모로 커져버렸는데, 그 군대가 북쪽에서 동쪽으로 이동하는 것을 이제는 성벽 위에서 성 밖을 감시하는 입장이 된 십자군이 간파하지 못했을 리 없었다.

제후들은 곧바로 대응책을 세웠다. 적군이 나아가는 방향으로 보아, 그들이 노리는 것이 '철의 문'으로 침입하는 것임이 분명했다.

산등성이 지대로 뻗은 이 성벽에 입을 벌리고 있는 문이 '철의 문'이라 불린 것은 좌우로 열리는 문짝이 철제였기 때문이었는데, 그 탓에 폭이 좁아 많은 병사를 한꺼번에 통과시킬 수 없었다.

제후들이 합의한 결과, 이 '철의 문'에서 메르완이 이끄는 셀주크투르크군에 맞서는 임무는 플랑드르 백작, 노르망디 공작, 그리고 프랑스 왕의 동생 위그 세 사람에게 맡겨졌다. 이들은 제후 중에서도 이끄는 병사의 머릿수가 적어 유격대로 활약해왔는데, 특히 플랑드르 백작과 그의 부하 기사들은 이미 눈부신 활약을 보인 바 있었다. 결사대로 정해진 세 명은 지체 없이 그날 밤 안에 진영을 뒤로하고 '철의 문'으로 향했다.

다음 날인 9일, 동틀 때를 기다려 메르완이 이끄는 투르크군이 일제히 '철의 문'으로 진격했다. 그때 갑자기 문이 안쪽에서 열렸다. 기세를 못 이기고 우르르 밀려들어간 투르크 병사들을 기다리고 있는 것은 세 명의 제후가 이끄는 병사들이었다.

좁은 길에 한꺼번에 수많은 병사가 몰려든 것이다. 오리엔트 병사들은 그 지역의 기후를 고려해 가볍게 무장한다. 즉 호버크 위에 강철 갑옷을 입은 십자군 병사에 비해 방어력이 극히 낮았다. 그래서 다가오기를 기다리며 줄지어 있던 창에, 마치 고깃덩어리처럼 간단히 찔려나갔다.

투르크 병사가 지르는 단말마의 비명을 듣고서 뒤따르던 병사들은 앞다투어 도망치기 시작했다. 도망치려면 적의 반대방향, 즉 뒤로 물러나야 하는데 뒤에서는 계속해서 병사들이 밀려들고 있었으므로, 자기편끼리 충돌해 쓰러진 병사들이 쌓여갔다. 병사의 수가 많았던 만큼 대혼란이 일어난 것이다.

메르완이 얼마만큼의 병사를 데리고 본영으로 퇴각했는지는 알려져 있지 않다. 하지만 케르보가가 이후의 공격을 신중히 생각하지 않을 수 없을 만큼 큰 손실을 입었다는 것은 분명하다. 어쨌든 모술 태수 케르보가가 안티오키아에서 취한 최초의 공세는 십자군에 의해 격퇴당하고 말았다.

다음 날인 6월 10일, 공세를 취하는 데 신중해진 케르보가는 자기 군대의 병사 수가 많다는 것을 활용하기로 했다. 십자군이 하고 싶어도 할 수 없었던 안티오키아의 완전한 포위를 실행하기로 한 것이다. 이제는 숨어서 할 필요가 없었다. '성 바울 문' 가까이 본영을 밀어붙인 케르보가의 지휘 아래, 셀주크투르크 전군은 12킬로미터에 이르는 안티오키아의 성벽 바깥을 온통 에워쌌다.

밤이 되자 투르크군의 모든 천막 앞에는 불이 피워졌다. 안티오키아 성벽 위에서 내려다보면 불꽃 바다가 안티오키아 전체를 빙 둘러싸고 있는 것처럼 보였다.

십자군은 군량도 거의 없는 상태로 안티오키아 성내에 갇히고 만 것이다. 오리엔트 유수의 이 대도시를 함락한 것에 떨 듯이 기뻐한 지 일주일밖에 지나지 않아서였다.

절망한 사람들은 투르크 병사가 잠들어 있는 밤에 하나둘씩 도망치기 시작했다. 도망친 자들 중에는 제후의 군대를 따라 이곳까지 온 순례자들보다 기사를 자칭하던 남자들이 더 많았다. 그들은 제후의 군대에 가담해 여기까지 왔지만, 제후의 직속, 말하자면 일족과 가신의 일원은 아니었다. 따라서 주인에 대한 귀속의식도 희박했다.

구름처럼 많은 이슬람 병사에게 둘러싸인 이들은 성지를 탈환하겠다는 생각보다 더한 공포심에 짓눌렸다. 또한 순례자들은 식량 부족의 영향을 가장 많이 받은 사람들이었다. 그들은 탈주할 체력도 바닥나 있었다. 탈주에 성공하려면 '성 시메온 항'까지는 가야 했기 때문이다.

도망친 사람들은 성 시메온 항에 정박해 있던 제노바 선박의 선원들을 설득해 배를 얻어타고 타르수스의 외항까지 갔다.

이 타르수스에는 앞서 도망친 블루아 백작이 있었다. 케르보가가 다가온다는 말만 듣고 도망쳤던 그는 남아 있는 동료들에 대한 미안함에 다시 돌아갈까 생각하던 차였다. 그런데 그때 절망만 가득한 기사들이 도망쳐온 것이다. 블루아 백작은 다시 결의를 잃었다. 킬리키아 지방의 주요 도시인 타르수스는 탈주자들의 집합소 같은 곳이 되었다.

6월 중순, 타르수스에서 가까운 소아시아 남쪽 연안에 비잔틴제국의 황제 알렉시우스가 대군을 이끌고 도착했다. 안티오키아가 함락되었다는 것을 알고, 예의 서약서를 방패 삼아 안티오키아를 비잔틴제국령으로 삼을 생각이었던 것이다.

하지만 도착하자마자 들려온 정보는 안티오키아가 이미 투르크 대군에 포위되었다는 것이었다. 그래서 가까운 타르수스에 있는 탈주자들을 불러 이야기를 듣기로 했다.

탈주한 자는 누구나 탈주를 정당화하려고 한다. 블루아 백작과 기사들의 이야기만 들으면, 투르크군에 포위된 안티오키아를 기다리고 있는 것은 절망밖에 없다고 판단하는 것이 당연했다.

황제 알렉시우스가 내린 결단은 철수였다. 당장이라도 십자군에 가세해 함께 전투할 수 있도록 제국 최고의 무장으로 이름이 높았던 장군 두카스까지 데려왔으면서, 비잔틴군은 콘스탄티노플로 발길을 돌린 것이다. 이 사실을, 안티오키아 내에 갇혀 있던 십자군도 며칠 후 알게 되었다. 이것이 황제에 대한 제후들의 여론에 결정타가 된 것은 말할 것도 없다.

성스러운 창

그 무렵, 바르톨로메오라는 남자가 툴루즈 백작 레몽의 진영으로 찾아와 어젯밤 꾸었다는 꿈 이야기를 했다. 성 안드레아가 꿈에 나타나 다음과 같이 고지했다는 것이었다.

안티오키아 중앙 거리에 있는 성 베드로 성당 밑에 십자가에 못 박힌 예수 그리스도의 옆구리를 찔렀던 '성스러운 창'이 묻혀 있으니 그것을 파내라. 그 '성스러운 창'을 앞세우고 싸우면 투르크군을 격퇴할 수 있다. 꿈속의 성 안드레아가 그렇게 보증했다는 것이다.

레몽은 즉시 이 이야기를 동료 제후들에게 알렸다. 하지만 아무도 믿지 않았다. 바르톨로메오는 순례자의 시종에 불과한 낮은 신분이었다. 그런 하층민이 하는 말 따위는 믿을 수 없다는 것이 제후들의 공통된 의견이었다. 세속 인간인 제후들뿐만 아니라 성직자인 아데마르 주교도 허튼소리라며 귀도 기울이지 않았다.

이틀 후 케르보가는 아무런 예고 없이 남서쪽 성벽으로 총공격을 해왔다. 그 부근에는 제노바 선원들이 배치되어 있었다. 그들의 영웅적인 저항과 곧바로 지원하러 달려간 보에몬드군의 활약으로 투르크군을 격퇴하는 데는 성공했다. 그러나 그곳 성벽 일대에 민가들이 모여 있는 것이 문제였다. 보에몬드는 그 집들을 철거하라고 명령했다. 번거로운 장애물이 없는 상태에서 방어에 전념하기 위해서였다.

그로부터 다시 이틀이 지난 14일 밤, 기록을 믿는다면 투르크군 진영에 유성이 떨어져 화재가 발생한다. 유성이 아니라 여름철 그 지방에 흔히 발생하는 벼락이 떨어진 게 아닌가 싶지만, 어쨌든 투르크군의 천막 몇 채가 불타올랐고, 불에 쫓기던 몇 명은 타 죽었다. 성벽 위에서 그것을 지켜보던 십자군 병사들은 신이 우리 편을 들어주신다며 감격의 눈물을 흘렸다.

전날 밤 감격한 사람 중 하나였는지, 이튿날 툴루즈 백작 레몽은 고고학자로 일변했다. 한 무리의 병사를 데리고, 투르크령이 된 이후 마구간으로 변해 있던 성 베드로 성당으로 가 순례자 바르톨로메오가 가리킨 바닥을 파기 시작했다.

'성스러운 창'은 발견되었다. 몹시 오랜 세월을 견딘 듯 녹이 슬어 있던 그것은 정중하게 레몽의 진영으로 모셔졌고, 깨끗하게 씻겨 금실로 짠 천 위에 안치되었다. 이때까지도 그것을 기적이라 믿었던 것은 제후들 가운데 레몽 한 사람뿐이었다.

그럼에도 '성스러운 창' 사건은 순식간에 십자군 전체에 퍼졌다. 바르톨로메오가 치켜든 '성스러운 창'을 본 병사들은 감격했고, 그들의 사기가 고양된 것도 사실이다. '창'이라고 해도 실은 앞쪽 끝인 창촉뿐이었는데, 오히려 그것이 '성유물'답게 신비로워 보였다.

'철의 문'으로 공격해온 투르크군을 격퇴했고, 유성이 떨어져 적군에게 피해를 입혔고, 그리고 이제 '성스러운 창'이 나온 것이다. 신이 지켜주고 있다는 생각이 사람들 사이에 퍼져나가, 굶주림의 고통마저 잊게 만들었다.

한편 메소포타미아 지방에서 시리아까지 셀주크투르크 세력을 총결집한 케르보가 진영에서는, 두 차례에 걸친 공격이 모두 격퇴당하자 슬슬 그 영향이 나타나기 시작했다.

어떻게 알았는지는 모르겠지만 보에몬드는 그것을 알고 있었다. 마흔여덟 살이 된 이 노르만 무장은 케르보가 진영에 강화를 요청하는 사절을 보내기로 한다. 그 역할은 은자 피에르에게 맡겼다. 은자 피에르는 한 번 탈주했다가 금세 탄크레디의 부대에 발각되어 끌려가듯이 보에몬드에게 보내진 이후, 그 진영 안에서 '보호'받고 있었다.

투르크군 총사령관을 찾아가라는 명령을 받은 은자 피에르는, 일전에도 투르크군을 두려워해 도망쳤던 만큼 애처로운 목소리로 회피하려고 애를 썼다. 그러자 보에몬드는 웃으면서 무력이 출중한 동행을 붙여줄 테니 걱정하지 말라고 안심시켰고, 은자는 어쩔 수 없이 케르보가 진영으로 향했다.

보에몬드가 붙여준 시종은 그의 신뢰가 두터운 시칠리아 출신 기사로 아랍어에 능통했다. 풀리아 공작 보에몬드는 강화의 성패 따위는 신경 쓰지 않았다. 그가 알고 싶었던 것은, 셀주크투르크 군 내부에서 무슨 일이 벌어지고 있는가 하는 것이었다.

케르보가의 막사로 안내받은 은자 피에르는 오랜만에 열변을 토하게 된다. 시종으로 따라간 기사도 될수록 오래 이야기하라고 부탁했던 것이다. 그때 그가 했던 말을 간추려 소개하면 다음과 같다.

우리 그리스도교도가 안티오키아까지 온 것은 다름 아니라 정의를 실현하기 위해서다. 예수 그리스도를 비롯한 순교자들의 피를 빨아들여온 이 지방은 그 순교자들이 우리에게 유산으로 남긴 땅이며, 이곳을 영유하는 것은 우리의 권리다. 따라서 권리를 주장하는 우리와 그것을 부당하게 소유해온 당신들이 일전을 벌일 때 신이 어느 쪽 편을 들어줄지는 당신들도 조만간 알게 될 것이다.

케르보가는 잠시 생각한 뒤 대답했다.

너를 보낸 자들에게 돌아가라. 그리고 전하라. 안티오키아는 이미 우리 수중에 들어온 것이나 마찬가지다. 그리고 패자는, 이유가 어떻든 그런 말을 할 자격이 없다.

그렇지만 우리는 패자에게도 관용을 베풀 용의가 있다. 코란에도 쓰여 있다. 이슬람의 법에 복종하기로 한 자는 용서하라고. 만약 이를 거부한다면 안티오키아 탈환은 칼로만 이루어질 것이니 각오하라.

이렇게 회담은 결렬되었다. 하지만 그사이, 아무도 수상히 여기지 않는 시종 복장을 한 기사는 아랍어와 투르크어 둘 다 한마디도 알아듣지 못하는 표정으로 케르보가 진영 내의 작은 소곤거림까지 놓치지 않고 듣고 있었다.

돌아온 두 사람 중에 이 기사에게 보에몬드의 질문이 집중된 것은 당연했다. 한편 진짜 목적이 적을 시찰하는 것이었다는 사실도 모르고 적의 총사령관을 만나고 돌아온 은자 피에르는 사람들에게 이 일을 의기양양하게 떠벌리고 다녔다.

그러나 보에몬드는 지금까지는 단순한 예감에 불과했던 것이 사실이라는 것을 알았다.

케르보가가 이끄는 대군이 안티오키아 코앞에 당도한 지 아직 20일도 지나지 않았다. 그리고 그사이 공격다운 공격은 두 번밖에 해오지 않았다. 게다가 두 번 다 격퇴당했다.

장수에서 병졸에 이르기까지, 급조된 군대에 가장 부족한 것은 다름 아닌 인내력이다. 케르보가군에서도 탈주병이 나오고 있다는 사실은 알고 있었다. 하지만 그것이 장수에까지 미치기 시작했다는 확증은, 강화 교섭을 가장하여 적의 동정을 살피러 갔을 때 얻게 된 것이다.

케르보가의 총지휘에 따라야 할 터인 영주들 사이에서 불협화음이 일어나고 있었던 것이다. 그중에서도 특히, 친형제임에도 전부터 험악한 사이였던 알레포의 리드완과 다마스쿠스의 두카크는 일촉즉발의 상태에 이르러 있었다.

책임전가와 이기적인 영토욕, 당시 이슬람 세력의 결집을 방해하고 있던 이 결함이, 전혀 성과를 내지 못한 채 포위전을 지속하는 사이 분출한 것이다. 케르보가가 이끄는 셀주크투르크군은 적을 맞닥뜨린 지 채 한 달도 지나지 않아 분열하기 시작했다.

이에 보에몬드는 성벽 밖으로 나가 일전을 벌여 승패를 가를 결심을 하게 된다.

십자군 대 투르크의 전투

6월 27일, 제후를 모아놓은 자리에서 보에몬드는 속내를 밝힌다. 그리고 전군을 6개 부대로 나눠 전투에 임하겠다고 말했다.

제1부대는 프랑스와 플랑드르 병사들로 편성하고, 지휘는 프랑스 왕의 동생 위그와 플랑드르 백작 로베르가 맡는다. 그러나 실질적인 지휘관이 플랑드르 백작이라는 것은 지금까지 로베르가 쌓은 실적을 보면 누구나 알 수 있었다.

제2부대는 로렌 공작령의 기사들로 편성하고, 지휘는 로렌 공작 고드프루아가 맡는다.

제3부대는 프랑스 북부 노르망디 지방의 병사들로 편성하고, 지휘는 노르망디 공작 로베르.

제4부대는 프랑스 남부 툴루즈와 프로방스 병사들로 편성하고, 지휘는 당연히 툴루즈 백작 레몽이 맡아야 했지만, 이때 레몽은 병상에 있었기 때문에 아데마르 주교가 이들을 이끌고 싸우게 되었다.

하지만 레몽이 전혀 참전하지 않은 것은 아니었다. 본인은 병이 들었어도 그의 부하 2백 명은 산 위의 성채에 틀어박혀 있는 투르크 병사가 한 명도 나오지 못하게 하는 중요한 임무를 맡은 것이다.

보에몬드는 안티오키아 시내에 있는 십자군 거의 모두를 케르보가를 상대하는 일전에 투입하기로 결정했다. 그 때문에 시내가 텅 빈 틈을 타 투르크 병사들이 산 위의 성채에서 내려와 공격한다면 안티오키아는 다시 이슬람 수중에 떨어지고 만다. 그 투르크 병사들을 산 위의 성채 안에 가둬두는 것이 2백 명의 병사로도 충분했던 것은, 보에몬드가 쌓은 돌벽으로 산 위의 성채가 봉쇄되어 있었기 때문이다.

남은 두 부대 중 제5부대는 이탈리아 남부와 시칠리아 병사들로 편성하고, 지휘는 보에몬드가 직접 맡았다.

그리고 같은 지방에서 온 병사들로 편성된 제6부대의 지휘는 조카 탄크레디에게 맡겼다.

대규모 전투에서는 좌익, 중앙, 우익으로 삼분하는 것이 보통인데, 보에몬드가 왜 굳이 여섯 개의 부대로 나누었는지는 알 수 없다. 하지만 우리가 그의 입장이었다면 어떻게 했을지 상상해보면, 여섯 개로 나눈 이유를 다음 세 가지로 유추할 수 있다.

첫째, 케르보가가 이끄는 투르크군은 십자군의 세 배는 족히 넘는 대군이라는 것. 그러므로 한꺼번에 부딪쳐서는 패배할 수밖에 없다는 확신.

둘째, 케르보가 진영 내의 각 영주들 사이가 삐걱거린다는 것. 이런 상황에서는 총사령관의 명령이 원활하게 받아들여지지 않기 때문에,

아군의 움직임이 민첩할 수 있게 여섯 개의 부대로 나누어 그 틈을 노리는 것이 적합하다는 것.

셋째, 십자군은 이때 비로소 행군 때가 아닌 전장에서도 민족적으로 순수한 노선으로 임하게 된다. 즉 제후들이 자기 병사들을 이끌고 싸우게 된 것이다. 로렌군은 고드프루아가, 노르망디 병사는 노르망디 공작이, 플랑드르에서 온 기병은 플랑드르 백작이 이끈다. 장수는 병사들을 잘 알고 병사들도 자기 장수에게 익숙한, 같은 동료들끼리 운명을 함께하는 것이다. 보두앵이 에데사를 정복할 때와 탄크레디가 킬리키아를 정복할 때 극히 소수의 병사밖에 없는 상황에서도 성공한 것은 모두 장수와 병사가 동족의식이 강한 한 집단이었기 때문이다. 보에몬드는 이러한 방식을, 싸우는 사람의 수가 훨씬 많은 안티오키아에서도 활용하려 한 것이다.

제후들을 앞에 두고 이야기를 끝낸 보에몬드는 다음과 같은 말도 하지 않았을까.

케르보가는 내일이라도 당장 싸움을 걸어올 것이다. 영주들의 이탈을 두려워하는 케르보가로서는 일을 빨리 매듭지을 필요가 있기 때문이다. 그리고 오론테스강 서쪽 연안에 펼쳐진 평원을 전장으로 삼을 것이다. 왜냐하면 안티오키아 주위에서 대군을 전개할 만큼 넓은 곳은 그곳뿐이기 때문이다.

머리가 맑을 때의 예측은 이렇게 잘 맞는구나 싶을 정도로, 보에몬드의 예측은 보기 좋게 적중했다.

다음 날인 6월 28일 동이 트자마자, 케르보가가 이끄는 셀주크투르크군이 오론테스강 서쪽 연안으로 공격해왔다. 물론 십자군측도 맞서 싸울 준비를 완료했다. 그들도 이것이 최선이라는 생각에 결의를 다지고 성문을 나섰다.

메소포타미아와 시리아의 셀주크투르크 세력을 결집한 대군의 총사령관인 케르보가는, 이날 처음으로 십자군 전군을 목격한다.

제후들은 모두, 가문의 문장을 수놓은 각양각색의 깃발을 손에 든 기수 옆에서 아침 해를 받으며, 둔중하게 빛나는 강철 갑옷으로 중무장한 차림으로 말을 타고 다가왔다. 그 뒤를 따르는 기사들도 강철 갑옷으로 무장하고 오른손에 큰 창을 들고 말을 탄 모습이다. 군량 부족으로 말을 희생시켜야만 했던 많은 기사들은 보병으로 싸워야 했으나, 그들도 강철 갑옷과 긴 칼로 중무장했다. 십자군은 일반 보병들도 가슴을 가죽 흉갑으로 보호하고 있었다. 그리고 모두의 가슴에 붙은 하얀색 바탕에 붉은색 십자가 다채로운 무리를 통일시켜주었다. 투르크 병사의 눈에 비친 십자군은 실제보다 훨씬 대군으로 보였다.

그날 케르보가는, 오리엔트군의 특징인 다수의 궁병(弓兵)을 최전선에 배치하지 않고 배후 언덕에 대기시켜놓았다. 그리고 궁병이 기다리는 그 언덕 쪽으로 적군을 밀어붙이는 작전을 편 것이다. 동시에 강에서 가까운 아군의 좌익을 적의 공격에서 보호하려는 의도였는지 그곳에 별동대를 파견했다. 또한 일찌감치 공세로 나선 십자군을 저지할 셈으로 평원에 불을 질렀다. 하지만 여름 날씨 때문에 불은 크게 번지지 못했다.

그러나 이처럼 표면상으로는 각기 다른 방향으로 투입하는 것처럼 보이는 전술이 효과를 거두려면, 지휘계통이 완벽하게 일원화되고, 그에 따라 각 부대가 유기적으로 움직일 수 있어야 한다.

케르보가가 지휘하는 군대는 그러지 못했다. 때문에 불확실한 명령에 혼란스러워하던 투르크군을, 여섯 개의 부대로 나눈 제후들은 각자 유리한 방향에서 공격해들어갔다.

그것을 본 보에몬드는 자신이 이끄는 제5부대에서 기병만 추려 또 다른 별동대를 조직하고, 그 지휘를 수하 장수에게 맡겨 적군의 배후로 돌아 들어가 공격하게 했다. 전장에 나와 있는 적군과 언덕 부근에서 대기하고 있는 궁병을 완전히 분리해버린 것이다. 정오도 되기 전에, 케르보가군의 형세가 악화되고 있음은 누가 봐도 알 수 있었다.

지금까지 불만은 있었지만 모술 태수의 지휘에 복종하고 있던 각 영주들은 패배에 휩쓸릴 것을 우려해 자신들의 군대를 철수하기 시작했다. 가장 먼저 철수한 것은 다마스쿠스 영주 두카크였다. 그를 따라 다른 영주들의 철수도 이어졌다. 알레포 영주 리드완도 전장을 버린 사람 중 하나였다.

그래도 케르보가는 전장에서 계속 싸웠다. 케르보가를 제외하고 마지막까지 전장을 버리지 않았던 사람은 하마 영주 한 사람뿐이었다.

하지만 승패는 이미 명백했다. 이제 끝났다고 생각한 케르보가는 아직도 싸움을 계속하고 있는 휘하 병사들을 내팽개친 채 도망쳤다. 도망치는 도중에 아무 데도 들르지 않았다. 유프라테스강을 건너고 사막을 건너 단숨에 모술까지 도망친 것이다.

1098년 6월 28일, 십자군은 대승을 거두었다. 전장은 마지막까지 싸운 2만 명의 투르크 병사들의 주검으로 뒤덮일 정도였다고 한다. 그중에는 언덕에서 대기하고 있던 궁병들도 많았다.

십자군 사상자의 수도 4천 명에 달했다고 한다. 전투 자체는 단시간에 끝났지만 상당한 격전이었던 것이다.

이것은 셀주크투르크의 대군을 상대로 거둔 본격적인 승리였다. 산 위의 성채에 있던 투르크 병사들도 패배 사실을 알고 항복해왔으므로, 안티오키아에서 가장 중요한 곳까지 결국 십자군의 수중에 들어온 것이다. 이것은 이제 시리아 일대에는 더이상 십자군에 대항할 수 있는 이슬람 군대가 없다는 것을 의미했다.

안티오키아는 누구 손에?

전투가 끝나고 이틀도 지나지 않은 6월 말, 외부로부터의 적을 물리치고 산 위의 성채도 수중에 넣음으로써 이제 안티오키아에는 적이 없어졌다. 하지만 십자군의 수뇌들은 또다른 문제에 대한 해답을 내놓아야 했다. 이 안티오키아의 방어를 누구에게 맡길 것인가. 다음으로 그들을 기다리고 있는 더욱 중요한 것은 예루살렘으로 향하는 일이었기 때문이다.

풀리아 공작 보에몬드는 더는 자신의 야망을 숨기지 않았다. 안티오키아 정복에 가장 공로가 많은 자신이 그 임무를 맡는 것이 당연하고, 동시에 안티오키아를 계속해서 십자군의 도시로 유지하기 위해서도 타당한 선택이라고 주장했다.

이에 공공연하게 반대하고 나선 사람이 툴루즈 백작 레몽이었다. 레몽이 반대한 진짜 이유는 보에몬드에 대한 라이벌 의식 때문이었다. 하지만 풀리아 공작의 공로는 다들 인정하고 있었으므로 그것에 이의를 제기하는 것은 어리석은 짓이었다.

그래서 예의 서약서 이야기를 꺼낸 것이다. 제후들이 콘스탄티노플에서 황제 알렉시우스의 요구에 응해 서명한 서약서에 따르면, 제후들은 비잔틴제국 황제의 신하이고, 따라서 그들이 정복한 땅의 영유권도 황제에게 돌아가게 된다.

레몽은 그러므로 우리는 안티오키아를 황제에게 바칠 의무가 있다고 말한 것이다. 보에몬드도 그 문서에 서명한 사람 중 하나였다. 이것으로 안티오키아를 자기 영지로 만들겠다는 그의 야망은 무너진 것으로 보였다.

그때 교황의 대리인인 아데마르 주교가 한 가지 제안을 내놓았다. 황제 알렉시우스에게 특사를 보내, 황제가 직접 안티오키아에 온다면 안티오키아를 황제가 영유하는 것에 이의를 제기하지 않겠다고 전하면 어떻겠는가 하는 것이었다. 이에 모두가 동의했고, 콘스탄티노플로 보내는 특사는 프랑스 왕의 동생 위그로 정해졌다.

제안서를 맡은 위그는 성 시메온 항과 콘스탄티노플 사이를 제노바의 배로 왕복했고, 황제의 회답은 예상보다 빨리 도착했다.

그에 따르면, 여름철에 대군이 이동하는 것은 어려움이 따르기 때문에 황제가 직접 비잔틴제국 군대를 이끌고 안티오키아로 오는 것은 다음 해 봄, 즉 8개월 후에나 가능하다는 것이었다.

황제 알렉시우스는 또다시 기회를 날려버렸다. 13년 전까지 안티오키아는 일시적이나마 비잔틴제국령이었다. 주민 대부분도 그리스정교를 믿는 그리스인이다. 여름철의 더위도 마다하지 않고 달려왔다면 안티오키아는 다시 간단히 비잔틴제국령이 되었을 것이다. 비잔틴제국 시대의 그리스인에게는 쇠를 뜨거울 때 벼리는 적극성이 없었는지도 모른다.

아데마르 주교의 죽음

안티오키아에서는 이제 보에몬드와 레몽의 적대의식이 뚜렷해지고 있었다. 보에몬드가 산 위의 성채와 성벽 수비를 강화하는 탑의 대부분을 자기 병사들로 점거하자, 레몽 역시 자기 병사를 보내 케르보가의 투르크군이 버려두고 간 재산과 보물을 혼자 독차지해버렸다.

그러나 그들이 그런 일에 열중하고 있는 동안 안티오키아에는 역병이 돌기 시작했다.

처음에는 성벽 밖, 이어서 성벽 안이라는 장소의 차이는 있었지만, 안티오키아를 둘러싼 공방전이 8개월에 다다랐던 것이다. 게다가 그동안 계속해서 식량 부족에 시달려왔다. 쇠약해진 체력, 극도로 나쁜 위생상태, 제한된 장소에 갇혀 살아가는 수많은 사람들. 이런 상황에서는 역병이 발생하지 않는 게 오히려 이상했다.

이슬람 군대를 상대로 승리를 거두었지만, 십자군과 그들을 따라온 순례자들로 구성된 그리스도교도들은 자신들이 정복한 안티오키아에서 식량 부족과 여름의 무더위, 역병의 유행에 시달리게 된 것이다.

7월 들어 수뇌부 중 한 명이 결국 역병에 희생되었다. 성직자인 아데마르는 역병으로 죽어가는 사람들과 접촉할 기회가 누구보다 많았다. 그는 역병으로 쓰러졌다.

아데마르 주교가 죽자 제후들은 모두 슬픔에 빠졌다. 보에몬드조차 눈물을 흘렸다고 한다. 교황의 대리인 자격인 성직자의 죽음을 슬퍼한다기보다, 지금까지 오랫동안 함께 고생해온 전우의 죽음을 슬퍼하는 마음에 더 가까웠을 것이다.

필요할 때는 직접 병사를 이끌고 최전선에서 싸웠고, 사사건건 대립하는 보에몬드와 레몽 사이를 능숙하게 조율했으며, 죽어가는 자가 원하면 머리맡으로 달려가 더 좋은 세계로 떠나는 여행길을 배웅했다. 르퓌의 주교 아데마르는 이제 제1차 십자군에 없어서는 안 되는 사람이었던 것이다.

제후들은 그를 반드시 예루살렘의 성묘교회에 안장하겠다고 약속했지만, 아데마르는 훨씬 현실적이었다. 이슬람이 지배할 때는 마구간이었다가 다시 안티오키아의 대성당이 된, 성 베드로 성당에 매장해 달라는 말을 남기고 죽은 것이다.

아데마르 주교의 죽음으로 가장 큰 영향을 받게 된 사람은 툴루즈 백작 레몽일 것이다. 교황의 대리인인 아데마르가 그와 행동을 함께 한 덕에, 레몽은 제후들 중에서 대장 격이라도 되는 양 행동할 수 있었던 것이다.

또한 제후들 중에서는 가장 연장자이며 영토가 많다는 이유로 자칫 폭주하기 쉬웠던 레몽을 항상 옆에서 자제시켜준 것도 아데마르 주교였다.

요컨대 지금까지의 전적을 보면 보에몬드와 고드프루아, 또 젊은 플랑드르 백작 로베르와 보두앵, 탄크레디한테도 눈에 띄게 뒤처지면서도 레몽이 계속 으스댈 수 있었던 건 교황의 대리인인 아데마르 주교가 항상 곁에 있었기 때문이었다.

아데마르 주교의 죽음을 누구보다도 한탄해 마지않던 사람은 쉰여섯 살의 레몽이었다.

아데마르 주교의 죽음에 이어 레몽의 권위를 손상시키는 또하나의 사건이 일어난다. 여기에는 '성스러운 창'의 발견자로 이름을 날린 바르톨로메오가 얽혀 있었다. 프랑스 남부에서 순례자의 시종으로 십자군을 따라온 이 남자는, 같은 프랑스 남부의 영주 레몽에게 이렇게 말했다.

죽은 지 얼마 안 된 아데마르의 영혼을 지니고 성 안드레아가 다시 그의 꿈에 나타났다는 것이다. 그리고 말하건대, 아데마르는 '성스러운 창'에 의심을 품었던 죄로 지옥에 떨어질 뻔했으나, 진실한 후회와 제후들의 기도 덕에 구원을 받았다. 안티오키아 방어는 정의로운 사람에게 맡기고 될수록 빨리 예루살렘을 해방하러 떠날 것을 레몽에게 전하라, 고 일렀다는 것이다.

깊은 신앙심을 자랑하던 레몽도 이런 이야기까지는 고스란히 믿을 수 없었던 모양이다. 바르톨로메오는 지난번과는 다른 레몽의 대응에 풀이 죽어 돌아갔다. 그러나 바르톨로메오는 이번 꿈 이야기로 불신을 산 데서 그치지 않고, 그가 발견한 '성스러운 창'의 신빙성까지 함께 잃게 되었다. '성스러운 창'의 신빙성을 일관되게 주장해온 사람은 다른 누구도 아닌 툴루즈 백작 레몽이었다.

8월, 역병에 쓰러진 희생자가 시내 전역을 뒤덮기에 이르렀다. 제후들은 휘하의 병사들과 함께 가까운 도시나 마을로 피난을 떠나기로 했다.

보에몬드와 탄크레디는 킬리키아 지방의 항구로.

고드프루아와 그의 병사들은 북쪽으로 향했다. 에데사에서 필요물자를 가지고 남하해오는 동생 보두앵과 만날 계획이었다.

레몽과 그의 병사들이 어디로 피난했는지는 알려져 있지 않다. 노르망디 공작과 플랑드르 백작도 각자 근처에서 피난처를 찾았던 것 같다.

이러면 안티오키아가 군사적으로 텅 비게 되지만, 이제 걱정할 만한 적이 없었으므로 역병을 피해 여름휴가를 떠날 수 있었던 것이다.

9월, 안티오키아의 역병도 진정되고 제후들은 각자의 병사들을 이끌고 돌아왔다. 동시에 보에몬드 대 레몽의 대립이 다시 시작되는 게 아닌가 했지만, 아직 이 시기에는 그렇지 않았다. 이유는 단순히 보에몬드가 아직 안티오키아로 돌아오지 않았기 때문인데, 그는 역병을 이유로 킬리키아 지방에 머무르는 동안, 훗날 십자군에 커다란 영향을 끼치게 되는 중요한 안건에 몰두하고 있었다.

그것은 제노바의 상인들과 군사적 경제적 협정을 맺는 일이었다. 보에몬드가 안티오키아를 영유하는 데 힘을 빌려주는 대신, 제노바측은 안티오키아 시내에 독자적인 시장을 설립할 권리를 갖고, 그곳에서 일할 제노바 사람들만을 위한 교회 하나와 30채의 가옥을 구입할 수 있게 해준다는 것이었다. 즉 안티오키아에 제노바 거류지 개설을 인정한 것이다.

이 협정이 군사적인 성격을 띠는 것은, 제노바를 포함해 이탈리아 해양 도시국가의 상선은 선원들이 무장을 하고 있어서 노를 젓는 사람까지 모두 전투원으로 변모할 수 있기 때문이었다. 보에몬드가 안티오키아를 영유하는 데 힘을 빌려주겠다는 말은, 이 군사력을 빌려준다는 의미도 있었다. 게다가 제노바 선박에 의한 해상수송 역시 '힘을 빌려주는' 일 중 하나라는 것은 말할 것도 없었다.

그래도 역시 경제입국을 목표로 하는 제노바와의 협정인 만큼 경제협정의 의미가 더 컸다. 현대적으로 생각하면, 제노바의 이런 참여는 시장개방이자 외자도입이라 할 수 있지 않을까. 보에몬드는, 시칠리아를 정복한 후에도 이전 지배자였던 이슬람교도를 추방하지 않고 그리스도교 사회로 편입시켜 두 종교의 공생을 실현한 이탈리아 남부 노르만 왕조의 일원이다. 그래서 시장개방이나 외자활용, 그리고 민족을 불문한 인재 활용에 다른 제후들보다 저항감이 적었을지도 모른다. 어쨌든 제노바를 포함한 이탈리아 해양 도시국가의 경제인들은 십자군이 오리엔트를 침입하기 훨씬 전부터 이슬람교도와 교역을 해왔던 사람들이다.

이러한 경험을 통해 제노바 사람들은, 경제적 이익을 얻기 위해서는 정치적으로도 냉철할 필요가 있다는 것을 알고 있었다. 협정 마지막 부분에는, 가령 보에몬드와 레몽 사이에 무력충돌이 일어날 경우 제노바 사람은 중립을 지킨다는 항목이 덧붙어 있다. 다른 사람들의 집안싸움에 휩쓸리는 것은 경제적이지 않기 때문이다.

이 교섭을 모두 마치고 보에몬드는 안티오키아로 돌아왔다. 동시에 보에몬드와 레몽의 대립도 다시 시작되었다.

죽은 아데마르 주교를 애도하기 위해 모인 성 베드로 성당에서, 보에몬드와 레몽은 거센 목소리로 언쟁을 벌이기 시작했다.

풀리아 공작 보에몬드가 말했다.

황제 알렉시우스는 그 우유부단한 성격 때문에 결국 오지 않을 것이다. 그러나 안티오키아를 어떻게 십자군의 것으로 유지할 것인가는 이후 예루살렘으로 향할 십자군에게 매우 중요한 과제다. 그 일의 적임자는 다른 누구도 아닌 바로 나다, 라고 주장한 것이다.

이에 대한 툴루즈 백작 레몽의 반론은, 황제가 요구한 서약서에 우리 모두가 서명한 이상 우리 중 누구도 그것을 무시할 수 없다는 논리 하나였다.

여기에서, 지금까지는 둘의 싸움에 거리를 두고 있던 로렌 공작 고드프루아가 보에몬드의 생각에 찬성한다고 밝혔다. 이어서 또 한 사람, 플랑드르 백작 로베르가 보에몬드를 지지하는 쪽으로 나섰다.

고드프루아는 강대한 병력을 이끌고 왔으므로 당연히 발언권도 강했다. 그에 비해 플랑드르 백작은 5백 명의 기병밖에 거느리지 않았지만, 지금까지 그와 그가 지휘하는 기병들이 보여준 활약은 누구나 인정하는 것이었다.

이 두 사람은, 예루살렘으로 향하기 위해서는 배후의 안티오키아를 확실한 '손'으로 반드시 지켜야 한다는 것을 알고 있었다. 에데사에서 보두앵이 '방패'가 되어주었던 3주간의 중요성을 그들은 잘 알고 있었던 것이다.

이 두 사람이 보에몬드 쪽에 섰으니 문제가 해결될 것으로 다들 생각했지만, 보에몬드를 향한 적개심에 불타는 레몽은 그렇게 호락호락 물러서지 않았다. 난제를 차례로 들이대면서 문제해결을 뒤로 미루는 작전으로 나온 것이다.

우선 보에몬드가 안티오키아의 영유를 고집하며 십자군이 예루살렘으로 진군하는 것을 방해하고 있다고 비난했다.

그러자 보에몬드는 예루살렘으로 진군하는 것을 방해할 생각은 추호도 없다고 단언했다.

레몽은 그렇다면 증거를 보이라며, 예루살렘 진군에 동행할 것을 보에몬드에게 요구했다.

보에몬드는, 자신은 여기에 남아 안티오키아를 그리스도교 세력하에서 재건하는 중요한 임무가 있으니, 대신 탄크레디를 참전시키겠다고 답했다.

이 말에는 마땅히 대답할 게 없었겠지만, 그래도 이 프랑스 남자는 물러서지 않았다. 다음에 만난 자리에서 그는 안티오키아의 4분의 3은 보에몬드가 영유해도 좋지만 총독 관저를 포함한 나머지 4분의 1은 자신의 통치하에 두자는 안을 내밀었다. 하지만 분할통치란 대개 '아무것도 못 하는' 것이나 마찬가지다.

이 언쟁에 참석한 제후들은 이제 기가 막힌다는 표정을 감출 수 없었다. 이런 말싸움 때문에 벌써 한 달 이상이나 허송해버린 것이다.

그런데 아이러니하게도, 스스로 바라지도 않았던 일이 발단이 되긴 했지만, 이 교착상태를 바꾼 것은 다름 아닌 툴루즈 백작 레몽이었다.

인육 사건

도시는 성벽 안쪽의 시내만으로 이루어지는 것이 아니다. 식량을 비롯해 수공업에 필요한 원재료며 일꾼을 공급하는 이웃 도시나 마을이 있어야 도시로서 기능할 수 있다. 당연히 대도시일수록 도시를 지원하는 역할을 담당하는 도시와 마을, 농지와 목초지는 더 많이 필요해진다.

안티오키아만큼의 대도시는 아니지만 에데사 역시 주위 일대를 자기편으로 만들어놓음으로써, 메소포타미아 지방에서 온 적의 대군을 가로막고 설 만한 힘을 가질 수 있었다.

따라서 안티오키아를 공략한 십자군도 주위 도시나 마을을 정복하는 일을 게을리할 수 없었다. 언쟁을 일삼기는 했으나 레몽은 프랑스 남부에 광대한 영지를 가진 영주였다. 그 중요성은 잘 알고 있었다.

안티오키아에서 동남쪽 방향으로 100킬로미터쯤 떨어진 곳에 마아라트 알 누만이라는 도시가 있다. 주위에 견고한 성벽이 서 있어, 십자군을 공격해온 셀주크투르크의 군대가 매번 패퇴했음에도 이곳만은 내내 투르크의 손안에 있었다. 이 도시가 간단히 항복하는 것은 요원한 바람이었다. 이 도시로 향한 십자군은 세 장수가 따로 이끄는 부대들이었다.

11월 27일, 먼저 도착한 레몽의 부대가 우선 성벽 공격을 개시했다. 이어서 도착한 플랑드르 백작의 부대가 다른 쪽 성벽을 공격하기 시작했다. 둘 다 결과가 좋지 않았기에 일단 철수하여 병사들을 쉬게 했다. 오후가 되어 도착한 것은 보에몬드가 이끄는 부대였다. 이 부대도 성벽 공격을 시도했지만, 결과는 만족할 만한 것이 아니었다.

그도 그럴 것이, 세 명의 장수가 따로따로 도착해서, 공격방법조차 의논하지 않고 각자 자기 좋을 대로 적당한 곳을 공격했으니 성벽이 꿈쩍도 하지 않은 것은 당연했다. 하지만 플랑드르 백작은 차치하더라도, 레몽과 보에몬드 사이에 지휘계통의 일원화나 공격방법의 조정 같은 것이 이뤄질 리 없었다.

이런 상태에서 레몽 부대와 플랑드르 부대는 보다 공격이 용이한 마을들을 정복하러 떠났다. 하지만 보에몬드는 마아라트 알 누만으로 밀사를 잠입시켜 무혈입성하는 계책을 세우고 있었다.

아마도 이탈리아 남부나 시칠리아에서 데려온 것으로 추정되는데, 풀리아 공작 보에몬드는 아랍어나 투르크어를 할 줄 아는 부하를 많이 데리고 있었다. 이때도 그중 한 명을 보낸다. 이탈리아 남부 남자는 금발에 파란 눈이 많은 북유럽 남자들과 달리 얼굴 생김새나 피부색이 중근동 사람들에 가깝다. 게다가 그들 몇몇은 아랍어도 할 줄 알았다. 밀사로 잠입시키기에 최적의 조건이었던 것이다. 무혈입성만 하면 수비대와 주민 전원의 안전을 보장하겠다는 것이 보에몬드가 내건 조건이었다. 마아라트 알 누만의 주민들은 이 제안을 받아들이는 쪽으로 기울기 시작했다.

그러나 2주일 후 돌아온 레몽은 그 사실을 알지 못했다. 보에몬드 또한 알려주지 않았다.

12월 11일, 레몽은 공격을 재개했다. 이번에는 나무를 베어 공성탑까지 만들어 성벽을 공격했다. 그러자 수비하는 측도 더이상 버티지 못했고, 다음 날 아침 재개된 공격에서 레몽의 병사들은 성벽을 타고 넘어 성안으로 난입했다.

수비대원만이 아니라 일반 주민도 가차 없이 살육했다. 마아라트 알 누만에는 1만 명에 가까운 사람들이 살고 있었다고 한다. 그중에서 남자는 한 사람도 예외 없이 살해되었다. 여자와 아이들 역시 한 사람도 빠짐없이 노예로 팔려갔다.

이런 때에는 꼭 어디선가 유대인 상인들이 모습을 드러낸다. 포로들을 사들인 것도 이들이었다. 그리스도교도나 이슬람교도나 이런 그들의 역할을 마다할 이유가 없었기에, 유대인 상인들은 이교도의 노예화를 인정하던 오리엔트에서 악역을 떠맡고 있었다.

막 정복한 도시를 누구의 관할하에 둘 것인가의 문제로 다시 레몽과 보에몬드가 대립했다. 하지만 이번에는 레몽도 강경했다. 정복한 것은 자신의 부대라며 양보하려 들지 않았다. 정복 후 유지를 위한 군사력도 자기 부대에서 보내겠다고 주장했다.

보에몬드는 이번에는 간단히 물러섰다. 인근 도시 주민들의 머리에서 참극의 인상이 사라지기 전에, 두려움을 느낀 인근 도시와 마을을 빨리 정복해야겠다고 생각했기 때문이다. 시간이 갈수록 풀리아 공작 보에몬드는, 안티오키아의 영주가 되었을 때의 자신의 입지강화를 중심으로 생각하고 행동하게 되었다.

같은 생각을 했는지, 안티오키아를 영유하는 것에 전혀 관심이 없었던 고드프루아와 플랑드르 백작도 안티오키아 주변 땅을 정복하는 데 적극적이었다.

12월 25일의 성탄절을 앞두고 제후들은 안티오키아로 돌아왔다. 그리스도교의 대성당 역할을 되찾은 성 베드로 성당에서 장엄한 미사가 열리게 된 것이다.

이를 위해 모인 제후들 앞에서 레몽은 예루살렘으로 떠나는 날짜를 내년 부활절로 정하자고 말했다. 이듬해인 1099년의 부활절은 4월 10일이다. 오리엔트의 겨울도 혹독하기 때문에 이론의 여지가 없었다.

이에 기분이 좋아진 레몽은 최연장자다운 모습을 보여주고 싶었는지, 제후들에게 크리스마스 선물을 한다. 그의 영지인 프랑스 남부에서 주조된 '솔도'라는 작은 금화였다. 그는 그것을 다음 네 명에게 호쾌하게 나눠주었다.

서른여덟 살의 로렌 공작 고드프루아에게는 1만 솔도

마흔네 살이라는 나이를 생각해, 노르망디 공작에게도 1만 솔도

서른세 살이 된 플랑드르 백작에게는 6천 솔도

스물세 살의 탄크레디에게는 5천 솔도

마흔여덟 살로 이들 가운데 가장 연장자인 보에몬드에게는 물론 한 푼도 주지 않았다. 또한 레몽이 호쾌하게 선물을 뿌린 것에는 그들을 자기편으로 끌어들이려는 속마음이 있었겠지만, 그것이 성공했는지는 의심스럽다. 주니까 고맙게 받기는 했지만, 제후들은 그렇다고 레몽에게 은혜를 입었다고 생각할 만한 남자들이 아니었다.

그런데 해가 바뀌고 얼마 지나지 않아, 안티오키아에 있는 제후들까지 분개하게 만든 불상사가 일어났다.

마아라트 알 누만에 주둔하고 있던 레몽의 부대 병사들이, 살해당한 주민의 인육을 먹었다는 보고가 들어온 것이다.

레몽은 제후들에게는 선물까지 주었지만 부하병사들은 그대로 내팽개쳐둔 모양이었다. 그래서 주민도 없고 먹을 것도 전혀 없는 도시에 방치된 병사들이 배고픔을 참지 못하고 시체에 손을 댄 것이다.

이 지경이 되자 제후들의 비난이 레몽에게 집중되었다. 레몽도 가만히 있을 수는 없었지만, 그렇다고 그 병사들을 극형에 처하면 다른 병사들이 잠자코 있지 않을 것 같았기에, 불상사로 얼룩진 도시 전체에 불을 질러 다 태워버리게 했다.

마아라트 알 누만은 불타올라, 개 한 마리 얼씬거리지 않는 폐허로 변했다.

이 사건 때문에 이슬람측에는 그리스도교도가 식인종이라는 소문이 퍼졌다. 이슬람측 사료에 따르면 식인 사건이 일어난 것은 이 도시가 함락되었을 때이고 이 도시 주민 전체가 잡아먹혔다는 뉘앙스를 풍기는데, 마아라트 알 누만이 함락된 것은 그 전해 12월 12일로 이 사건이 있기 한 달 전이었다. 또한 이 참사를 노래한 시에서는 주민 10만이라고 되어 있는 것이 현대 이슬람 연구에서는 1만 전후로 고쳐져 있다. 이 또한 참극이란 늘 과장되어 전해지게 마련이라는 한 사례였던 것이다.

그러나 완전한 거짓말은 아니었다. 그 증거로, 자기 부하들이 일으킨 이 불상사에 어지간히 타격을 받았는지 툴루즈 백작 레몽은 자신의 군대를 모두 인솔해 불상사의 현장으로 가서 마아라트 알 누만이 불타오르는 것을 눈으로 직접 확인했다. 그리고 모든 것을 잊고 싶었던지 그길로 예루살렘을 향해 남하하기 시작했다. 제후들과 예루살렘

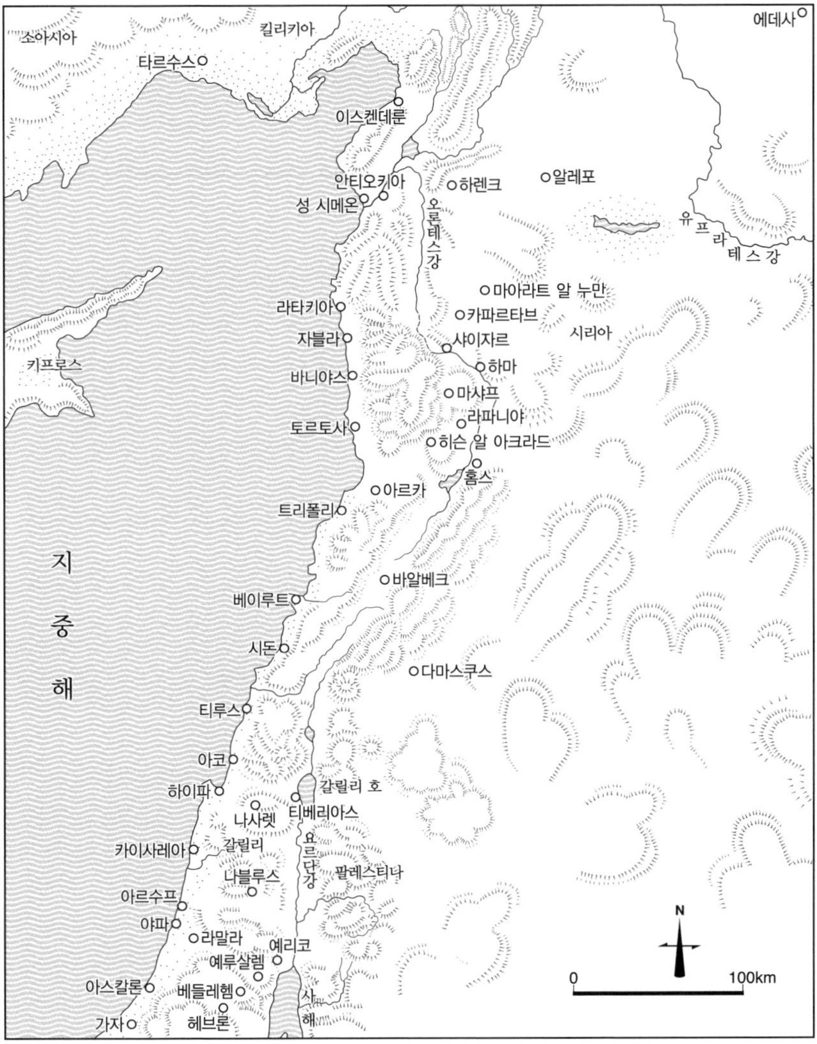

시리아·팔레스티나와 그 주변
(Steven Runciman, *A History of the Crusades*, Vol. I)

으로 떠나기로 정한 4월 10일 부활절보다 석 달이나 이른 1월 중순에 출발해버린 것이다. 겨울에 행군하는 어려움을 생각할 여유조차 잊어버린 듯했다.

그리고 레몽의 갑작스러운 출발로, 안티오키아는 아주 자연스럽게 보에몬드의 손에 굴러들어왔다.

드디어 십자군의 최대이자 최종 목적인 성지 예루살렘의 해방을 향해 나아가게 되는데, 이때 십자군을 이끄는 제후들의 면면은 안티오키아 공방전 때와 상당히 달랐다.

제후라는 호칭으로 한데 묶어 말해온 사람들을 안티오키아 공방전 이전과 이후로 나눠보면 다음과 같다.

(이전)

로렌 공작 고드프루아와 두 동생 보두앵과 외스타슈

툴루즈 백작 레몽과 교황의 대리인인 아데마르 주교

풀리아 공작 보에몬드와 조카 탄크레디

프랑스 왕의 동생인 베르망두아 백작 위그

정복왕 윌리엄의 아들 노르망디 공작 로베르

그의 매제인 블루아 백작 에티엔

플랑드르 백작 로베르

(이후)

로렌 공작 고드프루아와 동생 외스타슈

툴루즈 백작 레몽

탄크레디

노르망디 공작 로베르

플랑드르 백작 로베르

이러한 면면에서 빠진 사람들은 각각 다음과 같은 이유에서다.

보두앵—에데사와 그 주변 일대를 지키기 위해.

교황의 대리인 아데마르 주교—안티오키아 함락 후 역병으로 사망.

보에몬드—안티오키아와 그 주변 일대를 지키기 위해.

프랑스 왕의 동생 위그—십자군이 황제 알렉시우스에게 보내는 제안서를 가지고 콘스탄티노플로 갔다가, 황제의 회답만 보내고 정작 자신은 한동안 비잔틴제국 수도에서의 생활을 즐겼던 듯하다. 그러나 그후 안티오키아로 돌아오지 않고 고향인 북유럽으로 돌아가버린다. 하지만 2년 후에는 다시 오리엔트로 돌아온다.

블루아 백작 에티엔—케르보가가 이끄는 셀주크투르크의 대군을 두려워해 안티오키아에서 도망쳤는데, 잠시 킬리키아 지방에서 안티오키아로 돌아가 제후들에 합류할지 고민하는 나날을 보낸다. 하지만 이 사람도 결국 북유럽의 자기 영지로 돌아가버렸다.

그러나 정복왕 윌리엄의 딸인 그의 아내 아델라는 꽐사납게 왜 돌아왔느냐며 남편을 경멸했다. 그뿐이라면 자기 영지에 틀어박힐 수도 있었겠지만, 백작부인 아델라는 다시 다녀오라며 남편을 매일같이 들볶았다. 그래서 하는 수 없이 2년 후인 1101년에 팔레스티나로 돌아오는데, 그 무렵에는 이미 십자군이 안티오키아 지배는 물론이고 '예루살렘 해방'까지 완료한 후였다.

이런 까닭으로, 예루살렘을 향해 떠나는 제후는 열한 명에서 여섯 명으로 줄어 있었다.

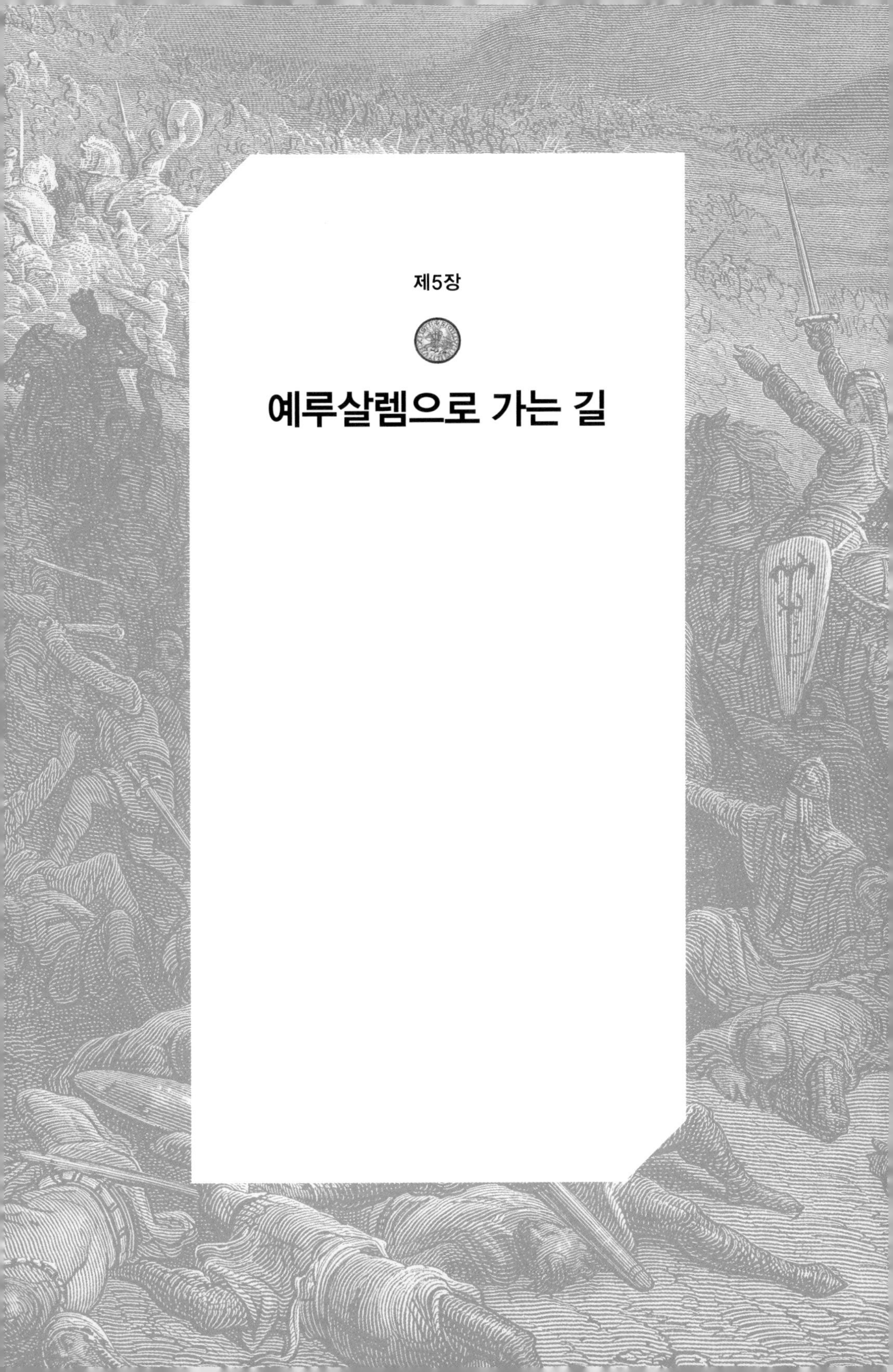

제5장

예루살렘으로 가는 길

1099년 1월 13일, 앞서 말한 사건 때문에 마아라트 알 누만에 가 있던 레몽이 가장 먼저 예루살렘을 향한 행군을 시작했다. 겨울임에도 불구하고 레몽은 남루한 긴 옷에 맨발, 손에 십자 모양 지팡이를 짚은 전형적인 순례자의 모습으로 선두에 섰다. 가슴엔 흰색 바탕에 붉은색 십자를 붙이고 군대를 이끈다 해도 십자군의 정체성은 다름 아닌 순례행이다. 레몽은 그것을 진심으로 믿었다. 드디어 성지 예루살렘을 향하게 된 이때, 겸허한 순례자의 모습으로 떠나고 싶었을 것이다. 순례자의 모습을 유지했던 것은 처음 며칠뿐이었지만.

툴루즈 백작 레몽이 남하하기 시작했다는 소식이 안티오키아에 전해지자, 먼저 노르망디 공작 로베르가 뒤를 따르겠다며 떠났다.

동시에 탄크레디도 출발하게 된다. 탄크레디는 레몽과 행군을 같이 할 생각이 전혀 없었을 테지만, 아마도 보에몬드가 레몽은 믿을 수 없으니 네가 함께 가라고 보냈을 것이다. 그렇다고 보에몬드가 조카 탄크레디에게 많은 병사를 내주었던 것도 아니어서 탄크레디가 이끌고 간 것은 일개 부대의 규모에 불과했으나, 그렇다고 소극적이 될 탄크레디가 아니었다.

물론 노르망디 공작 로베르와 탄크레디는 순례자의 모습으로 떠날 생각은 하지도 않고, 완전무장한 차림으로 말을 타고 출진했다.

레몽의 군대보다 한 달 늦은 2월 중순에는 로렌 공작 고드프루아도 예루살렘을 향해 안티오키아를 떠난다. 플랑드르 백작이 이끄는 기병대도 이에 동행했다. 이들의 군대는 보병까지 모두 중무장한, 제대로 진용을 갖췄다는 느낌을 주는 전투 집단이었다. 예루살렘을 목표로 남하하는 것은 레몽과 같았지만, 고드프루아는 다른 진군로를 택했다.

이리하여 보두앵이 에데사에 남았듯이 보에몬드는 안티오키아에 남았다. 그는 레몽이 떠난 덕에 마침내 수중에 들어온 안티오키아를 공작령으로 확립해나가는 작업에 착수한다. 보두앵이 에데사를 백작령으로 만들어갔던 것처럼.

연구자들의 추측에 따르면, 두 무리로 나뉘어 예루살렘으로 떠난 십자군 중에 레몽, 노르망디 공작, 탄크레디로 구성된 제1군의 규모는 기병 1천여 명에 보병 5천 명이었다. 한 달 늦게 출발한 고드프루아와 플랑드르 백작 군대의 전력은 기병 5백 명에 보병 6천 명. 제1군과 제2군을 합해도 기병 1천 5백 명에 보병 1만 1천 명으로, 총 1만 2천 5백 명밖에 되지 않는다. 그들이 유럽에서 출발했을 때는 총 5만 명이었다.

우선 소아시아를 통과하는 6개월 동안 투르크 병사와 싸우다 희생된 사람이 많았다.

여기에 또 1년 가까이 걸렸던 안티오키아 공방전에서 전투와 역병으로 희생된 사람 또한 많았다.

여기에, 에데사 백작령과 안티오키아 공작령을 지키는 데 필요한 인원을 제해야 했다.

이런 연유로 드디어 최대 목적지인 예루살렘으로 떠나는 십자군의 규모는 대폭 줄어 있었다. 십자군에 참가하는 제후들의 수도 반으로 줄었다. 게다가 유럽을 뒤로한 지 벌써 3년이 지났다. 그 3년 동안 십자군 병사의 수는 3분의 1 이하로 줄었고, 그들을 따라나선 순례자들은 이보다 더했다. 순례자들 대부분이 이미 '순교자'가 되어 천국에 간 상태였을 것이다. 안티오키아 공방전 중 식량 부족으로 가장 큰 피해를 본 것은, 걱정해줄 주인이 없는 순례자들이었기 때문이다.

하지만 예루살렘의 '해방'이 목적인 십자군에게 이것은 거치적거리는 사람들이 없어졌다는 뜻이기도 했다. 즉 예루살렘으로 향하는 십자군은, 그 수는 감소했어도 전력의 활용도는 오히려 강화된 집단으로 바뀌었던 것이다.

시리아에서 팔레스티나로

1099년 당시 팔레스티나는 이집트의 카이로에 있는 칼리프의 지배를 받고 있었다.

팔레스티나 지방은 산악지대를 사이에 두고 서쪽과 동쪽으로 나뉜다. 동쪽은 다마스쿠스의 태수인 투르크인이 지배하고 있었지만, 베이루트에서 가자에 이르는 서쪽 해안지대 전역은 이집트의 지배하에 있었다. 예루살렘도 이집트 칼리프의 부하가 통치하고 있었다. 이 때문에 이집트는 안티오키아를 공격중이던 십자군 진영에 특사를 파견하여, 시리아는 아무래도 상관없지만 팔레스티나에는 손대지 말라는 의미를 담은 협정을 맺으려 했던 것이다. 당시 십자군은 애매한 대답만 주며 상대가 물러나 있길 바랐지만, 지금은 그 이집트의 칼리프가 지배하는 팔레스티나에 발을 들이는 상황이었다.

그러나 이집트가 팔레스티나를 지배하게 된 것은 극히 최근의 일이었다. 즉 팔레스티나의 각 도시 총독으로 이집트인을 앉히는 정도까지는 아니었기에, 예루살렘을 포함한 몇몇 도시 외에는 이집트의 패권은 인정하되 여전히 셀주크투르크인 태수들이 통치하는 상황이었다.

이에 따라 당시의 팔레스티나에서만 찾아볼 수 있는 특수한 상황이 벌어진다. 이미 이집트인 총독이 다스리고 있는 도시에서는 십자군이 침략자가 되지만, 아직 투르크인 태수가 다스리는 도시에서는 이집트의 패권을 뒤엎는 해방자가 되는 것이다.

십자군의 수뇌들도 처음에는 이러한 상황을 이해하지 못했던 듯하다. 하지만 먼 유럽에서 왔음에도, 제1차 십자군이 그때그때의 상황을 받아들이는 유연성은 감탄스러우리만치 뛰어났다. 그들은 실패하면서도 조금씩 그것을 배워갔다. 그러지 않으면 영원히 예루살렘에 다다를 수 없기 때문이기도 했지만.

먼저 출발한 레몽의 군대는 불상사를 지워버리려고 불태운 마아라트 알 누만에서 그대로 행군을 시작했기 때문에 내륙 쪽으로 남하하는 길을 택해야 했다. 그러나 그 길에는 셀주크투르크가 지배하는 도시들이 잇달아 있었다. 이 도시들을 제압하지 않고서는 행군을 속행할 수 없었다. 30킬로미터쯤 나아간 곳에 있는 카파르타브에 도착할 때까지도 어떻게 할지 결정을 내리지 못했으나, 다행히 그곳 주민들이 우호적이어서 사흘간 머무를 수 있었다.

그곳으로 노르망디 공작과 그의 병사들, 바로 이어 탄크레디와 그의 부대가 도착했다. 셋은 이후 어떻게 행군할지 함께 결정하게 되었다.

당장 투르크측의 두 유력자가 이들의 행군을 가로막을 가능성이 있었다. 한 사람은 샤이자르 태수, 또 한 사람은 트리폴리 태수다. 두 사람 모두 본거지인 샤이자르와 트리폴리의 영주일 뿐만 아니라, 주위 일대의 도시를 다스리는 소영주들에게 명령을 내릴 수 있는 위치였다.

레몽과 노르망디 공작, 그리고 탄크레디도, 이 두 유력자를 무력으로 무너뜨리고 나아가는 것은 피하고 싶다는 생각은 일치했다. 이들과 일전을 벌일 때의 가장 큰 문제는 귀중한 병력의 손실을 피할 수 없다는 것이었다. 또한 예루살렘에 언제 도착할 수 있을지도 불투명해진다. 그래서 세 사람은, 우호관계까지는 무리라 해도 중립은 확보할 수 있지 않을까 하는 바람을 갖고 있었다.

그런데 바로 그때, 신통하게도 샤이자르 태수가 보낸 사절이 도착했다. 그리고 태수가 제안한 내용을 세 사람에게 알렸다. 샤이자르와 하마의 지배 지역을 프랑크군이 '평화롭게' 통과한다면, 이 두 도시의 태수가 프랑크군에게 시중보다 싼 가격으로 필요한 물건을 팔고 길잡이도 붙여주겠다는 것이었다.

조건을 내건 이슬람측이나 이를 받아들인 그리스도교측이나, 이 '평화롭게'라는 조건을 샤이자르와 하마를 비롯한 각 도시를 공격하지 않고 평화적으로 들어가되 그 근방은 이 범주에 속하지 않는다고 해석했던 건 마찬가지였던 것 같다.

그래서 샤이자르 태수의 제안을 수락한 십자군은, 교외를 행군할 때는 방목된 양을 거침없이 빼앗아 '평화롭게' 들어간 도시에서 팔고 그 돈으로 말을 샀다. 안티오키아 공방전 중 식량 부족으로 말까지 먹어치운 탓에 말을 탈 수 없는 기병이 절반이나 되었던 것이다. 하지만 이렇게 '평화롭게', 천여 명의 기사는 다시 기병으로 돌아갈 수 있었다.

그렇게 한동안 원활하게 남하하던 중, 레몽이 문제를 일으켰다. 어디서 들었는지 영국과 제노바의 선박이 시리아 해안을 따라 항해중이라는 사실을 알고, 그들이 군량 보급이 수월해지도록 도와줄 것이니 빨리 해안 쪽으로 빠지자는 말을 꺼낸 것이다.

이 말에 서른 살도 더 손아래인 탄크레디가 단호하게 반대했다. 겨울에 군대를 이끌고 산악지대를 빠져나가는 것은 모든 면에서 위험하다는 것이 이유였다. 산악지대는 십자군에 두 번이나 고배를 마신 다마스쿠스 영주 두카크의 영향권이었다. 그러므로 한동안 이대로 계속 남하하다가 산이 끝나는 지대에서 해안으로 빠지는 게 낫다는 것이 탄크레디의 주장이었다. 레몽은 보에몬드한테는 사사건건 반대했지만 그의 조카 탄크레디에게는 그러지 않았는지, 탄크레디의 의견을 받아들였다.

행군은 재개되었으나 이들은 이미 샤이자르 태수의 지배가 미치지 않는 지역에 들어서 있었다. 도시가 보이면 될수록 '평화롭게' 들어가고, 그게 힘들면 억지로 밀고 들어갈 수밖에 없었다. 그래도 십자군은 '평화롭게' 해결하는 방법을 우선했다. 예루살렘에 가고 싶다는 일념 때문이었을 것이다.

1월 22일, 레몽과 탄크레디의 군대는 마샤프에 도착했다. 이 도시의 영주와 '평화롭게' 타협이 이루어졌기 때문이다.

다음 날인 23일에는 남쪽에 있는 라파니야까지 갔다. 영주도 주민도 도망쳐버린 덕에 역시 '평화롭게' 들어오게 된 이 도시에서 그들은 사흘간 머물며 병사와 말을 쉬게 했다. 여기서부터는 산악지대가 끝나는 남서쪽으로 길의 방향이 바뀌는데, 그전에 근처의 산 위에 우뚝 솟아 있는 성채를 제압해야 했다.

그 성채는 히슨 알 아크라드라는 이름이었는데, 그들은 '평화롭게'라는 십자군의 조건 따위는 들을 생각도 하지 않았다. 성문은 굳게 닫힌 채였다. 공격을 시작하자, 그제야 성채의 문이 열리고 그곳으로 가축 떼를 몰아냈다.

십자군 병사들은 이것에 눈이 멀어 공격은커녕 가축을 잡으러 다니느라 정신이 없었다. 레몽 주위를 지키고 있던 병사들까지 가축 잡기에 가담하는 바람에 대장이 포로가 될 뻔한 상황이 되고 만다. 아슬아슬한 상황에서 탄크레디가 달려와 위기를 넘겼지만, 그날은 더이상 공격할 상황이 아니었다.

다음 날 반성한 병사들이 사죄하고 공격을 재개했는데, 성채에서는 화살 하나 날아오지 않았다. 성문을 억지로 열고 들어가자 안은 텅 비어 있었다. 수비병과 주민 모두 가축을 몰아낸 직후 도망가버린 것이다.

텅 빈 성채 안에서 십자군은 며칠을 보내기로 했다. 도망간 주민들이 6천 명의 병사가 먹기에 충분한 식량을 버려두고 갔기 때문이다. 적의 습격을 두려워할 필요도 없었다. 훗날 십자군은 이 성채를 철저히 개조하고 확대해 견고하기 그지없는 장대한 성채를 건설하게 된다. 그곳은 천 년이 지난 지금까지 '기사들의 성(크락 데 슈발리에, Crac des chevaliers)'이라는 이름으로 남아 있는데, 이것과 규모나 수비 면에서는 비교할 수준이 아니지만 산 위에 우뚝 솟아 있다는 지형상의 이점은 변함없었다.

이 성채에 체재하고 있던 레몽을, 트리폴리 태수가 보낸 사절이 찾아왔다.

트리폴리 태수 잘랄 알 물크는 이집트 칼리프의 지배에 복종하기 싫었다. 그는 이집트 칼리프로부터 독립하는 데 십자군을 이용하려고 생각했다. 그래서 트리폴리의 영유권을 인정해준다면 그 대가를 치르겠다는 제안을 해온 것이다.

이것은 레몽의 관심을 끌었다. 그는 태수와 직접 교섭하기 위해 수하 장수를 트리폴리로 보냈는데, 그가 돌아와 보고한 것은 트리폴리라는 도시의 풍요로움이었다. 레몽은 대가, 즉 돈을 더 높여 부를 수 있겠다고 생각했다.

군사력으로 위협해 더 많이 우려내려는 속셈이었다. 이런 레몽에게 탄크레디는 그런 일에 연연하다가는 예루살렘으로 가는 길만 늦어질 뿐이라고 반대하고 나섰다. 그래서 레몽은 자신이 직접 군대를 이끌고 트리폴리로 향했는데, 트리폴리까지 20킬로미터쯤 남겨놓고 장애에 부딪히고 말았다.

그곳 도시 아르카의 주민이 결사적으로 항전하는 바람에 더는 나아갈 수 없게 된 것이다. 화가 난 레몽은 수하 장수에게 군대의 일부를 떼어주고 그곳에서 약간 떨어진 도시 토르토사를 공격하게 했다. 근처 도시가 함락되었다는 것을 알면 아르카 주민의 마음도 변할 것으로 기대한 것이다.

토르토사는 간단히 함락되었다. 주군과 달리 머리가 잘 돌아갔는지 이 장수가 횃불의 바다를 만들어 한 줌밖에 안 되는 병력을 대군처럼 보이게 하자, 놀란 영주와 주민이 항복했던 것이다. 토르토사가 함락되었다는 것을 안 근처 도시들은 십자군이라는 소리만 들어도 선선히 성문을 열어주었다.

하지만 아르카 사람들의 마음은 바뀌지 않았다. 가망이 없어 보이는 아르카를 아무런 전략 변경도 없이 계속 공격하는 레몽에게 노르망디 공작과 탄크레디는 반발을 감추지 않았고, 레몽의 휘하 병사들까지 대장을 경시하게 되었다.

게다가 레몽의 권위를 더욱 떨어뜨리는 사건까지 일어난다.

불의 시련

예의 '성스러운 창'의 발견자로 유명인이 된 바르톨로메오는 레몽의 군대에 가담해 여기까지 따라왔는데, 진영 안에서 '아르카를 함락하라'며 큰 소리로 외치고 다니는 바람에 병사들의 눈총을 받고 있었다. 병사들 사이에서는 바르톨로메오가 발견한 '성스러운 창'이 가짜라는 소리까지 나왔다. 바르톨로메오는 그렇다면 '불의 시련'으로 진짜임을 증명해 보이겠다며 허세를 부렸다. 좋다, 어디 한번 해보자, 하고 병사들이 맞받아쳐 '불의 시련'을 4월 8일에 실행하기로 정한다.

'불의 시련'이란, 자신이 한 말의 진위를 신에게 증명받기 위해 타오르는 불 속을 옷 하나만 걸치고 맨발로 빠져나가는 의식이다. 병사들이 모인 가운데 치러진 이 의식은 바르톨로메오가 심한 화상을 입는 것으로 끝났다. 가련한 이 남자는 그로부터 9일 후에 죽었다.

'성스러운 창'을 기적이라 믿고 휘하 병사들까지 보내 이것을 발견하는 데 힘을 다한 것은 레몽이었다. 아데마르 주교도 믿지 않았던 이것을, 발견 후에도 성스러운 유물로 가까이 두고 소중히 한 것도 레몽이었다. 그리고 발견 당초부터 칭송도 받았지만 그만큼 헐뜯고 비방하는 소리도 많이 듣던 바르톨로메오를 계속 보호해준 사람도 그였다. 사람들이 자신을 바라보는 시선에 조소가 섞이기 시작한 것을 레몽도 알아차렸을 것이다.

하지만 툴루즈 백작 레몽은 '성스러운 창'을 계속 보관한다. 그러나 6년 뒤 그가 죽은 후 이 '성스러운 창'은 기묘하게도 네 개로 늘어난다. 이 네 개의 '성스러운 창'의 행방은 이런 성유물의 운명을 무척 흥미롭게 보여준다.

그중 하나는 지금도 아르메니아의 교회에 보존되어 있는 것으로, 팔레스티나에서 직접 가져온 것이라 전해진다.

빈의 호프부르크 궁전에 소장된 '성스러운 창(롱기누스의 창)'

두번째는 제7차 십자군을 이끌었던 프랑스 왕 루이 9세가 팔레스티나에서 가져온 것으로 보이는데, 오랫동안 파리의 교회에 보존되다가 프랑스 혁명의 혼란중에 사라졌다.

세번째는 15세기 말 오스만투르크의 술탄이 당시 교황에게 보냈다는 것으로, 지금도 바티칸 어딘가에 있다고 하는데 아직 직접 본 사람은 없다.

마지막은 지금도 빈에 보존되어 있고 유일하게 인터넷상에서 사진과 설명을 찾아볼 수 있는 바로 그것이다. 옛날에는 신성로마제국의 권위를 상징하는 성유물로 소중하게 보존되던 것이다.

십자군 합류

'불의 시련' 소동이 벌어진 직후, 레몽보다 한 달 늦게 안티오키아를 출발한 고드프루아와 플랑드르 백작의 군대가, 레몽이 힘들게 공략하고 있는 아르카에 도착했다.

이들은 레몽의 군대와 달리 해안을 따라 남하한 덕에 영국이나 제노바 선박으로부터 보급을 받을 수 있어 짧은 기간에 도정을 소화할 수 있었다. 레몽의 군대처럼 도중에 거치는 지역의 영주들과 교섭할 필요도 없었는데, 절도 있게 행군하는 군대가 다가오자 근처 도시와 마을 주민들이 두려워하며 밖으로 나오지 않았으므로 손쉽게 통과할 수 있었다.

이 제2군이 도착한 탓에 레몽은 고립되고 만다. 지금까지는 그에게 이의를 제기하는 사람이 두 사람밖에 없었지만 이제 네 명으로 늘어났기 때문이다.

레몽은 자신이 지도자로서의 체면을 잃게 될 것은 알았지만, 아르카 공략을 그만 단념하고 전진하는 데 동의할 수밖에 없었다. 이리하여 십자군은 군사적 공략을 하지 않는 대가로 1만 5천 비잔틴 금화를 받고 트리폴리에 무혈입성할 수 있었다. 레몽의 군대도 마침내 지중해를 눈앞에 두게 된 것이다.

하지만 이 시기 툴루즈 백작 레몽은 스스로 화를 부르는 실수를 저질러 자신에 대한 평판을 더욱 떨어뜨린다.

그것은 이 무렵 또다시 참견하기 시작한 비잔틴 황제의 말을 믿었기 때문이었다.

황제 알렉시우스가 편지를 보내, 6월에는 자기도 군대를 이끌고 갈 테니 그때까지 기다렸다가 함께 예루살렘으로 가자는 뜻을 전해온 것이다.

어떤 제후도 이 말을 진지하게 받아들이지 않았지만 레몽만은 기다려야 한다고 우겼다. 황제가 이끌고 오는 새로운 병력이 필요하다는 것이 이유였다.

그런데 이 편지의 내용이 일찌감치 이집트의 칼리프에게 전해졌고, 칼리프는 즉시 콘스탄티노플로 급사를 보내 황제를 추궁했다. 귀군은 프랑크인 침략자들과 공동으로 무슨 일을 꾸밀 생각이냐고 말이다.

이집트의 칼리프를 적으로 돌리고 싶지 않았던 비잔틴 황제는, 자기 것으로 만들려 했던 안티오키아를 보에몬드에게 빼앗긴 원한도 있었던 터여서 간단히 생각을 바꾼다. 칼리프가 보낸 급사에게, 비잔틴제국은 중립을 유지하겠다고 대답한 것이다.

이 소식은 트리폴리에 잠입해 있던 이집트 스파이에 의해 퍼져나가 십자군 병사들의 귀에까지 들어왔다. 스파이란 정보를 모을 뿐만 아니라 정보를 퍼뜨리는 역할도 하는 것이다. 원래부터 황제를 믿지 않았던 제후들은 그럴 줄 알았다는 반응이었고, 레몽만 또다시 체면을 구기고 말았다.

하지만 여기에는 '뒷이야기'가 있다. 비잔틴제국 황제가 중립을 선언했다는 정보를 퍼뜨린 뒤 이집트의 칼리프는 십자군에게 사자를 보내 우호관계를 수립하자고 다시 제안해왔다. 무력을 사용하지 않고 평화적인 순례로 성지를 방문한다면, 팔레스티나 지방을 지배하는 이집트의 칼리프가 그들의 자유와 신변 안전을 보장해주겠다는 것이었다.

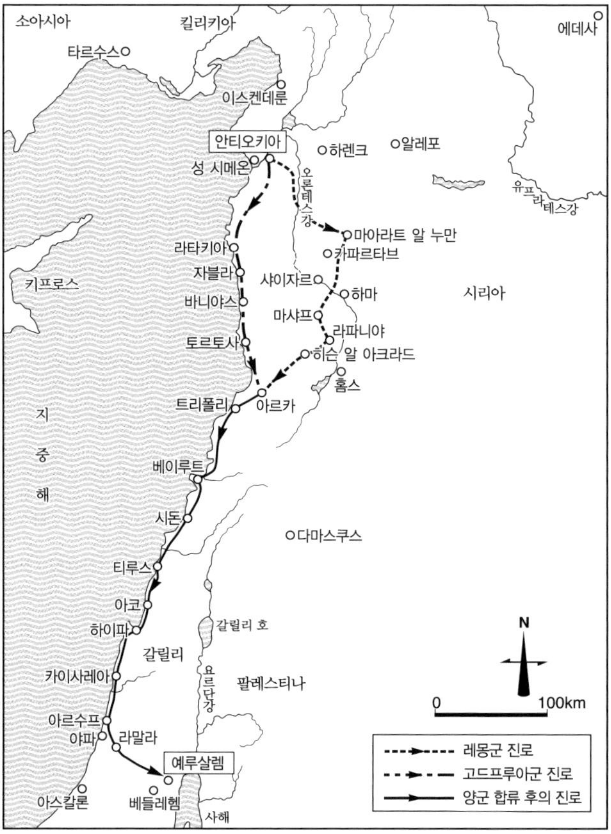

예루살렘으로 향한 각 군의 진로

십자군의 제후들은 여기에 답변조차 보내지 않았다. 촌놈이라고 경멸받던 이들 프랑크인도, 그리스도교도건 이슬람교도건 '오리엔트인'에게는 상대를 책모로 농락하는 기질이 있음을 조금씩 깨닫게 되었던 것이다. 하지만 이집트 칼리프와 비산틴세국 황제의 이러한 움직임은 지금까지는 제멋대로 행동하는 경향이 강했던 제후들을 통합해주었다. 예루살렘 해방이라는 깃발 아래, 모든 이의 마음이 결집된 것이다.

안티오키아를 떠난 이후 여기까지 십자군이 답파한 지역은 오늘날로 따지면 시리아에 속한다. 이 길을 답파하는 데 레몽이 이끄는 군대는 4개월, 늦게 출발한 고드프루아의 군대도 3개월이나 걸렸다. 그런데 이후 레바논을 지나 이스라엘로 들어가 예루살렘에 도착하기까지는 3주밖에 걸리지 않는다. 전원의 생각이 일치했기 때문에 가능한 일이었다.

당시의 팔레스티나

5월 16일에 행군을 재개한 십자군은 더는 도중에 있는 도시들을 공략하려 하지 않았고, 군량 조달에도 시간을 허비하지 않았다.

트리폴리 태수를 보고 배운 것인지, 베이루트에서는 십자군이 아무 요구도 하지 않았음에도 돈을 지불하고 군량도 제공했다. 이어서 도착한 시돈도 마찬가지였다. 요새지대인 티루스에서는 저항이 예상되었는데, 막상 가보니 주민들은 성문을 걸어잠그고 숨죽이고 있었다. 여기도 성벽 바깥에 가져가란 듯이 놓여 있는 식량과 그밖의 것들을 가지고서 그대로 통과했다.

아코, 하이파, 고대 로마제국 시대에 일대 항구도시였던 카이사레아, 그리고 아르수프, 야파를, 1만 5천의 군대는 그 수에 걸맞지 않을 만큼 빠른 속도로 통과했다.

오리엔트 사람들은 서양의 중무장한 기사단을 본 적이 없었다. 십자군은 머리에서 발끝까지 온몸을 중무장한 무리다. 게다가 중세유럽의 투구는 기사의 얼굴을 완전히 가린다. 즉 사람보다 기계에 가까운 섬뜩함을 풍겼던 것이다.

게다가 허리에는 장검을 차고, 왼손에 방패를 들고, 오른손에는 큰 창을 든 모습이다.

중근동은 봄에도 더워서 전장 아닌 데서는 벗는 게 나았을 테지만, 식민지 시대 영국의 엘리트가 사막에서도 재킷을 벗지 않았던 것과 마찬가지로, 땀에 흠뻑 젖었을 기사들은 갑옷을 벗지 않았다.

이런 남자들이 대열을 지어 전진해오는 것을 본 사람들의 마음을 상상하기는 어렵지 않다. 중세 오리엔트 사람들은 오늘날 탱크부대가 다가오는 것과 같은 위압감을 느꼈을 것이다. 참고로 근현대 탱크부대는 중근세의 중무장한 기사단의 후계자로 인정받으며, 나라에 따라서는 부대 명칭까지 이어받고 있다.

어쨌든 중무장한 기사단을 앞세워 무언의 압력을 가해, 무기를 사용하지 않고 통과하겠다는 책략은 성공한 셈이다.

이 시기 팔레스티나의 지배자는 이집트 칼리프인데, 이집트는 해군을 갖고 있었다. 십자군이 통과해온 도시는 모두 항구도시이기 때문에 이집트의 지원을 기대할 수 있었다. 하지만 영주와 주민은 지원군을 기다리면서 항전하기보다, 십자군이 바라는 것을 제공해 무사히 지나가게 하는 것을 택했다. 그 배후에 이집트 칼리프의 지배를 유쾌하게 생각하지 않는 심정이 있었음은 물론이다. 또한 아무 일 없이 지나가주기를 바라는 주민측과, 아무 일 없이 지나가기를 바라는 십자군의 생각이 일치했던 것도 사실이었다.

야파를 지나서는 해안 쪽 길을 버리고 내륙으로 발을 들여놓았다. 이 길은 유럽에서 바닷길로 온 순례자가 야파에 상륙한 뒤 예루살렘으로 향하는 길이기도 했다. 그 도중에 라말라(라믈레)라는 도시가 있다. 여기도 주민들이 도망을 갔기 때문에 공략은 간단했다. 그러나 이곳까지 왔을 때, 예상하지 못했던 사람들이 기다리고 있었다.

그들은 이슬람교도의 바다 안에서, 그리스도교도가 있다 해도 대부분이 그리스정교파 그리스도교도인 사람들 사이에서 근근이 살아오던 가톨릭교도들이었다. 예수 그리스도가 태어난 베들레헴을 지킨다는 일념으로 유럽에서 찾아오는 순례자들을 안내하면서 살아온 사람들이다.

이 사람들이 십자군에 호소했다. 예수의 탄생지 베들레헴을, 지배자인 이슬람교도의 손에서 되찾아달라고.

내가 가겠다며 나선 것은 탄크레디였다. 이 젊은 장수는 결정도 빠르지만 움직임도 빨랐다. 즉시 자기 휘하의 병사 3백 명을 이끌고 베들레헴을 '해방'하러 간 것이다.

'해방'은 간단히 실현되었다. 하지만 그 직후 한 가지 말썽이 일어났다. 베들레헴을 자기 영토라고 선언한 탄크레디에게, 그 도시의 가톨릭 성당 사제가 신의 도시를 인간이 영유하는 것은 허락되지 않는다며 반대한 것이다. 그러자 탄크레디는 한 줌도 안 되는 가톨릭교도만으로 베들레헴을 지킬 수 있겠느냐고 응수한다. 베들레헴의 가톨릭교도들은 탄크레디의 이런 행동을 십자군의 수뇌들에게 하소연했다.

또다시 시간을 허비하게 된 상황을 해결한 것은, 얼마 전부터 탄크레디가 형으로 모시게 된 고드프루아의 한 마디였다. 요컨대 이런 사사로운 일에 개의치 말고 우선 예루살렘으로 가자고 말한 것이다. 탄크레디도 이것에 이의는 없었던 듯 문제를 당분간 그대로 놔두는 것으로 일단락되었다. 이로써 예루살렘으로 향하는 행군이 재개되었다.

다만 탄크레디는 행군에 함께하지 않았다. 병사들을 데리고 베들레헴으로 돌아간 것이다. 베들레헴의 영유권을 굳히기 위해서가 아니었다. 이 젊은 장수는 전투감각도 있고 행동도 과감할 뿐 아니라, 그에 더해 앞날을 읽는 능력도 갖추고 있었던 듯하다.

예루살렘에 도착하는 날을 사흘 늦추면서까지 그가 베들레헴으로 돌아간 것은, 예루살렘을 놓고 벌어질 공방전에 대비해 다량의 '군량'을 징발하기 위해서였다. 일찌감치 포진을 끝낸 십자군 진영에 사흘 늦게 도착한 탄크레디 부대는, 밀가루 포대를 가득 실은 짐수레를 이끌고 살아 있는 '식량'인 양떼를 몰고 나타났다.

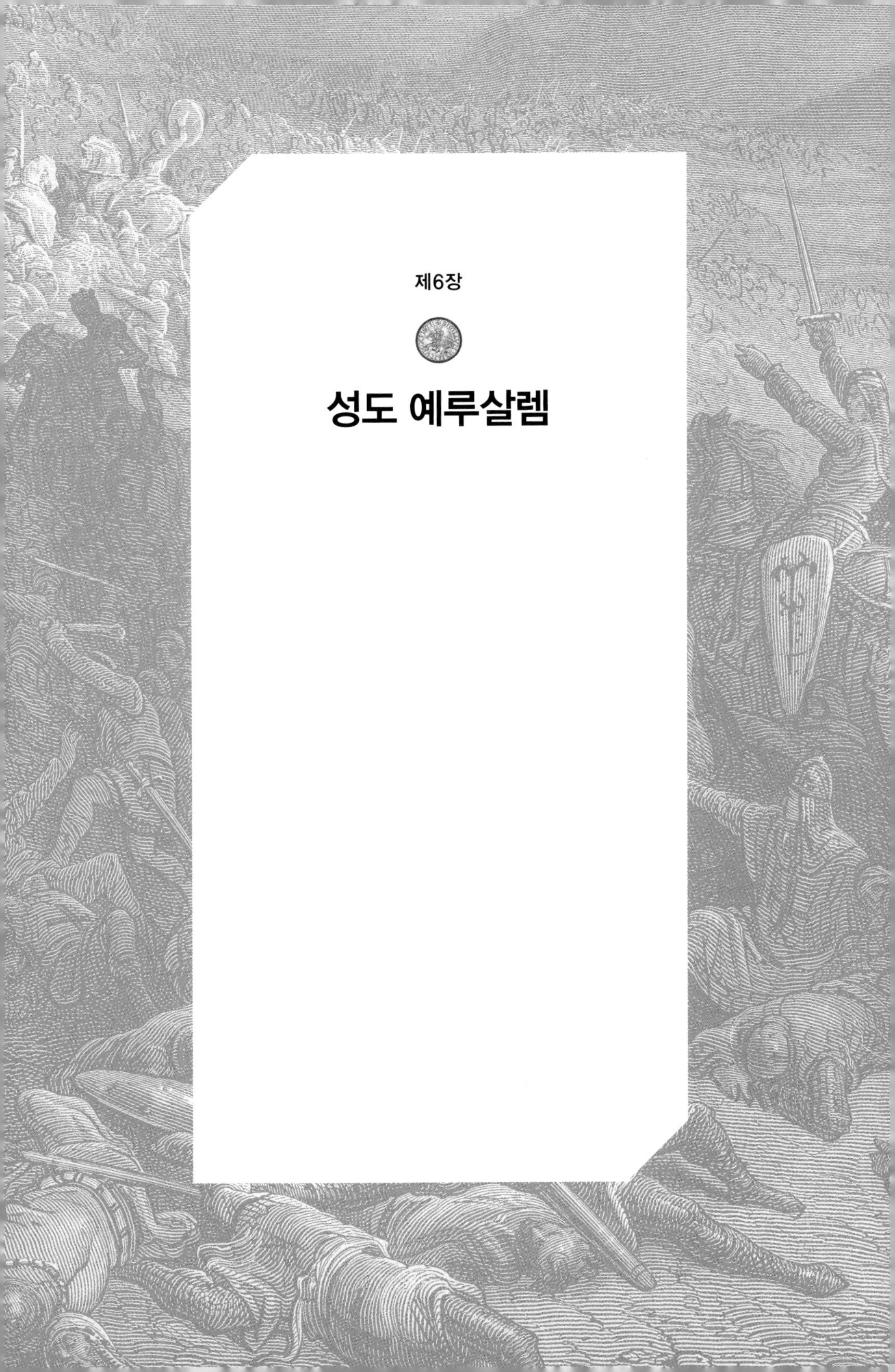

제6장

성도 예루살렘

1099년 6월 7일, 십자군은 마침내 예루살렘이 멀리 보이는 지역에 이르렀다.

갑옷들의 금속음을 내며 제후들은 말에서 내렸다. 그리고 마치 교회에 들어선 것처럼 정중하게 한쪽 무릎을 꿇고 투구를 벗었다.

기사들도 말에서 내려 그들의 뒤를 따랐다.

병사들 중에는 저도 모르게 두 무릎을 꿇고 두 손을 하늘로 올리며 울음을 터뜨리는 이도 있었다.

모두가 감동에 몸을 떨었고 감격의 눈물을 흘렸다. 태어났을 때부터 귀에 못이 박히도록 들어온 성도 예루살렘이 지금 그들의 눈앞에, 때마침 붉게 물든 석양을 받으며 조용히 그곳에 있는 것이다. 마침내 여기까지 왔다는 감회가 모든 이의 가슴 가득 차오르고 흘러넘치는 것을 감미로운 마음으로 받아들이고 있었을 것이다.

이 순간 제1차 십자군의 전사들은 온전히 겸허한 순례자가 되었다.

이런 마음에는 제후와 병사의 차이가 없었다. 면죄에 이끌려 십자군에 참가한 살인자와 도적, 처음부터 신에게 일생을 바치기로 서약한 성직자의 차이도 없었다.

예루살렘은 그런 도시였다. 사람들에게 이런 마음을 갖게 만드는 도시. 또 그것이, 그리스도교와 유대교와 이슬람교 구별 없이 모두에게 그런 마음을 갖게 한다는 것이, 일신교들 사이의 마찰을 낳는 원인이기도 했다.

성도를 둘러싼 공방

우선 예루살렘 교외에 병사들이 야영을 할 수 있도록 준비했다. 기록에는 없지만, 보에몬드가 안티오키아에 도착했을 때 그랬던 것처럼, 제후들은 이곳 예루살렘에서도 지세와 방어체계를 조사하는 데 하루 정도는 썼을 것이다. 그리고 그랬다면 알아차렸을 것이다. 예루살렘을 둘러싼 성벽의 전체 길이는 4킬로미터로 안티오키아의 12킬로미터에 비하면 짧았지만, 이 예루살렘을 공략하는 데는 다른 어려움이 기다리고 있다는 것을.

고대와 중세 시대의 예루살렘은 오늘날 예루살렘의 구시가지에 해당한다. 하지만 그 구조는 역사상 큰 변화가 없었다. 특히 고대 로마제국 시대에 하드리아누스 황제가 성벽을 강화하고 시내도 철저하게 개조했기 때문에, 그후 이 도시의 지배자가 된 비잔틴제국이나 이슬람은 세부적인 보강만 하고 넘어갔던 것이다. 그러므로 십자군이 본 예루살렘은 900년 전의 고대 예루살렘과 거의 다를 바 없었다.

올리브 산을 등지고 있는 동쪽은 깊은 계곡 가장자리에 우뚝 솟은 높다란 성벽으로 방어되고 있다. 이 방향에서의 침공은 걱정할 것 없다고 본 듯한데, 그 증거로 이쪽 성벽은 거의 하나의 선으로 이어져 있고 방어력을 강화하는 탑도 거의 없었다.

한편 시온 산을 등지고 있는 남쪽은 평지가 펼쳐져 있기 때문에 포진에 적합하다. 하지만 높은 성벽 위에서의 공격에 쉽게 노출된다는 단점이 있었다. 또한 이곳은 사막지대이기 때문에, 때 아닌 폭우라도 만나면 천막으로 만든 진영은 순식간에 격류에 떠내려가버릴 것이다. 사막지대의 비는 은혜인 동시에 죽음이기도 했다.

이곳 예루살렘을 공격한다면 그 방향은, 공격하는 측이 확실하게 자리를 잡고 공격에 집중할 수 있을 만한 평지가 있는 북쪽이나 서쪽이었다. 따라서 이 양쪽 성벽은 요소요소에 탑이 이어져 강한 방어력을 갖추고 있다.

하지만 1099년 당시의 예루살렘에서, 공격하는 측인 십자군이 배후의 적을 염두에 둔다면 그 방향은 서쪽이었다. 예루살렘은 이집트 칼리프의 지배를 받고 있었다. 십자군의 공격을 받는 예루살렘에 누군가 원군을 보낸다면 그럴 의무가 있는 이집트일 것이고, 이집트군은 야파 남쪽에 있는 아스칼론에 기지를 갖고 있다. 따라서 예루살렘을 공격하는 십자군이 걱정해야 할 방향은, 야파로 통하는 문이 있는 서쪽이었다. 제1차 십자군의 주역인 제후들도 그것을 알고 있었을 것이다. 아마도 제후 각자가 마음대로 정한 것일 테지만, 그들이 진영을 구축한 곳은 다음과 같다.

이렇다 할 병력이 없는 노르망디 공작 로베르는 북쪽으로 난 성문 중 하나인 '헤롯 문' 앞에 진을 쳤다. 이 문은 십자군 시대에 '꽃의 문'으로 개명되는데, 그리스도교도인 그들 입장에서는 옛 유대 왕의 이름으로 부르는 게 싫었는지도 모른다.

오른쪽 북북서 방면으로 난, 다마스쿠스로 가는 방향이라는 뜻에서 '다마스쿠스 문'이라고 불리던 문 앞에는, 소수정예의 본보기나 마찬가지인 플랑드르 백작 로베르의 부대가 진을 쳤다. 이 문도 십자군 시대에 '성 스테판 문'으로 개명된다.

문제는 서쪽인데, 이 일대는 적의 공격을 예상해 '다윗 탑'이라 불리는 요새가 세워져 있었다. 바로 옆에 입을 벌리고 있는 것은 야파로 향하는 문이라는 의미의 '야파 문'이다.

그 문을 중심으로 한 일대에는 고드프루아의 군대가 천막을 잇달아 세웠다. 로렌 공작 고드프루아는 배후에서 적이 올 수도 있지만 예루살렘으로 진격하기에도 좋은 중요 지대에 자기 군대를 배치한 것이다. 고드프루아의 휘하 병사들은 정예군이었다. 그리고 무엇보다도 일개 병졸에 이르기까지 모두가 대장 고드프루아에게 심취해 있었다.

이 고드프루아 군대에, 사흘 늦기는 했지만 식량을 가득 실은 짐수레를 끌고 양떼를 몰며 도착한 탄크레디와 그의 부대가 합류한다.

한편 툴루즈 백작 레몽은 시온 산을 등지는 남쪽 성벽 앞에 포진하기로 했다. 그곳 한쪽에 예수 그리스도가 최후의 만찬을 벌였다고 전

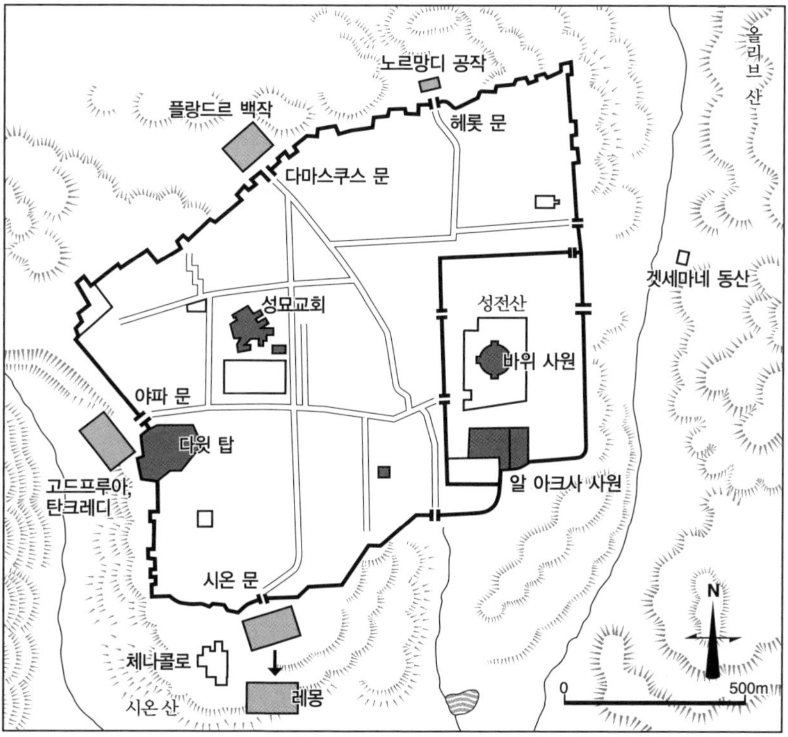

예루살렘 시가지와 각 장수의 포진
(Steven Runciman, *A History of the Crusades*, Vol. I)

해지는, 속칭 '체나콜로(cenacolo, 식당)'라는 건물이 있었다. 예루살렘으로 순례를 오는 그리스도교도가 한 사람도 빠짐없이 참배하는 성소이기도 하다. 신앙심이 깊은 레몽은 이것에 끌렸는지도 모른다.

하지만 레몽의 진영은 얼마 후 장소를 바꾸었다. 성벽 위에서 이집트 병사들이 쏘아대는 화살이 비 오듯 쏟아져내리는 와중에 느긋하게 진을 치고 있을 수 없었기 때문이다. 그래서 시온 산, 실은 산이라기보다는 언덕에 가까운 곳으로 옮기기로 했는데, 그렇게 되니 이번에는 공격을 하기에 너무 멀었다.

결국 십자군의 예루살렘 공격전 주요 전장은 북쪽 '헤롯 문'에서 서쪽 '야파 문' 일대가 되었다.

이 예루살렘 공략을 십자군은 '해방'이라 불렀다. 한편 안티오키아 공략은 어디까지나 공략이지 '해방'이라고 부르지는 않았다. 그렇게 부르지 않았다는 것은 그렇게 생각하지 않았다는 뜻이다. 즉 예루살렘 공략은, 그곳이 그들에게 '성도'인 만큼 특별한 것이었다.

특별한 전투이기 때문에, 십자군에 참가한 제후들은 자신이 직접 참전할 수 없는 경우에는 반드시 대리인을 참전시켰다.

안티오키아에서 역병으로 죽은 아데마르 주교의 대리인은 레몽 진영에 있던 그의 동생이 맡았다.

안티오키아에 남은 보에몬드도 조카 탄크레디가 자기 대신 참전하는 것으로 생각하고 있었다.

에데사에 남은 보두앵은 그때까지 항상 행동을 같이해온, 이름이 같은 사촌동생 보두앵을 에데사 수비에서 빼내면서까지 이곳으로 보냈다.

보두앵의 친형 고드프루아도 바로 아래 동생인 외스타슈를 데리고 참전했으므로, 로렌 공작가는 '예루살렘 해방'에 일가 모두가 참가했던 셈이다.

유럽에서 온 제후들 중 자신도 참전하지 않고 대리인도 참전시키지 않은 사람은, 안티오키아 공방전중에 도망친 블루아 백작과 사절로 파견된 것을 기회로 전선에서 벗어나 유럽으로 돌아간 프랑스 왕의 동생 위그, 그 둘뿐이었다. 민중 십자군을 이끌었던 은자 피에르도 살아남은 순례자들과 함께 제후들의 군대를 따라 예루살렘에 와 있었다. 성도 예루살렘의 해방이야말로 제1차 십자군의 궁극적인 목적이었기 때문이다.

이 시기 예루살렘을 지키고 있었던 사람은 이집트 칼리프의 수하 장수로, 이프티하르 아다울라라는 이름의 장관이었다. 이 사람은 그리스도교도 군대가 접근해온다는 것을 알자 곧 대책을 세운다. 예루살렘 성벽은 원군이 올 때까지 지켜낼 수 있으리라 생각했다. 빗물을 저장하는 저수조가 완비되어 있으므로 물 부족을 걱정할 필요는 없었다. 또한 고대 로마 시대의 하수도가 아직 완벽히 기능하고 있으므로 위생상태 악화로 역병이 발생하는 것도 두려워할 필요가 없었다. 식량 비축도 충분했다. 다만 방어에 임할 병사의 수가 충분하지 않았는데, 이것은 견고한 성벽이 대신할 수 있을 거라 생각했다.

그래서 우선 세 가지 대책을 즉시 실행에 옮겼다.

첫번째는 이집트군에 원군을 요청한 것이다. 요청서를 들고 가는 사자 한 사람에게만 기대지 않고, 오리엔트의 이슬람교도 사이에서 활용되고 있던 우편 비둘기도 이용할 정도로 신중을 기했다. 편지를 들고 가는 사자도 여러 명이었고, 편지를 발에 묶어 날려 보낸 비둘기도 여러 마리였으니, 예루살렘의 구원 요청은 아스칼론에 주둔하는 이집트군에게 틀림없이 도착할 것이었다.

두번째는 예루살렘 시내에 살고 있는 그리스도교도, 사실 그리스정교도가 대부분이었지만, 이들을 시외로 추방한 것이다. 다만 유대교도에게는 잔류를 허락했다. 말할 것도 없이 이들이 그리스도교도군과 내통하는 것을 막기 위한 조치였고, 아울러 농성중 먹는 입을 줄이기 위해서이기도 했다.

세번째는 예루살렘 근교에 있는 모든 우물에 독약을 풀어 물을 마실 수 없도록 한 것이다. 이 우물들은 여행자를 위한 것이기도 했지만 동시에 방목하는 가축을 위한 것이기도 했는데, 장관은 양치기들에게 그 사실을 알리고 가축을 모두 예루살렘 시내로 대피시키라고 명령했다. 이 덕에 농성중의 식량 부족도 덜게 되었다.

방어에 나선 병사의 수는 적었지만, 예루살렘의 방어책임자인 장관 아다울라는 원군이 올 때까지는 버틸 수 있다는 확신을 갖고 있었다. 지구전으로 가면 이길 수 있다고 말이다.

물 부족

예루살렘 앞에 진을 친 십자군은 다른 때와 달리 군량 부족에 시달리지 않았다. 탄크레디 덕분에 먹을 것은 만족할 만큼 있었기 때문이다. 그들은 곧바로 공격을 개시했지만, 생각처럼 진척되지 않았다. 물 부족이 원인이었다.

중근동의 6월은 이미 완연한 한여름이다. 아무리 익숙하다 해도 무거운 갑옷을 입고 공격하는 것은 견딜 수 없이 힘들다. 사정없이 내리쬐는 태양과 흘러내리는 땀 때문에 잠깐만 싸워도 머리가 멍해진다. 그렇다고 갑옷을 벗고 공격하면 상대방이 쏘는 화살에 희생될 뿐이었다.

그런데 우물을 쓸 수가 없다. 유일하게 예루살렘측이 독을 넣지 못한 못이 하나 있었는데, 그것은 남동쪽 성벽 바깥에 있었다. 그곳에 물을 뜨러 가면 성벽 위에서 쏟아지는 화살의 좋은 표적이 될 뿐이었다.

독이 들어 있지 않은 물을 얻으려면 10킬로미터나 떨어진 곳까지 가야 했다. 하지만 깊이 생각하지 않고 멀리 나갔다가는 분명히 근처에 있을 이집트 병사의 희생물이 될 위험이 있다. 요르단강까지는 너무 멀었다. 그래도 목마름에 괴로워하던 병사들 몇 명은 요르단강까지 나갔다. 그곳에서 예수 그리스도가 성 요한의 손으로 세례를 받았다는 것을 떠올리면서 요르단강에서 미역을 감던 병사들은, 약탈하러 온 것으로 오해한 인근 주민들의 습격을 받아 한 사람도 살아 돌아오지 못했다. 그런 일이 일어나도 갈증을 견디지 못하고 진영을 빠져나가 멀리까지 물을 구하러 가는 병사들의 수는 늘어가기만 했다.

이런 상황에서 공격을 계속할 수는 없었다. 물 부족에 시달리는 병사들은 사기가 완전히 저하되었고, 그런 병사들을 이끄는 제후들도 어떻게 해야 할지 막막했다. 예루살렘을 바라보며 감동에 전율한 날로부터 닷새밖에 지나지 않았다.

6월 12일, 제후들은 신에게 도움을 청하기로 했다. 올리브 산에 틀어박혀 수행중인 은자가 있다는 이야기를 듣고 그에게서 지혜를 얻으려고 한 것이다. 누가 대표로 찾아갔는지는 모르지만, 피에트로라는 이름의 그 은자는 신을 믿고서 당장 총공격하라고 일러주었다고 한다.

그래서 이튿날, 그들은 신을 믿고 총공격에 나섰다. 신이 도운 것인지, 그날 십자군은 북쪽 성벽을 넘을 수 있었다. 그런데 그 안쪽에 또 하나의 성벽이 가로막고 있다는 것을 알지 못했다. 그 성벽에 오르기 위해서는 많은 나무 사다리가 필요했는데, 신의 가호만 바랐던 십자군 병사들은 그것을 준비하지 않았던 것이다.

하는 수 없이 그날은 진영으로 돌아왔지만, 십자군은 이로써 알게 되었다. 예루살렘이 그들에게 특별한 도시일지언정 그것을 둘러싸고 있는 성벽은 다른 도시와 똑같은 성벽에 지나지 않으며, 공성용 탑 없이는 공략할 수 없다는 것을.

공성용 탑

십자군은 새삼 또 하나를 깨닫는다. 사막 한가운데에 있는 것이나 다름없는 예루살렘에는 돌은 있어도 나무는 거의 없다는 사실이었다.

제후들은 다시 실의에 빠졌는데, 그런 그들에게 신의 가호처럼 들리는 낭보가 날아들었다.

6월 17일, 제노바와 영국 배로 구성된 선단이 야파 항에 입항했다는 것이다. 그들이 가득 싣고 왔을 갖가지 보급물자를 적에게 뺏기는 일을 막기 위해, 레몽의 수하 장수 레몽 드 필레가 부대를 이끌고 야파로 향했다. 이 역시 신의 은총, 즉 기적이라 할 수 있었다. 그때 그들은 그리스도교도의 배란 것을 안 이집트 선단의 습격을 받아 고전하고 있었는데, 마침 그때 드 필레가 이끄는 병사들이 달려온 덕에 격퇴할 수 있었다. 이집트 선단은 야파 항의 봉쇄를 단념하고 아스칼론으로 돌아갔다.

그러나 이 밝은 소식은 곧 어두운 소식으로 변한다. 제노바의 대형 갤리선 두 척과 영국의 소형 범선 네 척은 갖가지 필요물자를 운반해왔지만 목재는 가져오지 않았던 것이다. 목재 정도는 현지에서 조달하기 쉬울 것이라 생각했기 때문인데, 예루살렘 주변은 그렇지가 않았다. 적어도 여러 개의 탑을 세우는 데 필요한 양은 쉽게 발견되지 않았다.

이렇게 되자 멀리까지 가서 목재를 조달해오는 임무는, 이제껏 매번 활동적인 모습을 보여주었던 두 사람이 짊어지게 되었다. 탄크레디와 플랑드르 백작이다. 젊은 두 사람은 각자의 병사를 합쳐 한 부대로 편성하고, 멀리 사마리아 지방까지 그들을 이끌고 가서 가까스로 필요한 만큼의 목재를 구해 돌아왔다.

즉시 공성용 탑 제작이 시작되었다. 성벽 높이까지 다다르지 않으면 공성용 탑의 역할을 할 수 없다. 따라서 두 개로 만족할 수밖에 없었는데, 하나는 고드프루아군이, 또 하나는 레몽군이 사용하기로 했다. 예루살렘을 공격하는 십자군 중 이 두 사람이 가장 많은 병사를 이끌고 있었기 때문이다.

그러나 이 정도 되는 탑은 하루아침에 만들 수 있는 게 아니다. 또한 어느 정도 기술을 요하는 작업인 만큼 일반 병사들은 곧 할 일이 없어졌다. 그리고 식량은 부족하지 않았지만 물 부족은 여전했다. 인간은 이러한 상황에서 쉽게 자기 통제력을 잃는다. 사소한 일을 이유로 다툼이 빈발했다. 요컨대 병사들의 마음이 거칠어진 것이다.

공성용 탑

이에 아데마르 주교의 친동생인 위그 드 몽테유가 나섰다.

그는 어젯밤 꿈에 형 아데마르가 나타나 십자군의 현 상황을 한탄하고 슬퍼하면서 알려주었다고 말했다. 모든 사람이 사흘간 단식하고 기도하면서 예루살렘 성벽 주위를 맨발로 돌며 속죄의 마음을 신에게 보이면, 신은 아흐레 안에 예루살렘을 함락하게 해주실 거라고.

이 고지(告知)에 제후와 병사 할 것 없이 모두 매달렸다. 공성용 탑 제작도 일시 중단되었다. 십자군 모든 진영에서 사흘간 단식하고, 그 사흘 동안 매일 모두가 맨발로 예루살렘 성벽 주위를 한 바퀴 돌았다. 십자가를 받쳐든 성직자들을 선두로, 항상 입고 있던 갑옷을 벗고 대신 짧은 옷을 입은 맨발의 제후들과 기사들이 뒤따랐다. 성벽 위에서 이슬람교도가 아연해하며 내려다보는 가운데, 대열의 끄트머리에는 병사들과 순례자들 행렬이 이어졌다.

이렇게 그리스도 전사들은 그리스도교식으로 말하자면 '속죄', 동양에서 말하는 '목욕재계', 내가 보기에는 '집단 세뇌'를 마쳤다. 사흘째 되는 날 저녁 속죄를 마치자, 지금까지 사람들 앞에서도 거리낌 없이 말다툼하는 사이였던 레몽과 탄크레디가 우애의 증거로 서로 껴안았다. 그걸 보면 나름대로 효과는 있었던 모양이었다.

다음 날부터 탑 제작이 재개되었다. 탑은 성벽에서 쏘는 불화살에도 견딜 수 있도록 바깥쪽에 온통 동물의 가죽을 둘러쳐야 한다. 하지만 집단 세뇌의 효과인지 탑 제작에 전원이 달려든 덕에 이 성가신 작업도 눈에 띄게 진척되었다. 게다가 완성된 탑은 원래 예정했던 두 개가 아니라 세 개로 늘어나 있었다. 그래서 원래 생각했던 남쪽과 서쪽 외에, 노르망디 공작과 플랑드르 백작이 포진해 있는 북쪽에도 하나를 배치할 수 있었다.

이 모든 것이 완료된 것은 7월 10일이었다. 총공격은 사흘 후인 13일로 정해졌다. 그전에 성벽 바로 밑을 빙 둘러 파여 있는 해자를 메워야 했다.

7월 13일로 정해진 총공격은, 남쪽과 북쪽에서 탑을 성벽에 접근시켜 동시에 공격함으로써 방어하는 측의 주의를 끌고, 그 틈을 이용해 서쪽 성벽 앞으로 탑을 접근시켜 성벽을 기어오르려는 계획이었던 것으로 추측된다.

하지만 십자군의 이런 작전은 완전히 예상을 벗어났다. 방어를 지휘하는 이프티하르는 세 개의 탑 모두에 방어력을 배분했는데, 그중에서도 특히 고드프루아가 지휘하는 서쪽 탑을 맹렬하게 공격했던 것이다. 서쪽은 공격측이 사용할 수 있는 지역이 좁아서 자연히 탑도 다른 두 개보다 성벽에 훨씬 가깝게 배치되어 있었기 때문이다.

그리스의 불

방어하는 측이 활용한 무기는, 보통 '그리스 화염기'로 번역되나 원어로는 간단히 '그리스의 불'이라 불리던 것이다. 작은 단지 모양의 용기에 석유와 유황의 혼합물을 담고 그것에 불을 붙여 던지는 것인데, 맞으면 불덩어리가 되고 마는 끔찍한 무기다. 이 무기를 처음 사용한 것이 그리스인이 주체인 비잔틴제국이었기에 '그리스의 불'이란 이름으로 불렸다.

이 무기는 제1차 십자군 당시에는 아직 손으로 던지는 '수류탄' 형태였지만 그후 급속히 개량되어 곧 '화염방사기'에 가까운 형태가 되어, 석유가 풍부했던 오리엔트 사람들의 강력한 무기가 되어간다.

아직 '수류탄' 단계였지만, 유럽에서 온 십자군 병사들로서는 그때까지 전혀 보지 못했던 무시무시한 무기였다.

이 신무기를 맞자, 서쪽에 배치된 탑은 눈 깜짝할 사이에 불이 붙었다. 아슬아슬한 순간에 병사들이 탑을 후퇴시켜서 탑의 본체는 불길에 휩싸이지 않았다. 고드프루아는 그 탑을 북서쪽 방향으로 이동시키기로 했다. 서쪽보다 북서쪽의 땅이 넓어 바퀴가 달린 이동식 탑의 움직임이 보다 자유로웠기 때문이다.

이제 북서쪽 성벽은 두 개의 탑이 동시에 공격할 수 있게 되었다. 레몽이 이끄는 남쪽 탑 역시 '그리스의 불'을 맞으면서 끈질기게 선전하고 있었다.

예루살렘 방어에 나선 이집트군 병사들은 수가 적었음에도 용감하게 싸웠다. 화살에는 끄떡없던 강철 갑옷이 '그리스의 불'은 견뎌내지 못하는 것도 십자군에 불리하게 작용했다.

예루살렘 성벽을 사이에 둔 격렬한 전투는 그날 안에 끝나지 않아 다음 날까지 계속되었다. 하지만 그사이 고드프루아군의 탑은 끝내 '그리스의 불'을 맞고 불타오르고 만다.

그래도 전의를 상실하지 않은 고드프루아는 동생과 탄크레디와 함께, 북쪽에 배치된 또하나의 탑으로 이동했다. 노르망디 공작과 플랑드르 백작이 지휘하던 탑이었지만, 고드프루아가 이동해오자 그가 총지휘를 맡게 되었다.

7월 15일 아침, 십자군은 이 탑을 '헤롯 문' 근처 성벽에까지 밀착시키는 데 성공했다. 동시에 이번에는 용의주도하게 준비해온 여러 개의 사다리를 탑 양옆 성벽에 나란히 세웠다.

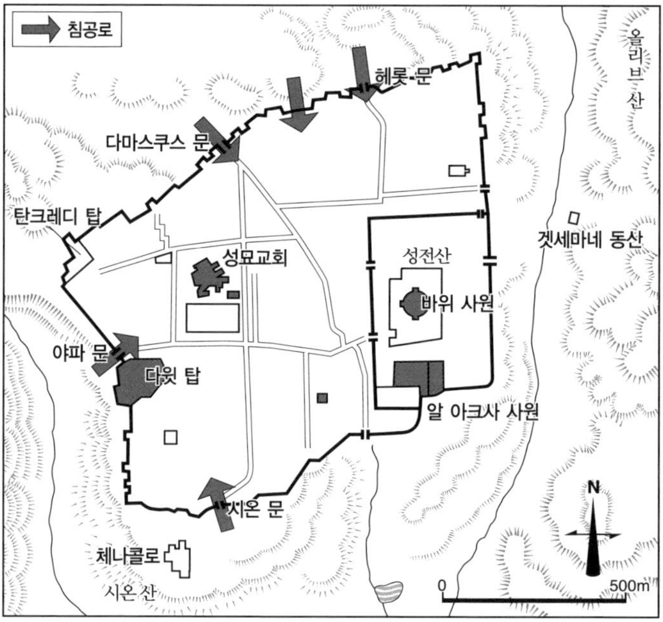

예루살렘 시가지 공격로(Steven Runciman, *A History of the Crusades*, Vol. I)

사각형 탑의 꼭대기에서 한쪽 변이 소리를 내며 성벽 위로 떨어져내렸다. 그리고 로렌 공작 고드프루아가 탑에서 성벽 위로 내려섰다. 탄크레디, 플랑드르 백작, 노르망디 공작도 그 뒤를 따랐다. 그들 뒤를 따라 병사들이 한데 뭉쳐 성벽 위로 우르르 들이닥쳤다.

그들 중 누군가가 성문을 열었으리라. 얼마 지나지 않아 굳게 닫혀 있던 성문이 모두 열렸고, 그곳으로 십자군 병사들이, 아니 순례자들까지 예루살렘 시내로 밀어닥쳤다.

예루살렘 해방

장관 이프티하르는 더는 방어가 불가능하다고 보고 측근들만 데리고 '다윗 탑'으로 도망쳤다. 그곳은 '탑'이라기보다 하나의 견고한 성채였으니, 당분간은 저항할 수 있었을 것이다. 하지만 장관은 자신들의 안전한 철수를 조건으로, 근처 '야파 문'으로 들어온 레몽에게 항복했다. 레몽은 그들이 가지고 있던 귀중품과 '다윗 탑'을 내놓는 조건으로 그들의 항복을 받아주었다. 이렇게 장관과 그의 측근들은 소란스러운 싸움터가 된 예루살렘을 뒤로하고 아스칼론으로 도망칠 수 있었다.

그사이 예루살렘 시내에서는, 안티오키아의 함락 때보다 더하면 더했지 결코 덜하지 않은 잔혹한 참극이 벌어지고 있었다.

안티오키아 때와 마찬가지로 십자군은 시내에 이슬람교도밖에 없다고 생각했다. 실제로 그리스도교도는 없었지만 유대교도는 있었다. 그러나 유럽에서 온 그리스도교도의 입장에서는 유대인도 이교도다. 그래서 십자군 병사들은 사람이 보이기만 하면 닥치는 대로 죽였다. 붙잡아 노예로 파는 것조차 그날 그들의 머릿속에는 없었던 듯하다. 성스러운 도시 예루살렘에 이교도는 한 사람도 남아 있어서는 안 되었다.

이런 광란 속에서 로렌 공작 고드프루아는 소수의 병사만을 이끌고 성묘교회로 직행했다. 그리고 예수 그리스도의 묘 위에 세워졌다고 전해지는 그 교회 안에서 무릎을 꿇고 조용히 기도를 올렸다. 하지만 그런 그도 병사들이 저지르는 만행을 멈추게 하려고 애쓰지 않았다. 고드프루아도 중세 그리스도교도의 한 사람이었다.

탄크레디도 시내로 들어간 직후에는 이교도 말살에 전념했지만, 이슬람 성소에 소장되어 있는 보물을 빼앗는 것도 잊지 않았다. 그런데 약탈의 목표물 중 하나였던 '알 아크사 사원'이라는 이슬람교 성소 안에 발을 들여놓았을 때 그가 본 것은, 두려움으로 얼어붙어 피신해 있는 3백 명 가까운 이슬람 여자와 아이들이었다.

스물네 살의 젊은 장수는 그들에게 무사히 나가게 해주겠다고 약속한다. 그는 그 성소의 지붕 위에 자신과 보에몬드가 속한 알타빌라 가문의 깃발을 내걸고, 내부에 소장된 보물을 자기 것으로 삼는 것도 잊지 않았다.

그러나 탄크레디와 그의 수하 병사들이 보물을 보관할 장소를 찾으러 간 사이에 그곳에 다른 십자군 병사들이 난입했다. '알 아크사 사원'은, 안에 있는 3백 명의 이슬람교도와 함께 불태워졌다.

다음 날인 16일, 예루살렘 시내 도로를 흐르는 피로 물들인 참극은 더이상 일어나지 않았다. 제후들이 그만두게 했기 때문이 아니었다. 병사와 순례자 모두 저녁 무렵까지 계속된 살육에 지쳐, 성벽 밖의 천막으로 돌아와 잠에 곯아떨어졌기 때문이었다. 때문에 조용해진 시내를 통과해, 아니, 살해당한 이슬람교도의 시체 더미 사이를 통과해, 제후들은 성묘교회에 모여 함락 후 처음으로 전원이 얼굴을 마주했다.

그날은 성묘교회 안에서 신에게 감사기도를 올리는 것만으로 끝났다. 이교도만 보면 가리지 않고 죽이던 사람들이 이날은 제단 앞에 울면서 무릎을 꿇었다. '성도 예루살렘 해방'은 1099년 7월 15일에 드디어 성취되었다. 유럽을 뒤로한 지 3년의 세월이 지나 있었다.

선인과 악인이 따로 있는 게 아니다. 한 인간 안에 '선'과 '악'이 공존하고 있는 것이다. 그러므로 종교나 철학이나 윤리를 통해 교정하려 노력하는 것인데, 아직도 그 성과는 신통치 않다. 옛사람들은 이러한 현실을 두고 '하늘 아래 새로운 것은 없다'고 말했다.

함락한 지 이틀이 지난 7월 17일, 십자군 수뇌들은 다시 성묘교회에 모였다. 해방을 이룬 예루살렘의 미래를 결정하기 위해서였다.

우선 종군한 성직자들의 강력한 주장으로, 예루살렘 대주교로 누구를 앉힐까부터 결정하기로 했다. 성직자들은 성스러운 도시 예루살렘의 통치는 신에게 평생을 바친 성직자가 맡아야 한다고 주장했다. 그러나 통치권이 누구에게 돌아가는가 하는 문제는 차치하고라도, 제후들 역시 예루살렘의 종교 지도자를 정하는 데는 이견이 없었다.

그 자격을 갖춘 이로는 두 사람을 들 수 있었다. 교황의 대리인으로 십자군에 종군한 아데마르 주교와, 이슬람 지배 아래에서 예루살렘 대주교를 맡아온 시메온이다. 하지만 아데마르는 이미 안티오키아에서 죽었고, 시메온 역시 예루살렘이 이집트의 지배를 받게 되었을 때 키프로스 섬으로 추방되어 얼마 전 그곳에서 죽었다.

이런 경우에는 로마에 사절을 보내 로마 교황의 결정에 따르는 것이 도리다. 하지만 교황 우르바누스 2세도 얼마 전부터 건강이 좋지 못한 것으로 알려져 있었다. 실제로 십자군을 제창하고 대군을 오리엔트로 보낸 장본인인 우르바누스 2세는 그해 7월 29일 로마에서 죽는다. 예루살렘이 함락되고 2주일 후였지만, 이 시대에는 정보 전달이 늦었다. '십자군 교황'으로 역사에 이름을 남긴 이 사람은 '성지 예루살렘 해방'을 알지 못한 채 죽은 것이다. 또한 곧바로 새로운 교황을 선출하지 않는 것이 이 시대의 상식이었다.

이렇게 되면 예루살렘 대주교는 이 지역에서 뽑을 수밖에 없다. 그리고 이러한 경우 적극적이고 강력하게 밀어붙이는 쪽으로 의견이 기울어지는 것은 성직의 세계에서도 마찬가지다.

목소리를 높인 사람은 노르만계 이탈리아인이라서 안티오키아에 남은 보에몬드파 수도사였다. 하지만 그는 자신을 추천한 것이 아니었다. 자신의 친구이자 수뇌부가 반대하기 힘든 인물을 예루살렘 대주교로 추천하고, 자신은 베들레헴 대주교가 되자는 것이 이 사람의 작전이었다.

예루살렘 대주교라는 중요한 지위에 추천된 드 로는, 노르망디 공작의 고해신부로 종군한 사람이었다. 영국을 정복해 노르만 왕조를 연 '정복왕 윌리엄'의 딸로 수녀원에 들어간 세실리아의 가정교사를 맡은 적도 있었다. 요컨대 지배계급과 가까운 관계이므로 자격이 있다고 여긴 것이다.

그런데 이 사람의 선출에 레몽이 반대하고 나섰다. 툴루즈나 프로방스로 구성된 프랑스 남부의 영수인 레몽 입장에서 보면, 이 인선은 너무 프랑스 북부에 치우친 것으로 생각되었기 때문이다.

레몽의 강경한 반대에 직면하자 예루살렘 대주교 선출도 일단 좌절될 수밖에 없었다. 결국 이 문제는 뒤로 미루기로 하고, 예루살렘 왕을 누구로 할 것인가 하는 문제로 옮겨갔다.

성묘의 수호자

칼리프에게 술탄이나 재상이 있는 것처럼, 대주교도 실권을 가진 왕이 뒤를 받쳐줘야 자리를 지킬 수 있었다. 따라서 해방된 예루살렘의 방어를 책임질 사람의 선출은 절대 빼놓을 수 없는 중요한 문제였다.

레몽이 강력하게 주장을 펼친다. 그는 '성스러운 창'에 그토록 집착했으며 예수가 제자들과 최후의 만찬을 벌인 땅이라는 이유로 진영지를 선택한 사람이다. 프랑스 남부에 광대한 영지를 소유하고 있으므로 특별히 영토에 야심이 있는 것도 아니었다. '성도 예루살렘의 왕'이라는 이름과 지위가 그의 마음을 뜨겁게 달군 것이다. 툴루즈 백작 레몽은 야심가라기보다는 허영가에 가까웠다.

그렇게 레몽은 간절히 왕이 되고 싶어했으나, 자신이 제후들의 호감을 얻지 못하고 있다는 사실은 알고 있었다. 그래서 한 가지 생각을 해낸다.

툴루즈 백작 레몽은 제후들 앞에서 이렇게 말했다. 가장 연장자인 나도 성스러운 도시의 왕이 된다고 생각하면 부담스러워진다고. 자신이 이렇게 말하면 다른 제후들도 주눅이 들어 전부 물러날 것이라 지레짐작한 것이다.

그런데 레몽의 이 말을 스스로 사퇴하겠다는 뜻으로 받아들이고, 내심 레몽이 왕이 되면 곤란하다고 생각하던 사람들이 일제히 고드프루아를 왕위에 앉히자고 나섰다. 그리고 레몽의 예상과는 달리, 로렌 공작 고드프루아는 한 번은 사양했지만 결국 이를 받아들였다.

쉰일곱 살이 된 레몽은 안티오키아에서도 마흔아홉 살인 보에몬드와 다퉈 여지없이 패했는데, 예루살렘에서는 서른아홉 살의 고드프루아와 제대로 싸워보지도 못하고 또다시 패하고 만 것이다.

기분이 상한 레몽은 자기 군대를 이끌고 예루살렘을 떠나 예리코로 가버렸다. 그리고 구약성서 시대부터 존재한 이 고도에서 거리낌 없이 화풀이를 한다.

레몽이 떠나버리자, 그때까지 그가 점거하고 있던 '다윗 탑'은 자연스레 고드프루아의 것이 되었다.

레몽의 전선 이탈은, 그의 반대로 중단되었던 예루살렘 대주교 선출에도 장애가 없어졌다는 것을 뜻한다. 노르망디 공작의 고해신부였던 드 로는 십자군 시대의 최초의 예루살렘 대주교가 되었다.

이 대주교는 제후들과 충돌하지는 않았지만 종교 면에서는 대단히 열성적인 사람이었다. 그는 먼저 예루살렘에서 그리스도교는 가톨릭만 인정하고, 그리스정교와 아르메니아 종파의 그리스도교는 인정하지 않겠다고 선언했다. 이것은 나중에 비잔틴제국과 마찰을 빚는 원인이 된다.

이어서 대주교가 열중했던 것은, 예루살렘에 감추어져 있다고 전해지는, 예수 그리스도가 못 박혔던 십자가였다. 사실은 그저 평범한 나뭇조각에 지나지 않았던 모양이지만, 이 나뭇조각을 끼워 맞춘 십자가는 '성십자가(True Cross)'로 불리며 이후 십자군이 군사행동을 할 때면 어디에나 받쳐들고 다니게 된다.

이러한 일이 겹치자 성직자들의 목소리가 커졌다. 그들은 또다시 성스러운 도시 예루살렘을 세속의 인간이 왕의 이름으로 통치하는 것은 허락할 수 없다는 주장을 펼쳤다.

로렌 공작 고드프루아는 지금까지 쓸데없는 싸움에 가담하지 않는 것을 원칙으로 행동해왔다. 이번에도 왕의 강권을 이용해 성직자들의 입을 막으려고 하지 않았다.

그는 자신은 '왕'이 아니라 '성묘의 헌신적인 수호자'라고 말하고 싶다고 했다.

라틴어로는 '아드보카투스 상크티 세풀크리(Advocatus Sancti Sepulchri)'. '왕(Rex)'이 아니라 '수호자(Advocatus)'를 자처한 것이다. '아드보카투스'란 고대 로마 시대에는 변호인을 의미했다. 이렇게 말하자, 성직자들도 입을 다물 수밖에 없었다.

따라서 로렌 공작 고드프루아는 원칙적으로는 예루살렘 왕국의 초대 왕이 아니다. 하지만 실질적으로는 왕이었다. 이는 한 달도 지나지 않아 분명해졌다.

'성묘의 수호자'에 막 취임한 고드프루아에게 연달아 난제가 밀려들었다.

첫번째는 노르망디 공작과 플랑드르 백작이 유럽으로 돌아가겠다고 한 것이다. 둘은 자신들이 십자가에 서약한 것은 예루살렘의 해방이고, 그것을 달성했으니 이제 유럽으로 돌아가겠다고 말했다. 이 두 사람이 이끌고 온 병사는 그 수는 적었으나 항상 제일선에서 용감하게 싸웠다. 그중에서도 특히 플랑드르 백작은 다른 제후들이 항상 의지할 수 있는 장수였다. 그리고 장수가 귀국한다는 것은 그가 이끌고 온 병사들도 귀국한다는 뜻이었다.

고드프루아는 이미 안티오키아 전투와 이번 예루살렘 전투에서 자기 군대의 많은 병사를 잃었다. 그런데 그들이 유럽으로 돌아가버리면 병력이 더욱 감소하는 것이다. 남는 제후는 그를 포함해 세 명인데, 레몽은 미덥지가 않고, 유일하게 기댈 수 있는 탄크레디 역시 소수의 병력밖에 거느리고 있지 않았다.

하지만 신에게 서약한 것을 이미 지켰다는 말에는 어떻게 해볼 도리가 없었다. 고드프루아는 동생 외스타슈를, 제노바의 배를 타고 유럽으로 돌아가는 노르망디 공작과 플랑드르 백작과 함께 떠나도록 했다.

로렌 공작 고드프루아는 노르망디 공작과 플랑드르 백작과 마찬가지로 어엿한 영지의 영주였다. 그도 예루살렘을 해방시킨 후 고국으로 돌아갈 생각으로 유럽을 떠났을 것이다. 그러므로 자기 영토인 하로렌 지방의 통치를 상로렌의 영주인 형에게 맡기고 십자군에 참가했던 것이다.

그러나 '성묘의 수호자'가 된 지금, 그 일을 해내기 위해서는 문제가 산적해 있다는 것을 깨달았다. 그는 '성묘'를 내버려두고 귀국할 수 없었다. 그래서 자신을 대신할 영주로 동생을 귀국하게 한 것이 아니었을까. 고드프루아 자신은 이곳 팔레스티나에 뼈를 묻을 결심을 하고서.

이집트군의 접근

사실 고드프루아는 그런 고민을 할 여유조차 없었다. 이집트의 대군이 카이로에서 육로를 통해 팔레스티나로 진격해오고 있었다.

그러자 야파 항에서 배를 기다리던 노르망디 공작과 플랑드르 백작도 다시 돌아왔고, 예리코에서 불쾌한 기분을 주체하지 못하고 있던 레몽까지 군대를 이끌고 달려오겠다는 소식을 전해왔다.

고드프루아는 우선 예루살렘 왕국 밑으로 들어가도 좋다는 의사를 전달해온 나블루스에 나가 있는 탄크레디를 불러들인다. 그리고 이집트군의 상황을 살펴보고 오라고 지시했다. 그사이 귀국길에 올랐던 사람들과 레몽이 예루살렘으로 돌아왔다. 탄크레디도 며칠 지나지 않아 돌아왔다.

이집트 병사 몇 명을 붙잡아 직접 심문했을 뿐 아니라 아스칼론의 항구도시에까지 진입해 살펴본 탄크레디의 보고에 따르면, 팔레스티나로 진격하는 이집트군은 총 3만 명으로 재상 알 아흐달이 직접 이끌고 있다고 했다. 그들은 이미 육로로 아스칼론 교외에 도착했으며, 이집트에서 해로를 통해 아스칼론으로 운반되는 군량이 도착하기를 기다리고 있다는 것이었다.

탄크레디는 이집트군이 준비를 끝내기 전에 이쪽에서 먼저 나가서 쳐야 한다고 진언했다. 고드프루아는 이 스물네 살 젊은 장수의 진언을 받아들였다. 공격 시기는 목표 지점에 도착한 날 밤이 새기 직전으로 정했다.

예루살렘을 함락한 7월 15일부터 헤아려 불과 25일 만에 십자군은 이집트의 대군을 맞아 싸우게 된 것이다. 이 전투의 결과에 따라, '예루살렘 해방'이 한 달도 채우지 못한 꿈으로 끝날지도 모르는 일이었다.

이때 이집트 군대를 공격하는 십자군의 총 전력이 어느 정도였는지는 알려져 있지 않다. 그러나 예루살렘을 목표로 남하하던 당시에도 십자군의 총 전력은 기병 1500명과 보병 1만 1000명 전후였다. 예루살렘 공방전에서의 손실과, 그것을 상회할 정도였던 물 부족에 의한 손실을 생각하면, 1만 2500명의 총 전력은 훨씬 줄었을 것으로 보인다. 어림잡아 말해도 십자군은 이때 세 배의 적을 상대하는 셈이었다.

팔레스티나 지방의 항구도시 중 이집트에서 가장 가까운 아스칼론(현 Ashqalon)은 예루살렘에서 직선거리를 따지면 서남서로 70킬로미터밖에 떨어져 있지 않다. 예루살렘에서 야파까지가 북서쪽 직선거리로 60킬로미터이므로, '성도 예루살렘 해방'을 한여름 밤의 꿈으로 만들어버릴 수도 있는 대군은 사나흘 거리까지 접근해온 것이다. 예루살렘 공략에 성공한 제후들이 평소의 적개심과 불만을 잊고 단결한 것도 당연했다.

이집트의 재상이 이끄는 3만 명의 병사는 보급물자가 도착하기를 기다리며 아스칼론 교외에 야영하고 있었다. 그들은 이 시기 십자군의 병력을 상당히 정확하게 파악하고 있었던 것으로 보인다. 그래서

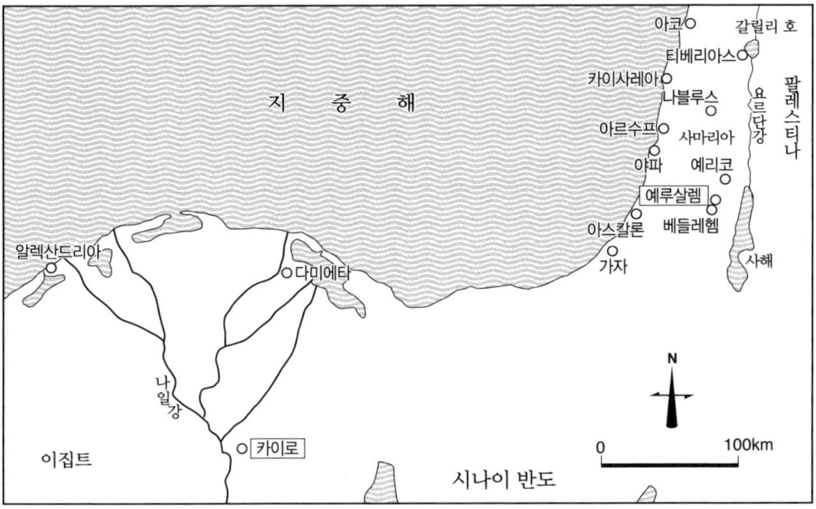

팔레스티나와 이집트

쉽게 기습해올 수 없을 거라 보고, 방어태세도 갖추고 있지 않았다.

그 이집트군의 야영지에 접근한 십자군은, 공격에 들어가기에 앞서 고드프루아가 미리 생각해둔 바에 따라 진형을 구성했다.

지중해를 오른쪽으로 바라보는 우익은 툴루즈 백작 레몽이 이끄는 프랑스 남부의 병사들. 이 우익의 역할은 적이 아스칼론으로 도망가는 길목을 차단하는 것이다.

플랑드르 백작과 노르망디 공작, 그리고 탄크레디는 돌격력이 좋으므로 중앙에 배치되었다.

좌익은 이제 로렌 공작이 아닌 '성묘의 수호자'가 된 고드프루아가 이끄는 로렌 지방의 독일 기사들. 이 좌익이 맡은 임무는 왼쪽으로 돌아 들어가 적을 포위하는 것이다.

'소'가 '대'를 이기려면 허를 찌르는 수밖에 없다. 그러기 위해서는 소리를 내지 않도록 주의하는 것을 빼놓을 수 없었다. 계절은 한여름. 아마도 이때의 십자군은 호버크 위에 강철 흉갑만 입고, 다른 무구와 투구는 벗었을 것이다. 방어력은 떨어지지만 민첩하게 공격해야 하는 전장에서 더욱 자유롭게 활동할 수 있기 때문이다. 그 증거로 기병은 큰 창과 장검과 방패를, 보병 역시 장검과 방패를 몸에서 떼어놓지 않았다. 병사들의 배후에는 '성십자가'를 받쳐든 예루살렘 대주교가 따랐다. 병사들로서는 그리스도가 책형에 처해진 십자가가 지켜보는 가운데 그리스도를 위해 싸우는 심정이었을 것이다. 1099년 8월 11일 미명이었다.

해가 뜨기 직전에 공격하는 전술이 성공한 것은 다분히 이집트 병사들이 일찍 일어나는 습관이 없었기 때문이기도 했다. 이른 시간대에 시작된 습격의 효과가 분명히 나타나는 데는 몇 시간이 채 걸리지 않았다.

허를 찔린 이집트 병사들은 도망치려고 우왕좌왕하며, 맞서 싸울 태세를 취하기는커녕 이리저리 쫓겨다닐 뿐이었다. 창에 찔리고 칼에 베여 넘어지고, 아스칼론으로 도망치려는 병사들도 레몽의 군대에 의해 바다로 내몰려 대부분 익사했다.

총사령관이었던 재상 알 아프달은 근위대의 호위를 받으며 기끼스로 아스칼론으로 도망쳤는데, 그곳에서 맞서 싸울 생각도 하지 않고,

항구에 정박해 있던 이집트 배에 올라타 그대로 카이로까지 도망쳐버렸다.

십자군의 완벽한 승리였다. 알 아흐달은 초록색 바탕에 흰색으로 코란 글귀를 써넣은 이집트 파티마 왕조를 상징하는 군기며, 자기 보석과 귀금속, 호화로운 장식의 칼까지 버려두고 도망쳤다.

이집트 재상이 버려두고 간 것은 그것만이 아니었다. 수많은 호화로운 융단과 금색으로 빛나는 다마스쿠스산 비단옷, 상자 가득한 각양각색의 보석과 페르시아 진주 목걸이, 대량의 금괴. 그리고 십자군에게는 무척 고마웠을, 아랍 순수 혈통의 말들. 이 모든 것이 십자군의 전리품이었다.

아랍인이나 투르크인은 원래 유목민이었던 탓인지 전장에도 모든 재산을 가져가는 습관이 있었다. 하렘의 여자들까지 데려가는 사람도 있었다. 그래서 이슬람교도 군대와 싸워 이긴다는 것은 군사력을 패배시키는 것뿐 아니라 한몫 단단히 챙기는 일이기도 했다. 8월 13일, 십자군은 이 모든 것을 갖고서 예루살렘으로 개선했다.

그런데 열광과 도취의 순간이 지나자마자 새로운 문제가 생겼다.

알 아흐달이 이끄는 이집트군이 패주했으므로, 그 전선기지였던 아스칼론에 사는 이슬람교도들은 공포에 사로잡혀 있었다. 이집트의 항구도시이긴 했으나 수비대의 규모는 변변치 않았다. 승리에 의기양양한 프랑크군에 공격당한다면 예루살렘보다 더 빨리 함락당하리라는 것은 불 보듯 뻔했다. 그래서 공격해오기 전에 항복하기로 결정한 것이다. 그리고 아스칼론의 이러한 결정을 알게 된 아르수프의 주민들도 싸우지 않고 성문을 열기로 했다.

그들은 이러한 뜻을 전할 사자를 툴루즈 백작 레몽에게 보냈다. 팔레스티나에 사는 이슬람교도의 눈에는, 침략자인 프랑크인 제후 중 가장 유력한 인물이 레몽으로 보였던 것이다.

하지만 누구를 통해선지는 몰라도 고드프루아가 이 사실을 알게 되었다. 그런데 그는 생각지도 못한 무혈입성 요청을 굳이 거절해버렸다.

이 일로 고드프루아를 보는 제후들의 눈이 달라졌다. 아스칼론과 아르수프의 무혈입성이 이루어지면 레몽의 공적이 될 테니, 그것을 꺼린 고드프루아가 좋은 기회를 날려버렸다고 생각한 것이다. 질투심 때문에 십자군 전체의 이익을 해쳤다며, 지금까지 고드프루아와 일심동체처럼 행동해온 플랑드르 백작과 노르망디 공작까지 고드프루아를 냉랭한 눈으로 보게 되었다. 물론 고드프루아가 억지를 부렸다고 생각한 레몽은 이제 고드프루아와 행동을 같이하지 않겠다고 선언하고는 재빨리 자기 병사만 이끌고 북쪽으로 떠난다.

그러나 고드프루아가 굴러들어온 호박 같은 좋은 기회를 거절한 것은, 질투심 때문이 아니라 지휘계통의 일원화를 생각해서였을 것이다.

지금까지 그랬던 것처럼 레몽은 항상 자기주장을 내세워왔다. 아스칼론과 아르수프의 무혈입성이 이루어지는 날에는 이런 레몽의 발언권이 더욱 커질 것이다. 성도 예루살렘을 방어하는 지휘관이 두 명이 되는 것이다.

두 명의 비범한 지휘관보다 한 명의 평범한 지휘관을 택하겠다고 한 것은 나폴레옹이지만, 지휘계통의 일원화는 가지고 있는 힘을 효율적으로 활용하기 위해 절대 빼놓을 수 없는 것이다.

이집트군에 승리한 후 십자군에 남은 병력은 겨우 1만 명 안팎이었다. 이러한 상황에서 두 장수가 병립한다면 어떻게 되겠는가. 아스칼론과 아르수프는 지금이 아니라도 언젠가 손에 넣을 수 있다고 예상할 수 있었다. 왜냐하면 이집트에서 온 대군을 물리쳤다는 것은 팔레스티나에 대한 이집트의 패권을 뒤흔들었다는 뜻도 되기 때문이다.

레몽은 이것을 알지 못했다. 그리고 플랑드르 백작과 노르망디 공작도 마찬가지였다. 유일하게 탄크레디만은 젊은 나이에 어울리지 않게 그것을 이해하고 있었다.

그런데 팔레스티나의 이슬람교도들은 왜 고드프루아가 아닌 레몽에게 무혈입성을 요청했을까. 이 문제에 대한 해석은 동서고금 변함없는 '뉴스'에 대한 고찰로 대신할 수 있을 것이다.

이 시기까지의 십자군을 기술한 그리스도교측 기록자와 이슬람측 연대기 작가의 공통점은, 십자군에 참가한 제후들 중 고드프루아를 언급하는 빈도가 적다는 것이다.

이 사람들이 종교의 차이와 상관없이 가장 자주 기술한 것은 보에몬드와 레몽이었다.

안티오키아 공방전 때 보여준 보에몬드의 활약상은 주지의 사실이었으니 당연하다 해도, 그때부터 레몽의 이름이 자주 언급되는 것은 이 사람의 언행이 항상 떠들썩했고, 따라서 그 시대 '저널리스트'들의 주목을 끌었기 때문이다.

기록자든 연대기 작가든, 항상 화제를 제공해주는 사람의 언행에 주목하는 성향은 오늘날의 저널리스트와 전혀 다르지 않다.

한편 로렌 공작 고드프루아처럼 꼭 필요하다고 생각되는 일이 아니면 동료들끼리의 분쟁에 끼어들지 않고 담담하게 임무를 수행하는 유형의 인물은, 뉴스, 바꿔 말해 가십을 제공하는 일이 적기 때문에 언급되는 횟수도 많지 않은 것이다.

그리스도교측의 유명도를 재는 기준이 이렇다면, 이슬람측이 받는 인상도 그에 좌우되는 것이 당연했다. 게다가 레몽은 제후들 중 가장 연장자이며, 이슬람 세계에서는 연장자를 존중하는 기풍이 강했다. 그래서 그들은 제안을 받아줄 사람으로 레몽이 적격이라 생각했을 것이다.

하지만 고드프루아는 그것을 거절했다. 그것에 기분이 상한 레몽과 플랑드르 백작, 노르망디 공작 세 명은 9월에 접어들자마자 짐을 챙겨 북쪽을 향해 예루살렘을 떠나버렸다.

플랑드르 백작과 노르망디 공작 두 사람은 예루살렘을 해방하기로 신에게 서약한 것을 지켰다고 생각했을 때부터 유럽으로 돌아가기로 마음을 굳혔으므로, 한 달 늦게나마 그것을 실행했을 뿐이다. 시리아까지 가면 그곳 항구도시에 비잔틴제국이나 이탈리아의 배가 있을 테고, 그것을 타고 유럽으로 돌아가면 될 일이었다.

고드프루아는 동생 외스타슈를 이 두 사람과 동행하게 한다. 앞서 말한 대로 팔레스티나에 남는 사신을 대신해 로렌 지방에 있는 자기 영지의 통치를 부탁할 의도였을 것이다.

로렌 일가의 사람들 중, 고드프루아의 사촌동생에 해당하는 또 한 명의 보두앵도 이 시기에 예루살렘을 떠났다. 하지만 그는 유럽이 아니라 에데사로 돌아가기 위해 떠난 것이다. 이제 에데사 백작이 된 보두앵과 함께 에데사 백작령을 지키는 일이 기다리고 있었다.

예루살렘에 남은 사람은 서른아홉이라는 나이에 비해 노련한 고드프루아와, 스물네 살이라는 나이에 걸맞은 탄크레디뿐이었다. 이 둘의 병력을 합쳐도 기병 3백 명과 보병 2천 명 정도였다고 한다. 탄크레디의 병력만 따지면 기병 24명에 지나지 않았다.

후세의 많은 역사가들은, 예루살렘을 해방한 후 유럽으로 돌아간 장수들을 영토 욕심이 없고 신앙심으로만 뭉친 기사들이었다고 칭찬하고 있다. 하지만 나는 결국 책임감이 많고 적음의 차이가 아니었을까 하는 생각이 든다. 신앙만으로는 신앙조차 지킬 수 없는 것이 인간세상의 현실이니까.

그렇지만 고드프루아에게는, 항상 용감하게 싸운데다 서른네 살로 아직 한창때인 플랑드르 백작의 귀국은 뼈아프게 다가왔을 것이다. 내년에 마흔을 맞이하는 고드프루아에게 남은 것은, 해가 바뀌어도 스물다섯 살밖에 안 되는 탄크레디 한 사람뿐이었으니까.

교황의 새로운 대리인이 오다

플랑드르 백작, 노르망디 공작과 함께 북쪽을 향해 출발했지만, 유럽으로 돌아가는 두 사람과 달리 레몽은 중근동에 머물렀다. 레몽은 9월 중순 시리아의 항구도시 가운데 하나인 자블라에 도착했다. 그곳에서 20킬로미터 북쪽에 있는 항구도시 라타키아에 피사의 선단이 입항해 있다는 사실을 알았다. 또한 아데마르 주교가 죽은 후 교황 우르바누스 2세가 새롭게 임명한 교황 대리가 그 배로 도착했다는 것도 알게 되었다.

새로 임명된 교황 대리는 피사의 대주교였던 이탈리아 사람으로, 이름은 다임베르트였다. 이슬람교도 무어인을 상대로 레콘키스타가 진행중이던 스페인에서도 교황의 대리인 자격으로 카스티야 왕에게 보내진 적이 있었는데, 그때의 경험을 인정받아 팔레스티나에서 이슬람을 상대로 싸우는 십자군의 교황 대리로 임명된 것이다. 그가 피사의 배를 타고 온 것은 피사 출신이기 때문이었다.

레몽은 생전의 아데마르 주교와 항상 행동을 함께해왔을 만큼 고위 성직자를 좋아했다. 교황의 신임 대리인이 도착했다는 것을 안 그는, 이 사람을 자기편으로 끌어들인다면 고드프루아에게도 영향력을 행사할 수 있을 것이라고 생각했다.

무엇보다 교황 대리는 예루살렘 대주교보다 위치가 높다. 자신이 그렇게 반대했음에도 불구하고 현재 예루살렘 대주교는 일개 고해신부에 지나지 않던 사람이 맡고 있다. 레몽은 신임 대리인 다임베르트에게 신중하게 접근했다. 그와 동시에 비잔틴제국의 해군 장수를 통해 황제 알렉시우스에게도 다시 신중하게 다가가기 시작했다. 이 모든 것은 이곳에 자신만의 영도, 즉 백작령을 획득하기 위한 책략이었다. 하지만 그는 깊이 생각하면 할수록 오히려 좋은 결과로 이어지지 못하는 사람이었다.

새로이 부임한 교황 대리 다임베르트는 피사에서 태어난 피사인이다. 당시는 아직 이탈리아라는 개념이 없이 피렌체인, 베네치아인, 제노바인으로 구분하던 시대였다.

그중 하나인 피사인은 아말피, 피사, 제노바, 베네치아로 이어지는 이탈리아의 해양 도시국가 가운데 하나로, 통상입국을 목표로 삼아온 사람들이다. 이슬람권과 교역하는 한편으로 이슬람 해적선과의 치열한 싸움을 위해 해군력을 증강하고, 최초로 아라비아숫자를 도입하는 등 진취성도 뛰어났다. 이들이 바보일 리 없었다. 아니, 그들이 바보였다면 한 줌밖에 안 되는 토지와 사람뿐인 도시국가가 지중해를 종횡무진으로 항해하며 통상활동을 할 수도 없었을 것이다.

교황 대리 다임베르트는 이런 피사 사람이었다. 성 안에서의 생활밖에 모르는 중세 북유럽 귀족의 고해신부 출신과는 좋은 의미로든 나쁜 의미로든 그 그릇이 달랐다.

라오디케아(현 라타키아)에서 배를 내린 다임베르트는 레몽의 권유에는 가타부타 대답도 않은 채, 일단 시리아 제일의 도시 안티오키아로 향한다.

레몽은 나름 신앙심이 깊은 사람이었지만, 반면에 보에몬드는 몹시도 그다운 생각으로 종교를 대했다. 안티오키아 공작령의 주인이 된 보에몬드는 새로 부임한 교황 대리를 따뜻하고 정중하게 맞이했다.

2년 전 비잔틴제국의 공주를 매료시킨 이 남자의 매력은 마흔아홉이 되었어도 건재했다. 그는 교황 대리에게 자신이 예루살렘까지 수행하겠다고 자청하고 나섰다. 즉 호위하겠다는 뜻이었는데, 그 이유는 이탈리아를 떠날 때 십자가에 서약했던 대로 예루살렘에 있는 성묘교회에서 신에게 기도를 올리고 싶다는 것이었다. 게다가 이 서약을 지키고픈 마음은 에데사 백작 보두앵도 마찬가지일 테니 그에게도 이를 알려 둘이 함께 교황 대리를 예루살렘까지 모시겠다고 말했다.

예루살렘 해방은 성공했지만 그 주변 일대까지 평화로워진 것은 결코 아니었다. 고드프루아와 탄크레디가 주변 일대를 정복하고 있었지만 그래도 아직 예루살렘으로 가는 길은 안전하지 않았다. 교황 대리인 이상 예루살렘에 가지 않으면 의미가 없는 다임베르트로서는, 군대를 이끄는 두 장수가 수행해준다는 것은 실로 반갑기 그지없는 말이었다.

이리하여 각각 안티오키아와 에데사에 머물며 예루살렘 공방전에 참가하지 않았던 보에몬드와 보두앵의 성지순례가 실현되었다.

또한 아데마르가 안티오키아 공방전에서 죽었으므로 로마 교황은 자기 대리인을 통해서라도 아직 성도 예루살렘의 땅을 밟아보지 못한 상태였다. 그런데 비로소 그것도 실현할 수 있게 되었다. 교황 대리인 다임베르트의 시리아와 팔레스티나에서의 임무는 더할 나위 없이 좋은 출발을 보이는 듯했다.

게다가 보에몬드는 성탄절을 베들레헴에서 맞고 싶다는 기특한 발까지 했다. 때문에 더이상 허송세월할 수 없다며 서둘러 예루살렘으로 갈 준비를 시작했다.

보에몬드와 보두앵, 성지순례에 오르다

보에몬드를 따라 이탈리아 남부에서 온 기사와 병사 들도 다들 순례길에 따르고 싶다고 난리였다. 하지만 안티오키아를 비워둘 수는 없다. 보에몬드는 데려갈 사람을 선발하는 데 고심했는데, 그를 더욱 고민스럽게 한 것은 병사가 아닌 순례자들도 데려가야 한다는 것이었다.

예루살렘이 해방되었다는 소식은 당시로서는 놀랄 만한 속도로 서유럽에 전해졌기에, 앞을 다투어 순례를 오는 사람들이 급증하고 있었다. 그 사람들 대부분은 배로 왔기 때문에 그리스도교 국가의 배가 안전하게 입항할 수 있는 시리아의 항구도시에 상륙했다. 그들이 그다음으로 향하는 곳이 안티오키아였으므로 이곳 역시 순례자들로 넘쳐나고 있었다. 이 사람들이 군대의 보호를 받을 수 있어 안전한 보에몬드의 순례행에 편승하려 했던 것이다.

보에몬드의 순례행을 따라간 사람의 수가 2만 5천 명이었다는 연대기 작가의 기록을 믿는다 해도, 그 가운데 병사가 어느 정도였는지는 알려져 있지 않다. 어쨌든 병사 겸 순례자와 순수한 순례자의 비율은 반반 정도가 아니었을까 싶다. 또한 여자 순례자들도 포함되어 있었다.

이렇게 불어난 일행은 11월 초에 안티오키아를 뒤로했다. 그리고 해안 쪽 길을 택해 남하했다.

일단 라타키아까지 가는 것이 첫번째 목표였다. 그 도시에 레몽이 있으므로 식량을 나눠줄 것으로 기대했던 것이다.

그런데 교황 대리가 보에몬드와 동행한 것에 기분이 상한 레몽은 전혀 협조하지 않았다. 그래도 어찌어찌 해결할 수 있었던 것은 피사 선단의 보급 덕분이었다.

다시 남하한 일행은 바니야스에 도착했다. 이곳에서 에데사에서 오는 보두앵과 합류하기로 했다.

보두앵 일행도 라타키아를 통과해서 왔는데, 어쩐 일인지 레몽은 보두앵에게는 보급 면에서 협조를 아끼지 않았다. 레몽 입장에서 보면, 보에몬드는 숙적일지언정 보두앵은 그렇지 않았는지도 모른다.

그런데 보두앵을 기다리던 보에몬드와 다임베르트는 이 바니야스에서 비잔틴제국 황제의 심술을 겪게 된다. 시리아와 팔레스티나 전역을 제패하고 있는 십자군 세력을 달갑지 않게 여긴 황제 알렉시우스가, 아직 비잔틴제국 지배하에 있는 항구도시에 십자군 관계자에게는 식량을 팔지 말라는 명령을 내렸던 것이다. 키프로스 섬은 여전히 비잔틴제국령이다. 또한 시리아 해안을 따라 늘어서 있는 도시들은 그 키프로스와 가까웠다.

여기서도 피사의 선단이 대신 물자를 구매해주었기 때문에 어려움을 면할 수 있었는데, 그것은 피사인과 비잔틴제국의 백성인 그리스인이 서로 장사하는 관계였고, 이때까지만 해도 피사인을 아직 십자군과 관계 지어 생각하지 않았기 때문이었다.

보에몬드와 합류한 보두앵, 그리고 교황 대리 다임베르트는 병사와 순례자 들을 데리고 11월 말 토르토사(현 타르투스)에 도착했다. 그러나 여기서 그들을 기다리고 있던 것은 식량 보급 같은 것과 비교할 수 없는 아주 어려운 문제였다.

이 항구도시는 레몽이 한때 공략했다가 그후 바로 다시 이슬람 도시가 된 곳이어서 그리스도교도에 대한 주민들의 적의가 무척 강했다. 식량을 팔기는커녕 오히려 공격을 해왔다. 군사적인 충돌에 익숙지 않은 순례자들 중 상당수의 사상자가 나왔다. 중세시대 이교도의 땅으로 가는 순례행은, 비무장 상태인 순례자들도 목숨을 걸어야 하는 길이었던 것이다.

이런 상황에서 트리폴리까지는 남하했는데, 이곳 이슬람교도 주민들은 협조적이었지만 최근의 기근으로 인해 팔 수 있는 것 자체가 적었다. 있다 해도 엄청나게 비싼 가격이어서 순례자들은 사탕수수 줄기를 씹으며 굶주림을 견디는 수밖에 없었다.

트리폴리는 설탕 산지로 유명한데, 십자군 시대에 이 땅에서 생산되는 설탕이 서유럽으로 전해졌다. 유럽인의 단맛이 고대 로마 시대의 벌꿀에서 설탕으로 바뀐 것도 십자군 원정의 영향 중 하나다.

지중해성 기후는 겨울에 비가 자주 내린다. 일행은 12월의 빗속을 뚫고 베이루트, 시돈, 티루스, 아코, 하이파를 무사히 지나, 그달 중순에는 카이사레아에까지 도달했다.

시리아 해안을 남하할 때보다 팔레스티나 지방의 해안을 통과할 때 문제가 적었던 것은 십자군이 이집트군에 대승한 영향이 컸다. 팔레스티나는 이집트 칼리프의 지배를 받고 있었으므로, 그 이집트군을 격파한 영향이 컸던 것이다. 이 항구도시의 주민들은 변함없이 이슬람교도였지만 십자군 관계자를 평화적으로 대해주었다. 약자의 입장이 된 이상 그럴 수밖에 없기도 했겠지만.

먹을 것에 대한 걱정이 없어져 일행의 발걸음이 가벼워진 덕에 생각보다 빠른 12월 21일, 드디어 동경하던 예루살렘 땅을 밟을 수 있었다. 크리스마스 나흘 전이었다.

예루살렘에서는 고드프루아가 그답지 않게 노골적으로 기쁨을 드러내며 마중을 나왔다. 함락 당시 주민들을 닥치는 대로 죽였기 때문에 이 시기 예루살렘은 십자군 병사 외에는 거의 사람이 살지 않는 도시가 되어 있었다. 또한 대주교가 가톨릭교도만 인정하고 그리스정교도를 배제하는 방침을 밝혔기 때문에 이전에 살던 주민들도 다시 돌아오지 않았다.

그런 예루살렘에 2만 5천 명의 사람들이 도착한 것이다. 예루살렘을 재건하는 입장인 고드프루아로서는 가뭄에 단비였을 것이다.

고드프루아는 병사들에게 성도의 방어를 위해 남아달라고 설득하고, 순례자들에게도 주변 경작지를 무료로 줄 테니 남으라고 권유했다. 주변 지역도 자신과 탄크레디가 분담해 정복하고 있으니 갈수록 안전해질 것이라고 보증했다.

보에몬드와 보두앵은 안티오키아 공작령과 에데사 백작령을 자기 힘으로 지켜온 남자들이다. 예루살렘에 와서야 그들은 고드프루아와 탄크레디가 운용할 수 있는 병력이 얼마나 빈약한지를 알게 되었다.

성벽이 아무리 견고하다 해도 기병 3백 명과 보병 2천 명으로는 예루살렘을 지켜내기란 불가능했다.

보두앵은 자신이 이끌고 온 병사들이 잔류하는 것에 반대하기는커녕 오히려 찬성했다. 원래 이 병사들은 형 고드프루아의 병사들이었다. 에데사로 갈 때, 그리고 에데사를 자기 영지로 만들 때 형이 빌려준 병사들이었다.

보에몬드도 데리고 온 병사들 중 일부가 잔류 의사를 표한 것에 전혀 이의를 제기하지 않았다. 그 역시 고드프루아가 수중의 병력만으로는 예루살렘을 지켜낼 수 없으리라는 것을 이곳 성도에 오자마자 알았던 것이다.

자신의 오른팔로 활약하던 탄크레디는 이제 고드프루아의 오른팔이 되어 있었다. 게다가 보에몬드의 조카인 이 젊은 장수는 예루살렘의 방어벽이나 마찬가지인 갈릴리 지방을 불과 기병 24명이라는 병력으로 정복하는 중이었다. 기병에게는 최소한 시종과 마부가 따르므로 24명의 기병이면 총 인원은 72명이 된다. 하지만 전력을 따지면 어디까지나 기병 24명이다.

2년 전 탄크레디가 보두앵과 협력해 소아시아 남동부의 킬리키아 지방을 정복한 것이 그 바로 남쪽에 위치한 안티오키아를 방어하는 데 얼마나 크게 기여했는가를, 지금 안티오키아의 영주가 된 보에몬드는 지나칠 만큼 잘 알고 있었다. 예루살렘에 있어 갈릴리 지방은 안티오키아에 있어 킬리키아 지방이나 마찬가지다. 예루살렘에게 갈릴리는 다마스쿠스 영주 두카크를 막아주는 방어벽이 되기 때문이다.

보에몬드와 보두앵의 병사들 중 얼마가 예루살렘에 남았는지는 알려져 있지 않다. 하지만 적어도 고드프루아를 안도하게 만들 정도의 수였던 것은 확실하고, 또 자기 휘하의 병력 감소를 보에몬드와 보두앵 모두 흔쾌히 용인했다는 것도 분명하다.

쓸쓸했던 예루살렘 시내는 이렇게 조금씩 사람으로 채워지게 되었다.

성탄절이 되자 성지에 와 있는 이들이 하느님에게 기도하고, 하느님의 아들의 탄생을 축하하는 장소는 당연히 베들레헴이 되었다. 고드프루아, 보에몬드, 보두앵, 세 사람의 수뇌는 교황의 대리인 다임베르트와 함께 병사와 순례자 들을 데리고 그리스도가 탄생한 베들레헴으로 가서 12월 24일과 그다음 날을 보냈다.

탄크레디의 활약

이 축제에 탄크레디가 합류했는지 어땠는지는 알려져 있지 않다. 그는 당시 예루살렘에서 북쪽을 향해 예리코, 나블루스, 나사렛, 티베리아스와 요르단강까지 올라간 후에도, 요르단강을 따라 더욱 북쪽으로 올라가 거의 다마스쿠스 코앞까지 다다를 만큼 넓은 지역을 정복하고 있었다.

이 스물네 살의 젊은 장수는 아주 흥미로운 방식으로 정복해나가고 있었다. 팔레스티나 내륙부에 해당하는 갈릴리 지방에, 가톨릭은 아닐지라도 그리스도교도가 사는 도시가 원래부터 많았기 때문이기도 했지만.

우선 주민 대부분이 이슬람교도인 도시는 대개의 경우 탄크레디가 다가오기도 전에 미리 도망가버렸는데, 그는 아직 남아 있는 사람들에게 도망간 주민의 귀환을 인정해주겠다고 알리게 했다. 다만 이들은 이제 예루살렘 왕국에 속하며, 그것을 분명히 하기 위해 매년 연공을 내는 조건이었다.

둘째로 주민이 그리스도교도인 경우인데, 사실 이들은 가톨릭교도가 아니라 그리스정교나 그밖에 가톨릭교회가 이단시하는 그리스도교도였다. 가톨릭만 인정하기로 한 예루살렘에서는 이런 이들을 추방했지만 탄크레디는 그에 따르지 않았다. 이들도 예전처럼 계속 같은 곳에 살게 해준 것이다. 다만 어디까지나 예루살렘 왕국의 일원으로.

그렇다고 모든 도시의 정복이 이런 식으로 진행된 것은 아니었고, 그중에는 저항하는 도시도 있었다. 하지만 24명이라는 적은 병력으로, 그것도 상당히 넓은 지역을 정복하는 데 성공했다는 사실은 그런 도시가 소수였다는 것을 보여준다. 자신이 운용할 수 있는 병력이 적다는 것을 역이용한 탄크레디의 전략이 성공한 것이다. 보이는 방어벽이 아니라 보이지 않는 방어벽을 만들었기 때문이다. 아무리 견고한 방어벽을 만들어도 주민의 협조가 없으면 '방어벽'의 의미가 없다.

그리고 탄크레디는 갈릴리 호수, 예수 그리스도가 제자들에게 물고기를 낚는 어부가 아니라 사람을 낚는 어부가 되라고 가르친 호수 근처에 있는 티베리아스를 이 일대 전역의 수도로 정하고, 그곳을 견고한 성채도시로 만드는 일에 착수했다. 이 땅을 확보하면, 남쪽에 있는 예루살렘의 방어벽으로 삼을 수 있을 뿐만 아니라, 서쪽으로는 지중해를 면한 항구도시 아코나 하이파로 바로 갈 수 있기 때문이었다.

전략적으로 매우 중요한 이 도시들을 불과 24명의 기병으로 정복한 것은 대단한 일이었다. 고드프루아가 그를 의지한 것도 당연했다.

크리스마스를 어디서 보냈는지는 모르지만, 탄크레디는 연말 전에는 예루살렘으로 돌아왔을 것이다. 베들레헴에서 크리스마스를 보낸 수뇌부 전원이 예루살렘으로 돌아왔기 때문이다.

탄크레디 입장에서 보면, 1년이라는 짧은 기간 동안 온갖 일들을 겪고서 백부 보에몬드와 재회한 것이었다. 서로 곧잘 언성을 높이면서도 이 둘이 줄곧 우호적인 관계를 유지해온 것은, 고드프루아와 보두앵 형제의 돈독한 관계와 함께 제1차 십자군의 성공 요인 중 하나로 들 수 있다. 이들 네 명은 다른 제후들에 비해 오리엔트로 들어간 이후 급속하게 성장한 사람들이었다. 이 땅을 정복한다는 게 어떤 의미인지, 그리고 그것을 어떻게 이뤄내야 하는지를 이 땅에 오자마자 재빨리 습득한 이들이었다.

그때까지 그다지 존재를 드러내지 않던 교황의 대리인 다임베르트는, 베들레헴에서 예루살렘으로 돌아온 후로는 때가 되었다고 느꼈는지 활발하게 움직인다. 먼저 예루살렘 대주교 자리에 있던 드 로를 쫓아내는 일에 착수했다.

예루살렘의 대주교는 콘스탄티노플과 안티오키아의 대주교와 함께, '아르키베스코보(arcivescovo)'가 아닌 '파트리아르카(patriarca)'

로 불린다. 후기 라틴어인 '아르키베스코보'와 달리 그리스어를 어원으로 하는 '파트리아르카'를 나는 '대주교(大主教)'라고 번역하는데, 이는 대도시의 종교 지도자라는 의미가 담긴 명칭이다. 예루살렘은 대도시를 의미하는 '메트로폴리스'는 아니었지만 그리스도교 최대의 성지라는 이유로 메트로폴리스와 동등한 대우를 받고 있었던 셈이다.

다임베르트의 주장은 예루살렘의 종교 지도자를 지금의 '아르키베스코보'가 아닌 '파트리아르카'가 맡아야 하고, 그 자리에는 교황의 대리인 자격을 가진 자신이 적합하다는 것이었다. 드 로의 처지는 확실히 불리했다. 그는 교황의 대리인 자격을 갖지 못했을 뿐만 아니라 대주교나 주교 경험도 없었다. 태어난 곳은 이탈리아지만 노르망디 공작의 고해신부였던 전력밖에 없었다. 게다가 대주교에 취임할 때 강력하게 밀어준 노르망디 공작도 유럽으로 돌아가버리고 없다. 그리고 보에몬드는 자신이 통제할 수 있을 것으로 보이는 다임베르트의 취임을 지지했고, 고드프루아도 교황의 대리인을 존중할 수밖에 없었다.

쫓아내는 일은 간단히 성공했다. 그러나 드 로는 대주교의 지위를 빼앗기고도 팔레스티나에 머물렀다. 그는 예루살렘 교외에 거처를 마련하고 일개 종교인으로 조용한 생활을 시작했다.

정식으로 성도 예루살렘의 '파트리아르카'로 취임한 다임베르트가 다음으로 한 일은, 신의 이름으로 군주에게 정당한 통치권을 부여하는 것이었다.

그리스도교 세계에서는 군주 같은 세속의 지위도 신이 부여해야 비로소 정당화된다. 때문에 신의 뜻을 인간에게 전하는 입장인 주교나 대주교가 그 지위의 상징인 관을 수여하는 의식이 매우 중요했다. 신성로마제국의 황제도 로마 교황으로부터 관을 수여받고 나서야 통치권을 가질 수 있는 것이 중세의 그리스도교 세계였다.

이에 따라 다임베르트는 무릎을 꿇은 보에몬드와 고드프루아에게 신의 뜻에 의한 권력 행사권을 부여했다. 보에몬드는 안티오키아 공작, 고드프루아는 '성묘의 수호자'라는 명칭은 달라지지 않았지만, 신의 뜻을 이어받은 대주교가 인정함으로써 그들 두 사람의 지위는 공식화되었다.

에데사를 영유하는 보두앵도 이 두 사람처럼 정식으로 지위를 인정받았다는 기록은 없다. 보두앵은 십자군 원정에 동행했던 첫번째 부인이 죽은 후 알렉산드로스 대왕이라도 흉내 내는 양, 정복지 에데사에 살고 있던 아르메니아인 여자를 아내로 삼았다. 가톨릭교도가 아닌 이 여자와의 결혼은 작지 않은 스캔들이 되었고, 가톨릭교회 입장에서는 그것이 보두앵의 지위를 정당화하는 데 걸림돌이 되었는지도 모른다. 어쨌든 자신의 지위가 정당화되지 못한 것에 보두앵은 항의하지 않았다. 한때 성직자였던 이 사람은, 아무래도 신의 뜻을 존중하는 마음이 부족했던 듯하다.

또한 같은 날, 지금껏 자기 영지를 가져본 적이 없던 탄크레디도 갈릴리 지방의 통치를 정식으로 인정받았다. 갈릴리 공작 탄크레디가 된 것이다. 아마 이 젊은 장수의 능력을 인정하고 활용해온 보에몬드와 고드프루아가 천거했을 것이다.

권력행사가 정당화된 것에 기분이 좋아졌는지, 탄크레디는 새해가 오는 것도 기다리지 않고 다시 갈릴리로 떠났다. 예전처럼 기병 24명이 아니라, 백부 보에몬드 아래 있던 병사들이 옮겨온 덕에 상당한 병력을 거느릴 수 있었다. 탄크레디와 수하 기병 24명 모두 이탈리아 남부의 노르만인이었고, 새로 가세한 이들도 동향 출신이었다. 상당한 병력이라 해도 채 1천 명이 안 되었던 듯하지만, 그래도 큰 활약을 할 수 있었던 것은 동향자 집단이기 때문이었다.

탄크레디는 이때부터 대략 1년 만에 갈릴리 지방을 완전히 제패한다. 특히 이 일대의 요충지인 티베리아스를 견고한 성채도시로 만들었는데, 지금 남아 있는 유적만 보아도 그것이 서유럽의 축성 기술로 지어졌다는 것을 분명히 알 수 있다. 이 티베리아스를 중심으로 한 갈릴리 지방은, 동쪽으로 펼쳐지는 이슬람 세계에 대한 최전선이 되었다. 이로부터 87년 후 그 유명한 살라딘조차 무력에 의한 공략을 단념할 정도로, 티베리아스는 강력한 성채도시였다.

'나탈레(Natale, 성탄절)' 뒤를 잇는 그리스도교도의 중요한 축제는, 해가 바뀐 1월 6일의 '에피파니아(Epiphania, 주님 공현 대축일)'이다. 별을 보고 구세주의 탄생을 알게 된 동방박사 세 명이, 각자 선물을 들고 별의 인도를 받아 먼 베들레헴까지 찾아왔다는 전설을 통해 '동방박사의 경배'로 널리 알려진 축제다.

이 축제일을 예루살렘에서 보낸 뒤, 보에몬드와 보두앵은 각자의 영

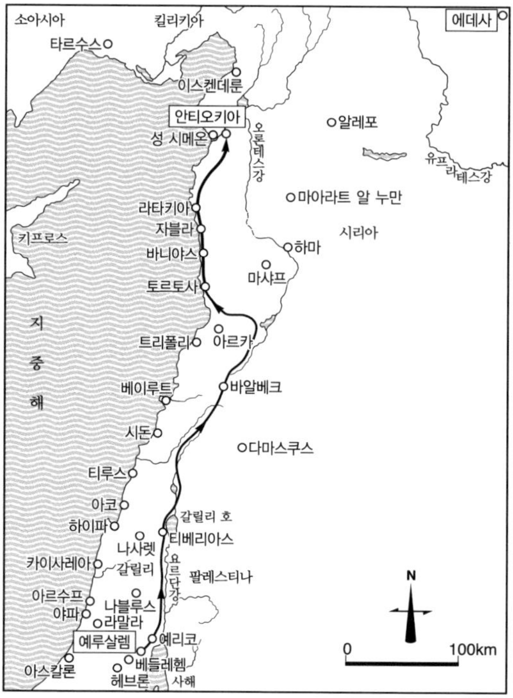

보에몬드와 보두앵의 귀로

지인 안티오키아와 에데사로 돌아가기 위해 예루살렘을 뒤로했다.

올 때보다는 몸이 상당히 가벼워졌을 것이다. 병사 중 다수가 잔류하고 순례자들도 대부분 예루살렘에 남았기 때문이다. 그 탓인지 돌아가는 길은 올 때와 다른 길을 택했다.

예리코로 나간 후 요르단강을 따라 북상하고, 갈릴리 호수를 오른쪽에 두고 계속 위로 올라갔나. 고내의 신전 터가 아직 남아 있는 바알베크를 지나서도 계속 올라가, 아르카 근처까지 가서야 비로소 바닷가 쪽으로 빠졌다. 그다음에는 안티오키아까지 죽 뻗은 길을 따라간 것이다.

병사의 수가 줄었다고 해도 이것을 강행할 수 있었다는 사실은 탄크레디의 정복이 얼마나 성공적이었는가를 잘 보여준다. 또한 그후에도, 산악지대를 사이에 두긴 했지만 대도시 다마스쿠스 영주 두카크의 코앞을 태연하게 통과하기도 했다. 두카크는 이를 알면서도 방해조차 하지 못했다.

이 에피소드를 기술한 이슬람측 기록은 분기로 가득 차 있다. 그것은 자신들이 집안싸움만 벌인 것이 원인이다, 즉 프랑크인의 성공은 이슬람측이 통일되지 못했기 때문이라고 주장한다.

그러나 집안싸움은 그리스도교측에도 많았다. 다만 제1차 십자군의 주역이었던 제후들은 궁극적인 목표 앞에서는 다른 걸 잊었던 것뿐이다. 물론 그것도 일시적이었고 위급한 상황이 지나자마자 다시 싸우긴 했지만.

이슬람측이 이 시기에 열세였던 것은 단지 궁극적인 목표가 없었기 때문이다. 그런 이유로 자신들은 홈에서 싸우면서도, 어웨이에서 싸우는 불리함을 안고 있던 십자군에게 성공을 허락했던 것이다. 이슬람측이 이 궁극적인 목표의 중요성을 깨달으려면, 그리고 그것을 철저하게 활용하려면 살라딘의 등장을 기다려야 했다.

예루살렘이 해방된 뒤 맞은 첫 해인 1100년은 시리아와 팔레스티나에 십자군 국가가 조금씩 확립되는 해가 되어야 했다. 성도를 해방했다는 기세가 아직 충분히 건재했기 때문이다.

그런데 그 1100년에는 이슬람측이 환호성을 지르는 사건이 차례로 이어지게 된다.

그래도 1년이 지나고 나서 보면 우세를 유지한 것은 그리스도교측이었다. 알렉산드로스 대왕은 전장이라는 격동의 장에서는 주도권을 장악한 측이 이긴다고 했는데, 예측하지 못한 사태가 계속 덮쳐와도 여전히 주도권을 쥐고 있었던 것은 십자군측이었다.

고드프루아의 정복

아무리 겸허하게 스스로를 '성묘의 수호자'로 칭했다 해도, 고드프루아도 내륙부에 있는 예루살렘을 유지하기 위해서는 바다와의 연결이 불가피하다는 사실을 알고 있었다. 야파(현 텔아비브) 항을 이용할 수 있지만 그것만으로는 충분하지 않았다. 시리아에서 보에몬드가 한 것처럼 모든 항구도시를 정복하지 않으면 의미가 없었다. 그래서 연공(年貢)을 내는 대신 예루살렘 왕의 주권을 인정하자는 쪽으로 의견이 모아지고 있던 아르수프에 교섭인을 파견했다. 이 항구도시 아르수프는 야파에서 북쪽으로 16킬로미터밖에 떨어져 있지 않았다.

아르수프측은 교섭에 들어가기 전, 그것이 시간 벌기가 아니라는 증거로 인질을 보내라고 요구했다. 고드프루아는 부하 기사 다베네스를 보냈다. 자기 동생이라고 속이고서. 동생을 인질로 보내는 것은 고드프루아의 버릇이었지만, 그의 곁에는 동생이 한 명도 남아 있지 않았다. 그러나 아르수프측은 예루살렘 왕의 동생을 인질로 잡고 있는 것으로 생각했다.

그런데 교섭이 결렬되었다. 고드프루아가 아르수프의 완전한 통치권까지 요구했기 때문이다. 고드프루아는 항복을 거부한 아르수프를 무력으로 공격하지 않을 수 없었다. 아르수프에 사는 이슬람교도는 단호한 항전을 결의했고, 인질 다베네스를 성벽 위에 매달아놓는 것으로 그 의지를 표명했다.

다베네스가 자기는 상관 말고 공격하라고 외치지 않았어도, 프랑스인보다 독일인에 가까운 고드프루아의 마음은 변하지 않았을 것이 틀림없다. 큰 상처를 입지 않도록 주의하긴 했지만, 인질의 안전 따위는 전혀 신경 쓰지 않는 양 다베네스를 향해 화살을 쏜 것을 보면 말이다.

이에 놀란 것은 아르수프측이었다. 그들은 피를 흘리는 다베네스를 성벽 위에서 끌어내려 상처를 치료했다.

여기서 고드프루아는 전법을 바꾼다. 주변 경작지대가 타격을 받으면 도시는 굶어죽는다. 그래서 아르수프 주변 일대를 약탈하고 불을 지르게 했다.

주변 지역을 약탈하고 불을 지르는 작전은 한번 시작되자 좀처럼 그치지 않았다. 고드프루아의 휘하 병사들 중에서도 특히 안티오키아나 에데사에서 온 병사들은 무시무시했다. 오랜만에 이교도를 상대로 십자군 정신이 폭발한 것이다. 그들의 만행은 아르수프 주변에 그치지 않고 북쪽에 있는 카이사레아, 하이파, 아코까지로 확대되었다. 그중에서도 카이사레아에서는, 이슬람측의 기록에 따르면 도망쳐 들어온 사람들과 함께 모스크가 통째로 불타올랐다고 한다.

이렇게 되자 결국 자신들은 이집트 칼리프의 지배를 받고 있다며 십자군의 지배를 거부해온 팔레스티나의 항구도시도 항복했다. 더구나 이집트에서 원군으로 보내온 해군 역시 피사나 베네치아 선단에 가로막혀 돌아갈 수밖에 없었다.

3월, 고드프루아에게 아르수프의 사절이 찾아왔다. 인질로 잡혀 있는 다베네스의 석방과 성벽의 요소요소에 세운 탑의 열쇠, 그리고 매년 연공을 지불하는 조건으로 이슬람교도 주민도 계속 아르수프에 살 수 있게 해달라고 요청해온 것이다. 이번에는 고드프루아도 승낙했다.

며칠 후 억류중에 부상이 완치된 다베네스가 돌아왔다. 고드프루아는 화살을 쏜 것에 대한 사과의 뜻인지, 이 기사에게 헤브론을 영지로 주었다.

4월, 아르수프의 일을 전해들은 카이사레아, 아코, 게다가 예로부터 이집트 해군기지인 아스칼론까지 고드프루아에게 사절을 보내 강화를 요청해왔다. 이 세 항구도시가 지불하는 연공의 합계는 매달 5천 비잔틴 금화나 되었다. 다른 조건도 아르수프와 같았다. 고드프루아는 이 요청을 모두 수락했다.

고드프루아의 이러한 지배권 확대 방식은 요르단강 동쪽에도 알려졌던 것 같다. 이 지방의 아랍인 장로(샤이흐)들은 요르단강 서쪽에 붙어 있는 항구도시에 토산물을 팔고 있었다. 그 수출이 십자군의 침입으로 중단되었는데, 이들 장로들은 적대하지 않을 테니 수출을 재개할 수 있게 해달라고 고드프루아에게 요청해온 것이다.

고드프루아도 항구도시의 경제가 유지되면 내륙에 위치한 예루살렘을 비롯한 도시와 마을도 풍요로워진다는 것을 알고 있었다. 중세의 봉건 영주가 경제에 눈을 뜬 것이다. 이것은 이후 갈수록 이탈리아의 해양 도시국가가 지닌 해군력과 경제력이 십자군 국가에 꼭 필요한 존재가 되어가는 징조였다. 요청을 받은 고드프루아가 그들에게 제시한 유일한 조건은, 이미 피사인이 대대적으로 개조하고 있는, 즉 완전히 십자군의 항구가 되어가고 있는 야파에도 수출해달라는 것이었기 때문이다.

하지만 팔레스티나의 모든 이슬람교도들이 현실적인 노선을 택한 것은 아니었다. 다마스쿠스 영주 두카크의 수하이자 스스로도 한 지방을 영유하고 있는 남자가 있었다. 십자군이 '살찐 농부'라는 별명으로 불렀던 사람이다. 그가 자신의 영지 근처를 정복중이던 탄크레디에게 공공연하게 덤벼들었다. '살찐 농부'가 두카크에게 원군을 요청했으므로, 대처하기에 따라서는 큰일로 번질 위험이 있었다.

탄크레디는 고드프루아와 함께 싸우기를 바랐다. '살찐 농부'가 부유하고 영지도 풍요로운데 거기에 다마스쿠스와 연합전선까지 펼친다면 갈릴리 지방의 안전을 보장할 수 없다는 것이 그 이유였다. 불이 더 번지기 전에 끄자는 것에는 고드프루아도 이의가 없었다.

탄크레디와 고드프루아의 공동작전은 전투가 아니라 약탈이었다. 즉 적의 재산을 빼앗음으로써 적의 기반을 뒤흔드는 작전이었다. 전과는 매우 좋았고, 이들은 일단 전리품을 갖고 예루살렘으로 돌아가기로 했다.

그런데 바로 그때, 지금까지는 십자군 군대 앞을 막아설 용기가 없었던 두카크가, 전리품을 갖고 귀로에 오른 십자군의 후미를 덮쳤다. 고드프루아의 부대는 앞서가고 있었기 때문에 피해가 없었지만 뒤쪽에 있던 탄크레디의 부대가 피해를 입었다. 인적 손실은 없었지만 약탈해온 물건은 버려야만 했다.

이 일은 스물다섯 살의 젊은 장수를 미칠 듯한 치욕과 분노에 떨게 했다. 탄크레디가 한번 분노를 폭발시키면 보에몬드조차 쉽사리 진정시킬 수 없었는데, 이때의 분노는 바로 그런 것이었다.

고드프루아는 예루살렘으로 돌아갔지만, 탄크레디는 티베리아스에 머물며 그곳을 기지로 삼고 이번에는 혼자서 폭행을 일삼았다. 그 기세가 두카크가 거처하는 다마스쿠스의 성문에까지 육박할 정도가 되자, 두카크도 강화를 요청하고 나왔다.

탄크레디는 아직 분노를 가라앉히지 못했지만 교섭을 위해 사절을 보내는 것은 허락했다. 그러나 그 사절에게 전달한 조건은 강경했다.

술탄 두카크가 그리스도교의 세례를 받든가, 아니면 다마스쿠스를 버리든가, 둘 중 하나를 선택하라는 것이었다.

만약 이것이 탄크레디의 생각을 그대로 반영한 것이라면, 스물다섯 젊은 장수의 외교감각은 빵점이라고 할 수밖에 없다. 하지만 바그다드로 옮기기 전까지 이슬람 세계의 수도였던 대도시 다마스쿠스를 십자군 국가로 편입시키기는 어차피 불가능하다고 생각해서 그런 것이라면, 스물다섯치고는 현실을 직시하고 있었다고 말할 수도 있을 것이다.

어쨌든 이런 조건을 제안받은 두카크도 이슬람의 긍지를 지니고 있었다. 사절로 방문한 여섯 명에게 이슬람교로 개종할 것인지 아니면 죽음을 택할 것인지 물었던 것이다. 한 사람은 개종을 받아들였지만 다섯 명은 거절했다. 두카크는 그 다섯 명을 단칼에 죽여버렸다.

이 일로 탄크레디의 분노는 다시 불타올랐다. 그는 고드프루아에게 함께 싸우자고 요청했고, 이번에는 철저함을 기하기 위해 2주일은 필요하다고 말했다.

2주일 동안 철저한 살육과 약탈과 화공(火攻)이 계속되었다. 두카크는 다마스쿠스의 성에 틀어박힌 채 반격은 생각도 못 하는 공포의 2주일을 보냈다. '살찐 농부'는 머리를 숙이고 엎드려 탄크레디의 충실한 농부가 되겠다고 맹세하고 용서를 받았다. 이후 그는 신기하게도 정말 그렇게 했다.

갈릴리 지방에 머무르면서 동쪽에 있는 다마스쿠스 술탄의 영지를 호시탐탐 노리고 있던 탄크레디를 티베리아스에 남겨두고 예루살렘으로 돌아온 고드프루아에게는 또다시 새로운 문제가 기다리고 있었다.

교황의 대리인이자 예루살렘 대주교(파트리아르카) 자리에 앉은 다임베르트가 가톨릭교회 사람다운 본성을 드러낸 것이다.

성직자는 종교인이므로 정신적인 면을 갈고닦는 데만 전념하고 세속의 자산 등에는 관심이 없을 거라 생각하면 큰 오산이다. 중세의 가톨릭교회는 신도들을 위해 필요하다는 이유로 재산, 이 시대로 말하자면 토지를 소유하는 데 무척 열심이었다.

게다가 시리아와 팔레스티나는 그리스도교도에게 '성지'다. 그리고 예루살렘은 '성도'다. 성지이고 성도인 이상 그 소유권은 교회로 돌아간다. 다임베르트 역시 추호의 의심 없이 이렇게 생각하던 중세의 성직자였다.

대주교 다임베르트는 막 돌아온 고드프루아에게 항구도시 야파의 한 구역에 대한 소유권을 요구했다. 고드프루아는 승낙한다.

여기에 기세를 얻었는지, 대주교는 나아가 야파 전체의 소유권을 요구했다. 게다가 그가 요구한 것은 야파 하나만이 아니었다. 예루살렘이 성도라는 이유를 들어, 이 성도의 방어에 가장 중요한 역할을 지닌 '다윗 탑'의 소유권까지 요구해온 것이다.

일이 여기에 이르자 신앙심이 깊은 것으로 알려진 고드프루아도 꼬리를 뺐다. 자신이 죽고, 두 개 남은 이슬람측의 중요 도시를 공략하는 데 성공한다면 그 요구를 받아들이겠다고 한 것이다. 이것이 나중에 성가신 일의 불씨가 되리란 것은 아무도 몰랐다. 아마도 신만이 알고 있었을 것이다.

이탈리아의 경제인들

이대로는 그리스도교도에게 당혹스러울 수밖에 없었을 상황을 구해준 것이 베네치아 공화국 사절의 방문이었다. 베네치아는 고드프루아에게 해군을 주체로 군사동맹을 결성하자고 제안하고, 그 대신 다음과 같은 것을 요구했다.

1. 십자군이 정복한 모든 지방에서 베네치아 상인들이 자유롭게 경제활동을 할 수 있도록 해줄 것.

2. 베네치아가 협력해 정복한 도시의 3분의 1에 해당하는 구역을 베

네치아인의 거류지로 인정할 것.

3. 트리폴리 공략에 베네치아 공화국은 전면적으로 협조하겠지만, 함락 후 항구도시 트리폴리 시 전체는 베네치아 소유로 할 것. 다만 트리폴리 사용료로 베네치아 공화국은 매년 예루살렘의 왕에게 연공을 지불할 것.

피사인과 제노바인은 해적을 상대하는 해전과 이슬람교도와의 교역 둘 다에 무척 적극적이었지만, 이 사람들의 활약은 개인이거나 혹은 그 개인들로 이루어진 집단의 수준에 머무르는 것이 보통이었다. 그중에서도 특히 제노바는 개인주의가 심해서, 갤리선과 범선처럼 속도가 다른 배들을 한 선단으로 편성하는 것조차 싫어했을 정도다.

그런데 베네치아인은, 이들이 과연 같은 이탈리아인인가 하고 놀랄 정도로 다르다. 베네치아의 통사를 다룬 『바다의 도시 이야기』에서 말한 것처럼, 모든 베네치아인을 '베네치아주식회사'의 사원이라 생각해도 좋을 정도로 항상 한데 뭉쳐 진출했다.

그러므로 시작은 피사나 제노바에 뒤처졌지만, 일단 마음먹으면 철저하게 할뿐더러 오랫동안 지속하는 것이 베네치아인의 일관된 행동방식이었다. 경제인 중에서도 최고인 '이코노믹 애니멀'이었던 것이다.

다만 베네치아가 치고 나왔다고 피사나 제노바가 밀려났는가 하면 그렇지는 않다. 피사인과 제노바인은 철저한 개인주의 독불장군이었기 때문에, 어디든 가리지 않고 침투하고, 조국이 위기에 처해도 아랑곳 않고 자기 장사를 계속하는 사람들이었다. 반대로 베네치아는 국익을 가장 우선시하기 때문에, 개인의 경제활동을 적극적으로 지원하는 한편, 일단 국가가 위기에 처하면 상선까지 내놓으며 해군에 가세하는 것을 주저하지 않았다.

그건 그렇고 고드프루아도 큰일이었다. 원래는 전혀 반대의 입장인 성직자와 상인이 같은 것, 즉 토지를 요구하며 조여왔기 때문이다.

그러나 성직자, 기사, 상인의 삼자로 구성되어 있는 것이 중근동 십자군 국가의 실태였다. 이 삼자는 끝까지 자기의 이익을 주장했다. 하지만 만약 이 삼자가 융합하여 일원화되었다면 성직자, 기사, 상인 모두 그 특질을 잃어버려, 십자군 국가의 수명은 좀더 단축되었을지도 모른다. 이 삼자가 서로 경쟁적으로 이익을 주장하는 관계였기 때문에, 그들의 에너지도 더욱 분출했던 것이다.

1100년 여름, 베네치아와의 공동투쟁 약속이 성립되었다. 이것은 십자군에게 지금까지 불가능했던 육지와 바다 양쪽에서의 정복활동을 가능하게 했다. 그들은 아코를 좋은 항구라 판단한 베네치아인의 진언을 받아들여 그곳을 첫번째 목표로 정했다. 7월 13일, 그들은 예루살렘에서 출진했다.

정복을 위한 출정에는 반드시 불려오는 탄크레디는 이번에도 참가했지만, 고드프루아의 모습은 보이지 않았다. 얼마 전부터 건강이 좋지 않아 예루살렘에 남아 있었던 것이다. 그러나 책임감 때문인지 아니면 자기 대신 탄크레디를 자제시키기 위해서인지, 가장 신뢰하던 부르고뉴 출신의 기사 가르니에 드 그레를 대신 참전시켰다.

아코로 향하기 전, 그들은 일단 야파에 들렀다. 야파에서 기다리고 있던 베네치아 선단이 바닷길을 통해 아코가 있는 북쪽으로 가는 것에 맞추어 육로로 북상하기로 했던 것이다.

그런데 이쪽 근해는 바람의 방향이 수시로 바뀌었다. 야파에서 아코로 향하는 베네치아 선단이 거리가 벌어져 고생하는 와중에 육지에서도 불상사가 발생했다. 드 그레가 병으로 쓰러진 것이다. 어쩔 수 없이 드 그레는 예루살렘으로 돌아갔다.

이것은 어떻게 보면 다행이었다. 교황 대리 다임베르트뿐만이 아니라, 고드프루아에게 심취해 있던 이 사람도 그의 임종을 지킬 수 있었으므로.

고드프루아의 죽음

1100년 7월 18일, 로렌 공작 고드프루아 드 부용이 죽었다. 그의 나이 겨우 마흔이었다.

대주교 다임베르트는 임종 직전의 고드프루아에게 종부성사를 하며, 예루살렘을 로마 교회에 바친다는 유언을 남기라고 끈질기게 요구했다. 그러나 죽어가면서도 고드프루아는 한 마디도 하지 않았다. 그리고 맞은편에 서서 주군의 죽음을 지켜보던 부르고뉴의 기사는, 앞으로 자신이 무엇을 해야 하는지 소리 없는 명령을 들었다.

고드프루아의 유해는 사람들의 고별인사를 위해 닷새간 성묘교회의 제단 앞에 안치되었고, 그후에 장례식이 거행되었다.

예장용 무장을 하고 가슴에는 흰색 바탕에 붉은 십자 표시를 단 채

관 속에 누워 있는 로렌의 기사 앞에는, 지금까지 그와 행동을 같이해 온 기사와 병사 들이 이별을 고하기 위해 끝없이 늘어서 있었다.

그중에는 아코 공략을 중단하고 달려온, 역시 예장용 무장을 갖춰 입은 탄크레디의 모습도 있었다. 그러나 때는 7월 여름이다. 에데사에 있는 보두앵은 형의 장례식에 맞춰 올 수 없었다.

자신이 정복하고도 스스로를 예루살렘 왕이라 칭하지 않고 '성묘의 수호자'로 불린 이 남자는, 그리스도의 묘인 성묘교회에 매장되었다.

이것이 이슬람 세계를 환희에 들뜨게 만든 첫번째 일이었다. 예루살렘을 지키는 사람이 없어졌다고 생각한 이슬람교도들은 이제 반격에 나설 수 있겠다고 기뻐한 것이다. 하지만 사태는 그들의 기대에 반하는 방향으로 진행된다.

대주교 다임베르트가 움직이기 전에 재빨리 행동에 나선 부르고뉴의 기사가, 고드프루아의 부하였던 병사들을 모조리 데리고 '다윗 탑'에 올라간 것이다. 그리고 최고의 성채라고 해도 좋은 그 요새를 완전히 수중에 넣은 뒤 에데사에 있는 보두앵에게 급사를 보냈다. 즉시 달려오라고 전하기 위해서였다.

여기서 우스운 이야기 하나.

고드프루아가 다임베르트에게, 예루살렘을 로마 교황에게 봉납하는 것은 자신이 죽은 후라고 말한 것을 떠올리기 바란다.

지금도 그리스도교 세계, 특히 가톨릭 국가에서는 '죽은 후'라는 약속은 안 하는 게 좋다는 것이 서민의 지혜다. 왜냐하면 신은 친절한 분이므로, 그렇다면 이런 고생스러운 삶이 아니라 즐거움만 있는 죽음의 세계로 보내주리라 생각할지도 모르기 때문인데, 이것을 그들은 '신의 손'이라고 부른다. 좀더 고상한 말로 하자면 '신의 은총(프로비덴티아)'이다.

따라서 서민들이 이 얘길 들었다면 고드프루아에게, '죽은 후에' 같은 말을 그리 가볍게 하지 말지 그랬느냐고 했을지 모른다. 그 약속을 하고 한 달도 지나지 않아 고드프루아가 죽었을 때, 교황의 대리인 다임베르트도 속으로 이거야말로 '신의 은총'이라고 생각했는지도 모르는 일이니.

이야기를 다시 되돌리자.

고드프루아의 죽음으로 중단된 아코 공격은 탄크레디의 주도 아래 곧 재개되었다. 하지만 아코의 주민들은 끈질기게 저항한다. 그래서 또다시 베네치아인의 진언을 받아들여, 바로 남쪽에 있는 하이파로 공격의 화살을 돌렸다. 육지와 바다 양쪽에서 맹공을 받은 하이파는 간단히 함락되었다.

이것으로 십자군이 이용할 수 있는 팔레스티나의 항구도시는 북쪽에서 남쪽으로 베이루트, 시돈, 하이파, 카이사레아, 아르수프, 야파, 아스칼론, 이렇게 일곱 개로 늘어났다. 야파 한 군데뿐이던 1년 전과 비교하면 눈부신 성과라고 할 수밖에 없다. 예루살렘의 안전보장은 이들 항구도시에 의존했다. 항구도시가 십자군 밑으로 들어올수록 예루살렘의 안전도 강고해지는 것이다. 그런데 이와 거의 같은 시기에, 이슬람 세계를 환호하게 만든 또하나의 사건이 일어났다.

보에몬드, 붙잡히다

쉰 살을 맞이하고 이제 안티오키아 공작령의 정식 통치자의 자리도 안정된 보에몬드는 어쩌면 다소 방심했는지도 모르겠다. 보에몬드로서는 실로 하찮은 실수를 범한 것이다.

안티오키아 공작령의 안전보장을 확립하기 위해서는 전략적으로 중요한 주변 지역을 확보하는 것도 빼놓을 수 없었다. 보에몬드는 이미 어느 정도 만족할 만큼 그것을 이뤄놓은 상태였다. 그래서 안전보장권의 둘레를 보다 넓히려고 생각하던 참에, 멜리테네 주민들이 안티오키아 공작령으로 들어오고 싶다고 요청해온 것이다.

고대의 멜리테네(현 터키의 말라티아)는 천연 요충지이자 로마제국의 동방 방어선의 중요 지역이기도 했다. 제국 전역의 방어선을 시찰하고 다닌 것으로 알려진 하드리아누스 황제도 방문했을 정도인데, 이 땅을 자기편으로 끌어들이면 아직 소아시아를 완전히 지배하겠다는 바람을 포기하지 않은 셀주크투르크를 재기불능으로 만들 수도 있었다. 동시에 이제 노골적으로 적대감을 드러내는 비잔틴제국 황제 알렉시우스에게 무언의 압박을 줄 수도 있었다.

멜리테네로 진출한다는 생각 자체는 옳았다. 하지만 보에몬드는 소아시아 내륙 안쪽을 공략하는 길임에도, 군대의 주력은 안티오키아에 남겨두고 소규모 병력만 이끌고 갔다.

술탄 다니슈멘드에게 이 소식은 다시없는 복수의 기회였다. 소아시아를 통과하던 십자군에게 도릴라이움에서 대패의 쓴맛을 본 것을, 이 늙은 투르크인은 잊지 않았다. 그때 십자군 승리의 공로자 중 한 사람이 보에몬드였다.

늙은 술탄은 신중하게 작전을 생각했다. 보에몬드의 용맹함은 이미 이슬람 세계에도 널리 알려져 있었으므로 정면으로 공격하는 것은 불안했다. 결국 지세를 숙지하고 있다는 것을 무기로 삼아 매복 작전을 펼치는 수밖에 없었다.

이 작전은 보기 좋게 성공했다. 양쪽 산에서 공격을 당해 앞과 뒤가 막혀버린 보에몬드의 부대는, 그와 두 명의 기사 외에는 전멸하고 말았다.

그렇다고 보에몬드는 절망한 나머지 적진으로 쳐들어가 순교자가 되는 길을 택하는 남자는 아니었다. 살아남은 기사 중 한 명에게 자신의 머리털을 자르라고 한 다음, 그것을 가지고 에데사의 보두앵에게 가서 자초지종을 이야기하고 구출을 부탁하라고 명했다. 그리고 그 기사가 떠나는 것을 확인한 후 투르크군에 항복한다.

다니슈멘드의 기쁨은 상상하기 어렵지 않지만, 이 늙은 술탄은 안티오키아에 건재한 보에몬드의 부하들이 구출하러 오리라는 것까지 예상하고 있었다. 그래서 수갑과 족쇄를 채운 보에몬드와 리카르도를 십자군의 힘이 미치지 않는 지역으로 호송했다.

보에몬드가 갇힌 곳은 지중해가 아니라 도리어 흑해에 가까운 니크사르의 외딴 성이었다. 십자군에서는 누구도 그들이 보에몬드를 그렇게 먼 곳까지 데려갔을 거라고 예상할 수 없었고, 그후에도 오랫동안 알려지지 않은 채 시간이 흘렀다.

같은 시기 십자군은 또 한 명의 인물에게도 의지할 수 없게 되었다. 이 경우는 의지할 수 없게 된 것이 차라리 다행이라고 생각될 정도지만, 보에몬드가 멜리테네로 떠나기 전에 이미, 더는 불만을 참을 수 없게 된 레몽이 황제 알렉시우스의 초대를 받은 것을 빌미 삼아 콘스탄티노플로 가버린 것이다.

이것이 이슬람 세계를 환호하게 만든 1100년 십자군측의 3대 불행이었다.

고드프루아가 죽었다.

보에몬드는 어딘지 알 수 없는 곳에 잡혀 있다.

레몽은 콘스탄티노플로 가버렸다.

이슬람교도들 사이에서 가장 유명했던 사람이 이들 세 명이다. 그런데 세 명 모두 무대에서 퇴장했으니, 이슬람 세계가 기뻐한 것도 당연한 일이었다.

한 다발의 잘린 금발을 본 보두앵은 곧바로 구출하러 떠난다. 군대를 준비할 시간이 없다며 140명의 기병만 이끌고 멜리테네로 떠난 것이다. 머리카락을 가져온 기사의 이야기를 통해 보에몬드가 그 근처에서 매복 작전에 당했음을 알았기 때문이다.

구출하러 올 것이라고는 생각했지만 이렇게 소수이리라고는 예상하지 못했던 늙은 술탄은, 이들 뒤를 따라 바로 대군이 들이닥칠 것이라 생각했다. 그래서 지금은 도망칠 때라며 병사들을 후퇴시켰기 때문에 보두앵과 140명의 기병은 무사히 멜리테네로 들어갈 수 있었다. 하지만 기꺼이 맞이한 멜리테네의 주민들에게는 기병 50명만 남겨두고 결국 에데사로 돌아와야 했다. 사방팔방을 찾아보았지만 끝내 보에몬드가 잡혀 있는 곳을 알아내지 못했기 때문이다.

8월 말에 에데사로 돌아와서야 비로소 보두앵은 형 고드프루아가 7월 18일에 죽었다는 사실을 알았다. 그리고 드 그레가 전해준 말도 들었다.

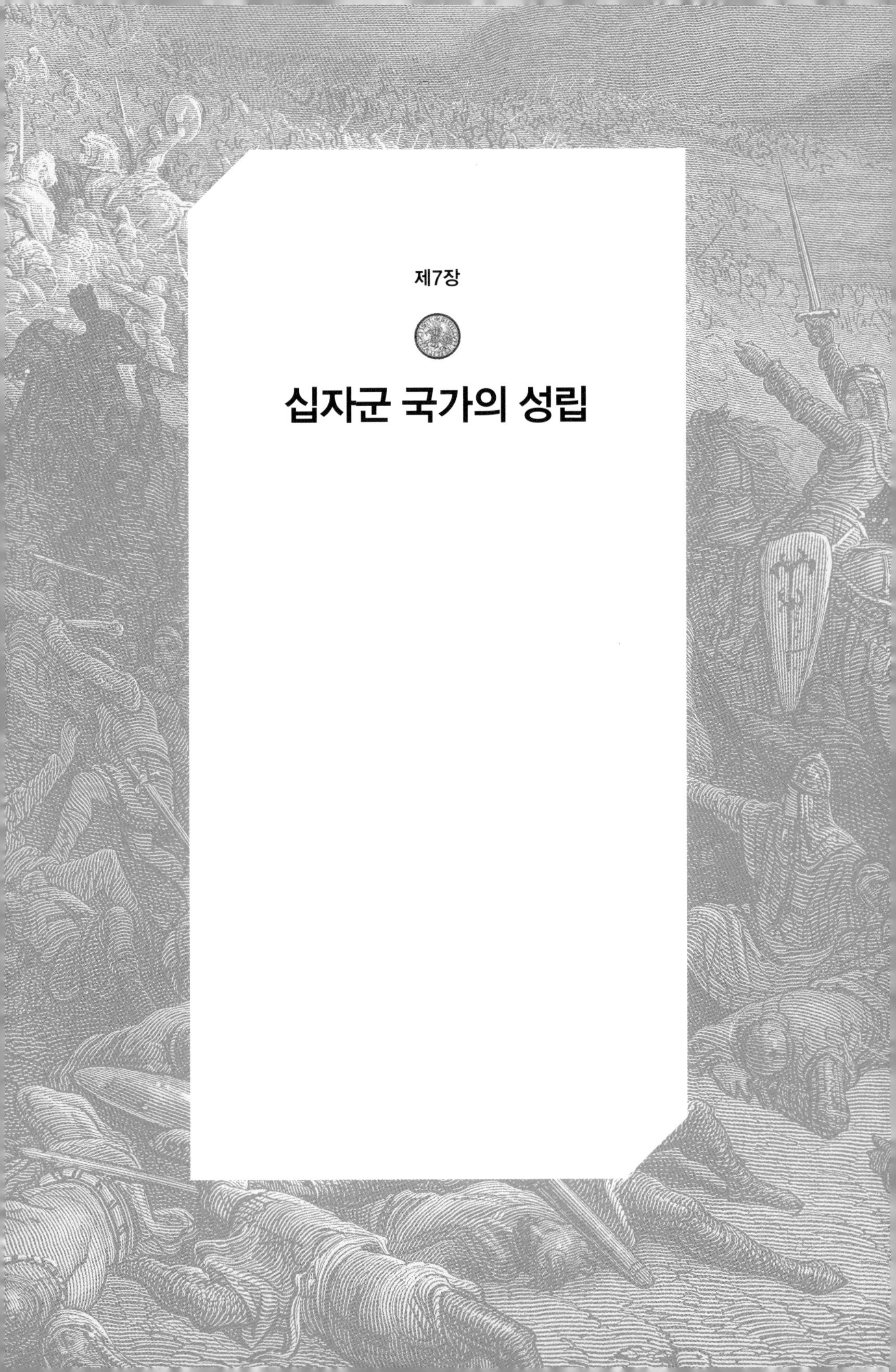

제7장

십자군 국가의 성립

보두앵, 예루살렘 왕이 되다

보두앵은 태어난 해가 불분명해 나이가 정확하지 않지만, 그와 마흔 살에 죽은 형 고드프루아 사이에는 유럽으로 돌아간 외스타슈가 있기 때문에, 아무리 많아도 이제 막 삼십대 후반에 접어든 나이에 지나지 않았을 것이다.

그는 젊고 행동도 민첩했지만, 그렇다고 아무 생각 없이 돌진하는 성격은 아니었다.

그는 예루살렘으로 떠나기 전에 먼저 당시 포로가 된 보에몬드에 대한 대책에 전념하고 있던 사촌 보두앵을 안티오키아에서 에데사로 불러들인다. 에데사 백작령의 통치를 맡기기 위해서였다.

동시에 사촌에게 맡길 에데사 백작령의 유력자들을 모아놓고 여러 가지 지령을 내렸다. 에데사가 하나로 뭉쳐 견고해지면 안티오키아의 방어벽 역할도 충분히 할 수 있기 때문이다.

이 모든 것을 끝낸 10월 2일, 2백 명의 기병과 7백 명의 보병만을 데리고 보두앵은 에데사를 뒤로한다. 제1차 십자군이 젊은 세대의 시대로 접어든 것이다.

죽은 형 고드프루아가 남긴 병사들이 있긴 하지만 그들은 예루살렘에서 기다리고 있다. 에데사에서 예루살렘까지는 자력으로 가야 했다. 아무리 중무장을 했다고 해도 보두앵에게는 기병 2백 명과 보병 7백 명밖에 없었다. 이 정도의 군대를 이끌고, 오늘날로 보면 터키에서 시리아를 빠져나와 레바논을 남하해 이스라엘로 들어가야 하는 것이다. 안전하게 행군할 수 있는 길보다 위험한 길이 더 많았다.

이들은 우선 안티오키아로 향한다. 그곳에서 보에몬드가 붙잡힌 사건 때문에 일어난 동요를 다잡는 대책을 강구한 다음, 이제는 완전히 시리아의 십자군 항구가 된 라타키아로 갔다. 하지만 그곳에서도 시간을 허투루 쓰지 않고 지중해를 오른쪽에 두고서 남하를 서두른다.

그러나 이 무렵부터 다마스쿠스 영주 두카크가 보낸 병사들의 게릴라 작전에 시달리게 된다. 그것도 한 번으로 끝나지 않고 몇 번이고 기습해오는 바람에, 그때마다 보두앵은 전사한 병사들을 매장하면서 행군을 계속해야 했다. 트리폴리에 도착했을 때는 병력이 기병 160명과 보병 5백 명으로 줄어 있었다고 한다.

트리폴리의 태수는 보두앵 일행을 따뜻하게 맞이하고 필요한 것을 모두 제공해주었다. 그는 같은 이슬람교도이면서도 다마스쿠스의 두카크와 사이가 나빴던 것이다. 그래서 지붕 아래의 편안한 잠자리와 필요물자를 제공해주었을 뿐만 아니라, 다마스쿠스군에 대한 정보까지 알려주었다.

트리폴리와 베이루트 사이에는 그들이 '개의 강(Dog River)'으로 부르는 강이 흐르고 있는데, 두카크의 병사들이 그 강 옆에 매복하고 있다는 것이었다. 그렇지만 그 강을 건너지 않고서는 예루살렘으로 갈 수 없었다. 보두앵은 기병 160명과 보병 5백 명을 데리고 남하를 계속했다.

이슬람교도가 거짓말을 하지 않았다는 것은 곧 판명되었다. 다마스쿠스의 두카크는 홈스 태수의 병력까지 가세한, 보두앵의 몇 배나 되는 병력을 거느리고 기다리고 있었던 것이다.

강 근처 수풀에 매복한 적병을 알아채지 못한 것처럼 가장하면서, 보두앵과 그 일행은 태연히 '개의 강'을 건너기 시작했다. 승부는, 예상치 못했던 보두앵의 움직임에 허를 찔려 공격할 타이밍을 놓친 한 순간에 결정되었다.

보두앵은 미리 후미에 최정예 기사들을 배치해놓았다. 덕분에 다마스쿠스의 병사들은 가장 강한 상대와 싸우는 처지가 되고 만 것이다.

게다가 상대는, 공격해올 것이라는 걸 정확히 예상했던 양 뒤로 돌아서 먼저 공격을 퍼부었다. 좁은 강기슭이었으므로 병력 차이가 미치는 영향은 거의 없었다. 오히려 병사가 많으면 혼란에 빠지기 쉽다. 두카크는 또다시 다마스쿠스로 도망칠 수밖에 없었다.

'개의 강'은 당시 시리아와 팔레스티나 사이를 가르는 경계로 여겨지고 있었다. 십자군의 침공을 받기 전의 중근동에서 시리아는 바그다드 아바스 왕조의 칼리프를 모시는 셀주크투르크의 패권 아래에 있었고, 남쪽의 팔레스티나는 카이로에 있는 파티마 왕조의 칼리프를 모시는 아랍인의 패권 아래에 있었다. 그리고 막 12세기에 들어선 이 시기에는 '개의 강' 남쪽에 위치한 팔레스티나의 항구도시 대부분이, 고드프루아의 노력 덕에 십자군의 지배하에 들어와 있었다. 따라서 보두앵과 그 일행이 '개의 강'에서 남쪽으로 향하는 행군은 순조로웠다. 이집트인 태수가 다스리는 티루스조차 보두앵을 환영했을 정도였다.

예루살렘에는 11월 9일에 도착했다. 고드프루아가 죽은 후 3개월 남짓한 기간 동안 누가 자신들을 지켜줄지 걱정하고 있던 주민들은 고드프루아의 친동생인 보두앵을 맞이하고서 비로소 안도했다. 보두앵은 여기서도 시간을 허투루 보내지 않았다.

예루살렘에 도착한 보두앵은 곧장 교황의 대리인이자 대주교인 다임베르트와 회담을 가졌다. 아마도 두 사람만의 밀담이었던 듯한데, 이 성직자를 보두앵은 처음부터 확고한 태도로 대했다. 다임베르트가 차지한 지위는 존중하지만 자기 영역에는 손대지 말라고 분명히 말한 것이다.

다임베르트가 이 조건을 받아들이게 하기 위해, 보두앵은 어찌 보면 지저분한 수단도 마다하지 않았다. 교황의 대리인이자 대주교라는 지위를 이용해 다임베르트가 부정축재를 하고 있다는 것을 폭로하겠다고 협박한 것이다. 다임베르트는 잠자코 있을 수밖에 없었다. 이런 정보는 아마도 고드프루아 수하 장수들로부터 얻었을 것이다.

그후에도 보두앵은 시간을 허비하지 않았다. 예루살렘에 들어온 지 이틀밖에 되지 않은 11월 11일, 주민들을 소집한 보두앵은 그 자리에서 사람들의 박수갈채를 받으며 예루살렘의 왕으로 추대되었다. 형처럼 '성묘의 수호자'를 자칭할 생각은 애초부터 그의 머릿속에 없었다. 태연하게, 그리고 당당하게, '예루살렘의 왕'이라는 적절한 호칭을 선택한 것이다.

그러나 민중의 환호만으로는 충분하지 않았다. 그리스도교 세계에서 왕이 되려면 신의 뜻을 전하는 교황이나 대주교로부터 관을 수여받아야 한다. 이러한 의식 없이는 정식으로 인정받을 수 없다. 예루살렘에 로마 교황은 없었지만, 교황의 대리인은 있었다.

또한 대관식 역시 2백 년 전 샤를마뉴가 그랬던 것처럼, 그리스도 성탄일에 거행하는 것이 가장 그리스도교답다고 여겨졌다. 그래서 보두앵이 예루살렘 왕이 되는 대관식은 그해 12월 25일 성묘교회에서 거행되었다.

예전에는 성직자의 길에서 실패했고 영지도 상속받지 못한 신분에 지나지 않았던 보두앵은, 그리스도교도들이 동경하는 땅인 성도 예루살렘의 왕이 된 것이다. 이렇게 되는 데 불과 4년밖에 걸리지 않았다. 제1차 십자군의 주역인 제후들 중 몇 명은 오리엔트로 온 후 인간으로서 장족의 발전을 이루는데, 보두앵도 그 가운데 한 명이다. 아니, 그

중 제일인자라고 해도 좋을지 모른다.

이제 보두앵 1세라고 불리게 된, 아직 삼십대 후반의 이 사람이 가진 최대 장점은 복수나 원한을 깨끗이 잊는다는 점이었다. 모든 것은 이미 지나간 일인 것이다. 대주교 다임베르트도 쓸데없는 간섭을 하지 않는 한 내버려두었고, 강경책을 펼쳐 로마 교황과 대립하는 것도 피했다.

또한 분노 때문에 지나치게 흥분하는 일도, 라이벌 의식도 없었다. 그가 훌륭한 인격자였기 때문이 아니었다. 단지 그런 일은 시간낭비에 지나지 않는다고 생각했기 때문이다. 하지만 감수성은 풍부했는지 인간관계는 대체로 양호하게 유지했다.

보두앵의 대관식에는 탄크레디도 참석했다. 열두세 살의 나이차가 있다 해도 두 사람 다 십자군 제후 중에서는 젊은 세대에 속한다. 고드프루아가 죽은 직후 탄크레디도 그의 자리를 노리는 마음은 있었지만, 고드프루아의 수하 병사들이 만들어낸 보이지 않는 두꺼운 벽 앞에서는 시도조차 불가능했다.

탄크레디가 지금까지 쌓아온 실적은 보두앵에게 전혀 뒤지지 않았다. 하지만 막내일지언정 본가에서 태어난 보두앵에 비해 탄크레디는 방계, 즉 분가 출신이었다. 중세는 능력보다 혈통이 중요시되는 시대였다. 탄크레디는 대관식에 참석은 했지만 속으로는 어떤 생각이 있었을 것이다. 그래서 대관식이 끝나자마자 자기 영지인 갈릴리로 떠났다.

십자군의 젊은 세대

예루살렘의 왕이 된 보두앵 1세가 대주교 다임베르트 다음으로 해결해야 했던 것이 이 탄크레디 문제였다.

갈릴리 공작령은 예루살렘 왕국에 속한다. 하지만 탄크레디는 누가 왕이 되든 쉽게 그 밑으로 들어갈 남자가 아니었다. 그렇게 되면 예루살렘 왕국은 두 명의 지도자를 갖게 된다.

두 사람 다 애송이였던 시절 킬리키아 지방을 제패할 때, 그리고 그 후의 모든 전투를 통해 보두앵은 탄크레디의 뛰어난 전투감각을 충분히 인정하고 있었다. 갈릴리 지방으로 떠난 탄크레디를 그는 직접 찾아갔다.

보두앵은 갈릴리 공작령은 자기가 책임지고 지킬 테니 안티오키아로 가달라고 탄크레디에게 부탁했다. 백부 보에몬드가 잡혀 있는 동안 탄크레디에게 안티오키아 공작령의 통치자가 되어달라고 말한 것이다.

탄크레디는 이미 갈릴리 공작령의 정식 통치자가 되어 있었지만, 대도시 안티오키아를 중심으로 한 안티오키아 공작령이라면 이야기가 달라진다. 그 자리에서 쾌히 승낙하고도 남을 일이었지만 탄크레디는 어쩐지 자신이 이용당하는 것 같다는 생각이 들기 시작했다.

그래서 보두앵에게, 3년이 지나도 보에몬드가 돌아오지 않는다면 안티오키아 공작령을 자기 것으로 한다는 조건이라면 승낙하겠다고 말한다. 보두앵은 그래도 좋다고 대답한다.

지금까지 기사나 병사 중 이슬람측의 포로가 된 자는 있었지만, 제후급에서는 보에몬드가 처음이었다. 게다가 십자군에 쓴맛을 본 다니슈멘드의 포로가 된 것이다. 아직 포로 신분인지 아니면 벌써 살해당했는지도 전혀 모르는 상태였다. 보두앵이나 탄크레디나 이미 희망이 없다고 생각하고 있었다.

보두앵이 안티오키아 공작령을 탄크레디에게 맡긴 것은 성가신 존재를 쫓아내기 위해서가 아니었다. 안티오키아가 견고하게 유지된다면 남쪽에 있는 예루살렘 왕령의 방어도 용이해지기 때문이다. 그 안티오키아를 권력 공백 상태로 놔둘 수는 없었다. 게다가 탄크레디는 그 임무를 맡기기 불안한 남자가 아니었다. 아직 이십대 중반의 이 젊은 장수는 군사적인 능력뿐만 아니라 신의도 두터운 성격이었기 때문이다.

만족한 탄크레디는 고향에서 데려온 수하 군사만 데리고 용감하게 안티오키아로 출발했다. 안티오키아에 가면 백부의 군대를 운용할 수 있기 때문이다.

이렇게 이슬람측이 크게 기뻐했던 고드프루아의 죽음과 보에몬드의 부재라는 십자군의 2대 불행은, 보두앵과 탄크레디가 바통을 이어받음으로써 극복되었다. 반년도 지나지 않아 더는 불행이 아니게 된 것이다. 바그다드를 본거지로 삼고 있던 아바스 왕조도, 카이로에 있는 파티마 왕조도 그 반년을 전혀 활용하지 못한 채 허비하고 말았다. 주도권은 여전히 십자군측에 있었다.

왕으로 취임한 보두앵은 주도권을 장악하는 것의 중요성을 알고 있었다. 그러기 위해서는 당장이라도 행동을 재개해야 했다.

그를 따르는 것은 형 고드프루아의 병사가 주체가 된 군대였는데, 보두앵은 그들이 이미 경험한 일부터 시작했다. 그것은 생전의 고드프루아가 어느 정도 끝냈던 일, 즉 팔레스티나 항구도시를 완전히 제패하는 일이었다.

역사에서 종종 '정치적 정복'이라는 말이 나온다.

군사를 이끌고 공격하거나 위협하면 상대는 이를 강자로 인정하고 연공을 바침으로써 복종의 뜻을 표하는 방식이다. 지배란 곧 징세권을 뜻함을 여실히 보여주는 대목인데, 이 경우 세금만 내면 공략을 피할 수 있고 약탈도 당하지 않기 때문에 도시의 지배자나 통치 조직은 예전 그대로 남는다. 고드프루아가 이룬 제패는 거기까지였다. 예루살렘이 함락된 지 채 1년이 지나지 않은 당시에는 이런 식의 정치적 정복만 가능할 뿐이었다.

그러므로 십자군 앞에 성문을 연 이 팔레스티나의 항구도시들은, 입으로는 십자군에 복종을 표했으나 뒤에서는 여전히 예전 지배자인 이집트와 관계를 유지하고 있었다. 즉 양다리를 걸치고 있었던 것인데, 그들 입장에서는 당연한 일이었다. 십자군이 팔레스티나 지방의 패권을 잡은 지 채 2년도 되지 않았다. 아직 아무도 십자군 세력이 확실하게 자리 잡았다고 생각지 않았고, 언제 어느 때고 이집트군이 들이닥쳐 십자군이 일소될지도 모르는 것이다. 양다리는 종교가 끼어들 여지가 없는, 단순한 삶의 지혜였다.

십자군 입장에서는 곤란한 상황이다. 언제 어느 때 도시의 주민들이 반란을 일으켜, 정박중인 그리스도교도의 배를 습격하거나 항구를 폐쇄해버릴지 모르기 때문이다. 이들 항구도시를 이용할 수 있어야 팔레스티나의 십자군 국가를 존속시킬 수 있기 때문에, 예루살렘 왕이 된 보두앵은 이 정치적 정복을 반드시 실질적인 정복으로 바꿔내야 했다.

이 시기 항구도시의 주민 대부분은 이슬람교도였는데, 보두앵은 그들을 내쫓고 그리스도교도만의 도시를 만들 생각은 없었다. 지금까지도 그는 그리스도교도라 해도 엄밀히 따지면 그리스정교나 아르메니아 종파에 속한 이들, 그외에는 이슬람교도로 이루어진 에데사 백작령을 다스려왔다. 아내로 맞아들인 여자도 아르메니아 종파의 그리스도교를 믿는 사람이었다.

요는 누가 주권을 장악하는가 하는 것이다. 십자군 국가에서는 가톨릭교도가 주권을 장악해야만 했다. 특히 예루살렘 존속에 큰 영향을 끼치는 팔레스티나 지방에서는 더더욱 그랬다. 그리하여 즉위 첫해에, 아니 그후에도 오랫동안 보두앵은 정치적 지배를 실질적인 지배로 바꾸기 위한 정복에 많은 시간을 들였다.

공식적으로 성도 예루살렘의 왕위에 올랐지만, 그 이름에 걸맞은 일을 하는 것은 몹시 힘든 일이었다.

우선 예루살렘 자체가 가난했다. 주변은 황량한 영토뿐이고, 바로 이러한 땅이기에 '젖과 꿀이 흐르는 강'이 있는 천국을 꿈꾸게 된 건가 싶은 생각마저 든다. 당시의 기술로는 농경에도 적합하지 않았고, 이렇다 할 만한 수공업도 없다. 풍요로운 경작지로 둘러싸여 있는 에데사나, 경작지에 수공업까지 번성한 안티오키아처럼 자활이 가능한 땅이 아닌 것이다.

그래도 예루살렘이 중요시된 것은 유대교도, 이슬람교도, 그리스도교도에게 모두 '성스러운 도시'였기 때문이다. 그리고 이 예루살렘의 재정은 아랍인이 지배하던 무렵부터 조금도 변함없이, 항구도시와 내륙지대를 잇는 물산수송의 통행료에 의존하고 있었다.

그런 생태계를 십자군의 침공이 단절해버린 것이다. 이 또한 항구도시들의 실질적 정복을 빨리 이뤄내야 하는 이유였다.

아직 대부분의 항구도시는 뒤에서 이집트와 연결되어 있었다. 그리고 이 도시들의 공략에는 또 하나의 장애물이 가로막고 있었다.

고드프루아도 희생된 것으로 알려진 역병이 그것이었다. 항구도시에는 모두 근처에 바다로 흘러드는 강이 있는데, 이 담수와 해수의 혼합지대에 생기는 늪과 습지대가 역병의 온상이 되는 것이다.

형의 뒤를 이은 보두앵은 자신이 해야 할 일을 잘 알고 있었다. 그러나 그런 그를 괴롭힌 것은, 그러잖아도 적은 병력이 전투를 하지 않는데도 식량부족과 역병 때문에 점점 줄어드는 것이었다.

그런 보두앵에게 멀리서 압력을 가해온 것이 파티마 왕조의 이집트다. 이집트는 누가 봐도 풍요로운 땅이었다.

나일강 주변의 농경은 말할 것도 없고 카이로와 알렉산드리아를 중심으로 한 일대는 수공업의 메카로, 유리와 도기, 면직물과 설탕과 같은 당시의 고가품 생산지였다. 게다가 홍해를 지배하고 있었으므로 이것들을 수출할 뿐만 아니라 아라비아 반도의 고무, 이집트 오지의 대리석, 그리고 무엇보다 아시아에서 수입한 향신료 등으로 항상 북적거리는 일대의 통상 중심지였던 것이다.

설령 그곳을 지배하는 아랍인의 전투의욕이 약해졌다 해도, 이 정도의 부(富)라면 병사도 얼마든지 돈으로 고용할 수 있었다. 그러므로 파티마 왕조하의 이집트는 용병 천국이 되었고, 그 결과 카이로의 시아파는 바그다드의 수니파와 달리, 이슬람교도이기만 하면 출신 민족이나 계급을 크게 따지지 않는, 인재 활용에 아주 유리한 사회를 형성하고 있었다.

이런 이집트에서 바닷길로 사흘이면 팔레스티나에 도착할 수 있다. 게다가 시나이 반도를 거친다면 이집트와 팔레스티나는 육지로도 연결되어 있었다.

돈도 많고 식량도 많고, 사람은 물론 해군까지 있는 이집트에 부족한 것이 있다면, 모든 것을 가진 자가 으레 그렇듯, 실제로 움직이기까지 시간이 몹시 걸린다는 것이었다. 그렇다 해도 보두앵은 그런 이집트를 항상 의식하지 않을 수 없었다.

이런 보두앵이니, 유럽에서 새로운 십자군이 출발했다는 소식을 듣고 기뻐한 것도 당연했다.

서유럽은 성도 예루살렘이 해방되었다는 사실에 열광하고 있었다. 누구나 십자가에 맹세하고 싶어했고, 십자군에 참가하려는 기운이 흘러넘쳤다.

가장 먼저 일어선 것은 이탈리아 북부였다. 제1차에서 제8차까지 주요 십자군에는 셀 수 없이 많은 원정이 있었는데, '1101년의 십자군'이라는 이름으로 기억되는 이 십자군은 밀라노 대주교가 선도하고 이탈리아 북부와 프랑스 남부의 병사와 순례자가 주체가 되어, 제1차와 마찬가지로 일단 콘스탄티노플을 목표로 출발했다.

그 뒤를 이어 프랑스와 독일의 기사로 구성된 십자군도 콘스탄티노플로 떠난다. 이들 중에는 제1차 십자군에 참가했으나 안티오키아 공략중에 도망쳐 유럽으로 돌아왔던 블루아 백작 에티엔과 프랑스 왕의 동생 위그도 포함되어 있었다. 이 둘은 아직 십자군 참가자의 서약, 즉 예루살렘의 성묘교회에서 기도하겠다는 서약을 지키지 못했다. 블루아 백작 에티엔은 또다시 부인이 등을 떠밀어 참가했을 것이다.

그들을 맞이한 비잔틴제국의 황제 알렉시우스는, 지난번과 마찬가지로 이번 십자군도 소아시아의 투르크 세력을 일소한 뒤 그 지역을 비잔틴제국령으로 삼는 데 이용하려고 했다. 알렉시우스는 합류해온 이 십자군의 총대장으로, 동료들로부터 따돌림을 당해 콘스탄티노플에 와 있는 툴루즈 백작 레몽을 지명했다.

레몽이나 블루아 백작 에티엔, 그리고 프랑스 왕의 동생 위그는 제1차 십자군에서는 힘을 발휘할 수 없었던 사람들이다. 그런 그들이 새로운 십자군을 이끌고 소아시아로 들어설 때까지는 좋았는데, 예전 동료들에 대한 경쟁심 때문인지 이들은 제1차 십자군과 달리 움직이고자 했다.

소아시아를 북서부에서 남동부로 가로지르는 길로 가면, 지금은 그리스도교도가 지배하는 안티오키아 공작령으로 들어갈 수 있었다. 그런데 이들은 먼저 앙카라로 가고, 그후 소아시아의 북동부로 깊이 들어가버렸다. 안티오키아로 가기 전에, 포로가 된 보에몬드를 구해내자는 의견에 세 사람이 일치했기 때문이다.

그러나 그곳은 셀주크투르크가 지배하는 지역이다. 그리고 투르크인은 지난번은 서유럽의 기사에게 익숙지 못한 탓에 일패도지했지만, 지금은 그들에게 익숙해져 있었다.

결과는 보기에도 무참했다. 수많은 기사와 병사들의 피가 소아시아 내륙의 황무지를 물들였다. 하마터면 레몽, 블루아 백작, 위그까지 보에몬드의 감방 동료가 될 뻔했지만, 대장들은 가까스로 도망치는 데 성공했다. 레몽은 다시 콘스탄티노플로 도망쳐왔고, 블루아 백작과 위그도 허둥지둥 안티오키아로 도망쳤다.

이러한 참상을 통해, 유럽은 소아시아를 통과하는 것의 어려움을 깨닫는다. 그 이후로는 순례자들도 성지로 갈 때 바닷길을 선택하게 된다.

그리고 타인의 힘을 이용하는 것밖에는 생각하지 못하는 비잔틴제국 황제 알렉시우스의 사고방식은 또다시 크게 한방 얻어맞았다. 아니, 오히려 시리아에서는 열세를 면치 못하던 투르크 세력이 소아시아라면 해볼 만하다는 생각을 갖게 만들어버린 것이다. 제1차 십자군 덕분에 되찾아가고 있던 소아시아도 비잔틴제국의 손에서 결정적으로 떨어져나가기 시작했다. 소아시아 한복판에 있는 도시 코니아로 셀주크투르크가 당당히 돌아왔을 정도였으니까.

새로운 병력이 도착하기를 손꼽아 기다리던 예루살렘 왕 보두앵의 기대는 이렇게 수포로 돌아갔다. 예루살렘을 찾아와 그리스도의 묘 앞에서 기도하겠다는 십자군 전사의 서약을 지킨 블루아 백작과 위그는 이후에도 남아 함께 싸우겠다고 약속했지만, 보두앵이 바라던 것은 병력이었다.

결국 지금까지와 마찬가지로, 아니, 역병 때문에 더 줄어든 병력으로 싸워나가는 수밖에 없었다. 하지만 그런 그에게 또 불리하게 작용했던 것은, 이 시기부터 20년 동안 이어지는 베네치아 해군의 전장 방기였다.

베네치아 공화국은 무엇보다 국익을 우선시했다. 중세에서는 보기 드문, 종교보다 국익을 우선시하는 나라였다. '그리스도교도이기 앞서 베네치아인이다'라는 격언이 있을 정도였는데, 예전부터 이집트의 이슬람교도와 교역하고 있던 이들은 십자군의 팔레스티나 침공 후에도 이집트와의 교역을 그만두지 않았다. 로마 교황이 자신은 유럽의 어디에서나 교황이지만 베네치아에서만은 그렇지 않다고 한탄했을 정도로, 로마 교황의 금령이 내려와도 이교도와의 교역관계를 끊지 않은 민족이었다.

그 베네치아의 생명선이라고 해도 좋은 아드리아 해의 동쪽 연안을 헝가리 왕이 공격해왔다. 베네치아는 아드리아 해 안쪽에 있다. 베네치아 선박이 항해의 안전과 자유를 유지하기 위해서는, 이 아드리아 해를 당시 이름처럼 '베네치아의 만'으로 지켜내야만 했다.

헝가리 왕이 공격한 동쪽 연안 일대의 항구들을 방어하기 위해, 베네치아 공화국은 지중해 전역에 흩어져 있던 상선까지 소집한다. 강대한 해군을 편성해 육지에서 공격해오는 헝가리군을 격퇴하기 위함이었다. 팔레스티나 바다에서 베네치아 선박이 사라진 것에는 이러한 사정이 있었던 것이다. 이 해역에 베네치아 선박이 본격적으로 돌아온 것은 헝가리 문제가 해결되는 20년 후였다.

하이파 공략에 많은 도움이 되었던 베네치아를 어쩔 수 없이 포기하게 된 보두앵은, 같은 이탈리아의 해양도시 중에서도 국익 제일주의가 아닌 제노바와 피사의 해상 전력에 의지할 수밖에 없었다. 하지만 그들과의 공동전선은 쓸데없는 살육을 낳게 되었다.

협력 끝에 함락시킨 항구도시에 돌입한 피사나 제노바의 선원들은, 북유럽에서 온 병사들 못지않은 잔악함으로 이슬람교도 주민들을 닥치는 대로 죽였던 것이다.

하지만 이것도 그들 입장에서 보면 전혀 이해할 수 없는 것도 아니었다. 전작 『로마 멸망 이후의 지중해 세계』에서도 말한 것처럼, 피사인과 제노바인은 북아프리카의 이슬람교도 해적선과 항상 최전선에서 싸워왔던 이들이기 때문이다.

같은 이탈리아인이면서 베네치아인에게서는 그들 같은 적의를 찾아볼 수 없는 것은, 베네치아 교역의 주요 대상이 비잔틴제국이나 중근동의 이슬람 국가였고, 북아프리카와의 교역량은 그에 비해 적었기 때문이다. 즉 북아프리카의 이슬람교도에게 습격과 약탈을 당하거나, 선원과 상인이 납치되어 돈을 내고 자유를 얻어야 했던 일이 적었던 것이다.

베네치아와는 반대로 피사와 제노바가 해양국가가 되어 강력한 해군을 갖게 된 것은, 교역에 앞서 북아프리카에서 습격해오는 해적으로부터 자신들을 보호하는 것이 중요했기 때문이다. 어느 나라에서든 해군은 해적에 대한 방어책으로 생긴 것이지만, 피사와 제노바의 경우는 이슬람의 해적 대책이 최우선이었다 해도 좋을 것이다.

이런 피사와 제노바 사람들에게는 이슬람교도라는 것 자체가 이미 적이었다. 적이므로 죽이는 데 주저하지 않았다. 다만 교역을 중시하는 나라의 백성인 이상, 이교도라 해도 같이 장사를 할 수 있다면 완전한 파트너가 된다. 자신들이 활약할 수 있는 환경만 갖춰진다면, 즉 항구도시 내에 거류지만 가질 수 있다면 그곳을 기지로 삼아 이슬람 상인들과 통상하는 것은 당연한 일인 것이다. 그렇게만 된다면, 종교의 차이 따위는 잊을 수 있는 것이 그들이었다.

북유럽에서 온 중세 기사의 눈에는, 이처럼 장사 파트너라면 종교의 차이는 문제 삼지 않는 이탈리아 해양국가의 사람들만큼 이해하기 힘든 사람들도 없었을 것이다. 하지만 이기주의자끼리의 타협은 항상 성립한다. 이 시기의 보두앵에게 가장 의지할 만한 협력자는 그런 이탈리아 사람들이었다.

보에몬드의 복귀

예루살렘의 왕이 된 이후 보두앵은 점차 예루살렘 왕이라기보다 십자군 국가 전체의 지도자에 더 어울리는 모습으로 변해갔다. 그런 그가 포로 신세가 된 보에몬드를 내버려둘 수는 없는 노릇이었다. 직접 움직인 것은 에데사의 보두앵이었다고 하는데, 나는 아무래도 예루살렘 왕인 보두앵이 이 동명의 사촌동생을 움직이게 한 것이 아닐까 생각한다. 예루살렘 왕령을 확립하느라 짬을 낼 수 없었던 보두앵이 사촌동생을 시켜 보에몬드를 데려올 수단을 강구한 것이 아니었을까. 그런데 보에몬드를 붙잡아두고 있는 술탄에게서 돌아온 답은, 26만 비잔틴 금화라는 터무니없는 금액이었다.

포로의 몸이라고 해도 지위가 높은 사람에게 수갑과 족쇄를 채워 지하 감옥에 가둬두는 일은 거의 없다. 처음에는 그렇게 했어도 조금 지나면 높은 탑 같은 데 수용하는 것이 보통이다. 보에몬드도, 그와 함께 붙잡힌 살레르노 출신 기사 리카르도의 포로생활도 그런 나날이었을 것이다. 어쨌거나 보에몬드는 26만 비잔틴 금화의 값어치가 있는 포로였으니까.

이 보에몬드가 술탄의 애첩을 회유했다는 이야기가 전해지는데, 그것의 진위는 분명하지 않다. 하지만 하렘의 여자가 중개를 했는지 여부와 상관없이, 술탄을 만날 기회를 잡고 나서부터는 완전히 보에몬드의 세계가 펼쳐졌다.

늙은 술탄은 당시 난처한 상황이었다. 몸값을 26만 비잔틴 금화로 매긴 것이 다른 술탄에게도 알려져, 나한테도 돈을 내놓아라, 그러지 않으면 쳐들어가 포로를 빼앗겠다고 협박해와 몹시 난감해하고 있었던 것이다.

그런 술탄을 보에몬드가 설득했다. 포로생활중에 투르크어까지 습득했던 모양으로, 보에몬드만한 사람에게 이런 상황은 이미 사냥감을 코앞에 갖다 바친 것이나 다름없었다.

그는 10만 정도로 괜찮다면 자신이 지불하겠다고 말했다. 돈은 매력적이지만 공격당하는 건 싫었던 술탄은 그것을 받아들였다. 게다가 보증을 위해 기사 리카르도를 두고 간다고 하자, 돈도 받지 않은 상태에서 보에몬드를 석방했다. 늙은 술탄에게 보에몬드는, 유럽에서 흔히 말하는 '손안의 타버린 석탄'이었을 것이다.

이리하여 보에몬드는 2년 만에 혼자서 불쑥 안티오키아로 돌아왔다. 탄크레디는 깜짝 놀랐고, 병사들은 환호성을 질렀다.

아무리 10만으로 깎았다고 해도 안티오키아에는 그만한 돈이 없었다. 그렇지만 아무리 이교도와의 거래라 해도 빚을 떼먹는 것은 기사가 할 짓이 아니다. 결국 안티오키아 공작령에 사는 사람들에게 특별세가 부과되었다. 그 덕에 이탈리아 남부 살레르노 출신 기사 리카르도도 석방되어 돌아왔다.

자유의 몸이 된 보에몬드는 탄크레디에게, 자기가 없는 동안에 안티오키아를 지켜주어 고맙다는 인사 정도는 했을 것이다. 탄크레디도 보에몬드가 돌아온 이상 다시 그에게 안티오키아를 내어줄 마음이 충분히 있었다. 그러나 적어도 자신이 정복한, 안티오키아 공작령에 접한 지역의 영유권은 인정해달라는 탄크레디의 항의는 허사로 끝난다.

탄크레디는 퇴직금도 받지 못하고 해임된 것이나 마찬가지다. 갈릴리 지방으로 돌아가려 해도, 그곳은 이미 완전히 예루살렘 왕령에 편

보에몬드가 포로로 있던 니크사르와 그 주변

입되어 있어 돌아갈 수도 없었다. 방계로 태어난 자의 비애였다.

그럼에도 탄크레디는 백부와의 관계를 끊지 않았다. 또한 보에몬드도 유사시에는 이 젊은 조카에게 의지했다. 노르만 일가라는 유대는 역시 강했던 것일까. 고드프루아와 보두앵이 가진 로렌 일가의 결속이 단단했던 것처럼 말이다.

예루살렘 왕 보두앵이 항구도시들의 실질적 지배를 위해 분주한 나날을 보내는 한편, 안티오키아 공작 보에몬드는 포로에서 풀려난 직후임에도 다시 전장에 나갔다. 상대는 시리아의 태수들이었다. 이들의 집안싸움은 조금도 개선되지 않았지만, 그런 그들도 자기 영토를 빼앗길 것 같으면 단결했다.

이 지역 그리스도교도 대 이슬람교도의 전장은 에데사 근처였다. 에데사 백작령으로 불리는 이 일대는 유프라테스강 너머 동쪽에 위치하므로, 이슬람 땅을 향해 돌출된 요새였다. 그리고 이 에데사 백작령은 보두앵이 예루살렘 왕이 된 이후 그의 사촌동생 보두앵이 통치하고 있었다.

당시 에데사에는 프랑스 서부의 영주인 쿠르트네 일가에 속하는 조슬랭이라는 기사도 있었다. 그는 소아시아에서 무참한 결과로 끝난 '1101년의 십자군'에서 살아남아 허둥지둥 안티오키아로 도망쳐온 사람 중 한 명으로, 그후 에데사 백작령으로 보내졌다. 말하자면 조력자인 셈이다.

이 조력자의 참가로 기세가 오른 에데사의 보두앵은, 안티오키아의 보에몬드에게도 참전을 요청하고, 유프라테스강으로 흘러드는 지류 근처에 있는 하란을 공략하려 했다. 하란은 주변 황야를 한눈에 내려다볼 수 있는 전략적 요충지였기 때문이다. 이곳 하란만 손에 넣는다면, 티그리스강에서 서쪽으로 다가올 것이 뻔한 이슬람군의 앞길을 가로막는 첫번째 요새로 삼을 수 있었다.

일이 여기에 이르자 이슬람측도 단결한다. 여느 때 같으면 서로 으르렁거렸을 근처 영주들도 모술의 영주가 호소한 공동투쟁 전선에 가세해, 기병 7천 명과 보병 3천 명으로 구성된 총 전력이 그리스도교군과 격돌했다.

그리스도교 총 전력의 정확한 숫자는 알려져 있지 않다. 하지만 당시 십자군의 규모는 적군의 절반 정도가 아니었을까 생각한다. 결국 보두앵과 조슬랭 드 쿠르트네가 인솔하는 에데사군, 그리고 보에몬드와 탄크레디가 이끄는 안티오키아군의 공동전선은 적의 거센 돌격 앞에서 제대로 힘도 써보지 못하고 끝나버렸다.

이슬람측의 기록에 따르면 그리스도교측 전사자는 2천 명이나 되었다고 한다. 아무튼 대패를 당했다는 것은 분명했다. 보에몬드와 탄크레디는 도망치는 데 성공했지만, 보두앵과 조슬랭은 포로로 잡히고 만다. 십자군측으로서는 예루살렘 해방에 성공한 해로부터 5년 만에 처음으로 당한 통렬한 패배였다.

그러나 이때도 역시 이슬람측은 좋은 기회를 살리지 못했다. 중요 인물 둘을 포로로 잡았으면서도 그 소유권을 둘러싸고 다시 집안싸움을 시작한 것이다. 보에몬드의 몸값이었던 10만 비잔틴 금화가 그들의 뇌리를 떠나지 않았는지도 모른다. 결국 포로 둘은 두 명의 영주가 나눠 가졌다. 그리고 그리스도교측은 적이 이런 싸움에 열중해 있는 틈을 놓치지 않았다.

안티오키아로 도망친 보에몬드는 방어 책임자가 없어진 에데사 백작령에 탄크레디를 보낸다. 정식 통치자는 아니지만, 통치를 대행하는 자, 즉 섭정으로 보낸 것이다.

스물아홉 살이 된 탄크레디는 힘차게 에데사로 출발했다. 하지만 이 시기의 에데사 백작령을 지키기란 쉬운 일이 아니었다. 하란에서의 패배 때문에, 십자군이 불패의 전사가 아니라는 것을 이슬람측이 알았기 때문이다.

하란에서 승리를 거둔 후 시리아의 이슬람 영주들은 다시 집안싸움을 시작했지만, 개별적으로는 과감하게 공격해왔다. 그에 대한 방어전이 잇따랐지만 탄크레디는 끝내 에데사 백작령을 지키는 데 성공한다. 그것도 보에몬드의 지원을 거의 기대할 수 없는 상황에서, 독자적인 힘으로 성공했던 것이다.

만약 이때 시리아의 셀주크투르크 세력이 대동단결해 있었다면 제아무리 탄크레디라 해도 대항하기 힘들었을 것이다. 그랬다면 에데사 백작령이 탈환되고, 안티오키아 공작령도 위험한 상황에 빠졌을 것임에 틀림없다.

십자군측을 위험에서 구해준 것은 셀주크투르크측의 변함없는 내부 분열과 영지 쟁탈전, 적대의식, 그리고 그들의 탐욕이었다. 보에몬드를 석방하면서 받은 막대한 몸값으로, 이슬람 영주들은 그리스도교측 중요인물을 붙잡으면 한몫 챙길 수 있다는 것을 알았던 것이다.

에데사 백작 보두앵을 포로로 잡고 있는 이슬람 영주의 사자가 안티오키아의 보에몬드를 찾아왔다. 이 영주도 보에몬드와 보두앵은 중요도에 차이가 있다는 건 알았던 듯하다. 보에몬드의 몸값이 10만 비잔틴 금화였던 것에 비해, 영주가 제시한 에데사 백작 보두앵의 몸값은 1만 5천이었다. 그에 더해 안티오키아에 잡혀 있는 투르크 공주를 넘겨달라는 요구였다.

물론 보에몬드는 그 조건을 받아들였다. 1만 5천 금화와 투르크 공주는 그 자리에서 사자에게 건네졌고, 사자는 유프라테스강 동쪽으로 떠났다. 몸값을 청구하러 사자가 찾아왔다는 사실이 벌써 알려져 있었으므로, 같은 그리스도교도의 석방을 위해 노력했다는 것을 보여줄 필요가 있었다.

그러나 돈과 공주를 넘겨주었음에도 보에몬드는 전혀 보두앵의 석방을 재촉하지 않았다. 이슬람 영주도 재촉도 받지 않은 상황에서 굳이 먼저 석방하지 않았다. 그래서 에데사 백작 보두앵은 여전히 포로 상태였다.

이때 보에몬드가 취한 기묘한 행동의 이유는 기록에 없으므로 상상할 수밖에 없는데, 보에몬드는 이를 이상하게 여긴 조카 탄크레디에게 다음과 같은 말을 하지 않았을까.

보두앵이 석방되지 않으면 에데사는 계속 너의 것이다. 그렇게 되면 안티오키아 공작령과 에데사 백작령 둘 다 우리 일가의 영유가 될 것이다, 라고.

에데사를 맡고 있던 보두앵은 고드프루아와 예루살렘 왕이 된 보두앵의 사촌동생이므로 북유럽 로렌 일가의 일원이다. 한편 같은 십자군의 제후라 해도 보에몬드와 탄크레디는 이탈리아 남부를 본거지로 하는 노르만 일가에 속한다. '일가'란 훗날 스코틀랜드의 '클랜' 같은 것으로, 클랜 내부에서는 결속력이 강하지만 다른 클랜과는 라이벌이 된다. 이슬람측이 부족끼리 라이벌 관계인 것처럼, 그리스도교측도 중세에는 그와 비슷한 상태였다.

한편 조슬랭 드 쿠르트네는 석방을 위해 자신을 포로로 잡고 있는 영주와 직접 교섭을 벌였다. 이 영주가 라이벌인 다른 영주와 싸울 경우 함께 참전하고, 그에 더해 3만 디나르 금화를 지불한다는 것이 조건이었다. 프랑스 서부 출신의 이 기사는 성지에 도착한 지 얼마 되지 않았으므로 수중의 자산이 아직 충분했을지도 모른다. 영주가 그 조건에 동의하여, 조슬랭은 자유를 되찾았다.

그는 석방된 후 함께 포로가 된 보두앵이 여전히 포로의 몸이라는 것을 알았다. 오리엔트로 온 직후라 기사도 정신도 충분히 갖고 있었던 듯, 이 프랑스인은 보두앵을 포로로 잡고 있는 영주를 홀로 찾아가서 보두앵의 석방을 요구했다.

그러자 영주는, 이미 보에몬드에게서 1만 5천을 받았음에도, 6만 디나르 금화를 몸값으로 낸다면 석방하겠다고 대답한다. 조슬랭에게는 그만한 돈이 없었다. 기사는 3만 디나르 금화까지는 지불하겠다, 부족한 돈 대신 자신이 포로가 되겠다고 말했다.

영주는 이 프랑스인의 기사도 정신에 감격하고 말았다. 3만 디나르 금화를 받은 후 보두앵을 석방했을 뿐만 아니라, 더이상 아무것도 요구하지 않고 조슬랭도 보내주었다.

탄크레디는 돌아온 보두앵에게 에데사 백작령을 넘겼다. 예루살렘 왕이 앉힌 사람이 돌아온 이상 그에게 돌려줄 수밖에 없었고, 또 이 시기의 탄크레디는 에데사뿐 아니라 안티오키아의 섭정도 겸하고 있었기 때문이다.

1099년 예루살렘이 해방되고, 최대 공로자였던 고드프루아가 죽은

1100년 이후, 십자군은 지금까지 정복한 지역에서 세력을 굳히는 단계에 접어들었다. 그 일을 맡은 예루살렘 왕 보두앵 1세와 안티오키아 공작령의 보에몬드는 그러기 위해 매일같이 싸움을 계속해야 했다. 이 십자군의 진군을 도운 것은 이슬람측의 분열이었는데, 그들 역시 자기 영토를 침범당하면 도망가지 않고 싸웠다. 대동단결까지는 아니었지만 개별적으로는 용맹하게 싸운 것이다.

그래도 십자군측은 대부분의 경우 승리를 거두었다. 그러나 전투에서 이긴다 해도 희생이 전혀 없는 것은 아니다. 반드시 얼마간의 희생이 따르기 마련이다. 그것이 쌓이면 무시할 수 없는 수가 된다. 예루살렘 왕 보두앵도, 안티오키아 공작 보에몬드도, 그칠 줄 모르고 흐르는 피처럼 병력이 감소하는 것을 늘 고민해야 했다.

성도 예루살렘의 해방과 성지 팔레스티나의 탈환은 서유럽 전역을 열광시켰다. 따라서 중근동을 방문하는 순례자들도 늘어났다. 또한 이교도 이슬람과 싸울 마음이 충천해 오리엔트로 떠나는 영국과 덴마크, 노르웨이 병사들도 적지 않았다.

그러나 이 사람들은 실질적인 전력이 아니었다. 적어도 전장에 바로 투입할 수 있는 전력은 아니었다. 기사라 해도 한 번도 얼굴을 본 적 없는 사람 밑에서 그의 명령에 따라 목숨을 버릴 준비까지는 되어 있지 않았던 것이다. 더군다나 순례자들의 경우는 훈련한다고 해서 전력이 될 사람들이 아니었다.

제1차 십자군의 주역인 제후들은 자신들이 속한 일가가 거느리는 병사를 축으로 모은 군대로 싸워온 사람들이다. 그런 수하의 병사들이 전투를 치르면서 점점 줄어들었다. 게다가 이 주요 전력을 보조해온 일반 병사들도 대폭 줄어 있었다. 시리아와 팔레스티나의 항구도시에는 유럽에서 온 사람들을 태운 배가 매일같이 입항했지만, 병력감소를 개선하는 데는 거의 도움이 되지 않았다. 훈련되고 통합된 전력을 보충할 수 있을 것이라 기대했던 '1101년의 십자군'은, 시리아에 들어오는 건 고사하고 소아시아를 종단하다가 안개처럼 흩어지고 말았다. 중근동에서 이러한 병력감소가 특히 심각했던 곳은, 하란에서 대패를 맛본 에데사와 안티오키아였다.

1104년 가을, 안티오키아 공작 보에몬드는 에데사에 있는 탄크레디를 불러들였다. 그리고 정식으로 안티오키아의 섭정, 즉 자신의 대행으로 임명한 후 바닷길을 통해 유럽으로 떠났다. 로마 교황이나 프랑스 왕을 설득해 새로운 십자군을 일으키려고 생각했던 것이다. 시리아와 팔레스티나의 십자군 세력에 실질적인 전력을 보충하기 위해서는 새로운 십자군을 조직해 오리엔트로 보내는 수밖에 없었다.

한 번도 자기 영토를 가져본 적이 없었던 탄크레디는 이제 안티오키아 공작령과 에데사 백작령이라는 두 개의 영지를 맡게 되었다. 3년 후 보두앵이 석방되어 돌아오자 에데사는 그에게 돌려주었지만, 그후에도 안티오키아 공작령의 방어와 내정은 삼십대 중반도 채 되지 않은 이 젊은이에게 일임되었다.

탄크레디는 이 중책을 훌륭하게 수행했다. 무려 8년이라는 긴 세월에 걸쳐.

전투감각이 뛰어나다는 것은 이슬람측에까지 알려졌을 정도였지만, 그는 내치에서도 상당한 실적을 올렸다. 보에몬드가 제노바인에게 거류지를 제공해 안티오키아 경제의 활성화를 꾀했듯이, 탄크레디도 피사인에게 거류지를 제공했다. 또한 이민족이 태반인 영지를 통치했음에도 주민들의 반란이 한 번도 없었다는 것은 그의 정치적인 능력을 실증해준다. 전투에 나갔다가 돌아오기를 반복해왔으므로 심사숙고하는 성격과는 거리가 멀었을지 몰라도, 그는 활동적이고 적극적이며 활발한 남자였을 것이다.

레몽의 건투

한편 툴루즈 백작 레몽은 무얼 하고 있었을까.

비잔틴제국의 황제가 지명했다 할지라도 자신이 이끈 것이나 마찬가지였던 '1101년의 십자군'이 참담한 결과로 끝나버린 후 레몽은 콘스탄티노플로 돌아와 있었는데, 어느 정도 시간이 지나자 그곳 생활도 싫증이 나기 시작했다. 그래서 시리아의 항구도시 라타키아로 돌아간 것까지는 좋았는데, 여기에서 황제 알렉시우스의 뜻을 이어받아 안티오키아 공작령을 침범하려 했다가 순식간에 탄크레디에게서 호된 반격을 받고 말았다.

일시적이기는 하지만 탄크레디는 이 대선배를 포로로 붙잡기까지 했다. 곧바로 석방되긴 했지만 이제 탄크레디 근처에 있는 것은 위험했다. 그렇다고 예루살렘으로 간들 보두앵 1세가 건투중이므로 자신이 할 일이 없다. 그뿐 아니라 이제 아무도 자신을 찾지 않는다는 사실을 그도 잘 알고 있었다. 예순이 넘은 툴루즈 백작 레몽은 어디든 갈

곳을 찾지 않고 그대로 있을 수는 없는 상황이었다.

그런 그의 머리에 번뜩 떠오른 것이 트리폴리 정복이었다. 그곳을 공략해 트리폴리 백작령으로 확립한다면 안티오키아 공작령과 예루살렘 왕령 사이의 지대가 메워지고, 십자군 국가는 육지로 이어지게 된다. 이 생각 자체는 전적으로 옳은 것이었다.

항구도시 중에서도 풍요로운 트리폴리는 아직 아랍인 영주가 다스리고 있었는데, 알 물크 아부 알리라는 이름의 이 영주는 프랑크인의 친구로 익히 알려져 있었다. 형이 죽은 후 예루살렘으로 향하던 보두앵에게 하룻밤의 잠자리를 제공했을 뿐만 아니라, 다마스쿠스군이 '개의 강'에서 매복하고 있다는 정보를 제공해준 사람이기도 했다.

이 사람도 십자군을 단순한 침략군으로 생각하던 당시 이슬람교도 중 하나로, 종교가 관련되어 있다고는 꿈에도 생각지 못하고 십자군과의 공존도 가능하다 여기고 있었다. 그런 생각은 트리폴리 주변도시인 샤이자르, 하마, 홈스, 부카이아, 바알베크의 영주들도 마찬가지였다. 제1차 십자군도 이들의 영지에는 손을 대지 않았다.

레몽은 트리폴리만 함락하면 이 주변도시들에 대한 공략도 쉬워질 테니, 트리폴리를 중심으로 전역에 트리폴리 백작령을 이룰 수 있으리라 생각했다. 이러한 생각은 제후 중 가장 열렬한 그리스도교도였던 툴루즈 백작 레몽의 신앙심을 만족시켜주는 것이기도 했다.

늙긴 했지만 그는 한번 결정하면 행동이 빨랐다. 기병 3백 명이라는 소규모 병력을 이끌고 힘차게 트리폴리로 향했다.

일이 이렇게 되자 트리폴리의 태수도 십자군과의 공존노선을 버리지 않을 수 없었다. 곧바로 다마스쿠스의 두카크와 홈스의 다울라에게 위급함을 알렸다. 이 두 이슬람 영주는 각각 2천 명의 기병을 이끌고 달려오겠다고 전해왔다.

트리폴리 교외에 도착한 레몽은 기다리고 있는 이슬람 대군을 보고도 눈 하나 깜짝하지 않았다. 어쩌면 배수진을 친 심정이었는지도 모른다. 그는 인솔해온 3백 명의 기병을 대군이라도 되는 양 넷으로 나누었다.

다마스쿠스의 두카크 쪽에 기병 백 명.

트리폴리의 태수 쪽에 백 명.

홈스의 다울라 쪽에 기병 오십 명.

자신의 친위대로 기병 오십 명.

맨 먼저 공격해온 것은 홈스의 기병 2천 명이었다. 50 대 2천의 전투였으므로 승부는 뻔해 보이겠지만 사실은 그렇지 않았다. 전투감각을 지닌 레몽은 지세를 감안해 오십 명의 기병을 배치했던 것이다. 홈스의 기병 2천은 좁은 전장에서 자기편끼리 부딪치는 혼란에 빠졌다. 같은 정황은 레몽의 기병 백 명을 향해 돌격해온 다마스쿠스의 기병 2천 명에게서도 똑같이 일어났다.

그것을 본 레몽은 공격으로 전환한다. 전장의 주도권을 잡은 것은 함성을 지르며 돌격하는 레몽의 기병 3백이었다. 밟히고 찔리고 베여 쓰러진 이슬람 병사들이 트리폴리 교외를 뒤덮었다. 이 전투를 기록한 이슬람교도에 따르면 7천 명을 잃었다고 하는데, 앞선 예를 보아 이것도 분명 과장된 숫자이겠지만, 이슬람측이 큰 피해를 입고 패한 것만은 분명했다.

툴루즈 백작 레몽으로서는 처음이라고 해도 좋은 쾌거였다. 크게 소리 내어 웃고도 남았을 텐데, 그런 까닭에 아무한테도 조력을 구하지 않고 이듬해에도 이 3백 명의 기병으로 트리폴리 공략을 계속하기로 마음먹는다.

이듬해 봄, 싸움이 재개되자 레몽은 전법을 바꾸었다. 3백 명의 기병으로 성채도시 트리폴리를 공략하는 것은 아무래도 무리였던 것이다. 그래서 트리폴리를 고립시키는 전략을 택한다. 트리폴리에 원군을 보낼 만한 모든 영지를 공격하는 작전을 펼친 것이다.

이 전법은 운이 따르기도 했지만 상당한 성공을 거두었다. 운이라고 함은 요격에 나서려 했던 홈스 태수 다울라가 예배를 마치고 모스크를 나오다 살해당한 사건이었다.

암살집단의 손에 걸린 것이다. 이 집단이 십자군과 관련을 맺은 것은 이때가 처음이었는데, 자신의 목숨은 도외시하고 오직 목표물을 거침없이 죽이는 그들의 방식은 이슬람교도들에게도 섬뜩하게 여겨지고 있었다. 다만 주의주장을 위해서가 아니라 돈을 위해서였다. 이 암살을 의뢰한 사람은 알레포의 영주 리드완으로, 홈스 태수 다울라의 친아들이었다. 암살집단이 가족 간의 싸움을 매듭지은 것에 지나지 않았다.

태수가 살해당한 홈스의 유력자들은 다마스쿠스의 영주 두카크에게 도움을 청한다. 두카크 역시 리드완과 형제지간이었으므로, 이 시기의 시리아 유력자들 사이에 일어난 내부 분쟁에 이슬람측 연대기 작가들이 절망한 것도 무리는 아니다.

어쨌거나 다마스쿠스의 군대는 집중적으로 레몽의 공격을 받고 있는 홈스를 도우러 와주었다. 다마스쿠스와 트리폴리 양군을 상대하려니 레몽의 공략도 속도가 떨어질 수밖에 없었다.

그때 당도한 것이 제노바 사람들의 공동전선 제의였다. 자기들은 40척의 배로 바다 쪽에서 트리폴리를 공격하고, 레몽은 육지 쪽에서 공격하자는 제안이었다. 레몽은 이에 응한다.

그러나 트리폴리 역시 만만치 않았다. 자금력이 있던 그들은 돈으로 고용한 이집트 선박으로 방해작전을 펼쳐 제노바 선단이 공격을 포기하게 만들었다.

결국 레몽은 또다시 혼자 힘으로 공격을 속행해야 했는데, 이때의 그는 예전과 전혀 다른 사람처럼 보일 정도로 집요했다. 1105년 봄, 끝내 트리폴리측에서 강화를 요청해온다. 레몽의 주권을 인정한 상태에서 트리폴리를 존속시킨다는 조건이었다.

이에 도장을 찍은 직후 툴루즈 백작 레몽은 쓰러졌다. 적군이 쏜 불화살에 불타오르던 본진에서 피신하지 않고 분투하다가 입은 화상이 악화된 것이다. 예순세 살의 죽음이었다. 오늘날 레바논의 절반 정도밖에 되지 않지만, 그리고 결국 샤이자르, 하마, 홈스, 다마스쿠스도 포함시키지 못했지만, 적어도 안티오키아 공작령과 예루살렘 왕령을 연결하는 트리폴리 백작령의 기반을 구축한 후 십자군 전사로서 죽음을 맞이한 것이다.

보에몬드, 유럽으로 가다

툴루즈 백작 레몽과는 사사건건 충돌하던 사이였지만, 이슬람측에는 그리스도교 최고의 용장으로 알려져 있던 이가 보에몬드였다.

탄크레디에게 뒤를 맡기고 바닷길을 통해 유럽으로 떠난 그가 가장 먼저 들른 곳은 이탈리아 남부였다. 원래 그는 장화 모양의 이탈리아 반도에서 발뒤꿈치 부분에 해당하는 풀리아 지방의 영주였다. 보에몬드는 그해 늦가을까지 그곳에 머문다. 9년 만에 돌아온 자신의 영지에서 해야 할 일은 적지 않았다. 그중에는 다시 오리엔트로 갈 때 이끌고 갈 병력을 편성하는 일도 포함되어 있었다.

남유럽의 날씨는 가을이 끝나갈 무렵이어도 여행하기에 불편하지 않다. 보에몬드는 육로를 통해 로마로 향한다. 교황 파스칼리스를 만나 새로운 십자군을 제창하게 할 목적이었다.

교황 파스칼리스는 전 교황 우르바누스와 같은 클뤼니 수도원 출신이었으므로 십자군에 관심이 많았지만, 온후한 성격 탓인지 우르바누스 같은 적극성은 없었다. 그래도 보에몬드가 프랑스 왕을 설득하러 갈 때 교황 대리를 동행하도록 승낙했다.

봄을 기다려 파리로 가자, 프랑스 왕 필리프의 대환영이 기다리고 있었다. 제1차 십자군의 성공은 유럽 전역을 열광시켰기 때문에, 프랑스 왕의 궁정에서도 그 공로자 중 한 사람인 보에몬드에 대한 관심이 컸던 것이다. 필리프는 제1차 십자군에 종군한 위그의 형이다. 위그는 당시 팔레스티나로 다시 돌아가 전투중이었다. 프랑스 왕 필리프는, 프랑스 국내에서 십자군 병사를 모집하고 싶다는 보에몬드의 요청을 흔쾌히 들어주었다.

하지만 보에몬드가 프랑스에서 얻은, 가장 열렬하고 강력한 지지자는 여자였다.

블루아 백작부인 아델라는 이미 말했듯이 영국을 정복하고 노르만 왕조를 창설한 '정복왕 윌리엄'의 딸이다. 이 여인은 남편 블루아 백작을 질타하고 격려하여 두 번이나 오리엔트로 가게 했을 정도로, 십자군을 열렬히 지지하는 것이 삶의 보람인 듯한 여자였다. 또한 보에몬드도 이상하게 여자가 끼어들면 일이 잘 풀리는 남자였다.

블루아 백작부인은 아버지가 죽은 후 영국 왕위에 오른 오빠에게 보에몬드를 소개해주었다. 영국 왕은 보에몬드가 주장하는 새로운 십자군 원정에 전면적인 협력을 약속했다.

또한 블루아 백작부인 아델라는, 이번에는 여성다운 발상으로 십자군 원정을 지원하기로 했다. 새로운 십자군을 오리엔트로 인솔하는 보에몬드의 입지를 더욱 강화해주기로 마음먹은 것이다. 아직 홀몸인 보에몬드에게 적당한 여인을 짝지어준 것이 그것이다.

이듬해인 1106년 봄이 끝나갈 무렵, 쉰여섯 살의 보에몬드는 결혼을 했다. 아내가 된 여인의 이름은 콩스탕스. 샹파뉴 백작에게 시집갔다가 이혼했는데, 일설에 따르면 남편을 버리고 독신이 되었다는 그녀는 프랑스 왕 필리프의 딸, 즉 공주였다. 이 여인은 남편이 된 보에몬드를 따라 이탈리아 남부로 가서, 그후 남편을 덮친 운명에도 아랑곳 않고 해로했으며, 남편이 죽은 후에도 계속 이탈리아 남부에 머물렀다. 정략결혼일지라도 다른 선택지가 없는 시대에는 자연스럽게 사랑으로 변할 수도 있었던 것이다.

재미있는 것은 보에몬드가 탄크레디에게도 아내를 찾아주었다는 사실이다. 물론 이 일에도 블루아 백작부인이 힘을 써서, 세실리아라는 젊은 여자가 탄크레디의 아내로 정해졌다. 세실리아는 프랑스 왕 필리프와 연을 맺은 여인의 딸이므로 공주이기는 해도 서출이다. 세실리아와 탄크레디의 결혼식은 자리에 없는 신랑을 보에몬드가 대신하여 거행되었다.

세실리아는 보에몬드 부부를 따라 이탈리아 남부까지 갔다가, 남편 곁에 있는 것이 아내의 의무라며 그해 바닷길을 통해 혼자 오리엔트로 떠났다.

보에몬드가 자기 아내를 구해주었다는 사실은 편지를 통해 알고 있었지만, 갑작스럽게 안티오키아에 나타난 세실리아를 보고 탄크레디는 깜짝 놀랐다. 이 시기의 안티오키아는 우아한 오리엔트의 대도시가 아니라 거친 병마가 오가는 전선기지였다. 이런 곳에 신분 높은 젊은 여자가 있으면 당연히 사람들의 주목을 끌게 된다. 제1차 십자군에 참가한 제후 중 아내를 데리고 간 사람은 보두앵과 레몽 두 사람뿐이었다. 그런데 느닷없이 젊은 프랑스 여자가 나타난 것이다. 그날 이후 젊고 심지가 곧으며 미남이기도 했던 탄크레디 곁에는, 아름답고 강인한 젊은 아내가 붙어 있게 되었다.

보에몬드의 유럽행은 모든 면에서 좋은 성과를 냈다. 이제 새로운 십자군의 편성을 기다리는 일만 남았다. 또한 안티오키아 공작령을 맡은 탄크레디도 그 임무를 기대 이상으로 충실하게 수행하고 있었다. 쉰여섯이 된 보에몬드에게는 걱정할 것이 아무것도 없는 듯 보였다.

하지만 인생의 함정은 바로 이런 때에 모습을 드러낸다. 오리엔트에서, 그리고 로마와 프랑스에서도 늦추지 않았던 긴장이 문득 풀렸을 때. 1106년 가을, 보에몬드에게 그것이 덮쳐왔다.

함정

이탈리아 남부에서 새로운 십자군이 편성되는 것을 그대로 기다렸다가, 모여든 병사들과 함께 이탈리아 남부의 항구에서 바닷길을 통해 오리엔트로 떠났다면 보에몬드의 명성은 계속 올라갔을 것이다. 더구나 이번에는 보에몬드 혼자 이끌고 가는 십자군인 것이다.

하지만 이때 보에몬드의 머릿속은, 아드리아 해 건너에 있는 두러스를 공격하겠다는 생각으로 가득 차 있었다.

두러스는 고대에 에그나티아 가도의 출발점이었을 정도로 중요한 항구도시였지만, 중세로 접어든 후로는 비잔틴제국의 패권하에 놓여 있었다. 그런 두러스를 공격했으니 황제 알렉시우스가 화를 내는 것도 당연했다. 물론 황제는 곧바로 군대를 보냈다. 하지만 두러스 공략에는 또 하나의 적이 있었다.

보에몬드의 영지인 풀리아 지방은 아드리아 해 서쪽 연안에 있다. 두러스는 동쪽 연안이다. 한 사람이 양쪽 연안 모두를 점령하게 되면, 아드리아 해 안쪽에 위치한 베네치아는 독 안에 든 쥐가 된다. 그러한 사태가 벌어지는 것을 베네치아 공화국의 해군이 방관할 리 없었다.

1110년 봄, 휘하 병사들을 이끌고 아드리아 해를 건너 두러스를 공격한 보에몬드는, 육지 쪽에서는 비잔틴제국의 요격을 받고 바다 쪽도 베네치아 해군에 봉쇄되어 고립무원 상태에 빠지고 말았다. 분투했지만 여름날의 무더위와 끊어진 보급은 병사들에게 지옥이나 다름없었고, 게다가 역병까지 덮쳤다. 9월, 결국 보에몬드는 꺾이고 만다. 2년간의 이슬람 포로생활도 견뎌냈지만, 눈앞에서 죽어가는 병사들을 내버려둘 수가 없었던 것이다.

황제 알렉시우스가 보낸 사자와 성립한 강화조건은 다음 네 가지 항목이었다.

1. 보에몬드의 안티오키아 통치는 인정하지만, 그것은 어디까지나 비잔틴제국 황제의 신하로서다.

전문이 그리스어로 쓰인 것에 비해 신하를 의미하는 단어만은 중세 라틴어인 'vassallus'라고 쓰여 있다. 이것은 십자군 당사자는 물론 유럽의 왕과 제후들에게까지 사실을 확실히 알리려는 조치였다. 황제 알렉시우스의 복수심과 적의가 엿보이는 대목이다.

2. 안티오키아를 통치하는 탄크레디, 또 이후의 모든 통치자 역시

비잔틴제국 황제의 '신하'로서만 통치권을 인정한다.

3. 현재 안티오키아의 대주교는 가톨릭교도 프랑크인이지만, 그 후임부터는 그리스정교를 믿는 그리스인이 취임해야 한다.

4. 킬리키아 지방과 시리아의 모든 항구도시는 비잔틴제국 황제의 소유로 한다.

보에몬드는 이 강화조약에 도장을 찍고 나서야 비로소 살아남은 병사들을 이끌고 두러스를 떠날 수 있었다. 그러나 자기 영지로 돌아온 보에몬드는 더이상 예전의 그가 아니었다.

우선 유럽의 왕과 제후들의 신용을 잃고 말았다. 당시 유럽에서, 비잔틴제국의 황제는 십자군의 적이라는 의견이 지배적이었다. 그것은 비잔틴제국 황제가, 시리아는 비잔틴제국의 것이고 팔레스티나는 이집트의 것이라는 밀약을 이집트의 칼리프와 교환한 때문이었다. 그런 상황에서 이제 보에몬드는 십자군에 비협조적인 황제 알렉시우스의 뜻대로 움직이게 되었다는 인상을 안겨준 것이다.

당연히 그가 제안한 새로운 십자군에 협력할 마음도 언덕에서 굴러 떨어지듯이 급락했다. 그가 제창한 새로운 십자군 원정에 협력할 열정이 사라져버린 것이다.

보에몬드에게 실망했다는 것이 유럽 왕과 제후들의 솔직한 심정이었을 것이다. 블루아 백작부인 아델라도 그런 사람들 중 하나였을 게 틀림없다.

그런 보에몬드의 입장에서는, 새로운 십자군도 안티오키아 공작령의 운명도 이제 알 바 아니었다. 모든 것이 될 대로 되라는 심정이었는지도 모른다.

풀리아 공작 보에몬드는 두러스에서 돌아온 뒤로 바리의 성에 틀어박혀 있다가 1년 후에 죽었다. 그래도 아내와의 사이에 두 아이를 남겼다. 서기 1111년, 예순하나에 맞은 죽음이었다.

보에몬드는 끝내 알지 못한 채 죽었지만, 황제 알렉시우스의 계략은 또다시 실패로 끝났다.

보에몬드가 서명한 문서를 들고 안티오키아를 방문한 황제의 특사를 맞은 탄크레디는, 그것에 서명하기는커녕 일소에 부치고는 특사를 쫓아버렸다. 황제 알렉시우스는 예전 콘스탄티노플에서 제후들에게 서약서에 서명할 것을 강요할 때도 마지막까지 저항한 사람이 그 애송이였다는 것을 떠올릴 수밖에 없었다.

무례하다고도 할 수 있는 탄크레디의 이러한 행동이 십자군 국가를 구해주었다. 예루살렘의 방어벽이기도 한 안티오키아 공작령은 비잔틴제국에 속하지 않고, 이후에도 계속해서 십자군측에 속했기 때문이다.

강제된 약속이라며 일소에 부친 탄크레디는 단순한 호기로만 그런 것은 아니었다. 오른쪽으로는 이슬람 세력, 왼쪽으로는 비잔틴제국군에게 공격을 거듭해대는 탄크레디에게 셀주크투르크의 태수들도 쩔쩔맸지만, 비잔틴제국 황제도 공격을 시도할 때마다 퇴각할 수밖에 없었기 때문이다.

그러나 탄크레디도 어떻게 보면 전혀 성숙하지 못한 남자였다. 마치 머릿속에 액셀러레이터만 달려 있는 양, 브레이크의 존재는 아예 잊어버리는 것이다. 그래서 그에게는 항상 브레이크를 걸어줄 사람이 필요했다. 안티오키아 공략까지는 보에몬드, 예루살렘 공방전과 함락, 그리고 그후 갈릴리 지방을 정복할 때까지는 고드프루아 등, 항상 누군가가 이 준마의 고삐를 당기는 역할을 맡아왔다. 그런데 고드프루아는 죽고 보에몬드는 유럽으로 떠나버렸다. 제동을 걸어줄 사람이 없어지자 준마 탄크레디는 폭주하고 만다. 그 한 예가 이슬람측조차 '기묘한 전투'라고 부른 전쟁이었다.

기묘한 전투

고드프루아가 죽은 후 왕위에 오르기 위해 예루살렘으로 향한 보두앵은 사촌 보두앵에게 에데사 백작령의 통치를 맡겼는데, 앞서 말했듯이 그후 사촌 보두앵은 하란 전투에서 포로가 된다. 이후 지금의 이라크 국내인 모술까지 끌려가, 그곳에서 영주 자왈리 사와카의 포로로 잡혀 있었다.

그런 그를 구출한 것은 조슬랭 드 쿠르트네의 기사도 정신이었는데, 3만 디나르의 몸값만으로 석방된 것은 아니었다. 조슬랭이 다시 자유의 몸이 되었을 때 약속했던 것처럼, 적의 공격을 받았을 때 협력해 싸운다는 조건을 달고 석방되었던 것이다.

여러 번 반복하지만, 제1차 십자군 시대의 이슬람측은 십자군을 단순한 침략자로 생각했다. 따라서 이교도인 그리스도교도에게 조력을 구하는 것이 이슬람의 가르침에 반한다고 생각하지 않았던 것이다.

이미 에데사를 자기편으로 삼은 것이나 마찬가지라고 생각한 모술 영주 자왈리는 자신의 염원이던 알레포 공략에 나선다. 에데사로 돌아와 있던 보두앵과 그의 오른팔 조슬랭에게도 이를 알리고, 셀주크투르크와 베두인 병사들을 이끌고 서쪽으로 향한 것이다. 약속은 약속이니 보두앵과 조슬랭도 수백 명의 기병과 함께 그에 합류했다.

알레포 영주 리드완은 이 사실에 새파랗게 질렸다. 모술의 군대만으로도 만만치 않은데 에데사 백작령까지 가세한 것이다. 바보가 아니라면 자력으로는 도저히 무리라는 것을 알고도 남았을 것이다.

당연히 이 사람도 조력자를 구하게 되었는데, 다마스쿠스 영주 두카크는 친형제임에도 견원지간이었다. 결국 리드완은 지금까지도 줄곧 붙어 싸워온 사이인 탄크레디에게 조력을 요청한다.

연대기 작가들이 한탄하듯이, 시리아의 이슬람 영주들은 일치단결해 프랑크군에 대항하기는커녕 집안싸움을 일삼고 얼마 안 되는 영지를 서로 뺏고 뺏기느라 친족 간에도 적대관계를 유지해왔다.

태어났을 때부터 이러한 환경에 익숙한 사람은 타인 사이의 그러한 감정에도 민감한 법이다. 포로에서 풀려나 에데사로 돌아온 보두앵에게 탄크레디가 좋은 감정을 갖고 있지 않을 거라 생각한 것이다.

사실 탄크레디는 보두앵에게 석연치 않은 마음을 갖고 있었다. 보두앵이 잡혀 있는 동안 에데사 백작령을 통치했던 탄크레디는, 그사이 동쪽 남쪽으로 정복을 감행해 에데사 백작령의 영토를 확장했다.

그런데 석방된 보두앵이 돌아온 것이다. 그리고 당연하다는 듯이 탄크레디가 확장한 지역까지 포함한 에데사 백작령의 통치자로 복귀했다.

자신이 정복한 지역은 안티오키아 공작령에 속해야 한다는 탄크레디의 항의는 무시되었다. 에데사의 보두앵과 예루살렘 왕이 된 보두앵은 사촌지간이므로, 둘 다 로렌 일가에 속한다. 한편 탄크레디는 보에몬드가 우두머리인 노르만 일가에 속했다. 보에몬드가 유럽으로 떠나고 없는 지금, 발언권은 로렌 일가 쪽이 강했다.

탄크레디는 알레포 영주 리드완의 요청을 흔쾌히 수락한다. 조력자에 지나지 않음에도 리드완이 부탁한 것보다 두 배나 많은 병력을 이끌고 참전했다는 것을 보면 그의 마음이 어땠는지 알 수 있다. 필시 보두앵에 대한 반발이 깔려 있었을 것이다.

이리하여 일신교도의 눈에는 '기묘한 전투'이지만, 다른 시점에서 보면 '종교의 차이를 초월하여 서로의 이익만을 목적으로 한 전투'가 벌어지게 된 것이다. 때는 1108년 10월 초. 장소는 알레포와 에데사 중간에 있는 멘비즈 근처의 평원이었다.

모술 영주 자왈리는 고령이었으므로, 5백 명의 투르크 병사와 그보다 많은 베두인 병사로 구성된 모술군의 지휘는 자왈리의 아들이 맡았다. 조력자 보두앵과 조슬랭의 에데사 병력의 수는 알려져 있지 않지만 아마도 수백 명의 기병으로 참전한 듯하다. 이 연합군의 총수는 대략 2천여 명.

그들과 맞서는 알레포군은 리드완이 직접 이끄는 6백 명의 투르크 병사와 조력자인 탄크레디가 이끄는 1천 5백 명의 병사로, 총수 2천 1백 명이었다.

전투가 시작되고 한동안은 모술과 에데사측이 우세한 쪽으로 전개되었다. 하지만 모술군이 고용한 베두인 병사들이 자기 부대의 진지 뒤에 묶여 있던 수백 필에 이르는 근사한 아랍 말을 훔치기 위해 전장을 떠나버렸다. 훔친 말에 뛰어올라 도망치는 그들을 보고 모술군과 에데사군은 동요하기 시작했다. 그때를 놓치지 않고 탄크레디의 돌격 명령이 떨어졌다. 이것으로 승패가 갈렸다. 모술군은 모술로, 에데사에서 온 병사들은 에데사로 도망갔다. 승리한 탄크레디와 리드완도 각각 안티오키아와 알레포로 개선했다.

이슬람측 기록에 따르면 이 전투에서 죽은 그리스도교도 병사는 2천 명에 이른다고 하는데, 이것은 명백한 오류다. 적과 아군을 다 합쳐도 이 '기묘한 전투'에 참전한 그리스도교도 병사는 2천 명이 안 되었기 때문이다.

그러나 설사 그 10분의 1이라 해도, 이 전투에서 그리스도교도가 입은 손실은 엄연히 존재했다. 사실을 알게 된 예루살렘 왕 보두앵이 분노한 것도 당연했다. 예루살렘 왕이 된 이래, 아무리 무찔러도 끊임없이 새로운 병력을 투입하는 이집트를 상대하며, 계속해서 아군의 병력이 줄어드는 것에 고심하고 있었던 그였다.

보두앵은 즉시 두 사람을 불러들여 꾸짖었다. 기록에는 없지만 일갈 정도는 했음이 틀림없다. 앞으로 또다시 그런 짓을 한다면 너희 둘을 그리스도교도 전체의 적으로 간주하겠다고 했을 정도니까. 그래서 두 사람은 보두앵이 시키는 대로 화해했다.

이때의 화해가 진심이었는지 어땠는지는 알 수 없지만, 안티오키아와 에데사가 전장에서 대결하는 사태는 다시 일어나지 않았다. 예루살렘 왕 보두앵은 그만하면 됐다고 생각했을 것이다. 당시 그는 생전의 레몽이 시작했던 트리폴리 공략을 완성하는 것이 무엇보다 우선이었기 때문이다.

트리폴리를 공격하다 죽은 레몽에게는 베르트랑이라는 아들이 있었다. 이미 어엿한 성인이 된 베르트랑은 서출이었다. 중세 그리스도교 세계에서 서출은 적출 여자보다 불리한 입장이다. 하지만 정실이 낳은 적출 아들은 이미 죽었기에 베르트랑이 아버지의 뒤를 잇게 되었다.

베르트랑에게는 퐁스라는 아들이 있었는데, 이 부자가 레몽의 꿈을 실현하게 된다. 예루살렘 왕 보두앵이 적극적으로 협력했고, 또 제노바 선단이 바다 쪽에서 협공한 것도 효과가 있었다.

트리폴리 공략은 1109년 여름에 완료된다. 이리하여 십자군은 10년의 세월이 걸려 트리폴리에서 라말라까지 팔레스티나의 모든 항구도시를 손에 넣게 되었다. 유일하게 티루스 공략만 1124년까지 늦춰졌는데, 항구도시 티루스는 말 그대로 천연의 요충지에 있어서 알렉산드로스 대왕조차 함락하는 데 수개월이 걸렸을 정도였다.

또 하나 함락하지 못한 곳이 아스칼론이다. 이 항구도시는 이집트가 팔레스티나로 향하는 진군 기지로 삼고 있던 지역이어서, 십자군이 이곳을 공략할 때마다 기동이 늦은 이집트군답지 않게 빠른 속도로 반격해왔다.

이곳 아스칼론이 십자군 국가에 편입된 것은 1123년 이후다. 항구 도시를 공략할 때는 바다 쪽에서의 공격을 빼놓을 수 없다. 헝가리 왕과의 문제가 해결되어 20년 만에 오리엔트로 돌아온 베네치아 공화국과의 공동전선이 없었다면 불가능했다.

일단 마음먹으면 철저하게 임하는 것이 베네치아의 방식이다. 1123년, 베네치아 공화국 도제(Doge, 원수)가 직접 이끄는 베네치아 함대는 40척의 군용 갤리선, 28척의 수송용 범선, 4척의 대형 갤리 상선으로 구성된 대함대를 이끌고 팔레스티나의 해상에 나타났던 것이다.

피사와 제노바의 일개 선원일지라도, 그리고 조선술 하나만 봐도, 이탈리아 해양 도시국가의 해군은 이집트 해군보다 훨씬 뛰어났다. 게다가 베네치아는 일단 나서면 항상 대함대를 투입한다. 이집트 선박은 대부분 침몰했고, 해군의 도움을 받지 못한 아스칼론은 함락되었다. 그리고 이듬해 또다시 바다 쪽의 대공세를 받고, 난공불락을 자랑하던 티루스도 함락되었다.

이리하여 십자군 국가는 지금의 터키, 시리아, 레바논, 이스라엘로 이어지는 지중해 동쪽 연안 전부를 손에 넣게 되었다. 이 성과를 누구보다도 기뻐했을 예루살렘 왕 보두앵 1세는 그 6년 전에 세상을 뜨고 없었다.

그러나 보두앵보다 먼저, 탄크레디에게 죽음이 찾아왔다.

1112년 12월 여느 때와 다름없이 정복의 길을 나서던 탄크레디에게 병마가 덮쳤다. 역병에 의한 죽음이라고 한다. 병이 직접적인 원인이었다기보다 쉴새없이 이어진 15년간의 격무와 당시의 열악한 위생상태가 원인이었는지도 모른다. 아데마르 주교도, '성묘의 수호자'였던 고드프루아도, 문자로는 간단히 '역병(티푸스)'이라고 기록된 병으로 죽었다.

젊은 죽음

병을 모르고 살아온 사람이었는데, 처음 걸린 병이 중병이었다. 죽음을 감지한 탄크레디는 지금까지의 야생마와 같은 모습에서 일변해, 자신의 죽음 이후의 일을 정확하고 세세하게 기록한 지령서를 작성하고, 그것을 엄수할 것을 관계자 전원에게 서약하게 했다.

우선 기사 루지에로를 불렀다. 보에몬드가 포로생활을 할 때 함께 했던 살레르노의 기사 리카르도는 이미 세상을 떠났지만, 그의 아들 루지에로는 보에몬드의 충실한 부하였던 아버지처럼 지금껏 탄크레디를 도와온 젊은이였다.

탄크레디는 이 루지에로를, 이탈리아 남부에서 자라고 있는 보에몬드의 아들이 안티오키아에 와서 영주로 일을 할 수 있을 때까지 안티오키아 공작령의 통치를 맡는 섭정으로 임명했다.

탄크레디는 지금까지 자신이 통치해온 안티오키아를 자신의 혈통을 잇는 누군가가 아니라, 1년 전 세상을 떠난 백부의 아들에게 남긴 것이었다.

또한 루지에로에게 에데사 백작령의 통치자 보두앵의 딸과 결혼할 것도 명한다. 보에몬드의 아들에게 넘겨줄 때까지 임시로 맡는 역할이지만, 섭정으로서의 그의 입지를 강화해줄 아내가 필요하다고 생각했기 때문이다.

그리고 아내 세실리아에게는 자신이 죽은 후, 트리폴리 백작령의 주인이 된 베르트랑의 장성한 아들 퐁스와 재혼하라고 말한다.

탄크레디는 결국 자기 영지를 갖지 못한 채 죽게 되었지만, 아내 세실리아는 서출일지언정 프랑스 왕의 딸이다. 자신이 죽은 후에도 이 여인에게 신분에 어울리는 지위를 주고 싶었을 것이다. 그렇게 하면 가까운 시일 안에 트리폴리 백작부인이 될 테니까. 중세에 미망인이 된 여인은, 상당한 재산을 상속받은 몸이 아니라면 수녀원에 들어가는 길밖에 없었다.

그리고 큰 임무임에도 지위는 낮은 섭정 역할을 맡게 되는 루지에로에게는 또 하나의 선물을 준비해두었다. 루지에로에게는 마리아라는 여동생이 있었는데, 총독에 임명되어 갈릴리 지방에 부임해 있는 조슬랭 드 쿠르트네와 그녀를 결혼시키기로 한 것이다.

이렇게 모든 선후책을 마련한 뒤, 이들 전원에게 앞으로 절대 이 긴밀한 관계를 무너뜨리지 않겠다고 서약하도록 했다.

요컨대 탄크레디는 안티오키아 공작령, 에데사 백작령, 트리폴리 백작령, 그리고 갈릴리 지방 모두에 인척관계를 맺어둠으로써 십자군 국가 북부의 안정을 고려하고, 자신의 사후에도 그것이 제대로 기능할 수 있도록 적절히 조처한 것이다.

적극적인 활동가였으나 다소 다혈질이던 탄크레디도, 죽을 때는 풍부한 감수성과 먼 미래를 내다보는 눈을 갖춘 어른으로 성숙했던 것일까.

어쨌든 탄크레디는 예루살렘 왕 보두앵에게 최고의 선물을 남기고 죽었다. 이후 6년간 보두앵은 북쪽을 걱정할 필요가 없었고, 때문에 이집트와의 싸움에 집중할 수 있었다.

탄크레디는 서른여섯 살에 죽었다. 이 시대에는 결코 너무 이른 죽음은 아니다. 하지만 역사상의 탄크레디는 이상하게도 젊음의 상징처럼 간주되어왔다.

16세기 이탈리아 문인인 타소의 장편시 「해방된 예루살렘」에서 탄크레디는 청춘 그 자체의 모습으로 그려져 있다. 또한 19세기에는 조아키노 로시니가 오페라 〈탄크레디〉를 작곡해 젊음으로 인한 비극을 그려냈다.

그리고 20세기에는 루키노 비스콘티가 감독한 영화 〈레오파드 Il Gattopardo〉를 들 수 있다. 이 영화에서 알랭 들롱은 늙은 공작 살리나의 조카를 연기하는데, 영화의 원작을 쓴 시칠리아 작가 람페두사는 이 혈기왕성한 캐릭터에 탄크레디란 이름을 붙여주었다.

지금도 유럽인들, 특히 남유럽 사람들은 탄크레디라는 이름을 들으면 거의 자동적으로, 신의가 두텁고 생기 넘치는, 영원한 젊은이를 떠올린다.

예전에는 탄크레디와 함께 제1차 십자군 제후 가운데 두 애송이 중 하나라는 영예를 나눠 가졌던 보두앵은, 죽음을 앞두고서야 태도가 변한 탄크레디에 비해 예루살렘 왕위에 올랐을 때부터 이미 그런 모습을 보였다. 형 고드프루아가 죽은 뒤 에데사 백작령을 버리고 예루살렘으로 들어왔을 때부터 보두앵은 변했던 것이다.

이후 18년간 그는, 형이 시작했지만 1년이라는 짧은 기간 동안 채 달성하지 못했던 일, 즉 예루살렘 왕령을 강화하는 데 전념한다. 그것은 팔레스티나의 항구도시를 십자군의 세력 아래로 편입함과 동시에, 이 일대에 대한 이집트 파티마 왕조의 지배를 무너뜨리는 일이기도 했다.

이 사람이 원한이나 권위에 얽매이지 않는 성격이었다는 것은 이미 언급했지만, 그런 사람은 타자의 원한까지도 녹여버리는 것일까.

1110년, 이번에야말로 이집트 세력을 축출하고 아스칼론을 완전히 손에 넣겠다고 결심했을 때였다. 예루살렘 왕 휘하의 군대만으로는 도저히 부족했으므로 안티오키아와 에데사에도 원군을 요청한다. 일전에 보두앵의 따끔한 꾸중을 들었기 때문인지, 안티오키아의 탄크레디와 에데사의 보두앵 모두 군대를 이끌고 남하해왔다.

이 둘은 안티오키아 공작령과 에데사 백작령을 끝까지 지켜온 사람들이다. 이들은 예루살렘 왕 보두앵이 이번에는 꼭 함락하겠다고 결심한 아스칼론을 시외에서 시찰한 것만으로, 서로 싸우던 사람이 맞나 싶을 정도로 입을 모아 보두앵에게 철군을 권했던 것이다.

육지 쪽은 성채도시라 해도 좋을 정도로 수비가 튼튼하므로, 바다 쪽에서 함께 공격하지 않는 한 함락할 수 없다, 바다 쪽은 피사나 제노바에 의지할 수밖에 없는데 그들의 참전도 산발적이므로 완전히 믿을 수는 없다는 것이 두 사람이 든 이유였다.

보두앵은 순순히 그 의견에 따랐다. 얼마 전 이 둘에게 오리엔트 십자군 국가의 최종 결정권은 예루살렘 왕인 자신에게 있다고 일갈했음에도 그런 면모를 보이는 것을 보면, 보두앵은 사고가 유연하고 관대한 성품이었던 것 같다.

이 예루살렘 왕은 왕위에 오른 이후 18년 동안, 군사력만이 아니라 정치력도 함께 구사하며 정복과 통치를 수행해왔다.

그는 우선 교황의 대리인 다임베르트의 강한 반대에도 불구하고, 가톨릭교도만 허용하는 정책을 철폐했다. 그리스정교도나 아르메니아 종파 그리스도교도도 예루살렘에 살아도 된다고 한 것이다.

또한 군사력으로 공략한 다른 도시에서도, 원주민인 이슬람교도나 그리스정교도를 내쫓고 가톨릭교도만의 도시로 만들려는 시도를 하지 않았다. 그리스정교도는 물론이고 이슬람교도도 계속 거주하는 것을 인정했고, 모스크나 각종 시설도 파괴하지 않았으며, 모스크에서 기도하는 것도 인정했다.

그뿐 아니라 이슬람교도가 말하는 '프랑크인'과, 그리스도교도가 말하는 '불신자' 즉 이슬람교도와의 결혼까지 인정했다. 부하 병사들은 그것을 병력 증강책이라고 말했는데, 보두앵은 아마 그런 말로 이교도와의 공생노선을 정당화했을 것이다. 어쨌거나 순례자들은 계속 찾아왔지만 조직적인 병력은 여전히 도착하지 않고 있었으니까.

또한 그는 경제적인 면에서도 국력향상을 도모할 필요성이 있음을 알고 있었다. 이것은 제패한 도시에 사는 이슬람교도만이 아니라, 그 외의 도시에 있는 이슬람교도까지 끌어당기게 된다.

십자군이 공략한 항구도시에는 이탈리아 해양 도시국가의 상인들의 거주구역이 생겨나고 있었는데, 그곳이 중근동의 경제기지가 된 것이다. 여기서는 중근동의 토산품뿐만 아니라 멀리 중동이나 동양에서 실려오는 토산품까지 거래되었다. 십자군과 종종 적대하면서 끝내 굴복하지 않았던 샤이자르나 하마나 홈스에서도, 영주 일가에 속하는 사람들까지 교역을 위해 십자군측의 항구도시를 방문하게 되었다.

알레포와 다마스쿠스의 상인들도 프랑크 상인들과 거래하게 되었다. 그리스도교도의 도시가 되었음에도 터번을 두른 모습으로 기세등등하게 걸어가는 풍경은, 유럽에서 온 순례자들의 눈살을 찌푸리게 만들 정도였다.

보두앵의 죽음

그러나 예루살렘 왕 보두앵은 이집트의 위협을 잊을 수 없었다.

이집트에서 팔레스티나로 오는 길은 세 가지다. 첫번째는 바닷길을 통해 아스칼론에 상륙하는 길. 두번째는 시나이 반도를 통해 오는 육로인데, 꼭 사막지대를 가로지를 필요는 없다. 카이로에서 지중해로 빠져 해안을 따라가면 가자에 이른다. 가자에서 아스칼론은 아주 가까운 거리이고, 아스칼론에서 예루살렘까지는 70킬로미터밖에 떨어져 있지 않다.

그리고 세번째는, 홍해를 패권하에 둔 이집트이기에 가능한 길이다. 배로 시나이 반도를 돌아가면 아카바에 상륙한다. 아카바에서 북상해 사해로 나가 계속 전진하면 바로 예루살렘이다. 배와 사람을 고용할 자금이 부족하지 않은 이집트는, 마음만 먹으면 이 세 가지 길 모두를 동시에 사용할 수도 있었다.

십자군측의 유일한 위안은, 때때로 팔레스티나를 공격하는 족족 실패한 알 아흐달이 아직 이집트의 재상 자리에 있다는 사실이 보여주듯, 이집트는 십자군을 철저하게 격파하겠다는 강력한 의지가 없다는 것이었다. 하지만 그렇다고 보두앵의 걱정이 사라진 것은 아니었다.

아스칼론을 공격하는 것조차 애를 먹는 것이 당시 십자군의 전력이었다. 이집트의 카이로로 쳐들어가는 것은 미친 짓이다. 보두앵이 할 수 있는 일은, 종종 시나이 반도까지 군대를 이끌고 나가 꾸준히 이집트를 견제하는 것밖에 없었다.

대체 언제 자기 자리에 가만히 앉아 있으려나 싶을 정도로 여기저기 공격해댄 것은 탄크레디만이 아니었다. 예루살렘 왕 보두앵 역시 예루살렘에서 잠을 잔 게 며칠이나 될까 싶을 정도로 매일같이 군대를 이끌고 다녔다.

그 때문인지 아르메니아인이었던 두번째 부인과의 사이가 원만하지 못하여, 그리스도교 세계에서는 드물게 이혼까지 했다. 세번째로 맞이한 부인은 시칠리아 왕의 미망인이었는데, 이 결혼은 완전히 그녀가 가진 자산이 목적이었기에, 보두앵은 부인이 어디서 지내든 관심이 없었다. 첫번째 결혼에서 얻은 두 딸을 일찍 잃은 뒤, 두번째 부인과 세번째 부인과의 사이에서는 아이가 생기지 않았다.

서기 1118년 봄에도 보두앵은 여느 때처럼 군대를 이끌고 이집트를 견제하러 시나이 반도로 향하고 있었다. 그러나 엘 아리쉬까지 갔을 때 쓰러지고 만다. 들것에 실려가야 할 정도의 병세였기에 철수할 수밖에 없었다. 그러나 들것에 실려 돌아오는 길도 길지 않았다. 4월 5일,

보두앵은 세상을 떠났다. 유해는 예루살렘으로 옮겨져 성묘교회에 묻힌 형 고드프루아 옆에 매장되었다.

보두앵은 원래 성직의 세계에 있었으므로 태어난 해는 알려져 있지 않다. 성직의 세계에서는 지위가 모든 것을 말해주므로, 그 세계에 들어가자마자 나이는 '무(無)'가 되기 때문이다. 로마 교황의 경우에는 교황이 된 때에 태어난 해가 기록되는데, 그 이외의 성직자는 죽은 해밖에 기록되지 않는다. 그러므로 보두앵이 태어난 해도 분명하지 않지만 아마 1065년 전후에 태어났을 테니, 세상을 떠났을 때의 나이는 쉰세 살 전후였을 것이다.

십자군 제1세대의 퇴장

지금까지 말한 23년 동안 십자군 국가가 확립되었다. 에데사 백작령, 안티오키아 공작령, 트리폴리 백작령, 예루살렘 왕령 등, 말하자면 예루살렘을 중심으로 한 연방국가가 명확한 형태로 성립된 것이다.

탄크레디가 남긴 인척관계의 그물은 그후에도 계속해서 기능해, 에데사의 보두앵, 안티오키아의 루지에로, 트리폴리의 퐁스로 나뉘는 세 지도자는 서로 도와가며 영지를 지켜나가는 데 성공했다. 탄크레디는 종종 예루살렘 왕의 권위에 저항했었지만, 이 세 사람은 예루살렘 왕의 권위를 인정했기 때문에 에데사, 안티오키아, 트리폴리 모두 독자적으로 행동하는 영국(領國)이 아니라, 어디까지나 예루살렘 왕을 리더로 삼은 연방국가였다. 이 연방제가 십자군 국가의 수명을 늘려주었다.

하지만 보두앵의 죽음을 마지막으로, 제1차 십자군의 주역 전원이 세상을 떠났다.

교황의 대리인 자격으로 종군했던 아데마르 주교는 1098년 안티오키아 공방전 중에 세상을 떠났다.

예루살렘 함락 후 실질적인 왕이었던 로렌 공작 고드프루아는 1100년 예루살렘에서 삶을 마감했다.

도망쳐올 때마다 부인에게 야단을 맞고 다시 팔레스티나로 돌아온, 중세 기사로는 희귀한 예에 속한 블루아 백작 에티엔도 이슬람과의 전투중에 죽었다. 죽을 때만큼은 십자군 전사답게 전사한 것이다. 블루아 백작과 자주 행동을 같이했던 프랑스 왕의 동생 위그도 같은 시기에 죽었다.

노르망디 공작과 플랑드르 백작 두 사람은, 예루살렘을 함락한 후 신에 대한 서약을 지켰다며 유럽으로 돌아갔고, 유럽에서 죽음을 맞았다.

그리고 제후 중 가장 연장자이면서 툭하면 동료들과 다투었던 툴루즈 백작 레몽은 1105년, 최후의 순간만은 기사답게 이슬람을 상대로 용감하게 싸우다 죽었다. 예순셋의 나이였다. 그가 집착하던 트리폴리는 아들과 손자가 연달아 통치했으므로, 레몽도 아마 천국에서 여한이 없으리라.

프랑크측에는 보에몬드가 있다는 말이 돌 정도로 이슬람측에서도 유명했던 풀리아 공작 보에몬드는, 서로 다투기만 했던 레몽이 죽은 지 6년 후 자기 영지인 풀리아의 성에서 예순하나를 일기로 삶을 마감했다. 앞에서 말한 대로 쓸쓸한 죽음이었을 테지만, 신의를 중시한 탄크레디 덕에 안티오키아 공작령의 통치권은 언젠가 보에몬드의 아들에게 돌아가게 되어 있었다. 보에몬드의 대활약으로 공략에 성공한 안티오키아는 계속해서 노르만 일가가 영유하게 된다.

그리고 탄크레디. 그도 서른여섯이라는 젊은 나이로 1112년에 세상을 떠났다.

6년 후인 1118년, 마지막 남은 보두앵도 죽었다.

또한 같은 해, 십자군의 주역들과 시종일관 미묘한 관계를 유지하던 비잔틴제국 황제 알렉시우스도 죽음을 맞았다.

이 1118년을 마지막으로 십자군 역사의 제1세대 전원이 퇴장한 것이다.

죽어가는 예루살렘 왕 보두앵은, 에데사에 있는 사촌동생 보두앵을 부르라는 한 마디를 남겼다.

그 소식을 들은 보두앵은, 예전에 함께 포로생활을 했던 조슬랭 드 쿠르트네에게 에데사 백작령을 맡기고 급히 예루살렘으로 향한다. 이 사람이 보두앵 2세라는 이름으로 예루살렘의 2대 왕위에 오르게 된다. 실질적인 왕이었던 고드프루아 때부터, 성도 예루살렘의 '수호자'는 변함없이 로렌 일가가 차지하게 된 것이다.

보두앵 2세의 나이도 확실히는 알려져 있지 않다. 아마 사촌이었던 보두앵 1세보다는 조금 어리고 탄크레디보다는 조금 많지 않았을까 생각된다. 그렇다면 왕위에 올랐을 때의 나이는 사십대 후반쯤이었을 것이다.

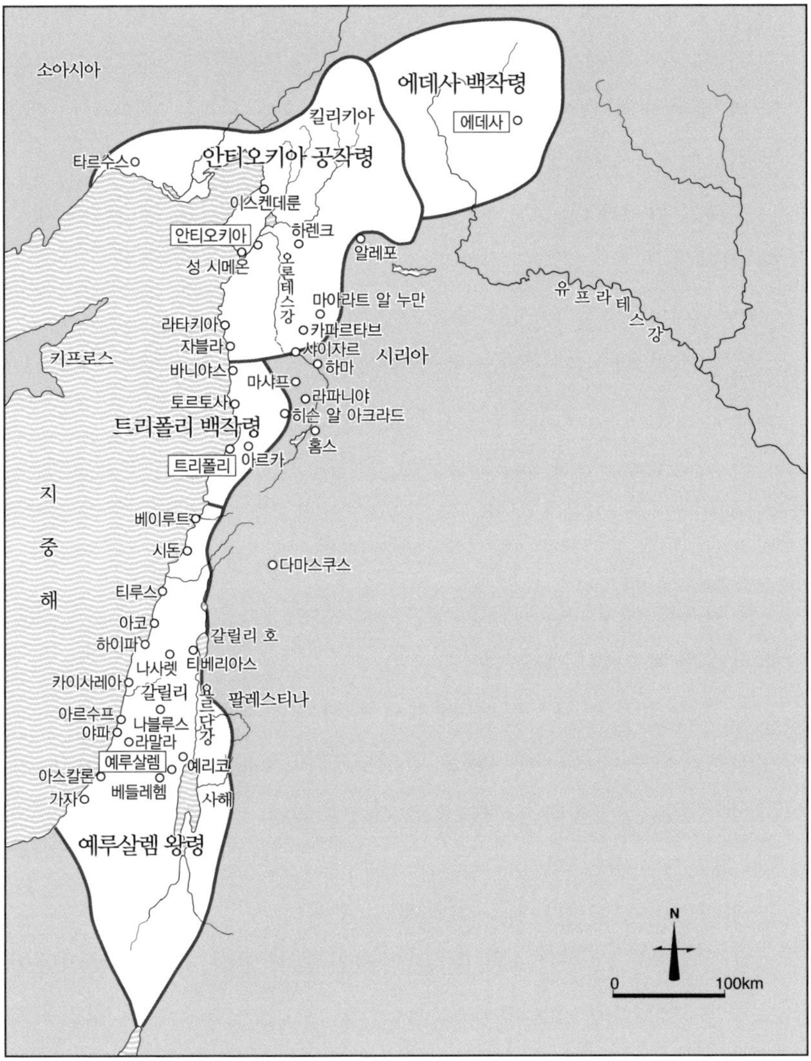

제1차 십자군이 이룬 중근동의 십자군 국가

제1차 십자군에 의해 시리아와 팔레스티나 땅에 수립된 십자군 국가는 이들 제1세대가 만들어냈다. 유럽을 뒤로한 1096년부터 예루살렘을 함락할 때까지 3년 동안 정복하고, 그후 18년을 들여 확립해나간 것이다.

황제도 왕도 참전하지 않은 제1차 십자군의 주역들은 유럽 각지에 영지를 가진 제후들이었다. 그들은 때때로, 아니 자주 이기적으로 행동하고 분열을 반복했지만, 최종 목표 앞에서는 언제나 단결했다.

이 점이 이기적이고 분열을 반복했다는 점에서는 마찬가지였던 이슬람측 영주들과의 차이였다. 그리고 그것이 바로 제1차 십자군이 성공한 주된 요인이었다.

이어지는 이야기는 십자군의 제1세대가 만들어내고 확립한 십자군 국가를 그후의 사람들이 어떻게 지켜내는가 하는 것이다. 하지만 십자군이 왜 굳이 이 멀리까지 온 것인지 이해하지 못해 허를 찔리기 일쑤였던 이슬람측이 조금씩 태세를 정비해갔으므로, 이것이 쉽지 않은 일이라는 것은 누구나 예상할 수 있으리라.

그러나 예상하는 것과 행동으로 옮기는 것은 다르다.

그리고 먼저 행동한 것은, 십자군 제1세대의 퇴장으로 생긴 공백을 유럽에 있는 사람들보다 더 강하게 느끼고 있던 현지 사람들이었다.

(2권으로 이어집니다)

| 도판 출처 |

표지, 속표지 그림 : Gustave Doré

14쪽, 43쪽, 164쪽, 232쪽 그림 : 畠山モグ

135쪽 그림 : Alphonse de Neuville 作 © AKG-images

211쪽 그림 : © 2011, 김시영

지도 제작 : 종합정도연구소(綜合精図硏究所, JAPAN)

옮긴이 **송태욱**
연세대학교 국문과를 졸업하고 같은 대학 대학원에서 문학박사 학위를 받았다. 도쿄외국어대학교 연구원을 지냈다. 지은 책으로 『르네상스인 김승옥』(공저)이 있고, 옮긴 책으로 『사랑의 갈증』 『세설』 『만년』 『환상의 빛』 『형태의 탄생』 『천천히 읽기를 권함』 『번역과 번역가들』 등이 있다.

감수자 **차용구**
고려대학교 사학과를 졸업하고, 독일 파사우대학교에서 서양 중세사 연구로 석사와 박사 학위를 받았다. 현재 중앙대학교 인문대학 역사학과 교수로 재임하고 있다. 지은 책으로 『로마제국 사라지고 마르탱 게르 귀향하다』 『중세 유럽 여성의 발견』이, 옮긴 책으로 『중세의 빛과 그림자』가 있다.

십자군 이야기 1

1판 1쇄 2011년 7월 7일
1판 29쇄 2024년 8월 12일

지은이 시오노 나나미
옮긴이 송태욱
감수자 차용구

기획 강명효 | 책임편집 양수현 | 편집 강명효 염현숙
독자 모니터 김경범 노영식 이성호(전국역사교사모임 세계사분과)
디자인 윤종윤 유현아 | 저작권 박지영 형소진 최은진 오서영
마케팅 정민호 서지화 한민아 이민경 안남영 왕지경 정경주 김수인 김혜원 김하연 김예진
브랜딩 함유지 함근아 박민재 김희숙 이송이 박다솔 조다현 정승민 배진성
제작 강신은 김동욱 이순호 | 제작처 영신사

펴낸곳 (주)문학동네 | 펴낸이 김소영
출판등록 1993년 10월 22일 제2003-000045호
주소 10881 경기도 파주시 회동길 210
전자우편 editor@munhak.com | 대표전화 031) 955-8888 | 팩스 031) 955-8855
문의전화 031) 955-1927(마케팅) 031) 955-1917(편집)
문학동네카페 http://cafe.naver.com/mhdn
인스타그램 @munhakdongne | 트위터 @munhakdongne
북클럽문학동네 http://bookclubmunhak.com

ISBN 978-89-546-1520-4 04920
978-89-546-1523-5 (세트)

잘못된 책은 구입하신 서점에서 교환해드립니다.
기타 교환 문의: 031) 955-2661, 3580

www.munhak.com

십자군 이야기

2

JYUJIGUN-MONOGATARI vol 2
by Nanami Shiono

이 도서의 국립중앙도서관 출판예정도서목록(CIP)은
서지정보유통지원시스템 홈페이지(http://seoji.nl.go.kr)와
국가자료종합목록 구축시스템(http://kolis-net.nl.go.kr)에서 이용하실 수 있습니다.
(CIP제어번호 : CIP2011004511)

Story of the Crusades

십자군 이야기

2

시오노 나나미
송태욱 옮김 | 차용구 감수

문학동네

차례

제1장

수호의 시대

어째서인지 인재는 어느 시기에 한쪽에서만 집중적으로 배출되는 것 같다. 하지만 이런 현상도 시간이 좀 지나면 잦아들고, 이번에는 다른 쪽에서 인재가 집중적으로 배출된다.

이제부터 시작하는 2권에서는, 그리스도교측에서 배출된 남자들을 그린 1권에 이어 이슬람측에서 배출된 남자들을 중심으로 이야기한다. 왜 양쪽 모두 같은 시기에 인재가 배출되지 않았을까, 하는 의문에 명쾌하게 답해준 철학자도 역사가도 없다. 인간은 인간의 한계를 알아야 한다는 신들의 배려인가, 아니면 이것이야말로 역사의 부조리인 것일까……

중세 유럽의 그리스도교도에게 십자군 원정은 신이 바라는 일을 한다는, 신자로서 더할 나위 없이 정당한 행위였다.

그러므로 무슨 일이 일어나든 신이 지켜줄 것이라 믿고 멀리 오리엔트로 향했던 것이다.

사실 『십자군 이야기』 1권에서 전반적으로 서술한 것처럼, 제1차 십자군의 성공은 거기 참가한 사람들의 노고와 희생의 결과였다. 하지만 이 또한 신의 도움이 있었기에 가능했다고 믿은 사람들은 그 성과를 유지하는 단계에 들어선 이후에도, 신이 앞으로도 틀림없이 도와줄 것이라 믿어 의심치 않았다.

1095년, 프랑스 중부의 클레르몽에서 열린 공의회에서 십자군 원정을 선언한다.

1096년, 십자군 참가를 서약한 제후들이 유럽을 뒤로하고 중근동으로 향한다.

1097년, 예루살렘으로 가는 길을 가로막고 있던 최대의 난관인 시리아의 대도시 안티오키아 공방전이 시작된다.

1098년, 안티오키아 공략에 성공한다.

1099년, 예루살렘을 '해방'한다.

실제로 움직인 기간만 따지면 불과 3년 만에, 제1차 십자군은 '이교 이슬람의 멍에에 시달리고 있던 성도 예루살렘의 해방'이라는 거대한 목적을 달성했다. 이를 알고 전 유럽이 열광했다.

그러나 신의 도움을 믿는 정도와는 상관없이, 실제로 십자군에 참가하여 고생 끝에 성과를 거둔 제후들은 알고 있었다. 성도 예루살렘이 '해방'된 상태로 존속하기 위해서는 그 주변 일대까지 지배하에 둘 필요가 있다는 것을. 즉 시리아, 팔레스티나라고 불리는 중근동 일대를

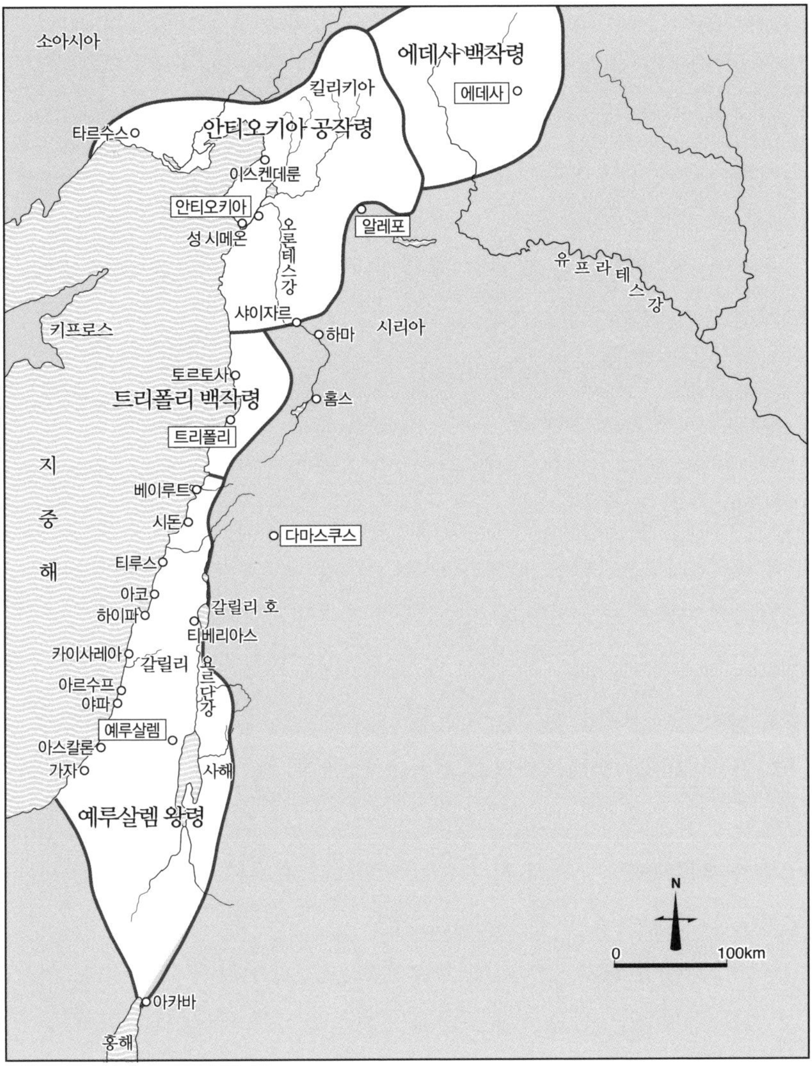

1118년까지의 중동 십자군 국가

지배하에 두는 것이 예루살렘의 수호에 불가결하다는 사실을 알고 있었던 것이다. 그들은 황제도 왕도 아니었지만 고향 유럽에 광대한 영토를 소유하고 있던 봉건영주였다. 획득한 성지를 내버려두어도 신이 지켜주리라고 생각할 수 없는 남자들이었던 것이다.

스스로 '성묘의 수호자'라고 칭했지만 실질적으로 초대 예루살렘 왕이었던 로렌 공작 고드프루아.

안티오키아 함락의 주역이기도 한 풀리아 공작 보에몬드.

트리폴리 지방을 지배하에 두는 데 공을 세운 툴루즈 백작 레몽.

이 세 주요인물의 바로 뒤를 이은 이는, 에데사 지방을 정복하여 에데사 백작이 되고 그후 형 고드프루아의 뒤를 이어 예루살렘 왕이 된 보두앵, 그리고 보에몬드 1세의 오른팔 이상의 커다란 활약을 보여준 탄크레디, 이 두 젊은 장수였다.

이 남자들이 1099년까지는 정복을, 그후 18년간은 정복을 확고히 함으로써 시리아와 팔레스티나의 십자군 국가가 성립된 것이다.

그러나 1118년, 이 다섯 명 가운데 마지막으로 남은 예루살렘 왕 보두앵이 세상을 떠났다. 자식은 없었다.

'아무도 남지 않게 된' 이런 상황에서 예루살렘의 왕위에 오른 이는, 이름이 같다는 이유로 보두앵 2세라고 불리는 사람이다. 이 보두앵 2세가 유럽에서 멀리 떨어진 중근동 십자군 국가의 수호라는 중책을 맡게 되었다.

십자군의 제2세대

보두앵 2세는 태어난 해가 확실하지 않아 에데사 백작에서 예루살렘 왕으로 승격했을 때의 나이를 알 수 없다. 사촌형인 보두앵 1세보다는 몇 살 어리고 6년 전 서른여섯의 나이로 세상을 떠난 탄크레디보다는 조금 많았으므로, 예루살렘 왕위에 올랐을 때의 나이는 사십대 후반에 들어선 무렵이었을 것이다. 에데사 백작이었던 시기에 아르메니아 영주의 딸과 결혼했고, 그 아내와의 사이에 딸 넷이 있었다.

초대 예루살렘 왕이었던 고드프루아는 유럽 북동부 광대한 공국의 영주였으므로, 그가 그리스도교도라면 모르는 사람이 없는 예루살렘이라는 도시의 통치자가 되는 것에 아무도 위화감을 갖지 않았을 것이다. 그 뒤를 이어 2대 왕이 된 보두앵 1세는 고드프루아의 친동생이었으니 역시 당시 유럽에서 유력한 집안이었던 로렌 공작가의 본가에 속한 셈이다.

하지만 이 두 사람과 사촌지간인 보두앵 2세는 본가의 일원이라 할 수는 없었다. 그런 그가 이렇다 할 반대 없이 예루살렘 왕위에 오른 것은 현지 사람들의 위기감 때문이 아니었을까.

사실 보두앵 1세가 죽은 직후, 유럽에 있는 로렌 공작가 사람 중 하나를 불러와 다음 왕으로 앉혀야 한다는 목소리가 높았다. 이에 대해 당시 에데사 백작이었던 보두앵 2세를 강력하게 추천한 이가, 그 무렵 갈릴리 지방의 방어를 담당하고 있던 조슬랭 드 쿠르트네였다.

이유는 간단하다. 이름만 들어도 누구나 고개를 끄덕일 만한 명문가의 남자를 유럽에서 불러오는 것보다, 현지 정세를 잘 아는 사람에게 맡기는 것이 적절한 대책이라는 것이다. 그리고 현지에서 이에 찬성한 또 한 명의 주요인물이 예루살렘의 대주교였다. 대주교 드 로는 예루살렘이 '해방'되었을 무렵부터 팔레스티나에 있던 사람으로, 고드프루아와 보두앵 1세가 예루살렘을 정복한 이후 고생하던 모습을 직접 눈으로 보아 잘 알고 있었다.

이리하여 고드프루아나 보두앵 1세 같은 명문가 출신도 아니고, 그렇다고 보에몬드나 탄크레디처럼 전략전술에 능하지도 않던 남자가 3대 예루살렘 왕이 된 것이다. 지금까지는 사촌형 보두앵 1세를 대신하는 역할로만 그 이름이 등장하던 남자가.

그는 십자군 원정의 최종목표였던 예루살렘 공격 때, 에데사 백작령을 방어하느라 움직일 수 없었던 보두앵 1세가 자기 대신 예루살렘으로 보낸 인물이었다. 고드프루아가 죽은 후 예루살렘 왕이 된 보두앵 1세가 에데사 백작령을 떠나면서 그곳을 맡긴 인물이기도 했다. 그리고 보두앵 1세가 죽은 후 예루살렘의 왕위에 오른 이도 바로 이 사람이다.

고드프루아, 보에몬드, 레몽, 이 세 사람이 제1차 십자군의 맨 앞줄에 서고, 그 바로 뒤에는 제1차 십자군의 젊은 세대인 보두앵 1세와 탄크레디가 섰다. 그리고 세번째 줄에 해당하는 것이 보두앵 2세라는 이름으로 예루살렘의 왕위에 오른 이 사람이다. 이슬람측의 평가를 집약하면 '평범한 남자'였는데, 그렇게 보였다고 해도 어쩔 수 없다. 그리스도교측에서조차 그는 예루살렘 왕이 되기 전까지는 늘 '누군가를 대신하는 남자'였기 때문이다.

그러나 평범한 사람에게도 그 평범함을 돌파하는 길이 있다. 자기 능력의 한계를 냉철하게 따져보고, 자기 혼자 모든 일을 하려 하지 않고 다른 사람에게 맡기는 것의 중요성을 인식했을 때 그 길이 열린다. 그리고 이것은 '아무도 남지 않은' 시기에 지도자가 되어버린 '누군가를 대신하는 남자'가 유일하게 할 수 있는 올바른 방법이기도 했다. 어쨌든 보두앵 2세는 경험만은 부족하지 않았다.

고드프루아를 따라 유럽을 뒤로한 이래 22년. 세번째 줄이었다 해도, 또 늘 '누군가를 대신하는 남자'였다고 해도 제1차 십자군의 모든 것을 경험한 사람은 이제 보두앵 2세 혼자였다. 이 사람이 현 정세를 잘 알고 있다는 이유로 3대 예루살렘 왕으로 추천된 것도 당연하다. 조슬랭 드 쿠르트네가 함께하긴 했지만, 어쨌거나 그는 이슬람측의 포로가 되어 4년 동안이나 포로생활을 경험하기도 했으니까.

1118년에 3대 예루살렘 왕이 된 보두앵 2세가 직면한 문제는, 1099년에 예루살렘을 정복하고 초대 왕이 된 고드프루아가 직면했던 문제와 다르지 않았다.

한마디로 '병력의 절대적인 부족'이었다. 유럽을 떠날 당시만 해도 십자군은 수만 명을 헤아리던 대병력이었는데, 예루살렘 해방이라는 큰 목적을 달성했음에도, 아니, 바로 그 때문에 병력이 더더욱 급격하게 감소해갔던 것이다.

첫째, 유럽을 떠나 소아시아, 시리아, 팔레스티나를 거치면서 벌어진 전투에서 수많은 병사를 잃었다.

둘째, 이와 같은 시기에 식량이나 물 부족, 병으로 쓰러진 자도 많았다.

셋째, 성도 예루살렘의 해방으로 신에 대한 서약을 이루었다며 예루살렘 '해방' 직후 유럽으로 돌아간 십자군 병사가 상당히 많았다.

제후들 중에서도 플랑드르 백작과 노르망디 공작, 이 두 사람이 귀국했다. 대장이 귀국하면 그 수하의 병사들도 따르게 마련이다.

이들이 귀국한 후 정복 직후의 예루살렘을 방어할 책임을 떠맡게 된 것은 초대 예루살렘 왕인 고드프루아였는데, 그에게 남아 있는 장수는 탄크레디 한 사람뿐이었다. 이 두 사람이 거느린 병력을 합해도 기병 3백 명에 보병 2천 명밖에 되지 않았다.

형 고드프루아의 뒤를 이어 예루살렘 왕이 된 보두앵 1세가 자유로이 운용할 수 있는 병력이 어느 정도였는지는 알려져 있지 않다. 하지만 이보다 30년 후인 제2차 십자군 시대에, 당시 예루살렘 왕이었던 보두앵 3세가 이끌던 병력에 대한 기록은 남아 있다. 기병 550명에 보병 6천 명. 중근동의 여러 십자군 국가 중에서 가장 큰 규모였던 예루살렘 왕국조차, 제1차 십자군에 참가한 제후 한 사람이 이끌고 온 병력에도 훨씬 못 미치는 병력을 보유하고 있었던 것이다. 제1차 십자군 당시 제후들 중 세력이 작은 편이었던 플랑드르 백작만 해도 기병 5백 명을 거느리고 있었으니까.

게다가 보두앵 1세 때는 이슬람 세력과의 경계인 갈릴리 지방의 정복을 담당한 탄크레디와 안티오키아 공작령을 견고하게 유지하고 있던 보에몬드, 그리고 보두앵 1세가 자기 대신 에데사 백작령을 맡긴 사촌 보두앵 2세, 제1차 십자군 세대인 이 세 사람에게 의지할 수 있었다.

그러나 이 제1차 십자군 세대 장수들이 모두 세상을 떠 '아무도 없었다'고 해도 좋은 정황에서 예루살렘 왕이라는 중근동 십자군 국가의 최고지도자가 된 보두앵 2세가 의지할 수 있는 사람은 조슬랭 드 쿠르트네밖에 없었다. 그전까지 갈릴리 지방의 방어를 담당하던 쿠르트네는, 왕이 되어 예루살렘으로 향하는 보두앵에게 위임받은 에데사 백작령을 방어하고 있었다.

'그리고 아무도 없었다'고 할 수 있는 1118년 당시 십자군 국가의 정황은, 제1차 십자군의 주역이었던 제후들이 차례로 세상을 떠났다는 이유만으로는 설명할 수 없다. 이 제후들의 수족이 되어 용감하게 싸워온 베테랑들, 현대 군대로 말하자면 유능한 하사관급에 해당하는 사람들까지 이 20년 남짓한 기간에 모두 죽고 말았던 것이다.

이것이 병력 부족에 '절대적'이라는 수식어를 붙이지 않을 수 없는 이유다. 병역 지원자가 있어도 그것을 전력(戰力)으로 바꾸어가는 데 없어서는 안 될, 훈련을 담당하는 이들이 바로 하사관급 베테랑들이기 때문이다.

이것이 중근동에 성립된 십자군 국가의 당시 상황이라면, 그 최고책임자가 할 수 있는 일에는 한계가 있게 마련이다.

방어에 전념할 수밖에 없는 것이다.

십자군이 유럽을 뒤로한 1096년부터 시작해 보두앵 1세가 죽은 1118년까지의 22년간을 그리스도교측의 공세 시대라고 한다면, 보두앵 2세가 즉위한 뒤에는 수세의 시대로 접어든다. 그것도 '아무도 없는' 상황에서.

한편 유럽에서는 성도를 탈환했다는 소식에 환호한 신자들이 이전보다 더 많이 순례길에 올랐다.

이 사람들은 예루살렘이 그리스도교 아래로 다시 돌아온 것은 신의 도움 덕이라고 믿고 있었다. 신이 성도 탈환까지 도와주었으니, 긴 바닷길을 거쳐 팔레스티나에 상륙하고, 그곳에서 예루살렘으로 향하는 길의 안전도 지켜줄 것이라 믿어 의심치 않았다. 하지만 현실은 이들이 생각하는 대로 되지 않았다.

고드프루아와 보두앵 1세가 예루살렘 왕이던 19년간 시종 수세에 몰려 있던 이슬람측은, 정면승부하면 질 게 뻔하므로 게릴라 전법에 중점을 두는 것으로 전략을 바꾸었다.

게릴라 전법은 적의 가장 약한 곳을 공격하는 것이 상식이다. 머리에서 발끝까지 갑옷과 투구로 무장한 군대는 이기지 못해도, 무방비로 찬송가를 합창하며 예루살렘으로 향하는 순례자 무리라면 간단했다.

게다가 이들은 예루살렘의 성묘교회에서 기도하는 것만을 바라고 유럽에서 먼 길을 마다하지 않고 달려온 사람들이다. 신분이 높은 남녀도 적지 않았고, 무방비일지언정 그 신분에 상응하는 자금과 소지품을 지참하고 있었다. 이슬람측에서 보면 증오스러운 침략자인 이교도를 죽인다는 대의명분에 더해, 돈과 물건, 노예로 팔 사람까지 노획할 수 있다는 이점이 있었던 것이다.

이리하여 팔레스티나의 항구도시 야파에서 예루살렘으로 향하는 순례가도는 그 어느 곳보다 위험한 길이 되고 말았다.

십자군 시대의 야파는 지금의 이스라엘 수도 텔아비브와 거의 일치한다. 유럽에서 온 순례자들이 배에서 내리는 이 항구도시에서 내륙에 위치한 예루살렘까지는 직선거리로 60킬로미터밖에 되지 않는다. 이 순례의 중심이 되는 길의 안전을 보장하는 일은 예루살렘 왕이 된 사람이 맡아야 할 책무였다.

그러나 보두앵 2세는 앞서 말한 사정으로 병력이 부족했다. 게다가 에데사 백작령과 안티오키아 공작령 역시 제1차 십자군 세대가 지키고 있던 때와는 달리 그 뒤를 이어받은 방어 책임자의 능력이 떨어져, 이슬람측의 공격을 받을 때마다 예루살렘 왕이 직접 군대를 이끌고 가서 지원해야 했다.

보두앵 2세의 치세는 13년간 이어지는데, 그는 그 대부분의 세월을 언제 예루살렘에 있었던가 싶을 정도로 십자군 국가인 시리아와 팔레스티나의 북쪽에서 남쪽까지를 빈번하게 왕래하는 데 보낸다. 그나마 있는 병력도 왕이 직접 이끄는 전력으로 써야 했으므로 순례가도의 안전을 확보하는 데 할애할 여유까지는 없었다. 보두앵 2세가 왕위에 올랐을 때의 예루살렘은 '고양이 손이라도 빌리고 싶은' 상황이었다 해도 좋았다.

이 예루살렘 왕에게, 고양이는 아니지만 손을 빌려주겠다고 나선 남자들이 나타났다.

템플 기사단의 탄생

전해지는 이야기에 따르면, 막 예루살렘 왕위에 오른 보두앵 2세에게 어느 날 두 기사가 찾아왔다. 두 사람 중 쉰 가까운 나이로 보이는 기사는 프랑스 샹파뉴 지방에서 태어난 위그 드 파앵이라고 했고, 옆 사람도 같은 지방 출신으로 고드프레 드 생 오메르라고 자신을 소개했다. 그들은 자신들 외에 일곱 명의 동지가 더 있다고 말하며, 이 아홉 명으로 종교 기사단을 결성할 테니 야파에서 예루살렘으로 향하는 길을 방어하는 임무를 맡겨달라고 청했다.

지도자 격인 위그까지 포함해 아홉 명이면 너무 적다고 생각할지 모르겠지만, 중세의 기사는 보조전력 삼아 다섯 명 내외의 보병을 거느렸다. 거기에 서너 명의 마부 겸 하인을 거느리는 것이 보통이었다. 따라서 기사 아홉 명은 아흔 명의 남자들이기도 했다. 하지만 주요 전력은 어디까지나 기사 아홉 명일 수밖에 없다.

그래도 보두앵 2세는 크게 기뻐하며, 예루살렘 시가의 동남부에 위치한 기원전 유대시대의 성전 터를 이 남자들의 본부로 제공했다. 십자군의 역사를 이야기하는 데 빼놓을 수 없는 템플(성전) 기사단이 탄생한 것이다. 이 기사단의 명칭이 '템플 기사단'이 된 것도 옛 성전 터에 본부를 두었던 데서 연유한다.

종교 기사단이기는 해도 기사단인 이상 템플 기사단의 단원이 되기 위해서는, 무엇보다도 무기를 가지고 싸우는 사람, 다시 말해 기사가 아니면 안 되었다.

다음으로 세속의 기사와 달리 종교 기사단의 기사가 된 이상, 세속의 신분을 버리고 일생을 신에게 바치는 수도사가 되어야 했다. 속인이었을 때 소유했던 재산을 기부하는 것도 의무였다. 따라서 이후에는 이름도 기사(슈발리에) 위그 드 파얭이 아니라 수도사(프라) 위그가 된다.

셋째로, 수도사가 되었으니 마찬가지로 신에게 일생을 바치기로 한 다른 수도회의 수도사와 똑같은 서약을 해야 했다.

청빈, 복종, 순결이 그것인데, 구체적으로는 사유재산을 버리고 신에게 절대 복종하며 독신으로 일생을 마친다는 것이다. 결혼한 상태였던 위그 드 파얭은 템플 기사단을 결성하기 전에 이미 결혼을 무효화했다.

종교 기사단의 네번째 특징은, 세속의 기사가 일반적으로 그 지방의 봉건영주를 주인으로 모시는 데 비해 이들은 왕이나 영주의 수하가 되지 않는다는 것이다. 무기를 들고 싸우지만 종교 기사단은 수도사의 몸인 이상 그 지방의 주교 관할이 아니라 직접 로마 교황의 관할하에 있는 수도원과 마찬가지로 제후와 왕, 황제, 주교로부터 독립된 존재가 된다.

즉 '템플 기사단'은 예루살렘 왕에게도, 안티오키아 공작에게도, 트리폴리 백작에게도, 또한 예루살렘 대주교에게도 속하지 않는, 시리아와 팔레스티나의 십자군 국가 내에 생겨난 전사 집단이 되었다.

템플 기사단을 창립한 위그 드 파양은 로렌 공작 고드프루아가 지휘하는 군대에 가세해 제1차 십자군을 경험한 인물이기도 했다.

그런 그가 만약 세속의 기사 신분으로 예루살렘 왕 보두앵 2세를 찾아가 순례자들의 안전을 지켜주고 싶다고 청했다면 어떻게 되었을까. 보두앵 2세도 로렌 일가에 속하므로, 그는 고드프루아 휘하에서 싸웠을 때와 마찬가지로 보두앵 2세의 군대에 편입되었을 것이다.

그런데 같은 기사라도 종교 기사단의 기사가 되면, 세속의 제후나 봉건영주의 의사와 상관없이 행동할 수 있는 독립적인 전사 집단으로 변모한다. 로렌 일가의 보두앵 2세가 영원히 예루살렘 왕위에 있으리란 보장은 없다. 종교 기사단이라는 형태를 취하기로 한 위그 드 파양의 판단은, 자신과 동지들이 계속해서 자유롭게 행동할 수 있다는 점에서도 실로 현명한 선택이었다.

그리고 마지막 다섯번째 특징이야말로 템플 기사단을 다른 종교 기사단과 구별되게 한다.

템플 기사단의 단원에게는 청빈, 복종, 순결이라는 3대 원칙에 더해

네번째 원칙을 지키는 것까지도 의무였다. 순례자들을 이슬람교도의 폭력으로부터 지키는 것을 목표로 내건 이상 당연한 귀결이기도 했는데, 이교도를 보면 즉시 죽인다는 원칙이었다.

템플 기사단의 문장

개종을 권하는 단계도 밟을 필요가 없었다. 묻지도 따지지도 않는 말살을 회칙에 명기한 것이다. 그리스도교측의 종교 기사단은 원래 무기를 드는 것이 금지되어 있지 않았으나, 이슬람교도를 보면 그 즉시 죽이라고 당당하게 명기하고 출발한 종교 기사단은 템플 기사단밖에 없었다.

십자군이 시작되고 아직 20년밖에 지나지 않은 이 시대에, 템플 기사단이 내세운 강경노선에 찬동하는 사람은 많았다.

성도 예루살렘을 목표로 무장도 하지 않고 걷는 순례자들에게는, 흰색 흉의(胸衣)에 붉은 십자, 그 위에 걸친 흰색 망토에도 커다란 붉은색 십자 표시를 단 제복 차림의 템플 기사단 기사들이 자신들을 지켜주는 강력한 존재로 비쳤을 것이다. 그리고 다시 유럽으로 돌아간 뒤 누군가를 만나면 이때의 심정을 이야기했을 게 틀림없다.

이리하여 당초 아홉 명이었던 템플 기사단은 나날이 늘어났고, 결성된 지 10년이 되었을 때는 로마 교황으로부터 공식 인가까지 받게 된다. 로마 교황이 인정했다는 것은 그리스도교 세계 전체로부터 공인

받았다는 것을 의미한다. 입단을 희망하는 자도 늘어났고, 동산과 부동산의 기증도 훨씬 많아졌다.

게다가 템플 기사단은 강력한 협력자를 얻는 행운도 누렸다. 제2차 십자군을 보낸 공로를 인정받아 가톨릭교회에서 성인 반열에 올라, 성 베르나르두스라는 이름으로 역사에 남은 인물이다. 그런데 이 사람은 그보다 30년 전인 이 무렵에도 '클레르보의 베르나르두스'라고 하면 전 유럽 사람들이 알 만한 시토파의 수도사였다.

당시 아주 유명했던 그는 「Liber ad milites Templi: De laude novae militae(템플 기사단 서: 새로 탄생한 기사단을 찬양하며)」라는 제목의 글까지 발표했는데, 이 글에서 그는 다른 종교를 믿는 자를 육체적으로 말살하는 행위가 그리스도교 기사로서 정당한 일이라고 분명히 말하고 있다. 왕과 제후, 고위 성직자조차 설득당할 만큼 훌륭한 라틴어로 템플 기사단을 홍보해준 것이다. 조직의 출발로서는 더할 나위 없이 좋은 출발이었다.

그런데 이 시기에 또 하나의 종교 기사단이 등장했다. 십자군 역사에서 템플 기사단과 쌍벽을 이루는 성 요한 기사단이다.

성 요한 기사단의 변모

'탄생'이 아니라 '등장'이라고 한 것은, 성 요한 기사단이 12세기 초인 이 시기 새로이 창립된 것이 아니라 반세기도 더 전, 십자군이 공격해오기 전부터 예루살렘에 존재했기 때문이다. 그랬던 것이 이 시기를 경계로 전사 집단으로 거듭난 것이다. 아마 처음부터 전사 집단으로 탄생한 템플 기사단에 자극받아서일 것이다. 또한 둘은 창립 당시의 사정도 달랐다. 템플 기사단은 프랑스인 기사들이 모여 결성한 것이지만, 성 요한 기사단은 이탈리아 상인들에 의해 창립되었다.

중세의 지중해를 종횡무진 항해하며 이민족과의 교역을 통해 크게 성공한 것으로 알려진 이탈리아 해양 도시국가는 아말피, 피사, 제노바, 베네치아 네 곳이다. 그 첫번째 주자가 아말피였다.

오늘날에는 남유럽의 아름다운 관광지일 뿐이지만, 천년 전 아말피의 남자들은 '해외 웅비'란 바로 이들을 말하는 게 아닌가 싶을 정도로 오리엔트와의 교역에 적극적이었다. 이처럼 이교도 이슬람과의 교역으로 재산을 모은 아말피의 상인 중에 마우로라는 남자가 있었다. 이 남자가 주력했던 건 이집트산 고급 천을 구입해 로마의 고위 성직자에게 파는 일이었는데, 이 사업을 하면서 그는 이집트의 칼리프와 우호관계를 맺은 모양이다.

그래서 상인 마우로는 칼리프에게 부탁했다. 당시 이집트의 칼리프 지배하에 있던 예루살렘으로 순례를 떠나는 그리스도교도를 위해 진료소를 세우는 걸 허락해달라고.

이슬람교도 역시 메카 순례를 신자에게 가장 중요한 일로 생각한다. 종교는 다르지만 그들도 성지순례의 중요성을 알고 있었던 것이다. 게다가 마우로가 상인으로서 신뢰할 수 있는 인물이라는 평판도 도움이 되었다.

칼리프의 허가를 얻은 마우로는 동향(同鄕) 상인들과 함께 예루살렘에 최초로 유럽인 진료소를 설립한다. 이 시기에는 아직 '종교 기사단'도 아니고 '병원'이라 부르기도 주저될 정도의 '진료소'였으므로 결코 무장집단이라 할 수는 없었다. 하지만 이것이 나중에 유명해지는 성 요한 기사단의 시작이다. 그 때문에 가슴과 등에 단 십자도, 도시국가 아말피의 문장인 십자와 동일한 것을 그후에도 내내 사용했다.

이처럼 성 요한 기사단은 순례자에 대한 '의료 서비스'를 목적으로 설립되었다. 서비스의 대상은 템플 기사단처럼 순례자이지만, '군사 서비스'를 목적으로 설립된 것은 아니었다.

그렇기 때문에 '병원'으로 통칭되는 그들의 본부도, 순례자들이 예루살렘으로 들어오는 '야파 문'에서 순례자들에게 가장 중요한 성소인 성묘교회로 가는 길목에 세워졌다. 치료가 필요하지 않은 건강한 순례자들도 성묘교회에 참배하기 전에 그곳에서 손발을 씻고 잠깐 휴식을 취할 수 있었다.

또한 의료시설에는 반드시 의사가 필요한데, 아말피 바로 가까이에 있는 살레르노에 유럽에서 가장 오래되었다는 의학교가 있었다. 일신교 지배하의 중세에 아주 드물게도 이 의학교는 의사와 학생의 민족이나 종교를 따지지 않았는지, 교수 중에 유대인이나 아랍인 의사도 있었다.

어쩌면 마우로와 그의 동시인 아말피의 상인들은 살레르노 의학교 출신 의사들을 믿고, 순례자들을 위한 단순한 숙박 장소가 아니라 의료를 전면에 내세운 시설을 만들었는지도 모른다. 만약 이 가설이 맞다면 아말피에서 오리엔트를 향해 출항하는 배에는 살레르노 의학교 출신의 젊은 의사들도 상인들에 섞여 승선해 있었을 것이다.

예루살렘에 세운 이 '병원'의 설립 시기는 정확하게 알려져 있지 않지만, 마우로에게 건립 허가를 내준 이집트 칼리프의 치세 기간으로 추측해보면 1050년 전후가 아닐까 한다.

만약 그렇다면 십자군이 공격해오기 반세기 전의 일이다. 그리고 그 반세기 사이에, 처음에는 세속 사람인 상인에 의해 운영되던 '병원'이 서서히 수도사라는 성직자의 손으로 옮겨가게 된다.

이유는 두 가지다. 첫째는 후원자였던 아말피의 국력이 쇠퇴한 점. 둘째는 다른 본업을 가진 세속의 사람에 비해 수도사는 이런 자선사업에만 전념할 수 있었기 때문이다.

따라서 제1차 십자군이 예루살렘을 공격하기 시작했을 때 예루살렘 시내에는 그리스도교도가 운영하는 '병원'이 있었고, 그곳에서 봉사하는 수도사들도 있었던 셈이다.

십자군의 공격을 받았던 1099년 당시 예루살렘 총독은 시내에서 그리스도교도를 전원 추방했지만, 성 요한 수도회의 '병원'에서 일하는 수도사들만은 남겨두었다. 여태껏 그들이 그리스도교도가 아닌 이들도 치료해주었기 때문인지, 아니면 공격을 당하는 입장에서는 누구든 의사가 필요했기 때문인지는 알 수 없다.

어쨌든 그들은 십자군이 공격하는 예루살렘에 남아 있었는데, 성

성 요한 병원 기사단의 문장

벽을 사이에 두고 격렬한 전투가 벌어지자 이들도 싸움터로 내몰렸다. 성벽을 기어오르는 십자군 병사를 향해 돌을 던지라고 한 것이다.

그렇지만 그들도 그리스도교도다. 그들이 낙낙한 수도복 품속에 넣은 것은 돌이 아니라 빵이었다. 돌을 던진 것이 아니라 빵을 던졌던 것이다.

하지만 이는 곧 발각되었고, 빵을 던지기로 결의한 제라르도를 비롯한 전원의 참수형이 결정되었다.

처형되었다면 적어도 순교자가 되었겠지만 그렇게 되지 않았던 것은, 처형이 집행되기 전 십자군이 예루살렘을 '해방'했기 때문이다. 그리고 승리한 십자군측에도 치료를 요하는 자가 많았으므로, 그리스도교 치하의 예루살렘에서도 성 요한 수도회의 '병원'은 매우 분주했다.

빵으로 유명해진 제라르도는 보두앵 2세가 즉위하고 2년 후에 죽었다.

그리고 이탈리아 북부 출신의 이 수도사 뒤를 이어 성 요한 의료 수도회의 회장이 된 사람이 레몽 뒤 퓌라는 이름의 프랑스 남부 출신 기사다. 제1차 십자군에 교황의 내리인으로 참가하던 아데마르 주교와 인척관계였다고 하는데, 어쨌든 이 프랑스 귀족이 회장에 취임하면서 순례자들에 대한 의료 서비스를 목적으로 설립되어 운영되어온 성 요한 수도회는 1118년부터 종교 기사단으로 변모한다.

의료 행위만 하는 집단이 아니라 이교도와의 전투도 행하는 집단으로 바뀐 것이다.

18세기에 그려진 것이긴 하지만, 1118년까지 '성 요한 의료 수도회'의 회장이었던 이탈리아 출신의 제라르도 사소와 1118년부터 '성 요한 의료 기사단'의 단장이 된 프랑스 출신의 레몽 뒤 퓌의 초상화는 이 시기 수도회의 변화를 잘 보여준다.

돌 대신 빵을 던졌던 제라르도는 수도복을 입고 있지만, 레몽 뒤 퓌는 갑옷으로 단단히 무장한 모습으로 그려져 있다.

다시 말해 몸은 수도사여도 순수한 전사 집단인 템플 기사단이 탄생한 해에, 성 요한 수도회 역시 전사 집단으로 변모한 것이다.

그들에게 직속상관이기도 한 로마 교황은 이미 수도회로서 공식 인가를 내준 상태였는데, 전사 집단으로 변모한 후에는 군기(軍旗)까지 하사한다. 붉은색 바탕에 흰색 십자의 군기, 그것은 흰색 바탕에 붉은색 십자인 템플 기사단의 군기와 대조를 이룬다.

그러나 성 요한 수도회는 종교 기사단으로 변모한 후에도 템플 기사단처럼 이교도 말살을 회칙으로 내세우지 않았다. 성 요한 기사단의 목적은 어디까지나 의료를 주축으로, 그리스도교도 순례자를 보호하는 데 있다고 명기되어 있다. 나중에 돌이켜보면 이러한 차이는 성 요한 수도회가 현명했다는 증거라고 생각된다.

초대 회장 제라르도(왼쪽), 2대 단장 레몽 뒤 퓌(오른쪽)

싸우는 것밖에 모르는 기사에게도 입단의 길이 열려 있었으며, 오히려 전사 집단의 색이 짙어짐에 따라 이런 유의 남자들이 주류를 차지하게 되었지만, 이들도 일주일 중 하루는 입원 환자를 돌보거나 전문의사를 돕는 것이 의무로 정해져 있었다. 본거지를 이동함에 따라 '로도스 기사단', 이어서 '몰타 기사단'으로 이름이 바뀐 후에도 기사들에게 부과된 이 의무는 변하지 않았다.

'템플 기사단'과 '성 요한 기사단'은 십자군 역사에서 빼놓을 수 없다는 점에서는 공통적인데, 이 두 기사단에는 또 한 가지, 자세랄까 스타일 같은 면에서 차이가 있었다.

예루살렘 왕 보두앵 2세가 하사한 템플 기사단의 본부는 예루살렘의 동쪽 절반을 차지하는, 이슬람 구역으로 여겨지던 지역의 한가운데에 있었다.

그 일대는 고대로 거슬러 올라가면 솔로몬의 신전이 있던 곳인데, 중세에 들어서면서 이슬람화되어 '알 아크사(Al Aqsa)'라 불리는 모스크가 세워졌다. 바로 북쪽에는 통칭 '바위 사원'이라 불리는, 지금도 황금색 돔이 사람들의 눈길을 끄는 모스크가 세워져 있다.

중세의 이슬람교도에게 예루살렘의 동쪽 절반은 오랫동안 자신들의 성스러운 땅이었던 것이다.

제1차 십자군에 의해 예루살렘이 그리스도교 도시가 된 이후, 예전의 '이슬람화'처럼 이번에는 '그리스도교화'가 진행되었다. '바위 사원'은 그리스도교 교회로 변하고, '알 아크사'는 예루살렘 왕의 궁전이 되었다.

이곳은 원래 광활한 장소다. 그 때문에 보두앵 2세도 절반 이상을 템플 기사단에 제공했을 것이다. 또한 이곳은 유대시대에 왕궁이었기에 옆에는 지금도 '솔로몬의 마구간'으로 불리는 넓은 공간이 있었다. 기사단에게 말은 필수품이다. 많은 말을 매어두기에 편리하다는 점도 보두앵 2세가 이곳을 템플 기사단에 제공한 이유였는지 모른다.

하지만 아무리 예루살렘이 그리스도교 도시가 되었다 하더라도 그곳에 사는 이슬람교도들은 적지 않았다. 제1차 십자군이 '해방'한 당초에는 닥치는 대로 죽였으니 당연히 없었겠지만, 도시가 기능하도록

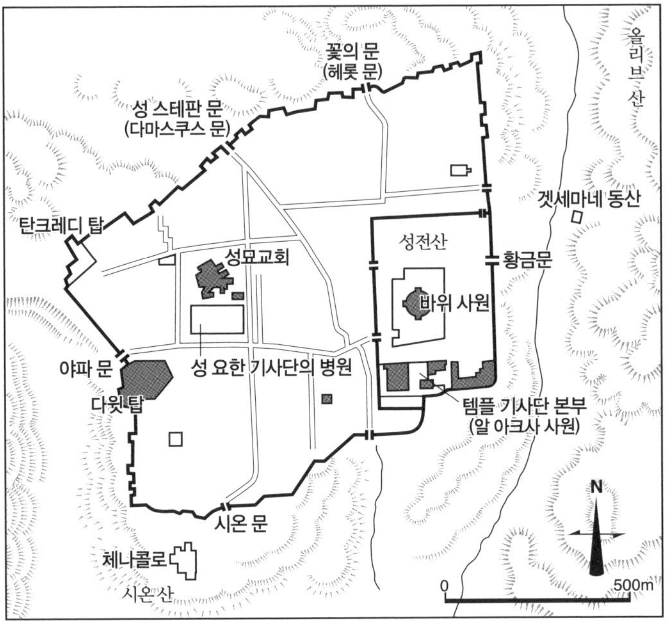

그리스도교 지배하의 예루살렘 시가도

하기 위해서는 정착해 사는 사람들이 필요하다. 순례자가 속속 도착했으나 이 사람들은 대부분 성지순례를 끝낸 후 유럽으로 돌아간다. 또한 모든 이슬람교도가 그리스도교도만 보면 죽이려든 것도 아니었다.

다수의 이슬람교도가 사는 중근동 땅에 소수의 그리스도교도가 세운 것이 십자군 국가다. 예루살렘이 그리스도교화된 지 19년이 지나자 상인과 하인, 통역 등의 필요를 충족시키기 위해 현지인인 이슬람교도도 예루살렘으로 조금씩 돌아오고 있었다. 18년간 예루살렘 왕위에 있었던 보두앵 1세의 유연한 이교도 정책도 원주민이있던 이슬람교도의 귀환을 도왔을 것으로 보인다. 보두앵 1세는 이슬람 여자와의 결혼까지 허용한 사람이었으니까.

그의 뒤를 이어 보두앵 2세가 예루살렘 왕이 된 무렵에는, 그리스도교 도시가 된 예루살렘에도 상당수의 아랍인과 투르크인 이슬람교도가 살게 되었다. 자신들의 성소인 '알 아크사'에서 기세등등하게 몰려나오는, 흰색 수도복 차림의 가슴팍에 큼직한 붉은색 십자를 붙인 기마병 무리는 이들 눈에 어떻게 비쳤을까. 게다가 이 기사들은 이교도를 보면 곧바로 죽일 것을 당당하게 회칙에 명기한 집단에 속해 있었다.

유럽인이 '신전'이나 '성전'이라 간단히 부르던 이슬람의 성소를 본거지로 삼는 것에 눈곱만큼의 망설임도 느끼지 않는 듯한 그들의 태도가 '템플 기사단'의 성격을 규정한 것은 아니었을까 하는 생각이 든다.

한편 병원 근무시에는 흰색 아말피 십자가 붙은 평범한 검은색 수도복을 입고, 전투에 나갈 때는 붉은색 바탕에 흰색 십자를 붙인 검은색 수도복 위에 갑옷과 투구를 착용하던 성 요한 기사단은, 전사 집단으로 변모한 후에도 아말피 상인들이 세운 장소를 떠나지 않았다. 이곳은 병자를 수용하는 게 우선이었기 때문에, 말을 매어두는 공간을 확보하는 데 적합하지 않았는데도 말이다.

그 때문에, 템플 기사단과 쌍벽을 이루는 성 요한 기사단은 '병원 기사단'으로 통칭되었다. 통칭이란 오랜 세월에 걸쳐 사람들에게 각인된 인상이기도 하다. 이슬람교도는 '성전'이라고 하면 자신들의 '알 아크사'를 먼저 떠올리겠지만, '병원'은 자신들과 같은 이슬람교도인 칼리프나 술탄도 다니는 친숙한 곳이었다.

템플 기사단과 성 요한 기사단으로 대표되는, 수도사와 기사의 겸업 집단인 종교 기사단은 십자군의 산물이다. 수도회와 기사단은 그 밖에도 있었지만, 그 둘을 겸하는 집단은 십자군이 존재하지 않았다면 생겨나지 않았을 것이다.

하지만 이 현상이 제1차 십자군 시대에는 나타나지 않았던 것을 주목했으면 한다. 제1차 십자군을 이끈 제후들은 경우에 따라서는 프랑스 왕보다 광대한 영지를 소유하고 있던 대영주들로, 그 봉건제후의 부하 기사나 원래부터 주군이 없는 떠돌이 기사는 제1차 십자군 시대에 로렌 공작이나 툴루즈 백작의 군대에 가담해 오리엔트로 올 수 있었다.

그런데 예루살렘이 '해방'되자 유럽의 제후들은 해야 할 일이 끝났다고 생각했는지 더는 오리엔트로 향하지 않았다. 그래서 십자군 정신이 흘러넘친다고 자부하는 기사들은 개별적으로 중근동을 향해 갈 수밖에 없었다. 그 남자들을 템플 기사단과 성 요한 기사단이 흡수한 것이다.

처음부터 전투 집단으로 시작한 템플 기사단은 대부분의 단원이 프랑스 출신이고, 의사 집단에서 기사 집단으로 변모한 성 요한 기사단에도 프랑스 출신 단원이 점점 늘어난 것은 제1차 십자군에 참가한 제후들 대부분이 프랑스인이었던 것과 무관하지 않다. 제후를 따라 십자군에 참가할 수 없게 된 기사들은 이제 막 생겨난 종교 기사단에 들어감으로써 십자군 전사가 될 수 있었다.

템플 기사단의 기사(왼쪽)와 성 요한 기사단의 기사

게다가 수세에 놓인 시기에 십자군 국가 방어를 맡은 보두앵 2세가, 만성적인 병력 부족에 시달려 고양이 손이라도 빌리고 싶은 상황이었던 것이 이들 종교 기사단에 존재이유를 부여했다는 사정도 잊어서는 안 된다.

종교 기사단이란 군사행동을 목적으로 하는 수도사 집단이다. 일생을 신에게 바치기로 결심한 이상, 그 일생을 신이 바라는 군사(軍事)에 바치는 것이다.

보두앵 2세의 입장에서는 이제 중근동 십자군 국가의 방어를 전업으로 삼은 상설 전사 집단에 의지할 수 있게 된 것이다. 이 두 기사단이 점차적으로 중근동 십자군 국가의 '상비군' 역할을 담당하게 되었으니까.

다만 템플 기사단과 성 요한 기사단은 모두 지원제였다. 그것도 유럽에서 머나먼 중근동까지 와서, 이교도 이슬람이 삼면을 둘러싸고 있는 십자군 국가를 방어하는 임무를 맡게 된다. 게다가 이 임무는 죽을 때까지 계속된다. 두 기사단 모두 강력한 병력을 자랑할 수 있었던 시기는 한 번도 없었다. 많을 때라고 해봐야 모두 3백에서 5백 명 정도였고, 대부분의 경우 기병 1백 명 정도의 병력으로 전투에 나섰다. 연구자 중에는 현대에서 비슷한 예를 찾는다면 '특수부대'에 해당한다고 보는 사람도 있다.

그러나 비록 1백 명의 기병이라 해도 보두앵 2세에게는 도움이 되었을 것이다. 템플 기사단이든 성 요한 기사단이든 그들이 활동을 시작한 당초에는 예루살렘 주변 방어밖에 손을 대지 못했지만, 그래도 보두앵 2세는 필요에 쫓길 때마다 예루살렘 방어를 그들에게 맡기고 멀리까지 나갈 수 있었던 것이다.

보두앵 2세

실제로 '아무도 없는' 시대에 방어의 최고책임자가 된 보두앵 2세는 죽음을 맞이하기까지 13년간 여간 분주한 게 아니었다. 하나하나

깊이 들어가지 않고 각 항목만 정리하면 다음과 같다.

육상의 릴레이 경기에서도 배턴이 건네지는 동안에는 속도가 떨어진다. 마찬가지로 나라의 지도자가 교체될 때 대응책이 늦어진다. 물론 적은 그것을 예상하고 공격해온다. 보두앵 1세가 죽고 예루살렘의 왕위가 보두앵 2세에게 넘어가던 시기에도 그런 일이 일어났다.

취임하고 1년도 지나지 않은 1119년 다마스쿠스 군대가 갈릴리 지방으로 습격해온 것이다. 이 지방의 방어를 맡고 있던 쿠르트네는 새롭게 맡게 된 에데사로 가려던 것을 미룰 수밖에 없었다. 쿠르트네는 원군 요청을 받자마자 달려온 보두앵과 협력하여 다마스쿠스에서 온 군대를 물리치는 데 성공했다. 하지만 이 일 이후 갈릴리 지방의 방어까지 보두앵의 어깨를 짓누르게 된다. 아무래도 쿠르트네는 에데사를 방어하기 위해 떠나보낼 수밖에 없었기 때문이다.

중근동에 수립된 십자군 국가는 항상 바그다드와 카이로 양쪽으로부터 이슬람 세력이 반격해올 위험성을 염두에 두고 있어야 했다.

당시 바그다드는 투르크인과 페르시아인을 중심으로 한 이슬람 세계의 '수도'로, 종교 면에서의 최고 권위자인 칼리프를 정점으로 하는 아바스 왕조가 다스리는 수니파의 본거지였다.

한편 카이로는 똑같은 이슬람교 세계여도 아랍인이 중심인 파티마 왕조의 수도다. 이곳도 칼리프가 군림하고 있으며, 시아파를 믿는 이슬람교도의 본거지였다.

십자군 국가에 다행스러웠던 것은, 바그다드와 카이로라는 이슬람의 양대 세력이 늘 사이가 좋지 않았다는 점이다. 시아파를 너무 증오한 나머지 이교도인 십자군과 손을 잡은 수니파가 있는가 하면, 그 반대도 드물지 않았다. 또한 수니파 안에서도 투르크인과 페르시아인 사이가 원만하다고 할 수 없었다.

이러한 정황에서 에데사 백작령은 바그다드가 있는 메소포타미아 지방에서 공격해오는 이슬람 세력의 앞길을 가로막는, 십자군 국가의 방벽 역할을 해야 했다. 12세기 초인 이 시기에, 전략상 중요하기 그지없는 이곳 에데사의 방어를 맡길 수 있는 사람은 조슬랭 드 쿠르트네밖에 없었다. 바로 그 이유 때문에 쿠르트네를 에데사 백작으로 임명한 것인데, 이 쿠르트네를 대신해 갈릴리 지방을 맡길 장수가 없었다.

제1차 십자군 세대 전원이 퇴장한 후의 십자군 국가에는 병력만 부족한 것이 아니라 지휘관도 부족했던 것이다.

일단 갈릴리 지방의 안전을 확보하고 예루살렘으로 돌아온 보두앵은 수도에 머물 여유도 없이 군사를 이끌고 북쪽으로 향해야 했다. 이번에는 알레포 영주의 군대가 안티오키아로 다가온다는 보고가 들어왔기 때문이다.

안티오키아 공작령은, 7년 전에 죽은 탄크레디가 보에몬드의 아들이 성년이 될 때까지만 통치를 맡겼던 루지에로가 지키고 있었다. 섭정 루지에로는 7백 명의 기병과 4천 명의 보병으로 이루어진 병력으로도 자신이 있었는지 쿠르트네처럼 보두앵이 올 때까지 기다리지 않았다. 자기 군대만 이끌고 알레포군을 요격하러 나간 것이다.

기병 7백 명에 보병 4천 명이라는 병력은 이 시기 예루살렘 왕이 가진 병력보다도 많은 것이었다. 하지만 그 대부분은, 그리스도교도이기는 하나 중근동에 살고 있는 그리스인 병사들이었다. 게다가 루지에로는 탄크레디가 뒷일을 맡겼을 정도로 신의가 두터운 남자였지만, 무장으로서의 재능은 불과 24명의 기병으로 갈릴리 지방을 정복한 탄크레디와 비교가 되지 않았음에 틀림없다.

결과는 완패였다. 루지에로가 전사하고 기병 대부분도 전사했다. 죽지 않고 포로가 된 자는 모두 알레포로 연행되어 군중의 심한 욕설을 들으면서 참살되었다. 안티오키아로 도망쳐온 것은 일부 보병밖에 없었다.

이 패배 소식에 놀라 어찌할 바를 모르던 안티오키아 주민의 마음을 진정시킨 사람은 베르나르두스 대주교였다. 대주교는 프랑스인, 즉 유럽 출신들만으로 방어부대를 조직해 성벽의 수비를 강화하고, 보두앵과 그의 군대가 도착하기를 기다렸다. 지금이야말로 안티오키아를 공략할 절호의 기회라고 생각한 알레포 영주가 승리로 사기가 충천한 군대를 이끌고 다가오고 있었으므로, 기다리는 데에도 배짱이 필요했다.

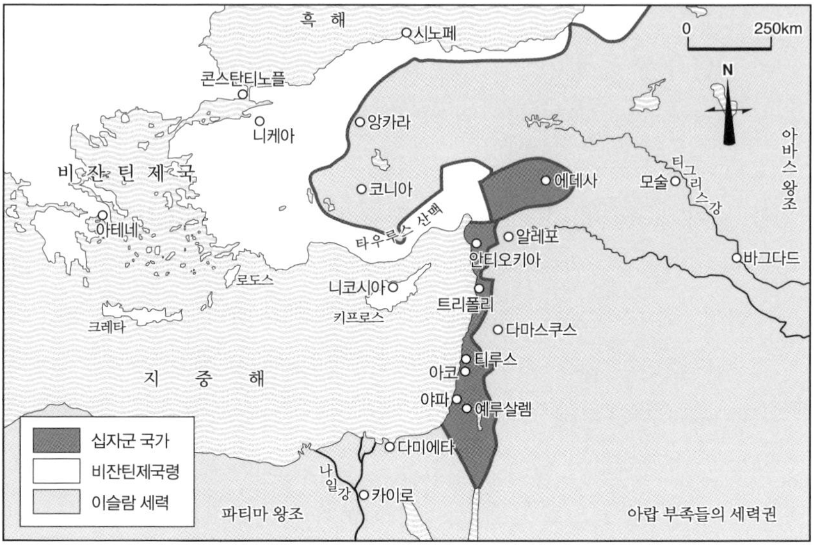

제1차 십자군 이후의 세력도

트리폴리 백작 퐁스와 동행한 보두앵은 적이 없는 남쪽에서 안티오키아로 들어갔다. 그후 시작된 알레포군과의 전투는 어느 쪽이 이겼다고 말할 수 없는 상태로 끝났지만, 안티오키아까지 육박해온 적을 철퇴시키는 데는 성공했다.

안티오키아 시내로 돌아온 보두앵이 제일 먼저 한 일은 안티오키아 공작령에 새로운 지도자를 세우는 일이었다. 섭정이었던 루지에로가 전사한 지금도 아직 소년인 정통 공작 보에몬드 2세를 보고, 보두앵은 이 소년이 성인이 될 때까지 자신이 섭정을 할 수밖에 없겠다고 생각한다.

하지만 그에게는 예루살렘 왕국을 주축으로 하는 십자군 국가 전체를 두루 살필 의무가 있었다. 그래서 보에몬드의 아들이 성인이 될 때까지 안티오키아 공작령의 방어책임은 자신이 맡더라도, 내정은 대주교인 베르나르두스에게 일임하기로 결정한다. 쿠르트네가 담당하는 에데사 백작령과 이곳 안티오키아 공작령만 제대로 방어할 수 있다면 십자군 국가 북쪽 절반의 안전은 확보할 수 있기 때문이다. 이 시점에서는 보두앵 2세도 안도감을 갖고 예루살렘으로 돌아갔을 것이다. '불안정 속의 안정'이라 할 만한 이러한 상황은 적어도 3년간 이어진다.

그런데 그후 예루살렘에 있던 보두앵에게 예기치 못한 소식이 날아들었다. 조슬랭 드 쿠르트네가 적의 손에 넘어갔다는 소식이었다. 전투중에 포로가 된 것이 아니라, 말을 타고 원정 갔다가 적의 부대와 맞닥뜨려 알레포 병사들에게 붙잡힌 것이다.

영주이자 방어책임자가 없어져버린 에데사를 방치해둘 수는 없었다. 보두앵 2세는 또다시 군대를 이끌고 북상한다.

에데사로 들어간 보두앵은 우선 지도자가 없는 상황을 어떻게든 해결해야 했다. 그는 어지간히 급했던지 주변 사정에 밝은 한 기사를 에데사 백작의 대리자로 임명했다.

쿠르트네는 그 행방조차 알 수 없었다. 그렇다고 알레포측이 공격을 해온 것도 아니었다. 아랍인이든 투르크인이든 상관없이, 중세시대 이슬람교도의 장기이기도 했던 친족 간의 싸움이 격화되어 그들도 조직적인 군사행동을 취할 수 없었던 것이다.

그런데 이번에는 그런 이유로 일단 한숨을 돌리고 있던 보두앵 2세에게 불상사가 덮쳤다. 에데사 교외로 사냥을 나갔다가 습격당해 호위병들은 모두 죽고 혼자 포로가 된 것이다. 보두앵 2세를 붙잡은 사람은 쿠르트네를 붙잡은 알레포 영주의 조카였다. 그가 갇힌 감옥에는 먼저 잡혀온 쿠르트네가 있었다.

에데사 백작 시절의 일이긴 하지만, 보두앵이 이슬람측의 포로가 된 것은 이번이 두번째였다. 쿠르트네는 이번에도 그때처럼 감옥의 동료가 되었다. 이 둘은 왜 이렇게 잘 붙잡힐까 싶어 우습기도 하지만, 이번에 이슬람 수중에 떨어진 것은 다름아닌 십자군 국가의 최고위직인 예루살렘 왕의 신분이었다.

이 소식에 예루살렘이 온통 패닉상태에 빠진 건 당연했고, 이슬람측은 생각지 못한 엄청난 전리품에 크게 기뻐했다.

예루살렘 왕이라는 거물을 포로로 잡은 이슬람측은, 이제 그리스도교측도 공격을 꺼릴 수밖에 없을 테니 빼앗긴 자신들의 땅을 탈환하는 것도 쉬워질 거라고 예측했다.

그러나 이슬람의 이런 예측은 말 그대로 희망적인 관측으로 끝나게 된다.

첫째로, 포로였던 예루살렘 왕과 에데사 백작이라는 십자군 국가의 두 주요인물이 감옥에서 탈출하는 데 성공했기 때문이다. 하지만 자력으로 탈출한 것은 아니고, 에데사 백작 쿠르트네에게 심취해 있던 아르메니아 병사들이 두 사람이 잡혀 있는 성채를 급습했기 때문에 탈출할 수 있었다.

어쨌든 두 사람은 다시 자유를 얻었지만 자유를 계속 누린 사람은 쿠르트네뿐이고, 보두앵은 예루살렘으로 돌아오는 도중에 또다시 포로가 되고 만다. 이슬람측은 예루살렘 왕이라는 좋은 카드를 변함없이 쥐고 있었다.

이슬람측의 예상이 배반당한 또 하나의 이유는, 자신들의 왕이 포로가 된 후에 보인 그리스도교측의 움직임이었다.

왕이 붙잡혔다는 이야기를 듣고 패닉상태에 빠졌던 것은 잠깐이었다. 그리스도교측은 곧바로 붙잡힌 왕을 대신할 사람을 찾았고, 외스타스 가르니에라는 기사를 총사령관으로 선출했다. 지도자가 없는 상황을 재빨리 극복한 것이다. 이 타개책을 강력하게 후원한 것은, 총독이 직접 이끄는 해군을 파견하고 있던 베네치아 공화국이었다.

1123년, 자신들의 왕이 적에게 붙잡혀 있다는 것에 신경도 쓰지 않는 양, 항구도시 티루스에 대한 십자군측의 맹공이 육지와 바다 양쪽에서 시작되었다. 이 티루스를 함락한 것은 해가 바뀐 지 얼마 되지 않은 1124년 2월이었다. 하지만 이때까지 티루스에서는 함락 후의 대량 살육은 일어나지 않았다. 그건 이슬람측 감옥에 갇혀 있는 보두앵의 신변이 신경 쓰여서였는지도 모른다.

하지만 이로써 이슬람측의 희망적 관측은 완전히 배반당했다. 동시에 감옥에 있는 보두앵의 이용가치도 떨어졌다. 인질이 그리스도교측의 행동에 전혀 영향을 주지 못했던 것이다.

이 기회를 활용한 것이 그동안 계속해서 보두앵의 신변을 걱정하고 있던 쿠르트네다. 그는 보두앵을 포로로 잡고 있는 알레포 영주에게, 몸값을 지불할 테니 석방해달라고 요청했다. 이슬람교도측도 포로의 이용가치가 생각했던 것만큼 크지 않아 실망하고 있었으므로, 계속해서 수중에 붙잡아두는 것보다는 몸값이라도 챙기는 것이 낫겠다고 생각하기 시작했다.

몸값 교섭은 이슬람교도이면서 여러모로 그리스도교도와 접촉이 많았던 샤이자르 태수의 중개로 이루어졌다.

타결된 금액은 이슬람 세계의 통화인 디나르로 8만. 이중에서 2만은 포로와 맞바꾸고, 나머지 6만 디나르는 몇 번이었는지 분명하지 않지만 석방 후에 나눠서 지불하기로 정해졌다. 지불을 완료할 때까지 담보로 쿠르트네의 어린 아들을 보내기로 한다. 보두앵에게는 아들이 없었기 때문이었는데, 이리하여 1년 정도의 포로생활 끝에 예루살렘 왕은 자유를 되찾을 수 있었다.

포로생활을 두 번이나 경험한 후에도 보두앵의 행동이 전혀 소극적으로 변하지 않았던 것은 흥미로운 일이다. 석방될 때 했던 이슬람 영토에 대한 불가침 약속은, 그런 상황에서 이루어진 서약은 무효라며 지키지 않았고, 보두앵 2세는 그후로 죽을 때까지 7년간 예루살렘 왕으로서의 책무를 다하며 바쁜 나날을 보낸다.

그것은 곧, 북쪽의 셀주크투르크인이 되었든 남쪽의 이집트인이 되었든 중근동의 십자군 국가를 에워싸고 있는 이슬람 세력이 가해오는 공격에 계속해서 맞서 싸웠음을 뜻한다.

다만 병력은 여전히 부족했으므로 템플 기사단과 성 요한 기사단에 의지하는 비율이 점점 높아졌다. 그것은 곧 종교 기사단의 존재이유를 한층 강화해주었다. 그러나 십자군 국가 존속의 관건은 어디까지나 에데사 백작령, 안티오키아 공작령, 트리폴리 백작령, 예루살렘 왕령 등 십자군 국가의 단결에 있었다.

십자군의 여자들

에데사 백작 시절에 결혼한 보두앵 2세와 아르메니아 공주 모르피아 사이에는 아들은 없었으나 딸이 네 명 있었다. 그는 이 딸들을 시집보냄으로써 십자군 국가가 긴밀한 관계로 이어지기를 바랐다.

데릴사위를 얻어 장녀 멜리장드에게 예루살렘 왕국을 맡기고 자기 뒤를 잇게 할 생각이었던 보두앵은, 차녀 알리스를 이제 막 성인이 된 안티오키아 공작 보에몬드 2세에게 먼저 시집보냈다. 삼녀 오디에르나의 결혼상대는 트리폴리 백작 레몽 2세였고, 아직 소녀인 막내딸 요베타에게는 미래의 수녀원장 자리가 예정되어 있었다. 중세는 군주의 딸이 수녀원에 들어가는 것이 아버지의 깊은 신앙심의 증거라 생각하던 시대였다.

예루살렘 왕국의 공식 상속인은 어디까지나 장녀 멜리장드라 해도, 그녀의 남편이 될 사람은 사실상 예루살렘의 왕이 되는 것이었다. 선택에 신중을 기하지 않으면 안 되었고, 그 때문에 멜리장드는 당시로서는 노처녀라 불릴 만한 스물여덟 살이 될 때까지 결혼하지 못했다.

가까스로 정해진 상대는 보두앵 2세의 요청을 받아 프랑스 왕 루이 6세가 추천한, 프랑스 왕가의 친족이자 부유한 귀족으로도 알려져 있던 앙주 백작 풀크였다. 멜리장드와 이 프랑스 귀족의 결혼식은 1129년 예루살렘에서 거행되었다. 이로써 쿠르트네가 맡고 있던 에데사 백작령 외의 십자군 국가 세 나라가 모두 자매를 통해 인척관계를 맺게 되었다. 이리하여 보두앵 2세에게도 마침내 평온한 여생이 약속되는가 싶었는데, 현실은 그것을 허락하지 않았다. 오랫동안 인재 부족에 시달리던 이슬람측에 드디어 강고한 의지와 대담한 행동력을 겸비한 남자가 나타났기 때문이다.

널리 인간세계에 눈을 돌리면 인재가 마치 분수처럼 한 시대에 한꺼번에 배출되는 현상이 종종 일어난다는 것을 알 수 있다. 그리고 역시 분수처럼 많은 물을 기세 좋게 뿜어올리고는 소리 없이 떨어지며 인재 고갈의 시대로 접어든다.

이런 현상이 끼치는 영향이 국내에만 한정된다면 문제해결은 그다지 어렵지 않다. 이전 시대에 축적해놓은 것을 갉아먹으며 차분히 앉아 다음 분수가 뿜어져오르기를 기다리면 되기 때문이다.

하지만 불행하게도 인간세계에서는 한 나라의 인재 배출과 인재 고갈의 순환이 다른 나라에서도 같은 시기에 일어나지는 않는다. 한쪽은 인재 고갈 시대에 접어들었는데 다른 한쪽에서는 인재 배출의 시대를 맞이하는 일이 상당한 비율로 일어나는 것이 인간세계이다.

유럽을 떠난 1096년부터 1099년 예루살렘 정복을 거쳐 보두앵 1세가 죽은 1118년까지의 22년은, 십자군측에서 인재가 배출된 시대였다.

연구자들은 제1차 십자군의 성공요인으로 두 가지를 든다.
하나는, 허를 찔린 이슬람측에 방어준비가 불충분했다는 것.
또 하나는, 각 영지의 태수와 영주 사이의 불화와, 그에 따른 이슬람측의 분열.

둘 다 옳다. 십자군의 공격을 받은 이슬람측은 그들을 단순한 침략자로 생각했으므로 평소 사이가 나쁜 인근 도시의 영주가 공격받는 것을 손놓고 지켜보기만 했고, 자신이 공격을 받아 맞서 싸우게 되면 이번에는 다른 영주들이 가만히 지켜보는 식이었다. 이렇듯 그들에게 통일된 방어전 같은 것은 꿈같은 이야기였는데, 이는 제1차 십자군이 성공할 수 있었던 한 요인이었다.
그러나 그에 앞서 말할 게 있다. 뛰어난 인재에게 요구되는 조건이 일관된 의지와 자신이 지닌 힘을 충분히 활용할 줄 아는 능력이라면, 제1차 십자군 시대의 이슬람측에는 그런 인재가 없었다. 이슬람측에 유능한 지도자가 없었다는 것이 십자군측에 성공을 가져다준 것이다.

인재가 많았던 제1차 십자군 시대가 끝난 후 공식무대에 등장한 것이 3대 예루살렘 왕이 된 보두앵 2세다. 하지만 이 사람은 1096년에 로렌 공작 고드프루아를 따라 오리엔트로 온 십자군 기사 중 하나였으므로, 엄밀히 말하자면 제1차 십자군 세대 중 아직 남아 있는 사람에 속한다. 또한 조슬랭 드 쿠르트네라는 맹우가 목숨을 구해주기도 했다. 이 보두앵 2세의 시대에는, 그 높이와 기세는 뚝 떨어졌을지언정 분수가 아직 물을 내뿜고 있었던 것이다.

그러나 십자군이 유럽을 떠나던 해에 겨우 다섯 살이었고, 그후 30년 넘게 프랑스 왕가의 일원으로 지낸 사람이 예루살렘 왕이 되었을 때, 분수는 물을 내뿜기를 멈추었다. 그런데 이슬람측에서는 이 시기부터 물을 높이 뿜어올리게 된다. 역사의 불가사의, 하지만 이것은 인간세계의 부조리이기도 하다.

이슬람측에서 배출한 인재의 첫번째 주자는 장기(Imad ed-Din Zengi)이다. 그는 바그다드를 사실상 지배하고 있던 투르크군 내에서 실적을 올린 후 이라크 북부 모술의 패권까지 손에 넣은 남자다. 이 사람이 메소포타미아 지방에서 서쪽으로 군대를 이끌고 온 것이다. 당초의 목적은 할거상태로 싸움을 멈추지 않는 영주들을 일소하고, 시리아 전역을 셀주크투르크의 깃발 아래 통합하는 것이었다.

아직 석유의 활용까지는 몰랐어도 각종 산업이 활발하던 모술의 군대가 움직인다는 것은 대군이 움직이기 시작했음을 뜻한다. 이 사실을 안 시리아의 영주들은 마치 목장 안으로 뛰어든 소에 놀라 우왕좌왕하는 양들 같았다. 그러한 혼란을 이용해 안티오키아 공작령을 확장하려고 생각한 것이 보에몬드 2세에게 불행을 가져왔다. 아직 젊었던 안티오키아 공작은 전투중에 전사하고 만다. 예루살렘 왕의 자녀로 보에몬드 2세에게 시집갔던 알리스는 일찌감치 미망인이 되어버렸다. 게다가 이 젊은 미망인은, 겨우 두 살에 아버지를 잃은 어린 딸의 섭정 자격으로 안티오키아 공작령을 통치하겠다고 선언한다.

알리스의 통치를 받게 된 안티오키아 주민들은 불안해했고, 예루살렘의 아버지 보두앵 2세도 걱정을 했다. 재빨리 알레포까지 수중에 넣은 장기군의 기세는 예루살렘에서도 골칫거리였다.

그런데 보두앵 2세가 군대를 이끌고 북상하는 동안, 사태는 기묘하게 전개되었다.

장기의 군대가 알레포를 점거했다는 소식에 동요한 알리스가 발칙하게도 적장 장기에게 편지를 쓴 것이다. 그 편지는 다행히 사안의 중대성을 깨달은 측근에 의해 장기 대신, 북상중이던 보두앵에게 전해졌다. 그 편지에는 만약 장기가 안티오키아 공작령 내에서 현재 그녀의 지위를 인정하고 이후로도 존속을 보장해준다면, 알리스가 섭정의 이름으로 안티오키아 공작령 전체를 장기에게 넘겨주겠다고 쓰여 있었다.

알레포와 안티오키아는 직선거리로 100킬로미터도 떨어져 있지 않다. 그 알레포까지 육박해온 것에 동요하는 건 당연하다 해도 십자군 국가 고위직에 있는 사람으로서는 미친 짓이라고 할 수밖에 없었다. 보에몬드 2세에게 시집간 알리스는 안티오키아 공작부인이 되어 있었는데, 젊은 남편이 안티오키아 주민들로부터 사랑받았던 것과는 반대로 인기가 없었다. 남편을 잃고 미망인이 되자 그녀는 안티오키아에서 신분을 유지하는 것에 자신이 없어졌는지도 모른다. 실제로 그녀의 측근조차 극비 편지의 수신처를 바꿔버렸을 정도였으니까.

보두앵 2세 입장에서 보면, 알리스 혼자 결정한 지위라 해도 그녀는 섭정이라는 공적인 입장에 있었다. 비록 친딸이지만 일시적인 심적 동요로 치부하고 그냥 넘어갈 수는 없었다. 안티오키아에 도착하자마자 그는 딸을 근처 항구도시 라타키아로 추방한다. 그리고 향후 안티오키아 공작령 통치와 두 살배기 손녀딸을 에데사 백작 쿠르트네에게 맡기고 나서야 예루살렘으로 돌아올 수 있었다. 이후 십자군 역사에는 국정에 개입하려 하는 여자들이 차례로 등장하게 되는데, 알리스가 그 첫번째 예이다.

1131년 여름, 보두앵 2세는 예루살렘으로 돌아와 있었는데, 딸 알리스가 저지른 불미스러운 일을 처리한 것이 마지막 공적 업무가 되었다. 예루살렘으로 돌아오고 얼마 지나지 않아 병상에 눕게 된 것이다.

1096년에 유럽을 뒤로한 뒤, 제1차 십자군의 모든 전투와 고생을 경험하고, 그후 13년간은 어려운 상황 아래 예루살렘 왕으로서의 책무를 다해온 인생이었다.

35년이나 되는 세월 동안 여러 지역을 전전하며 싸웠고, 세 차례의 포로생활도 경험했다. 예순이 다 된 그는 심신이 몹시 피폐해졌을 것이다.

8월 21일, 한 번도 병상을 떠나지 못한 채 보두앵 2세는 죽음을 맞는다. 그의 유해는 초대 예루살렘 왕 고드프루아와 2대 왕 보두앵 1세 때와 마찬가지로 예루살렘 성묘교회 지하에 묻혔다.

그는 특기할 만한 재능의 소유자는 아니었다. 하지만 책임감만은 부족하지 않은 남자였다.

4대 예루살렘 왕위에는 공식적인 상속자인 멜리장드의 남편 앙주 백작 풀크가 오른다.

하지만 그 직후 중근동 십자군 국가는 또 한 명의 책임감 강한 사람을 잃게 된다.

장기군의 수중에 떨어진 도시를 탈환하기 위한 전투중에, 에데사 백작 쿠르트네가 적이 설치한 지뢰 폭발로 중상을 입었다. 훗날의 지뢰만큼 진보한 것은 아니었지만 중세 이슬람군도 한때 지뢰 같은 것을 사용했다. 중상을 입었음에도 들것 위에서 전투를 지휘하여 적군을 격퇴한 것은 너무나도 쿠르트네다운 일이었지만, 그 역시 죽음을 이길 수는 없었다. 보두앵 2세가 예루살렘에서 숨을 거둔 지 얼마 지나지 않아 그의 유일한 맹우도 그 뒤를 따른 것이다.

조슬랭 드 쿠르트네의 죽음으로, 십자군 국가의 존속에 더할 나위 없이 중요한 에데사 백작령과 안티오키아 공작령 모두 지도자를 잃는 사태를 맞고 말았다. 그중 하나인 에데사에 장기의 시선이 집중된다.

프랑스에서 온 예루살렘 왕

12세기 전반기가 지나가던 무렵, 중근동에서 이 장기와 대결해야 할 입장에 있었던 이가 4대 예루살렘 왕이 된 풀크였다.

프랑스에서 자란 이 귀족이 갖고 있던 플러스 요소는 다음 두 가지뿐이었다. 첫째는 본인이 대단히 유복했으므로 사재를 털어 편성한 한 무리의 기병과 보병을 직속군대로 거느리고 올 수 있었다는 점이다. 둘째는 중근동에 온 후에도 영지획득이나 재산축적에는 무관심했다는 점이다.

프랑스 왕 루이 6세의 천거는 마이너스는 아니었지만 플러스도 되지 않았다. 천거의 책임을 느껴 프랑스 왕의 병력을 떼어주었던 것도 아니었고, 친족 중 한 사람이 왕위에 오른 예루살렘이 위기에 직면하면 십자군을 이끌고 동방으로 오겠다고 약속해준 것도 아니었다. 프랑스 왕과의 혈연관계는 실리를 가져다주지 못했다.

반대로 마이너스 요인이 주는 영향은, 사비로 편성한 병사 한 무리를 데려온 정도로는 메워지지 않을 만큼 컸다.

첫째로, 그는 마치 낙하산 인사 같은 형식으로 중근동의 십자군 국가 지도자가 되었다는 점이다. 투르크계든 아랍계든 당시 이슬람의 여러 나라와 이슬람교도를 잘 알고 있는 사람이 아니었다.

둘째는, 선량한 사람이기는 했지만 인간적인 매력은 부족했다는 점이다.

아내 멜리장드가 일찌감치 바람을 피우기 시작했다는 사실을 두고 매력이 없었다고 말하는 것은 아니다. 그러나 아내에게조차 영향력을 발휘할 수 없었다는 것은 제후와 가신을 통솔해나갈 능력이 부족했다고도 말할 수 있다.

중근동에 수립한 십자군 국가들은 동시대 유럽의 봉건제도를 그대로 이식해 만들어진 국가였다.

한쪽에 풀리아 공작 보에몬드의 직할영토로 시작된 안티오키아 공작령이 있고, 다른 한쪽에는 왕국 내에 독자적인 영지를 갖고 분산되어 있는 제후의 힘을 통합함으로써 성립한 예루살렘 왕국 같은 나라도 있었다. 이것은 당시 프랑스 왕국의 축소판이 아닌가 싶을 정도로 비슷하다.

따라서 연대기에는 똑같이 기병 5백 명과 보병 2천 명의 병력을 거느렸다고 쓰여 있다 해도, 안티오키아 공작령의 경우에는 공작 자신이 갖고 있던 병력일 가능성이 높지만, 예루살렘 왕국에서는 왕의 직속병력을 뜻하지 않는다. 예루살렘 왕국 내 봉건제후들의 병력까지 합산한 병력인 것이다.

또한 십자군 국가들 중에서도 예루살렘 왕국에만 유일하게, 국내에 영지를 가진 제후로 구성되어 왕을 뒷받침하는 위원회가 존재했다. 왜냐하면 예루살렘은 다른 도시와 달리 '신의 도시'로 생각했으므로 누가 됐든 인간의 사유(私有)는 허락되지 않았고, 그 '신의 도시'의 통치와 방어도 왕의 독단으로 행해서는 안 된다고 정해져 있었기 때문이다.

하지만 이 법칙은 현실에서 여러모로 지장을 초래한다. 프랑스 왕이 국내 유력 제후들의 지지를 얻지 않고서는 전쟁 한번 제대로 할 수 없었던 것과 유사하게, 예루살렘 왕도 자기 혼자 자유롭게 결정할 수 있는 일이 제한되어 있었던 것이다.

이러한 제도에서, 게다가 삼면이 적으로 둘러싸여 있는 상시 임전상태에서 대책을 세워 실행해가기 위해서는, 선두에 서서 일을 진행하는 당사자가 지닌 매력이 크게 영향을 미친다.

여기서 말하는 것은, 사전에 '초인적인 능력이나 높은 지위로 사람들을 따르게 만들고 지배해나가는 자질'이라 정의되는 '카리스마'가 아니다.

지금까지 예루살렘 왕으로서 왕국 내 봉건제후들을 통솔해온 초대 왕 고드프루아, 2대 왕 보두앵 1세, 그 뒤를 이은 보두앵 2세 중 어느 누구도 초인적인 능력의 소유자가 아니었으며, 또한 예루살렘 왕이라는 지위는 거기 앉아 있기만 하는 것으로 사람들을 따르게 만들고 지배할 수 있을 만큼 높은 것이 아니었다.

그럼에도 그들 세 사람은 제후들을 통합해 그들의 병력을 제공하게 만들었다. 아무리 작더라도 일단 자기 영지를 얻고 나면 자기보전적인 행동으로 나아가기 십상인 이 남자들을, 예루살렘 왕국을 위한 전투로 몰아가는 데 성공한 것이다.

나는 이것이 그들 세 사람이 갖고 있는 인간적인 매력 때문이라고 생각한다. 이 사람이 한다고 하니 따라가자, 라고 생각하게 만드는 매력 때문이 아닐까. 그렇지 않았다면, 비록 견제에 지나지 않았다 하더라도 보두앵 1세가 원정의 발을 이집트까지 뻗기는 불가능했을 것이고, 보두앵 2세가 13년의 치세기간 대부분을 남북으로 십자군 국가들을 왕복하는 일로 보낼 수는 없었을 것이다.

남북 왕복도 왕 직속의 몇 안 되는 병사들을 이끌고 행한 것이 아니었다. 왕이 진군해온다는 것을 안 이슬람측이 군사를 물릴 정도의 병력을 거느린 행군이었고, 그것은 국내 봉건제후들의 협력이 있었기에 가능한 것이었다.

예루살렘 왕은 먼 유럽에 사는 사람의 눈에는 강력한 지위로 보였다. 하지만 실제로는 약체였다. 그러므로 개인의 인간적인 매력이 더욱 큰 영향을 미치게 되는 것이다.

지금도 십자군 역사의 금자탑으로 여겨지는 저작을 남긴 거장 스티븐 런치먼도 다음과 같이 썼다.

"예루살렘 왕국에서의 왕권은, 왕 개인이 충분히 강력하고 그에 따라 왕국 내의 유력자들을 통솔할 수 있었을 때만 충분히 발휘되었다."

이 '힘'이란 군사력만 의미하지는 않는다. 제후나 병사들이 그 사람이라면 따르겠다고 생각하게 하는 것도 훌륭한 '힘'이다. 지도자에게는 카리스마만으로는 충분하지 않은, 말로 표현할 수 없는 인간적인 매력이 요구되는 것이다.

프랑스 왕의 친족이자 앙주 가문 출신의 풀크가 왕위에 있었던 12년 동안, 예루살렘 왕의 출진 횟수는 격감한다. 이 역시 예루살렘 왕국 내의 봉건제후들이 왕을 따라나서지 않게 되었기 때문이 아닌가 하는 생각마저 든다.

무엇보다 예루살렘 왕의 출진 요청을 거스를 수 없었을 안티오키아, 에데사, 트리폴리도 이 시기부터는 쉽게 응하지 않게 되었다. 풀크가 안티오키아로 가야 할 필요가 생겼을 때의 일이었다. 안티오키아로 가는 길에 거쳐야 하는 트리폴리 백작령의 주인 레몽이 예루살렘 왕과 그 군대의 영내 통과를 허용하지 않아, 풀크는 어쩔 수 없이 배로 가야만 했다.

그래도 풀크의 치세중에는 십자군 국가의 분리와 붕괴가 일어나지 않았다. 에데사 백작령, 안티오키아 공작령, 트리폴리 백작령, 예루살렘 왕령으로 이어지는 십자군 국가들 중 어느 한 곳도 이슬람측에 빼앗기지 않았던 것은, 적인 장기에게 진군을 중단할 수밖에 없는 사정이 생겼기 때문이다.

이후의 진전을 대충이라도 파악하기 위해 여기서 당시 그리스도교 세계와 이슬람 세계 양쪽의 권력구조를 비교해보기로 한다. 그것을 도식으로 나타내면 다음과 같을 거라 생각한다.

아울러 이슬람 세계에서 '직계'는 아랍인, '방계'는 셀주크투르크인이나 쿠르드인이었다.

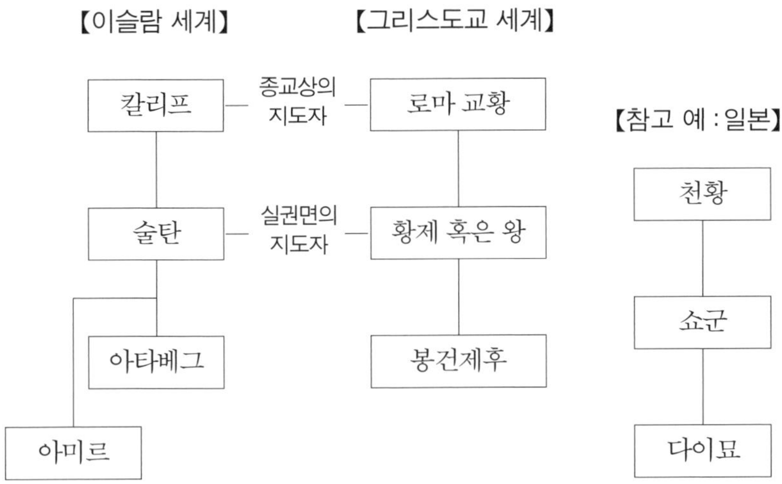

풀크가 예루살렘 왕이 된 것과 같은 해에 바그다드에서는 술탄이 죽었다. 그 직후에 일어난 것이 이슬람 세계의 고질적인 내분이다.

장기의 공식적인 지위는 티그리스강 상류에 위치하는, 현재의 이라크에 속하는 모술의 태수(아타베그)다. 차기 술탄에 자신의 적이 취임하는 것을 저지하기 위해 그는 시리아 전선에서의 움직임을 일시 중단하고, 알레포의 수비를 아들 누레딘에게 맡긴 채 메소포타미아 지방으로 돌아가야 했다.

아직 '아타베그'에 지나지 않은 장기는, 비록 바그다드에서 멀리 떨어진 시리아에서의 군사행동일지라도 술탄이 반대하는 일은 할 수 없었다. 따라서 다음 술탄이 누가 되는가의 문제는 모술에서 다마스쿠스까지, 지금 같으면 이라크 북부에서 시리아까지의 광대한 지역을 제패하고 그 주인이 되려는 장기의 야망을 실현하는 것과 큰 관계가 있었던 것이다. 다만 이 문제를 처리하는 데는 많은 시간이 필요하지 않았던 듯, 채 3년이 안 되어 장기는 시리아 전선으로 복귀한다.

장기의 거대한 야망이 처음부터 십자군 국가를 붕괴시키고 중근동 지역에서 그리스도교도를 일소하는 데 있었다고는 생각되지 않는다. 알레포를 수중에 넣은 후 그가 한 일은 그리스도교도 나라인 안티오키아에 대한 공격이 아니라, 이슬람교도가 지배하고 있던 다마스쿠스를 공격한 것이었으니까.

중근동은 산악지대를 경계로 동과 서로 나뉜다. 안티오키아는 서쪽에 있고 다마스쿠스는 동쪽에 있다. 우선 다마스쿠스를 공격하려고 한 것은 지세로 따지면 합리적이었다.

그러나 그는 이 시점에서는 다마스쿠스 공략에 성공하지 못했다. 그래도 장기는 다마스쿠스로 향하는 길에 있는 소영지의 공략을 착실히 해나갔다. 때문에 장기와 풀크가 직접 대결한 것은 시리아 북부에서였다. 장기는 다마스쿠스 공략의 사전준비를 무력으로 해나가는 중이었고, 예루살렘 왕 풀크는 그것을 저지하려고 북상한 것이다. 다마스쿠스까지 장기의 수중에 들어간다면 서쪽으로 이어진 십자군 국가들에 대한 위협을 가늠할 수 없었기 때문이다.

하지만 예루살렘 왕과 그의 군대는 함께 싸워줘야 할 안티오키아나 트리폴리의 군대와 합류할 수 없었다. 오히려 적을 양분하는 전법이 특기인 장기에 의해 몽페랑의 성채로 내몰리고 만다.

성채란 방어만 철저히 하면 원군이 도착할 때까지 버틸 수 있도록 만들어져 있다. 하지만 즉위한 이래 다른 십자군 국가와의 관계가 원만하지 않았던 풀크는 이들 우군의 도착을 기대할 수 없었는지도 모른다. 성채로 내몰린 지 며칠 지나지 않아, 성채를 포위하고 있는 장기의 군대에 교섭을 요청한 것이다. 몸값을 지불하면 장기가 군대를 물릴 것이라 기대했는지, 아직 포로도 되지 않았는데 먼저 몸값을 지불하겠다고 나섰다.

장기는 왕을 비롯해 성채 안에 있는 모든 사람의 안전을 보장했으며, 뿐만 아니라 포로로 잡아두고 있던 트리폴리의 장수 한 명까지 석방하며 몸값은 필요 없다고 대답했다. 장기가 요구한 대가는 풀크가 틀어박혀 있던 성채뿐이었다.

풀크는 성채를 넘겨준 뒤 무사히 예루살렘으로 돌아왔다. 그런데 그는 과연 막대한 금액이었을 게 분명한 몸값 대신 성채 하나를 요구한 장기의 진의를 읽어냈을까.

'몽페랑의 성채'라는 이름으로 유명한 이 성채는 서쪽으로 이어진 십자군 국가들을 동쪽에 펼쳐져 있는 이슬람 세계로부터 지켜주는 지점에 십자군이 건설한 것이다. 따라서 지리적으로는 알레포에서 다마스쿠스로 남하하는 길목에 있다. 이미 알레포를 수중에 넣은 장기에게 그곳은 다마스쿠스를 공략할 때 가장 좋은 전진기지가 될 수 있었다.

예루살렘 왕이 된 풀크가 유복하다는 사실은 이슬람측에도 알려져 있었으니 몸값을 받아내는 것도 가능했다. 하지만 아무리 그렇더라도 대도시 다마스쿠스를 중심으로 한 다마스쿠스령을 수중에 넣는 것과는 비교가 되지 않았던 것이다.

게다가 이 성채의 전략적 가치는 한 가지 더 있었다. 이슬람 군대가 에데사를 공격할 경우, 예루살렘에서 오는 십자군 원군이 북상하는 것을 방해할 수 있는 지점에 이 성채가 있다는 것이다. 동시대 유럽의 기사가 무색할 정도의 기사도 정신을 발휘한 듯 보였지만, 장기는 몽페랑의 성채가 그만큼 탐이 났던 것이다. 게다가 일전을 벌이지 않고 수중에 넣을 수 있다면 시간과 병력을 절약할 수 있었으니까.

이러한 장기에 비해 풀크는, 포로로 잡히지 않았음에도 서둘러 적이 원하는 것을 넘겨주고 말았다. 중근동의 사정에 정통한 사람들의 마음이 또다시 풀크에게서 떠난 것도 당연했다. 그가 예루살렘 왕이 된 지 6년이 지난 1137년의 일이다.

12년간의 치세중 눈에 띄는 움직임이 적었던 풀크가 그다음으로 움직인 것은, 3년 후인 1140년, 장기를 상대로 다마스쿠스 영주와 동맹을 맺은 일이었다.

그리스도교 나라와 이슬람교 나라가 힘을 합쳐 또다른 이슬람교 나라에 맞선다, 십자군의 내력을 생각하면 경악할 수밖에 없는 이 동맹으로 손해를 본 것은 십자군측이었다. 장기군이 진로를 남쪽 다마스쿠스가 아니라 에데사가 있는 북동쪽으로 향했기 때문이다.

한편 이 동맹을 맺을 때 다마스쿠스 영주는 남쪽에서 예루살렘 왕국을 위협하는 이집트군의 움직임을 저지하겠다고 풀크에게 약속했으나, 실제로는 끝까지 전혀 도움이 되지 않았다. 남쪽을 방어할 수 있었던 것은 템플 기사단과 성 요한 기사단의 분투 덕이었다.

이후 풀크는 중근동 십자군 세력의 지도자로서 변명할 길 없는 잘못을 또 한 번 저지른다. 바로 안티오키아 공작령을 비잔틴제국에 바쳐 버린 것이다.

비잔틴제국 황제가 안티오키아를 탐낸 것은 제1차 십자군 때부터였는데, 풀크는 그리스도교측이 안티오키아를 획득한 지 40년 만에 사실상 비잔틴제국의 속령이 되었음을 인정했다. 장기에 대한 설욕전에 비잔틴제국군의 지원이 불가결하다고 생각했기 때문인데, 비잔틴제국 황제는 안티오키아를 속령으로 만드는 데는 열심이었으나 풀크를 지원하는 데는 건성이었다.

1년 후인 1143년, 4대 예루살렘 왕 풀크는 사냥을 나갔다가 낙마한 것이 원인이 되어 숨을 거둔다. 쉰두 살에 맞은 죽음이었다. 두 아들 중 장남도 아직 열세 살밖에 되지 않았기 때문에, 마흔두 살에 미망인이 된 아내 멜리장드가 예루살렘 여왕의 지위에 오른다. 왕제(王制)를 취하는 나라에서는 능력보다 핏줄이 중시된다. 멜리장드는 선왕 보두앵 2세의 장녀였으므로, 예루살렘 왕국의 첫 여왕 즉위에 누구도 공공연히 반대할 수 없었다.

역대 예루살렘의 왕들 중 풀크는 동시대인에게도 후세의 역사가에게도 낮은 평가를 받았지만, 한 가지만은 인정할 만하다는 평을 듣는다. 중근동 십자군 국가의 영토를 다 메울 기세로 성채를 건설하는 일에 앞장선 것이 풀크였기 때문이다.

성채

유럽의 유력자가 널찍하고 쾌적한 궁전에 살게 된 것은, 당시 생활 수준이 가장 높았던 베네치아나 피렌체에서조차, 이 시기로부터 이삼백 년이 지난 르네상스 시대부터다. 그때까지는 한 나라의 왕도 성에서 살았다. '성'이라기보다 '성채'라는 표현이 더 적절한, 쾌적함보다 방어력을 우선시한 주거지였다.

바깥쪽에는 물이 가득 찬 해자가 빙 둘러싸고 있고 그 안쪽에 성벽이 우뚝 솟아 있다. 성벽으로 둘러싸인 안쪽에는 신하와 하인들의 주거가 늘어서 있으며, 마구간도 빼놓을 수 없다. 주인과 그 일족이 사는 곳은 더 안쪽에 높이 지어진 돌탑 안이다. 외부로의 통로는 필요할 때 해자 너머로 걸칠 수 있도록 만들어진 낙하식 다리뿐이다. 이것이 중세 유럽의 상징이기도 한 '성'이었다.

탑의 돌벽은 두께가 1미터나 되어 여름에 시원하다. 하지만 겨울은, 특히 북유럽의 겨울 추위는 견디기 힘들었을 것이다. 그래서 난로에는 장작을 기세 좋게 태우고 벽에 두꺼운 커튼을 둘러치고 바닥에는 사냥해온 짐승의 모피를 깔아 혹한을 막으려 애썼다.

따라서 서양건축의 특성인 큰 벽난로는 물론이고 두꺼운 천으로 만들어진 커튼 역시 원래는 돌벽이 뿜어내는 추위를 막기 위해서였고,

얼마 후 십자군 시대의 경제교류 덕에 융단으로 교체되는 짐승의 모피도 돌이 깔린 맨바닥에서 올라오는 한기를 막기 위해서였다.

방어를 우선시해 건축했기 때문에, 창문은 적의 화살을 막기 위해 작게 뚫었고, 무기를 들고 습격해오는 적이 올라오기 불편하도록 계단도 좁고 경사가 급하게 만들었다. 또한 구름이 두껍게 드리운 북유럽에서는 창문이 작아 대낮에도 등불이 필요했다. 대형 난로에서 기세 좋게 타오르는 불길. 방을 밝히는 몇 개의 등불. 산소가 부족하진 않았을까 하는 생각마저 든다.

이러한 성채 안에서의 일상은 쾌적함을 따질 수가 없었을 것이다. 겨울 추위를 막기 위한 두꺼운 옷도 충분하지 않아 겹쳐 입어야 했고, 얼마나 많은 의복을 겹쳐 입는가에 따라 그 사람이 속한 사회계층을 가늠할 수 있을 정도였다. 가톨릭교회의 고위 성직자나 세속군주들은 움직임이 둔해질 정도로 많은 옷을 겹쳐 입는 한편, 하층민들은 얇은 옷 하나로 덜덜 떨고 지냈던 것이다.

초상화에 등장하는 귀부인은 가슴팍이 깊게 파인 옷을 입고 있는데, 그것은 화가 앞에 앉아 있을 때나 중요한 손님을 맞는 연회를 열 때뿐이었다. 평소에도 그렇게 우아한 옷을 입고 지낸다면 감기에라도 걸려 일찍 죽는 것이, 중세 유럽에서 성채를 주거지로 삼았던 사람들의 운명이었다.

유럽과 오리엔트의 동등한 사회적 지위에 있던 사람들의 생활공간을 비교하면, 이 시대에는 오리엔트가 훨씬 쾌적했다. 원래부터 물과 녹음이 풍부하지 않은 땅에 살던 오리엔트인은 풍부한 물과 녹음을 동경했다. 그래서 사회 상층에 속하는 사람들은 경쟁적으로 안뜰에 수목을 심고 그 사이로 흐르는 물을 즐겼다.

그러나 불편하기 그지없는 중세 유럽식 성채에서 생활하는 데에도 이점이 있었다. 첫째는 방어에 적합하다는 것, 둘째는 그 방어도 소수의 병력으로 가능하다는 것이다.

마흔이 다 되도록 프랑스에서 살았던 풀크는 성채를 방어 겸 생활의 장으로 보는 사고에 익숙했을 것이다. 당연히 성채가 갖는 두 가지 이점도 알고 있었다. 또한 유럽과 달리 중근동은 겨울에도 추위가 심하지 않다. 중근동에서는 오히려 두꺼운 돌벽으로 바깥공기를 차단할 수 있도록 지어진 성채가 혹서에 시달리는 여름에 적합했다.

게다가 성채가 방어에 적합하고 그것도 소수의 병력으로 가능하다는 두 가지 강점 덕에, 중근동의 십자군 국가가 갖고 있던 최대 약점인 만성적인 병력 부족을 어느 정도 벌충할 수 있다는 이점도 있었다. 또한 적인 이슬람측에는 성채를 활용하는 전통이 없는 것도 유리하게 작용했다.

전투란 대군을 투입해 치러야 한다고 생각하는 이슬람측에는 소수 병력에 의한 방어 따위를 고려할 필요가 없었기 때문이다. 게다가 오리엔트의 권력사는 성벽을 둘러친 도시에서 사는 것을 선호했으므로, 도시에서 멀리 떨어져 있는 성채에는 파수 정도의 역할밖에 기대하지 않았다.

그 때문에 십자군 시대 중근동에서 십자군측이 성채 네트워크를 뻗쳐나간 것에 반해, 이슬람측에는 그 움직임이 전혀 보이지 않았던 것이다.

절대적인 병력 부족과 함께 십자군측의 오랜 약점이었던 것이 상비 병력의 부족이었는데, 상비 군사력의 존재이유는 적이 공격해오면 곧바로 요격에 나설 수 있다는 것이다. 하지만 이 문제도 보두앵 2세가 종교 기사단을 인가하고 계속 후원함으로써 어느 정도 해결되고 있었다.

템플 기사단은 설립 당시 아홉 명에서 그 열 배로 늘어나 있었고, 성 요한 기사단도 의료만이 목적인 수도회에서 의료와 전투를 병행하는 것으로 바뀐 이후로 프랑스를 중심으로 한 유럽 각국으로부터 지원자가 급증했다. 사회 중하층에 속해 있던 기사들이 다수를 차지한 템플 기사단에 비해 성 요한 기사단의 기사들 중에는 귀족 출신자가 많았던 것이 특색이다. 두 기사단 모두 한 번도 독자적으로 전투에 나설 만한 병력을 지닌 적은 없었다. 하지만 두 기사단은, 규모는 작아도 전투에 익숙하고 무술에 뛰어난 자들로만 편성된 엘리트 전사 집단이 되어가고 있었다. 현대의 연구자들이 '특수부대'라고 하는 이유가 여기에 있다.

풀크는 이들 종교 기사단과 십자군 국가 내의 봉건제후로 이루어진 중근동 십자군 세력의 상비 전력에, 방어와 공격의 거점인 성채를 제공했다. 자금력이 있는 자에게는 건설허가를 내주고, 없는 자에게는 경제적으로 원조하여 건설하게 하고, 건설 후의 관리도 그 사람에게 맡겼다. 이때 십자군측의 중요한 항구인 야파를 지키는 성채의 주인이 된 사람이, 50년 후 살라딘과 필사의 교섭을 하게 되는 발리앙 이벨린의 아버지다.

물론 십자군의 모든 성채가 풀크의 치세에 세워진 것은 아니다. 소규모 성채는 보두앵 1세 때 이미 지어졌고, 보두앵 2세의 치세에도 네 군데에 세워졌다는 것이 확인되고 있다. 하지만 성채가 속속 건설된 것은 풀크의 치세에 들어서고 나서였다. 그중에서도 가장 유명한 '크락 데 슈발리에(기사들의 성)'의 건설을 성 요한 기사단이 완료한 것은 1142년, 풀크가 죽기 1년 전이었다.

성채란 소수 병력으로도 지배하고 통제할 수 있도록 만들어진 건축 양식이다. 공세기가 지나고 수세기로 들어선 시대의 십자군에게 그 필요성이 커지는 것도 당연했다. 어쨌거나 머릿수를 믿고 공격해오는 이슬람측에 반해, 십자군의 약점은 항상 병력 부족에 있었기 때문이다.

아울러 종교를 배제하고 순수하게 고고학적 견지에서 중근동의 십자군 시대 성채를 연구하게 된 것은 20세기에 들어서고 나서다. 그 선두에 섰던 이는 영국 태생의 젊은 연구자로, 훗날 '아라비아의 로렌스'라는 이름으로 유명해진 사람이다. 연구자 시절 그가 쓴 논문을 찾아보았으나 도저히 발견할 수 없었다. 아랍인을 이끌고 터키제국에 도전한 로렌스는 상당한 전략가이기도 했는데, 어쩌면 그의 이런 전략적 재능도 십자군 시대의 성채들을 조사해나가는 과정에서 터득한 것인지 모른다. 성채란 전략적으로 적합한 땅에 세우지 않으면 도움이 되지 않는다.

이 로렌스가 터키와의 싸움에서 아랍인을 선동한 말이 '다마스쿠스로!'였다. 이 말은 천 년 전에 장기가 외친 말이다. 시리아 전역을 제패하려 할 때 병사들을 선동하는 말은 예나 지금이나 '다마스쿠스로!'인 것이다. 예나 지금이나 다마스쿠스가 시리아를 상징하는 도시이기 때문이다.

이야기를 천 년 전으로 거슬러 올라가면, 장기도 다마스쿠스 공략을 목표로 하고 있었다. 시기도 좋았다.

장기를 상대로 다마스쿠스 영주와 동맹을 맺었으니 지원하러 달려나가야 하는 예루살렘의 왕위에는 이제 멜리장드가 앉아 있다. 이슬람교도는 여자를 경시하는 경향이 강했다. 장기는 예루살렘은 문제 삼을 것도 없다고 생각했음에 틀림없다.

그런데 모든 면에서 절호의 기회였음에도 장기는 군대를 다마스쿠스가 있는 남쪽이 아니라 에데사가 있는 북동쪽으로 향한다. 왜 그랬는지는 아무도 기록을 남기지 않아 상상할 수밖에 없는데, 나는 이제 막 완성된 '크락 데 슈발리에'가 마음에 걸려서가 아니었을까 생각한다.

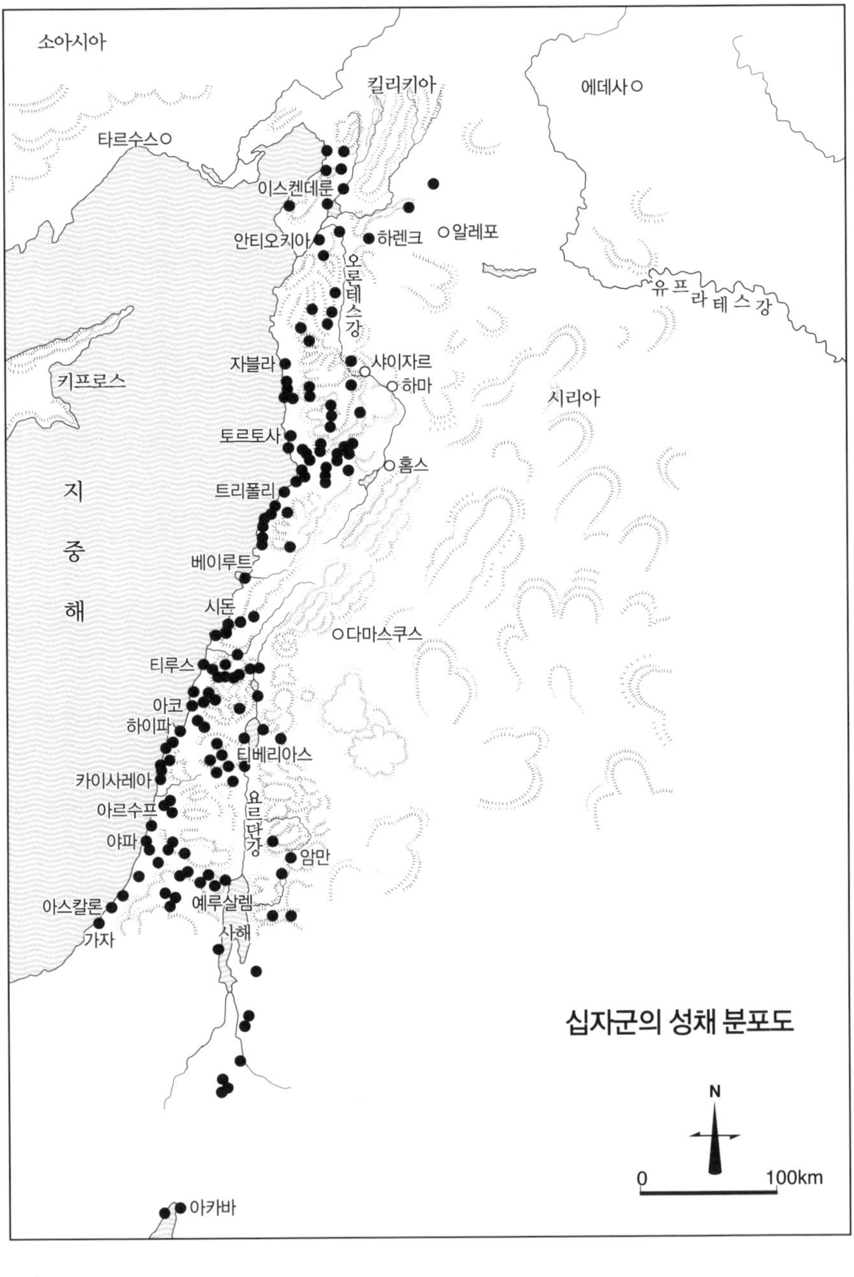

소아시아
킬리키아
에데사
타르수스
이스켄데룬
안티오키아
하렌크
알레포
오론테스강
유프라테스강
자블라
샤이자르
하마
키프로스
시리아
토르토사
홈스
트리폴리
지중해
베이루트
시돈
다마스쿠스
티루스
아코
하이파
티베리아스
카이사레아
아르수프
요르단강
야파
암만
아스칼론
예루살렘
가자
사해
십자군의 성채 분포도
N
0
100km
아카바

'크락 데 슈발리에'는 성 요한 기사단이 건설한 것으로, 이 성채에는 십자군 정신이 흘러넘치는 기사들이 주둔하고 있었던 것이다.

이전에 몽페랑의 성채를 탐냈던 것에서 알 수 있듯이, 장기는 성채의 효용을 알고 있던 몇 안 되는 이슬람 장수 중 하나였다. 몽페랑의 성채 바로 근처에 건설된 '크락 데 슈발리에'가 다마스쿠스로 향하는 장기군에 무시할 수 없는 장애물이 될 것을 두려워한 것이 아닐까. 무심코 이러한 상상에 빠져들 정도로 천 년이 지난 지금도 여전히 산 위에서 주변 일대를 노려보고 있는 '크락 데 슈발리에'의 위용은 압도적이다.

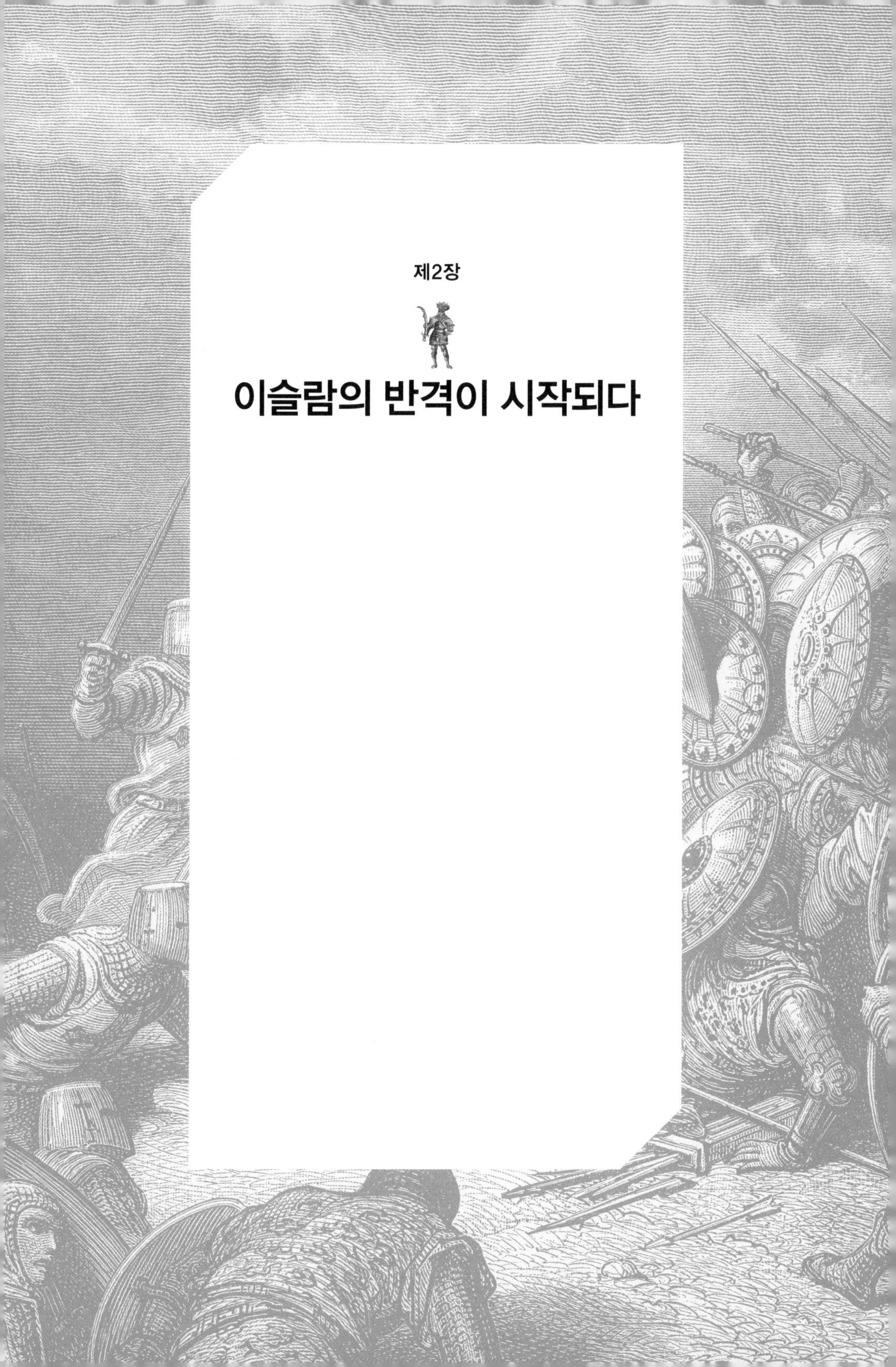

제2장

이슬람의 반격이 시작되다

1144년, 장기도 쉰일곱 살이 되었다. 아마도 마음이 조급해졌을 것이다. 이런 때일수록 가능한 한 빨리 함락시킬 수 있는 곳을 먼저 공격하게 된다. 제일 먼저 에데사, 그다음이 다마스쿠스라고 생각했는지도 모른다.

에데사 함락

이 시기 에데사 백작령은 13년 전에 전사한 조슬랭 드 쿠르트네의 아들이 지키고 있었다. 보두앵 2세의 맹우이자 최대 협력자였던 아버지에게 견줄 만한 능력의 소유자는 아니었지만, 그는 에데사 백작령의 주민들에게 사랑받고 있었다. 또한 어머니가 아르메니아 왕가 출신이었으므로 에데사 백작령 북쪽에 있는 아르메니아 왕국의 지원도 기대할 수 있었다. 이 조슬랭 2세가 선두에 나서 방어전을 펼치는 한 에데사 공략은 쉽지 않은 일이었다.

그래서 장기는 에데사에서 조슬랭과 그의 군대를 떼어놓는 수를 썼다. 조슬랭 2세가 인근 지역 이슬람 영주와 전투를 벌이기 위해 출정한 틈을 노려 병력의 대부분을 투입해서 총공격을 퍼부은 것이다. 남은 군대는, 공격당한 것을 알고 다시 돌아올 조슬랭의 앞을 가로막아 그와 그의 군대가 에데사로 들어오는 것을 저지하도록 배치했다.

중근동 십자군 국가의 일익을 담당해온 에데사는 총사령관이 없는 상태에서 방어전을 펼치게 되었다. 방어전을 지휘한 사람은 모두 고위 성직자들로, 가톨릭교도를 대표하는 대주교 위그, 아르메니아 종파의 주교 요하네스, 그리스정교의 주교 바실레우스 세 명이었다. 에데사는 그리스도교 도시지만 오리엔트 도시이기도 했기 때문에, 같은 그리스도교도라 해도 여러 종파가 혼재해 있었던 것이다.

방어전에 나선 사람들은 조슬랭 2세가 돌아올 것이라 믿었다. 또한 같은 그리스도교도 국가인 안티오키아 공작령이나 예루살렘 왕국이 도와주러 달려올 것이라는 확신도 있었다. 따라서 장기가 두번째 총공격을 퍼붓기 전에 보내온 항복권고를 단연코 거부하며 강경한 태도를 보였다.

그러나 조슬랭 2세는 적에 가로막혀 올 수가 없었고, 안티오키아 공작은 자기 영지 내에 움츠리고만 있었다. 그리고 예루살렘의 멜리장드가 원군을 파견할지 말지 망설이다가 가까스로 결단을 내려 에데사로 군대를 보냈지만 이미 때가 늦은 뒤였다.

시리아의 주요도시와 성채

에데사 주민들은 4주간이나 공방전을 버텼다. 하지만 더이상 어찌 해볼 수단이 없어진 12월 24일, 에데사는 함락된다. 장기는 상대가 항복권고를 따르지 않고 항전을 계속하면 설령 이슬람교도라 해도 학살과 약탈과 화공도 마다하지 않던 남자다. 더구나 에데사는 그리스도교도의 도시였다. 함락 후의 학살과 약탈과 화공은 어느 때보다 더 무자비했다.

대주교를 비롯한 에데사의 주요인물이 모두 처형되었고, 이들의 머리는 바그다드의 칼리프에게 보내졌다. 이런 시와 함께.

"오오, 하늘이 보내신 예언자 마호메트여. 우리는 당신의 이름으로 끝내 승리를 실현했다네. 돌을 숭배하는 이들 불신 무리의 피는 코란의 가르침이 옳다는 것을 실증하기 위해 흘려졌나니."

에데사 함락은 이슬람측에서 보면 '탈환'이었다. 살아남아 포로가 된 자들도 노예로 팔려나갔다. 그 수가 2만을 넘었다고 한다.

함락 당시 장기는 에데사가 그리스도교화하기 전부터 살고 있던 사람들의 잔류를 인정했지만, 2년 후 뒤를 이은 그의 아들 누레딘은 그마저도 인정하지 않았고, 에데사는 그 토대조차 남아 있지 않을 만큼 철저하게 파괴되었다. 이슬람교도는 지상에서 도시 자체를 없애버림으로써, 그리스도교도가 돌아올 수 있는 기반을 아예 파괴함과 동시에, 반세기 동안 그리스도교 도시였던 에데사를 징벌한 것이다.

이렇게 그리스도교 세계는 에데사 백작령을 잃었다. 제1차 십자군이 획득한 이래 반세기 동안, 동쪽 이슬람 세계에 대해 중근동 십자군 국가의 방벽 같은 역할을 해온 에데사 백작령을 잃은 것이다. 조슬랭 2세는 결국 복귀할 수 없었고, 그런 그를 아무도 도와주지 않았다.

장기 역시 다마스쿠스를 공략하는 꿈까지는 이루지 못하고 세상을 떠난다. 에데사를 함락한 지 얼마 되지 않아, 하찮은 일로 원한을 품은 거세노예에게 살해당한 것이다.

에데사가 함락되었다는 소식이 예루살렘과 안티오키아에 강한 충격을 주었음은 물론이다. 그러나 유럽에는 전략적인 면에서의 손실을 넘어 더욱 심각한 타격을 주었다.

유럽에 사는 대부분의 그리스도교도는 중근동에 십자군 국가를 건설한 것은 신이 바란 일이라고 확신하고 있었고, 그 십자군 국가가 성지에 세워진 이상 신이 지켜줄 것이라 믿고 있었다. 그런데 지금 십자군 국가 중 하나인 에데사가 함락된 것이다. 신은 우리를 지켜주지 않았단 말인가. 그들의 가슴속에 이런 의심이 일어난 것도 당연했다.

수도사 베르나르두스

중근동의 십자군 국가는 북쪽에서 남쪽으로 에데사 백작령, 안티오키아 공작령, 트리폴리 백작령, 예루살렘 왕령 네 국가로 구성되어 있었다. 그중 하나를 적에게 빼앗겼다는 사실을 맞닥뜨린 그리스도교도들은 신앙심이 깊은 사람일수록 더 강하게, 이제 신은 우리를 지켜주지 않는 것인가, 하는 공포에 사로잡혔다. 이런 공포는 한 나라의 왕이든 일개 서민이든 다르지 않았다.

이러한 유럽의 그리스도교 세계에 수도사 베르나르두스의 목소리가 한층 높이 울려퍼졌다. 제1차 십자군은 클뤼니 수도원 관계자들의 호소로 시작되었는데, 제2차 십자군은 클뤼니파의 그리스도교 세계 개혁안을 미온적이라 비판하며 설립된, 프랑스의 수도회에서도 보다 급진적인 성향을 띤 시토파 수도원 관계자들에 의해 일어나게 된다.

후에 가톨릭교회의 성인 반열에 올라 '성 베르나르두스'라는 이름으로 역사에 남은 이 사람은 1090년 프랑스 북동부 샹파뉴 지방에서 태어났다. 이 지역에서도 제1차 십자군에 참가한 사람이 많았는데, 베르나르두스는 오리엔트를 향해 떠나는 그리스도 전사들의 긴 행렬을 여섯 살 무렵에 본 셈이다.

부모가 모두 부르고뉴 공작의 가신 집안이었으므로 대귀족까지는 아니어도 중간 정도의 귀족은 되었다. 물론 성채에 사는 계급에 속한다. 일곱 형제 중 삼남이었던 베르나르두스는 무척 조숙한 아이였던 모양으로, 마을의 사제가 교사로 있는 초중등 교육과정이 끝나자마자 겨우 열한 살 때 형제 다섯 명을 꾀어 아버지 소유의 산장에 틀어박혀 공동생활을 시작한다. 기도와 묵상이 일상인 이런 공동생활에 공명하는 사람이 점점 늘어나, 1년 후에는 서른 명이나 되었다고 한다.

베르나르두스는 그 서른 명을 이끌고 시토 수도원으로 가서 세속의 삶을 버리고 수도사가 될 것을 서약한다. 아직 열두 살에 불과한, 수도사 베르나르두스가 탄생한 것이다.

당시 프랑스를 넘어 유럽 전체에 가장 널리 알려지고 권위를 자랑하던 수도원은 클뤼니 수도원이었다. 제1차 십자군을 보냈고, 게다가 그 십자군이 성도 예루살렘 해방에 성공함으로써 십자군을 제창한 클뤼니 수도원에 사람들의 경의가 집중되었다. 그런데 베르나르두스는 그 클뤼니 수도원이 아니라, 당시에는 아는 사람도 별로 없던 시토파 수도원을 선택한 것이다. 이 무렵부터 이미 클뤼니파가 제창하는 교회개혁에 불만을 품었던 것일까, 아니면 누군가의 밑에 붙는 것을 좋아하지 않았던 것일까. 교의에 반대하지 않았음에도 그는 3년 후 시토파 수도원에서도 나오게 된다.

1115년 스물다섯 살이 된 수도사 베르나르두스는 열두 명의 동지와 함께 한 친족이 선물해준 땅에 독자적인 수도원을 세워 옮겨간다. 베르나르두스는 강이 흐르고 녹음이 풍성한 그 일대를 '클레르보'라고 명명했다. '맑은 골짜기'라는 뜻이다. 이후 '클레르보의 베르나르두스'가 그의 통칭이 된다.

그러나 수도사 베르나르두스는 맑은 골짜기에 세운 수도원에 안주할 사람이 아니었다. 3년 후 일찌감치 포교활동을 시작해, 단순히 가르침만 설파하는 것이 아니라 그의 생각에 공명하는 사람들을 모아 신앙의 기지를 만들어나가기 시작했다. 즉 수도원 네트워크를 만들어 나간 것인데, 그가 죽을 때까지 세워진 수도원은 343개나 되었다. 그는 사색뿐 아니라 그에 앞서 행동하는 사람이었다.

중세 유럽은 '수도원의 시대'라고도 불린다. 수도원이 세속 사람들에게까지 강력한 영향력을 발휘했기 때문인데, 그중에서도 성 베네딕투스가 이탈리아 남부의 몬테 카시노에 창설한 이래 유럽 전역으로 퍼져나간 베네딕토파 수도원의 힘은 절대적이었다. 클뤼니 수도원도 베네딕토파에 속하므로, 창시자인 성 베네딕투스가 정한 수도원의 기본원칙, 청빈과 복종과 정결을 지킬 의무가 있었다.

하지만 제1차 십자군 성공의 공로를 대접받게 된 후 클뤼니 수도원에 모여든 것은 사람들의 신앙심만이 아니었다. 이들의 기부도 급증한 것이다. 이 시기 프랑스 남부를 휩쓸던 북아프리카 해적이 로마를 향해 여행중이던 클뤼니 수도원 원장 일행을 습격하여 엄청난 수확을 거두었다는 기록이 있다. 클뤼니 수도원 고위 사제들의 사치스러움은 로마 교황을 능가한다는 소문도 있었다.

이 한 가지만 가지고 클뤼니 수도원을 비난했다면 베르나르두스는 고지식한 원리주의자에 머물렀을 것이다. 하지만 그는 원리주의자 중에서도 과격한 원리주의자였다. 자기 혼자만 원리원칙을 지키는 것이 아니라, 다른 사람까지 끌어들인다는 의미에서.

베네딕토파 수도원에는 앞서 말한 3대 원칙 외에 라틴어로 '스타빌리타스(정주)'라 불리는 규칙도 있었다. 베르나르두스는 청빈 같은 것보다 특히 이 규칙을 싫어했을 것이라 생각된다. 베네딕토가 생각한 '정주'는 세상의 잡사에 마음을 빼앗기지 말며, 신에게 가까이 가는 노력을 게을리해선 안 된다는 것이었는데, 수도사 베르나르두스는 성직자가 세상의 잡사에 적극적으로 관여하지 않는 한 그리스도교 세계를 성서의 뜻대로 다스릴 수 없다고 확신하고 있었던 것이다.

이 수도사 베르나르두스가 의료를 임무로 삼고 있던 성 요한 기사단보다 오직 이교도와의 전투를 기치로 내건 템플 기사단에 대해 상찬을 아끼지 않았던 것도 당연하다. 템플 기사단의 기사들도 신분은 수도사다. 이 기사들과 베르나르두스는 '싸우는 수도사'라는 점에서는 완전히 일치했다.

프랑스에 있는 베르나르두스가 싸우는 상대는 이교도 이슬람이 아니라, 그리스도의 가르침을 올바로 믿지 않는다는 의미에서 '이단'으로 비판받던 사람들이다. 당시 유럽의 고명한 지식인들을 이쪽저쪽 번갈아가며 차례로 해치워나가는 것이, 이제는 젊은 수도사라 할 수 없게 된 베르나르두스가 가장 열심히 몰두했던 '싸움'이었다. 그중에서도 유명한 사례는, 철학자 아벨라르에게 끊임없이 비난을 퍼붓고 로마 교황에게 손을 써서 끝내 이 고명한 지식인을 파문에 처하게 만든 일이었다.

인간세계에서는 소리 높여 주장하면 할수록 대중의 이목을 끌기 쉽다. 베르나르두스에게 심취한 사람이 늘고 베르나르두스파 수도원에 들어오는 기부도 늘어만 갔다. 유럽은 클뤼니파 대신 베르나르두스가 이끄는 시토파가 지배하는 세상이 된 것이다. 그리고 1144년 말에 일어난 에데사 함락 소식이 아직 유럽에 전해지지 않았던 1145년 2월 초, 베르나르두스에게 심취했던 사람 중 하나가 에우게니우스 3세라는 이름으로 로마 교황에 취임한다.

제자의 교황 취임을 축하하며 보낸 편지에서, 성직계의 최하위층에 속하는 이 수도사는 최상위에 있는 로마 교황에게 이렇게 말하고 있다. "무슨 문제든 나와 상담해주시오."

이것이 '클레르보의 베르나르두스'가 가지고 있던 '힘'이었다. 제1차 십자군의 원동력은 로마 교황 우르바누스 2세였지만, 베르나르두스는 교황이 아니다. 대주교도 주교도 아니었다. 세상에서는 한낱 수도사에 지나지 않던 이 사람이 제2차 십자군의 원동력이 된 것이다.

수도사 베르나르두스(프라 안젤리코 그림)

수도사 베르나르두스는 어떻게 사회계층을 뛰어넘어 많은 사람들에게 이토록 강력한 영향력을 발휘할 수 있었을까.

가장 먼저 생각할 수 있는 것은, 베르나르두스 본인이 뛰어난 학식을 지닌 사람이었다는 점이다. 중세 유럽에서는 군주든 제후든 교양보다 군사를 중시하도록 교육받는 것이 보통이었으므로, 지식과 교양은 그것을 무기로 삼은 성직자가 독점하는 상태였다. 바꿔 말해 세속의 권력자들은 무기를 다루는 것에는 능숙해도 언어를 다루는 데는 능숙하지 않았다.

베르나르두스는 이미 초등교육을 받던 시절부터 표현을 풍성하게 하는 기술인 수사학과 문법을 집중적으로 배웠다. 그런 베르나르두스가 설사 과격할지라도 학식에 근거한 생각을 정확하고 논리적으로 펼쳐놓으면 세속에서 권력을 자랑하는 사람들도 설득당해버린다. 어쨌든 성직자와 세속의 군주들이 마주하는 자리에서는 칼보다 말이 더 강한 무기였으니까.

또한 베르나르두스가 성공한 주요요인 중 한 가지로 그의 외모를 들 수 있다.

베르나르두스는 귀족 출신이라 키가 큰 편이었다. 다른 군주나 제후들도 마찬가지였지만, 그들과의 차이점은 그가 극단적으로 말랐다는 것이다. '클레르보의 베르나르두스'는 청빈의 서약을 동지 수도사들도 지키도록 요구했으며 스스로에게는 더욱 엄격했다. 단식도 다른 수도사가 일주일에 한 번 하면 그는 일주일에 세 번이나 했다. 다른 사람들이 하루를 단식하면 베르나르두스는 일주일을 단식했다. 게다가 수도원에서의 일상은 그 자체로도 고행이었다.

중세는 치안이 나빴으므로 수도원도 성채처럼 지어졌다. 겨울이 되면 돌로 된 벽과 바닥에서 스며나오는 한기를 견디기 힘들다. 하지만 수도원에서 난로로 몸을 녹이는 것은 당치도 않은 일이었고, 더구나 벽에서 나오는 한기를 두꺼운 커튼으로 막는 것도, 바닥에 모피를 까는 것도 허락되지 않았다. 속옷 위에 허술한 천으로 만든 수도복만 걸칠 뿐이었다. 신발도 맨발에 샌들로 정해져 있었다. 음식도 소박하게 빵과 채소수프와 소량의 포도주. 생선은 제공되지만 금요일로 한정되어 있고, 고기요리와는 거의 인연이 없으나 나온다고 해도 일주일에 한 번뿐이다.

이것만으로도 상당한 고행이었다. 하지만 이런 빈약한 식사마저 베르나르두스는 자주 걸렀다.

당시의 기록에서는 이런 베르나르두스를 홀쭉하게 여윈 몸을 허름한 수도복으로 감싸고 지팡이에 의지해 휘청휘청 걸어다녔다고 묘사하고 있다. 그러나 이 빈약하고 허약한 외모는, 영양이 충분한 몸에 옷을 몇 겹씩 껴입은 황제나 왕과 대면하는 순간 강력한 무기가 되었다.

당시의 권력자들은 베르나르두스의 이런 외모에 압도당했을 것이다. 호화로운 옷을 껴입은 몸을 부끄럽게 여길 것까진 없더라도 왠지 모를 죄의식을 느끼지 않았을까. 그리고 뒤이어 그리스도교도라면 누구에게나 마땅한 정론이 날카롭게 설파된다. 이래서야 설득당하는 것도 당연했을 것이다.

이 베르나르두스에게 설득당한 것은 권력자들과 그 주위의 사회 상층부에 속하는 사람들만이 아니었다. '클레르보의 베르나르두스'의 영향력은 서민들 사이에서도 절대적이었다. 가난한 모습 앞에서 죄의식을 느낄 필요가 없는, 중간층에서 하층에 속한 사람들에게서까지 어떻게 그만한 인망을 얻을 수 있었을까.

이에 대한 답도 베르나르두스의 외모에 있다.

직설적으로 말해 그리스도교도는 고뇌하는 타인을 보는 걸 좋아했다. 자기 대신 고뇌해주는 것으로 보이기 때문이다. 그리고 자기 대신 괴로워해주는 그 사람을 존경하게 된다. 그가 신이나 성인이라면 이런 마음은 신앙이 된다. 만약 그리스도교도의 가슴 깊은 곳에 늘 존재하는 이런 마음이 없다면, 십자가 위에서 책형을 당한 예수 그리스도가 그토록 오랫동안 널리 신앙의 대상이 될 리가 없다. 그리스도교 세계에서 사람들은 즐거움보다 고뇌에 더 감동한다. 게다가 자신들을 이끌어나갈 위치에 있는 사람이라면 더더욱.

지나치다 싶을 정도로 엄격한 고행을 스스로에게 부과했던 베르나르두스는, 젊었을 때부터 이미 당장이라도 죽을 듯한 모습이었다고 한다. 민중의 눈에 이 베르나르두스는 비록 십자가는 짊어지지 않았을지언정, 고뇌하고 있다는 점만은 그리스도와 다를 바 없어 보였을 것이다. 자신들 대신 속죄하고 있는 고귀한 사람으로.

십자가 위의 그리스도와 다른 점은 베르나르두스의 목소리를 직접 들을 수 있다는 것이었다. 그런 그가 너희는 왜 신의 목소리에 귀 기울이지 않느냐고 질책하자 고개를 숙일 수밖에 없었다. 중세도 드디어 후반으로 접어들던 이 시대, 유럽의 그리스도교 세계에서 베르나르두스의 영향력은 호화로운 의복을 몸에 두른 로마 교황이나 주교들을 훨씬 능가하는 것이었다.

제2차 십자군

에데사가 함락되자 위기감이 커진 예루살렘 여왕 멜리장드는 교황 에우게니우스 3세에게 새로운 십자군을 파견해달라고 요청했다. 이제 막 교황이 된 에우게니우스 3세는 곧바로 베르나르두스에게 그 사실을 전한다. 이리하여 로마 교황으로부터 전권을 위임받은 베르나르두스가 선두에 선 제2차 십자군 결성의 움직임이 시작된다.

클뤼니 수도원이 제창하고 교황 우르바누스 2세가 선두에 서서 시작된 제1차 십자군과 달리, 제2차 십자군은 클뤼니파와 라이벌 관계에 있던 시토파 수도원이 주도권을 행사한다. 종교의 세계에서도 세속에 못지않게 라이벌 의식이 강했던 것이다.

제1차 십자군에는 황제나 왕이 참가하지 않았다. 십자가에 성전을 맹세하고 그것을 성공시킨 것은 황제나 왕 아래에 있는 제후들이었다. 하지만 로마 교황으로부터 제2차 십자군 결성을 위임받은 수도사 베르나르두스가 설득하려 한 상대는 제1차 십자군 때 교황 우르바누스 2세가 직접 설득한 제후들이 아니었다. 황제나 왕이 나서면 제후들은 따라갈 수밖에 없다. 그런 상황을 만들기 위해 그는 프랑스 왕의 궁정으로 향했다. 프랑스 왕을 설득하는 데 유리한 카드를 갖고 있었던 것이다.

이 시기 프랑스 왕위에는 스물다섯 살의 루이 7세가 취임해 있었다. 왕비는 프랑스 서남부에 광대한 영지를 지닌 아키텐 공국의 영주이기도 한 엘레오노르였다. 각각 열일곱 살과 열다섯 살 때 결혼한 이 부부는 내내 아내의 영향력이 더 강한 것으로도 알려져 있었다.

'아키텐의 엘레오노르'라고 하면 누구나 알 정도였던 이 여인은 남편인 프랑스 왕의 직할령보다 넓은 영토의 상속자이기 때문인지 성격이 굉장히 강했다. 뭐니 뭐니 해도 프랑스 왕과 결혼하기 전 이미 아키텐 공작령과 가스코뉴 백작령에 푸아티에 백작령까지, 오늘날 프랑스의 4분의 1에 달하는 광대한 영토의 여주인이었던 것이다. 여기에다 결혼 후에는 프랑스 왕비라는 직함이 더해졌다.

이 젊은 왕실 커플도 당시의 다른 왕들이 그랬듯 조금이라도 영토를 넓히기 위해 인근 나라와의 싸움에 몰두하고 있었는데, 그런 와중에 사고가 일어났다.

프랑스 왕의 군대가 파리에서부터 동쪽으로 150킬로미터 떨어져 있는 마을을 공략했을 때의 일이다. 1천3백 명에 이르는 마을 주민들이 숨어든 교회를 왕의 부하병사들이 안에 있는 사람들과 함께 몽땅 불태워버렸다. 왕은 사건 직후 몹시 후회했다고 하는데, 이 참극에 대한 소문은 순식간에 유럽 전역으로 퍼졌다.

프랑스 왕가(카페 왕조)의 문장
(파란색 바탕에 백합)

희생된 사람들이 이슬람교도라면 묵인했겠지만 가톨릭교도라면 교황으로서 그냥 넘길 일이 아니었다. 교황은 프랑스 전역의 성직자들에게 각 담당교구에서 성무 집행을 정지하도록 명했다. 이 '성무 정지령'이 발령되면 태어나는 아이가 세례를 받을 수도 없고 결혼식과 장례식도 할 수 없게 된다. 당시 왕비는 첫아이를 가진 몸이었다.

임신중이던 왕비 엘레오노르는 베르나르두스가 있는 수도원으로 찾아가 이 고명한 수도사에게, 당시 연대기 작가의 말을 빌리자면 '조언을 구했다'.

베르나르두스가 구체적으로 어떻게 움직였는지는 알 수 없다. 하지만 그 결과 프랑스 전역의 '성무 정지령'이 풀렸다. 프랑스에서 멀리 떨어진 중근동의 십자군 국가 중 하나인 에데사 백작령이 이슬람측에 탈환되기 8개월 전의 일이었다.

따라서 해가 바뀐 1145년, 한겨울의 추위에도 불구하고 왕과 왕비 앞에 허름한 수도복 차림으로 나타난 수도사 베르나르두스의 프랑스 왕 설득작전은, 시작하기도 전에 이미 승부가 난 것이나 마찬가지였다.

물론 베르나르두스는 귀족 출신이다. 예전에 진 빚을 갚으라는 말은커녕 그런 내색도 하지 않았을 것이다. 하지만 왕이 교회와 마을 사람들을 함께 불태워버린 일을 떠올리지 않을 수 없는 분위기로 이야기를 이어나갔을 게 틀림없다. 가톨릭 성직자들은 이런 유의 능력이 뛰어났다.

프랑스 왕 루이 7세는 원래부터 신앙심이 깊었다. 그런 그에게 속죄를 위한 십자군 원정을 권하는 것은 딱히 죄를 저지른 기억이 없다 해도 어렵지 않았을 것이다. 하지만 성무 정지령이 풀린 덕에 세례를 받을 수 있게 된 어린 공주의 사랑스러운 모습이 왕의 결단에 영향을 주지 않았다고는 할 수 없다. 왕비 엘레오노르까지 궁녀들로 조직된 여자부대를 이끌고 성지로 가겠다고 베르나르두스에게 약속했을 정도였으니.

여기까지는 무대 뒤에서 진행된 과정이고, 일단 십자군 원정이 선언되면 역시 무대 위에서 행해지는 장중하고 엄숙한 의식을 빼놓을 수 없다. 왜냐하면 그런 의식을 거행함으로써 제후들에게 원정에 참가할 대의명분을 주게 되기 때문이다. 성직자는 이런 연출을 하는 데도 뛰어났다.

프랑스 동부에 펼쳐진 부르고뉴 지방의 작은 도시 베즐레가 그 영광스러운 무대가 되었다. 1146년 3월 31일, 이 도시 대성당 앞에서 광장을 가득 메운 군중을 향해 불을 뿜는 듯한 수도사 베르나르두스의 설교가 시작되었다.

종교인의 일반적인 설교 방식은 현세의 타락을 단죄하는 데서 시작한다. 그리고 우리가 이런 세상을 견뎌야 하는 것은 신이 우리의 불신에 분노하고 있기 때문이라며 속죄의 필요성을 강력하게 설파한다.

그런 후에 비로소 에데사를 이교도 이슬람에게 빼앗겼다는 사실을 알리고, 에데사 함락 당시의 참상과 성지에 사는 그리스도교도의 불안과 공포를 이야기한다. 그러고 나서 최대한 목소리를 쥐어짜내어 외친다.

"이교도를 몰아내고 성스러운 땅을 그들의 손에서 해방하는 일이야말로 너희가 하려는 속죄에 대한 신의 보상이다."

야위고 홀쭉한 몸에 허름한 수도복을 걸쳤을 뿐인 수도사의 열띤 호소는, 그 소박함만큼이나 신을 믿는 사람들에게 깊은 감동을 안겨주었다. 군중 사이에서 자연스럽게 제1차 십자군 때와 마찬가지로 "신이 그것을 바라신다"는 함성이 들끓었다.

스물여섯 살의 프랑스 왕 루이 7세도 감동하여 무심결에 앞으로 나아가 수도사 앞에 무릎을 꿇는다. 베르나르두스는 그 왕에게 원정에 가지고 갈 수 있도록 만든 아름다운 소형 십자가를 수여한다. 왕은 무릎을 꿇은 채 두 손으로 그 십자가를 정중하게 받아든다. 십자가를 받는다는 것은 십자군 참가를 서약한다는 뜻이었다.

왕보다 두 살 아래인 왕비 엘레오노르도 남편 이상으로 감동했다. 왕에 이어 수도사 앞에 무릎을 꿇은 왕비도 베르나르두스의 축복을 받는다. 이리하여 제1차 십자군과 달리 제2차 십자군에는 여자도 정식으로 참가하게 되었다. 그리고 프랑스 왕의 참전이 결정되자 왕 아래 제후들 중에서도 뒤따르는 자가 많아졌다. 툴루즈 백작, 샹파뉴 백작, 플랑드르 백작 등 십자군 역사에서 이미 친숙한 프랑스의 제후들이 모조리 참전해, 프랑스 국군이라고 해도 좋을 만한 본격적인 군대가 편성되었다.

수도사 베르나르두스는 프랑스 전역을 선동한 것만으로 만족하지 않았다. 그는 이어서 라인강을 건넌다. 호엔슈타우펜 왕조의 콘라트 3세를 십자군 원정에 끌어들이기 위해서였다.

쉰세 살의 콘라트를 설득하는 데는 젊은 프랑스 왕에게 했던 것처럼 속죄를 무기로 사용할 수 없었다. 콘라트는 지금까지 오랜 세월 동안 수많은 라이벌과 싸우면서 현재의 지위까지 올라온 남자다. 그러나 독일 전역을 평정했다고는 할 수 없었으며, 8년 전 신성로마제국 황제로 뽑혔으나 그 지위도 아직 정식으로 인정받은 것은 아니었다. 그러기 위해서는 로마 교황이 관을 수여하는 대관식을 해야 했다.

베르나르두스가 썼던 무기는 바로 그것이었다. 십자군 원정을 성공시키고 귀환하면 로마에서 대관식을 올려주겠다고 약속했는지도 모른다. 이렇게 프랑스 왕뿐만 아니라 독일 황제도 참전하게 되었다.

신성로마제국(호엔슈타우펜 왕조)의 문장
(노란색 바탕에 검은색 사자)

서민이라면 교황이 면죄를 약속해주기만 해도 십자군에 참가할 마음을 먹기 충분했을 것이다. 하지만 황제나 왕은 천국의 자리를 예약해주는 것만으로는 움직이지 않았다. 그렇지만 중근동의 십자군 국가가 존속하기를 바란다면 서민의 신앙심보다 황제나 왕이 이끄는 군대가 더 도움이 되는 게 사실이었다.

이렇게 제2차 십자군이 결성되었다. 제후들로 구성되었던 제1차 십자군과 달리 제2차는 제후 위에 위치하는 황제와 왕이 이끄는 십자군이었다. 수도사 베르나르두스도 흡족하지 않았을까 싶을 정도로 완벽한 진용이었으므로, 출발 당시에는 누구도 성공을 믿어 의심치 않았다.

성지로 가는 길

다음 해인 1147년 5월, 먼저 황제 콘라트가 독일을 뒤로하고 동방으로 향한다. 군대의 규모는 기병만 따져 2천 명이 넘었다는 것 외에는 알려져 있지 않다. 왜냐하면 이 군대에는 수도사 베르나르두스의 설교에 감격한 독일 농민들이 많이 가세했기 때문인데, 이들을 이끄는 황제 콘라트도 대강의 수조차 파악하지 못했다.

콘라트 휘하 군대인 2천 명의 기병은 머리에서 발끝까지 강철 갑옷과 투구로 단단히 중무장한 병사들로, 접근해오는 것만으로도 위압감을 느끼지 않을 수 없는 전사 집단이었다. 콘라트는 독일 기사의 꽃이라 할 수 있는 이 기병부대를 스물두 살의 조카 프리드리히에게 이끌도록 했다.

프랑스 왕 루이 7세는 독일 황제보다 한 달 늦게 고국을 뒤로했다. 여기에 왕비도 동행한다. 비잔틴제국의 한 연대기 작가가 마치 아마조네스 부대 같다고 평했듯이, 왕비 엘레오노르는 흉갑을 입고 말을 탄 여자들을 거느리고 행군했다.

양군 모두 제1차 십자군이 성공한 덕을 보려고 했는지, 예전에 고드프루아나 보에몬드가 밟았던 길을 택했다. 제2차 십자군의 출발은 이미 교황을 통해 비잔틴제국에도 전해졌기 때문에 황제 마누엘은 이들 황제와 왕의 군대가 통과하는 데 지장이 없을 만큼은 배려해주었다. 따라서 양군 모두 식량 약탈에 핏대를 올릴 필요까지는 없었다. 그래서 지나가는 길에 해당하는 동유럽, 발칸반도, 비잔틴제국의 수도 콘스탄티노플에 이르기까지의 도정은 순조롭게 진행되었다. 문제는 그 후에 일어난다.

콘스탄티노플에는 독일군이 제일 먼저 도착했다. 비잔틴제국 황제 마누엘은 이들을 친절하고 정중하게 맞이했지만 독일 황제 콘라트에게 '충성 서약 선언'에 서명할 것을 요구했다. 제1차 십자군의 제후들에게 요구한 것과 같은 내용의 문서에 서명을 요구한 것이다.

즉 비잔틴제국 황제에게 절대충성을 맹세하고, 원래는(이미 3백 년 전까지이지만) 비잔틴제국령이었던 중근동에서 정복한 땅의 영유권이 모두 비잔틴제국 황제에게 귀속되는 것을 인정한다는 문서였다.

상식적으로 독일 황제와 프랑스 왕은 비잔틴제국 황제와 외교적으로 대등한 입장이다. 인간적으로 봐도 예의에 어긋나는 행위였다. 황제나 왕 밑에 위치하는, 제1차 십자군에 참가한 제후들조차 서명을 꺼렸을 정도이니 황제 콘라트가 노기를 숨기지 않고 자리를 떴다 해도 이상할 것이 없었다.

그런데 콘라트는 의외로 간단히 서명했다. 그리고 이후 한 달도 지나지 않아 콘스탄티노플로 들어온 프랑스 왕 루이도 언짢은 표정을 짓긴 했지만 서명을 했다.

제후들조차 서명에 저항했던 '충성 서약 선언'에 왜 황제와 왕은 간단히 서명했을까.

첫번째 이유는 소아시아로 건너가기 위해서는 배가 필요하고, 대량의 배를 제공할 수 있는 사람이 비잔틴제국 황제뿐이었다는 데 있다. 제1차 십자군 때의 제후들이 끝내 서명한 것과 같은 이유였다.

두번째는 이 역시 제1차 십자군의 제후들에 의해 이 '충성 서약 선언'이 실질적인 효력을 지니지 못하는 종이쪼가리에 불과하다는 것이 실증되었기 때문이다. 그렇지 않았다면 제1차 십자군에 의해 건설된 중근동의 모든 십자군 국가들은 비잔틴제국 황제의 것이 되었을 것이다. 그런데 그렇게 되지 않았으니, 비잔틴제국 황제는 결례를 범하면서까지 실질적인 효력이 없는 문서에 서명을 하게 한 셈이었다.

이렇듯 반세기 동안의 경험에서 조금도 배우지 못하고, 하나만 아는 바보처럼 거듭 서명을 요구한 비잔틴제국의 지도자가 보인 외교감각의 결여는 변명의 여지가 없다. 실질적인 효력이 없는 것을 강제한 끝에 비잔틴제국이 얻은 것은 서유럽 그리스도교 세계의 경멸과 불신뿐이었기 때문이다. 프랑스 왕 루이는 이로써 확실히 비잔틴제국을 싫어하게 되고 말았다.

외교 면에서의 잘못은 타국과의 관계뿐 아니라 자국의 국익을 지키는 것과도 깊은 관련을 갖는다. 이보다 반세기 후에 찾아오는 제4차 십자군의 비잔틴제국 공략 사전준비는 이러한 에피소드를 거쳐 조금씩 견고해져갔던 것이다.

게다가 이 시기 비잔틴제국 황제 마누엘은 '양다리 외교'마저 범하고 있었다.

물론 같은 그리스도교 동지인 이상, 유럽에서 온 십자군의 실패를 바라지는 않았다. 성공하면 비잔틴제국령이 확대될지도 모르는 일이니까.

그렇지만 가까이까지 공격해온 소아시아의 투르크 세력을 더이상 자극하는 행위는 피하고 싶었다. 당시의 비잔틴제국군은 투르크군과 싸울 때마다 패배하는 처지였다.

이러한 경우에는 중립을 선언하는 것이 최선책인데, 이것도 힘이 센 측이 중립을 선언했을 때는 효력이 있을지라도 힘이 약한 측이 중립을 선언하는 경우는 효력도 없을뿐더러 오히려 해를 입는다는 단점이 있다. 당시 비잔틴제국의 군사력은, 그곳을 통과하는 십자군이 마음만 먹으면 간단히 무너뜨릴 수 있을 만큼 약했다.

이러한 상황에 놓인 나라를 지켜야 하는 마누엘의 고충을 감안한다 하더라도, 그리고 아무리 황제라는 직함을 가졌다 해도, 자신과 대등한 입장인 이들에게 소아시아로 가는 배를 제공하는 조건으로 신하로서 복종을 서약하게 한 것은 현명한 판단이 아니었다. 원래 성정은 선량한 편인 마누엘은 이것이 마음에 걸렸는지 배를 타려는 콘라트를 불러세우고 조언을 한다. 소아시아 내륙부를 북서쪽에서 남동쪽으로 빠져나가지 말고 해안을 따라 소아시아 남안을 돌아서 중근동으로 향하는 것이 나을 거라고.

왜냐하면, 그 이유까지는 말할 수 없었지만, 마누엘은 얼마 전 소아시아를 다시 수중에 넣기 시작한 셀주크투르크의 술탄과 휴전조약을 맺었기 때문이었다. 즉 소아시아 내륙부는 제1차 십자군 이전의 상태로 돌아가 이슬람 세력에 점령되어 있었다. 그러므로 아직 비잔틴제국측에 남아 있는 소아시아 남안을 통해 가라고 권한 것이다.

하지만 이 휴전조약은 비밀리에 성립되었기 때문에 유럽측에서는 전혀 모르고 있었다. 그리스도교 국가의 황제가 이슬람군과 조약을 맺었다는 사실이 밝혀지면 비잔틴제국은 서유럽으로부터 적대를 받게 된다. 그래서 황제 마누엘은 밀약을 맺은 것이고, 콘라트에게도 내륙부에 발을 들여놓지 않는 것이 좋을 거라고만 조언한 것이다.

밀약이 있다는 사실을 모르는 콘라트는 비잔틴제국 황제의 충고를 독일의 군사력에 대한 경시로 받아들였다. 모욕을 당했다고 생각한 콘라트는 충고를 거절한다. 게다가 그는 소아시아에서 성지로 향하는 과정도 제1차 십자군과 같은 길을 택하고 싶었다.

니케아는 아직 비잔틴제국측에 남아 있었으므로 소아시아로 들어간 후 며칠간은 니케아에서 소아시아를 횡단할 준비를 했다. 그리고 니케아를 떠나 동남쪽으로 향했는데, 그곳에서 30킬로미터밖에 떨어지지 않은 도릴라이움에는 셀주크투르크의 군대가 기다리고 있었다.

도릴라이움은 제1차 십자군 때도 투르크군이 매복해 있던 장소였다. 하지만 그때의 십자군은 세 부대로 나뉘어 행군했고 고드프루아, 보에몬드, 레몽 등 제1차 십자군을 성공으로 이끈 유능한 제후들이 인솔했다. 반대로 콘라트군은 전군이 함께 행군하고 있었다.

게다가 투르크군이 제1차 십자군과 대전한 것은 50년이나 지난 일이다. 그때는 서유럽 기사들의 갑옷이나 투구가 화살을 모조리 튕겨버려 투르크군이 손쓸 엄두도 내지 못했지만, 50년 후인 지금 투르크군은 서유럽의 갑옷과 투구에 익숙해져 있었다. 중세 서유럽 기사의 특징인 중무장은 방어에는 최적이지만 공격할 때 움직임을 둔하게 만든다는 것을 알고 있었던 것이다.

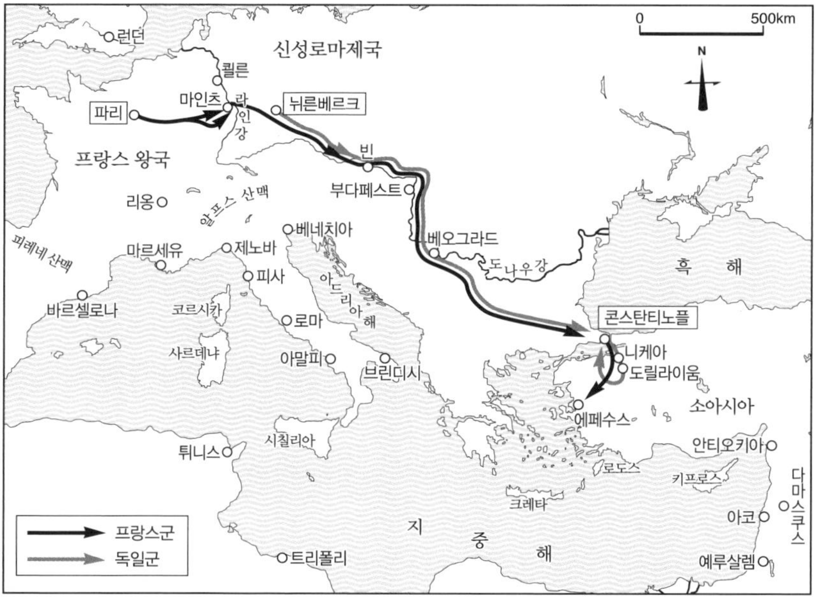

제2차 십자군의 진군로

그 결과 매복해 있던 적을 포위하는 작전을 써 승리했던 50년 전과 달리, 50년 후의 십자군은 반대로 포위당해 완패를 당하고 말았다. 이슬람측의 기록에 따르면, 살아 도망친 독일군이 전군의 10분의 1에 불과한 대패였다. 유일한 위안거리는, 부상을 입기는 했으나 콘라트는 살아 도망쳤고 중무장한 기병 2천 명의 손실은 적었다는 것뿐이었다.

니케아로 도망쳐온 콘라트와 독일군 패잔병들을, 조금 전에 니케아에 들어와 있던 루이와 프랑스 병사들이 비참한 얼굴로 맞이했다. 황제 마누엘은 프랑스 왕에게 역시 내륙으로 들어가지 말라고 충고했지만 콘라트 때와 마찬가지로 투르크군과의 밀약은 숨긴 상태였다. 프랑스 왕 루이도 마누엘의 충고에 귀를 기울이지 않고 소아시아에 발을 들여놓았던 것이다.

이때 이후 콘라트와 루이는 비잔틴제국 황제가 뒤에서 투르크군과 모종의 관계를 맺고 있다고 믿어버린다. 황제와의 내통이 없었다면 투르크군이 어떻게 매복하고 있었겠는가 하는 이유였다. 선량한 성격의 루이는 이제 비잔틴제국 황제의 배신을 철석같이 확신하게 되었다. 그렇지만 소아시아를 빠져나가지 않으면 성지로 갈 수 없다. 그래서 마누엘의 충고를 받아들이고 싶지 않아도 어쩔 수 없이 해안 길을 택할 수밖에 없게 되었다.

하지만 콘라트는 도릴라이움에서 입은 부상으로 더이상 행군을 계속할 수 없는 상태였다. 이를 안 마누엘은 콘라트에게 일단 콘스탄티노플로 돌아와 치료에 전념하는 것이 어떻겠느냐고 제안한다. 콘라트는 화가 났지만 그 제안을 받아들일 수밖에 없었다. 살아남은 독일군을 이끌고 프랑스 왕의 뒤를 따르는 것은 조카 프리드리히에게 맡겼다.

그러나 투르크군의 공세에 굴복한 비잔틴제국 황제가 휴전조약을 맺어 물러서버린 것에서도 알 수 있듯이, 소아시아에서 투르크의 군사력은 제1차 십자군 이전 상태를 완전히 회복하고 있었다. 그것은 곧 해안 길로 가도 안전을 보장할 수 없다는 것이었다.

루이가 이끄는 프랑스군은 게릴라 공격을 멈추지 않는 투르크군을 격퇴하면서 행군할 수밖에 없었다. 소아시아 서안의 에페수스에서 그리스도 탄생일을 축하한 것 말고는 좋은 기억이 없는 혹독한 행군이었다. 1148년으로 해가 바뀌어도 프랑스군은 여전히 투르크의 게릴라 공격에 시달리고 있었다.

결국 프랑스 왕은 소아시아 남안을 절반 정도 나아간 상태에서 육로를 포기한다. 마지막 수단으로 근처에 있는 배를 조달해 성 시메온 항까지 가는 바닷길로 가는 수밖에 없었다. 성 시메온 항에 상륙하면 그곳은 안티오키아 공작령의 영토이기 때문이다. 그렇지만 전원이 탈 만한 배가 없었다. 그래서 따라온 순례자들은 육로를 통해 동쪽으로 향하게 된다. 플랑드르 백작과 부르봉 백작 두 사람이 기특하게도 서민 무리의 방어를 맡게 되었다. 전도양양하게 출발한 지 1년도 지나지 않아 제2차 십자군에게 암운이 드리운 것이다. 이러한 정황은 안티오키아에 도착한 후에도 변하지 않았다.

1148년 당시의 안티오키아 공작령은, 창시자 보에몬드의 아들 보에몬드 2세가 젊은 나이에 전사함으로써 혈통이 끊어졌고, 그후로는 프랑스 서부 푸아티에 출신의 레몽이 통치하고 있었다. 푸아티에는 아키텐 공국의 일부이고, 레몽은 아키텐 공국의 영주이기도 한 프랑스 왕비 엘레오노르의 백부이기도 했다.

멀리서 찾아온 프랑스 왕과 왕비를 맞이한 안티오키아 공작 레몽은, 에데사 백작령을 빼앗은 장기의 아들 누레딘의 본거지인 알레포를 공격하는 데 협력해달라고 왕 루이에게 청한다. 물론 엘레오노르도 백부를 응원했다. 하지만 루이 7세는 분명하게 거절한다. 황제 콘라트가 부상에서 회복되는 대로 예루살렘으로 오기로 되어 있기 때문에, 십자군으로 온 자신들이 콘라트를 제외하고서 군사행동을 할 수는 없다는 것이 이유였다.

하지만 이 정론은 왕비에게 통하지 않았다. 엘레오노르가 보인 분노는 '당신은 왜 나와 관계된 사람만 도와주지 않느냐'는 것 정도였지만, 이후로 부부관계가 삐걱거리기 시작한다. 그래도 이때 엘레오노르가 결국 남편의 의견을 따른 것은 속죄를 위해 온 것이니 성도 예루살렘을 순례하고 싶다는 루이 7세의 말을 거스를 수 없었기 때문이다. 이기적이고 기가 세기는 했지만 그녀 역시 수도사 베르나르두스에게 심취해 있었던 만큼 신앙심이 깊었다.

1148년의 부활절은 4월 3일이었다. 그리스도교도에게 중요한 이 축제일에 제2차 십자군 수뇌부가 예루살렘에 모였다.

비잔틴제국 황제 마누엘이 몸소 치료를 해준 덕에 완쾌한 몸으로 바닷길을 달려온 황제 콘라트.

안티오키아에서 남하해온 프랑스 왕 루이 7세.

서유럽 그리스도교 세계를 대표하는 이 두 명의 최고 권력자를 맞이하는 측은, 예루살렘 왕 보두앵 3세와 예루살렘 왕령을 사실상 장악해 온 그의 어머니 멜리장드였다.

프랑스 왕비 엘레오노르가 가진 힘이 아들이 없었던 아버지에게서 상속받은 광대한 영지에서 비롯되었듯이, 같은 환경에서 태어난 멜리장드가 가진 힘도 예루살렘 왕 보두앵 2세의 장녀로 태어난 데에서 나온 것이었다. 그래서 5년 전 남편 풀크가 죽은 후 열세 살에 불과한 후계자만 남게 되자 어머니인 그녀가 국정을 담당해올 수 있었던 것이다. 하지만 자신의 혈통에 의지하여 살아온 사람이어서인지 그녀는 자신을 절대 섭정이라 부르지 못하게 하고 여왕이라고 칭해왔다. 그리고 예루살렘에서 열린 제2차 십자군의 수뇌회의에도 당당하게 참가한다. 이런 유형의 여인이 배출되면 그러지 않아도 복잡한 역사가 더욱 복잡해진다.

독일 황제와 프랑스 왕을 맞이해 주인 역할을 해야 하는 예루살렘 왕 보두앵 3세는 이해에 열여덟 살이 되었다. 그의 혈통은 프랑스지만 나고 자란 곳은 중근동이다. 이 젊은 왕에게 제2차 십자군은 이슬람군을 상대로 싸우는 첫 군사경험이었다.

이 예루살렘 '수뇌회의(서미트)'에 얼굴을 내밀지 않은 주요인사가 하나 있었다. 안티오키아 공작령의 방어책임자이기도 했던 푸아티에 백작 레몽이다. 그가 불참한 건 근처 알레포에 있는 누레딘으로부터 눈을 뗄 수가 없어서였는데, 본심은 누레딘을 공격하는 데 힘을 빌려달라는 부탁을 루이 7세가 거절했기 때문이었다.

하지만 제2차 십자군에 안티오키아 공작령이 참가하지 않는다면 바로 그 남쪽에 위치해 안티오키아와 깊은 관계인 트리폴리 백작령도 참가하지 않게 된다. 에데사 백작령은 이미 없어졌고, 이렇게 되면 중근동의 십자군 국가 중 제2차 십자군에 참가하는 것은 예루살렘 왕령뿐이다. 이는 중근동의 십자군 국가를 도울 목적으로 원정을 온 독일 황제와 프랑스 왕의 열의에 찬물을 끼얹는 일이 되었다.

그래도 이해 6월 24일, 제2차 십자군에 참가한 모든 군대가 항구도시 아코에 집결하기로 결정되었다. 그리고 집결한 십자군이 향하는 곳은 다마스쿠스로 정해졌다.

에데사 함락의 충격으로 결성된 제2차 십자군이 왜 에데사 수복을 목표로 삼지 않고, 또한 그 에데사를 함락한 장기의 아들 누레딘이 본거지로 삼고 있는 알레포가 아닌 다마스쿠스 공략을 결정한 것일까.

당사자 중 누구도 말을 남기지 않았으므로 그 이유를 추측해보면, 다음 세 가지를 들 수 있을 것이다.

첫째, 다마스쿠스가 십자군 세력 아래로 들어오면 예루살렘의 방벽 역할을 하게 된다.

둘째, 다마스쿠스를 수중에 넣음으로써 바그다드의 칼리프를 최고 권위자로 떠받드는 투르크계 이슬람 세력과, 카이로의 칼리프를 정점으로 한 아랍계 이슬람 세력의 통합을 확실히 저지할 수 있다.

중근동은 투르크계와 아랍계의 분기선이다. 그 중근동에서는 수니파와 시아파가 손을 잡지 않는 것이 이 지방에 건설한 십자군 국가에 이롭다. 따라서 이 두 가지는 실로 정당한 이유다. 하지만 이런 '대의'도 싸움에서 이겨야만 성립하는 것이다.

세번째 이유는, 서유럽에서는 에데사와 알레포보다 다마스쿠스의 지명도가 단연 높았다는 데 있다. 또한 다마스쿠스 공략은 제1차 십자군조차 시도하지 못했기 때문에 제2차 십자군 당사자들의 허영심을 부추기는 이점도 있었다. 하지만 이 역시 싸움에서 이겨야만 의미가 있는 것은 물론이다.

병력도 갖추었고 목표도 확실히 정했으니 금방이라도 행군을 개시했을 거라 생각하겠지만 사실은 그렇지 않았다.

4월 초 수뇌들이 모이고도 3개월 가까이 지난 뒤인 6월 말에야 실제 행군을 개시한 것은, 프랑스 왕의 희망을 받아들였기 때문이다.

루이 7세는 전투에 나서기 전에, 예루살렘뿐만 아니라 예수가 태어난 베들레헴, 포교의 땅인 나사렛, 예수 그리스도가 세례를 받은 요르단강 등 그리스도교와 관계된 모든 성지를 돌며 순례를 마치기를 원했다.

확실히 십자군은 그리스도를 위해 싸우는 '전사'이자 '순례자'이기도 하다.

제1차 십자군의 수뇌였던 제후들은 '전사'의 일을 한 뒤에 '순례자'의 일을 했지만, 제2차 십자군인 프랑스 왕은 '순례'가 '전사'에 선행되어야 한다고 믿고 있었을 것이다. 물론 제1차와 제2차 십자군은 사정이 달랐다. 제1차 때는 성지를 무력으로 획득하지 않으면 순례도 할 수 없었지만, 제2차 때는 적어도 예수 그리스도의 족적만은 이미 그리스도교측의 수중에 들어와 있었다.

하지만 '순례'를 우선함으로써 '전사'가 되는 시기는 6월 말로 밀려나고 말았다. 여름철에 혹서가 지배하는 중근동에서 군이 여름으로 접어든 후에 군사행동을 개시하는 것은 미친 짓이라고밖에 할 수 없다. 두껍고 무거운 강철 갑옷과 투구로 무장한 몸으로 얼마나 오래 버티며 싸울 수 있다고 생각한 것일까. 그것도 공격의 대상은 시리아 제일의 도시 다마스쿠스이다.

어쨌든 프랑스 왕과 왕비는 전투에 최적인 봄에서 초여름까지의 3개월 동안을 성지순례라는 명목의 관광을 하며 보냈다. 한편 독일 황제 콘라트는 중근동에서 그리스도교도가 지배하는 지방의 성채를 시찰하고 다녔다. 콘라트는 지위가 없던 젊은 시절 이미 한 차례 순수한 순례자로 이 지역을 방문했었다. 성스러운 사적 순례는 그때 끝냈는지도 모른다.

그러나 이 3개월 동안 이슬람측이 아무것도 하지 않고 있었던 것은 아니다.

다마스쿠스로

이 시기의 다마스쿠스는 우누르라는 이름의 노예병사 출신 영주가 다스리고 있었다.

다마스쿠스가 풍요로운 도시라는 평가는 고대부터 변함이 없는데, 그 첫번째 이유는 주변에 비옥한 농경지대가 펼쳐져 있었기 때문이다. 그러므로 통상로도 집중되었지만, 다마스쿠스 자체가 생산지였다. 농산물 외에 수공업의 중심지이기도 했다. 지금도 유럽에서는 두꺼운 비단 천에 호화로운 무늬가 들어간 직물을 '다마스쿠스 옷감'이라고 부른다.

이 다마스쿠스가 줄곧 시리아를 상징하는 도시로 존재했던 것도 당연했다. 고대에는 여섯 개의 로마 가도가 모이는 도시였고, 아라비아 반도에서 북상한 이슬람교도가 중동에서 제일 먼저 노렸던 곳도 다마스쿠스였다. 그후 메소포타미아 지방으로 세력을 확장한 이슬람이 바그다드를 건설하고 그곳을 수도로 정하기 전까지, 이슬람 세계 전체의 수도는 다마스쿠스였던 것이다.

이처럼 오랜 역사와 풍요로운 부로 알려져 있었기 때문에 시리아 전역에 통일국가를 수립하겠다는 야망을 품은 장기도 집요하게 다마스쿠스를 노렸던 것이다. 장기가 하찮은 일로 살해당하자 그가 표적으로 삼았던 다마스쿠스 영주 우누르는 가슴을 쓸어내렸을 것이다. 하지만 결국 다마스쿠스는 아버지 이상으로 유능한데다 서른 살로 젊기까지 한 장기의 아들 누레딘의 수중에 들어가게 된다.

이슬람교도이면서도 같은 이슬람 도시 다마스쿠스에 대한 야심을 숨기지 않는 누레딘을 상대하는 것만으로도 감당하기 벅찬 마당에 유럽에서 온 황제와 왕까지 공격해온다고 하니, 다마스쿠스의 우누르는 없는 지혜를 쥐어짜내는 나날을 보냈을 것이다. 인근 소영주들에게 도움을 청해도 그리스도교군에 대한 공포에 앞서 누레딘에 대한 두려움 때문에 아무 반응이 없었다.

결국 우누르는 가장 꺼내기 싫은 카드를 꺼내기로 한다. 알레포의 누레딘에게 사자를 보내 원군을 파견해달라고 요청한 것이다. 지원 조건은 딸을 누레딘에게 시집보내는 것이었다. 누레딘 입장에서는 아버지 장기가 이루지 못한 다마스쿠스 정복에 한 발짝 다가서는 일이었다.

누레딘은 원군을 파견하겠다는 약속만 하고 언제 보낼지에 대해서는 확약하지 않았다. 알레포의 군대를 대규모로 편성하는 기색도 없었다. 다마스쿠스에 원군을 보내겠다고만 전해왔을 뿐이다.

누레딘은 알레포에 있으면서도 제2차 십자군에 대한 정보를 정확하게 파악하고 있었던 것일까. 이탈리아의 해양 도시국가인 베네치아와 제노바, 피사의 상인들이 진출한 이래 이슬람교도 상인들은 이들 서유럽의 상인들을 자유롭게 만나고 있었다. 이러한 상황에서 이슬람교도가 중근동의 그리스도교 사회의 정보를 얻는 것은 그리 어렵지 않았다. 그렇다면 아코에 결집한 제2차 십자군의 실제 군세를 탐색하는 것도 불가능하지 않았을 것이다.

제2차 십자군의 전력은 대체 어느 정도였을까.

아코에 결집해 다마스쿠스로 향하던 당시 제2차 십자군의 전력에 대해 연구자들은 다음과 같이 추측하고 있다.

독일 황제 콘라트가 이끄는 기병 2천 명.

프랑스 왕 루이가 이끄는 기병 7백 명.

플랑드르 백작이 이끄는 기병 6백 명.

예루살렘 왕 보두앵 3세가 이끄는, 왕령 내 제후들까지 포함한 기병 550명. 보병 6천 명.

템플 기사단 기병 130명.

성 요한 기사단 1백 명이 채 못 되는 기병. 템플 기사단과 합해도 기병 2백 명 안팎.

이 모두를 합해도 기병 4050명에 보병 6천 명이다. 유럽에서 온 병사만 보면 기병 3천3백 명에 지나지 않는다.

물론 기병 한 명에는 최소한 세 명의 보병이 따르고, 그 외에 하인 겸 마부가 여러 명 따른다. 그러므로 기병 3천3백 명이라고 해도 그 수는 총 2만 명이지만, 주요전력은 어디까지나 3천3백 명에 지나지 않는다. 게다가 유럽에서 온 보병은 한 명도 없는 것이나 마찬가지였다.

이것이 서유럽 그리스도교 세계의 양대 권력자로 여겨지던 신성로마제국 황제와 프랑스 왕이 이끌고 온 전력이었다. 황제도 왕도 없이 제후들만으로 이루어졌던 제1차 십자군 때도 기병과 보병을 합쳐 5만 명에 달했다. 기병 전력의 차는 1천 명 정도일지 모르지만, 1차 때는 중무장한 보병의 수가 많았다. 기병이 돌격하여 유리한 국면을 만들면 이를 확실하게 굳히는 보병도 마찬가지로 중요했다.

후세의 우리도 2차 십자군은 황제나 왕이 친히 이끌었으니 분명 대군이었을 거라고 생각하게 마련이다. 동시대의 이슬람교도 역시 실태를 알기 전까지는 그렇게 생각했을 것이다. 그들 사회의 술탄에 해당하는 사람 둘이 군대를 이끌고 왔으니 말이다.

하지만 실상은 달랐다. 아직 중앙집권이 확립되지 않은 이 시대에 황제와 왕은 제후를 통솔하고 거기에 편승하는 정도에 지나지 않았으며, 직속 병력도 수하 제후들의 병력을 크게 상회할 정도는 아니었다. 그 증거로 프랑스 왕이 이끈 기병이 7백 명이었는데, 그 휘하의 봉건 제후였던 플랑드르 백작은 6백 명의 기병을 이끌고 참가했다. 어쨌거나 프랑스 왕조차 광대한 영토의 상속인을 아내로 맞이한 덕에 단숨에 프랑스 왕령을 확대한 시대였던 것이다.

그런데 이들은 기병과 보병을 합쳐도 1만이 간신히 넘는 병력으로 시리아 제일의 도시 다마스쿠스를 함락할 수 있을 거라고 진심으로 생각했던 것일까. 아니면 '전사의 시대'로 불리는 중세 유럽 최고의 권력자들이니만큼 자신들이 이끄는 기병의 전투력을 과신하고 있었던 것일까. 어쨌든 알레포에서 이들 제2차 십자군을 지켜보고 있던 누레딘이 다마스쿠스에 원군을 파견하는 것을 서두르지 않았던 것은 사실이다.

제2차 십자군에는 제1차 때에 비해 절대적으로 유리한 점이 한 가지 있었다. 군량 보급에 대한 걱정이 없었다는 것이다. 주변에 적뿐인 상황에서 안티오키아를 공략하고 예루살렘을 공격해야 했던 제1차 십자군에 비해, 이때는 그리 멀지 않은 곳에 그리스도교측의 도시 시돈과 티루스, 아코가 있어 이 도시들로부터 보급을 기대할 수 있었다. 실제로 제2차 십자군은 군량 부족에 시달리지는 않았다. 오히려 이들을 괴롭힌 것은 중근동의 혹서였다.

심한 더위가 계속되는 가운데 7월도 절반쯤 지나간 무렵, 제2차 십자군은 아코를 출발해 다마스쿠스로 행군을 시작했다. 세 개의 부대로 나뉘어 행군했다.

다마스쿠스로 향한 양군의 진군로

제1군은 그 지역의 사정에 밝은 예루살렘 왕 보두앵 3세가 이끄는, 말하자면 현지인 그리스도교 군대. 기병 550명에 보병 6천 명이었는데, 2백 명 남짓 되는 템플 기사단과 성 요한 기사단도 이 제1군에 가세했다.

이어서 제2군은 루이 7세가 이끄는 군대로, 프랑스에서 온 기병 7백 명에 플랑드르 백작의 기병 6백 명이 가세했다.

후위이기도 한 제3군은 독일 황제 콘라트가 이끄는 2천 명의 독일 중무장 기병대였다.

총 4천 명이 넘는 기병과 6천 명의 보병으로 구성된, 군대로서는 당당한 위용이었다. 그러나 뒤따라온 것으로 추정되는 군량을 실은 짐마차들이 먼저 이슬람측 게릴라들의 습격에 시달린다. 그래서 후위를 담당한 독일 기병들이 종종 뒤돌아와 적을 격퇴해야 했으므로 일사불란하고 당당한 행군이라 할 수는 없었다.

7월 23일, 이들은 다마스쿠스에서 남쪽으로 12킬로미터 떨어져 있는 키스와에 도착한다. 천막을 치고 야영을 했지만, 그곳을 전진기지로 삼기에는 전장이 될 다마스쿠스까지의 거리가 너무 멀었다. 그래서 라브웨강에서 가까워 물이 부족하지 않은, 다마스쿠스 서쪽에 위치한 메제야발까지 나아가 전진기지를 설치하기로 한다. 메제야발에서 다마스쿠스까지는 4킬로미터도 떨어져 있지 않았다.

7월 24일, 메제야발에 도착하여 그곳에 진영을 구축하기 시작한다. 진영을 설치하는 작업은 다음 날인 25일에 끝났다.

그런데 그 무렵부터 적군의 습격이 격렬해졌다. 습격은 해가 뜬 후에도 그치지 않아 전군이 나서서 이를 격퇴해야 했다. 독일 기병은 말에서 내려 중무장한 보병으로 싸웠다.

그래도 26일에는 일부 군대가 다마스쿠스 서쪽 성벽까지 다가가는 데 성공했다. 하지만 이것도 요격에 나선 다마스쿠스 방어군과 교전을 벌인 것일 뿐, 시내 안으로는 화살 하나 쏠 수 없었다.

제2차 십자군은 이 다마스쿠스 공략전에 웬일인지 공성기를 가져오지 않았다. 그리고 다마스쿠스를 앞에 두고도 성벽으로 둘러싼 도시를 공략하는 데 빼놓을 수 없는 높은 공성용 탑을 건조하는 일에도 착수하지 않았다.

7월 27일, 그리고 다음 날인 28일, 제2차 십자군은 다마스쿠스 성벽으로 달려들기는커녕 그 성벽에서 몇 킬로미터나 떨어진 지점에 흩어져 계속해서 전투에 쫓기고 있었다.

전군을 통솔하는 총사령관이 없었다는 점은 제2차 십자군도 제1차 십자군과 다르지 않았다. 하지만 제1차 십자군에는 직접 진두에 서서 병사들을 이끌고 싸운 고드프루아와 보에몬드, 탄크레디가 있었다. 이에 반해 제2차 십자군의 콘라트, 루이, 그리고 이번이 첫 출진인 예루살렘 왕 보두앵 3세는 이런 유형의 사령관이 아니었다. 따라서 이 다마스쿠스 공략전은 확고한 전략과 전술 없이 쓸데없이 전선만 확대하고 만다. 기사와 병사 한 사람 한 사람은 선전하며 용감히 싸웠음에도 불구하고.

7월 28일 밤, 십자군 수뇌부에 급보가 전해졌다. 다마스쿠스 영주의 구원 요청을 받은 누레딘이 알레포군을 이끌고 접근해온다는 보고였다. 이미 홈스까지 다가와 있다는 것이다. 홈스에서 다마스쿠스까지는 직선거리로 130킬로미터, 군대를 이끌고 오면 닷새 거리였다.

철수

다음 날인 29일, 프랑스 왕 루이의 진영에 모인 제2차 십자군 수뇌들은 '철수'를 결정했다. 철수는 그날중에 시작되었다.

아코를 출발한 지 2주도 채 안 되었고,

다마스쿠스 영내에 발을 들여놓은 지 일주일,

메제야발에 진영을 구축한 지 닷새,

적과 싸우기 시작한 지 나흘 만에 이루어진 '철수'였다. 그사이에 콘라트나 루이가 다마스쿠스 성벽 앞에서 병사들을 지휘하며 싸운 적은 한 번도 없었다. 그러다 누레딘이 접근해온다는 말만 듣고 철수를 결정한 것이다. 오는 도중에 모술 원군에 대한 소식을 들었다면 진영조차 구축하지 않고 유턴했을지도 모른다. 모술 원군은 사막의 모래폭풍을 만나 괴멸하고 말았지만 말이다.

제1차 십자군의 안티오키아 공략은 8개월에 걸친 인내의 성과였다.

그들이 예루살렘 공략에 성공한 것도 5주간의 공방전을 치르고서였다.

그에 비해 제2차 십자군은 독일 황제와 프랑스 왕이라는 서유럽 그리스도교 세계의 양대 유력자가 이끌었음에도 불과 나흘 만에 철수하고 만 것이다.

그나마 손실이라도 적었다면 좋았겠지만 실상은 달랐다.

일개 병사까지 포함한 전체적인 손실은 알려져 있지 않다. 아마 황제와 왕의 입장에서 그런 것은 생각할 가치도 없는 일이었을 것이다. 하지만 귀족의 경우는 모른 체할 수가 없었다. 고위 기사 중에는 귀족 출신이 많았다. 따라서 다음의 숫자는 제2차 십자군 주요인사들의 '운명'을 나타낸 것이라 할 수 있다. 전부 합쳐 113명이다.

전사자 — 22명

귀국자 — 42명
행방불명자 — 49명

행방불명자란 생사를 알 수 없는 사람들을 가리키는데, 그중에는 부상을 당해서 이슬람측에 포로로 잡힌 사람도 있었다. 운이 좋으면 몸값을 내고 자유를 되찾을 수도 있었지만, 제2차 십자군에는 그런 이야기가 별로 전해지지 않는다. 죽거나 노예로 팔리는 게 보통이었으나 이슬람교로 개종함으로써 죽음과 노예생활을 면한 그리스도교도도 적지 않았다.

전면전을 전혀 하지 않았음에도 제2차 십자군은 소아시아를 통과하는 동안 많은 희생자를 냈다. 또한 다마스쿠스를 공격하기 위해 진영을 구축한 후에도 계속해서 적의 게릴라 전술에 시달렸다. 행방불명된 귀족 49명 중 대부분은 아마도 이슬람 병사를 쫓아 본대에서 너무 멀리 떨어진 곳까지 가서 전투를 벌이다가 아무도 모르게 죽어간 것이 아니었을까. 이렇게라도 생각하지 않으면 이들은 너무나도 한심한 십자군이다.

제2차 십자군의 수뇌부 중, 자신들의 명예롭지 못한 철수 이후의 상황을 주시하겠다며 팔레스티나에 남은 것은 플랑드르 백작 한 사람이었다. 그가 유럽에서 이끌고 온 6백 명의 기병들 중 어느 정도 규모의 병사가 그에게 남아 있었는가 하는 것까지는 알려져 있지 않다.

다마스쿠스에서 철수한 후 제일 먼저 팔레스티나를 떠난 것은 독일 황제 콘라트였다. 그러나 그는 유럽으로 직행하지 않았다. 수하의 기사들은 유럽으로 직행했지만, 그는 따로 그리스의 테살로니키에 상륙해 비잔틴제국 황제에게 손님 대접을 받으며 그곳에서 쾌적한 겨울을 보냈다. 도릴라이움에서 입은 상처를 황제 마누엘이 직접 치료해준 일을 계기로 두 사람은 가까운 사이가 되었던 것이다.

두 황제는 신성로마제국과 비잔틴제국이 우호적인 관계를 구축해야만 그리스도교 세계에 이롭다는 데 의견이 일치하여, 독일 황제의 딸을 비잔틴제국 황실의 사람과 결혼시키자는 등의 이야기를 하며 겨울을 보냈고, 콘라트는 봄이 되고 나서야 독일로 돌아갔다.

프랑스 왕 루이가 팔레스티나를 뒤로한 것은 다음 해 봄이 지나고 나서였다. 명예도 뭐도 없이 철수한 뒤에도 그가 오랫동안 중근동에 머물렀던 이유는 책임감 때문이라기보다는 바로 귀국하는 것이 창피했기 때문일 것이다. 그래서 출발은 했지만 그 역시 프랑스로 직행하지는 않았다. 귀국길은 콘라트와 마찬가지로 바닷길을 택했는데, 루이는 이탈리아 남부에 상륙해 시칠리아 왕 루제로의 영접을 받았다. 루이는 루제로와 더불어 두 사람이 모두 싫어하던 비잔틴제국 황제에 대한 험담을 주고받으며 역시 남유럽에서 잠시 시간을 보낸다.

이때 루이와 루제로 사이에서 처음으로 십자군이 비잔틴제국을 공격하자는 이야기가 나왔다고 한다. 만약 이것이 사실이라면, 반세기 후에 결성될 제4차 십자군에 대해 유럽의 유력자가 최초로 언급한 것이 된다. 루이 7세가 프랑스로 돌아간 것은 그해 가을에 접어든 후로, 십자군을 이끌고 출발했을 때로부터 벌써 2년이 지나 있었다.

명예도 뭐도 없는 '철수'로 끝났음에도 가신들은 프랑스 왕 루이를 쌀쌀하게 대하지 않았지만, 왕비는 그에게 정나미가 떨어지고 만다. 프랑스로 돌아온 이후 두 사람의 관계는 사람들의 눈을 속일 수 없을 정도로 험악해졌다.

그다음 해 로마 교황과 공의회는 정식으로 두 사람의 결혼이 '무효' 임을 인정한다. 가톨릭교도에게는 이혼이 허락되지 않기 때문에 결혼을 무효로 하는 수밖에 없었던 것이다.

다시 2년 후인 1152년, 서른 살이 된 '아키텐의 엘레오노르'는 열한 살 아래인 노르망디 공작 앙리와 결혼했다. 당시에는 그저 노르망디 공작일 뿐이었지만 2년 후에는 헨리 2세로 영국 왕위에 오르는 사람이다. 아무래도 연애에서 시작된 듯한 이 두 사람 사이에 아이들이 태어나는데, 그중 하나가 제3차 십자군을 이끌게 되는 사자심왕 리처드다. 또한 이 결혼으로 광대한 아키텐 전역이 프랑스 왕의 손에서 영국 왕의 손으로 넘어가게 되고, 이는 영국과 프랑스 사이에 백년전쟁을 일으키는 원인이 된다. 기가 센 여상속인 '아키텐의 엘레오노르'는 여러모로 물의를 일으킨 여인인 셈이다.

이것이 대대적인 선전과 함께 출발한 제2차 십자군이 유럽땅에서 일으킨 파장이다. 제2차 십자군의 주창자였을 뿐만 아니라 적극적으로 추진한 장본인이기도 한 수도사 베르나르두스에게는 어떤 파장이 미쳤을까.

파장은, 전혀 미치지 않았다. 제2차 십자군의 결과를 보고받은 수도사 베르나르두스는 이렇게 말했다고 한다.

"신이 좋게 보시지 않은 사람들이 갔으니 실패로 끝난 것은 어쩔 수 없는 일이다."

자신이 추진한 일이 실패로 끝나도 가톨릭교회의 성직자에게는 늘 변명의 말이 준비되어 있었다. 신앙심이 부족했기 때문이라는, 실로 자기 입맛에 맞는 변명은 이때도 전혀 변하지 않았다.

그리고 제2차 십자군을 인정하고 축복하며 떠나보낸 최고책임자이기도 한 로마 교황 에우게니우스는, 이 십자군이 다마스쿠스 성벽을 건드려보지도 못하고 철수한 해로부터 5년 후에 세상을 떠난다. 그사이 공식적으로는 제2차 십자군에 대해 한 마디도 발언하지 않았다. 이 사람 역시 스승인 베르나르두스와 마찬가지로 제2차 십자군이 실패한 이유를 신앙심의 부족 탓으로 돌렸는지도 모른다.

그래도 이 교황은 7백 년 후인 1872년에 '복자(Beatus)'의 반열에 오른다. '복자'란 가톨릭교회에서 '성인(Saint)' 다음에 위치하는 지위이며, '성인'과 마찬가지로 신자에게 삶의 모범으로 여겨지는 대상이다.

교황 에우게니우스가 죽은 지 한 달 만에 '클레르보의 베르나르두스'도 죽었다. 제2차 십자군을 실제로 결성해 오리엔트로 보낸 이 사람은 템플 기사단을 상찬하는 글에서 다음과 같이 말했다.

> 이슬람교도는 모든 악이 담긴 항아리다. 악마의 손으로 만들어진, 우리가 현실에서 볼 수 있는 악의 표본이다.

이자들에 대한 대책은 하나밖에 없다. 근절이 바로 그것이다.

죽여라! 죽여라! 그리고 혹시 필요할 때는 그들의 칼에 맞아 죽는다. 왜냐하면 그것이야말로 그리스도를 위해 사는 것이기 때문이다.

이런 내용을 열렬히 설파해온 수도사 베르나르두스는 그가 죽은 지 21년이 지난 1174년에 '성인'의 반열에 오른다. 따라서 이 수도사의 호칭은 '성 베르나르두스'가 되었다. 성인에게는 각자의 축일이 있는데, 8월 20일이 이 사람에게 바쳐진 축일이다. 그리고 이유는 모르겠지만 농민들의 수호성인으로 여겨지고 있다.

콘라트는 한 나라의 황제이자 나이가 쉰다섯이나 되었으면서도 스물여덟 살의 프랑스 왕이나 열여덟 살의 예루살렘 왕을 리드하지 못했는데, 이 사람도 귀국한 지 3년 만에, 로마 교황과 수도사 베르나르두스가 죽기 1년 전인 1152년에 세상을 떠난다. 결국 생전에 로마에서 교황으로부터 황제의 관을 받지 못했으므로 정식으로는 신성로마제국 황제가 되지 못했다. 콘라트의 뒤는 제2차 십자군에도 따라갔던 조카 프리드리히가 이었다. '붉은 수염 프리드리히'라는 이름으로 유명해지는 이 사람은 제3차 십자군의 세 주역 중 하나가 된다.

콘라트와는 아버지와 아들 이상으로 나이차가 났던 프랑스 왕 루이 7세는 1180년에 죽는데, 제2차 십자군의 주요인물 중 누구보다 오래 살았다. 하지만 말년에 그는 헤어진 아내가 광대한 아키텐 지방을 지참하고 재혼한 영국 왕과 영지를 놓고 피비린내 나는 투쟁을 하며 세월을 보낸다. 그래도 외모는, 다마스쿠스를 앞에 두고도 이슬람측에 붙잡히지 않을까 하는 공포를 이기지 못했던 무렵의 품위 있는 선량한 모습에서 달라지지 않았다고 한다.

루이의 뒤는 아들 필리프가 이었다. 존엄왕 필리프라는 이름으로 역사에 남은 이 사람도 제3차 십자군의 주역 가운데 하나이다.

이렇듯 유럽에서는 실패로 끝난 제2차 십자군이 거의 문제시되지 않았다. 어쩌면 모든 관계자가 잊고 싶어했기 때문인지도 모른다. 그러나 중근동에서의 영향은 심각했다.

심각한 영향

제2차 십자군의 실패는 무엇보다 중근동 현지에서 생활하는 그리스도교도에게 엄청난 실망을 안겨주었다. 이 사람들은 유럽의 신성로마제국 황제와 프랑스 왕의 지위가 얼마나 높은지 알고 있었다. 그 양대 유력자가 병사를 이끌고 와서, 실제로 적과 싸운 것은 나흘에 불과한, 짧다는 말조차 할 수 없는 전투를 하고는 군대를 물려 돌아가버린 것이다. 유럽이 자신들을 버렸다고 생각해도 어쩔 수 없는 일이다.

반대로 이슬람측은 한껏 기세가 올랐다. 이 무렵 이슬람측은 그리스도교 세계의 사정에 상당히 정통해 있었으므로, 그리스도교의 로마교황이 자신들의 '칼리프'에 해당하고 그리스도교 세계의 황제와 왕은 '술탄' 같은 존재라고 생각하고 있었다. 그것도 소아시아의 투르크 호족들이 멋대로 자칭하는 술탄이 아니라, 카이로와 바그다드에 있는 칼리프가 정식으로 군대를 맡긴 술탄 정도의 권력자로 보고 있었던 것이다.

칼리프는 세습인 데 반해 로마 교황은 고위 성직자들의 선거로 뽑힌다는 차이는 있지만, 일반 이슬람교도에게는 칼리프와 교황 모두 종교상의 최고권위자라는 말로 충분했다. 황제와 왕을 술탄과 동격으로 보는 것도 틀린 생각은 아니었다. 양쪽 다 종교의 권위를 지키기 위해 세속의 권력을 부여받은 존재였기 때문이다.

이슬람측에서 본 제2차 십자군을 다시 일본 중세사의 용어로 치환해보면 다음과 같지 않을까.

제1차 십자군 때 공격해온 그리스도교측이 '다이묘(大名)'라면, 이슬람측에서 맞서 싸운 이들 역시 아타베그나 아미르 등 호칭은 다르지만 모두 '다이묘'인 것이다. 그리고 그리스도교측이 이겼다.

제2차 십자군에서는 '쇼군(將軍)'이 직접 군사를 이끌고 공격해왔다. 그것도 두 명의 '쇼군'이. 그럼에도 '다이묘' 한 명이 지키는 다마스쿠스를 공격하는 데 애를 먹었고, 또 한 명의 '다이묘'가 알레포에서 접근해온다는 말만 듣고 진을 물리고 말았다. 그것도 고작 나흘간 전투를 치르고 말이다. 바그다드와 카이로에 있는 이슬람 세계의 '쇼군'은 둘 다 움직이지 않았다. 즉 그리스도교 세계의 두 쇼군은 이슬람측의 지방 다이묘에게 퇴각당한 것이다.

이러한 이슬람측의 감상을 뒤집어보면, 그것은 바로 중근동에 사는 그리스도교도의 마음이기도 했다.

이것이 제2차 십자군이 남긴 최악의 선물이었다. 차라리 애당초 아무것도 하지 않는 편이 더 좋았을 거라고 생각할 정도로. 왜냐하면 이 제2차 십자군은 이슬람측의 지방 다이묘 한 사람의 이름을 높여준 것에만 그치지 않았기 때문이다.

누레딘의 등장

원래부터 노령이었던 다마스쿠스의 영주 우누르는 십자군이 철수하고 1년 후에 죽었다. 그 뒤를 이은 것은 아직 어린 아들이었는데, 제2차 십자군이 공격해왔을 때의 공포를 잊을 수 없었던 그는 위험이 사라진 후에도 당시 아버지 우누르가 원군을 바라고 맺은 알레포 영주 누레딘과의 동맹을 계속 갱신했다.

누레딘은 아버지 장기가 다마스쿠스 정복을 열망했던 것을 알고 있었지만 서두르지는 않았다. 제2차 십자군을 물리쳐 성가를 올린 다마스쿠스 영주에게 싸움을 거는 일은 같은 이슬람교도인 그에게 부적절해 보였던 것이다.

게다가 다마스쿠스 영주가 죽은 해에 누레딘도 형을 잃었다.

장기에게는 네 아들이 있었는데, 이 사형제는 혈육 간의 싸움이 일상다반사인 아랍인과 투르크인 사회에서 드물게 사이가 무척 좋았다. 자기 몫을 요구하기보다 세상을 떠난 아버지의 지시에 따라 서로 협력했으니 이슬람 사회에서는 이례적이라고 해도 좋았다.

장기의 사후에도 장남과 차남은 서로 싸우지 않고 그의 유언에 따라 각각 모술과 알레포를 지키며 살았다. 장기는 자신의 경력을 성공으로 이끌어준 땅이기도 한 모술을 장남에게, 그후에 정복한 알레포를 차남 누레딘에게 남겨줄 생각이었을 것이다. 장기가 정복한 땅에는 에데사도 있지만, 그 땅은 다시 그리스도교도의 요새로 돌아가게 하지 않기 위해 사람이 더이상 살 수 없을 정도로 완전히 파괴했다.

모술 영주가 된 장남은 제2차 십자군이 철수한 그다음 해에 죽었다. 다마스쿠스 영주가 죽은 것과 같은 1149년의 일이다. 이것으로 누레딘은 알레포에 더해 모술까지 영유하게 된다. 오늘날의 이라크 북부에서 시리아 북부에 펼쳐진 광대한 영토의 주인이 된 것이다. 누레딘의 나이 아직 서른한 살이었다.

다른 이슬람 영주라면 영주가 막 교체된 다마스쿠스를 단숨에 공격했을 것이다. 그러나 서른한 살의 누레딘은 보통 '다이묘'가 아니었다.

이 시기에 다마스쿠스에 대한 야심을 드러내는 것은 두 가지 이유로 적절하지 않았다.

첫째, 1년 전 제2차 십자군을 패퇴시킨 기쁨이 이슬람교도 도시인 다마스쿠스 시내에 강하게 남아 있다는 것.

둘째, 당시 방어를 맡았던 이슬람교도 병사들이 다마스쿠스에 남아 있으므로 지금 다마스쿠스를 공격하면 그 병사들을 적으로 돌리게 된다는 것. 즉 그리스도교도를 패퇴시킨 이슬람교도를 다른 이슬람교도가 공격하는 셈이 되고 만다. 누레딘은 마음만 먹으면 태연히 잔혹한 행동을 할 수 있는 남자였지만, 쓸데없이 잔혹한 남자는 아니었다.

누레딘은 5년을 기다렸다. 그 5년도 헛되이 보낸 것이 아니라 다마스쿠스 주민들을 친누레딘파로 만드는 데 노력을 기울이지 않았을까 싶다. 젊은 영주의 무능함에 주민의 지지도가 떨어지는 것을 곁눈질하면서.

5년 후인 1154년 봄, 예년처럼 동맹을 갱신하기 위해 알레포에서 찾아온 누레딘의 사절이 다마스쿠스 성문으로 들어섰다. 성문을 지키는 수비대 대장이 여느 때보다 사절을 호위하는 병사의 수가 많다고 생각했을 때는 이미 늦었다. 시리아 제일의 도시로 여겨져온 다마스쿠스는 그날로 누레딘의 것이 되었다. 이렇다 할 전투도 없었고, 피도 흘리지 않은 채 공략은 끝나버렸다. 젊은 영주는 가족과 함께 추방되었다.

이리하여 정확하게는 누르 알딘(Nur al-Din), 그리스도교도들이 누레딘이라고 부른 사람은, 서른여섯 살에 현재의 이라크 북부에서 시리아 전역을 포함하는 광대한 영토의 지배자가 되었다.

제2차 십자군의 누구와도 전투를 벌여본 적 없는 이 남자가 제2차 십자군 전쟁의 진정한 승리자가 된 것이다. 제2차 십자군은 적에게 타

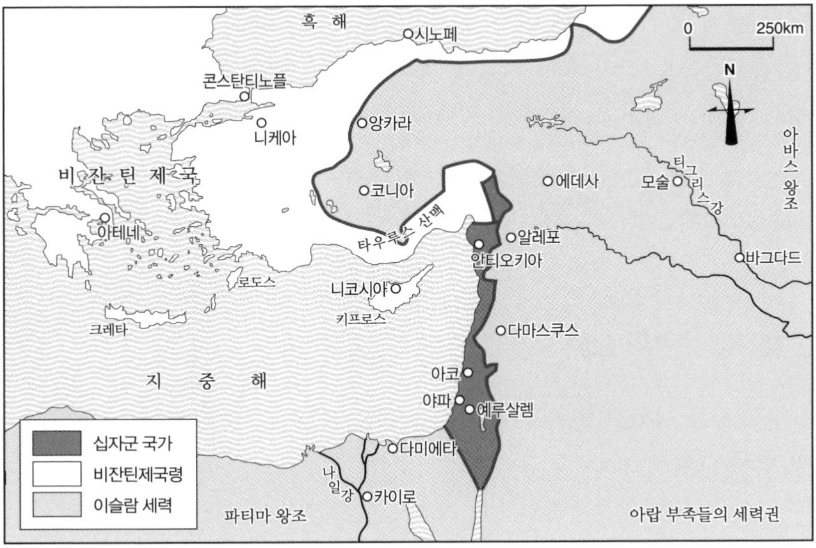

제2차 십자군 이후의 세력도

격을 주기는커녕 오히려 적을 강력하게 해주고 말았다. 지금까지 이슬람측의 약점은 각 영주들이 서로 싸우기만 하고 단결하지 않은 데 있었는데, 이를 계기로 한 사람, 그것도 유능한 한 사람 아래로 결집하게 되었기 때문이다.

중근동의 십자군 세력은 이러한 상황변화를 심각하게 받아들이고 있었다. 황제와 왕이 이끌었음에도 제2차 십자군이 그렇게 끝나버리자 유럽에서 새로운 십자군이 원정 올 거라는 기대는 할 수 없었다.

결국 제2차 십자군이 실패로 끝난 해부터 예루살렘이 이슬람측에 탈환되는 '운명의 해'에 이르기까지 40년 동안, 중근동의 십자군 국가는 임시방편 대책만 쓰며 시간을 보내게 된다. 재능 있는 인재가 전무했던 것은 결코 아니다. 다만 그 인재를 운용할 만한 최고권력자가 없었다. 반대로 이슬람측은 이 40년 동안 누레딘에서 살라딘으로 이어지는 지휘계통의 일원화가 확립되었다.

십자군 국가의 실태

중근동의 십자군 국가는 동시대 유럽의 봉건제 사회를 그대로 이식한 듯한 사회였다.

우선 각 지방에 그 지역을 지배하는 봉건영주 '바론(baron)'이 있다. 내가 '제후'라고 쓰는 경우는 복수의 '바론'을 가리킨다. 이 '바론'을 '남작'이라고 번역하는 것은 황제와 왕 아래 중앙집권화가 완성된 후의 시대를 다룰 때에야 적절하다. 따라서 중앙집권화가 이루어지지 않았던 십자군 시대에는 '봉건영주' 내지 '제후'라고 번역해야 한다.

중세의 봉건사회는 지방호족인 이 남자들이 황제와 왕을 따르는 형태로 성립되었다. 가장 큰 이유는 그렇게 하는 편이 자신들에게 유리하다고 판단했기 때문이고, 두번째 이유는 황제와 왕을 신에게서 통치권을 위탁받은 존재로 여겼기 때문이다. 제후 역시 신의 뜻을 중시하는 그리스도교도였다는 것을 잊어서는 안 된다.

그러나 그들은 황제와 왕에게서 영지를 수여받아 영주가 된 이들이 아니다. 실력으로 영지를 획득한 선조로부터 상속을 받거나 자기가 직접 인근 지역을 공격해서 확장한 영지의 지배자다. 따라서 원래부터 독립적인 성향이 강했다. 이런 남자들을 통솔하는 것은 황제와 왕에게도 쉬운 일이 아니었는데, 그것을 가능하게 하는 것이 바로 신의 뜻을 전하는 로마 교황과 주교로부터 황제의 관 혹은 왕관의 형태로 수여되는 '권위'와, 황제와 왕 자신이 가진 '실력'이었던 것이다. 예루살렘 왕국은 이런 중세 유럽 봉건사회의 축소판이었다.

따라서 예루살렘 왕에게 무엇보다 중요한 것은 왕국 내의 '바론'들을 통솔하는 것이었다. 그리고 이를 토대로 병력을 지휘해 성도 예루살렘을 지켜야 할 의무가 있었다. 그것은 중근동의 십자군 국가 전체를 지키는 의무도 함께 가진다는 것을 의미한다.

그런데 무엇보다 이 십자군 국가 자체가 중세 유럽 사회의 반영이며 그에 따른 복잡함도 그대로 이식되어 만들어졌으므로, 아무리 왕관이라는 권위를 가지고 있다 해도 아직 이십대에 지나지 않은 예루살렘 왕 보두앵 3세에게는 과중한 임무로 다가온 것도 당연했다.

이 시대 중근동의 십자군 국가를 이해하는 데 가장 신뢰할 만하다고 평가되는 기록을 남긴 사람은 '티루스의 기욤'으로 불린 성직자다. 이름에서 알 수 있듯 팔레스티나 지방의 항구도시 티루스에서 태어난 그는, 가톨릭교회의 성직자였을 뿐 아니라 뛰어난 지략을 겸비해서 젊어서부터 십자군 국가의 상층부 깊숙이 침투해 있었다. 1130년생이므로 보두앵 3세와 나이가 같다.

이 '티루스의 기욤'은 예루살렘 왕 보두앵 3세를 다음과 같이 묘사했다.

"키는 다른 남자들보다 컸다. 그러나 신체 각 부분의 균형이 잘 잡혀 있어 키만 크다는 인상은 주지 않았다. 용모는 고상하고 우아하여 사람들은 그 얼굴만 봐도 그의 타고난 생생한 기운을 느꼈을 것이다. 눈은 크지도 작지도 않고, 약간 튀어나왔지만 빛나고 있었다. 조금 긴 듯한 머리는 곧은 금발이고, 금색 수염이 얼굴의 절반을 뒤덮고 있었다. 외모는 완강하고 늠름한 느낌을 주지만 갑옷과 투구, 호화로운 의복을 벗은 그의 육체는 어머니나 동생 아모리와 비슷하게 너무 마르지도 뚱뚱하지도 않았다."

티루스 출신의 이 동시대 사람의 말에 따르면 보두앵 3세는 교양인이며 말도 잘했다. 엄청난 독서가로 특히 역사와 법률 책을 읽는 것을 좋아했다. 지위 고하를 불문하고 누구와도 친근하고 정중하게 이야기했으며, 회담을 청하는 사람을 거절한 적도 없었다.

종교의 차이도 문제 삼지 않았다고 하는데, 사실 예루살렘이라는 도시 자체가 인종과 종교가 다른 사람들이 살고 있는 곳이었다.

프랑크인이라고 불리던 유럽에서 온 가톨릭교도뿐 아니라 같은 그리스도교도 중에도 종파가 다른 아르메니아인이나 그리스인도 예루살렘에 살고 있었다. 또한 예루살렘이 제1차 십자군에 의해 '해방'된 직후에 추방되었다가 얼마 후 조금씩 돌아와 지금은 자리를 잡고 살고 있는, 그리스도교 지배하에서 사는 것을 허락받은 유대교도와 이슬람교도도 있었다.

예루살렘 왕은 예루살렘의 통치 책임자다. 그 예루살렘에 있는 각 공동체의 대표가 왕을 만나고 싶다고 요청하면 보두앵 3세는 흔쾌히 만나주었던 것이다.

완벽한 신사의 모습이라고 할 수밖에 없다.

이슬람측에서 보면 모두 유럽인이라는 뜻의 '프랑크인'이었지만, 동시대를 살고 있다 해도 유럽에 사는 사람과 유럽인의 자손으로 중근동에서 나고 자란 '프랑크인'은 진정한 의미의 교양이 달랐던 것이 아닐까 하는 생각이 든다.

그리스도교 일색인 유럽에서야 성 베르나르두스처럼, 이슬람교도는 적이니 뿌리 뽑아야 한다, 그러니 죽여라, 고 절규할 수 있었는지 모른다. 그러나 중근동에서는 성 베르나르두스의 칭찬을 받은 템플 기사단의 기사들조차 이렇게 중얼거렸는지도 모른다.

"죽여라, 죽여라 하지만 여기서는 그렇게 간단한 이야기가 아니다. 몸값을 내면 포로가 된 그리스도교도를 돌려보내주겠다는데야 돈으로 교섭하지 않을 수 없다. 또한 일용할 식량을 생산하는 경작지의 소유주가 우리라 해도 경작은 그 땅에 예전부터 살고 있는 이슬람교도 농민들에게 맡길 수밖에 없으며, 소작료로 가져다주는 농작물을 받기 위해서라도 이교도와 일상다반사로 접촉해야 한다. 이러한 상황에서 죽여라, 죽여라 한들……"

또한 템플 기사단처럼 전투만 하는 게 아니라 의료도 겸하고 있던 성 요한 기사단도 성 베르나르두스의 절규를 그대로 실행하는 데 냉담했을 것이다. 그들은 의술의 교류라는 측면에서만 해도 이슬람교도와의 접촉이 적지 않았고, 성 요한 기사단의 기사들에게는 원래부터 광신적인 성향이 거의 없었다.

그래도 이 두 종교 기사단은 이슬람으로부터 그리스도교도를 지킬 것을 십자가에 서약하고 결성된 기사 집단이었다. 중근동에서 '일'한다는 것은 이들과 같아도 그 내용은 경제적인 면에 국한되어 있던 이탈리아 해양 도시국가의 남자들이 성 베르나르두스의 목소리에 귀를 기울이지 않았던 것도 당연하다. 그들은 이교도 이슬람과 싸우겠다고 신이나 십자가에 서약한 것도 아니었기 때문이다.

이들 중세의 '이코노믹 애니멀'들은 십자군의 지배하에 들어온 거의 모든 중근동 항구도시에 자신들의 거류지를 갖고 있었다. 베네치아, 제노바, 피사 등 공동체는 제각각이었지만, 이 거류지는 십자군 국가의 '경제특구'로서도 기능하고 있었다.

그들의 상선으로 운반해온 무기와 무구(武具)는 항구에 부려진 뒤 근처에 있는 거류지로 옮겨져 창고에 수납된다. 거류지에는 그리스도교도 기사들만이 아니라 아랍인이나 투르크인 상인들도 그 상품을 사기 위해 모여들었다.

이 무렵 이슬람측의 무장은 십자군의 영향으로 방어 면에서 상당히 강화되었다. 철강제품은 역시 유럽제가 뛰어나다는 평가는 종교를 불문하고 일치했던 듯, 서유럽제 무구와 무기에 대한 수요가 이슬람 세계에서도 늘어나고 있었다. 로마 교황은 이런 무기 수출은 그리스도교의 적인 이슬람의 군사력을 강화하는 것으로 이어진다며 여러 차례 금지령을 내렸지만 상인들은 아랑곳하지 않았다. 누레딘과 살라딘이 입었던 흉갑 안쪽에 '메이드 인 밀라노'라고 새겨져 있었을지도 모른다고 생각하면 웃음이 나온다.

이슬람 상인들이 파는 물건은 모두 오리엔트산 고급품으로, 그중에서도 모술 특산품인 얇은 무명 모슬린이나 다마스쿠스 명산인 두꺼운 옷감 등과 함께, 이슬람 사회에서 널리 생산되고 있던 각양각색의 융단이 많았다.

이런 것들이 유럽으로 들어오자 모슬린은 귀부인들의 머리와 가슴을 우아하게 덮었고, 두꺼운 다마스쿠스 옷감은 여러 벌을 껴입어야 하는 불편에서 부유층을 해방시켜주었다. 그리고 융단은 그전까지 쓰이던 야만스런 짐승의 모피를 대체했다.

가톨릭교회의 교황 이하 고위 성직자들도 이러한 변화에서 예외가 아니었다. 유럽의 유력자들은 자신들은 오리엔트 물산에 절어 있으면서 오리엔트로 십자군을 파견하는 것이 정의라고 생각하고 있었던 것이다.

성직자였던 티루스의 기욤은 나중에 예루살렘 왕의 뜻을 받들어 새로운 십자군 원정을 요청하기 위해 유럽으로 떠나게 되는데, 그전에 이집트의 카이로에서는 적인 술탄과 우호적으로 회담을 하기도 하고, 적의 도시 카이로의 번영에 감탄하기도 했다.

이것이 제1차 십자군 때부터 헤아려 60여 년이 막 지나는 시기의 중근동 십자군 국가의 실태였다. 그러나 유럽에 사는 사람들의 눈에는 이것이 타락으로밖에 비치지 않았다. 이러한 의식의 차이가 제2차 십자군 이후 새로운 십자군 파견의 목소리가 나오지 않았던 가장 큰 요인이었다.

그러나 예루살렘 왕인 보두앵에게는 예루살렘만이 아니라 십자군 국가 전체를 방어할 의무가 있었다. 그런 그의 앞을 가로막은 장애물은 어머니 멜리장드였다. 멜리장드는 아들이 성인이 된 후에도 통치권을 넘기려 하지 않았다.

보두앵 3세는 아버지 풀크의 사후에 예루살렘 왕위에 올랐는데, 당시에는 열세 살에 지나지 않았으므로 어머니 멜리장드가 대신 통치하게 되었다. 그러나 멜리장드는 섭정이 아니라 여왕으로서 아들과 공동으로 취임하겠다고 요구했고, 혈통을 중시하는 제도로 인해 그 요구는 받아들여졌다. 하지만 아들이 성년이 된 후에도 어머니는 통치권을 넘기지 않고 국정을 좌지우지했다. 통치력이라도 뛰어났더라면 좋았겠지만 멜리장드의 통치력은 유력자들 사이에서 평가가 낮았고 민중 사이에서도 평판이 좋지 못했다.

아들은 어머니를 국정에서 떼어놓으려고 애썼으나 좀처럼 성공하지 못했다. 결국에는 군대를 이끌고 어머니를 공격한 후에야 겨우 멜리장드의 손에서 통치권을 찾아올 수 있었다. 하지만 신사적인 보두앵 3세는 어머니를 추방하지 않았을 뿐 아니라 투옥도 하지 않았고, 앞으로는 수녀원 건설에나 힘을 쏟아달라고 말하며 국정에서 물러나 주기를 부탁했다. 보두앵 3세는 스물네 살이 되어서야 비로소 국정에서 손을 떼려 하지 않던 어머니로부터 해방된 것이다. 멜리장드도 혈통을 방패 삼아 중근동의 십자군 국가의 정치에 개입하려 한 여자들 중 한 명이었다.

그러나 예루살렘 왕 보두앵 3세는 드디어 자기 혼자 통치할 수 있게 된 후에도 뭐든지 자유롭게 할 수 있는 상황은 아니었다. 열여덟 살 때 제2차 십자군에 그가 이끌고 간 병력은 국내 '바론'들을 모아도 기병 550명과 보병 6천 명에 지나지 않았다. 한편 다마스쿠스를 제압하고 시리아 전역의 지배자가 된 누레딘은 1만 명을 헤아리는 병력을 거느렸다.

아마도 보두앵 3세가 평소에 이끌 수 있는 병력은 기병 5백여 명과 보병 6천 명보다 훨씬 적은 수였을 것이다. 그래도 방어를 위해서라면 주저하지 않고 출진했는데, 결정타를 날리기에는 매번 한참 부족했다. 이제는 안티오키아 공작령과 트리폴리 백작령이 예루살렘 왕령과 함께 싸우지 않게 되었기 때문이다. 또한 템플 기사단과 성 요한 기사단의 협력이 있다 해도, 양쪽 다 평소 쓸 수 있는 병력이 기병 1백 명을 넘는 일이 없었다. 이들 종교 기사단은 각지에 성채를 쌓았으므로 상당한 수의 기사가 그 성채에 배치되었다. 이러한 상황에서 전투에 내보낼 수 있는 수는 제한되었던 것이다.

만약 이 시기에 누레딘이 다마스쿠스에서 대군을 이끌고 왔다면 예루살렘은 함락되었을지도 모른다. 하지만 이 위기는 두 가지 사건 덕분에 모면할 수 있었다.

대지진

첫번째 사건은 1156년 시리아를 덮친 대지진이다. 다마스쿠스와 알레포를 비롯한 시리아의 도시 대부분이 엄청난 피해를 입었다. 이것이 누레딘의 발을 묶어놓는다. 그리스도교 국가를 공격하는 것보다 파괴된 도시를 재건하고 피해자들을 위한 대책을 세우는 것이 우선이었기 때문이다.

이는 또한 두번째 이유로 이어졌는데, 이 일은 냉철하고 유능한 무장이었던 누레딘을 온후하고 평화적인 사업을 좋아하는 통치자로 바꿔놓았다. 그리스도교측에도 마치 다른 사람이 된 것 같다는 소문이 났을 정도로.

피해자에 대한 구제사업이 진행됨과 동시에 재건사업도 시작되어 다마스쿠스와 알레포에는 장려한 모스크가 차례로 지어졌다. 유서 깊은 모스크를 복구하는 데도 비용을 아끼지 않았다. 병원도 정비되고 확장되었으며, 바그다드에서 뛰어난 의사들이 초빙되었다.

의사만이 아니라 학자들도 높은 급료를 받고 초빙되었다. 이 시기를 경계로 다마스쿠스의 교육수준은 이전에 비해 현저하게 향상된다. 다마스쿠스의 학교에서는 코란뿐 아니라 학문이라 부를 수 있는 모든 것을 가르쳤으므로 교육의 향상은 의심의 여지가 없었다. 이제는 이슬람 세계에서 최고로 손꼽힐 정도가 된 다마스쿠스의 고등교육의 혜택을 입은 사람 중 하나가, 당시 열여덟 살에 지나지 않았던 살라딘이다.

이전의 모습을 상상할 수 없을 정도로 아름답고 장려한 도시로 다시 태어난 다마스쿠스의 주인인 누레딘은, 사람이 변했다는 말을 들을지언정 아직 서른여덟 살이었다. 예루살렘 왕 보두앵 3세에게 걱정의 불씨가 다 사라진 것은 아니었다. 결국 그는 비잔틴제국과의 관계를 강화함으로써 누레딘에게 대항하려 한다. 시리아를 덮친 대지진이 일어난 이듬해인 1157년, 대지진 후의 대책에 전념하고 있던 누레딘과의 관계가 '자연 휴전' 상태가 된 것을 이용해 예루살렘 왕은 비잔틴제국 황제에게 혼담을 청하는 특사를 보냈다.

왕비로 지목된 여인을 보두앵 3세가 선택한 것인지 아니면 혼담을 받은 비잔틴제국 황제 마누엘이 선택한 것인지는 알려지지 않았다. 하지만 어떤 의미에서는 버리는 말로 봐도 될 만한, 황제의 어린 조카딸이 선택된 것을 보면 황제의 선택이 아니었을까 싶다. 그 조카딸을 시집보내는 대신 황제 마누엘은 예루살렘 왕으로부터 안티오키아가 비잔틴제국의 영토임을 공식적으로 승인받았다.

비잔틴식 외교

대도시 안티오키아와 그 주변으로 구성된 안티오키아 공작령은, 제2차 십자군에 참여하지 않은 것이 실증하듯이 근년 들어 점차 예루살렘 왕으로부터 멀어지고 있었다. 또한 안티오키아를 통치하고 있던 푸아티에 백작 레몽은 누레딘과 전투중에 전사했다. 레몽이 죽은 뒤 안티오키아의 지배자가 된 르노 드 샤티용도 누레딘군을 공격했다가 포로가 되었고, 지금은 시리아의 한 감옥에서 포로생활을 하고 있었다.

그래서 안티오키아를 방어하는 일까지 예루살렘 왕의 어깨를 짓누르고 있었는데, 예루살렘 왕국을 방어하는 것만으로도 벅찼던 보두앵 3세는 안티오키아까지는 도저히 손을 쓸 수 없다고 생각했을 것이다. 안티오키아가 누레딘의 수중에 들어갈 바에야 같은 그리스도교도인 비잔틴제국 황제의 수중에 들어가는 게 낫다고 생각했는지도 모른다.

어쨌든 비잔틴제국 황제는, 제1차 십자군의 보에몬드와 탄크레디에게 항상 가로막혀온 안티오키아 영유에 대한 소망을 60년 만에 끝내 성취할 수 있었다.

1158년, 보두앵 3세와 비잔틴제국의 황녀 테오도라는 예루살렘의 성묘교회에서 결혼식을 올렸다. 신랑은 스물여덟 살, 신부는 채 열세 살도 되지 않았다.

이리하여 중근동의 십자군 세력은 1144년 에데사 백작령을 잃었고,

이어 1158년에는 사실상 안티오키아 공작령까지 잃게 된다. 네 개의 십자군 국가 중 이제 남은 것은 트리폴리 백작령과 예루살렘 왕령뿐이었다.

이듬해인 1159년 비잔틴제국 황제 마누엘과 예루살렘 왕 보두앵 3세는 안티오키아에서 처음으로 대면한다. 목적은 양국 사이의 동맹관계를 보다 공고히 하는 것이었는데, 이 두 사람은 둘 다 신사적인 것으로 유명했다. 곧바로 개인적으로도 친한 사이가 되었다.

축하행사 중 하나로 중세의 기사답게 마상 창시합이 개최된다. 젊은 보두앵도 시합에 참가했는데, 상대가 너무 진지하게 도전해오는 바람에 부상을 입고 말았다. 이 예루살렘 왕을 육친처럼 정성껏 치료한 사람이 황제 마누엘이다. 이 사람의 취미는 의술이었는데, 그 방면에서는 전문가 빰쳤다고 한다. 제2차 십자군 때 도릴라이움에서 대패하고 부상을 입고서 콘스탄티노플로 도망쳐온 독일 황제 콘라트도 마누엘이 손수 치료해준 바 있었다.

병자의 치료에는 진지했지만, 마누엘은 황제이기도 했다. 치료 와중에 황제는 보두앵에게 예루살렘의 한 여인을 비잔틴제국의 황비로 맞이하게 해달라고 청했다. '안티오키아의 마리아'라는 이름으로 불린 그 여인은 안티오키아 공작령 통치자의 핏줄을 이어받은 사람으로, 보두앵과는 사촌 사이였다.

보두앵은 그 마리아가 아니라 트리폴리 백작의 피를 이어받은 또다른 마리아를 추천했다. 안티오키아와 비잔틴제국의 관계가 너무 강고해지는 것을 막기 위해서였는데, 마누엘은 이를 받아들이지 않았다.

이 결혼은 이듬해인 1160년에 거행된다. 안티오키아의 비잔틴제국화는 점점 강화되어만 갔다.

2년 후 예루살렘 왕 보두앵 3세는 이미 상례처럼 되어 있던 이슬람교도와의 소규모 전투를 끝내고 베이루트로 돌아온 날 병상에 드러누워, 그길로 일어날 수 없게 되었다. 비잔틴제국 황제 마누엘의 독살설이 나돌았지만 그것은 곧 수그러들었다. 마누엘은 보두앵에게서 취할 것을 모두 취했으므로 보두앵을 죽여서 이득을 볼 일이 아무것도 없었기 때문이다. 하지만 이득을 볼 것이 아무것도 없었다는 것은, 입장을 바꾸어 보면 몇 가지 견해 중 하나에 지나지 않았는지도 모른다.

서른두 살도 안 된 젊은 나이로 죽은 보두앵 3세에 대해 '티루스의 기욤'은 다음과 같이 썼다.

"베이루트에서 예루살렘까지 주검이 운반되는 8일간, 길에는 그의 죽음을 애도하는 사람들이 늘어섰으며, 그리스도교도뿐만 아니라 모든 주민이 눈물로 그를 전송했다. 예루살렘에 다가갈수록 사람들의 애도 소리가 점점 높아져서 통곡으로 변해갔다."

그 전해 멜리장드가 죽었을 때는 반응이 없던 서민들도, 어머니와의 관계를 포함해 고생을 많이 한 보두앵에게는 동정을 보였던 것이다.

이 보두앵과 테오도라 사이에는 아이가 없었으므로 다음 예루살렘 왕위에는 친동생 아모리가 오르게 되었다.

미망인이 된 테오도라는 결혼 때의 조건대로 아코 영주가 되어 예루살렘을 떠난다. 다만 아직 열여섯 살인 테오도라는 멜리장드와 같은 유형의 여인이 아니었던 듯 명색뿐인 아코 영주에 만족했으므로, 예루살렘 왕국에 폐해를 초래하지는 않았다.

다마스쿠스에서 보두앵이 죽었다는 소식을 들은 누레딘은, 왕권 교체기라는 절호의 기회에 예루살렘을 공격하라고 권유한 가신에게 이렇게 대답했다고 한다.

"프랑크인들은 그들이 경애한 뛰어난 군주를 잃은 슬픔에 빠져 있다. 나는 그 틈을 노리는 짓은 하지 않겠다."

틈을 노린 것은 비잔틴제국 황제 쪽이었다. 생각지 못한 형의 죽음으로 스물여섯 살에 예루살렘 왕위에 오른 아모리는 불안해서 견딜 수 없었다. 그가 항상 의지하던 어머니 멜리장드도 세상을 떠나고 없었다.

그런 예루살렘 왕에게 황제 마누엘은 비잔틴제국 황실의 일원인 마리아를 왕비로 맞도록 권했다. 하지만 마리아는 아직 여덟 살이었으므로 실제 결혼은 5년 후에 하게 된다. 비잔틴제국 황제는 중근동의 십자군 국가에 또 하나의 못을 박을 생각이었던 것이다.

결혼까지 남은 5년은 아모리가 독신으로 돌아가기 위해서도 필요한 기간이었다. 아모리는 가톨릭교회의 법에 따라 아내 아네스 드 쿠르트네와의 결혼을 '무효'로 했으나, 그 결혼으로 태어난 두 살 난 딸과 한 살 난 아들의 친자로서의 지위는 유효하다고 주장했으므로 약간의 시간이 필요했던 것이다. 그리스도교 세계에서 일국의 왕은 이런 일에도 로마 교황의 인가가 필요했다.

21세기인 지금도 유럽에는 '비잔틴식'이라는 표현이 있다. 사소한 것에 집착한 나머지 대국(大局)을 잃는, 그때는 득을 본 것처럼 보여도 결국은 손해를 보게 된다는 것을 단적으로 나타내는 말이다. 비잔틴제국의 황제 중에는 그런 사람이 많았다.

비잔틴제국 황제는 제1차 십자군 무렵부터 이미 안티오키아의 도시와 그 주변의 영유를 고집하고 있었다. 황제 마누엘은 60년 후에야 그것을 실현했다. 이 안티오키아의 방어에 비잔틴제국 황제는 전력을 다했을 것이다. 안티오키아와 비잔틴제국의 수도 콘스탄티노플 사이를 가로막고 있는 소아시아의 내륙부는 이미 투르크군에게 빼앗겼기 때문에 수도에서 안티오키아까지 육로로 왕래하기에는 어려움이 있었다. 하지만 아직 소아시아 남쪽의 해안을 따라 늘어선 항구도시 몇 군데는 비잔틴제국령이었고, 로도스 섬과 키프로스 섬도 비잔틴제국의 지배하에 있었다. 이 항구도시와 섬들로 이루어진 바닷길을 활용한다면 안티오키아 방어는 불가능하지 않았다.

예루살렘 왕이 비잔틴제국과의 동맹을 원한 것은, 만일의 경우 예루살렘의 방어에도 협력해줄 것이라 기대했기 때문이다.

그렇다면 비잔틴제국 황제에게도 그런 마음이 있었을까.

답은 '아니요'다.

그렇다면 비잔틴제국 황제는 그리스도교도임에도 예루살렘의 수호에 관심이 없었던 것일까.

이에 대한 대답은 복잡하다. 간단히 예라고 할 수 없고, 또 아니라고 할 수도 없기 때문이다.

이때 서유럽에서 예루살렘은 아직 '성지(Holy Land)'로 불리는, 중근동 십자군 국가의 수도이자 상징이었으며, 가톨릭 그리스도교도들이 지배하는 도시였다.

가톨릭과 종파가 다른 그리스정교도의 국가인 비잔틴제국에도 예루살렘이 '성도'라는 것은 변함이 없었다. 게다가 예루살렘에서 가장 많은 순례자가 모이는 성묘교회는 비잔틴제국의 시조로 여겨지는 콘스탄티누스 대제가 건설한 성소다. 또한 예루살렘으로 순례를 떠나는 게 서민에게까지 확산된 것도 대제의 어머니인 헬레나가 순례를 떠난 것이 발단이었다. 대제의 자손을 자처하는 비잔틴제국 황제에게는 이 예루살렘이 비잔틴제국의 지배하로 돌아오는 것보다 이상적인 건 없었을 것이다.

하지만 실제로 예루살렘은 가톨릭교도의 지배하에 있었다. 황녀를 왕에게 시집보내는 것에 그치지 않고 그 예루살렘의 방어를 이유로 더욱 적극적으로 개입한다면 서유럽 그리스도교 세계로부터 반발을 살 것이 불 보듯 뻔했다. 게다가 이 반발은 실질적인 손실로 연결될 위험성도 컸다.

제2차 십자군을 이끈 사람 중 하나였던 프랑스 왕 루이의 반(反)비잔틴 감정은 많은 사람들이 알고 있는 사실이었다. 게다가 루이 7세는 귀국하는 길에 이탈리아 남부에 들러 과거에 비잔틴제국령을 공격한 적 있는 시칠리아 왕 루제로를 만나 반비잔틴 감정을 공유했다. 그리고 그후 로마로 간 루이는 로마 교황에게도 비잔틴제국 황제의, 그의 말을 따르자면 배신 행위를 개탄하며 호소했다.

비잔틴제국 황제 입장에서는 이러한 서유럽 가톨릭 세계에 비잔틴제국 공략의 대의명분을 만들어주는 일을 절대로 허락할 수 없었다.

게다가 예루살렘은 이슬람교도에게도 '성도'다. 예루살렘 방어에 적극적으로 개입함으로써 이슬람측에까지 반비잔틴 감정이 일어나는 일은 피해야 했다.

비잔틴제국 황제 마누엘은 제2차 십자군이 오기 전 이미 소아시아 셀주크투르크의 영주들과 동맹을 맺었다. 내륙부의 영유를 인정하는 대신 콘스탄티노플에 대한 공세를 멈추게 하는 것이 목적이었다. 그 후 제2차 십자군이 실패로 끝나 유럽으로 돌아가자 피 한 방울 흘리지 않고 다마스쿠스를 수중에 넣은 누레딘과 동맹조약을 맺었다. 이 동맹의 목적은 다른 땅은 어찌하건 안티오키아에는 손대지 말아달라는 것이었다. 그 '다른 땅'에 예루살렘이 제외된다는 말은 한 마디도 들어 있지 않았다.

한편으로 그는 예루살렘 왕과도 동맹을 맺었다. 목적은 단 하나, 안티오키아가 비잔틴제국 영토라는 것을 공식적으로 선언하는 것이었다. 그러나 두 나라는 같은 그리스도교 국가다. 중근동에 있는 그리스도교도들에게도, 유럽의 그리스도교 세계에도 뭔가 보여줄 필요가 있었다. 그래서 황제 마누엘은 2백 척으로 구성된 대함대를 팔레스티나 해역으로 보낸다. 바다 쪽의 방어를 비잔틴제국이 담당한다는 의사표시를 하기 위해서였다.

그러나 이 함대는 도착하자마자 곧장 유턴하다시피 콘스탄티노플로 돌아와버린다. 필요가 없었을 뿐 아니라 오히려 해가 되었기 때문이다.

해군력 = 제해권

이슬람교도가 '프랑크인'이라 총칭했던 것은 주로 프랑스나 독일에서 온 유럽인들이었다. 중세의 꽃으로 칭송받았던 기사들인 이들은 육상에서 벌어지는 전투에 강했다. 그리고 그들의 나라는 모두 해운국이 아니다. 따라서 해군을 갖고 있지 않았다. 강력한 해군은 해운국의 전통을 가진 민족에게 생겨나게 마련이다.

그래서 제1차 십자군의 노력으로 시리아와 팔레스티나 해안을 따라 늘어선 항구도시들을 지배하에 둔 것까지는 좋았으나, 이들 항구도시들은 바다에서 공격해오는 것을 두려워하는 처지였다. 이슬람 세계에서 해군을 갖고 있는 나라는 이집트뿐이었으니, 그들이 두려한 것은 바로 이집트 해군이 바다에서 공격해오는 것이었다.

'프랑크인' 중에는 해운의 전통과 그에 따른 해군력을 가진 이들도 있었다.

오리엔트로 진출한 것은 이탈리아의 해양 도시국가인 아말피, 피사,

제노바, 베네치아 순이다. 12세기 중반인 이 시기에 아말피는 이미 제일선에서 물러나 있었지만, 나머지 세 해양 도시국가는 시종일관 십자군의 해상 전력을 담당하게 된다.

해운의 본래 목적은 배에 실은 짐을 목적지까지 무사히 운송하는 것이다. 따라서 당연한 이치로 그에 필요한 모든 사항의 효율화가 강하게 요구되기 때문에, 해운의 전통이 있는 나라들에는 강력한 해군이 생겨나는 것이다.

또한 이 세 나라 모두 공화정을 채택한 도시국가였으므로 영토형 국가인 프랑스에 비해 인구가 100분의 1에도 미치지 못했다. 따라서 그들은 적은 인구를 효율적으로 활용하는 데 달인이었다.

이런 상황이었으니 배의 규모, 선원의 수, 해적에 대한 방어, 항해술, 조종 기능 등 모든 것이 효율적으로 발전한 것은 당연했다. 황제의 위광을 시위하는 것이 주된 목적인 비잔틴제국의 군선과는 비교가 되지 않는 해군력을 갖추고 있었던 것이다.

이 이탈리아 세력이 본격적으로 개입하게 된 후 중근동 해역의 제해권은 십자군측으로 돌아갔다. 이탈리아 세력이 이집트 해군과의 해전에서 승리해 이집트 군선이 접근조차 할 수 없게 되었다. 이리하여 팔레스티나 지방의 항구도시 주민들은 바다로부터의 공포에서 해방되었다. 그사이 비잔틴제국 해군은 황제와 이집트의 칼리프가 비밀리에 교환한 중립협정에 따라 팔레스티나 해역에 모습을 나타내지 않았다.

그런데 이제 와서 비잔틴제국 해군이 남하한 것이다. 피사, 제노바,

베네치아의 선원들로서는 비잔틴제국 군선이 해상을 어슬렁거리는 것은 성가신 일이었다. 그러다가 이집트 배의 공격이라도 받으면 동맹관계인 이상 도우러 가야 했기 때문이다.

그런 이유로 비잔틴제국 황제의 '후의'도 유턴할 수밖에 없었는데, 황제 마누엘로서는 아쉬울 것이 없었다. 예루살렘 왕 보두앵 3세와의 동맹을 통해, 십자군 국가의 방어에는 아무런 구체적인 지원을 하지 않으면서도 염원의 땅이었던 안티오키아를 수중에 넣었으니까.

그러나 이 사건이 멀리 유럽에 전해졌을 때는 인상이 달라졌다. 이들은 비잔틴제국 황제가 자신의 것이 된 안티오키아를 지킬 의지는 있어도 예루살렘을 지킬 의지는 없다고 받아들인 것이다.

가톨릭 국가들을 적으로 돌리고 싶지는 않지만 이슬람 국가들도 적으로 돌리고 싶지 않다는 것이 비잔틴제국 황제의 속마음이었으므로, 유럽에서의 해석이 잘못된 것은 아니었다. 어쨌거나 이것이 일관적이라면 일관적이랄 수 있는 비잔틴제국의 외교였기 때문이다. 중립노선이라고 하니 말은 그럴듯할지 몰라도 그 속마음은 자기 안위만 중요하고 다른 것을 지킬 마음이 없을뿐더러 다른 이가 지키는 것도 돕지 않겠다는 것에 지나지 않았다. 따라서 중립노선은 아군에게 신용받지 못하고 아울러 적에게는 가볍게 보일 위험이 있다.

한편 누레딘은 그사이에 무엇을 하고 있었는가. 그 역시 동맹조약을 존중하여 십자군 국가를 공격하지 않고 있었을까.

현대 이탈리아의 해군기
(녹색과 붉은색 띠 사이의 흰색 부분을 장식하는 문장紋章은
오른쪽 위부터 시계 방향으로 제노바, 피사, 아말피, 베네치아의 것이다)

공격을 하지 않은 건 아니다. 누레딘이 직접 대군을 이끌고 출진하는 일은 없었지만 소규모의 군대를 이끌고 출진하기도 했고 수하의 장수들에게도 종종 작은 전투를 하게 했다. 또한 예루살렘 왕이 된 아모리도 그때마다 요격에 나섰다. 하지만 그것은 현대의 노동조합이 자신들의 존재이유를 보여주기 위해 이따금 행하는 파업과 비슷한 것이었다. 누레딘은 중근동 이슬람 세계의 맹주라는 것을 보여주기 위해, 아모리는 예루살렘 왕이라는 것을 어필하기 위해.

이때 중근동 그리스도교도의 눈에도 누레딘의 성격이 예전과는 상당히 바뀐 것으로 비쳤다. 하지만 왜 변했는가에 대해서는 동시대 이슬람측의 사료에도 큰 병을 앓아서가 아니었을까 하는 정도밖에 기술

되어 있지 않다. 그리스도교측은 안도만 했을 뿐 아무도 그 원인을 탐색하지 않았다. 그러니 이제부터 말하는 것은 나의 상상이다.

인간의 야심이란 곧 무슨 일이든 하고 싶어하는 의욕이다. 한편 허영심은 타인에게 좋게 보이고 싶다는 바람이다. 인간이라면 누구나 이 두 가지를 모두 가지고 있다. 그렇지 않은 사람이 있다면 아마 세상을 버린 은둔자일 테니 여기서는 제외하고, 인간성이 풍부한 인간으로 이야기를 좁히기로 한다.

문제는 한 인간의 내부에서 야심과 허영심 중 어느 쪽이 더 큰가 하는 것인데, 이보다 더 중요한 문제는 그 인간이 좋은 기회를 얻었을 때 야심으로 움직이는가, 아니면 허영심으로 움직이는가 하는 것이다.

이슬람측 역사가에 따르면 누레딘은 이런 남자였다.

"키가 유달리 크고 균형 잡힌 몸매와 거무스름한 피부에는 생기가 흘러넘치고, 수염은 거뭇거뭇하게 얼굴 가장자리를 덮었으며, 이마는 넓고 수려하고, 안광은 때로는 날카롭다가도 때로는 일변해 온화한 빛을 발산한다. 그를 만난 사람들은 하나같이 훌륭한 인물이 앞에 있다는 인상을 받았다.

이 누레딘에게 이슬람 세계의 기대가 모아졌다. 불신의 무리인 '나사렛 사람(예수 그리스도)'을 믿고 침략해온 '프랑크인'들에게 반격하기 위해 지금까지 자기들끼리 싸우고 있던 이슬람 영주들을 통솔하는 데 성공했고, 나아가 알라가 바라신다면 우리 땅을 침략해와 눌러앉은 불신의 무리를 투르크와 아랍의 병사들을 이끌고서 괴멸시킬 수 있는 유일한 사람으로 여겨졌기 때문이다."

하지만 이슬람교도의 눈에 비친 누레딘의 이런 모습은 1154년 전까지의 것이다. 닷새 거리까지 접근해왔다는 정보를 흘린 것만으로 다마스쿠스를 공격중이던 제2차 십자군이 철수하게 만들어 독일 황제와 프랑스 왕을 유럽으로 쫓아낸 시기의 그의 모습인 것이다. 그리고 그 후에도 같은 이슬람교도가 피를 흘리는 걸 꺼리지 않는다면 충분히 공략할 수 있었을 다마스쿠스를, 자연스럽게 자신에게 굴복해올 때까지 기다렸다가 5년 후 무혈입성으로 완전히 수중에 넣은 서른여섯 살의 누레딘. 때로는 과감하게, 때로는 신중하게 일을 진행해오던 누레딘이다.

아버지 장기가 시작한 일을 아버지보다 냉철하게 진행시킨 이 사람에 의해 시리아는 비로소 통일되었다. 누레딘이 거처를 옮긴 다마스쿠스는 그의 손으로 통일한 시리아 전역의 수도가 된다.

그런데 그로부터 불과 2년 후, 도시라는 도시를 모조리 파괴한 대지진이 시리아를 덮친 것이다. 건물들은 돌이나 벽돌로 지어져 있어서 화재가 일어나지는 않았다. 그러나 다마스쿠스에는 몇 개의 하천이 흐르고 있었다. 그 하천과 수로의 물이 흘러넘쳐 시내는 홍수 피해까지 입었다. 도로와 다리도 완전히 붕괴되어 복구작업은 토대를 다시 세우는 것부터 시작해야 했다.

시리아 최고의 권력자가 된 누레딘은 재해를 입은 사람들을 구제하고 피해지역을 복구하는 데 전력투구한다. 이 시기 그는 알라가 지금 자신에게 그것을 바라고 있다고 생각했는지도 모른다.

어쨌든 삼십대 후반의 에너지를 한꺼번에 투입한 만큼 복구작업의 성과는 눈부셨다. 다마스쿠스와 알레포는, 예전 모습을 아는 사람이 보면 눈을 의심할 정도로 장려하고 각종 기능을 갖춘 도시로 탈바꿈했다.

이슬람 지식인들은 교육기관의 충실함과 시 동호회 활동을 상찬했고, 일반 서민들은 미망인과 고아, 빈민을 위한 구제 시설과 무료로 치료를 받을 수 있는 병원 건설을 고맙게 생각했다. 당시 중근동에서 무료로 치료를 받을 수 있는 병원은 예루살렘에 있는 성 요한 기사단의 병원이었는데, 누레딘은 2천 명의 환자를 치료할 수 있는, 성 요한 병원을 뛰어넘는 규모의 병원을 건설하려 했다. 그리스도교 세계와 마찬가지로 이슬람 세계에서도 자선사업은 다른 무엇보다 사람들로부터 칭송받는 사업이다.

바쁜 와중에도 누레딘은 이슬람교도의 중요한 의무인 메카 순례도 마쳤다. 그는 경건한 이슬람교도이기도 했던 것이다.

그리고 마침내 누레딘은 바그다드 칼리프로부터 술탄의 지위를 수여받는다. 이와 함께 누레딘에게 이슬람 세계의 경의와 칭송이 집중된다.

이에 기분이 좋아졌는지 누레딘은 매주 금요일 모스크에서 열리는 예배에서 예언자 마호메트와 칼리프의 이름 뒤에 누레딘의 이름도 읊도록 요구하고 그것을 실현했다. 이런 요구를 실현시킨 술탄은 지금까지 한 사람도 없었다.

그러나 이슬람 세계에서는 단지 교육문화의 향상에 힘쓰고 자선사업에 열심인 것만으로는 경의와 칭송이 오래갈 수 없다. 더한 무언가, 아랍인 연대기 작가의 말을 빌리자면 '알라가 바라시는 무언가'를 그에게 기대하기에 칼리프는 술탄의 지위를 수여했고, 사람들도 금요일 예배에서 그의 이름을 읊는 것이다. 누레딘도 그것이 무엇인지 알고 있었다.

복구작업이 궤도에 오르기 시작한 뒤 누레딘은 그리스도교도를 상대로 군사행동을 재개했다. 그러나 빠지지 않고 따라가긴 해도 이상하게 끝장을 내진 않았다. 성 요한 기사단 기사들이 틀어박혀 있는 성채를 공격했을 때도 만만치 않은 반격을 받자 그대로 군대를 물리고 말았다.

투르크 병사와 아랍 병사는 원래 높이 솟은 성채나 긴 성벽으로 둘러싸인 도시를 공격하는 것에 서툴렀다. 이들은 승리를 위해서는 용맹함만이 아니라 인내심도 반드시 필요하다는 것을 몰랐던 것이다. 이러한 병사들로 구성된 군대를 이끌고 공성전을 벌이는 경우에는 총사령관이 병사 이상의 인내심을 갖고 있는지가 관건인데, 아무래도 마흔 살이 넘은 무렵의 누레딘은 이런 집념이 저하된 것으로 보인다. 그 사이에 계속된 복구작업에 대한 열성은 전혀 떨어지지 않았으니, 이런 그의 변화를 얼마 전 앓은 병 탓으로 돌리는 건 납득할 수 있는 해명이 아니었다.

인간은 흥미를 가지고 하는 일은 잘되고, 관심이 별로 없는 일을 하면 잘 안 되는 경향이 있다. 잘되니까 관심이 더 많아지고, 잘되지 않으면 그에 비례해 관심도 희박해지는 식이다.

누레딘은 시리아 전역의 도시와 마을의 복구 현장에서는 열심히 지휘했지만, 전장에서는 그 정도의 열의를 보여주지 않았다. 다마스쿠스에 머무를 때 누레딘은 경호병의 호위 없이 허리에 칼만 차고서 거리를 걷는 것을 좋아했다고 한다. 그런 그를 사람들은 감사의 환성으로 맞이했다. 그러나 전장에서 그를 맞이하는 것은 장군이나 병사들의 긴장과 침묵, 그리고 부상당한 병사의 신음소리였다. 한번 평온한 즐거움을 맛본 사람에게 전장은 도망치고 싶을 만큼의 중압감을 주었는지도 모른다.

누레딘이 마흔네 살이 되던 해, 누레딘보다 군사적 재능이 현격히 부족했던 예루살렘 왕 보두앵 3세가 죽었다. 이 기회에 예루살렘을 공격하라고 권하는 장군의 의견을 누레딘은 물리친다. 그때 그가 상대의 불행에 편승하는 짓은 하지 않겠다고 한 말은 언뜻 기사도 정신의 발로처럼 들린다. 하지만 그 이면에는 소극성이 있었던 게 아닐까. 예루살렘 왕이 아모리로 바뀐 뒤에도, 누레딘은 상대의 빈틈을 놓치지 않는 예전 같은 교활함을 통 보이지 않았던 것이다.

누레딘의 이러한 변화는 다음과 같은 상황들에 기인하지 않았을까 한다. 뛰어난 지도자가 없을뿐더러 유럽에서 새로운 십자군이 와서 통합된 전력을 새롭게 도입하는 것도 기대할 수 없는 상황에서, 반대로 뛰어난 지도자가 속속 등장한 이슬람을 적으로 두고도 십자군 국가가 존속할 수 있었던 세 가지 요소다.

1. 주요전력인 기사의 수는 적어도 모두 정예만 모은 '특수부대'이며, 무엇보다 상비 전력이라는 데 존재이유가 있었던 양대 종교 기사단인 템플 기사단과 성 요한 기사단.

2. 만성적인 병력 부족에 시달리던 중근동의 십자군 세력은 제1차 십자군이 수립한 십자군 국가들을 지키기 위해 거점 방어를 할 수밖에 없었는데, 그 경우 주요거점이 된 것이 각지에 세워진 다수의 성채였다.

3. 유럽에서 온 십자군 전사든 중근동에 뼈를 묻을 각오인 종교 기사단의 기사든 이교도 이슬람의 타도를 십자가에 서약했다는 점은 마찬가지였다. 이슬람측이 '프랑크인'이라고 총칭했던 중세 유럽의 가톨릭교도들이다.

하지만 이슬람을 타도하겠다고 신에게 서약하지 않고도 십자군 국가의 존속에 공헌하던 '프랑크인'도 있었다. 베네치아와 제노바, 피사로 대표되는 이탈리아 해양 도시국가의 교역 상인이 그들이다. 지중해를 종횡무진 항해하던 이들은 유능한 교역 상인임과 동시에 뛰어난 선원이었다. 십자군 국가의 해군과 해운력은 이 남자들이 도맡았다고 해도 좋았다.

십자군과 십자군 사이의 시기

수세로 돌아선 1118년 이후의 십자군 세력에 이 세 가지 요소가 얼마나 중요한 작용을 했는가를 실감하기 위해, 2백 년에 이르는 십자군의 전체 역사를 간단히 연표로 정리해보았다.

1099년	제1차 십자군, 예루살렘 '해방'에 성공.
1118년	보두앵 1세 죽음. 이때까지 20년간 십자군 국가 확립.
1148년	제2차 십자군, 다마스쿠스를 눈앞에 두고 철수해 실패.
1174년	누레딘이 죽고 살라딘 등장.
1187년	그리스도교측 예루살렘 상실.
1190년	제3차 십자군, 당초 목표를 달성하지는 못했으므로 실패하기는 했으나……(~92년)
1204년	제4차 십자군, 예루살렘이 아닌 콘스탄티노플 공략, 함락시킴.
1220년	제5차 십자군, 목표를 이집트로 바꾸었지만 원정 실패.
1229년	제6차 십자군, 예루살렘 수복이라는 목적을 달성하기는 했으나……
1250년	제7차 십자군, 이집트로 원정을 떠났으나 총사령관인 프랑스 왕이 붙잡히는 등 완패.
1270년	제8차 십자군, 프랑스 왕 루이 9세가 다시 십자군 결성, 튀니스에 상륙하고 왕이 사망하자 십자군 해산.
1291년	십자군 최후의 요새 아코 함락. 중근동의 십자군 국가가 최종적으로 소멸.

대부분 서구 역사가가 쓴 종래의 십자군 역사는, 유럽에서 떠난 십자군에 대해 제1차에서 제8차까지 순서에 따라 서술하는 것이 태반이었다. 하지만 나는 이 책에서 십자군과 그다음 십자군 사이의 시기까지도 서술하려 한다.

바꿔 말하면 유럽 입장에서 중근동의 십자군 국가를 관찰하는 것뿐 아니라 당시 중근동에 살고 있던 사람들의 시점까지도 포함한다는 의미다. 이 사람들이 십자군과 그다음 십자군 사이의 시기를 어떻게 살았는가에 대한 관심이라 할 수 있다.

요컨대 제1차에서 제8차까지의 십자군은 황제와 왕이 이끌었는가 아닌가에 관계없이 대규모 병사가 한 시기에 중근동으로 우르르 몰려간 것이고, 그 중간 시기란 사령관에서 병사들까지 모두 일제히 유럽으로 돌아가버린 시기에 해당한다. 제2차 이후의 십자군을 봐도 그렇지만, 제1차 십자군을 제외하면 어느 하나 목적을 완전히 달성했다고 말할 수 없다. 그렇다면 십자군과 그다음 십자군 사이의 세월도 중요한 의미가 있지 않을까 하는 생각이 들었던 것이다.

이 중간 시기에도 중근동의 십자군 세력만으로 방어할 수 있었던 기간은 의외로 길었다.

제2차 십자군에서 제3차 십자군 사이만 해도 40여 년이다. 그사이 유능한 지도자가 잇따라 배출되었던 이슬람측의 끊임없는 공세에 이들은 그 적은 병력으로 어떻게 방어할 수 있었을까, 이것이 내가 가진 의문이었다.

그 결과, 중근동의 '프랑크인'들이 새로운 십자군 원정이라는 '지원' 없이도 압도적인 힘을 꾸준히 키워온 이슬람 세력을 방어할 수 있었던 것은, 종교 기사단, 성채, 그리고 경제교류와 해군력이라는 '대항 수단'을 활용했기 때문이 아니었을까 생각하게 되었다.

종교 기사단

앞에서도 설명했지만, 신에게 평생을 바친 수도사이자 신을 위해 싸우는 기사이기도 한 남자들을 결집한 종교 기사단은 십자군 시대의 특산물이다.

이들의 대표격을 꼽는다면 당시의 그리스도교도들이 '성지'라고 부르던 중근동을 본거지로 하고 이 성지를 지키기 위해 창설된 템플 기사단과 성 요한 기사단을 들 수 있다.

제3차 십자군 시대에는 새로이 튜턴 기사단이 창설되는데, 이들은 독일 기사단이라는 별칭이 보여주듯이 창설 이유와 활동 범위가 독일 황제와의 관계에 한정되기 때문에, 성지 방어에 대한 공헌도에서는 위의 두 종교 기사단에 훨씬 미치지 못한다.

그러므로 종교 기사단은 십자군 시대의 산물이라 해도 아무런 토대 없이 갑자기 출현한 조직은 아니었다.

중세 유럽은 봉건제도와 수도원의 시대라고 할 정도로, 수도사들의 모임인 수도회의 힘이 굉장히 강했다. 봉건제후가 황제와 왕에게서 영지를 하사받은 게 아니라 각자가 영지의 원래 주인이기 때문에 강할 수 있었던 것처럼, 수도회의 힘도 그 독립성에 있었다.

다수의 수도회를 거느리고 있던 클뤼니나 시토 같은 수도회도 소재지를 관할하는 주교나 대주교의 지휘를 받지 않았다. 또한 봉건영주의 지배도 받지 않았을뿐더러, 그들의 우두머리이기도 한 황제와 왕의 명령에 복종할 필요도 없었다. 수도회가 유일하게 복종해야 할 대상은 로마에 있는 교황뿐이었다.

또한 중세에는 로마 교황의 지도를 청해도 답을 받기까지 유럽 내에서는 빨라야 한 달, 유럽과 중근동 사이에는 두 달 이상의 시간이 걸렸다. 그것도 로마 교황이 받자마자 그 자리에서 답변을 써 보냈을 때의 이야기다.

이런 상황에서는 각지의 수도회가 자주적으로 판단하고 그에 기초해 자율적으로 행동하는 것이 지극히 자연스러운 일이었다. 이 때문에 수도회에 속한 수도사들의 능력이 향상되었고, 따라서 수도회의 힘도 더욱 강해졌던 것이다.

중근동의 십자군 국가에서 생겨난 양대 종교 기사단인 템플 기사단과 성 요한 기사단 역시 세속의 삶을 버리고 수도사가 된 남자들의 집단이다. 유럽에 있는 동종의 수도회와 다른 점은 오직 한 가지, 이슬람교도를 상대로 싸운다는 것뿐이었다. 그런데도 이 양대 종교 기사단은 본부를 예루살렘에 두었음에도 예루살렘의 대주교가 내리는 명령도, 예루살렘 왕의 명령도 따를 필요가 없었다. 사실상 완전히 독립된 집단이었다. 이와 관련해 누레딘이 이끄는 다마스쿠스군이 접근해온다는 정보를 입수한 그들이 어떻게 움직였을지 상상해보자.

예루살렘 왕과 공동으로 싸워야 할지 말지 로마 교황에게 지시를 받고 싶어도 그 전에 당장 행동을 개시하지 않으면 모두 죽임을 당하고 만다. 이것이 그들이 처한 상황이었다. 자주적으로 판단하고 자율적으로 행동할 수밖에 없었던 것이다.

그러나 바로 이러한 독립성 덕분에 종교 기사단은 수세로 돌아선 십자군 국가의 '칼'이 될 수 있었다. 평화로운 시대에는 칼을 빼지 않고 차고 있는 것만으로도 억지력이 된다. 하지만 난세에는 유사시에 주저 없이 칼을 빼지 않으면 곧장 죽임을 당하는 것이다.

십자군 국가의 두 자루 '칼'인 템플 기사단과 성 요한 기사단이 전투집단으로 창설된 시기는 1118년이다. 1118년은 제1차 십자군 세대의 마지막 인물인 예루살렘 왕 보두앵 1세가 죽은 해이고, 그때까지 20년 동안 확립한 십자군 국가들이 수세로 돌아서는 경계가 된 해이기도 하다. 이러한 사실이 보여주는 것처럼, 종교 기사단은 수세로 돌아선 시대의 중근동 십자군 세력을 상징하는 존재였다.

앞서 본 연표에서도 알 수 있듯이, 중근동의 십자군 세력이 수세로 돌아선 해인 1118년부터 제2차 십자군이 원정해오는 1148년까지는 30년의 기간이 있다. 게다가 제2차 십자군이 패배하고 유럽으로 돌아간 이후 제3차 십자군이 오기까지도 약 40년이 걸렸다.

새로운 십자군 원정이란 곧 유럽에서 새로운 병력이 대량으로 투입되는 것을 말한다. 하지만 그들도 일이 년간 체류한 뒤 귀국해버린다. 그들이 돌아간 후 30년에 또 40년……

그 기간 동안 중근동의 그리스도교 세력은 자력으로 스스로를 방어하지 않으면 안 되었다. 그것도 만성적인 병력 부족에 시달리는 가운데. 더군다나 장기, 누레딘, 살라딘으로 이어지는 뛰어난 지도자들 밑에서 이슬람측의 힘이 날로 결집되어가는 가운데서.

절망적이라고 해도 좋은 이러한 상황에서 계속 최전선에 섰던 것이 종교 기사단이었다. 가장 많았던 시기에도 5백 명이 채 안 되었으니 많은 수는 아니었다. 따라서 제아무리 독자성을 갖고 있었다 해도 공격 후 점령으로 이어갈 만한 군사력은 없었다.

그래도 요격을 위한 군사력은 위력을 발휘했다. 왜냐하면 이들은 전문적인 전사 집단이었고, 무엇보다 유럽으로 돌아갈 생각 같은 것은 아예 없이 '성지'에 뼈를 묻기로 맹세한 남자들이었기 때문이다. 그에 따라 아주 자연스럽게, 수세로 돌아선 국가가 가장 필요로 하는 방어를 최대목표로 삼은 상설 군사력 역할을 하게 되었다.

양대 종교 기사단 중에서 당시에나 후세에나 좀더 많은 주목을 받은 것은 템플 기사단일 것이다. 그것은 템플 기사단이 성 요한 기사단에 비해 보다 광신적이고 결말도 더 극적이고 비극적이어서 대중의 흥미를 더욱 강력하게 자극하는 존재였기 때문이다.

'템플 기사단'

'템플 기사단'은 창설 때부터 이교도 이슬람의 괴멸을 전면에 내세웠던, 오로지 전투만을 위한 집단이었다. 본부를 둔 곳은 예루살렘 안에서도 기원전 유대시대에 유대교 신전과 솔로몬의 왕궁이 있었던 장소로, '템플(성전)' 기사단이라는 이름은 여기에서 유래한다.

이곳은 셀주크투르크가 지배했을 때는 교회로 바뀌었고, 이슬람 세력이 정복한 후에는 '알 아크사'라는 이름의 모스크로 바뀌었으며, 십자군에 의해 예루살렘이 '해방'된 후에는 예루살렘 왕과 템플 기사단이 나누어 썼다. 이렇듯 3대 일신교의 공통된 성도라는 예루살렘 특유의 복잡한 사정을 지닌 곳이기도 했다. 이런 지역에 태연히 본부를 차렸다는 것, 또한 그 이름만 들어도 복잡한 사정을 지닌 곳이라는 것을 누구나 알 수 있게 '템플 기사단'이라고 태연히 명명한 것만 봐도 이 기사단의 성격을 짐작할 수 있다.

기사단장의 이름은 창설된 해인 1118년부터 괴멸된 해인 1314년까지 23명 모두 밝혀져 있다. 하지만 그 밑에 있던 사람들의 이름은 대부분 알려져 있지 않다. 다른 수도원의 경우와 마찬가지로 기사는 수도회에 들어가는 순간 이름도 얼굴도 없는 존재가 되기 때문이다. 수도사라면 당연히 속세와의 인연을 끊어야 하고, 종교 기사단도 이 규칙을 따랐다. 따라서 오직 이교도를 상대로 전투하는 것을 목표로 내세운 템플 기사단의 단원은 '프라(수도사) ○○'로만 불렸고, 죽으면 남는 것은 세례명뿐이었다.

수도복은 흰옷의 가슴에 붉은 십자를 붙인 유니폼이 다였다. 가난을 감수하고 신에게 절대 복종을 서약하며 평생 독신을 지킨다는 수도사의 3대 서약은 다른 수도사들과 다르지 않지만, 템플 기사단의 단원들에게는 여기에 '이교도 박멸'이 더해진다.

속세에 있던 시절의 사회적 지위를 보면, 템플 기사단의 단원들 대부분은 봉건제도가 지배하던 유럽사회의 하층에 속한 남자들이었다.

중세 유럽사회에서 '기사'란 전투를 직업으로 하는 사람을 가리키지만, 템플 기사단 단원들 중에는 기사이긴 하지만 봉건제후의 부하는 아닌 이들, 일본식으로 말하자면 떠돌이 무사가 많지 않았을까 싶다. 당시에는 교육과 교양이 성직자 계급이나 상류층의 전유물이었기 때문에, 템플 기사단의 기사들 중 무학인 자가 많았던 것은 속세에 있던 시절의 환경 탓이었는지도 모른다.

그러나 그들도 중세 유럽사회의 서민과 유사하게 신앙심이 깊었다. 스스로 지원하여 중근동에 왔고, 긍지를 갖고 흰옷에 붉은 십자를 붙인 제복을 몸에 걸쳤으며, 최후의 순간에는 당당히 가슴에 이교도의 칼을 맞고 죽었다. 그리고 무덤도, 이름과 얼굴도 없이 고향에서 멀리 떨어진 오리엔트의 흙이 되었다.

투구를 써서 얼굴이 보이지 않는 모습의 템플 기사단 남자들의 군상으로 이 책의 표지를 장식한 것도, 이런 느낌이야말로 그들을 표현하는 데 가장 잘 어울린다고 생각했기 때문이다.

이런 남자들의 집단인 템플 기사단에게, 유럽에 사는 그리스도교도들로부터 기부와 유증(遺贈)이 집중되었다. 그리스도교도 모두의 성지인 팔레스티나와 성도 예루살렘을 지키기 위해, 유럽으로 돌아가는 것도 거부하고 적과 끊임없이 싸우고 있는 것이 종교 기사단의 기사들이었기 때문이다.

기부는 경작지나 건물 같은 부동산과 현금, 그 밖의 동산으로 나뉘었는데, 템플 기사단은 경작지는 중근동으로 가져갈 밀을 경작하는 데 썼지만 건물은 팔아서 현금으로 바꾸었다. 즉 부동산을 활용하는 데는 그다지 관심이 없었던 것이다.

십자군 국가에 설립된 종교 기사단도 유럽에 있는 수도원과 마찬가지로 입단할 때 개인 재산을 기부하는 것이 규칙이었다. 그러나 템플 기사단에는 역대 기사단장 같은 상층 계급 출신이 적었다. 입단 기부를 기대할 수 없는 템플 기사단은 일반인들로부터 받은 기부를 기사단의 운영비로 사용하는 수밖에 없었으므로, 현금 기부는 무척 고마운 것이었다.

그러나 창설하고 30년이 지나 기사단의 실적이 유럽에 널리 알려지게 되자 기사단에 필요한 경비를 뛰어넘는 기부금이 모였다. 템플 기사단은 그것을 투자로 돌리기로 한다. 이 무렵부터 본부에는 금융 담당이라고 할 만한 부서가 생기고, 금융 업무를 전문으로 하는 사람까지 두게 되었다. 팔 물건을 생산하는 게 아니니 교역 업무라 할 수는 없었다. 그들에게 '팔 물건'이란 '돈'이었고, 중세시대에 이런 유의 '게임'에 참여한다는 것은 대금업을 의미했다.

돈을 빌려준 상대 중에는 십자군 국가의 왕이나 소영주도 있었지만, 그들이 죽여야 하는 이슬람교도들도 있었다. 이것이 훗날 그들에게 찾아오는 비극의 한 요인이 되는데, 당시 금융업에 착수한 것은 어디까지나 기사단의 운영비를 확보하기 위해서였다.

기사들은 무료봉사이기 때문에 급료를 지불할 필요가 없었지만, 그 외에도 종교 기사단을 운영하는 데는 막대한 자금이 필요했다.

아무리 무급이라 해도 기사들이 생활하고 활동하기 위한 비용은 빼놓을 수 없다.

우선 중무장 기병의 이름에 부끄럽지 않은 수준의 강철 갑옷과 투구부터 칼과 창, 방패에 이르는 무구 전반을 갖춰야 했다. 게다가 갑옷 한 벌로는 충분하지 않기 때문에 네 벌에서 다섯 벌까지 상시 비축해 놓아야 한다. 그리고 그 모든 것이 서유럽제다. 현지 대장간에서는 수리 정도밖에 할 수 없었으므로, 질 좋은 것을 구비하려면 이탈리아 상인들로부터 유럽산 물건을 사는 수밖에 없었다.

기사에게 없어서는 안 되는 말도 유럽에서의 수입에 의존했다. 아랍 말은 중근동에서도 구할 수 있었지만, 무거운 갑옷과 투구를 착용한 기사를 태우고 전장에서 질주하기에는 너무 우아하고 아름답기만 했다. 또한 말의 체격도 유럽 프리지안 말보다 작았다. 종교 기사단의 마구간에 매여 있는 아랍 말들은 경무장한 종사(從士)가 탔다. 그러니까 말 구입비만으로도 상당한 비용이 들었던 셈이다.

또한 기사에게는 통상 세 명에서 다섯 명의 종사가 붙는다. 경무장한 기병인 경우도 있지만 보통은 보병이다. 유럽에서 데려온 경우든, 그리스도교로 개종한 투르크인을 현지에서 고용한 경우든, 이 종사들에게는 무구와 음식과 거처를 마련해주는 것은 물론 급료까지 지불해야 했다.

템플 기사단의 방패
(약 60×120센티미터)

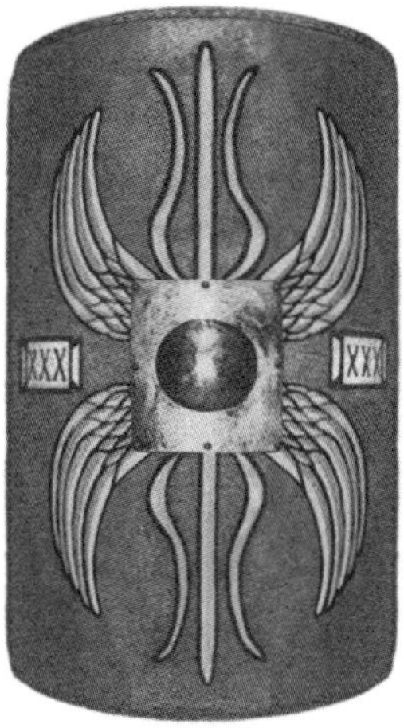

고대 로마의 방패
(약 60×90센티미터)

고대 그리스의 방패
(약 60×60센티미터)

급료를 지불하지 않으면 만족할 만한 서비스를 기대할 수 없었던 사람 중에는, 기병에게 더할 나위 없이 중요한 말을 보살피는 마부가 있다. 마부도 기사 한 명에 여러 명이 따르는 것이 보통인데, 이는 설령 모시는 기사가 한 명일지라도 말은 예비 말까지 포함해 여러 마리를 보살펴야 했기 때문이다. 마부는 자신의 주인 격인 기사의 시중을 드는 하인 역할도 겸했다.

이외에도 기사단 내부에는 여러 가지 일에 종사하는 사람들이 있었다. 따라서 템플 기사단이 거느리는 기사의 수가 3백 명으로 기록되어 있어도 실제로 기사단에 소속된 이들은 그것의 열 배가 넘었고, 그 모두에게 필요한 비용은 템플 기사단이 부담해야 했던 것이다.

이 밖에도 각지에 흩어져 있는 기사단 소속의 성채를 건설하는 비용과, 복구와 강화에 필요한 비용 등이 또 막대하게 들었다.

요컨대 종교 기사단이라고 해도 조직인 이상 운영에 필요한 비용이 상당한 액수였던 것이다. 기부 받은 돈을 여기저기에 나누어 써버려도 그만이지만 투자로 돌리면 늘어나서 돌아올 거라고 생각한 건 사회의 하층 계급 출신이 대부분인 템플 기사단에게 어쩔 수 없는 일이었다고도 할 수 있다.

그러나 고리로 돈을 빌려주는 것, 그리고 빌려준 상대가 이슬람교도라는 이유로 그들과의 싸움을 피하는 일이 반복되면, 이슬람 세력의 괴멸을 내세우며 창설된 기사단의 방향이 아무래도 너무 엇나갔다는 느낌을 지울 수 없다. 그래도 이런 것들을 생각하지 않고, 전장에서 싸우는 모습만 본다면 아무도 불평할 수 없을 만큼 그들은 용감무쌍했다. 그들에게 용기만은 부족하지 않았던 것이다. 아니, 용기 한 가지라면 그 누구보다 뛰어났다.

이러한 성격을 가진 템플 기사단은 기사단의 모토를 스스로 생각해내지 못했다. 아마도 템플 기사단에는 그런 생각을 해낼 능력 자체가 부족했을 것이다. 그래서 이론 면에서의 무장도 외부에 기댈 수밖에 없었기에, 그들은 제2차 십자군의 제창자였던 성 베르나르두스가 해준 말을 그대로 따라서 외쳤다.

"이슬람교도는 악마의 화신이다. 그들에 대한 해결책은 한 가지밖에 없다. 박멸이 그것이다. 죽여라! 죽여라! 그리고 만약 필요할 때는 그리스도의 이름을 부르면서 죽는 것이다."

이렇게 말한 사람은 죽은 후 얼마 지나지 않아 로마 교황에 의해, 그리스도교도가 모범으로 삼아야 할 인물로서 성인의 반열에 오른다. 신앙심 깊고 용기도 보통 사람의 두 배인 소박한 중세의 남자들이 "죽여라, 죽여라" 고만 외치게 된 것도 무리가 아니었던 것이다. 템플 기사단의 군사행동을 좇다보면 재빨리 나가서 죽이고 재빨리 돌아오는 유형이 많다. 역사 연구자 중에는 이들을 현대의 군대로 치면 특수부대 격이라고 단언하는 사람도 있는데, 천 년 전의 이 특수부대 대원 중에는 프랑스 출신이 압도적으로 많았다.

같은 시대, 같은 지역에서 태어나고 죽어간 남자들이지만 성 요한 기사단의 경우는 그 성격이 상당히 다르다.

'병원 기사단'

우선 흰옷에 커다란 붉은 십자를 붙인 제복으로 통일한 템플 기사단에 비해, 성 요한 기사단은 검은 옷의 가슴에 흰 십자 모양만 남기고 나머지를 붉은색으로 염색한 천을 붙이거나, 검은 옷 위에 흰색 십자를 붙여 제복으로 삼았다. 전투를 나갈 때는 흉갑을 착용하는데, 템플 기사단이 그 위에 흰색 바탕에 붉은색 십자를 붙인 옷을 걸쳤다면 붉은색 바탕에 흰색 십자는 성 요한 기사단 기사들의 표시였다.

또한 시내를 걸을 때, 즉 일하지 않을 때에도 템플 기사단의 기사들은 가슴에 커다란 붉은색 십자가 있는 흰색 제복을 입고 기세등등하게 가슴을 펴고 걸었다. '템플 기사단'의 기사들은 유니폼에 대한 집착이 강했다.

그런데 성 요한 기사단의 기사들은 검은색이나 갈색의 평범한 수도복을 걸칠 뿐이어서, 가슴 부분에 조그맣게 수놓은 흰색 십자로 간신히 성 요한 기사단의 기사라는 것을 알아볼 수 있었다. 그렇지만 그들은 유럽사회의 상층 계급에서 태어난 남자들인 만큼, 숙소로 돌아오면 비록 소박한 요리라도 집안 대대로 내려오는 문장이 새겨진 은식기에 담아 식사를 했다.

성 요한 기사단이 창설된 시기는 템플 기사단보다 반세기 이상 이르다. 아직 예루살렘이 이슬람의 지배하에 있던 시대 서유럽에서 예루살렘으로 순례를 오는 그리스도교도를 위해, 이탈리아의 해양 도시국가 중 첫번째 주자였던 아말피의 상인들이 의료를 베푸는 병원을 건설한 것이 그 시작이다. 따라서 그들의 병원은 순례자들이 가장 먼저 찾는 예수 그리스도의 묘 위에 세워진 성묘교회 바로 근처에 있었다. 요컨대 성 요한 기사단은 세례자 요한을 수호성인으로 받드는 의사들의 집단으로 시작한 것이다.

그러다가 템플 기사단이 창설된 1118년, 즉 중근동의 십자군 세력이 수세로 돌아선 시기부터는 의료에 더해 이교도에 대한 방어를 목적으로 내세운 기사 집단으로 이행한다. 다시 말해 그때까지는 의사 지원

십자군 시대 기사단의 무구

자만 받아들였지만 이후에는 의사만이 아니라 기사 지원자도 받아들이게 된 것이다.

템플 기사단과 다른 점은 기사를 지원하는 자 중 귀족 출신만 받아들였다는 것이다. 봉건제후의 차남이나 삼남, 또는 그 일족에 해당하는 중세 유럽사회의 상층부에 속하는 남자들로 한정한 것이다. 이와 관련된 주변 사정은 『로도스 섬 공방전』에 쓴 대로다. 하지만 이렇게 되면 많은 지원자를 기대할 수 없다. 성 요한 기사단의 기사 수가 템플 기사단 소속의 기사 수보다 항시 적었다는 당시의 기록은 이러한 사정을 보여준다.

그러나 기사를 귀족 출신으로 한정한 것은, 템플 기사단을 능가하는 대형 기사단이 될 수 없다는 단점을 보완하고도 남을 만한 이점이 있었다.

사회 상층부인 귀족으로 태어난 그들은 당시로서는 비교적 '학식'이 있는 사람들이었다. 그리고 그 교양은 흔히 균형감각으로 이어졌다. 자기 통제에 뛰어났다는 것이다. 그러한 점이 종종 폭도 같은 모습을 보이던 템플 기사단과 이들을 구별해준 것이 아닐까 싶다.

나는 지금까지 정식으로는 '성 요한 병원 기사단'으로 칭해지는 이 기사단의 명칭을 '성 요한 기사단'이라고 줄여 써왔다. 이 기사단에 대해서는 이미 『로도스 섬 공방전』에서 그 시대에 '로도스 기사단'으로 통칭되던 모습을 그린 바 있고, 『로마 멸망 이후의 지중해 세계』 하권에서는 '몰타 기사단'으로 불리던 이 기사단이 투르크제국을 상대로 벌인 장렬한 공방전을 그렸다. 이렇듯 본거지가 바뀔 때마다 명칭도 바뀌었기 때문에 여기서는 '성 요한 기사단'으로 통일하기로 한 것이다.

그러나 이들의 본거지가 중근동에 있던 십자군 시대를 서술할 때는 '병원 기사단'으로 부르는 것이 그 본질을 더욱 명확히 나타내는 게 아닐까 하는 생각이 차츰 든다. 게다가 그리스도교측의 기록이든 이슬람측의 사료든 '병원 기사단'으로 기록한 예가 더 많다. 왜냐하면 이슬람을 상대로 전투만 해온 '템플 기사단'에 비해, '병원 기사단'은 이슬람을 상대로 싸우면서도 순례자들에 대한 의료봉사를 이전과 다름없이 계속했기 때문이다.

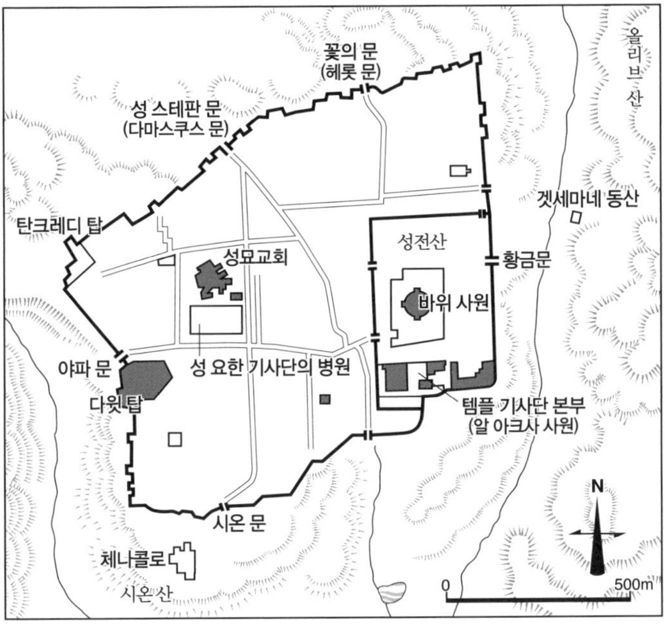

그리스도교 지배하의 예루살렘 시가도

어쨌든 기사 집단으로 이행한 후에도 이들은 의사를 기사 아래의 존재로 보지 않았다. 기사도 가능하면 일주일에 한 번씩, 그게 불가능할 때는 전투에서 돌아온 후 며칠간 의사의 조수로 일하거나 병원에 수용된 환자들을 보살피는 것이 의무였다. 바꿔 말해 '성 요한 병원 기사단'은 수세로 돌아선 십자군 세력의 요망에 부응해 전투 집단으로 이행한 후에도 자신들의 본분을 저버리지 않은 것이다.

이런 성격은 그들이 본부로 삼을 장소에서도 나타난다. '병원 기사단'의 건물에서 가장 넓은 공간은 병실로 쓰는 것이 상례였으므로, 예루살렘에 있는 본부 건물에서 가장 넓은 방도 환자들에게 제공했다. 이슬람측에서도 2천 명의 환자를 치료할 수 있는 병원이라는 점을 높이 평가하여 아랍인이나 투르크인 의사까지 시찰하러 찾아왔다.

그러나 전투가 본업인 기사들이 입단한 후에는 말을 둘 만한 넓은 공간이 필요해졌다. 하지만 그들은 그 때문에 본부를 다른 장소로 이전할 생각은 하지 않았다. 본부와 떨어져 있더라도 따로 말을 전문적으로 관리할 만한 장소를 찾기로 한 것이다.

이 시대의 예루살렘은 완전히 그리스도교의 지배하에 있었다. '템플 기사단'처럼 패자 이슬람교도의 모스크든 뭐든 다 몰수해 본부로 삼을 수도 있었다. 하지만 '병원 기사단'은 그렇게 하지 않았다. 템플 기사단이 본부로 삼은 지역에서, 오늘날까지 금색 돔이 유달리 눈에 띄는 '바위 사원'보다 더 많은 이슬람교도의 신앙이 집중되었던 알 아크사의 모스크에서 높은 기도 소리가 울려퍼지던 시대부터, '병원 기사단'은 예루살렘에서 활동해왔던 것이다. 이들에게는 설사 적의 것이라 해도 사람들이 숭상하는 성소에는 손을 대지 않는 것이 좋다는, 종교를 넘어선 지혜가 있었는지도 모른다.

'병원 기사단'은 기부로 받은 부동산과 동산의 사용법도 '템플 기사단'과 달랐다.

농지의 경우, 유럽에 있는 토지는 팔아서 현금으로 바꾸기보다 관리인에게 맡겨 경작하게 하는 것이 보통이었다. 중근동의 땅을 기부 받았을 때는 이슬람교도에게 관리를 맡길 때도 있고, 그 사람을 통해 이슬람교도 농민들에게 경작하게 했다. 그 덕에 밀까지 유럽에서 운반해오던 템플 기사단과 달리 유럽에서 중근동의 운송을 독점하고 있던 이탈리아 선박에 지불할 비용도 적게 들었다.

기부 받은 부동산이 건물일 경우에도 팔아서 현금으로 바꾸기보다는 빌려주고 집세를 얻는 쪽을 택했다. 때문에 병원 기사단이 유럽 지역에 소유하고 있는 부동산은 상당한 수가 되어갔다.

부동산 투자를 중시했기 때문인지 '병원 기사단'은 금융업에는 손을 대지 않았다. 전쟁 비용이라는 이유로 예루살렘 왕에게 융통해주는 일은 가끔 있었지만 대부업에는 저리로도 관여하지 않았다.

기사 수는 '템플 기사단'보다 적다 해도 기사단 운영에 필요한 비용은 다르지 않기 때문에, 막대한 비용이 드는 것은 마찬가지였다.

게다가 소유하고 운영해야 하는 성채의 수는 '병원 기사단' 쪽이 더 많았다. 그렇지만 그 대부분은 이슬람측과의 경계, 즉 변경 지역에 세워져 있는 성채였다. 천 년 후인 지금도 주변을 압도할 만한 위용을 자랑하는 '크락 데 슈발리에'도 '병원 기사단'이 거의 아무것도 없는 상태에서 세워 방어 요새로 삼았던 성채 가운데 하나다. 각지에 흩어져 있는 수많은 성채를 세우고 유지하는 데에도 막대한 비용이 들었을 것이다.

'병원 기사단' 역시 단원이 되면 개인 재산을 기사단에 기증한다는 규칙이 있었다. 귀족 출신이어야 한다는 자격 요건이 있었으니 템플 기사단의 기사보다는 유복했겠지만, 이러한 규칙은 기사 자신의 사유재산을 기부하는 것이지 그가 속한 가족이나 일족의 재산까지 기부하라는 것은 아니었다. 따라서 이런 자산 기부만 수입원으로 삼았다면 종사나 마부의 급료조차 지불할 수 없었을 것이다. 역시 확실하고 영속적인 재원을 확보하는 것이 불가결했다. 대부업에 손대지 않고 이를 실현할 수 있었던 것은 어떤 제도를 생각해냈기 때문이다.

바로 유럽에 있으면서도 '병원 기사단'의 전사가 될 수 있다는 제도인데, 말하자면 일본의 '대처승' 같은 것이었다. 이 시스템을 '제3계급'이라고 명명하고 제도화함으로써 신자 수를 대폭 늘린 것이 성 프란체스코인데, 이 아시시의 성자보다 백 년이나 앞서 이런 제도를 생각해낸 것이 '성 요한 병원 기사단'이었다. 아울러 나중에는 추기경이나 왕후(王侯)의 일원까지 '병원 기사단'의 '기사'가 된다. 그리고 유사시에는 이들 '대처승'들이 일제히 움직이는 것이다.

이 제도를 활용함으로써 유럽에 소유하고 있는 부동산의 현명한 운용이 가능해졌다. 한편 '병원 기사단'에서는 '템플 기사단' 쪽에서는 필요하지 않은 약제 구입 비용까지 감당해야 했다.

약을 투여하는 의사도 투여받는 환자도 유럽 출신이 대부분이었던 십자군 시대에는 역시 유럽 약에 대한 집착이 강했던 모양이다. 그래서 '병원 기사단'은 기부 받은 유럽의 경작지 몇 곳에서 계획적으로 약초를 재배하기 시작했다. 그리고 약초를 거두고 건조하여 중근동으로 운반해오기 위한 배도 한두 척 소유하게 된다. 귀중한 약재를 자기

들 배로 직접 운반하고 싶어서였을 것이다. 이는 템플 기사단이 바다에 전혀 관심을 보이지 않았던 것과 좋은 대조를 이루었다. 십자군 세력이 팔레스티나에서 쫓겨난 후에는 이것이 '성 요한 병원 기사단'에게 활로를 열어주게 된다.

'병원 기사단'도 '템플 기사단'이 창설된 1118년 이후에는 이슬람을 상대로 전투하는 것을 목표로 내건다. 하지만 그 기사단을 구성하고 있던 이들의 성격은 위에서 설명한 바와 같았다.

'템플 기사단'의 기사들처럼 "죽여라! 죽여라!"라고 외칠 마음도 들지 않았을 것이고, '성 요한 병원 기사단'의 규칙에 '이교도는 박멸해야 한다' 같은 과격한 문구는 한 마디도 없었다. 또한 아무리 성인의 말일지라도 남이 한 말을 자신들의 근거로 삼지도 않았다. 어쩌면 '성 요한 병원 기사단'은 자신들의 존재의의를 확인하기 위한 이론 무장 같은 것이 필요하지 않은 남자들의 집단이었는지도 모른다.

그들이 남긴 글을 보면 '병원 기사단' 기사들의 속마음에 조금이나마 다가갈 수 있다. 다음에 소개하는 것은 '크락 데 슈발리에' 내부에 있는 회랑을 지탱하는 아치 위에 새겨져 있는 문구다. 원문은 라틴어로 새겨져 있다.

"Sit tibi copia, Sit sapientia, Formaque detur, Inquinat omnia sola, Superbia si comitetur."

의미는 다음과 같다.

"네가 유복한 출신이라면 그것은 그것대로 좋다. 네가 지력을 갖고 태어났다면 그것은 그것대로 좋다. 또한 네가 미모를 갖고 태어났다면 그것도 좋다.

하지만 그중 하나라도 원인이 되어 네가 오만하고 건방져진다면 문제는 달라진다. 왜냐하면 오만과, 오만의 표현인 건방짐은 너 한 사람만이 아니라 네가 관계하는 모든 사람을 해치고 더럽히며 비속화하기 때문이다."

낙서조차 '학식' 있는 사람의 것으로 여겨지던 중세 유럽사회에서 당시의 국제어이기도 한 라틴어로 이와 같이 기록한 남자들이 '병원 기사단'의 기사들이었다. "죽여라! 죽여라!" 라고 외치는 '템플 기사단'과는 확실히 달랐다.

'병원 기사단'과 '템플 기사단'은 전투방식도 상당히 달랐다. '병원 기사단' 기사들은 성채에 틀어박혀 있는 시기에, 일시적으로 출격해서 적을 죽이고 돌아오는 식의 전략적으로 그다지 효과가 없는 출격을 강행하는 일이 거의 없었다.

게다가 기사들은 귀중한 전력이다. 그래서 단원인 기사가 이슬람측에 붙잡히기라도 하면 포로를 교환하거나 몸값을 지불해서 되찾아오려고 노력했다. 하지만 비밀리에 이루어져서인지 기사단의 기록에는 전혀 나오지 않는다.

그럼에도 이러한 가설을 생각할 수 있는 것은, 포로가 된 기사를 되찾아왔다는 기록이 없는데도 1년도 지나지 않아 그 기사가 전선에 복귀해 있는 예가 적지 않기 때문이다.

반대로 '템플 기사단'의 경우는 상대가 교환이나 몸값을 요구해도 이를 거부해 이슬람측 감옥에서 죽음을 맞는 자가 적지 않았다. 그런 방법으로 자유를 되찾는 것은 템플 기사단의 기사가 할 행위가 아니라고 생각했기 때문이다.

이 양대 기사단 사이에는 또 하나 큰 차이가 있었다.

바로 기사들의 출신지다. '템플 기사단'은 거의 모든 단원이 프랑스 출신이었다. 그런데 '병원 기사단'은 모두 유럽인, 즉 이슬람교도들의 호칭으로 '프랑크인'인 건 공통적이었지만, 출신지는 유럽 전역에 퍼져 있었다.

그렇지만 십자군의 성격으로 보아 역시 프랑스 태생이 많았다. 그 때문에 프랑스인들을 셋으로 나누어, 프랑스 북부 출신은 일 드 프랑스 부대, 프랑스 중부 출신은 오베르뉴 부대, 프랑스 남부 출신은 프로방스 부대에 배속했다. 그 외에 영국과 독일, 이탈리아 출신자들을 위해서도 각각 다른 부대가 편성되었다. 십자군 시대의 성 요한 기사단에 스페인 출신이 적은 것은 당시 이베리아 반도에서 이슬람교도를 상대로 '재정복(레콘키스타)'이 진행중이었기 때문이다.

이들이 항상 출신지별로 구분해서 행동했던 것은 아니다. 하지만 성채 방어를 위해 이동할 때는 출신지가 가까운 기사들끼리 한 부대를 이루는 일이 많았다.

기사단 자체가 이처럼 다국적인 구성이었기 때문에, 거의 모든 기사단장이 프랑스인이었던 '템플 기사단'과 달리 '병원 기사단'은 기사단장도 반드시 프랑스 태생은 아니었다. 프랑스인 외에 이탈리아와 영국, 독일 출신도 기사단장으로 뽑혔다. 중근동을 넘어 유럽 각지에 흩어져 있는 '대처승'까지 포함한 기사단의 지도자인 이 기사단장 중에는 포르투갈 출신까지 있었다.

'병원 기사단'이 이렇게 구성된 이유는 다음 두 가지인 것으로 보인다.

첫째, 이 기사단의 병원에서 의료에 종사하던 의사들이 민족 구별 없는 혼성부대였기 때문에, 활동의 절반인 전투행위를 하게 된 이후에도 그 전통을 이어간 것이 아닐까 하는 것.

둘째, 중세 유럽에서는 황제나 왕, 봉건제후도 항상 자국의 여자와 결혼한 것은 아니었고, 오히려 타국이나 다른 영지의 지배자와 혼인관계를 맺는 일이 많았다. 결혼이 정략의 일환이었기 때문인데, 이로 인해 결과적으로 전 유럽이 혼혈사회가 되었던 것이다.

귀족 출신이라는 것이 입단 자격이었던 '병원 기사단'의 기사들은 유럽사회 상층부에 속한 사람들이다. 그들 자체도 틀림없이 혼혈이었을 것이고, 독일 출신이 프랑스 출신과 친족관계가 되는 일도 드물지 않았다. 때문에 기사단에서는 공용어인 라틴어를 쓰고 일상어로는 프랑스어를 써도 별 지장이 없는 사람들이었다.

하지만 서민의 경우는 가까운 곳에 사는 사람끼리 결혼하는 것이 보통이다. 그래서 프랑스 태생이 태반이었던 '템플 기사단'의 경우는 기사들 사이에서 독일어나 이탈리아어가 통하지 않았으므로, 아주 자연스럽게 공용어와 일상어 모두 프랑스어가 되었을 것이다.

이 양대 기사단의 상호관계를 말하자면, 둘이 늘 협력해 공통의 적인 이슬람교도와 싸우는 사이는 아니었다. 예루살렘 왕의 군대에 가세하여 이슬람 군대를 상대로 싸우는 것은 늘 있는 일이다. 하지만 양대 종교 기사단만 있을 때는 '늘' 그랬던 것은 아니다. 용기를 앞세워 돌출 행동을 하는 경향이 강했던 '템플 기사단'에 비해, '병원 기사단'은 좋은 책략이라고 생각하면 공동으로 싸우고 그렇지 않으면 공동으로 싸우지 않으려 했다.

그럼에도 이 두 종교 기사단은 라이벌인 서로를 도발하는 행위나 적대 행위를 하지는 않았다. 성격을 비롯해 많은 것이 달랐지만, 반격에 나선 이슬람 세력으로부터 십자군 국가를 지킨다는 확고한 목적은 공유하고 있었기 때문이다.

바로 그랬기 때문에 '템플 기사단'과 '병원 기사단'은 수세로 돌아선 십자군 국가의 '칼'이 될 수 있었다. '템플 기사단'과 생활방식이 다르다 해도 '병원 기사단'의 기사들 역시 십자군 시대의 특수부대였기 때문이다.

십자군 시대의 성채

이슬람 문명에 대해 특별한 관심이 있는 것도 아니고, 그렇다고 구약과 신약의 성지를 순례하는 것에 특별히 관심이 있는 것도 아닌 여행자가 중근동을 방문했을 때 가장 먼저 보게 되는 것이, 이 지방에 아직까지 수없이 남아 있는 십자군 시대의 성채다. 중근동이 영국과 프랑스의 지배하에 들어가 별다른 위험 없이 이 지방을 여행할 수 있게 된 19세기 말부터 20세기에 걸쳐, 유럽인들 사이에서는 십자군 시대의 성채 연구가 눈에 띄게 활발해졌다.

초기 연구자들은 이 성채들의 건축양식이 비잔틴제국 성채의 영향을 강하게 받았다고 생각했다.

그런데 1914년에 발발한 제1차 세계대전이 시작되기 얼마 전, 옥스퍼드 대학 출신의 한 연구자가 이에 이론을 제기했다. 그는 영국과 프랑스의 중세시대 성을 조사한 뒤 중근동에서의 실지답사를 통해 얻은 생각에 기초해 쓴 연구논문에서, 십자군 시대의 성채 대부분이 비잔틴제국이 아니라 동시대 유럽 성채의 영향을 받아 지어진 것이라고 주장한 것이다.

이 젊은 학도의 이름은 T. E. Lawrence. 이후 '아라비아의 로렌스'라는 이름으로 유명해진 사람이다. 나중에 로렌스는 역사학이 아닌 다른 방향으로 나아가고 말았지만, 그의 주장은 이후의 십자군 연구를 바꾸어놓게 된다.

그 이후로 십자군 시대의 성채 연구자들은 중근동의 성채 연구뿐 아니라 동시대 유럽의 성채까지 염두에 두어야 했다. 기존 개념에 사로잡히지 않고 자신의 발과 머리와 눈을 믿었던 아라비아의 로렌스가 역사계에 남긴 선물이었다.

그리고, 이를 통해 많은 것이 밝혀졌다.

12세기에 들어선 후 중근동에 속속 건설된 십자군 관련 성채는 처음 한동안은 동시대 유럽의 성채 건축에서 영향을 받았다는 것. 그러나 12세기 후반부터는 완전히 독자적인 건축양식을 확립했고, 13세기에 들어서는 오히려 유럽에 세워지는 성채가 중근동에 세워진 십자군 성채의 영향을 강하게 받게 되었다는 사실이 판명된 것이다.

1150년부터 1200년에 이르는 시기를 뜻하는 12세기 후반은, 1148년의 제2차 십자군과 1190년의 제3차 십자군 사이 40년의 기간을 포함한다.

독일 황제와 프랑스 왕이 직접 이끌고 왔음에도 어이없을 정도로 허망하게 실패로 끝나버린 제2차 십자군이 유럽으로 돌아간 후, 그들이 남긴 악영향에 시달리던 시대였다.

게다가 제2차 십자군이 생각지 못하게 실패로 끝나자 유럽에서는 십자군 열기가 식어버렸고, 황제와 왕, 제후는 더이상 십자군을 거론하고 싶지도 않은 심경이 되었다. 중근동의 십자군 국가의 입장에서 이것은 대규모 병력이 새로이 투입될 가능성을 기대할 수 없게 되었다는 것, 중근동의 십자군 국가를 괴롭히던 만성적인 병력 부족이 앞으로 조금도 해소되지 못한다는 것을 의미했다. 그에 덧붙여 이들의 중심이 되어야 할 예루살렘 왕을 비롯한 십자군 국가의 수뇌부가 약체 지도자들로 채워지는 불행도 겹쳤다.

반대로 이슬람측에는 장기, 누레딘, 그리고 머지않아 등장하는 살라딘까지 유능하고 강력한 지도자가 연이어 배출되었다. '템플 기사단'과 '병원 기사단' 등의 상설 병력이 건투했지만 애석하게도 그들은 수가 적었다. 즉 전투에서 힘을 발휘하는 특수부대라면 몰라도, 전쟁의 결과를 좌우할 수 있는 군대는 될 수 없었던 것이다.

이러한 상황에서 적은 병력을 효율적으로 활용할 수 있는 수단인 성채가 활발하게 건설된 것은 당연하다. 중근동의 십자군 관련 성채의 대부분은 이 12세기 후반 반세기 동안 집중적으로 세워졌다.

그 결과 중근동 십자군 국가의 성채는 동시대 유럽의 성채를 훨씬 뛰어넘는 완성도를 보이기에 이르렀다. 필요에 쫓겼기 때문에 기능적으로도 뛰어난 성채를 만들게 된 것이다.

덧붙여 말하면 이처럼 완성된 성채 건축법을 유럽으로 가져가 직접 성채를 지은 사람은, 12세기 말 제3차 십자군을 이끌고 오는 영국의 사자심왕 리처드다.

그러나 성채라고 형태가 모두 같은 것은 아니다. 건설되는 지역에 따라 달라지는 것은 물론이고, 나아가 그 성채를 지키는 사람이 누구

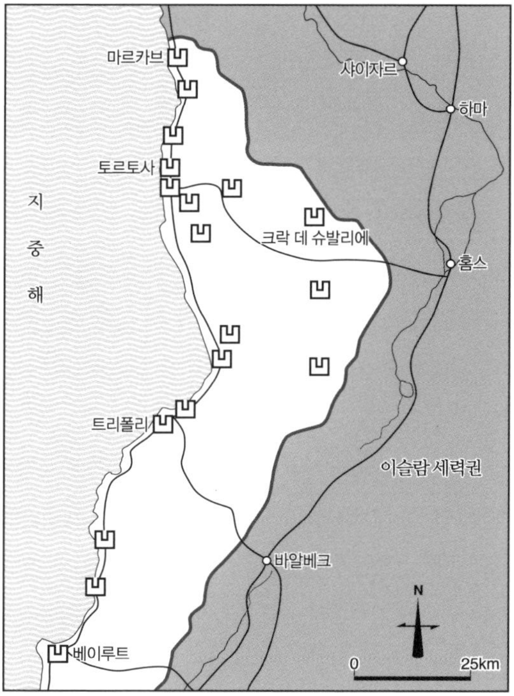

크락 데 슈발리에와 주변의 주요도시 및 성채

인가에 따라서도 달라진다.

중근동의 십자군 관련 성채는 크게 내륙에 있는 것과 해안에 있는 것으로 양분된다.

내륙에 세워진 성채는 '병원 기사단'의 성채로도 유명한 '크락 데 슈발리에'가 대표적인데, 이것은 방어와 공격의 거점이 될 뿐만 아니라 거대한 성채에서 느껴지는 위용으로 적을 두렵게 만드는 목적도 있었다. 이 세 가지 목적을 유기적으로 활용함으로써 성채가 서 있는 일대까지 지배하에 두는 것이 내륙에 세워진 성채의 존재이유였다.

한편 해안에 세워진 성채는 대부분이 항구도시의 한 구획을 차지하고 있는 것으로 볼 때, 공격기지보다 방어의 거점이라는 목적이 더 강했다고 할 수 있다. 즉 성채의 위용을 보여줌으로써 그곳을 중심으로 펼쳐진 항구도시의 방어에 보탬이 되려 한 것이다.

이런 성채의 좋은 예를 하나로 좁히는 것은 무척 어려운 일이다. 시리아와 팔레스티나 해안을 따라 염주처럼 늘어선 항구도시의 대부분이 이런 유의 성채로 방비되었다. 이런 유형의 성채는 성벽으로 둘러싸인 시가지 안에 또다시 성벽을 지어놓아, 성채를 함락하지 않고는 항구도시를 공략할 수 없었다.

그러나 같은 중근동에서 얼굴을 맞대고 있었으면서, 왜 그리스도교도측만 성채를 짓는 데 열심이었을까 의문이 들기도 한다. 왜냐하면 이슬람 세력이 있는 동방을 주시하는 형태로 십자군측의 성채가 차례차례 건설되는 와중에도 이슬람측에서는 그에 대항해 성채를 건설하려는 움직임을 보이지 않았던 것이다.

결론부터 말하자면 이것은 쌍방의 '문화' 차이에 의한 것이었다.

앞서 말했듯이 중세 유럽의 유력자들은 성채를 평상시의 거처로 삼는 것에 익숙했다. 반면 이슬람 세계에서는 유력자 정도 되면 도시 안에 거주하는 것을 선호했고 주거지는 널찍한 정원 안에다 짓곤 했다.

정원에는 맑은 물이 흐르고 수목이 자랐으며 각양각색의 꽃이 흐드러지게 피어 있을 뿐 아니라 새까지 날아다녔다. 이것이 다름아닌 이슬람교도의 낙원이고, 유력자라면 이 지상낙원에 사는 것이 당연하게 생각되었다. 방 안에 물이 흐르게 해서 냉방을 했다고 하는데, 그래서 과연 숙면을 취할 수 있었을지 웃음이 나오기도 하지만, 금욕적인 서구식 주거 환경보다 훨씬 쾌적했던 것은 사실이다.

그래서 이슬람 세계의 유력자인 술탄과 각지의 태수들은 도시 밖에 성채를 짓는다 해도 절대 그곳을 평상시의 주거지로 삼으려 하지는 않았고, 감시나 파수에 쓰는 게 고작이었다. 따라서 설사 십자군측의 성채 공략에 성공한다 해도 그리스도교도처럼 그곳을 방어나 공격 기지로 활용할 생각은 하지 않았던 것이다.

이슬람교도가 생각하는 군사행동이란 성채 같은 거점을 활용하는 것이 아니라 도시 내에서 군대를 편성해 전장에 한꺼번에 투입하는 것이었다. 이런 이슬람측이 성채를 유럽인과 다르게 생각한 것은 당연한 일이었다.

그리고 또 한 가지, 서방(옥시덴트) 사람들은 어떤 상황과 환경에서든 무언가를 건설하는 것 자체를 좋아했던 것으로 보인다. 중근동을 여행하다보면 유적 중에서도 십자군 시대의 성채가 눈에 띈다는 것은 앞서도 말했지만, 다른 유적이 뭐가 있나 보면 거의 고대 로마시대의 것들이다.

반대로 동방(오리엔트) 사람들은 건설이라는 것 자체에 큰 열정이 없었던 것으로 보인다. 원래 유랑민이었기 때문인지 몰라도.

이러한 사정 때문에 중근동의 성채는 거의 다 십자군측의 것이라 해도 좋은 상황이었다.

그렇다면 중근동에 사는 그리스도교도들은 어떤 방식으로 이러한 성채들을 세웠을까.

먼저 생각해야 하는 것은 어디에 세우는가이다. 방어와 감시를 중시해 높은 산 위에 세우는 것이 능사는 아니다. 적이 습격해오는 것도 불편하지만 이쪽에서 출격하기에도 불편하기 때문이다. 그래서 적당한 고지를 골라야 했는데, 이미 감시탑이 세워져 있는 곳 등이 참고가 되었다.

내륙부 성채의 전형인 '크락 데 슈발리에'도 원래는 내륙부와 항구도시 사이를 왕복하는 대상(隊商)에게서 통행료를 걷기 위해 그 주변 일대를 영유하던 이슬람교도의 영주가 세운 것이었다. 그것이 그리스도교도의 것이 된 것은 제1차 십자군 시대부터다. 요새에 지나지 않았던 이곳을 처음으로 성채로 만든 사람은 제1차 십자군 시대 안티오키아 공작령의 섭정을 맡고 있던 탄크레디였다.

그후 성채는 트리폴리 백작령의 소유가 되었는데, 트리폴리 백작은 자신의 자금력으로는 감당할 수 없어 '병원 기사단'에 양도하게 된다. 산 위의 위풍당당한 성채로 변모한 것은 그 시기 대대적인 개조 작업을 감행한 결과다.

이들에게는 '쓸모없이 방치된 성채는 곧 절반 정도 완성된 성채다'

라는 말이 있다. 즉 이들은 이슬람측의 것이든 비잔틴제국 시대의 것이든 훨씬 이전인 고대 로마시대의 것이든 가리지 않고 이용했던 것이다. 석재를 다른 용도에 사용할 수도 있었고, 이미 그 지역에 건축물이 있다는 것은 그곳의 입지 조건이 확실하다는 것을 보여주기 때문이다.

'크락 데 슈발리에'는 지중해 동쪽에서 35킬로미터 지점 해발 650미터 높이의, 항구도시 트리폴리와 내륙부의 물산 집결지 중 하나였던 홈스를 잇는 길을 감시할 수 있는 위치에 있었다.

어느 지점에 건설할지 정하면 다음으로 지반 다지기에 들어간다. 위에 세울 건물의 상당한 중량을 견딜 만한 견고한 지반이 필요하기 때문이다. 게다가 유럽에서는 고려할 필요가 없는 지진에 대한 대책도 잊어서는 안 되었다. 중근동은 지진 다발 지대이기도 했다.

물의 확보 역시 중근동에서 매우 중요한 과제였다. 성채를 건설하는 곳이 어디든 이들은 물을 확보하는 데 온갖 노력을 기울였다. 지하수나 우물만으로는 충분하지 않기 때문에, 결국 가장 일반적으로 이용된 방법은 저수조를, 그것도 상당히 규모가 큰 저수조를 완비하는 일이었다. 비는 중근동에도 공평하게 내리므로 그것을 한 방울이라도 헛되이 하지 않으려는 대책이었다. 따라서 대부분의 성채는 지하에 거대한 저수조를 갖추고 있었다.

즉, 성채를 건설할 때 맨 처음 하는 공사는 대규모 저수조를 만드는 것이었다.

저수조를 중요시하면 그에 따라 배수도 중요해진다. 배수는 역병에

성채 내에 축조된 저수조

대한 대책이기도 했으므로 농성전을 고려해야 하는 성채에 무시할 수 없는 것이었다. 성채 안에 사는 사람들은 한낱 마부라도 유사시에 전력이 될 수 있다. 그들을 병으로 잃는 것만큼 성채를 짓는 목적에 반하는 것은 없었던 것이다.

지금까지의 과정이 확실해져야 비로소 성채 바깥쪽을 둘러싸는 깊은 해자를 파는 작업에 착수하게 된다.

적의 공격 속도를 억제하기 위해 해자를 파는 일은 중과부적이 예사인 십자군 세력에게 굉장히 중요한 일이었다. 동시대 유럽에서는 성채의 해자가 한 겹이었던 것에 빈해 중근동 십자군 국기에서는 대부분의 주요 성채에 해자를 이중으로 둘러쳤다.

다만 해안에서는 해수를 끌어들일 수 있다 해도, 내륙부에 세운 성채에서는 비가 적은 중근동이니만큼 그것을 기대할 수 없었다. '크락 데 슈발리에' 같은 거대한 성채의 경우에는 중근동에 의외로 많이 남아 있는 고대 로마시대의 것을 참고한 것으로 보이는 수도교를 건설하고 그것을 통해 저수조에 물을 채웠는데, 다른 성채에서는 그렇게까지 할 수 없었다. 아마 이 때문에 성채 바깥쪽을 둘러싸는 해자를 이중으로 만든 것으로 보인다. 깊이가 10미터나 되었으니 쉬운 작업은 아니었지만.

해자를 파는 작업이 끝나면 드디어 성벽 건설에 착수한다. 성벽은 지반에 문제가 없는 한 될수록 해자에 바짝 붙여 세운다. 해자를 넘어온 적병의 수가 적을 때는 그 시대의 '저격수' 격인 궁병이 여기서 쉽게 격퇴할 수 있기 때문이다.

그러므로 10미터 깊이의 해자 바로 위에 세우는 성벽은 높이가 5미터에서 7미터면 충분했다. 하지만 이 성벽에서 20미터 전후의 거리를 두고 세워지는, 180도 각도의 방어까지 가능한 반원형 탑으로 방어력을 강화하는 것은 빼놓을 수 없었다.

외부와의 연결은, 필요할 때 내려서 해자에 걸칠 수 있는 도개교를 사용했다. 또한 이런 식으로 자주 출입하는 문은 반드시 동쪽 방향, 즉 이슬람 쪽을 향하도록 했고, 양쪽에 탑을 세워 감시했다.

그러나 '크락 데 슈발리에'의 경우 밖에서 보이는 1500미터에 달하는 성벽은 바깥쪽을 둘러싸는 성벽에 지나지 않는다. 그 안쪽에 마치 성벽 안의 성벽처럼 더욱 높이 솟은 성벽이 모습을 드러낸다. 다시 말해 설사 성벽이 파괴된다 해도 안쪽 성벽 안에 틀어박혀 계속해서 전투를 할 수 있게 만들어진 것이다.

이 이중 해자, 이중 성벽은 꼭 '크락 데 슈발리에' 정도의 규모가 아니라 해도 십자군에 관련된 성벽 모두에 어느 정도 공통적으로 나타난 건축 양식이었다. 적은 병력을 활용하기 위해 고안되었고, 그 필요성 때문에 실현된 양식이었으니까.

다만 성채들끼리는 어떻게 연락을 취했을까 하는 당연한 의문에 대한 답은 조금씩 다르다. 연기로 연락하는 방법이 일반적이었지만, 이 무렵 십자군측에서는 이슬람측의 방식을 흉내 내어 전서구(傳書鳩)를 이용한 연락법도 도입한다. 하지만 중근동에 축조한 모든 십자군 관련 성채가 항상 서로에게 적의 접근을 알리는 등의 연락을 취한 것은 아니었다.

'병원 기사단'이 관할하는 성채들끼리는 서로 연락을 주고받은 것으로 알려져 있지만, '병원 기사단'의 기사들이 지키는 성채와 '템플 기사단'의 기사들이 지키는 성채들 사이에서도 정보를 교환했는가에 대한 기록은 전혀 남아 있지 않다. 이슬람측이 '템플 기사단'의 성채를 공격할 때 '병원 기사단'이 지원 부대를 파견했다는 기록도 없다. 또한 그 반대의 예도 없다. 그렇다면 십자군 시대를 대표하는 이 두 종교 기사단은 같은 십자군 전력임에도 불구하고 각자 개별적인 군사행동을 하고 있었다는 이야기가 된다.

고대 로마제국의 예를 들자면 감시용 탑이나 부대가 배치되는 성채부터 한 무리의 군단이 상주하는 군단기지에 이르기까지 모두, 연기를 이용하거나 기병을 보내는 등의 방법으로 항상 긴밀하게 연락을 주고받았다. 제국으로 통일된 국가였기에 지휘계통도 일원화되어 있었던 것이다. 덕분에 각각의 성채는 독립된 공격기지나 방어기지 수준에 머무르지 않고, 로마인의 말을 빌리자면 종합 안전 보장이라는 뜻인 '리메스(방어선)'가 될 수 있었던 것이다.

같은 시리아와 팔레스티나 지방에 건설되었으면서 십자군 시대의 성채들은 진정한 의미의 '네트워크'를 이루지 못했다. 따라서 이를 안전 보장상의 '리메스'라고 생각할 수는 없다. 원래 여기저기 흩어져 있는 성채를 지키는 것은 가까이에 있는 '군단기지'에서 원군이 도착하기를 기다려 적을 앞뒤에서 협공하는 데 그 의미가 있기 때문이다. 중근동에 수립한 십자군 국가에는 로마시대 같은 '군단기지'가 없었다.

이 역시 중세 유럽의 봉건제 사회, 즉 지휘계통이 일원화되지 않은 사회를 중근동에 이식했기 때문이었다. 요컨대 중근동의 십자군 국가는 시종일관 지휘계통이 일원화되지 않았던 사회였다. 그리고 방어 시스템도 그 사회를 그대로 반영한 것이다.

그러나 성채를 공격과 방어 목적으로 건설하는 이상 유럽과 다른 중근동의 지세를 고려하지 않을 수 없다. 이슬람측이 '프랑크인'으로 부르던 당시의 유럽인이 아무리 완벽한 성채 건축술을 갖고 있었다 하더라도 중근동에 세운 십자군측의 모든 성벽이 '크락 데 슈발리에' 같았던 것은 당연히 아니다. 성채의 형태는 전적으로 지세의 영향을 받기 때문이다.

마찬가지로 '병원 기사단'이 건설한, 안티오키아 공작령 내 '벨부아(Belvoir)'의 성채는 사각형이다. 평지에 세워야 했기 때문인데, '병원 기사단'은 이를 '카스트룸(castrum)'이라 불렀다. '카스트룸'이란 고대 로마 군단기지의 명칭이다. 어쩌면 그 지역에는, 이미 천 년이 지나 무너져내렸다 하더라도 고대의 군단기지 터가 남아 있을지도 모른다.

지세에 따라 세워진 성채의 또다른 예는 역시 '병원 기사단'이 건설한 '마르카브(Marqab)' 성채이다. 이 성채는 고지대의 끄트머리에 세워졌기 때문에 삼각형이 되었다.

그러나 양식이 지세에 따라 바뀐다 해도, 해자를 둘러치고 바깥 성벽을 두르며 그 안에 다시 안쪽 성벽을 세우는 기본 형태는 변하지 않았다.

또한 이 세 성채 모두 '병원 기사단'이 건설했거나, 혹은 새로 건설하지는 않았어도 대대적으로 개조했다는 것은 다음 사실도 말해준다.

성채의 건설 목적은 점점 심해지는 만성적인 병력 부족을 해결하기 위함인데, 그 제1기는 제2차 십자군과 제3차 십자군 사이의 반세기이다. 아울러 제2기는 제3차 십자군 이후다.

제1기 때부터 본격적으로 성채를 건설한 것은 '템플 기사단'이 아니라 '병원 기사단'이었다. 이러한 면에서 '템플 기사단'이 '병원 기사단'을 따라잡은 것은 어느 정도 시간이 지난 뒤였다.

왜 그랬던 것일까. 성채 건설에 막대한 비용이 들긴 하지만, 자금 면에서 '템플 기사단'은 '병원 기사단'에 뒤떨어지지 않았다.

그렇다면 인력 문제일까.

유럽에서 성채 건설을 전문으로 하는 기술자가 배출되는 것은 이보다 4백 년 후의 이야기이므로, 기술의 문제라고는 말할 수 없다. 인력의 문제라 해도 기술 이외의 다른 이유가 있었을 것이다.

그렇다면 이러한 면에도 '병원 기사단' 기사들의 태생이 영향을 미쳤던 게 아닐까. 중근동에 오기 전 그들은 유럽의 성채에서 나고 자라왔다. 그런 삶에서 자연스럽게 터득한 노하우를 중근동에서 살린 것이 '병원 기사단'을 십자군 성채 건축의 리더 격으로 만든 것이 아닐까. 반대로 사회의 하층 계급 출신인 '템플 기사단'은 성채 생활을 한 경험이 없어서 성채 건축에 뒤처진 것이 아니었을까.

이런 사실이 보여주는 것처럼 하드웨어 그 자체로 보이는 성채는 실은 소프트웨어, 즉 훌륭한 '문화'인 것이다. 옥스퍼드 대학 출신의 젊은 학도가 품은, 이건 유럽에서 본 것과 비슷하지 않은가란 소박한 의문이 보기 좋게 적중했던 것이다.

이런 식으로 중근동에 건설된 십자군 시대의 성채는 대표적인 것만 꼽아도 백 개가 넘는다. '성채'가 아니라 '요새'라고 번역하는 것이 적절해 보이는 소규모 건축물과, 감시원만 두고 있던 탑까지 더하면 2백 개가 훨씬 넘을 것이라 한다.

이렇게 수많은 방어 시설이 중근동 서쪽 절반의 좁은 지역에 빽빽이 들어차 있었다. 앞서 말한 종교 기사단, 그리고 앞으로 이야기할 이탈리아인의 교역이나 해군과 함께, 중근동의 십자군 국가의 존속을 위한 3대 요소 중 하나였던 건 명백하다.

그러나 현대 연구자들의 노력에도 불구하고 십자군 시대의 성채 수를 정확히 나타낼 수 없는 것은 현대의 상황 때문이다. 21세기 현재, 예전의 십자군 국가에 해당하는 지역은 북쪽에서 남쪽으로 터키, 시리아, 레바논, 이스라엘, 요르단으로 나뉘어 있다. 유적 조사는 이 나라들의 내부 사정에 좌우되지 않을 수 없다. 현재 군사기지가 되어 있는 곳은 '관계자 외 출입 금지'이므로 학술조사든 일반 여행자의 견학이든 줄곧 불가능한 상태이다. 또한 이 나라들은 지금 이슬람교도나 유대교도의 나라들이다. 십자군 시대의 성채 터는 그리스도교도가 남긴 것이다. 비그리스도교도들의 관심이 낮은 것은 어쩔 수 없는 노릇이다.

그래도 그나마 존재가 확인되는 142개의 성채 중 절반 가까이가 '병원 기사단'이 방어를 담당하고 있던 곳이라는 것은 확실하다. '템플 기사단'이 관할하던 곳이 그다음으로 많고, 나머지는 예루살렘 왕과 트리폴리 백작, 안티오키아 공작, 그리고 이들 밑에 있는 수많은 봉건

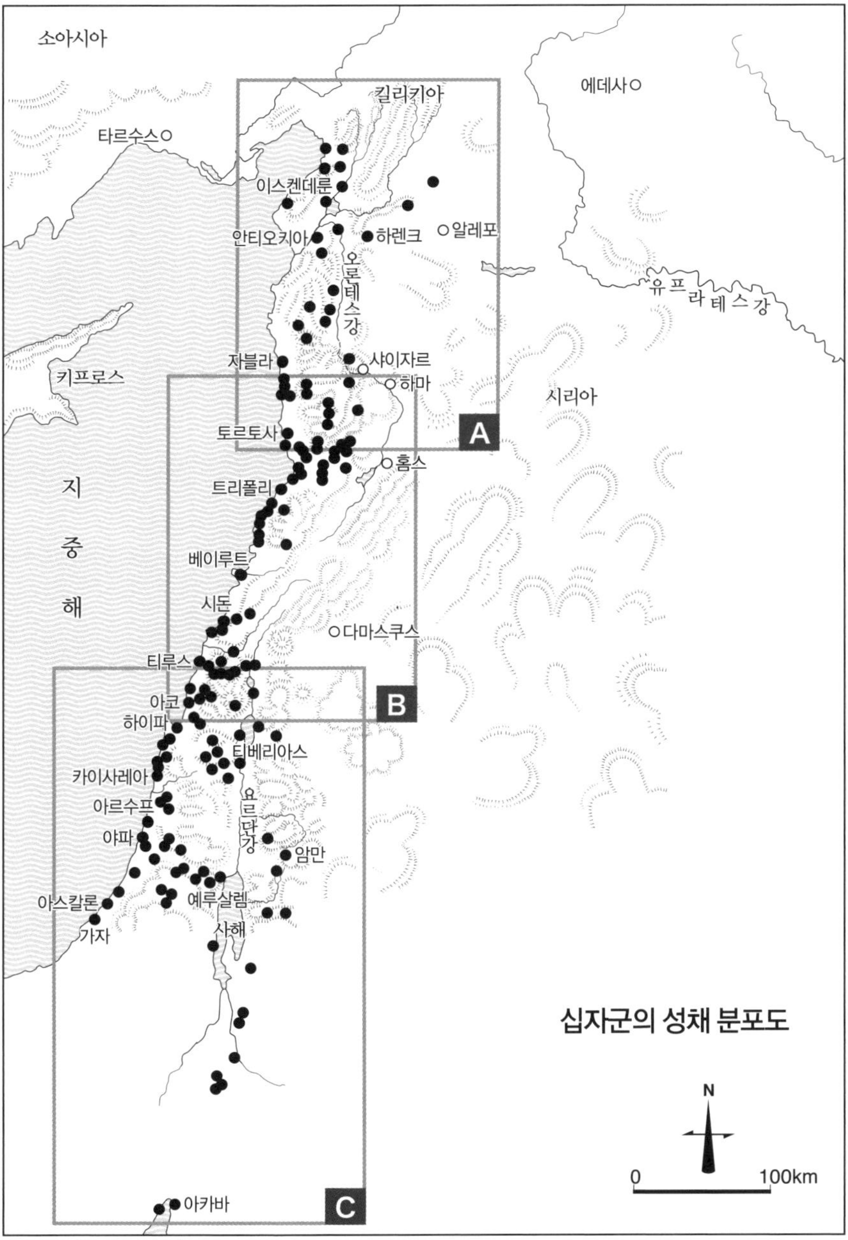
소아시아
킬리키아
에데사
타르수스
이스켄데룬
안티오키아
하렌크
알레포
오론테스강
유프라테스강
키프로스
저블라
샤이자르
하마
시리아
토르토사
홈스
A
지중해
트리폴리
베이루트
시돈
다마스쿠스
티루스
아코
하이파
B
티베리아스
카이사레아
요르단강
아르수프
야파
암만
아스칼론
예루살렘
가자
사해
십자군의 성채 분포도
N
0
100km
아카바
C

〈마르카브 성채도〉

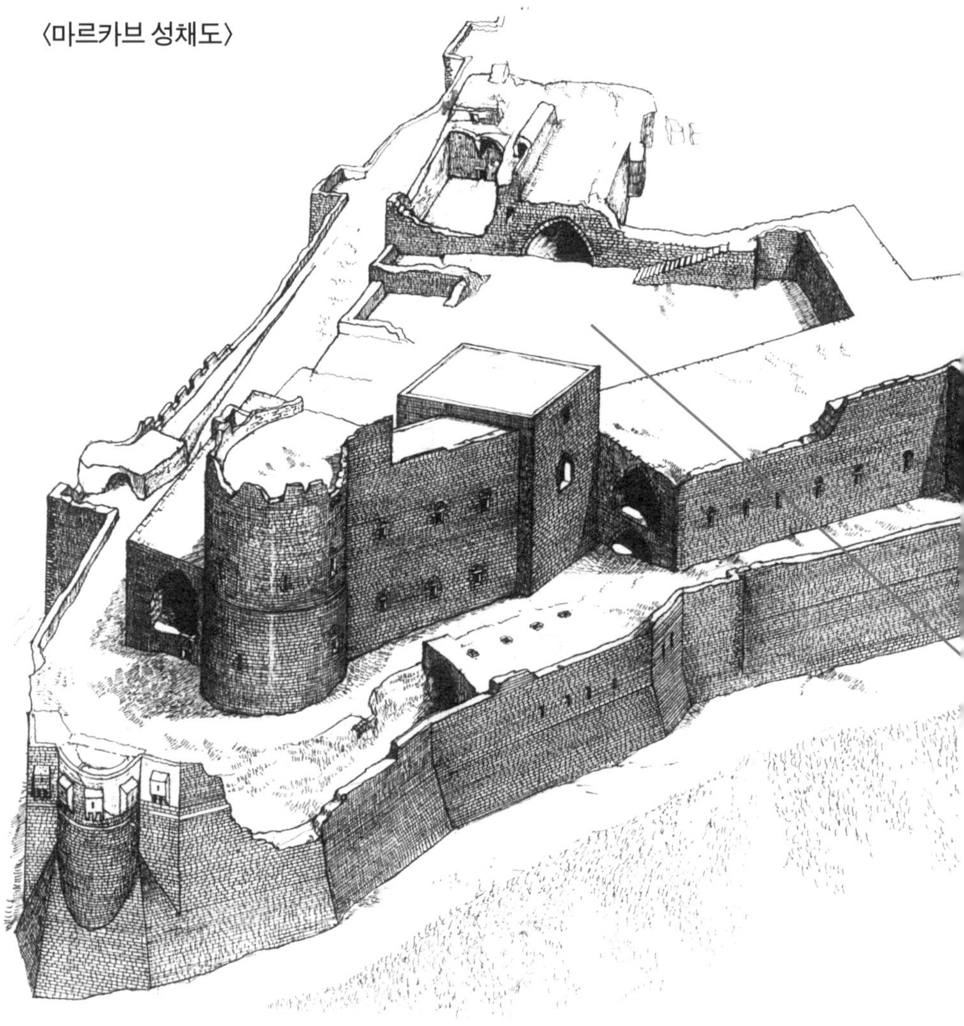

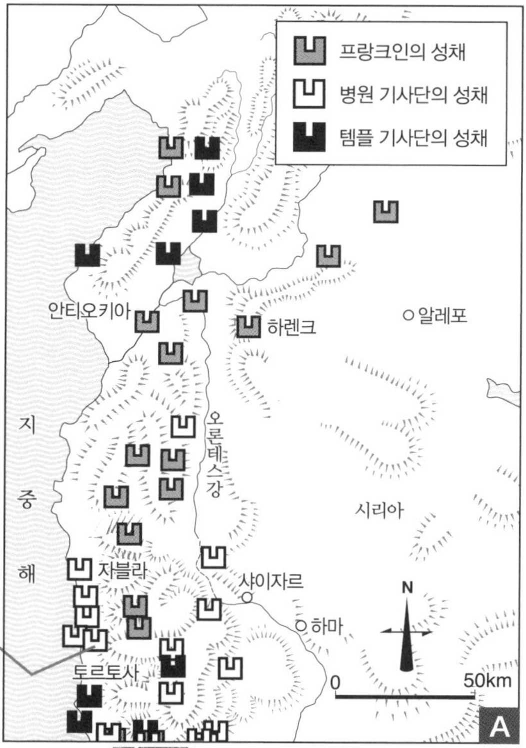

프랑크인의 성채
병원 기사단의 성채
템플 기사단의 성채
안티오키아
하렌크
알레포
오론테스 강
지중해
시리아
자블라
샤이자르
하마
토르토사
N
0
50km
A

십자군의 성채 분포도

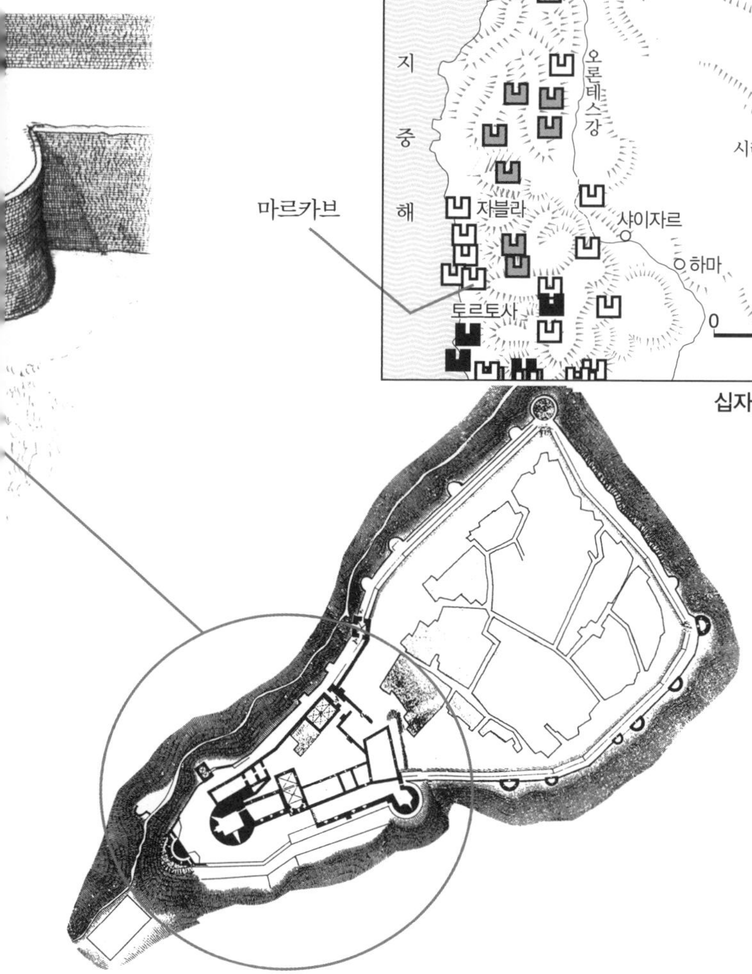

마르카브

〈크락 데 슈발리에 성채도〉

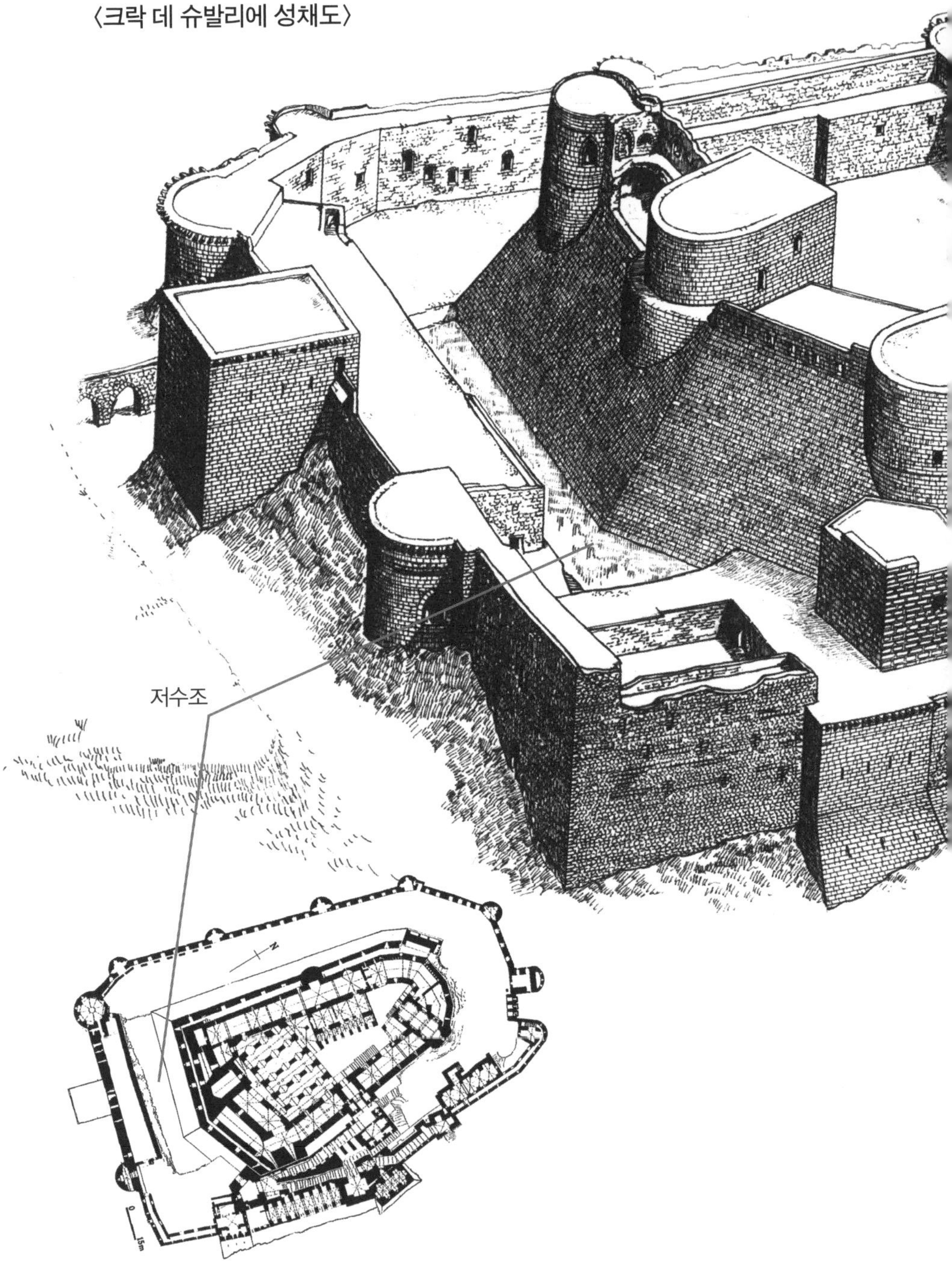

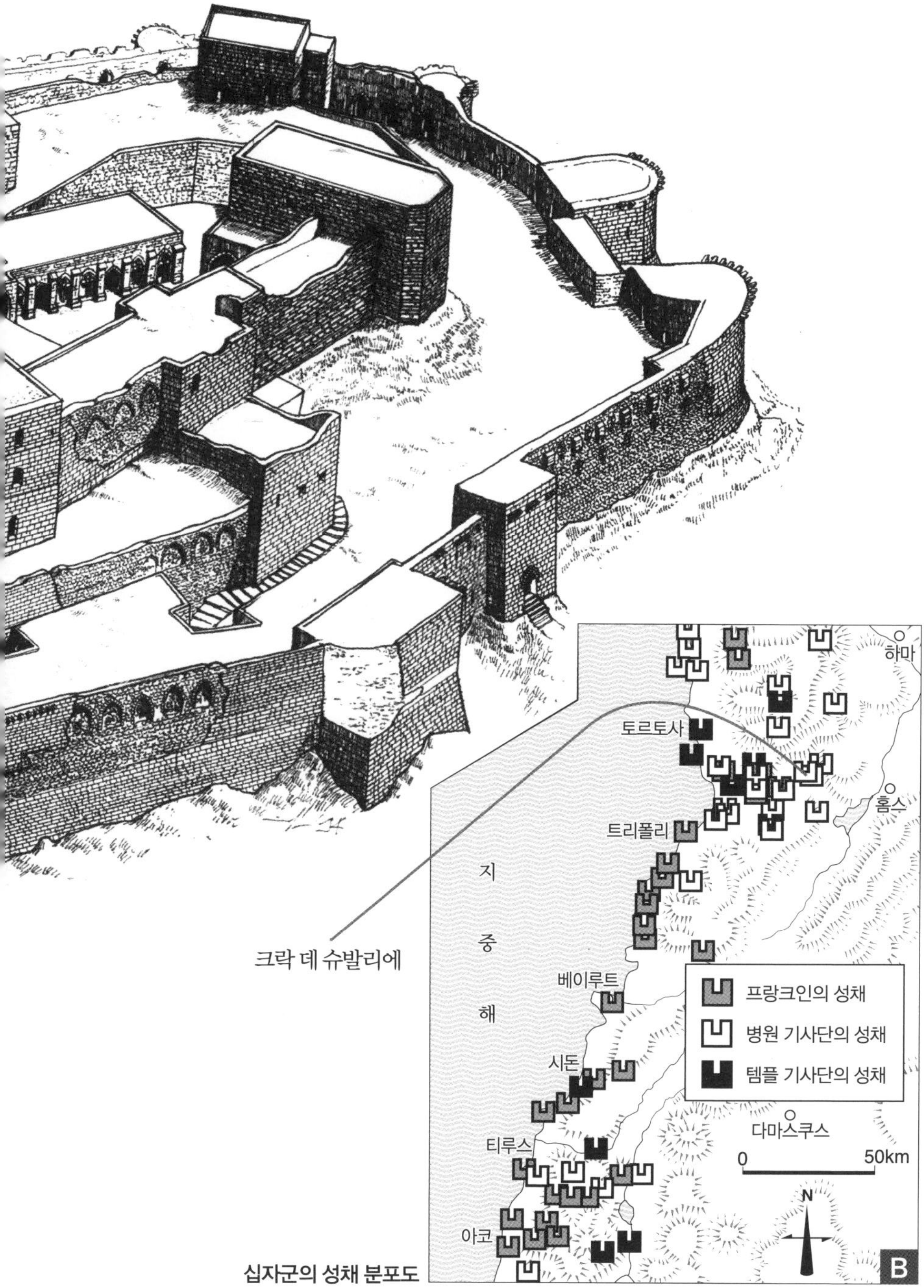
크락 데 슈발리에
하마
토르토사
홈스
트리폴리
지
중
해
베이루트
프랑크인의 성채
병원 기사단의 성채
템플 기사단의 성채
시돈
다마스쿠스
티루스
0
50km
N
아코
B

십자군의 성채 분포도

〈벨부아 성채도〉

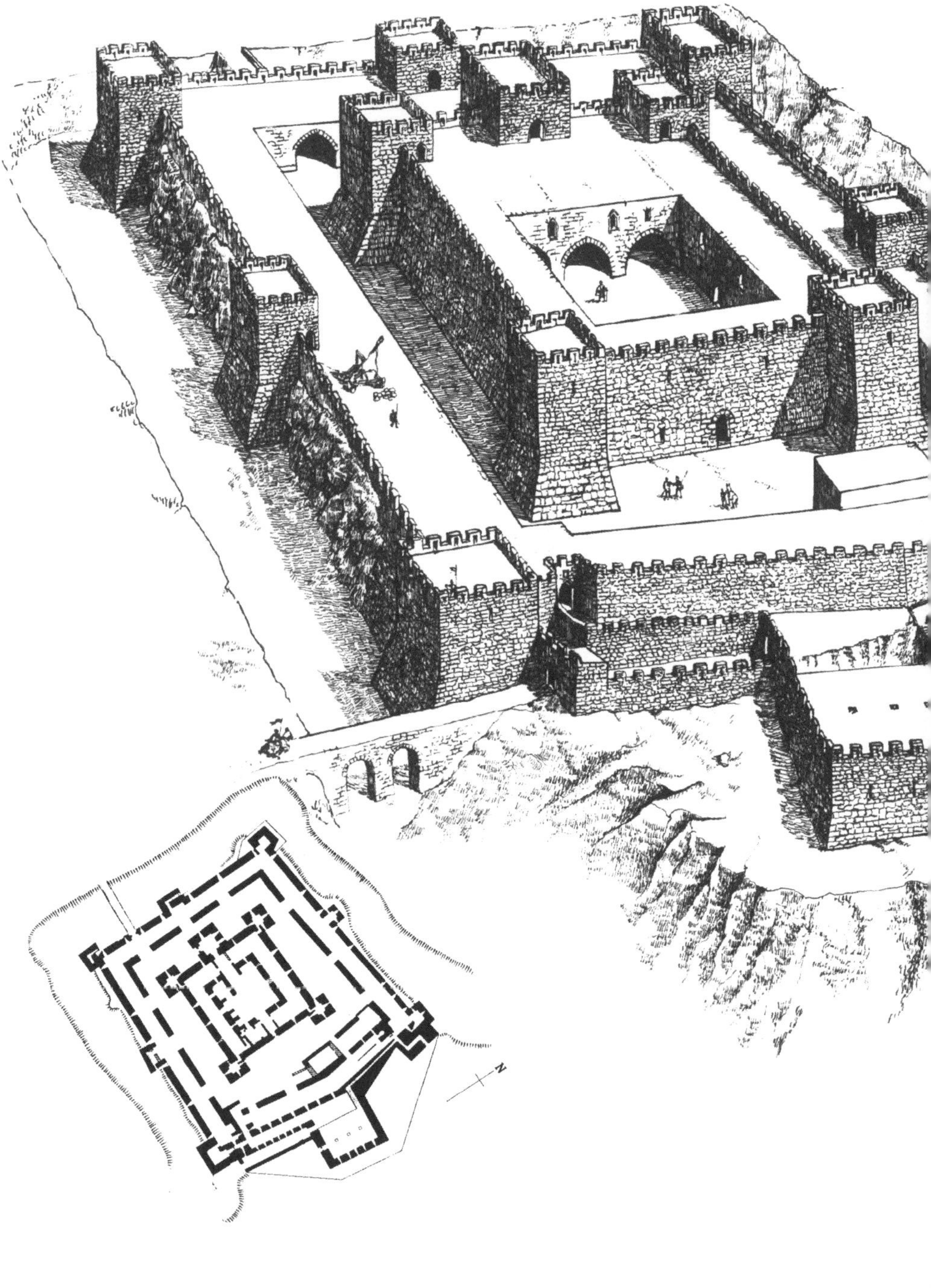

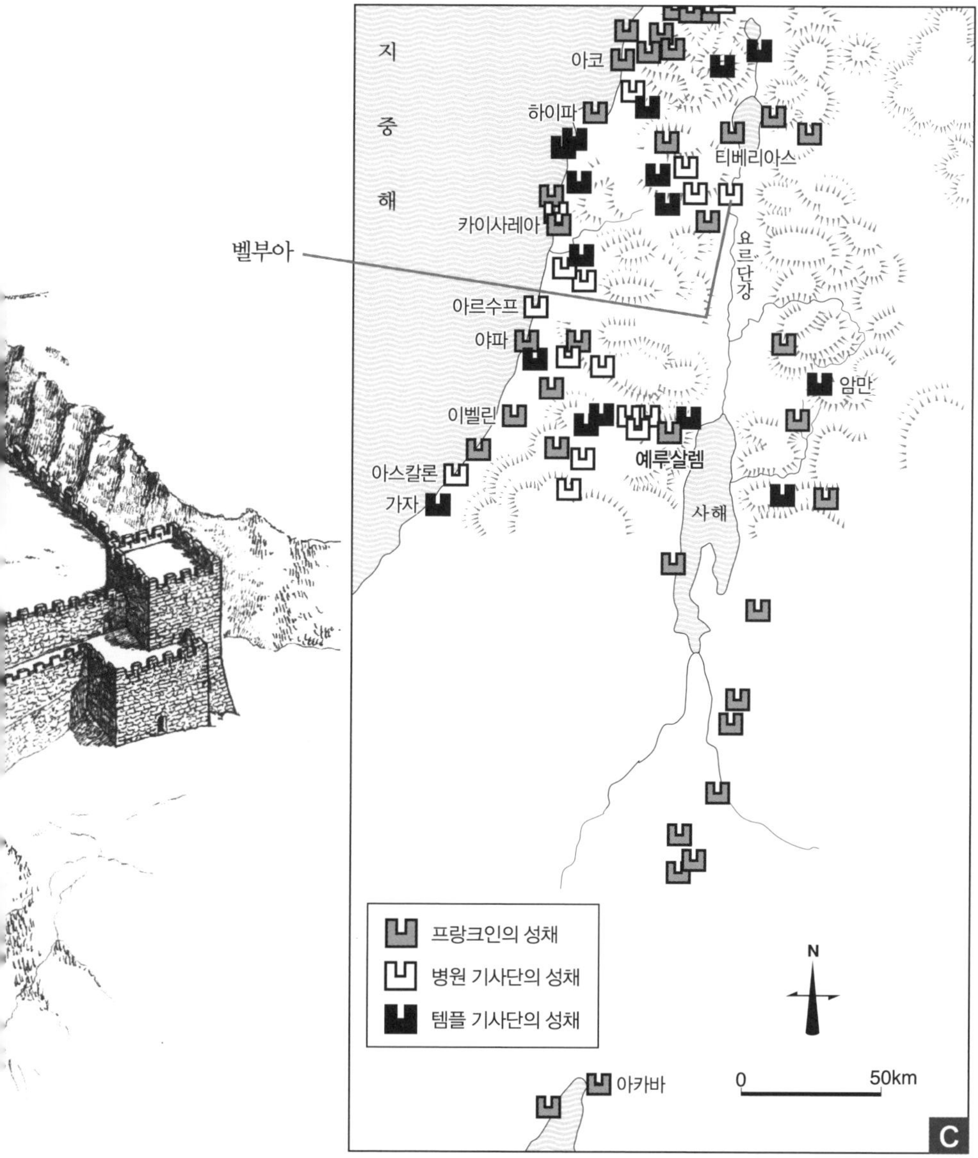
벨부아
지
중
해
아코
하이파
티베리아스
카이사레아
요르단강
아르수프
야파
암만
이벨린
예루살렘
아스칼론
가자
사해
아카바
프랑크인의 성채
병원 기사단의 성채
템플 기사단의 성채
N
0
50km
C

십자군의 성채 분포도

영주들이 소유한 성채였다. 다만 그 많던 봉건영주들이 소유하고 방어 책임을 맡고 있었던 성채는 기껏해야 하나 내지 둘이다.

즉 중근동의 십자군 관련 성채 중 절반 이상의 방어와 유지를 '병원 기사단'과 '템플 기사단'이 맡고 있었다는 것이다. 이 양대 종교 기사단이 병력은 적지만 상설 군사력을 갖고 있었기 때문인데, 그렇다면 성채에는 대체 얼마나 많은 사람이 살고 있었을까 하는 의문이 생긴다.

그런데 연구자들은 이 의문에 좀처럼 답해주지 않는다. 전사 등의 이유로 인구 이동이 심하여 정확한 숫자를 알 수 없다는 것인데, 그 외에도 또 한 가지 이유가 있는 것 같다.

종교 기사단에 입단함과 동시에 속세에서의 지위와 이름을 버리고, 얼굴도 이름도 없는 일개 수도사가 되어 그 상태로 죽음을 맞이하기 때문이다. 주검이 발견되면 성채의 교회 안에 매장하지만 발견되지 않으면 그대로 방치되었다.

그래도 때로는 기록이 남아 있는 경우가 있다. 티베리아 호 북쪽에 건설되어 '템플 기사단'이 방어를 담당하던 '사파드(Safad)'의 성채가 드문 예 가운데 하나다.

기록에 따르면 이 성채는 50명의 기사와 30명의 종사, 그리스도교로 개종한 투르크인 보병 50명, 3백 명의 궁병, 820명의 목수, 하인으로

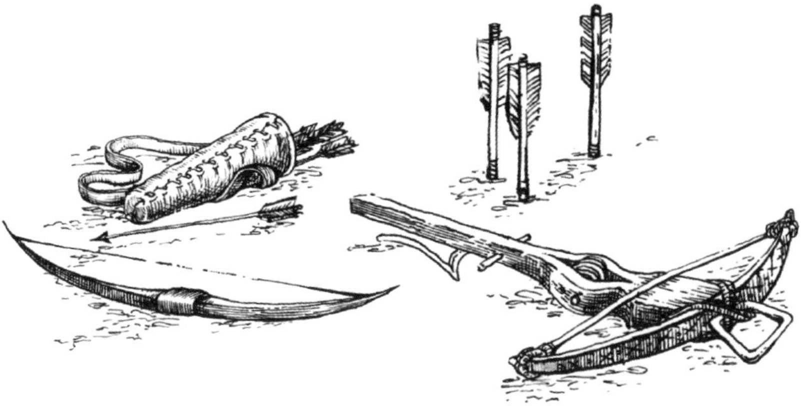

일반적인 활(왼쪽)과 석궁

부리던 이슬람교도 4백 명, 이렇게 총 1650명까지 수용했다고 한다.

다만 이 숫자는 수용 가능한 사람의 수이지 실제로 생활하던 사람의 수는 아니다. 또한 성채의 보강 요원인 목수와 하인 이슬람교도는 적이 습격해올 때 퇴거시키기 때문에, 방어에 쓸 수 있는 숫자는 1650명에서 430명으로 줄어든다.

'투르코폴리'로 불렸던, 그리스도교로 개종한 투르크인 보병은 의외로 신뢰할 수 있는 아군이었으며 선전하는 전우였다고 한다. 그러나 이들의 유일한 임무는 성벽 위에 진을 치고 석궁을 쏘거나 탑 위에 고정된 투석기로 돌을 쏘아 떨어뜨리는 것으로, 적병을 겨냥하여 화살을 쏘는 궁병과는 하는 일이 달랐다.

이 '사파드'의 성채보다 규모가 큰 '크락 데 슈발리에'에서는 안쪽 성벽에 서 있는 커다란 탑이 주요 전력인 기사들의 주거공간이었는데, 그곳에 거주할 수 있는 기사의 수는 60명이었다. 그러므로 기사 이외의 거주자 수도 성채의 규모에 비례했다고 생각해도 좋다.

'사파드'의 성채에 상주했다는 3백 명의 궁병을 나는 '저격수'라 번역하고 싶다. 유럽에서 온 그들은 화살을 일제히 하늘로 쏘아올려 적병 위에 비처럼 쏟아져내리게 만드는 전술이 특기이던 이슬람교도 궁병과 달리, 목표물을 정해 적중시키는 기술이 뛰어났기 때문이다.

실제로 훗날 십자군측 성채를 공격한 살라딘은 부하 병사들에게 무장하지 않은 상태로 진지에서 나가지 말라고 엄명을 내렸다. 성벽 위에서 정확히 조준해 화살을 쏘는 십자군 시대의 저격수들은 이슬람측에 위협적이었던 것이다. 제3차 십자군을 이끌고 온 영국의 사자심왕 리처드의 군대에 로빈 후드가 있었다는 것도 근거 없는 이야기가 아니었는지 모른다.

어쨌거나 바깥에서 바라보면 위풍당당한 성채였다 해도 그 내부는 '금욕'이라는 한 마디 말로밖에 설명할 수 없는 것이었다. 가구는 필요한 것 외에는 전혀 없다. 융단 생산의 본고장에 위치했지만 바닥에 각양각색의 융단을 까는 것은 당치 않은 일이었다. 쉽게 구할 수 있는 화려한 다마스쿠스 옷감으로 벽에서 새어드는 냉기를 막는 것 역시 말도 안 되는 이야기였다. 그들이 입을 수 있는 것은 속옷 위에 걸치는 수도복뿐이었다. 속옷은 요즘 말하는 퀼팅 방식으로 만들어진 것이긴 했다.

또한 난로로 난방하는 것도 목재가 부족한 중근동에서는 있을 수 없는 일이었기에, 불을 접할 수 있는 곳이라고는 대장간과 조리실뿐이었다. 종교 기사단의 기사들도 어차피 수도원에서 생활하는 수도사였던 것이다.

그렇지만 주위를 노려보는 거대한 성채를 지키던 사람의 수가 50명의 기사를 비롯해 고작 4백 명에 지나지 않았다는 사실은 성채의 존재 이유를 다시 생각하게 한다. 한 번도 기사 수가 5백 명을 넘은 적이 없던 '병원 기사단'이나 '템플 기사단'은 방어 임무를 맡게 된 성채에 보낼 인원을 확보하는 데 어려움을 겪었음에 틀림없다.

이러한 상황에서도 '템플 기사단'보다 기사 수가 항상 더 적었던 '병원 기사단'이 더 많은 성채를 유지하고 방어하게 되었던 것은, 병력과 자금력의 감소로 예루살렘 왕과 트리폴리 백작, 그 밖의 소영주들이 '병원 기사단'에 성채들을 양도했기 때문이다. 또한 훗날 영국의 사자심왕 리처드와 신성로마제국의 프리드리히 2세, 프랑스의 루이 9세 등, 각각 제3차, 6차, 7차 십자군을 이끈 유럽의 최고권력자들이 '성지'에 체재하며 건설한 성채의 유지와 방어를 맡은 것도 '병원 기사단'이었다.

'병원 기사단'은 '템플 기사단'보다 유럽의 권력자들로부터 더 많은 신뢰를 받고 있었는지도 모른다. 하지만 그것도 '병원 기사단'이 그동안 보여준 성채 유지와 방어 실적이, 중근동 십자군 국가의 현실을 아는 이들 눈에 명백히 드러났기 때문이다.

그러나 이렇게까지 완벽하게 만든, 그야말로 난공불락의 성채에도 치명적인 결함은 있었다.

그것은 정면공격밖에 생각하지 못하는 사람에게는 보이지 않는 결함이었다. 전혀 다른 발상으로 성채의 존재의의 자체를 없애버릴 만한 무언가를 깨달은 사람만이 그 결함을 발견할 수 있었다. 따라서 누레딘이 적의 수장으로 있는 한 십자군의 성채는 계속해서 위력을 발휘했다. 문제는 그 적이 다른 누군가로 바뀌었을 때 드러났다.

지도만 보아도 알 수 있듯이, 지중해 동쪽 연안에 딱 붙어 있는 십자군 국가는 북쪽, 동쪽, 남쪽 삼면이 이슬람 세계로 둘러싸인 상태였다. 그런 상황에서도 2백 년을 존속했다.

그 첫번째 이유가 제1차에서 제8차까지 총 여덟 차례에 걸쳐 실행된 유럽의 십자군 원정이라는 것은 누구나 말할 수 있다. 하지만 이 새로운 십자군들은 원정을 와서 1, 2년 정도 군사행동을 한 후 유럽으로 돌아가버렸다. 그들이 돌아가고 나서 다음 십자군이 원정을 올 때까지는 때에 따라 40년의 세월이 걸리기도 했다. 그사이 중근동에 사는 그리스도교도들은 무슨 이유로 살아남을 수 있었을까. 어떻게 살아남았던 것일까.

지금까지 이야기해온 것은, 이 의문의 답이라고 생각한 두 가지 요소다.

첫번째는 '템플 기사단'과 '병원 기사단'의 존재다. 그들은 적은 병력이었지만 모두 정예병으로 구성되었고, 성지를 지키기 위해 지원한 남자들이었으며, 무엇보다 성지에 뼈를 묻기로 서약한 상설 전력이었던 것이다. 중근동 십자군 국가의 가장 큰 고민이었던 만성적인 병력 부족은 곧 1, 2년 만에 돌아가버리는 병사가 아니라 계속해서 성지에 상주하는 병력의 부족을 뜻했으므로.

아울러 중근동의 십자군 국가가 존속할 수 있었던 두번째 요소는 지금까지 말한 성채의 활용이다. 이 역시 만성적인 병력 부족을 보충하기 위해 생각해낸 전략 중 하나였는데, 이슬람측에는 성채를 활용하는 전통이 없었으므로 상당한 효과를 거둘 수 있었다.

그래서 십자군이라고 하면 제1차에서 제8차까지의 원정 외에도 '종교 기사단'과 '성채'를 떠올릴 수 있는 것이다. 하지만 나와 같이 경제력과 해군력을 중요하게 본 연구자는 거의 없다. 그것은 아마 경제력과 해군력이 있었다 할지라도, 이를 통해 중근동의 십자군 국가의 존속에 공헌한 이탈리아 남자들은 성지를 방어하겠다고 십자가에 서약한 사람들이 아니었기 때문일 것이다.

중세의 경제인들

제1차에서 제8차까지 십자군 원정을 온 이들은 이슬람 입장에서는 침략자들인 셈인데, 그들은 황제와 왕, 봉건제후뿐 아니라 그 부하들까지 모두 성지의 해방과 방어를 예수 그리스도와 십자가에 서약하고 온 사람들이다. '템플 기사단'과 '병원 기사단'의 단원인 기사는 물론이고 종사에서 저격수들까지도 십자가에 서약하고 고향을 뒤로한 것은 마찬가지였다. 그 때문에 흰옷에 붉은 십자가 됐든 검은 옷에 흰 십자가 됐든 가슴에 십자를 달 권리가 인정되었던 것이다.

한편 중근동의 십자군 세력이 필요로 하는 온갖 물자의 해상 수송을 떠맡고, 성지순례를 오는 유럽의 선남선녀를 태우고 지중해 서쪽과 동쪽을 왕복하며, 새로운 십자군이 출발할 때에도 다른 방도가 없는 이상 사람과 말, 무구의 모든 수송을 떠맡은 것은 이탈리아 해양 도시국가의 남자들이었다.

하지만 종래의 십자군 연구자들 대부분은 이들을 십자군의 구성원으로 인정하지 않았다. 십자가에 성지 방어를 서약하고 오리엔트로 온 사람들이 아니었기 때문이다. 그리고 그들은 어떤 색의 십자도 가슴에 달지 않았다.

그러나 최근의 연구자들은 이탈리아 해양 도시국가가 지중해 동쪽 해역의 제해권을 견지한 것이 십자군 국가의 존속에 크게 공헌했다는 사실을 인정하는 쪽으로 바뀌고 있다. 살라딘이 시리아와 이집트를 통합한 후에도 시리아와 팔레스티나의 바다에 이집트 해군이 한 척도 얼씬거리지 못했을 정도이니, 베네치아와 제노바, 피사의 해군이 제해권을 견지한 공헌은 숨기려야 숨길 수 없기 때문이다. 그러나 이 남자들이 교역을 통한 경제활동으로 공헌한 점에 대해서는 여전히 언급하는 일이 거의 없다.

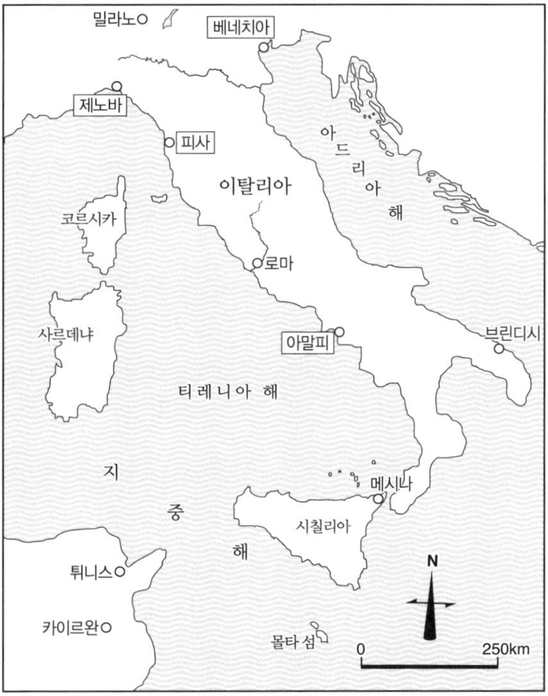

이탈리아의 4대 해양 도시국가

왜냐하면 이 남자들의 '공헌'은 그리스도교에 대한 신앙 때문이 아니라 돈을 벌려고 한 일의 결과였기 때문이다.

나는 서구인이 저술한 십자군의 역사는 어떤 모순을 내포하고 있다고 생각한다. 그리고 그 모순은 그리스도교 십자군 원정의 진정한 원인을 십자가에 서약한 신앙심에서만 찾고자 한 탓에 생긴 것이 아닐까 싶다.

서구의 많은 연구자들은 아직도, 십자군에 참가해 건투한 전사들 중 성도 예루살렘을 '해방'한 후 신에게 서약한 바를 이루었다며 귀국해 버린 사람들을 영토욕이 없는 사람들이라며 상찬한다. 한편 신에게 서약한 바를 이룬 후에도 중근동에 남아 영토 획득과 유지에 집착한 십자군 제후들은 세속적인 욕망에 사로잡혔다며 비난한다.

그러나 십자가에 서약한 바를 이룬 것에 만족하며 귀국한 '십자군 전사'가 단연 많았다는 사실은, '신에 대한 서약이 이루어진 후의 성지'에 만성적인 병력 부족을 초래했다. 그 결과 에데사 백작령을 빼앗기고 안티오키아 공작령의 방어를 비잔틴제국 황제에게 맡기지 않을 수 없었고, 결국 예루살렘조차 빼앗기게 된 것이다.

이것이 중근동의 십자군 국가들의 현실이었다. 에데사를 빼앗겼다는 것을 알고 깜짝 놀라 제2차 십자군을 보낸다. 또한 예루살렘을 잃고서야 비로소 심각성을 깨닫고 제3차 십자군이 유럽을 떠난다. 하지만 때는 이미 늦었다.

역사가라면 이 점을 지적해야 할 테지만, 이걸 지적하면 그들이 지녔던 세속적인 영토욕이나 부의 축적을 인정하지 않을 수 없다. 때문에 '신이 그것을 바라신다'는 호령으로 시작된 십자군의 역사를 쓰는 그리스도교도 입장에서는 아무래도 석연치 않았는지도 모른다. 어쨌든 신에 대한 서약보다 사욕이 더 지속성이 강했다는 이야기가 되니까, 아무리 그것이 인간성의 현실이라 할지라도 이를 받아들이는 것은 기분 좋은 일이 아니다.

그러나 나는 역사 전문가가 아니다. 또한 이슬람교도도 아니고, 그리스도교도도 아니다. 그래서 애초의 동기는 돈을 벌기 위한 것이었다 해도 결과적으로 '신이 바라시는' 것의 존속에 공헌한 이탈리아 경제인에게 페이지를 할애하는 것에 조금도 주저함이 없다.

그래서 이제부터 이탈리아 해양 도시국가에 대해 이야기할 텐데, 사실 이 사람들은 11세기 말 원정 온 십자군보다 2백 년이나 앞서 이미 오리엔트 이슬람교도와 사업을 해왔다.

베네치아의 대성당은 성 마르코에게 바쳐진 것이기 때문에 그 앞에 펼쳐진 광장은 산마르코 광장으로 불린다. 이렇게 된 것은 9세기부터다. 당시 두 명의 베네치아 교역 상인이 이집트 알렉산드리아로 갔다가 이슬람 사회에서 때때로 발생하는 반그리스도교 폭동의 여파로 그리스도교 수도원에 안치되어 있는 성 마르코의 유해가 손상될 위기에 처한 것을 보고 그것을 사들인다. 그리고 그 유해를 이슬람교도가 질색하는 돼지고기 안에 감추어 베네치아로 가지고 돌아온 데서 시작된 것이다.

성 마르코는 신약성서를 쓴 네 명 중 하나이자 그리스도교도가 신앙하는 성인 중에서 예수의 제자들 다음으로 중요한 존재로, 성서에 손을 얹은 사자로 상징된다. 베네치아는 이 성인을 자신들 공화국의 수호성인으로 정했다. 유해가 진짜인지 아닌지는 상관할 바가 아니었다. 수호성인이란 어디까지나 그것을 원하는 사람에게만 가치 있는

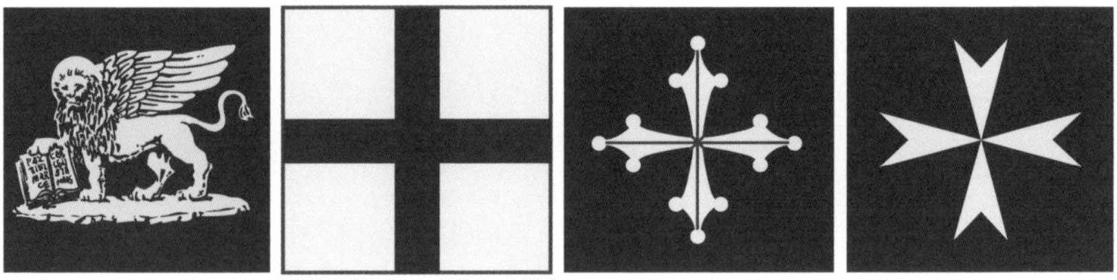

각국의 문장(왼쪽부터 베네치아, 제노바, 피사, 아말피)

존재이기 때문이다.

이탈리아의 해양 도시국가가 이교도인 이슬람교도와 교역을 시작한 것은 아말피, 피사, 제노바, 베네치아 순이다.

베네치아의 상인이 9세기에 이미 오리엔트에 출몰한 바 있으니, 아말피와 피사, 제노바의 동업자들은 훨씬 전부터 활약하고 있었을 것이다.

아드리아 해 안쪽에 위치한 베네치아와 나폴리 근처 아말피의 남자들은 해외 진출을 생각할 때 극히 자연스럽게 지중해 동쪽으로 눈을 돌렸으며, 피사와 제노바는 지중해 서쪽을 주목했다. 이들의 관심이 우선 북아프리카 이슬람교도와의 교역으로 향한 것도 당연한데, 가장 먼저 오리엔트와 교역한 것은 아말피, 그다음이 베네치아의 상인들이었다.

제1차 십자군 원정 반세기 전에 예루살렘에는 이미 순례자를 위한 병원이 존재했고, 그것이 '성 요한 병원 기사단'의 전신이라는 점을 떠올려보자. 이는 아말피 상인들이 세운 것이었다. 그러나 당시의 예루살렘은 이슬람의 지배하에 있었다. 다른 신을 인정하지 않는 일신교 사회에서 다른 일신교가 운영하는 병원을 세우려면 절대적으로 이슬람측의 허가가 필요하다. 그 허가를 내주는 가장 윗사람인 카이로의 칼리프와 아말피의 상인 마우로가 사업을 통해 우호적인 관계를 구축하고 있었기 때문에 그들은 병원 건설 허가를 얻을 수 있었다. 이처럼 우호적인 관계를 구축한 것은 이탈리아 교역 상인들이 '종교는 종교, 사업은 사업'이라는 방침으로 일관했기 때문인데, 베네치아에는 '그리스도교도이기에 앞서 베네치아인'이라는 격언까지 있었다.

그리고 십자군 시대에 들어선 후, 십자군에 관여함으로써 오리엔트로 진출한 것이 피사와 제노바다.

제1차와 제2차 십자군은 모두 원정로로 육로를 택했다. 하지만 이를 통해 유럽인들은 투르크군이 출몰하는 소아시아를 통과하는 것이 얼마나 위험한가를 깨달았다. 그래서 그리스도교도가 예루살렘을 해방한 뒤로 급속하게 증가한 성지순례자들은 전적으로 바닷길을 택하게 되었다. 십자군의 주력은 북서유럽인이었으므로 그 지방에서 온 순례자가 많았다. 이들의 집에서 보다 가까운 거리에 있고, 아울러 오랜 배 여행의 안전을 보증할 만한 배와 선원을 가진 나라는, 북아프리카의 이슬람측 해역을 견제하기 위해 해군력을 강화하고 있던 제노바와 피사였다.

하지만 이것은 지금껏 오랫동안 오리엔트에서 사업의 첨병 노릇을 해왔던 아말피가 퇴장했기 때문에 가능한 일이었다. 교역 상인들이 주도하는 공화국이었던 아말피도 세금 징수를 가장 중요시하는 군주국의 수중에 들어가자 활력의 쇠퇴를 피할 수 없었다. '암흑의 중세'를 깨부수는 첫 주자이기도 했던 아말피는 이탈리아 남부에 세력을 확립하고 있던 노르만 왕국의 수많은 항구도시들 중 하나로 전락한다. 해양 도시국가 시대의 문장을 '병원 기사단'의 문장에 남겨놓은 채.

이리하여 피사, 제노바, 베네치아의 3대 해양 도시국가가 지중해의 패자(霸者)가 되었는데, 이는 그들이 성지순례자의 수송 외에도 다른 역할을 했기 때문이다.

우선 중근동에 세운 십자군 국가들은 자급자족할 수 있는 상태가 아니었다. 게다가 수립된 지 얼마 안 된 상황이라 모든 물자가 부족했다.

유럽의 봉건제도를 이식한 것이 중근동의 십자군 국가인데, 중세의 주요산업은 농업이다. 유럽에서는 농노가 그것을 담당했다. 그리스도교도인 농노를 써도 생산성이 낮은 것이 당시의 농업이었는데, 중근동에서는 이슬람교도 농노를 써야 했던 것이다. 때로는 밀까지 유럽에서 운송해와야 했다. 이러한 상황에서 근처 이슬람교도 농작지로 나가 물자를 사들이고 그것을 십자군측에 파는 것도 이탈리아 상인들의 역할이었다. 그들이 이슬람교도와의 교섭에 더 익숙했기 때문이다.

'음식'은 이렇게 어느 정도 보증할 수 있다 해도 현지 생산으로는 결코 해결할 수 없는 물산이 있었다. 무구와 무기를 비롯한 모든 전투용품이 그것이다. 한 나라의 문화이기도 한 무구와 무기는 기술자만 불러들인다고 어디에서나 같은 품질의 물건을 제조할 수 있는 것은 아니다. 제조는 반드시 몇몇 지방에 집중되었다. 이 중세시대에 무구와 무기의 생산지로 유명했던 곳은 독일 남부와 이탈리아 북부였다. 독일 남부의 제품은 베네치아로 모였고, 이탈리아 북부의 제품은 제노바나 베네치아에서 팔렸다. 베네치아나 제노바의 상선은 그것을 중근동으로 가져와 팔아치웠다.

그리고 제3차 십자군부터는 아예 십자군 원정로가 바닷길로 바뀌었다. 이렇게 되면 병사나 말까지 수송해야 한다. 그리고 이 정도의 수송력을 갖고 있었던 것은 피사와 제노바, 베네치아뿐이었다.

물론 이러한 '십자군 특수'를 맞기 훨씬 전부터 그들은 오리엔트와의 교역에서 실적을 올리고 있었다. 돌아가는 배에는 고액의 뱃삯을 받을 수는 없는 순례자를 태우는 것에 만족하지 않고 오리엔트 특산물을 가득 싣고 귀로에 올랐다.

각양각색의 융단. 모술 특산의 고급 옷감인 모슬린 천 다발. '다마스쿠스 옷감'이라는 브랜드만으로도 구매자가 모여드는 다마스쿠스 특산의 고급 견직물. 미사에 빼놓을 수 없는 아라비아 반도산 몰약(沒藥). 중세의 귀부인들이 열중한 페르시아 만의 진주. 멀리 아시아에서 온 보석과, 후추를 비롯한 갖가지 향신료. 그리고 알레포산 비누. 서방 사람들이 기꺼이 돈을 내고 살 만한 동방의 물품은 무척 많았다.

알레포산 비누에는 약간 설명이 필요하겠다. 고대부터 존재한 비누의 제조지는 마르세유와 알레포였는데, 그것은 21세기인 지금까지도 이어지고 있다.

마르세유는 차치하고 알레포가 비누의 제조지가 된 것은 고대 로마인에 의해 비누 제조가 시작되었기 때문인데, 중세에 접어든 후 이에 눈독을 들인 것이 베네치아인이다. 베네치아인은 입욕용이 아니라 전투용으로 이를 주목했다. 비누 분말을 녹여 적의 배 갑판 위에 끼얹으면 적병은 발이 미끄러져 넘어지곤 했다. 이기기 위해서는 어떻게든 상대의 전력을 떨어뜨려야 했기에 비누도 사용하기에 따라 훌륭한 무기가 될 수 있었던 것이다.

그렇다면 같은 그리스도교도가 사는 마르세유에서 사면 되지 않을까 싶지만, 교역에서는 뭔가를 팔아야 다른 것을 살 수 있는 법이다. 시리아의 알레포가 비록 이슬람교도의 도시라 해도 그곳에서 구입하는 것이 더 수지가 맞았을 것이다.

해군력

중세 지중해를 항해하는 배는 갤리선과 범선이었다. 이중에서 갤리선이 군용은 물론 상선으로도 많이 쓰였다. 바람으로 움직이기 때문에 항해의 일정을 세우기 힘든 범선에 비해 갤리선은 노를 저어 '모터' 효과를 낼 수 있으므로 바람의 방향이 바뀌는 일이 잦은 지중해에서 수송선으로 더 적합했기 때문이다.

또한 이탈리아 해양 도시국가의 배는 노를 젓는 조수(漕手)로 노예를 쓰지 않았다. 이슬람교도의 수요에 따라 노예를 중개 무역의 '상품'으로 취급하긴 했지만 자국에서는 이들의 노동력을 쓰지 않았던 것이다. 하물며 배의 조수로는 쓰지 않는 것이 전통이었다.

이슬람 국가들처럼 그리스도교도를 납치해 조수로 쓸 수 없었기 때문이기도 하지만, 그보다는 원래부터 인구가 적은 도시국가였으므로 조수도 유사시에 전력으로 활용하는 것이 합리적이라고 생각했기 때문이다.

해적의 습격에 대비해 30명 정도의 전투요원을 태우고 있으나 유사시에는 이 30명에 조수 2백 명도 가세하기 때문에 전력이 230명으로 늘어난다. 한편 주로 이슬람교도였던 당시 해적선에서는 그리스도교도 노예가 노를 저었으므로 이들을 그리스도교도의 배를 습격하는 데 활용할 수는 없었다. 이것만 보아도 전투력의 차는 명백했다.

해군은 해적에 대한 방어책으로 생겨나는 것이며, 해적과의 전투를 거듭하면서 강력해진다. 바다에 면한 곳에 사는 사람들을 지키기 위해, 그 앞으로 확대되는 해역의 제해권을 확보하는 것이 해군의 주목적이기 때문이다.

이 주변 사정은 『로마 멸망 이후의 지중해 세계』에 자세히 서술했으므로, 더 자세히 알고 싶은 사람은 그 책을 읽어주었으면 한다. 다만 피사, 제노바, 베네치아 등 이탈리아 해양 도시국가의 남자들이 '해양의 백성'이 된 요인은, 해외와의 교역을 위해서는 바닷길에 매복해 있는 해적을 제거해야 했고, 그런 해적과의 싸움을 거듭해나가는 과정에서 선원들의 전투력과 조종술이 함께 향상되었기 때문이라고 보아도 좋을 것이다.

반대로 이집트 해군은 이슬람 세계의 '영웅'이기 때문에 이슬람교도 해적의 습격을 받지 않았다. 즉 이집트가 아무리 풍요로워 수많은 배를 만들었다 해도 치열한 해전의 경험은 쌓지 못했던 것이다. 게다가 그들 역시 이슬람 배의 전통대로 전력으로 활용할 수 없는 노예를 조수로 쓰고 있었다.

이것이 육상에서는 프랑스인과 독일인이 주체가 된 제1차 십자군이 중근동 지역에 십자군 국가를 수립해나가는 한편으로, 해상에서는 일찌감치 이탈리아의 해양 도시국가가 제해권을 수중에 넣을 수 있었던 요인이다. 이후 육상에서는 이슬람 세력의 반격으로 상황이 바뀌지만 그 이슬람 세력도 해상까지는 끝내 손을 대지 못했다.

시리아와 팔레스티나 지역에 건설한 십자군 국가의 주요도시는 성도 예루살렘을 제외하면 거의 다 지중해 동쪽 연안을 따라 늘어선 항구도시였다. 만약 이슬람 세력이 해상에서 공격해왔다면 잠시도 버티지 못했을 것이다. 그렇지만 살라딘이 이슬람 세력을 통일한 후에도 중근동의 제해권은 계속해서 그리스도교측이 쥐고 있었다. 살라딘의 뜻대로 움직이는 이집트 해군마저 이탈리아 해양 도시국가 해군의 적수가 못 되었으므로, 팔레스티나 바다에 배 한 척 못 대는 상황은 전혀 변하지 않았던 것이다.

그리스도교측의 제해권은 십자군 국가의 최후의 순간까지 그대로 유지되었다. 그리고 최소한 해상에서만은 이런 상황이 계속되었기 때문에, 중근동의 십자군 세력은 존속에 필요불가결한 물자를 계속 보급할 수 있었다. 그것이 운송료와 교역으로 이익을 얻으려는, 십자가에 서약도 하지 않은 이탈리아 경제인에 의한 것이긴 해도.

게다가 이들 중세 이탈리아의 '이코노믹 애니멀'은 해상수송과 교역만 했던 것은 아니다. 또한 제해권을 유지하는 것만으로 만족하지도 않았다.

조수까지 전력으로 삼았던 피사와 제노바, 베네치아의 배는 아직 이슬람 지배하에 있는 항구도시를 육지 쪽에서 공격하는 십자군 세력에 협력해 바다 쪽에서 공격할 때, 선원이나 전투요원부터 조수들까지 모두 '해병'으로 일변했다. 40척의 갤리선을 공격에 투입한다 치면 1만 명에 가까운 해병이 공격하게 되는 셈이다. 육지 쪽에서 공격하는 십자군과 비교해도 결코 적지 않은 병력이었다.

이리하여 이탈리아의 해양 도시국가는 이슬람측에 있던 시리아와 팔레스티나의 항구도시 공략전에 적극적으로 참여하게 되었다. 오늘날에도 이탈리아의 해병대 본부는 여전히 베네치아에 있으며, 부대 깃발도 예전 베네치아 공화국의 국기를 사용하고 있다. 이탈리아의 해양 도시국가는 '해병'도 탄생시킨 것이다.

거류지

이들은 중근동의 십자군 국가를 건설하고 그것을 유지하는 데 적극적으로 참여했다는 이유로, 공략에 성공한 해양 도시국가 내에 자신들의 전용 거류지를 마련해줄 것을 요구했다. 이들이 원한 장소는 배를 댈 수 있고 짐을 싣고 내리기에 적합한 항구 근처였는데, 이러한 거류지는 한 군데가 아니었다.

이탈리아의 해양 도시국가들은 서로 라이벌 의식이 강했기 때문에 거류지는 한 항구도시 안에서도 피사인용, 제노바인용, 베네치아인용으로 나뉘었다. 공략전에 대한 참여도에 따라 야파에는 피사인의 거류지, 안티오키아와 베이루트에는 제노바인의 거류지, 티루스에는 베네치아인의 거류지를 만드는 식으로 자연스럽게 배분된 경우도 있었다.

이러한 거류지에는 일단 거류지 주민의 모국 수호성인에게 바치는 교회가 세워졌다. 그리고 고향에서 먹던 빵을 굽는 빵집도 빼놓을 수 없다. 물론 유럽에서 운반해온 화물이나 앞으로 유럽으로 운반해갈 물산을 보관하는 창고가 즐비한 것도 거류지 특유의 풍경이었다.

그리고 이슬람교도 상인들과의 거래가 이루어지는 상관(商館, 폰다코)과 본국 정부가 파견한 거류지 내의 통치책임자인 영사(콘술)가 사는 공저가 있고, 그 주변에는 장기 체재하는 상인들을 위한 집들이 늘어서 있었다.

중근동의 십자군 국가 내에 만들어진 이탈리아 해양 도시국가의 거류지는 이러한 구성을 활용함으로써 십자군 국가의 '경제 특구'로 작용했다.

이탈리아의 해양 도시국가가 항구도시를 공략할 때마다 그 지역에 거류지를 설치해줄 것을 요구한 것을 두고, 현대 연구자들은 상인 특유의 탐욕이라며 강경한 어조로 비난한다. 하지만 이런 주장은 군주정과 공화정의 차이를 간과한 것이다.

군주정 나라에서는 전쟁 여부를 그 나라의 왕이나 영주가 결정한다. 때문에 필요한 비용도 이 사람들이 부담한다. 십자군 시대로부터 2백 년 후의 이야기이지만, 독일의 제후였던 뷔르템베르크 백작은 성지순례를 떠나는 도미니크회 수도사 슈미트에게 다음과 같이 말했다고 한다.

"세상에는 다른 사람에게 권해야 할지 권하지 말아야 할지 망설이게 되는 일이 세 가지 있다. 첫째가 결혼, 둘째가 전쟁, 그리고 셋째는 성지순례다."

어느 것이나 앞일이 불투명하므로 위험이 따른다는 공통점이 있다. 하지만 이 말은 군주국에서는 이 세 가지 모두 제후, 즉 한 사람의 의지에 달려 있었다는 것을 보여주기도 한다. 그런데 공화국에서는 달랐다.

피사, 제노바, 베네치아 모두 경제인들이 주도하는 공화제를 채택한 공화국이었다. 나중에는 통치 능력을 향상시키기 위해 원로원에서 중요한 정책을 결정하게 되지만, 십자군 시대에는 베네치아 같은 나라에서조차 군사행동에 나설지의 여부 같은 중요한 국정을 시민집회에서 결정했다.

실제로 국정을 수행하는 원수(도제)나 내각(콘실리오)은 시민이라는 유권자에게 어떤 일을 무엇 때문에 실행하려 하는지 설명해야 했다. 그리고 그 설명은 항상 구체적으로 이루어졌다. 마키아벨리도 말했듯이, 민중은 추상적인 이야기를 들으면 잘못된 판단을 내리지만 구체적인 이야기를 들으면 의외로 올바른 판단을 내리곤 한다. 따라서 공화국의 위정자들은 자신들의 생각을 국정에 반영하려면 항상 구체적으로 설명할 필요가 있었다. 일례를 들어보겠다.

산마르코 광장에 모인 시민들 앞에서 도제 미키엘은 다음과 같이 말한다.

40척의 갤리선, 28척의 범선, 4척의 대형 갤리선으로 구성된 베네치아 함대를 도제가 직접 지휘해 오리엔트로 떠난다. 중근동의 성지를 '해방'하고 있는 십자군과 같은 그리스도교도로서 함께 싸우기 위해 바다 쪽을 공격할 것이다. 아코, 하이파, 티루스, 아스칼론 등의 항구도시 중 어느 한 곳이, 아니면 그 모든 곳이 전장이 될 것이다. 이 군사행동으로 베네치아가 얻는 것은 공략에 성공한 후 이들 항구도시에 베네치아의 교역기지를 설치하는 것이다.

이 군사행동에 필요한 비용은 얼마이고 참여하는 인원은 1만 명이다. 시민 여러분이 이 군사행동에 대한 찬반을 결정해주었으면 한다.

이렇게 설명한 후에 표결로 결정하는 것이 중세 이탈리아 공화국의 방식이었다. 군주국에서는 한 사람만 이런 결정을 하면 되지만 공화국에서는 다수가 결정하기 때문에 항상 설명할 책임이 요구되었던 것이다.

피사, 제노바, 베네치아의 사정이 이러했기 때문에, 이들은 공략이 성공한 후의 거류지 설치까지 십자군측의 승인을 받고 나서야 비로소 공동투쟁에 들어갔다. 상인의 탐욕 때문만은 아니었다. 이들은 사후에도 역시 전과 보고의 형식으로 시민들에게 설명할 책임이 있었던 것이다.

후대의 연구자는 이탈리아인의 이러한 방식을 비난했지만 동시대 십자군 제후들은 달랐다. 비난하기는커녕, 안티오키아 공작 보에몬드나 예루살렘 왕 보두앵 1세와 2세처럼 지극히 당연한 요구로 받아들인 사람이 더 많았다.

실제로 그들은 전투에서 고생을 해보았기 때문에, 이슬람의 지배하에 있는 항구도시를 공략하는 과정에서 이탈리아 해양 도시국가의 해군력과 병사들의 전투력이 얼마나 중요한 공을 세웠는지 충분히 알고 있었던 것이다.

또한 공략한 후에 경제기지가 활발하게 기능하는 것은 십자군 국가들의 경제 기반 강화로도 이어지므로 그 효과도 생각했을 게 분명하다. 실제로 현지에서 고생하는 사람들에게는 십자가에 서약했는지의 여부가 그다지 문제되지 않았을 것이다.

상관

그러나 독자적인 거류지를 설치할 수 있는 건 그리스도교의 지배하에 들어간 도시에서만이었다. 같은 중근동에서도 아직 이슬람의 지배하에 있는 도시에서는 거류지 같은 것을 인정해주지 않았다. 하지만 그렇다고 포기할 중세의 이코노믹 애니멀이 아니었다.

거류지 설치는 불가능해도 상관을 두는 것은 가능했다. 물론 그 지역의 위정자인 술탄이나 아미르(태수)의 허가를 얻어야 했지만.

이 시대에 베네치아의 상관이 알레포에 있었다는 것은 알려진 사실이다. 알레포는 십자군의 기세가 가장 왕성했던 제1차 십자군 시대에조차 한 번도 그리스도교의 지배하에 들어간 적이 없는 이슬람 도시 중 하나다. 베네치아 상인들은 그런 알레포에까지 상관을 두었던 것이다. 그러므로 알레포에서 그다지 멀지 않을뿐더러 훨씬 대도시인 다마스쿠스에도 상관을 두었을 게 틀림없다. 다마스쿠스야말로 카이로와 함께 오리엔트의 물산이 가장 많이 집결되는 도시였으니까.

이렇듯 이슬람 지배하에 있는 나라에도 설치되어 있던 '상관'은, 베네치아 시내에 있던 독일 상관이 그랬듯이, 그리고 나중에 설치된 투르크 상관이 그랬듯이, 팔려는 상품의 견본을 가지고 찾아오는 타국 상인과 상담(商談)을 하는 장소였다.

이슬람 세계에 설치하는 상관은 우호국에 둔 것과는 다른 구조로 만들어야 했다. 건물은 금욕적인 사각형 구조인데, 아무래도 종교상 적의 땅이라는 것을 고려해 바깥쪽으로 활을 쏠 수 있도록 좁고 긴 창을 뚫어놓았다. 한편 굳이 성벽이나 해자를 둘러치지 않은 것은 사업만이 목적이라는 점을 부각시키기 위해서였다. 채광은 널찍하게 확보한 중정(中庭)을 통해 이루어졌다.

그 중정을 빙 두르고 있는, 일본식으로는 1층이지만 유럽에서는 지층으로 부르는 맨 아래층은 상품을 넣어두는 창고로 사용했다. 이발소나 응급처치를 할 수 있는 진료소도 있었다. 중정에서 돌계단을 올라가면 1층에 다다르는데, 집회장으로 쓰는 큰 객실 외에도 수많은 방이 있고, 그런 방 하나하나가 전부 상담을 위한 장소였다. 그 위 2층은 단기 체류자들의 주거용으로 제공되었다. 장기 체류자는 시내에 집을 빌리는 경우가 많았다.

그렇다 해도 결국 이교도의 땅에서 하는 사업이다. 그러므로 유사시에 대비해 식량과 물을 충분히 비축하고, 식사도 상관 안에서 해결할 수 있도록 만들어졌다. 조리장은 화재에 대비해 맨 위층에 배치되었다. 그래서 식사 때가 되면 아랍인이나 투르크인 소년들이 접시를 들고, 중정에서 상담에 열중해 있는 사람들 사이를 분주히 오가는 광경이 일반적이었다. 어쨌든 이슬람교도의 땅인 것이다. '유사시'는 일주일에 한 번은 반드시 찾아왔다.

상관의 첫번째 규칙은 '금요일에 절대로 외출을 금할 것'이었다. 금요일이 되면 이슬람교도가 여러모로 기분이 고양되기 때문에, 상인일지라도 그리스도교도는 모습을 드러내지 않기로 했던 것이다.

이슬람 세계로 출장을 가는 사람에게는 모국을 떠나기 전부터 수염을 깎지 말라는 지시까지 있었다. 수염을 깨끗이 깎으면 동성애의 대상이 될 위험이 있었기 때문이다. 간략한 것이기는 해도 이들은 이탈리아어와 아라비아어 사전까지 지참하고서 사업 여행을 떠났다.

마르코 폴로가 중근동에 들르는 것은 이보다 백 년 후의 일인데, 폴로의 선배들은 중국까지는 아니어도 중동 시장은 이미 망라했던 셈이다. 메소포타미아 지방을 중심으로 하는 중동 서부에 위치하는 중근동의 이슬람 세계에서 시장을 개척하는 일은 이들 중세의 비즈니스 전사들에게 당연한 행위였다.

그러나 새로운 시장을 개척하는 데 열심이었던 것은 이슬람측 경제인도 마찬가지였다. 이들 역시 십자군의 침공과 함께 대거 진출해온 '프랑크인' 상인과의 접촉을 통해, 프랑크인이 사는 지방, 즉 유럽 국가들과 경제적으로 교류하는 것의 이점을 비로소 본격적으로 깨달았다. 침략자 프랑크인을 쫓아내는 것밖에 생각하지 않았던 이슬람 광신도에게 이러한 깨달음은 분명 큰 영향을 미쳤을 것이다. 광신도도 전쟁을 하기 위해서는 돈이 필요하고, 그 돈을 내는 것은 이슬람 세계에서도 경제인이었기 때문이다.

이리하여 이탈리아 경제인들은 이슬람 세계의 동료 경제인들에게 그들이 생산하는 오리엔트의 물산이 서방에 대량으로 팔릴 수 있다는 것을 깨닫게 함으로써, 이제 완전히 수비에 집중하게 된 십자군 국가의 존속에 상당한 공헌을 하게 된다.

중근동의 제해권을 견고하게 유지해 이집트 해군의 접근을 막은 것과 함께, 십자군 국가가 필요로 하는 사람과 물자의 보급을 떠맡은 것이 바로 이탈리아의 해양 도시국가가 십자군에 공헌한 바라고 생각한다.

그렇다고 이탈리아의 해양 도시국가인 이들 피사와 제노바, 베네치아의 남자들이 십자군이라는 대의 앞에 일치단결하여 행동했느냐 하면, 실은 그렇지 않다.

오리엔트 교역의 첫번째 주자였던 아말피 공화국이 십자군 시대가 도래하기도 전에 쇠퇴해버린 것은 교역입국을 이해하지 못했던 영토형 국가 노르만 왕국에 병합되어버린 탓이었지만, 그 밖의 세 나라의 운명을 결정한 것은 그들의 라이벌 의식이었다.

피사가 국가로서 괴멸적인 피해를 입게 된 것은 제노바와의 전투에서 패했기 때문이다. 이후 피사는 국가의 후원을 받지 못하게 되어 각 상인의 재능에만 의존하게 되었고, 국력도 쇠퇴해갔다.

한편 피사를 누르고 지중해 서쪽의 패자가 된 제노바에서는 베네치아 공화국에 대한 강렬한 라이벌 의식이 고개를 든다. 이 두 해양 도시국가 사이에서는 십자군 시대 내내 치열한 항쟁이 이어졌고, 십자군 국가가 소멸한 후에도 120년 동안 네 차례에 걸쳐 싸움을 벌였다.

하지만 그에 대해서 자세히 서술하려면 십자군 역사의 본류에서 벗어나게 된다. 그리고 분량도 웬만한 책의 3분의 2 정도가 될 것이다. 그러니 이에 대해 자세히 알고 싶은 사람은 『바다의 도시 이야기』 상권의 '라이벌 제노바' 부분을 읽어달라고 부탁하고 싶다.

그러나 이것만은 말해두기로 한다. 동지들 간의 치열한 싸움도 쇠퇴기에 벌어지면 활력의 감퇴로 이어지지만, 융성기에 이루어질 경우에는 오히려 쌍방의 활력을 증진시키고 국력을 번영하게 만든다는 것이다. 십자군 시대에 제노바와 베네치아는 모두 융성기에 돌입해 있었다.

그리고 이처럼 경제 교류 하나만 봐도, 2백 년의 십자군 시대 동안 그리스도교도와 이슬람교도 사이의 전쟁만 있었던 것은 아니다. 전쟁은 설령 당사자들이 의도하지 않았어도 당사자 사이의 교류를 촉진시킨다. 십자군 시대도 예외는 아니었다.

온건한 이슬람교도

십자군 시대의 중근동을 디오라마처럼 묘사한다면, 병사들의 대열이 요란한 금속음을 내며 오가고, 성지순례를 위해 찾아온 사람들이 기도문을 읊조리면서 다니고, 그 옆으로 교역 상인들이 물품을 실은 짐수레를 끌며 오가는 풍경 정도가 될 것이다. 즉 각자의 목적은 달랐어도, 무장한 사람이나 그러지 않은 사람이나 많은 유럽인이 활발하게 왕래하고 있었던 것이다.

이러한 가운데 이교도 사이의 교류가 실제로 얼마나 이루어졌는가를 느껴보는 데 도움이 될 만한, 어느 이슬람교도가 남긴 글을 소개하고자 한다.

이 사람은 한 번도 십자군의 공략을 받지 않은 시리아의 도시 샤이자르의 '태수(아미르)'였던 우사마 이븐 문키드(Usama ibn Munqidh)이다. 제1차 십자군이 침공해오기 직전에 샤이자르에서 태어나 1188년 살라딘의 절정기에 다마스쿠스에서 죽었다고 하니, 당시로서는 드물게 장수한 사람이다.

이것이 사실이라면 태수 우사마는 제1차 십자군의 성공부터 제2차 십자군의 실패, 그리고 이 때문에 십자군이 고뇌하던 모습을 모두 이슬람측에서 지켜보았다는 이야기가 된다. 그의 영지인 샤이자르는 십자군 국가들로부터 멀리 떨어진 메소포타미아 지방 같은 곳에 있지 않았다. 십자군의 공략을 받은 적은 한 번도 없었지만, 십자군이 지배하는 지역과 산줄기 하나를 사이에 두고 마주 보고 있던 이슬람권 서쪽 끝에 위치하고 있었다. 즉 침공해와서 그대로 눌러앉아 있는 '프랑크인'을 아주 가까이에서 지켜봤던 셈이다.

이 당시 십자군측이 세력을 확립해나갔던 것에 반해 이슬람측은 난립상태를 해소하지 못하고 같은 편끼리 싸움만 하고 있었다. 그런 와

중에도 우사마가 태수로 있던 샤이자르에서는 이슬람군의 집안싸움이든 그리스도교도와의 다툼이든 한 번도 전투가 일어난 적이 없었다. 이것만 봐도 우사마는 정치적으로, 외교적으로, 군사적으로 상당한 재능이 있는 사람이었음에 틀림없다. 또한 십자군측의 주요인물들과도 상당히 친밀한 관계를 유지하고 있었던 것 같다.

그런데 이 이슬람교도는 정치가이자 군인임에 앞서 상당한 교양인이었다. 도적의 습격을 받아 가진 것을 죄다 강탈당했을 때도 재물이나 보석보다도 4천 권에 이르는 장서를 잃어버린 것을 더 애석하게 생각했다. 당시 이슬람 세계의 교양인이 으레 그랬듯 그도 몇 권의 저서를 아라비아어로 써서 남겼다. 여기서 소개하는 것은 그중 일부로, 프랑크인에 대한 이슬람 교양인의 평, 즉 십자군으로 중근동에 와 있던 유럽인에 대한 평이라 할 수 있다. 책은 이슬람교도가 쓴 십자군 관련 서적의 관례대로 "신이여, 이 불신의 무리를 벌하소서" 라는 말로 시작하는데, 이어지는 다음 부분이 흥미롭다.

프랑크인 기사에 대하여

프랑크인 사회에서 가장 존경받는 것은 전사로서의 가치다. 따라서 다른 누구보다도 기사의 영향력이 크다. 그들 사회에서는 기사가 군사력을 담당하고 지휘하며, 시민사회의 여러 일을 결정하는 권리까지 가진다.

그들과 우리가 휴전하고 있던 시기의 일이다. 바니야스에 영지를 가진 그리스도교도의 한 소작농이, 영주가 부당하게 가축을 징발했다며 예루살렘 왕에게 그를 고소했다.

예루살렘 왕 풀크는 조속히 왕의 측근으로 추측되는 예닐곱 명의 기사들을 불러 그들에게 일의 조정을 맡긴다. 별실로 물러간 기사들은 전원의 의견이 일치할 때까지 토의한 후 왕에게 돌아와 말했다.

"피고인 바니야스 영주는 원고인 농민에게 변상해야 한다는 것으로 의견 일치를 보았습니다."

이 말을 들은 왕은 일단 피고에게 이 결정에 따르도록 명하고, 원고에게는 기사들과 이야기하여 변상금 액수를 정하라고 명했다. 그 결과 4백 디나르로 합의가 성립되었다.

이 예에서도 볼 수 있듯이 프랑크인 사회에서 기사가 내린 결정은 절대적이며 왕조차 그에 반대할 수 없다. 그리고 전사로서의 능력에 더해 키가 크고 늘씬한 기사는 프랑크인 사이에서 더욱 존경을 받는다.

어느 날 이 왕과 나는 다음과 같은 대화를 나누었다.

"어제는 아주 기쁜 마음으로 보냈소."

"뭐가 그리 전하를 기쁘게 했습니까?"

"듣자 하니 샤이자르 태수, 당신은 위대한 기사이기도 하다지 않소. 당신과 지금까지 여러 차례 이야기를 나누었지만 기사로서도 위대하다는 것은 모르고 있었소."

"전하, 기사라 해도 저는 어디까지나 저희 세계의(즉 이슬람교도의) 기사일 뿐입니다."

프랑크인의 의술에 대하여

십자군의 지배하에 들어간 무나티라의 영주가 나의 백부에게 부하 기사를 치료해줄 의사를 보내달라고 부탁했을 때의 이야기다. 백부는 그리스도교도를 치료하는 데는 같은 그리스도교도 의사가 낫겠다고 생각해 타비트라는 투르크인 그리스도교도 의사를 보냈다. 그런데 이 의사는 열흘도 지나지 않아 되돌아왔다. 우리는 물었다.

"치료가 꽤 빨리 끝난 모양이구려."

의사는 말했다.

"도착하고 나서 곧바로 기사와 여자가 수용되어 있는 병실로 갔습니다. 기사는 다리에 화농이 있었고, 여자는 단순한 영양 부족으로 보였습니다. 우선 기사의 환부를 절개하여 고름을 짜내고 환부에 고약을 바르는 처치를 했더니 금세 증상이 좋아졌습니다. 그리고 여자에게는 열이 내리게 한 후 무엇을 먹어야 하는지 적어주고, 영양만 제대로 섭취하면 된다고 말해주었습니다."

그런데 그곳에 들어온 프랑크인 의사가 갑자기 큰 소리로 외쳤습니다. 이 의사는 의술을 모른다, 고요. 그리고 그 기사에게 말했습니다.

"둘 중 하나를 택해라. 한쪽 발이라도 살리든가, 아니면 두 발로 죽든가."

깜짝 놀란 기사는 무심코 한쪽 발이라도 살리고 싶다고 대답했습니다. 그러자 그 의사는 도끼를 가져오게 하더니 화농이 생긴 다리를 마치 통나무 자르듯이 도끼로 내리쳤습니다. 한 번으로 끝나지 않아 다시 한번 내리쳐서 다리뼈의 골수까지 사방팔방으로 튈 정도였는데, 기사를 보니 이미 숨이 끊어져 있었습니다.

그런 것에는 아랑곳하지 않는 듯한 프랑크인 의사는, 이제는 열 때문이 아니라 처참한 광경을 본 탓에 벌벌 떨고 있는 여자에게 가서 이 여자의 병은 머리에 악마가 들렸기 때문이라는 진단을 내렸습니다. 그래서 여자의 머리카락을 자르도록 명하고, 머리털이 잘리는 동안 악마와의 대결을 위한 준비라며 여자에게 마늘과 겨자를 억지로 먹였습니다. 그 탓에 여자는 한층 초췌해졌습니다.

이어서 밀어버린 머리에 메스를 대고 뼈에 닿을 만큼 깊숙이, 십자 모양으로 쨌습니다. 그리고 거기에 소금을 문질러 발랐습니다. 여자는 신음 소리도 내지 못하고 죽고 말았습니다.

이 지경에 이르자 저는 제가 아직 필요한지 묻고, 필요 없다는 대답을 듣자마자 밖으로 나와 그대로 돌아왔습니다. 그들에게 가기 전에는 알지 못했던, 그들의 의술이 어떤 것인가를 배운 후에요.

샤이자르 태수 우사마의 글은 여기서 끝난다. 유럽인의 의술이 여기에 묘사된 것이 다가 아니라는 것은 '병원 기사단'의 병원에 이슬람교도 환자도 찾아왔다는 사실로 증명될 것이다. 하지만 중세에는 차라리 정육점을 하는 편이 나을 듯한 외과의가 드물지 않았다. 극단적인 일은 뉴스가 되고 연대기에도 기록되지만, 풍파를 일으키지 않은 평범한 방식은 아무리 좋은 결과를 낳아도 뉴스가 되지 않는다. 그것은 현대의 저널리스트에게나 과거의 연대기 작가에게나 마찬가지다. 하지만 이슬람측 의사들이 그리스도교측 의술에 대해 전혀 열등감을 갖지 않았고, 오히려 우월감을 갖고 있었던 듯하다는 것을 엿볼 수 있는 글이다.

프랑크인 남자의 질투에 대하여

아무래도 프랑크인 남자들은 자기 아내에 관한 일에 대해서조차 질투심이 강하지 않은 것 같다. 그들 중 한 사람이 어느 날 아내를 데리고 외출했다가 아내의 지인을 만났고, 아내가 그 남자와 친밀하게 대화하기 시작했다고 하자. 그럴 때 남편은 조금 떨어진 곳에 서서 이야기가 끝날 때까지 기다린다. 혹시 아내와 그 남자의 이야기가 길어지면 남편은 둘을 남겨두고 먼저 집으로 돌아간다. 우리는 이해할 수 없지만, 이것이 그들의 매너인 것이다.

프랑크인의 수치심에 대하여

나의 아버지가 남긴 자산 중 공중목욕탕이 있는데, 다음 이야기는 거기에서 일하던 살림이란 이로부터 직접 들은 것이다.

프랑크인들은 오리엔트식 목욕이 대단히 마음에 들었는지 기사들도 자주 목욕탕에 왔는데, 그들은 벌거벗어도 앞을 가리지 않았다. 게다가 오리엔트식 목욕만 좋아하는 게 아니라 오리엔트식으로 그 부분의 털까지 밀게 하는 자도 많았다.

어느 날 처음 온 듯한 사람이 그런 모습을 보고 살림을 불러 자신도 똑같이 해달라고 부탁했다. 남자의 그곳 털은 그의 수염처럼 수북했는데, 그것을 다 밀어버린 후 그 기사는 무척 만족한 듯한 모습으로 살림에게 말했다.

"살림, 여자한테도 이런 것을 해주나?"

살림이 그렇다고 대답하자 기사는 하인에게 당장 아내를 데려오라고 했다. 부인이 오자마자 기사는 말했다.

"살림, 나에게 해준 것처럼 내 아내한테도 해주게."

이것이 다 끝나자 기분이 좋아진 기사는 살림에게 두 사람 몫 이상의 돈을 주고, 부부가 함께 사이좋게 나갔다고 한다.

이 이야기를 듣고 나는 심사가 복잡해졌다. 수치심이 전혀 없다고 해도 좋을 정도인데, 이들 프랑크인 기사들은 전장에 나가면 왜 그토록 용감하게 싸울 수 있는 것일까. 수치를 두려워하는 마음이 있어야 전투력이 높아진다는 것이 우리 생각인데.

오리엔트화한 프랑크인

프랑크인 중에는 자신들이 침공해온 오리엔트에 자리를 잡고 이슬람교도와 좋은 관계를 유지하며 살고 있는 사람이 적지 않다. 내가 그중 한 사람과 알게 된 것은 안티오키아에 사는 친구를 방문했을 때였다.

친구는 나에게 프랑크인 집에 식사 초대를 받았는데 같이 가지 않겠느냐고 했다. 그래서 따라간 것인데, 그 프랑크인은 군직에서 은퇴한 후 안티오키아 교외에 땅을 사서 그곳에서 나오는 수익으로 평온한 생활을 즐기고 있다고 했다.

그는 청결하고 먹음직스러운 요리를 준비해놓고 우리를 기다리고 있었다. 식탁에 둘러앉았지만 내가 요리에 손을 대지 못하는 것을 보고 프랑크인은 말했다.

"안심하고 드세요. 저도 벌써 몇 년이나 프랑크 요리를 먹지 못했습니다. 이집트인 요리사를 고용했기 때문에 매일 그가 만든 이슬람 요리만 먹고 있어요. 물론 돼지고기는 우리 집 식탁에 절대 오르지 않으니까 안심하고 드셔도 됩니다."

그의 말을 듣고서야 먹긴 했지만, 그래도 고기 요리는 피했다.

식사 후 이 프랑크인과 셋이서 마을 시장으로 나갔다. 그런데 그곳에서 한 여자가 나에게 덤벼들었다. 그 프랑크인 여자는 내가 알아들을 수 없는 야만스러운 그들의 말을 쉴새없이 사납게 퍼부어댔고, 그것을 들은 근처의 프랑크인들이 노기를 드러내며 나를 에워싸는 바람에 순식간에 상황이 험악해졌다.

그것을 보고 그 프랑크인이 끼어들었다. 그리고 여자에게 말했다.

"무슨 일이오, 내 이슬람교도 친구한테."

여자는 새된 목소리로 대답했다.

"내 동생 우르스가 전투중 이슬람 병사한테 죽임을 당했어요."

그러자 프랑크인은 다음과 같이 대답했다.

"보면 알겠지만 이 이슬람교도는 무장하지 않았소. 지금은 나와 같이 그냥 시민이오. 여기 상인들과 마찬가지로 이제 전장에도 나가지 않고, 그 근처에도 가지 않소."

그가 한층 목소리를 높여 모여든 사람들에게 떠나라고 말한 후 내 팔을 붙잡고 자신의 집으로 데려가주어서, 나는 프랑크인들로부터 뭇매를 맞지 않을 수 있었다.

예루살렘의 '템플 기사단'

신도 아시는 것처럼 프랑크인 중에는 예의 없는 인간이 있는데, 여기서 말하는 것은 그런 프랑크인 이야기다.

다른 용무로 예루살렘을 방문하더라도 성도 예루살렘에 가면 알 아크사 사원 터에서 기도를 올리고 싶은 것이 이슬람교도의 당연한 바람이다. 템플 기사단의 단원이기도 한 내 친구들에게 그런 뜻을 말했더니, 그들은 내가 바람을 실현할 수 있도록 어떤 장소에 들어가는 것을 허락해주었다.

알 아크사 사원이 템플 기사단의 본부로 쓰이고 있다는 사실은 나도 알고 있었다. 그런데 그 본부 옆에 그들이 기도를 하기 위해 만든 작은 교회가 있었다. 내 친구인 기사들은 나를 그곳으로 데리고 들어가 나만 남겨두고 나갔다.

혼자 남은 내가 그곳 바닥에 무릎을 꿇고 "알라는 위대하고"라고 읊조리며 기도를 시작하려는 참이었다.

갑자기 템플 기사단의 한 기사가 들어와 내 머리를 억지로 동쪽 방향으로 돌리며 말했다.

"기도는 이쪽 방향을 보고 하는 거야."

그러나 곧바로 따라 들어온 템플 기사단의 기사 몇 명이 이 동료를 데리고 나갔으므로 나는 다시 기도를 시작할 수 있었다. 그래서 다시 "알라는 위대하고"라며 기도를 시작하자 또다시 아까의 그 기사가 들어와서는 내 머리를 동쪽으로 돌리며 "기도할 때는 동쪽을 보는 거라니까"라고 말했다. 이번에도 내 친구인 기사들이 들어와 데리고 나갔는데, 그들 중 한 명이 나가면서 내게 말했다.

"프랑크인의 나라에서 이제 막 온 신참이니까 용서하게. 아직 이 지역에 익숙하지 않아서 기도할 때는 고국에서처럼 동쪽 방향을 바라봐야 한다고 믿고 있거든."

이슬람교도는 메카가 있는 방향을 향해 기도하기 때문에, 예루살렘에서 기도를 하면 남쪽 방향을 보게 된다. 기도하는 방향이 다를 뿐인데 왜 이렇게 화를 내나 싶어 무척 놀랐다.

'바위 사원'에서의 일

지금은 그리스도교의 교회가 되었지만 우리에게는 예언자 마호메트가 승천한 성지인 '바위 사원'을 참배했을 때의 일이다. 동행한 친구가 물었다. 신이 어린아이였던 시절의 모습을 보고 싶으냐고. 내가 보고 싶다고 대답하자 이 사람은 나를 사원 한구석으로 데려갔다. 그곳 벽에는 마리아와 어린 구세주가 그려져 있었는데, 그는 그것을 가리키면서 이것이 어린아이 시절의 신이라고 말했다.

이를 본 나의 시선은 자연스럽게 돔 윗부분으로 올라갔다. 그리고 거기에는 불신의 무리가 믿는 신(즉 그리스도)의 그림이 우리를 내려다보고 있었다.

내 아들을 프랑크인의 나라로 데려가 양육하고 싶다는 요청을 받았을 때의 이야기

성지순례를 위해 찾아온 한 프랑크인과 호형호제할 만큼 친해졌는데, 그와 나는 종교를 뛰어넘어 서로 깊이 이해하는 사이가 되었다. 이 프랑크인은 가끔 우리 집에 찾아와서 열네 살의 내 아들과도 친해졌다.

이 프랑크인이 고국으로 떠나기 전에 우리 집으로 찾아와 이렇게 말했다.

“형제, 나는 곧 고국으로 돌아갈 텐데 그때 자네 아들을 데려가게 해 주지 않겠나? 우리나라에서 기사로 키우고 싶네. 장성해서 자네한테 돌아올 때면 여러 교육을 받고 기사 정신을 배워, 사려 깊고 뛰어난 판단력을 지닌 현명한 남자가 되어 있을 걸세.”

나는 친절한 이 친구의 우정에 감사하면서도 거절할 수밖에 없었다. 하지만 거절하려면 그가 납득할 만한 이유를 생각해내야 했다. 잠깐 생각한 후 나는 말했다.

“형제여, 자네 우정에 보답하고 싶은 마음이야 간절하네만, 아들의 할머니인 내 어머니가 그 아이를 무척 귀여워한다네. 손자가 멀리 떠나버리면 아이의 할머니는 절망한 나머지 돌아가실지도 모르네.”

프랑크인은, 그렇다면 포기할 수밖에 없지, 하며 이별을 고했다.

그리스도교도의 신앙심과 이슬람교도의 신앙심에 대하여

우리의 종교에서도 존중받는 자카리야와 그의 아들 요하네스의 묘를 참배했을 때의 일이다. 그 묘는 나블루스 지방의 세바스티에 있는데, 참배한 후 밖으로 나가보니 공터 너머로 작은 교회가 보였다. 문이 반쯤 열려 있어서 가까이 다가가 안을 들여다보았다. 그 안에는 마치 솜뭉치처럼 머리를 기른 노인 열 명 정도가 열심히 기도를 올리고 있었다. 동쪽 방향을 향해 있고 가슴에 십자를 단 옷을 입고 있었으므로 곧바로 그리스도교도 순례자들이라는 것을 알았다.

이 정경은 내게 깊은 감동을 주었지만, 동시에 나는 뭐라 말할 수 없는 분노를 느꼈다. 과연 어떤 이슬람교도가 이 노인들처럼 진정한 신앙을 갖고 신을 대하고 있는가를 생각하니 애석함마저 느껴졌던 것이다. 찬탄과 분노를 동시에 품고서 나는 살며시 그 자리를 떠났다.

그러고 나서 며칠이 지난 어느 날 다마스쿠스에서 친구와 산책을 하고 있는데, 문득 그 친구가 나에게 물었다. "고행파 수도승들을 찾아가보지 않겠나?" 나는 단박에 동의하고 말에서 내려, 걸어서만 갈 수 있는 그들의 건물로 향했다.

안에는 아무도 없는 것 같았다. 바깥과 달리 어두워 한동안 아무것도 보이지 않았으나, 눈이 익숙해지자 넓은 건물 안에는 기도를 위해 깔아놓은 많은 깔개와 그곳에 앉아 조용하고 평온하게 기도에 전념하고 있는 고행파 수도승들이 보였다. 신을 만나고 있다는 깊은 평안과, 무언가를 완전히 믿는 자만이 잠길 수 있는 지극히 순수한 신앙 안에서.

이 정경은 내 가슴을 깊은 기쁨으로 채워주었다. 그리스도교도 중에 진실로 경건한 사람이 있다는 것은 이미 알고 있었지만, 이슬람교도 중에도 경건한 신도가 있다는 것을 이때 알게 되었기 때문이다. 세속의 여러 것들에 얽매여 있던 나는 이 나이가 될 때까지 고행파 수도승이라 불리는 사람들을 본 적도, 그들이 기도하는 모습을 본 적도 없었던 것이다.

이것으로 샤이자르 태수 우사마의 글에 대한 소개를 끝내기로 한다. 이토록 경건하고 깊은 신앙을 가진 사람들끼리 왜 싸워야만 했을까 하는 생각이 들지만, 유감스럽게도 신앙으로 인한 전쟁이 끊인 적 없는 것이 인간 세계의 현실이다. 12세기 후반에 접어든 중근동에서도 인간의 소박한 소망인 '평화'가 머지않아 끝을 맞이하게 된다.

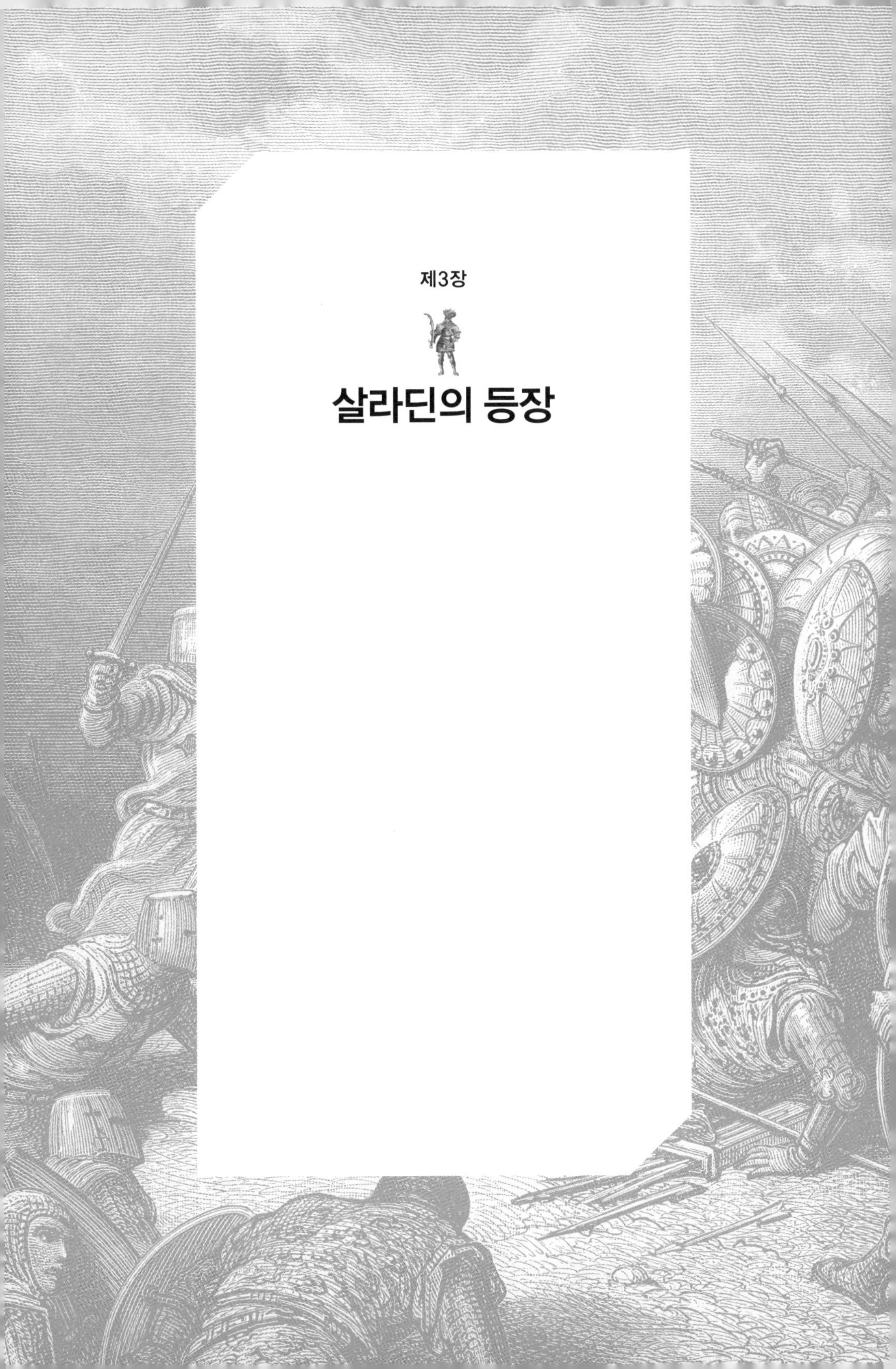

제3장

살라딘의 등장

십자군 침공을 포함해 파란만장했던 샤이자르 태수 우사마의 일생이 막바지에 이른 무렵이었다. 예루살렘 왕 아모리는 하나뿐인 아들이 나병에 걸린 것을 알게 된다. 당시로서는 절망적인 선고였다.

막 열 살이 된 소년이 이 난치병에 걸렸음이 밝혀진 것은 왕자가 또래 소년들과 함께 놀고 있을 때였다. 깃털 펜촉으로 손이나 발을 찔러 얼마나 참을 수 있는지를 겨루는 놀이였는데, 왕자 보두앵은 아무리 날카로운 펜촉으로 찔러도 전혀 아파하지 않았던 것이다.

당시에는 나병이 겉으로 드러난 것은 아니었다. 사실을 모르는 사람의 눈에 왕자는 늠름한 소년으로 성장해가는 열 살배기로 비쳤을 뿐이다.

그러나 중세시대에 나병은 불치병일 뿐만 아니라 전염병으로 여겨졌다. 당시 유럽에서는, 이 병을 앓고 있다는 것이 알려지면 곧바로 마을에서 추방되어 성벽 밖의 숲이나 동굴에서 나병 환자끼리 모여 살아야 하는 운명이 기다리고 있었다.

공동체 밖으로 나갈 때에는 건강한 사람을 전염시키지 않기 위해 손에 든 지팡이 위에 달린 방울을 울리며 걷는 것이 의무였다. 방울 소리를 듣고 사람들이 멀리 물러나도록 고안된 잔혹한 규칙이다. 단번에 많은 이들을 죽게 하는 페스트는 사람들의 두려움을 샀지만, 육체가 조금씩 무너져가는 나병은 증오와 저주를 받았다. 아직 삼십대 중반밖에 되지 않은 왕이 왕자의 가정교사인 티루스의 기욤에게 이 사실을 전해듣고는, 마치 하룻밤 만에 열 살이나 먹은 것처럼 초췌해졌다는 것도 당연했다.

예루살렘 왕 아모리에게 아들은 보두앵밖에 없었다. 딸 시빌라가 있었지만 보두앵보다 겨우 한 살 위였기 때문에, 사위를 맞이해 유사시를 대비하기에는 너무 어렸다.

게다가 보두앵은 아직 소년임에도 수세로 돌아선 십자군 국가들의 기대를 한 몸에 받고 있었다. 총명하고 책임감이 강하며 감수성도 풍부한 젊은이로 성장하고 있었던 것이다. 예루살렘 왕국, 안티오키아 공작령, 트리폴리 백작령 세 곳 모두, 남자의 시대였던 제1차 십자군 시대가 거짓말이었던 듯이 지배층 여자들이 사사건건 정사에 참견하는 바람에 통치 면에서 난맥상이 두드러지고 있었다. 그녀들의 남편이나 아들인 남자들이 그녀들의 말을 물리치고 일관된 정책을 강행하는 기개를 발휘하지 못했기 때문인데, 그에 따른 폐해는 십자군 국가들의 서민들조차 염증을 느낄 지경에 이르러 있었다.

왕자 보두앵은 그런 사람들의 희망이었다. 항상 명쾌하게 이야기하고 누구에게든 당당하게 행동하며 판단을 내려야 할 때는 모든 책임을 지겠다고 분명히 말하는 왕자를, 중근동에 사는 그리스도교도들은 오랜만에 나타난 이상적인 지도자로 보고 있었던 것이다. 그런데 그 희망이, 적어도 오래 살지 못할 것은 확실한 난치병을 앓고 있는 것이다.

아버지인 왕도 이를 끝까지 숨길 수 있으리라고는 생각지 않았다. 그리고 지금껏 병으로 쓰러진 적이 잦았던 그는, 난치병에 걸린 아들이 아버지를 더는 필요로 하지 않을 때까지 자신이 오래 살 수 있으리라고 낙관할 수도 없었다.

그리 멀지 않은 시기에 예루살렘 왕위에 나병을 앓고 있는 자가 취임하게 된다. 그리고 이 예루살렘 왕국을 중심으로 한 중근동의 십자군 국가들에 사는 사람들은 문둥이 왕의 통치를 받게 되는 것이다.

그리스도교도들이 그에 어떻게 반응할지는 신에게 맡기는 수밖에 없었다. 아니, 그렇게라도 생각하지 않았다면 왕 아모리는 틀림없이 미쳐버렸을 것이다. 왜냐하면 바로 이 시기 이슬람측에서는 누레딘이 오랜만에 결정적인 일보를 내디뎠기 때문이다. 시리아와 팔레스티나를 남북으로 가르는 산맥의 동쪽과 서쪽의 명암 차이는 점점 극명해져갔다.

수니파와 시아파

이집트에서는 완벽해 보이던 파티마 왕조가 조금씩 무너져가고 있었다. 바그다드의 아바스 왕조가 수니파라면, 카이로를 본거지로 하는 파티마 왕조는 시아파다.

따라서 이 두 왕조에는 종교상의 최고권위자인 칼리프가 존재했는데, 그 칼리프를 도와 나라의 통치와 방어를 담당하는 인물을 바그다드에서는 '술탄', 카이로에서는 '비지르(visir)'라고 부르고 있었다.

또한 이 시대에는 시아파와 수니파가 서로 다른 민족이었는데, 시아파는 셀주크투르크 민족이 주류였으며, 수니파는 아직 아랍인이 권력을 잡고 있었다.

1168년 이집트 파티마 왕조의 칼리프 자리에는 무능한 젊은이가 앉아 있었다. 칼리프는 세습제이므로 무엇보다 혈통이 중시된다. 설령 칼리프가 하렘에서의 생활밖에 모르더라도, 번역하자면 '재상' 정도가 되는 '비지르'가 실질적인 통치를 해온 덕에 파티마 왕조가 지금까지 이어져 내려왔던 것이다. 하지만 이 시기 재상 지위에 있던 샤와르는 그것에 만족하지 않았다. 은밀히 자신의 권력을 키우기 위한 책략을 꾸미기 시작한 것이다.

그런데 샤와르는 자신과 험악한 관계인 아들 카릴에게 이 사실을 들키고 만다. 카릴은 하렘에 틀어박혀 있는 칼리프의 허가를 얻어, 아버지를 무너뜨리기 위한 군대를 파견해줄 것을, 하필이면 시아파와 적대관계에 있던 수니파의 최고권력자인 누레딘에게 요청했다.

앞서 말한 대로 누레딘은 이라크와 시리아를 통합해 광대한 영토를 획득함으로써 무장으로서의 능력을 충분히 인정받고 있는 존재였지만, 단순한 무인에 만족하지 않는 남자이기도 했다. 도시 개조부터 아름다운 모스크의 건설, 병자들을 위한 의료 시설 확충, 빈민 구제를 목적으로 한 복지정책의 확립, 게다가 교육이나 문화의 향상에까지 노력을 기울여 그리스도교 세계의 주교에 해당하는 이슬람교 이맘들로부터 칭송을 한 몸에 받고 있을 정도였다.

누레딘은 이 해에 막 쉰을 넘긴 참이었다. 인생 최후의 대사, 그것도 알라가 기뻐할 것임에 틀림없는 대사를 실행할 때가 바로 지금이라고 생각한 것도 당연했다.

이집트 재상의 아들로부터 원군을 파견해달라는 요청을 받았을 때, 누레딘의 머릿속에는 이 호기를 살리면 이집트를 수니파로 만들 수 있겠다는 생각이 스쳤을 것이다.

둘로 나뉜 상태에서는 항상 한쪽이 다른 한쪽을 병합하고 싶어한다. 이슬람 세계에서는 시아파와 수니파, 그리스도교 세계에서는 가톨릭교와 그리스정교가 그 예다.

누레딘은 바그다드의 칼리프가 일찍이 술탄으로 임명해준 바 있다. 이라크와 시리아에서는 이미 최고권력자가 되어 있는 셈이다. 여기에 이집트를 더한다면 티그리스강에서 나일강까지, 이슬람 세계의 주요 지역이 모두 누레딘의 지배하에 들어오게 된다. 이슬람 세계의 일체화라는 대사업이 누레딘의 손으로 비로소 달성되는 것이다. 쉰 살을 막 넘어선 겸허한 이슬람교도에게 이토록 감미로운 꿈은 없을 것이다. 그는 즉시 다마스쿠스에서 군대를 편성하기 시작했다.

이듬해인 1169년 1월 2일, 8천 명의 기병으로 구성된 군대가 다마스쿠스를 출발한다. 기병으로만 편성한 것은 빠른 공격으로 승부를 내려고 작정했음을 보여준다.

누레딘은 이 8천 명의 기병을, 지금까지도 자주 중요한 임무를 맡겨온 시르쿠(Shirkuh)가 이끌도록 했다. 장군 시르쿠는 셀주크투르크 출신이 태반인 누레딘의 부하들 중에서 드문 쿠르드족 출신 무장이었는데, 누레딘은 재능만 있다면 출신 부족을 상관하지 않는 장점을 갖고 있었다.

장군 시르쿠는 이집트로 출정하라는 누레딘의 명령을 받자, 곧 서른 살이 되는 조카를 데려가고 싶다고 청해 허락을 받았다.

살라딘이라는 이름의 이 청년은, 육체부터 무인다운 분위기를 풍기는 누레딘이나 시르쿠와 달리 키도 보통 사람보다 작고 풍모도 지식인에 가까웠다. 그 나이가 되도록 학문과 교양을 쌓았다고 하는데, 서른 살이 될 때까지 사람들의 눈길을 끌지 않았던 이 청년을 파견군에 더하는 것은 누레딘에게 별로 신경 쓰이는 일이 아니었다. 신뢰하는 시르쿠의 부탁이라 받아들이긴 했지만 그에 대한 기대는, 학문을 쌓았다고 하니 이집트를 수중에 넣은 뒤 행정관으로 일을 시킬 수 있겠다는 생각 정도였다.

모술의 북쪽 티그리스강 근처, 전통적으로 쿠르드족이 많이 사는 타

크리트(Takrit)에서 태어나 아버지와 백부의 임지인 시리아에서 자란 살라딘은, 이리하여 다마스쿠스에서 이집트로 향하는 군대에 들어가게 되었다.

파티마 왕조의 멸망

1월 8일, 시르쿠가 이끄는 군대는 일찌감치 카이로에 도착한다. 그들을 맞이한 것은 재상의 아들 카릴이었다. 다마스쿠스군의 전격적인 도착으로 겁에 질린 재상 샤와르는 모습조차 드러내지 않았다. 카릴과 시르쿠는 군대 파견의 대가로 미리 합의했던 것처럼, 이집트 전 영토의 3분의 1을 누레딘에게 양도하는 것을 명기한 증서에 조인한다. 이로써 이집트는 실질적으로 누레딘의 영토가 되었다.

병사 한 명 잃지 않고 이렇게 간단히 성과를 얻은 것에 안도했는지, 장군 시르쿠는 카이로 교외에 있는 예언자 아쉬 샤피의 묘소에 참배하기로 한다. 다만 장군의 조카는 카이로에 남았다.

장군 시르쿠가 카이로를 비운 그날 밤, 살라딘이 이끄는 부대가 재상 샤와르의 저택을 습격했다.

예언자의 묘를 참배하고 돌아온 시르쿠는 살해당한 샤와르를 대신해 재상 지위에 오른다. 하렘에 있는 칼리프로부터 승낙을 얻는 일은 간단했다.

그런데 재상이 된 시르쿠는 두 달 후인 3월 23일 갑자기 죽어버린다. 욕실에서 미끄러져 머리를 다친 것이 원인이라고 하는데, 어쨌거나 이 백부의 죽음에 조카가 전혀 관여하지 않은 건 확실하다.

그러나 백부가 죽은 지 얼마 지나지 않아 그는 칼리프의 명으로 재상에 임명된다. 다마스쿠스를 뒤로한 지 두 달하고도 삼 주밖에 되지 않았다. 전광석화라고 해도 좋을 만한 속도로, 서른한 살의 재상이 출현한 것이다.

이에 놀란 것은 다마스쿠스에 있던 누레딘이었다. 샤와르의 살해와 그를 대신한 시르쿠의 재상 취임까지는, 예상 밖이기는 해도 나쁘지 않은 전개로 받아들이고 있었다. 그런데 그로부터 두 달밖에 지나지 않아 시르쿠의 죽음과 예의 그 애송이가 재상에 취임했다는 보고를 동시에 받자 놀라지 않을 수 없었다.

그러나 누레딘은 살라딘을 자신의 충실한 부하였던 시르쿠와 같은 선상으로만 생각했다. 즉 자신의 부하 중 하나, 그것도 신참으로밖에 보지 않았던 것이다. 당연히 이집트는 자신의 것이며, 이제 겨우 서른한 살 된 이 쿠르드족 젊은이는 자신의 명령에 무조건 복종할 것이라고 믿었다.

이렇게 생각한 것은 예루살렘 왕 아모리도 마찬가지였다.

새로운 십자군의 계획과 좌절

누레딘이 바그다드에서 다마스쿠스까지 수중에 넣은 것만으로도 십자군 국가들에는 충분히 위협적이었다. 그런데 이제 바그다드에서 다마스쿠스를 거쳐 카이로까지 누레딘의 지배하에 들어간 것이다. 중근동의 십자군 세력은 이제 서쪽 지중해를 제외하고 북쪽과 동쪽, 남쪽까지 삼면이 포위된 형국이었다. 바다에 접해 있지 않은 예루살렘의 운명은 풍전등화라고 해도 과언이 아니었다.

예루살렘 왕 아모리는 로마 교황에게 특사를 파견하여 새로운 십자군 원정을 위해 힘써달라고 요청한다. 누레딘의 기세에 제동을 걸 수 있는 것은 유럽의 새로운 십자군 원정밖에 없다고 생각했기 때문이다.

그러나 이 탄원에 가까운 요청을 받은 로마 교황 알렉산드로스 3세는 움직이고 싶어도 움직일 수 없는 상황이었다.

로마 교황은 군사력을 갖고 있지 않다. 따라서 군사력을 가진 다른 누군가에게 원정을 부탁해야 한다. 하지만 이 시기 군사력을 가진 유럽의 3대 유력자는 십자군에 신경 쓸 계제가 아니었다.

우선 독일의 신성로마제국 황제이자, '붉은 수염'이라는 별명으로 더 유명한 프리드리히 1세. 제2차 십자군에 황제 콘라트의 부대장 격으로 참가한 적이 있는 사람이므로 사정만 허락한다면 이 이상의 적격자가 없었다. 그러나 사정이 허락하지 않았다. 이 시기에 이탈리아 북부 일대에 나타난 '코무네'라는 자치도시군과 정면으로 격돌하는 바람에 전투에 여념이 없었다. 로마 교황과 베네치아 공화국이 적극적으로 화해를 주선한 덕에 사태가 심각해지는 것은 면했지만, 황제가 자유롭게 쓸 수 있는 전력의 감소는 피할 수 없었다.

제2차 십자군을 이끌었던 또 하나의 인물인 프랑스 왕 루이 7세는, 사정만 허락된다면 새로운 십자군을 이끌고 원정을 떠남으로써 실패로 끝난 제2차 십자군의 설욕을 하고 싶었을 것이다. 하지만 루이 7세도 개인적인 문제가 국가적인 문제로 발전하는 바람에 매우 다망한 나날을 보내고 있었다.

실패로 끝난 제2차 십자군 원정에서 돌아온 루이 7세는 왕비와의 이혼으로 비롯된 문제에 직면했다. '아키텐의 엘레오노르'로 통하던 왕비 엘레오노르는 이름에서도 알 수 있듯 아키텐 지방이라는 프랑스 서남부의 광대한 영토의 여상속인이었다. 엘레오노르와 결혼 상태일 때는 아키텐 지방이 프랑스 왕의 영토에 병합되어 있었지만, 프랑스 왕과 이혼한 엘레오노르가 영국 왕 헨리 2세와 재혼하자 문제가 복잡해졌다. 즉 아키텐 지방이라는 광대한 영토가 몽땅 프랑스 왕에서 영국 왕의 손으로 넘어가버린 것이다. 이리하여 그 손실을 단념할 수 없었던 프랑스 왕과, 아키텐을 수중에 넣고 그 기세를 몰아 다른 프랑스령에까지 세력을 확대하려는 영국 왕의 전쟁이 프랑스 땅을 무대로 시작된 것이다.

영토를 지키기에 급급한 프랑스 왕에 비해 오로지 공세만 취하던 영국 왕은 십자군 원정에 적극적으로 나설 수 있었느냐 하면 그것도 그렇지 못했다. 영국 왕 헨리 2세는, 고등학교 세계사 교과서에도 실려 있는 대주교 '토머스 베켓 사건'에 대처하느라 바빴기 때문이다.

오늘날에는 이 사건을 세속의 권력으로부터 신앙을 지키기 위한 싸움으로만 간주한다. 하지만 그 발단은 가톨릭교회 세력이 국정에 침투하는 것을 저지하려 한 영국 왕 헨리가, 자신의 친구이자 재상이었던 토머스 베켓을 영국 가톨릭 세력의 정점인 캔터베리 대주교로 임명한 데서 시작되었다. 자기 마음을 이해할 수 있는 친구일뿐더러 재상을 역임한 적도 있으므로 왕권과 교황권의 대립에서도 왕권에 대한 이해가 더 깊으리라는 것이 베켓을 대주교로 임명한 이유였는데, 이러한 기대는 보기 좋게 어긋나고 말았다.

캔터베리 대주교에 취임한 베켓은, 그가 차지한 지위상 당연한 일이지만, 공공연하게 로마 교황 편에 섰다. 때문에 왕과 대주교 사이가 험악해지자 베켓은 영국을 떠나 망명했는데, 그 망명지가 좋지 못했다. 영국 왕과 영토 분쟁이 한창이던 프랑스 왕 루이 7세에게 간 것이다.

이리하여 영국의 국내 문제였던 것이 국제 문제로 발전하고, 종교 문제였던 것이 정치 문제가 되고 말았다. 그리고 영국으로 돌아가기로 결심하고 귀국한 베켓을 기다리고 있던 것은, 헨리가 묵인해준 자객이었다.

토머스 베켓이 살해당함으로써 일은 일단락된 것처럼 보였으나 실제로는 그렇지 않았다. 캔터베리 대주교가 살해당하자 로마 교황이

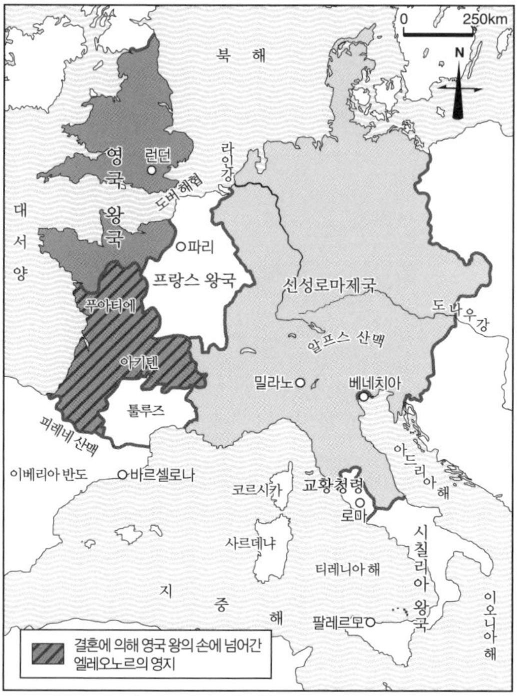

유럽 주요국가의 세력도

영국 왕 헨리 2세를 파문에 처한 것이다. 헨리 2세도 파문을 일소에 부칠 수는 없었다. 프랑스 왕과는 영토 분쟁중인데, 그런 프랑스로 도망가 있던 베켓을 죽였다는 이유로 프랑스 왕과 로마 교황이 반영국 공동전선을 결성하게 된 것이다. 이렇게 영토 분쟁에다 종교 분쟁에까지 휩쓸리고 말았으니, 헨리 2세가 십자군 원정을 떠날 계제가 아니었다는 것은 사실이었다.

이처럼 유럽의 유력자들은 각자 다른 사정으로 인해 십자군 원정을 떠날 만한 상황이 못 되었지만, 예루살렘 왕 아모리가 걱정하던 일은 아직 현실로 일어나지 않았다. 성도 예루살렘의 운명은 풍전등화의 상황에서 조금 벗어난 듯했다.

왜냐하면 이제 막 삼십대에 들어선 이슬람의 애송이는, 스무 살이나 많은 최고권력자가 믿었던 만큼 순종적이지는 않았기 때문이다.

젊은 살라딘

외모는 '지식인' 같았지만 이상하게 살라딘은 병사들에게 인망이 있었다.

지난해인 1169년, 다마스쿠스군의 카이로 도착, 재상 샤와르 살해, 재상이 된 백부 시르쿠의 죽음, 그리고 직후에 이루어진 살라딘의 재상 취임 등 일련의 사건들이 마치 시간을 낭비하고 싶지 않다는 듯이 잇달아 성공한 것은, 자신이 이끌고 온 것도 아닌 셀주크투르크의 기병들을 쿠르드족 출신의 살라딘이 완벽하게 통제하고 있었기 때문이다.

누레딘으로서도 이와 같은 상황은 딱히 거슬릴 것이 없었기에, 직접 군대를 이끌고 카이로로 가서 자신의 권력을 확실히 할 필요까지는 없다고 생각하고 있었다. 아직 살라딘을 가볍게 보고 있었던 것이다. 그리고 이듬해인 1170년, 시리아 전역에 또다시 지진이 덮친다. 누레딘은 이에 대한 대책에 지난번 이상으로 몰두했다. '크락 데 슈발리에'조차 일부가 무너져내려 본격적인 복구가 필요했다고 하니, 알레포나 다마스쿠스처럼 인구가 많은 도시가 받은 피해는 매우 처참했을 것임에 틀림없다. 이들을 내버려두고 이집트로 갈 수 있는 상황이 아니었고, 무엇보다도 누레딘에게 그럴 마음이 없었다.

한편 살라딘은 누레딘이 간섭하지 않는 것을 기화로 십자군 세력을 독자적으로 공격하기 시작했다. 이집트에서 하는 것이니 공격 방향은 남쪽에서 시작된다. 살라딘은 예루살렘 왕령의 남쪽을 지키는 성채 하나를 공격했지만 예루살렘 왕과 템플 기사단의 방어에 막혀 철퇴해야 했다. 다음으로 공격한 곳은 가자였다. 하지만 이곳도 예루살렘 왕의 장수가 죽음을 각오하고 저항하는 바람에 역시 철퇴로 끝났다.

그러나 이 첫 경험에서 서른두 살의 살라딘은 몇 가지를 배운다. 이슬람교도 병사들은 성채를 공격하는 싸움에 능숙하지 못하다는 것, 또한 바다 쪽의 공동투쟁 없이는 바다에 접한 항구도시 공략은 불가능하다는 것이다. 십자군측 성채는 모두 난공불락으로 우뚝 솟아 있고, 팔레스티나 해안에는 이탈리아 해양 도시국가의 갤리선이 오가고 있었다.

지진 피해에 대한 대책이 일단락된 무렵, 쉰두 살의 누레딘은 이집트에서 마음대로 활개치고 있는 서른두 살의 살라딘을 떠올렸다. 그래서 당장 어떤 임무를 수행하라는 엄명을 내린다. 금요일 모스크에서 열리는 예배 때, 신도들이 기도하면서 술탄 누레딘의 이름을 외우게 해야 한다는 것이었다.

살라딘에게 이것은 위험으로 이어질 것이 명백한 어려운 문제였다.

살라딘은 시아파를 믿는 사람들의 나라를 통치하는 수니파 지배자이다. 게다가 바로 얼마 전 재상에 취임한 참이다. 그러잖아도 더욱 신중한 배려가 필요한 상황인데, 시아파 신도들에게 수니파 술탄의 장수를 빌라고 명령해야 하는 것이다. 일촉즉발의 위기 상황이었다.

서른두 살의 살라딘은 일단 애매하게 얼버무려 그 위험을 피하려 했다. 하지만 누레딘도 만만치 않아서, 자신의 명령에 좀처럼 복종하지 않는 살라딘을 설득하라고 그의 아버지를 이집트로 보낸다.

이제 절체절명이라고밖에 할 수 없는 상황이었는데, 참으로 시의적절하게도, 하렘 안의 생활밖에 몰랐던 카이로의 칼리프가 아직 젊은 나이임에도 하렘 안에서 갑작스럽게 죽고 만다.

살라딘은 다음 칼리프를 옹립하지 않았다. 파티마 왕조는 이렇게 단절되었고, 아바스 왕조의 술탄인 누레딘의 이름을 외움으로써 일어날 만한 위험도 자연스럽게 함께 소멸되었다. 즉 시아파의 본거지였던 이집트는 최고권위자인 칼리프의 혈통이 끊어짐으로써 수니파의 지배하에 들어간 것이다.

이듬해인 1171년, 또다시 독자적인 군사행동을 위해 북상하던 살라딘의 군대는 무슨 일인지 남하하고 있던 누레딘의 군대와 니어 미스 상황*처럼 맞닥뜨리고 말았다. 도망친 것은 물론 살라딘 쪽이었다. 하

* 항공기가 공중에서 위험할 정도로 서로 접근하는 것. (옮긴이 주)

지만 도망치는 데는 이유가 필요하다. 그래서 카이로에서 종교 문제로 인한 폭동이 발발해 이를 진압해야 한다는 이유로 카이로까지 도망치듯 돌아간 것이다.

그런 살라딘을, 카이로에서 기다리고 있던 아버지가 또다시 설득하기 시작한다. 소수민족인 쿠르드족 출신이면서도 등용되어 출세한 백부 시르쿠와 아버지는 누레딘에게 깊은 은혜를 입었다고 생각하고 있었다. 그런 아버지가 술탄에게 사죄하라고 설득하는 것이다. 아무래도 이때는 살라딘도 고집을 꺾고 누레딘에게 사죄의 편지를 보낸 모양인데, 사실 살라딘은 백부나 아버지처럼 누레딘에게 은혜를 입었다고는 생각하지 않았다. 그러나 이끄는 병력의 차이는 분명했다. 그래서 일단은 지금까지 자신이 벌인 행위를 사죄하기로 한 것이다. 누레딘도 그것으로 어느 정도 마음이 풀렸는지, 딱히 그를 처벌하지 않고 다마스쿠스로 돌아갔다.

그런데 이듬해인 1172년이 되자마자 누레딘의 정식 명령이 카이로에 도착한다. 다마스쿠스에서 출발하는 군대와 카이로에서 출발하는 군대가 힘을 합쳐 요르단강 동쪽에 펼쳐진 예루살렘 왕령을 공격하라는 명령을 내린 것이다. 하는 수 없이 군대를 이끌고 이집트를 출발한 살라딘은 시나이 반도를 횡단해 예루살렘 왕국 영토의 남단까지 진군했다.

그러나 거기서 더 북상하지 않고 군대와 함께 카이로로 돌아와버린다. 이번에 '도망친' 이유는 카이로에 남아 있는 아버지가 위급한 병에 걸렸다는 것이었다.

누레딘은 이제 핑계를 믿지 않았다. 그래서 부하 한 명을 급히 카이로로 보내 진짜 병에 걸렸는지 아닌지 알아보게 했다. 부하가 보내온 답은, 위급한 병에 걸렸을 뿐 아니라 전날 밤에 세상을 떠났다는 것이었다. 그리고 상중이라서 당분간 군무에 임하지 않겠다는 살라딘의 변명까지 전해왔다. 분노를 풀 길 없었으나 누레딘은 다마스쿠스로 돌아갈 수밖에 없었다.

이듬해인 1173년이 지나도록 누레딘은 다마스쿠스에서 거리를 두고 카이로를 매섭게 쏘아보기만 했다. 살라딘은 아무래도 위협을 느꼈을 것이다. 그는 동생에게 군대를 이끌고서 아라비아 반도 남쪽에 있는 예멘을 공략하게 했다. 예멘까지 영유할 생각이었다기보다 누레딘의 군대가 공격해올 경우 도망칠 곳을 확보하기 위해서였다. 다마스쿠스와 카이로는 이제 정면으로 격돌하는 일밖에 남아 있지 않다고, 이슬람측뿐만 아니라 십자군측도 그렇게 생각했다.

그러는 사이 1174년으로 해가 바뀌었다. 누레딘은 결국 건방진 애송이를 완전히 제거하기로 결심한다. 이집트를 공격하기 위한 군대가 다마스쿠스에서 신속하게 편성되었고, 술탄의 궁에는 누레딘의 지시를 받드는 장수들이 바쁘게 드나들었다.

그런 와중에 누레딘은 커다란 탁자 위에 지도를 펼쳐놓고 이집트 공략의 전략과 전술을 짜내느라 밤잠도 제대로 자지 않는 나날을 보내고 있었다.

그러던 어느 날, 방으로 들어온 하인이 지도 위에 쓰러져 있는 누레딘을 발견했다.

이슬람측 기록에 따르면 사인은 편도선 부종으로 인한 고열이라고 한다. 하지만 나는 예의 쿠르드족 애송이에 대한 분노가 치솟은 나머지 분사(憤死)한 것이 아닌가 하는 생각이 든다. 쉰여섯 살의 누레딘에게 서른여섯 살의 살라딘은 분노의 씨앗 같은 존재였던 게 아닐까. 은혜도 모르는 건방진 쿠르드 애송이놈, 이번에야말로 나의 힘을 똑똑히 보여주겠다, 며 미친 듯이 격노하다 심장이 멈춰버린 것은 아니었을까.

이보다 3백여 년 뒤, 르네상스 시대의 정치사상가 마키아벨리는 성공한 지도자에게 필요한 조건으로 다음 세 가지를 들었다.

역량(virtù), 행운(fortuna), 시대가 필요로 하는 자질(necessità).

눈엣가시이던 인물이 적절한 시기에, 이쪽에서 손도 쓰지 않았는데 알아서 사라져주는 것만한 행운도 없다.

이슬람측 '선수' 교체의 해가 된 1174년은 그리스도교측에서도 '선수' 교체의 해였다. 예루살렘 왕 아모리가 서른여덟 살의 젊은 나이에 세상을 떠난 것이다. 유럽의 도움이 전혀 없는 상황에서 누레딘을 상대하며, 종교 기사단과 성채에 의지해 12년을 고생한 끝에 찾아온 죽음이었다.

아모리의 뒤를 이어 왕위에 오른 사람은 그의 하나밖에 없는 아들, 몸속에 나병이라는 폭탄을 안고 있는 열세 살의 왕이었다.

문둥이 왕 보두앵

나병은 몸 안쪽에서부터 병이 진행되기 때문에 초반에는 건강한 사람과 외관상 다르지 않다. 그래도 많은 사람들이 사실을 알고 있었으므로, 열세 살에 왕이 된 보두앵 4세의 대관식에 참석한 사람들의 가슴속에는 애처로운 마음과 함께 이 왕을 모실 자신들의 미래에 대한 불안감이 자리 잡고 있었다.

하지만 소년은 신하들보다 더 정확하게 스스로의 상황을 알고 있었다. 자신의 수명이 길지 않다는 것. 그렇지만 가능한 한 할 수 있는 일을 하겠다는 기개가 가득했다.

지도자의 첫번째 조건은 자신이 지도자라는 것을 강하게 자각하는 일이다. 지도자에게 불가결한 이 책임감은 가정교사로 이 소년을 키워온 티루스의 기욤에게서 기인한 바가 컸을 것이다. 고대부터 팔레스티나의 중요한 항구도시였던 티루스에서 태어난 그리스도교도였던 이 교양인은, 다른 가톨릭교회의 성직자들과 달리 중근동의 현 상황을 숙지하고 있었다.

예루살렘 왕국의 문장
(흰색 바탕에 노란색 십자)

보두앵 4세라는 이름으로 예루살렘 왕국의 왕위에 오른 문둥이 왕이 가장 먼저 한 일은 어머니 아네스 드 쿠르트네를 왕궁에서 멀리 떼어놓는 것이었다. 미성년자가 왕위에 올랐을 때 어머니가 섭정의 명목으로 국정에 개입하는 것은 최근 반세기 동안 이어진 십자군 국가들의 악습이었다. 이에 보두앵은 왕위에 취임한 직후 명확하게 제재를 가한 것이다. 물론 아네스는 불만을 감추지 않았지만, 어머니에 대한 애정보다 나라의 운명을 우선해야 한다는 것이 보두앵의 생각이었을 것이다.

소년 왕이 이어서 강행한 일은 티루스의 기욤을 예루살렘 왕국의 재상으로 임명하는 것이었다. 이것도 여러 면에서 '강행'이었다.

로마 교황은 예루살렘이 모든 그리스도교도의 성도라는 이유로 지금까지 여러 차례 예루살렘 왕국의 국정에 개입해왔다. 예루살렘에는 그 교황의 대리자인 대주교가 있고, 예루살렘 이외의 다른 도시에도 로마에서 파견된 많은 고위 성직자가 주재하며, 그들이 세속의 군주 같은 대우와 권위를 향유하는 것이 당연시되고 있었다. 그 사람들을 제치고, 요즘 말로 하면 '현지 채용'을 한 셈이니, 중근동의 십자군 국가에 주재하는 가톨릭교회 고위 성직자들을 적으로 돌릴 수도 있는 용감한 인사였던 것이다.

그러나 '티루스의 기욤'의 협력을 얻은 보두앵 4세의 정치, 외교, 군사는 이전 왕들 때와 달랐다. 적측에 살라딘이 있었다는 것을 감안하면 놀라울 정도의 효과를 거두게 된 것이다. 나병을 앓고 있는 소년 왕을 맞이한 사람들이 품고 있던 동정과 불안은 조금씩 감동으로 변해갔다.

인간세계에는 교활한 인간이 많다. 그런 자질이 그 인물이 이끄는 공동체를 위해 쓰이는지, 아니면 자기 자신만을 위해 쓰이는지는 차치하고라도 교활하다고밖에 할 수 없는 사람이 많다. 그렇기에 인간은 '의로움을 위해 목숨을 버리는 사람'을 보면 감동하는 것이다. 왕국 내의 봉건영주와 가신과 병사 들 모두 예루살렘 왕이 된 보두앵이 나병을 앓고 있다는 것을 알고 있었지만, 그런 그에게 다가가는 것을 꺼린 이는 한 사람도 없었다.

또한 이 시기 이슬람측의 사정도 문둥이 왕에게 행운이었다. 문둥이 왕이 열세 살인 것에 비해 살라딘은 서른여섯 살인데다 경험도 많았지만, 누레딘이 죽었다고 해서 그가 통일한 이라크와 시리아가 그대로 굴러들어온 것은 아니었기 때문이다.

술탄이었던 누레딘은 일본 역사에 비유하면 '쇼군'에 해당한다. 한편 살라딘은 일개 '다이묘'에 지나지 않는다. 게다가 소수민족인 쿠르드족 출신이기 때문에, 다이묘 중에서도 쇼군과의 관계가 느슨하고 군사 동원 등에만 응하는 말단 다이묘에 지나지 않았다. 더구나 쇼군이 사망한 후에는 쇼군의 아들이 뒤를 잇는 것이 관례다. 누레딘에게는 아직 어리기는 하나 아들이 있었다.

누레딘이 죽었다는 소식을 들은 살라딘이 제일 먼저 한 일은, 이 정통 후계자에게 신하의 한 사람으로서 충성을 서약하는 것이었다. 한편으로 누레딘의 미망인 중 한 사람과 결혼을 추진했다. 정통성을 확보하기 위한 사전작업의 첫걸음이었음은 물론이다. 아내가 하나인 그리스도교 세계와 달리 여러 명의 아내를 거느릴 수 있는 이슬람 세계에서는 이러한 경우 무척 유리했다.

예루살렘의 왕 보두앵 4세의 이슬람 대책은 일관되게 가능한 한 전면적인 대결을 피하는 것이었다. 그래서 지금껏 누레딘의 지배에 마지못해 복종해온 이슬람측 영주(아미르)들을 눈여겨보고 있었다.

이들 대부분은 십자군 국가와의 경계에 영지를 갖고 있다. 즉 그들은 십자군측 상인과의 교역으로 재산을 모은 사람들이라고도 할 수 있었다. 당연히 이 이슬람측 영주들은 십자군측과의 전면적인 대결을 바라지 않았다. 누레딘에서 살라딘으로 권력이 이양되는 과정에서도 그들은 적극적으로 움직이지 않았다.

한편 십자군측의 경제인이라 해도 좋은 이탈리아 해양 도시국가의 상인들도 전면적인 대결을 바라지 않았다. 보두앵 4세는 이러한 이해관계 속에서 이슬람측 통일전선을 무너뜨릴 가능성을 본 것이다. 샤이자르 태수 우사마만큼은 아니더라도, 실제로 이슬람측 영주들 중에는 '프랑크인'에게 우호적인 사람이 적지 않았다.

그렇지만 상대의 우호적인 태도를 유지시키기 위해서는 두 가지 조건이 필수적이다.

첫째, 이러한 마음을 억누를 정도로 강력한 의지를 가진 인물이 상대측에 나타나지 않을 것.
둘째, 이쪽에도 유사시를 위한 요격 준비를 갖추고 있을 것.

다행히 이슬람측에서는 아직 살라딘의 힘이 절대적이지 않았다. 그리고 십자군측에는 소수 정예병인 '템플 기사단'과 '병원 기사단'이 절정기에 다다라 있었고, 그들이 굳게 지키는 성채가 십자군 국가들의 영토를 메울 기세로 우뚝 솟아 있었다.

문제는 방어 총책임자가 존속할 수 있는가다. 자신이 오래 살지 못한다는 걸 알고 있던 보두앵 4세는 누이인 시빌라의 남편감으로 이 중책을 떠맡을 만한 사람을 찾고 있었다.

지금까지의 시도는 모두 실패했다. 첫번째 후보는 샹파뉴 지방의 영주 상세르 백작이었는데, 프랑스에서 팔레스티나까지 오긴 했지만 예루살렘 왕국의 주변 상황을 알자마자 겁에 질렸다. 여기까지 온 것은 사위가 되기 위해서가 아니라 성지순례를 하고 싶었기 때문이라고 변명하며 그대로 프랑스로 돌아가버렸다.

다음 후보도 상세르 백작 못지않은 인척관계를 자랑하는 바이에른 공작 하인리히였는데, 독일 태생의 이 귀족 역시 예루살렘에 체재하는 중에 마음이 바뀌어 부랴부랴 고향으로 돌아가버렸다. 유럽에 사는 귀족에게도 당시 예루살렘 왕위는 상당한 중책으로 보였을 것이다.

혼담은 세번째에야 가까스로 성공했다. 프랑스 왕의 조카이기도 한 몬페라토 후작은 예루살렘을 방문한 후에도 팔레스티나에 머물렀다. 그뿐 아니라 적극적으로 예루살렘 왕을 도왔다. 그러나 이 사람도 불과 1년 후에 병으로 쓰러졌고, 임신중인 시빌라를 남겨두고 세상을 떠나고 말았다.

보두앵 4세는 낙담을 감추지 못했다. 하지만 몬페라토가 세상을 떠난 후 태어난 남자아이가 있었다. 열여섯 살이 된 예루살렘 왕은 누이 시빌라가 이 아이를 키우는 데 전념해주기를 염원하면서, 아이에게 자기와 같은 보두앵이라는 이름을 지어주었다. 언젠가 자신의 뒤를 이어 예루살렘 왕위에 보두앵 5세라는 이름으로 취임해주기를 바랐기 때문이다. 로렌 공작 고드프루아의 뒤를 이어 예루살렘 왕이 된 보두앵 1세 이후로, 보두앵이라는 이름은 예루살렘 왕의 대명사 같은 존재가 되어 있었던 것이다.

그런데 시빌라는 아직 상중인데도 재혼하고 싶다는 말을 했다. 상대는 푸아티에 태생의 프랑스인으로 얼마 전부터 야파에 영지를 갖게 된 스물일곱 살의 기 드 뤼지냥이었다. 대단한 미남이었지만 그것 말고는 볼 게 없는 남자라는 것이 예루살렘 사람들의 일치된 의견이었다.

보두앵 4세는 한 살 위의 누이에게 이 결혼에 동의할 수 없다는 것을 분명히 전한다. 하지만 열 살 위의 미남에게 반해버린 시빌라는 나더러 수녀가 되라는 거냐고 끝까지 우기며 말을 듣지 않았다. 결국 2년 후 동생은 뜻을 굽히고, 예루살렘의 성묘교회에서 결혼식이 거행된다. 예루살렘 왕 보두앵 4세에게는 안팎으로 걱정거리가 끊이지 않았던 것이다.

한편 보두앵 4세보다 스물세 살이나 많은 살라딘에게는 누레딘의 죽음을 마지막으로 눈엣가시인 인물이 적절한 시기에 죽어주는 행운이 끝나버린 것인지, 누레딘의 후계를 둘러싼 투쟁이 좀처럼 해결되지 않고 있었다.

이슬람 세계 통일로 가는 긴 도정

누레딘은 열한 살인 아들을 남기고 죽었다. 그래서 다마스쿠스 궁정은 노령의 태수 이븐 알 무카담에게 어린 후계자의 섭정을 맡긴다. 쿠르드족 출신인 살라딘의 등장을 기뻐하지 않은 셀주크투르크의 영주들이 적어도 반(反)살라딘이라는 면에서는 일치했다는 증거였다. 적대하고 있던 예루살렘 왕에게 거액을 지불하고 다마스쿠스의 감옥에 갇혀 있는 그리스도교도를 석방해주겠다는 조건으로 반살라딘 공동투쟁을 요청했을 정도였으니까. 하지만 이것은 돈을 받은 아모리가 포로를 데리고 예루살렘으로 돌아오자마자 죽어버리는 바람에 허사가 되고 말았다.

이것이 누레딘 사후 다마스쿠스의 상황이었는데, 살라딘은 소년 술탄을 옹립하는 투르크인 세력과 정면으로 충돌하는 것이 아니라 누레딘의 어린 아들의 보호자로서 다마스쿠스에 발을 들이는 것을 택했다. 물론 사전에 사람을 파견해 여론을 조성하는 것도 잊지 않았지만, 7백 명의 쿠르드 기병만 이끌고 카이로를 출발해 도중에 군대를 증강하지 않고 그대로 다마스쿠스로 들어간 일이 반살라딘 기운을 사그라지게 하는 데 도움을 준 것은 사실이었다.

서른여섯 살의 살라딘은 열한 살의 정통 후계자를 서둘러 제거하려 하지 않았다. 대신 소년 술탄의 존재감을 조금씩 없애가는 길을 택한다. 또한 그는 설령 당면한 공동의 적에 대한 대책일지라도 그리스도교 세력에 공동투쟁을 요청하지는 않았다. 상대가 요청해오면 때로 휴전을 수락하기는 했다. 하지만 공동투쟁을 전제로 한 동맹은 절대 맺지 않았다.

소수민족인 쿠르드족 출신이었던 살라딘은 더더욱 자신의 의지로 움직일 수 있는 대군을 갖고 싶어했다. 그러나 대군을 성공적으로 편성하려면 먼저 이슬람교도가 통일되어야 했다. 그렇지만 이슬람 세계는 종교 면에서는 수니파와 시아파가 대립할 뿐 아니라, 민족 면에서는 아랍과 투르크, 그 밖의 부족으로 분립해 싸움이 끊이지 않았다. 이들의 분쟁을 멈출 수 있는 것은 종교밖에 없다고 생각했을 것이다. 후에 살라딘은 다음과 같이 말했다.

"프랑크인들을 보라. 무엇이 그들을 그토록 용감하게 싸우게 하는가. 그들은 그들이 믿는 신을 위해 싸운다. 그러므로 수가 적어도 강한 것이다. 반대로 우리는 성전을 수행하는 데 필요한, 종교에 대한 열의가 부족하다."

누레딘의 어린 아들의 섭정을 가장하면서, 살라딘은 이 무렵부터 경건한 이슬람교도의 면모를 전면에 내세운다. 하루에 다섯 번의 예배를 거르지 않고 라마단을 엄수했으며, 이슬람 세계의 성직자인 이맘들에게도 물심양면의 예를 다함으로써, 어떤 면에서는 여론의 형성자이기도 했던 그들의 열광적인 찬사를 받기에 이른다. 살라딘에게도 메카를 순례할 마음은 충분히 있지만 이슬람 세계에 대한 책임감으로 인해 매일 격무에 시달리는 바람에 좀처럼 실행에 옮길 수 없는 거라고 사람들이 믿을 정도였으니 효과는 있었다.

섭정을 가장함으로써 살라딘은 누레딘이 죽은 1174년이 채 지나기 전 다마스쿠스를 수중에 넣었다. 카이로의 칼리프가 죽은 뒤 그는 새롭게 아이유브 왕조를 창설했는데, 아이유브 왕조의 창시자 자격으로 카이로와 다마스쿠스 양쪽 모두에 수도를 두게 된다. 하지만 누레딘의 유산 중 살라딘이 물려받은 것은 다마스쿠스를 중심으로 한 시리아 중앙부뿐, 북부의 알레포조차 몇 번의 시도에도 불구하고 아직 완전히 자기 것으로 만들지는 못한 상태였다.

그래도 이맘들에 의한 선전은 효과를 발휘했다. 바그다드에 있는 아바스 왕조의 칼리프가 다마스쿠스로 파견한 특사가, 살라딘을 술탄에 임명한다고 기록한 문서를 가져온 것이다. 이러한 경우 보내는 호화로운 퍼레이드용 의복 한 벌과 함께 건네진 공식 문서에는 다음과 같이 쓰여 있었다.

"살라흐 앗딘 유수프 이븐 아이유브(Salāh al-Dīn Yōsuf ibn Ayyūb)를 이집트와 시리아 중부, 그리고 누비아와 예멘을 통치하는 술탄으로 임명한다.

술탄 살라딘은 이 전역에 사는 이슬람교도의 수위에 선 자이며, 태수와 영주 들의 통솔자이며, 승리에 빛나는 군대의 사령관이며, 이슬람제국의 자랑이며, 이슬람교를 떠받치는 자이며, 이슬람의 칼이며, 아이유브 왕조의 창시자로, 이에 필요한 모든 권리를 인정한다."

그리고 아바스 왕조의 칼리프는 이에 덧붙여 살라딘에게 통화를 주조할 수 있는 권리를 부여하고, 금요일 모스크 예배 때 신자들이 예언자와 칼리프의 이름에 이어 그의 이름을 외우는 것을 인정했다. 살라딘의 술탄 취임을 경계로 이집트와 시리아의 공식 문서에서는 누레딘의 아들 이름이 사라진다.

그래도 여전히 살라딘은 누레딘의 유산을 모두 수중에 넣은 것은 아니었다. 그것을 실현하는 데는 더 많은 세월이 필요했다.

시리아 북부의 주요도시 알레포가 완전히 살라딘의 지배하에 들어온 것은 1182년이 되고 나서다. 또한 바그다드 다음가는 이라크의 주요도시인 모술이 살라딘의 지배하에 들어오게 된 것은 1186년 이후였다. 실로 12년이라는 세월에 걸쳐 살라딘은 누레딘의 모든 유산을 자기 것으로 만들어나갔다. 나이로 말하자면 서른여섯 살에서 마흔여덟 살에 해당하는 시기다. 이것은 말단 '다이묘'에서 '쇼군'이 되는 데 필요한 세월이기도 했다.

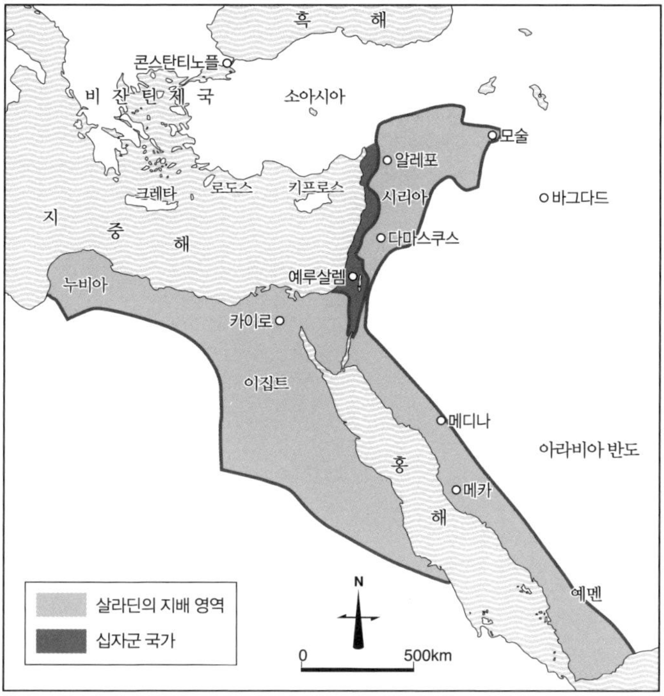

살라딘의 지배 영역

그리고 이 12년 가운데 11년 동안, 세력을 확립하고 확대하는 일에만 매달렸던 살라딘의 적은 문둥이 왕 보두앵 4세였다. 어쩌면 "무엇이 그들을 그토록 용감하게 싸우게 하는가"라는 살라딘의 말은, 자신보다 스물세 살이나 어리고 소수의 병력밖에 없는데다 난치병까지 앓고 있는 예루살렘 왕 보두앵 4세를 염두에 두고 한 것이었는지도 모른다.

젊은 문둥이 왕의 끝없는 싸움

예루살렘의 왕 보두앵 4세는 죽기 전까지 11년간의 치세 기간 내내 병 때문에 왕궁에 틀어박혀 있었던 것은 전혀 아니었다.

이슬람의 대군을 적으로 돌려 정면충돌하는 것을 될수록 피한다는 방침은 변하지 않았다. 하지만 이쪽에도 방어의 기개와 그에 투입할 힘이 있다는 것을 적에게 보여주기 위해, 필요할 때는 과감하게 공격하는 것도 서슴지 않았다. 적이 경시하지 못하게 만드는 자세야말로 억지력(抑止力)으로 이어지기 때문이다. 다마스쿠스 근처까지 군대를 이끌고 간 적도 있고, 이집트까지 진격한 적도 있었다. 거의 매년 예루살렘을 떠나 출격한 셈이다.

전장에서는 항상 말을 타고 최전선에 섰고, 적이 공격해와도 한 발짝도 물러서지 않았다. 병이 악화되었을 때는 안장에 자기 몸을 묶어서라도 지휘를 했다. 말이 쓰러지면 사람도 운명을 함께하게 되니 위험하다며 만류하는 측근의 충고도 보두앵 4세의 마음을 바꾸지 못했다.

젊은 문둥이 왕의 이런 기백에 항상 출격에 동행하던 장병들이 감동받은 것은 당연했다. 또한 직접적으로 왕의 지휘를 받지 않는 '템플 기사단'과 '병원 기사단'의 기사들도 자신들보다 훨씬 어린 왕의 말에 순수하고 진지한 태도로 귀를 기울였다. 왕의 병이 이 사람들에게 불안을 안겨준 일은 없었다. 모두가 보두앵의 병을 알고 있었다. 하지만 감염이 두려워 왕에게 다가가기를 꺼리는 자는 아무도 없었다.

1177년, 보두앵 4세가 열여섯 살 때의 일이다.

살라딘이 2만 6천 명이나 되는 병사를 이끌고서 카이로를 떠나 북상하기 시작했다. 바다를 왼편에 두고 가자를 향해 다가오고 있었다. 예루살렘 시내는 공포에 휩싸였다. 이대로라면 곧 적군이 예루살렘에 다다르게 된다.

이때 보두앵은 아스칼론에 있었다. 살라딘이 카이로에서 출발했다는 소식을 듣자 그의 목적이 이집트가 호시탐탐 노리던 항구도시 아스칼론일 거라 생각하고는, 아스칼론의 방어를 위해 1천4백 명의 병사를 이끌고 가 있었던 것이다.

하지만 살라딘은 바다 쪽을 동시에 공격하지 않고서는 항구도시 공략이 어렵다는 것을 알고 있었다. 살라딘의 의도는 예루살렘을 노리는 척하면서 아스칼론에서 예루살렘군을 끌어내, 도망갈 곳 없는 평원에서 큰 전투를 벌여 괴멸시키려는 것이었다. 예루살렘 내의 방어 병력이 얼마 안 된다는 것을 알고 생각해낸 계책이었다.

열여섯 살의 보두앵은 이 계책에 속아넘어갔다. 하지만 기병만으로 공격하겠다는 결정은 칭찬받아도 좋은 전술이었다. 그리고 살라딘은 이때도 역시나 어린 문둥이 왕을 가볍게 보고 있었다.

그는 2만 6천 명이나 되는 병사의 절반을 주변 지대에서 공포작전을 펼치는 데 내보냈다. 약탈과 화공을 저지르면 예루살렘과 아스칼론의 주민들이 공포에 질려 스스로 성문을 열 것으로 기대했던 것이다.

그러나 나머지 절반이라고 해도 1만 3천 명이나 된다. 그리고 살라딘이 직접 지휘하는 이 1만 3천 명의 병사를 쫓는 형국이 된 보두앵의 병력은, 예루살렘 국왕의 기병 5백 명과 '템플 기사단' 기병 80명에 지나지 않았다.

적군이 시야에 들어오자마자 왕을 선두로 한 580명의 기병이 한꺼번에 살라딘의 군대를 향해 돌진했다. 작전이고 뭐고 없었다. 기력만 가지고서 닥치는 대로 쳐들어간 것이다. 그 지나친 만용에 살라딘의 친위대인 쿠르드 기병대까지 도망치기 시작했고, 용맹하기로 소문난 살라딘군도 도망쳐, 하마터면 술탄이 포로가 될 뻔한 참상을 남기고서 이 몽기사르 전투는 끝이 났다.

군대를 물린 일은 있어도 도망친 적은 없었던 살라딘이 서른아홉 살에 처음으로 맛본 패전이었다.

전장에 방치된 적군의 군기를 질질 끌고서 개선한 보두앵과 기사들을 예루살렘 주민들은 눈물로 맞이했다. 난치병을 앓고 있으면서도 지휘자의 책임을 다하는 이 젊은 왕을 우러르는 마음은 모두가 한결같았던 것이다.

그러나 이로부터 2년 후, 살라딘의 설욕이 이루어진다.

그해, 즉 1179년에 열여덟 살이 된 보두앵 4세는 전장을 시리아로 옮긴 상태였다.

4월, 이슬람 세력과의 경계에서 군사행동을 전개하고 있던 예루살렘 왕의 군대를 살라딘의 조카가 이끄는 이슬람군이 습격했다. 싸움은 시종 격렬했으며 보두앵은 적병 한가운데에서 고립되고 만다. 그런 왕을 구해낸 것은 예루살렘군의 한 장군이었는데, 왕을 붙잡으려고 다가오는 이슬람 병사들을 몸으로 막으며 싸운 그는 중상을 입고 며칠 후 숨을 거두었다. 장군 토론의 왕에 대한 깊은 충성심은 이미 유명했으며, 병사들뿐 아니라 시민들 사이에서도 인망이 높았던 그의 죽음을 모두가 슬퍼했다고 한다.

하지만 보두앵은 애도에 빠져 있기를 거부했다. 추도전을 호소한 것이다. 트리폴리 백작 레몽 3세와 종교 기사단이 그에 응했다. 그들과 합류한 6월, 보두앵은 대담하게도 이슬람 세력권 깊숙이 진격했다.

여느 때처럼 직접 선두에 선 보두앵의 기병대가 이슬람군과의 전투에서 이김으로써 장군의 추도전은 성공한 것처럼 보였다. 하지만 패주하는 이슬람군 맞은편에서 살라딘이 이끄는 본대가 나타났다. 그러고는 전력을 다한 격렬한 전투가 벌어졌다.

이해에는 보두앵의 병세가 소강상태였던 듯, 열여덟 살의 문둥이 왕은 몸을 안장에 묶지 않고도 말 위에서 싸울 수 있었다. 그래서 말이 적군의 창에 찔려 쓰러지자 왕은 땅바닥으로 떨어지고 말았다.

겉보기와 달리 그의 육체는 정상이 아니다. 건강한 사람은 바닥에 떨어져도 곧바로 다시 일어나 말에 뛰어오를 수 있다. 하지만 보두앵은 그럴 수 없었다. 몸이 말을 듣지 않았던 것이다.

그래도 그가 살라딘의 수중에 떨어지지 않았던 것은, 한 병사가 왕을 업고서 쫓아오는 적병을 뿌리치고 다른 병사들의 호위를 받으며 도망치는 데 성공했기 때문이다. 하지만 이날 전투 이후 템플 기사단 단장을 비롯한 십자군측 주요인물은, 트리폴리 백작만 제외하고 모두 살라딘의 포로가 되었다. 며칠 후 그들 대부분은 막대한 몸값을 지불하거나 이슬람교도 포로와 교환하는 형식으로 석방되었지만, 템플 기사단 단장은 이슬람교도와의 교환을 거부하고 다마스쿠스의 감옥에서 죽는 것을 택한다.

이 패배는 보두앵에게 통렬한 타격이었다. 하지만 그후 6년간 그는 살라딘과 대결할 일이 없었다. 앞에서 말한 것처럼 살라딘이 알레포와 모술을 지배하에 두는 것을 우선했기 때문인데, 그사이에도 보두앵은 몸이 허락하는 한 계속해서 전장에 나갔다.

나병이 차츰 외모까지 무너뜨리기 시작하자 보두앵 4세는 사람들 앞에 나설 때 은가면을 쓰게 되었다. 은가면은 고대 로마시대의 기사가 축제의식 때 쓴 것으로 알려져 있다. 그것을 흉내 낸 것인지는 몰라도, 문둥이 왕은 은가면을 쓰고 말 위의 안장에 몸을 묶고라도 끊임없이 전장에 나갔다.

그런 왕을 바로 옆에서 보좌해준 것은 트리폴리 백작 레몽 3세와 예루살렘 왕국 내의 유력한 영주였던 발리앙 이벨린 두 사람이었다. 하지만 이 둘조차 육친에 대한 보두앵의 고뇌까지는 어떻게 해줄 수 없었다.

누이 시빌라와 결혼한 기 드 뤼지냥이 잘생긴 외모 외에는 장점이 없는 남자라는 것은 날이 지남에 따라 모두가 알게 되었다. 그런데도 시빌라는 왕 사후 남편을 자신과 함께 공동 통치자로 임명해달라고 남동생을 강력하게 압박했다.

보두앵도 어쩔 수 없이 한 번의 기회를 주었다. 그러나 결과는 예상대로였다. 체재중인 성채가 적에 포위된 것을 알고 달려온 보두앵의 도움을 받고도, 함께 적군을 추격하자는 보두앵의 말에 기 드 뤼지냥은 성채 밖으로 나갈 결심을 하지 못했다. 그는 결단력과 거리가 먼 남자였던 것이다.

보두앵은 누이와 이 남자의 결혼을 무효로 하려고 생각했다. 하지만 야파의 영지에 틀어박힌 시빌라와 그녀의 남편은 대주교의 호출에 응하지 않았다. 보두앵의 병세를 생각했을 때 시간은 그들 편이었다.

1183년, 스물두 살이 된 예루살렘 왕의 병세는 몸의 자유를 빼앗은 것으로 모자라 시력에까지 영향을 미치기 시작했다. 한편 이슬람측에서는 살라딘이 결국 알레포를 완전히 점령하는 데 성공하고 명실공히 시리아와 이집트의 최고권력자 자리에 올랐다. 이제 살라딘에게 남은 것은 티크리스강 상류에 있는 모술을 손에 넣음으로써 이라크 북부까지 지배하는 최고권력자, 즉 이슬람 세계 제일의 술탄이 되는 것뿐이었다.

그로 인한 위기를 통절히 느끼고 있던 보두앵 4세는 결국 최후의 수단을 들고 나온다. 누이 시빌라가 첫 남편인 몬페라토 후작과의 사이에서 낳은 여섯 살 소년을 지금부터 미리 자신의 공동 통치자로 임명함으로써, 자기 사후에 예루살렘 왕위가 무능한 뤼지냥의 손에 넘어가지 않게 하기로 작정한 것이다.

오래지 않아 왕위에 오르게 될 이 소년의 섭정은 트리폴리 백작 레몽 3세와 발리앙 이벨린에게 맡기기로 했다. 자신이 죽은 후 예루살렘 왕국의 행방을 지금껏 자신을 도와준 두 사람에게 맡김으로써 왕국이 좀더 연명하기를 바랐던 것이다.

1183년 11월 20일, 예루살렘의 성묘교회에서는 보두앵 5세라는 이름으로 공동 통치자에 임명된 여섯 살 소년을 맞이하는 대관식이 장엄한 분위기 속에서 거행되었다.

어머니인 시빌라와 그녀의 남편 뤼지냥도 여기 참석했다. 두 사람은 트리폴리 백작과 이벨린에게 이끌려 대주교 앞으로 나아가는 소년을 보면서 불쾌감을 감추지 못했지만, 그런 그들을 마주 보고 앉아 있던 보두앵 4세의 은가면 속의 심정은 아무도 짐작할 수 없었다.

그러나 보두앵은 이로써 모든 것이 끝났다고 생각하지 않았다. 대관식 다음 날, 문둥이 왕은 재상을 만났다. 예전에는 자신의 가정교사였던 티루스의 기욤을 재상에 임명하면서, 보두앵은 그를 카이사레아의 대주교직에도 취임하게 한 바 있었다. 그날 재상을 만난 것은 그를 재상 지위에서 해임하기 위해서였다.

예루살렘 왕 보두앵 4세는 자신을 가장 잘 이해해주는 이 충신에게, 로마로 가서 새로운 십자군의 파견을 요청하는 중책을 맡기려 했다. 예루살렘 왕국의 재상이라는 세속의 지위를 겸하는 것보다 카이사레아의 대주교라는 가톨릭교회의 요직만 갖고 있는 것이 로마 교황에게 심정적으로 호소하는 데 더 효과적이라고 판단했던 것이다.

티루스의 기욤은 이런 왕의 속마음을 제대로 꿰뚫어보았다. 왕에게는 목숨이 붙어 있는 동안 할 수 있는 마지막 일이고, 그에게도 왕에 대한 마지막 봉사가 되는 셈이었다. 두 사람은 이때를 마지막으로 다시는 만날 수 없었다.

'티루스의 기욤'은 로마까지는 무사히 갔지만, 그후 로마에서 프랑스로 향하던 중 소식이 끊기고 만다. 중세 유럽의 치안은 무척 불안해서 고대에는 개인도 안전하게 여행할 수 있었던 주요가도에조차 도적이 횡행했던 것이다.

가톨릭교도 그리스인으로 추정되는 팔레스티나 지방 티루스 출신의 이 사람은, 십자군에 관계된 역사서가 대부분 유럽인의 시점으로 작성된 것과 달리 중근동에 사는 그리스도교도 입장에서 쓴 귀중한 역사서를 남겼다.

그는 중근동의 십자군 국가들에게 가장 어려웠던 시대인 1144년부터 1183년까지를 서술한 현장 증인이었다. 1144년은 에데사 백작령을 이슬람측이 탈환한 해다. 급소를 찔렸다고 해도 좋은 이 사건을 시작으로, 요란하게 떠난 제2차 십자군의 실패, 그에 의한 악영향에 고심하는 십자군 국가, 한편 누레딘과 살라딘으로 이어지는 이슬람측 세력의 확대, 이후 1187년에 일어나는 하틴 전투의 완패와 그 직후 예루살렘 함락으로 이어지는, 비탈길을 굴러내려가는 듯한 붕괴의 '전야'. 이것이 그가 기록한 시대였다.

더욱이 라틴어, 프랑스어, 이탈리아어는 물론이고 아랍어와 투르크어까지 자유로이 구사했던 이 교양인은 일개 시민의 눈으로만 시대의 변천을 바라보았던 것이 아니다. 그는 삼십대에 예루살렘 왕 아모리의 부탁을 받아 왕자의 가정교사가 된 것을 시작으로, 마흔네 살에는 왕이 된 보두앵 4세의 재상으로 취임하고, 11년에 달하는 이 문둥이 왕의 치세 기간중 유럽에 파견되기까지 10년 동안 온 힘을 다해 왕을 보좌해온 사람이기도 했다.

이런 인물이 남긴 역사서가 현대까지 십자군의 모든 역사를 통틀어 가장 신뢰할 수 있는 그리스도교측 사료로 여겨지는 것도 당연하다. 교양도 있고 통역이 필요 없었기에 외교 교섭에 파견되는 일이 많았는데, 그때 받은 인상을 기록한 글에는 미소를 짓게 만드는 부분이 적지 않다. 살라딘의 통치를 받은 뒤로 기능이 두드러지게 향상된 이집트의 카이로를 방문했을 때의 이야기를 읽다보면 대체 어느 편이냐고 묻고 싶어질 정도다.

'티루스의 기욤'이라는 이름으로 역사에 남아 있는 이 사람은, 앞서 말한 샤이자르 태수 우사마와 같은 시대를 살았던 인물이다. 두 사람이 차지하고 있던 지위로 보아 아마 어딘가에서 만났을 수도 있다. 만약 그랬다면 무슨 이야기를 나누었을까. 두 사람 사이에는 통역이 필요 없었을 테니 대화는 고급 아랍어로 이루어졌을 것이다.

십자군 시대로 불리는 2백 년은 전쟁의 2백 년이었다. 그래도 양측에는 이 둘로 대표되는 사람이 있었다. 하지만 슬프게도 인간세계에서는 그들 같은 사람의 생각이 대중의 가슴을 뜨겁게 만들지 못한다. 그리고 대중의 가슴을 뜨겁게 만들지 못하는 한 역사는 움직이지 않는다.

그러나 만약 '티루스의 기욤'이 오십대 중반에 소식이 끊기지 않고 프랑스 왕과 영국 왕, 그리고 독일의 황제 등 유럽 최고권력자들 앞에서 열변을 토했다고 해도, 이 시기의 유럽은 십자군 원정에 나서지 않았을 것이다. 중근동의 그리스도교도들이 품고 있던 것과 같은 위기감을 멀리 유럽에 사는 그리스도교도들은 공유하고 있지 않았던 것이다.

그후 1년 4개월이 지난 1185년 3월 16일, 예루살렘 왕 보두앵 4세는 세상을 떠났다. 완전히 불태웠다고밖에 할 수 없는, 스물네 살에 맞이한 죽음이었다.

그가 죽자 이미 공동 통치자 자리에 있던 여덟 살의 보두앵 5세가 왕위에 오른다. 하지만 이 소년 왕은 어머니가 양육에 불성실했던 탓인지 병약하여 1년 후인 1186년에 죽고 말았다.

이후 예루살렘 왕국은 두 사람, 왕 뤼지냥과 여왕 시빌라가 지배하게 되었다. 기 드 뤼지냥은 그해 서른여섯 살이 되었으므로 나이로는 부족함이 없었다. 하지만 부족하지 않은 것은 나이뿐이었다.

한편 같은 해인 1186년, 마흔여덟 살이 된 살라딘은 마침내 메소포타미아 지방 북부의 가장 중요한 도시인 모술까지 패권하에 편입시켰다. 즉 시아파와 수니파 사이의 오랜 대립에 종지부를 찍고, 성지 메카와 메디나를 포함한 이슬람 세계의 지배자로 등극한 것이다.

광대한 영토의 지배자가 된다는 것은 그 지방에서 원하는 만큼의 병사와 군자금을 모을 수 있는 권리를 손에 넣는 것을 의미한다. 이것이야말로 살라딘이 바라던 일이었는데, 그렇게 편성된 대군은 과연 어디로 향하게 되었을까.

그것은 이전의 이슬람 세계의 권력자들과 이슬람교도라는 점은 같아도 전혀 다른 발상을 지닌 살라딘만이 알고 있는 것이기도 했다.

하지만 여기서 잠깐 난세에 횡행하게 마련인, 따라서 이 책을 쓰는 데 빼놓을 수 없는 두 가지 '현상'을 다루고 넘어가기로 한다.

첫째는 당시 '해시시를 피우는 남자들'이라는 통칭으로 알려져 있던 암살자 집단이고, 둘째는 당시 중근동의 그리스도교도들로부터 '고삐 풀린 개'로 불리던 르노 드 샤티용이다.

'해시시를 피우는 남자들'

이 암살자 집단이 언제 어디서 무엇을 위해 생겨났는지는 알려져 있지 않다. 그렇지만 '산의 노인'으로 불리던 한 이슬람교도에 의해 조직되었고, 시리아 북부의 산악지대를 본거지로 삼았다는 것은 알려져 있다.

그 주변의 산악지대는 황량한 사막에 자연 동굴이 많다. 이러한 동굴은 내부에 약간의 연결공사만 하면 3층짜리 성채로 둔갑할 수 있다. 이 방식을 활용하면 굳이 멀리서도 알아볼 수 있는 성채를 건설하지 않아도 사막지대에 사람들 눈에 띄지 않는 요새를 간단히 만들 수 있었다.

실제로 십자군측에도 이런 유형의 요새가 한두 개 있었다. 그러나 유럽인은 아무리 중근동이라 해도 동굴 생활은 꺼렸던 듯 역시 성채다운 성채를 세우는 것을 선호했다. 그러나 원래부터 중근동에 살고 있던 사람들에게는 이런 고정관념이 없다. 그래서 최근 발견된 '사해문서(死海文書)'가 보여주는 것처럼 동굴 생활에 저항감이 없었던 것이다.

'산의 노인'이 이끌고, 동굴 요새를 본거지로 삼고 있는 이 암살자 집단이 집착한 단 한 가지는 자신들의 독립이었다. 같은 이슬람교도 밑으로 들어가는 것도 싫어했고, 물론 십자군 세력에 굴복하려 하지도 않았다.

이 암살자 집단은 제1차 십자군이 침공해오기 전부터 존재했는데, 그 이유는 이 지방이 이슬람의 지배를 받던 무렵부터 '수요'가 있었기 때문이다. 각지 영주들끼리의 영토 확장 싸움이 활발했던 이 시대에는 적의 태수만 죽이면 전쟁을 일으키지 않고도 영토를 획득할 수 있었기에 직업적인 암살자에 대한 수요가 많았다.

이 암살자들이 두려움의 대상이 된 것은 그들이 죽는 것을 두려워하지 않는 남자들이었기 때문이다. 그들은 마약을 한 상태에서 칼을 들고 덤벼들었는데, 암살에 성공한 후에도 흥분이 가라앉지 않은 탓에 도망가는 것을 잊어버려 결국은 그 자리에서 죽임을 당했다. 그러나 죽음에 대한 공포도 없고 도망칠 생각도 하지 않는 암살자만큼 무시무시한 존재도 없다.

게다가 이 암살자 집단은 오직 돈으로만 움직였다. 따라서 표적이 되면 대책을 세울 수가 없었다. 더구나 암살이 성공하든 성공하지 못하든 하수인이 그 자리에서 죽어버리니, 붙잡아서 의뢰인이 누군지 자백하게 만들 수도 없었다.

십자군이 침공하여 정착한 후에도 한동안 이 암살자 집단은 예전처럼 이슬람교도를 표적으로 삼았다. 그러다 십자군 국가들 사이에서도 대립관계가 생기게 되자 십자군 관계자들도 희생자의 명단에 오르게 된다. 하지만 이것은 종교가 아니라 어디까지나 돈 때문이었다.

그래서 살해당한 사람이 그리스도교도인 경우에도, 암살을 실행한 사람이 '산의 노인'의 부하라는 것은 알 수 있을지 몰라도 어디의 누가 그들에게 암살을 의뢰했는지는 알 수 없었다. 하수인은 제삼자이므로 다른 배경은 미궁에 빠질 가능성이 높았던 것이다.

유럽 국가의 언어에서 '암살자'를 뜻하는 말은 두 가지가 있다. 그 전까지는 라틴어 'sicarius'에서 유래한 말이 주였다. 라틴어의 장자격인 이탈리아어로는 'sicario'이다. 그런데 12세기 이후로는 아랍어 'hashshashin'이 '암살자'의 또다른 어원으로 등장한다. 'hascise(해시시)'를 피우는 사람이라는 뜻이므로, 이탈리아어로는 'assassino'가 된다.

이 암살자 집단은 딱 한 번 괴멸적인 타격을 입은 적이 있었다. 템플 기사단이 그들의 본거지 한 곳을 습격하여 한 사람도 남김 없이 몰살해버렸기 때문이다. 그 대단한 '산의 노인'도 이에 항복했고, 이후 매년 템플 기사단에 공금을 바치는 조건으로 더이상의 습격을 면했다. 십자군 세력의 '특수부대'였던 템플 기사단은 이슬람측의 '특수부대'를 용납할 수 없었던 모양이다.

이들 '해시시를 피우는 남자들'이 사람들의 두려움을 샀던 또 하나의 이유는 암살자들의 침투력에 있었다. 아무리 엄중하게 경비를 해도 어느새 침입해 있는 것이다. 마치 닌자 같지 않나 싶어 웃음이 나오지만, 이 암살자 집단의 존재를 달가워하지 않았던 사람 중에는 살라딘도 있었다. 그가 언젠가 문득 이 집단에 대한 혐오를 드러냈을 때의 일이다.

카이로에 있는 왕궁의 자기 침실로 돌아온 살라딘은 호화로운 침대커버 위에, 이슬람교도 사이에서 '인사'의 의미인 단 과자 한 봉지와 이 암살자 집단이 사용하는 것으로 유명한 그들 특유의 단검이 살며시 놓여 있는 것을 발견했다. 이때 이후로 이슬람 세계의 최고권력자는 해시시라는 말조차 입에 담지 않게 되었다.

'산의 노인'이 이끄는 암살자 집단은 그후에도 계속 존속했고, 천 년이 지난 지금도 아무도 그들이 소멸했음을 실증할 수 없다.

'고삐 풀린 개'

르노 드 샤티용은 1125년 전후 프랑스 북부 샹파뉴 지방의 소영주 가문에서 분가된 집안의 아들로 태어났다.

1147년 제2차 십자군 때, 프랑스 왕 루이 7세의 군대에 가담하여 참전했다. 하지만 이 젊은이는 십자군이 실패하고 유럽으로 돌아간 후에도 중근동에 남는다. 소영주, 그것도 분가 집안 출신으로는 이대로 귀향한다 해도 미래가 뻔했기 때문이다.

이 시기 중근동의 십자군 사회에서, 고위 인사의 딸이기 때문에 지위와 재산은 갖고 있지만 앞날에 대한 별다른 생각이나 구체적으로 어떤 일을 할 수 있는 재능이 없는 여자를 찾는 건 어렵지 않았다. 그런 여자 중 한 명이 '안티오키아의 콩스탕스'로 통하던 안티오키아 공작령의 여상속인이었다.

스물네 살의 샤티용은 자기보다 꽤 나이가 많은 이 여자에게 접근했을 뿐 아니라, 비공식적으로 결혼까지 한다. 하지만 이 결혼을 공식화하려는 단계에서 당시 십자군 국가의 유력자들이 하나같이 반대했다. 이유는 샤티용의 태생이 미천하다는 것이었다.

하지만 그런다고 기가 꺾일 샤티용이 아니었다. 그는 공식적인 결혼식을 올리는 것을 거부한 안티오키아의 대주교를 감옥에 넣은 것도 모자라, 서민들까지 깜짝 놀라게 만든 잔혹함으로 답했다. 대주교를 발가벗기고 온몸에 꿀을 발라 햇볕이 내리쬐는 곳에 묶어놓고서 벌레가 들끓도록 방치한 것이다. 이것으로 샤티용은 교회에서 결혼식을 거행할 뿐만 아니라 대주교로부터 거액의 군자금까지 받아내는 데 성공한다.

샤티용은 이 자금을 사용해 안티오키아 공작령의 항구에서 배를 띄우면 이틀 만에 닿는 거리의 키프로스 공략에 나섰다. 명실공히 안티오키아 공작이 되는 데 필요한 전과를 쌓기 위해서였다.

하지만 그것은 공략전이라기보다 폭행과 약탈과 화공에 지나지 않았다. 당시 키프로스 섬은 비잔틴제국의 영토였으므로 당연히 콘스탄티노플에서 엄중한 항의가 들어왔다. 샤티용은 그런 것에 신경 쓰지 않고 공략전을 속행하고 싶었을 테지만 당시의 예루살렘 왕은 비잔틴제국을 적으로 돌리고 싶지 않았다. 예루살렘 왕 보두앵 3세는 샤티용에게 키프로스에서 철수할 것과 비잔틴제국 황제에게 사죄할 것을 명했다.

이리하여 키프로스 공략전이 그의 전과에 아무 도움도 되지 않은 채 끝나버리자, 샤티용의 시선은 이윽고 동쪽으로 향했다. 즉 이슬람교도를 상대로 전투를 시작한 것이다.

이 시기 샤티용과 공동 투쟁 관계에 있던 것은 템플 기사단이었다. 같은 종교 기사단이어도 병원 기사단의 입단 자격이 귀족 출신이었던 것에 비해 템플 기사단에는 그런 조건이 없었으므로 단원 대부분이 유럽사회의 중하층 출신자들이었다. 그들과 출신이 같은 샤티용이 템플 기사단에 친근감을 느낀 것은 당연한 일이었다.

또한 샤티용과 템플 기사단의 기사들은 다음 두 가지, 검술 실력이 발군이라는 것과 뒷일을 생각하지 않고 적에게 달려드는 용기가 비슷했다.

샤티용은 키프로스에서 돌아온 후에도 요란하게 전투를 벌였는데, 1160년 서른다섯 살이 된 해 전투중에 이슬람측의 포로가 되고 만다. 그리고 이로부터 무려 16년을 알레포의 감옥에서 보내게 된다. 골칫거리인 샤티용의 몸값을 대신 내주고 풀어주려 한 사람이 십자군 국가 내에 없었기 때문인데, 그 소동을 일으키고 결혼한 아내조차 남편의 석방을 위해 노력하지 않았다는 사실 역시 샤티용이라는 남자의 본질을 보여주는 일이다.

16년 후 다시 자유를 찾을 수 있었던 것은, 살라딘에게 배제당해 알레포에서 불만을 주체하지 못하고 있던 누레딘의 아들이, 세상에 불만을 가진 자들의 동지의식 때문인지 그를 석방해주었기 때문이었다. 다시 그리스도교 사회로 돌아온 샤티용이 본 것은 이미 비잔틴제국령이나 마찬가지인 안티오키아와 열다섯 살의 문둥이 왕이 이끄는 예루살렘 왕국이었다.

그러나 젊은 문둥이 왕은 이 남자를 다루는 법을 알고 있었다. 포로생활중에 아내가 죽어 무일푼 신세가 된 샤티용을 예루살렘 왕국 내 영주의 딸과 결혼시킨 것이다. 그 딸이 지참금으로 예루살렘 왕령 남쪽의 두 성채 케라크(Kerak)와 몬트레알(Montreal)을 가져왔기 때문에, 일단 전투가 벌어지면 남들보다 뛰어난 활약을 보이는 샤티용은 이 왕의 밑에서 군무에 임하게 되었다.

이듬해 살라딘에게 유일하게 패배를 맛보게 한 몽기사르 전투에서도, 쉰두 살의 샤티용은 열여섯 살의 문둥이 왕을 선두로 삼아 1만 3천 명의 살라딘 군대에 돌격한 580명의 기병 중 한 명이었다.

그러나 이런 대승에도 보두앵 4세는 평상심을 잃지 않았지만, 샤티용은 그만 우쭐해지고 말았다. 이슬람교도를 상대로는 무슨 짓을 해도 상관없다고 믿어버린 것이다.

이미 이슬람 세계의 최고권력자가 된 살라딘과 예루살렘 왕 보두앵 4세 사이에는 자주 휴전조약이 체결되었는데, 이를 평화로 이어지는 강화가 아니라 일시적인 휴전으로 생각한 건 양쪽 다 마찬가지였다.

따라서 필요가 없어지면 둘 다 아주 간단하게 조약을 파기해버렸다. 하지만 이런 상황에서도 살라딘과 보두앵 둘 다 존중하며 계속 유지해온 협정이 있었다. 그것은 서로 상대측 순례자 일행은 손을 대지 않는다는 협정이었다.

그것을 샤티용이 깨버렸다. 재혼을 통해 손에 들어온 두 성채 케라크와 몬트레알은, 사해에서 아카바 만을 향하는 가도를 내려다보는 고지에 서로 8킬로미터 간격을 두고 나란히 서 있었다. 재혼을 권한 보두앵 4세의 의도는 이 두 성채를 방패 삼아 남쪽에서 공격해오는 적을 방어하는 임무를 샤티용에게 맡기려는 것이었다. 그런데 성채에서 가도를 내려다본 샤티용의 머릿속에는, 아래 가도를 지나가는 순례자 일행을 습격해 강탈해야겠다는 생각밖에 떠오르지 않았던 것이다.

시리아에서 메카로 향하는 이슬람교도 순례자는 일단 시리아 각지에서 다마스쿠스에 모인 뒤 집단을 이루어 요르단 지방을 남하해서 메카로 향했는데, 여기에는 크게 나누어 두 가지 순례길이 있었다.

첫째는 일단 아카바까지 가고, 아카바에서 배로 홍해를 남하해 메카 근처에 상륙하는 길이다. 귀로는 그 반대다.

둘째는 아카바에서 다시 타부크를 경유해 아라비아 반도로 들어가고, 거기서 메디나와 메카로 향하는 길이다.

또한 갈 때는 육로를 택한 순례자들도 돌아올 때는 일단 홍해를 통해 아카바까지 올라온 뒤, 다시 육로로 왔던 길을 되짚어가는 사람이 많았다.

이슬람교에서는 평생에 한 번 메카를 순례하는 것이 신도의 의무이다. 그래서 다마스쿠스에서 아카바까지의 길은 순례가도라고 해도 좋을 정도로 이슬람교도 순례의 중요한 간선도로 역할을 하고 있었다. 그리고 케라크와 몬트레알 성채는 이 가도를 따라 8킬로미터 간격으로 서 있었던 것이다.

샤티용은 도적 두목으로 일변한다. 일당을 모으는 건 어렵지 않았다. 강탈한 사람이나 짐을 시원스럽게 분배했기 때문에 그것을 노리고 모여든 사람이 많았던 것이다. 또한 상대는 이렇다 할 무장을 하지 않은 순례자라 해도 어쨌거나 이슬람교도다. 이슬람교도를 죽여야 한다는 생각으로 유럽을 떠나온 그리스도교도는, 이슬람교도 상대로는 설령 강도짓을 한다 해도 신에 대한 대의를 가질 수 있었던 것이다.

강도 행위는 처음에는 소규모였지만, 눈 깜짝할 사이에 도적단의 규모가 커지고 순례단을 습격하는 횟수도 많아졌다. 한번 해보니 이것만큼 '돌아오는 것'이 많은 군사행동이 없다는 것을 알게 된 것이다.

순례길에 대단한 물건을 갖고 오는 사람이 있겠냐는 생각은 잘못이다. 이슬람교는 상행위를 중요시한다. 메카로 순례를 떠나는 것에는 페르시아 상인이 아라비아 반도의 남쪽을 돌아서 가져오는 물산을 구입한다는 의미도 있었던 것이다.

샤티용의 행동이 점점 요란해지자 가능한 한 이슬람측과의 정면대결을 피하는 방침이던 보두앵 4세는 이를 묵과할 수 없게 되었다. 여러 차례 불러서 엄중하게 질책을 했는데, 이 왕을 보좌하던 트리폴리 백작 레몽 3세와 발리앙 이벨린도 샤티용을 휘어잡을 필요가 있다는

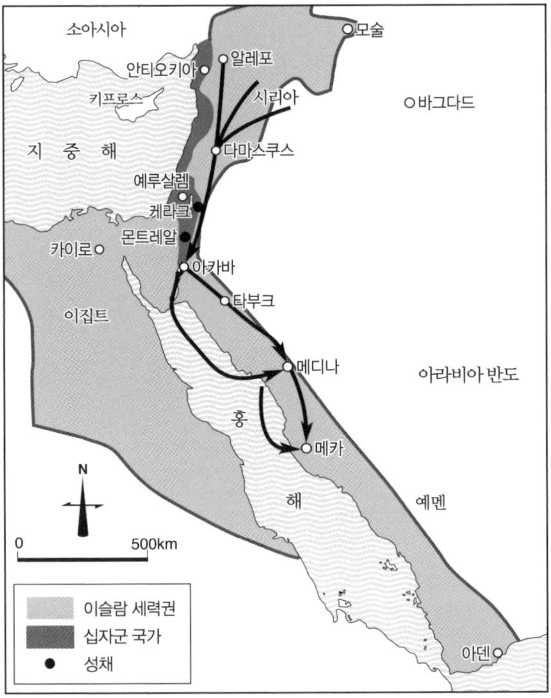

메카 및 메디나로 가는 이슬람교도의 순례로

데에는 의견이 일치했다.

하지만 이런 왕의 노력에도 불구하고 그는 강도 행위를 계속했고, 1181년 다마스쿠스에서 남하하는 순례단을 습격하여 약탈했을 때는 정도가 너무 심해서, 살라딘이 엄중한 항의의 뜻을 보내왔을 뿐만 아니라 예루살렘 왕과 맺고 있던 휴전조약을 파기하겠다는 뜻까지 전해왔다. 이때의 순례단은 규모가 커서 샤티용에게 약탈당한 사람과 말,

짐이 여느 때보다 현저하게 많았던 것이다.

그래도 살라딘은 아직 토벌군을 보내지 않았다. 예루살렘의 재상이었던 티루스의 기욤의 외교가 효력을 발휘한 건지도 모른다.

그러나 2년 후 샤티용은 육상의 강도 행위만으로 만족하지 않고, 아카바에서 선대를 편성해 홍해로 나가 해적 행위까지 강행한다.

메카와 메디나가 있는 아라비아 반도 서쪽은 홍해와 면해 있다. 홍해는 북쪽의 아카바, 서쪽의 이집트, 그리고 남쪽의 아덴에서 메카를 향해 오는 순례자들이 반드시 지나야 하는 바닷길이다. 이 홍해를 침범당하자 살라딘도 잠자코 있지 않았다.

그는 동생 알 아딜에게 함대를 이끌고 출동해 샤티용의 해적선단을 공격하게 했다. 샤티용은 아카바로 도망쳐 성채로 돌아갔지만 그의 수하 대부분은 포로가 되었다. 그리고 이 남자들은 모두 순례자들에게 피해를 입힌 벌로 마을 광장에서 목이 잘렸다.

이 사건 후 살라딘은 군대를 보내 아카바를 점거한다. 하지만 샤티용은 이것에도 전혀 상관하지 않았다. 해적질을 할 수 없게 되자 육상에서의 강탈 행위에 전념했다. 육로를 택하든 아카바에서의 바닷길을 택하든, 이슬람교도의 순례길은 샤티용의 본거지인 케라크와 몬트레알의 성채에서 내려다보이는 가도를 지나지 않을 수 없었기 때문이다.

살라딘은 이런 샤티용에게 분노했지만 예루살렘 왕을 비난하지는 않았다. 육체가 무너져내리는 와중에도 왕의 책임을 다하려 하는 보두앵에게 일말의 동정을 느꼈는지도 모른다.

십자군측에서도 이미 골칫거리가 된 샤티용을 제거하기 위해 '산의 노인'이 이끄는 암살자 집단을 이용하려는 생각은 아무도 하지 않았을까 싶지만, 그것은 불가능했다. '해시시를 피우고 암살하는 남자들'이 유일하게 두려워했던 것이 템플 기사단인데, 그 템플 기사단은 샤티용과 항상 양호한 관계였기 때문이다.

2년 후인 1185년, 보두앵 4세는 스물네 살을 일기로 세상을 떠난다. 그리고 1년 후, 보두앵 4세의 뒤를 이은 보두앵 5세도 세상을 떠났다. 이어서 예루살렘의 왕위에 오른 사람이 기 드 뤼지냥이다.

그해 예순한 살이 된 샤티용은 잘생긴 외모가 유일한 장점인 서른여섯 살의 뤼지냥을 만만하게 보고 있었다. 그리고 뤼지냥이 왕위에 오름과 함께 지금까지 문둥이 왕과 소년 왕을 보좌해온 트리폴리 백작 레몽 3세와 발리앙 이벨린, 그리고 병원 기사단으로 대표되는 중근동 십자군 세력 내의 현실파는 국정에 대한 영향력을 잃어간다. 샤티용을 휘어잡을 사람은 이제 아무도 없게 된 것이다.

1186년, 샤티용은 예루살렘에서 열린 뤼지냥의 대관식에 초대받지 못했지만 그런 것에는 신경 쓰지 않았다. 예순한 살의 샤티용은 이번에야말로 마음껏 '고삐 풀린 개'의 모습을 보여주는 데 열중했다. 아카바에서 다마스쿠스로 가는 길을 통과하는 대규모 순례단을 습격한 것이다.

살라딘은 곧바로 막 왕에 취임한 뤼지냥에게 엄중한 항의의 뜻을 표명했다. 샤티용이 약탈한 사람과 짐을 돌려줄 것을 강력하게 요구해 온 것이다.

예루살렘 왕 뤼지냥은 이를 샤티용에게 전한다. 하지만 예순한 살의, 이슬람측 말을 빌리자면 '개'는 뤼지냥이 보낸 사절에게 의기양양하게 응수했다.

"뤼지냥이 예루살렘의 주인이라면, 이곳의 주인은 나다!"

약탈한 사람과 짐을 돌려주지 않은 것은 물론이다. 예루살렘 왕 뤼지냥을 경유해 그 사실을 알게 된 살라딘은 이때만큼은 분노를 폭발시켰다.

"코란에 맹세하건대, 그 개를 붙잡으면 내 손으로 직접 죽여주겠다!"

한편 샤티용은, 아라비아어를 할 줄 아는 사람이 드물지 않았던 이 시대 중근동의 십자군 수뇌진들 사이에서 아라비아어와 투르크어를 전혀 입에 담지 않았다는 점에서도 이색적인 존재였다.

예루살렘 왕국 내의 유력한 영주 집안에서 나고 자란 발리앙 이벨린이 이슬람교 이맘조차 존경의 시선으로 바라볼 정도의 고급 아라비아어를 구사한 것은 특별한 예라 해도, 십자군 시대의 그리스도교도는 유럽에서 태어났더라도 중근동 생활이 길어짐과 함께 다소나마 현지 말을 배우는 경우가 많았다.

현지에서 사용하는 언어를 이해할 필요가 있었던 것은 교역에 종사하던 이탈리아 상인들만이 아니었다. 만성적인 병력 부족에 시달리던 십자군측에서는 그리스도교도로 태어나거나 개종한 투르크인을 보조 병력으로 많이 쓰고 있었다. 그들은 실로 신뢰할 수 있는 병사였지만, 이 투르크 병사들에게 라틴어나 프랑스어, 독일어로 명령을 내릴 수는 없었다. 따라서 현실적으로도 현지어를 이해할 필요가 있었던 것이다.

그러나 샤티용은 이슬람교도 땅에서 16년이나 포로 생활을 했으면서 아라비아어도 투르크어도 배우려 하지 않았다. 알아들을 수는 있었다. 하지만 절대 자기 입으로 말하려고는 하지 않았다. 샤티용 입장에서 보면 이슬람교도의 언어는 증오스러운 적의 언어이며 야만스러운 언어에 지나지 않았기 때문이다.

이리하여 1186년도 지나고 운명의 1187년으로 들어서게 된다.

제4장

성전(지하드)의 해

1187년 봄의 기운이 느껴질 즈음, 시리아 북부와 멀리 동쪽의 메소포타미아 지방에서 다마스쿠스를 향해 대군이 모여들기 시작했다.

3월 13일, 카이로를 떠난 살라딘이 다마스쿠스에 도착한다. 이 다마스쿠스에서 이슬람측은 십자군 시대가 된 후 처음으로, 이교도 배척을 소리 높여 외치는 '성전(jihad)'을 선언한다.

'성전'은 원래 이슬람교도가 외치기 시작한 말이므로 이슬람 세계의 성직자인 이맘 중에는 이전에도 이를 입에 담은 사람이 있었다. 하지만 대군을 앞에 두고서 최고사령관인 술탄이 선언한 것은 이때가 처음이었다.

역사적으로 분열 경향이 강한 이슬람 세계를 통합할 수 있는 수단은 종교밖에 없다고 살라딘은 생각했을 것이다. 하지만 그는 '지하드'를 선언했어도 그 목표가 예루살렘의 탈환이라고는 말하지 않았다. 그것은 전략적으로나 전술적으로나 훌륭한 방식이라고 할 수 없었기 때문이다.

전쟁의 목표는 상황에 따라 그 우선순위가 바뀌는 경우가 많다. 목표를 처음부터 확실히 설정해놓으면 오히려 장병들의 사기를 일정하게 유지하기 어렵다.

이교도를 상대로 한 '성전'에 참가하여 죽은 자는 순교자로 간주된다. 따라서 예루살렘 탈환전 이외의 전투에서 목숨을 잃은 자 역시 순교자이며 천국행이 보장된다고 생각하게 만드는 것이 중요했다. 최고 사령관은 이런 것까지 배려할 필요가 있었던 것이다.

그러나 한편으로 적인 십자군측에는 대군을 편성한 살라딘이 노리는 것이 다름아닌 예루살렘이란 사실을 일깨워주어야 한다. 목표가 예루살렘이라고 분명히 말하지 않으면 의심은 더욱 깊어가고, 동시에 공포도 심해진다.

마흔아홉 살이 된 살라딘은 지금까지 13년간의 경험을 통해 이슬람교도 장병들이 성채 공격에 능숙하지 않다는 것을 지겨울 정도로 잘 알고 있었다. 살라딘 역시 십자군측 성채를 공략할 때마다 거의 대부분이라고 해도 좋을 정도로 실패를 거듭해왔다.

이슬람교도 병사들에게 부족한 것은 용기가 아니었다. 용기는 충분했다. 그들에게 부족한 것은, 침착하게 하나에 집중할 때 가장 중요한 조건인 인내력이었다.

성벽으로 방비되는 성채도시를 공격할 때는 공격중에 일어나는 여러 가지 불상사, 즉 악천후나 물 부족, 혹은 식량 부족, 역병의 유행 등 예상치 못한 사태가 덮쳐올 것을 각오해야 한다. 성채도시 공략만큼 지키는 쪽과 공격하는 쪽 모두에게 인내가 필요한 군사행동도 없다. 그리고 예루살렘도 성채도시였다.

살라딘은 견고한 성벽으로 둘러싸인 성채도시를 공격하는 것이 아니라, 그것을 지키는 병사들을 성벽 밖으로, 그것도 쉽게 돌아갈 수 없을 만큼 멀리 유인해낸 후 전투를 벌여 단숨에 승부를 결정지으려고 했다. 이 전략이 성공하려면 십자군측에서 살라딘이 예루살렘을 노리고 있다고 믿어주어야 유리했다.

또한 살라딘은 중근동의 십자군 세력이 지금까지 중요한 방어 요소로 삼아온 성채에 대해서도, 종래의 이슬람측 지도자들과 다른 전략으로 임하려 했다.

성채의 진정한 위력은 난공불락으로 보이는 성채에 틀어박히는 것이 아니라, 난공불락의 그곳에서 수시로 병력을 투입함으로써 주변을 컨트롤하는 데에서 나온다. 그러므로 성채를 공략하는 가장 이상적인 방법은 성벽 하나하나를 공략해 무력화시키는 것인데, 이 전법은 앞서 말한 이유 때문에 이슬람교도에게 적합하지 않았다.

그래서 살라딘이 생각한 것은, 대군을 홍수처럼 밀어붙여 성채를 무력화하는 방법이었다. 고지대에 서 있는 성채만 남기고 그 주변을 마치 물에 잠긴 것처럼 만들어버리는 것인데, 이렇게 하면 성채에서 공격해 나오려 해도 그럴 수가 없다. 그래도 공격을 감행한다면 몰살당할 뿐이니, 성채를 방어하는 병사들은 적의 군대가 통과하는 것을 지켜볼 수밖에 없다. 창 하나 찌를 줄 모르는 농민 출신의 병사도 이런 식으로 이용할 수 있었다.

그렇다면 살라딘은 왜, 마음만 먹는다면 충분히 그럴 만한 힘을 가졌던 누레딘도 시도하지 않았던 예루살렘으로 표적을 좁힌 것일까.

이라크와 시리아를 지배했던 누레딘에 비해, 살라딘은 이라크와 시리아에 더해 이집트까지 지배하에 두었기 때문일까.

이 생각은 전적으로 일리가 있다. 다마스쿠스와 카이로의 관계가 양호하지 않았던 시대에는 다마스쿠스의 군사행동을 카이로가 방해하는 일이 적지 않았다. 그러나 살라딘의 시대가 되어 그럴 걱정이 없어지고 나자 이슬람은 북쪽과 동쪽만이 아니라 남쪽에서도 십자군 세력을 포위할 수 있게 되었다.

실제로 이 1187년의 대공세 때 살라딘은 동생 알 아딜에게 이집트에서 군대를 이끌고 북상하도록 한다. 이는 북쪽과 동쪽, 남쪽에서 한꺼번에 포위하겠다는 생각이 살라딘의 머릿속에 있었다는 것을 보여준다.

그러나 이것 말고도 누레딘과 살라딘의 차이가 하나 더 있었다. 그것은 어디까지나 이슬람교도의 시점에서 생각하던 누레딘에 비해, 살라딘은 그리스도교도의 시점에서도 생각할 수 있었다는 점이다.

이슬람교도에게 가장 중요한 성지는 메카이며, 그다음은 예언자 마호메트가 죽은 장소인 메디나, 마지막이 마호메트가 하늘로 승천했다고 전해지는 바위가 모셔져 있는 예루살렘이다.

한편 그리스도교도에게 중요한 성지는 예수 그리스도가 살았으며 죽었다가 부활한 예루살렘이 첫번째이고, 그다음이 예수가 후계자로 지명한 성 베드로가 순교한 땅인 로마다. 그리고 세번째는 이베리아 반도 북부에 있는 산티아고 데 콤포스텔라다. 이 성지를 이교도의 손에 넘기지 않겠다는 스페인 사람들의 일념으로 시작된 군사행동이 바로, 1492년에야 가까스로 완료되는 '재정복(레콘키스타)'으로 진전된 것이다.

십자군측에 가장 큰 심리적 타격을 주려면 그들 최고의 성도인 예루살렘을 노려야 하는 것이 당연했다.

그 증거로, 다마스쿠스에 대군이 집결하고 있다는 소식만 듣고도 예루살렘 왕 뤼지냥은 침착성을 잃어버리고 말았다.

그는 모을 수 있는 병사를 다 모으고 장수들도 총동원하여, 적이 예루살렘으로 공격해오기 전 도중에서 요격하기로 결정한다. 예루살렘에는 대주교와 소수의 병사밖에 남아 있지 않게 되었으니 상황은 살라딘의 예상보다 유리하게 흘러간 셈이었다. 요격을 나갈 때는 배후의 방비에 만전을 기하는 것이 최고사령관의 상식인데 말이다. 하지만 당시 십자군측의 최고사령관은 잘생긴 외모 말고는 장점이 없었던 뤼지냥이었다. 그리고 이 왕이 가장 의지하던 이가 샤티용이었다.

6월 26일, 다마스쿠스 수비를 장남에게 맡긴 살라딘은 다마스쿠스를 떠나 군대를 이끌고 남하하기 시작했다.

기병 1만 2천 명에 보병까지 총 4만 명에 이르는 대군이었다. 앞서 말한 대로 성채의 무력화를 병행하는 행군이었기 때문에 남하하는 속도는 빠르지 않았다.

한편 지중해에 면한 항구도시 아코에 집결한 십자군은 기병 1천2백 명을 비롯해 총인원 1만 8천 명. 이미 살라딘과 강화가 진행중이던 안티오키아 공작령은 여기에 참가하지 않았다. 12세기 후반에 들어선 당시 십자군 국가는 예루살렘 왕령, 트리폴리 백작령, 안티오키아 공작령 세 나라뿐이었는데, 살라딘은 이 세 나라의 분리도 조금씩 성공해나가고 있었던 것이다.

게다가 수는 적지만 정예만 모은 상설 군사력이라는 데 존재 이유가 있는 종교 기사단도 아코에는 절반밖에 오지 않았다. 대부분의 성채는 템플 기사단과 병원 기사단이 관리하고 있었으므로 그 방어 요원을 제할 수밖에 없었던 것인데, 그중에서도 병원 기사단은 살라딘이 펼친 인해전술에 맞서 적진으로 돌격했던 탓에 단장을 비롯한 130명의 기사가 이미 전사한 상태였다.

이 역시 그들이 예루살렘 왕 뤼지냥을 신용하지 않고 독자적으로 행동했기에 일어난 결과였다. 아코에 집결한 병원 기사단 기사들은 지휘관인 기사단장도 없이 참전하게 된다. 총 몇 명이었는지는 알려져 있지 않다.

정예만 모은 상설 군사력이라는 점에서 병원 기사단과 어깨를 나란히 하는 템플 기사단도, 병원 기사단과 함께 결사 항전을 펼치던 중 상당수의 기사를 잃었다. 그러나 그 격렬한 전투에서도 기사단장과 몇몇 기사는 도망치는 데 성공해서, 기사단장 제라르가 이끄는 본대가 아코에 집결할 수 있었다. 이 양대 기사단을 합쳐도 주요전력인 기사의 수는 4백 명을 밑돌았을 것이다. 종교 기사단은 유명하긴 했지만 지원제라는 이유도 있어 실제 병력은 항상 이 정도밖에 되지 않았다.

살라딘의 기병 1만 2천 명에 비해 십자군은 그 10분의 1이니 승부는 정해진 것이나 다름없어 보이겠지만, 실상은 꼭 그렇지만은 않았다.

그리스도교측 기병 1천2백 명은 중무장을 했고, 이슬람측 기병 1만 2천 명은 경무장이었기 때문이다.

무거운 강철 갑옷과 투구로 단단히 중무장한 기병은 중세 유럽의 '꽃'이다. 즉 중세 유럽의 '문화'인 것이다. 한편 기후와 지세가 유럽과 전혀 다른 오리엔트에서는 중무장이 문화가 될 수 없었다. 도입한다 해도 정착되지 않는다. 살라딘은 자국 병사의 무장을 상당 부분 유럽 스타일로 개조한 사람이었지만, 그래도 경무장의 영역을 벗어나지 않았다.

첫째로, 기병에 빼놓을 수 없는 말의 크기부터 달랐다. 아랍 말은 우아하고 아름답지만 중무장한 기사를 태우고 전장을 질주하는 것은 감당할 수 없었다. 아랍 말보다 체격이 훨씬 큰, 프리지안으로 불리던 중앙 유럽의 말이 아니면 견디지 못하는 것이다. 십자군측은 이 말을 유럽에서 수입했고, 그럴 수 없을 때만 아랍 말을 썼다. 물론 이슬람측은 아랍 말을 탔다. 경무장을 바꾸려 하지 않았던 데는 말 문제도 있었던 것이다.

어쨌거나 말과 기사가 한 덩어리가 되어 돌격해오는 중무장 기병의 위압감은 누가 봐도 압도적이었다. 그러므로 1천2백 명밖에 안 된다 해도, 중무장한 기병은 그들을 능숙하게 다룰 줄 아는 인물이 이끌기만 한다면 열 배의 적을 쫓아버릴 수 있을 만한 위력을 충분히 갖고 있었던 것이다. 하지만 제1차 십자군으로부터 90년이 지난 1187년에는 그런 사령관을 찾아볼 수 없었다.

살라딘이 이끄는 총 4만 명의 군대에 비해 십자군측은 총 1만 8천 명에 불과하다는 것이 전투 결과를 좌우하는 결정적인 요인은 아니다. 딱히 알렉산드로스 대왕이나 로마 시대의 최고사령관까지 거슬러 올라가지 않아도, 뛰어난 지휘관이 적의 5분의 1에 지나지 않은 병력으로 승리를 거둔 예는 적지 않다. 십자군의 역사만 보아도 탄크레디가 기병 24명을 이끌고 티베리아 호 주위의 갈릴리 지방을 제패한 적이 있을뿐더러, 불과 10년 전에는 나병을 앓는 몸이면서 580명의 기병으로 살라딘이 이끄는 1만 2천 명의 군대를 격파한 보두앵 4세도 있었다.

요컨대 '전투'란 거기에 참가하는 병사들을 이끄는 사람의 능력과 기개에 달려 있는 것이다. 따라서 기병 1만 2천 명과 1천2백 명이라는 차이, 4만 명과 1만 8천 명이라는 차이만 보고, 역사상 유명한 '하틴 전투'라는 이름의 이 전투가 시작되기 전부터 십자군이 패배할 게 뻔해 보였다고 말할 수는 없는 것이다.

최고사령관의 '능력'은 전장에서 병사를 어떻게 움직이는가에만 달려 있는 것이 아니다. 살라딘은 절대적인 방어력을 지닌 적의 중무장 기병에 대한 전술로, 병사들에게 기사가 아닌 말을 찌르라고 가르쳤다. 말을 잃은 기사는 기병으로서의 전력 절반을 잃어버린 것이나 마찬가지이기 때문이다.

'하틴 전투'

살라딘의 군대는 꾸준히 거리를 좁혀와 6월 27일 처음으로 십자군 국가의 영토에 진입했고, 그후 골란 고원을 왼쪽, 티베리아 호를 오른

쪽에 두고서 행군을 계속해, 30일에는 요르단강을 건너 십자군 국가 깊숙이 침공했다. 그러고는 티베리아 호 남쪽을 돌아 호수 서쪽으로 나가서 그곳에 있는 성채도시 티베리아스 앞에 진을 쳤다. 하지만 이 도시를 공략하는 데에는 집착하지 않았다. 미리 풀어놓은 스파이를 통해 그리스도교군이 아코를 출발해 티베리아스를 향해 행군중이라는 정보를 얻었기 때문이다. 살라딘은 일찌감치 도착해 적을 기다리는 형국이었다.

7월 3일, 십자군측은 아코와 티베리아 호 중간지점인 세포리스에 도착한다. 이곳의 성채는 규모가 컸기 때문에, 트리폴리 백작은 혹시 원군이 올지 모르니 여기 머물며 기다려보자고 진언했다. 하지만 샤티용은 이에 반대했고, 뤼지냥도 샤티용의 의견에 따라 이 안전한 땅을 버리게 된다. 이튿날, 다시 동쪽으로 행군이 재개되었다.

트리폴리 백작 레몽 3세의 걱정은 티베리아 호까지 물이 없는 지역을 지나가야 한다는 것이었다. 하지만 그의 의견은 총 거리가 30킬로미터도 안 되니 괜찮다는 말로 또다시 묵살당한다. 그 30킬로미터가 무엇을 의미하는지 살라딘도 알고 있었다.

'전투'의 결과가 최고사령관의 능력에 달려 있다고 하는 이유는, 최고사령관이 바라던 지역과 바라던 상황에 적군이 들어와주기만 한다면 전투는 이긴 거나 마찬가지이기 때문이다.

이 '하틴 전투'에서 가장 중요한 문제는 '물'이었다. 건조한 지대인 중근동에서, 게다가 여름에 치르는 전투다. 그 때문에 '물'이 결정적인 요소였다.

다마스쿠스를 출발한 이후 살라딘이 행군한 길을 더듬어보면 이들은 한 번도 '물'에서 벗어나지 않았다. 반대로 세포리스의 성채를 뒤로한 십자군은 물이 없는 지역을 행군했다. 십자군 중 각기 마실 물을 갖고 있었던 병사들은 이 지방의 영주인 트리폴리 백작의 병사들과, 중근동에서 나고 자란 발리앙 이벨린이 이끄는 부대뿐이었다. 예루살렘 왕 뤼지냥에게는 이런 것을 고려할 만한 능력이 없었고, 강도 행위에 특출난 샤티용에게 물이란 갖고 있는 자에게서 빼앗아 마시는 것일 뿐이었다.

그러나 이들은 금방 답파할 수 있을 것 같았던 30킬로미터가 결코 녹록지 않다는 것을 곧 깨닫는다. 그리스도교군은 세 부대로 나뉘어 종대로 행군하고 있었다.

앞장 선 것은 지세를 숙지하고 있는 트리폴리 백작 레몽 3세와 그의 병사들.
그 뒤를 따르는 본대는 예루살렘 왕 뤼지냥이 이끄는 군대. 말을 타고 가는 뤼지냥 옆에는 아코 주교가 받쳐든 '성십자가'가 있었다. 제1차 십자군이 예루살렘을 '해방'했을 때 발견된 것으로, 예수 그리스도가 책형을 당한 십자가로 여겨져 중요한 전투에 늘 동행했다. 성십자가

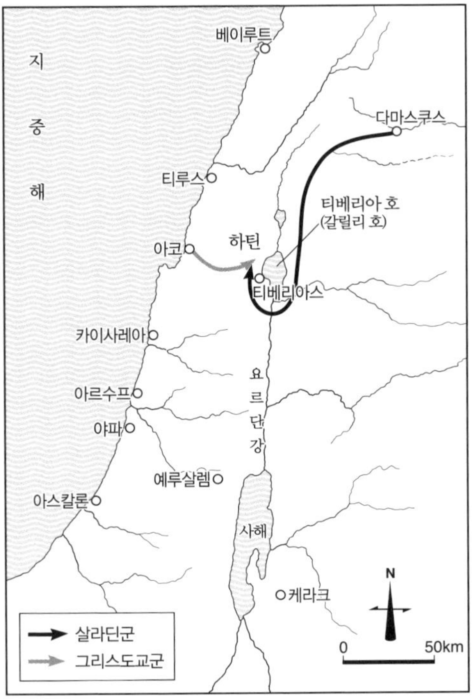

하틴으로 향한 양군의 진로

가 전장에서 자신들을 지켜주기 때문에 이슬람과의 전투에서 이길 수 있다고 믿어온 것이다. 이 본대에는 샤티용과 그의 부하들도 가세해 있었다.

맨 뒤에서는 발리앙 이벨린의 부대와 템플 기사단을 주체로 한 종교 기사단의 기병 집단이 진군했다.

한참 나아가던 중에 트리폴리 백작은 더이상 행군을 속행하는 것은 목숨을 재촉하는 짓이라고 판단했다. 말을 달려 뤼지냥에게 가서, 6킬로미터 앞에 물을 구할 수 있는 곳이 있으니 그곳에서 물을 가져오는 것을 허락해달라고 했다. 이미 갈증으로 괴로워하기 시작한 병사들을 본 뤼지냥은 마지못해 트리폴리 백작의 제언을 받아들였다. 그러나 때는 이미 늦었다.

살라딘의 명령을 받은 이슬람군 기병이 행군중인 그리스도교군을 습격한 것이다. 전투를 위한 것이 아니라 행군을 방해해서 속도를 늦추는 것이 목적이었으므로, 습격했다가 곧 물러가고 뒤이어 다른 부대가 기습해오는 방식을 반복했다. 적의 이런 기습을 방어하느라 더는 앞으로 나아가지 못하게 된 십자군은 결국 그곳에서 7월 3일 밤을 지새우게 된다.

티베리아 호까지 12킬로미터밖에 떨어져 있지 않은 야영지에서는 멀리 달빛을 받아 빛나는 호수면이 바라보였지만 그 물을 입에 넣을 수는 없었다. 그리고 곧이어 살라딘의 다음 작전이 시작되었다.

살라딘의 생각은 적군 병사가 물을 입에 넣기 전에, 즉 물이 있는 곳에 도착하기 전에 사방에서 포위해 괴멸시키는 것이었다. 그래서 7월 3일 밤 서둘러 후위를 집중적으로 공격한 것인데, 이때는 이벨린과 종교 기사단의 강력한 반격을 받아 성공하지 못했다.

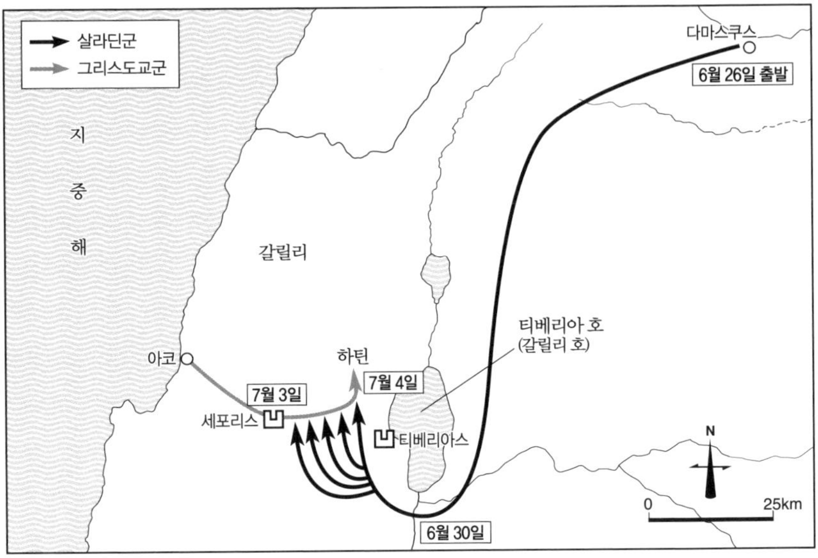

하틴 전투

그러나 이튿날인 7월 4일 십자군이 행군을 재개하자 살라딘의 포위 작전이 성공했다는 것이 분명해졌다. 양옆에 이어지는 낮은 언덕을 모두 이슬람군이 점령하고 있어, 그 사이 골짜기를 통과해야 하는 그리스도교군은 전후좌우가 다 적에게 둘러싸인 형국이 되고 말았다.

게다가 그 주변에서 유일하게 도망칠 수 있는 곳인 니므린 마을로 가는 길조차 완전히 막혀 있었다. 십자군의 도주로를 사전에 예측한 살라딘이 전날 밤 미리 쌓아놓은 나무와 잎 더미에 불을 붙이라고 명령한 것이다. 솟아오른 연기는 연막이 되었고, 그 짙은 연막은 도망갈 수 있는 길을 막아버렸다.

하지만 연막은 도망가는 길만 막은 것이 아니었다. 세 부대로 나뉘어 행군하던 그리스도교군의 각 부대 사이도 가로막아버린 것이다. 그래서 앞서가던 트리폴리 백작의 부대가 포위를 뚫는 데 성공해도, 뒤를 따르는 본대와 후위는 이와 분리되어 포위당한 형국이 되고 말았던 것이다.

남겨진 채 포위당한 뒤에도 장병들은 쉽게 항복하지 않았다. 말이 화살에 맞거나 창에 찔려 보병이 되어버린 기병도, 그리고 원래부터 보병이었던 병사도 감연히 적을 향해 나아갔다.

격렬한 전투가 도처에서 전개되었다. 맹렬하게 싸우던 그리스도교도 병사들이 언덕 위에 서서 지휘하고 있는 살라딘에게까지 육박해와, 언제나 평정심을 잃지 않던 살라딘조차 섬뜩함을 느낄 정도였다.

절망적인 심정으로 싸우는 십자군 병사들이 유일하게 의지할 수 있었던 것은, 언제나 전장의 후방에 있는 '성십자가'를 안치해둔 붉은색 천막이었다. 그리고 그곳에는 예루살렘 왕인 뤼지냥 이하 막료들이 있었다.

이 붉은 천막이 무너지면서 격렬한 전투가 끝났음을 알렸다. 그 모습을 보고 병사들은 비로소 손을 들었지만, 천막이 쓰러진 것을 본 이벨린은 마음을 정한다. 예루살렘 왕국의 유력한 봉건영주였던 이 사람은 부하 병사들과 부근에서 싸우고 있던 다른 병사들을 이끌고, 포위를 좁혀오는 이슬람군을 향해 정면으로 돌격한 것이다. 그리고 그 기세에 눌린 적병 사이를 뚫고 도망치는 데 성공한다.

전장 바로 북쪽에 있는 하틴, 현지 명칭으로는 히틴이라고 하는 마을의 이름을 따서 '하틴 전투'라고 불리게 된 이 전투는, 이렇게 처음부터 끝까지 살라딘의 생각대로 이루어졌다.

도망에 성공한 그리스도교측 병사들은 트리폴리 백작과 이벨린의 부대를 합쳐도 3천 명에 이르지 못했다고 한다. 1만 8천 명 중 3천 명밖에 살아남지 못한 것이다. 하틴 전장을 메운 전사자는 십자군측만 해도 1만 명이 넘었을 게 틀림없다.

살라딘측 전사자가 어느 정도였는지는 알려져 있지 않다. 이는 이슬람교도의 습관이기도 한데, 그들은 사상자 수에 대한 관심이 미미했다. 하지만 얼마 후 살라딘은 이 전쟁터에 전사자들을 기리는 커다란 비를 세우라고 지시했다. 전사자가 얼마 되지 않았다면 그런 지시를 내릴 리 없었을 것이다. 전투가 시종 격렬하게 이루어졌다는 것은 적과 아군의 기록이 일치하는 셈이다.

역사상 유명한 '하틴 전투'를 살라딘의 최고 걸작으로 보는 사람은 그리스도교측에도 많다. 각본, 연출, 주연 모두 마흔아홉 살의 살라딘 혼자 해낸 것이나 다름없기 때문이다.

1. 누레딘의 유산인 시리아와 이라크뿐 아니라 이집트까지 통합해 십자군 세력을 북, 남, 동으로 에워싼 다음 결정타를 날린 것.

2. 안티오키아 공작령을 중립 상태로 만들어 중근동의 십자군 세력을 분리하고, 그들의 운명을 결정하는 이 전투에 예루살렘 왕국 한 나라만 나설 수밖에 없는 상황으로 몰아간 것.

3. 적군이 예루살렘을 노리는 것으로 생각하고 당황한 십자군측이, 비교적 유리하게 이슬람군과 싸울 수 있는 성채도시에서 방어하는 것이 아니라 평원으로 몰려나와 전투를 벌이도록 유도한 것.

4. 대군을 투입함으로써, 중근동의 십자군 영토에 수없이 세워져 있던 십자군측 방어 거점인 성채를 무력화하는 데 성공한 것.

5. 적을 물 부족 상태로 만든다는 기본 전략 아래, 살라딘이 바라던 지역과 방식으로 적군을 유인해내는 데 성공한 것.

6. '전투'의 유일한 이점은 단 한 번의 싸움으로 정황을 단숨에 바꾸어버릴 수 있다는 것인데, 6월 26일 다마스쿠스에서 출진한 뒤 7월 4일 결전을 벌일 때까지 고작 9일밖에 걸리지 않았다는 것. 이 한 가지만으로도 살라딘의 전략과 전술은 21세기인 지금도 여전히 '펜타곤'에서 인정할 정도다.

하지만 한편으로 이 '하틴 전투'와 다른 유명한 전투들을 비교해보면, 뭔가 빠져 있다는 느낌이 든다.

알렉산드로스 대왕의 이수스 회전과 가우가멜라 회전.

한니발이 로마군을 상대로 완승을 거둔 칸나에 회전.
카이사르의 알레시아 회전과 파르살루스 회전.

전략과 전술 면에서 걸작으로 평가되는 이 전투들은 모두 '적수가 있는' 전투였다는 것을 알 수 있다. 즉 적측에 상당한 능력을 지닌 최고사령관이 있었음에도 승리를 거둔 사례라 할 수 있는 것이다.

따라서 당당한 정면충돌이라는 느낌이 강하기 때문에, '전투'라는 말보다 '회전(會戰)'이라는 말이 더 어울리는 듯 보인다.

그런 의미에서 '하틴'은 '전투'이긴 했지만 '회전'은 아니었다. 전략과 전술이 모두 뛰어나며 위험을 각오하고 책임을 지는 기개를 가진 최고사령관이 십자군측에 없었기 때문이다. 그것이 '하틴 전투'가 '전투(battle)'이기는 했어도 '회전(battle field)'이 되지는 못한 진짜 이유가 아닐까.

어쨌거나 전투의 목적은 이기는 것이다. 살라딘은 이겼다. 그것도 완승이라 해도 좋은 전과로.

승자와 패자

전투가 벌어진 하틴 평원에서 도망치는 데 성공한 십자군측 주요인물은 앞장섰던 트리폴리 백작 레몽 3세와 후위군을 이끈 발리앙 이벨린 둘뿐이었다. 전사한 주요인물은 없었으나, 도망친 두 사람 말고는 모두 붙잡혀 승리자의 천막으로 끌려왔다.

예루살렘 왕 기 드 뤼지냥.
뤼지냥의 동생이자 예루살렘군 지휘관이었던 무장 두 명.
몬페라토 후작 굴리엘모.
르노 드 샤티용.
'성십자가'를 받쳐드는 역할을 한 아코 주교.
템플 기사단 단장 제라르.

'하틴 전투'는 이미 7월 4일 오후에 끝났다. 그런데도 살라딘의 천막 앞으로 끌려온 사람들은 하나같이 갈증을 호소하듯 입으로 크게 숨을 쉬고 있었다.

그것을 본 살라딘은 찬물을 가져오게 해 먼저 왕인 뤼지냥에게 권했다. 그러나 뤼지냥은 마시지 않고 옆에 서 있던 샤티용에게 잔을 건넸다.

이를 본 살라딘은 버럭 화를 냈다. 너 같은 놈한테 줄 물은 없다고 외치며, 살라딘은 샤티용을 포로 대열에서 끌어내 칼로 베어버렸다. 곧바로 달려온 술탄의 근위병이 샤티용의 머리를 잘랐다. 살라딘은 거듭되는 자신의 항의에도 불구하고 메카로 가는 순례단을 계속 습격했던 샤티용을 붙잡게 되면 자기 손으로 직접 베어버리겠다고 코란에 맹세한 바 있었는데, 그 서약을 1년 만에 지킨 것이다.

그러나 붙잡힌 주요인물 중 죽임을 당한 것은 이 샤티용뿐이었다. 왕 뤼지냥을 포함한 그 외의 사람들은 일단 다마스쿠스까지 연행하기로 했다. 이들은 한 사람을 제외하면 죽일 필요까지는 없는, 즉 살려둔다고 해를 끼칠 만한 능력도 없는 남자들이라 생각했기 때문일 것이다. 살려두면 위험한 딱 한 사람, 템플 기사단 단장은 다른 용도로 쓰려고 살라딘은 생각하고 있었다.

살라딘은 이들 주요인물보다 지위가 낮은 포로들에게 더욱 엄벌을 내렸다. 어쩌면 이들을 살려두는 것이 이슬람측에 더 위험하다고 보았는지도 모른다.

우선 '투르코폴리'로 불리던, 민족적으로는 투르크인이지만 그리스도교도인 보병들이 끌려나왔다. 이 사람들은 충성도가 높고 용감하기 때문에 십자군측의 신뢰가 두터웠던 병사들이다. 하지만 그만큼 전사하는 자의 비율도 높았다. 템플 기사단과 병원 기사단 등의 종교 기사단의 기사들과 함께, 이슬람군과의 전투에서 가장 많이 전사한 것이 이 투르크 보병이라 할 수 있을 정도였다. '하틴 전투'에서도 참전자의 수에 비해 포로가 된 자의 수가 상대적으로 적었다고 한다.

그런 이유로 살라딘 앞에 끌려나온 이 남자들은 수적으로는 적었지만, 살라딘은 전원 참수형에 처하라고 명령했다. 투르크족으로 태어난 이들이 명목상으로라도 그리스도교에 귀의한 것은 신을 배신한 행위라는 것이 이 남자들을 죽인 이유였다.

이들 투르크인을 제외한 보병 포로는 수적으로 단연 많았다고 기록되어 있는데, 살라딘은 전원을 노예로 팔기로 결정한다. 이슬람교는 같은 신도의 노예화를 금하고 있었지만 하틴에서 포로가 된 보병들은 그리스도교도였기 때문이다.

살라딘은 포로 중 템플 기사단과 병원 기사단의 기사들에게는 목숨을 구할 기회를 주었다. 이슬람교로 개종하면 목숨을 살려줄 뿐 아니라 이슬람군 내에서 승진까지 보장하겠다고 말한 것이다. 마찬가지로 이슬람교는 같은 신도의 사형을 금하고 있었는데, 개종할 가망이 거의 없는 이들에게 개종을 요구하는 것은 사형할 이유를 만들려는 의도였다.

실제로 이에 응해 개종한 기사는 거의 없었다. 개종을 거부하고 그 자리에서 죽임을 당한 종교 기사단 기사들의 수는 230명이었다.

참고로 '하틴 전투' 후 살라딘이 내린 처벌에 대한 기록은, 이때 이슬람교로 개종한 템플 기사단의 한 기사가 42년 후에 밝힌 이야기에 근거한 것이다. 하틴 전투 당시 막 20대에 접어든 젊은이였던 스페인 출신의 이 기사는 개종 후 이슬람군에 들어갔으며, 우연히 만난 이탈리아 상인에게 이 이야기를 했을 당시에는 다마스쿠스 수비대장 자리에까지 올라 있었다.

살라딘은 그리스도교도 투르크 보병을 비롯해 템플 기사단과 병원 기사단의 기사 등 중근동 십자군 세력의 상설 전력이었던 남자들을 무자비하게 죽였다. 유럽에서 원정군이 오지 않은 동안에도 중근동 땅에서 십자군 세력을 지탱해온 것이 바로 이들이라는 사실을 알고 있었다. 그러므로 살려두어도 위험하지 않은 주요인물들은 살려주었지만, 이 남자들은 죽였던 것이다.

그러나 살라딘의 이 엄격한 조치는 결국 일시적인 효과밖에 가져오지 못했다. 변명할 기회도 없이 처형당했다 해도 십자군측 보병에는 여전히 그리스도교도 투르크인이 임무를 수행하고 있었고, 괴멸적인 상태가 된 종교 기사단은 '하틴 전투' 후 오히려 지원자가 늘어났던 것이다.

템플 기사단과 병원 기사단은 유럽의 좋은 집안 출신자들이 관록을 얻기 위해 입단하는 명색뿐인 기사단이 아니다. 그들의 일상생활은 당시 유럽에서 쉽게 찾아볼 수 있었던 수도원의 수도사와 같았지만, 기도와 명상으로 신에게 다가가는 것을 필생의 업으로 삼고 있는 것은 아니었다. 그들이 신에게 다가가는 길은 그리스도의 전사로서 이슬람교도와 싸우는 것이었다. 템플 기사단과 병원 기사단에 지원하는 사람이 끊이지 않은 것은, 이들 종교 기사단의 존재의의가 중세 남자들의 가슴에 강한 호소력을 발휘했기 때문이기도 하다.

그렇다면 당장 이들을 죽여도 소용없지 않은가, 아마 살라딘도 그렇게 생각했을 것이다. 그러나 그는 적에게 이기는 것을 최우선으로 삼는 무장이다. 눈앞에 있는 적의 실질적인 전력을 우선 제거해야겠다고 생각한 것도 당연하다. '하틴 전투' 직후의 살라딘은 지극히 무장답게 행동했던 것이다.

그러나 무장은 또한 손에 넣은 승리를 활용하는 방법을 가장 먼저 생각하기도 한다. 바꿔 말하자면 그것은 '쇠뿔도 단김에 빼라'는 말을 실행한 것이었다.

7월 4일의 '하틴 전투' 다음 날, 살라딘은 재빨리 근처의 성채도시 티베리아스에 사자를 파견하여 그 도시의 성문을 열라고 요구했다. 살라딘은 갈릴리 지방의 중요한 지역이기도 한 이 도시에 무혈입성할 생각이었으므로, 성문을 열면 주민의 목숨과 재산을 보장하겠다는 관대한 조건을 내걸었다.

트리폴리 백작 레몽 3세의 영토였던 티베리아스는, 남편이 십자군에 참전한 동안 백작부인이 지키고 있었다. 발리앙 이벨린의 누이이기도 한 백작부인은 그 조건을 받아들여 살라딘에게 성문을 열겠다고 알렸다. '하틴 전투'의 결과를 안 이상 다른 방법이 없었기 때문이다.

살라딘은 제시한 조건을 완벽하게 지켰다. 백작부인과 아이들은 전 재산과 하인들과 함께 살라딘이 보낸 병사들의 경호를 받으며, 남편 트리폴리 백작이 도망가 있던 티루스로 떠났다.

이리하여 살라딘은 제1차 십자군 시대에 탄크레디가 정복한 이래 백 년 가까이 다마스쿠스에 대한 예루살렘의 방벽 역할을 하던 갈릴리 지방을 손에 넣었다. 이제 '안쪽 성벽'까지 메워진 것이다. '하틴 전투'가 끝나고 불과 이틀 후에, 그것도 피 한 방울 흘리지 않고 얻은 수확이었다.

이튿날인 7월 7일, 살라딘은 조카 한 명에게 군대를 이끌게 하여 이번에는 서쪽에 있는 아코를 공격하게 했다. 하지만 역시 조카 혼자서는 역부족이었던 듯, 그다음 날에는 살라딘이 직접 아코 성벽 앞에 섰다.

티베리아스에 이어 이 항구도시를 살라딘이 공략 대상으로 삼은 것은, 중근동을 탈환하는 데 있어 그가 항구도시를 무척 중요하게 생각했다는 사실을 보여준다.

이집트는 해군을 갖고 있었음에도 제1차 십자군 이후 백 년 동안 시리아와 팔레스티나 근해에 접근하지 못했다. 이탈리아의 해양 도시국가가 제해권을 견지하고 있었기 때문인데, 이집트 해군이 그들보다 못한 것은 사실일지라도 유사시에 도망칠 수 있는 항구가 있다면 이 열세 상태가 조금은 개선될 수 있었다. 그래서 살라딘은 아코와 야파, 그리고 십자군의 침공 전에는 이집트의 항구였던 아스칼론을 '쇠뿔도 단김에 빼' 기세로 공략하려 했던 것이다.

또한 아코는 특히 유럽에서 오는 배가 가장 많이 입항하는 것으로 알려져 있었다. 이 아코를 손에 넣을 수 있다면 유럽에서 오는 원군이 이전만큼 쉽게 상륙할 수 없게 되리라고 생각했을 게 틀림없다.

그러나 아코 역시 성벽으로 둘러싸인 견고한 수비를 자랑하는 항구도시다. 갈 길이 바쁜 살라딘은 여기에서도 관대한 조건을 내걸고 무혈입성하려 했다.

'하틴 전투'의 결과는 아코에도 영향을 미쳤다. 주민들은 계속 이곳에 살게 해주겠다는 살라딘의 조건을 받아들이기로 한다. 그러나 떠나기로 한 사람들도 있었다. 바로 이곳 아코에 자신들만의 거류지를 갖고 있던 피사, 제노바, 베네치아의 상인들이었는데, 이들 중세의 이코노믹 애니멀은 적인 이슬람교도와의 교역에도 적극적이었던 사람들이다.

그러나 그들은 이슬람의 지배하로 들어간 후에도 자신들의 거류지가 존속될 거라고 생각할 만큼 낙관주의자는 아니었다. 그들 역시 이슬람교도가 '유럽에서 온 그리스도교도'라는 의미로 '프랑크인'이라 부르던 사람인 것이다. '그리스도교도이기에 앞서 베네치아인'이라는 격언까지 있던 베네치아 공화국의 사람들도, 이슬람과 그리스도교 중 하나를 선택해야 하는 상황에서는 항상 그리스도교측에 남는 것을 택했다. 이리하여 다른 '프랑크인'과 함께 아코를 떠난 이탈리아 상인들은 티루스나 트리폴리로 옮겨갔다.

살라딘은 이후에도 이런 전법으로 팔레스티나 지방의 항구도시들을 하나둘씩 수중에 넣어갔다. 물론 당시 살라딘의 진짜 의도는 예루살렘을 공략하기 전 예루살렘으로 가는 '보급로'를 차단하는 것이었다.

살라딘은 이 전법을 속행하며 '하틴 전투'에서 포로가 된 두 사람을 이용한다. 예루살렘 왕 뤼지냥과 템플 기사단 단장 제라르였다.

공략하려는 항구도시의 성벽 앞에 진을 치고는 상대편 병사들이 지키고 있는 성벽 앞으로 이 두 포로를 끌고 간다. 그러고는 방어전을 해봐야 소용없으니 무혈입성을 받아들이라고 설득하도록 한 것이다.

예루살렘 왕과 템플 기사단 단장은 시키는 대로 했다. 하지만 성벽 위에 늘어선 상대편 병사들에게서는 조롱과 경멸의 욕설이 돌아올 뿐이었다. 살라딘은 하는 수 없이 시간과 병사를 소비해가며 항구도시 공략전을 계속할 수밖에 없었다.

아울러 부끄러움을 모르는 뤼지냥은 이후로도 7년이나 더 살았는데, 템플 기사단 단장 제라르는 수치심에 시달린 탓인지 채 2년도 지나지 않아 죽고 만다. 하지만 두 사람 모두 살라딘이 석방해준 후에 죽었으니 이슬람측 감옥에서 죽은 것은 아니다.

그러므로 살라딘의 전법은 효과적이었다고는 할 수 없는 셈인데, 이마저도 9월에 들어서면서 중단해야 했다. '지하드'를 기치로 내걸고 이슬람교도를 통합한 이상 이슬람교도의 성도이기도 한 예루살렘의 탈환을 더는 미룰 수 없었던 것이다.

이슬람 세계의 최고권력자이자 '하틴 전투' 이후 명실공히 이슬람의 영웅이 되었지만, 살라딘은 생각보다 자유롭게 행동할 수 있는 상황이 아니었다.

이슬람 사회 역시 봉건사회다. 동시대 유럽에서 황제나 왕에 해당하는 술탄은 자신의 의지로 그의 권위에 복종하고 있는 각지의 태수나 영주를 통솔해나가는 입장에 불과하며, 술탄이 이끄는 군대도 직속만 따지면 그다지 수가 많지 않고 그 외에는 태수나 영주 들이 제공하는 병력을 통합한 것이었다.

이것이 술탄이 장기적인 군사행동을 하기 힘든 원인이었다. 태수와 영주는 자신들 힘의 원천인 병력의 손실을 기꺼워하지 않았고, 또한 그들이 군사행동의 속행을 반대하는 것에는 너무나도 이슬람적인 이유가 있었다.

이슬람교도의 아내는 남편이 4개월 넘게 집에 들어오지 않으면 이혼을 신청할 수 있다는 규칙이 그것이다. 태수들이 종종 가져다 쓰던 이 변명을 물리칠 수 있을 때는 바로 성전에 참가하는 경우다. 요컨대 살라딘은 군사행동을 계속하려면 '지하드'를 제창할 수밖에 없었고, 이슬람교도 누구나 납득할 수 있는 '지하드'는 '하틴 전투' 이후 예루살렘 탈환밖에 남아 있지 않았던 것이다. 예루살렘의 탈환이 바로 살라딘의 최대 목표이기도 했지만.

9월 20일, 살라딘은 예루살렘을 둘러싼 성벽 앞에 도착했다.

예루살렘은 절대 난공불락의 도시가 아니다. 주위를 방비하는 성벽은 대략 4킬로미터에 지나지 않고, 외부에서 원군이 오는 것을 기대할 수 없는 1187년 당시 상황으로서는 침착하게만 공격하면 이르든 늦든 결국 함락될 도시였다. 예루살렘 왕 뤼지냥이 하틴으로 가며 방어요원까지 총동원했기 때문에 시내에는 쓸 만한 병사가 적었고, 이들을 지휘할 수 있는 사람은 전무하다고 해도 좋은 상황이었다.

이 시기 예루살렘에는 6만 명 정도가 살고 있었다.

그중 4분의 1에 해당하는 약 1만 5천 명은, 이슬람교도가 '프랑크인'이라고 부르던 유럽에서 온 그리스도교도이거나, 혹은 그 사람들을 조상으로 둔 '유럽인'이었다.

나머지 4만 5천여 명은 그리스정교도나 아르메니아파에 속하는 동방의 그리스도교도와 유대교도, 이슬람교도로 이루어진 '오리엔트인'이었다.

따라서 이 6만 명 전원을 이슬람교도인 살라딘을 방어하는 데 동원할 수는 없었다. 특히 그리스도교도나 유대교도라도 예전부터 오리엔트에 살고 있던 사람들은, 설령 이슬람의 지배를 받게 된다 해도 지즈야라 불리는 이교도세만 내면 자신들의 신앙을 유지하며 살 수 있다는 것을 알고 있었다. 중세 오리엔트의 이런 상황을 생각하면 방어에 힘쓰는 것도 소용없게 느껴지겠지만, 이런 상태가 5백 년에 걸쳐 계속되어온 중근동도 최근 백 년은 그리스도교도 지배하에 있었던 것이다. 그 지배자측이던 1만 5천 명의 '프랑크인'이 살라딘이 이끄는 이슬람교도의 군대가 다가오자 공포에 떤 것도 당연한 일이었다. 하지만 살라딘이 포진한 예루살렘에는 발리앙 이벨린이 있었다.

발리앙 이벨린

예루살렘 왕국 내의 유력한 영주인 발리앙 이벨린만큼 중근동의 십자군 세력 지배층을 그대로 체현한 인물도 없다.

발리앙 이벨린은 이탈리아 남부에서 제1차 십자군에 참가했다가 이 지역에 정착한 사람의 후예로, 이벨린이라 명명한 야파 근처의 광대한 영토를 가진 영주이며, 중근동에서 나고 자란 '프랑크인'이다. 이탈리아 출신이 흔히 그렇듯 현지 적응력이 뛰어나, 고급 아라비아어를 구사할 줄 알고 이슬람 사회의 현 정세에도 밝은 인물이었다.

이 사람이 이때 예루살렘에 있었던 데는 재미있는 사정이 있다.

하틴 전투의 전장에서 탈출하는 데 성공한 이벨린은 부하 병사들과 함께 티루스로 도망쳤는데, 그의 아내와 아이는 예루살렘에 남아 있는 상태였다. 하지만 '하틴 전투' 직후에는 쉽사리 예루살렘으로 돌아갈 수가 없었다. 티루스에서 예루살렘으로 가는 모든 길에 살라딘의 병사들이 깔려 있었기 때문이다.

그래서 이벨린은 능숙한 아라비아어로 쓴 자필 편지를 살라딘에게 보냈다. 처자식을 예루살렘에서 구해내고 싶으니 티루스에서 예루살렘으로 가는 통행허가증을 살라딘의 이름으로 발급해달라는 내용이었다.

살라딘은 이벨린을 직접 만난 적은 없었지만 그에 대해 잘 알고 있었다. 이슬람교 이맘들에게도 좋은 평가를 받는 몇 안 되는 '프랑크인'이라는 점도 있었지만, 그보다 무장으로서 이벨린을 높이 평가하고 있었다. 살라딘이 단 한 번 패배를 맛본 '몽기사르 전투'에서 문둥이 왕 보두앵 4세가 승리한 것도 이벨린의 감투(敢鬪)에 기인한 바가 크다는 것도 알고 있었고, 또 '하틴 전투'의 전장에서 적의 공격이 집중된 후위 부대에 있었으면서도 부하들을 거느리고 탈출하는 데 성공했다는 것도 예사로운 무장이 아니라는 것을 증명해주었다.

그래서 살라딘은 패자이면서 승자에게 의뢰를 한, 이 또한 보통 사람이 할 수 없는 대담한 태도를 취한 이벨린의 부탁을 들어주기로 했다. 하지만 조건을 붙였다. 예루살렘에서는 하루밖에 머물 수 없고 처자식을 데리고 곧장 티루스로 돌아가야 한다는 것이다. 그리하여 이벨린은 살라딘의 군대가 포위하고 있는 예루살렘으로 들어갈 수 있었는데, 그곳에서 그가 본 것은 공포에 떠는 주민들이었다.

발리앙 이벨린은 이들을 버려두고 자기 혼자 떠나는 것을 견딜 수 없었다. 거기다 하틴 전투의 전장에서 무사히 도망친 때로부터 채 3개월도 지나지 않았다. 또다시 살라딘에게 쉽사리 승리를 안겨주고 싶지 않다는 마음이 일었는지도 모른다. 이벨린은 처자식을 그대로 두고 예루살렘 방어에 나서기로 결심한다.

그렇지만 그는 살라딘과 한 사내로서 약속을 한 상태였다. 그래서 그는 살라딘에게 다시 편지를 써서, 약속을 깨는 걸 허락해달라고 요청했다.

예루살렘 성벽을 사이에 두고 코앞에 진을 치고 있던 살라딘으로부터 곧바로 답장이 왔다. 이벨린의 사정을 이해했으니 약속을 깨는 것을 인정하겠다는 내용이었다. 그뿐 아니라 이벨린의 처자식이 티루스까지 가는 데 안전을 보장하는 통행허가증까지 동봉되어 있었다.

이벨린 가의 문장
(노란색 바탕에 붉은색 변형 십자)

그러나 이처럼 신사적으로 행동한 탓에 살라딘은 손쉽게 함락할 수 있었을 예루살렘에 괜한 공을 들이게 된다. 이것은 중세시대의 '문화'이기도 했던 기사도 정신이 종교와 무관하게 발휘될 때도 있었다는 사실을 보여준다.

이렇게 하여 이벨린은 성도 예루살렘을 방어하는 데 선두에 서게 되었는데, 과연 그에게는 그럴 만한 자격이 있었을까.

결론부터 말하자면, '충분히' 있었다. 달리 그럴 만한 사람이 없었다는 소극적인 이유에서가 아니라, 이벨린에게는 당시 예루살렘에 있던 대부분의 사람들이 납득할 만한 충분한 자격이 있었던 것이다.

발리앙 이벨린은 이벨린 가의 장남이 아니었다. 따라서 그는 원래부터 예루살렘 왕국 내의 유력한 영주였던 것이 아니라, 처음에는 영주 일가의 일원에 불과했다. 예루살렘 왕국 내의 분쟁에 염증이 난 큰 형이 안티오키아로 물러가는 바람에 이벨린 가의 주인 자리가 그에게 돌아온 것이다. 그해 발리앙 이벨린은 이미 마흔여섯 살이었다.

하지만 이벨린 가의 주인이 되기 전부터 그는 보두앵 4세에 대한 충성심을 갖고 있었다. 이 왕이 열세 살에 즉위해 스물네 살에 죽을 때까지의 시기에 서른네 살에서 마흔다섯 살이었던 이벨린은 문둥이 왕을 보좌한 두 충신 가운데 한 사람이었다. 아니, 오히려 전쟁에 나가는 왕과 항상 동행한 것은 또 한 사람의 충신인 트리폴리 백작 레몽 3세가 아니라 이벨린이었다. 트리폴리 백작은 자기 영지가 있었으므로 항상 동행할 수는 없었던 것이다.

예루살렘 왕 보두앵 4세는 이 이벨린을, 아버지 아모리가 죽은 후 미망인이 된 비잔틴제국의 황녀 마리아 콤네나와 결혼시킨다. 아직 가문의 후계자도 아닌 이벨린에게는 파격적인 후대였는데, 자신의 여명이 길지 않다는 것을 알고 있던 보두앵 4세는 예루살렘 왕국의 앞날에 이벨린 같은 남자가 필요하다는 것을 깨달았던 것이다. 그리고 계모인 마리아 콤네나와 결혼하는 그에게 본인 소유의 영지가 없는 것을 안타깝게 여겨 나블루스에 있는 영지까지 하사한다. 발리앙 이벨린이 서른일곱 살이던 해의 일이었다.

그러나 6년 후, 나빠지기만 하는 자신의 몸 상태를 직시한 문둥이 왕 보두앵은 아직 여섯 살밖에 안 된 조카를 공동 왕위에 앉힌다. 자신이 죽은 후 누이 시빌라의 남편 뤼지냥이 예루살렘 왕위에 앉는 것을 저지하기 위한 책략이었는데, 이 대관식 때 소년을 왕좌로 이끌었던 이도 이벨린이었다. 이러한 경우에는 왕이 그 역할을 하는 것이 관례였지만, 죽음을 향해 가던 보두앵에게는 그럴 만한 체력이 남아 있지 않았던 것이다.

이 대관식이 있은 지 2년 후에 스물네 살의 보두앵 4세가 죽고, 여덟 살의 소년이 보두앵 5세로 혼자 왕이 된다. 하지만 이 왕도 1년 후에 죽고 말아, 그를 대신하여 예루살렘 왕위에 오른 사람은 시빌라의 남편 뤼지냥이었다.

시빌라와 뤼지냥이 예루살렘의 왕궁을 좌지우지하게 되자 이벨린은 밀려나고 만다. 이벨린이 뤼지냥을 따라 하틴 전투에 참가한 것도, 예루살렘 왕국 내의 유력한 영주가 왕이 이끄는 군대에 참가하는 것 이상의 의미가 없었다. 이 시기 그는 이미 큰형이 물러난 이벨린 가의 주인이 되어 있었고, 뤼지냥과는 항상 거리를 유지했다.

당연히 발리앙 이벨린은 뤼지냥이 중용한 샤티용과는 말도 섞지 않는 사이였다. 기질적으로도 맞지 않았고, 이슬람에 대한 샤티용의 강경노선에도 항상 반대해왔기 때문이다.

이러한 발리앙 이벨린이 마흔일곱 살 나이에 예루살렘 방어의 선두에 서게 된 것이다. 이벨린은 아마도 이 또한 자신의 운명이라고 생각했을 게 틀림없다.

그러나 현실은 만만치 않았다. 이벨린의 지휘에 따라 예루살렘 방어전을 치를 수 있는 전사는 60명 정도밖에 남아 있지 않았다. 최소한 3만 명이 공격해올 게 분명한 살라딘에 맞설 주요 방어 전력이 고작 60명밖에 되지 않는 것이다. 이는 살라딘과의 결전에 임할 때 예루살렘 방어요원까지 총동원한 뤼지냥의 책임이었지만, 그때 뤼지냥이 예루살렘 방어를 맡겼던 대주교는 우왕좌왕하기만 할 뿐 전혀 도움이 되지 않았다.

이벨린은 이때 예루살렘 시내에 남아 있던 열여섯 살 이상의 남자를 모두 기사로 임명한다. 그 수가 얼마나 되는지는 알려져 있지 않다. 아마도 이들에게 전투의 프로인 기사라는 호칭을 부여함으로써, 최소한 성도를 방어할 기개를 심어주려 한 것이 이벨린의 생각이었을 것이다.

그러나 60명의 프로와 그 밖의 아마추어로 이루어진 집단을 조직한 발리앙 이벨린의 수완은 예상외로 훌륭한 것이었다.

예루살렘 공방

살라딘은 도착 다음 날인 9월 21일에 바로 공격해왔다. 예루살렘 북서쪽에서 서쪽을 감싸고 있는 성벽, 즉 다마스쿠스 문에서 야파 문까지의 지역이었다. 제1차 십자군이 공격했을 때와 같은 곳인데, 아마 예루살렘을 공격할 때는 이쪽을 노리는 것이 상례였던 듯하다. 21일부터 25일까지 닷새 동안 이 일대는 계속해서 살라딘군의 공격을 받았다.

시내에서 이벨린이 주도한 방어전이 어떻게 이루어졌는지는 알려져 있지 않다. 하지만 중과부적의 정도를 넘어 차원이 다르다고밖에 할 수 없는 병력의 공격을 받으면서도 방어측은 계속 건투했다. 닷새 동안 끊임없이 공격을 받았지만 성벽이 한 군데도 무너지지 않았던 것이다.

살라딘의 군대는 이전의 이슬람 군대에 비해 현격하게 기술이 발전했다. 투석기가 수없이 활용되었고 '그리스의 불'이라 불리는 수류탄이 끊임없이 불을 내뿜었다. 그래도 방어측은 한 발짝도 물러서지 않았다.

닷새째 되는 날 전투가 끝난 후, 살라딘은 더이상 같은 전법으로 공격을 계속하는 건 무의미하다는 것을 깨닫지 않을 수 없었다. 그날 한밤중에 진을 물리라는 명령이 내려오고 살라딘의 군대는 예루살렘 북동쪽으로 이동했다.

이튿날인 26일, 예루살렘 북쪽과 북동쪽 성벽에 새로운 전법의 공격이 다시 시작되었다. 그전처럼 석유를 넣어 불을 붙인 수류탄을 병사들이 하나씩 던지는 게 아니라 성벽 앞으로 끌고 나온 투석기를 이용해 한꺼번에 던져넣었다. 이것이 적중하자 주변 일대는 불바다가

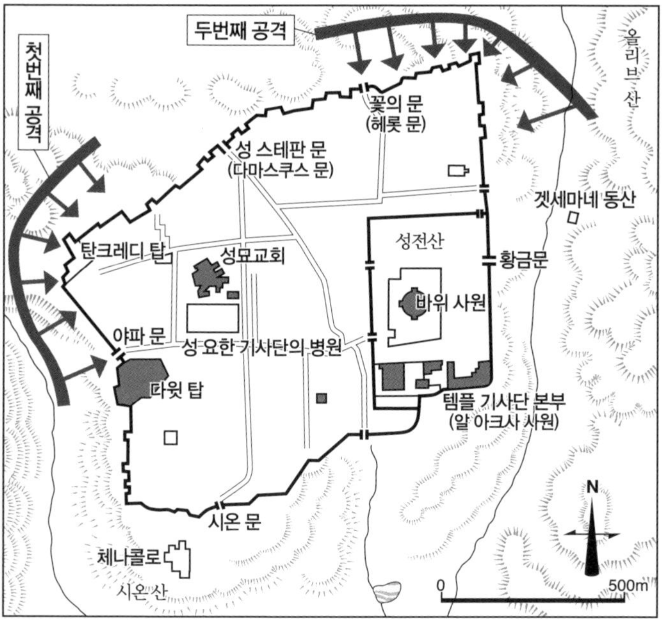

예루살렘 공방

되었다.

이렇게 맹공격을 퍼붓는 한편으로 살라딘은 인부들에게 성벽 아래까지 갱도를 파라고 명령했다. 사흘에 걸쳐 30미터의 갱도를 파내려갔고, 조금만 더 파면 내부에 화약을 채워 성벽을 산산조각으로 날려버릴 수 있었다. 때가 임박했다고 본 살라딘은 붕괴된 성벽을 넘어 시내로 공격해 들어갈 기병 집단을 편성하라고 명령했다.

방어하는 쪽도 갱도의 존재를 알아차리고 있었다.

30일, 발리앙 이벨린은 살라딘에게 편지를 보내 직접 회담을 하자고 청했다. 하지만 살라딘에게서는 답이 오지 않았다.

이벨린은 이튿날인 10월 1일, 다시 한번 회담을 청한다. 이날도 살라딘에게서 아무런 답이 없었다.

그래도 이벨린은 포기하지 않았다. 다음 날인 10월 2일, 마침내 살라딘의 천막 안에서 두 사람의 회담이 실현되었다. 둘은 고급 아라비아어로 대화를 나누었다. 통역도 필요 없이, 마흔아홉 살의 이슬람교도와 마흔일곱 살의 그리스도교도가 얼굴을 맞대고 대결한 것이다.

남자의 대결

발리앙 이벨린은 결코 우는소리를 입에 담지 않았다. 오히려 살라딘을 협박했다. 이슬람측 기록에 따르면 그 협박이란 다음과 같은 것이었다.

이벨린은 말했다. 당신은 조만간 예루살렘을 수중에 넣을 것이다. 그러나 예루살렘을 지금 상태 그대로 수중에 넣을 수 있으리라고는 생각하지 마라. 우리는 마지막 한 사람이 죽을 때까지 계속해서 싸울 것이다.

우선 시내에 있는 5천 명의 이슬람교도를 모두 죽이겠다. 그리고 예루살렘 시내에 있는 이슬람의 모든 성소, 바위 사원과 알 아크사 사원부터 사당에 이르기까지 모조리 파괴할 것을 맹세한다.

살라딘, 당신은 예루살렘의 정복자가 될 것이다. 하지만 당신이 정복하는 것은 파괴되고 불에 타서 아무것도 남지 않은, 그리스도교도뿐 아니라 수많은 이슬람교도의 피로 물든 예루살렘일 것이다.

살라딘은 입을 다물고 말았다. 그것을 본 발리앙 이벨린은 어조를 바꿔 다시 이야기를 시작했다. 이 시기 예루살렘에는, 토머스 베켓 사건으로 험악해진 로마 교황의 심사를 누그러뜨리기 위해 영국 왕 헨리 2세가 성지 방어 자금이라는 명목으로 보내온 3만 디나르 상당의 돈이 있었다. 이벨린은 그것을 함락 후 죽임을 당하거나 노예가 될 것이 확실한, 예루살렘에 사는 '프랑크인'들의 몸값으로 쓰려고 생각하고 있었다. 따라서 살라딘과 이벨린의 대화는 몸값 교섭으로 옮겨갔다.

이벨린은 일단 이 3만 디나르로 1만 5천 명이나 되는 '프랑크인'의 몸값 교섭을 시작한다. 남자는 한 사람당 10디나르, 여자는 5디나르, 어린이는 1디나르가 당시 서민의 몸값 시세였으니, 남자와 여자와 어린이 7천 명은 구할 수 있을 것으로 보았다.

물론 이 7천 명은 이슬람교도가 '프랑크인'이라 부르는 유럽인으로 제한된다. 같은 예루살렘 주민이라도 이슬람교도는 포로가 되지 않을 것이고, 또 유대인과 그리스인, 아르메니아인은 항복한 후 계속 예루살렘에 살 수 있다고 살라딘이 인정해주었으므로, 유럽인의 몸값 걱정만 하면 되었던 것이다.

하지만 그래도 7천 명밖에 구할 수 없다. 그러나 전원을 살리려 하면 한 사람도 살릴 수 없게 된다. 이벨린은 자신의 사유재산도 내놓는 동시에 예루살렘 시내의 모든 돈을 끌어모아, 그것으로 불쌍한 사람을 하나라도 더 구해낼 생각이라고 살라딘에게 말했다.

이에 살라딘은 감격하고 말았다. 동석한 살라딘의 동생 알 아딜 역시 형 이상으로 감격해 1천 명분의 몸값을 자기가 내겠다고 나서 형의 동의를 얻었을 정도였다.

살라딘은 최고사령관의 이름으로, 예루살렘 시내에 있는 '프랑크인' 노인에게는 몸값 없이 퇴거하는 것을 허가하기로 결정한다. 또한 미망인이나 고아는 몸값을 받지 않을뿐더러 당장 필요한 돈까지 주어 예루살렘을 떠나도록 해주었다. 이때의 '당장 필요한 돈'은 모두 살라딘의 주머니에서 나온 것이었다.

예루살렘 시내의 '프랑크인'들도 동포가 노예가 되는 것을 막기 위한 노력을 아끼지 않았다. 대주교는 7백 명분의 몸값을 제공했고, 이벨린도 사유재산으로 5백 명분의 몸값을 지불했다. 다른 사람들도 할 수 있는 데까지 노력했는데, 이것은 이런 경우 흔히 나오는 '부채'의 개념이 아니었다. 몸값을 지불할 수 없는 사람이 노예가 되지 않게 하는 데 필요한 돈은 선물로 간주되었던 것이다.

이리하여 이슬람측뿐 아니라 그리스도교측에도, 노예가 된 '프랑크인'은 거의 없었다고 전해진다.

그러나 이러한 조치는 이슬람교 이맘들이 살라딘을 비난하는 이유가 되었다. 그들 같은 원리주의자의 눈에 살라딘의 관대함은 도를 넘은 것으로 비쳤던 것이다.

그들은 88년 전 그리스도교도가 예루살렘을 정복했을 때와 마찬가지로, 그들 모두를 죽이거나 노예로 삼아야 한다고 주장했다.

하지만 살라딘은 이 종교지도자들의 말에 귀를 기울이지 않았다. 그러기는커녕 병사들에게 떠나는 난민에 대한 약탈 행위를 금하도록 했다. 그 덕분에 티루스나 트리폴리를 향해 도망간 난민 중에서 죽거나 약탈을 당한 사람은 거의 없었다고 한다.

예루살렘, 다시 이슬람의 손으로

살라딘은 자신의 생각을 관철시킴으로써 제1차 십자군 때와는 전혀 다른 모습으로, 즉 살육을 행하지 않고 예루살렘의 '해방'을 실현하였다. 그리하여 예루살렘은 88년 후 다시 이슬람교도의 도시로 돌아갔다.

1187년 10월 9일은 이슬람교도의 기념일이 되었다. 그날 살라딘은 대열을 이끌고 성지 해방자로서 당당히 예루살렘에 입성했다. 예루살렘을 자신들 것으로 만드는 것은 그리스도교도에게도 '해방'이었지만, 이슬람교도에게도 '해방'이었다.

사정이 이러했기에 해방자 살라딘은 입성 전에도 해야 할 일이 많았다.

우선 그리스도교 교회로 바뀌어 있던, 통칭 바위 사원으로 불리는 성소에서 돔 정상에 걸려 있던 십자가를 치웠다. 벽면을 장식하고 있는 그리스도교에 관련된 그림도 모두 제거하고, 장미꽃 향기가 나는 성수를 뿌려 정화했다. 이런 일이 모두 끝난 후에야 비로소 신도들이 내부에 발을 들여놓을 수 있었다.

같은 수순의 정화 작업이 프랑크인이 사용했던 모든 성소에서 반복되었다. 템플 기사단 본부로 바뀌어 있던 알 아크사 사원은 다른 어느 곳보다 정성껏 정화 작업이 이루어졌다. 알 아크사 사원은 바위 사원 못지않게 이슬람교도가 중요시하는 성소였던 것이다. 예루살렘 대주교가 살던 저택이 학교로 바뀌고, 88년간 교회로 사용되었던 예루살렘 시내의 모스크가 원래의 모스크로 돌아간 것은 물론이다.

하지만 살라딘은, 역시나 이맘들의 제언에 귀를 기울이지 않고서, 성묘교회에는 손을 대지 못하게 했다. 그리스도의 묘 위에 세워졌다는 이유로 그리스도교도 순례자들의 신앙이 가장 집중되던 이 교회를 그대로 온존하기로 한 것이다. 따라서 콘스탄티누스 대제가 건립한 이 성묘교회는 파괴되지 않고 모스크로도 바뀌지 않은 채, 지금의 형태로 남게 되었다.

성묘교회를 그대로 두었다는 것은 살라딘이 그리스도교도의 순례를 인정했음을 의미한다. 그 증거로 교회 바로 옆에 있는, 순례자들을 치료하기 위해 세워진 병원 기사단의 병원도 그대로 남아 있다.

살라딘은 예루살렘을 십자군이 '해방'하기 이전의 상황으로 되돌린 것뿐이었다. 유럽에서 오는 순례를 허용하되, 예루살렘이 이슬람의 지배하로 돌아갔다는 것을 유럽에서 온 순례자들이 인정해야 한다는 것이다. 그리스도교가 지배하던 시대처럼 예루살렘 대주교가 남는 것은 허용하지 않았지만, 성묘교회에서 봉사하는 수도사들이 남는 것은 허용했다. 같은 이유로, 의료에만 종사하는 조건으로 병원 기사단의 단원 열 명이 남는 것도 인정해주었다.

해가 바뀐 1188년 1월 1일, 살라딘은 '지하드'라는 기치하에 편성한 이슬람 군대를 해산했다. 태수들은 각자의 영지로 돌아가고 병사들은 아내의 품으로 돌아갔다.

이로써 살라딘은 1187년 불과 1년 동안 중근동의 십자군 국가 절반 이상을, 즉 예루살렘 왕령 전체를 없애버린 셈이 되었다. 유럽의 그리스도교도들이 영위해온 백 년간의 십자군 시대를 거의 무(無)로 되돌린 것이다.

'프랑크인'에게는 안티오키아와 트리폴리, 티루스만 남았다.

안티오키아는 '하틴 전투'에 참가하지 않았기 때문에 아직 남아 있었다. 하지만 이곳도 실질적으로는 비잔틴제국의 영토가 되었기에

'프랑크인'의 나라라고는 할 수 없었다. 예루살렘이 함락되었다는 소식을 들은 비잔틴제국 황제가 살라딘에게 축하 편지를 보냈을 정도다.

트리폴리가 십자군측에 남은 이유는 통치자 레몽 3세의 힘 때문이라기보다, 그 지역에 특히 많이 세워져 있던 병원 기사단의 성채 덕이라고 하는 것이 맞을 것이다. '크락 데 슈발리에'는 살라딘의 맹공에도 꿈쩍하지 않았고, 다른 성채도 이슬람 군대에 굴복하지 않았던 것이다.

그러나 성채, 특히 요르단강 동쪽과 예루살렘 왕국 내에 있던 여든 군데의 십자군측 성채는 대부분이 해가 가기 전 살라딘에게 성문을 열었다. 공격에 시간을 들일 것도 없었다. 목숨만은 살려주겠다는 조건으로 퇴거를 받아들이거나, 혹은 그전에 떠났던 것이다. 예루살렘뿐 아니라 대부분의 항구도시까지 잃은 상황이다. 아무리 견고한 성채라도 고립되어버리면 거의 존재의의를 잃게 된다. 항상 동방을 향해 이슬람 세계를 노려보던 성채는, 발상을 바꾸어 도전해온 살라딘에 의해 무력해지고 만 것이다.

티루스가 살라딘의 군대에 함락되지 않은 것은 해상에 우뚝 솟은 이 항구도시가 알렉산드로스 대왕도 공략하기 힘들어했을 정도로 난공불락의 땅이었기 때문이다. 이 지역을 공략하려면 해상 공격이 필수인데, 아무리 살라딘이라도 이집트 해군의 능력까지 바꿔놓을 수는 없었다.

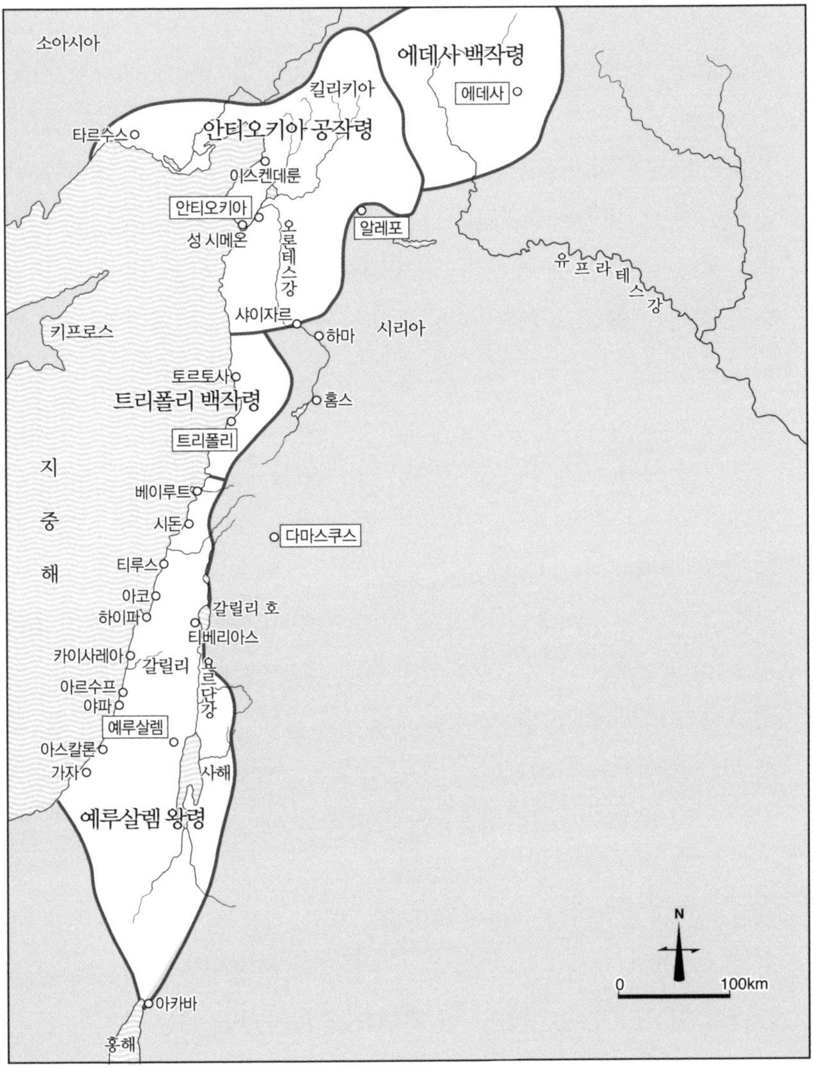

십자군 국가(1118년까지)

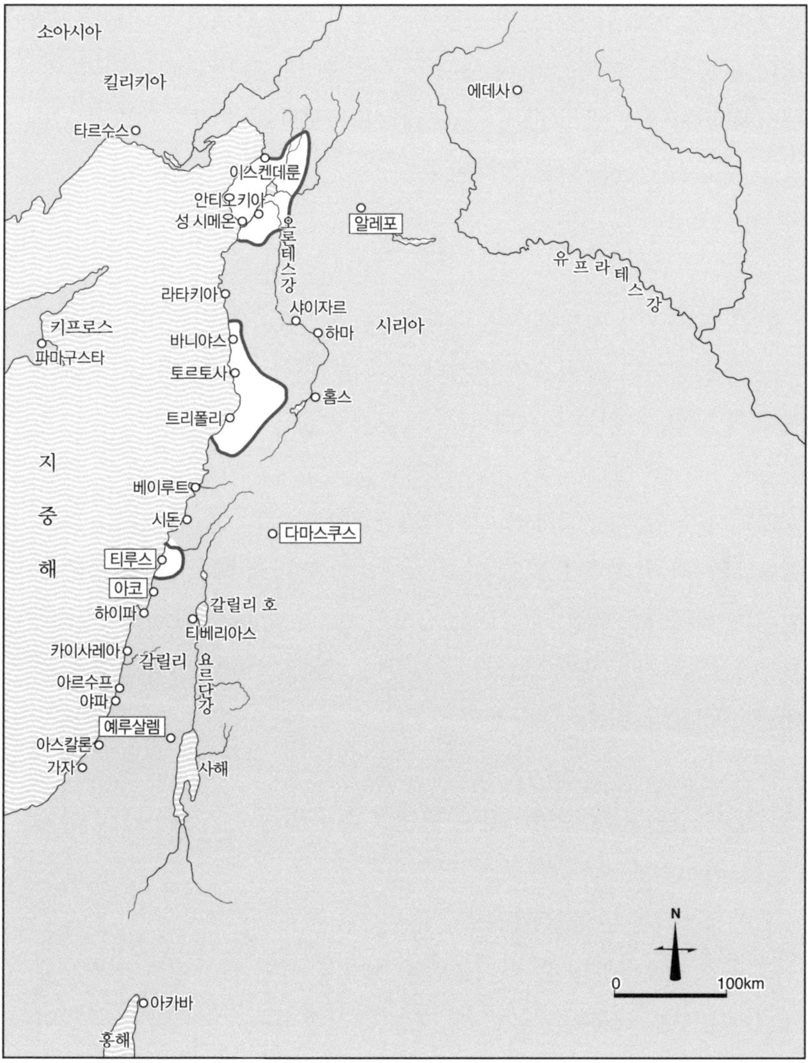

소아시아
킬리키아
타르수스
에데사
이스켄데룬
안티오키아
성 시메온
알레포
오론테스강
유프라테스강
라타키아
샤이자르
하마
시리아
키프로스
파마구스타
바니야스
토르토사
홈스
트리폴리
지중해
베이루트
시돈
다마스쿠스
티루스
아코
하이파
갈릴리 호
티베리아스
카이사레아
갈릴리
요르단강
아르수프
야파
예루살렘
아스칼론
가자
사해
N
0
100km
아카바
홍해

십자군 국가(1187년)

살라딘은 이슬람교도들의 칭송을 받아 마땅한 전략의 천재였다. 그러나 이슬람 세계 최고의 이 영웅이, 아직도 그 세계에서 사사건건 푸대접을 받고 있는 소수민족 쿠르드인이라는 것을 후대의 이슬람교도들은 알고 있었을까 하는 생각이 든다.

한편 살라딘이 예루살렘을 탈환했다는 소식은 중근동에서 멀리 떨어진 유럽에까지 순식간에 퍼져나가, 유럽에 사는 그리스도교도들에게 이루 말할 수 없는 심각한 타격을 안겨주었다.

에데사가 함락된 것과는 이야기가 달랐다. 92년 전 십자군을 일으켰을 당시의 원래 목표였던 성도 예루살렘을 다시 빼앗긴 것이다. 이번에는 에데사를 잃은 충격으로 시작된 제2차 십자군 때의 성 베르나르두스 같은 선동가도 필요하지 않았다. 유럽 전역이 자발적으로 일어났기 때문이다.

독일에서는 붉은 수염이라는 별명으로 유명한 신성로마제국 황제 프리드리히 1세.

프랑스에서는 존엄왕 필리프.

그리고 영국에서는 훗날 이슬람을 상대로 성난 사자처럼 맹렬하게 돌진하는 모습 때문에 '사자심왕'으로 불리게 되는, 이제 막 영국 왕이 된 리처드 1세.

십자군 역사상 가장 화려한 조합의 제3차 십자군이 유럽을 떠나 속속 중근동으로 향하기 시작한다. 이제 살라딘이 맞설 차례였다.

(3권으로 이어집니다)

| 도판 출처 |

표지, 속표지 그림 : Gustave Doré

23쪽, 28쪽, 35쪽, 91쪽, 184쪽, 199쪽, 208쪽(베네치아) 그림 : 畠山モグ

30쪽 그림 : M. L'Abbé de Vertot, *Histoire des Chavaliers Hospitaliers des S. Jean de Jerusalem, appellez depuis Les Chavaliers de Rhodes. Et aujourd' ui Les Chavaliers de Malta, 1742.*

82쪽 그림 : 프라 안젤리코(Fra Angelico), 이탈리아 피렌체 생 마르코 미술관 소장

144쪽, 161쪽 그림 : 윤종윤

165쪽 :

192~197쪽 그림 : Stephen C. Spiteri

지도 제작 : 종합정도연구소(綜合精図研究所, JAPAN)

* 연표 및 참고문헌은 3권 권말에 표시한다.

옮긴이 **송태욱**
연세대학교 국문과를 졸업하고 같은 대학 대학원에서 문학박사 학위를 받았다. 도쿄외국어대학교 연구원을 지냈다. 지은 책으로 『르네상스인 김승옥』(공저)이 있고, 옮긴 책으로 『사랑의 갈증』 『세설』 『만년』 『환상의 빛』 『형태의 탄생』 『천천히 읽기를 권함』 『번역과 번역가들』 등이 있다.

감수자 **차용구**
고려대학교 사학과를 졸업하고, 독일 파사우대학교에서 서양 중세사 연구로 석사와 박사 학위를 받았다. 현재 중앙대학교 인문대학 역사학과 교수로 재임하고 있다. 지은 책으로 『로마제국 사라지고 마르탱 게르 귀향하다』 『중세 유럽 여성의 발견』이, 옮긴 책으로 『중세의 빛과 그림자』가 있다.

십자군 이야기 2

1판 1쇄 2011년 11월 3일
1판 25쇄 2025년 2월 17일

지은이 시오노 나나미
옮긴이 송태욱
감수자 차용구

기획 강명효 | 책임편집 양수현 | 편집 강명효 염현숙 이정원 | 독자 모니터 김경범
디자인 윤종윤 유현아 | 저작권 박지영 형소진 오서영
마케팅 정민호 서지화 한민아 이민경 왕지경 정유진 정경주 김수인 김혜원 김예진
브랜딩 함유지 박민재 김희숙 이송이 김하연 박다솔 조다현 배진성
제작 강신은 김동욱 이순호 | 제작처 영신사

펴낸곳 (주)문학동네 | 펴낸이 김소영
출판등록 1993년 10월 22일 제2003-000045호
주소 10881 경기도 파주시 회동길 210
전자우편 editor@munhak.com | 대표전화 031)955-8888 | 팩스 031)955-8855
문학동네카페 http://cafe.naver.com/mhdn
인스타그램 @munhakdongne | 트위터 @munhakdongne
북클럽문학동네 http://bookclubmunhak.com

ISBN 978-89-546-1521-1 04920
978-89-546-1523-5 (세트)

잘못된 책은 구입하신 서점에서 교환해드립니다.
기타 교환 문의: 031) 955-2661, 3580

www.munhak.com

십자군 이야기

3

JYUJIGUN-MONOGATARI vol 3
by Nanami Shiono

이 도서의 국립중앙도서관 출판예정도서목록(CIP)은
서지정보유통지원시스템 홈페이지(http://seoji.nl.go.kr)와
국가자료공동목록시스템(http://www.nl.go.kr/kolisnet)에서 이용하실 수 있습니다.
(CIP제어번호 : CIP2012002168)

Story of the Crusades

십자군 이야기 3

시오노 나나미
송태욱 옮김 | 차용구 감수

문학동네

차례

제1장

사자심왕 리처드와 제3차 십자군

(1188년~1192년)

'성도'를 잃다

1187년은 말 그대로 '살라딘의 해'였다.

오랜 세월 동안 분열되어 있던 수니파와 시아파를 통합함으로써 처음으로 이슬람 세계를 하나로 묶는 데 성공한 살라딘은, 이로써 운용할 수 있게 된 대군을 이끌고 1187년 7월 4일 하틴 평원 전투에서 십자군측에 결정적인 타격을 가했다. 그후에도 공세의 고삐를 늦추지 않고 십자군측 주요도시인 아코, 시돈, 베이루트, 야파를 숨 돌릴 새 없이 잇달아 손에 넣었다.

'하틴 전투'의 패전으로 이 도시들의 주민이 아무리 재기불능 상태였다 하더라도, 하틴에서 승리한 후 불과 한 달 만에 이룩한 성과라기엔 놀라운 것이었다. 이 도시들은 지중해 동쪽 해안을 따라 줄지어 늘어선 항구도시라는 데에 그 존재이유가 있었다.

살라딘은 예루살렘 탈환에 앞서, 설령 유럽에서 새로운 십자군이 원정을 온다 해도 군대가 상륙하지 못하도록 항구를 점령하려 한 것이다. 이 일을 끝내고서야 그는 비로소 예루살렘으로 군대를 돌렸다.

'하틴 전투'에서 방어력의 태반을 상실하고, 게다가 팔레스티나 지방의 항구도시 대부분을 잃어 원군마저 기대할 수 없게 된 예루살렘은, 1187년 10월 9일 승자 살라딘 앞에 성문을 열었다. 제1차 십자군에 의해 '해방'된 이래 줄곧 그리스도교도의 땅이었던 예루살렘이 88년 만에 다시 이슬람교도의 수중으로 넘어간 것이다.

21세기에 들어선 지금도 독실한 그리스도교도에게 어느 곳을 순례하고 싶으냐고 물으면, 로마나 스페인의 산티아고 데 콤포스텔라보다 '예루살렘'이라는 대답이 훨씬 많을 것이다. 지금으로부터 약 1천 년 전인 중세에는 예수 그리스도와 신자 사이의 거리가 훨씬 가까웠다. 제2차 십자군이 일어난 계기는 에데사를 빼앗겼기 때문이었지만, 탈환당했다는 사실은 같아도 예루살렘과 에데사는 그 중요도 면에서 비교가 되지 않는다. 그리스도교도에게 비할 바 없이 충격적인 일이었던 만큼, 이 소식은 당시로서는 놀랄 만큼 빠른 속도로 유럽에 전해졌다.

첫번째 소식은 제노바나 베네치아에서 활용하던 '속달편'으로 전해졌으리라 예상된다. 급보를 실은 배가 입항하면 곧바로 가장 빨리 출항하는 다른 배에 문서를 옮겨 실어 보내는 방식인데, 이렇게 릴레이로 전하면 중근동에서 일어난 일도 채 한 달이 안 되어 이탈리아에 전해질 수 있다. 이 시기에 로마 교황은 이탈리아 북부 페라라에 체재하고 있었다. 제노바에서든 베네치아에서든 로마보다 페라라가 더 가까웠다.

교황청의 기록에는, 교황 우르바누스 3세가 이 소식을 듣고 충격으로 죽었다고 쓰여 있다. 예루살렘이 그리스도교도의 수중에 들어온 것은 교황 우르바누스 2세의 제창으로 시작된 제1차 십자군에 의해서였다. 그 예루살렘이, 그 교황과 이름도 같은 자신이 교황 자리에 있는 지금 다시 이슬람의 수중으로 돌아간 것이다. 우르바누스 3세는 이로 인한 낙담을 견딜 수 없었는지도 모른다.

그를 이어 로마 교황에 선출된 이는 그레고리우스 8세인데, 이 교황도 1년이 못 되어 죽는다. 로마 교황에게 연이어 당도하는 것은 살라딘에게 하릴없이 내몰리기만 하는 중근동 십자군 세력의 열세를 전하는 소식이었다. 그중에 교황의 마음을 밝게 해주는 소식은 하나도 없었다.

살라딘은 십자군 원정의 사령탑이었던 로마 교황을 1년 사이에 두 명이나 죽음으로 몰아넣은 셈이다. 로마 교황청이 새로운 십자군 원정을 정식으로 제창한 것은, 잇달아 죽은 두 교황의 뒤를 이어 클레멘스 3세가 로마 교회의 수장으로 즉위하고 나서였다. 성도 예루살렘을 잃었다는 충격적인 소식이 들려온 뒤로 1년이 넘는 세월이 흘렀다.

로마 교황청의 이 늦은 대응은 곧 제3차 십자군의 성격을 결정하는 데 일조한다.

제1차 십자군은 교황 우르바누스 2세가 제창하고 직접 선도함으로써 시작되었다.

제2차 십자군은 로마 교황청의 행동대원 격이었던 수도사 베르나르두스가 유럽의 황제와 왕들을 정력적으로 설득하고 다닌 덕에 실현되었다. 십자군 원정의 사령탑은 로마 교황청이었고, 제1차나 제2차나 오리엔트로 향하는 십자군에는 반드시 로마 교황이 '교황 대리' 자격으로 임명한 고위 성직자가 동행했다.

그런데 제3차 십자군에는 이런 인물이 없다. 독일 황제도, 프랑스 왕도, 영국 왕도 '교황 대리'를 동행하지 않았다. 이 한 가지 사실만으로도 제3차 십자군은 '세속인들의 십자군'이라고 할 수 있을 것이다.

그 이유는, 성도 예루살렘이 이제 자신들의 것이 아니라는 사실이 서유럽 그리스도교 세계 전체를 충분히 경악시켰기 때문이었다. 로마 교황이라는 제창자도, 그 제창을 받들어 유럽 전역을 설득하러 다니는 설교사도 필요하지 않았을 만큼.

영국

가장 먼저 십자군 원정에 나선 이는 영국 왕 헨리 2세다. 영국은 지금까지 개인이 십자군에 참가한 적은 있어도 국가가 참가한 적은 없었다. 11세기 말부터 12세기 전반까지의 영국은 하나의 국가로 통합되어 있지도 않았기 때문이다. 그런데 12세기 중반 왕위에 오른 헨리 2세가 정력적으로 영토를 확장한 결과, 영국은 프랑스의 절반까지 영유하는 강국이 되었다. 십자군 원정에 나설 자격으로 따지자면 전통

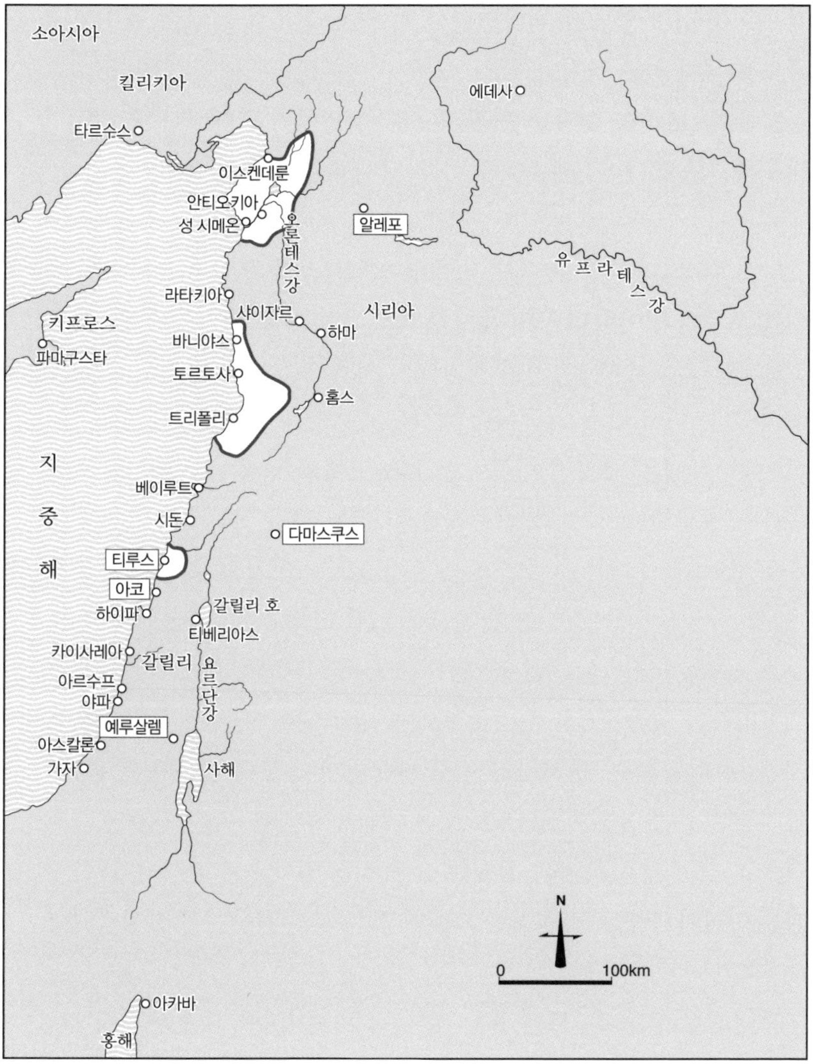

'하틴 전투' 후의 십자군 국가령(1187년)

적으로 유럽의 양대 유력자였던 독일 황제와 프랑스 왕에 견주어 조금도 손색이 없는 것이다.

영국 왕 헨리는 십자군 원정 비용을 조달하기 위해 새로운 세금을 징수하기로 했다. 이 세금에는 '살라딘세'라는 이름이 붙었다.

당시 헨리 2세는 50대 중반이었다. 아일랜드를 포함한 영국 왕국과, 원래 조부의 땅이었던 프랑스 북부 노르망디 지방, 여기에다 결혼으로 얻은 프랑스 서남부 아키텐 지방에서 모집한 군대까지 이끌 수 있는 위치였다. 다시 말해 자금이든 병사든 부족할 게 없는 상태였던 것이다. 예루살렘을 빼앗긴 이듬해인 1188년에도 당장 오리엔트로 향할 마음이 충분했다. 그런데 발등에 불이 떨어졌다. 아들 리처드가 반기를 든 것이다.

이리하여 영국에서는 십자군 원정에 앞서 왕위 다툼이 벌어졌다. 하지만 이 다툼은 두 당사자의 성격 때문인지 음모나 술책을 동원하여 깊이 잠행하는 유형이 아니라, 오랜 세월 군림해온 늙은 사자와 그 자리를 노리는 젊은 사자의 일대일 승부 같은 양상으로 전개된다. 그 결과는 양자가 정면으로 격돌한 1189년 7월 4일의 전투에서 결정되었다.

그러고서 이틀 후, 35년 동안 영국 왕을 지냈으며 플랜태저넷 왕조의 창시자였던 헨리 2세는 세상을 떠났다.

두 달 후, 서른두번째 생일을 닷새 남겨놓은 리처드의 대관식이 런던 웨스트민스터 대성당에서 거행되었다. 영국 왕 리처드 1세가 역사의 주인공으로 등장하는 순간이었다.

대관식이 끝나자 리처드는 1년 후 십자군 원정을 떠나겠다는 의지를 밝힌다. 그는 이미 '하틴 전투' 패배 사실을 알았을 때 십자군 참가를 서약한 바 있으므로, 왕위 다툼을 앞세우긴 했어도 자기 결심에는 충실했던 셈이다. 원정 준비는 의외로 순조롭게 진행되었다. 아버지 헨리가 남겨준 '살라딘세'가 도움이 되었음은 물론이다.

프랑스

프랑스는 이전부터 늘 십자군의 주력이었는데, 당시 프랑스 왕은 필리프 2세였다. 훗날 애국적인 프랑스인들이, 고대 로마제국의 초대 황제였던 아우구스투스의 프랑스식 발음인 '오귀스트(존엄왕)'라는 존칭을 붙여준 사람이다. 여덟 살 위인 리처드가 영국 왕이 된 해에 필리프는 아직 스물네 살이었다. 하지만 열다섯 살 때 프랑스 왕위에 올랐으므로 왕으로서의 경험은 리처드보다 많았다. 다만 그에게 '왕으로서의 경험'이란 다음과 같은 것이었다.

왕위에 오른 지 얼마 되지 않아 그는, 자신의 조카딸과 결혼해 우군이 된 플랑드르 백작과 함께 샹파뉴 백작을 무찔렀다. 1년 후에는 영국 왕 헨리의 도움을 받아 플랑드르 백작을 무찔렀다. 물론 프랑스 북동부의 강력한 봉건제후의 힘을 꺾는 것이 목적이었다. 그리고 6년 후, 이번에는 리처드와 동맹을 맺어 헨리 2세에게 도전했다. 그런데 이때 리처드가 거둔 성공은 필리프가 바랐던 정도를 훨씬 뛰어넘고 말았다.

프랑스 왕의 입장에서는, 왕자에게 여지없이 패해 낙심한 영국 왕이 노르망디 지방을 포기하고 영국으로 물러나는 것으로 족했다. 아키텐 지방의 영유권은 이미 리처드의 것이었고, 그 외에 헨리가 점유하고 있던 프랑스 영토는 노르망디 지방뿐이었으니까.

그러나 이런 필리프의 계산은 빗나가고 말았다. 리처드의 전투 능력이 그 정도일 줄은 미처 몰랐던 것이다. 아버지와 아들의 격돌은 아들의 완승으로 끝났다. 전투에 자신있고 능숙했던 헨리는 그것이 의미하는 바를 필리프보다 더 잘 알고 있었다. 낙심하여 영국으로 물러가는 정도가 아니라 죽고 만 것이다. 덕분에 영국 왕위에는 전투에 능한데다 나이도 젊은 리처드가 즉위했다. 그의 정식 지위는 이러했다.

'영국 왕, 노르망디 공작, 앙주 백작, 아키텐과 가스코뉴 공작, 푸아티에 백작'

프랑스 왕 필리프에게 이는 지난 9년간의 고생이 수포로 돌아간 것이나 마찬가지였다. 영국 왕과 프랑스 왕의 세력 분포는 필리프가 프랑스 왕위에 오른 때와 조금도 달라지지 않았고, 게다가 상대편 지도자는 한 세대 아래의 젊은 남자로 바뀌었다. 다시 말해 영국 왕에게서 프랑스 영토를 빼앗아올 가능성이 헨리 시대 때보다 훨씬 낮아진 것이다. 제3차 십자군 원정 이야기가 구체화된 것은 이때였다.

프랑스 왕 필리프의 인생 최대 목표, 아니, 유일한 목표는 영토 확장이었다. 이 목표를 달성하기 위해서라면 그는 어떤 사람이든 어떤 기

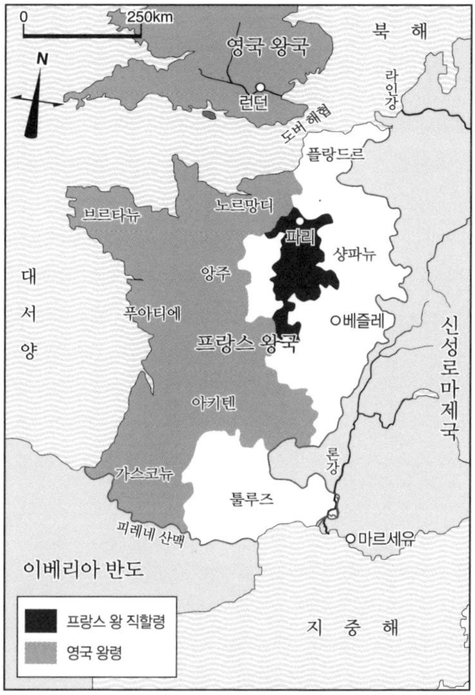

1180년 당시의 프랑스 세력도

회든 활용할 수 있었다.

사실 필리프는 굳이 제3차 십자군에 참가하고 싶지 않았을 것이다. 그런데 왜 마음을 바꾼 것일까.

첫번째 이유는, 필리프가 제2차 십자군을 이끌었던 두 지도자 중 하나인 루이 7세의 외아들이었다는 점이다. 특별히 독실한 신앙심의 소유자도 아니고, 특별히 명예를 중시하는 사람도 아니었던 필리프는, 비참한 실패로 끝난 제2차 십자군의 설욕을 하겠다는 생각 따위는 없었을지도 모른다. 하지만 유럽에서 내보내는 본격적인 십자군 원정에 프랑스 왕이 참가하지 않는다면, 누구보다도 프랑스에 사는 그리스도교도들이 가만있지 않을 것이다.

게다가 로마 교황의 노여움을 살 게 뻔하다. 필리프는 왕으로 살아온 지난 9년간, 자신의 유일하고 절대적인 목표를 달성하기 위해 온갖 권모술수를 동원해온 사람이었다. 군사적인 면에서의 능력에 자신이 없어서였겠지만, 그와 같은 심모원려형 인간은 되도록 적을 만들지 않으려 애쓰는 법이다. 필리프의 처지에서는 로마 교황청을 적으로 돌리는 일만큼 어리석은 술책도 없었을 것이다. 그가 정략결혼을 꾀할 때마다 그것을 승낙해준 이가 바로 교황이었으니까.

두번째 이유는, 십자군 원정이 라이벌들과의 휴전에 도움이 된다는 점이다. 영토 확장이라는 그의 큰 목표를 가로막고 있던 라이벌에는 영국 왕, 샹파뉴 백작, 플랑드르 백작, 부르고뉴 공작 등의 거물이 있었다. 이 네 명 모두 제3차 십자군에 참가할 뜻을 표명했다.

적어도 원정을 나가 있는 동안은 이 강력한 라이벌들과의 영토 분쟁이 동결된다. 또한 이슬람군과의 전투중에 이들 중 누군가, 잘하면 네 명 모두 '순교자'가 되어줄지도 모르는 일이었다.

리처드와 필리프

군사적인 능력에서 필리프가 도저히 당해낼 수 없었던 것 말고도, 리처드 역시 권모술수가 소용돌이치는 중세를 살아가는 남자였다. 필리프의 속마음까지 꿰뚫어보고 있었는지는 모르겠지만, 리처드는 필리프로부터 이듬해인 1190년 7월 프랑스의 베즐레에서 합류하여 함께 십자군 원정에 나서겠다는 동의를 얻어냈다.

두 사람이 함께 출발하고, 함께 돌아온다는 것이다. 또한 어느 한쪽의 귀국이 늦어질 경우에도 그사이 상대방 영토를 침범하지 않기로 서약했다. 이는 신사협정이라 해도 좋은데, 존엄왕 필리프에게 신사협정만큼 인연이 먼 것도 또 없었다.

1190년 7월 초 프랑스 동부의 작은 도시 베즐레는 여기저기서 모여든 병사들로 북적였다. 성벽 밖에 세워진 막사에는 파란색 바탕에 백합이 그려진 프랑스 왕의 깃발과 빨간색 바탕에 노란색 사자가 그려진 영국 왕의 깃발이 수풀처럼 나부꼈다. 그 사이를 오가는 기사와 병사는 이때만큼은 영국과 프랑스의 구별 없이, 모두 십자군 전사의 표시인 붉은 십자가 새겨진 옷을 걸치고 있었다.

영국과 프랑스 양군이 합류하는 장소로 베즐레를 택한 사람은 필리프였다. 아버지 루이 7세가 제2차 십자군을 이끌고 출발한 곳이 베즐레였기 때문이다. 멀리 로마에 있는 교황에게 보내는, 제3차 십자군이 제2차 십자군의 설욕을 하겠다는 의지의 메시지이기도 했다.

1190년 7월 4일, 영국 왕과 프랑스 왕은 거의 같은 시기에 베즐레를 뒤로했다. 로렌강을 따라 남하하여 지중해에 이르자, 리처드는 마르세유에서, 필리프는 제노바에서 바닷길을 택해 중근동으로 향했다. 두 사람은 시칠리아의 항구도시 메시나에서 다시 합류하기로 되어 있었다.

서른세 살의 리처드와 스물다섯 살의 필리프가 사이좋게 프랑스를 출발하여 오리엔트까지의 먼 길을 손을 맞잡고 가는 듯 보이지만, 사실은 서로를 견제하는 도정이었다.

덧붙여서 한 가지 더. 왜 프랑스 왕은 출항지로 마르세유가 아니라 제노바를 택했고, 영국 왕이 마르세유를 택했을까. 여기에서 당시 필리프가 안고 있던 문제가 드러난다.

프랑스 왕임에도 이 시기 필리프의 지배권은 프랑스 남부에까지 미치지 못했고, 당시 프랑스 남부는 아키텐과 가스코뉴 공작인 리처드의 지배권에 속해 있었기 때문이다. 따라서 리처드는 앞서 보내두었던, 영국에서 이베리아 반도를 돌아 지중해로 들어오는 수송선단과 마르세유에서 합류할 수 있었던 것이다.

출항지로 제노바를 택할 수밖에 없었던 프랑스 왕에게도 나름의 이점이 있었다. 그는 배를 타고 긴 여정에 나서는 것이 처음이었는데, 지중해 항해에 관해 베테랑 중의 베테랑인 제노바의 배와 선원에게 이를 일임할 수 있었기 때문이다.

한편 리처드는 북해와 도버 해협을 오가는 데 적합한 '스넥카스(sneckas)'라는 형태의 배로 선단을 꾸렸다. 스넥카스의 기원을 말하자면 한마디로 바이킹의 배다.

북해의 거친 파도에 견딜 수 있도록 튼튼하게 만들어졌으므로 무거운 짐도 잔뜩 실을 수 있었다. 대신 배의 속도는 더뎠다. 또한 기본적으로 범선이므로 갤리선처럼 '모터' 역할을 하는 조수(漕手)도 없었다. 따라서 다른 배에 비해 움직임이 자유롭지 못하므로 해전용이라 할 수는 없지만, 리처드는 무거운 짐을 운반하는 데 적합한 배가 필요했던 것이다.

리처드는 이 수송선단으로 조립식 투석기를 운반했다. 부품별로 해체하여 배나 수레에 싣는 것인데, 전쟁터에 도착해 병사들이 조립하면 거대한 투석기를 단시간에 완성할 수 있었다. 게다가 완성된 투석기에는 바퀴가 달려 있어 전장에서 이동할 때도 인력과 시간을 절약할 수 있었다.

이 조립식 투석기는 아마도 리처드가 고안한 것인 듯, 이전에 사용된 흔적은 찾아볼 수 없다. 제3차 십자군에서 프랑스 왕을 위시한 제후들도 투석기를 사용했지만, 그것들은 모두 전쟁터에 도착한 후에 현지에서 제작한 것이다. 리처드의 투석기처럼 전쟁터에 도착해서 조립하고, 전투가 끝나면 다시 해체해 배나 수레에 실어 다음 전쟁터로 운반하는 방식의 것은 아니었다.

또한 리처드의 선단에는 부품별로 해체한 투석기뿐만 아니라 돌포탄도 실려 있었다. 프랑스 왕과 제후들이 사용한 것처럼 바위를 깨뜨린 돌덩이가 아니라, 줄질을 하여 둥글게 다듬은 돌포탄이었다. 모양이 둥글면 공기의 저항이 적어져 멀리까지 날아갈 수 있다. 따라서 낙하하는 순간의 파괴력도 증가한다.

울퉁불퉁한 돌덩이가 툭 떨어질 때의 파괴력과, 대기를 가르며 빠르게 멀리 날아간 돌포탄이 낙하할 때의 파괴력에는 큰 차이가 있다. 이 돌포탄은 리처드의 자랑이었던 듯, 이후에 이슬람과 전장에서 대결할 때 적장 살라딘에게 보내지기도 했다.

훗날 '사자심왕'이라는 별명으로 유명해진 영국 왕 리처드는, '심장'과 함께 합리적이고 효율적으로 사고하는 '두뇌'도 가지고 있었던 것이다.

황제 '붉은 수염'

프랑스 왕과 영국 왕, 이에 더해 십자군 원정에 절대 빠질 수 없는 이가 독일 황제다. 이 시기 신성로마제국 황제는 '바르바로사(붉은 수염)'라는 별명으로 알려진 프리드리히 1세였는데, 살라딘이 예루살렘을 탈환한 1187년에 이미 예순다섯 살이었다.

그러나 백부 콘라트 황제를 따라 제2차 십자군에 참가했던 그는 제3차 십자군의 수뇌부 중 유일하게 십자군 원정 경험이 있는 이였다. 또 그에게는 장기간 자국을 떠나 오리엔트로 향하는 데 걸림돌이 될 만한 어떤 문제도 없었다. 또한 참혹한 실패로 끝난 제2차 십자군의 설욕을 하고 싶은 마음도 매우 컸을 것이다. 하물며 그때는 에데사였지만, 이번에는 예루살렘이 탈환당했으니까.

리처드처럼 왕위 다툼을 선행할 필요도 없고 필리프처럼 골똘히 머리를 굴릴 필요도 없었던 프리드리히는, 제3차 십자군 수뇌부 중 가장 먼저 원정을 떠났다.

1188년 3월, 마인츠 대성당에 황제와 제후 전원이 모인 가운데 '십자가 서약' 의식이 장엄하게 거행되었다. 출발은 이듬해 5월. 최소한 원정 첫해 1년간의 경비는 제후들이 직접 부담하는 것으로 결정되었다. 그리고 선언대로 1189년 5월, 전군을 거느린 황제 '붉은 수염'은 레겐스부르크를 뒤로하고 동쪽으로 떠났다. 영국에서는 아버지와 아들의 왕위 다툼 결과가 아직 나오지 않은 때였다. 영국이나 프랑스 따위는 기다릴 필요조차 없다는 듯 대군을 거느리고 당당하게 출진한 것이다.

프리드리히 1세의 문장
(노란색 바탕에 검은색 사자)

지위와 권력 모두 안정된 사람이 이끄는 만큼 독일 황제의 군대는 규모부터 어마어마했다. 1년 2개월 후에 출정하는 프랑스 왕과 영국 왕의 군대 규모가 기병 수백 명에 보병 수천 명 정도인 것에 비해 독일 황제가 이끄는 군대는 단위부터 달랐다. 프리드리히 1세가 이끈 독일군의 규모는 기병이 수천 명에 보병이 수만 명이었다고 역사가들은 기록하고 있다. 개중에는 모두 합쳐 10만에 달했다고 주장하는 사람도 있다. 살라딘이 이 독일군의 동향에 가장 신경을 쓴 것도 당연했다.

신성로마제국의 문장
(노란색 바탕에 검은색 독수리)

하지만 이 대군에게도 단점이 있었다. 병사 수가 너무 많아서, 이들 모두를 태우고 오리엔트로 향할 수 있는 배를 가진 나라를 찾을 수 없었던 것이다. 때문에 독일군은 육로를 택할 수밖에 없었다. 하지만 이것은 황제 '붉은 수염'에게 전혀 고민거리가 되지 못했을 것이다.

첫째로 이것은 영광스러운 제1차 십자군의 로렌 공작 고드프루아가 행군한 것과 같은 경로였으며, 둘째로 제2차 십자군에 참가한 프리드리히 자신이 아는 길이었기 때문이다. 하지만 아무리 제2차 십자군 원정 경험이 있다 하더라도 중근동으로 가는 육로에는 수많은 장애물이 기다리고 있을 게 분명했고, 가능한 한 군사력을 소모하지 않고 그것들을 극복할 필요가 있었다.

이에 대해 황제 '붉은 수염'이 사용한 수단은 "상대가 알아채기 전에 이쪽에서 먼저 알린다"는 것이었다. 같은 그리스도교도이지만 상황에 따라서는 행군에 방해가 될지도 모르는 헝가리 왕과 비잔틴제국 황제, 그리고 그들과 달리 이슬람교도이기에 방해가 될 것이 확실한 소아시아의 영주들 전원에게, 그는 다음과 같은 요지의 서한을 보냈다.

"지금 우리는 대군을 이끌고 가고 있다. 그러므로 그 어떤 저항도 소용없다. 또한 우리 군의 의도는 오직 이곳을 통과하는 것이므로, 우리에게 필요한 것(식량)을 흔쾌히 제공하고 행군로를 열어두도록 하라."

총 10만이라는 숫자는 이때 황제의 서한을 갖고 각자의 목적지로 떠났던 사절의 입에서 나온 것인 듯한데, 요청이라기보다 위협에 가까웠던 만큼 실제로는 그 숫자보다 더 많지는 않았을 것이다.

그런데 이 방법이 통했다. 선수를 치는 것은 물론, 처음부터 대담하게 나가는 것도 때에 따라 효과적인 것이다. 그 덕에 동유럽을 통과하고 소아시아에 들어선 뒤에도, 행군은 그 규모에 비해 놀랄 만큼 순조롭게 진행되었다.

황제 프리드리히 1세는 살라딘에게도 서한을 보냈다. 신성로마제국 황제라는 지위는 기사도 정신을 지켜야 한다고 생각한 듯하다. 선전포고 없이 군대를 이끌고 가는 것은 황제 된 자가 할 만한 일이 아니라는 이유로, 공식적으로 선전포고를 한 것이다.

이때의 서신과 이에 답한 살라딘의 서한을 소개하려 한다.

당시 그리스도교 세계와 이슬람 세계의 최고 권력자 사이에 오간 서신이다. 하지만 역사적 가치를 차치하고 보면, 웃음이 나올 만큼 유쾌한 서신교환이라 할 수 있다.

우선 예순일곱 살의 프리드리히의 서신.

"신의 축복을 받은 신성로마제국의 황제이자 수많은 전투의 승자인 프리드리히가, 사라센인의 수장이자 조만간 예루살렘에서 도망치게 될 살라딘에게."

오리엔트의 이슬람교도는 유럽의 그리스도교 전부를 뭉뚱그려 '프랑크인'이라 불렀는데, 중세 서유럽의 그리스도교도들 역시 아랍인이든 페르시아인이든 투르크인이든 상관없이 이슬람교도를 무조건 '사라센인'이라 불렀다. 그래서 프리드리히도 살라딘을 '사라센인의 수장'이라 칭한 것이다. 서신은 이어진다.

"나는 귀하가 우리 그리스도교도의 성스러운 도시를 공략하고, 그곳에 있는 성스러운 유적과 교회를 모독했다는 소식을 들었다. 귀하의 이러한 행위에 그리스도교 세계를 보호할 책임이 있는 나는 지위에 걸맞은 행동에 나서지 않을 수 없었다.

그러므로 만약 귀하가 탈취한 땅을 돌려주지 않고 그곳에서 행한 수많은 모독의 흔적을 제거하지 않는다면, 나는 그래야 할 필요성을 군사를 통해 깨닫게 해줄 수밖에 없다. 따라서 지금 선언한다. 1190년 11월 1일, 우리 두 사람은 전장에서 맞서게 되리라."

이어서 프리드리히는 '튜턴의 분노'라는 말을 사용한다. "튜턴, 즉 독일의 분노를 축으로 결집한 우리 군대에는" 하며 당시 신성로마제국에 속해 있던 수많은 지방의 이름을 열거한다. 용맹함으로는 타의 추종을 불허하는 게르만 민족이 자신을 따라 행군하고 있다는 것이다. 그리고 마지막으로 베네치아와 제노바와 피사의 배, 그리고 선원 겸 해병들이 육상전력인 튜턴의 군대와 공동전선을 펼칠 해상전력이라고 덧붙이는 것도 잊지 않는다. 그리고 다음과 같은 말로 서신을 마무리한다.

"귀하는 가장 최근의 전투(하틴)에서 우리 그리스도교군의 오른팔을 잘라냈다고 생각하고 있을 것이다. 그러나 유럽에는 아직 강력한 오른팔이 건재하다. 귀하는 11월 1일, 그 오른팔로 칼과 창을 움켜쥔 우리 군대와 대면하게 될 것이다. 그리고 그날은 우리 예수 그리스도에게 가장 기쁜 날이 되리라."

이 서신에 쉰한 살의 살라딘도 답신을 보낸다.

"위대하고 고귀하며, 게다가 순수함에 친밀감까지 느끼게 하는 튜

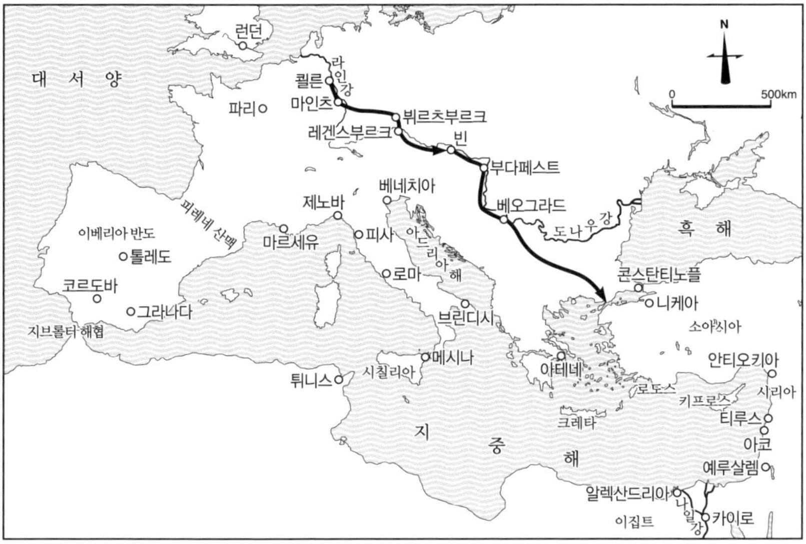

프리드리히의 진군로

턴의 황제 프리드리히에게.

귀하의 서신은 하인리히라는 이름의 사자가 전해주었다. 그 사자에 따르면 서신은 틀림없이 귀하가 보낸 것이라고 한다. 그래서 결례가 되지 않도록 답신을 보낸다."

이렇게 쓴 후 살라딘은, 우리 군대에는 튜턴의 분노에 동조한 많은 지방에서 온 병사가 참가했다며 그 지방들의 이름을 열거한 프리드리히를 흉내 내어 말한다. "우리 군대에는 아랍인이 있고 페르시아인이 있으며 투르크인과 베두인인도 가세하고 있다." 이 부분은 꼭 어린애들의 말다툼 같지만, 두 사람 모두 신의 도움으로 자신이 승리하리라고 단언하는 건 똑같았다.

하지만 이다음부터 살라딘의 서신은 달라진다.

살라딘은 "우리 땅을 먼저 침공한 것은 그리스도교도다"라고 분명히 말한다. 그리고 이제 그것을 "우리가 신의 도움으로 무찔러 다시 우리 땅으로 돌려놓을 수 있었다"고 쓴다. 예루살렘까지 이슬람의 수중으로 들어온 지금 그리스도교측에 남아 있는 땅은 티루스, 트리폴리, 안티오키아 세 도시뿐이며, "마음만 먹으면 그 세 도시와 주변 지역에서도 충분히 그리스도교도를 쫓아낼 수 있다"고 말을 잇는다.

그리고 "만약 이 서신을 읽은 후에도 전투로 결판을 내려는 당신의 생각에 변함이 없다면 우리는 감연히 맞서겠다"며, "대적의 날은 당신이 말한 날짜라도 상관없다"고 잘라 말한다.

다시 말해 군사충돌을 피하기 위한 프리드리히의 제안, "탈취한 땅을 돌려주고 그곳에서 행한 수많은 모독의 흔적을 제거"하는 것에 분명하게 거부 의사를 밝힌 것이다.

하지만 살라딘도 군사충돌을 피하기 위한 나름의 안을 프리드리히에게 제시한다.

"만약 당신이 우리와의 평화를 원한다면, 그럴 가능성은 충분하다.

우선 나는 수하의 부대장 세 명을 티루스, 트리폴리, 안티오키아에 파견하여 무조건 성문을 열게 할 것이다. 대신 당신에게는 하틴 전투 이후 우리 손에 들어온 '성십자가'와 포로 전원을 돌려보내겠다. 또 예루살렘 성묘교회의 유지와 관리를 위해 수도사를 상주시키는 것과 예루살렘 교외에 있던 수도원을 재건하는 것을 인정하며, 무엇보다 성지를 찾는 그리스도교도 순례자들의 안전을 보장할 것을 서약한다."

살라딘의 서신에는 이후 이슬람 신의 우위를 주장하는 내용이 이어지는데, 이는 이슬람교도 공식문서의 관례이므로 생략한다.

그러나 제3차 십자군은 살라딘이 탈환한 예루살렘을 되찾아오는 것을 목적으로 결성된 것이다. 그 제1진을 이끄는 황제 프리드리히로서는, 성십자가와 포로를 돌려주고 순례자들의 방문을 환영한다는 것에 그치는 이 조건을 도저히 받아들일 수 없었다. 행군 도상의 나라들에 유효했던 황제 '붉은 수염'의 전술이 살라딘에게는 먹히지 않았던 것이다.

1189년 5월 독일을 떠난, '튜턴의 분노'에 타오르는 독일 황제의 군대는, 이듬해인 1190년 5월 이미 소아시아의 중앙부 깊숙이 진군하고 있었다.

그토록 당당한 답신을 보냈지만 살라딘은 사실 '붉은 수염'이 이끄는 독일군을 가장 두려워하고 있었다. 이 독일군의 진로를 방해하려고 비잔틴제국의 황제와 은밀히 동맹까지 맺었던 것도 전혀 효과가 없었다는 게 분명해졌다.

황제 '붉은 수염'은 제2차 십자군에 참전했던 경험상 비잔틴제국 황제를 신뢰하지 않았다. 그래서 비잔틴제국 수도 콘스탄티노플에는 따로 들르지 않고 배를 제공하라는 말만 황제에게 전했으며, 소아시아로 건너갈 때도 콘스탄티노플이 아니라 헬레스폰토스(현재의 다르다넬스)를 이용했다. 이로써 콘스탄티노플의 화려한 생활을 미끼로 독일

촌놈들을 붙들어놓으려던 비잔틴제국 황제의 아이디어는 허사가 되고 말았다.

'튜턴의 분노' 앞을 가로막는 자는 그 어디에도 없다는 듯, 독일 황제의 군대는 거침없이 동쪽으로 나아갔다. 남쪽으로 행군 방향을 돌렸을 때는 이미 시리아에 들어와 있었다. 이렇게 되자 "11월 1일 전장에서 만나자"는 프리드리히의 말이 순식간에 현실로 다가왔다. 살라딘은 군대의 절반 정도를 시리아 북부로 보냈다. 적어도 시리아에 들어선 단계에서는 '붉은 수염'의 진군에 제동을 걸어야 했기 때문이다.

이 시기 살라딘은 서서히 다가오는 독일 대군 외에도 상당히 어려운 문제에 봉착해 있었다.

살라딘은 연이은 공세로 1187년을 보냈는데, 1188년으로 해가 바뀌자마자 그 기세가 꺾이고 만다. 그리스도교측에 남아 있던 세 도시 중 하나인 티루스가, 항복 권고 따위에 아랑곳하지 않고 강고한 저항을 계속하고 있었기 때문이다.

티루스 공방

현재 티루스는 레바논 영토에 속한 항구도시지만, 원래는 바다 가운데 우뚝 솟은 섬이란 특성 때문에 천연 요새지로 통했다. 이수스 회전에서 페르시아 왕을 상대로 대승을 거둔 직후의 알렉산드로스 대왕조차 이 티루스를 공략하는 데 수개월이 걸렸다. 그래도 역발상에 있어 유례를 찾아볼 수 없는 이가 바로 알렉산드로스다. 1킬로미터나 떨어져 있는 섬과 육지 사이에 거대한 제방을 쌓아 공략에 성공한 것이다.

또한 알렉산드로스는 함락시키는 것만으로 만족하는 남자가 아니었다. 완성되어가는 자기 제국의 한 도시로 활용할 생각이 당연히 있었기에, 그후로도 섬과 육지를 잇는 제방을 보강하고 확대했다. 그리하여 제방으로 연결된 육지 쪽은 성벽으로 방비되는 항구도시로 탈바꿈했다. 티루스는 이 상태로 헬레니즘 시대와 로마제국 시대를 거쳐 중세에 접어들었던 것이다.

그렇지만 공략의 성공 여부를 따지는 데 결정적인 기준이 되는 성벽도시 안의 성채, 일본 같으면 천수각에 해당하는 곳은 해상에 우뚝 솟은 섬에 있었다. 아무리 마을이 육지에 있어도 여전히 섬을 함락시키지 않고는 티루스를 공략했다고 할 수 없었다.

중근동 땅에 십자군 국가를 수립하는 데 성공한 제1차 십자군 시대에도, 가장 늦게 그리스도교의 지배하에 들어온 곳이 바로 이 티루스였다. 육지와 바다 양쪽에서 공격하지 않고는 티루스를 함락시킬 수 없었으므로, 베네치아 해군이 본격적으로 참가한 1124년에야 비로소 그리스도교도의 손에 들어왔던 것이다.

살라딘에게는 해군이 없었다. 아니, 있기는 했지만 베네치아나 제노바, 피사 해군의 적수가 되지 못했다. 그래서 육지에서 공격할 수밖에 없어 티루스 공략전에 애를 먹고 있었던 것이다.

게다가 이 시기 티루스가 완강하게 저항한 것은 천연 요새지라는 지리적 이점 때문만이 아니었다. 또한 이슬람측도 바다 쪽의 그리스도

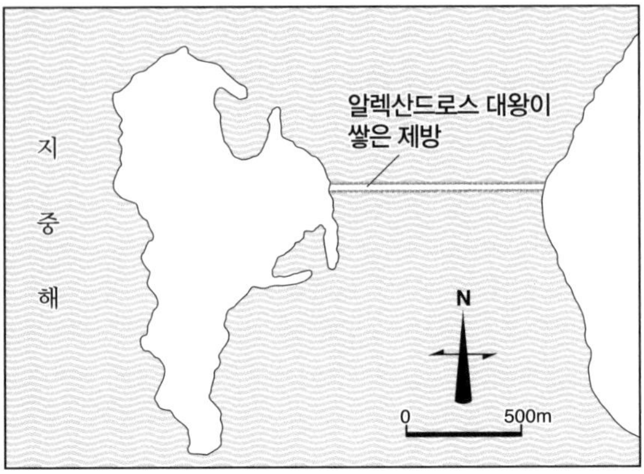

고대의 티루스

교 세력에 영 손쓸 엄두를 내지 못했다고 할 수는 없었다. 진정한 이유는 방어를 위해 일어선 그리스도교도측에, 끝까지 지켜내겠다는 기개와 실행력을 갖춘 남자들이 있었기 때문이다.

첫째, '하틴 전투'에서 살아남은 남자들이 이곳 티루스에 모여 있었다. 트리폴리 백작 레몽은 티루스로 퇴각했다가 곧바로 트리폴리로 돌아가 숨을 거두는 바람에 무대에서 퇴장했지만, 예루살렘 무혈입성을 놓고 살라딘과 직접 담판했던 발리앙 이벨린은 티루스 방어에 가세해 있었다. 중근동의 십자군 관련 제후들 중에서도 수위를 다투는 유력자인 이 사람이 여기 있다는 것은, 그의 수하에 있는 장병들도 참전하고 있다는 것을 의미한다.

둘째, 이 시기 티루스에는 템플 기사단과 병원 기사단의 기사들도 모여 있었다. '하틴 전투'에서 전사한 동료는 물론이고 포로가 된 이들까지 그 직후 모두 죽임을 당했다는 사실을 알고 있는 이 남자들이 살라딘에게 어떤 마음을 품고 있었을지는 뻔했다.

셋째로, 방어로 들끓는 티루스로 달려온 남자들 중에 몬페라토 후작 코라도가 있었다. 이 인물이 아주 자연스럽게 티루스 방어의 총지휘를 맡게 된다.

몬페라토 후작 코라도

1187년이 저물어갈 무렵 홀연히 티루스에 나타난 코라도는 이때 이미 사십대 후반이었는데, 그때까지 그의 생애는 좋게 말하면 파란만장, 나쁘게 말하면 종잡을 수 없는 것이었다.

그는 이탈리아 북부의 제노바 서쪽에 영지를 가진 몬페라토 후작의 차남으로 태어났다. 중세 봉건영주가 으레 그랬듯 몬페라토 후작은 프랑스 왕과도, 독일 황제와도 인척관계였다. 그런 가문에서 태어났지만 코라도는 여기저기 싸움을 걸고 다닌 탓에 두 번이나 포로생활을 경험했다. 그후 새로운 일을 해볼 요량이었는지 비잔틴제국으로 옮겨갔다가, 그곳에서 '하틴 전투' 패배 사실을 알게 된 것이다.

갑자기 십자군 정신에 눈뜬 그는 이제 무방비상태나 다름없어진 예루살렘을 방어하기 위해 콘스탄티노플을 떠났지만, 배가 역풍을 만나 지체되는 사이 예루살렘은 이미 성문을 열어버리고 말았다. 어쩔 수 없이 그는 살라딘에게 맞서고 있는 티루스로 행선지를 바꾸었다. 사실 아코와 야파까지 이슬람의 수중에 들어간 상황에서, 그리스도교도가 상륙할 수 있는 땅은 티루스밖에 없기도 했다.

티루스에서 코라도는 자신의 재능을 충분히 발휘한다. 인격적으로

몬페라토 후작 코라도의 문장
(회색 바탕에 빨간색 띠)

칭송받을 만한 남자는 아니었지만 전장에서의 감각과 담력은 상당했던 것이다.

게다가 코라도는 다른 장수와 달리 패배의 경험이 없었다. 살라딘을 향한 씻을 수 없는 열등감이 없었던 것이다. 철저하게 패한 직후에는 누구든 자포자기 심정에서 벗어나기 어렵다. 그러나 코라도는 살라딘에게 주눅 들지 않았으므로 방어전에 전념할 수 있었다. 이 코라도 휘하로 '성지'에 남아 있던 그리스도교도 전원이 집결했다. 발리앙 이벨린, 그리고 템플 기사단과 병원 기사단의 기사들이.

티루스 공략에 나선 살라딘의 목적은 유럽에서 오는 십자군이 상륙할 항구를 없애기 위해서였다. 따라서 아코나 야파에서처럼 그리스도교도가 계속 살 수 있도록 해주겠다는 조건을 제시하여 최대한 빨리 수중에 넣으려 했다.

그런데 티루스 주민들은 거부의 답 한 마디만 보내왔다. 하는 수 없이 육지 쪽에서 공격을 시작했지만 티루스의 저항은 완강했다. 그렇다고 차분하게 티루스 공략에 전념할 생각과 여유는 살라딘에게 없었다. 황제 '붉은 수염'의 동향에 신경을 쓰지 않을 수 없었기 때문이다.

티루스 공략전을 빨리 마무리하고 싶었던 살라딘은 한 가지 방책을 생각해냈다. '하틴 전투'에서 포로로 잡은 그리스도교측 주요인물 중

한 사람, 코라도의 아버지를 이용하기로 한 것이다.

티루스 육지 쪽을 방어하는 성벽 앞에, 이미 노인이 된 몬페라토 후작 굴리엘모가 끌려나왔다. 성벽 위에 늘어선 사람들도 2년이 넘는 다마스쿠스에서의 포로생활 동안 수척해진 후작의 모습을 알아볼 수 있었다.

끌려나온 노기사 옆에 선 아랍인이 그리스도교측이 알아들을 수 있도록 프랑스어로 살라딘의 전언을 낭독했다. 그리스도교도 주민이 계속 이곳에 사는 것을 허락할 테니 성문을 열라, 그러지 않으면 몬페라토 후작을 죽이겠다는 내용이었다.

아들 코라도도 성벽 위에서 그 정경을 내려다보며 전언을 들었다. 그는 방어측의 총지휘관이었다. 살라딘에게 답하는 것은 그의 역할이다. 성벽이 10미터도 안 되는 높이여서 크게 소리지르면 들릴 만한 거리였다.

코라도가 우선 프랑스어로 크게 외치고, 이를 아랍어로 통역하는 자도 소리 높여 외쳤다.

"어떤 조건으로도 절대 티루스를 넘기지 않겠다. 아버지를 죽일 테면 죽여라. 우리 가문도 순교자를 갖게 될 것이다!"

그리고 말을 마치자마자 손에 들고 있던 석궁에 화살을 메겨 아버지 쪽을 겨냥해 쏘았다. 나중에 코라도는 이때 일부러 빗나가게 쏘았다고 말했는데, 그게 사실이라면 대단한 실력이라고 하지 않을 수 없다. 화살은 끌려나온 아버지 바로 옆에 있던, 살라딘 호위병의 가슴을 관통했으니까.

깜짝 놀란 것은 도리어 살라딘 쪽이었다. 늙은 몬페라토 후작은 곧 바로 후방으로 옮겨졌고, 그날 밤 살라딘의 막사에 불려가 식사 대접을 받았다.

저녁을 먹으며 두 사람은 친근하게 이야기를 나누었다고 하는데, 무슨 이야기를 했는지까지는 알려져 있지 않다. 요즘 자식들은 부모를 존경하는 마음이 없다는 등의 이야기를 했을지도 모른다. 살라딘도 젊었을 때는 아버지의 진언을 무시하고 누레딘에게 거역하지 않았던가 하는 생각에 웃음이 나오기도 하지만, 그도 이제 그때의 아버지 나이가 되어 있었다. 그리고 그가 누구보다 신뢰하던 사람은 성년이 된 친아들 두 명이 아니라, 아우 알 아딜과 조카 타키 앗딘이었다.

이튿날 살라딘은 아무런 조건도 달지 않고 늙은 몬페라토 후작을 석방했다. 티루스 성문 앞까지 수하 병사의 호위를 붙여 돌려보냈다고 하니 웃음이 나올 일이다. 무사히 돌아온 아버지에게 코라도가 어떻게 해명했는지는 알려져 있지 않다.

결국 살라딘은 티루스 공략을 단념했다. 진영을 물리고 철수한 것이다. 하지만 아무런 행동 없이 그대로 물러나지는 않았다. '하틴 전투' 당시 포로로 잡았던 예루살렘 왕 기 드 뤼지냥도 석방해준 것이다. 장점이라고는 잘생긴 외모밖에 없고 전투 지휘능력은 완전히 바닥인 이 남자를 풀어준 것은, 그가 돌아감으로써 그리스도교측의 단결에 금이 갈 것을 기대했기 때문이었다. 그리고 상황은 실제로 그렇게 돌아갔다.

그러나 1년 가까이 공격했음에도 결국 철수로 끝난 티루스 공방전은 살라딘의 화려한 공적에 첫 오점으로 남았다. 가는 곳마다 승승장구하며 달려온 살라딘이 공략을 포기하고 군대를 물렸으니 말이다.

살라딘은 병원 기사단이 지키고 있던 '크락 데 슈발리에'도 공략을 시도했다가 단념한 적이 있었다. 하지만 성채와 항구도시는 전략상의 의미가 다르다. 게다가 티루스는 유럽에서 본격적인 십자군이 도착하기를 기다리지 않고 현지의 잔존 병력만으로 방어에 성공한 것이다. 몬페라토 후작 코라도라는 전투에 능숙한 지휘자가 있었다 해도.

제3차 십자군은 프랑스 왕 필리프와 영국 왕 리처드가 이끄는 군대가 중근동에 도착한 1191년에 시작된 것이 아니다. '하틴'에서 대패하고 예루살렘마저 탈환당한 1187년의 나머지 반년이 채 지나기 전에 티루스를 놓고 벌어진 공방에서 시작된 것이다. 이 티루스 공방전이 제3차 십자군의 첫번째 전투인 셈이다.

그렇게 보는 이유는, 티루스 공방전의 승리가 그리스도교측에 힘을 불어넣었기 때문이다. 무적 살라딘이 더이상 무적이 아니게 된 것이다. '하틴' 이후 계속되던 패전의 여운도 일소된 듯했다. 티루스 공방전은 티루스라는 항구도시를 유지하는 이점에 더해 심리적으로도 그리스도교측에 매우 이롭게 작용했다.

그러나 살라딘이 간파했던 바와 같이, 석방되어 티루스로 돌아온 기 드 뤼지냥을 맞이한 그리스도교측의 심정은 복잡했다.

일단 살라딘을 철수시켜 축제 분위기에 휩싸인 코라도와 티루스 주민들은 뤼지냥을 문전박대했다. 성문을 닫아걸고, 아예 티루스 시내로 들이는 것조차 거부한 것이다. 이미 적의 수중에 들어간 예루살렘의 이름뿐인 왕이라서가 아니었다. 패배한 '하틴 전투'의 책임자가 없어도 티루스는 자신들끼리 지킬 수 있다는 것이었다.

그러나 지금은 이름뿐일지라도 뤼지냥은 왕이다. 게다가 이 시기 그리스도교도는 예루살렘까지도 되찾을 수 있다고 생각하고 있었다. 탈환에 성공한다면 그 왕위에 오를 사람은 뤼지냥밖에 없다. 후대에서 보자면 '망명 왕' 같은 존재인 것이다. 그래서 티루스를 지켜낸 사람들 중 코라도와 티루스 주민을 제외한 이들은 뤼지냥을 그대로 내버려두는 것이 내심 마음에 걸렸다.

갈 곳이 없어진 뤼지냥에게, 내 생각에는 아마도 발리앙 이벨린이 아니었을까 싶은데, 묘안을 제시한 사람이 있었다. 티루스에서 50킬로미터쯤 남쪽에 있는 항구도시, 지금은 이슬람 수중에 있는 아코를 탈환할 생각이 있다면 협력을 아끼지 않겠다는 제안이었다.

이런 생각을 해낼 능력이 없었던 뤼지냥은 달리 갈 곳도 없었으므로 당장 그 일에 달려들었다. 티루스는 방어전이었지만 아코는 탈환전이다. 명백히 그리스도를 위해 싸우는 십자군이라 할 수 있는 것이다.

이런 결정이 내려지자, 전장에서는 무능할지라도 일단은 왕이니만큼 뤼지냥이 이끄는 전투에 참가하겠다는 사람들이 속속 나타났다.

먼저 발리앙 이벨린을 비롯한 옛 예루살렘 왕국의 봉건제후들이 협력을 자청하고 나섰다. 동시에 템플 기사단과 병원 기사단도 단장이

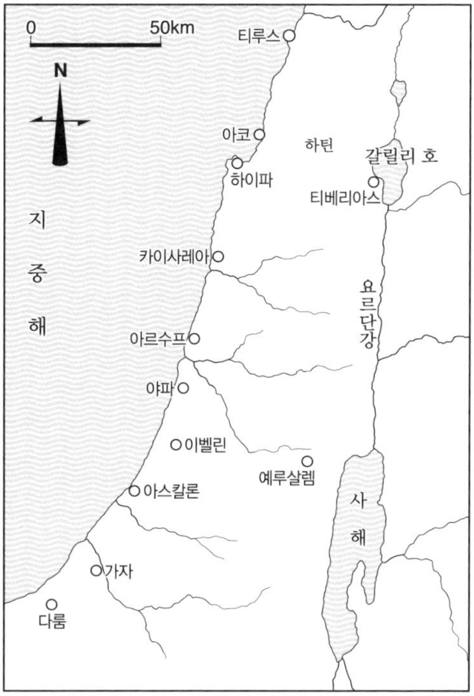

야파와 그 주변

직접 이끌고 참전하기로 했다. 이외에도 열정을 불사를 마음으로 중근동에 와서 우연히 티루스 방어전에 참가했던 병사들과, 순례를 왔다가 성지 전역이 전투상태에 들어가는 바람에 티루스에 발이 묶여 있던 사람들도 참전을 신청했다.

또한 항구도시 아코를 공격하기 위해서는 해상 보급과 바다 쪽에서의 공격도 빼놓을 수 없다. 이것은 피사와 제노바의 배와 선원, 그리고 '해병'을 겸하는 조수들이 담당하기로 했다.

이 총 인원은 기사 7백 명과 보병 9천 명에 달했다고 한다. 예루살렘을 빼앗겨 실권을 잃었어도 왕의 이름이 주는 효과는 아직 있었던 셈이다.

아코 탈환전

뤼지냥이 전군을 이끌고 아코 성벽 앞에 당도한 것은 1189년 8월 28일이었다. 사흘 후 공격이 시작되었다. 이후로 2년 가까이 이어지는 아코 공방전의 시작이었다.

티루스에서는 방어전이었지만 아코에서는 탈환을 위한 전쟁이다. 티루스가 제3차 십자군의 첫번째 전투라면 아코 공방전은 두번째 전투다. 아코 육지 쪽을 에워싸듯이 반원형으로 포진한 그리스도교군은 모두 십자를 크게 새겨넣은 옷을 입고 있었다. 그리스도를 위해 싸우는 십자군 전사라는 의지의 표시다.

자기가 풀어준 기 드 뤼지냥이 아코를 공격하러 나서리라곤 살라딘도 예상하지 못했을 것이다. 또한 처음 한동안은 현재 이슬람의 지배하에 있는 아코가 자력으로 방어할 수 있을 거라고 생각했다. 뤼지냥이 총지휘를 한다면 그 휘하의 지휘관들이 조만간 뿔뿔이 흩어질 게 분명하므로, 아코를 포위한 군대는 곧 와해될 것이었다. 따라서 자신이 직접 군대를 이끌고, 아코를 방어하는 이슬람군을 도우러 갈 것까지는 없다고 판단했다.

아코 공방전에 대해 살라딘이 간과한 부분은 그 밖에도 더 있었다.

첫째, 십자군임을 자각한 그리스도교도 한 사람 한 사람의 가슴에 끓어오르는 열기와, 그로 인한 행동의 변화다.

이슬람교도를 한 사람이라도 죽이면 그것은 곧 주 예수를 위한 공헌이 된다. 설사 죽임을 당한다 해도 순교자가 될 따름이다. 신앙심이 두터운 중세의 그리스도교도에게 천국의 자리가 예약되는 것만큼 기쁜 일은 없었다.

둘째, 총사령관인 예루살렘 왕 뤼지냥의 능력 부족이 그리스도교측에 오히려 긍정적으로 작용했다는 것이다.

기 드 뤼지냥의 무능함은 아코 탈환전에 참전 의사를 표명한 지휘관급 모두 알고 있었다. 뤼지냥의 동생은 전투에 꽤 능했는데, 그 역시 형의 능력을 전혀 인정하지 않았다.

그렇다면 그 결과는 어떻게 되었을까. 다시 말해 이 두 가지 요인을 합쳐놓고 보니, 아코 탈환전에 참가한 지휘관 중 총사령관인 뤼지냥의 명령을 받드는 자는 한 사람도 없었고, 각 군대가 독자적으로, 죽음을 두려워하지 않고 용감하게 싸웠던 것이다.

아코를 공격하는 그리스도교군에게서는 지휘계통의 일원화라는 것을 약에 쓰려 해도 찾아볼 수 없었다. 하지만 무능한 총사령관 아래로 지휘계통이 일원화된 것은 '하틴 전투'의 패인이기도 했다. 총사령관이 당시와 동일인물인 만큼, 장수들은 지휘계통을 일원화하지 않는 편이 낫다고 생각했는지도 모른다.

템플 기사단과 병원 기사단도 각자 적절하다고 판단한 지점에 독자적으로 진을 쳤다. 형식뿐인 총사령관일지라도 뤼지냥 역시 진영을 구축했는데, 동생조차 그와 떨어져서 아코 성벽에 좀더 가까운 지점에다 진을 쳤다. 또한 예루살렘 왕의 진영에 참가한 왕국 내 제후들도 종종 뤼지냥이 아닌 그의 동생의 군대에 합류해서 싸웠다.

물론 그리스도교측이 종종 총공격을 감행할 때는 전원이 함께 싸웠다. 하지만 그럴 때도 총사령관이 명하는 전술에 따라 전군이 일사불란하게 공격한 것은 아니었다.

그런데 흥미롭게도 공격에 실로 부적합하기 그지없는 이런 상태가 오히려 이슬람군측을 곤혹스럽게 만들었다. 총사령관이 없다는 것은 본진이 없다는 뜻인데, 적의 입장에서는 대체 누구를 집중적으로 공격해야 할지 알 수 없었기 때문이다.

어쨌거나 기 드 뤼지냥은 예루살렘 왕국의 공주와 결혼하여 왕이 된 사람이다. 미남이라는 것만이 장점이고 지도자로서는 무능한 남자일지언정 지위는 예루살렘 왕이다. 그런 사람이 아코를 탈환하겠다며 나서자, 전 유럽의 눈이 아코에 집중된다. 예루살렘을 살라딘에게 빼앗겨 들고일어난 유럽의 모든 군대가 이제 아코를 목표로 하게 되었다.

성도 예루살렘을 이슬람측에 빼앗겼다는 사실은 유럽의 그리스도교도에게 비할 바 없이 심각한 충격을 안겨주었다. 성도를 되찾기 위해 싸우겠다고 서약한 사람이 너무 많아서 독일 황제와 프랑스 왕, 영국 왕의 군대가 다 수용할 수 없었다. 이런 사람들을 각 지방의 영주나 주교가 조직해서 황제와 왕들의 군대와는 별도로 오리엔트로 향하고 있었는데, 아코 탈환전 소식이 귀에 들어오자마자 이들이 일제히 아코를 목표로 진군하게 된 것이다.

원군의 제1진은 현대의 덴마크, 네덜란드, 스코틀랜드, 벨기에에 해당하는 지방의 남자들로 구성되었다. 북해에서 대서양으로 나가 이베리아 반도를 따라 남하하여 지브롤터 해협을 통해 지중해로 들어간 후, 다시 지중해를 서쪽에서 동쪽으로 횡단하는 긴 여행도 마다하지 않은 사람들이다. 다만 도중에 스페인에 상륙해 그 지역의 이슬람교도인 무어인과 일전을 벌이며 한 도시를 공략한 후에 다시 배를 타고 오리엔트로 향했으므로, 출발할 때 1만 명을 넘었던 인원이 아코에 도착했을 때는 절반 이하로 줄어 있었다고 한다. 그래도 죽음을 두려워하지 않는 북방의 남자들이었던 건 분명하다. 그들은 상륙한 후 뤼지냥의 군대에 편입되었다.

원군의 제2진은 아벤 백작이 이끄는, 현대로 치면 벨기에와의 국경 근처의 프랑스 북동부에서 온 병사들로 구성된 일군이다. 병사 수까지는 알려져 있지 않다. 아벤 백작 자크의 나이는 그해 서른일곱 살이었다고 한다. 그는 이미 뤼지냥에 관한 소문을 들어 알고 있었던 듯, 아코에 들어간 후에도 예루살렘 왕의 권유에 귀를 기울이지 않고 육지 쪽을 둘러싸고 있는 성벽의 요체로 여겨지던 '말레데타 문(저주받은 문)' 앞에 독자적으로 진을 쳤다.

참고로 중세의 그리스도교도는 이상한 취미가 있어서 병원에도 '인큐러블(incurable, 불치의)' 같은 명칭을 붙이곤 했다. 그래서 아벤 백작도 '저주받은 문'이라는 이름에 개의치 않고 그 앞에 진을 쳤을 것이다. 그리고 이 아벤 백작이 이후 1년에 걸쳐 벌어지는 아코 공격전에서 사실상의 총사령관이 된다.

아코에 상륙한 원군의 제3진은 프랑스, 영국, 플랑드르, 독일의 기사들로 구성된 군대였다. 이들을 이끌고 온 이는 어쩌다가 성직자가 된 걸까 싶을 만큼 전장에 있을 때 더 생기가 넘쳐 보이는 보베 주교다. 이 군대에는 주교의 동생 로베르를 비롯한 유럽 북동부의 기사들도 가세해 있었다. 기병이 주력인 그들은 역시 기병이 많은 템플 기사단 가까이에 진영을 구축했다. 머지않아 이 일대는 가장 치열한 전장이 된다.

이처럼 속속 아코에 상륙한 유럽 원군의 물결을 보면, 제3차 십자군은 독일 황제와 프랑스 왕, 영국 왕 등 당시 서유럽의 고위 유력자만이 일으킨 것이 아님을 알 수 있다. 유럽 전체가 일어선 것이었다. 역시 살라딘에게 성도를 탈환당한 일은 그들에게 비할 바 없는 충격이었던 것이다.

이렇게 유럽에서 온 원군이 아코 탈환전에 속속 참가하는 것을 보고 티루스에 있는 코라도도 참전할 마음을 먹은 모양이었다. 그 역시 12세기를 살아가는 그리스도교도였다. 이제 그에게 완전히 심취한 티루스 주민으로 구성된 군대를 이끌고, 아코 탈환전이 시작된 지 한 달째인 9월 말, 아코 성벽 앞에 포진해 있는 그리스도교군에 가세한다. 그리고 한 달 전에 문전박대했던 뤼지냥과 어떻게 대면했는지는 몰라도, 뤼지냥의 진영 바로 옆에 포진했다.

몬페라토 후작 코라도의 참전이 지니는 의미는 전투에 숙달된 무장 하나가 전선에 가세한 것만이 아니었다. 당시 코라도는 사실상 티루스의 영주로 자리잡은 뒤였다. 몬페라토 후작의 참전은 곧 티루스에

아코와 주변 주요도시

서의 보급 확보를 의미했다.

전쟁을 수행하는 데 병참(logistics)만큼 중요한 과제도 없다. 특히 장기간 이어질 가능성이 높은 공방전에서는 사활이 걸린 문제가 되기도 한다. 따라서 뛰어난 무장은 병참과 보급로의 확보에 큰 관심을 기울인다.

아코 탈환전은 뤼지냥이 티루스에서 문전박대를 당한 것을 계기로 시작되었으므로, 개전 후의 보급로 확보까지는 미처 고려하지 못했다. 그래서 개전 후 한 달 동안은 아직 그리스도교도 수중에 남아 있던 트리폴리와 안티오키아에 의지할 수밖에 없었다.

그러나 트리폴리와 안티오키아는 물리적으로 너무 멀다. 아무리 피사와 제노바, 베네치아의 배를 이용한다 해도 해상의 적은 이슬람 해군만이 아니다. 느닷없이 덮쳐오는 강풍이나 폭풍우도 큰 적이었다. 그리고 항해하는 거리가 멀면 멀수록 이런 위험성도 높아진다. 하지만 지금은 베이루트와 야파까지 살라딘에게 빼앗긴 상태이고, 키프로스 섬의 그리스인은 비협조적이었기에, 강풍이나 폭풍의 위험을 무릅쓰고 트리폴리와 안티오키아에 의지할 수밖에 없었던 것이다.

그런데 코라도가 참전함으로써, 아코까지의 거리가 트리폴리의 5분의 1밖에 안 되는 티루스에서 물자를 보급받을 수 있게 된 것이다. 이 사실은 아코를 앞에 둔 그리스도교군에게 큰 힘이 되었고, 동시에 병참의 중요성을 잘 알고 있던 살라딘의 주목을 끌게 되었다.

살라딘, 전장으로

살라딘이 아코를 방어하는 이슬람군을 직접 지원하러 나서기로 한 것은 몬페라토 후작 코라도의 참전 사실을 안 뒤였다. 1189년도 이미 가을로 접어들고 있었다.

'붉은 수염'이 이끄는 대군은 독일을 떠난 이후 착실히 동쪽으로 나아가는 중이었고, 이듬해 1190년 봄에 소아시아를 전부 답파하고 여름에는 시리아 북부에 모습을 드러낼 것이 확실했다.

또한 영국에서는 왕위에 오른 리처드가 1190년 봄에 십자군 원정을 떠나겠다고 공표했다. 프랑스 왕 필리프도 리처드와 행동을 함께한다는 소식이 들려왔다. 이 두 사람은 바닷길로 오게 되므로, 이르면 그해 가을 아코에 모습을 드러낼지도 몰랐다.

쉰한 살의 살라딘은 이들 모두와 맞서 싸워야 하는 상황이었다. 지금까지 잇따른 공세로 성과를 거둬온 것과 달리, 앞으로는 어찌 보면 공세보다 훨씬 어려운 방어에 매달려야 하는 것이다.

아코 방어를 아코 성내의 방어력에 맡길 생각이었던 살라딘이 가을이 되자 직접 참전하기로 마음을 바꾼 것은, 아코 공방전을 조기에 해결하는 것이 이슬람측에 매우 중요하다는 사실을 깨달았기 때문이리라.

무엇보다 독일 황제와 대결하기 전에 아코 문제를 해결해둘 필요가 있었다. 적어도 프랑스 왕이나 영국 왕이 이끄는 군대가 도착하기 전에는 반드시 해결해야 했다. 아마도 이 시기 살라딘은 엄청난 압박감에 시달렸을 것이다.

21세기 현재는 그저 이스라엘 북부의 지중해에 면한 조그만 항구도시에 지나지 않지만, 1189년부터 2년 동안 아코는 제3차 십자군과 그에 맞선 살라딘의 이슬람군이 정면으로 격돌한 전장이었다.

아코는 지중해를 따라 줄지어 있는 시리아와 팔레스티나의 항구도시 중 특별히 좋은 항구라고는 할 수 없었다. 바다로 튀어나온 갑을 중심으로 건설된 도시인데, 지중해의 항구도시 대다수와 마찬가지로 동절기의 거센 북풍과 북서풍을 막는 것을 가장 중시하여 만들어졌다. 따라서 항구는 남쪽으로 열려 있다.

그런데 아코는 바다 쪽으로도 북서쪽과 서쪽에 높고 험한 해벽이 줄지어 있어, 자칫 배를 잘못 조종했다가는 절벽에 부딪혀 산산조각이 날 위험이 컸다. 여름철 지중해에 부는 서풍(zephyros)의 시원함과 상쾌함을 만끽하다가 순식간에 바다에 휩쓸리는 일이 일어나지 않으리란 법도 없었다.

그래서 지중해를 잘 아는 피사와 제노바, 베네치아의 선원들은, 설사 여름일지라도 아코가 보인다고 해서 쉽게 안심하지 않았다. 남쪽으로 열린 항구 가까이 다가가서야 비로소 안도했다. 게다가 1189년부터 시작된 공방전에서 아코를 지키는 쪽은 이슬람측이었다. 따라서 아코의 현관에 해당하는 항구도 이슬람의 수중에 있었다.

그러나 배를 조종하는 기술로는 타의 추종을 불허했던 이탈리아 해양 도시국가의 남자들은, 도저히 충분하다고는 말할 수 없어도, 아코 성벽과 이를 에워싼 그리스도교군 진영 사이에 끼어 있는 북쪽 해변에 사람과 물자를 내리는 데 성공했다. 그러나 아코를 해상에서 봉쇄하는 것까지는 역부족이었다.

해상 봉쇄는 이를 수행하는 중에 때때로 닻을 내릴 만한 기지로 이용할 항구를 가까이에 확보하고 있지 않으면 불가능하다. '하틴 전투'에서 대패한 뒤로 중근동의 십자군 세력은 해상 봉쇄에 필요한 아코의 북쪽이나 남쪽 항구를 잃고 말았다. 가장 가까이에 있는 항구가 북쪽으로 50킬로미터 떨어진 티루스였던 것이다. 일찌감치 이런 상황을 내다보고 '하틴 전투' 직후 항구도시를 차례로 공략했던 살라딘의 전략적 승리라고 볼 수밖에 없었다.

물론 피사와 제노바의 선단도 종종 아코 항에 침공을 시도했다. 하지만 항구 입구에 굵은 쇠사슬이 쳐져 있을 뿐 아니라, 안에 정박해 있는 이집트 선단의 반격도 필사적이었다. 항구가 뚫리면 아코 방어는 끝장이라는 것을 이슬람측도 잘 알고 있었던 것이다.

불과 2년 전까지 70년이나 되는 세월 동안 아코는 그리스도교도의 항구였다. '하틴 전투' 때 그리스도교군이 출진한 곳도 아코였다. 이곳이 유럽에서 중근동으로 찾아오는 이들이 상륙하는 주요 항구가 된 것도, 그 70년 사이에 항구가 완벽하게 정비되어 바람만이 아니라 적으로부터 지키는 방어력에도 만전을 기한 일대 항구도시로 변모했기 때문이다. 그리스도교군은 자신들이 건설한 그 아코를 공격하는 셈이었다.

이러한 사정 때문에 아코의 해상 봉쇄는 도저히 완벽하다고 말할 수 없는 상황이었다. 하지만 살라딘이 보낸 이슬람측 보급선이 아코에 입항하는 것을 저지하려는 노력은 성공률이 상당히 높았다.

앞권에서도 말했듯이, 오랜 세월에 걸쳐 이슬람 해적과 해전을 벌여 온 경험은 피사와 제노바, 베네치아 선원의 기술적 능력과 '해병'들의 전투력을 향상시켜왔다. 반대로 종교가 같은 이슬람 해적과 싸울 필요가 없었던 이집트 선원의 조종 능력과 전투력은 전혀 향상되지 않았던 것이다.

그리스도교측의 해군은 해상 봉쇄를 완벽하게 실현하지는 못했지만, 이슬람측 배가 눈에 보이면 곧바로 추적하고 공격해 포획할 수 있었다. 가까이에 기지로 사용할 수 있는 항구가 없어도, 팔레스티나 근해의 제해권은 이 일대 항구도시가 그리스도교측의 것이던 시대와 변함없이 이탈리아 해양 도시국가의 배와 남자들이 계속해서 장악하고 있었던 것이다.

이러한 상황은 살라딘에게 도저히 방치할 수 없는 과제를 안겨준다.

아코를 방어하는 이슬람군에게 원조물자와 병력을 보내려 해도, 그리스도교측이 반원형으로 진을 치고 있는 육지 쪽으로는 접근이 불가능하다는 걸 이미 알고 있었다. 그런데 항구가 자기 수중에 있음에도 바다에서 물자를 보급하기도 어려워진 것이다. 북쪽에 있는 베이루트에서 보내든, 이집트에서 아스칼론을 경유하여 보내든, 아코 근처의 해상에서 기다리고 있는 이탈리아 배에 발각되면 그뒤의 운명은 뻔했다. 가득 실린 대량의 식량도, 무기도, 군사장비도, 그리고 디나르 금화로 가득 찬 수많은 자루도, 해상 봉쇄라기보다 해적 행위라는 표현이 더 적절했던 그리스도교측 해군의 먹잇감이 될 뿐이었으니까.

어려워진 것은 포위된 아코 성내로 원조물자를 보급하는 일만이 아니었다. 통신까지 곤란해진 것이다.

이슬람교도가 활용한 전서구(傳書鳩)는, 산이나 들 위로는 먼 거리를 날아갈 수 있었지만 적과 아군의 병사들로 가득한 전장 위를 나는 데는 능숙하지 못했던 듯하다. 그래서 사람이 바다를 헤엄쳐 건너는 수밖에 없었다. 바다를 감시하고 있는 이탈리아 선박에 발각되지 않

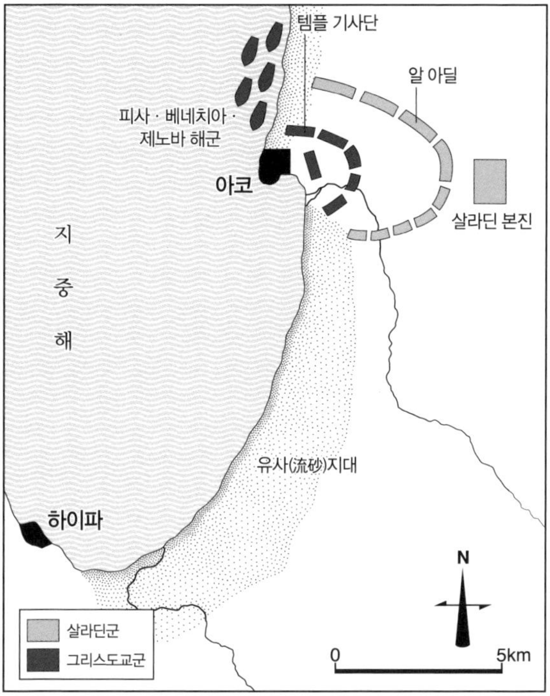

아코 공방전에서 양군의 포진

도록 작은 배로 아코 항에 접근하고, 거기서부터는 헤엄을 쳐서 항구 안으로 잠입했다가, 다시 헤엄쳐서 빠져나오는 것이다. 물론 매번 성공한다는 보장은 없었다. 그리고 바다에서 물자를 보급할 수 있는 확률은 이보다 훨씬 낮았다.

결국 아코 공방전의 주요 전장은 육상이 되었다. 반원형으로 아코를 에워싼 그리스도교군의 바깥쪽을, 살라딘이 이끄는 이슬람군이 다시 반원형으로 에워쌌다.

전선의 가장 북쪽에는 그리스도교측의 템플 기사단이 진영을 구축하고 있었다. 용맹함으로는 누구에게도 뒤지지 않는 이 템플 기사단을 상대로, 살라딘은 열혈한이며 전투에 능숙한, 마치 제1차 십자군의 탄크레디와 비슷한 성격의 장수가 이끄는 군대를 배치했다. 그는 바로 타키 앗딘으로, 살라딘의 조카이자 날카로운 검의 칼날을 연상시키는 젊은 장수였다.

그리고 이슬람 전선의 중앙에는, 항상 후방에서 지휘하던 '감독' 살라딘 휘하에서 '주장' 역할을 맡아온 친동생 알 아딜을 배치했다. 그 외 대부분의 이슬람 전선에는, 그리스도교측이 각자 개별적으로 진영을 구축한 것과 비슷하게, 지방 영주인 태수들의 천막을 중심으로 시리아나 메소포타미아 각지에서 온 군대의 진영이 죽 늘어섰다.

전선 북쪽으로는 양군 모두 바다 가까이까지 진을 펼쳤지만, 남쪽 진영은 적과 아군 할 것 없이 바다 쪽으로 다가가지 않았다. 아코 남쪽으로 펼쳐진 해변은 이른바 유사(流砂)지대로, 발을 들여놓으면 사람이든 말이든 모두 모래 속으로 빨려들어가는 곳이었기 때문이다. 당연히 이 일대에는 적도 아군도 배를 댈 수 없었다. 따라서 아코 남쪽의 해안 일대는 전장이 되지 않았다. 이러한 상황에서 1189년이 저물고 1190년이 시작되었다.

전방의 적과 후방의 적

그리스도교측보다 병력이 부족했던 것은 아니었다. 살라딘이 직접 군대를 이끌고 도착한 후에는 이슬람측이 수적인 면에서 우세했던 것이 분명하다. 게다가 아코 성내에 있는 방어 병력까지 합하면 단연 이슬람측이 우세했다.

그러나 이 시기 그리스도교 세계는 전 유럽이 들고일어난 분위기였다. 1190년으로 해가 바뀐 뒤에도 소규모일지라도 유럽에서 여러 차례 원군이 속속 도착했다. 독일과 프랑스, 영국뿐만이 아니라 북유럽이나 헝가리, 이탈리아에서도 군대를 보냈다.

그렇지만 살라딘이 이끄는 이슬람의 주력군이 도착하자 이제 그리스도교측은 전방만이 아니라 후방에도 적을 두게 되었다. 게다가 그리스도교측에는 총사령관이 없었다. 어느 누구도 뤼지냥에게는 그런 역할을 기대하지 않았다. 그리고 자연스럽게 그를 대신하게 된 아벤 백작은 용감하면서도 침착하고 냉정한 남자이기는 했지만, 참전한 장수 모두가 그의 명령에 무조건 복종할 만한 최고사령관은 아니었다.

아벤 백작 자크는 서른일곱 살로 한창때인 장년기였지만 지위는 프랑스 일개 지방의 영주에 지나지 않았고, 독일 황제와 프랑스 왕, 영국 왕과 인척관계도 아니었다. 몬페라토 후작 코라도만 해도 독일 황제와 친족관계다. 중세 유럽 사회에서는 이런 유의 커넥션이 중시되었다. 실제로 아벤 백작은 1년 후 리처드가 앞서 보낸 샹파뉴 백작 앙리가 아코에 들어오자 곧바로 그에게 총사령관 자리를 넘겨준다. 나이는 그보다 어려도 샹파뉴 백작은 프랑스 왕 필리프, 그리고 영국 왕 리처드와도 백부와 조카관계였기 때문이다.

아벤 백작 자크는 자신이 가진 모든 것을 쏟아부어 전방과 후방의 적을 상대로 분투했지만, 그는 전체를 조망하며 전략을 세우고 그에 따라 차례로 대담한 전술을 구사하는 유형의 지도자는 아니었다. 또한 일이 벌어지기 전에 앞서 예상하고 미리 대책을 강구하는 데 필요한 상상력도 갖추지 못했다. 아벤 백작 자크는 '중세의 꽃'이라 불리던 기사의 전형이었을 것이다.

전방과 후방 모두에 적이 있는 상태에서 싸운 사례로는 율리우스 카이사르가 지휘한 알레시아 전투를 들 수 있다. 그때 카이사르는 제일 먼저 앞뒤로 깊은 참호를 파고 목책을 둘러쳐 휘하의 병사들이 적에 대한 공포를 느끼지 않고 싸울 수 있도록 했다. 그런데 이 아코 공방전에서 그리스도교군이 참호를 파서 후방에 있는 살라딘군과의 간격을 확보하는 것의 이점을 깨달은 것은, 공방전이 시작되고도 1년이 지났을 때였다.

게다가 상대인 이슬람측에는 전략 능력과 상상력을 갖춘 최고사령관이 있었다. 그런데도 왜 아코 공방전의 결판이 나기까지 2년이나 걸린 것일까. 살라딘에게도 이슬람 세계 특유의 사정이 있었던 것이다.

가장 먼저 지금까지 살라딘이 쌓아온 빛나는 전과는 그가 처음으로 이슬람 세계의 통합을 실현한 덕분에 얻은 것임을 상기해야 한다. 시아파와 수니파로 나뉘진 이슬람교도의 역사적 대립관계를 일시적으로나마 잊게 하는 데 성공했던 것만이 아니다. 십자군의 침공으로 빼앗긴 자신들의 땅을 되찾겠다는, 종교와 상관없이 인간으로서 당연한 열망에 불타고 있던 각 지방의 영주인 태수(아미르)들의 통합에도 성공했기 때문이다.

이를 위해 살라딘은 '성전(지하드)'이란 기치를 내걸었으며, 이슬람교도는 이 기치 아래 "알라는 위대하다"고 외치며 그리스도교도를 향해 돌진했다. 그것은 그리스도교 세계가 성도 예루살렘의 해방을 목표로 삼고서 "신이 그것을 바라신다"는 슬로건과 함께 이슬람 세계로 쳐들어간 것과 마찬가지였다.

그러나 그리스도교도든 이슬람교도든 그들이 제창한 '성전' 사상 자체는 오래가지 않는다. 그것을 지탱하는 열기는 쉽게 달아오르고 쉽게 식어버리는 성질을 갖고 있기 때문이다.

이슬람 세계가 '지하드'로 들끓고 "알라 아크발!"이라는 한 마디에 일치단결한 것은, '하틴 전투'와 그에 이은 예루살렘 탈환까지의 반년 동안에 지나지 않았다. 하틴에서는 그리스도교군을 상대로 대승을 거두었고, 이슬람교도에게 있어 메카와 메디나 버금가는 성지이던 예루살렘도 탈환했으니, 그들의 열광은 이때 정점에 달했을 것이다. 다만 살라딘이 너무 압도적인 승리를 거두었다는 점이 정점에 달한 이 열광을 오히려 빨리 식게 하고 말았다.

살라딘은 신성로마제국 황제 '붉은 수염'에게 보낸 답신에 이렇게 썼다. "우리 땅을 침공한 그리스도교도들을 우리 신의 도움으로 격파하는데 성공해서, 이제 이슬람교도는 자신들의 땅을 되찾게 되었다"고.

이것이 실현된 것은 신의 도움은 차치하고 사실 살라딘의 힘에 의한 것이었는데, 자신들의 땅을 되찾게 된 태수들은 그것만으로도 만족하고 만 것이다. 예루살렘도 탈환했으니 '지하드'는 이제 그만 됐다는 식으로.

이것이 1188년 이후 살라딘이 직면한 문제였다. 요컨대 '이슬람의 영웅'이 되었음에도 병사를 모으는 것은 '영웅'이 되기 전보다 더 어려워졌다. 병사들은 그들이 사는 땅을 다스리는 태수가 이끌어야 살라딘 아래로 모여들 수 있었다. 살라딘은 '아미르'보다 지위와 권력이 위인 '술탄'이지만, 술탄과 태수들은 결속이 그다지 굳건하지 않았다. 이런 면에서는 황제나 왕이 수하의 제후들과 항상 긴장관계에 있었던 동시대 유럽과 유사했다.

바그다드에 있는 종교상의 최고위자 칼리프를 제외하고 살라딘은 이 시기 이슬람 세계의 최고권력자 술탄이었지만, 그가 마음대로 움직일 수 있는 병력은 본거지인 시리아의 다마스쿠스와 이집트의 병력뿐이었다. 그 밖의 지역에서는 먼저 태수들부터 움직여야 했다. 그런 수고를 할 필요가 없는 이집트의 통치는, 살라딘이 누구보다 신뢰하는 동생 알 아딜이 맡고 있었다.

태수들은 내심, 일개 항구도시에 불과한 아코를 방어하는 데 왜 자신들이 도우러 가야 하는가, 왜 소중한 내 병사들을 희생해야 하는가, 하는 생각을 갖고 있었다.

아랍 민족이나 투르크 민족이나 기본적으로 현실적인 성향이었다. 그래서 전투에 적합하지 않은 동절기에는 살라딘의 허락을 얻어 귀향했고, 봄이 되어도 돌아오지 않았다. 돌아온다 해도 아주 늦게, 봄이 다 지나간 후에 왔다. 그전까지 살라딘은 바그다드에 있는 칼리프를 존중하면서도 어느 정도 거리를 두고 대해왔는데, 이제 그런 태도도 허락되지 않았다. '지하드'를 선언해달라고 칼리프에게 부탁해야 할 정도였던 것이다. 독일 황제 '붉은 수염'과 그의 대군은 이미 소아시아 깊숙이 진군하고 있었다. 소아시아를 전부 답파하면 시리아 북쪽에 모습을 드러낼 것이다. 아무리 이슬람의 영웅일지라도 조바심이 나지 않을 수 없었다.

그리스도교측에는 최고사령관이라는 두뇌가 없었다. 반면 이슬람측은 수족을 확보하는 데 애를 먹고 있었다. 이런 상황에서 그리스도교군과 이슬람군이 정면으로 부딪친 아코 공방전은 제각기 멋대로 격돌하는 전투의 연속이었다. 그리스도교군과 이슬람군 모두 기록상으로는 격렬한 전투의 연속으로 표현했지만, 양쪽 다 그 전투들을 인과적으로 정리할 수는 없었던 것이 2년 동안이나 결판이 나지 않았던 아코 공방전의 실상이었다.

그러나 상대의 종교를 인정하지 않음으로써 성립하는 일신교끼리 격돌한 싸움이다. 양쪽 다 이교도를 죽이는 것은 신을 기쁘게 하는 행위이고, 설령 죽임을 당한다 해도 순교자가 되어 승천할 따름이라고 믿었다. 특히 예루살렘을 잃은 그리스도교측에는 한층 그런 마음이 강했다. 기록에 남아 있는 격렬한 전투 중 두 가지만 소개한다.

서로 기병을 투입해 정면 충돌하기를 반복한 것은 템플 기사단이 담당한 북쪽 전선이었다. 그날도 기사단장 제라르는 휘하 기사 전원을 이끌고 살라딘의 조카 타키 앗딘이 이끄는 군대 한가운데로 쳐들어갔다. 하지만 적들 역시 이슬람군에서 으뜸가는 기병 전력이다. 용맹함으로는 타의 추종을 불허하는 템플 기사단도 밀리는 양상이었다. 그때 단원 몇 명이 기사단장에게, 우리가 방패막이가 되어 버틸 테니 빠져나가라고 권한다. 그러나 단장 제라르는 끝까지 우긴다.

"절대 안 된다. 동지들을 죽게 내버려두고 나만 살겠다는 건 템플 기사단의 기사로서 수치다!"

이렇게 외치고 제라르는 적진 속으로 뛰어들어 적병을 여러 명 베어 쓰러뜨린 뒤 포로가 되고 말았다. 끌려온 기사단장에게 살라딘은 이슬람교로 개종한다면 목숨만은 살려주겠다고 말한다. 물론 살라딘도 그때까지의 경험을 통해 템플 기사단의 기사가 이런 권유에 응하지 않으리라는 건 알고 있었다. 제라르의 대답 역시 예상한 대로였다. 살라딘은 고통스럽게 죽이지 말고 단칼에 죽이라고 명령한다.

'하틴 전투'가 끝난 후 살라딘은 포로들 중에서도 특히 템플 기사단 단원에 대해서만은 말살을 고집했다. 이때 템플 기사단은 대부분의 전력을 잃고 거의 괴멸상태였다.

그런데 '하틴 전투'로부터 2년밖에 지나지 않은 아코 공방전에서 템플 기사단은 독립 진영을 구축할 만한 세력으로 회복되어 있었다. 그들의 용맹함은 광적일 정도였지만, 그런 만큼 일반 그리스도교도 사이에서 인기가 높아서, 입단 지원서와 기부금이 점점 늘어났기 때문이다.

두번째 예는, 아코 항을 공격하는 피사 해군과 그에 맞서는 아코 방어군 사이에서 벌어진 전투다.

거듭 말하지만 항구도시 아코의 출입구는 항구밖에 없다. 방파제로 방비된 이 항구가 침범당하는 것은 곧 아코라는 도시가 함락됨을 뜻한다. 당연히 항구 입구의 요새는 밤낮으로 이슬람 병사가 지키고 있었다.

공격하려면 바람과 파도가 잔잔한 날을 골라야 한다. 숙달된 선원이라면 사흘 후의 날씨까지는 확실히 예측할 수 있다. 결행의 날, 동트기 전에 티루스를 떠난 피사 해군은 아코 항에 다가가자 일제히 돛을 내린다. 돛만 사용하는 범선과 달리 돛과 노를 모두 사용할 수 있는 갤리선이 군선으로 더 적합한 것은 노를 젓는 조수, 즉 '모터'를 갖추고 있기 때문이다. 적진 가까이 접근하면 돛을 내리고 '모터'를 가동하기 시작한다. 적에게 들키지 않도록 아코 서쪽에 솟은 벼랑 밑으로 남하했다고 하니, 그들의 조종 기술은 가히 일급이었다.

습격의 성공률은 적의 허를 찌를 때가 가장 높다. 소리없이 노로 물을 가르며 항구 입구에 접근하는 데까지는 성공했지만, 입구를 가로막고 있는 굵은 쇠사슬을 끊어내는 건 노 젓는 것으로는 역부족이었다. 이런 경우에는 돛을 완전히 올리고, 한 척이 아니라 두세 척이 동시에 돛에 가득 바람을 안고 돌진해야만 쇠사슬을 끊을 수 있다. 그래서 피사 해군은 선두에 선 세 척의 배에 다시 돛을 올렸는데, 그 바람에 방파제 끝에 위치한 요새의 감시병에게 발각되고 만다.

경보가 요새를 벗어나 항구 전체로 퍼지는 데는 많은 시간이 걸리지 않았다. 항구 안의 모든 군대가 반격에 나섰다. 정박해 있던 이슬람 배들도 쇠사슬 바로 앞까지 나와 반격에 가세했다. 게다가 요새 위에서 던지는 수류탄들이 피사의 선단 위로 빗발치듯 쏟아지기까지 했다. '그리스의 불'이라 불리던 당시의 수류탄에는 폭약 대신 기름이 채워져 있었는데, 불이 붙은 상태에서 날아오기 때문에 직격당하면 돛이 순식간에 타오른다. 피사는 교역입국이기도 했기 때문에, 상륙하면 해병으로 일변하는 피사의 선원과 조수는 용감하기는 했지만 광적이지는 않았다. 그래서 붙잡히기 전에 재빨리 철수하고 말았다.

제노바 해군도 같은 시도를 결행했지만 마찬가지로 철수했으므로, 아코의 현관인 항구는 여전히 이슬람측에 있었다.

그렇다면 제노바와 피사가 함께 싸우면 좋지 않았을까 싶지만, 이 두 나라뿐 아니라 같은 이탈리아 해양 도시국가였던 베네치아와 아말피도 제해권과 통상권 면에서 라이벌 의식이 무척 강했다.

현대 이탈리아 해군의 해군기는 이 네 곳 해양 도시국가의 국기를 합친 것인데, 네 국가가 서로 반발하며 다투던 중세에는 이탈리아인이 지중해를 제패했으면서 오히려 통일된 후에는 그러지 못했다. 그것이 지금도 이탈리아의 해군 관계자들 사이에서 우스갯소리로 오르내리고 있다. 그들은 아주 간혹 연합전선을 구축했어도 대부분의 경우에는 독자적으로 적과 상대했다. 같은 그리스도교도이고, 똑같이 십자군에 참가했으면서도.

아코 공방전이 길어짐에 따라 군량 부족의 고통은 그리스도교측을 한층 무겁게 짓눌렀다.

살라딘이 이끄는 이슬람군은 교대로나마 동절기에 귀향할 수 있었다. 또한 배후가 모두 아군의 땅이었기에 군량 부족에 시달릴 일도 없었다.

문제는 전방과 후방이 적으로 둘러싸인 그리스도교측이었다. 겨울이 되어도 돌아가 휴식을 취할 땅이 없다. 후방에도 적이 있으므로 아코 성벽 앞에서 옴짝달싹할 수 없었던 것이다. 게다가 보급을 담당하는 피사와 제노바, 베네치아의 선단이 싣고 온 물자를 부릴 장소도 제한되어 있었다. 적의 습격이 없을 때를 틈타 적과 아군 진영의 중간에 있는 좁은 해변에 짐을 부릴 수밖에 없었는데, 당연히 충분한 양을 보급하는 건 무리였다.

그리스도교군에서는 식량 부족이 날로 심각해졌다. 돌격하다 전사하는 자보다 허기진 상태에서 비틀거리다 화살에 맞거나, 같은 이유로 동작이 둔해지는 바람에 칼에 찔려 죽는 자가 더 많아져갔다.

아코 공방전에서 그리스도교측 전사자는 다섯 명에 한 명꼴이었다고 하는데, 지위가 있는 장수나 일개 병졸이나 그 비율은 전혀 다르지 않았다. 고위인사의 경우에는 말 그대로 '전사'가 많긴 했어도.

한편 아코 성내에서 방어중인 이슬람군의 식량 부족도 날로 심각해지고 있었다. 항구는 수중에 있지만, 그 항구로 보급선이 들어올 수가 없는 것이다. 공방을 시작한 지도 1년이 경과해가는 1190년 봄, 아코의 수비대장은 살라딘에게 밀사를 보내 항복을 허락해달라고 청했다. 그러나 살라딘의 대답은 '불가'였다. 이집트에서 보급 선단이 오고 있다는 것이 그 이유였는데, 그 선단은 또다시 아코 근처 해상에서 기다리고 있던 이탈리아 선단의 제물이 되고 말았다. 게다가 두 번이나 거듭해서.

이리하여 일진일퇴라기보다 전체적으로 교착상태에 빠진 채 1190년 여름을 맞았다. 그런데 이때, 그 누구도 상상하지 못한 뉴스가 날아든다.

'붉은 수염'의 최후

그리스도교측의 기록을 믿는다면, 살라딘이 가장 경계했던 것은 중근동으로 행군해오는 신성로마제국 황제 프리드리히 1세가 이끄는 기병 3천 명과 보병 8만 명의 군대였다. 이 군대의 동향을 알기 위해 살라딘은 열 명이 넘는 밀정을 파견했다. 그중 한 명이 말을 몇 차례나 갈아타며, 아무도 예상하지 못했던 소식을 가져왔다.

소식을 들은 살라딘은 반신반의하며 좀처럼 믿지 못했다. 곧이어 몇 명의 밀정이 확인을 위해 북쪽으로 떠났다. 그때 급파된 자들에는 단순한 밀정뿐 아니라 사정을 정확하게 파악할 능력을 가진 장수도 한 명 포함되어 있었다. 살라딘은 무엇보다 가장 정확하고 상세한 정보를 원했던 것이다.

1년 전인 1189년 5월 11일, 레겐스부르크에 집결한 대군을 이끌고 출정한 황제 '붉은 수염'은 라인강을 따라 빈, 부다페스트, 베오그라드로 행군한 후, 내륙으로 들어가 불가리아, 마케도니아까지 순조롭게 행군했다. 그해의 그리스도 성탄절은 고대 로마시대의 아드리아노플, 현대의 터키식 발음으로 에디르네라 불리는 도시에서 맞았다. 그리고 이듬해인 1190년 봄에 행군을 재개하여 별 탈 없이 비잔틴제국령을 통과한 후 소아시아로 들어갔다.

이 모든 행군로를 이렇다 할 장애 없이 통과할 수 있었던 것은, 출발에 앞서 황제 '붉은 수염'이 그냥 통과만 할 테니 방해하지 말라는 요지의 서신을 보내둔 것이 효과를 발휘했기 때문이었다.

그리스도교측인지 이슬람측인지 여전히 태도를 분명히 하지 않고 있던 비잔틴제국 황제도, 적군임에 분명한 소아시아의 투르크인 영주들도, '붉은 수염'이 이끄는 독일 대군이 통과하는 것을 숨죽이고 지켜보기만 했다. 따라서 종종 잡다한 이들이 끼어 있던 보병은 차치하더라도, 황제 직속과 제후가 이끄는 총 3천 명의 기병은 거의 손실 없이 소아시아 답파를 끝내가고 있었다. 5월에 들어서서 코니아의 투르크군이 유일하게 결의를 보이며 이들 앞을 막아섰지만, 이때도 독일군이 대승을 거두었다.

코니아에서 행군을 재개한 황제와 그의 군대가 시리아로 들어가기 위해 남은 여정은 소아시아 남동부에 위치한 킬리키아 지방을 통과하는 것뿐이었다.

킬리키아 지방을 통과해 시리아로 들어가려면 우선 코니아에서 지중해 쪽으로 나가야 한다. 지중해를 오른쪽에 두고 시리아로 들어가는 것이 고대부터 사용되었던 간선로였다.

그래서 코니아를 뒤로하고 행군을 재개한 독일군 역시 지중해를 향해 나아갔는데, 그곳에 이르기 전에 괴크수(Göksu)라는 이름의 강을 맞닥뜨렸다. 다리는 없었다. 기병과 보병은 물론이고, 필요한 물자를

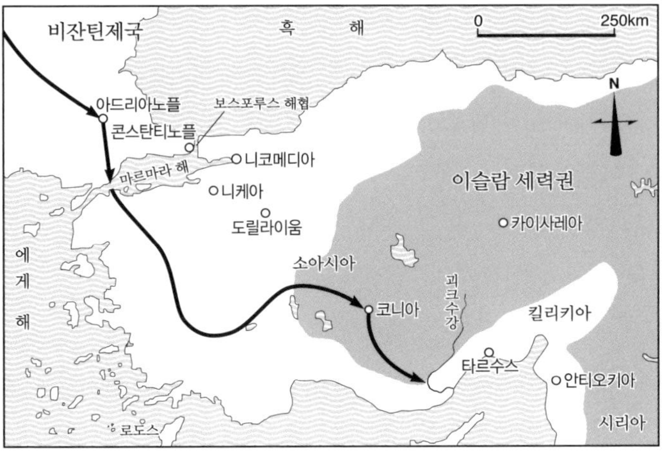

프리드리히의 소아시아 진군로

가득 실은 우마차도 물보라를 조금 일으키며 무리 없이 건널 수 있을 만한 강이었다. 그런데 황제 '붉은 수염'이 그 강을 건너다 익사하고 만다.

공식적으로 발표된 사인은, 강을 건너다 말에서 떨어졌는데 입고 있던 강철 갑옷의 무게 때문에 그대로 물속에 가라앉아버렸다는 것이다. 수하들이 서둘러 끌어올렸을 때는 이미 죽은 뒤였다.

나는 30년 전쯤에 직접 이 강을 보았다. 소아시아를 여행하던 중이었는데, 그 무렵에는 내가 십자군에 대한 글을 쓰리라고는 꿈에도 생각지 못했다. 다만 소아시아 남동부에 있는 이 강이 '붉은 수염'이라는 이름으로 유명했던 황제가 죽은 장소로 알려져 있다기에 찾은 것이었다. 한동안 강변에 서서 눈앞에 흐르는 강물을 바라보았다. 그리고 별 생각 없이 신발을 벗고 맨발을 강물에 담가보았다. 물은 찼다.

그때 내 머리에는 '늙은이의 냉수*'라는 말밖에 떠오르지 않았다.

당시 독일군은 코니아에서 대승을 거둔 뒤였으므로 이제 행군중에 투르크군의 기습을 당할 염려는 없었다. 게다가 계절은 6월에 접어들었다. 일대는 이미 여름이었다. 장수와 병사 할 것 없이 모두 숨 막힐 듯 더운 갑옷과 투구를 짐마차에 맡기고 가벼운 복장으로 행군하고 있었을 것이다.

이 남자들의 눈앞에, 여름철임에도 수량이 허리께 정도밖에 되지 않는데다 바다가 가까워 흐름이 잔잔한 강이 나타난 것이다. 이를 본 남자들은 건너기에 앞서 옷과 신발을 벗어던지고 강물로 뛰어들지 않았을까. 가벼운 복장이라도 한여름의 행군이라 땀과 먼지투성이가 되었을 테니까.

그런 부하들을 본 황제 '붉은 수염'은 자기도 질 수 없다 생각하고 뛰어든 게 아닐까. 황제 프리드리히 1세는 예순여덟 살이었다. 그리고 그때까지 병이라는 걸 모르고 살아온 사람이었다. 그가 병상에 드러누웠다는 기록은 전혀 없다. 그런 만큼 체력에 자신이 있었을 테고, 그 탓에 나이도 잊어버렸을 것이다. 그래서 부하들과 함께 반나체로 뛰어든 것까지는 좋았는데 그대로 가라앉아버렸고, 끌어냈을 때는 이미 죽어 있었던 것이 아닐까 하는 것이다.

현대의 연구자들도 대부분 심장마비로 인한 익사라는 데 의견이 일

---

* 노인이 나이에 어울리지 않게 위험한 짓이나 지나친 행동을 하는 것을 일컫는 일본어 관용구. (옮긴이 주)

치하는 듯하다. 익사한 날은 1190년 6월 10일, 독일을 떠나온 지 1년 1개월이 지나 있었다.

황제가 죽었다는 것을 재차 확인한 살라딘은 안도했지만, 진심으로 안도한 것은 뒤이어 독일군의 상황에 관한 보고를 받고 난 뒤였을 것이다. 그리스도교측과 이슬람측 양쪽의 기록에 따르면 이와 같다.

기사 3천 명에 보병 8만 명에 달했던 독일 황제의 군대는, 킬리키아까지 와서 해체되고 말았다.

지도자를 잃었을 뿐인데 왜 해체되기에 이르렀을까. 이를 설명하기 위해서는 신성로마제국 황제와 그 수하에 있는 봉건제후의, 지극히 중세적인 관계를 설명해야 한다.

유럽 그리스도교 세계에서 세속적인 최고위자인 신성로마제국 황제가 될 자격은 황제의 아들이라는 것만으로는 부족하다. 설사 장남이라 해도 자동적으로 황제가 될 수 있는 것은 아니다. 먼저 제후들의 인정을 받고, 그후에 로마에 가서 로마 교황의 손으로 대관(戴冠)을 해야 비로소 신성로마제국 황제라는 지위가 공인되는 것이다.

로마 교황과 그 뜻을 받은 주교가 직접 황제나 왕에게 관을 하사하는 것을 '성별(聖別)'이라 하는데, 이는 신이 관을 받는 사람에게 신도들의 통치를 맡긴다는 의미이다.

그러나 황제나 왕과 달리 제후들은 이 '성별'이 필요하지 않았다. 봉건제후는 선조 또는 자신의 힘과 재능으로 획득한 땅을 다스리는 사람이지, 그 땅을 지배할 권리를 신에게서 위탁받은 것이 아니기 때문이다. 따라서 제후는 자신이 죽은 후 아들에게 지위를 물려줄 수 있었다.

황제 프리드리히 1세의 장남 하인리히는 독일에 남았고, 이 제3차 십자군에 동행한 것은 그와 이름이 같은 차남 프리드리히였다.

당시 유럽 사회에서는, 설령 황제가 죽어도 그의 아들이 바로 황제가 될 수 없었다. 즉 '붉은 수염'을 따라 행군해온 독일 제후들에게 황제의 아들은 자신들이 충성을 서약한 상대가 아닌 것이다. 이들이 십자군에 참가한 것도 황제의 명령 때문인데, 그 황제가 죽고 난 후에도 원정을 계속할지 말지는 마인츠의 성당에서 황제와 함께 십자가에 서약한 것을 어떻게 생각하느냐에 달려 있었다. 그들 입장에서 황제에 대한 충성 서약이 그의 죽음으로 해소된 지금 남은 것은, 그리스도교 전사로서 십자군에 참가할 것이냐 말 것이냐 하는 문제였다.

게다가 십자군 원정을 서약할 당시 '붉은 수염'은 그를 따라 오리엔트로 가는 제후들에게 적어도 원정 후 1년 동안은 제후들 스스로 비용을 부담한다는 조건을 요구했는데, 그 1년도 이미 한 달 전에 지난 후였다. 다시 말해 이대로 계속 십자군에 참가하면 누가 비용을 부담할 것인가 하는 문제도 황제의 죽음으로 불분명해진 것이다.

이것이 제3차 십자군의 독일군이 '붉은 수염'의 죽음을 계기로 해산하게 된 요인이었다.

황제가 이끄는 십자군에 참가한 대부분의 독일 제후들은, 정통 신성로마제국 황제가 이끄는 군대이기에 참가했던 것이었다. 그런 것과 상관없이 성도 예루살렘을 빼앗긴 분노만으로 일어선 독일 제후들은 같은 생각으로 나선 프랑스인이나 영국인들과 함께 독자적으로 오리엔트로 출발해 이미 아코에 도착해 있었다. 아코 공방전 초기에 도착한 사람들 중 변경백이라는 직함을 가진 기사가 여러 명 있었는데, 이 '변경백'이란 영주를 뜻하는 신성로마제국 특유의 명칭이었다.

이렇게 황제 '붉은 수염'을 따라온 제후들 대부분이 독일로 돌아가 버렸다. 원정을 계속하기로 한 이들은 '붉은 수염'의 차남과 그 밖의 봉건제후 몇 명뿐이었다. 이들이 이끄는 총병력은 기사 7백 명과 보병 6천 명에 불과했다. 황제 '붉은 수염'이 죽기 전에는 기병 3천 명에 보병 8만 명에 달해서, 살라딘이 가장 신경 썼던 독일 군대가 말이다.

이에 대한 정확하고 상세한 보고를 살라딘이 언제 접했는지는 알려져 있지 않다. 하지만 이 아이유브 왕조의 술탄은 이전의 술탄과 달리 정보 수집에 열성적이었다. 게다가 황제의 죽음은 소아시아 남동부에서 일어난 일이었으니 며칠 후에 살라딘의 귀에 전해졌을 것이고, 일주일 후에는 그에 대한 확인과 정확하고 상세한 사정까지 보고받을 수 있었을 것이다. 그렇다면 살라딘은 6월 20일에는 확실히, 진심으로 안도할 수 있는 소식을 접했다고 볼 수 있다.

이로 인한 기쁨으로 들끓는 이슬람 진영과 대조적으로, 아코 앞에 포진해 있던 그리스도교군은 슬픔과 실망에 잠겼다. 살라딘이 확실한 소식을 접하고 며칠 지나 그리스도교군에도 황제가 익사하고 군대가 해체되었다는 보고가 도착했다. 원정을 속행하기로 한 황제의 차남 일행이 안티오키아에 도착하자, 그들의 실상을 베네치아의 쾌속선(돛과 노를 함께 사용하는)이 급히 전해왔다.

아코를 둘러싸고 있던 그리스도교군에게 이것은 충격적인 뉴스였다. 독일에서 온 대군이 킬리키아 지방까지 왔다는 것까지 알고 있었으므로, 그들이 결국 오지 못하게 된 데서 오는 타격은 더더욱 컸다. 말단 병졸에 이르기까지 얼마나 절망하고 낙담했는지는 그들의 움직임에도 나타났다.

6월 10일 황제가 익사했다는 소식이 프랑스에 전해지려면 아무리 빨라도 한 달은 걸린다. 그렇다면 7월 4일 프랑스 동부의 베즐레에서 출발한 프랑스 왕 필리프와 영국 왕 리처드는 이 중대한 사건을 알지 못한 채 출발했다는 뜻이다. 게다가 아코에서 전투중이던 그리스도교 세력이 이제껏 품고 있던 희망이 깨졌다는 낙담에 빠져 있던 것은 프랑스 왕도 영국 왕도 아직 출발하기 전이었으므로, 그들이 기대를 걸 만한 사람과 군대가 전혀 없었던 시기였다.

물론 필리프와 리처드 둘 다 1년 전 십자군 원정을 공표했다. 따라서 언젠가 올 것임은 분명했다. 하지만 유럽에서 중근동까지는 먼 거리다. 왕들이 올 때까지는 현재 보유한 병력만으로 전투를 계속할 각오를 해야 했다.

아코를 공격하는 그리스도교군이 이처럼 가장 어려운 상황에 놓였을 때, 의욕을 잃은 동료들에게 힘을 준 이가 서른여덟 살의 아벤 백작 자크였다.

그는 이 전투가 장기전이 될 거라 예상하고, 공격으로 적에게 손실을 입히는 것보다 아군의 손실을 최대한 줄이는 쪽을 택했다. 그리스도교측 진영은 이슬람 병사들이 지키는 아코를 둘러싸는 형태로 구축되어 있고, 살라딘이 이끄는 이슬람의 본진은 또다시 그 바깥쪽을 둘러싸는 형태로 포진해 있었다. 그는 그리스도교군과 살라딘의 군대가 마주 보는 쪽에 참호를 둘러치기로 한 것이다.

깊고 넓게 판 참호를 둘러치면, 적의 공격을 저지하는 것까지는 힘들어도 적의 공격속도를 늦출 수는 있다. 이 장애물을 넘으려면 우선 참호로 내려가 밑바닥에서 다시 위로 기어올라야 한다. 하지만 그러면 또 참호 위에서 기다리고 있는 궁병의 표적이 되고 만다. 그래서 공격해오는 적은 먼저 참호를 메우는 작업부터 해야 한다. 후방에서 흙이나 돌을 날라와 메워야 하기 때문에 이 작업에만도 상당한 시간이 필요하다. 또한 매립작업중에는 무방비 상태가 되므로 이 역시 상대측 궁병의 표적이 되기 십상이다.

따라서 우뚝 솟은 성채 주위에 해자를 파는 것과 마찬가지로, 그리스도교측은 아코 공격을 시작한 지 몇 달 안 되어 참호를 파기 시작했다. 하지만 그리스도교군에는 진정한 의미의 최고사령관이 없었다. 각자 적당한 곳을 골라 진영을 구축한 이들은 결국, 자기 진영 바깥쪽에만이라도 참호를 파는 이들과 참호를 팔 생각 같은 건 아예 하지 않는 이들로 나뉘었다. 참호를 판 것은 병원 기사단 진영과 예루살렘 왕뤼지냥의 동생이 지휘하는 진영뿐이었다. 원래부터 적과의 정면격돌을 선호하는 경향이 강한 템플 기사단은 그 필요성조차 인정하지 않았던 듯하다.

그러나 참호든 해자든 길게 이어져 있어야 비로소 그 효과를 기대할 수 있다. 아벤 백작은 모든 진영이 참호를 파야 한다고 주장했다. 바로 코앞까지 진군해오던 아군이 허무하게 해체된 것에 대한 낙담이 생각보다 심각했던 듯, 수뇌부 전원이 이에 찬성했다.

하지만 적이 나타나기 전이라면 손실 없이 할 수 있었겠지만 이제는 그러려면 큰 희생이 불가피했다. '붉은 수염'이 죽었다는 사실을 알고 사기가 충천한 이슬람측의 방해는 실로 무시무시해서, 참호를 파는 작업을 하는 병사 외에도 이들을 적의 공격으로부터 보호하는 병사까지 배치해야 했다. 이렇게 후방에 병력이 집중되는 바람에 전방에서 아코 성벽을 공격하는 것이 잠시 중단되었을 정도였다.

그러나 그렇게까지 했어도, 그리스도교측을 살라딘군의 공격으로부터 보호해줄 만큼 넓고 깊게 이어지는 참호를 완성하지는 못했다. 손을 쓰긴 했으나 적이 나타난 후인지라 아무래도 늦었던 것이다. 그래도 아예 하지 않은 것보다는 나았다. 새롭게 대규모의 원군이 오는 것을 한동안 기대할 수 없는 상황에서, 그것도 전방과 후방의 적을 동시에 상대하며 1년을 더 버텼으니까.

'늙은이의 냉수' 때문에 대폭 줄어든 상태이긴 하지만, '붉은 수염'의 차남이 이끈 독일군은 8월에 아코 전선에 도착했다. 이 기병 7백 명과 보병 6천 명은 프랑스 왕과 영국 왕에 못지않은 전력이었다. 또한 1년 넘게 싸워온 동지들에 비해 피로도가 낮았다. 그럼에도 불구하고 독일군은 전장의 주역이 되지 못했다. '붉은 수염'의 차남은 이 전력을 운용할 능력이 없었던 것이다. 게다가 병치레가 잦아서 곧 티루스로 돌아가버렸고, 그곳에서 이듬해에 병사했다. 이 독일군은 새로이 사령관으로 임명된 오스트리아 공작 레오폴트가 유럽에서 도착한 이듬해 1191년 늦은 봄이 되어서야 제대로 기능할 수 있었다.

결국 아코를 앞에 둔 그리스도교군은 공방전 첫해인 1189년 당시의 전력으로 1190년, 그리고 1191년까지 계속 싸워야 했다. 그것도 끊임없는 적의 습격과 보급 곤란에 따른 식량 부족으로 다섯 명에 한 명꼴로 사망자가 잇따르는 가운데. 게다가 살라딘군은 동절기 귀향이 인정되었던 것에 비해 그리스도교측이 아코 앞을 벗어나는 것은 꿈도 못 꿀 상황이었다.

제3차 십자군의 특색 가운데 하나는 대주교나 주교 등 고위성직자 중 다수가 직접 진두에 서서 지휘하며 싸웠다는 점이다. 아코 전장에서 이들은 화려한 주교복과 호화로운 주교관을 벗어던졌다. 세속의 기사들과 마찬가지로 강철 갑옷과 투구로 단단히 무장하고, 허리에는 장검, 손에는 장창을 들고 말을 달려 전장으로 나아갔다. 그리고 그날의 전투가 끝나고 나서야 갑옷과 투구를 벗고 목에 스톨라를 늘어뜨리고는 본업으로 돌아갔다. 전사자들의 장례가 기다리고 있었기 때문이다. 캔터베리 대주교도, 루앙 대주교도 이런 나날을 보내다 세상을 떠났다.

이들 성직자가 이끌고 온 영국과 프랑스의 병사들은 황제나 왕들이 이끄는 무리와 달랐다. 떠돌이 기사나 일반 서민이 대다수였다. 황제 '붉은 수염'은 살라딘에게 보낸 서신에서 '튜턴의 분노'라고 말했다. 하지만 성도 예루살렘을 빼앗기고 '분노'에 불타오른 그리스도교도들은 딱히 튜턴, 독일 사람들만이 아니었다.

말이 나온 김에 덧붙이자면, 제3차 십자군의 또 한 가지 특색은 그리스도교측에든 이슬람측에든 기적이나 은총에 대한 기록이 전무하다는 점이다. 제1차 십자군 때는 왕왕 등장했던, 기적이 일어난다거나 신이나 성인이 도움을 준다거나 하는 현상이 일어나지 않은 것이다. 물론 양쪽 수뇌부 사이에 오간 서신에서는 '신에게 감사한다'든가 '신의 도움으로'라는 문구를 찾아볼 수 있었지만, 이는 당사자의 독실한 신앙심을 담은 것이라기보다는 그 시대의 관용구에 가까웠다. 지위가 높지 않은 이가 남긴 기록도 반드시 이러한 문구로 시작한다는 것이 그 증거다.

한마디로 정리하면, 제3차 십자군은 세속의 인간들이 일으킨 전쟁이었다. 신도, 신의 도움도 끼어들 여지가 없는, 오직 인간들 사이에서 벌어진 전쟁이었던 것이다. 설사 한쪽이 십자를 새겨넣은 옷을 걸치고, 다른 한쪽이 코란의 글귀를 흰색으로 써넣은 녹색 군기를 휘날리고 있었다 해도.

이러한 특색은 제3차 십자군의 주역인 살라딘과 사자심왕 리처드의 기질 때문이 아닐까 싶기도 한데, 두 사람은 신을 제쳐놓고 남자 대 남자의 대결을 하고 싶어하는 성향의 소유자라는 점에서 유사했다. 십자군의 역사는 이 제3차 십자군 때부터, 여전히 십자군이라 불리기는 해도, 그 양상이 바뀌기 시작한 것이다.

두 명의 젊은 왕

1190년 7월 4일 프랑스 동부에서 출발한 영국 왕 리처드 1세와 프랑스 왕 필리프 2세가 독일 황제의 죽음을 알게 된 것은 아마도 중간 집결지로 정한 시칠리아의 메시나에 도착해서였을 것이다. 동시에 그들은 아코에서 자신들이 도착하기를 애타게 기다리고 있다는 것도 알았을 것이다. 그런데도 이 두 사람이 아코에 도착한 것은 그로부터 1년이 지나서였다. 이는 두 왕의 행동이 느려서가 아니었다. 우연히 일어난 사건이 그들의 발목을 잡아서, 이를 처리하는 사이에 항해에 적합한 계절을 놓쳐버렸기 때문이었다. 둘 중에서도 리처드가 더 늦게 출발했는데, 이는 문제에 대처하는 두 왕의 방법이 달랐기 때문이다.

스물다섯 살의 필리프는 완고하다고 해도 좋을 정도로 자기중심적인 인물로, 자신의 이익과 관계없는 일에는 관심이 희박했다. 따라서 문제가 생기면 적당히 처리하고 넘겨버리는 경향이 강했다.

한편 서른세 살의 리처드는 전략적인 사고를 하는 사람이었으므로 문제 처리에도 철저했다. 그러므로 장기적인 시야에서 보면 아군에 득을 가져오는 경우가 많았다.

두 사람은 같은 날 같은 장소에서 출발했는데, 한 나라의 왕이 거느리는 군대이니만큼 중간 집결지인 메시나까지는 각기 다른 노선을 택했다. 필리프는 제노바에서 배를 타고 곧장 메시나로 향했지만, 리처드는 영국에서 지브롤터 해협을 빙 돌아오는 수송선단과 마르세유에서 만나, 그후로 제노바, 피사, 로마의 외항 오스티아, 그리고 나폴리

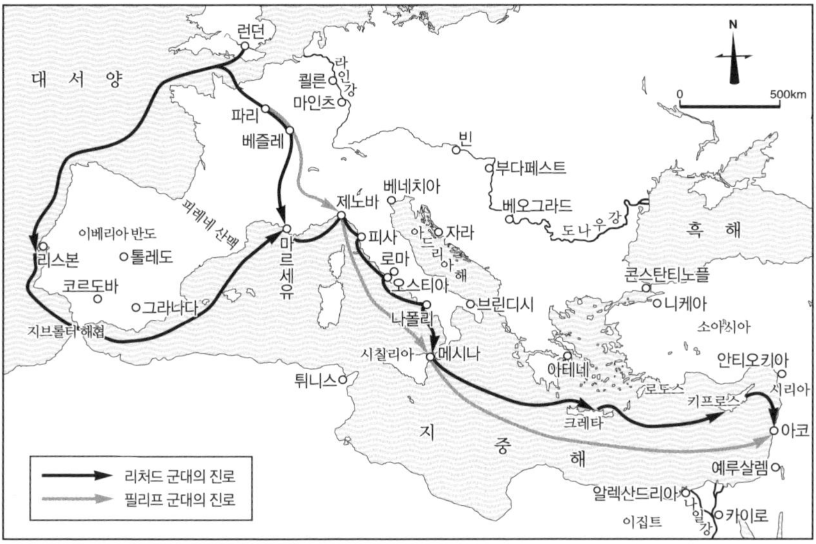

리처드와 필리프의 진군로

순으로 기항하면서 메시나로 향했다.

그렇게 한 첫번째 이유는 아마도 필리프가 수하의 제후와 장병만 인솔하고 수송은 항해의 베테랑인 제노바에 일임한 데 반해, 리처드는 영국에서 출발한, 속도는 느려도 튼튼하게 만들어진 북해용 선단과 동행했기 때문일 것이다. 그 배들에는 조립식 투석기며 매끈하게 줄질한 돌포탄이 실려 있었으니 속도가 느려지는 건 어쩔 수 없었다.

또한 수송선단과 별도로 리처드가 직접 승선하는 '기함(旗艦)'으로는 돛과 노를 모두 쓸 수 있는 갤리선을 택했는데, 속도가 느린 수송선단과 적당한 거리를 유지하려 했음을 감안하더라도 기항지가 너무 많다. 이 의문에 대한 답은 두 가지다.

첫번째 이유는, '사자심왕' 리처드가 뱃멀미를 했던 듯하다는 것이다.

하지만 이것이 정답이라면, 후대의 해양제국 영국 국민에게 지금까지 가장 인기 있는 역사적 인물 중 하나인 리처드로서는 적잖이 창피한 일이다. 그래서 또다른 설을 주장하는 이들이 있는데, 리처드가 행동에 제약을 받는 선상생활을 무료해했다는 것이다. 어쨌거나 육지만 밟으면 힘이 넘치는 남자였다는 사실은 분명하지만.

시칠리아 섬 북동쪽에 위치하며 고대부터 항구도시로 알려진 메시나에는 필리프가 먼저 도착했다. 그는 9월에 이미 메시나에 들어와 있었고, 리처드가 도착한 것은 그로부터 한 달 뒤였다. 만약 서둘러 아코로 향하고 싶다면 날을 헛되이 보내는 것은 허락되지 않았다. 11월에 접어들면 동절기가 되어 늘 온화한 지중해에도 바람과 파도가 거세지기 때문이다. 그런데 메시나에 체재하던 중에 한 가지 말썽이 생기고 말았다.

당시 시칠리아를 통치하고 있던 이는 탄크레디라는 이름의 남자였는데, 제1차 십자군에서 이름을 날린 예의 그 탄크레디와는 이름만 같고 모든 면에서 딴판인 사람이었다. 그는 선왕 굴리엘모가 아이를 남기지 않고 세상을 떠나자 곧바로 시칠리아의 왕위를 가로챘다. 게다가 왕위만 가로챈 것이 아니라, 굴리엘모의 미망인 조안나(영국 왕실 출신으로 리처드의 누이)가 결혼할 때 가져온 지참금을 돌려주기 싫어서 그녀를 유폐시켜버렸다.

리처드는 도저히 이런 행위를 참을 수 없었다. 상대가 누이여서만은 아니었다. 탄크레디의 행동이 아버지 헨리가 어머니인 엘레오노르에게 했던 것과 유사했기 때문이다.

엘레오노르가 '아키텐의 엘레오노르'라는 이름으로 통했던 것은 푸아티에를 중심으로 한 프랑스 서남부 아키텐 지방의 상속인이었기 때문인데, 그녀는 스무 살도 안 된 어린 나이에 동년배인 프랑스 왕 루이 7세와 결혼했고, 남편이 이끈 제2차 십자군에도 동행했다. 하지만 제대로 싸워보지도 못하고 철수한 제2차 십자군의 결과가 보여주듯이 루이는 사람 됨됨이는 훌륭했어도 강단이 있는 남자는 아니었다. 그런 남편에게 실망한 것인지, 프랑스 왕비는 얼마 후 열한 살이나 어린 노르망디 공작 헨리를 사랑하게 된다. 가톨릭교회는 이혼을 인정하지 않지만 지위가 높은 이에게는 항상 빠져나갈 길이 마련되어 있었다. 로마 교황이 결혼을 무효로 인정해주면 되는 것이다. 이리하여 서른 살이 된 '아키텐의 엘레오노르'는 프랑스 왕과 이혼하고, 열한 살 연하인 헨리와 결혼했다.

그리고 2년 후, 아버지의 죽음으로 헨리는 영국 왕위에 오른다. 엘레오노르는 영국 왕비가 되었다. 프랑스 왕비에 이어 영국 왕비가 되었으니 이것만으로도 역사에 남을 가치가 있는데, 엘레오노르는 광대한 아키텐 지방의 영주이기도 했다. 프랑스 왕의 직할령보다 훨씬 넓은 아키텐 지방이 고스란히 프랑스 왕에게서 영국 왕의 손으로 넘어간 것이다.

정략이 아니라 연애로 시작한 엘레오노르와 헨리의 결혼생활은, 종종 불화가 있긴 했지만 20년 넘게 이어졌다. 그리고 남자아이 다섯과 여자아이 셋을 낳았다. 리처드는 삼남이고, 조안나는 딸들 중 셋째였다.

이 상태가 급변한 것은 아들들이 아버지에게 반기를 든 때부터다. 아직 한창때의 장년인 영국 왕 헨리는 그 움직임을 군사력으로 눌러버렸다. 그리고 앞으로 고분고분 명령에 따르겠다는 아들들의 서약을 받아낸 것에 만족하지 않고, 그들의 어머니인 엘레오노르를 인적 드문 성에 유폐해버렸다. 남편의 마음이 젊은 여자에게 기우는 것을 질투한 엘레오노르가 아들들을 부추겼다고 생각한 것이다.

유폐는 15년 동안이나 계속되었다. 그동안 아들들은 내내 어머니와 헤어져 자랐고, 매년 크리스마스 때만 허락을 받고 어머니를 만날 수 있었다.

영국 왕 헨리는 프랑스 왕 루이 7세의 전철을 밟을 생각이 전혀 없었다. 당시 사랑하던 여자와 결혼하기 위해 로마 교황에게 손을 써서 엘레오노르와의 결혼을 무효로 할 수도 있었지만 그러면 아키텐 지방을 잃게 된다. 아내와 계속 같이 살고 싶지는 않고 그렇다고 아내의 영지를 놓치고 싶은 마음도 없었던 그는 명목상으로만 결혼을 유지하면서 그녀를 유폐시키는 수단을 쓴 것이다.

아버지에 대한 아들들의 반란은 20년 후 다시 일어난다. 장남은 이미 죽은 뒤였고, 차남도 반란이 시작될 무렵 죽었다. 때문에 이때 오십대 중반의 아버지에게 정면으로 도전한 이는 리처드였다. 두 사람 모두 전투에 능하다는 점은 마찬가지였지만, 이 결과 젊은 사자가 늙은 사자를 대체하게 된다. 정정당당한 전투에서 패한 헨리 2세는 타격을 견뎌내지 못했고 그후 곧 병으로 쓰러져 며칠 후 숨을 거두었다.

영국 왕위에 오른 리처드가 제일 먼저 한 일은 어머니 엘레오노르를 유폐생활에서 해방시키는 것이었다. '아키텐의 엘레오노르'는 예순일곱 살의 나이에도 심지가 굳건하고 체력도 좋았던 듯하다. 헨리가 죽었다는 사실을 알자마자 유폐된 성에서 탈출해 런던을 향해 말을 달렸다. 리처드가 보낸 부대가 한 일은, 도중에서 만난 엘레오노르와 시녀들을 런던까지 호위한 것뿐이었다.

엘레오노르는 아들들 중에서도 리처드를 각별히 사랑했다고 한다. 그래서인지 성년이 되지도 않은 리처드에게 아키텐 지방의 핵심이라고 할 수 있는 푸아티에 백작령을 주었다. 훗날 사자심왕으로 불리는 리처드의 경력은 푸아티에 백작에서 시작한 것이다. 웨스트민스터 대성당에서 거행된 영국 왕의 대관식에는 여전히 늘씬하고 자세가 꼿꼿한 '아키텐의 엘레오노르'가 여봐란 듯이 앉아 있었고, 열석한 이들의 눈은 그녀에게 집중되었다.

리처드가 아버지 헨리에게 반기를 든 것은 영국 왕위가 탐났기 때문이 아니었다. 아직 소년이었던 첫번째 반란 때는 큰형과 둘째형이 건재했기 때문에, 반란이 성공한다 해도 삼남인 그가 왕위에 오를 가능성은 현저히 낮았다. 두번째 반란 때도 한동안 둘째형이 살아 있었으니 그때도 성공 후 왕위에 오르는 것은 둘째형이지 리처드가 아니었을 것이다. 반란 도중에 둘째형이 죽은 지금에야 비로소 리처드에게 왕위가 돌아온 것이다.

다시 말해 리처드는 영국 왕이 되고 싶어 아버지를 거스른 것이 아니다. 어머니에 대한 아버지의 교활하고 지저분한 처사를 혐오했기 때문이었다. 차라리 이혼했다면 혐오까지는 느끼지 않았을 것이다. 그러나 영지를 놓치기 싫다는 일념으로 15년 동안이나 아내를 유폐하고도 부끄러운 줄 모르는 아버지를 증오했던 것이다.

그런 리처드의 눈에 시칠리아 왕위를 가로챈 탄크레디는 아버지 헨리의 축소형으로 보였을 것이다. 그의 교활하고 지저분한 행동의 이유는 아키텐 같은 광대한 영토가 아니라 '돈'에 있었다. 하지만 지저분한 방식이라는 점은 다르지 않았다. 또한 현재 '시칠리아 왕비'라는 이름만 있고 자신의 영지가 없는, 즉 수입이 없는 조안나에게 지참금의 반환은 꼭 필요한 것이었다.

메시나에 도착한 리처드는 탄크레디에게, 왕비 조안나를 유폐에서 해방하고 그녀가 결혼할 때 가져온 지참금 전액을 반환하라고 요구했다. 그러나 교활한 탄크레디는 이랬다 저랬다 말을 바꾸며 시간을 끌려 했다. 리처드가 곧 십자군을 이끌고 중근동으로 향할 것을 알고 있었던 그는, 말을 돌리며 시간을 때우다보면 리처드가 하는 수 없이 그대로 출항하리라고 생각했던 것이다.

이것이 리처드의 분노를 폭발시켰다. 휘하의 군대를 투입하여 실력행사에 나선 것이다. 영국군과 시칠리아군은 메시나 근처에서 충돌했고, 이 문제는 11월에 접어든 후에야 겨우 해결되었다. 탄크레디는 항복했다. 유폐지에서 해방된 조안나는 자신을 돌봐줄 리처드에게 돌아왔다. 지참금 반환도 이루어졌다.

이외에도 리처드는 탄크레디에게, 항구도시 메시나를 유럽에서 중근동으로 가는 순례자들의 중계항으로 삼고 그에 필요한 시설을 정비하도록 했다. 성지순례를 가는 자에게는 안심하고 기항할 수 있는 항구의 확보가 무척 중요했던 것이다.

그러나 이러한 문제로 인해 필리프와 리처드는 출항 시기를 놓치고 만다. 1190년 성탄절은 메시나에서 맞아야 했다. 이듬해 1191년이 되어 날씨가 풀리면 곧바로 출항하기로 둘이서 의견일치를 보긴 했지만.

그런데 날씨가 풀리나 싶더니, 이번에는 리처드의 어머니가 찾아왔다.

그냥 어머니가 아니라, 프랑스 왕비에 이어 영국 왕비가 되었고 지금은 영국 왕의 어머니인 '아키텐의 엘레오노르'다. 그녀는 리처드가 있는 메시나로 직접 찾아오지 않고 자신을 데리러 오라고 요청했다. 리처드는 출항 준비를 수하의 장수들에게 맡기고, 메시나에서 조금 떨어진 항구까지 마중을 나갔다.

아무리 어머니라지만 엘레오노르는 처음으로 오리엔트로 원정을 떠나는 아들이 염려되어 온 것이 아니었다. 그녀의 성격 같아서는 스무 살만 젊었어도 아들과 함께 오리엔트로 가고 싶었겠지만 예순여덟 살인 지금은 무리다. 보통 어머니들처럼 아들의 출발을 배웅하고 싶은 마음도 없진 않았겠지만, 엘레오노르가 찾아온 목적은 따로 있었다. 자신이 데려온 아라곤 왕의 딸 베렝가리아를 원정에 데려가 어디 적당한 곳에서 결혼하라고 이르기 위해서였다. 리처드는 이제 곧 서른네 살이고, 게다가 영국 왕이다. 그러니 어서 결혼하는 게 좋겠다는 것이 어머니의 생각이었다.

리처드는 예전부터 약혼녀가 있었다. 프랑스 왕 필리프의 누이인 이 여인은 리처드와의 혼약이 결정되자 영국 왕 헨리의 궁정으로 보내졌다. 그런데 이 여인에게 거의 노경에 이른 헨리의 마음이 움직였고, 둘의 관계가 바람직한 정도를 넘어섰다는 소문이 왕궁 내에 파다했다.

그 사실을 안 리처드는 파혼을 요구했다. 헨리에 의해 유폐생활을 하고 있던 엘레오노르도 그에 찬성했다. 그래서 자기 마음에 든 여인을 시칠리아로 데려온 것이다.

어머니를 끔찍이 생각했던 리처드는 어머니의 뜻을 받아들였다. 그도 아버지와 이러저러한 소문이 있는 여인을 아내로 맞이할 생각은 없었다. 그러나 이 일로 프랑스 왕 필리프와의 사이가 껄끄러워지고 만다. 필리프는 결혼이라면 정략결혼밖에 생각하지 못하는 성격이고, 또 파혼당한 누이의 입장을 생각하면 불쾌해지는 것도 당연했다. 하지만 필리프라는 남자는 불쾌한 심정을 드러내지 않는 성격이었기에, 리처드는 상황을 그다지 심각하게 생각하지 않았다.

이리하여 리처드의 십자군 원정에는, 어머니는 따라가지 않았지만 여자 두 명이 동행하게 되었다. 결혼 상대인 아라곤의 공주 베렝가리아의 이야기 상대로 삼을 생각이었는지, 유폐생활에서 해방된 누이까지 동행시켰기 때문이다.

덧붙여 말하자면 리처드가 오리엔트에 가 있는 동안 어머니와 아들은 빈번히 편지를 주고받았다. 하지만 그 내용은 어머니와 아들 사이의 편지라기보다 공무를 수행하는 사람들 사이에 오가는 상황보고 같은 것이었다. 아들이 어머니를, 자신이 자리를 비운 사이에 영국과 프랑스 내의 영토를 통치할 세 명 중 한 명으로 임명했기 때문이다. 엘레오노르는 그 임무를 상당히 잘 수행했다. 12세기 후반의 유럽사를 뒤흔들었다 해도 좋은 인물인 '아키텐의 엘레오노르'는 통치의 재능을 타고났던 건지도 모른다.

이런 이유로 리처드의 출항은 계속 늦어졌다. 그런 리처드에게 질렸는지, 아니면 리처드와 거리를 두고 싶었는지, 3월 30일 프랑스 왕 필리프는 단독으로 먼저 출발했다. 그리고 리처드는 필리프보다 2주일 늦은 4월 14일 드디어 메시나를 뒤로했다. 결국 이래저래 메시나에 반년이나 머물렀던 셈이다.

키프로스 섬

1191년 4월 20일, 프랑스 왕과 그의 군대가 아코에 도착했다. 메시나에서 곧장 아코로 향한 듯 여정에는 20일이 걸렸다. 영국 왕은 6월 8일 아코에 도착했다. 메시나에서 2주 늦게 출발하기도 했지만, 키프로스 앞의 먼 바다를 항해하던 중에 또 한 가지 말썽이 생겼기 때문이다.

이 시기 키프로스 섬은 명목상으로는 분명히 비잔틴제국의 영토였지만, 섬의 통치를 맡고 있던 남자가 쿠데타를 일으켜 영주 자리를 차지하고 있었다. 하나 이 두카스라는 남자는 스스로 황제라 칭한 데서 알 수 있듯이 벼락출세한 그리스인에 지나지 않았다.

리처드가 이끄는 선단은 앞에서도 말한 것처럼 속도가 느린 수송용 범선과, 돛과 노를 함께 사용해서 속도를 낼 수 있는 갤리선으로 구성된 혼합 선단이었다. 따라서 종종 속도 조절을 위해 기항할 필요가 있어서, 메시나를 출발한 뒤에도 크레타, 로도스에 기항한 후 키프로스 앞 먼 바다에 이르렀는데, 이때 속도 차이로 범선단과 갤리선이 서로 멀어지게 되었던 모양이다. 리처드는 갤리선에 타고 있었지만 누이와 약혼자는 수송선에 타고 있었다.

두 여인을 태운 배가 조종을 잘못했는지 키프로스 섬에 표착하고 말았다. 신분이 높은 여인이 두 명이나 타고 있는 배다. 시녀들도 많았다. 이 화려한 일행을 태운 배는 순식간에 섬사람들의 시선을 끌었고, 소식은 곧 자칭 황제의 귀에도 들어갔다. '황제'가 내린 명령은 배와 사람들을 모두 체포하라는 것이었다. 몸값으로 한몫 잡으려 한 것인데, 이런 행위야말로 리처드가 가장 혐오하는 것이었다.

리처드는 키프로스에 상륙해 이 섬을 정복하기로 마음먹었다. 그러나 여기까지 오자 아무래도 이틀 거리에 있는 아코가 걱정되었는지, 군대의 일부를 솔즈베리 주교에게 인솔하게 해서 먼저 보내는 것을 잊지 않았다.

리처드보다 세 살 어린 솔즈베리 주교는 성직자보다 무장이라고 하는 편이 더 어울리는 남자로, 리처드의 두터운 신뢰를 받는 측근 중 하나였다. 리처드는 이 주교에게 자신은 일을 끝내고 뒤따라갈 테니 먼저 출발하라고 명한 듯하다. 계절은 5월에 접어들었다. 프랑스 왕은 이미 4월 20일에 아코에 도착했다. 키프로스까지 와서 또 미적거렸다가는 아코에서 싸우고 있는 그리스도교군에 변명할 길이 없었다.

솔즈베리 주교가 이끄는 부대를 먼저 보낸 후 리처드는 남은 병력 전원에게 상륙을 명했다. 육지를 밟는 것은 20일 만이었다. 리처드는 물론이고, 부하 전원이 오랜만에 전사의 모습을 갖추었을 것이다.

리처드와 그의 군대는 잇따라 기습공격을 감행했다. 자칭 황제는 계속 수세에 몰렸고, 그때까지 그의 지배를 받던 섬사람들도 이 남자를 돕지 않았다. 저항하지 않는 사람의 목숨과 재산에는 손을 대지 않겠다고 리처드가 사전에 포고해두었기 때문이기도 했다.

키프로스는 지중해에서 시칠리아, 사르데냐, 크레타 다음으로 큰 섬이다. 그러나 당시의 전략적 경제적인 가치에서 보면 시칠리아 다음으로 중요한 섬이었다. 리처드는 불과 닷새 만에 이 키프로스 섬을 정복했다. 리처드와 궁지에 몰린 자칭 황제 두카스의 강화를 중개한 이는 병원 기사단 단장이었다. 두카스의 항복은 원만하게 정리되었다. 자칭 황제는 섬 중앙에 있는 니코시아 성으로 물러났고, 키프로스 섬의 영유권과 통치권은 영국 왕에게 귀속되었다. 또한 이후 키프로스는 배상으로 배 50척과 금화 3천5백 닢을, 중근동에서 이슬람 세력과 싸우고 있는 그리스도교군에게 제공하기로 했다.

그러나 이때 리처드가 그리스도교군을 위해 획득한 것은 배 50척과 금화 3천5백 닢 정도가 아니었다.

지금껏 비잔틴제국령이었던 키프로스는 중근동의 십자군 국가에 항상 비협조적이었다. 시리아와 팔레스티나 지역에 그 어느 곳보다 가까이 있으면서, 게다가 제해권을 견지하고 있는 그리스도교측에 가장 가까운 보급지가 될 수 있는 위치이면서도, 도저히 그리스도교측 편이라고 할 수 없는 태도로 일관했던 것이다.

그런데 리처드에 의해, 키프로스는 이제까지처럼 그리스정교파 그리스도교도가 아니라 가톨릭파 그리스도교도측으로 확실히 들어오게 된 것이다. 유럽의 그리스도교 사회에 이 사실의 중요성은 이루 헤아릴 수 없는 것이었다. 이는 훗날 섬의 통치자가 뤼지냥 왕가에 이어 베네치아 공화국으로 바뀐 뒤에도, 1570년까지 380년 동안 줄곧 키프로스가 가톨릭측이었다는 것을 보아도 알 수 있다.

그런 중요성 때문에 프랑스계인 뤼지냥 왕가도, 이탈리아인인 베네치아도 키프로스를 견지하는 데 집착했던 것이다. 게다가 중근동에 면한 지중해 동쪽의 제해권은 그리스도교측에 있다. '섬'은 제해권을 유지하고 있을 때 더욱 큰 가치를 지니고, 이는 육상 전력이 강대한 이슬람측에 대항책이 될 강력한 '기지'를 손에 넣었다는 것을 의미한다. 이슬람측에서 이집트가 해온 역할을, 그리스도교측에서는 키프로스가 맡게 되는 것이다.

이리하여 키프로스는 전략상으로, 그리고 교역면에서도 중요해졌고, 순례자들에게도 매우 중요한 중계항이 되었다. 여러 차례 반복하지만 이슬람교도에게 예루살렘은 메카, 메디나에 이은 세번째 성도다. 따라서 이슬람교도가 평생에 한 번 메카를 순례하는 것이 의무화되어 있는 것에 반해, 예루살렘 순례는 의무로 여겨지지 않았다.

반대로 그리스도교도에서는 순례가 신도의 의무까지는 아니었지만, 예루살렘은 이들이 로마나 스페인의 산티아고 데 콤포스텔라와는

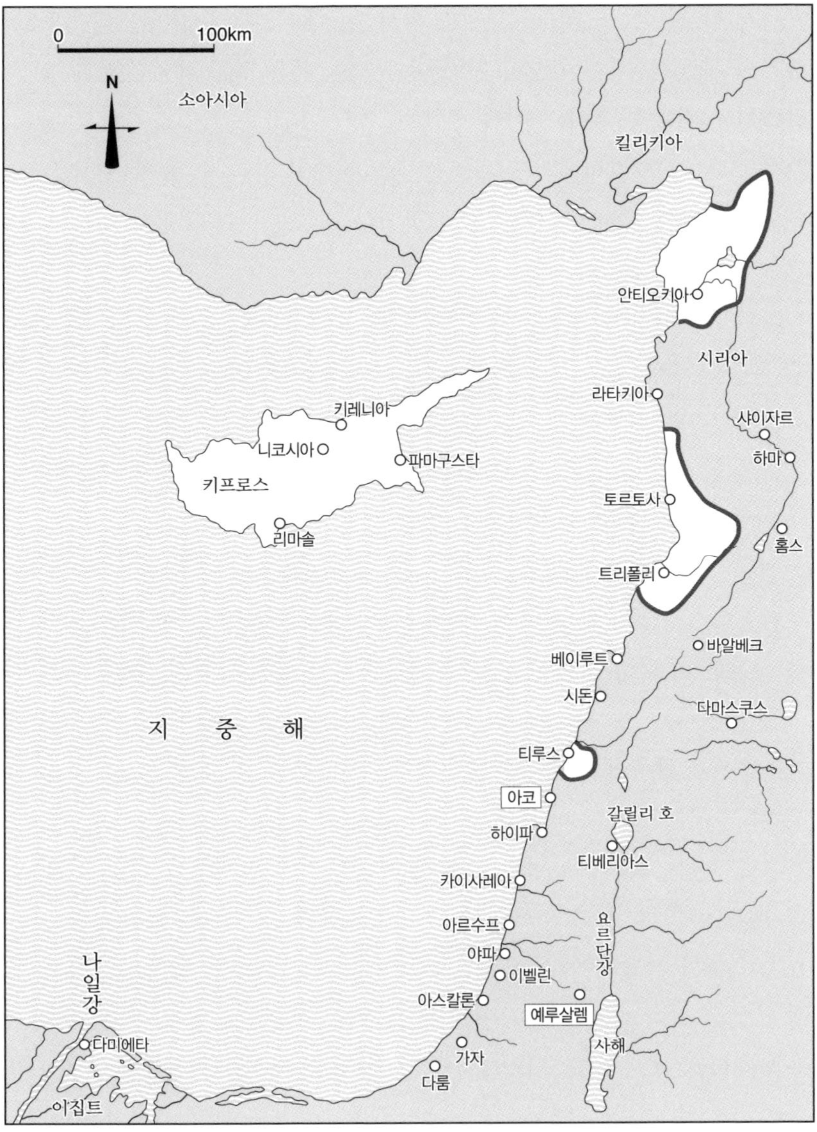

리처드가 키프로스를 제압한 후의 그리스도교 세력

비교가 안 될 만큼 간절히 순례를 원하는 성도였다. 당연히 그리스도교 수중에 있을 때든 이슬람 지배 아래 있을 때든 성도 예루살렘과 그 일대의 성지를 순례하는 이들 중에는 그리스도교도가 압도적으로 많았다. 그들이 시칠리아와 키프로스에 안심하고 들를 수 있게 된 것은 단순한 편의를 넘어선 기쁨이었을 것이다.

리처드의 행동은 종종 아무 계획 없이 이루어지는 듯 보인다. 실제로 그는 그렇게 무슨 일을 시작하기도 했지만, 그 결과는 어쩐 일인지 장기적인 이익으로 이어지곤 한다. 왜인지는 알 수 없다. 하지만 한 가지 확실한 것은, 리처드는 명예를 걸고 돌진하는 한편 적당한 지점에서 타협할 줄도 아는 남자였다는 사실이다.

키프로스의 리처드 이야기로 돌아가자. 원래라면 두카스와의 강화가 성립된 뒤 곧바로 아코를 향해 떠났겠지만 실은 그러지 못했다. 리처드가 왔다는 사실을 안 중근동 그리스도교 국가의 수뇌들이 속속 키프로스로 찾아왔기 때문이다.

이름뿐이기는 해도 예루살렘 왕인 뤼지냥과 트리폴리 백작, 안티오키아 공작이 그들이었는데, 그중 아코 탈환전에 참가하고 있는 이는 뤼지냥뿐이었다. 그가 찾아온 것은 리처드에게 좀더 빨리 참전해달라고 요청하기 위해서였다. 하지만 나머지 둘은 살라딘과 불가침조약을 맺고 있어 아코 탈환전에 참전하지 않았고, 처음으로 원정에 나선 영국 왕 리처드에게 경의를 표하기 위해 찾아온 것에 지나지 않았다.

하지만 이 방문객의 면면을 보고 리처드는 결심한다. 이곳에서 결혼식을 올려야겠다고.

키프로스는 예로부터 사랑의 여신 비너스의 탄생지라는 전설이 내려오는 섬인데, 리처드가 그런 이유로 결혼을 결심한 것으로는 보이지 않는다. 그는 지성은 갖추었으나 교양은 별로 없었다. 그보다도 제3차 십자군의 총대장을 자부하고 있는 자신의 결혼식은 십자군 국가의 수뇌들이 참석한 가운데 거행하는 것이 어울린다고 생각했는지도 모른다. 이리하여 5월 12일, 키프로스 남쪽 해안의 항구도시 리마솔에서 결혼식이 거행되었다. 그후 리처드는 아코로 출발하는 것을 또다시 미루고 2주간이나 신혼여행을 떠나버렸다.

이 신혼여행은 한 곳에 머무는 것이 아니라 키프로스 섬을 죽 돌아보는 여정이었다고 한다. 이것이 사실이라면 신혼여행을 겸해 키프로스의 방어체제가 얼마나 충실한가를 점검했다고도 볼 수 있다. 키프로스 섬에 여타의 십자군 국가들 못지않은 성채가 차례로 건설되는 것은 바로 이때부터였다.

리처드가 키프로스를 뒤로한 것은 6월 5일이다. 그러기 며칠 전 아내 베렝가리아와 누이 조안나를 시녀들과 함께, 안전을 보장해준 트리폴리로 보냈다. 전장에 여자를 데려갈 수는 없기 때문이었다.

5일에 떠났으니 늦어도 이틀 후인 7일에는 아코에 도착해야 했다. 그런데 아코에 도착한 것은 하루 늦은 8일이었다. 또다시 도중에, 이대로 지나치기에는 그의 명예가 용납하지 않는 어떤 일을 맞닥뜨렸기 때문이다.

그들은 키프로스 동쪽에 있는 파마구스타에서 출발했는데, 리처드는 곧장 아코가 있는 남쪽으로 향하지 않고 일단 동남쪽 방향으로 뱃

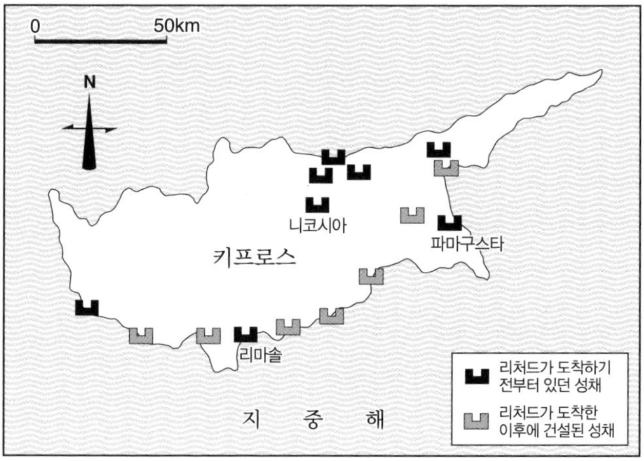

키프로스의 방어체제

머리를 돌리라고 명했다. 아코에 도착하기 전에 북쪽으로 이어져 있는 항구도시를 해상에서 시찰하려는 생각이었다. 항구도시는 바다를 향해 열려 있으므로, 관찰력이 있는 자라면 해상에서만 바라보아도 대체적인 상황을 파악할 수 있다. 뱃머리에 선 리처드의 시야에 베이루트, 시돈, 티루스 등이 하나씩 스쳐갔다. 베이루트와 시돈 역시 백 년 가까이 그리스도교도의 땅이었다가 '하틴 전투' 이후로 이슬람이 지배하고 있는 도시였다.

이렇게 아코로 향하던 중, 리처드가 이끄는 영국 선단은 멀리 오른쪽 해상에서 대형 범선 한 척이 남쪽으로 항해하고 있는 것을 발견했다.

포획된 후에야 밝혀졌지만, 이 대형 범선은 살라딘의 명령으로 대량의 보급물자를 싣고서 베이루트에서 아코 근처의 하이파 항을 향해 남하하던 배였다. 돛대가 세 개, 높이는 올려다봐야 할 정도의 대형 선박으로, 이 또한 나중에 밝혀진 것인데 백 마리가 넘는 낙타에 대량의 무기와 식량을 가득 실은 상태에다 7명의 태수와 8백 명의 병사가 승선해 있었다.

이 대형 범선이 하이파로 가면서 직선 거리에 해당하는 연안 항해가 아니라 육지에서 멀리 떨어진 해상으로 돌아간 것은, 아코 근해에서 눈을 번뜩이고 있는 제노바와 피사의 배를 피하기 위해서였다. 그런데 도중에 리처드가 이끄는 영국 선단에 발각되고 만 것이다. 물론 이슬람측 배라는 것을 감추기 위해 살라딘이 세운 아이유브 왕조의 노란색 군기는 내걸지 않았다.

그래도 리처드는 정찰을 위해 소형 갤리선을 보냈다. 소형선에 탄 리처드의 부하가 대형 선박 가까이 다가가 "어디 배인가?" 하고 큰 소리로 물었다. 대형 범선에서는 "프랑스 배다"라는 대답이 돌아왔다. 하지만 그 부하는 프랑스 푸아티에 출신이었다. 그래서 프랑스어로 다시 물었는데, 답이 돌아오지 않았다. 그런데 잠시 후 "아니다, 제노바 배다"라며 다른 대답이 돌아왔다. 더이상 물어볼 필요가 없었다.

돌아온 부하의 보고를 받는 리처드에게 다가온 한 선원도 "저건 틀림없이 사라센의 배입니다"라고 말했다. 당시 유럽인은 모든 이슬람교도를 사라센인이라고 불렀다.

리처드는 재빨리 결단을 내렸다. 일제공격을 명하는 영국 왕의 목소리가 바다 위에 울려퍼졌다.

리처드가 탄 배를 선두로 수송선단까지 모조리 공격에 가세했다. 하지만 사라센의 배는 간단히 손을 들지 않았다. 이슬람의 대형 범선에 비해 영국 배는 높이가 낮아서, 오히려 적이 높은 곳에서 화살을 쏘기에 유리한 형세였다. 리처드는 작전을 바꿨다. 적의 배는 대형 범선이지만 한 척뿐이고, 이쪽은 그보다 소형이지만 수는 많다. 그래서 여러 척의 배로 적의 배를 에워싸 꼼짝 못하게 한 다음 사방에서 공격하는 전법을 쓴 것이다.

거대한 물소의 주위를 포위하고 습격하는 사자 떼와 유사했는데, 이것이 효과를 발휘했다. 살라딘이 이끄는 이슬람 본진에 전달할 보급물자와 병력은 대형 선박과 함께 고스란히 리처드의 수중에 들어왔다.

이 사건은 이슬람교도와의 전투에서 얻은 첫 승리였으므로, 리처드와 부하들의 사기를 진작시키는 데에도 큰 도움이 되었다. 동시에 살라딘은 대량의 보급물자와 병사와 배를 빼앗겼다는 보고와 함께 영국왕 리처드가 도착했다는 사실을 알게 되었다.

리처드는 1191년 6월 8일, 이 대형 선박과 함께 아코에 도착한다. 그가 프랑스 땅을 뒤로한 지 1년이 지나 있었다.

전장에 들어서다

프랑스 왕 필리프는 4월 20일에 이미 아코에 들어와 있었다. 하지만 스물여섯 살의 프랑스 왕은 화려한 퍼포먼스를 좋아하지 않는 성격이었는지 떠들썩한 도착 의식을 생략했다. 체구도 워낙 작았기 때문에, 아코를 포위하고 있는 그리스도교측 병사들도 파란색 바탕에 노란색 백합이 그려진 프랑스 왕의 깃발이 전장에 휘날리는 것을 보고서야 비로소 그의 도착 사실을 알았을 정도였다.

그런데 그로부터 50일 후 아코에 들어온 리처드는 달랐다. 서른네 살의 영국 왕은 화려한 퍼포먼스를 싫어하지 않았을 뿐만 아니라, 그 효용도 알고 있었다.

아코를 눈앞에 둔 그리스도교측 장병들이 애타게 기다리던 영국 왕의 도착은 리처드가 탄 기함의 등장으로 시작되었다. 다른 선단은 해안에 배를 대어 병사와 짐을 내리는 작업에 착수하도록 하고, 리처드의 기함만 조금 더 남쪽으로 향한 것이다.

돛대 높이 펄럭이는 흰색 바탕에 붉은 십자를 새겨넣은 십자군기. 뱃머리에는 빨간색 바탕에 노란색 사자 세 마리가 그려진 영국 왕기를 곁에 둔 리처드가 서 있었다.

그 리처드의 육체를 당시의 기록은 이렇게 전한다.

"키가 크고 외모가 우아하다. 머리칼과 수염은 붉은 기가 도는 금발이고, 눈은 깊은 푸른색. 두 다리가 길게 뻗었고 몸의 움직임이 민첩하고 힘차다. 그중에서도 두 팔은 늠름하고 길어서, 허리에서 무거운 장검을 뽑거나 장창을 휘두르며 돌격하기에 적합하다. 완벽하게 균형 잡힌 육체에 큰 키, 사람들은 이 육체만 보고도 한결같이 그가 사람들 위에 설 운명을 타고났다고 생각했다."

미남이라는 표현은 없다. 하지만 "외모가 우아하다"고 말한 것으로 미루어 흔히 말하는 호남형 축에는 들었을 것이다. 여하튼 동시대인의 이런 기록을 통해 중세 유럽인이 자신들의 지도자에게 요구하는 '육체'가 어떤 것이었는지를 알 수 있다.

영국 왕가의 문장
(빨간색 바탕에 노란색 사자)

그날 리처드는 낭떠러지 같은 해벽이 줄지어 있는 아코 서쪽을 지나, 남쪽으로 입을 벌리고 있는 아코 항까지 배를 타고 나아갔다. 해상을 봉쇄하고 있는 이탈리아 선원들의 환호성을 받은 것은 물론, 동시에 아코를 바다 쪽에서 충분히 시찰할 수 있었다. 그뒤 그는 유턴해서 아코의 전장으로 돌아왔다.

아코 탈환전에 참가하고 있던 그리스도교측 수뇌들 전원이 리처드를 맞으러 나왔다.

현지 세력은 예루살렘 왕 뤼지냥과 그의 동생, 발리앙 이벨린을 비롯한 중근동 십자군 국가 내의 유력한 봉건영주들, 템플 기사단과 병원 기사단의 단장들, 그들에게 만일의 사태가 발생하면 곧바로 직무를 대신하게 되어 있는 두 기사단의 대장(隊長)들.

유럽에서 온 참전자는 아벤 백작 자크. 필리프와 리처드의 조카이기도 한 샹파뉴 백작 앙리. 리처드가 앞서 보낸 솔즈베리 주교 휴버트 월터. 또한 '붉은 수염'의 차남이 죽은 후 독일에서 사령관으로 파견한 오스트리아 공작 레오폴트. 그리고 먼저 도착한 프랑스 왕 필리프도 모습을 보였다. 제3차 십자군의 수뇌들 중 유일하게 이 자리에 빠진 사람은, 아코와 티루스를 수시로 오가던 몬페라토 후작 코라도였다.

수뇌진 모두 그를 환영했지만, 리처드의 도착을 큰 환성으로 맞이한 것은 일반 기사와 보병들이었다. 그들은 리처드가 키프로스를 정복하고 적의 대형 선박을 포획했다는 사실을 알고 있었다. 전장에 있는 병사의 감은 예리하다. 그들은 본능적으로 자신들의 총대장이 도착했음을 감지했던 것이다.

프랑스 왕가의 문장
(파란색 바탕에 노란색 백합)

처음으로 유럽인들의 '성지'를 밟은 리처드도 그들의 기대에 부응하는 것을 잊지 않았다. 전신을 뒤덮은 그물 모양의 호버크 위에 강철 갑옷을 입었고, 가슴에 있는 흰색 바탕의 붉은 십자가 눈길을 끌었다. 그런 차림으로 말을 타고 병사들 사이를 나아갔다. 옆에서 따르는 기사가 들고 있는 것은 빨간색 바탕에 노란색 사자 세 마리가 그려진 영국 왕의 깃발. 병사들은 리처드를, 환성뿐 아니라 소리 나는 것이라면 죄다 두드리며 열렬히 맞이했다.

그리스도교측 진영 전역을 휩쓴 이 소동은 성벽 너머 아코 시내에까지 들릴 정도로 컸고, 참호를 사이에 두고 대치하고 있는 살라딘의 진영에도 가 닿았다.

장병들이 환성을 올리는 가운데 리처드는 그에 답하면서 유유히 말을 타고 나아갔다. 그러는 중에도 육지 쪽 전선을 시찰하는 것을 잊지 않았다. 이렇게 리처드는 도착 첫날 벌써 아코 전투의 문제점을, 바다와 육지 양쪽에서 파악했던 것이다.

후방의 본진을 벗어나 전방에 있는 동생 알 아딜의 진영에 와 있던 살라딘도 그날 적진에서 일어난 대소동을 지켜본 사람 중 하나였다.

살라딘을 비롯한 이슬람교도는 그전까지 '영국인'이라는 말조차 알지 못했다. 지금껏 십자군에 영국이 국가로서 참전한 적이 없었기 때문이다. 이후에도 변함없이 이슬람교도는 영국인을 '유럽에서 온 그리스도교도'라는 뜻의 '프랑크인'으로 불렀으며, 리처드를 맞이하는 이 대소동을 보고서도 또다른 프랑크인이 도착했구나 하는 정도로만 생각했다.

"리처드의 도착은 아군을 환희에 들뜨게 하고 적을 절망케 했다"는 그리스도교측의 기록은 지나치게 과장된 것이다. 아직 실력이 확인되지 않은 자에게 절망할 까닭은 없다. 머지않아 이슬람측은 리처드의 실력을 알게 되지만.

화려한 퍼포먼스를 끝낸 후 리처드는 기사들에게 일일이 보너스를 지급했다. 프랑스 왕이 도착한 후에 그렇게 했다는 이야기를 들었기 때문인데, 남을 따라하는 것을 싫어했던 리처드는 필리프가 기사 한 명에게 금화 세 닢을 주었다면 자기는 네 닢을 주었다. 또 금화만 준 필리프와 달리 영국 왕 리처드는 선물을 주면서 이런 말도 덧붙였다.

"내 명령에 따라 싸워준다면 출생지도 민족도 과거도 일절 묻지 않겠다."

이 한 마디가 봉건제 사회에 익숙해 있던 그들에게 어떤 느낌을 안겨주었을지는 알 수 없다. 하지만 리처드는 과거에 아버지 헨리 쪽에 붙어 자신과 싸웠던 이들을 부하로 받아들이는 걸 전혀 주저하지 않은 사람이었다. 이런 리처드의 측근에는 한때 적이었던 이가 적지 않았다.

또한 기사들에게만 급료를 주고 보병들은 외면했나 싶겠지만, 당시의 기사에게는 다섯 명 내외의 보병이 따르는 게 보통이었다. 금화 네 닢은 이들 전원의 필요경비를 의미했다.

그런데 이튿날부터 리처드는 천막 안의 잠자리에서 벗어나지 못했다. 그의 경우에는 병으로 드러누웠다기보다, 다소 저속한 표현이지만 '뻗어버렸다'고 하는 게 더 적합할 것이다. 리처드는 전투든 뭐든 온 힘을 다한 다음 날 완전히 뻗어버리는 습관이 있었던 것이다.

하지만 이 이야기가 퍼지자 전날 환성을 지르며 대소동을 벌였던 장병들도 말을 잃었다. 이래서야 여기까지 온 보람이 없다며, 리처드는 자기가 누워 있는 침대를 아코의 성벽을 둘러싼 해자 끄트머리로 옮기게 했다.

하지만 그의 목적은 병으로 쓰러진 왕이 최전선에 나타난 것을 보여주어 장병들에게 비장함을 안겨주기 위함이 아니었다. 즐겨 쓰는 석궁을 가져오게 한 그는 침대 위에서 상반신만 일으킨 채 성벽 위에 있는 적병을 노리고 힘껏 화살을 당겼다. 화살이 대기를 가르며 날아가는 소리가 들리는가 싶더니 적병이 성벽 아래로 공중제비를 하며 떨어졌다. 다음 순간 병사들이 내지르는 커다란 환호성이 그리스도교측 전선을 가득 메웠다. 그리고 다들 안도했다. 우리의 대장은 문제없다고.

병으로 드러누운 게 아니라 그저 일사병으로 쓰러진 듯하다는 것이 연구자의 추측인데, 며칠 지나지 않아 리처드는 전선에 복귀했다. 그리고 이후로 아코를 마주한 안쪽과 살라딘군에 둘러싸인 바깥쪽 모두 전선의 양상이 일변했다. 십자군 원정 경험이 전혀 없는 영국 왕이 극히 자연스럽게 최고사령관 자리에 올랐기 때문이다.

그리스도교측에 드디어 지휘계통의 일원화가 실현된 것이다. 수뇌들은 리처드가 명하는 작전에 순순히 따랐다. 프랑스 왕 필리프도 말참견조차 하지 않았다. 만약 이의를 제기했다면 웃음거리가 되었을 것이다. 필리프는 리처드보다 50일이나 더 일찍 전장에 들어왔지만, 그 50일이 교착상태를 타개하는 데 아무런 도움을 주지 못했다는 사실을 병사들도 알고 있었다.

그렇지만 리처드도 지금까지의 전투방식을 근본적으로 바꾸지는 않았다. 각 요소에서 조금씩 방식을 바꿨을 뿐이다. 두 가지만 예로 들어보겠다.

첫번째는 중세시대의 대포인 투석기의 사용법인데, 지금까지 아코에서는 육지 쪽을 지키는 성벽 주위에 파놓은 참호 너머에서 투석기를 사용했다. 아직 화약을 넣은 포탄이 없었던 이 시대에 포탄이라고 해봐야 그저 돌덩이지만, 여하튼 투석기를 이용해 그것을 쏘아댔던 것이다. 게다가 리처드의 포탄과 달리 둥글게 다듬지 않은 상태의 돌덩이라 공기의 저항이 커서 사거리가 짧았다. 그러므로 파괴력도 낮았다. 지난 2년간 그리스도교측은 질리지도 않고 이 방식을 고수해왔다.

효과가 없다 싶으면 프랑스 왕의 해결법은 곧바로 장소를 바꿔 다른 곳을 공략하는 데 그쳤다.

이 방식으로도 2년간 아주 효과가 없었던 건 아니다. 아코를 둘러싸고 있는 성벽은 군데군데 무너져 있었다. 하지만 그곳을 통해 시내로 공격해 들어갈 수 있을 정도는 아니었다.

리처드는 이를 바꾸었다. 성벽을 향해 쏘는 것이 아니라 각처에 뚫려 있는 성문을 겨냥하도록 한 것이다. 성벽은 돌로 축조되어 있다. 하지만 드나드는 성문은 보강이 되어 있을지라도 기본이 목재였다.

게다가 오랫동안 십자군 영토 내의 해항 역할을 해온 아코는 주위가 적의 땅으로 고립된 성채가 아니었다. 성문도 사람들의 통행을 우선시해 만들었고 방어는 둘째 문제였다. 튼튼하기는 했지만 돌을 쌓아 만든 성벽만큼 강하지는 않았다. 그래서 리처드는 아코의 육지 쪽 성벽에 뚫려 있는 일곱 개 넘는 성문에 공격을 집중시킨 것이다.

리처드는 영국에서 배에 싣고 수송해온 조립식 투석기를 성벽과 정면으로 마주 보는 곳에 설치해 포탄을 쏘게 했다. 둥글게 다듬은 돌포탄은 성벽을 넘어 시내까지 날아갔다. 게다가 날아가는 거리가 먼 만큼 적중했을 때의 파괴력도 컸다. 아코를 지키는 이슬람 병사뿐 아니라 시민들까지도, 하늘에서 떨어지는 돌포탄의 공포에 벌벌 떨었다.

리처드는 자신의 도착을 적장에게 알릴 필요가 있다며 살라딘의 진영으로 이 돌포탄을 보냈다. 희대의 전략가인 살라딘도 리처드가 보내온 동그란 돌포탄의 효용까지는 이해하지 못했던 것 같다. 흉내 내려고 마음만 먹었으면 원재료든 인력이든 시간이든 부족하지 않았을 텐데 말이다. 그러나 그리스도교측에서든 이슬람측에서든, 투석기로 쏘는 돌포탄이 기록에 등장할 만큼 널리 보급된 것은 2백 년이 지난 후였다.

아코에 도착한 후 리처드가 바꾼 또다른 전술은 장병 각자에게 명확한 임무를 내린 일이었다.

그때까지는 수뇌들이 각자 정한 지점에 멋대로 구축한 진영이 줄지어 있는 것이 곧 아코를 에워싼 그리스도교측의 전선이었다. 그러므로 각 진영은 바깥쪽을 둘러싸고 있는 살라딘군과 공격을 주고받으면서 전방의 아코를 공격하는 상태를 이어오고 있었다. 즉 항상 배후를 염려하면서 싸워온 것이다.

이에 리처드는 그리스도교측 병력을 바깥쪽에서 공격해오는 살라딘군에 대한 '방패'와, 전방의 아코를 공격하는 '창'으로 명쾌하게 양분했다.

하지만 '창'보다 '방패' 임무를 수행하는 것이 훨씬 어렵다. 용감함에다 냉철함과 인내심까지 요구되기 때문이다. 리처드는 그 임무를, 형과 달리 능력이 있는 뤼지냥의 동생, 저돌적으로 돌진하지 않는 것이 특색인 병원 기사단, 그리고 적어도 지난 2년간은 무리 없이 그리스도교군을 이끌어온 아벤 백작에게 맡겼다.

한편 '창'에는 맹공으로 유명한 템플 기사단을 비롯한 나머지 전군을 투입했다. 그리고 '방패'와 '창' 중 어느 쪽을 맡았든 다른 것은 잊고 오로지 자기 임무에만 전념하라는 명령을 내렸다. 일개 병졸일지라도 확실한 목표가 주어지고 뒤를 걱정할 필요가 없다는 게 보장되면, 나름의 힘을 마음껏 발휘하는 법이다.

아코의 전장에 도착한 뒤 한동안 리처드는 선두에 서서 적진 깊숙이 쳐들어가는 식의 전투를 펼치지 않았다. 대신 지휘계통을 일원화하고 그것을 기능하도록 했다. 따라서 표면적으로는 화려하지 않았다. 그래서 현대의 저널리스트와 마찬가지로 눈에 띄는 뉴스를 좇는 성향이 강한 중세 연대기 작가의 글에는 그다지 많은 내용이 남아 있지 않지만, 다른 누구보다 늦게 전장에 도착한 리처드가 실시한 것은 다름아닌 이런 일들이었다. 그리고 2주일이 지나 플랑드르 백작이 전사할 만큼 격렬한 전투를 거친 후, 그 효과는 분명해졌다.

바다에서 오는 보급이 거의 끊기고, 육지 쪽에서는 마치 바위처럼 굳건해진 그리스도교군의 맹공을 받자, 아코를 방어하고 있던 이슬람측은 손을 들었다. 그리스도교군 진영으로 대표를 보내와, 항복 허가를 받기 위해 살라딘에게 사자를 보낼 테니 그동안 휴전해달라고 요청한 것이다.

이에 프랑스 왕과 예루살렘 왕 뤼지냥은 찬성했다. 하지만 리처드는 반대했다. 이 시점에 전투를 중단하는 것은 좋은 생각이 아니라는 것이 이유였다.

그래도 아코 쪽에서는 살라딘에게 연락을 취하는 데 성공했고, 살라딘도 이번에는 이 요청을 거절할 수 없었던 듯하다. 이슬람측 사료에는 살라딘의 이런 말이 남아 있다.

"자기 수하에 있는 자들이 더이상 방어할 수 없는 상태에 놓인 경우, 그들의 항복을 허락하는 것도 술탄의 책무 중 하나다."

그리하여 항복에 관한 교섭이 시작되었는데, 아코측이 제시한 항복 조건은 지난 2년간의 전투중 이슬람측 포로가 되어 아코 시내의 감옥에 갇혀 있는 포로 250명을 반환하겠다는 것이 전부였다.

여기에 단호히 거부의사를 표한 이는 리처드만이 아니었다. 다른 수뇌들도 받아들일 수 없었다. 2년이나 이어진 전투의 항복 조건치고는 너무나도 약소했던 것이다. 전투는 이전보다 한층 격렬하게 전개되었고, 리처드도 이제는 말을 달리며 진두지휘하는 데 전념했다.

탈환하다

7월 첫 주가 다 지나갈 무렵, 드디어 아코측에서 전면항복의 뜻을 밝혀왔다. 그에 대해 리처드는 다음과 같은 조건을 내걸었다.

하나, 아코에 잡혀 있는 그리스도교측 포로 전원을 아무 조건 없이 돌려보낼 것. 즉, 몸값 없이 돌려보내라는 것이다.

둘, 그리스도교군 바깥쪽을 에워싸고 있는 살라딘군에서도 지난 2년간의 전투중 2천 명의 기사와 5백 명의 보병을 포로로 잡았는데, 이들 역시 아무 대가 없이 그리스도교측으로 돌려보낼 것.

셋, 뿐만 아니라 술탄 살라딘 휘하의 이슬람 태수들이 붙잡아 각자의 영내에 '억류'하고 있는 그리스도교도 포로 역시, 한 사람도 빠짐없이 그리스도교측으로 돌려보낼 것.

넷, 아코에 있는 모든 이슬람교도는 무기를 두고 꼭 필요한 것만 챙겨 아코에서 나갈 것.

다섯, 술탄 살라딘은 이들의 몸값으로 이슬람 통화 2만 달란트에 해당하는 금화를 그리스도교측에 지불할 것.

여섯, 지불이 완료될 때까지 아코에 사는 2천5백 명의 이슬람교도는 인질로 아코 성내에 억류한다.

일곱, 이 모든 것을 완료하는 데 한 달의 말미를 준다.

그리스도교측 수뇌들은 모두 이에 찬성했다. 그리고 어떤 심정이었는지는 몰라도, 살라딘도 이 조건으로 아코를 넘겨주는 것에 동의했다.

살라딘에게 이것은 제대로 공략하지도 못하고 철수한 티루스에 이은 두번째 실패였다. 게다가 티루스는 공략에 실패했을 뿐이지만 아코는 탈환당한 것이다. '하틴 전투' 직후 살라딘은 가장 먼저 아코부터 수중에 넣었다. 그리스도교측에 항구도시 아코가 얼마나 중요한지를 그 누구보다 잘 알고 있었기 때문이었는데, 그것을 탈환당했으니 기분이 좋을 리 없었다.

1191년 7월 12일은 아코를 살라딘에게 빼앗긴 지 5년 만에, 그리고 탈환을 위한 전투를 시작한 지 2년 만에 그리스도교도의 손으로 되찾아온 기념비적인 날이었다.

안쪽에서 열린 성문으로 나오는 이슬람교도들을, 곧이어 안으로 들어갈 그리스도교도들이 길 양쪽에 서서 지켜보았다. 리처드와 필리프는 절대 적대적인 행위를 하지 말라는 엄명을 내렸다. 하지만 그러한 배려는 필요하지 않았다.

나가는 이들이나 그것을 지켜보는 이들이나, 2년 동안 극단적인 식량 부족 상태에서, 게다가 원군도 오지 않는 상황에서 계속 싸웠다는 점은 마찬가지였던 것이다. 물론 고생했다고 격려하며 보내지는 않았을 것이다. 하지만 그리스도교측 병사 개개인의 가슴에는 찬탄과 공감의 마음이 가득했고, 시선도 부드러워져 있었다. 이리하여 그리스도교측과 이슬람측 모두가 막대한 희생을 치른 끝에, 2년에 걸친 아코 공방전은 끝이 났다. 리처드가 아코에 도착한 지 한 달하고도 닷새 만의 일이었다.

아코에 살던 이슬람교도들이 떠나는 것을 지켜본 후 그리스도교군의 장수와 병사 들은 서둘러 아코 성내로 들어갔다. 아코 성 안에 있던 이슬람교도들은 떠났지만, 살라딘군은 총사령관 살라딘의 본진만 후방으로 옮기고 본대가 여전히 자리를 지키고 있었기 때문이다.

살라딘과 리처드는 일단 아코의 성문을 여는 데 합의를 본 것이지, 이슬람측과 그리스도교측 사이에 강화가 성립된 것은 아니었다. 따라서 그리스도교측으로서는 한시라도 빨리 아코 성내로 들어가 방어체제를 확립하는 것이 급선무였다.

그날이 가기 전에 영국 왕 리처드, 프랑스 왕 필리프를 비롯한 수뇌부 전원이 아코 성내로 들어갔다. 그러고 나서 가장 먼저 실행한 것은, 아코를 멀리서 조망할 수 있는 곳에 꼼짝 않고 버티고 있는 이슬람측에게, 아코가 그리스도교측의 수중에 들어왔다는 것을 분명히 보여주는 일이었다.

육지 쪽을 둘러싸고 있는 성벽 요소요소에 탑을 세워 방비를 강화하는 것이 성벽 건축의 상례인데, 이것은 아코도 예외는 아니었다. 그리스도교군은 그 모든 탑 위에 영국 왕의 깃발과 프랑스 왕의 깃발을 나란히 세움으로써 아코가 그리스도교 수중에 들어왔다는 것을 명시했는데, 그러던 중에 한 가지 말썽이 일어났다.

황제 '붉은 수염'이 익사한 후 남은 독일 병사들을 이끌고 아코까지 온 황제의 차남이 병사하자, 그를 대신하여 독일에서 파견된 오스트리아 공작 레오폴트가 아코 공방전에 참가한 독일군을 지휘하고 있었다. 이 레오폴트가 자기도 영국 왕과 프랑스 왕 못지않은 자격이 있다고 생각해, 부하를 시켜 오스트리아 공작의 깃발을 함께 내걸도록 한 것이다.

그것을 본 리처드는 오스트리아 공작의 기를 내리도록 명했고, 명령은 곧바로 실행되었다. 왕과 공작은 지위가 다르다는 것이 이유였다.

아닌 게 아니라 신에 의해 '성별(聖別)'된 '왕'과, 당시의 봉건영주 중 한 명에 불과했던 공작은 그리스도교 세계에서의 지위가 달랐다. 하지만 오스트리아 공작 레오폴트는 비록 황제 대리로 정식 임명된 입장은 아니더라도 자기가 제3차 십자군에 참가한 독일군을 이끌고 있다는 자부심을 갖고 있었다. 그는 이런 자신이 거부당한 사건을 결코 잊지 않았다.

리처드는 감수성이 풍부했지만 누구에게나 호의적으로 대하는 남자는 아니었다. 또한 스스로가 앙심을 품는 성격이 아니었으니만큼 원한에 불타는 이의 심리도 몰랐다. 게다가 아코 탈환에 성공한 직후의 리처드에게는 그런 걱정을 하기에 앞서 해야 할 일이 산더미처럼 쌓여 있었다.

우선 살라딘이 언제 공격해와도 방어할 수 있도록, 2년에 걸친 공방전으로 약해진 성벽을 보강하는 공사를 해야 했다. 이 작업에는 공방전을 치러낸 장병들뿐 아니라 지금껏 이슬람측에 포로로 억류되어 있다가 돌아온 이들도 가세했다. 살라딘은 포로 전원을 돌려보내겠다는 약속을 지켰던 것이다.

그러나 성벽을 강화하는 걸 제외하면 탈환한 아코의 정비는 그다지 어려운 일이 아니었다. 아코를 5년간 지배해온 이슬람교도는 고작해야 교회를 모스크로 개조한 정도였고, 그 외에는 이 도시를 거의 손대지 않고 사용해왔기 때문이었다.

아코는 팔레스티나 지방에 있지만 제1차 십자군에 의해 그리스도교화된 이래 서유럽풍 도시 구조를 띠게 되었다. 즉, 당시 유럽의 대표적 항구도시였던 제노바나 마르세유, 메시나와 거의 같은 구조였다. 그리고 한 세기가 흐르도록 그런 모습을 유지해왔다. 이슬람 치하로 들어간 것은 불과 5년 전, 그것도 마지막 2년은 공방전 때문에 도시를 정비할 상황이 못 되었으므로, 아코의 서유럽풍 도시 구조는 거의 그대로 남아 있었다.

또한 건물 내부도 크게 손볼 필요가 없었다. 십자군이 침공해온 지 이미 한 세기가 지났다. 그사이 그리스도교도와 교류해온 이슬람교도는 서유럽풍 집에 익숙해졌다. 전면에 융단을 깔고 그 위에 쿠션을 두는 정도로 바꾸기는 했어도, 아치와 원기둥을 주로 사용한 가옥을 토대부터 뜯어고칠 생각까지는 하지 않았던 것이다.

그리고 5년 만에 돌아온 그리스도교도들도 융단이나 쿠션에 익숙해져 있었다. 그들도 전투 상황이 아닐 때에는 종종 이슬람교도의 집을 방문하곤 했던 것이다. 그런 이유로 아코는 거주하는 주민만 이슬람교도에서 그리스도교도로 바뀌었다 할 수 있었다. 아니, 이슬람교도가 도시에서 완전히 사라진 것도 아니었다. 바다 쪽에서 아코 탈환전에 협력한 피사와 제노바의 배가 활발히 입항하자, 그들과의 교역을 위해 이전처럼 이슬람 상인들이 출입하게 되었기 때문이다.

아코는 다시 서양과 동양의 산물이 거래되는 항구도시로 돌아갔다. 따라서 주요 건축물은 그대로 남겨둔 상태에서, 필리프는 5년 전까지 템플 기사단의 본부였던 건물을 거처로 삼고, 리처드는 유럽에서 찾아오는 고위인사를 위해 지어진 영빈관으로 들어갔다.

리처드는 통칭 '왕궁'으로 불리던 이 저택으로, 트리폴리에 있던 누이 조안나와 아내 베렝가리아를 불러들인다. 이는 딱히 갓 결혼한 아내가 그리워서가 아니었다. 리처드의 누이와 아내가 아코로 옮겨온다는 것은, 탈환한 아코를 굳게 지키겠다는 리처드의 의지를 적인 살라딘과 아군 장병들에게 보여주는 일이었기 때문이다. 또한 신분이 높은 두 여인과 시녀들까지 생활이 가능하다는 것은 앞으로 아코를 매우 안전한 도시로 만들겠다는 의사 표현이기도 했다.

살라딘은 이 시기 아코 성내에 많은 스파이를 잠입시켰다. 물론 그의 입장에서는 리처드가 앞으로 어떻게 나올지 탐색하기 위한 것이었지만, 리처드는 이를 자신의 의지를 전달하는 데 이용했다. 스파이를 이런 식으로 이용할 수도 있는 것이다.

프랑스 왕의 귀국

그런데 탈환 직후의 아코에서 분주한 나날을 보내는 리처드의 귀에 정보 하나가 흘러든다. 프랑스 왕이 귀국 준비를 시작했다는 것이다. 이 정보는 눈 깜짝할 사이에 아코 전역으로 퍼져나가 십자군측 수뇌들을 아연실색케 했다.

왜냐하면 십자군 총대장 중 한 명인 필리프가 중근동에 있었던 기간은 석 달 남짓에 불과했기 때문이다. 다행히 그사이 아코 탈환에는 성공했지만 그 전투에서 프랑스 왕이 특별한 활약을 보여준 것은 아니었다. 또 왕인 동시에 전사이자 순례자이기도 한 그가, 십자군에 참가한 병사들의 궁극적인 소망인 성도 예루살렘의 순례를 마친 것도 아니었다. 다시 말해 사령관으로서도, 순례자로서도 자신의 소임을 다했다고 할 수 없었던 것이다.

프랑스 왕 필리프의 갑작스러운 귀국에 대해 본인은 아무 말도 하지 않았으므로, 연대기 작가들도 추측하는 수밖에 없다.

프랑스인 기록자는 성지 팔레스티나에 도착한 뒤로 필리프가 병치레가 잦았다고 했다.

독일측 기록에는 리처드의 오만함을 참을 수 없어서, 라고 쓰여 있다.

영국인이 남긴 기록에는, 플랑드르 백작이 전사했으므로 플랑드르 백작령을 침략할 좋은 기회라고 여겨 귀국을 서둘렀다고 쓰여 있다.

어느 것이나 정보, 즉 역사상의 사실(史實)은 이 정도에 불과하다는 걸 보여주는 예인데, 이러한 사실에 휘둘리지 않기 위해서는 상상력에 기대는 수밖에 없겠다.

앞에서 말했듯이 필리프에게 최대 관심사는 프랑스 왕의 직할령을 확장하는 일이었다. 그러나 이런 생각은 예전부터 몇 가지 장애물에 가로막혀 있었다. 프랑스 내의 봉건영주지만 왕보다 넓은 영지를 소유하고 있던 플랑드르 백작, 샹파뉴 백작, 부르고뉴 공작이 그들이었다. 그리고 이 세 명보다 더 강대한 장애물은, 노르망디 지방에서 아키텐 지방까지, 프랑스의 절반 이상을 영유하고 있던 영국 왕이었다.

플랑드르 백작은 아코 공방전중에 전사했다.

샹파뉴 백작 앙리는 리처드에 심취해 있었으므로, 리처드가 남아 있는 한 아코를 떠날 리가 없었다.

그리고 영국 왕 리처드는, 살라딘에게 빼앗긴 성도 예루살렘을 탈환한다는 일념으로 결성된 제3차 십자군의 최대 목표에 강한 집착을 갖고 있었다. 그러므로 필리프는 자신이 귀국한다 해도 리처드는 귀국하지 않을 것이라 본 것이다.

나머지 한 사람은 부르고뉴 공작 위그인데, 필리프는 자신이 남겨두는 프랑스 병사들의 지휘를 이 부르고뉴 공작에게 맡겼다. 그렇게 되면 부르고뉴 공작도 귀국할 수 없게 되기 때문이다.

리처드는 일단 붙잡기는 한 듯하다. 프랑스 베즐레에서 출발할 때, 십자군으로 둘이 함께 출발하고 둘이 함께 돌아가자고 서약하지 않았느냐고.

필리프가 이에 어떻게 답했는지는 알 수 없다. 본심을 말할 수는 없었을 테니, 중근동의 기후와 풍토가 잘 맞지 않고, 그래서 병치레가 잦다고 했을지도 모른다. 또 자기는 귀국하지만 부르고뉴 공작에게 지휘를 맡긴 프랑스군은 두고 가겠다고 말했을 것이다. 어쨌든 귀국하겠다는 프랑스 왕의 뜻은 바뀌지 않았다.

그러자 리처드는 필리프에게 또다른 서약을 요구한다. 영국 왕이 귀국할 때까지 프랑스 왕은 그의 영토를 절대 침략하지 않는다는 서약이었다. 필리프는 이에 서명하고 그 밑에 그의 초상이 새겨진 왕의 인장을 찍음으로써, 프랑스 왕 필리프 2세에게 다른 마음이 없음을 맹세했다.

리처드는 이를 믿었을까. 약육강식이 지배하는 중세시대 지도자 중 한 사람인 그가 진심으로 믿지는 않았을 것이다. 하지만 그때는 믿기로 했을 게 틀림없다. 의심하기 시작하면 아무것도 할 수 없는 법이니까.

이리하여 1191년 8월 1일 프랑스 왕 필리프는 아코를 떠났다. 살라딘이 몸값을 지불하기로 한 기한, 즉 일종의 휴전기간인 한 달이 지나기까지는 아직 열흘 넘게 남아 있었다.

필리프는 어느 정도 마음이 맞는 사이였던 듯한 몬페라토 후작 코라도가 사실상 영주로 있는 티루스에 들렀고, 거기서부터 제노바 배를 이용해 유럽으로 돌아갔다.

스물여섯 살의 젊은이치고는 감탄스러울 만큼 필리프의 움직임은 교묘했다.

프랑스 왕은 자신이 제3차 십자군을 버려두고 귀국한 것이 아니라는 것을 보여주기 위해 측근 장수들만 데려가고 나머지 전군은 잔류시켰다. 기병 수백 명과 보병 수천 명 정도의 병력에 불과했지만, 프랑스에서 데려온 병사 대부분을 남겨두고 간 셈이니 전선을 포기했다고 볼 수는 없었다.

게다가 유럽으로 돌아갈 때에도 제노바에서 배를 내린 후 곧바로 파리로 돌아간 게 아니었다. 로마에 들러 교황을 만나 채 석 달도 안 되어 십자군 원정에서 돌아온 이유를 해명했다.

교황과의 대화가 어떻게 이루어졌는지는 알려져 있지 않다. 어쨌든 프랑스 왕 필리프는 로마 교황을 적으로 돌리는 일만은 피하고 싶었던 것이다. 제1차 십자군 시대부터 로마 교황청은 십자군 원정 도중에 전선에서 이탈하는 자를 파문에 처하기로 한 바 있다. 이런 상황에서 파문당한다면 제아무리 필리프라도 모든 것이 물거품이 될 것이었다. 그해 가을이 깊어갈 무렵, 필리프는 이미 파리에 있었다.

'튜턴 기사단'의 탄생

프랑스 왕 외에도 또 한 사람 제3차 십자군에서 이탈한 자가 있었다. 오스트리아 공작 레오폴트다. 리처드의 지휘 아래서 싸우는 것이 싫어 귀국한 것인데, 그도 자신이 이끌던 병력을 남겨두고 귀국했다.

이때 남겨진 독일 기사들이 '튜턴 기사단'의 핵심이 된다. 템플 기사단과 병원 기사단에 이어 중근동의 3대 종교 기사단 중 마지막 하나가 탄생한 것이다.

기사단 이름에 독일을 의미하는 '튜턴'이라는 말이 붙긴 했지만, 왜 독일인인 이 남자들은 독일군이 아니라 종교 기사단이 되었을까. 그것은 그들을 남겨놓고 귀국한 레오폴트가 '사람'은 남겼지만 '돈'은 남기지 않았기 때문이다. 즉 남겨진 독일인 기사들이 중근동에서 이슬람을 상대로 전투를 벌이는 데 필요한 경비를 지불해줄 이가 없어진 것이다.

그래서 이들은 성지순례를 위해 찾아오는 그리스도교도를 보호한다는, 당시로서는 아무도 반대할 수 없는 목표를 내세운 종교 기사단을 결성했다. 이 형태를 취하면 템플 기사단이나 병원 기사단의 전례가 보여주듯이 유럽에서 인력과 자금을 원조받을 수 있었다.

정식 발족은 로마 교황의 인가가 도착한 후이므로 좀더 나중의 일이지만, 이리하여 흰색 바탕에 붉은색 십자의 템플 기사단, 빨간색 바탕에 흰색 십자의 병원 기사단에 이어, 흰색 바탕에 검은색 십자를 문장으로 삼은 '튜턴 기사단'이 탄생한다.

덧붙여 말하자면 프랑스인이 주체인 템플 기사단에 비해 병원 기사단은 유럽 각지에서 모인 기사로 구성되어 있었는데, '튜턴 기사단'은 주체를 따질 것도 없이 오로지 독일인만으로 구성된 기사단이었다. 구성원에 따라 성격이 바뀐다는 점은 종교 기사단도 세속의 조직과 다르지 않았다.

'사람'은 남겼지만 '돈'은 남기지 않은 것은 프랑스 왕 필리프도 비슷했다. 군대 유지에 필요한 경비를 어느 정도 남기긴 했지만 충분하진 않았다. 그래서 프랑스 왕의 병력들을 도맡게 된 부르고뉴 공작은 얼마 후 리처드에게 금전상의 원조를 청하게 된다. 리처드에게는 프랑스군의 비용을 걱정할 의무가 더해진 것이다.

사령관급에서는 이 두 사람, 몬페라토 후작 코라도까지 더하면 세 명의 수뇌가, 아코 탈환 후 제3차 십자군에서 이탈했다. 그러나 한편으로는 이 덕분에 영국 왕 리처드의 존재가 전술적인 면에서만이 아니라 전략적인 면에서도 점점 커지게 되었다. 자신이 단독으로 결정한 일을 선두에 서서 실행할 수 있게 되었으니 리처드로서는 기분 좋은 상황이었을 것이다. 그리고 그처럼 기분이 좋지는 않았을지 몰라도, 적측에도 여전히 살라딘이라는 최고사령관이 있었다. 따라서 이후의 제3차 십자군은 쉰세 살의 살라딘과 서른네 살의 리처드의 일대일 승부라고 해도 좋을 양상으로 바뀌어간다.

리처드 대 살라딘

살라딘은 티루스 공략에 실패했을 때는 곧바로 군사를 물렸지만 아코를 탈환당한 후에는 그러지 않았다. 리처드가 어떻게 나올지 지켜보려 했기 때문이다.

아코를 탈환한 리처드의 다음 목표가 예루살렘이라는 것은 살라딘도 당연히 알고 있었다. 하지만 리처드가 이끄는 그리스도교군이 어느 길을 통해 예루살렘으로 갈지는 알 수 없었다. 그것을 알아내려고 아코에 스파이를 잠입시켰지만 결국 허사로 끝났다. 결정하는 사람이 적을수록 정보가 샐 확률은 낮아진다. 리처드는 이제 모든 것을 혼자 결정할 수 있는 위치였으며, 어느 길로 예루살렘에 갈지 아무에게도 밝히지 않았다. 아마도 현지 지리를 잘 아는 이들의 정보를 참고하며 혼자 숙고하는 중이었을 것이다.

살라딘은 리처드에 대한 대응책을 바꾼다. 아코 성문을 열었을 때 그리스도교측에 약속했던, 아코에 거주하는 이슬람교도들이 무사히 퇴거하는 대가로 2만 달란트를 지불하기로 한 것을 뒤로 미룬 것이다.

한 달 후로 정한 기한이 끝나는 날은 8월 12일이었다. 일단 이를 연기하는 데 성공하면, 계절은 겨울에 가까워진다. 중근동에서도 겨울은 혹독하다. 추위뿐 아니라 비도 자주 내린다. 따라서 중근동에서 전투에 적합한 계절은 봄부터 가을까지였고, 이슬람군은 동절기에 접어들면 병사들에게 귀향을 허락했다. 살라딘은 겨울이 다가오면 리처드의 발이 묶일 거라고 본 것이다.

살라딘은 돈에 인색한 남자가 아니었다. 하지만 그때까지의 경험으로 보아, '프랑크인'들이 2만 달란트나 되는 거금을 쉽사리 포기할 거라고는 생각하지 않았다.

처음에 리처드는 살라딘의 이러한 의중을 알아채지 못했다. 하지만 리처드를 찾아온 술탄의 사자가 거금을 준비하는 데 시간이 걸린다는 말을 반복하자 점차 살라딘의 진의에 의심을 품게 되었다. 그리고 곧 알아챘다. 단지 지연전술일 뿐이라는 것을.

이러저러하는 사이에 기한인 8월 12일이 찾아왔다. 리처드는 일주일을 더 기다렸다. 그러나 그 일주일도 그대로 지나갔다.

리처드는 2만 달란트에 대한 담보로 아코 성내에 억류해온 2천5백 명의 이슬람교도를 어떻게 처리할지, 그 해답을 찾아야 했다.

그 2천5백 명을 아코에 남겨둔 채 그리스도교군을 이끌고 아코를 떠나는 것은 위험했다.

그렇다고 그들을 받아줄 도시도 없다. 티루스의 몬페라토 후작도 위험하다는 이유로 거절했다.

또 예루살렘으로 향하는 행군에 데려가는 것도 고려할 사안이 못 되었다. 리처드는 그 군대를 순수 전투요원으로만 구성하려고 마음먹고 있었기 때문이다.

8월 20일, 2천5백 명의 이슬람교도들은 살라딘군의 병사들이 볼 수 있는 아코 교외의 언덕 위로 끌려나왔다. 그리고 거기서 전원이 살해되었다. 창이나 칼로 단번에. 2천5백 명이나 되었으므로, 천천히 죽이면 더 잔혹해 보일지는 몰라도 시간을 너무 많이 허비하기 때문이었다.

그날 밤 리처드는 행군에 참가할 장수 전원을 불러 명했다.

내일 당장 행군을 시작하겠다고. 이리하여 제3차 십자군은 이후 1년간에 걸쳐 펼쳐지는 후반전에 돌입한다.

아코를 떠나 행군을 시작한 그리스도교군의 병력이 어느 정도였는지는 적과 아군 양쪽에서 남긴 기록을 참고해 추측할 수밖에 없다.

그에 따르면 이렇다.

리처드 직속이랄 수 있는 영국, 프랑스 노르망디 지방, 그리고 아키텐 지방에서 온 병사가 기병과 보병을 합쳐 8천 명.

프랑스 왕이 남기고 간 병력이 기병과 보병을 합쳐 약 1천여 명.

예루살렘 왕 뤼지냥의 깃발 아래 모인, 이른바 현지 십자군 세력과 제후들의 병사가 총 5천 명.

템플 기사단과 병원 기사단에 속한 병력이, 주 전력인 기병에 보조 병력인 보병을 합쳐 1천5백에서 2천 명.

여기에 오스트리아 공작이 남긴, 기병이 주체인 독일 병사들이 가세했다.

이 모든 병력을 합쳐도 2만 명이 안 되었을 것이다. 한편 그리스도교군을 뒤쫓는 형국이 된 이슬람군은 족히 그 두 배가 넘는 병력을 보유하고 있었다.

게다가 '홈'에서 싸우는 살라딘에 비해 리처드는 '어웨이'에서 싸우는 셈이다. 살라딘은 식량, 무기, 병사, 기마, 보급 등의 면에서 걱정이 없었지만 리처드는 달랐다. 특히 신규 병력의 보충은 '없다'고 생각하는 게 현실적이었다.

지휘계통의 일원화라는 면에서는 양쪽이 대등할뿐더러 매우 완벽한 상태였다.

살라딘에게는 눈빛만 봐도 형의 생각을 알아차리는 동생 알 아딜이 있었다. 그리고 자신의 명령을 과감하게 실행에 옮기는 태수들도 부족하지 않았다.

리처드도 아코에 도착한 이래로 군대를 이끄는 장수들의 마음을 완전히 장악하고 있었다.

프랑스 왕이 군대를 맡긴 부르고뉴 공작은 리처드보다 열 살이 많았지만 그의 명령에 잘 따랐다.

예루살렘 왕 뤼지냥도 리처드의 명령을 정확히 실행했으며, 자기 병사들을 이끌고 나갔을 때는 선두에서 싸웠다. 최고사령관으로서의 재능은 없었지만 한 군대의 장수로서는 충분한 인물이었다.

게다가 이 뤼지냥의 군대에는 베테랑 중의 베테랑 무장, 발리앙 이벨린과 아벤 백작 자크도 가세해 있었다.

또한 템플 기사단과 병원 기사단, 즉 이슬람군과의 전투에 경험이 풍부한 기사들도 리처드의 명령에 순순히 따랐다. 전문적인 집단이었던 만큼 또다른 전문가의 능력을 인정하는 것도 빨랐을 것이다.

따라서 리처드가 이끄는 제3차 십자군의 병력은 수로는 열세일지라도 집합체로서는 실로 강고한, 완벽하게 일체화된 군대였다.

게다가 모든 면에서 우위인 것으로 보이는 살라딘에게도 약점이 있었다.

살라딘이 취할 모든 생각과 행동이, 리처드가 어떻게 나오느냐 한 가지에 달려 있다는 사실이었다. '하틴 전투'에서는 살라딘이 처음부터 끝까지 주도권을 쥐고 있었지만 아코 탈환전 이후에는 리처드가 주도권을 쥐게 되었다. 전투에서는 주도권을 장악한 쪽이 이긴다. 살라딘 입장에서는 적의 동태를 살피면서, 그 주도권을 단숨에 되찾을 기회가 찾아오기를 기다리는 수밖에 없었다.

행군을 시작하면서 리처드는 전군에 다음과 같은 엄명을 내렸다.

하나, "행군은 남자, 그중에서도 전투원만 한다. 따라서 여자의 동행은 엄금한다. 동행을 허락하는 것은 세탁을 담당할 여자뿐인데, 그것도 중년여인들로 제한한다. 성직자인 주교와 사제, 수도사도 무기를 들고 스스로 전투에 참가하는 자만 종군을 허락한다."

이 시대의 행군에서는 그리스도교측과 이슬람측 모두 창부 격인 여인들이 뒤따르는 것이 익숙한 풍경이었다. 또한 십자군이라는 특성상 성직자들도 많이 동행했다. 리처드는 이를 엄금한 것이다.

둘, "아무리 더운 날씨일지라도 기병과 보병 모두 완전무장하고 행군한다."

이슬람군의 공격은 화살을 빗발처럼 퍼붓는 것으로 시작하는 것이 보통이었다.

셋, "행군을 서둘러서는 안 된다. 천천히, 단 일정한 속도를 유지할 것. 따라서 기병과 보병 구별 없이 모두 다함께 대오를 갖춰 행군한다."

무거운 완전무장을 하고 행군하면 걷는 것만으로도 지친다. 게다가 8월 말의 중근동이다. 항시 적의 공격이 예상되는 상황에서 병사들의 피로를 되도록 경감시켜야 했던 것이다.

넷, "행군중 각 군대의 순서와 세 줄로 서는 정렬방식을 날마다 변경한다. 따라서 각 군대의 병사 모두 그에 익숙해질 것."

리처드는 지중해를 오른쪽에 두고 남하해 예루살렘으로 가는 길을 택했다. 이렇게 되면 살라딘이 이끄는 이슬람군의 공격 방향이 왼쪽과 후방일 것이라 예상할 수 있다. 따라서 병사의 교대를 명시한 이 네 번째 항목은, 설령 자기 위치에서 한번 적의 공격을 당해도 계속 그러

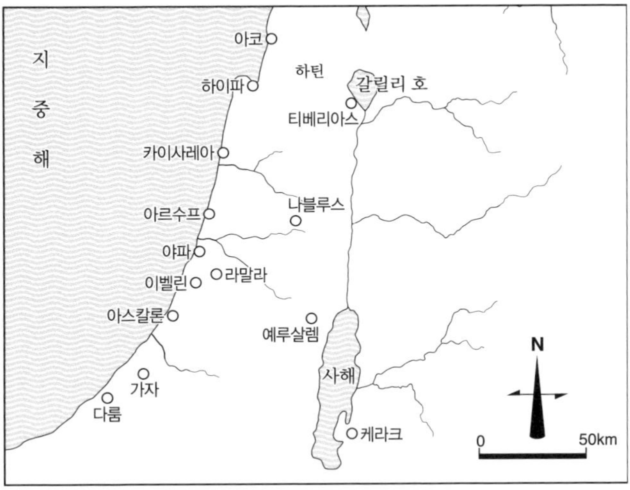

아코와 그 주변

지는 않으리란 사실을 각 병사들에게 알려주려는 의도이기도 했다.

다섯, "절대 적의 도발에 넘어가서는 안 된다. 각 군대의 병사들은 모두 한데 모여 행군해야 하고, 절대 대열을 흐트러뜨려서는 안 된다. 그리고 전위, 중앙, 후위 사이에도 공간을 두지 않도록 주의하며 견고한 진형을 유지해 행진할 것."

'하틴 전투'의 첫번째 패인은 살라딘의 전술에 농락당해 전위, 중앙, 후위가 모두 단절되어버린 탓이었다. 중근동에 도착한 리처드가 그 전투의 패인까지 살펴보았는지는 알 수 없지만, 이때 남쪽을 향해 행군을 시작한 제3차 십자군에는 하틴에서 '중앙'을 이끌었던 예루살렘 왕 뤼지냥과 '후위'를 담당했던 발리앙 이벨린이 동행하고 있었다.

여섯, "육상 행군에서는 가능한 한 바다와 가까운 길을 택할 것. 지상군과 병행해 선단도 남하하기 때문인데, 이 선단은 군량 보급의 임무와 부상병을 아코로 실어나르는 임무를 맡는다."

이는 리처드가 병참을 중시하는 사령관이었다는 것을 보여준다. 또한 병사들에게 설사 부상을 당하더라도 내버려두고 가지 않겠다고 확언한 것도 그에 못지않은 중요성을 가졌다.

십자군 전사가 되어 중근동까지 와서 싸우는 그리스도교도에게 가장 큰 악몽은, 부상을 당해 그대로 적에게 붙잡혀, 비록 죽임을 당하지 않더라도 노예로 팔려가는 것이었다. 이슬람교도의 노예가 되면 목과 발목에 쇠사슬을 차고 광산 노동이나 갤리선 조수로 혹사당하는 여생이 기다리고 있었기 때문이다.

적에게 죽임을 당하면 순교자가 될 수 있다. 하지만 노예는 순교자가 아니기 때문에 천국의 자리도 예약하지 못한다. 신심 두터운 중세 그리스도교도에게 이교도 이슬람 사회에서 노예로 죽는 것만큼 끔찍한 불행은 없었다. 리처드는 그런 공포를 없애주었던 것이다. 굶주림과 죽음에 대한 공포가 사라지면, 평범한 사람도 응분의 성과를 보이는 법이다.

한편 지상군과 병행해 남하하는 선단은 절벽에 부딪히거나 해변에 좌초되지 않도록 주의하면서, 천천히 나아가는 지상군과 같은 속도로 남하해야 했다. 그만한 실력을 지닌 선원은 이탈리아 해양국가에서밖에 구할 수 없었으므로 리처드도 이번만은 영국 배를 포기해야 했다. 튼튼하게 만들어진 영국 배로만 운반할 수 있는 조립식 투석기도 가져갈 필요가 없었다. 행군 도중에 있는 도시의 주민들은 그리스도교군이 접근한다는 것을 알고 모두 도망가버렸기 때문이다.

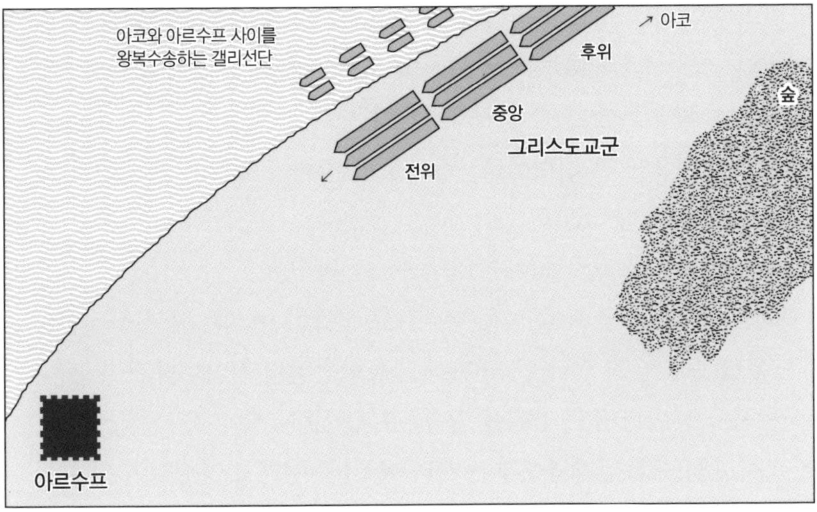

아르수프로 가는 행군

선단은 군량 보급과 부상자와 병자 수송에 사용되었다. 항구가 없는 지역에서는 해안 가까이에 배를 대야 했는데, 이때에도 이탈리아 선원을 능가하는 자는 없었다.

이렇듯 제노바와 피사의 선원들은 리처드의 군대를 뒷받침하는 데 일조했다. 신기하게도 늘 대결의식에 불타던 해양국가들도 리처드의 지휘 아래에서는 서로 협력했던 것이다.

지금까지 말한 것을 아주 간략하게 도해한 것이 위의 그림이다.

1191년 8월 말, 리처드가 움직이기 시작했다는 것을 알고 살라딘도 움직였다. 필요한 거리를 두고는 있었지만, 행군을 시작한 리처드의 2만 군대를 살라딘의 5만 군대가 뒤좇는 형태였다.

살라딘은 탐색전 삼아 여느 때와 같은 방식으로 그리스도교군을 공격했다. 경무장으로 움직임이 빠른 베두인 기병을 투입해 정신 못 차리게 공격을 퍼붓고, 공포심에 사로잡힌 적이 대열을 흐트러뜨리는 순간 포위해 무찌르는 전법이다. 따라서 이런 유의 공격은 적군의 후위를 노리는 것이 상례였다.

리처드가 후위에 배치한 건 부르고뉴 공작이 이끄는 프랑스군이었다. 유럽에서 온 지 얼마 안 되어 아코 공방전밖에 겪어보지 못한 프랑스 병사들은 이런 유의 전법에 익숙하지 않았다.

그러나 프랑스 남자들에게는 제1차 십자군 이래로 자신들이 십자군의 중심이 되어왔다는 자부심이 있었다. 그들은 그 자부심으로 빗발치는 화살도, 잇따라 습격해오는 베두인 기병의 맹공도 버텨냈다. 그러면서도 도발에 넘어가지 마라, 대열을 흐트러뜨리지 말고 다함께 나아가라, 고 한 리처드의 말을 따라야 했다. 적이 아주 가까이에 육박해왔을 때만 창과 검으로 필사적으로 응전하고, 그러는 중에도 전진을 멈추지 않은 프랑스군은 마치 고슴도치 떼 같았다.

그날 밤 리처드는 직접 그들의 숙영지까지 찾아가, 아군의 지원을 요청하지 않고도 잘해냈다고 치하했다. 프랑스 병사들도 자신들의 왕과 리처드의 사이가 좋지 않다는 걸 알고 있었다. 그래서 리처드가 이끄는 군대에 참가한 자신들의 입장에 확신을 갖지 못했고, 행군 첫날부터 가장 위험도가 높은 후위에 배치된 것도 냉대의 증거라고 생각하고 있었다. 그런데 리처드가 직접 찾아와 치하해준 것이다. 그동안 리처드가 이끄는 군대에서 찬밥 신세라고 생각해온 것도 눈 녹듯이 사라졌다.

리처드가 이끄는 그리스도교군은 아코와 넓은 만을 사이에 두고 마주 보는 하이파에서 행군 첫날 밤을 보낸다. 그리고 다음 날부터는 드디어 지중해를 오른쪽에 두고 남하하기 시작했다. 한동안 절벽 위를 통과하기 때문에 적의 기병이 습격해올 염려는 줄었다. 그래서 이틀째에도 리처드는 행군 순서를 바꾸지 않았다.

일단 리처드를 선두로 하는, 영국과 노르망디 지방에서 온 군대가 전위에 섰다. 바로 뒤를 잇는 중앙은 뤼지냥과 종교 기사단 등의 현지 세력에 푸아티에의 리처드군이 혼성된 군대, 후위를 맡은 것은 전날과 마찬가지로 프랑스군이었다.

전위, 중앙, 후위에 어느 군을 배치하는지는 전날과 그대로였지만, 리처드는 보병을 가운데 두고 양쪽에서 행군하는 기병은 날마다 좌측과 우측을 바꾸었다. 그리고 사흘째부터는 템플 기사단을 후위에 배치했다.

이슬람교도 주민이 도망간 마을을 숙영지로 삼으며 그렇게 나흘이 지났다.

이 나흘 동안에도 이슬람군이 가만히 내버려둔 것은 아니었다. 행군중에 쉴새없이, 후위뿐만 아니라 중앙에 있는 군대에도 수천 명 규모의 적군이 습격을 거듭해왔다. 그때마다 그리스도교군은 대열을 흐트러뜨리지 않고 적군을 격퇴하는 데 성공했다. 맞서 싸우되 반격에 나서는 것은 금지되었다. 오늘 하루만 참자고 생각하며 적의 화살을 튕겨내고 적의 창을 막아가면서 나아갈 뿐이었다.

특히 이 지방에서 '와디(Wadi)'라 불리는 마른 계곡을 가로지를 때가 위험했다. 와디는 비가 내리면 순식간에 하천으로 변하는데, 중근동에서는 비 내리는 날이 별로 없다. 그래서 계곡은 늘 강바닥까지 말라붙어 있다. 이런 곳을 지나는 게 위험한 이유는 베두인이 강 위쪽에서 바람처럼 말을 달려 덮쳐오는 데 아주 유리한 지형이기 때문이다.

그러나 말라붙기는 했어도 하천인 이상 하구는 바다로 이어져 있다. 입항할 수 있는 항구가 없는 상황에서 해상 보급을 해야 하는 이탈리아 갤리선은 조금 떨어진 바다에 닻을 내리고, 준비해온 소형 배에 보급물자를 실어 해변까지 옮길 수밖에 없었다. '와디'의 하구는 그런 작업을 하기에 적합했다.

그런 이유로 '와디'를 재빨리 통과할 수도 없었다. 적은 이를 간파한 듯 그리스도교군이 마른 계곡으로 들어갈 때마다 습격해왔다.

밤이 되면 그리스도교군 병사의 걱정거리는 독거미로 옮겨갔다. 타란툴라라는 이름의 이 독거미는 남유럽에는 많았지만 북유럽에는 서식하지 않았다. 이것에게 물리면 죽지는 않아도 몸을 일으키기조차 힘들어진다. 피사와 제노바 배의 임무는 물자를 실어오고 돌아가는 길에 병자를 아코로 실어나르는 것이었는데, 이 배로 이송되는 병자 중에는 적의 습격을 받아 부상당한 병사들 외에 타란툴라에게 물린 자들도 적지 않았다. 십자군 원정은 이제껏 살아온 익숙한 지역과 기후와는 전혀 다른 환경에서 전쟁을 하는 일이었던 것이다.

그래도 해상의 왕복수송 시스템은 훌륭하게 기능했다. 리처드가 이끄는 그리스도교군은 남하하는 중에 물과 식량 부족에 시달리는 일은 없었다.

한편 살라딘은 파상공격을 계속하면서 호시탐탐 기회를 노리고 있었다. 리처드의 군대보다 두 배 이상 되는 병력을 보유하고 있던 살라딘이 그 '머릿수'를 활용하려면 드넓은 평원이 필요했다.

대결 제1전 '아르수프'

9월이 되고 나서야 마침내 살라딘에게 '기회'가 찾아왔다. 그때까지 12일 동안 리처드는 살라딘에게 비집고 들어올 틈을 주지 않은 셈인데, 이는 리처드가 이끄는 그리스도교군을 보급로인 바다와 멀리 떨어진 지점으로 끌어내 전투를 벌이려는 살라딘의 전략이 결실을 맺지 못했다는 뜻이기도 했다.

그러나 카이사레아를 뒤로하고 멀리 아르수프가 내다보이는 곳까지 왔을 때, 이때까지 순조롭게 진행된 리처드의 전략은 중대한 시련을 맞게 된다. 절대 바다에서 멀어지려 하지 않았던 리처드 앞에, 드디어 살라딘이 자기 군대를 투입할 수 있을 만한 넓은 평원이 나타난 것이다.

살라딘은 정찰대를 보내 리처드의 동정을 살펴왔고, 리처드 역시 정찰대를 활용하고 있었다. 하지만 리처드가 알고자 했던 것은 살라딘군의 움직임뿐만 아니라 자신들이 앞으로 가게 될 지방의 지세에 대한 것이었다. 정찰대가 가져온 정보를 통해 리처드는 다음과 같은 사정을 알게 된다.

하나, 지금까지 통과해온 하이파나 카이사레아 같은 도시와 달리 아르수프의 이슬람교도 주민들은 도망가지 않았을 뿐만 아니라, 이미 살라딘이 보낸 원군과 협력해 방어태세를 취하고 있다는 것.

둘, 아르수프로 가는 바닷길은 절반이 절벽으로 이루어져 있어 아군 선단이 배를 대기에 적당한 해안이 없고, 선단이 정박하려면 아르수프 근처까지 가야 한다는 것.

셋, 만약 적군이 바다를 오른쪽에 두고 남하하는 그리스도교군을 공격해온다면 왼쪽 육지 쪽에서일 텐데, 그곳에 펼쳐진 평원 너머에 삼림이 있다는 것.

삼림이라고 해도 북유럽이 아니니 '숲'이라 보는 편이 더 적합할 것이다. 중근동의 삼림은 고작해야 수목이 한데 모여 있는 정도였다. 하지만 그 안으로 들어서면 말을 타고 가든 걸어서 가든 속도가 떨어질 것이 분명했다.

쉰세 살이 된 살라딘은 이튿날인 9월 7일을 결전의 날로 정했다. 리처드도 적군의 움직임을 보고 이를 예상하고 있었다. 살라딘이 결전을 청한다면 바로 다음 날일 것이 분명했다.

서른네 살의 리처드는 이를 염두에 두고 전략을 세워, 그날 밤 장수 전원을 모아놓고 명했다.

하나, 적이 공격해와도 격퇴하면서 행군을 속행한다.

둘, 단 내일은 임전태세를 갖추고 행군한다.

아무리 틈을 주지 않고 다함께 전진한다 해도, 2만 명에 가까운 병사의 행렬은 2킬로미터 정도는 되었다. 리처드는 이 행렬을 다음과 같이 나누었다.

먼저 샹파뉴 백작 앙리가 이끄는 보병부대가 앞장선다. 필요불가결한 물자를 실은 짐마차의 호위가 가장 중요한 임무이고, 아르수프에 도착한다고 바로 성내로 들어갈 수 있는 상황이 아니므로 성 바깥에 숙영지를 구축하는 임무도 함께 주어졌다. 만약의 사태를 대비해 도망칠 수 있는 장소를 확보해두는 것은 병사의 심정을 생각했을 때 중요한 사전조치였다.

그 뒤에는, 맞서 싸워야 하는 경우를 생각해 회전(會戰) 진형에서 우익을 담당하는 제1군이 선다.

리처드는 이 제1군에 템플 기사단을 4개 중대로 나누어 배치한다. 앙주 지방에서 온 프랑스 병사까지 가세한 이 부대의 총지휘는 템플 기사단 단장이 맡았다.

이를 잇는 제2군은 예루살렘 왕 뤼지냥과 그의 동생이 이끄는 현지 그리스도교 세력이다. 이 부대 바로 뒤로는 푸아티에 지방 출신으로 리처드 수하 격인 기병부대가 이어졌다. 물론 이 부대의 지휘는 리처드가 직접 맡았다.

그 뒤를 행군하는 것은 회전 진형에서 좌익에 속하는 군대인데, 프랑스군과 플랑드르군, 그리고 독일에서 온 기병과 보병으로 구성되었다.

그리고 행군의 가장 후미를 담당한 것은 4개 중대로 구성된 병원 기사단의 기사들로, 지휘는 단장 가르니에가 맡았다.

그날 행군 진형의 특징은 대대 규모의 부대로 나눈 뒤 이를 어느 한 사람이 이끄는 형태가 아니었다는 점이다. 대신 리처드는 1백 명 전후의 기사로 구성된 다수의 중대를 만들었다. 전투가 벌어졌을 경우 행동의 자유를 더 중시했기 때문일 것이다. 적을 격퇴하면서 행군을 속행한다고 했지만, 전투를 염두에 둔 이 진형은 방어보다 공격 진형에 가까웠다.

게다가 이들 중대는 리처드 자신처럼 이름 있는 무장들이 이끌었다. 평소라면 적어도 대대 지휘를 맡을 만한 이들에게 중대 지휘를 맡긴 것이다. 몇 배는 더 많을 것으로 예상되는 적의 대군에 맞서려면, 1천 명 전후의 병사로 구성한 대대보다, 병력은 10분의 1밖에 안 되어도 더 많은 수의 중대로 각기 전력을 다해 싸우는 수밖에 없다고 생각했는지도 모른다.

반대로 살라딘은 1천 명 정도가 아니라 1만 명 규모의 군대를, 그것도 여럿 투입했다. 그 살라딘군은 숲속을 지나 리처드의 군대를 향해 서서히 접근하고 있었다.

그리고 그날 희한하게도 살라딘은 원래 숲의 초입에 두었던 본진의 위치를 숲이 끝나는 반대쪽 지점으로 옮겼다. 아코 공방전 때도 살라딘은 전선에서 훨씬 떨어진 후방에 본진을 두었으니, 전선 근처에 본진을 둔 것은 '하틴 전투' 이래로 처음 있는 일이었다.

살라딘이 염두에 두었던 것은, 육지 쪽 세 방향을 포위하고 그 포위망을 좁혀가며 적을 괴멸시키는 작전이었을 것이다. 나머지 한 방향은 바다이므로 세 방향에서 동시에 몰아붙이면 도망칠 수 없다.

살라딘이 이때 투입한 병력은 4만 명이 넘었다고 한다. 한편 리처드의 군대는 2만 명도 채 안 되었다. 그런데 실제로 살라딘군은 병력의 절반밖에 쓰지 못했다.

실제 전장에서 이슬람군은 살라딘의 생각대로 움직이지 않았다. 아니, 처음에는 그렇게 움직였지만 어느 단계에서부터 불가능해졌다고 해야 할 것이다. 리처드가 살라딘이 예상한 대로 행동하지 않았기 때문이다.

1191년 9월 7일, '아르수프 전투'라는 이름으로 역사에 남은 이 전투는, 해가 중천에 뜬 오전 9시에 이슬람측에서 울리는 북소리로 시작되었다.

먼저 살라딘이 늘 쓰는 전법대로 궁병들이 일제히 빗발처럼 화살을 쏘아댔다.

튼튼한 갑옷과 투구, 방패로 무장한 그리스도교측 장병들에게 이를 막는 것은 그리 어려운 일이 아니었다. 하지만 이날 이슬람의 궁병들은 전진하면서 화살 비를 퍼붓기를 집요하게 반복했다. 이어서 보병부대의 뒤에서 천천히 다가온 기병부대가 숲을 빠져나오자마자 일제히 말에 채찍을 가했다. 그리고 순식간에 보병부대를 통과하고는 둘로 갈라져, 행군하는 리처드군의 전위와 후위를 공격했다.

이때 두 이슬람 기병부대의 속도는, 살라딘의 의도였는지 아닌지는 알 수 없으나(나는 아니라고 생각하지만), 그리스도교군의 후위를 공격하러 간 쪽이 더 빨랐다.

그 결과 그리스도교군 중 제일 먼저 적의 공격에 노출된 것은 가장 후미에서 행군하던 병원 기사단이었다. 게다가 전력질주에 따른 힘을 그대로 받았으므로 공격의 강도도 가장 강력했다.

병원 기사단의 기사들은 리처드의 명령대로 방어에만 전념하려 했다. 하지만 이날은 적의 기병부대의 맹공을 버텨내는 사이에 앞서 기병에 추월당했던 적의 보병부대까지 전투에 가세했다.

이슬람 보병은 접근전이 되자 우선 화살을 쏘는 각도를 바꾸었다. 위를 향해 쏘는 것이 아니라 그리스도교측 기병의 말을 겨냥한 것이다. 그리고 말을 잃고 보병이 된 기병을 향해, 활과 화살을 등뒤로 메고 이번에는 못 박힌 곤봉을 휘두르며 돌격해왔다.

이 곤봉의 위력은 원시적인 형태만 봐서는 상상할 수 없을 만큼 강력했다. 힘껏 휘두르면 강철 갑옷이나 투구도 찌부러졌다. 뿐만 아니라 부서진 갑옷의 파편이 몸에 파고들기도 했다.

눈 깜짝할 사이에 희생자가 속출하는 것을 본 병원 기사단의 단장은 부하 한 명을 리처드에게 보냈다. 반격을 허락받기 위해서였다. 하지만 리처드는 허락하지 않았다.

할 수 없이 끝까지 방어로 일관하며 행군을 계속했지만, 병원 기사단 기사들에게 퍼붓는 살라딘군의 공격은 갈수록 심해져 마치 도망치는 양의 엉덩이 살을 뒤에서 물어뜯는 늑대 떼와 흡사했다.

이번에는 단장이 직접 말을 달려 리처드를 찾아가 반격을 허락해달라고 청했다. 하지만 이번에도 리처드는 허락하지 않았다. 자기 부대로 돌아온 기사단장이 목격한 것은, 이대로 계속 당하기만 한다면 명예가 더럽혀진다고 외치는, 피투성이가 된 동지들의 모습이었다. 이런 그들에게 두 번에 걸친 리처드의 거절은 잔혹함 그 이상으로 생각되었을 것이다.

결국 기사단장 가르니에는 리처드의 명령을 거스르더라도 반격에 나서기로 마음먹었다. 단장의 명령이 떨어지자마자 내내 참아온 기사들의 분노가 폭발했다. 병원 기사단 전원이 한 덩어리가 되어 반격을 시작했다.

이를 본 리처드는 곧바로 전술을 변경했다.

뛰어난 무장은 미리 생각한 전술대로 상황이 진행되지 않더라도, 적당한 파도가 다가오면 주저하지 않고 올라탈 줄 안다.

자기 중대를 이끌고 격전이 벌어지는 후위로 달려간 리처드는 선두에 서서 적진 깊숙이 쳐들어갔다. 그러자 리처드가 움직인 것을 안 다른 장수들도 각 중대를 이끌고 뒤를 따랐다. 이리하여 행군의 후위는 가장 심한 전투의 장이 되었다.

어디 출신이고 어느 부대 소속인지는 더이상 아무도 따지지 않았다. 하기로 마음먹었으면 그만이다. 이때 이들의 마음속에는 적을 쓰러뜨리겠다는 생각뿐. 이런 마음은 리처드든 일개 병졸이든 전혀 다르지 않았다. 그리고 전투의 대세는 일찌감치 그날 이른 오후에 결정되었다.

먼저 도망치기 시작한 것은 살라딘군이었다. 전장을 가득 메운 단말마의 비명과, 순식간에 늘어가는 아군 사망자. 끊이지 않고 울리는 이슬람군의 북소리마저 고무보다 애도의 소리로 들렸다.

그때까지 용감하게 싸우던 이슬람군의 병사뿐만 아니라 그들을 이끌던 태수들까지 도망치기 시작했다. 특히 베두인 기병은 공격해오던 속도만큼이나 도망치는 것도 빨랐다. 기병 보병 할 것 없이 모두 숲속으로 도망쳤다. 숲만 빠져나가면 그 바깥에 전투에 투입되지 않은 1만 명의 병사들이 대기하고 있었던 것이다.

추격으로 전환한 휘하 병사들이 숲속으로까지 쳐들어가려는 것을 본 리처드는, 절대 숲으로 들어가지 말라는 엄명을 내렸다. 우선 숲속에서의 전투는 기병에 불리한 접근전이 될 게 분명하고, 게다가 도주의 희망을 잃은 적병을 상대하면 쓸데없는 희생을 피할 수 없기 때문이다.

리처드는 살라딘 정도 되는 무장이 전장에 전군을 투입했을 거라고는 생각하지 않았다. 반드시 대기 병력이 있을 것이고, 만약 그렇다면 숲 건너편에 있을 확률이 높다고 생각했을 것이다.

무엇보다 지금은 행군을 재개하는 게 가장 중요하다. 되도록 빠른 시간 내에 안전한 숙영지에 들어가는 것이 기세를 몰아 추격하는 것보다 우선이었다.

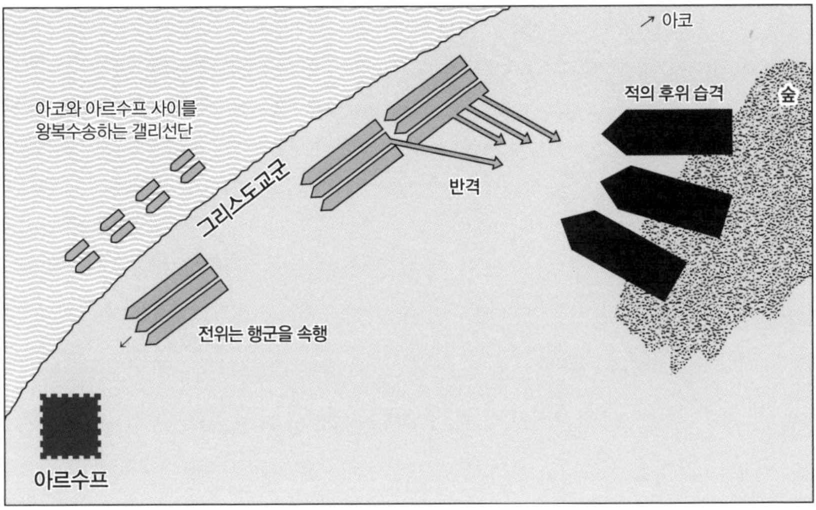

아르수프 공방전

이리하여 살라딘의 마지막 계획마저 허사로 돌아갔다.

'하틴 전투'는 처음부터 끝까지 살라딘의 생각대로 시작되고 끝났다. 당시 그리스도교군을 이끌었던 예루살렘 왕 뤼지냥이 살라딘의 교묘한 유도작전에 속아넘어갔기 때문이다.

하지만 이것은 살라딘의 '성공체험'이었다. 이쪽의 생각에 속지 않은 자가 상대편에 나타났을 때는 살라딘 같은 전략의 천재가 세운 작전도 수포로 돌아가는 것이다.

후위는 죽게 내버려둘 것으로 예상했는데, 리처드는 못 본 체하지 않았다.

숲속으로 추격해올 것이라 생각했는데, 그마저도 빗나갔다.

그제야 비로소 살라딘은 리처드의 역량을 인정하지 않았을까.

싸움이 끝나고

앞서 보낸 보병부대가 완성한 숙영지에 도착한 장병들은 서로 얼싸안고 그날의 승리를 축하했다. 실려온 부상병들은 기사에서 의사로 돌아간 병원 기사단 단원으로부터 응급처치를 받았다. 중상자는 해안에 댄 작은 배를 타고 먼 해상에서 기다리는 갤리선으로 옮겨져 아코로 이송되었다. 아코에는 이슬람 지배하에서도 무사히 존속해온 병원 기사단의 전문적인 병원이 있었다.

여기에 또 낭보가 전해졌다. 아르수프 성내의 방위대가 평원에서의 전투 결과를 알고는 도망쳤다는 것이다. 다음 날 밤은 지붕 아래에서 잘 수 있었다.

그러나 해가 떨어진 후에도 이름 있는 무장 중 한 사람의 얼굴이 보이지 않았다. 아벤 백작 자크였다. 부상을 입고 낙오한 것인가 싶어 손이 빈 템플 기사단 기사들이 찾으러 갔지만, 전장에 다가가지도 못한 채 돌아와야 했다.

이슬람측에서도 살라딘의 지시로 부상자를 옮겨가기 위해 병사들이 전장에 와 있었던 것이다. 그들이 손에 들고 있는 횃불이 너무 많아서, 용맹함으로는 남에게 뒤지지 않는 템플 기사단 기사들도 그냥 되돌아올 수밖에 없었다.

아벤 백작 자크의 문장

이튿날 아침 템플 기사단뿐만 아니라 아벤 수하의 병사들까지 가세해 수색이 재개되었다. 해가 쨍쨍 내리쬐는 전장의 정경은 처참하기 그지없었지만, 그곳을 수색하는 것도 곤란하기 짝이 없었다. 주검이 모두 피투성이여서 쉽게 식별할 수 없었기 때문이다.

마침내 찾아낸 주검은 아벤 백작의 마지막 모습을 말해주고 있었다. 말을 잃고 나서 보병으로 싸웠던 듯 백작은 애마 옆에 죽어 있었는데, 그 주위는 온통 적병의 주검들로 가득했다. 헤아려보니 열여섯 명이나 되었다. 그리고 들고 있는 무기로 보아 그 열여섯 명 모두 기병이었다. 말이 쓰러지자 아벤 백작은 자신을 포위하며 다가오는 적의 기병 열여섯 명을 차례로 쓰러뜨린 뒤 죽음을 맞은 것이다. 그해 자크 드 아벤은 서른아홉 살이었다.

병사들은 백작의 시신을 곧 아르수프 성내로 옮겨 피투성이 몸을 말끔히 씻기었다. 그리고 눈물을 그칠 줄 모르는 시종들이 백작에게 정장을 입혔다. 시신은 장수 여섯 명의 어깨에 실려 아르수프에 남아 있던 교회로 옮겨졌고, 그곳 바닥에 매장되었다.

장례미사는 무장을 벗고 주교의 모습으로 돌아간 솔즈베리 주교가 집전했다. 리처드와 뤼지냥을 비롯한 모든 장수들이 참례했다. 이것은 단지 프랑스 북동부의 한 영주의 장례식이 아니었다. 책임감이 남

달랐던 아벤 백작은 병사들로부터 신망이 두터웠고, 모든 장수들이 경의를 표하던 존재였다.

그러나 장례란 세상을 떠난 이를 애도함과 동시에 남은 사람들이 앞으로 계속 살아가기 위해 치르는 의식이기도 하다. 그날 밤 리처드의 명령이 떨어지자마자 아르수프 시내는 일대 바비큐 파티장으로 변했다.

'아르수프 전투'에서 승리했지만 십자군측은 많은 말을 잃었다. 살라딘이 궁병들에게 기병보다 말을 노리라고 명령했기 때문인데, 그 탓에 말을 잃어버린 기사가 많았다.

죽은 말은 해체되어 식육으로 쓰였다. 다만 말은 기사의 사유물이므로 그것을 먹을 수 있는 이는 보병 중에서도 기사의 종병(從兵)에 한정되었다. 보병으로 십자군에 참가한 병사들은 돈을 내고 사먹는 수밖에 없었다.

리처드는 전군에 포고를 냈다. 말을 잃은 기사에게는 무료로 새 말을 지급한다. 따라서 고기는 누구에게나 공평하게 공짜로 나눠줄 것.

이렇게 아르수프 시내의 광장마다 바비큐 연기가 피어올랐다. 왕복 수송에 의한 보급 덕에 리처드군에는 물과 음식이 부족하지 않았다. 하지만 계절은 아직 여름이다. 보급된 식량은 잘 부패하지 않는 빵과 치즈뿐이었고, 고기는 지휘관급도 먹지 못했다. 또한 남유럽 사람들은 생선도 많이 먹었지만 북유럽 남자들은 고기를 먹지 못하면 힘이 나지 않는다고 믿었다. 평소에는 사슴이나 멧돼지도 가리지 않고 먹었으니 말고기라고 문제될 건 없었다.

그날 밤 살라딘은 본진에 장수들을 모아놓고 꾸짖었다. "전장에서 탈주하다니, 너희는 술탄의 명예를 더럽혔다"고 비난한 것이다. 각 지방에서 모여든 태수로 구성된 장수들은 한 마디 말도 없이 고개를 숙이고만 있었는데, 그중 알레포 태수가 유일하게 살라딘에게 반박했다.

"술탄의 비난은 타당하지 않습니다. 그리스도교측 장병들의 갑옷과 투구는 너무도 단단하여 화살과 검, 창조차 튕겨냈습니다.

하지만 그보다 만만치 않았던 것이 한 기사의 감투(敢鬪)였습니다. 그 기사는 항상 최전선에서 말을 타고 우리 기병을 닥치는 대로 베었을 뿐 아니라, 오른손에 검을 들고 왼손으로 말을 몰면서 전투가 시작될 때부터 끝날 때까지 연신 자기 군사들을 질타하고 독려했습니다.

그 한 사람이 우리 병사를 얼마나 많이 쓰러뜨렸는가만 봐도 정말 대단한 남자라 할 수 있지만, 검을 들고 최전선을 종횡무진하던 그 기사가 곧 전투의 향방을 결정했다고 해도 좋을 것입니다. 사자의 화신이 아닐까 싶을 정도로 용맹한 그 기사를 병사들은 '멜렉* 리처드'라 불렀습니다."

리처드가 '사자심왕'이라 불리게 된 것은 이때부터였다고 한다.

살라딘은 이 반박에 아무 대답도 하지 않았다. 대신 한 가지 명령을 내렸다. 십자군이 건설한 아코 남쪽의 성채를, 예루살렘을 제외하고

---

* Melek, 히브리어로 '왕'이라는 뜻. (옮긴이 주)

모두 파괴하라는 것이었다.

그러나 이것들은 유럽의 성을 참고하여 지은 견고한 성채였다. 토대부터 부수는 것은 불가능했고, 결국 부분적으로 파괴하는 게 고작이었다.

살라딘은 리처드의 발길을 멈출 수 없음을 깨달았는지도 모른다. 그래서 전진을 계속하는 리처드가 거처로 삼을 만한 장소를 아예 없애버릴 생각을 한 것이다. 성채뿐 아니라 그 주변도 다 태워버리라고 했으니 거의 초토화 작전에 가까웠다. 이 명령에 따라 파괴된 것은 도시 안에 성채가 있던 항구도시도 마찬가지였다. 그중 하나인 야파는 다음 목적지로 리처드가 주목하고 있던 도시였다.

오랜 세월 긴장하며 살아온 탓인지 살라딘은 쉰세 살이라는 나이보다 더 늙어 보였다고 한다. 그때 그는 마음속으로 무슨 생각을 하고 있었을까.

티루스 공략전이 실패로 끝난 것에 대해서는, 이슬람측이 바다에 면한 티루스를 공격하기 위해 불가결한 해군력을 갖고 있지 않았기 때문이라는 해명이 성립한다.

또한 아코 탈환을 허용해버린 것도, 이슬람측의 오랜 약점인 해군력의 부족에 더해 장기간에 걸친 전투에 서툴렀다는 특징을 이유로 들어 변명할 수 있다.

그러나 '아르수프 전투'에서는 해군력의 부족도, 이슬람군의 인내력 부족도 이유로 들 수 없었다. 육상에서 싸운데다 전투를 개시한 지다섯 시간 만에 승부가 결정되었으니까.

적의 중앙은 보병이 밀어붙이고 좌익과 우익을 기병이 돌아 들어가는 전법도 결국 제대로 실행되지 못했다. 왼쪽에서 공격한 기병부대는 템플 기사단을 중심으로 한 전위에서부터 강력한 반격을 받아, 돌아 들어가기는커녕 오히려 후퇴하고 말았다. 그 틈에 리처드의 명령을 충실히 이행한 제1군은 행군을 속행할 수 있었다.

또한 후위의 병원 기사단에 퍼부은 맹공도, 리처드가 예기치 않게 즉시 전술을 변경하는 바람에 후위뿐만 아니라 중앙까지 가세한 십자군측의 반격을 정면으로 받았다. 이쪽에서도 적진 안쪽으로 돌아 들어가는 것은 꿈같은 이야기가 되어버렸다.

게다가 리처드는 승리의 여세를 몰아 숲속 깊숙이 추격해 들어오는, 살라딘으로서는 패배를 승리로 바꿀 유일한 가능성이었던 계책에도 넘어오지 않았다.

아르수프 근교에서 벌어진 이 전투에서 살라딘은, 그가 가장 자신 있어했던 방식, 즉 육상에서 단숨에 승부를 결정짓는 진정한 의미의 전투에서 처음으로 패한 것이다.

게다가 리처드의 본래 목적이었던 행군 속행까지 허용하고 말았다. 아르수프에서 살라딘이 리처드를 공격한 것은 리처드가 계속 남하하는 것을 막기 위해서였는데, 그조차 실패한 것이다.

육상에서 단숨에 승부를 결정지으려 했던 살라딘은 5만 명 중 4만 명을 투입했다. 그에 비해 리처드는 사실상 1만 명으로 맞섰다. 앞서 보낸 보병단과 템플 기사단이 주체인 제1군은 행군을 속행했으므로, 채 2만 명이 안 되는 리처드군의 절반, 많아야 1만 3천 명 정도가 '아르수프 전투' 당시 리처드군의 전력이었다.

그런데도 전장에 남겨진 이슬람군 주검은 7천. 응급처치를 받지 못해 전투가 끝난 후 숨을 거둔 부상자 수가 3천에 이르렀다고 한다. 대충 헤아려도 합해서 1만 명이다. 4만 명 중 1만, 투입한 병사 네 명 가운데 한 명이 전사한 셈이다. 영주이자 한 부대를 이끌고 싸우는 장수인 태수 중에서도 사망자가 32명에 이르렀다.

이에 비해 십자군측 전사자는 7백 명을 넘지 않았다. '태수'급 전사자는 아벤 백작 자크가 유일했다.

십자군은 그 역사의 중간쯤에 이르러서야 비로소, 한 명의 최고사령관의 생각으로 조직되어 그 휘하에서 군율을 엄수하고, 하나의 유기체로서 충분히 기능할 수 있는 군사력을 갖게 된 것이다. 살라딘은 장수와 병사가 충분해도 물 부족으로 힘을 발휘하지 못했던 '하틴 전투' 때와 완전히 달라진 적을 상대하게 된 것이다. 살라딘이 아르수프 전투 직후 받은 가장 큰 충격은 아마도 바로 이 사실이 아니었을까.

이슬람 세계에서 태수는 동시대 그리스도교 세계의 봉건영주에 해당한다. 하지만 당시 이슬람 세계에서는 의미하는 바가 약간 달랐다. 한 지방의 영주일 뿐만 아니라, 수니파와 시아파로 나뉜 종교상의 대립관계가 얽혀 있기 때문이었다.

소수민족인 쿠르드족 출신이었던 살라딘은 그 덕분에 '성전'이라는 이름 아래에서나마 수니파와 시아파를 통합하는 데 성공했다. 그것이 가능했던 또 한 가지 이유는 그가 확실한 승리자였기 때문이다.

그런데 아르수프에서는 패했다. 그것도 32명이나 되는 태수가 전사한 끝에.

'아르수프 전투'는 절대 패하지 않을 것으로 보이던 살라딘이 결코 '불패'가 아니라는 것을 실증한 전투였다. 이는 십자군측에는 자신감과 용기를 주었고, 이슬람측에는 한 전투에 패한 것 이상의 심각한 영향을 끼쳤다.

지금까지는 무적이고 불패라서 따랐지만 이제는 꼭 '무적'이 아니다, 그래도 따라간다면 기다리는 건 자멸뿐이라는 생각이 퍼져나갈지도 모른다. 그러면 살라딘이 갖고 있는 힘의 기반이 무너지고 만다. '홈'에서 싸우는 살라딘에게 병력을 보충하는 일은 어렵지 않았다. 따라서 1만 명의 전사자보다도 태수 32명의 전사가 더 심각한 문제였다.

이제는 초토화 작전이라는 소극적인 저항만으로는 충분하지 않다. 뭔가 다른 작전을 생각할 필요가 있었다. 잠정적이긴 해도 살라딘은 일단 군대를 물린다. 다만 아르수프에서 야파로 향할 것이 분명한 리처드군에 대한 방해는 계속하게 했다. 그리고 자신은 예루살렘으로 향했다.

예루살렘은 중요도에서는 메카, 메디나에 이어 세번째이지만 엄연히 이슬람교도의 성도다. 태수 중 누군가가 전선에서 이탈할 생각을 품는다 해도, 살라딘이 예루살렘으로 돌아와 이 성도를 사수하겠다는 의지를 분명히 보여주면 이탈하기 힘들어질 것이었다.

리처드가 이끄는 십자군은 전투 사흘 후에 아르수프를 출발했다. 지붕 아래서 잔 것은 사실상 하룻밤뿐이었지만 리처드는 갈 길이 급했다. 9월 10일, 행군이 재개된다.

리처드는 다음 목적지 야파로 향하는 군대의 후위에 템플 기사단을 배치했다. 이들은 '아르수프 전투' 초반에만 싸웠기 때문에 전투 의지와 체력이 충분했다. 살라딘이 아무런 방해도 하지 않고 야파까지 길을 열어줄 것이라고는 생각하지 않았다.

아니나 다를까, 아르수프에서 템플 기사단의 반격을 받자 가장 먼저 도망쳤던 태수가, 그때의 치욕을 씻겠다며 스스로 지원해서 1만 5천 명의 군대를 이끌고 습격해왔다.

템플 기사단은 즉각 맞서 싸웠다. 아르수프에서는 전투에 참가하지 않았던 샹파뉴 백작의 보병부대도 가세했다. 1만 5천 명의 적은 이런 적극적인 반격을 감당하지 못하고 또다시 퇴각하고 말았다. 리처드가 몸소 말을 타고 나갈 것까지도 없이, 아군이 싸우는 모습을 곁눈질하면서 본대를 이끌고 그대로 전진할 수 있었다.

리처드는 템플 기사단에게 적의 추격을 금했으므로 적을 격퇴한 기사들은 바로 본대에 따라붙었다. 견고한 대오를 유지하며 행군을 속행한다는 리처드의 작전은 그대로 수행되었다. 돌격하는 것을 누구보다 좋아하는 템플 기사단 기사들조차, 이때쯤에는 리처드의 명령에 절대복종하고 있었다.

야파 수복

야파에는 15일에야 들어갈 수 있었다. 선행부대가 이틀 전에 도착했지만, 역시나 살라딘의 명령대로 심하게 파괴되어 있어 성벽 밖에 펼쳐진 올리브 밭에서 이틀이나 야영해야 했기 때문이다.

하지만 야파도 아코와 마찬가지로 백 년에 가까운 세월 동안 그리스도교도의 항구도시여서, 오래전에 서유럽식의 석조 건축이 자리잡았다. 살라딘에 의해 이슬람 도시가 된 4년 동안 도시 조성까지 바꿀 수는 없었다. 그러므로 파괴되었다 해도 약한 지진이 덮친 정도에 지나지 않아서, 재건은 그다지 어려운 일이 아니었다.

무엇보다 항구가 무사하다는 것이 다행이었다. 항구를 사용할 수 없게 하려면 항구 안쪽이나 입구에 배를 침몰시켜놓는 것이 가장 손쉬운 방법이다. 그러나 리처드군이 나타나기 전에 시가지를 파괴해야 했던 이슬람 병사들에게는 그럴 만한 시간적 여유가 없었을 것이다.

야파 항을 사용할 수 있게 되자 십자군의 보급은 훨씬 용이해졌다. 행군하는 리처드군과 나란히 전진하다 해변이 보이면 작은 배로 다가가 보급해야 하는 어려움과 고생은 이제 옛일이 되었기 때문이다.

야파를 수복한 이후 제3차 십자군의 보급로는 키프로스－티루스－아코－야파로 연장되었다. 보다 많은 사람과 물자를 보다 안전하게 실어나를 수 있게 된 것이다. 제해권은 여전히 피사와 제노바의 그리스도교 세력이 견지하고 있었다.

아코를 뒤로한 후 리처드의 머릿속은 어떻게든 야파까지 가고 보자는 생각으로 가득했을 것이다. 하지만 야파 입성을 달성하고 나자 리

수복된 야파와 그 주변

처드는 두 가지 선택지 가운데 하나를 택해야 한다는 것을 깨닫는다. 먼저 야파의 방어를 강화할 것인가, 아니면 내친김에 야파 남쪽에 있는 항구도시 아스칼론을 공략할 것인가 하는 것이었다.

야파는 현대국가 이스라엘이 수립된 이후로 이름이 바뀌어 지금은 텔아비브로 불린다. 현재 이스라엘의 수도 기능은 이 텔아비브에 집중되어 있고, 예루살렘은 이들에게 마음의 수도인 셈이다.

한편 아스칼론은 현재 가자 지구로 불리는 팔레스타인 자치구에서 북쪽으로 채 30킬로미터도 떨어져 있지 않은 이스라엘의 항구도시인데, 야파만큼 중요시되진 않았는지 이름을 바꾸지 않고 발음만 달리해 아슈켈론으로 불린다.

텔아비브와 아슈켈론, 예루살렘은 각각 삼각형의 꼭짓점에 위치해 있다.

야파는 고대 말기부터 항공기가 등장할 때까지 기나긴 세월 동안, 유럽에서 찾아온 그리스도교도 순례자들이 상륙하는 전통적인 항구였다. 이슬람이 예루살렘을 지배하던 시절 예루살렘 서쪽으로 뚫린 문을 '야파 문'이라 불렀는데, 이는 야파로 통하는 문이라는 뜻이었다. 야파에 상륙한 그리스도교도 순례자들이 예루살렘으로 들어갈 때 이슬람측에 지불해야 하는 '입장료'를 징수하는 관리도 '야파 문' 앞에 있었다.

즉, 야파의 방어를 강화한다는 것은 십자군의 보급로를 강화할 뿐 아니라, 유럽에서 오는 순례자들이 상륙할 항구를 확보하는 일이기도 했던 것이다.

아스칼론 공략에는 그만한 의미는 없었다. 하지만 아스칼론은 전통적으로 이집트에서 팔레스티나로 가는 보급로의 도착항이다. 그러므로 아스칼론을 수중에 넣으면 예루살렘을 지키겠다는 의지를 분명히 하고 있는 살라딘측의 보급로를 차단할 수 있다. 이집트에서 팔레스티나까지 육로를 이용할 수도 있지만, 바닷길로 수송하는 쪽이 훨씬 시간과 노력을 절약할 수 있었다.

이 두 가지 선택지 가운데 하나를 선택해야 하는 상황에서, 리처드의 생각은 일단 아스칼론 쪽으로 기울었던 듯하다. 그래서 부하 기사 두 명에게 갤리선을 타고 해상에서 정찰하라고 명했다. 돌아온 두 사람은, 아스칼론이 도시뿐 아니라 항구까지 사용할 수 없을 정도로 파괴되었다고 보고했다.

살라딘은 리처드의 손에 넘길 바에야 자기들도 사용할 수 없는 상태로 만들려 했는지도 모른다. 어쨌거나 이런 정보를 접하자 리처드도 마음을 정할 수밖에 없었다. 야파 재건작업을 본격적으로 시작한 것이다.

계절은 가을. 팔레스티나 지방에서 가장 쾌적한 시기이다. 야파는 온 도시가 재건공사로 여념이 없었다. 그런 와중에 시간이 남아 무료해진 리처드는 말을 타고 산책을 나섰다. 사냥을 간다고 하고, 동행 몇 명만 데리고 야파 교외까지 발걸음을 한 것이다.

그러다 상록수를 발견하고 말에서 내려 나무 밑에서 잠깐 쉴 생각으로 앉았던 것이, 그만 혼곤한 잠에 빠져들고 말았다.

3주일 동안이나 팽팽했던 긴장이 풀려 마음이 해이해졌는지도 모른다. 수행한 자들도 잠에 빠진 리처드를 그대로 두고 말에서 내려 잠깐 쉬기로 했다.

얼마나 시간이 흘렀을까. 수행자 한 사람이 수상한 소리를 듣고 리처드를 깨웠을 때는 이미 늦었다. 한 이슬람군 부대가 주위를 포위한 것이다.

산책할 마음으로 나선 길이었지만 무기는 갖고 있었다. 수행한 자들이 리처드를 에워싸고서 맞서 싸울 태세를 갖추었지만 적병의 수가 너무 많았다. 이대로 칼부림을 해보았자 좋은 결과를 예상할 수 없었다.

바로 그때, 그날 산책에 동행했던 윌리엄 데 프레오가 혼자 적병들 앞으로 말을 달려, 배운 지 얼마 안 된 아랍어로 외쳤다.

"내가 바로 리처드 왕이다."

텔레비전도 무엇도 없던 시대다. '사자심왕'이란 별명까지 얻은 리처드에 대해서는 살라딘군의 말단 병졸까지 모두가 알고 있었지만 얼굴은 알지 못했다. 이슬람 병사들은 생각지도 못한 노획물에 미친 듯이 기뻐하며 일제히 윌리엄에게 몰려들었다.

그 틈을 타 리처드를 비롯한 다른 이들은 말에 채찍을 가하며 쏜살같이 도망쳤다. 숨을 헐떡이며 야파 성문으로 들어가자마자, 리처드는 곧바로 부대를 급파해 끌려간 윌리엄을 구해오라고 명했다. 하지만 생각지 못한 포로에 들뜬 이슬람 병사들은 서둘러 살라딘에게 돌아간 후였다. 수색대는 자취도 찾지 못하고 빈손으로 돌아와야 했다.

야파로 돌아온 리처드를 맞이한 사람들은 하나같이 가슴을 쓸어내렸다. 사냥을 간다고 나가서 도무지 돌아올 줄 모르는 리처드를 모두 걱정하고 있었던 것이다.

그날 밤 리처드는 측근으로부터 야단을 맞았다.

"이 얼마나 경솔한 짓이란 말입니까! 당신은 십자군의 지도자요, 아무도 대신할 수 없는 존재란 말입니다. 당신 행동에는 우리 모두의 목숨이 달려 있어요.

앞으로는 반드시 많은 병사들을 대동하고 다닐 것이며, 또 우리 없이는 절대 도시 밖으로 나가지 않겠다고 여기서 확실히 서약해주십시오."

리처드에게는 심복이라 할 만한 기사가 몇 명 있었다. 모두 서른네 살의 리처드와 비슷한 나이로, 솔즈베리 주교 휴버트, 레스터 백작 로버트, 쇼비니 백작 앤드루, 더비 백작 워클린, 그리고 리처드 대신 붙잡힌 윌리엄과 그의 형 피터로 대표되는 면면들이다. 더비 백작은 아코 공방전중에 전사했지만, 다른 이들은 리처드를 따라 야파로 와 있었다. 이 측근의 절반은 리처드가 아버지 헨리와 전투를 벌였을 때 헨리측에서 리처드와 대적했던 남자들이었다.

그런 그들이, 예전의 적이었던 자라도 능력만 있으면 과거를 문제 삼지 않는 리처드의 성격 덕분에 수하 장수로 가세한 것이다. 그들 역시 3년 전까지 적이었다는 것은 완전히 잊고, 리처드가 푸아티에 백작이었던 시절부터 그의 부하였던 양 지금은 충신을 자임하고 있었다. 그래서 별다른 거리낌 없이 그의 경솔한 행동에 불만을 토로한 것이다.

리처드도 지당하다고 생각했는지 앞으로는 신중하게 행동하겠다고 약속했다. 그러나 그 이후에도 딱히 이 충신들 없이는 전장에 나가지 않거나 했던 것은 아니다.

리처드에게 심취한 이 남자들은 원래부터 날뛰는 야생마와 같은 기질이 강했는데, 레스터 백작만 해도 전장에서 리처드가 왼쪽을 상대하면 자신은 오른쪽을 상대하는 식으로 리처드를 주위에서 호위하는 의무 같은 것과는 거리가 멀었다. 그러나 이 충신들은, 그렇게 자기 마음대로 전투에 임하는 와중에도 리처드를 시야에서 절대로 놓치려 하지 않았다.

이 남자들이 원정을 온 건 십자군 때문이 아니었다. 리처드가 간다고 하니까 오리엔트에까지 따라온 것이었다.

리처드 대신 붙잡힌 윌리엄의 신분은 살라딘 앞으로 끌려가자 곧바로 드러난다. 윌리엄이 스스로 자기 이름을 말하며 왕의 대역이라고 밝혔던 것이다. 아코 성문을 열 때 몸값을 협상하기 위해 리처드를 만난 적이 있는 자를 불러 사실 여부를 확인하자 역시 리처드가 아니라고 했다.

살라딘은 화를 내지도 않았고, 목을 치라고 명하지도 않았다. 도리어 윌리엄을 다른 포로들과 달리 매우 쾌적한 장소에 '억류'해두라고 명했다. 이러한 상황은 전쟁중에도 이슬람측과의 접촉을 끊지 않은 베네치아 상인을 통해 은밀히 리처드에게 전해졌다.

'성도'로 가는 길

그날 이후로 리처드는 더는 산책을 나가지 않았지만, 주변 일대에 대한 군사행동에는 빈번하게 나섰다. 그 이유는 세 가지였다.

첫째, 주변 일대를 제패해야 비로소 야파라는 도시의 안전을 보장할 수 있기 때문이고,

둘째, 야파에서 예루살렘으로 향하는 내륙부로, 조금씩이나마 장기

판의 말을 전진시켜야 했기 때문이다.

아르수프 전투 직후 살라딘이 명한 초토화 작전 때문에, 야파에서 예루살렘으로 가는 길에 세워진 성채와 요새는 대부분 파괴되어 있었다. 하지만 앞에서도 말했듯이 만듦새가 견고했기 때문에 형체도 남지 않을 만큼 파괴된 건 아니었다. 이슬람 병사가 모두 떠난 도시들을 탈환하는 일은 쉬웠고, 재건도 어려운 일이 아니었다.

리처드는 성채와 요새의 재건을 템플 기사단과 병원 기사단에 일임했다. 리처드가 무슨 일이 있을 때마다 이 두 종교 기사단에 의지한 이유는, 첫째로 그들의 상황파악 능력, 둘째로 조직적인 실행력, 셋째로 이들 종교 기사단의 자금력에 있었다. 두 기사단 역시 리처드가 의뢰한 일은 충실히 실행했다.

야파 주변으로 군사행동을 나간 세번째 이유는, 병사들의 불만을 해소하기 위해서였다.

야파의 재건이 진행됨에 따라 병사들, 특히 기사들 사이에서 "우리가 이깟 토목공사나 하려고 성지에 온 게 아니다"라는 목소리가 나오기 시작했던 것이다.

이런 사람들에게 이유를 설명하는 건 별 소용이 없다. 그렇다면 이슬람교도를 상대로 전투를 벌이게 해주는 방법밖에 없었다. 하지만 이로써 첫번째 이유를 달성하고 두번째 이유의 실현도 앞당길 수 있었으니, 불만도 이용하기 나름이었다.

그러나 야파 밖으로 나가 이슬람군을 무찌르고 돌아오는 날이 계속되는 와중에 리처드는 한 가지 사실을 깨달았다. 아무래도 병사의 수가 줄어드는 것 같았던 것이다. 점호를 해보니 야파에 도착했을 무렵에 비해 병사 수가 대폭 줄었다는 사실을 알 수 있었다.

야파를 탈환한 후에도 피사와 제노바 선단의 왕복수송은 계속되었는데, 이제는 이들이 돌아갈 때 태우고 갈 부상자가 없다. 그러자 병사들이 부상자로 가장하고 빈 배에 몸을 실어 아코로 탈출했던 것이다.

격노한 리처드는 예루살렘 왕 뤼지냥에게 아코로 가서 그들을 데려오라고 명했다. 그러나 장수뿐 아니라 병사들에게도 인망이 없었던 뤼지냥이 데리고 돌아온 것은 소수의 병사들뿐이었다. 하는 수 없이 리처드가 직접 아코로 갔다. 그리고 꾀병을 부린 병사들을 아코의 광장에 모아놓고 연설했다.

"부끄러운 줄 알라! 너희들은 십자가에, 즉 신에게 서약하고 십자군에 참가했다는 것이 무슨 뜻인지 다시금 가슴에 손을 얹고 생각해야 한다."

다른 사람도 아닌 리처드가 이런 요지의 연설을 하며 직접 질책하고 설득한 것이다. 열심히 듣고 있던 병사들은 감동하여 꾀병을 부린 것을 부끄러워했다.

이리하여 병사들은 야파로 돌아왔고, 리처드도 아코에 두고 온 누이 조안나와 아내 베렝가리아를 데리고서 야파로 돌아왔다.

이유는 두 여인과 시녀 일행을 티루스에서 아코로 데려왔을 때와 같았다. 다시 말해 왕 리처드는 야파가 안전한 곳이며 이곳을 예루살렘으로 향하는 확고한 전초기지로 만들 것임을 아군과 적군 모두에게 분명히 알리고자 했던 것이다.

그러나 꾀병을 부려서라도 아코로 가고 싶어하는 병사들의 마음을 리처드도 모르는 바 아니었다. 그래서 키프로스를 제패한 후 방어를 위해 섬에 남겨둔 수하 장수에게, 키프로스 섬의 여자 3백 명을 야파로 보내라고 명했다.

3백 명의 그리스 여자들의 입항을 병사들이 환호성으로 맞이한 것은 말할 것도 없다. 다른 때 같으면 이런 사태를 두고 '성지'에 어울리지 않는다며 비난할 성직자도 리처드 휘하의 이 '성지'에는 없었다. 고위 성직자가 아예 없었던 것은 아니다. 그러나 솔즈베리 주교를 비롯한 이들은 리처드가 이끄는 제3차 십자군에서 아군 병사들의 사생활에 간섭하기보다 이교도 이슬람을 상대로 한 전투에 전념했다. 덕분에 병사들은 그 누구도, 즉 예수 그리스도도 신경 쓰지 않고, 고대 여신이 이럴까 싶은 그리스 창부들과의 놀이에 열중했다.

이것이 효과를 발휘했는지, 전투를 끝내고 돌아오는 야파에 여자의 기색이 돌게 된 이후로 병사들의 낮 전투 성과까지 올라갔다. 리처드가 이끄는 십자군은 이슬람군을 상대로 연승을 거두었고, 무적에 가까운 이런 상태는 야파 주변지역을 크게 넘어서서 예루살렘으로 가는 길을 착실히 줄여나가고 있었다.

그런데 여기까지 군대를 전진시킨 단계에서 리처드는 살라딘과 강화협상을 시작한다.

협상 사절로는 자기의 부하 장수가 아니라 중근동 십자군 국가의 유력한 영주인 토론을 보냈다. 토론은 제1차 십자군이 침공해온 후 이 땅에 정주한 봉건영주 중 한 명이며, 나고 자란 곳도 팔레스티나였다. 같은 입장인 발리앙 이벨린처럼 토론도 고급 아랍어를 구사했다.

리처드가 살라딘에게 보낸 조건을 정리하면 다음과 같다.

"살라딘은 그리스도교측에 예루살렘을 중심으로 한 예루살렘 왕국령을 반환하고, 그 외에 보두앵 4세(젊은 나이에 죽은 문둥이 왕)가 예루살렘 왕이었던 시절 그리스도교도의 영지였던 시리아의 땅도 모두 반환한다."

다시 말해 '하틴 전투' 이전의 상태로 되돌리라는 것이었으니 살라딘의 입장에서는 받아들일 수 없는 조건이었다. 한마디 말로 거부한다 해도 이상할 게 없었다.

그런데 살라딘은 그러는 대신, 리처드와의 협상 담당자로 동생 알 아딜을 보내왔다.

살라딘은 자신보다 다섯 살 아래의 용감하면서도 냉정하고 침착한 알 아딜(Al-Ādil)을 다른 누구보다, 친아들들보다 더 신뢰하고 있었다. 술탄이 된 이후로 시리아의 다마스쿠스를 본거지로 삼고 있었지만 살라딘의 권력 기반은 이집트였는데, 그 이집트의 통치를 알 아딜에게 일임했을 정도였다. 즉, 살라딘은 리처드와의 협상에 손에 든 것 중 최상의 카드를 내민 것이다.

하지만 그건 이 단계에서 강화를 성립시키고 싶어서가 아니었다. 리처드가 내놓은 조건이 살라딘으로서는 도저히 받아들일 수 없는 것이었기 때문이다.

그런데도 신뢰하는 동생을 보낸 진정한 이유는, 알 아딜이 리처드를 관찰하게 하기 위해서가 아니었을까. 적장, 그것도 지금까지 회전에서 한 번도 패하지 않았던 자신을 일패도지시킨 적장의 됨됨이를 알아두는 것은, 앞으로 그와의 대전에 도움이 될 테니까.

야파 교외의 어딘가로 추측되는 장소에서, 1191년 11월 8일 리처드와 알 아딜의 회담이 실현되었다.

알 아딜은 이슬람교도의 관례에 충실하게 '선물'을 가져왔다. 훌륭한 낙타 일곱 마리와, 전장에서 술탄이 쓰는 호화롭고 화려한 진막(陣幕) 한 세트였다.

알 아딜과 만난 리처드가 놀란 것은 호화로운 선물 탓이 아니었다. 살라딘의 동생이 보인 품격 있는 태도와 이야기하는 모습 때문이었다.

정상회담에서 통역을 이용할 때, 두 정상은 귀로는 통역의 말을 들으면서도 눈은 항상 상대를 향하고 있어야 한다. 통역에게는 눈길도 주지 않아야 협상 상대의 됨됨이를 관찰할 수 있다. 인간이란 이야기할 때의 시선이나 손짓에서도 마음속 생각이 드러나는 법인데, 통역의 목소리에 정신이 팔리면 가장 중요한 이런 관찰을 소홀히 하게 된다.

서른네 살의 리처드도 상대가 마음에 들었지만, 마흔여덟 살의 알 아딜 역시 리처드에게 호감을 가졌다. 서로 마음이 맞았던 셈인데, 지금 식으로 말하자면 느낌이 통했다고 할 수 있을 것이다.

리처드는 진실을 말하고 거짓말은 하지 않았다. 알 아딜은 진실을 모두 말하지는 않았지만, 거짓말은 절대 하지 않았다.

이때 살라딘이 동생을 통해 리처드에게 전한 강화조건은, 요르단강 서쪽의 예루살렘 왕국령은 반환하겠지만 아스칼론은 절대 안 된다는 것이었다. 다만 예루살렘 성내에 대해서는 언급하지 않았으니 예루살렘은 여전히 이슬람 치하에 두려는 생각이었을 것이다.

이는 성도 탈환을 기치로 내건 제3차 십자군의 총사령관인 리처드가 받아들일 수 없는 조건이었다. 따라서 회담은 결렬되었지만, 어쨌든 두 사람은 그리스도교도와 이슬람교도이면서도 이미 느낌이 통한 사이였다. 그래서 회담은 어느 한쪽이 자리를 박차고 일어서는 과격한 방식이 아니라, 서로가 희망하는 바에 대해 우호적으로 이야기를 나누는 분위기로 끝났다.

다만 다음 회담의 성사 여부에 관해서는 정하지 않았다. 그리고 회담 결과를 형에게 보고하기 위해 예루살렘으로 향하는 알 아딜에게 리처드는 경호부대를 붙여주었다. 야파 주변에는 그리스도교군 병사들이 제 세상인 양 활개를 치고 다녔기 때문이다.

이 회담이 끝나고 2주일쯤 지났을 때, 리처드는 예루살렘으로 가는 길을 조금이라도 유리하게 만들기 위한 군사행동을 재개했다. 유럽에서도 동절기의 군사행동은 병사의 봉기를 불러올 만큼 가혹했는데, 중근동의 겨울 역시 비가 세차게 내리고 찬바람이 불어댔다. 그런 상황에서 행군을 강요한 리처드에게, 병사들은 푸념을 할지언정 행군을 거부하지는 않았다. 단순한 행군도 아니고 적과의 전투가 빈발하는 행군임에도.

11월 22일, 리처드군은 라말라(Ramla)를 점령한다. 이로써 야파에서 예루살렘으로 가는 길의 3분의 1 지점에 도달했다.

12월 25일, 라말라의 점령을 확고히 하는 데 꼭 필요한 주변 일대의 제압도 마친다. 리처드와 병사들은 크리스마스에도 쉬지 않았던 셈이다.

1192년으로 해가 바뀐 직후인 1월 3일, 리처드가 이끄는 십자군 세력은 바이트누바(Bayt-Nuba)에 도착했다. 야파에서 예루살렘까지의 3분의 2 지점에 다다른 것이다.

예루살렘까지 채 30킬로미터도 남지 않은 곳이었다. 30킬로미터 너머에는 성도 예루살렘이 있고, 그곳에는 살라딘이 기다리고 있었다.

그러나 이 지점에서 리처드는 전진을 속행하지 않았다. 바이트누바에 닷새간 머물렀고, 1월 8일에는 군대를 라말라로 철수시켰다. 그리고 자신은 야파로 돌아갔다.

알 아딜과의 협상이 재개된 것은 아니었다. 1192년의 전선을 어떻게 이어나갈지 십자군 수뇌들과 협의하기 위해서였다.

불리한 현실

리처드는 일을 신중하게 진행할 필요를 느끼고 있었다. 야파에서 열린 회의에는 유럽에서 온 제3차 십자군 수뇌들 외에 현지 세력인 십자군 국가의 제후들과 템플 기사단과 병원 기사단의 단장도 참석했다. 중근동에 온 이후 리처드는 이들 현지 세력의 의견에 귀를 많이 기울였다.

현재의 전황과 병력으로 보아 예루살렘을 포위하는 건 불가능하지 않았다. 병력이 충분하다고는 할 수 없지만 제1차 십자군 때를 생각하면 못할 것도 없다.

하지만 현실은 제1차 십자군 때와 크게 달랐다.

첫째로, 지금의 이슬람측은 완전히 통일되어 최고사령관 살라딘 아래 뭉쳐 있다는 점이다.

게다가 예루살렘 성내에 잠입시켜둔 스파이, 즉 이탈리아 상인들이 가져오는 정보에 따르면, 예루살렘 성내에서 알 아딜의 모습이 사라졌다는 것이다. 혹시 알 아딜이 형의 명령으로 이집트로 돌아갔다면, 이집트에서 대규모 원군을 편성해 머지않아 살라딘이 지키고 있는 예루살렘으로 오리라는 것을 충분히 예상할 수 있었다.

이렇게 되면 설사 예루살렘을 포위한다 해도 아코 공방전의 전철을 밟게 된다. 다시 말해 앞뒤로 적을 두게 될지 모르는 일이다.

더욱이 아코에서 전후방에 적을 두고도 2년이나 공격을 계속할 수 있었던 것은 바다 쪽에서의 보급이 있었기 때문인데, 바다에서 떨어져 있는 예루살렘에서는 그런 기대도 할 수 없다. 야파로부터의 보급로는 육로를 택할 수밖에 없는데, 병력 보강에 문제될 것이 없는 이슬람 측을 적으로 두고서는 육상 보급로의 확보가 아주 어려워지리라는 건 확실했다.

실질적으로 2년간 아코 공방전을 전개한 현지 그리스도교 세력에게, 그때와 같은 일을 반복한다는 건 악몽이나 다름없었다.

결국 제3차 십자군의 다음 목표는 아스칼론을 완전히 수중에 넣는 것으로 정해졌다. 이것만 실현되면 그리스도교측이 중근동의 제해권을 견지할 수 있으므로, 바다에서 예루살렘의 살라딘에게로 가는 보급을 완전히 끊을 수 있다. 뿐만 아니라 육로를 통한 보급은 이집트에서 시나이 반도의 지중해 쪽을 통과해 이루어졌는데, 아스칼론을 수중에 넣으면 그 보급로도 방해할 수 있게 되는 것이다.

그런데 여기서 예상하지 못한 사태가 발생한다. 아스칼론을 완전공략하는 데 없어서는 안 될 그리스도교측 해군, 즉 피사인과 제노바인이 아코 성내에서 무력충돌을 일으켰다는 소식이었다. 이 일은 리처드가 직접 가서 해결하는 수밖에 없었다. 야파에서 아코를 향해, 그는 겨울바다를 항해했다.

같은 이탈리아 해양국가 중에서도 베네치아 공화국은 국가의 통제력이 강했다.

반면에 피사와 제노바는 역시 공화제를 시행하고 있었지만 정치가 불안한 탓에 불안정한 정부에 휘둘리고 싶지 않다는 의식이 팽배해 개개인들의 힘이 강했다.

바꿔 말해, 피사와 제노바는 해외에서 교역에 종사하는 사람들에 대한 모국의 영향력이 베네치아에 비해 훨씬 약했던 것이다.

개인주의에는 자유로운 능력 발휘라는 긍정적인 면이 있지만 부정적인 면도 있다. 장기적인 것보다 단기적인 관점이 득세하기 쉽고, 그러다보니 눈앞의 이권이 가장 중요한 일이 되어, 그것을 놓고 대결의식이 폭발하기 쉽다는 점이다.

제3차 십자군에서 해상전력을 담당해 리처드와 함께 싸운 것은 베네치아가 아니라 피사와 제노바였다. 원래 라이벌 관계였던 그들 사이에, 서로 자기 쪽이 더 큰 희생을 치렀다는 생각이 더해졌다. 육상의 리처드군과 나란히 해상을 나아가던 무렵에는 라이벌 의식을 잊어버릴 정도의 공동 목표가 있어 협력할 수 있었지만, 당면한 목표가 달성되자 곧 원래의 대결의식이 표면화된 것이다.

또한 아코에서 발생한 이 아군 사이의 충돌은 피사인과 제노바인의 관계에 그치는 것이 아니라, 그 배후에 제3차 십자군의 주요인물들이 관련되어 있다는 점 때문에 문제가 더 복잡했다.

피사인들은 예루살렘 왕 뤼지냥과 밀접하고, 제노바인들은 티루스의 지배자인 몬페라토 후작 코라도와 연대하고 있었다. 게다가 코라도의 배후에는 프랑스 왕 필리프가 프랑스로 돌아갈 당시 군대를 맡겼던 부르고뉴 공작 위그도 있었다.

사실 프랑스군은, 야파를 출발해 이슬람군과 싸우면서 예루살렘으로 향하는 이 시기의 리처드군에는 참가하지 않았다.

왕 필리프는 '병사'는 남겼지만 '돈'은 남기지 않았으므로, 그 왕에게서 프랑스군을 떠맡은 부르고뉴 공작은 돈이 궁할 때마다 리처드에게 손을 벌렸다. 하지만 그런 일이 거듭되자 리처드는 더이상 돈을 융통해줄 수 없다고 잘라 말했고, 그후 부르고뉴 공작은 프랑스군을 이끌고 아코로 돌아갔던 것이다.

다시 말해 1192년으로 해가 바뀌자마자 아코에서 일어난 이 소동은 제3차 십자군의 내부사정과 깊이 연관되어 있었던 것이다. 상황이 이렇게 되자 리처드가 직접 아코로 갈 수밖에 없었다.

리처드는 이 어려운 문제를 하나씩 정리해가는 식으로 해결하려 했던 듯하다.

그가 아코에 입항한 것은 2월 18일이었다. '재의 수요일'이라 불리는 이날부터 그리스도교도들은 부활절을 향한 참회의 기간인 사순절에 들어간다. 신도들이 머리에 재를 뿌리고 과거에 저지른 죄를 참회함으로써 마음을 새롭게 하는 풍습이 있었다.

리처드는 입항한 날 바로 아코의 중앙광장에 피사와 제노바의 남자들을 모두 모이게 했다. 그리고 그들을 향해 말했다.

"서로 협력하여 뭔가를 이루겠다고 결심한 사람들 사이에서 우정만큼 귀한 것도 없고, 단결만큼 명예로운 것도 없으며, 융화와 조화만큼 감미로운 것도 없다.

반대로 적대의식만큼 파괴적으로 작용하는 것도 없다. 적대의식은 단결을 무너뜨리고 자기편 사이의 존경심을 잊게 하여 모두를 위험에 빠뜨리는 싹을 틔우기 때문이다.

그러므로 동지애로 묶이고 서로에 대한 존경심으로 강화된 조직도,

시기와 질투라는 감정적 충동만으로 와해될지 모르는 일이다."

평소 개인주의적이고 이기적인 교역상인의 면을 지닌 피사인과 제노바인도 이에 감동했다. 리처드의 연설이 끝나자마자 피사인 제노바인 할 것 없이 서로 얼싸안고 우정의 부활을 확인했다.

리처드가 다음으로 대결한 것은 부르고뉴 공작 위그였다. 이 회담에는 두 사람만 참석했던 듯 내용이 기록으로 남아 있지 않다. 이야기가 어떻게 진행되었는지 모르지만, 적어도 리처드는 부르고뉴 공작으로부터 부활절 전까지 프랑스군을 전선에 복귀시키겠다는 약속을 얻어냈을 것으로 보인다. 복귀라고 해도 공백 기간은 한 달 반에 지나지 않았지만.

예루살렘 왕 뤼지냥과 몬페라토 후작 코라도 사이의 문제는, 전자는 '명분', 후자는 '실리'라는 차이가 있음을 감안해도 둘 다 현지 그리스도교 세력의 유력자들인지라 중재하기가 힘들었다. 게다가 나이도 뤼지냥이 마흔둘, 코라도는 쉰둘이었다. 두 사람 다 이제 뒤로 물러설 수 없는 나이였던 것이다. 그런 만큼 이제 곧 서른다섯 살이 되는 리처드에게 실패는 용납되지 않았다.

뤼지냥은 예루살렘 왕의 피를 이어받은 시빌라와 결혼해 예루살렘 왕위에 오른 남자인데, 그 아내는 1년 전에 이미 세상을 떠났다. 당연히 왕으로서 그의 입지도 약해졌다. 왜냐하면 모계로 이어져내려온 예루살렘의 왕위에 자기보다 더 가까운 여인, 이자벨이 있었기 때문이다. 그녀는 리처드와 알 아딜의 회담에서 통역을 맡았던 토론과 결혼한 사이였다. 이렇게 되면 뤼지냥보다 토론이 예루살렘 왕위에 오를 자격이 더 우세해진 셈이다.

이를 간파한 몬페라토 후작 코라도는, 무슨 수를 썼는지 몰라도 이자벨과 토론을 이혼하게 만들고 곧이어 이자벨과 결혼했다. 그리고 왕위에서 물러나라고 뤼지냥을 압박했다.

이 모든 것이 혈통을 중시하는 중세였기에 일어난 불화였는데, 예루살렘 탈환을 목표로 하는 리처드로서는 탈환 후 누가 왕이 되는가 하는 것과 연관되는 이 문제를 그대로 방치할 수도 없는 노릇이었다.

리처드는 이 지역에서 나고 자란 봉건제후들, 템플 기사단, 병원 기사단 등으로 구성된 현지 세력의 수뇌들을 모아놓고, 자신들의 수장으로 뤼지냥과 코라도 중 누구를 선택할지를 물었다.

리처드의 예상과 달리 현지 세력의 수뇌들은 모두 몬페라토 후작 코라도를 선택했다.

기 드 뤼지냥은 신사이기는 했지만 최고사령관으로서의 능력은 전혀 없었다.

몬페라토 후작 코라도는 결코 신사는 아니었지만, 티루스에서 보여준 것처럼, 또 그후 아코에서도 보여준 것처럼 전투에 유능한 남자였다.

이교도로 둘러싸여 있는 중근동에서 살아가기 위해서는 신사보다 유능한 무장이 더 필요했던 것이다.

리처드는 이 결과를 존중하지 않을 수 없었지만, 선택받지 못한 뤼지냥을 동정하는 마음도 있었다. 게다가 뤼지냥은 스스로 생각해서 움직이는 능력은 없어도 리처드가 지시한 일은 반드시 해내는 장수였다. 그래서 리처드는 뤼지냥을 자신이 정복한 키프로스 섬의 왕으로 즉위시켰다. 기 드 뤼지냥으로 시작된 이 키프로스의 뤼지냥 왕조는, 이후 이 섬이 베네치아 공화국의 영토가 될 때까지 3백 년 동안 이어진다.

하지만 아코까지 온 이상 리처드가 해결해야 할 문제가 하나 더 남아 있었다. 몬페라토 후작 코라도를 참전시키는 일이다. 코라도는 아코 탈환에 성공한 이후로 십자군에 참가하지 않았다. 이 코라도를 대하는 방법에서도 리처드는 정공법을 택한다.

이제 예루살렘의 왕이 되었으니 십자군에 참가하는 것이 권리이자 의무다, 라고 압박한 것이다. 예루살렘 왕은 예루살렘만의 왕이 아니다. 제1차 십자군 이후 중근동에 수립한 십자군 국가의 전체 책임자로 간주되어왔다. 그러므로 예루살렘 탈환을 목표로 하는 십자군에 참가하는 것이 당연하다는 논리였다.

그런데 코라도는 애매한 핑계를 대며 이를 피했다. 자신이 자리를 비우면 티루스의 안전이 위태로워질 것을 걱정하는 주민들을 무시할 수 없다는 것이었다.

그러나 사실 이 시기 코라도는 은밀히 살라딘에게 접근하고 있었다. 예루살렘 왕의 지위를 유지하며 티루스에서 베이루트에 이르는 지대를 영유하는 것을 인정해준다면 리처드가 이끄는 십자군에 참가하지 않겠다는 것을 조건으로 살라딘에게 우호조약을 요청한 것이다.

리처드는 비밀리에 추진된 이 교섭에 대해 모르고 있었다. 어쩌면 끝까지 몰랐을지도 모른다. 이후에 다시 접촉하게 되는 알 아딜도 이에 관해서는 입도 뻥끗하지 않았기 때문이다.

그러나 인간, 특히 다른 사람 위에 서는 자에게는 품격과도 비슷한 무언가가 요구된다. 다른 건 몰라도 그것만은 해서는 안 된다는 선 같은 것으로, 이 선을 넘어서면 곧바로 인망을 잃게 된다.

몬페라토 후작 코라도는 난세의 중세 지도자에게 필요한 자질을 대부분 갖추고 있었다. 하지만 그 '무언가'가 결여되어 있었다.

살라딘은 리처드와 협상할 때와 달리 코라도와의 협상에는 알 아딜을 보내지 않았다. 아마도 살라딘이 적장으로 의식했던 이는 코라도보다는 리처드였기 때문일 것이다. 만약 코라도가 요구하는 조건으로 강화가 성립된다면 자신의 입장이 훨씬 유리해질 것임에도 불구하고.

어쨌든 살라딘과의 강화가 성립되었다고 생각한 코라도는 예루살렘 왕이 된 후에도 리처드가 이끄는 십자군에 끝내 참가하지 않았다. 리처드는 피사와 제노바의 선단, 그리고 정해놓은 기간 내에서만 참전을 수락한 프랑스군을 데리고 돌아오는 것으로 만족해야 했다. 3월 말까지 아코에 머물면서 얻은 수확은 이뿐이었다.

그래도 앞으로

야파로 돌아온 리처드는 한곳에 머물러 있을 수 없을 정도로 다시 바빠졌다.

공격을 개시하기에 앞서 아스칼론을 수중에 넣어 예루살렘에 있는 살라딘으로 통하는 물자 보급로를 차단하겠다는 것이 리처드의 생각이었다. 이제 비로소 그 일에 본격적으로 착수할 수 있는 상황이 마련되었다. 리처드는 이 일에 전력을 투입했다.

아스칼론은 이미 살라딘의 명령으로 시가지뿐만 아니라 항구까지 파괴된 상태였다. 이 항구도시를 지키던 이슬람 병사들은 이미 떠나고 없었고, 이슬람교도 주민들도 도망가버린 상황이었다. 따라서 공략을 위한 전투는 필요 없었지만 대신 재건공사에 투입할 인력이 필요했고, 그에 더해 이들이 안전하게 일할 수 있는 상황을 확보해야 했다.

아스칼론 재건공사에 투입된 병사들은 야파에서 육로로 남하했다. 바닷길로는 건축자재, 공사용 도구와 기계, 식량 등을 가득 실은 피사와 제노바의 선단이 남하했다. 이들 이탈리아의 선원과 조수의 임무는 해상수송만이 아니었다. 파괴된 아스칼론의 항구를 다시 사용할 수 있게 만드는 공사 역시, 리처드는 해항(海港)에 대해 잘 아는 그들에게 일임했다.

아스칼론 재건공사가 진행되는 동안 리처드가 할 일은, 사람들이 안심하고 공사에 임할 수 있는 상황을 확보하는 것이었다. 바꿔 말하면 아스칼론 남쪽으로 군사행동을 나가는 것이다. 살라딘도 아스칼론이 재건되는 모습을 팔짱 끼고 보고만 있을 생각은 추호도 없었으므로, 그 일대에 이슬람군의 공격을 집중시켰다.

야파에서 아스칼론까지는 이미 안전이 확보되어 있었으므로 리처드의 군사행동은 아스칼론 남쪽으로 진행되었다. 가자를 제압하는 것부터 시작해, 리처드는 군사행동의 범위를 점차 남쪽과 동쪽으로 확장

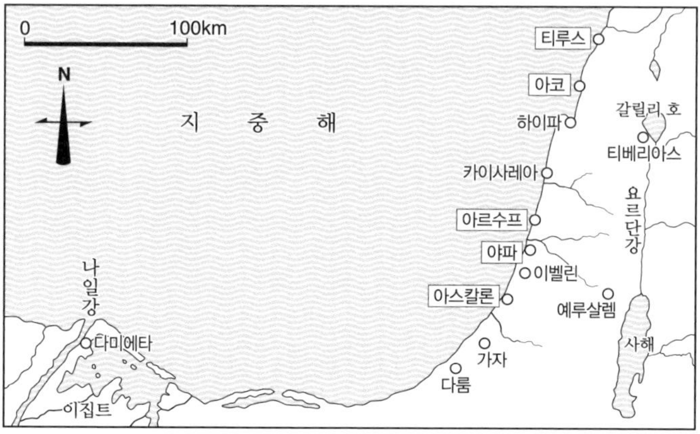

리처드가 제패한 주요 항구도시

시켰다.

이슬람군과 전투를 벌일 뿐 아니라 육로를 통해 예루살렘의 살라딘에게 가는 보급대를 습격하기도 했다. 그때마다 리처드는 노획한 대량의 물자와 말들을 갖고서 귀환했고, 또 그때마다 아군 병사들의 환호를 받았다. 이 양동작전에는 템플 기사단과 병원 기사단의 기사들이 동원될 때가 많았다. 이들 현지 세력이야말로, 팔레스티나의 지세부터 이슬람 병사의 기질까지 모든 것을 누구보다 잘 알고 있는 조직이었기 때문이다.

이 시기 리처드는 자신이 이끄는 군대의 행동목표를 명확히 정했다. 가자(Gaza)를 제압한 후에도 계속 남하하여, 아래쪽에 위치한 다룸(Darum)에까지 발을 뻗쳤다.

현재 데이르 엘 발라(Deir el Balah)라는 이름으로 바뀐 다룸은 지금도 '가자 자치구' 안에 있는 도시인데, 예나 지금이나 변함없이 팔레스티나와 이집트의 경계에 위치해 있다. 즉 리처드는 이집트에까지 제패의 발길을 뻗쳤던 것이다.

리처드의 이 전략은 티루스에서 아코로, 아코에서 다시 야파로, 그리고 아스칼론까지 뻗어나간 제패권을 이집트까지 확대하는 것이었다.

게다가 이 도시들은 모두 항구도시다. 이곳들을 손에 넣으면 항구라는 거점이 있어야 충분히 기능할 수 있는 제해권이 미치는 해역도 함께 넓힐 수 있었다.

현대의 시리아, 레바논, 이스라엘에 속하는 지중해 동쪽 연안 전체가 그리스도교측의 제해권역이 된 것이다. 그리고 이 제해권을 견지하는 임무를 맡은 것은, 이집트 해군보다 현격히 뛰어난 해상 전투력을 자랑하는 이탈리아 해양 도시국가의 해군이었다.

한 도시를 제압한다는 것은 그 주변 일대도 감시하에 둔다는 뜻이다. 다룸까지 수중에 넣은 그리스도교측이 차단한 것은 이집트에서 바닷길을 통해 나가는 보급로만이 아니었다. 카이로에서 나일강 하구로 나간 뒤 해안을 따라 시나이 반도 북쪽을 거쳐 팔레스티나 지방으로 들어오는 육상 보급로까지 위협하는 효과가 있었다. 이 길이 아니면, 이집트에서 살라딘에게 가는 보급로는 거리가 늘어날뿐더러 사막을 거쳐야 하는 험로밖에 남지 않기 때문이다.

1192년 봄인 이때 리처드는 사실상 예루살렘의 살라딘에게 가는 보급로의 절반을 차단했다. 나머지 절반은 시리아와 메소포타미아 지방에서 살라딘에게 가는 길인데, 이쪽 보급의 열쇠를 쥐고 있는 각지의 태수들은 티루스, 아코, 아르수프를 차례로 잃고 야파까지 적에게 넘겨준 살라딘의 힘에 의심을 품기 시작했다. 아직 반발에 이르지는 않았어도 협력이 소극적으로 바뀌어 있었다. 따라서 살라딘에게 이집트의 중요성은 갈수록 커져갔던 것이다.

다룸을 공략하고 이집트와의 경계 부근까지 나아간 그리스도교 세력의 공세는 다음과 같은 사실에서도 확인할 수 있다. 살라딘의 명령으로 이집트로 호송중이던 1천5백 명이 넘는 그리스도교도 포로가, 다룸 공략 후 해방되어 그리스도교측으로 돌아온 것이다.

리처드는 이집트에서 예루살렘으로 가는 길뿐만 아니라 예루살렘에서 이집트로 가는 연락로마저 눈에 보이지 않는 '바리케이드'로 차단해버린 것이다. 그리고 마침내 예루살렘을 공격할 준비가 끝났다.

부활절은 매년 날짜가 바뀌는데, 1192년의 부활절은 4월 5일이었다. 리처드는 그날 하루를 휴일로 선언했을 뿐 아니라 아스칼론 시내에서 재건공사를 하던 병사들과 아스칼론 밖에서 이슬람군과 싸우던 병사들을 모두 불러들여 성벽 밖에 천막을 치고 큰 잔치판을 벌였다. 부활절을 기리는 의미에다 아스칼론 재건이 거의 마무리된 것에 대한 축하를 겸해 왕의 이름으로 성대한 잔치를 베풀었던 것이다.

하지만 그 이튿날, 부르고뉴 공작이 이끄는 프랑스 군대가 기한이 되었으니 이제 약속을 지켰다며 떠나버렸다. 게다가 야파나 아코에 머물지 않고 더 북쪽에 있는 티루스까지 가버렸다. 티루스에 프랑스 왕과 친밀한 코라도가 있기 때문이었는데, 리처드는 그런 그들을 그저 바라보고 있을 수밖에 없었다.

부르고뉴 공작이 이끄는 프랑스군의 전선 이탈은 이제 단순한 돈 문제 때문이 아니었다. 나중에 작성된 영국측의 기록에 따르면 리처드의 귀국을 되도록 늦추려는, 즉 리처드를 '성지'에 못박아두기 위한 프랑스 왕 필리프의 심모원려였다는 것이다. 어쨌든 프랑스군이 빠지면 그만큼 리처드가 이끄는 군의 병력도 줄어든다.

그런데 티루스에서 아무도 예상하지 못한 변란이 일어났다.

4월 21일 대관식을 갖고 정식으로 예루살렘 왕에 즉위한 몬페라토 후작 코라도가, 그로부터 불과 일주일 후인 28일에 두 명의 자객에게 살해당한 것이다.

티루스 주민들은 티루스가 살라딘의 공격을 물리친 것이 코라도 덕분이라 여겼다. 그래서 코라도는 티루스 시내에서 신변 경호에 별로 신경 쓰지 않았다. 그날 주교의 저택에서 점심식사를 하고 자기 집으로 돌아갈 때도 코라도는 소수의 호위병만 거느리고 있었다.

봄날의 햇볕이 내리쬐는 대낮, 시내에서 테러가 일어났다. 중근동 어느 도시에서나 볼 수 있는 하인 복장의 아랍인 두 명이 코라도를 노리고 돌진해 칼로 힘껏 찔렀다. 코라도는 그대로 쓰러졌고, 거의 즉사나 다름없이 숨을 거두었다. 이탈리아 북서부에서 태어나 파란만장한 52년의 생애를 살아온 남자의 죽음이었다.

두 자객 중 한 명은 그 자리에서 호위병에게 살해당했다. 다른 한 명은 중상을 입었는데, 누구의 명령을 받았는지를 자백하고 숨을 거두었다.

코라도를 살해한 것은 '산의 노인'이라 불리는 남자가 이끄는 암살단 '하슈샤신(hashshashin, 해시시를 피우는 남자들)'으로 밝혀졌다.

프로 암살자들은 돈을 받고 살인을 청부한다. 그러므로 당연히 돈을 주고 살인을 의뢰한 자가 있을 것이었다. 바로 얼마 전 티루스에 도착한 프랑스 군대 쪽에서 먼저 소문이 퍼지기 시작했다.

코라도가 왕이 되기보다 뤼지냥이 그대로 왕위에 있기를 바랐던 리처드가 이들에게 돈을 주고 살해를 의뢰했다는 것이 다름아닌 프랑스 측의 주장이었다.

리처드는 그런 소리에 귀도 기울이지 않았다. 그리고 '산의 노인' 배후에 누가 있는지를 추궁하는 데 관심을 보이지 않은 이가, 리처드 외에도 또 한 명이 있었다.

침공하여 정복한 '식민지'에 정착하는 쪽을 택하고, 자식들도 이 '식민지'에서 낳고 키운 이들을 뭐라고 부를까. 십자군 시대의 이슬람교도는 그들 역시 유럽에서 새로 원정 오는 그리스도교도와 마찬가지로 '프랑크인'이라 불렀다.

그러나 이들은 제3차 십자군 당시인 이때 이미 백 년이 넘는 세월 동안 중근동에서 살아온 사람들이다. 핏줄을 거슬러올라가면 이탈리아 남부의 노르만인에 속하는 발리앙 이벨린도 그중 하나였다. 텔아비브 남쪽 일대는 현재 바트얌(Bat Yam)으로 불리지만, 텔아비브가 야파로 불리던 시대에는 내내 이벨린(Ibelin)이라 불렸다.

이와 같이 십자군 국가 내의 유력한 봉건영주였던 이벨린은, 5년 전 예루살렘 왕 뤼지냥의 지휘 아래 살라딘에게 대패를 맛본 '하틴 전투'에서 후위를 담당했다가 비참한 전장에서 겨우 탈출한 사람이다. 그리고 그후 예루살렘 공방전의 총지휘를 맡았을 때는 패색이 짙은 현실을 직시하고서, 2권 마지막 부분에서 설명했듯이 살라딘과의 직접 회담에 승부를 건다. 그때 살라딘으로부터, 예루살렘에 무혈입성하는 대신 예루살렘 성내에 있는 '프랑크인' 전원을 무사히 퇴거시키겠다는 약속을 얻어낸 남자이기도 하다.

이벨린은 그후로도 몇 차례 살라딘과 대적한다. 티루스 방어전에서 코라도와 협력하여 싸웠고, 그후에 벌어진 아코 탈환전에도 참전했다. 다만 예루살렘 왕 뤼지냥의 무능에는 질릴 대로 질린 듯, 이 시기 이벨린은 코라도파의 중진으로 간주되고 있었다.

예루살렘 왕의 정통 계승자인 시빌라가 죽은 1190년, 이 이벨린이 움직이기 시작했다. 시빌라의 죽음으로 그녀의 남편 뤼지냥의 왕위가 흔들리는 것을 본 이벨린은 수면 아래에서 코라도를 왕으로 만들기 위한 준비를 시작했다. 시빌라 다음의 예루살렘 왕위 계승권은 선왕 아모리의 딸 이자벨에게 있었다. 그는 그 이자벨을 코라도와 결혼시킨다. 이렇게 하면 왕위 계승권 제1위인 시빌라가 죽은 상황에서, 이자벨의 남편인 코라도가 뤼지냥보다 우위가 되기 때문이었다.

이벨린이 이렇게 코라도의 편을 들었던 이유는 매우 단순했다. 코라도의 전투능력을 인정했기 때문이다. '하틴 전투'에서 뤼지냥의 무능함을 목격한 뒤로, 그는 신사보다 전투에 유능한 이가 이슬람교도로 둘러싸인 십자군 국가의 운명을 맡아야 한다는 것을 통감했을 것이다.

이 계획은 성공한다. 몬페라토 후작 코라도는 정식으로 예루살렘 왕국의 왕이 되었다. 그런데 그 일주일 후에 살해당하고 말았다.

여기서 다시 발리앙 이벨린이 움직인다. 순식간에 미망인이 된 이자벨을 이번에는 샹파뉴 백작 앙리와 결혼시키기로 한 것이다. 코라도와의 왕위 쟁탈전에서 패한 후 키프로스 왕위를 받아 그곳으로 간 뤼지냥이 아직 살아 있을뿐더러, 나이도 겨우 마흔둘밖에 되지 않았다. 이 남자의 복귀를 저지하기 위해 또다른 카드를 꺼내든 것이다. 되도록 서둘러 일을 기정사실로 만들 필요가 있었다.

그런데 발리앙 이벨린은 어떻게 이자벨이라는 장기판의 말을 자유자재로 움직일 수 있었을까. 사실 이자벨은 다섯 살 때부터 이벨린이 키워온 그의 의붓딸이었다.

아직 예루살렘이 그리스도교도의 수중에 있던 시절, 보두앵 4세는 나병을 앓는 자신이 앞으로 살 날이 얼마 남지 않았다는 걸 알고, 자신이 죽고 난 예루살렘 왕국의 안전을 당시 서른일곱 살이었던 발리앙 이벨린에게 맡겼다. 그러나 이벨린 지방을 영유하는 영주 일가의 차남에 지나지 않았던 당시의 발리앙은 지위도 낮았고 자기 영지도 없었다. 그래서 왕은 그를 죽은 자신의 아버지 아모리의 아내이자 지금은 미망인이 된 여인과 결혼시키고 나블루스 근처의 영지까지 하사하는 파격적인 대접을 해주었다. 이자벨은 이때 아내가 데리고 온 아이였던 것이다. 이 결혼은 행복했고, 이자벨도 이벨린을 친아버지처럼 잘 따랐다.

이자벨의 다음 남편, 즉 예루살렘의 다음 왕으로 지목된 이는 샹파뉴 백작 앙리였는데, 이벨린이 스물여섯 살의 이 남자에게 주목한 데는 몇 가지 이유가 있었다.

첫번째는 아직 젊은 나이에 비해 전투감각이 꽤 좋다는 것. 그것은 지금까지 리처드 옆에서 용감하게 싸워온 샹파뉴 백작의 실적이 보여주는 바였다.

두번째 이유는 그가 영국 왕 리처드의 조카이자 프랑스 왕 필리프와도 친척관계라는 것이었다. 살라딘을 상대하는 이 어려운 시기의 중근동 십자군 세력에게, 유럽의 두 강국과 혈연으로 이어진 인물을 왕으로 맞는 것은 무시할 수 없는 이점이었다.

이벨린의 요청을 받은 샹파뉴 백작은 당시 아코에 있었는데, 그는 아스칼론에 있는 백부 리처드의 의견을 듣고 나서 결정하겠다고 대답한다. 꼭 백부여서가 아니라 젊은 앙리는 열 살 위의 리처드를 진심으로 존경하고 따랐던 것이다. 앙리의 서신에 리처드는 아스칼론에서 다음과 같은 답신을 보내왔다.

"무척 좋은 이야기다. 나도 만족한다. 예루살렘 왕이 될 너에게 티루스와 아코뿐 아니라 야파와 아스칼론까지, 내가 제패한 팔레스티나의 땅 전부를 주겠다."

의붓아버지 이벨린의 뜻을 잘 따르던 이자벨은 이 결혼 이야기에도 곧바로 승낙했다. 우락부락한 쉰두 살의 코라도보다 세련된 스물여섯 살의 앙리에게 시집가는 것이 스무 살의 이자벨에게도 '흡족한 이야기'였을 것이다. 결혼식은 코라도가 살해된 지 불과 일주일 뒤에 거행되었다.

그저 리처드를 따라나설 생각으로 십자군 원정을 시작한 샹파뉴 백작 앙리는, 지금은 실체가 없는 자리일지라도 어쨌든 예루살렘 왕국의 왕으로 즉위했다. 그리고 지위에 걸맞은 의무를 충실히 따라, 예루살렘 왕의 이름으로 모을 수 있는 최대한의 병사들로 살라딘과의 전투에 참가하겠다고 리처드에게 전했다. 리처드 입장에서 보면 코라도가 왕이던 때에는 기대할 수 없었던 일이 샹파뉴 백작이 왕이 되자마자 실현된 것이다. 단적으로 말해 그것은 살라딘을 상대할 전력의 증강이었다.

이 일련의 일에 관한 발리앙 이벨린의 공적은 리처드도 알고 있었을 것이다. 이벨린과 리처드 사이는 이후로 급속히 가까워져, 리처드는 살라딘의 동생 알 아딜과의 회담 때 이벨린을 통역으로 삼기도 했다.

하지만 이벨린이 맡은 임무는 단순한 통역이 아니었다. 리처드에게 이벨린은 현지 사정을 설명해주는 사람이자, 살라딘과의 교섭을 진행하는 데 있어 최적의 상담자였다.

게다가 이 '통역'은 리처드의 신뢰만 받았던 게 아니다. 적인 살라딘도, 또 그의 동생 알 아딜도 이벨린의 역량을 인정하고 존중했다. 예루살렘 무혈입성을 놓고 대립했던 5년 전의 인상이 상당히 강렬했는지도 모른다.

모국에서 온 나쁜 소식

이렇게 여러 사정들이 호전된 덕분에 리처드는 팔레스티나에 온 지 2년째인 1192년의 봄, 예루살렘을 향해 결정적인 발걸음을 시작하려 했다.

그런데 그때 영국에서 리처드의 마음을 어지럽히는 소식이 날아들었다.

리처드가 원정을 떠나오며 재상으로 임명했던 윌리엄 롱샹의 친필 서신을 지참한 헬퍼드의 수도원장이 찾아온 것이다.

재상 윌리엄은 리처드에게 하루빨리 귀국할 것을 요청했다. 서신에는 리처드의 막내동생 존을 전면에 내세운 프랑스 왕의 군대가 노르망디 지방을 넘어 영국까지 침공하고 있으며, 유럽에 남아 있는 리처드파의 군대는 고전에 고전을 거듭하며 리처드의 귀국에만 희망을 걸고 있다고 쓰여 있었다.

제1차 십자군 당초부터 유럽의 모든 황제와 왕, 제후들은 로마 교황이 제창한 '신 앞에서의 평화'를 지키는 데 동의했다. 십자군 원정중에는 누구든 원정에 나선 이의 영토를 결코 침략해서는 안 된다는 것이었다.

남겨놓고 가는 영토를 걱정하지 말고 안심하고 원정을 떠나라는 의도로 맺어진 이 '신 앞에서의 평화'를 깬 이는 지금껏 한 명도 없었다.

그런데 프랑스 왕 필리프 2세가 그것을 처음으로 깨버렸다. 게다가 필리프는 이 '신 앞에서의 평화'를 깨버렸을 뿐만 아니라, 아코 탈환

후 귀국할 때 리처드에게 서약한, 리처드가 귀국하기 전에는 영국 왕의 영토에 손을 대지 않겠다는 약속까지 깨버린 것이었다.

중근동에서 출발한 필리프가 파리로 돌아간 것은 1191년 가을이었다. 그후 곧바로 필리프는 아코 공방전에서 전사한 플랑드르 백작의 영토를 침략하기 시작했다. 리처드의 영토인 노르망디 지방에도 손을 뻗었지만, 이 프랑스 왕은 모략에는 능해도 전투에는 능숙하지 못했다. 그래서 1191년 말부터 1192년 초에 걸친 동절기를 이용해 존에게 접근한다. 리처드를 내쫓고 존이 영국 왕에 즉위하는 데 프랑스 왕인 자기가 전면적으로 협력하겠다는 것이 미끼였다.

원래부터 기가 약한 편이던 스물네 살의 존을 구워삶는 것은 필리프에게 그리 어려운 일이 아니었다. 그리고 존을 전면에 내세움으로써 얻는 이점은 전투에 영 자질이 없는 필리프의 단점을 채워주고도 남을 만큼 컸다.

여러 차례 반복하지만, 중세는 '역량'보다 '혈통'이 중요시되는 시대였다. 그랬기에 혈통보다 역량을 중시하는 르네상스 시대가 되자 사람들은 마치 어둠 속에서 빠져나온 듯한 해방감을 느꼈던 것이다.

하지만 십자군 시대는 아직 중세의 한복판이었다. 게다가 '역량'은 실적을 보여주어야만 사람들의 눈에 드러나지만, '혈통'은 말만 들어도 누구나 알 수 있다는 이점이 있다.

단순히 프랑스 왕이 침략해오는 것이라면 이는 어디까지나 외국군을 상대하는 일이고, 그 외국의 왕에 가담해 아군을 공격하는 자는 자국 왕의 반역자 그 이상도 이하도 아니다.

하지만 그 외국측에 자국의 왕자가 가담해 있다면 이야기는 달라진다. 이러한 상황에 대한 영국인들의 심정을, 과거에 필리프와 연대해 아버지 헨리에게 대적한 바 있는 리처드는 누가 따로 말해주지 않아도 잘 알 수 있었다. 당시 영국인은 왕 헨리 편인가, 왕자 리처드 편인가로 완전히 갈라졌던 것이다.

그런데 지금 그것이 재현되고 있었다. 플랜태저넷 왕조의 창시자인 헨리 2세의 아들 중 하나인 리처드가 오리엔트에 가 있는 사이, 또 한 명의 아들 존이 프랑스 왕과 손잡고 영국을 공격하는 구도가 되어버린 것이다.

역량을 따지자면 확실히 리처드가 우위였다. 그러나 선왕 헨리의 피를 이어받았다는 점에서는 존도 리처드와 동등하다. 형과 동생 사이에서 좀처럼 태도를 정하기 어려운 것은 영국 왕의 신하부터 영지의 백성까지 모두 마찬가지였다. 그리고 이것이 바로 프랑스 왕 필리프가 노린 것이었다.

리처드는 생각이 깊어질수록 말수가 적어지는 버릇이 있었다. 재상 윌리엄이 보내온 서신을 읽고 그는 그대로 입을 다물고 말았다. 리처드의 심복임을 자부하던 측근들도, 어떤 생각이든 숨김없이 털어놓던 솔즈베리 주교 휴버트조차도 이런 리처드에게 말을 붙이기를 망설였다. 왕의 마음을 어지럽히는 것은 이대로 예루살렘으로 향해야 할지 아니면 귀국해야 할지 하는 문제이고, 이대로 중근동에 머문다면 리처드는 왕국 없는 왕이 되어버린다는 고뇌를 그들도 잘 알고 있었기 때문이다.

리처드와 그의 심복, 그리고 일개 병사까지 모두 살라딘에게 빼앗긴 성도 예루살렘을 탈환할 목적으로 원정을 온 제3차 십자군의 전사들이다. 예루살렘을 공격할 준비는 이미 완료되었다. 남은 건 예루살렘을 향해 출발하는 것뿐이다. 그런데 하필 이때, 예루살렘 탈환전을 수행할 최적임자에게, 왕에게는 사형선고나 마찬가지인 왕국의 상실이라는 위험이 닥쳐온 것이다.

전우나 다름없는 측근들은 리처드를 가만히 내버려두는 쪽을 택했다. 하지만 리처드의 소년시절부터 곁에서 모셔온 한 늙은 사제는 그럴 수 없었다. 그렇다고 입을 다물어버린 리처드에게 무슨 말을 해야 좋을지도 몰랐다. 연로한 사제는 리처드가 숙소로 쓰고 있는 수도원의 회랑 기둥 뒤에서 하염없이 눈물을 흘렸다.

그곳을 지나가던 리처드가 이를 보고 자기 방으로 데려가, 무엇 때문에 그렇게 계집애처럼 울고 있었느냐고 다그치듯 물었다. 늙은 사제는 말을 시작했다.

"전하, 전하가 아직 푸아티에 백작이던 시절을 기억하십니까? 그 시절 전하는 아직 소년에 가까운 나이였지만, 이미 그때부터 어머니로부터 물려받은 푸아티에 영지를 지키기 위해 전장에 나갔습니다. 그리고 어린 나이에도 불구하고 모든 전투에서 늘 이겨왔습니다.

그런 전하께서 성장하시어 가스코뉴, 앙주, 노르망디로 영지를 확장하셨지요. 아무것도 하지 않고 그저 얻은 것이 아니었습니다. 전하는 그 모든 것을 전투를 통해 손에 넣으신 것입니다. 아버님께서 전하에게 왕태자와 같은 의미인 노르망디 공작 작위를 주신 것도 그때까지 전하가 이룬 실적을 인정하셨기 때문이었습니다.

그후에도 전하는 계속 이겨왔습니다. 메시나의 시리아 왕도 전하에게 굴복했고, 그 넓은 키프로스 섬도 단 닷새 만에 정복하셨습니다. 키프로스에서 아코로 갈 때도 도중에 맞닥뜨린 사라센인의 배와 8백 명의 병사들을 포획하지 않으셨습니까?

그후 아코에서의 공방전. 2년 동안의 공격에도 꿈쩍 않던 아코 역시 전하가 도착한 지 한 달 만에 탈환했습니다.

그리고 아르수프 전투에서의 승리. 야파와 아스칼론 공략. 이어서 다룸은 나흘 만에 손에 넣으셨지요.

이 많은 승리는 적군이 잠을 자고 있어서 거둔 것이 아닙니다. 전하가 용감히 싸웠기 때문이고, 또한 신께서 그런 전하를 계속 지켜주셨기 때문이기도 합니다.

신은 바라시는 바를 전하께 맡기셨고, 그 때문에 전하의 소망이 실현되도록 도우신 것입니다.

그 신이 가장 바라시는 일을 전하는 지금 할 수 있는 상황입니다. 지금까지 계속 이기게 해주신 신에게 비로소 보답할 수 있게 되었는데 왜 주저하십니까? 신이 가장 기뻐하시는 일을 할 수 있는 때가 왔는데, 왜 고뇌해야 합니까?

술탄이든 이슬람 병사든 이집트든 전하의 이름만 들어도 모두 벌벌 떤다고 합니다. 그런데 만약 전하가 이 모든 것을 버리고 귀국한다면, 지금까지 획득한 것을 죄다 이교도에게 넘겨주는 셈이 됩니다."

어린 시절 리처드는 기도시간을 알리는 사제의 목소리를 무시하고 놀러다니기 일쑤였고, 그 감시역을 맡은 사제는 종종 두 손을 벌리고 신에게 한탄하곤 했다. 그 사제가 심정을 토로하는 것을 리처드는 묵묵히 듣고만 있었다. 그리고 말을 마친 사제를 내보낸 뒤에도 혼자 방에 남아 생각에 잠겼다. 그는 저녁식사에도, 다음 날 아침식사에도 손을 대지 않았다.

다음 날 정오가 지나서야 밖으로 나온 리처드는 걱정하며 기다리고 있던 십자군 수뇌들 앞에서 단호한 어조로 말했다.

"내일 아침 일찍 예루살렘을 향해 떠난다."

리처드의 결심을 들은 병사들은 모두 환호성을 올렸다. 십자군 원정에 참가한 자는 전사인 동시에 순례자였다. 예루살렘이라는 말을 듣는 것만으로 가슴이 뭉클해지는 사람들이었던 것이다.

일단 야파로 돌아갈 필요가 있었다. 야파에서 예루살렘으로 가는 도정은 지난해 가을부터 올해 초에 걸쳐 3분의 2에 해당하는 거리를 이미 확보한 상태였다. 또한 야파에서는 군대를 앞으로 나아가게 하는 동시에 보급물자를 조달하기 용이하고, 보급로도 상당히 안전했다.

그리고 야파에서 드디어 예루살렘을 향해 출발하면서, 리처드는 군사행동과 병행해 외교교섭을 시작했다.

오른손에는 칼, 왼손에는……

리처드는 하루라도 빨리 영국으로 돌아가고 싶었다. 군사적으로는 이집트에서의 보급로를 차단함으로써 살라딘을 궁지에 몰아넣은 상황이었다. 이 기회를 이용해, 즉 십자군측에 유리한 현 상황에서 살라딘과 강화를 맺을 생각이었다. 그렇게 해야만 리처드의 귀국이 가능하기 때문이다.

그는 발리앙 이벨린에게 이 교섭을 맡겼다. 고급 아랍어를 구사할 뿐 아니라, 예루살렘 무혈입성 협상에서 이미 살라딘과 그의 동생 알 아딜과도 얼굴을 익혔으며, 그 둘로부터 호의적인 평가를 받은 유일한 그리스도교도였기 때문이다.

예루살렘으로 살라딘을 찾아간 이벨린은 교섭을 재개하고자 하는 리처드의 뜻을 알렸다. 살라딘은 교섭 재개에 동의했다. 하지만 그 조건으로 아스칼론의 양도를 요구했다.

리처드의 대답은 '절대불가'였다. 그리고 그는 군대를 라말라까지 전진시켰다.

단순히 군대를 예루살렘까지 가는 도정의 3분의 1까지 나아가게 한 것이 아니었다. 나아가면서 보이는 족족 살라딘의 보급부대를 격파하고 포획했던 것이다. 그때마다 대량의 전리품을 획득했는데, 그중 그리스도교도 병사가 잘 다루지 못하는 낙타가 너무 많아졌다. 그래서 잡아먹었더니 의외로 맛있었다는 것이 병사들의 평가였다.

그사이에도 리처드는 예루살렘까지의 거리를 더 좁혀나갔다. 계절은 아직 초여름이었다. 바이트누바까지 군대를 전진시킨 것이 6월 11일. 그후에도 진군을 계속해 예루살렘까지 15킬로미터밖에 남지 않은 지점에 이르렀다. 쾌청한 날이면 멀리서나마 예루살렘을 볼 수 있는 곳이었다.

그러는 중에도 살라딘과의 교섭은 계속되었다. 리처드가 15킬로미터 지점까지 접근해오자 예루살렘은 임전태세에 돌입해 이벨린도 들어갈 수 없었다. 그런데 형의 명령으로 태수들의 전선 복귀를 촉구하러 시리아에 다녀오는 길이던 알 아딜을 우연히 만날 수 있었다.

알 아딜과 협의가 이루어졌는지, 이벨린이 리처드에게 가져온 살라딘측의 조건은 지난번보다 상당히 나아졌다. 즉 리처드와 살라딘은 서로 조금씩 양보하기 시작했던 것이다. 아스칼론 '양도'가 조건이었던 것이, 이번에는 아스칼론의 '파괴'로 바뀌어 있었으니까.

교섭의 전망이 밝다고 보았는지, 7월 5일 리처드는 예루살렘에 15킬로미터까지 접근했던 군대를 50킬로미터 넘게 떨어진 라말라로 철수시켰다.

교섭의 방식도 이벨린이 리처드의 생각을 예루살렘에 있는 살라딘에게 전하는 것이 아니라, 전권대사 격인 알 아딜이 리처드를 직접 찾아오는 것으로 바뀌었다. 두 사람은 예전 회담에서 서로 '느낌이 통하는' 사이라는 것을 확인한 바 있었다. 재개된 강화교섭은 현실적인 접근 덕분에 순조롭게 진행되는 듯했지만, 결론에 이르기까지는 아직 시간이 필요했다.

쉰네 살이 된 살라딘은 이슬람 세계에서 이론의 여지가 없는 최고 권력자이자 술탄이다. 그런 살라딘 입장에서는 서른다섯 살의 리처드에게 궁지에 몰린 끝에 강화를 맺는 모양새를 원하지 않았다. 살라딘 개인의 고집 문제를 떠나서, 이런 인상이 굳어지면 그에게 군대를 제공하는 태수들이 떨어져나갈 것이기 때문이었다.

십자군 시대의 이슬람 세계에도 요즘 말하는 '원리주의자'들이 있었다. 이슬람교 성직자에 속하는 이들은 '이맘'으로 불렸는데, 세속의 최고권력자인 술탄 곁에서 항상 코란의 교리를 들먹이며 충고할 권리가 있다고 믿는 사람들이었다.

칼리프를 정점으로 한 이들이 신자들로부터 이맘으로 불리며 존경받는 것이 당연하게 여겨졌던 것은 코란의 해석이 그들 손에 달려 있었기 때문이다. 성서의 해석이 로마 교황을 정점으로 한 주교들에게 맡겨져 있던 것과 같았다.

따라서 이맘들의 영향력은 실로 컸다. 게다가 일신교인 이슬람교에 평생을 바치는 몸인 만큼 타협을 모르고, 예루살렘에 입성할 당시 그곳에 살고 있던 그리스도교도의 무사 퇴거를 허락해준 살라딘에게 강경하게 반대했던 것도 이들이었다. 제1차 십자군이 예루살렘을 정복했을 때 그곳에 살고 있던 이슬람교도를 말살했던 것처럼 자신들도 똑같이 해줘야 한다는 것이 그들의 생각이었다.

이맘들의 비난을 받을 만한 조건으로 강화를 맺는 것은 살라딘도 불가능했다. 리처드 주위에는 이교도에 대한 적대의식에 불타는 주교나 수도사가 없었는데, 이것이 두 사람의 큰 차이였다.

그런 살라딘에게 리처드가 강력하게 요구하는 예루살렘 반환 따위는 애초에 받아들여질 수 없었다. 설령 중요도는 메카와 메디나에 이어 세번째라 해도 예루살렘은 이슬람교도에게도 성도인데, 이 성도를 반환한다면 성도 탈환을 내세운 '성전'의 의미를 잃게 되기 때문이다.

어쨌거나 두 사람은 '느낌이 통하는 사이'였다. 리처드와 알 아딜의 회담은 몇 번이고 반복되면서도 결코 험악한 분위기를 풍기지 않았고, 서른다섯 살과 마흔아홉 살 두 남자 사이의 우호적인 대화로 진행되었다. 이벨린의 통역도 그런 분위기에 보탬이 되었을 것이다.

어느 날 리처드는 알 아딜에게 말했다.

"당신이 믿는 종교에서는 남자가 여러 명의 아내를 둘 수 있다 들었소."

알 아딜은 무슨 말을 하고 싶은 건가 싶어 리처드의 다음 말을 기다렸다.

"나에게 조안나라는 누이가 있는데, 시칠리아 왕에게 시집갔다가 지금은 미망인이 되어 이곳 야파에 있소. 그 아이를 아내로 맞이하는 게 어떻겠소? 그렇게 되면 당신이 예루살렘 왕위에 앉을 수 있소.

하지만 이슬람교도가 예루살렘 왕이 되는 건 그리스도교 세계가 동의하지 않을 테니, 당신이 그리스도교로 개종하는 게 어떻겠소. 그러면 우리 사이를 가로막고 있는 모든 문제가 한꺼번에 해결되는 거요."

알 아딜은 유쾌한 듯 웃었다. 그리고 동생에게서 이 이야기를 전해 들은 살라딘도 크게 웃었다고 한다.

하지만 웃지 않은 이가 하나 있었다. 조안나가 오빠에게 맹렬히 항의하며, 이슬람교도한테 시집가라고 하면 로마 교황에게 알리겠다고 말한 것이다. 그래서 다음번에 알 아딜을 만났을 때 리처드는 노선을 변경하지 않을 수 없었다.

"누이가 시칠리아의 왕비였기 때문에 재혼하는 데 로마 교황의 허가가 필요하오. 나한테 조카가 하나 있는데, 그녀는 아직 결혼하지 않은 몸이라 그런 염려가 없소. 그 조카와 결혼하는 건 어떻겠소?"

이 말에는 알 아딜도 어이가 없었다. 그런데 돌아가 형에게 얘기하자 살라딘은 이번에도 유쾌하게 웃었다고 한다.

교섭의 '핵심'은 어디까지나 예루살렘이었고, 교섭의 실질적인 내용은 시종 돌려달라, 못 돌려주겠다 하는 것의 반복이었다.

리처드는 이에 곧 질리고 말았다. 교섭은 중단되었다. 그뒤 리처드는 예루살렘 왕이 된 샹파뉴 백작 앙리가 병사를 모으고 있는 아코로 간다. 앙리와 함께 병사들을 데리고 야파로 돌아올 생각이었다. 일시적이긴 하지만 야파를 비운 것이다. 누이와 아내 모두 야파에 남겨둔 채로.

그 사실을 안 살라딘은 기회는 이때다, 하고 생각했는지 모른다. 아무래도 살라딘답지 않은 행동이지만 그만큼 그도 초조했던 것이다. 리처드를 이길 방법이 도무지 없었으니까.

야파 공격에는 살라딘이 직접 출진하기로 했다. 술탄이 직접 출진하면 군대의 규모도 커진다.

한 군대의 장수 격인 태수만 해도 1백 명이 넘고, 베두인과 투르크인 기병이 2천 명을 웃도는 대군을 이끌고 예루살렘을 떠나 야파로 출발한 것이다. 7월 27일의 일이었다.

리처드는 아코에서 그 소식을 들었다. 곧바로 예루살렘 왕 앙리에게 병사를 이끌고 육로를 통해 야파로 올 것을 명하고, 자신은 배를 타고 서둘러 떠나기로 했다.

야파 성내에는 리처드가 두고 온 방위대가 있었다. 그러나 적은 대군이다. 배를 이용해서는 많은 수의 병사를 수송할 수 없다. 하지만 리처드는 허를 찔렸다고 해서 멀뚱히 지켜보고만 있을 생각은 없었다. 야파를 결코 살라딘에게 넘겨줄 수 없었던 것이다.

대결 제2전 '야파'

리처드가 없는 야파를 총 2만 명이 넘는 살라딘군으로부터 방어할 수 있으리라고는 아무도 생각하지 않았다. 그래서 이 시기 야파에 있던 베들레헴 주교는 면식이 있는 알 아딜을 통해 살라딘에게 7월 말일까지 나흘간의 휴전을 요청했다.

살라딘은 요청을 받아들인다. 살라딘 역시 야파 공략을 앞두고 군대의 진지를 구축할 시간이 필요했기 때문이었는데, 리처드가 불과 사흘 만에 돌아오리라고는 생각하지 않았던 것이다.

그런데 리처드는 제때에 돌아왔다. 육로로 남하하던 앙리군은 카이사레아까지 와서 발이 묶인 상태였다. 이런 상황을 예측한 살라딘이 손을 쓰지 않았을 리 없었던 것이다. 앙리가 이끄는 현지 세력은 야파로 가려면 우선 앞을 가로막고 있는 이슬람군과 일전을 벌여야 했다.

한편 바닷길로 남하중이던 리처드와 장병들은 하이파까지 와서 맹렬한 역풍에 가로막히고 만다.

지중해에서는 대부분 삼각돛을 사용했는데, 그것은 역풍을 맞았을 때 사각돛은 뒤로 떠밀려버리는 데 반해 삼각돛은 지그재그로 전진할 수 있기 때문이었다.

리처드를 태우고 야파로 향한 것은 피사와 제노바의 배였다. 하지만 그들의 갤리선도 강력한 역풍 앞에서는 삼각돛의 이점을 살릴 수 없었다. 뒤로 떠밀리지는 않았지만 앞으로 나아가지도 못했다. 모터 역할을 하는 조수들이 열심히 노를 저어도 별 효과가 없었다.

바다 위에서 발이 묶인 지 사흘째, 결국 리처드는 폭발한다. 뱃머리에 선 사자심왕은 두 팔을 크게 벌리고 하늘을 향해 외쳤다.

"신이시여, 왜 여기서 꼼짝 못하게 만드십니까? 생각해보십시오. 지금은 한시가 급한 위기상황입니다. 제가 하려는 일은 다 당신을 위한 것입니다. 바람 정도는 바로잡아줘도 되지 않습니까!"

그리스도교에서 신을 향해 왜 이런 시련을 주십니까, 하고 호소하는 건 허락된다. 일종의 기도로 간주되므로 신을 시험해서는 안 된다는 그리스도교의 가르침에 반하지 않기 때문이다.

하지만 나도 노력하고 있으니 당신도 순풍을 불게 해주면 안 되겠느냐는 것은 그리스도교 사회에서 신을 비난하는 불경이다. 이탈리아어로 '베스템미아(bestemmia)', 영어로는 '블래스퍼미(blasphemy)', 즉 신성모독이 되는 것이다.

아무튼 그리스도교도라면 입에 담아서는 안 되는 말이었다.

그런데 어찌 된 일인지 강한 역풍이 순풍으로 바뀌었다. 덕분에 순조롭게 항해해서 마치 슬라이딩 세이프 같은 느낌으로 휴전기간이 끝나기 전에 가까스로 야파에 들어갈 수 있었다. 물론 육지에 내려선 리처드는 더는 시간을 허비하지 않았다.

리처드가 야파에 입항한 것은 7월 31일 저녁이었다. 살라딘이 이끄는 이슬람군은 다음 날 아침 휴전기간이 끝나기를 기다리며 바다를 제외한 세 방향을 에워싸고 있었다. 앙리가 이끄는 본대는 아직 카이사레아 근처에서 발이 묶인 상태였다. 리처드는 그들을 기다릴 시간이 없다고 보았다. 살라딘은 그사이에도 야파의 포위망을 조금씩 좁혀오고 있었다.

살라딘에 비해 리처드가 운용할 수 있는 병력은 54명의 기사, 4백명의 궁병, 피사와 제노바의 선원과 조수 1천 명 등, 다 합쳐도 1454명에 지나지 않았다. 게다가 갤리선으로는 말을 운송할 수 없었으므로, 말을 타고 싸울 수 있는 자는 기사 54명 중 17명에 불과했다. 리처드도 이 17명 중 한 명이었다. 이런 전력으로 열 배도 넘는 적에 맞서야 하는 것이다. 리처드군의 기사 17명에 비해 적군은 기병만 2천 명이었으니, 절체절명이라고밖에 할 수 없는 상황이었다.

훗날 '야파 전투'로 불리게 되는 이 전투에서 리처드는 병사들을 다음과 같이 배치했다.

야파 성벽을 등지고 적을 요격하는 진용에, 리처드는 말을 탈 수 없는 37명의 기사들을 보병으로 사용했다. 이 베테랑들은 최전선과 양옆의 요소에 배치되었다. 그리고 궁병 4백 명을 포함한 나머지 1천4백여 명 전원에게 기병과 같은 강철 갑옷과 투구를 착용하게 하고 전열을 정비했다. 또한 단순히 일렬로 서는 것이 아니라, 두 보병 사이에 궁병 한 명이 서는 형태를 갖추게 했다.

그리고 궁병을 제외한 보병 전원에게 창을 두 자루씩 주었다. 양손에 하나씩 쥐라는 것이다. 리처드가 알고 있었는지 모르겠지만, 이는 율리우스 카이사르가 파르살루스 회전에서 사용한 전법이다. 적의 기병이 압도적으로 우세한 경우에 대항하는 전법인 것이다.

궁병에게는 이슬람식으로 하늘을 향해 쏘는 것이 아니라 적이 접근하기를 기다렸다가 수평으로 쏘아 적의 기병이 타고 있는 말을 노리라고 명령했다. 영국의 궁병은 저격수로 번역하는 것이 적절할 정도로 정확하고 예리했으므로, 리처드의 부하들에게 이는 매우 익숙한 전투방식이었다.

이렇게 만들어진 거대한 '바늘꽂이' 뒤에, 리처드를 포함한 17명의 기병이 말머리를 맞추고 일렬횡대로 섰다.

전투는 8월 1일 햇볕이 내리쬐는 시간대에 치러졌다. 그날은 살라딘도 아군 바로 뒤에 본진을 두었다. 살라딘이 그곳에서 지켜보는 가운데, 이슬람군이 여느 때처럼 화살을 쏘아대며 전투는 시작되었다.

하지만 빗발처럼 쏟아지는 화살은 이날 보병들까지 모두 착용하고 있던 강철 갑옷과 투구에 맞고 튕겨져나올 뿐이었다. 강철 갑옷과 투구는 양손에 창을 하나씩 들고 있어 몸을 보호할 수단이 없는 보병의 '방패' 역할을 해주었다.

살라딘은 곧이어 기병 전원에게 돌격 명령을 내렸다.

그러나 파르살루스 전장에서도 그랬던 것처럼, 말이라는 동물은 눈앞에 장애물이 있으면 멈춰 서는 습성이 있다. 게다가 수많은 창 앞에서는 아무리 채찍을 휘둘러도 꿈쩍하지 않는다. 그 기마 무리에 뒤따라온 다른 기마 무리가 차례로 부딪치면서, 이들은 리처드측 저격수들의 좋은 표적이 되었다.

한편 리처드측에서는 각 요소에 배치한 말 없는 기사들이 베테랑의 진가를 발휘하고 있었다. 창을 들고서 적의 기병 앞을 가로막은 것이다. 이 임무를 맡은 전사에게 가장 중요한 것은 무슨 일이 있어도 맡은 자리에서 움직이지 않아야 한다는 것이다. 기병으로 싸울 수 없게 된 기사들도 이날 전사로서의 책무를 충분히 다하고 있었다.

그리고 리처드를 비롯한 17명의 기사 중에는 리처드의 심복을 자부하는 다섯 명이 속해 있었는데, 그들은 리처드를 보호하기 위해 한데 모여 싸우지 않았다. 그건 솔즈베리 주교나 레스터 백작도 마찬가지였다. 리처드를 포함한 그들 모두는 각자가 한 명의 기병으로서, 끈질기게 적의 공격을 막아내고 있는 보병들을 질타하고 격려하며 돌아 다녔다. 그에 그치지 않고 레스터 백작 같은 경우는 적의 기병들 속으로 돌격해 들어가는 바람에, 솔즈베리 주교가 말리러 가야 했을 정도였다.

살라딘이 이끄는 이슬람군은 리처드의 이 '바늘꽂이'를 도저히 무너뜨릴 수 없었다. 돌격할 때마다 늘어나는 것은 아군의 시체였고, '바늘꽂이'는 꿈쩍도 하지 않았다.

살라딘은 돌격을 명할 때마다 속도가 점점 느려지는 것을 알아차렸다. 이는 바로 병사들의 전투의욕이 사라지고 있다는 뜻이었다. 이슬람 병사는 공격하는 기세도 좋았지만 포기도 빨랐다.

결국 살라딘은 전군에 퇴각 명령을 내렸다. 태양이 아직 머리 위에 있을 때였다. 군대를 물리면서 살라딘은 리처드에게 선물을 보냈다. 화려한 옷을 걸친 근사한 말 두 필이었는데, 무거운 강철 갑옷과 투구를 착용한 기사가 타도 견딜 수 있을 만큼 커다란 아랍산 준마였다.

리처드에게 말이 없었던 건 아니다. 단지 그날의 전투에서 말이 쓰러지기라도 하면 대신할 말이 없었을 뿐이다.

선물에는 경의를 표한다는 의미도 있다. 이슬람측 기록에 따르면, 야파 앞에서 이슬람군이 철수한 것은 리처드가 만든 이 진용에 살라딘이 감탄했기 때문이라고 한다.

강화를 향하여

어쨌든 힘겹게 분투한 것은 리처드측이었고, 군대를 물린 것은 살라딘이었다. 그리고 예루살렘 왕 앙리가 이끄는 본대가 야파에 도착한 것은 그로부터 이틀 후였다.

그런 상황에서 리처드는 전투 다음 날 이벨린을 통해 살라딘에게 다음과 같은 서신을 보냈다.

이 책에서 종종 참고한 살라딘의 비서관 이마드 아딜레의 기록에 따르면, 아랍어로 번역되고 리처드의 왕인이 찍힌 그 서신은 다음과 같은 내용이었다.

"배를 타고 서쪽으로 갈 수 있는 계절이 하루하루 줄어들고 있다. 이 계절을 넘기면 바람이 강해지고 파도가 높아져 뱃길을 가기가 점점 어려워진다.

당신이 나와 강화조약을 체결하면, 나의 바람인 귀국도 실현된다. 반대로 당신이 또다시 전쟁을 계속하려 한다면, 나는 이 땅에 진막을 치고 이곳을 영구 거주지로 삼을 수밖에 없다.

그러나 양쪽 병사들 모두 완전히 지쳤고, 우리 두 사람도 전투에 넌덜머리가 난다.

나는 예루살렘을 포기하겠다. 아스칼론도 포기한다.

그렇다고 당신이 기뻐하기에는 이르다. 우리 쪽에는 한심하게도 비겁한 내분이 끊이지 않고 있지만, 당신 역시 이런 고민과 무관하지 않은 것으로 알고 있다. 그러니 내 생각에 동의하는 게 당신에게도 이익이다. 내 권유를 받아들인다면 당신은 나의 경애를 받게 될 것이다.

우리끼리 하루빨리 강화를 체결하는 것이 어떻겠는가. 그렇게 되면 나는 떠날 수 있다. 당신에게 진정한 이별을 고하며."

솔직하다고밖에 평할 수 없는 문면인데, 비서관 이마드에 따르면 리처드가 보낸 이 서신을 읽은 살라딘은 곧바로 태수들을 소집하라고 명했다. 그리고 그들 앞에서 리처드와 강화를 체결하기로 했음을 알렸다.

태수들 중에서도 적지 않은 이들이 술탄에게 강력히 반대했다. 급한 것은 프랑크의 왕이고, 시간은 자기들 편이라고 주장한 것이다. 또 어떤 이는 리처드가 떠나는 것은 좋지만 그 때문에 강화까지 맺을 필요는 없다, 휴전으로 충분하다고 말하기도 했다.

살라딘은 그들을 손으로 제지하며 말했다.

"내가 죽기라도 하면, 누가 이 이슬람군을 통합해나갈 것인가?"

이해 살라딘은 쉰네 살, 리처드는 서른다섯 살이었다. 관점을 달리해 보면 '시간'이 꼭 살라딘 편이라고는 할 수 없었던 것이다. 살라딘은 쉽게 깰 수 있는 휴전보다 양쪽 모두에 구속력이 높은 강화를 맺는 게 더 이익이라고 설파했다. 흥분했던 태수들도 지금껏 전장에서 리처드가 보여준 모습을 떠올리지 않을 수 없었다. 결국 그들 역시 휴전이 아닌 강화에 동의했다. 지난번과 마찬가지로, 살라딘은 리처드와의 교섭에 알 아딜을 보내기로 했다.

살라딘과 그의 동생 알 아딜은 리처드를 동정이라도 하듯 곧바로 교섭을 재개한다. 8월 4일에 벌써 알 아딜은 야파를 방문했다. 리처드도 이번에는 이유를 막론하고 전투행위를 금했다. 그래서인지 교섭을 위해 리처드를 찾아온 알 아딜은 열두 살 된 큰아들도 데리고 왔다.

리처드는 이 소년이 마음에 들었다. 예의를 알면서도 활발하고 힘차며 호기심이 왕성한, 어찌 보면 너무도 소년다운 아이에 지나지 않았지만, 오히려 그런 면이 리처드의 호감을 산 듯하다.

교섭이 계속되던 어느 날, 리처드는 소년에게 무릎을 꿇으라고 명했다. 소년은 순순히 따랐다. 그 앞에 선 리처드는 허리에서 칼을 뺐다.

소년은 순간 눈을 감았지만 곧 눈을 뜨고는 겁먹은 기색 없이 리처드를 올려다보았다. 리처드는 그대로 칼을 소년의 어깨 위에 올리며 말했다.

"너를 기사에 봉하노라."

이 말을 이벨린이 곧바로 아랍어로 통역했다. 소년의 얼굴에 기뻐하는 웃음이 번졌다.

소년을 더욱 기쁘게 한 것은 서임 축하선물로 리처드가 소년에게 준 서유럽식 장검 한 자루였다. 소년은 그날 하루 종일 그 칼을 손에서 놓지 않았다. 아버지 알 아딜은 그런 아들을 쓴웃음인지 미소인지 알 수 없는 표정으로 바라볼 뿐이었다.

적인 이슬람교도조차 '사자의 심장을 가진 왕'이라 인정한 리처드였지만, 그리스도교와 이슬람교로 갈라진 일신교 시대인 중세에 종교적으로 확실한 태도를 보이지 않았다는 면에서는 다소 허술한 구석도 있던 남자였다. 누이에게 이슬람교도에게 시집가라고 말하고, 이슬람교도 소년을 당시 그리스도교도 남자들의 명예로 여겨지던 기사로 서임했을 정도니까.

이 소년이 바로 37년 후에 시작되는 제6차 십자군에서 신성로마제국 황제 프리드리히 2세와 강화를 성립시키는 알 카밀이다.

제6차 십자군은 시종 군사가 아닌 외교로만 이루어져 '무혈의 십자군'으로도 불리는데, 그때의 이슬람측 술탄이 알 카밀이었던 것이다.

그건 37년 후의 이야기이고, 어쨌거나 리처드와 살라딘 모두 마음을 정하고 나선 덕에 강화 체결을 향한 교섭은 급속도로 진행되었다.

먼저 예루살렘이 이슬람측에 속한다는 것은 양쪽 모두 인정한다.

단 이슬람측은 예루살렘을 방문하는 그리스도교도 순례자들의 안전과 자유를 완벽하게 보장한다.

또한 그리스도교도에게 예루살렘 다음가는 성지, 즉 예수가 태어난 베들레헴과 자란 땅 나사렛, 성 요한의 세례를 받은 요르단강 등의 유적을 순례하는 자들의 안전과 자유를 보장하는 것 역시 이슬람측의 의무로 한다.

살라딘이 이를 인정한 데에는 종교적인 관용뿐 아니라 경제적인 고려도 포함되었으리란 것이 나의 생각이다. 이렇다 할 산업도 없고 교역상의 중심지도 아닌 예루살렘이 가진 것은 오직 종교상의 사적뿐이다. 그곳을 방문하는 순례자들이 쓰고 가는 돈이 주된 수입원이었던 것이다. 순례란 일종의 관광산업이었으니까.

강화조약 제2조에서는 티루스에서 야파까지, 그리고 그 주변 일대가 십자군측에 속한다는 것을 인정했다.

북쪽에서 남쪽으로 티루스, 아코, 하이파, 카이사레아, 아르수프, 야파로 이어지는 이 지역의 주요도시들은 모두 지중해에 면한 항구도시이다. 더 북쪽으로 가서 몬페라토 후작 코라도가 공략한 베이루트와 시돈도 이제 십자군의 것이 되었으니, 안티오키아 공작령, 트리폴리 백작령까지 더하면 시리아와 팔레스티나 지방의 바다 쪽은 대부분 그리스도교도 땅으로 남게 된 셈이다.

여기에 리처드가 일찍이 제패하여 뤼지냥을 왕으로 앉힌 키프로스가 더해진다. 키프로스 섬의 통치자가 그리스정교도에서 가톨릭교도로 바뀌었기 때문이다.

또한 살라딘은 팔레스티나 지방의 육지 쪽을 가득 메울 기세로 세워져 있는 템플 기사단과 병원 기사단의 성채를 유지하는 것도 인정했다. 이 두 종교 기사단은 이후에도 계속 그리스도교도의 '성지'에 계속 머무르게 되었다.

그리고 제3조에서는 십자군 국가의 영토로 인정된 이들 지역 어디에서든, 군사교류가 아닌 경제교류에 한해 이슬람교도의 자유로운 왕래를 인정한다고 명시했다. 물론 그리스도교도가 경제교류를 목적으로 이슬람 영내를 왕래하며 활동하는 것도 완전히 자유로워졌다.

강화의 내용은 육지만이 아니라 해상에도 미쳤다. 해양 도시국가 상인들은 팔레스티나의 항구도시 어느 곳이나 기지로 삼을 수 있게 되었고, 그들에게 강화란 곧 시장의 확대를 의미했다.

리처드와 살라딘의 쟁점 가운데 하나는 아스칼론이었다. 이 항구도시는 양쪽의 감시하에 완전히 파괴하고, 적어도 3년간은 어느 쪽에서도 재건하지 않기로 결정하였다. 살라딘은 이집트와 연결되는 이 편리한 보급항을 포기한 것이다.

또한 1192년에 맺은 이 강화를 통해 양쪽이 억류하고 있던 포로도 전원 석방하였다. 리처드가 깜빡 잠이 들었다가 적에게 포위됐을 때 대신 붙잡혔던 기사 윌리엄도 돌아왔다.

배상금이나 몸값에 대한 언급은 양쪽 모두 한 마디도 없었다. 포로들도 몇 가지 작은 예외는 있었지만 거의 무상으로 석방되었다.

또 하나 교섭 대상에 오르지 않은 것이 있었다. 그리스도교측에서 '성십자가'로 부르는, '하틴 전투' 직후 살라딘측에 빼앗긴 십자가의 반환 문제였다. 제1차 십자군에 의해 예루살렘이 '해방'된 당시 발견된 이 십자가는 예수 그리스도가 처형되었을 때의 십자가로 여겨져 이후로 십자군 국가의 보물로 전해졌다. 이 '십자가' 자체의 진위는 심히 의심스러웠지만, 적어도 그리스도교도들은 예수가 처형되었을 때의 그 십자가라고 믿어온 것이다.

하지만 우상숭배를 금하는 이슬람교도들은 이를 전리품으로 삼기는 했어도 취급에 그다지 주의를 기울이지 않았는지, 어디에 보관되어 있는지조차 불명확한 상태였다. 리처드 역시 그다지 독실한 신자가 아니었던지라 반환을 요구하는 것도 잊어버린 모양이었다. 그런 까닭에 1192년의 강화에서는 '성십자가'에 대한 언급이 한 마디도 없었다.

교섭이 끝난 리처드와 살라딘의 강화문서에, 9월 2일 리처드가 먼저 서명하고 날인했다. 그리고 알 아딜이 그것을 예루살렘에 있는 살라딘에게 가져가 서명과 날인을 받아 돌아올 때까지 리처드는 야파에 머물렀다.

그사이 그가 해야 할 일이 세 가지 있었다.

첫째, 누이 조안나와 아내 베렝가리아, 그리고 시녀 일행을 야파에서 아코를 거쳐 유럽으로 보내는 일.

둘째, 측근 한 명과 부대를 아스칼론으로 보내, 살라딘의 병사들이 항구도시를 완전히 파괴하는 과정을 감시하게 하는 일.

그리고 마지막으로, 예루살렘 순례를 희망하는 병사들을 성도로 보내는 일이었다.

살라딘의 리처드 평

제1차 십자군 이래 성전에 참가하기 위해 원정을 떠난 병사들은 로마 교황에 의해 전사임과 동시에 순례자로도 인정되었다. 그 때문에 로마 교황은 그들에게 다른 순례자와 마찬가지로 완전한 면죄를 인정해주었던 것이다.

강화가 성립되어 고국으로 돌아갈 수 있게 된 병사들이 성도 예루살렘 순례를 희망하는 것은 당연했다. 살라딘도 비무장이라는 조건하에 이를 완전히 허락해주었다.

그러나 바로 어제까지 적이었던 이슬람 병사들이 우글거리는 예루살렘에 무장해제 상태로 들어가는 것에는 실질적인 문제가 따랐다.

그래서 리처드는 병사들을 네 그룹으로 나누고, 그의 심복들이 각 그룹을 인솔하여 순차적으로 예루살렘을 순례하도록 했다. 병사뿐만 아니라 피사와 제노바 선원들도 가세해 상당한 수가 되었는데, 각 그룹 인솔자의 역할은 혹시 이슬람측의 누군가가 적대의식을 드러내어도 도발에 넘어가지 않도록 그룹 구성원 전체를 통제하는 것이었다.

예루살렘에 들어간 그리스도교도 병사와 그들을 맞이하는 이슬람 병사 사이에 몇 차례 일촉즉발의 상황이 벌어지기도 했지만 결과적으로는 모두 무사히 수습되었다. 살라딘이 순례자들에 대한 모욕적인 행동을 엄격하게 금했고, 그 감시를 맡은 알 아딜이 현장에서 눈을 번뜩이고 있었기 때문이다.

리처드는 자기 휘하에서 싸운 병사들에게만 성도 예루살렘의 순례를 허락한 것이 아니었다. 도중에 전선을 이탈해 티루스로 간 프랑스군의 병사들에게도 기회를 주었다. 프랑스 왕이 이들의 지휘를 위임했던 부르고뉴 공작 위그는 8월에 티루스에서 병사했다. 그 대신 누가 프랑스군 병사들을 예루살렘까지 인솔했는지는 알려져 있지 않지만, 어쨌든 이들도 티루스에서 예루살렘까지의 왕복을 무사히 마쳤다.

정작 리처드는 예루살렘에 가지 않았다. 그리스도교측 기록에 따르면, 그와 같은 지위의 인물이 비무장 상태로 적지에 들어가는 게 너무 위험해서였다고 한다. 어쩌면 원정을 시작할 때의 최종 목적지였던 예루살렘에 무장해제된 모습으로 들어가는 것을 그의 자존심이 허락하지 않았는지도 모른다. 리처드는 자기를 대신해 솔즈베리 주교 휴버트를 보낸 후 야파를 출항해 아코로 향했다.

마지막 그룹의 인솔자였던 솔즈베리 주교가 리처드의 대리 역할을 겸한다는 사실은 살라딘에게도 전해졌다. 살라딘은 솔즈베리 주교를 정중한 태도로 맞았고 갖가지 호화로운 선물을 주었다. 주교는 우리는 순례자로 온 것이니 괜찮다며 사양했지만 살라딘은 태도를 바꾸지 않았고, 알 아딜과 이벨린도 함께 불러 온화한 한때를 즐겼다.

이슬람측 기록에 따르면 이 자리에서 성전에 대한 이야기도 나왔다고 한다. 대화의 내용까지는 기록되지 않았지만, 리처드에 대한 이야기를 나누었던 건 분명하다.

살라딘은 우선 솔즈베리 주교에게 리처드의 사람 됨됨이에 대해 물었다. 리처드보다 세 살 적은 주교는 다음과 같이 대답했다.

"우리 왕에 대해 확신을 갖고 말할 수 있는 것은, 리처드 왕만큼 장수로서의 전략과 전사로서의 용기, 그리고 한 인간으로서의 아량을 가진 사람을 찾아보기 어렵다는 것입니다. 우리 왕만큼 기량과 역량과 덕을 두루 갖춘 사람도 없습니다. 술탄의 주위에 이만한 인물이 있을지 모르겠습니다."

말이 지나쳤다 싶었는지 주교 휴버트 월터는 서둘러 덧붙였다.

"리처드 왕도 그렇지만, 술탄처럼 뛰어난 군주 역시 인간의 역사에서 좀처럼 나타나지 않을 테지요."

쉰네 살의 살라딘은 이에 미소로 답하고는, 한 번도 직접 만나보지 못한 서른다섯 살의 리처드에 대해 다음과 같이 평했다.

"당신 왕의 역량과 용기에 대해서는 이론의 여지가 없소.

하지만 연장자로서 한 말씀 드리자면, 리처드 왕은 간혹 너무 위험한 일에 몸을 던지는 듯하오. 무모하다고까지는 말하지 않겠소. 하지만 때로는 앞뒤 가리지 않고 돌진하는 경향이 있어 보이오.

하긴, 이것도 그가 어떤 일에나 파격적인 인물이라는 뜻일 거요. 하지만 어떤 종교를 믿는 세계에서든, 군주는 사려 깊지 못하고 자제력이 없는 것보다 사려 분별과 중용에 뛰어난 편이 좋다고 생각하오."

온화한 분위기는 그뒤로도 여전했다. 마지막으로 살라딘은 솔즈베리 주교에게 이렇게 말했다.

"혹시 바라는 게 있소? 난 왕의 대리로 온 당신에게 어떤 소원이든 들어주고 싶은 마음이오."

젊은 주교는 잠깐 생각한 후 말했다.

"성묘교회에 참례했을 때 몇 명의 수도사를 보았습니다. 그들과 함께, 그리고 제가 인솔해온 병사들과 함께, 성묘교회에서 미사를 드리고 싶습니다."

살라딘은 흔쾌히 승낙했다. 나아가 예루살렘뿐만 아니라 베들레헴이나 나사렛에서도 미사를 올리지 않겠느냐고 물었다. 물론 주교는 바라는 바였다. 하지만 나사렛까지 가려면 이슬람 영내를 통과해야 한다. 이를 깨달았는지 살라딘은 주교에게 나사렛까지 경호대를 붙여주겠다고 했다. 젊은 주교는 그렇다면 나사렛에 들렀다가 그길로 아코로 향하겠다고 말한다. 리처드와 아코에서 만나기로 되어 있었던 것이다. 그 사실을 순진하게 말해버린 주교에게 살라딘은 아코까지 경호대를 붙여주겠다고 말했다.

리처드는 10월 9일까지 아코에 있었다. 우선 누이와 아내를 유럽으로 보냈다. 그리고 강화가 성립된 중근동에 남을 예루살렘 왕, 즉 샹파뉴 백작 앙리에게 자기 군사 중 3백 명의 기병과 2천 명의 보병을 주어 함께 잔류하도록 했다. 평화가 이루어졌다 해도 스스로를 지킬 수 있는 군사력이 충분하지 않으면 그 평화를 유지할 수 없기 때문이다.

나머지 군사의 태반도 지브롤터 해협을 지나 멀리 돌아가는 길로 먼저 고국으로 보냈다. 그리고 리처드 자신은 극히 소수의 병사만 데리고 10월 9일 아코를 뒤로했다.

리처드가 아코를 떠날 때까지 살라딘은 예루살렘에 머물러 있었다.

그리고 리처드가 최종적으로 팔레스티나를 떠난 것을 확인한 뒤에야 비로소 군대의 해산을 단행했다.

'지하드(성전)'를 기치로 내세움으로써 기나긴 불화의 역사를 지닌 시아파와 수니파의 통합에 성공한 살라딘의 이슬람군, 그 깃발 아래 모인 태수와 일반 병사들 모두 드디어 집으로 돌아갈 수 있게 된 것이다.

살라딘이 리처드의 출항 소식을 기다리며 예루살렘에 머무르는 동안 실행한 일이 하나 있었다. 강화의 숨은 주역인 이벨린에 대한 예우였다.

발리앙 이벨린에게는 조부 때부터 내려온 야파 근교의 영지가 있었는데, 그 영지의 소유권은 이미 리처드가 예루살렘 왕이 된 샹파뉴 백작 앙리에게 의뢰해 재확인한 상태였다.

하지만 이벨린에게는 문둥이 왕 보두앵에게서 받은 나블루스 근처의 영지도 있었다. 그런데 이곳은 리처드와 살라딘이 강화로 서로의 영역을 정한 바에 따르면 이슬람권에 속해 있었다.

살라딘은 그곳이 이슬람권에 있을지라도 여전히 그리스도교도인 이벨린의 영지임을 공인해주었다.

다마스쿠스로 돌아온 이후 살라딘은 나날이 체력이 쇠해갔다. 그토록 좋아하던 말도 더는 타지 못하게 되었다.

1193년으로 해가 바뀐 2월 21일, 그는 끝내 병으로 쓰러졌다. 그후 악화와 호전을 반복하다가 3월 1일 혼수상태에 빠졌다. 그리고 사흘 후인 3월 4일 아침, 숨을 거두었다.

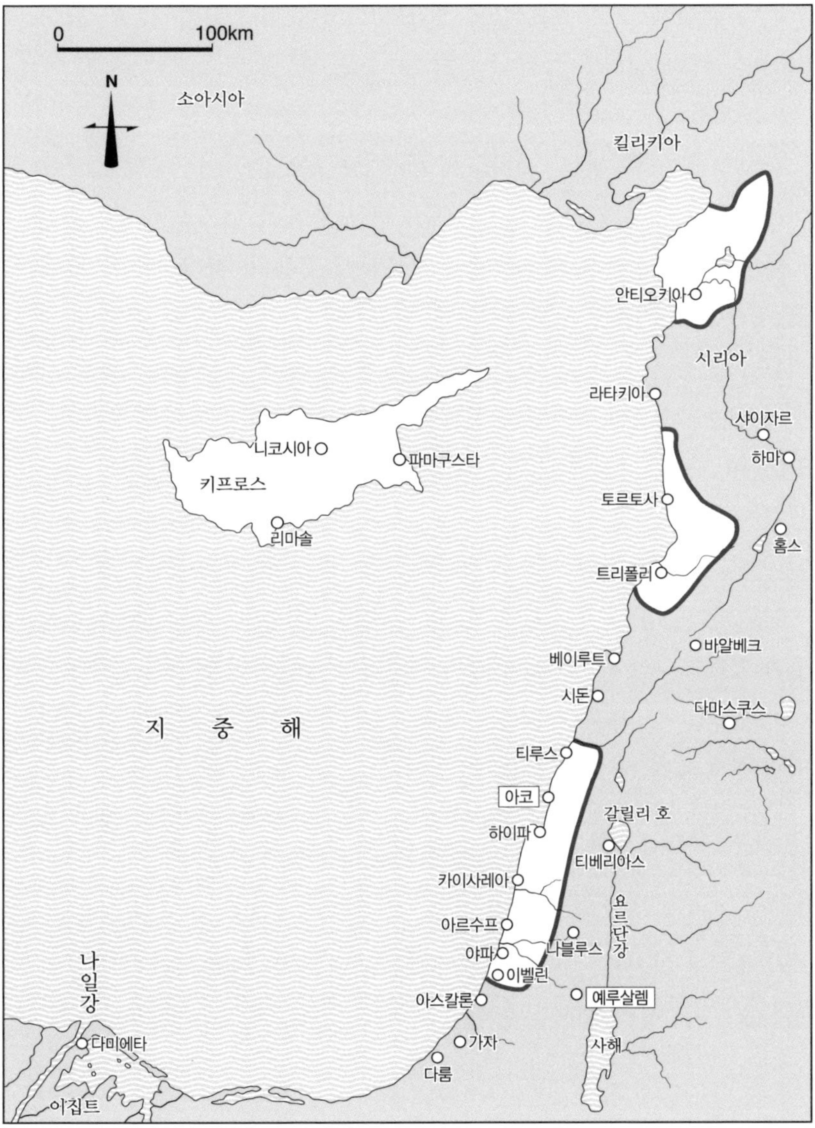

제3차 십자군 이후의 그리스도교 세력

쉰다섯 살에 맞은 죽음이자, 리처드가 떠난 지 5개월밖에 안 되어 찾아온 죽음이었다.

강화로 끝난 이 제3차 십자군에 대해, 현대의 많은 연구자들은 상황이 그전과 조금도 달라지지 않았다고 평한다.

분명히 십자군측은 예루살렘을 수복하지 못했다. 따라서 이를 목표로 내세우고 원정을 시작했던 제3차 십자군은 군사적으로 실패한 셈이다.

그러나 리처드와 살라딘이 성립한 이 평화는 강화 조문에 명기된 3년 8개월이라는 기한을 훌쩍 넘어, 간혹 사고는 있었지만, 1218년까지 26년 동안 이어졌다.

26년이라는 세월이 짧다고 느끼는 사람이 있다면, 가령 지금 이스라엘과 팔레스타인 사이에 26년간의 평화가 성립한다면 어떨지 생각해보라고 말하고 싶다. 그 시기 중근동의 십자군 세력을 생각하면, 이 26년이란 결코 짧지 않은 세월이었던 것이다.

1218년은 알 아딜이 죽은 해다. 그리고 이를 계기로 평화가 깨진 것은 그리스도교측이 제5차 십자군을 일으켰기 때문이었다.

사자심왕 리처드는 성도 예루살렘을 수복하지 못했다. 그러나 그리스도교도의 '성지'에 26년 동안의 평화와 안전을 주고 떠났다.

그후의 리처드

유럽을 향해 출발하긴 했지만, 리처드는 유럽의 아무 항구에나 상륙할 수는 없었다.

마르세유와 제노바의 항구에 이미 동생 존과 프랑스 왕 필리프의 병사들이 대기하고 있다는 정보가 아코에까지 다다랐기 때문이다.

리처드는 일단 앞서 보낸 누이와 아내, 그리고 자신의 군대 본진에, 지브롤터 해협을 통해 대서양을 거쳐가는 바닷길로 영국으로 향하라고 지시했다.

그리고 이런저런 이유로 출발이 늦어진 리처드 자신은 소수의 병력만을 데리고 그리스에서 아드리아 해로 들어가, 그곳에서 북상해 베네치아에 상륙한 후 런던으로 향하기로 결정했다.

또한 적의 눈을 피하기 위해 변장도 했다. 흰색 옷과 망토에 크고 붉은 십자를 새긴 템플 기사단의 제복을 걸친 것이다. 템플 기사단은 서유럽에서 인기 있고 존경받는 존재였으므로, 그 제복을 입으면 별 지장 없이 지날 수 있을 것이라 판단한 것이었다.

그러나 문제는 그들이 탄 배가 지중해를 잘 아는 이탈리아의 배가 아니라 북해의 환경에 맞게 설계된 영국 배였다는 점이다. 다시 말해 모터 역할을 하는 노도 없고 돛도 사각돛이라 항해의 자유가 제한된 배였다. 그래도 계절이 아직 가을이어서, 아드리아 해 입구에 위치한 코르푸 섬까지는 순조롭게 항해할 수 있었다.

그런데 코르푸 섬을 지나자 갑자기 기후가 격변한다. 배는 강풍에 농락당하다 끝내 난파되고 말았다.

이때 많은 병사를 잃었지만 다행히도 리처드와 몇몇 부하는 무사히 가까운 해변에 닿았고, 근처에서 배를 구할 수 있었다.

그런데 이 배가 또 아드리아 해 안쪽까지 들어가서 좌초되고 말았다. 그래도 어찌어찌 트리에스테 근처에 상륙하는 데 성공했다.

그런데 그곳은, 베네치아 공화국의 영내가 아니라 오스트리아 공작 레오폴트의 영지였다.

여기서부터는 이제 몇 명 남지 않은 병사를 데리고 유럽 대륙을 횡단해야 했다. 몸에 걸친 템플 기사단의 기사복도 자못 먼 성지에서 귀환한 용사처럼 낡고 해졌다. 그래서 오히려 마을 선술집에서 무료식사를 대접받기도 했다. 리처드는 이를 재미있어했지만, 얼마 후에 들른 또다른 선술집에 한 부대의 병사가 들어옴으로써 그의 운은 다하고 말았다.

그 부대의 대장은 황제 '붉은 수염'이 익사한 후 독일군의 지휘를 맡았던 오스트리아 공작 레오폴트의 부하 중 하나로, 레오폴트의 지휘 아래 아코 공략전에 참전했던 이였다. 그리고 아코를 탈환한 날 영국왕과 프랑스 왕의 깃발과 함께 성벽의 탑에 내건 오스트리아 공작의 깃발을, 리처드가 공작과 왕은 그 지위가 다르다는 이유로 내리라고 지시했을 때 그 현장에 있었던 사람이다. 이 일이 주인 레오폴트의 얼굴에 먹칠을 했다고 믿었던 부대장은 그때 깃발을 내리라고 지시한 리처드의 얼굴을 잊지 않고 있었다.

체포된 리처드는 오스트리아 공작 앞으로 끌려갔다. 리처드는 해묵은 원한에 연연하지 않는 사람이었지만 오스트리아 공작 레오폴트는 그렇지 않았다. 생각지 못한 전리품에 기뻐한 레오폴트는 리처드를 인적이 드문 성에 가두었다.

아무리 그래도 상대가 왕인 이상 손발에 쇠고랑을 채워 지하감옥에 집어넣을 수는 없었으니, 대신 성 안에 있는 탑의 높은 방에 가둔 것이다.

이날이 1192년 12월 11일이었다. 아코를 떠난 지 두 달, 여행이 순조롭게 진행되었다면 런던에 도착할 즈음이었는데, 이날부터 리처드는 행방불명 상태가 되고 말았다.

성탑의 방에 유폐된 리처드는 할 일이 없었다. 그래서 떠오르는 대로 노래를 흥얼거리며 하루하루를 보냈다. 이런 나날이 대략 얼마 동안이었는지는 알려져 있지 않다.

그런데 어느 날, 우연히 그 근처를 지나던 음유시인 블론델이 리처드의 노랫소리를 듣게 되었다. 게다가 들려오는 노래는 그가 아코에 있던 시절 리처드를 위해 만들어 그의 앞에서 직접 불렀던 노래였다.

아마도 음유시인이 성탑 방의 창문에 돌을 던지거나 해서 리처드가 창문을 열어 둘이 대면하지 않았을까 싶은데, 리처드는 음유시인에게 두세 명의 이름을 알려주며 자기가 이곳에 유폐되어 있다는 것을 전하라고 했다. 다른 사람도 아니고 자기가 직접 노래를 만들어 바쳤던 사람의 명령이다. 블론델은 이를 충실히 이행한다. 그리하여 비로소 행방불명된 리처드의 소재가 알려졌다.

이렇게 되자 오스트리아 공작 레오폴트는 뒷일이 두려워졌다. 공작 역시 리처드의 부하들이 필사적으로 주인의 행방을 찾고 있다는 것을 알고 있었다. 천하에 무서울 게 없는 그 남자들이 습격해올 것을 생각하니 갑자기 성탑 방의 수인이 골칫거리가 되어버렸다. 레오폴트 공작은 이 골칫거리를 자신의 주군인 신성로마제국 황제 하인리히 6세에게 호송했다.

황제 하인리히는 원정 도중에 익사한 '붉은 수염'의 아들이었다. 그 역시 아버지의 병사들을 이끌고 아코에서 싸운 레오폴트 공작의 깃발을 내리게 했던 리처드를 좋은 마음으로 대할 수 없었다.

게다가 이 황제에게는 일찌감치 프랑스 왕의 손길이 뻗쳐 있었다. 프랑스 왕 필리프는 그 누구보다도 리처드의 귀국을 원하지 않는 사람이었다. 프랑스 왕은 황제에게 리처드를 계속 유폐해줄 것을 의뢰했다. 거액의 원조금까지 대가로 지불하면서.

그러나 제아무리 신성로마제국 황제라 해도 영국 왕을 이유 없이 계속 유폐할 수는 없는 노릇이었다. 황제는 리처드를, '해시시를 피우는 남자들'로 불리던 암살자 집단을 사주해 몬페라토 후작 코라도를 죽인 범인으로 몰아 재판에 회부했다.

몬페라토 후작 코라도는 일주일이라는 짧은 기간 동안이나마 예루살렘 왕국의 왕위에 올랐던 사람이다. 유럽의 그리스도교도에게 예루살렘 왕은 성지에서 가장 지위가 높은 존재다. 그런 사람을, 그것도 적인 이슬람교도를 시켜 죽였다면 충분히 중죄에 속한다.

하지만 리처드의 명성은 이미 유럽 전역에 퍼져 있었다. 그래서 재판을 열려 해도 재판관이 모이지 않았다. 지명된 사람들은 모두 이런 저런 이유를 들어 사퇴했다.

그러는 동안 황제 앞으로 한 통의 서신이 도착했다. 바로 '해시시를 피우는 남자들'을 이끄는 '산의 노인'이 보낸 것이었다. 거기에는 예루살렘 왕 코라도를 살해한 것은 리처드의 의뢰 때문이 아니라 자신들 스스로 결정한 일이라고 쓰여 있었다.

서신에 따르면, 몬페라토 후작 코라도가 중근동에 왔을 때 대상(隊商)을 습격해 짐을 빼앗고 전원을 몰살시킨 일이 있었는데, 그 대상이 바로 '산의 노인'이 이끄는 집단이었다는 것이다. 그뒤로 이에 대한 복수의 기회를 노리고 있었고, 결국 그를 살해하는 데 성공했다는 것이었다.

마피아도 그렇지만 비밀결사에는 그들 나름의 명예관이 있다. 다른 사람의 의뢰를 받아 한 일과 자신들의 의지로 결행한 일을 분명히 구분하는 것이다. 생각해보면 기묘한 명예관이지만, 그래도 그들은 구분하기를 원한다.

'산의 노인'이 이끄는 이슬람의 암살자 집단이 굳이 리처드를 변호할 생각으로 진실을 알려온 것은 아니었다. 리처드의 명성은 이미 그곳에까지 널리 알려져 있었지만, 그들이 서신을 보낸 목적은 어디까지나 자신들의 명예를 위해서였다.

하지만 그 덕분에 더는 리처드를 재판에 회부할 수 없게 되었다. 그래도 프랑스 왕 필리프는 리처드를 계속 유폐해둘 것을 집요하게 요구했다. 신성로마제국 황제와 프랑스 왕 사이에 어떤 은밀한 거래가 이루어졌는지는 알 수 없지만, 결국 터무니없는 액수의 몸값을 책정하고는 이를 지불하면 석방하고 그렇지 않으면 계속 유폐하겠다는 결정이 내려졌다.

이때부터 심복들을 중심으로 한 리처드의 부하들이 움직이기 시작했다.

우선 어머니 엘레오노르가 보석 등 돈이 될 만한 것들을 모조리 팔아 몸값의 절반 가까이를 마련했다. 그리고 솔즈베리 주교를 비롯한 심복 전원이 돈을 마련하러 돌아다녔는데, 의외로 도와주는 사람이 많아 단기간에 전액을 조달할 수 있었다. 솔즈베리 주교 휴버트는 그 돈을 갖고 리처드를 데리러 독일로 향했다.

황제 하인리히는 리처드를 석방할 수밖에 없었으나, 황제 된 자가 돈을 받고 수인을 석방한다면 체면이 서지 않는다. 그래서 리처드를 자유롭게 해주는 조건으로 그가 앞으로 황제의 신하가 된다는 서약을 덧붙였다. 이런 부차적인 것에는 실효성이 없다고 생각한 리처드는 지체 없이 그에 서명했다.

이리하여 1194년 3월, 1년 3개월 만에 자유의 몸이 된 리처드는 기쁨을 감추지 못하는 솔즈베리 주교 휴버트와 함께 영국으로 향했다. 이제 오스트리아 공작도 독일 황제도 프랑스 왕도 그에게 손을 댈 수 없었으므로 템플 기사단 기사로 변장할 필요는 없었다.

리처드는 이 여정 도중에야 비로소 살라딘이 1년 전에 죽었다는 사실을 알았다. 조금만 더 성지에 머물렀다면 성도를 수복할 수 있었겠다며 아쉬워하는 솔즈베리 주교에게 리처드는 이렇게 말했다고 한다. 만약 그랬다면 살라딘은 죽고 싶어도 죽을 수 없었을 테니 장수하지 않았을까, 라고. 이런 대범함 역시 리처드의 타고난 성격이었다.

도버 바로 북쪽에 있는 샌드위치 항을 통해 영국에 상륙한 것은 1194년 3월 20일이었다.

런던으로 향하는 중에는 왕의 귀환을 기뻐하는 사람들의 끊임없는 함성 속을 지나야 했다. '사자심왕'의 명성에 누구보다 열광했던 건 영국 민중이었던 것이다. 그때까지 동생 존에게 붙어 있던 제후들조차 리처드 쪽으로 돌아섰다. 원래부터 리처드파였고 그의 귀환을 목이 빠져라 기다려온 제후와 병사들이 그를 개선장군처럼 맞이한 것은 말할 것도 없다. 요컨대 리처드의 귀국과 함께 영국 전역이 리처드의 세상이 되어버린 것이다.

나흘 후 리처드 일행은 런던에 도착했다. 런던에서 개선 이상의 열광을 받는 가운데 리처드는 세인트폴 대성당으로 향했다. 신에게 귀국을 보고하기 위해서였다.

웨스트민스터 왕궁에서는 사흘밖에 지내지 않고 곧바로 노팅엄으로 떠났다. 잉글랜드 중부에 위치한 노팅엄은 동생 존 세력의 중심지였다. 이곳에서도 사흘 동안 체재했을 뿐이지만, 그사이 존파인 제후와 대관(代官)들로부터 지지를 얻어내는 데 성공했다.

역사소설을 좋아하는 사람에게 노팅엄이라는 지명이 친숙한 것은 로빈 후드 때문일 것이다. 로빈의 상대 악역이 노팅엄의 대관이기 때문인데, 예상컨대 이 인물도 존파에 속했으며 리처드가 부재중인 것을 기회로 학정을 일삼으며 백성들을 괴롭혔을 것이다.

이런 유의 민중전설을 차치하더라도 노팅엄이 존파 세력의 거점이었다는 것은 사실이다. 리처드가 이 노팅엄에 모습을 드러냈을 때, 동생 존은 일찌감치 프랑스로 도망치고 없었다.

본국 영국에서의 위치를 굳건히 하는 작업을 마친 후, 리처드는 런던으로 돌아온다.

이 시기 그는 솔즈베리 주교였던 휴버트 월터를, 계속 공석이던 캔터베리 대주교로 임명했다. 그리고 그 직후 이 맹우를 재상으로도 임명했다. 이는 리처드가 드디어 프랑스 왕 필리프를 향해 도버 해협을 건널 날이 다가왔다는 선언이기도 했다.

프랑스 왕 필리프도 이것이 일종의 선언이라는 걸 알고 있었다. 그는 먼저 그동안 후원해오던 존과의 관계를 끊었다. 당신이 힘이 되어준다고 약속해서 형에게 반기를 든 것 아니냐며 항의하는 존을 내쳤다. 존은 자기 쪽 제후에게 버림받았을 뿐만 아니라, 믿고 있던 프랑스 왕에게도 버림받았던 것이다.

1194년 5월 12일, 존은 도버 해협을 건너 프랑스의 노르망디 지방에 상륙한 리처드 앞에 무릎을 꿇고 목숨만 살려달라며 애원했다.

리처드는 예상외로 간단히 동생을 용서한다. 이로써 형제 사이에 한바탕 말썽이 일어날 거라고 생각했던 필리프의 기대도 배반당했다.

또한 리처드는 필리프에게 가기 전 미리 그를 고립시키는 술책을 썼다. 프랑스 남부의 강력한 영주인 툴루즈 백작에게 누이 조안나를 시집보냄으로써 프랑스 남부와 북부를 분리시킨 것이다. 이슬람교도인 알 아딜과 결혼하라고 했던 때와 달리, 이번에는 조안나도 순순히 따랐다.

게다가 필리프에게는 다른 문제도 있었다. 프랑스 내의 유력한 제후였던 플랑드르 백작과 부르고뉴 공작은 십자군에 참전하여 '성지'에서 전사했다. 그리고 샹파뉴 백작도 예루살렘의 왕이 되었으므로 '성지'에 머물러 있어야 하기에 프랑스로 돌아올 염려가 없었다. 그래서 필리프는 이때를 이용해 프랑스 왕의 직할령을 확장하는 것에 매진하고 있었는데, 아직 이것이 완전히 확립된 단계는 아니었다. 즉 접근해오는 리처드를 상대하는 데 이들 제후의 협력까지는 기대할 수 없었던 것이다.

리처드가 없는 틈을 타 그의 영지인 노르망디 지방과 아키텐 지방을 공략한 것은 성공했지만, 영지를 탈환하려는 리처드의 군사행동이 이 지방에 집중될 것도 불을 보듯 뻔했다.

실제로 노르망디에 상륙한 이후 리처드는 지체 없이 움직였다. 전투가 벌어진다면 필리프는 도저히 리처드의 적수가 되지 못한다.

채 2년도 지나지 않아 노르망디 전역이 다시 리처드의 손에 들어갔다. 이 지역은 원래 노르만, 플랜태저넷으로 이어지는 잉글랜드 왕조의 발생지이기도 하다. 프랑스 왕에 굴복했던 시기에도 이곳에는 은밀한 동조자가 많았고, 프랑스 왕의 군대가 철수하자마자 그들은 거리낌 없이 리처드의 동조자가 되었다.

이 지역을 탈환하던 중 리처드는 한 교회에 우연히 들어갔는데, 보통 같으면 제단 위에 늘어서 있을 미사용 은촛대와 은잔이 하나도 없었다. 프랑스 왕에게 몰수당했느냐고 묻자, 사제들은 리처드의 몸값에 보태느라 공출한 것이라고 대답했다. 여기뿐 아니라 이 지방의 모든 교회가 그렇게 했다는 것이었다.

그 대단한 리처드도 미안한 마음이 들었던지, 상황이 일단락되면 은제구(祭具)를 대량으로 만들어 보내주겠다고 약속했다. 종교적으로는 특별히 내세울 게 없는 리처드였지만, 영지 내의 종교인들은 그를 자랑스럽게 생각했던 것이다.

2년 후인 1196년, 리처드와 필리프 사이에 휴전이 성립되었다. 계속 밀리기만 하던 필리프는 이 휴전으로 한숨 돌렸고, 밀어붙이는 입장인 리처드는 병력을 다음 전선으로 이동하는 데 필요한 시간을 벌 수 있었다.

어쨌든 이해에 휴전을 맺으며, 프랑스 왕 필리프는 거의 파리 근처까지 이르는 프랑스 북부를 리처드의 영토로 인정해야 했다.

다시 2년이 지난 1198년, 영국과 프랑스 사이에 전쟁이 재개되었다. 이때는 전장이 프랑스 서부로 옮겨졌다.

여기서도 리처드는 연전연승을 거두었다. 이로써 부재중에 필리프에게 빼앗겼던 영지의 90퍼센트 이상을 탈환했다.

그런 리처드에게도 인생의 막을 내려야 하는 때가 찾아왔다. 아직 필리프측에 있던 리모주 지방의 샬뤼 성을 공격하던 때의 일이었다.

항상 최전선에 서서 지휘하는 것이 리처드의 방식이었는데, 성채 위에서 날아온 화살 하나가 리처드의 오른쪽 어깨와 가슴 사이를 꿰뚫고 말았다.

'석궁(ballistra)'은 '활(arco)'과 달리 일단 화살을 명중시키면 엄청난 살상력을 발휘한다.

그리고 적의 석궁수가 최전선에 있는 리처드를 노리고 쏜 것임에 틀림없는 그 화살은, 강철 갑옷이나 투구도 꿰뚫을 만한 힘을 지니고 있었다.

그때 입은 상처가 원인이 되어 리처드는 결국 며칠 후 숨을 거두었다. 1199년 4월 6일, 41년 7개월의 생애를 마감하는 죽음이었다.

리처드의 시신은 영국에 없다. 죽은 후 곧장 머리는 푸아티에 지방의 수도원에, 심장은 노르망디 지방 루앙의 교회에, 그 외의 부분은 앙주 지방의 수도원에 나누어 매장했기 때문이다.

여러 곳에 영지를 지닌 왕의 시신을 해체하는 목적은, 우선 죽은 후에도 영지의 소유권이 그에게 있음을 보여주려는 것이다. 동시에 해당 영지의 백성들에게 자기 지역에 왕의 묘가 있다는 만족감을 안겨주려는 목적도 있었다.

19세기 들어 만들어진 것이기는 하지만, 영국에서는 리처드의 기마상을 만나볼 수 있다. 웨스트민스터 의사당 옆에 서 있어서 좋든 싫든 의원들이 볼 수밖에 없는 위치인데, 리처드에 대한 영국인들의 사랑을 입증하듯이 지금도 당당히 '사자심왕'다운 모습을 보여주고 있다.

리처드에게는 자식이 없었으므로 일찍이 죽은 형의 아들이 후계로 지명되었지만, 동생 존이 이를 가로채 다음 영국 왕에 즉위했다.

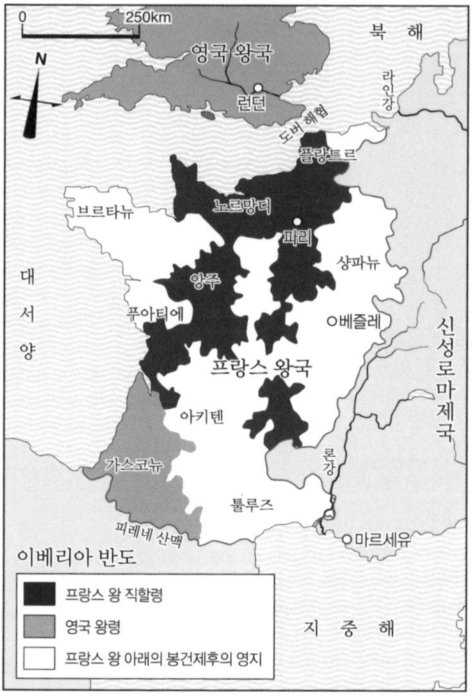

1223년경의 프랑스 세력도

그리고 리처드가 죽은 지 5년 후 어머니 엘레오노르도 세상을 떠났다. 다시 1년 후인 1205년에는 캔터베리 대주교, 리처드의 맹우이자 솔즈베리 주교였던 휴버트도 숨을 거둔다. 또한 리처드의 심복임을 자부하던 남자들도 이 시기 차례로 세상을 떠났다.

리처드가 '사자심왕'이라면 그 뒤를 이어 영국 왕이 된 존은 '실지왕(失地王) 존'이라는 이름으로 역사에 남는다. 그가 왕위에 있던 17년 동안, 형 리처드가 프랑스 왕에게서 탈환한 지방의 대부분을 다시 필리프에게 빼앗겼기 때문이다.

필리프는 리처드의 사후에도 24년을 더 살았다.

프랑스인은 이 필리프 2세에게 고대 로마제국의 초대 황제 아우구스투스의 이름을 프랑스식으로 발음한 '오귀스트(존엄왕)'라는 호칭을 붙여주었다. 두 사람은 장수했다는 것과 전투에 서툴렀다는 것 말고는 공통점이 없는 듯 보이지만, 프랑스인 입장에서 보면 프랑스의 영토를 확장하고 이를 기반으로 해서 중앙집권으로 이끈 최초의 왕이므로 '오귀스트'라 칭할 만할 것이다.

물론 영국인은 필리프가 영토를 확장할 수 있었던 것은 영국 왕좌에 '사자심왕' 대신 '실지왕'이 앉았기 때문이라고 생각한다. 따라서 필리프에 대한 영국인의 평은 경멸로 시작해 온갖 악평으로 가득하다. 이 또한 중립적인 역사 연구의 어려움을 보여주는 한 예일 것이다.

리처드에 대한 프랑스인의 평가 역시 미묘하다. 태어난 곳은 영국 옥스퍼드지만 자란 곳은 프랑스의 푸아티에가 아니냐는 것인데, 영국인이라면 누구를 막론하고 나쁘게 평하는 프랑스인들도 사자심왕 리처드에게만은 특별한 애착이 있는 듯하다. 그것도 쓴웃음을 짓게 하는 대목이다.

참고로 웨스트민스터 의사당 옆에 서 있는 리처드의 기마상을 만든 이는 이탈리아인 카를로 마로케티다. 19세기 후반의 유럽에서 상당히 유명한 조각가였다고 하는데, 리처드의 기마상 역시 완성도가 나쁘지 않다.

참, 잊고 있었는데, 리처드가 자신의 문장으로 삼았던 빨간색 바탕에 노란색 사자 세 마리는 지금도 여전히 영국 왕의 문장이다.

영국 왕 사자심왕 리처드

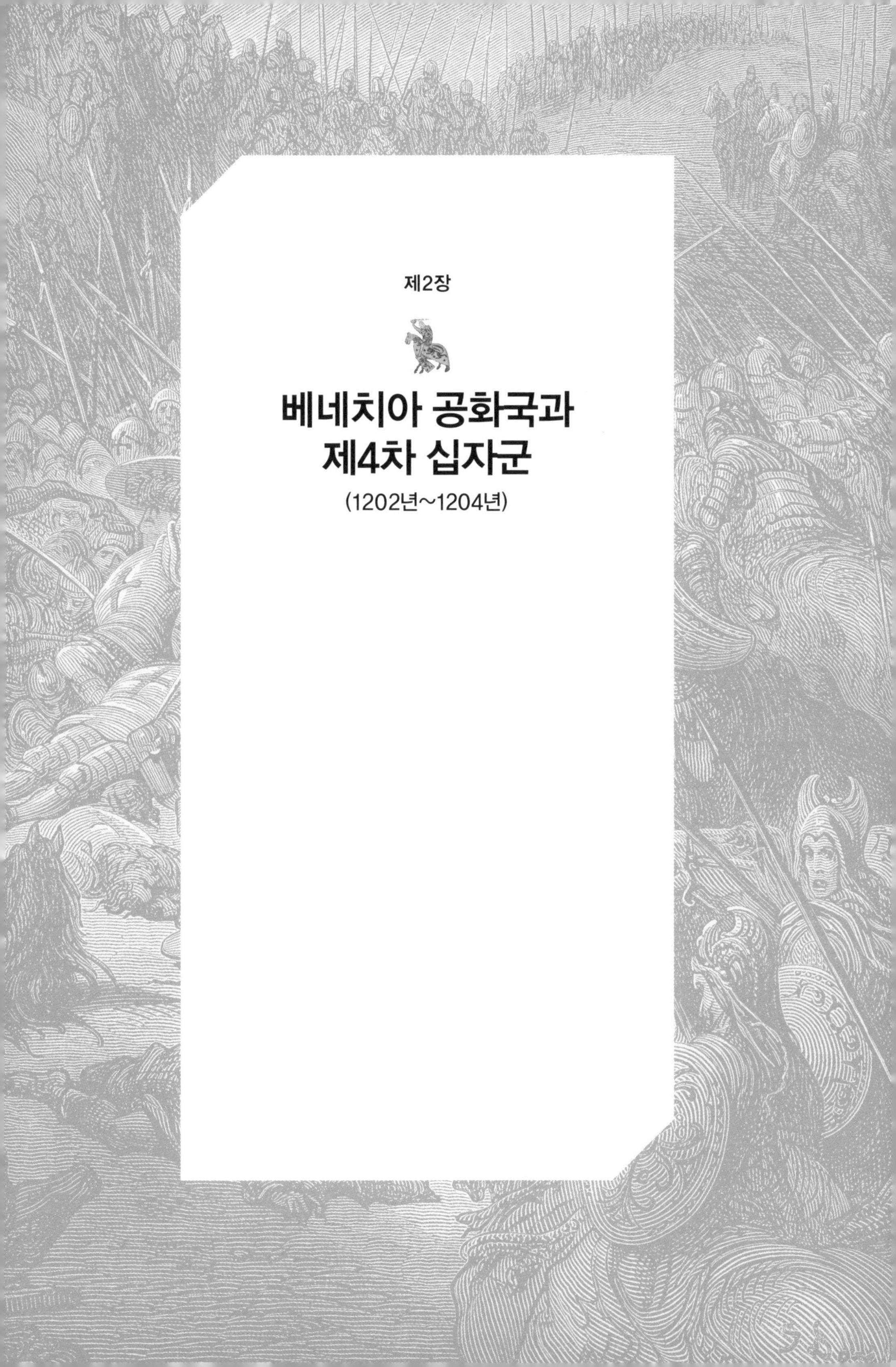

제2장

베네치아 공화국과 제4차 십자군

(1202년~1204년)

수재 교황의 등장

사자심왕 리처드가 프랑스 서부에서 전투중 세상을 떠나기 1년 전인 1198년, 로마에서는 성 베드로의 후계자로 서른여덟 살의 교황이 선출되었다. 고등학교 세계사 교과서에도 가장 파워가 강했던 교황으로 나오는 인노켄티우스 3세다.

이 시대의 로마 교황청은 직할영토를 지닌 영토국가이기도 했으므로, 이탈리아 중부에 위치한 교황청 영내에는 동시대의 독일과 프랑스, 영국 등과 마찬가지로 수많은 봉건영주가 할거하고 있었다. 로마 남쪽에 있던 새로운 교황의 생가 콘티 디 세니 가문 역시 그중 하나였다. 교황이 되기 전 그의 이름은 로타리오 데이 콘티 디 세니. 당시의 귀족에 해당하는 '노빌레'의 일원이었다.

이런 집안에서는 대체로 장남이 뒤를 잇고, 차남 이하는 각자의 자질에 따라 성직이나 군직(軍職)으로 나간다. 머리가 좋으냐 완력이 강하냐의 문제인데, 로타리오는 전자에 해당했는지 일찍부터 고위 성직자가 되기 위한 필요조건으로 여겨지던 학문의 길로 나갔다.

일단은 지리상 가까운 로마에서 수학하고, 이어서 파리로 유학을 떠났다.

'유학'이라지만 아직 중앙집권이 이루어지지 않은 이 시대에는 프랑스의 국경조차 명확하지 않았다. 그래서 외국 유학의 의미가 조금 달랐고 파리의 대학도 사설학원 정도의 수준이었지만, 그래도 고명한 교수를 사사한다는 목적은 달성했다. 청년 로타리오가 다음 유학지로 택한 곳은 이탈리아 중부의 볼로냐였다. 볼로냐에는 유럽에서 가장 오래된 대학이 있었는데, 말 그대로 당시 최고의 명문이었다.

스무 살을 지날 무렵, 그는 로마로 돌아왔다. 그후 로마 교황청에서 한동안 경력을 쌓았다. 이 시기에 많은 저작을 발표했는데, 그중에서 대표작 혹은 출세작이라 할 수 있는 것이 『De miseria humanae conditionis(인간의 비참한 현상에 대하여)』이다. 신에 대한 믿음만이 인간을 이 비참한 현상(現狀)에서 구원할 수 있다는 건 중세 교회 관계자들이 공통적으로 갖고 있던 신조였으므로 딱히 새로운 생각은 아니었다. 또한 로마 교황청의 '정도(正道, strada maestra)'이기도 했다.

전임 교황이 서거하자 새로운 교황 선출을 위한 콘클라베(추기경단의 선거회)가 열렸는데, 보통 몇 번의 투표를 거쳐 결정하는 데 비해 그해에는 로타리오가 첫번째 투표에서 곧바로 새로운 교황으로 선출되었다. 로마 가톨릭교회의 에이스 중의 에이스로 주목받고 있었으니 서른여덟 살이라는 젊은 나이도 장애가 되지 않았을 것이다.

로마 교황 인노켄티우스 3세

인노켄티우스 3세라는 이름으로 교황에 즉위한 후에도 로마 교회의 '정도'에 대한 그의 확신은 전혀 흔들리지 않았다. 중세 그리스도교 세계의 가장 큰 문제는 다름아닌 로마 교황과 신성로마제국 황제의 위치 관계였는데, 이에 대해서도 그는 다음과 같이 명언(名言)했다.

"신성로마제국(실제로는 독일)의 제후들은 자신들의 황제를 직접 선택할 권리를 가진다. 그러나 그 황제가 관을 쓸 정당한 자격을 갖추었는지 판단할 권리는 로마 교황에게 있다."

황제란 신에게서 세속의 통치를 위임받은 존재이므로, 신의 뜻을 인간에게 알리는 것이 임무인 주교(로마 교황은 그 주교들의 우두머리다)는 황제의 자격 유무를 결정할 권리가 있다는 것이다.

이렇게까지 공언한 사람이니 다음과 같은 말을 하는 데도 거리낌이 없었다.

"교황은 태양이고, 황제는 달이다."

지금 같으면 아무리 그리스도교도라도 혀를 내두를 만한 일이지만, 중세에는 이것이 로마 가톨릭교회가 생각하는 '정도'였다.

언뜻 수재 출신의 딱딱한 권위주의자로 보이기도 하지만, 이 교황은 의외로 유럽 그리스도교 세계의 새로운 물결, 즉 젊은이들에 대한 지원을 아끼지 않았다.

우선 신은 신자를 징벌로 대하는 것이 아니라 사랑으로 대한다고 설파하며, 당시 그리스도교 세계의 새로운 물결로 부각되던 앙주 출신 청년 프란체스코와 그의 동지들을 상당히 일찍부터 공인했다. 이 젊은이 집단은 기존 성직계에서 과격분자로 간주되어 자칫하면 화형에 처해질 수도 있었는데, 기존 성직계의 수장에게 공인받았다는 것은, 즉 성 프란체스코파의 장래가 보장되었음을 의미했다.

또한 훗날 신성로마제국 황제가 되는 프리드리히가 독일로 떠날 때도, 인노켄티우스 3세는 아직 성정을 알 수도 없는 이 스물한 살 청년에게 당장 절실히 필요한 자금과 병력을 지원해주었다.

나는 이 두 젊은이, 성 프란체스코와 프리드리히가 각각 종교와 정치, 문화 부문에서 르네상스 운동의 첫번째 주자라고 생각한다. 이 두 사람의 출발을, 중세사상의 화신이나 다름없던 교황 인노켄티우스가 도운 것이다.

이 두 사람 외에도 교황이 지원해준 젊은이 집단이 또 있었다. 내가 『로마 멸망 이후의 지중해 세계』 상권에서 소개했던, 프랑스인 수도사

장이 조직한 '구출 수도회'다.

이 수도회는 북아프리카에서 온 이슬람교도 해적에게 납치당해 이교의 땅에 끌려가 노예로 혹사당하고 있는 그리스도교도들을, 몸값을 지불하고 귀국시키는 것을 목적으로 창설된 조직이었다. 교황 인노켄티우스는 '구출 수도회'를 설립 2년 만에 일찌감치 공인해주었을 뿐 아니라, 이 수도회가 이후로 활동을 계속할 수 있도록 항구적인 재원도 마련해주었다.

이런 유의 종교조직은 기부에 의해 운영되는 것이 보통이다. 하지만 항구적인 재원이 있다면 훨씬 안정된 운영이 가능해진다. 교황 인노켄티우스는 로마의 일곱 언덕 가운데 하나인 첼리오 언덕에 이들의 본부를 둘 땅을 마련해주었고, 로마 성벽에 뚫린 열한 개의 성문 가운데 네 개의 성문에서 거둬들이는 관세를 고스란히 '구출 수도회'의 수입으로 넘겨주었다.

정식 명칭은 '노예가 된 그리스도교도를 구제할 목적으로 설립된 신성한 삼위일체의 수도회'인 이 수도회의 활동은, 지중해에서 해적이 완전히 모습을 감추는 19세기 초까지 이어진다. 교황이 확보해준 재원이 6백 년 동안 끊임없이 이들의 활동을 뒷받침한 것이다.

교황 인노켄티우스 3세의 지원에는 네 가지 특징이 있다.

첫째, 해당 인물에게 가장 필요한 것을 지원했다는 것. 따라서 지원을 받는 사람이나 단체에 따라 그 내용이 달라졌다.

둘째, 지원으로 인해 얻는 메리트가 확실하지 않다 해도 망설이지 않았다는 점이다. 프리드리히의 경우는 나중에 교회의 반역자가 되었으니, 먼 훗날까지 생각하여 지원하는 유형이었다면 이를 단행할 용기를 가질 수 없었을 것이다.

셋째, 당장에 필요한 것을 대줄 테니 그뒤로는 알아서 하라는 식으로, 지원받은 것들을 어떻게 쓰든 참견하지 않았다는 것이다.

그리고 마지막으로, 이 교황은 반드시 지원하는 상대와 직접 만나 이야기를 나눈 후에야 지원을 결정했다. 프란체스코든 프리드리히든 수도사 장이든 당시 사회적 위치가 불안정한 풋내기였지만, 교황 인노켄티우스는 이를 문제삼지 않고 직접 만나 이야기를 나누었다.

나는 이것이야말로 비기득권자에 대한 기득권자의 가장 이상적인 형태의 지원이라고 생각한다.

그러나 교황 인노켄티우스는 오직 신에 대한 믿음만이 인간에게 빛을 비추고 그들을 비참한 현상에서 구원할 수 있다고 믿어 의심치 않은 사람이었다. 그렇게 생각하지 않는 사람들은 그의 입장에서 이단자이자 반체제파였다.

그중 알비파라 불리던 프랑스 남부 사람들에 대한 탄압은, 나중에는 탄압을 넘어 이단을 적대시하는 십자군으로까지 발전한다. 교황 즉위 10년 후에 시작된 전쟁은 좀처럼 결말이 나지 않고 그의 사후까지 계속되었는데, 역사상 '알비 십자군(Albigensian Crusade)'으로 불리는 이 전쟁은 그전까지 우세했던 프랑스 남부의 힘을 꺾음으로써 프랑스 북부를 이롭게 만드는 결과로 끝났다. 교회의 반체제파를 징벌할 생각으로 시작된 이 '십자군'은 결국 프랑스 북부를 기반으로 삼고 있던 프랑스 왕 필리프 2세에게만 이득을 안겨준 것이다.

그러나 이 이상으로 강하게, 교황 즉위 직후부터 인노켄티우스의 마음을 가득 채우고 있던 것은 이교도를 상대로 한 십자군이었다. 제4차 십자군 원정을 실현하는 것. 이것이 서른여덟 살 교황의 최대 과제였다.

리처드와 살라딘이 맺은 강화 덕분에 그리스도교도는 예루살렘, 베들레헴, 나사렛을 자유롭고 안전하게 순례할 수 있게 되었다. 하지만 이 3대 성지 중에서도 '성도'로 특별시되는 예루살렘을 계속 이슬람교도가 지배하고 있다는 사실에는 변함이 없었다. 로마 가톨릭교회의 '정도'를 자처하는 인노켄티우스는 이를 용납할 수 없었다.

또한 교황 인노켄티우스는, 제3차 십자군에 결코 만족하지 못했다.

제1차는 물론이고 제2차에서도, 유럽에서 십자군이 원정을 떠날 때는 반드시 '교황 대리'가 동행했다. 원래는 로마 교황이 이끌어야 하는데 대리를 임명해 대행시킨 것이므로, 이 '교황 대리'의 발언권은 상당히 강했다.

그런데 제3차 십자군에는 처음부터 '교황 대리'가 동행하지 않았다. 로마 교황이 움직이기 전에 황제와 왕들이 자발적으로 움직였기 때문이다. '교황 대리'의 부재로 제3차 십자군은 시종 세속인들의 십자군이라는 양상을 띠었다.

성직자가 동행하지 않았던 것은 아니다. 하지만 이들도 왠지 리처드에게 끌려다니는 느낌이 강했고, 성직자로서 로마 교회의 생각을 대변하기보다 장수로서 전장에서 분투할 때가 훨씬 많았다.

또한 교황 인노켄티우스는 리처드와 살라딘이 강화를 체결한 것부터 마음에 들지 않았다. 이슬람교도와 그리스도교도 모두 서로를 '불신의 무리'로 일컬었는데, 그리스도교도 왕이 불신의 무리와 강화를 맺는 것 자체가 있어서는 안 되는 일이었던 것이다.

아무리 그리스도교도의 순례가 자유와 안전을 보장받았다 해도 이를 보장해준 건 '불신의 무리'다. 이는 당시 로마 교황청을 지배하고 있던 사고방식으로는 용납할 수 없는 일이었다.

만약 제3차 십자군에도 '교황 대리'가 동행했다면 살라딘과 강화를 맺는 것에 단연코 반대했을 것이다. 교황 인노켄티우스는 다음 십자군에서는 반드시 로마 교황의 영향력을 재정립해야 한다고 굳게 다짐하고 있었다.

성도 예루살렘을 그리스도교도의 도시로 되돌려야 한다. 그것도 회담이 아니라 군사력으로. 하지만 누구에게 이를 부탁할 것인가. 이것이 성 베드로 이후 176대 로마 교황에 즉위한 인노켄티우스 3세의 마음을 지배하고 있던 문제였다.

황제와 왕을 움직인다 해도 그들은 언젠가 귀국해야 하는 몸이고, 그로 인한 단점은 제2차와 제3차 십자군에서 이미 실증되었다. 게다가 정통 신성로마제국 황제의 자격을 지닌 프리드리히는 이때 고작 여섯 살이었다. 그의 대리들은 불안정했다. 프랑스 왕 필리프는 리처드가 죽은 후로 영토 확장에 전념하고 있어 십자군 이야기에 귀를 기울일 계제가 아니었다. 이들이 아니라면 다른 누구에게 부탁할 수 있을까.

로마 교황은 태양이고 황제와 왕은 달이라 해도, 그 태양은 군사력을 갖고 있지 않았다.

군사력이 없는 조직의 수장이라는 문제뿐 아니라, 이 '태양'은 종종 수재들에게서 엿보이는 단점도 갖고 있었다.

좌절을 경험한 적 없는 사람이 흔히 그렇듯이, 자신이 하는 일에 의심을 품지 않는 탓에 자신과 다른 발상을 하는 사람의 진의를 상상하지 못한다는 점이다. 이 단점은 어떤 일을 진행하는 데 있어 때를 놓치는 실수를 범하거나 사후승낙의 상황으로 이어질 소지가 다분했다.

도제 단돌로

엔리코 단돌로가 베네치아 공화국의 도제(Doge, 원수)로 선출된 것은 인노켄티우스가 교황으로 선출되기 6년 전인 1192년이었다. 리처드와 살라딘 사이에 강화가 성립된 해다.

태어난 해가 확실하지 않으므로 도제로 선출된 해에 정확히 몇 살이었는지는 알 수 없다. 하지만 적어도 일흔 살은 넘었을 것으로 추정된다. 단돌로의 집안은 베네치아의 명문이었지만, 베네치아 공화국의 지도층을 형성하는 남자들에게는 명문가의 상속자로서 편한 인생을 사는 일이 허락되지 않았다.

우선 20대와 30대는 내내 해외와의 통상 업무로 보낸다. 그것도 단순히 비즈니스만 하는 것이 아니다.

상품을 싣고 해외로 가는 배에 상인이 동승하는 게 상례였으므로 그들은 다른 민족, 그것도 대부분 이교도와 교역하는 법을 배우면서 자연스럽게 항해술도 익혔다. 또한 베네치아에서는 해전이 벌어지면 부근을 항해중인 상선까지 소집하기 때문에, 해상 전투에 숙달되지 못하면 목숨이 위태로웠다. 이에 더해 이 시기에는 교류지의 여러 가지 사정, 정치와 종교, 풍속, 습관, 문화, 언어까지 배워야 한다.

마흔 살 전후가 되면 뭍으로 올라간다. 그렇다고 가만히 있을 수 있는 것이 아니라 이번에는 온갖 분야의 외교에 내몰린다. 베네치아 본국 정부에서 일하다가도 이틀 후에는 독일이나 프랑스, 비잔틴제국 등지로 떠나는 것이 베네치아 공화국 지도층에 속하는 남자들의 일상이었다.

훗날 외교의 본가임을 자부하는 영국인들도 "현대 외교는 13세기 베네치아에서 시작되었다"고 말했다. 타국에 영사를 상주시킨 것도 베네치아인이 최초였으며, 그들은 군사력, 정보 수집력, 외교력 모두 동등하게 국익으로 이어진다고 믿었다. 단돌로 역시 이집트의 알렉산드리아와 비잔틴제국의 수도 콘스탄티노플에서 영사를 역임했다.

나이가 들면서 뭍에 있는 기간이 점점 길어졌겠지만, 베네치아의 지배체제에서 출세의 최종목표인 도제로 선출되었을 때는 이미 온갖 것들을 경험한 뒤였다. 올라운드 플레이어라는 점에서는 다른 어떤 나라의 통치자들과도 비교되지 않았다.

베네치아는 공화제 국가이지 군주국이 아니다. 도제는 유일하게 임기가 없는 종신제였지만, 전쟁의 참가 여부 같은 국가 중대사는 베네치아의 전 국민에게 참가 자격이 있는 시민집회에서 결정된다. 또한 구체적인 정책을 결정하는 것은 국회에 해당하는 원로원이었는데, 도제가 가진 표는 120명의 원로원 의원과 마찬가지로 단 한 표였다. 그리고 정부에 해당하는 기관에서도 도제의 결정권은 열 표 내지 열일곱 표 중의 한 표에 불과했다.

그렇지만 도제는 그냥 되는 게 아니라 온갖 분야를 경험한 후에야 선출되는 것이다. 그 때문에 고령자가 뽑히는 경우가 많았고, 도제의 발언에는 그만한 '무게'가 있었다. 나이 때문에 존경받았던 건 아니다. 풍부한 경험과 그를 기초로 한 통찰력이 도제의 발언에 '무게감'을 더해주었던 것이다. 엔리코 단돌로는 이런 베네치아 공화국의 도제였다. 아니, 그뿐 아니라 베네치아 지도자의 전형이었다.

베네치아 공화국은 외교에서도 선진국이었지만 정교분리에서도 선진국이었다.

그 시대 다른 나라의 시가지 중심에는 군주의 궁전과 그 도시의 대성당이 우뚝 솟아 있었다. 주교의 저택도 대성당 바로 근처에 있었다.

그런데 베네치아에서는, 정무를 담당하는 관청인 도제 관저 근처에 있는 산마르코 대성당도 공식적으로는 도제의 예배당에 지나지 않았다. 도시의 모든 신자를 통솔하는 대성당이 로마 교황청 관할인 것과 달리 개인 예배당인 이곳에는 로마 교황도 손을 댈 수 없었다.

또한 베네치아에 파견된 대주교의 저택도 시가지 중심에서 멀리 떨어진 곳에 있었다. 피렌체의 대성당이 산타 마리아 델 피오레라는 것은 다들 알고 있지만, 베네치아의 대성당이 어디에 있는지는, 그 도시에 수없이 발걸음을 했던 나도 생각이 나지 않는다.

그러나 베네치아 공화국도 엄연히 로마 가톨릭교회의 일원이다. 베네치아에서는 다른 그리스도교 국가와 달리 대주교를 '아르키베스코보'가 아니라 오리엔트식으로 '파트리아르카'라 불렀는데, 그 '파트리아르카'에게 아무래도 공식적인 무대를 마련해줄 필요가 있었다.

그래서 축제일이 되면 베네치아의 대주교도 시가지 끝자락에 있는 대주교 저택에서 중심지인 산마르코 광장으로 나와 축제행렬에 참가하는 것이 상례였다.

하지만 이때에도 베네치아는 독자적인 색이 짙어서, 호화로운 정식 복장을 차려입은 대주교의 역할은 행렬의 선두에 서는 것밖에 없었다. 그리고 주인공은 어디까지나 베네치아 공화국의 도제라는 것을 보여주려는 양, 도제는 행렬 중간쯤에 사람들의 환호성 속에서 화려한 천개(天蓋)를 연상시키는 양산 아래를 걸어갔다. 도제 뒤에는 정부 고관과 원로원 의원들이 따랐는데, 이 행렬 순서는 종교 축제에서도 변함이 없었다.

다시 말해 종교상의 행렬에서조차 베네치아의 대주교는 '선도자' 역할밖에 할 수 없었던 것이다. 일신교 세계였던 중세에도, 베네치아 공화국의 정교분리는 철저했던 셈이다.

이 베네치아 공화국이 '교황은 태양이고 세속의 지도자는 달'이라고 생각하는 로마 가톨릭교회의 눈에 항상 성가신 존재였던 것도 당연하다.

이슬람교도와 교역한 행위를 '성무 금지'나 '파문'으로 벌하면 다른 나라 같으면 어쩔 줄 몰라 우왕좌왕할 텐데 베네치아인들은 전혀 개의치 않았다. 하는 수 없이 로마 교황 쪽에서 타협해 목재 같은 전략물자만은 수출하지 않는 조건으로 벌을 거두는 것이 보통이었다.

로마 교황청을 이렇게 강하게 대할 수 있었던 것은 베네치아 공화국이 단순한 상인의 나라가 아니라 강력한 해군력을 가진 존재였기 때문이다. 그리스도교측과 이슬람측이 해전을 벌일 때에도 베네치아 해군의 참전 여부에 따라 승패가 갈릴 정도였다.

베네치아인들이 '그리스도교도이기에 앞서 베네치아인'이라는 말을 아무렇지도 않게 입에 담을 정도였으니, 로마 교황이 "나는 어느 나라에서나 교황이지만, 베네치아에서만은……" 하며 한탄한 것도 무리는 아니었다.

그러나 서유럽 그리스도교 세계가 한데 뭉쳐 이슬람 세계에 맞설 때, 베네치아 공화국은 주저하지 않고 그리스도교측에 섰다. 중립이란 것이 때와 장소에 따라 치명적인 해를 초래한다는 걸 잘 알고 있었기 때문일 것이다. 다만 이는 모든 그리스도교도가 뭉쳤을 경우에만 해당되는 얘기고, 그렇게까지 심각하지 않은 경우에 베네치아인들은 국익을 최우선해 판단하고 행동했다.

도제로 취임한 엔리코 단돌로가 맞닥뜨린 문제는, 같은 이탈리아인이면서 베네치아의 경쟁상대이기도 한 피사와 제노바가 중근동에서 우위를 점하고 있는 이 상황을 어떻게 타개하는가 하는 것이었다.

원래도 피사와 제노바의 교역상인과 그들의 배는 십자군 해상의 '발'이 됨으로써, 오리엔트 교역, 바꿔 말해 '십자군 특수'에서 앞서나가고 있었다.

그런데 제3차 십자군이 끝나고 보니 상황이 더욱 확실해졌다. 사자심왕 리처드가 이 두 나라의 선단을 활용했기 때문인데, 이는 아마도 자신의 전략대로 움직이려는 리처드의 입장에서는 국가로서 통합적으로 움직이는 베네치아보다 개인적으로 움직이는 피사나 제노바가 더 다루기 편해서였을 것이다.

어쨌거나 제3차 십자군이 끝나고 강화가 성립된 뒤에는 이 두 나라 상인들이 중근동에서 차지하는 '위치'가 현격하게 높아져 있었다. 베네치아가 해양국가로서 교역입국을 계속 유지하려면 이 열세를 만회할 필요가 있었다.

단돌로가 도제에 취임한 이듬해에 살라딘이 죽었다. 이 시대에는 강화를 맺었다 해도 그 강화의 성립에 진력한 장본인이 죽으면 이를 파기하는 일이 드물지 않았다. 베네치아의 단돌로는 이 상황을 냉정하게 지켜보고 있었을 것이다. 강화가 파기되면 피사와 제노바가 제3차 십자군에서 함께 싸워 얻은 우위도 흔들릴 테니까.

그런데 살라딘이 죽은 후에도 그가 리처드와 맺었던 강화는 계속 이어졌다. 오히려 처음에 정한 3년 8개월이라는 기한이 지난 후에도 이슬람측은 강화의 갱신을 희망했고, 물론 그리스도교측도 흔쾌히 받아들였다.

살라딘이 죽고 5년이 지난 1198년에 다시 갱신이 이루어졌을 때, 도제 단돌로는 결단을 내렸다. 특히 매번 살라딘의 동생 알 아딜의 주도로 갱신이 이루어졌다는 사실에 주목한 베네치아는 결정적으로 뱃머리의 방향을 바꾸었다.

베네치아는 이전부터 이집트와 우호적인 관계를 유지해왔다. 물론 경제면에서였다. 베네치아 공화국은 다른 나라와 조약을 맺어도 그 내용을 어디까지나 경제에 국한했고, 군사동맹으로까지 나아간 일은 거의 없었다. 정치적인 군사행동에서 다른 나라의 규제를 받기 싫어서였을 것이다. 베네치아와 이집트의 통상조약은 갱신에 갱신을 거듭해왔다. 그와 동시에 베네치아는 리처드와 살라딘이 맺은 강화가 앞으로도 지속될 것으로 보이는 중근동에, 눈에 띄지 않는 형태로 조금씩 침투를 재개했던 듯하다.

그 결과 1201년 알 아딜과 맺은 조약에, 비공식적인 항목 하나가 추가되었다. 십자군 원정이 다시 시작되어도 베네치아 공화국은 이집트를 목표로 한 군사행동에 참가하지 않는다는 항목이었다.

술탄 알 아딜

살라딘이 세상을 떠난 1193년 3월, 알 아딜은 쉰 살이었다. 그는 형의 아들들이 가진 후계자의 권리를 침해할 생각이 전혀 없었다.

다마스쿠스의 웅장한 모스크에 묻힌 살라딘은 아들 열일곱 명과 딸 한 명을 남겼다. 하지만 그중 대부분은 이른바 스페어 요원이고, 중요한 사람은 위의 몇 명이었다. 죽기 전에 작성한 유언장에서 살라딘은 자신이 창설한 아이유브 왕조의 영토 전역을 다음과 같이 분배했다.

스물두 살인 장남 알 아프달은 다마스쿠스를 물려받았다. 아이유브 왕조의 주인 자리에 오름과 동시에, 수도 다마스쿠스를 비롯한 시리아 전역의 통치자가 된 것이다.

한 살 아래인 알 아지즈에게는 이집트 통치가 맡겨졌다.

셋째 아즈 자히르에게는 시리아 제2의 도시 알레포가 주어졌다.

영유와 통치권이 이들 도시를 중심으로 한 주변 전역에 미친다는 것은 말할 것도 없다.

그리고 살라딘은 누구보다 신뢰했던 동생 알 아딜에게, 역사상 '시스 요르다니아(요르단강 이쪽)'라 불렸으며, 현재 이스라엘 국내의 '요르단강 서안지구'에 해당하는 전역을 맡겼다.

살라딘이 이 지역의 통치 책임자로 알 아딜을 배정한 것은, 생각해보면 의미심장한 일이었다.

요르단강 서안지구의 서쪽 끝은, 리처드와의 강화를 통해 그리스도교측 지역으로 인정한 티루스에서 야파까지의 그리스도교측 지배지대와 접해 있다. 동시에 동쪽 끝은 요르단강 너머 수도 다마스쿠스를 비롯한 이슬람 세력과 접해 있었다.

살라딘은 중근동이라는 좁은 지역에서 어깨를 맞대고 있는 그리스도교 지구와 이슬람 지구의 중간에 해당하는 지역을 알 아딜에게 맡김으로써, 그곳이 이슬람령과 그리스도교령의 완충지대가 되길 바랐던 게 아닐까.

살라딘은 예루살렘이 다시 이슬람교도에게로 돌아옴으로써 이슬람측의 '성전'이 끝났다고 생각하고 있었다. 실제로 그는 리처드가 아코를 떠나 유럽으로 돌아갔다는 것이 확실해지자 '지하드'를 내걸고 모았던 이슬람군을 해산했다.

알 아딜도 형의 그런 생각에 동의했다. 리처드와 살라딘이 맺은 강화 기한이 다한 후에도, 알 아딜은 중근동 그리스도교 세력을 대표하는 예루살렘 왕과 계속 강화를 갱신했으니까.

살라딘과 알 아딜은 팔레스티나의 그리스도교도, 이슬람측 호칭으로는 '프랑크인'이 중근동 땅에 존속하는 것을 용인했던 것이다. 단 서방에서 새로운 십자군 원정이 오지 않는다는 조건하에.

리처드가 상당한 영토를 탈환했으므로 중근동에 사는 '프랑크인'도 만족할 만한 상황이었다. 하지만 이 상태는 곧 십자군 정신의 퇴화로 이어진다. 당장 이슬람교도에 대한 적대의식이 잊혔기 때문이다.

그러나 이런 안정된 상태가 흔들리기 시작한 것은 오히려 이슬람측이 먼저였다. 강력한 지도자의 자질을 갖춘 누레딘이나 살라딘이 등장하기 전까지 이슬람 사회의 특색이나 다름없던 형제간의 다툼이 재연된 것이다.

조카들 사이의 다툼이 군사행동으로까지 이어진 1194년은 살라딘이 죽은 지 1년밖에 안 된 때였다. 숙부 알 아딜은 하는 수 없이 중재에 나섰다. 하지만 1196년 또 같은 일이 일어나자, 알 아딜은 알 아프달이 살라딘의 뒤를 이을 만한 그릇이 아니라는 것을 인정하지 않을 수 없었다. 살라딘의 장남은 최대한 온건한 방식으로 다마스쿠스에서 추방당했다.

이것으로 사태가 일단락된 듯했지만 2년 후인 1198년, 알 아프달 대신 아이유브 왕조의 정상에 오른 차남 알 아지즈가 사냥을 나갔다가 낙마해 죽고 말았다. 그리고 이 사실을 안 장남 알 아프달이 정권복귀를 위해 움직이기 시작했다.

그러나 이 젊은이에게 아이유브 왕조를 통합할 역량이 없다는 것은 각지의 영주인 태수들도 알고 있었다. 그래서 이들은 알 아딜에게 명실공히 아이유브 왕조의 정상에 올라 살라딘의 뒤를 이어달라고 요청한다.

하지만 알 아딜은 도저히 죽은 형의 아들들을 소외시킬 수 없었다. 결국 태수들에게 외면받은 알 아프달이 최종적으로 은퇴하기로 한 1201년에야, 알 아딜은 형 살라딘이 앉았던 술탄의 자리에 오르기로 결심한다. 그의 나이 쉰여덟 살이었다.

알 아딜은 아이유브 왕조의 영토를 다음과 같은 이들에게 맡겼다.

낙마사고로 죽은 살라딘의 차남 알 아지즈의 아들인 열일곱 살의 알 만수르에게는 에데사 통치를 맡긴다.

스물한 살이 된 자신의 장남 알 카밀에게는 이집트 통치를 맡긴다.

자신의 차남 알 무아잠에게는 다마스쿠스를.

그리고 삼남과 사남에게도 각지의 통치를 맡긴다.

흥미로운 것은 알 아딜이 자신의 아들들에게는 아버지의 이름으로만 통치할 권리를 주었다는 점이다. 이는 훗날 그의 뒤를 잇는 장남 알 카밀에게 무시할 수 없는 장애물로 작용하는데, 형 살라딘에게 심취했던 알 아딜은 도저히 형의 직계를 잘라버릴 수 없었는지도 모른다.

어쨌든 이로써 아이유브 왕조의 지배체제가 재편성되었다.

이를 끝낸 직후, 이제 이슬람 세계의 최고권력자가 된 알 아딜은 '불가침'이라는 비밀조항을 추가하여 베네치아 공화국과 통상조약을 맺었다.

살라딘을 따라 온갖 전투를 경험해온 알 아딜은 형과 마찬가지로 이탈리아 해양국가의 해군력을 지겨울 정도로 실감했다. 리처드가 정복해 뤼지냥을 왕으로 앉힌 키프로스 섬은 당시 아직 방어체제가 완전하지 않아서, 이슬람의 군사력만 생각하면 서유럽에서 오리엔트로 오는 길에 있는 중계기지로 안성맞춤인 그곳을 쉽게 정복할 수 있었다. 하지만 그럴 수 없었던 것은 키프로스가 바다에 떠 있는 섬이기 때문이었다. 살라딘이나 알 아딜이 가진 병력으로도, 그리스도교측이 견지하는 제해권을 무너뜨릴 수 없었던 것이다.

키프로스는 어쩔 수 없이 그냥 놔둔다 해도, 살라딘의 사후 이슬람 세계가 불안정한 지금 새로운 십자군이 원정을 오는 것만은 피하고 싶은 것이 알 아딜의 심정이었다. 그리고 만약 그럴 경우 십자군의 해상에서의 '발'은 피사와 제노바, 베네치아로 이루어진 이탈리아의 배가 될 것이다. 그 '발' 중 하나, 그중에서도 가장 큰 것을 떼어내려는 생각은 누구나 할 법한 것이었다.

통상을 표면에 내세운 우호조약의 상대로 피사나 제노바가 아니라 베네치아를 택한 것은, 무엇보다 국가로서 투입할 수 있는 통합된 해군력의 차이 때문이었다. 피사도 그렇지만 특히 제노바는 개인주의 성향이 강해서, 개개인의 활동은 활발하지만 국가의 힘을 배경으로 한데 뭉쳐 행동하는 일은 적었다. 그러므로 지속적인 관계를 원한다면 베네치아가 적합했다.

이 조약으로 베네치아가 얻은 이점은 이집트를 포함한 알 아딜의 지배권 전역에서 특별대우를 받으며 경제활동을 할 수 있다는 것이었다. 베네치아의 경제인이 라이벌들보다 유리한 환경에서 활동할 수 있게 된 셈이다.

그러나 베네치아인은 뭐가 되었든 한곳에 모든 것을 집중하는 것을 꺼려했다. 정치에서도 한 인물에게 권력이 집중되는 것을 병적으로 싫어했는데, 경제에서 역시 위험을 분산하는 것을 당연하게 생각했다. 이집트라는 최고의 시장을 제공받아도, 그것으로 족하다고 생각할 사람들이 아니었던 것이다.

지금까지 말한 세 명, 로마 교황 인노켄티우스 3세와 베네치아 공화국 도제 단돌로, 살라딘의 뒤를 잇게 된 알 아딜이 제4차 십자군의 진정한 주역들이다.

시종 표면에 나서는 것은 엔리코 단돌로이고, 인노켄티우스는 조금 떨어진 곳에, 그리고 알 아딜은 훨씬 멀리 떨어져 있는 숨은 주인공 같은 격이지만, 이 세 사람이 진정한 주역이라는 것에는 변함이 없다. 왜냐하면 이 셋 중 누구 한 사람이라도 빠졌다면 제4차 십자군은 그와 같은 형태가 될 수 없었을 것이기 때문이다.

그러므로 이 세 명 이외의 사람들은, 말하자면 장기판의 '말'에 지나지 않았다.

프랑스의 젊은 제후들

12세기가 거의 끝나가던 해의 가을, 프랑스 북동부 샹파뉴 지방의 성에서 마상 창시합이 개최되었다.

주최자는 스물두 살의 샹파뉴 백작 티보. 주빈 역시 스물일곱 살의 젊은이인 블루아 백작 루이였다.

두 사람 모두 지위로 따지자면 프랑스 왕 아래에 위치하는 봉건제후다. 하지만 봉건사회였던 중세에는 왕보다 영지가 넓고 군사력도 강력한 제후가 드물지 않았을뿐더러, 샹파뉴 백작은 프랑스 왕 필리프는 물론 영국 왕 리처드와도 모계를 통해 친족관계를 맺고 있었다.

이 샹파뉴 백작이 주최하는 시합이었으니 그와의 관계를 돈독히 하려는 많은 제후들과 이 기회에 새로운 운명을 개척해보려는 기사들이 각지에서 서둘러 달려와 대대적인 마상 창시합이 열렸다. 이 자리에는 로마 교황 인노켄티우스가 보낸 설교승도 있었다.

아름답게 치장한 귀부인들이 흥을 더해 시합이 순조롭게 끝난 뒤, 이런 자리가 으레 그렇듯 성의 객실을 가득 메우는 대연회가 열렸다. 하지만 시대는 중세. 건배하기 전에 신에게 감사를 드리는 것이 관례다. 이때가 바로 성직자가 등장할 차례였다.

새로운 십자군을 보내기로 결심한 교황 인노켄티우스 3세는, 이를 황제와 왕에게 맡기지 않는 편이 좋겠다는 결론에 도달했다.

제2차 십자군은 독일 황제와 프랑스 왕이 이끌고 원정을 떠났음에도 비참한 결과로 끝났다.

또한 독일 황제와 프랑스 왕에 더해 영국 왕까지 원정을 간 제3차 십자군 역시 성도 탈환에는 성공하지 못했으니, 인노켄티우스의 입장에서 보면 실패한 십자군이었다.

그래서 그는 예루살렘의 해방에 성공한 제1차 십자군의 경우로 돌아갈 수밖에 없다고 생각했다. 황제나 왕의 관(冠)은 없어도 그에 못지않은 병력을 이끌 힘을 지닌 유력한 봉건제후에게 맡기는 게 최선책이라는 것이, 교황 인노켄티우스가 내린 결론이었다.

설교승이 열정적으로 설파한 새로운 십자군 원정은, 기사도 정신의 꽃으로 통하는 마상 창시합을 막 끝내고 한껏 고양되어 있던 젊은이들의 가슴에 실로 자연스럽게 침투했다.

십자군 원정에 참가할 것을 맨 먼저 선서한 이는 샹파뉴 백작 티보였다. 그의 형은 리처드를 따라 제3차 십자군에 참전했다가 이자벨과 결혼해 예루살렘의 왕이 된 앙리였다. 앙리는 2년 전 아코에서 죽었지만, 그의 동생 티보의 가슴은 형의 뒤를 잇겠다는 마음으로 끓어오르고 있었다.

샹파뉴 백작 티보에 이어 십자군 원정을 서약한 것은 이 자리의 주빈인 블루아 백작 루이였다. 이 두 사람에 이어 30명에 이르는 참가 희망자가 줄을 이었다.

샹파뉴 백작 티보는 그다음 날 바로 브뤼주에 있는 조카사위에게도 십자군 원정을 권유하는 사자를 보냈다. 플랑드르 백작 보두앵은 동생과 함께 원정에 참가하겠다고 답해왔다.

플랑드르 백작 하면 이제 십자군의 단골이라고 해도 무방할 정도로, 제1차, 제2차, 제3차까지 일족의 누군가는 이름을 올린 바 있다. 제3차 십자군에 참가한 플랑드르 백작은 아코 공방전중에 전사했고, 그에 이어 또다른 일족 두 사람이 제4차 십자군에 참가할 것을 표명한 것이다.

십자군의 단골인 플랑드르 백작의 참가 표명은 이 사실을 전해 들은 다른 제후나 기사들의 참가 표명으로 이어졌다. 플랑드르 백작이 참전한다는 말만 듣고서 40명에 이르는 기사들이 서약했다고 한다. 제후와 기사가 참가를 표명했다는 것은, 이들의 가신부터 종복까지 모든 부하들도 참가한다는 것을 뜻한다.

제4차 십자군에 관해 가장 신뢰받는 사료는 샹파뉴 백작의 가신이었던 빌라르두앵이 남긴 소박하면서도 생동감 넘치는 기록이다. 그는 제4차 십자군이 시작될 때부터 끝날 때까지의 산증인이었는데, 샹파뉴 백작에 이어 십자군 원정을 서약한 제후와 기사 70명의 이름까지도 기록으로 남겼다. 이를 보면 제4차 십자군은 중세 프랑스 기사도의 '꽃'이 모조리 움직였다는 것을 실감할 수 있다. 황제와 왕의 관이 없는 십자군 원정을 원한 교황 인노켄티우스의 생각이 현실이 된 것이다.

그러나 이름 있는 프랑스 기사라면 죄다 참가한 듯 보이는 이 명부에서도 찾아볼 수 없는 이름들이 있다.

첫번째는 부르고뉴 공작이다. 그는 제3차 십자군에 참전했다가 일찍 귀국해버린 프랑스 왕 필리프로부터 군대를 떠맡는 바람에 그후로

플랑드르 백작의 문장
(노란색 바탕에 검은색 사자)

블루아 백작의 문장
(파란색 바탕에 노란색과 흰색 띠)

샹파뉴 백작의 문장
(파란색 바탕에 노란색과 흰색 띠)

도 리처드와 함께 전투를 계속했다. 그런데 리처드와 살라딘 사이에 강화가 성립하기 불과 얼마 전에 티루스에서 병사하고 말았다. 이처럼 공작과 함께 공국의 가신들이 모두 오리엔트로 가고 없는 사이에, 부르고뉴 공국은 직할령을 확장하려는 프랑스 왕 필리프의 표적이 되었다. 더구나 필리프는 제4차 십자군의 시작인 '샹파뉴에서의 서약'이 이루어진 이때에도 아직 건재했으며, 여전히 야망을 버리지 않고 있었다. 그러므로 부르고뉴 공국이 십자군 원정보다 영지 수호를 우선시할 수밖에 없던 것도 무리가 아니었다.

또한 지금 우리가 떠올리는 현대 프랑스의 지방 중 샹파뉴 백작의 권유에 응하지 않은 곳이 하나 더 있었다.

리처드가 사망한 후에도 여전히 영국 왕의 영토로 남아 있던 프랑스 남서부다. 이 지역의 제후가 제4차 십자군에 참가하지 않은 이유 역시 간단하다. 리처드의 죽음을 기회 삼아 다시 영토 확장에 기세를 올리는 프랑스 왕 필리프의 군대를 방어하느라, 십자군에 신경 쓸 계제가 아니었던 것이다.

프랑스 왕 필리프 2세만큼 로마 교황의 관심이 자기가 아닌 다른 제후들에게 향하는 것을 기뻐한 사람도 없었을 것이다. 보기 드물게 교활한 면을 지닌 이 정치가는 그해 아직 서른여섯 살에 지나지 않았다.

샹파뉴 백작 티보는 자신이 이룬 더할 나위 없는 쾌거를 즉시 로마 교황에게 보고했다. 교황 인노켄티우스는 기쁨을 감추지 않으며 백작의 서신을 읽었다고 한다. 그의 생각대로 편성된 십자군이 이제 실현을 향해 나아가기 시작한 것이다. 교황에 즉위한 지 2년 만에 처음으로 들려온 좋은 소식이었다. 만족하지 않았을 리 없다.

교황 인노켄티우스는 특별한 포고를 유럽 전역에 널리 알렸다. 이 십자군에 1년간 종군한 자에게는 그 어떤 죄도 면죄해주겠다는 포고였다. 중세의 그리스도교는 사후의 공포를 상기시키는 징벌의 종교였으므로, 면죄만큼 중세인에게 마음의 구원을 안겨주는 것도 없었다.

십자군 참가를 표명한 자에게 최고의 '보증서', 즉 권위 있는 보증이란 다름아닌 로마 교황의 승인과 면죄의 포고였다. 이를 얻어 더욱 기뻐한 제후들이 수아송에 모였다. 원정에 어느 정도의 병력을 이끌고 갈지, 언제 출발할지, 어느 길로 갈지 등을 결정하기 위해서였다.

그러나 현실적인 문제를 맞닥뜨리자 다들 혈기 넘치는 젊은이들인 만큼 의견이 갈려 좀처럼 결론이 나지 않았다. 그래서 자신들 중 여섯 명의 대표를 뽑아, 이들이 정한 것을 전원의 뜻으로 삼기로 합의를 보았다.

여섯 명의 대표는 각각 샹파뉴 백작과 블루아 백작, 플랑드르 백작의 가신 두 명씩이었다. 이 십자군의 상세한 기록을 남긴 빌라르두앵도 여섯 명 중 한 사람으로 뽑혔다. 당시 마흔 살이 된 그는 샹파뉴 백작의 장수급 기사였다.

현실적인 여러 문제를 결정할 것을 일임받은 여섯 명은 즉시 이에 매달려 곧 결론을 냈다.

하나, 이번 제4차 십자군 원정의 목적지는 이집트의 카이로로 한다.

이는 제3차 때 리처드가 살라딘의 보급로를 차단함으로써 이집트 국경까지 제패의 범위를 확대한 일을 떠올려볼 때 역시 이집트를 공격하는 것이 중요하다고 판단해서일 것이다.

둘, 원정은 바닷길로 간다.

이제까지의 경험상 육로가 위험하다는 것은 일반적인 상식이나 마찬가지였으므로, 바닷길로 가자는 데 이견은 없었다.

셋, 십자군 전군의 수송은 베네치아 공화국에 일임한다.

제3차 십자군 때는 주로 피사와 제노바의 선단이 해상수송을 맡았다. 하지만 그때는 규모가 지금의 10분의 1밖에 되지 않았다. 해운력으로 볼 때 이번 같은 대군의 수송을 고스란히 위탁할 수 있는 곳은 베네치아밖에 없다는 것이, 대표 여섯 명의 일치된 의견이었다.

이러한 내용을 샹파뉴 백작, 블루아 백작, 플랑드르 백작, 그리고 새로이 수뇌부에 가세한 생 폴 백작이 승인한다. 주인들로부터 신임장을 받은 여섯 명은 곧바로 베네치아로 향했다. 1201년 5월이었다.

'바다의 도시'

도제 단돌로는 여섯 명의 사절을 맞이하고 말했다.

"당신들을 나에게 파견하신, 왕관을 쓰지 않은 이 중 가장 지위가 높은 분들이 쓴 신임장을 읽었소. 거기에는 당신들의 결정이 곧 모든 제후의 의향과 결의라고 생각해도 좋다고 쓰여 있었소. 그렇다면 당신들이 우리에게 바라는 건 무엇이오?"

"각하, 일단 귀국의 각의를 소집해주셨으면 합니다. 괜찮으시다면 당장 내일이라도요. 그 자리에서 저희 주군들의 의향을 말씀드리겠습니다."

도제는 이 말에, 내일은 어렵지만 나흘 후에는 소집할 수 있을 것이라고 답했다.

사실은 다음 날이라도 전혀 어렵지 않았다. 베네치아 공화국에서는 큰일이 발생하면 다음 날은 고사하고 그날 밤에라도 당장 특별각의(concilio)를 소집하는 것이 보통이었기 때문이다. 그런데 이 시기 각의에서 극비리에 논의되고 있었던 것이 바로 알 아딜과의 통상조약이었다.

그런 사정을 전혀 모르는 여섯 명의 사절은 나흘을 숨죽이며 기다렸다. 그리고 약속한 날, 여섯 명은 아름답고 호화로운 도제 관저 내부로 안내되었다. 각의실에는 도제 이하 공화국 안팎의 정무를 담당하는 모든 이들이 기다리고 있었다. 여섯 명 중 가장 연장자였던 것으로 추정되는 빌라르두앵이 먼저 입을 열었다.

"각하, 저희는 프랑스에서 가장 권위 있는 제후들이 파견한 자들입니다. 저희 주군들은 신이 바라시는 바에 따라, 이교도가 예수 그리스도에게 안긴 굴욕을 씻고 성도 예루살렘을 탈환하고자 십자가에 서약했습니다.

또한 저희는 해상에서 귀국만큼 강력한 나라가 없다는 것을 잘 알고 있습니다. 바다 너머의 성지를 수복하고 그리스도의 굴욕을 씻는 일에 부디 협력해주시기를 부탁드립니다."

이때 도제 단돌로가 끼어들었다.

"어떤 방법으로 말이오?"

"어떤 방법이라도 좋습니다."

사절들은 대답했다.

서두는 이렇게 떼긴 했지만, 프랑스에서 온 여섯 명은 우선 십자군 전군을 수송할 선박을 요청했다. 물론 그와 함께 배를 움직이는 데 필요한 선원과 조수, 그리고 항해중의 식량까지 거의 모든 것을 요청한 셈이었다. 이야기를 들은 도제는 말했다.

"거 참, 실로 고귀한 일이긴 하나, 지금 당신들이 의뢰한 것은 엄청난 대사업이오. 그에 대한 답은 여드레 후 이 자리에서 드리겠소."

사절들은 다시 여드레를 기다렸다. 아닌 게 아니라 의뢰를 받아들인다면 대사업이 될 테니 신중하게 검토할 필요가 있다는 것은 이해했다.

하지만 이미 말했듯 도제는 바로 이 시기에 이슬람 세계의 술탄, 실질적인 최고 권력자인 알 아딜과 한 가지 비밀조항이 추가된 통상조약 교섭을 진행하고 있었다.

베네치아 공화국에서 어떤 긴급한 결단을 내려야 하는 경우에는, 도제를 포함해 열 명 안팎으로 이루어진 각의에서 결정한 것을 그대로 실행에 옮긴다. 이때 원로원은 사후승인을 할 뿐이다.

이는 다수가 결정하는 공화제를 취하는 국가가 저지르기 쉬운, 결정과 실행의 지체를 피하기 위한 베네치아의 방식이었고, 원로원도 양해한 일이었다. 원로원은 의원 수가 각의의 열 배가 넘지만 베네치아 정부 관리의 임기는 보통 1년이다. 지금은 원로원 의원일지라도 다음 해에는 정부의 일원이 될 수도 있다. 베네치아는 이런 방식으로 세력 다툼의 싹을 아예 잘라버렸다.

그렇지만 1201년 초여름, 베네치아 정부는 자칫했다가는 양쪽 모두 공중분해될지 모르는 두 가지 중요한 문제에 직면해 있었다. 이를 처리하려면 여드레도 부족할 정도였다.

아마도 이때쯤, 도제가 서명한 조약문서를 실은 배가 베네치아에서 이집트의 알 아딜을 향해 은밀히 닻을 올렸을 것이다.

베네치아는 복식부기를 발명한 나라이기도 하다. 어떤 면에서든 정확한 기록을 남기는 것, 유능한 경제인 특유의 치밀함으로 모든 것을 기록하는 것은 그들 육체에 흐르는 피와도 같았다.

하지만 때에 따라서는 기록을 전혀 남기지 않기도 했다. 공표하면 국익을 해칠 것으로 판단한 경우다. 따라서 프랑스에서 온 사절과의 교섭 내용이 매우 상세하게 기록되어 있는 데 반해, 이슬람교도인 알 아딜과의 교섭은 결과만 기록되어 있다. 물론 이집트로 떠나는 십자군에 협력하지 않겠다는 비밀항목은 이 기록에서도 생략되었다.

따라서 후세의 우리가 할 수 있는 일은 상상뿐이다. 이 시기가 기묘하게 일치한 것은 어째서일까? 하는 생각과 더불어.

이야기를 다시 여섯 명의 사절과 도제의 회담으로 돌려보자. 약속한 여드레 후, 도제 관저를 찾은 여섯 명에게 단돌로는 이번에는 확실하게 말했다.

"사절 여러분, 베네치아 공화국은 여러분의 의뢰를 받아들이기로 했소. 아직 '시민 대집회'의 승인이 남아 있지만 말이오."

도제는 계속 말을 이었다.

"우리는 여러분이 제시한 규모에 따라, 4천5백 명의 기사와 2만 명의 보병을 수송할 배와 4천5백 필의 말과 9천 명의 종사 및 마부를 태울 평저선(平底船)을 제공하겠소. 이들 사람과 말에 필요한 군량까지 계약에 포함되는 것은 말할 것도 없소.

이 모든 것을 저렴한 가격에 제공하겠소. 말은 한 마리에 4마르크. 사람은 1인당 2마르크가 될 것이오.

계약상 우리의 의무는 이 모든 것을 십자군이 베네치아 항을 출발하고 난 뒤로 1년간 보증하는 것이오. 총 비용은 8만 5천 마르크요."

신성로마제국의 은화인 마르크가 당시 국제통화였던 것은 아니다. 이 시기 베네치아 공화국은 백 년 후의 지중해 세계, 아니 유럽 세계에서 가장 신뢰도가 높은 통화가 될 '두카트 금화'를 아직 주조하기 전이었고, 자국의 통화로는 '그로소'라 불리는 은화밖에 없었다. 따라서 이때의 '마르크'란 현대에서 달러나 유로 단위로 환산해서 말하는 것과 같은 의미였으며, 즉 8만 5천 마르크에 해당하는 금액을 내라는 것이었다.

참고로, 유폐되어 있던 리처드를 석방하는 데 필요한 몸값이 10만 마르크였다고 한다. 그러니 솔즈베리 주교를 비롯한 심복들이 사방으로 돈을 구하러 다녀야 했던 것도 당연했다. 살라딘이 파격적인 남자라 평했던 리처드는 그 몸값도 파격적이었던 셈이다.

리처드가 죽고 2년이 지난 당시의 베네치아 이야기로 다시 돌아가자. 현대의 연구자 중에는 베네치아측에서 요구한 8만 5천 마르크라는 금액이 너무 많다고 보는 이도 적지 않다. 하지만 이것은 상인은 돈에 눈이 먼 인종이라고 믿는 사람들의 피상적인 견해라고 나는 생각한다.

10년 전 프랑스 왕 필리프와 제노바가 맺은 계약에서는, 말 두 마리와 사람 세 명을 운송하고 8개월간 부양하는 데 필요한 비용으로 합의된 금액이 9마르크였다.

그에 비해 베네치아의 경우는 기간도 1년으로 더 길고 수송할 물량도 한참 차이가 났다. 프랑스 왕 필리프 때 기사 650명과 종사 및 마부 1천3백 명, 말 1천2백 필이었던 것에 비해, 프랑스 제후들은 월등히 많은 수의 사람과 말의 수송을 의뢰한 것이다.

언뜻 보기에도 차이가 분명하다. 10년 전의 제노바는 배를 새로 만들 필요가 없었지만, 베네치아는 모든 상선에 총동원령을 내려야 할 뿐 아니라 말 수송용 평저선을 대량으로 건조해야 했다.

'평저선'의 기본 구조는 오늘날 완성된 자동차를 싣는 배와 신기할 만큼 비슷하다. 물론 8백 년 전 이런 유의 배를 대량으로 보유한 나라는 어디에도 없었다.

따라서 베네치아측이 제시한 8만 5천 마르크는 터무니없이 높은 금액이 아니었다. 베네치아가 제시한 액수를 당시의 '시세'로 보는 학자가 많은 것도 이러한 사정을 고려했기 때문이다.

또한 계약에 따라 제공하는 군량에는 말 한 마리당 3모조(8부셸)의 메귀리와, 빵과 치즈, 살라미나 소시지처럼 가공한 고기가 포함되었으며, 여기에다 오래 보관할 수 있는 야채와 암포라에 절반쯤 담긴 포도주가 모두에게 지급되었다.

기사와 마부를 똑같이 2마르크로 취급한 것을 학자들은 별로 문제삼지 않는데, 그것은 아마 기사 정도 되면 자기 몫의 식량을 따로 가져와서 식사를 마련하는 것이 보통이었기 때문일 것이다.

그리고 이 8만 5천 마르크는 네 번으로 분할해 지불하기로 했다.

1만 5천 마르크는 8월중에, 1만 마르크를 11월 1일까지, 또 1만 마르크를 이듬해인 1202년 2월중에, 나머지 5만 마르크는 4월중에 지불하기로 한 것이다.

베네치아측의 의무는 모든 배와 승조원을 1년 후인 1202년 6월 24일까지 준비하는 것이었다.

프랑스에서 온 여섯 명의 사절은 매우 만족스러운 표정으로 계약사항에 대한 검토를 마쳤다.

하지만 여기서 베네치아는, 피사나 제노바와는 다른 무언가를 제안했다.

베네치아의 참전

도제는 50척의 무장 갤리선과 그에 필요한 승조원과 전투원 6천 명을 자신이 직접 이끌고 참가할 테니, 대신 십자군이 정복한 땅의 절반을 달라고 말했다. 요컨대 수송을 맡을 뿐만 아니라 공동경영자가 되고 싶다는 것이었다.

여섯 명의 사절은 답변하는 데 잠깐의 유예를 청했다. 그러나 그날 밤 논의하자 곧바로 결론이 나왔다. 예상하지 못했던 강력한 동맹자를 얻은 것에 여섯 명의 프랑스 기사들은 감격하고 흥분했던 것이다. 그들은 다음 날 바로 도제에게 흔쾌히 받아들이겠다는 뜻을 전했다.

며칠 후, 사절 빌라르두앵의 표현을 빌리자면 세상의 교회 중 가장 아름다운 산마르코 대성당에서 장엄한 미사가 거행되었다. 성당 안은 물론 성당 앞 광장까지 베네치아 시민들로 가득 메워졌다.

미사가 끝나고 숙소에서 대기하고 있던 사절들에게 도제의 사자가 찾아왔다. 사절들이 직접 나서서 시민들에게 계약의 승인을 청해달라는 것이었다. 사절들은 사람들이 지켜보는 가운데 산마르코 대성당으로 들어갔다. 샹파뉴 백작의 가신 빌라르두앵은 사절을 대표해 이렇게 말했다.

"시민 여러분, 가장 고귀하고 강한 권력을 가진 프랑스의 제후들이 우리 여섯 명을 이곳에 파견했습니다. 이교도의 노예가 된 성도 예루살렘을 탈환하는 데 여러분의 협력을 구하기 위해서입니다. 그리고 우리와 여러분이 신의 이름으로 함께 싸워, 그의 아들 예수 그리스도가 당한 굴욕을 씻기 위해서입니다.

여러분을 택한 이유는 다른 게 아닙니다. 여러분만큼 강력한 바닷사람은 다른 어떤 해양국가에도 존재하지 않기 때문입니다. 제후들은 우리에게 명했습니다. 여러분 앞에 무릎을 꿇고 진심으로 청하라고. 그리고 베네치아 시민이 바다 저편의 땅에 자비를 보여줄 때까지 절대 일어나서는 안 된다고."

여섯 명의 프랑스인은 일제히 무릎을 꿇었다. 프랑스에서 온 기사들의 그런 모습을 보고 성당 안은 쥐 죽은 듯 조용해졌다. 다음 순간, 도제의 굵은 목소리가 울려퍼졌다.

"동의하지 않겠소이까, 여러분!"

이것이 불을 지폈다. 동의하자, 동의하자, 고 외치는 시민들의 함성으로 그 넓은 산마르코 대성당이 터져나갈 기세였다. 함성을 손으로 제지하며, 빌라르두앵의 평을 따르자면 '선량하고 사려 깊고 용기 있는' 도제 엔리코 단돌로가 시민들을 향해 말하기 시작했다.

"시민 여러분, 신이 얼마나 큰 명예를 여러분에게 부여했는지 생각해보기 바라오. 세계에서 가장 선량한 백성이 다른 어떤 나라도 아닌 바로 우리와의 동맹을 바라고 있소. 주 예수 그리스도가 당한 굴욕을 씻는, 비할 바 없이 고귀한 사업을 함께 하자고 말이오."

이리하여 베네치아는 나라의 최고 주권자인 시민들의 승인을 얻어냈다. 베네치아 공화국의 모든 공공기관은 투표로 의안의 채택 여부를 가름하지만, 시민 대집회에서만은 박수 소리의 크기로 정한다. 따라서 이제 남은 것은 담당자가 계약에 조인하는 것뿐이었다. 계약서에는 출발일도 명기되어 있었다.

산마르코 대성당에서 시민들에게 호소하는 도제 단돌로

이듬해인 1202년 6월 24일, 세례자 성 요한의 축일을 기해 제4차 십자군이 베네치아에서 출발하기로 한 것이다.

순례자이자 십자군에 참가하는 모든 이들은 그날까지 베네치아에 집합할 것. 베네치아측은 선대(船隊)를 출범시킬 모든 준비를 마쳐놓아야 한다는 것도 확인되었다.

조인을 마친 계약서를 앞에 둔 사절들과 도제는 성서에 손을 얹고 신에게 맹세하며, 계약의 모든 사항을 빠뜨리지 않고 수행하겠다고 선언했다. 곧바로 양쪽 모두 조약에 조인했음을 알리는 사자를 로마 교황에게 보냈다. 교황은 즉각 대단히 만족스럽게 생각한다는 취지의 응답을 보내왔다.

그런데, 군량의 품목 하나하나까지 상세하게 명기되어 있는 이 계약서 어디에도 원정의 목적지는 명기되지 않았다. 빌라르두앵에 따르면 이집트의 카이로라는 진짜 목적지를 비밀로 하고 단지 바다 저편이라고만 기록했다고 하는데, 왜 그것을 비밀로 했는지는 그도 밝히지 않았다. 하지만 이 일은 나중에 커다란 영향을 미치게 된다.

조인을 마친 사절들은 베네치아의 은행에서 2천 마르크를 빌려, 분할지불하기로 한 비용의 첫회분 금액 일부를 착수금 조로 지불했다. 그리고 각자의 주군에게 보고하기 위해 프랑스로 떠났다.

사절들이 프랑스로 떠난 후 베네치아에서는 거국적인 준비가 시작되었다.

프랑스에서 오는 것만 해도 사람 3만 3천5백 명에 말 4천5백 필, 게다가 이에 필요한 군량까지 함께 실을 배를 준비해야 한다. 이것만으로도 엄청난 대사업이다. 지중해를 항해하는 모든 상선에 그해 말까지 베네치아로 귀항하라는 명령이 내려졌고, 아드리아 해 동쪽 일대의 크고 작은 마을에는 대대적으로 배의 조수를 모집한다는 포고가 전해졌다.

조선소도 풀가동하기 시작했다. 특히 말을 수송하는 평저선은 완전히 처음부터 대량 건조해야 했다.

적어도 4백 척의 배를 이듬해 봄까지 준비해야 하는 것이다. 아무리 해운력 최강으로 꼽히는 베네치아 공화국이라도 국력을 총동원해야 할 대사업이었다.

베네치아인에게 제4차 십자군이란 곧 거국적인 투자였다. 그래서 그들은 계약을 세부에 이르기까지 완벽하게 수행했다.

프랑스에서는

낭보를 하루라도 빨리 전하기 위해 말을 몇 번씩 갈아타며 프랑스로 돌아온 빌라르두앵은 중병으로 누워 있는 주군을 보고 깜짝 놀랐다.

샹파뉴 백작 티보는 베네치아에서 있었던 일을 듣고 크게 기뻐하며, 오랫동안 말을 타지 못해 연습을 해야 하니 애마를 끌고 오라고 했다. 하지만 그럴 몸상태가 아니었다. 잠깐 말에 걸터앉았을 뿐 그는 다시 자리에 눕고 말았다.

샹파뉴 백작의 병은 날이 갈수록 악화되었다. 백작 자신도 살 날이 얼마 남지 않았다고 생각했는지 유언장을 작성했다. 십자군 원정을 위해 준비해두었던 자금을, 참가를 서약한 부하 기사들에게 나눠준 것이다. 하지만 거기에는 신에게 맹세하고 정해진 날까지 베네치아로 간다는 조건이 붙었다.

유산의 일부는 원정중 필요할 때를 대비해 빌라르두앵에게 맡겼다.

그리고 주위의 애도 속에 스물셋이라는 이른 나이에 숨을 거두었다.

그에게 자금을 받은 기사들은, 대부분 돈만 챙기고 끝내 베네치아에 모습을 드러내지 않았다.

총사령관이나 마찬가지였던 인물을 잃은 십자군은 그를 대신할 사람을 찾아야 했다. 의논 끝에 부르고뉴 공작에게 부탁하기로 하나 사자를 맞이한 공작은 총대장은 고사하고 십자군 참가도 거절했다. 죽은 샹파뉴 백작의 사촌에 해당하는 사람에게도 타진해봤으나 역시 성공하지 못했다. 프랑스 왕 필리프의 직할령 확장 노선은, 전통적으로 십자군 열기가 강했던 프랑스의 제후들에게조차 영향을 미쳤던 것이다.

하는 수 없이 샹파뉴 백작이 죽은 후에도 여전히 십자군의 주요인물로 꼽히던 플랑드르 백작, 블루아 백작, 생 폴 백작이 수아송에 모여 협의한 결과, 총사령관 역할을 몬페라토 후작 보니파치오에게 맡기기로 했다.

몬페라토 후작은 이탈리아 태생이지만 용맹한 무장으로 알려져 있으며, 프랑스 왕 필리프와 친척관계였다. 또 나이도 다른 세 명보다 훨씬 많은 쉰 살이었다. 몬페라토 후작은 흔쾌히 승낙했다.

수아송으로 가던 중 파리에 들른 몬페라토 후작은 프랑스 왕 필리프에게 대환영을 받았다.

당연한 일이었다. 필리프에게 제4차 십자군이란 자기 영토를 확장하는 데 장애물이 되는 사람을 거의 대부분 먼 오리엔트로 보내버릴 기회이고, 노련한 몬페라토 후작이 이끈다면 그 장애물들이 꽤 오랫동안 프랑스를 떠나 있을 것이라 기대할 수 있었기 때문이다.

필리프는 점차 운세가 트이는 기분이었을 것이다. 영국 왕 리처드는 죽었다. 뒤를 이은 동생 존은 정치와 군사 모두 무능하다. 게다가 다른 라이벌들도 대부분 제4차 십자군으로 프랑스를 떠나 있게 되었다.

파리를 떠나 수아송으로 향한 몬페라토 후작은 그를 기다리고 있던 플랑드르 백작과 블루아 백작, 생 폴 백작과 함께 수아송의 대성당에 가서, 십자군 원정을 십자가와 검에 정식으로 서약하는 의식을 거행했다. 이 의식을 마쳐야 비로소 십자군이 정식으로 발족하는 것이다. 대주교가 열석한 장엄한 선서식을 끝낸 이들은 약속한 날 베네치아에서 만나기로 맹세하고 헤어졌다.

'수아송의 서약'은 곧 프랑스 전역으로 퍼져나간다. 덕분에 새로이 십자군 원정을 결의하는 기사들이 늘어갔다. 하지만 그들은 거의 다 개별적인 '기사'였고, '제후'의 신분으로 기사들을 통솔하는 역할을 하는 봉건영주는 많지 않았다.

해가 바뀐 1202년, 그해의 부활절은 4월 14일이었다. 성질 급한 사람은 이 무렵에 벌써 가족에게 눈물의 이별을 고했고, 여유를 부린 사람도 6월 2일 오순절에는 원정 준비를 마쳤다. 집합지인 베네치아를 향해 프랑스 북쪽에서 남쪽으로 이동하고, 이탈리아에 들어가서 다시 서쪽에서 동쪽으로 횡단하는 여정이었다.

자기 선단을 갖고 있던 플랑드르 지방의 기사 몇몇은 대서양을 남하해서 지브롤터 해협을 통해 지중해로 들어가는 바닷길로 베네치아를 향해 출발했다.

브뤼주의 성주 대리까지 가세한 이 일행은 주군 플랑드르 백작 앞에서 성서에 손을 얹고 베네치아에서 합류할 것을 서약했다. 백작과 그의 동생은 원정에 필요한 많은 물자를 바닷길로 가는 이 기사들에게 맡겼다. 그리고 플랑드르 백작 자신은 휘하의 기사들을 이끌고 육로를 통해 베네치아로 향했다.

그러나 바닷길로 떠난 플랑드르 부대는 아무리 시간이 흘러도 베네치아에 나타나지 않았다. 그후 펠로폰네소스 반도 남단에 있는 항구 모도네에서 만나자는 기별을 전해왔으나 그곳에도 모습을 드러내지 않았다. 무슨 사정이 있었는지 그들은 팔레스티나로 직행했던 것이다.

그들이 말하는 '성지'에서는 이슬람교도와 칼을 잠깐만 맞부딪쳐도 많은 이들이 죽고, 살아남는다 해도 겨우 고향에 돌아가는 것이 고작이었다. 그들에게 십자군이란 이런 의미였던 것이다.

프랑스의 기사들 중에는 바로 베네치아로 가는 대신 마르세유에서 배를 타고 모도네에서 합류하기로 서약하고 앞서 떠난 자도 있었다. 이들도 모도네에 모습을 드러내지 않았다. 그들의 운명도 플랑드르 부대와 별 차이가 없었다.

이러한 동지들의 이반을 기술하는 빌라르두앵의 필치는 슬픔으로 가득하며, 이제 이런 자들은 잊고 베네치아에 도착한 십자군 전사에 대해 말하겠다고 쓰여 있다. 그가 선량하다고 평한 베네치아의 도제 단돌로와는 달리 어수룩할 만큼 선량한 신사였던 듯한 이 샹파뉴 태생의 남자는, 결혼하고 영지를 얻어 그대로 눌러앉은 자, 나눠받은 유산만 챙기고는 약속을 지키지 않은 자, 주군의 짐을 맡고서도 약속장소에 나타나지 않은 자 등, 이기적이고 멋대로 단독행동을 한 동지들에게 절망했을 것이다. 사람들은 흔히 신이 정한 것과 다른 길을 걷는다, 라는 문장으로 그의 글은 끝을 맺는다.

집결지 베네치아에서

베네치아에는 또 한 명의 선량한 신사가 약속한 날보다 훨씬 먼저 도착해 있었다. 플랑드르 백작 보두앵이다. 기일이 다가옴에 따라 순례자로 불리는 일반 십자군 병사들의 도착도 점점 늘어나고 있었다.

그래도 수가 너무 적었다. 이미 도착한 사람 중 몇 명을 사자로 보내, 뒤늦게 베네치아로 오고 있는 자들을 재촉해야 했을 정도였다.

몬페라토 후작은 볼일이 있어 늦는다고 통지해왔지만 블루아 백작은 소식도 없이 모습을 보이지 않았다. 결국 사자가 파비아까지 찾아가서, 거기에 느긋하게 머물고 있는 백작을 눈물로 설득한 끝에 간신히 베네치아로 데려왔다. 상대가 블루아 백작 정도 되면 사자도 그에 상응하는 지위를 가진 자여야 하는데, 이때 임무를 맡았던 이는 빌라르두앵과 생 폴 백작이었다.

이탈리아 북부의 파비아나 피아첸차에서는 많은 프랑스인이 베네치아가 있는 동쪽 대신 남쪽 길을 택했다. 어떤 자는 베네치아인을 믿지 못했기 때문이고, 또 어떤 자는 이탈리아 남부에서 영토를 획득한 동포를 따라 가까운 데서 한밑천 잡으려 했기 때문이다. 물론 그들 중 나중에라도 십자군에 합류한 자는 한 사람도 없었다.

이처럼 이탈자가 많았던 탓에 베네치아에 집결한 십자군 병사의 수는 예상보다 훨씬 적었다. 프랑스의 제후가 예측해서 베네치아 정부에 통고한 수의 3분의 1에도 미치지 못했다. 대충 1만을 헤아리는 정도였다고 한다.

그러나 베네치아의 외항 리도 근처의 성 니콜로 섬에 마련된 숙소로 들어간 십자군 병사들은, 눈앞에 펼쳐진 경관에 놀라 숨을 멈추었다.

빌라르두앵의 말을 빌리자면 이토록 근사한 함대를 본 그리스도교도는 아무도 없을 만큼 그곳에는 수많은 갤리선, 범선, 평저선이 항구를 가득 메우고 있었다. 선량한 빌라르두앵은 한탄했다.

"오오, 다른 곳으로 가버린 기사들을 생각하면 이 얼마나 원통한 일인가. 이제 이교도를 완전히 때려눕힐 수 있게 되었거늘, 이 인원으로는 함대의 3분의 1밖에 채울 수 없으니!"

베네치아측은 계약에 명시한 의무를 완벽하게 이행했다. 아드리아해 동쪽에 있는 이스토리아 지방과 달마티아 지방에서 수많은 조수를 모았고, 베네치아 성인 남자의 5분의 1이 1년 동안 십자군 원정에 종군한다는 거국체제를 단행함으로써 계약을 지켰던 것이다.

지키지 못한 것은 프랑스의 기사들이었다. 아무리 신앙심으로 움직였다 해도 왕의 1년 수입을 훨씬 뛰어넘는 8만 5천 마르크라는 금액, 3만 3천5백 명이라는 참전병사의 수는 무엇을 기준으로 정했던 것일까.

프랑스 왕이 국내 전쟁에 징발할 수 있는 병사의 수가 1만 명 내외인데 비해, 그 프랑스 왕이 제3차 십자군에 이끌고 간 병사의 수는 2천 명인 것이 당시 군사력의 현실이었다. 왕 다음가는 지위인 봉건제후들이 이끈다 해도 제1차 십자군 때와 같은 열광은 이제 기대할 수 없는 시대였다. 그런데도 3만 명은 확실히 넘으리라고 예측한 것은 누가 봐도 너무 낙관적이었던 셈이다.

아니나 다를까 실제로 온 병사의 수는 1만 명. 네 차례에 나누어 내기로 했던 돈도 2회분인 2만 5천 마르크까지만 지불하고 나머지 6만 마르크는 아직 미납 상태다. 게다가 1인당 2마르크의 비용도 없이 베네치아로 온 자도 많아, 여유 있는 제후나 기사가 대신 내주는 형편이었다.

그래도 아직 한참 모자랐다. 베네치아 정부는 계약한 금액을 전부 지불하지 않으면 배를 띄울 수 없다고 전해왔다.

후세 연구자 중에는 여기서 인원수가 3분의 1로 줄었으니 경비도 깎아주었어야 했다고 말하는 사람이 있는데, 이는 계약이행에 선행투자가 불가결하다는 사실을 간과하고서 하는 말이다.

돈을 지불하지 못해 곤혹스러워했을 제후 중 어느 누구도 베네치아에 깎아달라고 협상하자는 말을 꺼내지 않았다. 빌라르두앵의 기록에도 베네치아는 약속을 지켰고 우리가 지키지 못했으니, 라고 쓰여 있다.

가진 돈을 있는 대로 모두 내놓기로 했지만 그래도 여전히 부족했다. 결국 플랑드르 백작은 기증용이나 개인용도로 가져온 금은 그릇들을 모두 내놓자고 제안했다. 다른 제후와 기사들도 그에 따랐다. 산더미처럼 쌓인 금은 그릇들이 베네치아인에게 건네졌다.

이것으로 빚이 상당히 변제되었지만, 아직 3만 4천 마르크가 부족했다. 그렇지만 제후는 물론이고 일반 기사조차 더이상 지불할 만한 것을 가지고 있지 않았다.

프랑스 기사도의 꽃으로 통하는 자들이 빚을 갚지 못했다는 이유로 십자군을 해산하고 이대로 귀국한다는 것은 실로 면목 없는 일이었다. 베네치아의 은행에서도 이미 신용이 떨어진 후라 돈을 빌려주는 곳이 한 군데도 없었다.

베네치아 정부는 그저 조용히 지불을 기다릴 뿐이었다. 6월 24일에 출항한다는 원래 계획을 들먹일 계제가 아니었다.

리도의 성 니콜로 섬에 갇힌 꼴이 되어버린 십자군 병사들 사이에 초조함이 번지기 시작했다. 제후와 기사는 베네치아 시내를 방문할 수 있었지만 일반 병사에게는 이것도 허락되지 않았다. 당시에는 어느 도시나 치안과 전염병 예방을 위해, 많은 타국인을 한꺼번에 시내에 들이는 것을 금하고 있었으니 불평할 수도 없다. 당장이라도 출범할 수 있도록 준비를 끝낸 함대를 눈앞에 두고도, 앞으로 나아가지도 못하고 그렇다고 뒤로 물러날 수도 없는 상태로 6월이 가고 7월도 지나갔다.

그리고 8월도 며칠 남지 않은 어느 날, 도제 단돌로가 십자군 제후들에게 생각지도 못한 제안을 해왔다.

오리엔트로 향하는 도중 자라를 공략하는 데 힘을 보태준다면, 빚을 갚을 여력이 생길 때까지 변제기한을 연기해주겠다는 제안이었다.

자라는 베네치아가 아드리아 해 동쪽 해안을 따라 조성한 '바다의 고속도로'에서, 말하자면 정류장에 해당하는 도시 중 하나였다.

그런데 이들이 헝가리 왕의 선동으로 베네치아에 반기를 든 것이다. 베네치아 공화국에게 이 자라라는 정류장을 잃는다는 것은 자국

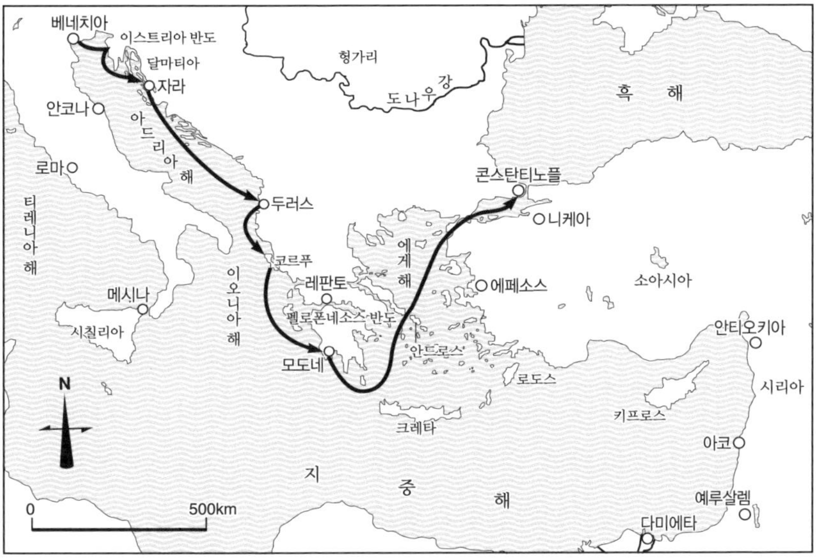

제4차 십자군과 베네치아 해군의 진군로

의 배가 지나는 '고속도로' 한가운데가 끊기는 것이나 마찬가지였다. 어떻게 해서든 되찾아야 했다.

하지만 이 제안은 십자군측을 적잖이 곤혹스럽게 만들었다. 자라의 주민은 물론이려니와 그 배후에 있는 헝가리 왕도 그리스도교도였던 것이다. 이교도를 공격할 목적으로 결성된 십자군이 같은 그리스도교도를 공격한다는 것은 명분에 맞지 않는 일이었다. 상황이 상황이라 한들, 로마 교황이 어떻게 생각할지를 미루어보아도 심히 난감한 제안이었다.

그러나 이 출구 없는 상황을 어떻게든 타개해야 했다. 며칠씩 허비하며 협의한 결과 몬페라토 후작, 플랑드르 백작, 블루아 백작, 생 폴 백작이 찬성으로 돌아섰고, 이어서 대다수가 베네치아의 제안을 받아들이기로 결심했다.

하지만 여기에 동의하지 않은 일부 기사들은 독자적으로 행동하기로 하고, 다른 항구에서 배를 구해 팔레스티나로 가겠다며 떠났다. 또한 그길로 고향으로 돌아간 자들도 있었다. 1만 명에서 다시 그 수가 줄었다.

십자군측의 입장이 정리되자 도제는 베네치아의 모든 종군자들과 함께 십자가에 서약했다. 이로써 그들도 십자군의 전사가 된 것이다. 프랑스측에 못지않게 기라성 같은 베네치아 명문가 남자들이 모여들어 장관을 이루었다. 게다가 배의 승조원을 더하면 베네치아측 참가자 수도 프랑스측 참가자와 거의 비슷했다. 제4차 십자군은 명실공히 프랑스 제후들과 베네치아 공화국의 공동원정이 된 것이다.

각 제후와 기사 들이 승선할 배가 정해졌다. 프랑스측의 총대장인 몬페라토 후작은 도제 엔리코 단돌로와 함께 기함에 승선하기로 했다.

사람들의 움직임이 갑자기 분주해졌다. 공성기를 싣고 일상용품을 운반하고 말을 승선시키는 등의 작업으로 9월은 눈 깜짝할 사이에 지나갔다.

출진

1202년 10월 8일, 기다리고 기다리던 출항의 날이다. 항구를 가득 메운 대함대의 장관은 프랑스 기사들이 출항이 예정보다 석 달 넘게 미뤄진 것을 잊게 만들기에 충분했다.

갑판에 늘어선 3백 대가 넘는 공성기의 위용. 돛대 위에서 가을바람을 받아 각양각색으로 펄럭이는 제후와 기사 들의 깃발. 뱃전에서 태양을 받아 반짝이는 수천 개의 방패. 그 뒤로 늘어선 창을 든 기사들의 웅장한 모습.

도제와 몬페라토 후작이 승선한 기함 갤리선은 특별히 선대와 노를 주홍색으로 칠하고, 돛대에는 주홍색 바탕에 금실로 산마르코의 사자를 수놓은 베네치아 공화국의 커다란 국기가 나부끼고 있었다.

기함의 선교 위에 선 네 명의 나팔수가 은색 나팔을 힘차게 부는 것을 신호로, 갤리선 동체에서 지네의 발처럼 뻗어나온 노가 일제히 물을 가르기 시작했다. 그 뒤를 갤리선이 이끄는 범선이 미끄러지듯 나아간다. 항구 밖으로 나가자 갤리선과 범선이 차례로 돛을 올리고, 돛은 때마침 불어온 가을바람을 안고 순식간에 불룩해진다. 갤리선과 범선을 잇고 있던 줄이 끊어지는 것도 이때다. 돛을 올린 갤리선은 노를 물새의 날개처럼 수평으로 고정하고 바람에 몸을 맡겼다. 대함대는 항구에서 지켜보고 있는 군중 앞에서 수평선을 향해 서서히 멀어져갔다.

함대를 구성한 배의 수에 대해서는 여러 설이 난무하기 때문에 확실히 단언할 수 없다. 목격자인 빌라르두앵은 훌륭하다, 전대미문이다, 라고만 표현할 뿐 숫자는 기록하지 않았다. 그래도 후세에 에드워드 기번이 인용한 베네치아측 기록을 따르자면 다음과 같다.

군선 격인 갤리선	50척
수송용 범선	240척
평저선	120척
연락선으로 사용된 소형 쾌속 갤리선	70척
	합계 480척

하지만 이 수는 각 배의 수용인원으로 추산해보면 너무 많다. 아마 이는 프랑스측의 3만 3천5백 명에 베네치아측 6천 명을 더한 당초의 예정 인원에 맞춰 베네치아측이 준비했던 총 대수일 것이다. 따라서 이 시대 직후에 쓰인 몇몇 연대기에서 보이는 숫자를 검토하면 대략 이 정도가 아니었을까 추측한다.

갤리선	50척
범선	50여 척
평저선	80척
소형 쾌속 갤리선	20척
	합계 200척

베네치아측 참가인원에는 변함이 없지만, 프랑스측은 3분의 1로 줄었기 때문이다.

하지만 13세기 초인 이 시절에 2백 척의 배가 한자리에 모인 것만도

갤리선

유례없는 일이었다. 이보다 370년 후에 벌어진 '레판토 해전'에서 그리스도교측과 이슬람측이 투입한 배의 수가 양쪽 모두 각 2백 척을 약간 웃도는 정도였으니까.

베네치아를 떠난 함대는 일단 항로를 동쪽으로 잡고 아드리아 해 동쪽 해안으로 향했다. 근처 도시에서 신선한 물과 식량을 싣기 위해서였다. 타국으로 향하는 베네치아의 배는 긴 항해에 앞서 도시 안에서 구하기 어려운 것들을 '집 바로 밖'에서 싣는 것이 관례였다. 함대는 그곳에서 하루 정박한다.

하지만 이날부터 11월 10일까지 거의 한 달간은 함대의 움직임을 기록한 사료가 없다. 빌라르두앵의 연대기도 베네치아에서 출항한 이후 바로 자라 도착으로 건너뛴다. 함대는 그 한 달간 어디에서 무엇을 했던 것일까.

이에 대해 베네치아에 호의적이지 않은 역사학자들은 다음과 같이 추론한다.

"프랑스인이 아드리아 해의 사정을 잘 모르는 것을 이용하여, 베네치아측이 시간을 벌기 위해 자기들이 손바닥처럼 잘 아는 아드리아 해를 여기저기 돌아다녔다."

한편 베네치아에 악의가 없는 역사학자는 이렇게 반박한다.

"이스토리아 혹은 달마티아 지방의 항구에 정박해서 식량을 싣고, 그때마다 조수 등 하급선원을 추가로 승선시키는 것이 베네치아 배의 관례였다."

후자의 말에는 분명히 일리가 있다. 특히 출범이 석 달 넘게 미뤄졌으니, 6월 말에 출항할 예정으로 소집한 선원들 중 이미 집으로 돌아간 자도 많았을 것이다. 그들을 다시 불러내 승선시켜야 했으니 평소보다 시간이 더 걸린 것도 어쩔 수 없는 노릇이다. 어쨌든 이건 여느 때의 오리엔트행과 다르다. 근무기간도 긴데다 무엇보다 전쟁을 하러 가는 것이다. 인력을 구하는 일도 보다 엄밀해질 수밖에 없었다.

자라 공략

11월 10일, 함대는 자라 앞쪽 해상에 모습을 드러냈다. 배에서 보이는, 자라의 시가지를 둘러싼 성벽은 대단히 높고 견고해 보였다. 바다에 면한 도시에 대해 전혀 몰랐던 프랑스 북동부 출신 병사들은 "이렇게 수비가 견고한 도시를, 신이 직접 손을 써주시지 않는 한 어떻게 공략할 수 있겠는가" 라며 불안에 빠졌다.

베네치아도 바다에 면한 도시지만, 이곳은 특유의 조건상 바다 자체가 성벽 역할을 한다. 그러므로 유럽의 다른 중세도시 어디에서나 볼 수 있는 성벽이 없었다. 따라서 자라는 육로로 베네치아에 온 프랑스인이 처음으로 본, 성벽을 둘러친 항구도시였다.

탄식을 내지르는 프랑스인을 개의치 않고, 도제 단돌로는 우선 무거운 평저선을 돌진시켜 항구 입구를 가로막고 있는 쇠사슬을 끊어냈다. 이어서 자라 시민들에게 항복을 요구했다.

하지만 주민들은 십자가와 그리스도상을 들고서 성벽 위로 올라와, 같은 그리스도교도를 공격하는 십자군이 어디 있냐며 저항했다.

십자가를 보고 기가 꺾인 프랑스인을 다그치듯 단돌로는 평저선에서 말을 끌어내리고 병사들에게 천막을 치게 하는 등 육지 쪽에서의 공격 준비를 마쳤다. 바다 쪽은 일찌감치 갤리선들로 항구 안을 점거해 봉쇄했다.

이튿날인 11일에 전투가 시작되어 사흘 후 대세가 기울었고, 닷새째에 자라는 항복했다. 도제는 바다에 면한 쪽의 성벽을 파괴했고, 자라의 주민들은 이제까지와 마찬가지로 베네치아에 복종할 것을 서약했다.

그러나 곧 교황 인노켄티우스가 자라 공략 사실을 알고 격노한다. 곧바로 십자군 전원을 파문에 처한다는 통고가 전해졌다.

당황한 프랑스인들은 로마에 급사(急使)를 보내 자초지종을 해명하고 파문을 해제해줄 것을 청원했다. 교황도 프랑스측의 어쩔 수 없는 사정을 이해하고는 이들에 대한 파문을 풀어주기로 한다.

하지만 베네치아인에 대한 파문 조치는 그대로 두었다. 베네치아인은 파문에도 개의치 않았고, 교황에게 사자를 보내 해명하려고도 하지 않았다.

파문의 위력은, 그리스도교도라면 누구든 파문당한 자와 절대 관계를 가져서는 안 된다는 데 있다. 그런데 현재 십자군은 파문당한 자가 파문당하지 않은 자들과 함께 행동하는 기묘한 상황이 되어버린 것이다.

한편 이제야 드디어 이교도를 정벌하러 떠날 수 있겠다며 들떠 있는 프랑스인의 기백에 도제는 조용히 찬물을 끼얹었다. 동절기의 항해는 위험하니 내년 부활절까지 이대로 자라에 머무르는 것이 안전하다는 것이다. 지중해를 분주히 오가는 교역 상선도 동절기의 항해를 피해, 11월부터 이듬해 3월까지는 모국으로 돌아가 배를 수리하면서 보내는 것이 보통이었다. 프랑스인은 바다 전문가들의 말에 따를 수밖에 없었다. 십자군 원정은 이듬해 봄까지 연기되었다.

이때 교황의 사자가 자라를 방문해 베네치아인에 대한 파문을 해제한다는 뜻을 전했다. 부탁도 하지 않았는데 용서해준 것은, 십자군 원정을 속행하려면 베네치아의 배가 꼭 필요하다는 사실을 교황 인노켄티우스도 인정하지 않을 수 없었기 때문이다.

하지만 자라에 체재중인 프랑스인들을 더욱 놀라게 한 것은 또다른 방문객이었다.

비잔틴제국 황자

12월도 중순에 가까워진 어느 날, 프랑스인들 눈에는 무척 이국적인 인물이 자라에 있는 십자군 수뇌부를 찾아왔다. 비잔틴제국 황자(皇子) 알렉시우스였다. 독일 왕의 소개장을 지참하고, 독일인 일행을 거느리고 있었다.

황제였던 그의 아버지는 동생에게 황위를 빼앗기고 두 눈이 도려내진 채 감옥에 갇혔다. 황자 알렉시우스도 체포되어 감옥에 갇혔지만, 스무 살이라는 젊은 나이 덕분에 탈옥에 성공할 수 있었다. 그는 상선으로 기어들어가 이탈리아의 항구도시 안코나로 도망쳤다.

황자는 거기서 알프스를 넘어 누나와 결혼한 독일 왕을 찾아갔다. 따뜻하게 맞아준 독일 왕에게 그는 자신이 황위에 복귀할 수 있도록 도와달라고 요청한다. 독일 왕은 도와주겠다고 약속했다.

황자 알렉시우스는 십자군의 수뇌들 앞에서 눈물로 탄원했다. 행선지를 비잔틴제국의 수도 콘스탄티노플로 바꿔 극악무도한 숙부를 파멸시키고, 정통 황위계승자인 자신이 황위에 오를 수 있게 도와달라는 것이었다.

이것이 성공했을 때의 대가로 다음과 같은 조건을 제시했다.

(1) 20만 마르크를 지불한다.

(2) 십자군의 이집트 공격에 병사 1만 명을 제공하고, 1년간 모든 비용을 부담한다.

(3) 왕자가 황위에 있는 동안 팔레스티나의 그리스도교도를 방어할 5백 명의 기병을 지속적으로 제공한다.

(4) 그리스정교회를 로마 가톨릭교회 아래로 통합한다.

모두들 아무 말이 없었다. 프랑스인들로서는 아닌 밤중에 홍두깨 같은 일이었을 것이다. 빌라르두앵의 기록에도 황자가 나타나기 전에 이런 낌새가 있었다는 내용이 없으니, 그도 전혀 모르고 있었던 게 틀림없다. 그리고 빌라르두앵 같은 고위직 기사가 모를 정도였다는 것은 곧 프랑스의 제후와 기사 중 어느 누구도 몰랐다는 얘기다.

하지만 단 한 사람, 황자의 제안이 아주 갑작스럽게 느껴지지 않았던 인물이 있었다. 십자군의 총대장 몬페라토 후작이다.

몬페라토 후작은 수아송에서 십자군 원정을 서약한 후 독일로 가서 왕을 만났다. 같은 시기, 황자 알렉시우스도 왕의 궁정에 있었다. 이 삼자 사이에 밀의(密議)가 있었으리라는 상상은 충분히 가능하다. 또한 이때 몬페라토 후작이 이끄는 십자군의 목적지를 '바다 저편'이라는 막연한 표현 대신 비잔틴제국의 수도 콘스탄티노플로 확정하는 것도, 대가로 붙은 여러 조건들과 함께 협의했을지 모른다.

실제로 황자의 제안에 가장 먼저 동의한 이는 몬페라토 후작이었다. 동의하는 데 그치지 않고 이 제안을 받아들이는 것의 이점을 하나하나 열거하며, 얼떨떨해하는 프랑스 제후들을 적극적으로 설득하고 나섰다.

20만 마르크가 생기면 베네치아에 진 빚을 갚을 수 있는 것은 물론, 지금껏 빚을 갚느라 타격이 큰 십자군의 자금력도 확보된다.

콘스탄티노플을 공략한 후 이집트로 원정을 갈 때 비잔틴제국의 병사 1만 명이 가세하면 십자군의 병력이 한층 강화된다.

팔레스티나에 사는 그리스도교도의 방어요원으로 제공되는 기병 5백 명, 종사를 더하면 1천5백 명이나 되는 이 인원은, 그 지역의 그리스도교도들에게 큰 도움을 줄 것이다.

그리고 역대 로마 교황이 하나같이 원했지만 끝내 이루지 못했던 가톨릭교회와 그리스정교회의 통합은, 교황 인노켄티우스 3세에게 둘도 없는 선물이 될 것이다, 라고.

프랑스의 제후와 기사 들은 오래 망설였다. 자라를 공격한 것만 해도 마음이 꺼림칙한데, 콘스탄티노플은 비잔틴제국의 수도이자 그리스정교이긴 해도 역시 그리스도교도의 도시다. 게다가 당시 세계 최대의 도시였다.

그러나 황자 알렉시우스가 제시한 조건 가운데 그들이 가장 매료되었던 것은 바로 마지막 항목이었다.

물론 (1), (2), (3)도 충분히 매력적이었지만, 무엇보다 역대 교황이 끝내 이루지 못했던 동서 교회의 통합을 자신들의 활약으로 성취할 수 있다는 것은, 신앙심으로는 누구에게도 지지 않는다고 자부하던 프랑스인들의 마음을 강하게 뒤흔들었다. 제후와 기사 들은 보기 안쓰러울 정도로 깊이 고민했다.

이와 달리 베네치아 공화국의 도제 단돌로는 찬성의 뜻을 명확히 표했다.

철저한 현실주의자였던 도제 엔리코 단돌로는 스무 살의 망명 황자가 제시한 조건의 실현 가능성을 그다지 믿지 않았다. 설사 실현된다 해도 그후 베네치아가 이집트 공략에 참가하지 않으면 그만이었다.

단돌로는 도제로 선출되기까지의 긴 생애 동안 콘스탄티노플 주재 영사와 이집트 주재 영사를 경험했다. 같은 그리스도교도의 나라인 비잔틴제국과 이교도 이슬람교도의 나라 둘 다 잘 알고 있었던 셈이다. 그러한 경험을 통해 그는, 종교가 같다고 해서 좋은 관계를 맺는다는 보장도 없고, 종교가 다르다고 좋은 관계를 맺지 못한다는 보장도 없다는 신념을 갖고 있었다.

자라가 베네치아를 이반하도록 후원한 것은 헝가리 왕이었고, 그의 딸은 비잔틴제국 황제와 결혼한 상태였다. 이 영향인지 당시 베네치아에 대한 비잔틴제국의 태도는 매우 적대적으로 바뀌어 있었다. 이는 구체적으로 콘스탄티노플에서 베네치아인이 경제활동을 하기 어려워지는 결과를 낳았다. 비잔틴제국과 헝가리 왕국은 이처럼 서로 밀접한 관계였던 것이다.

한편 이슬람교도의 나라와 베네치아의 관계는, 현실적인 성향을 지닌 아이유브 왕조의 술탄 덕분에 상당히 순조로웠다. 당시 베네치아는 같은 그리스도교를 믿는 나라보다 이교도와의 관계가 더 좋은, 실로 아이러니한 상황이었다.

베네치아인은 "그리스도교도이기에 앞서 베네치아인"이라는, 중세에는 그다지 칭찬받지 못할 모토를 남긴 사람들이다. 경제를 비롯한 다른 관계가 좋으면 그만이었고, 상대가 이교도라는 사실에 대해 고민할 만한 '양심'까지는 없었던 것이다.

자라는 이제 다시 베네치아의 '바다의 고속도로' 정류장이 되었다.

여기에다 베네치아에 우호적인 인물이 비잔틴제국 황제가 되면 그들의 '투자'는 완전히 살아날 것이다.

당초에 세운 계획을 충실히 실행하는 것에는 특별한 재능이 필요하지 않다. 하지만 예상치 못한 사태에 직면했을 때 이를 충분히 활용하기 위해서는 특별히 뛰어난 능력이 필요하다.

도제 단돌로는 이때뿐 아니라 이후로도 계속해서, 통치의 책임자에게 절대적으로 필요한 이러한 재능을 보여주었다.

행선지 변경

양심적인 문제로 고민하는 프랑스인들 사이에서는 목적지를 콘스탄티노플로 바꾸는 것을 놓고 의견대립이 험악한 양상으로 발전했다. 제후와 유력한 기사만 그런 것이 아니었다. 일반 병사들도 서로 격론을 벌였다.

하지만 십자군의 프랑스측 수뇌부를 이루는 몬페라토 후작, 플랑드르 백작, 블루아 백작, 생 폴 백작이 찬성으로 돌아서자 대세는 곧 기울었다. 대부분의 사람들이 콘스탄티노플을 공략하기로 결정한 것이다.

하지만 더이상 그리스도교도를 공격하는 것을 참지 못한 이들도 있었다. 그들 중 5백 명 정도는 항구에 정박해 있는 베네치아 배를 탈취해 독자적으로 이집트로 가려 했다. 그러나 지금껏 배를 실제로 움직여온 것은 베네치아인이었다. 이 프랑스인들은 자라에서 얼마 나아가지도 못하고 거친 겨울바다에 농락당한 끝에 침몰하여, 한 사람도 목숨을 건지지 못했다.

육로를 통해 팔레스티나로 가려 한 사람들도 있었다. 하지만 이들도 자라를 떠나 헝가리 왕의 영토에 들어서자마자 헝가리 병사들에게 쫓기는 신세가 되었고, 다행히 목숨을 건진 자들도 별수 없이 자라로 돌아와야 했다. 물론 베네치아측에서는 한 사람의 이탈자도 나오지 않았다.

이런 와중에 십자군측과 황자 알렉시우스는 앞서 말한 네 가지 조항을 명기한 계약에 조인했다. 하지만 프랑스측에서 서명한 이는 고작 열한 명에 불과했다. 몬페라토 후작, 플랑드르 백작, 블루아 백작, 생폴 백작, 도제 단돌로에 이어 서명한 이는 여섯 명뿐이었다. 그 외의 사람들은 콘스탄티노플을 공략하는 것에는 동의해도 서명할 마음까지는 나지 않았던 것이다.

행선지를 변경했다는 소식을 들은 로마 교황은 또다시 격노했다. 그러나 역대 교황 중 최고 권력을 휘둘렀던 인노켄티우스 3세마저도, 제4차 십자군에 관해서는 늘 일이 이미 일어난 뒤에야 전해 듣고서 사후승인을 하는 상황이었다.

게다가 학식뿐 아니라 야심도 대단했던 이 교황에게, 자신의 치세 중에 로마 교황 아래 동서 교회의 통합이 실현된다는 것은 한없이 감미로운 사실이기도 했을 것이다.

교황의 대응은 자라 공략 때보다 훨씬 미온적이었다. 파문은 아예 언급하지도 않았다. 비잔틴제국의 수도를 공격하는 것은 허락하나, 도중에 있는 다른 그리스도교 국가에 대한 공격은 인정할 수 없다고 한 것이다. 실제로 그 도중에 다른 그리스도교 국가는 존재하지 않았으므로, 이는 계속 선수를 빼앗기는 것에 초조해진 사람의 서툰 작문에 불과했다.

교황 인노켄티우스가 이 십자군을 자신의 감독 아래로 되돌리려 노력하지 않은 것은 아니었다.

'교황 대리'란 말 그대로 종군이 허락되지 않은 교황이 자기 대신 보내는 사람이다. 신이 바라시는 일을 하는 십자군에서 그는 총사령관과 동등하거나 그 이상의 지위를 차지하게 된다. 그러나 '교황 특사'는 교황이 파견하는 사절에 불과하다. 그래서 교황은 십자군의 수뇌부를 자극할 염려가 없는 '교황 특사'를 이 제4차 십자군에 배치하기로 했다. 바꿔 말해 감시자를 동행시키려 한 것이다.

하지만 이런 시도도 도제 단돌로의 대처로 유명무실해진다. 단돌로는 이 특사에게 딱히 중요하지도 않은 소식을 안겨주고는 교황에 전달하라며 서둘러 돌려보내버린 것이다. 게다가 특사를 태우고 가는 배에, 교황청 근처의 항구 안코나에 그를 내려준 뒤 바로 돌아오라고 명했다.

이렇게 되자 특사가 교황의 답신을 들고 항구로 돌아와도 이미 배는 없다. 게다가 자라를 떠난 후 어디에 기항할지도 일러주지 않았기 때문에, 그가 배를 빌린다 해도 목적지를 정할 수 없다. 뒤를 좇아가봐도 십자군 함대는 이미 출항한 뒤다.

이런 식으로 감시자는 제 역할을 다할 수 없게 되었다. 로마 교황청의 감시자가 부재했다는 점은 제4차 십자군도 리처드가 이끌었던 제3차 십자군과 차이가 없었던 것이다.

1203년 4월 6일 부활절을 기해 십자군은 자라를 출발했다. 먼저 범선과 평저선이 차례로 항구를 떠나고, 바람에 좌우되는 정도가 덜해 항해 일정을 잡기 수월한 갤리선단은 이튿날 출항했다.

함대가 여러 종류의 배들로 편성되는 경우에는 각각의 속도 차이를 고려해 전체 도정 중 몇 군데에 집합지를 정해놓고, 거기서 모든 배가 도착하기를 기다렸다가 다시 선단별로 다음 집합지를 향해 출항하는 것이 관례였다. 첫번째 집합지는 코르푸 섬이었다.

도제, 몬페라토 후작, 황자 알렉시우스를 태운 기함이 선두에 선 갤리선단은 순풍을 타고 아드리아 해를 남하해, 코르푸 섬에 닿기 이틀 전쯤 두러스에 들렀다. 두러스는 베네치아에 우호적인 곳이지만 여기서부터는 비잔틴제국의 영토다. 기항 목적은 정통 황위계승자인 황자 알렉시우스에게 복종한다는 서약을 주민들에게서 받아내기 위해서였다. 이를 마치자 갤리선단도 코르푸 섬으로 향한다.

코르푸 섬의 항구에는 앞서 출발한 선단이 이미 도착해 있었다. 기사들은 평저선에서 말을 끌어내린 뒤 각자 천막을 치고 휴식을 취하고 있었다. 기후가 따뜻하고 땅도 비옥했으며, 파도가 밀어닥치는 곳까지 이어져 있는 사이프러스의 짙은 녹음은 유럽의 북쪽에서 온 프랑스인들에게 안식을 느끼게 해주었다.

당시 아직 비잔틴제국령이었던 이 섬에 십자군은 사흘간 체재한다. 황자에게 복종한다는 주민들의 서약을 받는 것이 표면적인 이유였지만, 실은 여기서 엎어지면 코 닿을 만한 거리의 이탈리아 남부로 떠났던 이탈자들이 합류하기를 기다렸던 것이다.

하지만 바로 바다 건너에 있는 이탈자들은 영지를 획득하는 데 열중하고 있는지 코르푸에 있는 동지들에게 아무런 연락도 하지 않았다. 더는 가망이 없다고 생각했는지 프랑스 제후들은 코르푸 섬을 출발하는 데 동의한다.

5월 24일, 여느 때처럼 평저선, 범선, 갤리선 순으로 전 함대가 코르푸 섬을 뒤로했다. 날씨가 쾌청하고 공기도 아주 맑았으며 바람은 부드럽고 가벼웠다. 모든 배가 돛을 잔뜩 부풀리고 물살을 가르며 나아갔다. 멀리 보이는 수평선까지 배로 가득 메워진 것을 보고, 프랑스인들은 이토록 아름다운 광경은 처음 본다며 감격스러워했다. 이탈자가 속출해 침체되었던 분위기가 다시 밝아졌다.

함대는 펠로폰네소스 반도를 따라 남하했다. 반도 남단에 있는 모도네 항에 들른 후 이번에는 항로를 동쪽으로 돌렸다. 그리고 펠로폰네소스 반도를 돌아 에게 해에 막 접어들었을 때, 마르세유에서 승선해 팔레스티나로 앞서 떠났던 두 척의 배와 좁은 해협에서 마주쳤다. 그 지역에서 아무 성과도 거두지 못하고 귀국하는 프랑스 기사들을 태운 배였다.

양쪽이 가까이 접근했을 때 플랑드르 백작은 사자를 보내 그쪽 배에 누가 타고 있는지 물었지만 답은 돌아오지 않았다. 다만 그곳에 타고 있던 한 기사가 이쪽 배로 옮겨타고 싶다고 청했고, 무사히 옮겨탄 그를 십자군측은 큰 함성으로 맞이했다. 두 척의 배는 그대로 서쪽으로 멀어져갔다.

밀 수확철이었던지라 십자군 함대는 도중의 섬들에 들러 군량을 조달하고, 맑은 물로 유명한 안드로스 섬에서 식수를 확보했다.

그뒤 에게 해를 지나고 다르다넬스 해협을 통과해 마르마라 해로 접어들어, 콘스탄티노플을 눈앞에 둔 것은 6월이 절반쯤 지났을 때였다.

드디어 드러난 콘스탄티노플의 장관은, 그때까지 한 번도 이 도시에 와보지 못했던 프랑스인들을 압도했다. 시가지를 빙 두르고 있는 성벽의 높이. 요소요소에 우뚝 선 견고한 탑의 위용. 성벽 너머로 보이는 수많은 궁전과 교회의 화려함. 프랑스인들은 지위를 막론하고 모두가 이 장대한 광경 앞에서 몸을 떨며, 세계 최대의 도시를 공격하려는 자신들의 대담함에 전율했다.

가까운 섬에 상륙한 십자군 수뇌부는 그곳에서 작전회의를 열었다. 도제 단돌로는 말했다.

"제후 여러분, 나는 적어도 여러분보다는 이 도시에 대해 잘 알고 있소. 여러분은 지금까지 어느 민족도 해내지 못했던 대사업에 도전하게 될 거요. 그러니 모든 것을 현명하고 합리적으로 진행할 필요가 있소.

만약 그저 닥치는 대로 육지 쪽에서 공격한다면, 광대한 영토와 많은 주민을 가진 적은 병력이 많지 않고 군량도 빈약한 우리 군대가 군량을 찾아 여기저기로 흩어진 틈을 노려 공격해올 것이오. 우리 군의 병력은 지금도 대단히 적소. 어떤 이유든 더이상 병사를 잃을 수는 없소.

이 근처에는 섬들이 많소. 풍요로운 곳이니 군량을 확보하기에 좋을 것이오. 우선 거기서 군량을 충분히 확보한 뒤에 신의 명령을 실행에 옮기는 게 어떻겠소. 먹을 것에 걱정이 없는 병사는 그렇지 못한 병사보다 훨씬 용감하게 싸우는 법이오."

이날의 작전회의는 이것으로 끝나고 제후들은 각자의 배로 돌아갔다.

하지만 도제 단돌로의 충고는 충분히 받아들여지지 않았다. 성급한 프랑스인들은 이튿날인 6월 24일부터 벌써, 일개 병졸에 이르기까지 모두가 자기 무기를 손질하느라 바빴던 것이다.

콘스탄티노플 공략

이날부터 10개월에 걸친 콘스탄티노플 공방전이 시작되었다.

비잔틴측과의 교섭과 군량 확보에 소요된 휴전기 앞뒤로, 실제 군사행동은 두 번에 걸쳐 전개되었다. 처음에 프랑스측은 콘스탄티노플의 상징이나 다름없던 육지 쪽의 3중 성벽에 가로막혀 낙담했지만, 도제 단돌로를 비롯해 베네치아측에서 차례로 구사한 새로운 전술이 자칫 정체될 뻔한 전선에 활기를 불어넣었다.

지중해 최강의 방어를 자랑하던 콘스탄티노플이, 도저히 대군이라고 할 수 없는 병력의 제4차 십자군과 공방을 벌인 지 채 10개월도 안 되어 굴복했다는 사실만으로도 충분히 놀랄 만하다.

하지만 여기서는 이 공방전에 대한 서술을 생략한다. 이유는 한 가지다.

사실 나는 30년 전에 베네치아 공화국의 통사를 다룬 『바다의 도시 이야기』를 쓰면서, 이미 제4차 십자군에 한 장(章)을 할애한 바 있다.

왜냐하면 베네치아 공화국에 제4차 십자군은, 요즘 식으로 말하자면 고도성장기의 출발점이 된 일대 현상이었기 때문이다. 따라서 베네치아의 통사를 쓰며 한 장을 고스란히 할애할 만한 역사적 가치가 충분했다.

또한 그 책에서 콘스탄티노플 공방전을 처음부터 끝까지 상세하게 서술한 것에도 이유가 있다. 그전까지 해운이나 교역에만 종사하는 것으로 보였던 베네치아인이, 공방전이라는 본격적인 전쟁, 그것도 육상의 대도시를 공격한 전쟁에서 어떤 모습을 보였는가 하는 것은, 베네치아 공화국이 어떤 사람들에 의해 운영되었는지를 이해하는 데 많은 도움을 주기 때문이다. 고대 로마시대, 특히 공화제 시대의 로마인을 이해하려면 명장 한니발이 중심에 있던 카르타고와 3차에 걸쳐 전개됐던 포에니 전쟁을 상세하게 검토해야 하는 것과 같은 이유다.

승패라는 결과보다, 어떻게 승리했는지, 또 패한 경우에도 어떻게 패했는지가 중요한 것이다.

『바다의 도시 이야기』의 주인공은 어디까지나 베네치아 공화국과 그 시민들이었다. 따라서 그 책에서는 콘스탄티노플 공방전을 상세히 서술할 이유가 있었다. 하지만 이 『십자군 이야기』의 주인공은 십자군 원정을 떠난 전사들이다. 이들의 '적'은 이슬람교도다. 반대로 『바다의 도시 이야기』에서의 '적'은 그리스정교도이긴 하지만 같은 그리스도교도였다. 이것이 『십자군 이야기』에서 콘스탄티노플 공방전의 상세한 서술을 생략하는 이유다. 따라서 관심 있는 이는 『바다의 도시 이야기』 상권을 읽어달라는 말로 대신하는 것을 양해해주기 바란다.

또한 이 책에서도 제4차 십자군에 대한 기본적인 서술은 30년 전에 쓴 글의 내용을 따라가고 있다. 당시 나는 선량한 빌라르두앵이 남긴 연대기와 선량하다고는 할 수 없는 베네치아측이 남긴 기록을 비교해 가면서 글을 썼는데, 지금 다시 읽어봐도 고쳐 쓸 필요를 거의 느끼지 못했다.

그러나 이 『십자군 이야기』에 완전히 같은 내용을 되풀이하는 건 아니다. 30년이 지난 지금 나는 이슬람측의 원사료(原史料)를 직접 접하게 되었기 때문이다.

십자군사의 세계적 권위자로 여겨지는 스티븐 런치먼의 『십자군의 역사』는 그때 이미 읽은 상태였다. 그의 책은 아랍어로 쓰인 당시의 기록을 번역한 것이니, 내가 이슬람측 기록을 아예 몰랐던 것은 아니다.

하지만 런치먼 정도 되는 석학이라도 원사료를 소개하는 과정에서 자기 나름의 역사관과 관심이 필터 역할을 할 수밖에 없다. 그가 번역한 아랍어 문헌은 어디까지나 그의 번역이며, 그가 인용한 부분 역시 그의 관심을 불러일으켰기에 인용된 것들이다. 런치먼의 번역으로 접한 이슬람측 사료를 내가 내 작품에 그대로 인용하는 경우를 흔히 '재인용'이라고 한다.

재인용은 엄밀히 말하자면 원사료를 참고했다고 할 수 없다. 당시 사람들이 남긴 기록을 마주하려면 '재인용'이 아니라 원사료의 전문과 순수하게 대면해야 한다. 그리고 그렇게 대면한 뒤 느낀 것을 부분 인용이라는 형태로 소개하는 작업 역시 순수한 마음으로 전문을 마주하지 않으면 할 수 없는 일이다. 또한 아무리 사료라 해도 역시 인간이 쓴 것이므로 백 퍼센트 의존하는 것은 위험하다는 사실을 명심해야 한다. 사료에 '의거'하는 건 괜찮다. 하지만 '의존'하는 것은, 그것을 인용하는 자에게 함정이 될 수도 있다.

이슬람측 사료를 접하고 얻은 성과의 구체적인 예라면, 30년이 지난 후 쓰게 된 이 『십자군 이야기 3』에서 알 아딜을 새로이 조명한 일일 것이다. 종래의 십자군 역사에서는 교황 인노켄티우스와 도제 단돌로 두 사람만 앉아 있던 제4차 십자군의 주인공 자리에, 살라딘의 동생이자 그의 뒤를 이은 알 아딜을 추가한 것이다. 이 인물이 없었다면 제4차 십자군의 양상이 다르게 흘러갔을 거라고 생각했기 때문이다.

어쨌거나 나는 개인적으로 기회가 생길 때마다 런치먼의 저작을 펼쳐볼 만큼 그를 대역사가로 존경하고 인정하는데, 그의 대표작인 『십자군의 역사』도 그렇고, 『콘스탄티노플 함락』(여기서는 1453년의 함락을 뜻함)을 봐도 생각하는 바가 꼭 나와 같지는 않은 듯하다.

참고로 런치먼은 사자심왕 리처드를 이 두 문장으로 평가했다. "아들로서는 최악이고 남편으로서도 최악이며 왕으로서도 최악이었다. 그러나 한 군인으로서는 용감하고 훌륭한 전사였다."

아무래도 런치먼은 나와 달리 근엄한 성격의 소유자였던 듯하다. 이 영국인 역사가가 보는 리처드와 내가 묘사한 리처드가 다른 것도 어쩔 수 없는 일이다.

나는 아들로서나 왕으로서나 그가 '최악'이라고는 생각하지 않는다. 또한 리처드와 아내 베렝가리아의 사생활을 알려주는 사료가 전무한 이상, 자식이 없었다고 해서 최악의 남편인 건 아니지 않나 싶다. 하지만 아내를 내버려두고 전장에만 나가 있었던 건 엄연한 사실이니, 그렇게 보면 최악일지도 모르겠다.

쓸데없는 이야기는 이만 접고 본론으로 돌아가자.

'라틴제국'

비잔틴제국의 수도 콘스탄티노플 공략에 성공하긴 했지만 그 10개월 동안 비잔틴제국 황실 내부에서는 분쟁이 빈발했다. 맹인이 되어 감옥에 갇혀 있던 황제와 그의 아들 알렉시우스 둘 다 살해되었고, 그들을 죽이고 황위를 찬탈한 무르주풀루스도 소아시아로 도망쳐버렸다. 비잔틴제국의 황위가 공석이 되고 만 것이다. 당초 베네치아측이 바랐던 것처럼 베네치아에 우호적인 인물을 황위에 앉히고 말고 할 상황이 아니었다.

어쩔 수 없이 이들은 '라틴제국'이라는 새로운 제국을 수립하게 된다. 제국을 수립했으니 황제도 정해야 했다.

미리 정해둔 협정에 따라, 프랑스측 여섯 명과 베네치아측 여섯 명이 모여 투표로 선출했다.

당초 가장 강력히 물망에 올랐던 이는 침착함과 대담함으로 모든 병사의 존경을 한 몸에 받고 있던 도제 단돌로였다. 하지만 도제는 나이가 많다는 이유로 후보에 오르는 것마저 거절했다.

하지만 단돌로가 후보를 사퇴한 이유는 따로 있었다. 베네치아의 한 시민인 자신이 황제가 되면 조국 베네치아가 지닌 공화제 국가의 틀에 금이 가지 않을까 염려했기 때문이었다. 이 제4차 십자군에서 그가 한 일은 모두 조국을 위한 것이었다. 조국 베네치아를 뿌리부터 뒤흔들지 모르는, 공화국 제도에 말뚝을 박는 짓을 할 이유가 없었던 것이다.

도제 단돌로를 제외하고 라틴제국의 초대 황제 후보로 가장 자연스럽게 떠오른 이는 제4차 십자군의 총대장인 몬페라토 후작이었다. 몬페라토 후작도 자신이 후보로 거론될 것을 예상하고 선거단의 마음을 사려 한 것인지, 함락 직후 전 황제의 아내이자 헝가리 왕의 누이인 여인과 재빨리 결혼했다.

그러나 베네치아측은 몬페라토 후작이 황제가 되는 것을 달가워하지 않았다. 이탈리아 북부 몬페라토의 영주인 그는 바로 옆에 있는 제노바 공화국과 친밀한 관계로 알려져 있었고, 또한 아드리아 해로 진출할 기회를 노리고 있는 헝가리 왕과 인척관계인 사람을 콘스탄티노플의 주인으로 앉히는 것은 베네치아가 바라는 바가 아니었다. 베네치아측은 플랑드르 백작을 은밀히 점찍어두고 있었다.

예상과 달리 새로운 황제는 많은 시간을 들이지 않고 결정되었다. 플랑드르 백작 보두앵이었다. 베네치아측 여섯 명이 모두 플랑드르 백작에게 투표했고, 프랑스측에서도 많은 표가 나와 간단히 과반수를 확보했기 때문이다.

그리고 대주교는 다른 한쪽에서 뽑는다는 협정에 따라, 베네치아인 토마소 모로시니가 새로운 제국 성직계의 통솔자로 취임했다.

라틴제국 초대 황제의 대관식은 콘스탄티노플 최고의 교회 성 소피아 대성당에서 열렸다. 황제의 관을 내려준 이는 이제 막 대주교가 된 모로시니였다. 몬페라토 후작 이하 프랑스측 제후와 기사 전원이 신하로서 황제에게 충성할 것을 서약했다.

새로운 황제와 몬페라토 후작을 비롯한 제후들에게 제국령의 8분의 5가 주어졌다. 이는 다시 제후와 유력 기사 들에게 분할되었는데, 봉건제도에 익숙한 이들은 황제를 주권자로 인정하고 충성을 서약하는 데 저항감이 없었다.

그러나 베네치아측은 저항감 문제를 떠나 자신들에게 유리하다고 판단되지 않았기에 황제에게 충성을 서약하지 않았다. 프랑스인들도 베네치아의 방식에 항의하지 않았으므로, 베네치아 공화국은 나머지 8분의 3에 해당하는 영토의 공식적이며 실질적인 주권자가 되었다.

베네치아 공화국의 수장인 도제는 '라틴제국'이 존속하는 한 '동로마제국 8분의 3의 주권자'라는 명칭도 아울러 갖게 되었다.

게다가 황제의 보좌역에 반드시 베네치아인이 포함되어야 한다는 규칙도 정해졌다.

이뿐만이 아니었다. 베네치아는 자신들과 적대관계로 규정한 나라의 상인이 라틴제국 내에서 통상에 종사할 수 없다는 조항을 새로운 제국의 방침에 넣었다. 라틴제국 내에서는 사실상 제노바를 비롯한 라이벌들을 따돌리기에 성공한 것이다.

'지중해의 여왕'

프랑스인들조차 총대장은 몬페라토 후작이지만 실상 군의 두뇌는 그였다고 평했던 도제 엔리코 단돌로, 그가 이룩한 최대 업적은 본국 베네치아에서 지중해 동쪽의 모든 통상 요지들을 사슬처럼 연결해 바다의 고속도로망을 완성한 일일 것이다.

이것이 이후로 얼마나 현명하고 집요하게 유지되었느냐면, 베네치아의 가장 큰 라이벌이었던 제노바조차 반세기가 지난 후에야 간신히 잃어버린 세력권을 만회하러 나설 수 있었을 정도였다.

베네치아 공화국은 제국령의 8분의 3을 영유할 권리를 얻었지만, 이는 한 지방에 집중된 것이 아니었다. 내륙부의 영유는 프랑스의 봉건 제후에게 맡기고, 자신들은 교역이나 군사적으로 중요하게 보이는 거점만 영유하기로 했기 때문이다. 인구가 적은 베네치아로서는 현명한 선택이었다. 그들은 자신들의 힘으로 할 수 있는 일만 시도했다. 이 거점들 외에 내륙부의 영유에는 조금의 흥미나 관심도 보이지 않았다.

제국의 수도인 콘스탄티노플에서도 베네치아인은, 선착장과 창고를 둘 수 있는 금각만 쪽의 좁고 긴 부지와, 성 소피아 대성당 주변만 자신들의 거류지로 소유했다.

자연스럽게 베네치아의 소유지는 '면'도 '선'도 아닌 '점'의 형태를 띠었다. 그 '점'마저도 영유권을 유지하는 데 필요한 인원이 부족하다고 판단되면 미련 없이 다른 이에게 양도했다. 그 도시가 베네치아에 우호적이라는 보장만 얻는다면 그러는 편이 자신들에게도 합리적이었기 때문이다. 이 '점'들을 열거하자면 다음과 같다.

아드리아 해 동쪽 해안의 중앙에 위치하는 자라. 이곳은 원정중 이미 베네치아의 수중에 돌아왔다.

아드리아 해의 출구를 감시하는 위치의 두러스.

이오니아 해로 들어가서 처음으로 보이는 코르푸 섬. 이곳은 일단 베네치아령이 되었지만 몇 년 후 양도했고, 최종적으로 베네치아가 영유하게 되는 것은 1386년이다.

하지만 그 대신인지 남쪽의 케팔로니아 섬은 제4차 십자군 이후 베네치아령이 되었고, 이후에도 그대로 유지된다.

펠로폰네소스 반도 남단에 있는 모도네와 코로니. 이 두 군데의 곶은 베네치아의 해군기지로 쓰이며 '베네치아 공화국의 두 눈'으로 불리게 된다.

마찬가지로 크레타와 가까운, 남단에 위치한 키티라의 섬들.

펠로폰네소스 반도를 돌아 에게 해로 들어가는 입구에 있는 테르미시오네. 이 지역도 1386년부터는 전략상의 이유로, 만의 중앙에 있어 방어가 용이한 나우플리온과 아르고스를 영유하는 것으로 맞바꾼다.

에게 해에서는 밀로스, 파로스, 낙소스, 미코노스, 스탐팔리아, 티노스, 안드로스 등의 섬들.

하지만 이 모두를 공화국 직할령으로 삼는 것은 힘에 부쳤으므로 베네치아 국내의 유력한 가문에 나눠주었다. 그들이 본국의 방침에 충실했다는 것은 말할 것도 없다.

사누도 가문은 낙소스, 밀로스, 파로스의 섬을 영유하고, 기시 가문은 미코노스와 티노스, 주스티니아니 가문은 시오스와 제아의 섬들, 퀘리니 가문은 스탐팔리아, 단돌로 가문은 안드로스, 이런 식이었다.

이들 가문에서 몇몇 일족이 가족을 데리고 이주해 섬의 영유, 사실상 경영을 맡게 되었다. 이 섬들의 주민들은 여전히 그리스정교를 믿는 그리스인이었으므로, 그런 그들을 극소수의 가톨릭교도가 봉건영주 같은 방식으로 통치한다면 반란만 불러올 뿐이었다. 그래서 마치 사장과 사원 같은 방식으로 경영해나가는 수밖에 없었던 것이다. 하지만 그 시대 최고의 이코노믹 애니멀이었던 베네치아인에게는 이런 방식이 잘 맞았다.

그러나 에게 해를 완전히 수중에 넣는 데 빼놓을 수 없는 네그로폰테(에우보이아)는 베네치아 공화국이 직접, 그것도 섬 전체를 영유했다. 이곳을 확보하는 것은 콘스탄티노플로 가는 길을 확보하는 것이나 마찬가지였기 때문이다.

그리고 마지막으로 크레타 섬. 지중해 동쪽에서 가장 큰 섬인 크레타는 현대에도 지중해 동쪽 바다의 항공모함이라 불릴 만큼 매우 중요한 전략기지이다. 게다가 베네치아로서는 전략적 요충지라는 이유에서만이 아니라, 이집트를 비롯한 북아프리카에서 중근동으로 이어지는 도시들과의 교역을 위한 중계기지로 반드시 확보하고 싶은 곳이었다.

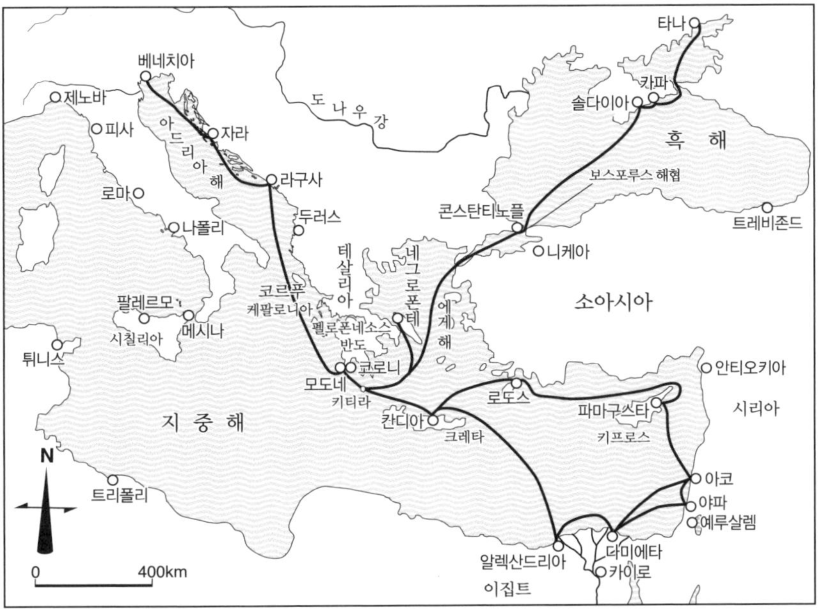

베네치아의 지중해 동쪽 네트워크

하지만 크레타 섬은 영토를 분할한 당초에는 몬페라토 후작의 영유지에 포함되었다. 그래서 베네치아는 영유권을 갖고 있던 그리스 테살리아 지방에다 1만 마르크를 더 얹어주기로 하고 크레타 섬과 교환했다. 물론 그렇게 집착한 곳이니만큼 공화국의 직할령이 되었다.

그리고 베네치아는 이 크레타를, 강한 끈기와 막대한 희생을 바치면서 이후 4백 년이 넘는 긴 세월 동안 말 그대로 사수한다.

이리하여 베네치아인이 만든 바다의 고속도로망은 아드리아 해에서 지중해까지 연장되었다. 인구가 10만 명 안팎에 불과한 나라가 지중해 동쪽 전역을 확보해 교역대국이 되기 위해서는 합리적이고도 현실적인 기반 조성이 필요하다. 베네치아는 제4차 십자군이라는 호기를 충분히 활용해 이를 완성했다. 제4차 십자군을 계기로, 베네치아는 조금씩 '지중해의 여왕'이 되어간 것이다.

그러나 이 제4차 십자군에 대한 역사학자들의 평가는 무척 나쁘다. 런치먼 같은 경우는 부정적인 쪽으로 일도양단해버린다. 그리스도교도가 같은 그리스도교도를 공격했으니 나쁜 평가를 받는 것도 어쩔 수 없는 일이지만.

하지만 이런 유의 혹평은 20세기에 들어와서 나타난 것이다. 그 이전 7백 년 동안에도 십자군 중 제4차만 특별히 나쁘게 평가받은 건 아니었다. 그 증거로 19세기 전반에 쓰인 프랑수아 미쇼의 『십자군의 역사』를 들 수 있는데, 이 책의 삽화를 그린 귀스타브 도레는 19세기 후반의 사람이지만 백 장이 넘는 삽화 중 다섯 장을 제4차 십자군에 바쳤다.

또한 제4차 십자군 직후 작성된 십자군 관련 연대기와 기록에서도 악평을 찾아볼 수 없다. 로마 교황 인노켄티우스 3세도 파문이나 성무금지 처분을 내리지 않았다. 그리스도교도가 같은 그리스도교도를 공격한 것으로 모자라 나라까지 빼앗았다는 것을 당시 사람들 모두 알고 있었는데도.

이런 현상을 그 시대에 살았던 유럽 그리스도교도의 입장에서 생각해보면 어떨까.

주 예수 그리스도의 말을 따르며 살던 당시 사람들의 꿈은, 예수가 살았고 또 죽은 땅인 성도 예루살렘으로 순례를 가는 것이었다.

게다가 당시는 리처드와 살라딘의 강화 덕분에 성지순례가 자유롭고 안전해진 시기였다. 예루살렘이 이슬람의 지배하에 있다는 사실에는 변함이 없지만, 그 지역으로 순례를 가는 것은 자유롭고 안전했던 것이다. 그리고 순례자들이 상륙하는 항구인 아코와 하이파도 리처드와 살라딘의 강화를 통해 그리스도교도의 도시로 인정된 상태였다.

이 상태에서 추가로 베네치아가 기지로 삼은 섬들에 기항할 수 있게 되자 팔레스티나, 즉 '성지'로 가는 배들도 훨씬 안전해졌다. 게다가 리처드가 일찍이 정복한 덕에 키프로스 섬도 이제 그리스도교도의 땅이었다. 유럽의 순례자들은 이런 징검돌을 밟고 감으로써 성지로 불리는 시리아와 팔레스티나 지방을 더욱 안전하게 여행할 수 있게 된 것이다. 베네치아인도 성지순례를 영리사업으로 생각하고 적극적으로 뒷받침했으므로, 제4차 십자군 이래 순례행이 더욱 안전하고 쾌적해진 것은 확실하다.

이것이 원리주의와 무관한 일반 사람들의 생각이었을 것이다. 그리고 그런 생각은 도레가 활동한 19세기 후반까지 건재했던 게 아닐까.

그로부터 8백 년이 지나 21세기가 된 지금까지 여전히 이교도를 공격한 게 아니면 십자군이라 할 수 없다고 생각하는 사람들에게는, 제4차 십자군으로부터 불과 4년 후에 일어난, 프랑스 남부의 알비파 그리스도교도들을 이단으로 단정하고 일으킨 전쟁은 왜 역사상 '알비 십자군'으로 불리는지 묻고 싶다.

제4차 십자군의 이야기는, 프랑스 샹파뉴 지방에서 온 빌라르두앵이 엔리코 단돌로를 묘사한 글로 마무리하고자 한다.

"도제는 전투시 항상 갑옷과 투구로 온몸을 무장하고 허리를 곧추 세운 모습으로, 산마르코의 커다란 국기와 함께 기함 뱃머리에 서 있었다.

하지만 배가 성벽 바로 아래에 닿자 선원들에게 큰 소리로 자신을 지상에 내려달라고 명했다. 그러나 베네치아인들은 공화국 베네치아의 도제이기에 앞서 고령의 노인인 그의 이런 명령에 따르는 것을 주저했다. 이를 본 도제는 더 큰 목소리로, 명령에 따르지 않는 자는 엄벌에 처하겠다고 외쳤다.

성벽 위에서 화살이 빗발치는 가운데 땅에 내려선 도제와 그 옆에 펄럭이는 산마르코의 국기를 본 베네치아인들은 모두 도제의 뒤를 따랐다. 평저선에 타고 있던 마부들도 땅 위로 내려섰고, 대형 범선의 승조원들도 작은 배로 갈아타고 육상의 전투에 가세했다."

빌라르두앵은 이렇게 말을 이었다.

"늙은 거인은 아직까지도 선두에 서서 말을 질주할 힘을 지니고 있었다. 그리고 시종일관 의연한 자세로 모든 문제에 맞서고 그것을 극복해나갔다. 최후의 적이었던 죽음 앞에서도."

제4차 십자군의 공격으로 비잔틴제국이 붕괴된 지 1년 2개월 뒤인 1205년 6월, 엔리코 단돌로는 조국 베네치아로 돌아가지 못한 채 콘스탄티노플에서 죽었고, 성 소피아 대성당 안에 묻혔다. 시신을 안치한 장식 없는 간소한 석관에는 베네치아 공화국 도제라는 직함도 없이, 단지 이탈리아어 엔리코 단돌로(ENRICO DANDOLO)를 라틴어식으로 표기한 이름 'HENRICUS DANDOLO'만 새겨져 있다. 이는 지금도 볼 수 있다.

모국 베네치아는 엔리코 단돌로에게 훈장을 수여하지도 않고 그의 동상을 세워 기념하지도 않았다. 베네치아인의 생각으로 보면, 그는 공화국의 일원으로 공화국을 위해 공헌한 이들 중 한 사람에 지나지 않았기 때문이다.

제3장

로마 교황청과 제5차 십자군

(1218년~1221년)

'성지'의 상황

14년이 흘렀다. 1204년부터 1218년까지의 14년은, 살라딘의 뒤를 이어 중근동의 이슬람 세계를 통합해온 그의 동생 알 아딜이 죽기까지의 세월이기도 했다.

리처드와 살라딘이 강화를 맺음으로써 제3차 십자군이 막을 내린 것은 1192년이다. 강화 기한이 3년 8개월이었으니, 1196년에는 중근동에 사는 그리스도교도와 이슬람교도 사이의 평화가 깨진다 해도 어쩔 수 없었다.

그런데 평화는 깨지지 않았다. 살라딘은 1193년에 숨을 거두었다. 리처드도 1199년에 세상을 떠났다. 하지만 그뒤에도 두 사람이 맺은 강화는 여전히 유효했다. 형으로부터 지위와 권력뿐만 아니라 생각까지 그대로 물려받은 알 아딜이 조약을 계속 갱신했기 때문이다.

또한 알 아딜에게는 아주 좋은 그리스도교측 협력자가 있었다. 제1차 십자군 이래 중근동에 뿌리를 내리고 살아오며 이미 그 땅을 자기 '집'으로 생각하는 그리스도교도의 대표 격인 발리앙 이벨린이 그 사람이다. 서로 믿는 종교는 달라도 두 사람은 냉철한 현실인식을 가졌다는 공통점이 있었다.

이러한 현실감각은 이벨린이 세상을 떠난 후에도 예루살렘 왕들에게 대대로 계승되었다. '냉철함'의 정도는 해를 거듭함에 따라 조금씩 약해졌지만, 팔레스티나 지역에서는 여전히 그리스도교도와 이슬람교도의 공생이 이루어지고 있었던 것이다.

알 아딜은 1년 전 예루살렘 왕위에 오른 브리엔과 1211년 7월에 강화조약을 갱신했다. 이 강화의 유효기간은 1217년까지 6년간이었다. 이것이 알 아딜이 그리스도교측과 맺은 마지막 강화, 즉 마지막 공생 시도였다.

사자심왕 리처드와 살라딘의 강화는 사실상 사반세기 동안이나 유효했던 셈이다. 그사이 안티오키아 공작령, 트리폴리 백작령, 그리고 예루살렘 왕에게 통치권이 있는 티루스에서 야파까지, 지중해 동쪽 연안 가장자리에 붙어 있는 좁은 지역에서나마, '성지'에 사는 그리스도교도들은 평화를 누릴 수 있었다.

그것도 적에게 둘러싸인 좁은 땅에서 겨우 살아남았다고 할 만한 상황은 전혀 아니었다.

예루살렘 왕의 통치령으로 인정된 지역만 봐도, 티루스, 아코, 하이파, 카이사레아, 야파(현재의 텔아비브) 등 지중해에 면한 항구도시의 영유권이 모두 그리스도교측에 있었다. 게다가 유럽과 이어지는 바닷길에는 리처드가 정복한 키프로스, 제4차 십자군 때 베네치아령이 된 크레타 등, 그리스도교측의 중계기지가 이어져 있다.

그리하여 안전해진 바닷길을 베네치아, 피사, 제노바를 비롯한 서유럽의 상선이 왕래했다. 그들이 실어나르는 것 중에는 교역 상품만이 아니라 성지순례자도 있었다.

이러한 '물건'과 '사람'은 그리스도교도가 통치하는 항구도시 중 하나에 상륙했고, 배에서 내린 '물건'을 구입하기 위해, 리처드와 살라딘의 강화에서 보장한 바대로 이슬람교도 상인들이 몰려들었다.

또한 이슬람 지배하에 있는 내륙부 도시에도 출장소 격인 상관(商館, 폰다코)이 설치되어 있어 이곳에서도 그리스도교도와 이슬람교도 사이의 교역이 이루어졌다. 경제상의 교류는 사반세기 동안 한층 활발해졌던 것이다.

한편 항구에 내린 '사람'이 성도 예루살렘을 순례할 자유와 안전도 리처드와 살라딘의 강화로 보장되었고, 이후로도 충실하게 이행되었다.

그러나 예루살렘은 가장 가까운 항구인 야파에서도 60킬로미터 이상 내륙으로 들어간 곳에 있다. 따라서 그곳까지 가려면 이슬람이 지배하는 지역을 통과해야 한다. 예루살렘 내에서는 안전하다 해도 거기까지 가는 길의 안전은 여전히 그리스도교측에서 신경 써야 할 과제였다.

템플 기사단과 병원 기사단과 함께 '성지'의 3대 종교 기사단 중 하나인 튜턴 기사단이 공식적으로 창설된 것은 1199년이다. 로마 교황 인노켄티우스 3세는 독일 태생 기사들로 편성된 이 기사단을 공인하고, 이 '튜턴 기사단'이 흰색 바탕에 검은색 십자를 새긴 제복과 방패를 지니는 것도 인정했다.

주로 프랑스 출신의 일반 기사로 구성된 '템플 기사단'은 흰색 바탕에 빨간색 십자.

유럽 전역의 귀족 자제를 모은 '병원 기사단'을 상징하는 것은 빨간색 바탕에 흰색 십자.

그리고 독일 기사들로만 구성된 '튜턴 기사단'은 흰색 바탕에 검은색 십자.

이로써 '성지'의 3대 종교 기사단 모두 한눈에 알아볼 수 있는 고유의 색깔과 세력을 갖추게 되었다.

이 남자들의 원래 목적은 성지를 찾은 그리스도교도 순례자들을 보호하는 것이었다. 제3차 십자군이 끝나고 사반세기, 이슬람교도와 이렇다 할 전투도 없던 이 시기에 종교 기사단은 원래 목적으로 돌아갔다. 다시 말해 예루살렘을 참배하는 순례자들의 경호를 담당했던 것이다. 그리고 이전보다 그 수는 감소했지만, 이 임무를 달성하는 데 필요한 각지의 성채를 유지하는 일도 맡았다. 이 역시 리처드와 살라딘의 강화로 인정된 바였다.

물론 이 사반세기 동안 그리스도교측과 이슬람측의 충돌이 전혀 없었던 것은 아니다. 하지만 알 아딜이 직접 출동해야 했을 정도의 대결은 한 번밖에 없었고, 그 외에 충돌이라 할 만한 것은 단 한 번뿐이었다. 25년 동안 두 번이었으니, 총체적으로 보면 공생관계가 원만하게 유지되었다고 할 수 있다.

그 증거로, 이 기간에 해당하는 1203년 제4차 십자군이 콘스탄티노플 공략전을 시작했을 때, 중근동에 사는 그리스도교도들은 특별히 항의하지 않았다.

중근동에 사는 그리스도교도 입장에서 보면, 유럽에서 보낸 십자군이란 자신들을 돕기 위한 신규 군대를 뜻했다. 적으로 둘러싸인 땅에서 사는 자신들을 도와 예루살렘을 탈환하는 게 목적인 원군이다.

그런데 이 십자군이 팔레스티나나 이집트에 가서 이슬람교도와 싸우는 것이 아니라, 그리스정교도일지라도 같은 그리스도교도의 도시인 콘스탄티노플을 공격중이라고 한다.

이 무슨 불신의 행태인가, 라고 화를 내도 것도 당연한 일이었다. 그런데도 분노의 목소리를 내거나 항의를 하지도 않았다. 그렇다면 중근동에 사는 일반 그리스도교도는 유럽에서 십자군이라는 형태의 새로운 원군이 오는 것에 그다지 관심을 갖지 않게 되었다고 볼 수 있지 않을까. 신규 대군의 도착은 곧 전쟁의 재개를 의미했으니까.

'소년 십자군'

그러나 같은 가톨릭교도일지라도 유럽의 그리스도교도들은 중근동에 사는 이들과 생각이 달랐다.

정보는 멀리 갈수록 이해하기 수월한 것만 전해지는 특성이 있다. 유럽에 사는 그리스도교도에게 가장 간명한 사실은 성도 예루살렘이 아직 이슬람교도의 지배하에 있다는 것이었다. 이러한 일반 민중의 정서에 더해, 민중의 지도자를 자임하는 로마 교황은 십자군의 주도권을 로마 교황청이 되찾아와야 한다는 생각을 점점 굳혀가고 있었다. '소년 십자군'으로 불리는 움직임은 이런 배경에서 일어났다.

1212년 5월, 스테팡이라는 이름의 열두 살 양치기 소년이 프랑스 왕 필리프 2세의 궁정으로 찾아왔다. 소년은 예수 그리스도가 직접 쓴 것이라며 새로운 십자군 원정을 주창하는 서신을 내밀었다. 마흔일곱의 왕 필리프는 읽어보지도 않고 소년을 내쫓았다.

그러나 소년은 꺾이지 않았다. 직접 프랑스 전역을 돌아다니며, 이제는 십자군을 어른들에게만 맡겨둘 수 없다, 우리가 나서자, 라며 열광적으로 설파했다. 많은 소년들이 그를 따랐고, 마르세유에 도착할 무렵에는 그 수가 3만 명에 달했다고 한다.

마르세유 항을 방어하는 안벽(岸壁) 위에 선 스테팡은 두 팔을 크게 벌리고 신에게 호소했다. 하지만 모세의 이야기와 다르게 소년 앞의 바다는 갈라지지 않았다.

양치기 스테팡을 따라온 소년들 중 대부분은 이 모습을 보고 실망해 고향으로 돌아갔다. 돌아가는 길에 그 소년들이 어떤 고난을 겪었을지는 상상하기 어렵지 않다.

그러나 스테팡과 함께 남은 소년들도 있었다. 이때 마르세유의 선장 두 사람이 나타나 스테팡에게 성지까지 무료로 데려가주겠다고 말했다. 스테팡은 받아들인다. 두 척의 배에 승선한 소년들의 수가 얼마나 되었는지는 알려져 있지 않다. 하지만 그들에게는 팔레스티나에 가서 이슬람교도와 싸우는 대신, 북아프리카로 끌려가 노예로 팔릴 운명이 기다리고 있었다.

같은 무렵, 라인강 주변을 비롯한 독일 일대에서도 니콜라스라는 소년이 같은 내용을 열심히 설파하고 다녔다. 바젤을 지나고 알프스 산맥을 넘어 제노바에 도착했을 무렵에는 상당한 수의 소년들이 그의 뒤를 따랐다고 한다.

니콜라스도 제노바 항의 안벽에 서서 모세 흉내를 냈다. 물론 이때도 바다가 갈라져 성지로 가는 기나긴 길이 나지 않았으므로, 소년들 대부분은 체념하고 집으로 돌아갔다. 그들 역시 먹을 것을 비롯한 모든 것이 부족했기 때문에 많은 소년들이 도중에 죽었다고 한다.

하지만 눈앞에서 바다가 갈라지지 않아도 니콜라스는 포기하지 않았고, 여전히 그에게 동조하는 소년들도 적지 않았다. 소년들은 제노바를 떠나 피사로 향했다. 니콜라스는 피사에서 또다시 모세 흉내를 냈지만 결과는 다르지 않았다. 그래도 포기하지 않고 바다를 따라 이탈리아 반도를 남하해 로마까지 갔다.

당시 쉰둘이 된 교황 인노켄티우스가 직접 이들을 만나 설득했다. 십자군에 참가하는 건 어른이 되고 나서 하고, 집으로 돌아가 그때까지 기다리라고 말한 것이다.

로마 교황의 말은 그리스도교도에게 신의 목소리나 다름없다. 니콜라스와 소년들도 이 신의 목소리는 거역할 수 없어 하는 수 없이 발길을 돌렸다. 하지만 돌아가는 길의 고난은 그들도 예외가 아니었다. 소년들 중 일부는 안코나와 브린디시까지 가서 성지로 가는 배를 알아보기도 했다. 이 독일 소년 십자군 중 어느 정도가 무사히 집으로 돌아갔는지는 알 수 없다. 알려져 있는 것은 아들을 잃은 부모들이 분노하며 니콜라스의 아버지를 목매달려 했다는 것뿐이다.

이것이 바로 당시 유럽을 뒤덮고 있던 분위기였다.

왕들은 움직이지 않고

프랑스 왕 필리프는 십자군 원정에 귀 기울일 생각이 전혀 없었다. 아니, 로마 교황의 권유를 듣기는 했지만 움직이려고 하진 않았다. 당시 그에게는 리처드가 죽은 후 영국 왕이 된 존을 몰아붙이는 일이 단연 우선이었기 때문이다.

더욱이 형 리처드가 되찾은 프랑스 땅의 영국령을 차례로 잃기만 해서 '실지왕'이라는 별명이 붙을 정도였던 존이 십자군에 신경 쓸 계제가 아닌 것도 당연했다.

또한 내내 십자군의 주력이 되어온 프랑스의 제후들도 원정으로 영지를 비운 사이에 필리프의 손이 뻗쳐올 위험성을 충분히 알고 있었다. 그들 역시 십자군에 흥미를 보이지 않은 채 제4차 십자군 때 비잔틴제국에서 영지를 획득한 동료들을 부러워하기만 했다. 십자군에 참가한다 해도, 알 아딜의 지도하에 나날이 공고해지는 팔레스티나에서는 이제 새로운 영지를 획득할 가능성이 없었기 때문이다.

독일에서도 선두에 설 인물이 없었다. 신성로마제국의 황제는 명실공히 부재했고, 후보자가 될 만한 프리드리히 2세는 아직 열여덟 살이었다.

요컨대 유럽에서는 아무도 원정을 원하지 않았던 것이다. 그뿐 아니라 원정 오는 십자군을 맞을 예루살렘의 왕위에도 누가 올라야 할지 난감한 상황이었다.

앞에서도 계속 이야기했지만, 문둥이 왕 보두앵이 죽은 후 예루살렘의 왕위는 대대로 여자를 통해 계승되었다. 당시 왕위계승권을 가진 이는 열일곱 살의 공주 마리아였다. 이 소녀가 결혼하는 상대가 곧 왕이 되는 것인데, 그에 마땅한 후보자를 좀처럼 찾을 수 없었다.

가까스로 수락해준 이가 프랑스인 기사 장 드 브리엔이었는데, 그는 이미 예순 살인데다가 신분도 그리 높지 않고 영지와 자산도 없었다.

예루살렘 왕위에 오르기에는 아무래도 신통찮은 이 남자의 위상을 조금이라도 세워주기 위해, 로마 교황 인노켄티우스와 프랑스 왕 필리프는 각각 결혼자금을 쥐여주며 그를 중근동에 보냈다.

왕위에 오른 브리엔은 바로 그다음 해에 알 아딜의 제안을 흔쾌히 받아들여 리처드와 살라딘이 맺은 강화를 갱신했다. 팔레스티나에서 그의 지위가 워낙 약했기 때문이다.

그러는 사이에 1216년이 되었다. 그해에 교황 인노켄티우스 3세가 죽고, 호노리우스 3세가 뒤를 이었다.

이미 노경에 접어든 새로운 교황은 선임자의 뜻을 고스란히 승계했다. 그중에서 가장 중요한 일은 역시 교황청의 주도로 십자군 원정을 실현하는 것이었다. 그는 십자군이야말로 풀어질 대로 풀어진 작금의 유럽 사회를 다시 단단히 결속시킬 방도라고 굳게 믿었다.

그런 교황의 심기를 거스르는 서신이 '성지'에서 날아왔다. 아코의 주교가 보낸 서신에는 '성지'에 사는 그리스도교도들은 새로운 십자군이 오는 것을 바라지 않는다, 그 땅의 이슬람교도와 교류하며 오리엔트의 풍요로움에 익숙해지고 말았기 때문이다, 라고 쓰여 있었다.

이 서신이 교황의 머리에 위험신호를 보냈다. 유럽의 그리스도교도만이 아니라 '성지'에 있는 그리스도교도 역시 풀어진 것은 마찬가지란 말인가, 하는 생각이 밤낮으로 그를 번민케 한 것이다.

하지만 유럽의 유력자들은 '신 앞에서의 평화'는 고사하고 인간들끼리의 싸움에 밤낮으로 여념이 없었다. 그래서 교황은 결혼자금을 변통해준 일 때문에 교황청에 한 수 접고 들어갈 수밖에 없는 예루살렘 왕 브리엔을, 말하자면 반 협박조로 끌어들인다.

그 외에도 노르웨이 왕과 헝가리 왕, 그리고 오스트리아 공작이 참가하기로 했지만, 이들은 '성지'에 가서 성유물을 손에 넣자 바로 귀국해버렸기 때문에, 제5차 십자군은 결국 중근동에 사는 그리스도교도의 몫이 되었다. 목적지는 일단 이집트 북부의 항구도시 다미에타로 정해졌다.

해군력으로는 제노바가 참가했다. 알 아딜이 지배하는 이집트를 공격하는 일에 베네치아 공화국이 관심을 보이지 않았기 때문인데, 대신 제4차 십자군을 거치며 베네치아에 크게 뒤처진 제노바가 잃어버린 지위를 회복하기 위해 제5차 십자군에 참가한 것이다.

예루살렘 왕 브리엔이 전쟁을 영 내켜하지 않는 중근동 그리스도교 세력을 십자군이라는 이름으로 겨우 한데 모은 것은 1217년 11월이었다. 출진은 이듬해인 1218년 5월로 정해졌다.

이렇게 제5차 십자군은 준비도 충분하지 않고 유능한 지도자도 없는 상황에서 시작되었다.

하지만 로마 교황청은 그렇게 생각하지 않았다. 이번에는 기필코 십자군의 주도권을 교황청으로 가져올 마음을 먹고, '교황 대리'로 정식 임명한 인물을 보내기로 한 것이다.

'교황 대리' 펠라조

이 무렵 50대 중반이었던 펠라조 추기경은 스페인에서 태어나, 성년이 되어 신학 공부를 위해 파리로 갈 때까지 내내 스페인의 수도원에서 자랐다.

이베리아 반도는 그때 이미 5백 년 넘는 세월 동안 이슬람교도와 싸워온 지방이었다. 그 땅에서 십자군 전쟁이란 곧 5백 년 동안 이어져 온 눈앞의 현실이었다. 그는 태어날 때부터 감수성 예민한 소년기를 보내는 내내 이교도를 증오하는 분위기에서 성장했다. 파리에서 수학하고 로마 교황청에서 경력을 쌓게 된 후에도 그런 생각은 변하지 않았다.

교황 인노켄티우스는 이 펠라조를 그리스정교회와 가톨릭교회의 통합 지도자 자격으로, 라틴제국의 수도가 된 지 9년이 지난 콘스탄티노플에 파견한 적이 있었다. 결과는 참담했다. 당시 마흔여덟 살이었던 펠라조는 순식간에 그리스정교도들의 증오의 표적이 되었다.

몸에 걸친 옷과 신발뿐 아니라 말의 옷까지 온통 빨간색으로 통일해서 길을 다니는 것만으로도 눈길을 끌었던 펠라조는, 그리스정교 수도사들을 감옥에 집어넣고 그들의 교회를 폐쇄해 미사도 올리지 못하게 했다. 그리스인들은 그런 펠라조를 "천성이 거친데다 완고하고 고집스러우며, 그러면서도 화려한 걸 좋아한다"고 평했다.

원래 자신들의 신앙을 '정교(正教, 정통적인 가르침)'라 일컫는 그리스인을 상대로 동서 교회를 통합하기란 절대 쉽지 않은 과제였는데, 펠라조는 오히려 이를 더 결정적으로 어렵게 만들어버리고 말았다. 교황은 곧바로 그를 소환했지만, 펠라조는 자신이 옳다며 물러서지 않았다.

교황 호노리우스는 이 추기경 펠라조를, 십자군의 전권을 쥔 것이나 마찬가지인 '교황 대리'로 임명해 전장에 보냈다.

이리하여 제5차 십자군은 준비 부족과 유능한 지도자의 부재에 더해, 로마 교황청의 발언권까지 강한 십자군이 되었다.

그러나 이에 맞서는 이슬람측 역시 불안정한 상태였다.

우선 술탄으로서 중근동의 이슬람 세계를 통합해온 알 아딜이 일흔세 살이 되자 그의 위세에도 슬슬 그림자가 드리워지기 시작했다. 서른여덟 살의 장남 알 카밀은 유능한 지도자였지만, 오랫동안 선정을 베풀어온 구세대가 물러나는 세대교체기에 풍파가 아주 없을 수는 없었다.

또한 시리아파와 이집트파로 나뉜 태수들 사이의 권력 다툼도 이 교체기에 표면화되었다.

이슬람교의 발상지인 아라비아 반도를 제패하고 세력을 북쪽, 서쪽, 동쪽으로 크게 확대하던 이슬람교도가, 7세기 들어 처음으로 아라비아 반도 외의 지역을 수도로 삼은 곳이 바로 시리아의 다마스쿠스였다. 그로부터 130년 후 바그다드를 건설해 그곳으로 수도를 옮길 때까지 모든 이슬람교도의 수도는 다마스쿠스였다. 종교상의 최고위자인 칼리프는 바그다드로 옮겼지만, 정치와 군사의 최고위자인 술탄은 그 후로도 오랫동안 다마스쿠스를 본거지로 삼는 것이 당연시되었다.

살라딘 역시 술탄이 된 이후로 다마스쿠스를 본거지로 삼았고, 그의 묘도 다마스쿠스에 있다. 아들에게 뒤를 물려줄 때도 장남에게 다마스쿠스를 중심으로 한 시리아를, 차남에게는 카이로를 수도로 하는 이집트를 주었을 정도였다.

남겨진 자식들이 서로 싸우는 바람에 어쩔 수 없이 형 살라딘의 뒤를 잇게 된 알 아딜은 형의 생각을 고스란히 계승했지만, 이 문제에 대해서만은 형과 달랐다. 즉, 중근동의 이슬람 세계에 가장 중요한 땅은 다마스쿠스를 중심으로 한 시리아가 아니라 카이로를 수도로 하는 이집트라고 생각한 것이다.

그 증거로, 알 아딜은 생전에 각 지방의 통치를 자신을 대리하는 형태로 아들과 조카들에게 맡겼는데, 이때 장남 알 카밀에게는 이집트를, 차남 알 무아잠에게는 다마스쿠스의 통치자 자리와 시리아를 맡겼다. 그는 앞으로 다름아닌 이집트가 중근동의 중심이 될 것이라고 생각했던 게 틀림없다. 농업, 공업, 교역 등에서 얻는 경제력만 봐도 이 두 수도의 차이는 분명했다. 살라딘도 경제에 무지하지 않았던 것으로 알려져 있지만, 알 아딜은 형 이상으로 경제에 밝은 통치자였던 듯하다.

그러나 시리아에는 각 지방의 '태수'라는 기득권 계급이 존재한다. 이집트의 중요도가 높아지는 것은 이들에게 별로 유쾌한 일이 아니었을 것이다. 만년에 접어든 알 아딜의 위세에 그림자가 드리우기 시작한 것은 이 시리아파 태수들의 불만이 발단이었다. 가까운 미래에 이슬람 세계의 최고권력자가 될 게 확실한 알 카밀의 능력에 대한 의문에서 시작된 게 아니었던 것이다.

사실 '현지 십자군'에 가까운 브리엔의 제5차 십자군은, 이집트 북부의 항구도시 다미에타 언저리에 상륙하자마자 격퇴당한다 해도 이상하지 않은 일이었다. 그런데 3년이나 전쟁이 이어졌던 것은 위에서 말한 이슬람측 사정 때문이었다. 당시 그리스도교도를 상대로 전쟁을 할 마음이 전혀 없었던 이슬람측의 사각지대를, 제5차 십자군이 저도 모르는 사이 찾아내 허를 찔렀기 때문이다.

다미에타

고대 그리스인이 '델타'라 불렀고 지금도 그 이름으로 통하는 나일강 하구에 펼쳐진 삼각주는, 카이로를 꼭짓점으로 하는 부채꼴을 이루고 있다. 부채의 서쪽 끝에는 알렉산드리아가, 동쪽에는 다미에타가 있다. 유럽에서 배로 올 때는 알렉산드리아에 입항하는 게 편리했는데, 마찬가지로 항구도시인 다미에타는 팔레스티나에서 가깝다는 이점이 있었다.

제5차 십자군이 다미에타를 첫번째 목표로 정한 것은 우선 아코와 야파에서 가깝고, 또한 이곳을 기점으로 나일강을 거슬러올라가면 이집트의 수도 카이로를 공격할 수 있기 때문이었다.

예루살렘 왕 브리엔이 이끄는 십자군은 1218년 5월 24일 다미에타 부근에 상륙하여, 곧바로 다미에타 방어의 거점인 도시 서쪽의 성채를 공격하기 시작했다.

예루살렘 왕이 이끄는 그리스도교군이 이집트를 노린다는 사실을 안 알 아딜은, 시리아 전역의 태수들에게 소집 명령을 내려 군대를 이끌고 이집트로 향한다. 십자군측 해군으로 참가한 제노바의 함대를 비롯한 이탈리아 해군이 팔레스티나 해역의 제해권을 장악하고 있었기 때문에 육로를 택할 수밖에 없었는데, 그러다보니 이집트에 도착하기까지 생각보다 많은 시간이 걸렸다.

아버지에게서 이집트의 통치를 위임받은 알 카밀은 이집트군을 이끌고 북상해 다미에타 남쪽 수킬로미터 지점까지 나가 있었다. 하지만 아버지가 이끄는 본대와는 아직 합류하지 못했다.

이렇게 바다에 면한 도시가 공격당할 때는 본래 알렉산드리아에서 이집트군 해군을 원군으로 보내주어야 한다. 하지만 이집트에는 선단은 있어도 함대가 없었다. 해상전투에서는 제노바 함대의 적수가 되지 못했다. 반면 항구도시를 공략하려면 육지와 해상 양쪽에서 공격해야 효과를 기대할 수 있는데, 지금 다미에타를 공격하는 제5차 십자군에는 제노바 함대가 있었다.

공격을 시작하고 3개월 후인 8월 24일, 다미에타 방어의 거점인 성채가 함락되었다.

그리고 일주일 후인 8월 31일, 알 아딜이 죽었다.

일찍이 사자심왕 리처드가 말이 통하는 이슬람교도라며 감탄했고, 왕의 측근이었던 솔즈베리 주교가 프랑크인 같은 이슬람교도라고 평했던 알 아딜은, 그 프랑크인들의 공격을 받던 중에 세상을 떠난 것이다. 일흔세 살이었다.

뒤를 이은 이가 서른여덟 살의 장남 알 카밀이다. 25년 전 리처드가 '프랑크식'으로 기사에 서임하며 축하선물로 건네준 '프랑크식' 검을 하루 종일 품에서 놓지 않았던 소년이 술탄에 즉위한 것이다.

알 카밀과 당시 다마스쿠스의 통치자인 바로 아래 동생 알 무아잠의 관계는 특별히 나쁘지 않았다. 하지만 알 무아잠은 형과 합류하기보다, 군대가 출정하고 없는 팔레스티나의 십자군 영토에 대한 공격을 우선시했다. 알 아딜의 사후 이슬람 세력의 통합이 이루어지지 못했던 셈이다. 결국 알 카밀은 자기 뜻대로 움직일 수 있는 이집트 세력만으로 제5차 십자군에 맞서 싸워야 했다.

알 아딜이 죽고 일주일이 지난 9월 초, 한창 공방전이 전개되고 있

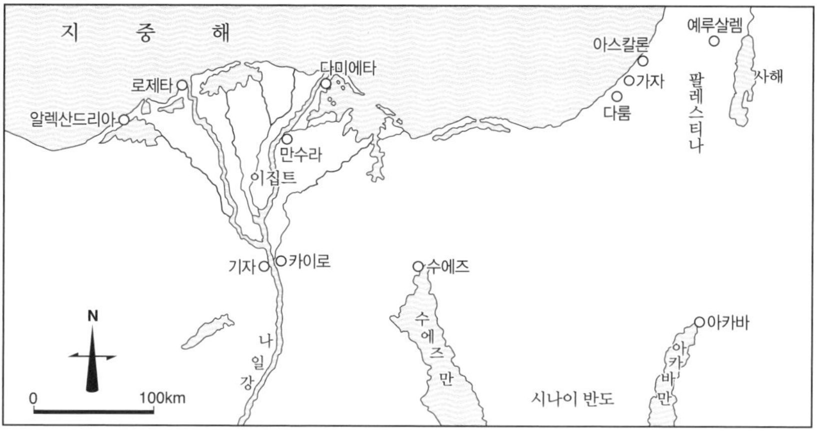

이집트와 그 주변

는 다미에타에 추기경 펠라조가 도착했다. 그가 진영에 들어가고 얼마 안 있어 이 '교황 대리'와 예루살렘 왕 브리엔의 사이가 험악해졌다. 십자군은 신이 바라는 일을 하는 전사들의 집단이고, 따라서 그들을 이끄는 것은 로마 교황이며, 여기서는 그의 대리인인 자신이 그 역할을 맡아야 한다는 펠라조의 끈질긴 주장에 브리엔도 질려버렸기 때문이다.

역시나 도착하자마자 모든 이의 미움을 받는 존재가 되었으니, 어찌 보면 이것도 이 스페인인 추기경의 재능이라 할 만하다. 하지만 이 때문에 제5차 십자군의 지휘계통 일원화는 물 건너가고 말았다.

10월, 아버지 사후의 혼란을 수습하고 드디어 전선에 복귀한 알 카밀과 십자군의 공방전이 재개되었다. 하지만 양쪽 다 철벽처럼 굳건한 상황은 아니었다. 전황은 어느 쪽이 특별히 우세하달 것 없이 엎치락뒤치락하기를 반복했다.

그런데 11월 말에 가까워지자 나일강의 상황이 급변했다. 바다에서 강풍이 불어와 델타 일대에 홍수가 난 것이다. 그리스도교측 이슬람측 할 것 없이 모두 물에 잠겨버렸다. 그리고 물이 빠지고 나자 역병이 닥쳤다. 병사들이 역병으로 픽픽 쓰러져가는 상황 역시 양쪽 다 마찬가지였다.

해가 바뀐 1219년 2월 5일, 십자군측은 이집트군 진영이 텅 비어버린 것을 알고 놀란다. 하지만 한동안은 움직이지 않았다. 적이 무슨 책략을 쓴 것이라 생각하고 경계했기 때문이다.

알 카밀이 갑자기 군대를 물린 것은, 태수 일파가 그의 동생 중 하나를 추대해 반기를 들었기 때문이었다.

일곱째 동생 알 파이즈는 아버지 알 아딜에게서 쿠르디스탄 통치를 위임받았는데, 정작 본인은 그에 불만이 없었다. 그러나 이집트 외의 지역에 영지를 가진 태수들이, 알 아딜이라는 지배자가 사라지고 이집트를 통치하는 알 카밀이 술탄 자리에 오른 것에 위기감을 느끼고 반기를 들고 일어선 것이다.

차남 알 무아잠이 형에게 협력한 덕에 반란은 쉽게 진압할 수 있었지만, 알 카밀을 긴장시킨 것은 그가 신뢰했던 측근 중 하나가 반란에 가담했다는 사실이었다.

알 카밀은 일단 자기 발밑부터 다질 필요가 있었다. 뒤를 돌아보지 않고 다미에타 방어에만 전념할 수 있는 상황이 아니었던 것이다.

게다가 이해에는 나일강의 수량이 충분하지 않아 이집트 전역이 기근에 시달렸는데, 이런 상황을 본 동생 알 무아잠이 군대를 이끌고 다마스쿠스로 돌아가버렸다. 죽은 아버지의 뒤를 이어 술탄에 즉위하자마자 알 카밀에게 잇달아 시련이 닥치고 있었다.

한편 십자군측은 이런 기회를 이용하기는커녕, 지휘권을 놓고 신경전을 벌이는 예루살렘 왕 브리엔과 교황 대리 펠라조의 관계가 나날이 험악해지고만 있었다. 한마디로 말해 그리스도교측과 이슬람측 모두 제대로 운신할 수 없는 상태였던 것이다.

아시시의 프란체스코

이때 훗날 성인의 반열에 오르는 프란체스코가 등장한다. 이탈리아 중부 아시시에서 태어난 이 수도사가 어떤 자격으로, 또 어떤 경로로 제5차 십자군에 가담했는지는 알려져 있지 않다. 아마도 십자군을 따라온 성직자 중에서 가장 계급이 낮은 무리에 속해 있었을 것이다.

어쨌든 당시 서른일곱 살이었던 '아시시의 성 프란체스코'는 평화의 사자로 나설 결심을 한다.

하지만 결심했다고 바로 마음대로 행동할 수는 없다. 모든 수도사는 로마 교황에게 직속된 성직자이며, 제5차 십자군에는 정식 교황 대리가 있었으니, 펠라조의 허가 없이는 움직일 수 없었다.

추기경 펠라조는 이 아시시 수도사의 요청을 처음에는 강하게 반대했다. 하지만 얼마 지나지 않아 마지못해 승낙하게 된다. 펠라조도 이 교착상태를 타개하기 위해 무슨 수라도 써야 한다고 느꼈는지 모른다.

성 프란체스코(조반니 치마부에의 그림)

서른일곱 살의 수도사는 혼자 적진으로 향했다. 프란체스코파의 제복이나 마찬가지였던 허름한 갈색 수도사복에 가죽 샌들을 신은 차림새로. 물론 무장이라고는 전혀 찾아볼 수 없는 모습이었다.

그대로 적진에 도착한 그는 뜻밖에도 순조롭게, 진영 중앙에 있는 가장 화려한 막사로 안내되었다.

이날은 평상복이었지만 여전히 화려한 오리엔트식 복장을 입고 있던 술탄 알 카밀은 그해 서른아홉 살. 허름한 수도사복 차림의 이탈리아인 수도사는 서른일곱 살. 프란체스코가 어떤 언어로 말했는지는 알려져 있지 않지만, 수도사가 될 결심을 하기 전 젊은 시절에 어느 정도 학문을 쌓았고 어머니도 프랑스 태생이었으니 프랑스어가 가능했을지도 모른다. 알 카밀은 소년 시절 리처드로부터 서유럽식 기사에 서임되었지만 이를 계기로 프랑스어까지 배웠을 것 같진 않으니 옆에서 누군가가 통역해주었을 것이다.

어쨌든 용모와 옷차림과 종교까지 달랐지만 두 사람은 비슷한 연배였다. 이탈리아인 수도사는 술탄에게 평화의 필요성을 설파하고, 그러기 위해서는 술탄이 그리스도교로 개종하는 것이 최선책이라고 권유했다.

이슬람 세계에서는 이슬람교도에게 다른 종교로 개종할 것을 권유하는 행위 자체가 엄격하게 금지되어 있다. 이를 어긴 것만으로도 프란체스코는 당장 목이 날아간다 해도 불평할 수 없었다. 실제로 술탄 주위에 있던 사람들은 프란체스코의 말을 듣는 순간 일제히 살기를 드러냈다.

하지만 알 카밀은 자신과 연배가 비슷한 이 서유럽인의 말에 미소를 지을 뿐이었다. 정신이 이상한 것 같으니 경계할 필요가 없다고 생각했는지도 모른다. 그는 프란체스코를 체포하지도, 그렇다고 단칼에 베지도 않고, 그저 그리스도교측 진영으로 돌려보내라고 명했다.

무사히 돌아온 프란체스코를 보고 펠라조를 비롯한 모든 이들이 놀랐다. 그러나 프란체스코는 자신의 언동이 아무 효과가 없었다는 것을 깨달았던 듯, 그후로 두 번 다시 같은 시도를 하지 않았다. 이후 프란체스코는 혼자 십자군에서 빠져나가 이탈리아로 돌아갔다고 전해진다.

'아시시의 성 프란체스코'와의 만남이 알 카밀의 심경에 어떤 변화를 초래한 것 같지는 않다. 그로부터 채 한 달도 지나지 않아 십자군 진영에 총공격을 감행한 것을 보면 말이다.

하지만 이 공세도 좋은 결과로 이어지지 못했다. 갤리선을 방패로 삼은 십자군측의 반격이 만만치 않아서 전선은 다시 교착상태로 돌아갔다. 그리고 알 카밀에게는 하루빨리 자신의 통치기반을 다져야 한다는 과제가 여전히 미해결 상태로 남아 있었다.

강화 제안 (1)

10월, 다미에타를 공격중이던 십자군 진영으로 술탄의 특사가 찾아왔다. 강화를 제안하기 위해서였는데, 그 내용이 누구도 예상하지 못한 것이었다.

이슬람측은 십자군이 이집트에서 철수한다면 예루살렘을 돌려주겠다고 제안한 것이다. 예루살렘만이 아니라, 리처드와 살라딘의 강화에서 이슬람측 영토로 규정했던 갈릴리 지방까지 반환할 용의가 있다고 했다. 게다가 이 지방 곳곳에 있는 그리스도교측 성채의 유지비를 매년 지불할 수도 있다는 것이었다.

상상도 하지 못한 조건에 예루살렘 왕 브리엔과 중근동에 영지를 가진 그리스도교도 영주들은 강화를 맺는 쪽으로 크게 기울었다. 그중에서도 특히 성도 예루살렘을 돌려주겠다는 조항에 모두 흥분했다. 십자군 원정의 가장 큰 목적은 이교도의 손에서 성도를 되찾아오는 것이었으니까.

그런데 이에 격렬하게 반대한 사람이 있었다. 바로 교황 대리 펠라조였다.

반대의 첫번째 이유는, 강화란 상대가 있는 곳까지 가서 동등한 입장에서 맺는 것인데 이슬람측 상대로는 절대 이를 허락할 수 없다는 것이었다.

'이교도'란 다른 신을 믿는 자를 말한다. 하지만 '불신앙의 무리'는 믿는 신은 같아도 그 방법이 잘못된 자로, 더한 경멸 내지 멸시의 대상이 된다.

이 '불신앙의 무리'란 주로 로마 교황을 정점으로 하는 성직자들이 쓰는 표현이었다. 또한 칼리프를 정점으로 하는 이슬람교 세계의 전업 성직자, 즉 이맘들도 그리스도교도를 불신앙의 무리로 단정했다. 양쪽 다 다른 신을 인정하지 않는 일신교였으니 당연한 일이지만, 교황 대리 펠라조 역시 이슬람교도를 가리킬 때 늘 '불신앙의 무리'라는 표현을 썼다.

그런 펠라조가 강화에 반대한 두번째 이유는, 다른 곳도 아닌 성도 예루살렘은 '불신앙의 무리'와 타협해 손에 넣을 것이 아니라 그리스도교도의 피를 흘려 '해방'시켜야 한다는 것이었다.

아무리 교황 대리라 해도 반대한 사람이 펠라조 하나였다면 '단호히 부정'하는 그의 목소리는 고립되었을 것이다. 하지만 그런 펠라조에게 동의한 이들이 있었다.

첫번째는 예루살렘 대주교였다.

그 역시 예루살렘 왕과 마찬가지로, 이슬람 지배하의 예루살렘을 떠나 아코에 살고 있는 이른바 망명 주교였다. 알 카밀과의 강화가 성사되면 예루살렘 왕 브리엔과 예루살렘 대주교는 당당하게 예루살렘으로 돌아갈 수 있었다. 그런데 대주교는 브리엔과 달리 반대했다. 일신교 성직자의 생각은 이처럼 종종 현실의 순리와 반대방향으로 나아갈 때가 많았다. 전업 성직자는 인간보다 신을 위해 사는 것을 중시했기 때문이다.

'불신앙의 무리'와 강화를 맺는 것에 반대한 사람들 중에는, 이런 유의 원리주의와 인연이 먼 사람도 있었다.

제5차 십자군에서 제3차 십자군 때와 마찬가지로 수송과 보급, 그리고 최전선의 전투에도 참전한 제노바 해군이었다.

그들이 제5차 십자군에 적극적으로 참가한 속내는 어디까지나 유리한 입장에서 비즈니스 활동을 하고 있는 라이벌 베네치아 상인들을 이집트 땅에서 쫓아내기 위함이었다. 그런데 강화가 성립되어 십자군이 이집트에서 물러가면 그런 계획은 물거품이 되고 만다.

알 카밀이 내륙부 그리스도교도의 영지를 보전해주거나 성채의 유지비를 부담하는 것은 교역상인인 그들과는 아무 상관 없었다. 그보다는 다미에타를 함락시켜 그곳을 발판으로 이집트와의 교역을 유리하게 만드는 것이 훨씬 중요했던 것이다.

그리고 이 십자군에서 제노바 함대의 활약은 누구나 인정하는 바였으므로, 그들의 발언권은 상당히 강했다.

결국 이보다 더 좋은 조건이 없을 알 카밀의 강화 제안을 십자군측은 거부하기로 결정한다. 그들이 공격을 집중하고 있는 다미에타는, 보급이 없는 상태에서 농성전을 치르느라 기력이 바닥난 방어병만 남아 있는 함락 직전의 상태였다.

1220년 11월 5일, 이집트 북동부의 항구도시 다미에타는 2년에 걸친 공방전 끝에 함락되었다. 도망가고 싶어도 도망갈 곳이 없던 주민 대다수는 시내로 밀어닥친 십자군 병사들에게 살해당했다. 살해당하지 않은 것은 그리스도교로 개종한 사람들뿐이었다.

이후 정복한 다미에타의 통치권을 누구에게 주느냐 하는 문제로, 또다시 교황 대리 펠라조와 예루살렘 왕 브리엔이 충돌한다.

브리엔은 이집트의 전선기지로 활용도가 높은 다미에타를 통치할 권리가 예루살렘 왕인 자신에게 있다고 주장했다.

펠라조는 십자군이 정복한 땅의 통치권은 어디까지나 로마 교황에게 있다며 완강히 맞섰다. 하지만 이번에는 펠라조 쪽이 불리했다. 적지에 있는 다미에타를 누가 방어할지 명확히 대답할 수 없었던 것이다.

이에 관해 두 사람은 서로 양보해 이견을 좁혔다. '맡길 만한 사람'이 유럽에서 오기 전까지는 예루살렘 왕 브리엔이 방어를 담당하기로 타협한 것이다.

브리엔도 펠라조도 '맡길 만한 사람'이라는 표현을 썼는데, 실제로 이 시기 유럽에 그에 걸맞은 인물은 한 사람밖에 없었다.

프랑스 왕 필리프 2세는 이해 쉰다섯 살이 되었는데, 이 사람은 원래부터 십자군 원정에 관심이 없었다. 게다가 쉰 살이 넘은 지금은 노령을 이유로 거절할 수도 있었다.

영국에서는 실지왕 존이 4년 전에 세상을 떠났지만, 그의 실정으로 인한 혼란이 아직 남아 있어 십자군을 논할 계제가 아니었다.

그래서 '맡길 만한 사람' 중 남은 것은 독일 왕이자 시칠리아 왕인 프리드리히 2세뿐이었는데, 당시 그는 아직 신성로마제국의 황제가 아니었다.

그가 로마 교황에게서 신성로마제국 황제의 관을 수여받은 것은 그해 11월이다. 하지만 황제의 첫번째 책무로 여겨졌던 십자군 원정에 대해서는 자신의 영지인 독일의 정세가 안정되고 나서 가겠다고 로마 교황으로부터 허락받은 상태였다. 따라서 '맡길 만한 사람'으로 지목되었어도 곧바로 오리엔트로 향할 수는 없었다.

독일 왕을 뽑을 권리는 제후들에게 있지만 그렇다고 곧바로 황제가 될 수는 없으며, 로마 교황이 인정해야만 비로소 황제의 관을 쓸 수 있다고 믿어 의심치 않았던 것이 당시의 교황청이었다.

스물여섯 살 생일을 맞기 직전에 프리드리히가 황제의 관을 쓸 수 있었던 것도, 그가 교황 호노리우스에게 국내 정세가 안정된 후 반드시 십자군 원정을 떠나겠다고 약속했기 때문이었다.

그러나 멀리 떨어진 곳에는 누구든 쉽게 이해할 수 있는 내용만 전달되는 법이다. 그리하여 다미에타에 있는 십자군은 기약 없이 '프리드리히 기다리기'를 시작했던 것이다.

강화 제안 (2)

알 카밀은 십자군측의 이런 움직임을 간파했다. 그래서 그리스도교도들이 기다린다는 인물에 대한 정보를 수집하기 시작했다. 아마도 카이로에 체재하고 있던 베네치아 영사나 상인들이 제공했을 것으로 보이는 정보를 통해, 술탄은 그 수수께끼의 인물에 대해 다음과 같은 사실을 알게 되었다.

총명할 뿐 아니라 전투에도 유능해서 유럽에서 주목받는 젊은 군주라는 것. '붉은 수염'이라는 별명으로 잘 알려진 황제 프리드리히 1세의 직계 손자라는 것.

전임 교황 인노켄티우스 3세가 양부모 역할을 맡아, 이 젊은 왕자의 출발에 원조를 아끼지 않았다는 것.

알 카밀도 고민하지 않을 수 없었다. 제3차 십자군 때 황제 '붉은 수염'이 대군을 이끌고 선두에 서서, 그 대단한 살라딘조차 하루하루를 긴장상태로 보냈다는 이야기를 아버지 알 아딜로부터 들어 알고 있었기 때문이다. 그의 직계 손자라면 역시 대군을 이끌고 원정을 올 게 틀림없다고 생각했다. 젊고 유능한 인물이 대군을 이끌고 공격해오면 지금 같은 상태의 이집트는 저항할 수 없다. 아니, 그것으로 모자라 알 카밀의 술탄 지위까지 위태로워질 것이었다.

해가 바뀐 1221년 봄, 알 카밀은 다시 강화를 제안하는 특사를 다미에타의 십자군 수뇌부에게 보냈다.

이 강화 내용의 절반 정도는 지난번과 같았다. 십자군측이 이집트에서 철수하는 대신 알 카밀은 예루살렘과 갈릴리 지방을 반환하고 각지의 성채 유지비를 부담한다는 것이다.

하지만 두번째로 요청하는 이번 강화 조건에는 다음 두 조항이 추가되었다.

하나, 강화의 유효기간은 30년이다.

둘, 예루살렘 성벽의 재건 비용을 이슬람측에서 부담한다.

제5차 십자군이 시작되었을 때 알 카밀은 동생 알 무아잠에게 명해 예루살렘을 둘러싼 성벽을 파괴해버렸다. 이슬람측이 이집트 방어에 집중하는 틈에 다른 그리스도교 세력이 성도를 탈환한다 해도 언제든 손쉽게 되찾아오기 위해서였다.

그러나 이 강화가 성립되면 어차피 예루살렘은 그리스도교측에 반환된다. 반환하는 마당에 성벽까지 재건해주려 한 걸 보면, 알 카밀은 둘도 없는 신사이거나 혹은 십자군측이 간절히 기다리는 '맡길 만한 사람'의 도착을 진심으로 걱정하고 있었다고밖에 생각할 수 없다.

지난번보다 훨씬 유리해진 강화 내용을 보고 제5차 십자군의 수뇌들은 동요했다. 중근동에 정착해 살고 있는 그리스도교도들 사이에선 이것으로 충분하지 않으냐는 의견이 다수였다.

하지만 교황 대리 자격의 추기경 펠라조는 이번에도 단호히 반대했다. 게다가 이번에는 한층 태도가 강경했다. '맡길 만한 사람'이 확실히 정해졌고 조만간 대군을 이끌고 도착할 게 틀림없으니, 우리는 그가 도착할 때까지 카이로까지의 거리를 되도록 단축해야 한다는 것이 이유였다.

이리하여 십자군은 다미에타 공략으로 멈추지 않고 나일강 상류에 군을 투입하게 되었다.

두번째 강화 교섭마저 거부당한 알 카밀은 난감한 상황에 빠졌다.

그러나 이 사람의 아버지 알 아딜은 다음의 두 가지 이유로 사자심왕 리처드와 그의 측근들의 신뢰를 받은 바 있었다.

첫째, 진실을 전부 털어놓지는 않지만 거짓말은 결코 하지 않는다.

둘째, 항상 냉정하고 침착하며, 어떤 상황에서도 그런 태도를 잃지 않는다.

알 카밀 역시 아버지의 그런 성격을 물려받았다.

그런 그에게 한 가지 정보가 날아든다. 올해의 나일강 저수량이 특히 많아서, 상류에 가득 찬 물이 넘쳐흐른다는 것이었다.

알 카밀은 승부를 걸어보기로 했다.

거대한 나일강의 델타 지대에는 수없이 갈라져 흐르는 수로마다 수량을 조절하는 댐이 있었다. 워낙 큰 강이라 물이 불어나는 시기가 되면 상류에서 물이 한 줄기로 내려오는 것이 아니라 몇 개의 기복을 형성하며 흘러내렸다.

그것을 댐으로 조절하면서 하류로 흘려보내는 것인데, 이해 1221년 여름에는 그렇게 하지 않았다. 정확히 말해 델타 지대에서 알렉산드리아로 향하는 물의 흐름은 조절했지만, 다미에타로 향하는 쪽의 수문은 열지 않고 물이 댐에서 흘러넘치기 직전까지 기다렸던 것이다.

그리고 물의 흐름을 지켜보며 이제 더는 버틸 수 없는 한계에 다다랐다고 판단했을 때, 수문을 여는 대신 아예 댐 자체를 파괴해버렸다.

나일강 수로를 따라 북상하던 십자군을 불어난 강물이 덮쳤다. 짐뿐만 아니라 병사와 말 들까지 휩쓸려버렸고, 간신히 목숨을 건진 자들은 허둥지둥 다미에타로 도망쳤다.

하지만 다미에타 시내도 안전하지 않았다. 엄청난 양의 물이 흘러넘쳐서, 물이 빠진 후에도 주변이 온통 얕은 여울로 일변해버렸다. 높이가 높은 제노바 배가 뭍으로 다가갈 수가 없었다. 보급이 끊어진다는 것은 곧 적중에서 고립무원 상태에 빠지는 것을 의미한다. 게다가 계절은 역병이 유행하기 쉬운 한여름이었다.

제5차 십자군의 최후

적의 상황을 파악한 알 카밀은 세번째로 강화를 제안했다. 이번 강화 조건은 지난 두 번과는 확연히 달랐다.

하나, 그리스도교군은 다미에타를 포기하고 이집트에서 완전히 철수한다.

둘, 이 강화의 유효기간은 8년으로 한다.

다미에타의 십자군 수뇌들은 이 제안을 받아들일지를 놓고 격론을 벌였다. 하지만 그러느라 보낸 한 달 남짓한 기간 동안 병사들에게 닥친 궁핍한 상황은 수뇌부도 무시할 수 없는 수준이었다. 교황 대리 펠라조의 반대도 점점 영향력을 잃어갔다.

8월, 십자군측은 결국 강화를 받아들이기로 결정한다. 그리고 9월 8일 다미에타를 뒤로하고 팔레스티나로 돌아갔다. 3년에 걸친 제5차 십자군은 이렇게 끝났다.

알 카밀은 강화로 약속한 8년간의 불가침을 지켰다. 1221년부터 1229년까지 8년간, 중근동의 그리스도교도는 평화에 가까운 상황에서 살아갈 수 있었다.

또한 이번 강화 조건에는 없었지만 알 카밀은 리처드와 살라딘이 맺은 강화의 내용도 계속 지켰으므로, 팔레스티나 바다 쪽에 염주처럼 이어진 아코와 야파 등의 항구도시는 여전히 그리스도교측에 남았다.

그리고 그 항구를 거쳐 예루살렘으로 향하는 순례자들도 이전과 마찬가지로 자유롭게 성지를 순례할 수 있었다.

결국 리처드와 살라딘이 맺은 강화가 제5차 십자군으로 중단된 지 3년 만에, 다시 예전 상태로 돌아간 것이다.

제5차 십자군이 헛수고였으며, 이러한 결과의 책임이 교황 대리 펠라조에게 있다는 것은 현대의 모든 역사가의 일치된 견해다.

그러나 제5차 십자군이 막을 내린 직후 로마로 돌아온 펠라조에게 책임을 묻는 이는 아무도 없었다. 제2차 십자군이 실패한 후, 원정을 선동했던 수도사 베르나르두스가 어떤 추궁도 받지 않았던 것과 마찬가지였다.

성직자의 가장 큰 임무는 신의 뜻을 신자들에게 전하는 것이라는 게 당시 사람들의 생각이었다. 그리고 신이 오류를 범하지 않는 한 그 뜻을 전하는 성직자도 오류를 범할 리가 없으며, 설사 결과가 좋지 않더라도 그것은 인간의 신앙심이 부족했기 때문으로 여겼다.

추기경 펠라조는 나폴리 근처 몬테카시노에 있는 수도원에서의 평온한 여생을 약속받았는데, 19년 후 그곳에서 생애를 마칠 때까지도 사사건건 다른 이들과 충돌하는 성격은 변하지 않았다고 한다.

이런 생각을 해보게 된다.

전쟁은 인류 최대의 악업이다. 그런데도 인류는 도무지 이 악에서 벗어날 수 없다.

그렇다면 전쟁이란 그 승패 여부로 평가하는 것이 아니라, 악을 저지른 후 얼마나 오랫동안 평화가 이어졌느냐 하는 것으로 평가하는 게 좋지 않을까.

또한 인류가 전쟁이라는 악에서 벗어날 수 없는 이상 영원히 지속되는 평화란 있을 수 없으며, 그때그때 단기간의 평화를 쌓아가는 식으로 달성하는 수밖에 없다고 생각하는 것이 현실적이지 않을까.

제3차 십자군은 그리스도교측과 이슬람측이 정면으로 충돌해, '꽃의 제3차'로 불릴 정도로 매우 치열하게 싸웠던 십자군이었다. 그러나 전쟁 후 리처드와 살라딘이 체결한 강화는 그후로 사반세기나 이어진다. 그리고 제5차 십자군으로 인해 3년간 중단되었다가 다시 8년간 이어졌다. 모두 합치면 33년이다.

물론 이슬람측에 살라딘, 알 아딜, 알 카밀이라는 현명하고 현실적인 아이유브 왕조의 술탄이 이어진 것의 이점이 컸다. 또한 알 카밀은 아직 술탄 자리에 있었다.

만약 이 33년을 더 연장하고 싶다면, 그리스도교측에는 "불신앙의 무리와의 강화는 절대 안 된다"거나 "성도 예루살렘은 그리스도교도의 피를 흘려 탈환해야 한다"는 등의 과격한 발언에 영향받지 않을 지도자가 나와야 했다.

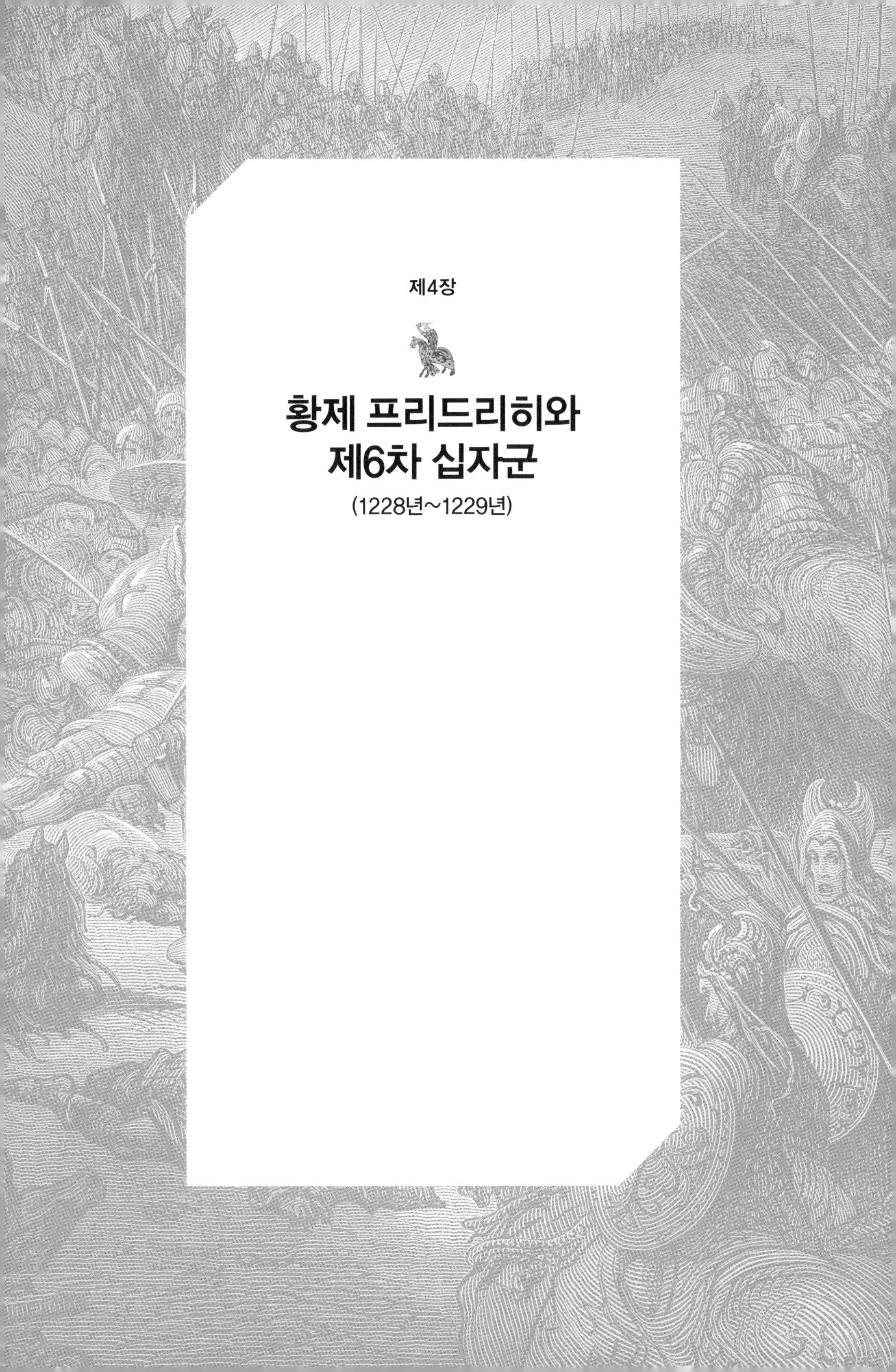

제4장

황제 프리드리히와 제6차 십자군

(1228년~1229년)

남쪽 섬 시칠리아

이탈리아 남쪽에서 시칠리아까지를 지배하고 있던 노르만 왕조는 시칠리아의 팔레르모에 수도를 두고 있었다. 이 팔레르모에서 1킬로미터쯤 떨어진 교외에 '치사'라 불리는, 그 시대의 별궁이 남아 있다. 이탈리아어 'Zisa'는 '훌륭한' '멋진'이란 뜻의 아랍어 'Aziz'에서 나온 것인데, 시칠리아 섬은 프랑스 북부에서 온 노르만인이 정복할 때까지 2백 년 동안 아랍인의 지배를 받아왔다. 게다가 새로이 정복자가 된 노르만인은 피정복자인 아랍인을 닥치는 대로 죽이거나 추방하지 않았으므로, 시칠리아에는 그후로도 많은 이슬람교도가 계속 살고 있었다.

'치사'는 그리스도교도였던 왕 굴리엘모가 이슬람교도 신하들에게 그들 취향대로 꾸며보라고 지시해 만든 여름 별궁이다. 물론 그 역시 완전히 이탈리아화한 노르만인이었으므로, 피서용 별궁 정도는 아랍식으로 만들어보려는 생각이었을 것이다.

이슬람교도의 꿈은 이 지상, 그중에서도 낙원에 사는 것이다. 그 낙원에는 평소 그들이 생활하는 곳에는 없는 것들이 모두 갖춰져 있어야 한다. 풍부하게 흐르는 맑은 물, 그 물을 먹고 자란 잎과 열매가 잔뜩 달린 나무들, 이 나무를 찾아 모여든 온갖 새들, 꽃을 찾아 모여든 각종 나비들이 그것이었다.

이것이 이슬람교도가 생각하는 지상낙원이었다. 그리고 이슬람 세계의 유력자라면 이 지상낙원에서 사는 것이 당연했다. 따라서 이런 정원이 없으면 왕의 '거처'로 여기지 않았다.

다만 이 '치사'를 주문한 사람은 그리스도교도인 노르만 왕이다. 그래서 별궁의 내부는 천장까지 가득 메운 벽화와 화려한 색채의 정원 등으로 이슬람 일색이었지만, 한쪽에는 그리스도교의 작은 예배당이 마련되어 있었다.

이 '치사'가 여름 별궁이었음을 알 수 있는 부분은 각 방의 가장자리로 흐르는 물이다. 당시에는 이것이 냉방 역할을 했다. 이 물은 1층에 있는 거실에 모여 정원으로 흘러나가게 되어 있는데, 이때도 그냥 흐르는 게 아니라 정원 여기저기로 이어진 좁은 수로를 따라 흘러가면서 주위의 수목과 풀에 수분을 공급하도록 설계되어 있었다. 아랍인은 이런 수로를 만드는 기술로는 동시대 유럽인을 훨씬 능가했다.

지금의 '치사'에는 8백 년 전의 모습이 거의 남아 있지 않다. 건물은 어느 정도 복구되었지만 정원은 자취를 찾아볼 수 없다. 때문에 이곳을 찾는 여행자도 적어서, 내가 방문했을 때도 입구에서 스친 독일 젊은이 둘 말고는 아무도 없었다.

이런 유의 사적을 접할 때는 지금까지 배운 모든 지식을 총동원해 머릿속에서 재현할 필요가 있다. 지금은 '분수가 있는 방'이라 불리는 1층 중앙에 서서, 더는 물이 흐르지 않는 수로를 바라보며, 그곳에 물이 흐르던 당시의 정원을 상상해보는 것이다.

아랍인이 옮겨 심은 덕에 중세 시칠리아 어디에서나 볼 수 있던 레몬과 오렌지 나무들, 그 사이사이를 가득 메운 각양각색의 꽃과 풀들. 이상하게 그늘에서 잘 자라는, 역시 아랍인이 들여온 재스민 덤불에서 풍겨오는 은은하고 달콤한 향기. 그 사이를 졸졸 흐르는 맑은 물. 수로 옆에 서 있는 네다섯 살의 남자아이. 이 뜰에서 놀며 잎사귀로 만든 나뭇잎 배를 띄워보려는 생각을 해보지 않는 소년이 있을까. 가정교사가 부르는 소리도 듣지 못하고 흘러가는 나뭇잎 배를 쫓아 달려가는 남자아이.

프리드리히는 세 살 때 아버지를 여의었다. 그리고 네 살 때 어머니도 여의었다. 형제자매도 없는 외동아들이었다. 그래서 어린 나이임에도 시칠리아에서 이탈리아 남부에 이르는 노르만 왕국의 왕이 되었고, 2년 전인 1196년에는 독일 제후들에 의해 신성로마제국 황제의 '대기자' 격인 독일 왕으로도 선출되었다.

이 소년은 '붉은 수염'이라는 별명으로 유명한 신성로마제국 황제 프리드리히 1세의 직계 손자로, 어머니에게서 시칠리아와 노르만 왕

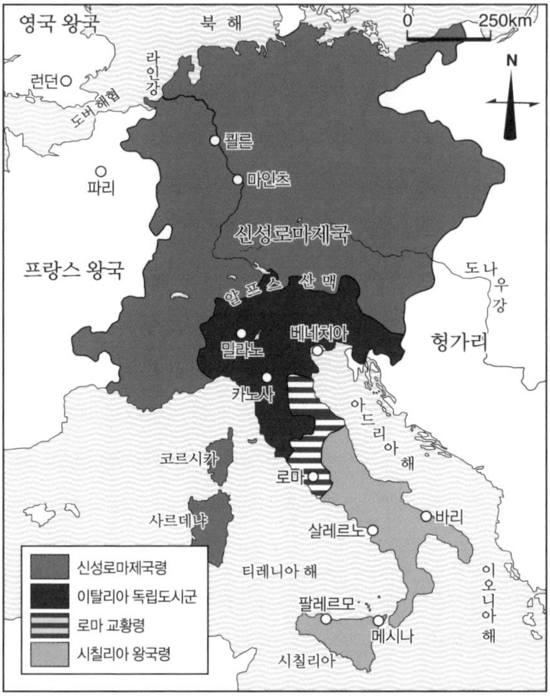

독일과 이탈리아에 걸친 프리드리히 2세의 영지

국을 상속받았다.

왕관을 머리에 쓴 채로 태어난 것이나 마찬가지였음에도 이 소년은 주위의 주목을 한 몸에 받으며 고이 자라지는 않았다. 네 살 때 고아가 된 탓도 있었을 것이다. 고명한 가정교사들에게 교육받은 것도 아니었고, 놀이친구도 그 주위에 사는 서민의 자식들이었다고 한다. 가정교사도 스승이라기보다 보육교사에 가까운 수도사 한 명의 이름밖에 알려져 있지 않다.

프리드리히는 이른바 독학한 케이스였다. 그랬기에 그리스도교 성직자가 알면 틀림없이 눈을 부라렸을 아랍어 공부까지 할 수 있었을 것이다.

성년이 되었을 당시 그는 시칠리아에서 일상적으로 접할 수 있는 아랍어 외에도 고전을 읽는 데 필요한 그리스어와 라틴어를 자유로이 읽고 쓰고 말할 수 있었다. 라틴어는 중세의 외교 언어이기도 했다. 또한 이에 더해 독일어, 프랑스어, 이탈리아어까지 모두 6개 국어를 구사할 줄 알았다. 고명하고 엄격한 교사들에게 둘러싸여 교육받지 않은 덕에, 오히려 자신의 호기심과 지식욕에 따라 마음껏 날개를 펼칠 수 있었던 것이리라.

프리드리히는 아버지에게서 독일인의 피를, 어머니에게서 이탈리아화한 노르만인의 피를 물려받고, 이슬람 문명이 농후하게 남아 있는 시칠리아에서 자랐다. 나뭇잎 배를 좇아 열심히 달려가는 남자아이의 앞날에는, 그리스도교도를 이끌고 이교도 이슬람에 맞서야 하는 책무가 따르는 신성로마제국 황제라는 지위가 기다리고 있었다.

하지만 때는 아직 중앙집권이 확립되지 않은 중세. 계승권을 지녔다는 이유만으로 황제나 왕의 지위를 손에 넣을 수 있는 시대가 아니었다. 어디까지나 자신의 힘으로 확립해야 했다. 세습도 자력으로 획득해야만 비로소 현실로 만들 수 있는 시대였던 것이다.

황제 즉위

1220년 11월 22일, 스물여섯 살이 된 프리드리히는 드디어 신성로마제국 황제의 관을 쓰게 되었다. 로마 산피에트로 대성당에서 그에게 황제의 관을 내려준 이는 교황 호노리우스였다.

교황 호노리우스는 전임자 인노켄티우스의 견해를 충실하게 계승했다. "로마 교황은 태양, 황제는 달"이며 "황제를 선출하는 것은 독일 제후의 권리지만, 그렇게 뽑힌 인물에게 황제의 자격이 있는지를 판단하는 권리는 로마 교황에게 있다"고 말한 인노켄티우스의 말을 금과 옥조처럼 생각해왔다. 그리고 로마 교황이 주도하는 십자군 원정의 필요성에 대해 전임자 이상으로 굳은 신념을 가진 교황이기도 했다.

이 교황에게서 황제의 관을 받으려면 그에 상응하는 전략이 필요했다. 이것은 이미 대관식이 있기 3년 전부터 시작되었다.

그해 스물세 살이 된 프리드리히는 인노켄티우스의 뒤를 이어 교황으로 선출된 호노리우스에게 즉위를 축하하는 서신을 보낸다. 그리고 이에 대한 답신에서 늙은 교황은 젊은 프리드리히에게, 그가 십자군 원정을 떠난다면 자신이 적극적으로 돕겠다고 밝혔다. 아직 제5차 십자군의 낌새가 보이기 전의 일이다.

십자군 원정을 언급한 탓인지 몰라도, 프리드리히와 호노리우스의 서신 교환은 그후 한동안 두절된다.

그리고 1218년 말 둘의 교류가 다시 시작된다. 이번에는 교황이 먼저 프리드리히에게 서신을 보낸다. 제5차 십자군이 이집트 다미에타에서 고전하고 있던 시기였다. 이번에는 넌지시 비추는 정도가 아니라 분명히 용건을 밝혔다. 요컨대 신성로마제국의 황제가 되고 싶으면 원정을 가라는 것이었다.

스물다섯 살이 된 프리드리히는 이에 답신을 보냈다. 요약하면 다음과 같다.

마음만 먹으면 올해 3월에 준비를 마치고 6월에 출발할 수 있지만 사정이 여의치 않다고 말문을 열고, 아직 자신은 황제가 아니라 전군을 이끌 자격이 충분하지 않으므로 다른 왕과 제후의 참여가 불가피하다고 뒤를 잇는다. 한마디로 말해 발뺌할 핑계를 댄 것인데, 이 때문에 저도 모르는 사이 함정에 빠지기 시작한 것은 프리드리히가 아니라 그보다 마흔 살도 더 많은 호노리우스였다.

프리드리히는 그뒤에 다시, 처음에 말한 출발 시기인 1219년 6월을 9월 말로 연기하게 되었다는 서신을 보낸다. 다른 왕과 제후들을 설득하는 중이라는 말에 교황도 그를 믿을 수밖에 없었다.

그러나 그 기간은 프리드리히가 십자군 원정을 위해 다른 왕과 제후들을 설득하는 데 걸린 시간이 아니라, 아직 어린 자신의 장남 하인리히를 독일 왕으로 만들기 위해 독일 제후들을 설득하는 데 필요했던 시간이었다.

이 사실을 안 교황은 힐문의 서신을 보낸다. 프리드리히는 십자군 원정을 떠나면 살아 돌아오지 못할 수도 있는 만큼, 군주의 책무상 향후 영지의 통치를 누구에게 맡길지 미리 정해두어야 한다는 내용의 답신을 보내왔다. 그렇게 그는 십자군에 관련된 일은 내버려두고 장남을 독일 왕으로 앉히는 일을 먼저 실현한 것이다.

이듬해인 1220년 5월 플랑드르에서 열린 독일 왕 선출회의와 즉위식에 참석한 프리드리히는, 얼마 후 교황 호노리우스의 초빙을 받아 알프스를 넘어 이탈리아로 들어간다. 로마에서 열릴 대관식을 위해서였는데, 이때도 발걸음을 서두르지 않았다. 물론 독일 병사가 주체인 군대와 함께였다.

베로나를 지나 만토바, 모데나까지 내려간 뒤, 고대 로마의 에밀리아 가도를 통해 볼로냐, 파엔차, 포를리를 거쳐 동남쪽으로 나아갔다. 볼로냐에서는 당시 유럽의 최고 명문으로 알려져 있던 볼로냐 대학을 시찰하는 것을 빼놓지 않았다.

아드리아 해로 빠진 뒤에는 고대 로마 시대의 플라미니아 가도를 통해 로마로 향했는데, 이 여정은 프리드리히에게 단순한 여행길이 아니었다. 천천히 군대를 이끌고 통과하면서 신성로마제국 황제가 될 사람의 위세를 과시하는 목적도 있었던 것이다. 동시에 십자군 원정의 약속을 도무지 지키려 하지 않는 프리드리히를 파문으로 위협할 생각인 교황에게 압력을 가하는 의미도 있었다.

로마에 도착하고서도 곧바로 교황궁으로 달려가지 않았다. 대신 로마 거리 전체가 한눈에 내려다보이는 몬테마리오 언덕에 막사를 쳤다. 언덕을 가득 메운 군막(軍幕)의 모습에 로마 주민들은 깜짝 놀랐지만, 몬테마리오 언덕에서 가까운 바티칸에서는 그저 놀라기만 한 정도가 아니었다. 하지만 이렇게 군대로 압력을 가했어도 황제의 관을 쓰기 위해서는 다시금 십자군 원정을 서약해야 했다.

이탈리아와 그 주변

대관식은 1220년 11월 22일에 무사히 거행되었다. 대관식이 끝난 후 프리드리히는 영원의 도시 로마를 견학하며 사흘을 보냈다. 개인적인 소망을 이루는 일이어서인지 이때는 호위병도 많이 거느리지 않았다. 견학을 마친 그는 군대를 이끌고 모국 시칠리아로 돌아갔다.

원정은 언제?

신성로마제국 황제가 정식으로 즉위하고 그가 십자군 원정을 서약했다는 사실을 접한 다미에타의 십자군 진영이 오매불망 '프리드리히 기다리기' 상태가 된 것도 당연했다. 알 카밀이 이끄는 이집트군과의 전투 상황이 갈수록 나빠져만 갔기 때문이다.

프리드리히는 원정을 가겠다고 서약하긴 했지만 그전에 국내 정세를 먼저 안정시킨다는 조건을 내걸어 교황 호노리우스의 승인을 받았다. 그리고 그것이 언제 끝날지는 분명히 말하지 않았다.

이런 상태로 8개월이 지났다. 8개월 후인 1221년 8월, 그리스도교군이 다미에타를 포기하고 이집트에서 완전히 철수함으로써 제5차 십자군은 헛수고로 끝나버렸다.

그렇다고 제5차 십자군이 눈 뜨고 볼 수 없는 참상으로 끝난 건 아니었다. 알 카밀이 요구한 조건은 다미에타를 포기하고 이집트에서 완전히 철수하라는 것뿐이었으므로, 십자군측은 이집트 땅을 침공한 배상금도 요구받지 않았고, 살아남은 자들 모두 무사히 팔레스티나로 돌아올 수 있었다. 즉, 팔레스티나의 그리스도교도들이 돌아갈 '집'을 잃은 건 아니었던 것이다.

또한 1221년 8월에 체결된 강화를 십자군측과 알 카밀측 모두 진지하게 받아들이고 있었다는 사실은, 조인이 끝날 때까지 보증 삼아 서로 교환한 인질을 보면 알 수 있다.

십자군측의 인질은 예루살렘 왕 브리엔과 교황 대리 펠라조, 알 카밀측의 인질은 술탄의 장남과 차남이었다.

분명히 제5차 십자군은 헛수고로 끝났다. 그러나 강화에 대처하는 양측의 모습을 보면 누구나 한동안은 평화를 기대할 수 있었다. 그 기간이 언제까지인지는 누구도 예측할 수 없었지만.

이것이 십자군 원정을 약속하지만 그전에 국내부터 안정시키고 싶다는 프리드리히의 바람을 교황 호노리우스가 받아들인 배경이 아니었을까 상상한다. 게다가 새로운 황제는 아직 스물여섯 살의 젊은 나이였으니까.

그런데 이 '한동안' 프리드리히는, 교황측에서 보면 '심기를 거스르는' 일들을 실행했다.

사라센 거류지

시칠리아에서 이루어진 그리스도교도와 이슬람교도의 공생은, 일신교들끼리 적대시하던 중세시대의 특성을 생각하면 딴 세상 일로 보일 정도로 순조로웠다.

그중에서도 특히 행정과 학문, 기능 분야에서는 융화라고 해도 좋을 정도였다. 시칠리아 왕궁에는 터번을 두르고 긴 옷을 입은 아랍인 행정관이 자유롭게 드나들었고, 왕의 측근 중에도 아랍식 이름을 가진 사람이 적지 않았다. 팔레르모에 많이 남아 있는 모스크에서는 주기적으로 무에진이 기도시간을 알리는 소리가 들려왔고, 역시 때가 되면 그리스도교 교회의 종루에서 종소리가 울려퍼졌다.

요컨대 프리드리히가 지배하던 시칠리아에서는, 학식과 재능이 뛰어난 이슬람교도가 그리스도교도 왕 혹은 황제의 치하에서 살아가는데 큰 불편함이 없었던 것이다.

하지만 농촌에서는 사정이 달랐다. 농촌에서는 학식이나 재능이 상관없었다. 따라서 종교의 차이가 표면에 드러난다. 인종차별이란 항상 하층 사람들 사이에서 먼저 생겨나는 법이다.

아들의 독일 왕 선출과 자신의 황제 즉위로 시칠리아를 비웠던 1221년 겨울, 시칠리아의 농촌지대에서 이슬람교도 농민들이 봉기했다.

프리드리히는 황제가 되자마자 이런 문제에 직면했다. 다행히 봉기는 시칠리아 일부에 한정된 것이었고 주모자도 확실했다.

이듬해 3월, 주모자 이븐 압바드와 그의 아들이 붙잡혀 처형되자 반란은 진정되는 듯 보였다. 하지만 몇 달 지나지 않아 다시 봉기가 일어났다. 프리드리히는 이 '사라센인 문제'를 엄중하게 다루어 근본적으로 해결할 수밖에 없다고 생각했다.

이슬람교도가 유럽의 그리스도교도를 한데 뭉뚱그려 '프랑크인'이라 불렀듯이, 중세 유럽의 그리스도교도는 아랍인, 주로 북아프리카에 많은 베두인, 아시아에서 온 투르크 민족 등 모든 이슬람교도를 가리켜 '사라센인'이라 불렀다.

이듬해인 1223년 5월, 프리드리히는 이 불만분자 사라센인들을 가족들과 함께 모조리 시칠리아 섬 밖으로 강제 이주시켰다.

이주처는 그의 영지인 이탈리아 남부였는데, 딱히 외진 산골에 격리한 건 아니었다. 프리드리히는 영지 내 주요도시 각지에 궁전 겸 성채를 세웠는데 그중 하나, 포자에서 불과 18킬로미터밖에 떨어져 있지 않은 루체라로 이주시킨 것이다.

루체라도 포자와 마찬가지로 고대 로마인이 건설한 도시로, 로마시대에는 루체리아로 불렸다.

사라센인을 집단 이주시킨 이 도시에 프리드리히는 '사라센인의 루체라'라는 뜻의 'Luceria Saracenorum'이라는 라틴 이름을 붙였다. 하지만 이 땅에 이주해온 사라센인들은 장중한 울림의 라틴어 대신 '루게라(Lugêrah)'라는 아랍어 발음으로 부르게 된다.

만약 이때 프리드리히가 사라센인을 루체라에 강제 이주시키는 데 그치지 않고, 이 사라센인들에게 그리스도교로 개종하는 것까지 강제했다면 로마 교황에게 조금도 '심기를 거스르는' 일로 다가오지 않았을 것이다. 오히려 그리스도교 세계의 속계 최고위자에게 어울리는 행동이라며 칭송받았을 것이다.

하지만 프리드리히는 '사라센인의 루체라'라는 이름을 부여한 이 도시 내에서 그들에게 신앙의 자유를 완벽하게 보장해주었다. 루체라에는 많은 모스크가 건설되었고, 모스크의 첨탑(미나레트)에서는 하루 다섯 번 기도시간을 알리는 무에진의 목소리가 낭랑하게 울려퍼졌다. 그리스도교 세계의 속계 최고위자의 왕궁에서 불과 18킬로미터밖에 떨어져 있지 않은 곳에서 말이다.

뿐만 아니라 프리드리히는 루체라의 사라센인 성인 남자가 자신이 지휘하는 군대의 보병으로 근무하는 것까지 인정했다. 물론 그들의 신앙을 그대로 유지한 채.

당시 로마 교황은 고유의 영토를 지닌 영주이기도 했다. 로마 교황청 영토의 남단은 나폴리 인근 몬테카시노의 산 위에 있는 몬테카시노 수도원이었다. 제5차 십자군 때 교황 대리로 종군한 추기경 펠라조가 여생을 보내기도 한 수도원이다. 그리스도교도의 적인 이슬람교도가 집단으로 모여 사는 루체라에서 몬테카시노까지의 거리는 로마에서 나폴리까지의 절반밖에 되지 않았다.

그런 루체라가 이슬람교도가 사는 도시로 변모하고, 교회의 종소리 대신 무에진의 목소리가 울려퍼지게 된 것이다. 로마 교황의 심기가 편할 리 없었다.

덧붙여서 프리드리히 휘하의 사라센 부대는 프리드리히의 일생 동안, 아니 프리드리히가 죽은 후 뒤를 이은 후계자에게도 변함없는 충성을 바쳤다. 지금 루체라는 그리스도교 교회가 가득한 도시로 변해 있는데, 이는 프리드리히의 아들 만프레디를 무찌른 프랑스의 앙주 백작이 루체라를 지배하게 된 후의 일이다. 그때 루체라의 주민은 여자와 어린아이까지 모두 노예로 팔려가고 모스크도 파괴되어 이곳은 그리스도교도의 도시로 되돌아갔다. 루체라에서 무에진의 목소리가 들렸던 것은 채 50년이 안 되는 시간이었다.

나폴리 대학

로마 교황 호노리우스의 '심기를 거스른' 두번째 사건은, 1224년 서른 살을 앞둔 프리드리히가 나폴리에 새로운 대학을 창설한 일이었다.

당시 유럽의 최고 명문 대학은 볼로냐와 파리에 있었다. 교황 인노켄티우스처럼 두 대학 모두에서 수학한 사람도 있었다.

그러나 볼로냐와 파리에서 가르치는 건 주로 신학이었고, 법률에 관한 것도 어디까지나 그리스도교의 정신에 대한 내용으로 국한되었다. 그리스도교의 영향이 신도의 생활 구석구석에까지 미쳐 있던 중세였으니 당연하다면 당연한 일이다. 특히 볼로냐 대학은 전적으로 교황청의 지배하에 있었다.

프리드리히가 새로운 대학을 창설한 이유는 무엇이었을까. 그것은 이 나폴리 대학에서 가르친 것이 고대 로마법이라는 사실에서 엿볼 수 있다.

프리드리히는 새로운 대학의 창설 이유를, 자신의 영지인 이탈리아 남부와 시칠리아의 젊은 영재들이 학문을 배우기 위해 멀리 이탈리아 중부에 있는 볼로냐까지 가야 하는 상황을 영주로서 두고 볼 수 없어서라고 밝혔다.

하지만 이는 표면적인 이유였고, 사실은 법률이 종교의 지배를 받지 않았던 시대의 로마법을 배운 젊은 인재를, 자기 제국의 관료로 쓰고 싶어서였다.

그러나 당시의 성직계에서는 로마제국을 그리스도교의 적이라고 믿어 의심치 않았다. 로마법을 배우는 것 자체가 그리스도교도로서 용납할 수 없는 행위였던 것이다.

현대에도 국립대학으로 존속하고 있는 나폴리 대학의 정식 명칭은, 프리드리히의 이탈리아어식 발음에서 따온 '페데리코 2세 대학'이다.

살레르노 의학교

로마 교황의 '심기를 거스르는' 일만 저지르던 이 시기의 프리드리히가 세번째로 실행한 것은, 이미 살레르노에 존재하던 의학교를 적극적으로 원조하고 장려하여 부흥시킨 일이었다.

유럽에서 가장 오래된 의학교인 '살레르노 의학교'의 이름은 9세기 때부터 알려져 있었는데, 후원을 맡았던 해양국가 아말피가 쇠퇴함에 따라 점점 활동이 위축되고 있었다. 그것을 프리드리히가 부흥시킨 것이다.

'살레르노 의학교'의 특색은 순수하게 의학을 연구하는 곳인 만큼 이를 배우려는 사람의 종교나 민족을 전혀 따지지 않는다는 점이었다. 교과서도 그리스어, 라틴어, 아랍어, 헤브라이어가 병존했고 교수와 학생도 지중해 세계의 각지에서 모여든 이들이었다.

이 '살레르노 의학교'는 프리드리히의 죽음을 경계로 다시 '중세의 암흑'으로 들어가지만, 그대로 불씨가 사그라지지는 않았다.

그뒤 베네치아 공화국이 볼로냐 대학에 대항해 파도바에 대학을 창설하게 되는데, 21세기인 지금 파도바 대학에서 가장 유명한 학부가 다름아닌 의학부다. 이탈리아 남부의 살레르노에서 핀 꽃이 이탈리아 북부 파도바에 이식되었던 것이다.

흥미로운 점은 아말피에서 베네치아까지, 순수하게 의학을 가르치는 목적으로 창설된 '살레르노 의학교'를 뒷받침해준 곳이 모두 이교도와의 교역도 아랑곳하지 않았던 이탈리아의 해양 도시국가였다는 사실이다. 프리드리히는 교역상인이 아니었지만, 이교도와의 교류에 거부반응이 없었다는 점은 동시대 교역상인들과 마찬가지였다.

그러나 프리드리히는 신성로마제국의 황제다. 로마 교황은 그런 그의 고삐를 풀어줄 마음이 조금도 없었다. 십자군 원정을 가겠다는 건 이미 서약한 바 있으니, 이제는 언제 그것을 실행에 옮길지를 두고 끊임없이 그에게 압박을 가했다.

프리드리히도 슬슬 각오했는지, 나폴리에 대학을 창설하고 살레르노 의학교의 부흥을 이룬 1224년 말 유럽을 방문한 병원 기사단의 단장에게 사자를 보내 내방을 청하고, 직접 만나 팔레스티나의 상황을 들었다. 또한 그 이듬해 봄에는 유럽에 와 있던 튜턴 기사단의 단장도 만나 이야기를 들었다.

그 소식을 들은 로마 교황은 곧바로 서신을 보내왔다. 언제 어느 정도 규모의 병력으로 출발할 것인지 묻는 내용이었다. 하지만 그에 대한 프리드리히의 답신은 다음과 같이 여전히 변죽을 울리는 것이었다.

아마도 출발은 2년 후인 1227년 8월에 할 수 있을 것이다.

아마도 갤리선과 범선으로 구성된 150척의 선단과 1천 명의 기병을 이끌고 가게 될 것이다.

아마도 성지에는 2년간 체재하게 될 것이다.

아마도 원정 준비부터 성지의 안전을 확립하기까지는 10만 온치아에 해당하는 금화가 필요할 것이다.

프리드리히를 성지에 보낼 수만 있다면 교황 호노리우스는 악마와 손을 잡는 것도 마다하지 않았을 것이다. 그런 교황에게 생각지도 못한 해결책을 내놓은 사람이 있었다.

예루살렘 왕으로

프리드리히는 아라곤 왕가 출신의 첫 아내 콘스탄체를 3년 전에 잃었다. 이 여인이 죽기 전에도 그의 아이를 낳은 정부(情婦)만 네 명이었다. 정식 부인까지 합하면 다섯 명의 여인에게서 다섯 아이를 얻은 아버지였던 것이다. 그래도 법적으로는 서른 살 당시의 프리드리히가 독신으로 돌아간 것은 확실했다.

한편 브리엔이 일개 기사에서 예루살렘 왕위에 오르는 명분이 되어 주었던 그의 아내는 이미 세상을 떠났는데, 둘의 슬하에 딸이 하나 있었다. 그 딸, 즉 예루살렘 왕국의 정통 후계자인 욜란데는 이때 열네 살이었다. 브리엔은 이미 일흔이 넘은 나이였기에, 처음에는 아내 대신, 그리고 아내가 죽고 난 후에는 딸의 후견인 자격으로 지켜온 예루살렘 왕위를 물려받을 사람을 찾는 것이 시급했다.

이런 사정으로 서른한 살을 바라보는 프리드리히와 열네 살 욜란데를 결혼시키자는 이야기가 급부상한 것이다.

프리드리히와 욜란데의 결혼(당시의 연대기에서)

프리드리히는 반대할 이유가 없었다. 예전부터 정략결혼한 아내 외에도 따로 정부를 두고 살아온 그였다. 또한 이런 일로 로마 교황을 적으로 돌리는 것은 현명하다고 할 수 없었다.

1225년 11월, 어마어마한 행렬과 함께 멀리 팔레스티나에서 이탈리아 남부로 향한 신부는 브린디시 항구에 상륙했다. 프리드리히는 정식 황제 복장을 입고 맞이했다. 그리고 9일, 고대부터 오리엔트로 가는 항구로 여겨져온 브린디시 중심가의 대성당에서 장대한 결혼식이 거행되었다.

프리드리히는 이탈리아 남부와 시칠리아의 왕, 신성로마제국 황제에 이어 예루살렘 왕이 되었다. 교황 호노리우스도 이제 그가 더는 도망갈 수 없으리라 생각하고 안심했을 것이다. 하지만 교황에게 약속한 출발 날짜는 '아마도 1227년 8월'이다. 그 약속을 지킨다 해도 아직 1년 9개월이 남아 있었다.

열네 살의 신부에게는 특별한 대우가 기다리고 있지 않았다. 신부 욜란데가 아버지 브리엔에게 보낸 한탄의 편지에 따르면, 신랑은 첫날 밤을 지낸 바로 다음 날부터 신부를 수행해온 한 시녀를 유혹했다고 한다.

하지만 이런 입장의 사람에게 정식 결혼의 의의란 다름아닌 아이를 낳는 것이다. 프리드리히도 신부에게 그 정도의 에너지는 썼던 모양이다. 하지만 욜란데가 임신 징후를 보이자마자 왕궁에서 출산하라며 팔레르모로 보내버렸다.

욜란데의 아버지 브리엔에 대한 프리드리히의 태도는 더욱 명쾌했다. 로마 교황과 프랑스 왕에게서 결혼자금을 받아 예루살렘 왕위의 정통 계승자 여인과 결혼하기 전까지는 프랑스 지방의 일개 기사에 지나지 않았던 이 노인을, 프리드리히는 자신과 동격으로 대우하지 않았던 것이다. 자신이 예루살렘 왕위를 이어받은 여인과 결혼한 이상, 그 여인의 후견인 자격으로 왕위에 앉아 있던 사람은 이제 필요 없다는 것이 이유였다. 황제를 사위로 맞아 함께 오리엔트로 돌아갈 수 있으리라 생각했던 브리엔이 할 수 있었던 것은 로마 교황에게 울며 매달리는 일뿐이었다.

그러나 프리드리히도 십자군 원정을 이제 계속 미루고만 있을 수 없다고 느꼈다.

43년간이나 왕위를 지키면서, 변변찮은 전투 능력에도 불구하고 유례없는 교활함으로 영토 확장에 성공한 프랑스 왕 필리프 2세도 1223년에 세상을 떠났다. 뒤를 이은 루이 8세가 3년 후에 죽고, 1226년에 프랑스 왕위에 오른 이는 열두 살의 루이 9세였다. 또 영국은 실지왕 존 이후 일어난 내란으로 위세와 힘 모두 쇠약해져 있었다.

유럽의 그리스도교 세계에서 십자군 원정을 실행할 수 있는 사람은 프리드리히밖에 없었다. 그리고 이러한 현실은 로마 교황청도 잘 아는 바였다. 따라서 프리드리히를 향한 로마 교황의 십자군 원정 요청은 이제 요청의 수위를 넘어 협박에 가까웠다.

적과의 접촉

이 시기부터 술탄 알 카밀과의 접촉이 시작된다.

역사적 사실로 남아 있는 것은 1227년부터지만, 이때가 처음이라기엔 접촉 내용이 너무 구체적인 것으로 미루어보아, 아무래도 그 이전에 몇 차례의 비밀 접촉이 있었다고밖에 생각할 수 없다.

말은 쉽지만 이것은 그리스도교 세계의 속계 최고위자인 황제와 이슬람 세계의 속계 최고위자인 술탄의 접촉이다. 양쪽 모두 절대적으로 비밀리에 일을 추진해야 한다. 게다가 이 시기에는 아직 양자 사이에 신뢰관계가 구축되었다고 할 수 없었다.

이런 경우의 접촉은, 우선 상대가 의혹을 품고 싶어도 품을 수 없는 순수한 부분부터 시작하는 것이 철칙이다.

이전부터 프리드리히는 스페인에 사는 이슬람측 유력자나 모로코, 튀니지아의 술탄에게 학자와 시인을 파견해달라고 의뢰하는 서신을 보낸 적이 있었다. 실제로 그런 경로로 파견되어 온 이슬람교도들은 팔레르모의 왕궁에서 환대를 받았다. 이러한 전례가 있었으니 이집트의 술탄에게 그러한 의뢰의 서신을 보내도 그리 큰 경계를 받지 않았을 것이다. 건물을 세우는 것과 마찬가지로, 외교상의 접촉은 처음 기반부터 신중하게 쌓아가지 않으면 도중에 무너지는 법이다.

프리드리히가 이끄는 십자군의 적은 알 카밀이다. 그리고 알 카밀은 이런 사실을 냉철하게 이해하고 있었다. 이 두 사람 사이에서, 순수한 문화교류로 시작된 접촉이 구체적인 외교 이야기로 나아가기까지 긴 시간이 걸리지 않았을 것이다.

당시 마흔일곱 살이었던 알 카밀도 결코 안심할 수 있는 상황이 아니었다.

알 아딜이 죽은 후 장남 알 카밀과 차남 알 무아잠의 관계는 이슬람의 다른 가계에 비하면 이례적일 만큼 양호했다. 두 살 차이밖에 나지 않은 형제는 라이벌 관계이기도 했지만 아버지의 유지를 충실히 따라 형은 이집트를, 동생은 시리아를 맡아 꽤 성공적으로 통치해왔다. 또 개인적인 관계도 나쁘지 않았다.

그러나 앞에서 말했듯이, 이 시기 중근동의 이슬람 세계는 이집트파와 시리아파로 분열되어 양쪽에 각각 기득권 계급이 존재했다. 한쪽은 카이로에서, 다른 한쪽은 다마스쿠스에서, 이슬람 세계의 주도권을 놓고 물밑에서 경합하고 있었다. 특히 이집트의 대두에 예민하게 반응한 시리아파는 사이가 나쁘지 않았던 이 형제를 갈라놓는 데 열심이었다. 바꿔 말해 다마스쿠스에 본거지를 둔 알 무아잠이, 형이 있는 카이로 타도의 선봉에 서게 된 것이다.

카이로가 본거지인 알 카밀에게 이것은 방치할 수 없는 문제였다. 이집트와 시리아가 정면으로 격돌하게 되면 이슬람 세계 전역을 끌어들이는 내전으로 번질 것이었다. 무엇보다도 이를 피할 방도를 찾아야 했던 알 카밀로서는, 이때 유럽에서 십자군 원정이 시작되는 것을 바라지 않은 게 당연했다.

아마 한두 번의 순수한 서신 교환이 있은 후 알 카밀은 단숨에 본론으로 들어갔을 것이다. 이때의 사절은 단순히 술탄의 서신을 전해주는 역할만이 아니었다.

알 카밀은 인정할 만한 재능을 지닌 젊은 태수 파라딘을 특사로 보낸다. 1227년 1월, 거친 겨울바다를 넘어 이탈리아 남부에 상륙한 파라딘은 포자의 왕궁에서 겨울을 나는 프리드리히를 찾아갔다.

이후 파라딘은 프리드리히와 밀접한 관계를 맺게 되는데, 그의 정확한 나이는 태어난 해가 분명하지 않아 알 수 없다. 하지만 이후 이 사람이 오랜 세월 동안 외교 무대에서 활약한 것으로 보아 당시 서른세 살이던 프리드리히와 동년배이거나 약간 어렸을 것으로 추측된다.

파라딘이 가장 먼저 놀란 것은, 프리드리히와 대화할 때 통역이 필요하지 않다는 점이었다.

시리아와 팔레스티나에서 나고 자란 그리스도교도 중에는 아랍어를 구사할 줄 아는 사람이 적지 않았다. 아랍인보다 고상한 아랍어를 구사한다는 평을 받았던 발리앙 이벨린은 특별한 예에 속하지만, 이슬람교도와 통역 없이 대화를 나눌 수 있는 그리스도교도가 적지 않았던 것이다.

하지만 파라딘의 눈앞에 있는 사람은 태어나서 한 번도 중근동에 가본 적 없는 프리드리히다. 게다가 신성로마제국 황제, 즉 로마 교황과 또다른 의미에서 지상의 모든 그리스도교도를 이끄는 사람이다. 그런데 이 황제는 파라딘이 가져온 알 카밀의 서신을 누구의 힘도 빌리지 않고 읽고 이해한 뒤, 그에 대한 생각을 아랍어로 이야기했던 것이다.

황제에 대한 파라딘의 인상이 좋은 감정으로 시작된 것은 당연했다. 또한 프리드리히도 처음부터 이 젊은 태수에게 호의를 품었던 듯하다. 프리드리히는 본래 자기가 싫어하는 사람을 곁에 두지 않는 성격이었기 때문이다. 그리고 프리드리히의 이런 호감은 알 카밀의 친서로 확고해졌다.

거기에는 예루살렘은 물론 나사렛을 포함한 예루살렘 왕국의 옛 영토를 모두 반환하겠다고 쓰여 있었다. 십자군 원정의 목표가 예루살렘 탈환에 있는 이상, 이를 반환하겠다는데 굳이 오리엔트까지 갈 필요가 없는 셈이었다. 이런 내용이 프리드리히의 마음에 들지 않을 리가 없었다.

프리드리히는 곧바로 파라딘을 배웅한다는 명목으로 자신이 특별히 신뢰하는 팔레르모 대주교 베라르도를 카이로에 특사로 보낸다. 문제를 신속하게 해결하기 위해서였다.

종교는 다를지라도 한쪽은 '가기 싫은' 상황이고 한쪽은 '오지 않길 바라는' 상황이니 이야기가 순조롭게 타결되었을 것으로 보이지만, 실제로는 그렇지 않았다.

교황 그레고리우스

두 달 후인 1227년 3월, 교황 호노리우스가 세상을 떠났다. 이튿날 새로운 교황이 선출되었다. 쉰일곱 살에 교황에 즉위한 그레고리우스 9세는 전임자와 반대로 칼 같은 성격을 지닌 이였다. 그는 자기보다 스무 살도 넘게 어린 프리드리히가 더이상 마음대로 행동하지 못하도록 하겠다는 뜻이 강고했다. 어떻게 해서든 프리드리히를 십자군 원정에 보내려는 결의로 가득했던 것이다.

교황 그레고리우스는 즉위하자마자 프리드리히에게 서신을 보냈다.

서신은 전형적인 문장으로 시작했다. 한 사람의 양치기인 교황은 사랑하는 양의 마음이 평화롭기를 얼마나 바라는지 모른다, 그리고 황제가 신이 바라시는 일을 실행하면 이를 얻을 수 있다고 말을 잇는다. 하지만 곧이어 원정을 가지 않으면 어쩔 수 없이 엄중한 처벌(파문)을 내릴 수밖에 없다는 말로 끝맺었다.

이에 프리드리히는, 이미 지난해에 250명의 병사를 보냈고 곧 4천 명의 영국 병사가 브린디시에서 출발할 예정이며, 또한 시칠리아에서 기사 1백 명, 독일에서도 병사 4백 명을 보낼 예정이라고 답했다. 더욱이 이 병사들에게 소요되는 모든 비용을 자신이 대겠다고 덧붙이는 것도 잊지 않았다.

게다가 프리드리히는, 교황에게 알리지는 않았지만 나일강을 거슬러오르는 데 적합하도록 높이가 낮은 배들을 건조해 선단을 구성하는 중이었다.

극비리에 강화 이야기가 진행중인 마당에 왜 이런 군대를 준비했는지 의아스러울 수도 있지만, 프리드리히는 동시대 사람이었던 아시시의 성자 프란체스코와는 달랐다. 아무리 평화가 목적인 교섭이라 해도 무방비 상태로 이룰 수 있다고는 생각하지 않았다. 교섭을 성공으로 이끌기 위해 군사력을 뒷받침하는 것의 유효성을 의심하지 않았던 것이다.

그러나 이 사실을 모르는 교황 그레고리우스는 파문을 무기 삼아 몰아붙일 뿐이었다. 프리드리히는 일단 떠나기로 결심한다. 알 카밀과의 교섭이 아직 최종적인 단계에 이르지 못한 상황이었으므로, 출발을 선언하기에 영 마음이 내키지 않았을 것이다.

1227년 8월 21일 십자군이 브린디시에서 출발하기로 정해졌다. 십자군에는 동행을 원하는 순례자들을 승선시켜야 한다. 그런데 출항하기 전 이 순례자들에게 역병이 돌기 시작했다.

그래도 프리드리히는 9월 8일 일단 출항했지만, 배 안에서 역병으로 쓰러진 자가 많아 오트란토 항으로 되돌아올 수밖에 없었다. 하지만 그곳에서도 병자는 늘어날 뿐이었다. 프리드리히의 장수 한 명도 죽고 말았고, 프리드리히마저 몸 상태가 좋지 않은 나날이 이어졌다.

하는 수 없이 프리드리히는 튜턴 기사단의 단장 헤르만에게 기병 8백 명을 맡기고 이들을 태운 갤리선 20척을 앞서 보냈다. 그리고 교황에게 출발을 연기하는 이유를 설명하는 서신을 보내고, 자신은 배를 타고 온천으로 유명한 나폴리 근처의 포추올리 항으로 가서 몸 상태를 회복하는 데 힘쓰기로 했다.

첫번째 '파문'

이에 교황 그레고리우스의 분노가 폭발한다. 화가 머리끝까지 난 교황은 약속을 어긴 프리드리히를 '파문'에 처한다고 공표했다.

파문의 이유는 그뿐만이 아니었다. 요약하자면, 어려서부터 고아가 된 프리드리히가 시칠리아 왕이 되고, 이어서 독일 왕이 되고, 그리고 황제 자리에까지 오른 것이 누구의 덕인가, 이 모두가 로마 교황청이 지원한 덕분이 아닌가, 하는 것이었다.

그레고리우스는 이런 내용의 교황 교서를 대주교, 주교, 왕, 제후 등 유럽 전역의 모든 유력자들에게 보냈다. 교서 전문이 로마의 산피에트로 대성당 정문에 붙은 날은 1227년 11월 18일이었다. 이로써 프리드리히의 파문이 정식으로 공표된 것이다.

이때는 프리드리히도 자기 지위에 어울리는 수사 따위는 미련 없이 내버리고, 생각하는 바를 그대로 담은 서신을 교황에게 보낸다.

"로마 교황청이 어린 나를 도와주었다고 하는데, 내가 유년기였을 무렵 로마 교황청은 시칠리아에 전혀 관심을 갖지 않아 내 지위를 노리는 자들이 마음대로 활개를 치고 다녔다. 또 내가 자라 성인이 된 뒤에도, 신성로마제국을 백부 오토에게 맡겨놓았던 것은 로마 교황이 아니었던가.

그런데도 내가 지금의 지위에 오른 것이 과연 신의 덕인가, 아니면 지금까지 나에게 조력을 아끼지 않았던 이탈리아와 독일 제후들의 덕인가!"

이것이 또다시 교황 그레고리우스의 분노에 기름을 부었다. 프리드리히의 서신 말미에, 늦어도 이듬해인 1228년 봄에는 십자군을 이끌고 출발하겠다고 쓰여 있는 것은 눈에도 들어오지 않은 듯했다.

두번째 '파문'

1228년 3월 23일, 로마의 산피에트로 대성당 정문에 파문 공고가 나붙었다. 첫번째 파문이 풀리기도 전에 프리드리히는 또다시 거듭 파문당한 것이다.

두번째 파문의 이유를 한마디로 말하자면, 로마 교황에 대한 복종의 마음이 없다는 것이었다.

교황 그레고리우스의 생각으로는, 파문에 처해졌으면 모든 걸 팽개치고 교황에게 달려와 죄를 뉘우치고 있다는 증거로 허름한 옷만 걸치고 쏟아지는 눈 속에서 사흘 밤낮으로 파문을 풀어달라고 간청해야 마땅한 일이었다. 그런데 온천에 몸을 담근 채로 자기에게 반박을 했으니, 실로 괘씸하기 이를 데 없었던 것이다.

그러나 황제 프리드리히는 '카노사의 굴욕'으로 유명한 황제 하인리히와 달랐다.

또한 교황 그레고리우스도 이미 자제할 수 없는 상태였다. 두번째 파문 고시에는 모든 그리스도교도에게 내리는 지시가 덧붙어 있었다.

하나, 파문당한 자가 체재하는 지역 또는 그자가 들르는 모든 지역을 교황의 이름으로 '성무 금지'에 처한다.

'성무 금지'란 교황이 속계의 인간에게 내리는 '파문' 전 단계의 징벌이다. 이것에 처해지면 미사를 비롯해 태어난 아이의 세례식이나 결혼식, 장례식 등을 거행할 수 없게 된다.

물론 그리스도교도에게 필요불가결한 종교의식을 하지 못한다면, 사람들이 원하는 천국까지의 거리는 더욱 멀어진다.

'파문'은 개인에게 내려지는 벌이지만 '성무 금지'는 지역 주민공동체에 내려지는 벌이라는 점이 달랐다.

둘, 파문당한 자가 지배하는 지역에 사는 모든 주민은 그에게 복종할 의무에서 벗어난다. 따라서 지금까지처럼 세금을 납부할 필요도 없고, 징병에 응할 필요도 없다.

셋, 파문당한 자가 이끄는 군대는 더이상 십자군이 아니다. 따라서 그 군대의 도정에 사는 사람들은 행군을 방해하고 물자를 빼앗아도 된다.

'파문'이 로마 교황이 가진 최강의 무기가 될 수 있었던 것에는 두번째 항목의 역할이 가장 컸다.

하지만 이미 프리드리히가 십자군 원정을 천명한 이때, 세번째 항목은 교황이 예상치 못했던 반향을 불러일으켰다.

이 시대에는 십자군을 전적으로 믿는 사람들이 대부분이었다. 그들 눈에 이 세번째 항목은 다른 사람도 아닌 교황이 십자군 원정을 방해하는 것으로 보였던 것이다. 일반 서민들조차 이런 모순에 의문을 갖게 되었다.

그래서인지 프리드리히는 두 번이나 연거푸 파문당했음에도 그로 인한 실질적인 피해는 거의 없었다. 프리드리히가 발 빠르게 대처한 덕분이기도 했다. 영지 주민의 봉기도, 성직자들의 이반도 일어나지 않았다. 오히려 대주교와 주교 등 교황에게 절대 복종할 의무를 지닌 이들까지 시칠리아에서 계속 프리드리히 곁을 지켰다. 교황 그레고리우스의 명령에 복종하지 않았던 것이다.

그러나 1228년 봄, 프리드리히는 두 번의 파문 외에도 두 가지 문제에 맞닥뜨렸다.

첫번째 문제는 그해 4월에 왕비 욜란데를 잃은 일이었다. 아직 열일곱 살밖에 안 된 욜란데는 아들 콘라트를 출산하고 열흘 후에 숨을 거두었다. 아이를 낳다 죽는 일이 드물지 않은 시대였지만, 이는 오리엔트로 향하려는 프리드리히의 입장에 미묘한 변화를 가져왔다.

그때까지 프리드리히는 예루살렘 왕국 정통 후계자의 남편이자 후견인이었는데, 이제 그 근거를 상실한 것이다. 그러나 동시에 아들이 태어나 예루살렘 왕국 정통 후계자의 아버지가 되었으니 후견인이라는 입장에는 변함이 없었다. 오히려 파문당한 프리드리히에게는 이것이 잘된 일이었는지도 모른다. 파문당한 자가 십자군을 이끄는 것은 교황이 인정하지 않을지라도, 아들의 권리를 확립하기 위해 아버지가 나서는 것은 어디까지나 세속 세계의 일이었으니까.

두번째 문제는 지난해 겨울 다마스쿠스에서 알 카밀의 동생 알 무아잠이 세상을 떠난 일이었다. 그의 죽음은 누구도 의심할 바 없는 자연사였기 때문에, 알 카밀의 고민이었던 시리아파의 반란은 자연히 소멸되어 진정 국면을 맞았다.

이로 인해 시리아와 이집트가 통합되고, 마흔일곱 살의 알 카밀은 예전에 백부 살라딘이, 그리고 그의 사후 아버지 알 아딜이 그랬던 것처럼, 중근동 이슬람 세계의 최고 권력자가 되었다.

알 카밀은 이제 이슬람교도의 성도인 예루살렘을 반환하면서까지 프리드리히의 십자군 원정을 만류할 필요가 없었다. 바꿔 말해 평화적으로 예루살렘을 돌려받으려 했던 프리드리히의 계획은 출발하기도 전에 틀어진 것이나 마찬가지였다. 게다가 교황 그레고리우스는 출발 소식을 전해 듣고도 파문을 풀어줄 기색을 보이지 않았다. 그뿐 아니라 원정을 방해하라고 신도들을 선동하는 태도도 전혀 변하지 않았다.

다시 말해 프리드리히가 이끄는 십자군은 교황의 축복을 받지 못한 셈이었다. 십자군에 참가하는 자에게 보상으로 주어지는 면죄도, 이 제6차 십자군에서는 기대할 수 없었다.

보통 사람 같으면 이런 상황에서 출발하지 않았을 것이다. 그리고 교황이 만족하도록 허름한 옷차림에 맨발로 로마 산피에트로 광장으로 가서 회개하는 모습을 보여주며 일단 파문의 해제를 간청했을 것이다. 어쨌든 파문당한 몸으로 십자군 원정을 가는 건 시작부터 헛수고였으니까. 하지만 프리드리히는 출발 계획을 바꾸지 않았다.

출발

이리하여 파문당한 자가 이끄는 제6차 십자군은 이탈리아 남부 제일의 항구도시 브린디시에서 출항했다. 1228년 6월 28일, 프리드리히는 서른네 살이었다. 하지만 그는 교황과의 기싸움에 정신이 팔린 서른넷 젊은이가 아니었다. 이미 이전부터 만반의 준비를 해두었던 것이다.

브린디시에서 출발한 프리드리히는 40척의 갤리선과 100척이 넘는 수송용 범선을 이끌고 있었다. 거기에는 대량의 군량과 무기와 말이 실려 있고, 시칠리아와 이탈리아 남부에서 모집한 기병 1백 명과 보병 3천 명이 타고 있었다. 이는 그가 직접 이끌고 출발한 병력만이고, 앞서 보낸 병력도 따로 있었다.

역병으로 출발을 연기했던 지난해에 튜턴 기사단의 단장 헤르만에게 맡겨 출발시킨 8백 명의 독일 기사가 그들이다. 단순한 기병이 아니라 '기사'였으니, 보조하는 보병과 마부까지 더하면 총인원은 세 배가 넘는다.

이 선행부대는 지난해 가을 이미 팔레스티나에 도착해서, 프리드리히가 명한 대로 시돈 항을 정비하고 도시의 성채를 개조하는 공사를 마친 상태였다.

튜턴 기사단 단원들은 이어서 아코와 몬트포트의 성채 보강공사까지 마쳤다. 그리고 1228년으로 해가 바뀌고 나서는 남쪽에 있는 항구도시 카이사레아의 방어를 강화하는 일까지 완료했다. 프리드리히와 그의 군대가 안전하게 상륙해 전선기지로 이용할 수 있는 지역을 여러 곳 확보해두기 위해서였다.

이 병력을 모두 합해도 기병은 9백에서 1천 명, 보병은 3천 혹은 많이 잡아야 4천 명이었다. 결코 많다고 할 수 없었다.

그러나 지휘계통은 프리드리히를 정점으로 완벽하게 일원화되어 있었고, 육상군에는 튜턴 기사단 단장 헤르만, 해상군에는 몰타 섬 출신의 해군장수 엔리코라는 두 명의 유능한 무장이 있었다. 이들 외에도 프리드리히는 성지에 도착한 후 템플 기사단이나 병원 기사단과 공동투쟁을 하는 것도 생각하고 있었다. 또다른 종교 기사단인 튜턴 기사단과는 이미 함께 움직이고 있었으니까.

쉰 살을 앞둔 튜턴 기사단 단장 헤르만은 같은 독일인의 피를 이어받은 열다섯 살 아래의 프리드리히에게 시종일관 충성을 다했다. 무장으로서만이 아니라, 일반적인 기준에 비해 별로 외교적이지 못했던 프리드리히를 대신해 황제의 입장을 로마 교황에게 설명하는 역할을 맡을 때도 많았다.

헤르만이 프리드리히의 오른팔이라면 왼팔은 해군장수 엔리코였다. 그때나 지금이나 몰타 섬은 이슬람 세계를 상대하는 최전선인데, 이 몰타 출신의 해군장수는 프리드리히의 뜻에 따라 충실하게 움직였다. 또한 그도 헤르만과 마찬가지로 종종 외교에 동원되었다. 프리드리히는 재능이 있다고 판단한 자를 활용할 줄 알았던 것이다.

엔리코의 나이는 헤르만 정도는 아니었어도 프리드리히보다는 많았을 것으로 추정된다.

이 두 사람이 사실상 프리드리히의 부장이었다. 따라서 이 두 사람이 보좌하는 프리드리히군은 병력 수는 적을지언정 정예집단이라고 할 수 있었다.

그리고 프리드리히가 이끄는 이 제6차 십자군에는 또 한 가지 특색이 있었다.

그것은 바로 해군력에서 완전히 자립해 있다는 점이었다. 제3차 십자군 때 프랑스 왕 필리프는 수송을 비롯한 모든 면을 제노바에 의존했고, 애써 영국 선단을 끌고 온 사자심왕 리처드도 전투시에는 피사와 제노바의 배에 의존할 수밖에 없었다. 범선은 수송용으로 적합하지만 전투에는 맞지 않기 때문에, 대신 노가 모터 역할을 하여 움직임이 자유로운 갤리선을 사용해야 했다. 북유럽 바다가 아니라 지중해에 적합한 갤리선을 자유롭게 다룰 수 있는 것은 지중해에 익숙한 선원밖에 없었다.

그러나 프리드리히가 지배하는 이탈리아 남부와 시칠리아는 지중해에 면해 있다. 따라서 해운국일 뿐만 아니라 갤리선에도 익숙했다. 기사단장 헤르만이 인솔한 선행부대를 태운 20척의 배와 프리드리히가 직접 이끌고 간 40척의 배에 속해 있던 갤리선은 모두 이탈리아 남부와 시칠리아에서 만들어진 것이었다.

이 해군을 이끄는 이가 몰타 섬 출신으로 지중해를 훤히 꿰뚫고 있는 장수 엔리코였다. 해군력을 타국에 의존할 필요가 없다는 장점이 지휘계통의 일원화에 유리하게 작용했음은 물론이다. 또한 프리드리히의 해군에는 또 한 가지 특색이 있었다.

바로 이때를 위해 특별 제작한 수송용 배다. 배 밑을 얕고 편편하게 만들면 나일강을 거슬러올라 카이로를 직접 공격하는 것도 가능해지기 때문이다.

이처럼 황제 프리드리히는 군사적으로 만전을 기한 뒤에 오리엔트로 향했다. 설령 알 카밀과 일전을 벌인다 해도 충분히 상대할 수 있는 전력이었다. 게다가 최고사령관을 맡은 프리드리히는 여태껏 전투에서 져본 적이 없는 사람이었다. 하지만 이런 군사력을 갖췄음에도, 그는 이를 사용하지 않고 해결하는 방법을 우선시할 생각이었다.

6월 28일 브린디시 항에서 출발한 선단은 그리스 서쪽을 따라 남하한 뒤 배를 동쪽으로 돌려 크레타 섬과 로도스 섬에 들르고, 7월 21일 키프로스 섬 남쪽에 있는 리마솔 항에 입항했다. 여기까지 오는 데 3주밖에 걸리지 않은 반면, 이 키프로스 섬에는 6주일이나 체재하게 된다. 프리드리히 역시 사자심왕 리처드처럼 키프로스 섬이 가진 전략상의 중요성을 간파했기 때문이다.

리처드가 가톨릭과 그리스도교도의 영토로 남기고 간 키프로스 섬의 왕은 당시 여덟 살 소년이었다. 이 불안정한 상황의 키프로스 섬을 노린 이가, 중근동 십자군 세력 중 으뜸가는 유력자인 이벨린 가문의 후손이자 이 시기 베이루트에까지 세력을 뻗치고 있던 조반니였다. 팔레스티나로 향하던 프리드리히는 내란 직전의 키프로스를 그대로

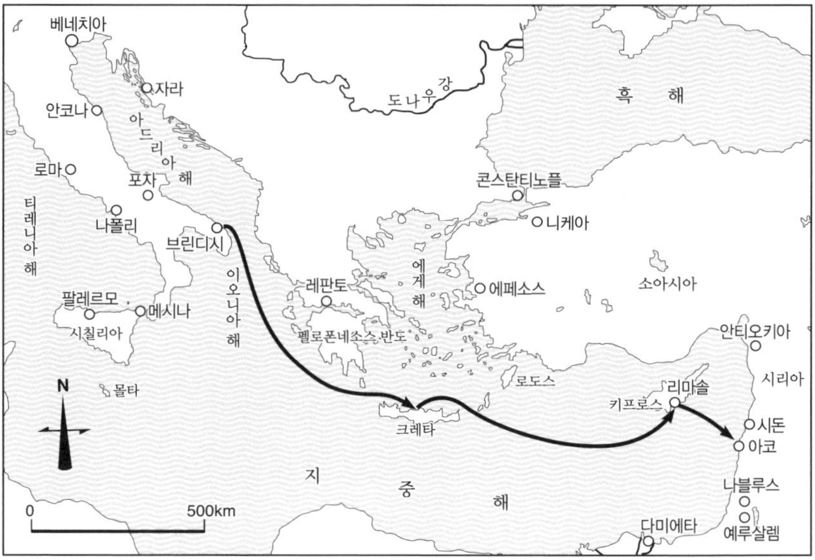

프리드리히 2세의 진군로

두고 갈 수 없었다. 가톨릭화한 키프로스가 지닌 군량기지로서의 중요성이 점점 높아지고 있었기 때문이다.

프리드리히는 처음에는 군사력을 동원하지 않고 사태를 수습하려 했다. 그런데 키프로스까지 손에 넣으려 하는 조반니와의 교섭은 좀처럼 원만하게 진행되지 않았고, 결국 파마구스타로 도망친 조반니에게 해군을 보내 적당히 몰아붙인 뒤에야 겨우 타협을 이끌어낼 수 있었다.

이벨린 가문의 주인과 황제가 맺은 협정은 다음과 같다.

하나, 문제가 완전히 해결될 때까지 조반니가 베이루트를 영유하는 것을 인정한다.

둘, 황제가 팔레스티나에 도착해 군사행동에 나설 경우 조반니는 시리아에 있는 그리스도교도의 방어에 최선을 다한다.

셋, 그사이 키프로스 왕국의 통치와 방어는 소년 왕을 대신해 프리드리히 수하의 장병이 담당한다.

프리드리히가 이것으로 겨우 사태가 수습된 키프로스를 떠난 것은 9월 3일이었다. 그리고 9월 7일, 팔레스티나 그리스도교 세력의 중심인 아코에 상륙했다.

아코 도착

십자군 역사상 최초로 성지에 입성한 신성로마제국 황제에게 중근동 그리스도교도들은 열광했다. 아코 주민뿐 아니라 인근 사람들도 달려오고 성지순례를 와 있던 순례자들까지 가세하는 바람에, 인파에 밀려 바다에 떨어지는 사람이 나올 정도로 항구는 수많은 군중으로 가득 찼다.

가을 햇살이 내리쬐는 가운데 프리드리히는 아코 대주교를 필두로 한 주요인물들의 안내를 받으며 왕궁으로 향했다. 말에 탄 젊은 황제의 늠름한 모습에서 중근동의 그리스도교도들은 자신들의 안전과 번영을 보장해줄 사람을 보았다.

지위 고하를 막론하고 모든 사람들의 대환영을 받은 프리드리히는 기분이 좋아진 듯하다. 동행한 바리 대주교와, 육지를 밟아 이제 할 일이 없어진 해군장수 엔리코에게, 자신들이 대환영을 받았다는 내용의 서신을 맡겨 교황 그레고리우스에게 보냈다. 교황이 마음을 바꿔 파문을 해제해주기를 기대했던 것이다.

그런데 이 두 사자가 떠나자마자 곧 교황의 명령서를 지참한 수도사 두 명이 탄 배가 아코에 도착했다. 그들은 중근동의 그리스도교 성직자들을 총괄하는 지위인 예루살렘 대주교에게 교황의 칙령을 건넸다.

그것은 황제가 두 번이나 파문당했음을 알리고, 이제 그리스도교도는 황제에게 복종할 의무가 전혀 없으며, 특히 종교 기사단은 프리드리히의 명령에 따르는 것도, 황제의 깃발 아래 싸우는 것도 엄중하게 금한다는 내용이었다.

교황의 칙령을 받은 사람들은 동요했다. 그러나 이미 젊은 황제의 도착을 눈으로 확인한 뒤였다. 아코 주민들은 교황의 칙령을 이유로 황제를 적대시하게 된 사람들과, 그래도 프리드리히에게 희망을 거는 사람들로 양분되었다.

칙령에서 구체적으로 지명한 종교 기사단 내부에서도 교황을 따를지 황제를 택할지 하는 문제로 격론이 오갔다. 템플 기사단이든 병원 기사단이든 두 종교 기사단은 다른 수도회와 마찬가지로 로마 교황의 직접적인 관할하에 있었다. 그러므로 원래대로라면 교황의 명령을 따라야 하지만, 중근동에서 오랫동안 살아온 그들은 이슬람 세계에 둘러싸인 시리아와 팔레스티나 그리스도교도들의 실상을 잘 알고 있었다.

결국 템플 기사단과 병원 기사단은 프리드리히에게 협력하기로 결정한다. 그 이유에 대해 로마 교황에게 보고한 문면은, 이 선택이 그들에게 얼마나 힘든 것이었는지를 보여준다.

"황제에게 협력하는 것은 당분간일 뿐입니다. 게다가 우리의 협력은 황제의 이름 아래 이루어지는 것이 아니라, 신과 그리스도교도를 위한 일이기 때문에 실행하는 것입니다."

같은 종교 기사단이라도 튜턴 기사단은 문제가 없었다. 입단 조건이 독일 귀족 출신으로 제한되었던 이 기사단은 로마 교황의 관할이 아니었고, 따라서 황제의 명령에 복종해야 했기 때문이다.

그리고 이러한 성지의 사정을 고려하는 것이 현명하다고 판단했는지, 프리드리히는 자신이 이끌고 온 제6차 십자군의 명목상 총사령관 자리에 튜턴 기사단 단장 헤르만을 앉혔다.

즉, 제6차 십자군은 두 번이나 파문당한 황제 대신, 성지 방어에 평생을 바치는 종교 기사단 중 하나인 튜턴 기사단의 단장이 이끄는 형식을 취한 것이다.

접촉 재개

이런 와중에도 프리드리히는 아코에 도착한 지 얼마 안 되어 알 카밀에게 교섭 재개를 요청하는 밀사를 보냈다. 중근동에서 오래 살아온 봉건제후 출신으로 아랍어를 자유롭게 구사하던 두 밀사는 당시 알 카밀이 머무르고 있던 나블루스로 향했다. 프리드리히는 대환영을 받으며 아코에 도착하자마자 일찌감치 외교로 해결하려는 시도를 한 것이다.

이 시기 알 카밀이 나블루스에 있었던 것은, 전년도 겨울에 동생 알 무아잠이 죽어 통치자를 잃은 다마스쿠스와 그 주변 시리아 전역을 카이로의 술탄인 자신의 지배영역으로 편입하기 위해서였다. 그리고 그것은 거의 성공에 이르고 있었다.

그런데 알 카밀에게는 죽은 동생과 나이가 같은 또다른 동생이 있었다. 아버지 알 아딜에게서 메소포타미아 지방의 통치권을 물려받은 알 아슈라프였다. 그는 다마스쿠스까지 큰형의 손에 들어가는 데 불만을 품고, 내전도 불사할 태세로 알 카밀에게 대항하고 있었다.

프리드리히가 팔레스티나에 들어간 것은 마침 알 카밀이 이 형제간의 항쟁을 교섭을 통해 거의 해결해가고 있던 시기였다. 알 카밀의 입장에서는 참으로 곤란한 시기에 적군이 닥친 셈이었다.

아이유브 왕조의 술탄들은 창설자 살라딘의 생각을 대대로 계승해 칼리프를 항상 거리를 두고 대해왔다. 당시의 이슬람교도가 '칼리프'라는 지위를 어떻게 생각했는지는, 그들이 동시대의 로마 교황을 '그리스도교도의 칼리프'라고 표현한 것을 보면 알 수 있다. 종교상의 최고위자인 칼리프는 살라딘이 등장하기 이전까지 바그다드와 카이로에 각각 한 명씩 있었다. 바그다드에 있는 아바스 왕조의 칼리프는 수니파를, 카이로에 있는 파티마 왕조의 칼리프는 시아파를 대표하고 있었다.

그런데 살라딘은 카이로의 칼리프가 죽은 후 그 뒤를 잇는 칼리프를 두지 않았다. 아이유브 왕조는 칼리프가 부재한 상태에서 알 아딜과 알 카밀로 이어져온 것이다.

반면 메소포타미아 지방의 통치를 맡은 알 아슈라프의 본거지로 추정되는 모술은, 티그리스강을 따라 내려가면 바그다드와 바로 닿는 거리였다. 당연히 바그다드의 칼리프와의 사이가 카이로를 본거지로 하고 있는 형 알 카밀보다 가까웠다. 이는 곧 이슬람교의 성직자이자 칼리프 주위를 지키고 있는 이맘들의 영향을 받기 쉬웠다는 뜻이기도 하다.

알 아슈라프와의 항쟁이 진정되어가는 이 시기에 프리드리히와 교섭을 재개하는 것은 알 카밀의 입장을 약화시킬 위험이 있었다. 왜냐하면 프리드리히가 교섭 테이블에 올릴 내용은 보나마나 1년 전 접촉 당시 알 카밀이 제안했던 '예루살렘의 반환'일 것이기 때문이었다. 예루살렘은 이슬람교도에게도 성도다. 이 '성도'를 그리스도교측에 반환한다면 칼리프를 옹립하는 메소포타미아 세력, 즉 알 아슈라프가 반대의 목소리를 내지 않을 리 없었던 것이다.

그러나 이집트에 세력 기반을 둔 알 카밀로서는 프리드리히가 이끌고 온 군사력을 무시할 수도 없었다.

전쟁에서 져본 적이 없다는 젊은 황제가 이끄는 정예집단이 두려워서만은 아니었다. 프리드리히가 특별히 제작한, 나일강 운항이 가능한 선단 때문이었다. 알 카밀은 기병과 보병을 가득 실은 이 선단이 나일강을 거슬러올라와 카이로 한복판에 나타나는 광경만은 꿈에서도 보고 싶지 않았다. 시리아를 수중에 넣고 메소포타미아 지방과의 관계도 개선되어가는 마당에 본거지 카이로가 위태로워진다면 본전도 못 찾는 격일 테니까.

술탄 알 카밀은 황제 프리드리히의 교섭 재개 요청을 일단 받아들인다. 그리고 교섭 담당으로 이미 프리드리히와 면식이 있는 젊은 태수 파라딘을 지명했다. 이러한 인선은 이 교섭에 진심으로 임한다는 알 카밀의 의사 표시이기도 했다.

하지만 이때 알 카밀의 의도는 교섭을 타결하기보다 최대한 시간을 끌려는 쪽이 아니었을까 생각한다.

술탄은 황제가 놓여 있는 상황을 잘 알고 있었다. 교황에게서 두 번이나 파문당했다는 것도 알고 있었고, 프리드리히가 체재중인 아코가 교황파와 황제파로 양분되었다는 것도 알고 있었다.

또한 이탈리아 반도 중부에 있는 교황의 영토와 남부를 지배하는 프리드리히의 영토가 서로 인접해 있다는 사실도 알고 있었다. 프리드리히에 대한 증오심에 불탄 교황 그레고리우스가 그 경계를 넘어 이탈리아 남부를 침공하라고 명하면 프리드리히도 귀국할 수밖에 없으리라는 것을 알고 있었던 것이다.

역사에 대한 글을 쓰면서 통감하는 것 중 하나는, 정보란 그 중요성을 인식한 자에게만 올바로 전해진다는 사실이다. 십자군 역사에서도 마찬가지이고, 이 점에 대해선 그리스도교도든 이슬람교도든 예외가 아니었다. 같은 그리스도교도 중에도 정보에 정통한 교황이나 왕, 제후가 있었던 반면 그 방면에 어두웠던 교황이나 왕, 제후도 있었다. 같은 그리스도교도이자 이탈리아의 교역상인이면서도, 베네치아인은 정보를 중요시했던 반면 제노바인은 그렇지 않았다.

고대 로마의 율리우스 카이사르는 이렇게 말했다. "현실의 모든 것이 누구에게나 보이는 건 아니다. 대부분의 사람은 자기가 보고 싶은 현실만 본다."

보고 싶지 않은 현실도 직시해야만 정보를 활용할 수 있는 것이다.

바그다드의 칼리프와 그 주변의 이맘들, 그리고 메소포타미아 지방을 지배하는 술탄 알 아슈라프도 신성로마제국 황제가 십자군을 이끌고 왔다는 사실을 알고 있었다. 또한 교황에게 파문을 당한 황제가 조만간 유럽으로 돌아가야 하는 상황이라는 것도 알고 있었다.

하지만 그 황제가 마음만 먹는다면 카이로를 직격할 수 있는 군사력을 보유하고 있다는 사실은 알지 못했다. 게다가 이듬해 봄에는 몰타 출신의 해군장수가 이끄는 20척의 배도 팔레스티나로 돌아올 것이다. 이러한 현실을 냉철하게 직시하고 있던 이는 알 카밀뿐이었다.

나블루스로 찾아온 사자의 요청에 응해, 술탄과 황제의 교섭이 재개된 것은 1228년 가을이었다. 첫 교섭은 아코 교외에 있는 황제의 막사에서 이루어졌다. 현실 정치에 투철해야 할 외교 교섭이지만, 알 카밀이 보낸 젊은 태수 파라딘과 프리드리히는 동년배일뿐더러 둘 사이에는 통역도 필요하지 않았다. 시종 친밀한 분위기가 감도는 가운데, 체스판을 사이에 둔 '교섭'이 진행되었다.

체스를 즐기던 중 프리드리히가 문득 손을 멈추고 중요한 문제를 파고들면, 파라딘은 술탄의 의향을 확인하기 전에는 답할 수 없다며 자리에서 일어나 게임을 그대로 내버려둔 채 말을 타고 달려가곤 했다. 이런 일이 몇 번이고 반복되었다.

모든 교섭이 아랍어로 진행된 탓에 그리스도교측의 기록이 거의 남아 있지 않으므로 교섭 내용은 상상에 맡길 수밖에 없다. 다만 두 사람 사이에 오고간 말은 이해할 수 없어도 분위기는 느껴졌었던 모양으로, "시종 친밀한 분위기에서 이루어졌다"는 기록은 남아 있다.

텔아비브와 가자 사이에서

9월에 시작된 교섭은 11월에 접어들자 장소를 옮겼다.

동생 알 아슈라프와의 문제가 타결되어 더는 나블루스에 있을 필요가 없어진 알 카밀이 카이로로 돌아가는 길에 가자에 들렀기 때문이다. 가자에는 술탄의 별궁이 있었다.

이 사실을 안 프리드리히는, '성지'에 있는 그리스도교 세력의 수도격이며, 따라서 어엿한 왕궁도 있던 아코를 떠난다. 야파로 이동한 것이다. 진정한 교섭 상대와의 거리를 절반 이상 단축한 셈이다.

야파, 즉 텔아비브는 현재 이스라엘의 수도 기능이 집중되어 있는 이스라엘 제일의 도시다. 한편 지금도 같은 이름으로 불리는 가자는 팔레스티나 사람들의 자치지구이자, 파타하보다 과격한 하마스가 지배하는 '가자 지구'의 중심적인 곳이다. 가자 역시 정치 기능이 집중된 도시라 할 수 있다.

텔아비브에서 가자까지의 거리는 불과 17킬로미터 안팎이다. 21세기인 지금, 이스라엘과 팔레스타인은 이 거리를 사이에 두고 한쪽은 미사일을 쏘아대고 다른 한쪽은 공중폭격으로 대응하며 대치하고 있다.

그런데 바로 그 장소에서, 지금으로부터 8백 년쯤 전인 1228년에서 1229년 사이는, 군사력을 사용하지 않고 공생을 실현하기 위한 교섭이 진행되고 있었다. 그것도 그리스도교 세계 속계의 일인자인 황제와 이슬람 세계 속계의 일인자인 술탄, 즉 정상 중의 정상들이.

대폭 거리를 좁혀온 서른네 살 황제의 박력에 압도당한 것인지, 마흔여덟 살의 알 카밀은 1229년으로 해가 바뀐 뒤에도 계속 가자에 머물렀다. 프리드리히가 무언가 중대한 요구를 하면 파라딘이 그때마다 말을 달려 야파와 가자 사이를 오가면서 알 카밀의 지시를 받아 전해야 했기 때문이다. 다행히 야파와 가자 사이는 농촌지대라 땅이 평탄해 말이 질주하기에는 편했다.

왔다갔다하느라 종종 중단되기는 했지만 교섭 장소를 지배하는 우호적인 분위기는 변하지 않았다. 술탄이 술탄만 사용할 수 있는 호화로운 천막을 보내면, 황제는 답례로 황제의 문장인 노란색 바탕에 검은색 독수리를 수놓은 말옷을 입힌 유럽산 준마를 보냈다. 때로는 서로의 자작시를 교환하기도 했다. 시를 짓는 것은 이슬람교도 교양인

야파와 가자

의 필수조건이었는데, 프리드리히가 남긴 시도 몇 편 전해진다.

프리드리히는 한층 친밀해진 파라딘을 서유럽풍 의식에 따라 기사로 서임하기도 했다. 이를 보고하는 파라딘에게, 알 카밀은 어쩌다 자네까지 기사가 되어버렸냐며 웃었을지도 모르겠다. 알 카밀 역시 36년 전 살라딘의 강화 교섭을 맡은 아버지 알 아딜을 따라 십자군 진영에 갔다가, 사자심왕 리처드로부터 '기사가 되어버린' 적이 있었다.

중세 유럽에서 '기사'가 된다는 것은 기사로 서임한 자에게 충성을 서약하는 의미도 있다. 하지만 아무리 기사로 서임되었다 해도 이슬람교도가 그리스도교도에게 충성을 서약할 수는 없는 노릇이다. 따라서 리처드나 프리드리히나 중세 그리스도교도에게 허용되지 않은 행위를 한 셈인데, 두 사람 다 일말의 뒤끝 없이 유쾌하게 넘겼다. 그리고 알 카밀과 파라딘도 이를 순수하게 받아들이고 '기사가 되어버린' 것이다.

어쨌거나 알 카밀이 시간 벌기로 시작한 교섭은 이렇게 조금씩 진지하게 이교도간의 공생관계 수립을 지향하는 교섭으로 변해갔다. 그러나 그사이에도 프리드리히는 중근동 그리스도교 세력의 안전을 보장할 수단을 강화해가고 있었다.

이때부터 팔레스티나 지방에 튜턴 기사단이 관할하는 성채가 세워지기 시작한다. 그전까지 이 지방에 있던 성채들은 대부분 병원 기사단이나 템플 기사단이 세운 것이었다. 그런데 이제 튜턴 기사단이 건설한 성채도 추가된 것이다. 프리드리히의 적극적인 원조가 없었다면, 창설된 지 10년 남짓한 튜턴 기사단이 도저히 실행할 수 없는 일이었다.

그렇다고 프리드리히가 튜턴 기사단만 특별 취급한 것은 아니었다. 다른 기사단이 소유한 성채라도 전략상 중요하다고 판단되면 보강공사를 원조했다. 또한 병원 기사단 단장과 자주 의견을 나누었는데, 항구도시 방어의 핵심에 속하는 성채 역시 전략상 중요하다고 판단되면 성채 운영에 오랜 경험을 가진 병원 기사단에 일임했다.

평화를 위한 교섭을 계속하는 한편 방어력의 강화를 잊지 않은 것인데, 이런 공사는 이끌고 온 병사들을 활용하는 동시에, 중근동의 그리

체스를 두며 교섭하는 프리드리히와 파라딘

스도교도 사이에 뿌리 깊게 남아 있던 강경파의 시선을 교섭에서 다른 곳으로 돌리는 효과도 있었다. 강경파의 눈에는, 강력한 군대를 이끌고 왔으면서도 교섭만으로 문제를 해결하려는 것이 부정적으로 비칠 수도 있었기 때문이다.

강화 체결

야파와 가자에서 양측이 강화를 위한 교섭을 시작한 것은 1228년 11월이었다.

그로부터 3개월이 지난 1229년 2월, 드디어 교섭이 타결되었다. 그동안 끈기 있게 교섭을 진행해온 프리드리히가 이긴 것이라고 보아도 좋을 내용이었다.

2월 18일 아침, 먼저 야파에서 프리드리히가 조약서에 서명하고 날인했고, 그날 밤 가자에서 알 카밀이 서명과 날인을 마쳤다. 두 사람은 실제로는 한 번도 만나지 않고서 강화를 성립시킨 것이다.

이 강화의 정식 문건은 남아 있지 않다. 이렇게 중요한 사료가 왜 남아 있지 않느냐면, 이때의 강화는 그리스도교측과 이슬람측 양쪽 모두에서 평판이 좋지 못했기 때문이다. 본디 '평판'이란 반대의 목소리가 높고 찬성의 목소리는 낮은 특성을 지닌다. 기록을 남기는 이들 역시 목소리가 높은 쪽을 중시한다는 점에서는 일반인들과 다르지 않았던 것이다.

그래서 연구자들은 그리스도교측과 이슬람측에 각각 단편적으로 남아 있는 원사료를 최대한 긁어모아 살펴본 다음 재구축하는 작업에 만족할 수밖에 없다. 하지만 그것도 연구자의 눈높이에 맞춰 원사료를 나열한 정도에 그치는 것이 대부분이다. 또한 그리스도교측에나 이슬람측에나 그들 나름의 우회적인 표현이 존재하므로, 원사료를 충

악수를 나누는 프리드리히와 알 카밀.
두 사람이 실제로 만난 적은 없다. (당시의 연대기에서)

실히 번역한 것만으로 명료하게 이해하기 힘들다.

따라서 여기서는 항목별로 정리해 소개하기로 한다. 합리적이라는 공통점을 지녔던 프리드리히와 알 카밀의 '작품'을 설명하려면 어쩌면 이런 식으로 명확하게 정리하는 쪽이 더 어울릴 거란 생각도 든다.

하나, 이슬람측은 예루살렘을 그리스도교측에 양도한다.

단 예루살렘 시내의 동쪽 3분의 1은 이슬람교도의 것으로 남겨, 비무장 이슬람교도가 관리하는 '이슬람 지구'로 정한다.

이 지구에는 현재도 금빛으로 빛나는 돔을 보여주는 술탄 오마르가 세운 모스크와, 당시 이슬람교도가 그보다 더 높은 신앙의 대상으로 받들던 알 아크사 사원이 있기 때문이었다.

그래서 강화에서 이 일대를 그리스도교가 지배하는 예루살렘 내의 '이슬람 지구'로 남긴 것인데, 그리스도교도라도 이슬람측 관리자의 허가를 받으면 들어갈 수 있다는 조건도 덧붙였다.

이슬람교도가 성지로 생각하는 이 일대에 그리스도교도의 출입이 인정된 이유는, 과거 이 지구에 있었던 유대교의 신전에서 소년 시절의 예수가 유대교 사제를 상대로 논쟁을 벌였다는 내용이 신약성서에 나와 있기 때문이었다. 예루살렘을 순례하는 그리스도교도는 예수 그리스도와 조금이라도 연관이 있는 곳은 모두 참배하고 싶어했다.

이와 같은 이유로 프리드리히는, 예수의 탄생지인 베들레헴과 예수가 자란 땅인 나사렛을 그리스도교측에서 영유한다는 조건도 알 카밀에게서 얻어냈다.

둘, '이슬람 지구'를 제외한 예루살렘 시 전체는 그리스도교측에 양도되지만, 예루살렘 주변 일대는 이슬람측 영토로 남는다.

하지만 이렇게 되면 예루살렘이 적지 한가운데에 무방비 상태로 고립되는 것이나 마찬가지다. 성내에 그리스도교측 무장 병력이 상주한다 해도 밖에선 도적집단이 활개를 칠지도 모른다. 그래서 프리드리히는 예루살렘의 성벽을 강화해달라고 요구했고, 알 카밀은 프리드리히가 공사를 감시한다는 조건하에 이를 인정했다.

셋, 이슬람측은 그리스도교측이 베이루트에서 야파까지, 팔레스티나의 해안에 줄지어 있는 항구도시와 그 주변 지역을 영유하는 것을 인정한다.

이는 리처드와 살라딘이 맺은 강화의 내용을 따른 셈인데, 그때 인정된 것은 티루스에서 야파까지였다. 그런데 프리드리히와 알 카밀의 강화에서는 티루스 북쪽에 있는 시돈과 베이루트까지 모두 그리스도교측의 땅으로 공인된 것이다.

이는 단순한 '증가'가 아니었다. 이 두 항구도시가 더해짐으로써 안티오키아에서 트리폴리를 거쳐 야파에 이르는 해안지대가, 이슬람 영지 때문에 중간에 끊어지지 않고 북쪽에서 남쪽까지 쭉 이어질 수 있게 된 것이다.

이는 순례든 통상이든 유럽과 바닷길로 오가는 것이 일반적이었던 이 시대의 그리스도교측에 매우 유리한 변화였다.

넷, 순례와 통상이 목적인 사람들의 왕래는 양측 모두 자유와 안전을 보장한다.

이 항목은 리처드와 살라딘의 강화를 완전히 따른 것이다. 이는 곧 그후로 지금까지 그리스도교측과 이슬람측 모두 이에 따른 이익을 누려왔다는 뜻이기도 했다.

다섯, 양쪽에서 '억류'하고 있는 포로를 전원 교환한다.

이로 인해 석방된 자들은 대부분 제5차 십자군의 다미에타 공방전

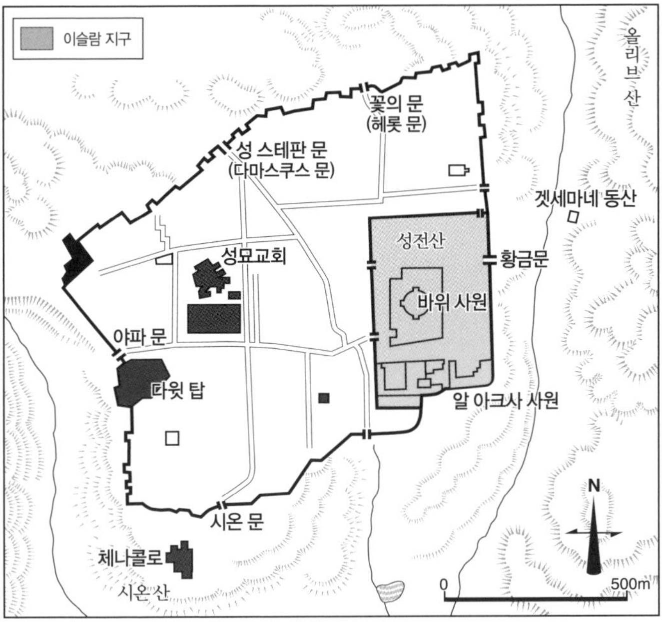

예루살렘 시가도

당시 포로가 된 그리스도교도 병사들이었다.

여섯, 이 강화의 유효기간은 서명과 날인 후 10년간으로 한다.

1239년 2월까지 이어진다는 것인데, 그후의 갱신 가능성도 부정하지는 않았다.

그러나 강화의 내용이 알려지자마자 그리스도교측과 이슬람측 양쪽에서 소란이 일었다.

이슬람측에서는 먼저 메소포타미아 지방을 지배하던 알 아슈라프가, 성도 예루살렘을 이교도에게 양도한 것에 반대하는 목소리를 냈다. 하지만 알 카밀의 위세가 너무나도 확고했으므로 그 주장은 널리 퍼지지 못했다.

알 카밀이 동생을 어떻게 설득했는지는 알려져 있지 않다. 어쨌거나 21세기인 지금도 이슬람교도가 쓴 십자군 관련 책에서는 여전히 이 강화를 이슬람교도의 '굴욕'으로 단정하고 있다.

그러나 이 강화가 그리스도교측에 야기한 엄청난 반향은, 굴욕을 당했다고 분노하는 이슬람측의 반응을 훨씬 뛰어넘은 것이었다.

반대의 소용돌이에서

먼저 아코에 있던 예루살렘 대주교가 격렬하게 반대했다. 튜턴 기사단의 단장 헤르만이 그래도 성도는 이교도의 손에서 되찾아오지 않았느냐, 순례자들을 데리고 해방된 예루살렘으로 가보는 게 어떻겠느냐고 진언했지만, 대주교에게서 돌아온 것은 단호한 거절이었다.

오히려 대주교는 교황에게 급히 다음과 같은 서신을 보내 프리드리히를 비난했다.

"이 황제는 전혀 그리스도교도의 황제가 될 자격이 없습니다. 무능하기 짝이 없어 사라센인 앞에 무릎을 꿇는 것밖에 모르고, 입에서 나오는 것이라고는 그들에 대한 감사의 말뿐입니다. 덕분에 불신앙의 무리에게서도 경멸받는 형편입니다."

강화에서 프리드리히가 보여준 이교도 존중과 공생에 관한 생각부터가, 이미 대주교 제라르도의 이해를 넘어서는 것이었다.

대주교의 서신을 읽은 로마 교황도 프리드리히에 대한 평가를 바꾸지 않았다. 아니, 오히려 이전보다 더 악화되었다. 교황의 파문이 풀릴 가능성은 요원해져만 갔다.

이들 생각으로는 불신앙의 무리와 교섭한다는 것 자체가 그리스도교도로서 잘못된 행위였다. 더구나 성도 예루살렘의 '해방'은 이교도와의 합의가 아니라 그리스도교도의 피를 흘림으로써 성취해야 하는 것이었다.

성직자 말고도 중근동의 그리스도교도 중 격렬하게 반대한 이들이 있었다. 템플 기사단의 기사들이다. 그들은 기사단이 창설된 이래로 이슬람측에서 몰수한 알 아크사 사원을 본부로 삼아왔다. 그리고 살라딘이 예루살렘을 탈환한 뒤로는 계속 본부가 없는 상태로 지내왔는데, 프리드리히와 알 카밀이 맺은 강화에서 알 아크사 일대는 '이슬람 지구'로 계속 이슬람측에 남게 되었다. 42년 만에 본부로 돌아가려는 꿈이 물거품이 된 것이다.

그러나 모든 이들이 강화에 반대했던 건 아니다. 유럽에서 먼 길을 온 순례자들은 특히 기뻐했다. 프리드리히가 도착한 뒤로 방어상의 문제로 예루살렘 방문이 금지되어 있었는데, 강화가 성립되자 그들은 일제히 예루살렘으로 향했다.

또한 종교 기사단 중에서도 황제 직속이나 마찬가지인 튜턴 기사단은 당연히 별 문제가 없었고, 병원 기사단 역시 프리드리히에게 계속 협력했다. 강화가 성립된 후 야파를 떠나 그리스도교측 성채를 시찰하고 다니는 프리드리히와 항상 동행한 것도 병원 기사단의 단장이었다.

그리고 그리스도교측 영지로 인정된 항구도시에 사는 이들과, 그곳을 기점으로 이슬람교도와의 교역에 종사하는 상인들 역시 강화의 성립에 따른 이익을 누리게 되었으니, 속으로는 분명히 찬성했을 것이다.

원래 반대의 목소리는 찬성의 목소리보다 더 크게 들리는 법이다. 그걸 알고 있었는지 프리드리히는 반대와 비난의 목소리에 별로 신경 쓰지 않았다. 그는 2월부터 3월까지, 그리스도교측 안전의 핵심이라 할 수 있는 각지의 성채를 강화하는 일에 전념했다.

한편 이런 의문도 든다. 일찍이 예루살렘을 다시 이슬람교도의 품으로 되찾아온 공로를 세운 살라딘도, 그리스도교도 순례자들이 예루살렘을 방문하는 것을 허락하고 그들이 순례하는 동안 행동의 자유와 안전을 완전히 보장하겠다고 사자심왕 리처드와의 강화를 통해 확약했다. 또한 형의 뒤를 이은 알 아딜도 그러한 노선을 계승했다. 하지만 두 사람 모두 예루살렘을 그리스도교측에 완전히 양도하지는 않았고, 또 그럴 생각도 없었을 것이다.

어쨌거나 그리스도교도와 이슬람교도 양쪽 모두의 '성도'인 예루살렘은, 이슬람측이 계속해서 통치권을 가지는 한편 그리스도교도에게도 열려 있는 도시였었다. 리처드와 살라딘의 강화에서 프리드리히와 알 카밀의 강화에 이르기까지 37년 동안, 그사이 제5차 십자군이라는 단절기가 있긴 했지만, 오랜 세월 이런 상태를 유지해온 것이다.

그런데 알 카밀은 완전한 형태의 양도를 결심한다. 왜일까. 상황은 알 카밀에게 유리했는데 무슨 이유로 그런 결심을 한 것일까.

시간도 알 카밀에게 유리했다. 프리드리히가 언제까지고 중근동에 머무를 수 없다는 것은 누가 봐도 명백했다.

내가 떠올린 것은, 이 시대보다 천 년도 전에 로마제국 황제 하드리아누스가 단행했던 정책이다. 아직 그리스도교와 이슬람교가 생기기 전인 이 시대에 황제 하드리아누스가 직면한 것은 유대교도였다.

로마제국에 대한 유대인의 마지막 반란을 진압한 황제 하드리아누스는 예루살렘에서 유대교도를 추방한다. 제국 어디에 살아도 상관없지만 예루살렘에서는 살 수 없다는 것이었다. 방문하는 것은 괜찮지만 정착해 사는 것은 안 된다. 이유인즉슨, 다른 지방에서는 이민족과 무리 없이 공생하는 유대인이 예루살렘에서만은 쉽사리 흥분해 말썽을 일으킨다는 것이었다.

황제 하드리아누스는 예루살렘에서 유대교도를 추방한 것으로 모자라 예루살렘이라는 이름까지 없애고 '아일리아 카피톨리나(Aelia Capitolina)'로 개명해버렸다. 뿐만 아니라 반세기 전 황제 티투스가 파괴한 대신전 터에 신들을 모시는 신전을 세웠다.

'아일리아'란 하드리아누스의 가문명 '아일리우스'에서 유래한 것이고, '카피톨리나'는 로마의 일곱 언덕 가운데 하나인 '카피톨리노'에서 따온 것으로, 신들이 사는 땅을 뜻했다. 즉 '아일리나 카피톨리나'는 '하드리아누스가 세운 신들의 신전'이라는 뜻이 된다.

왜 이름을 바꾸었는지에 대해서는 오현제 중 하나인 하드리아누스도 기록을 남기지 않았고, 다른 연대기에도 나와 있지 않다. 일신교를 상징하는 '예루살렘'만 아니라면 어떤 이름이든 상관없었던 것일까. 로마인은 자신들이 믿는 신 말고는 전혀 인정하지 않는 일신교와 대척점에 있는 다신교 국민이었다.

그러나 '아일리아 카피톨리나'의 수명은 오래가지 못했다. 4세기에 접어들어 그리스도교가 대두하자 그리스도교도의 성도인 이 도시의 이름은 '예루살렘'으로 돌아간다. 이때의 주인공은 동로마제국에 사는 그리스인 그리스도교도였다.

이런 상태로 3백여 년이 지난 후, 이 동로마제국령은 새롭게 대두한 이슬람 세력에 고스란히 흡수되었다. 그리고 이렇게 이슬람의 도시가 된 예루살렘을 '해방'하기 위해 십자군 원정이 시작된 것이다.

황제 하드리아누스는 다신교 시대의 로마인이었다. 반면 술탄 알 카밀은 일신교인 이슬람교 세계의 지도자다.

하지만 종교상의 차이나 시대배경을 차치하고 일국의 통치자라는 위치로 생각한다면, 다음과 같이 상상할 수도 있지 않을까.

예루살렘이 이슬람의 지배하에 있는 한, 유럽의 그리스도교도들은 열기를 식히지 못하고 앞으로도 계속 십자군을 조직해 침공해올 것이라고.

이는 어쩌면 프리드리히가 먼저 꺼낸 말인지도 모른다. 꼭 십자군 때문이 아니더라도, 한번 흥분하면 앞이 보이지 않는 로마 교황과 가톨릭교회를 적으로 돌려 고생해온 이가 다름아닌 프리드리히였으니까. 그리고 알 카밀도 이 말을 받아들이고, 간단히 말해 그냥 예루살렘을 넘겨주고 말자, 하는 마음이 든 게 아니었을까.

프리드리히와 강화 교섭을 하던 당시 알 카밀은 프리드리히에게 내몰려 하는 수 없이 양보해야 하는 입장이 아니었다. 오히려 비교적 유리한 위치였는데, 그런 그도 그리스도교측에 예루살렘을 양도하면 이슬람 세계가 맹렬히 반발하리라는 것을 충분히 예상할 수 있었다. 그런데 백부나 아버지도 전혀 고려하지 않았던 완전 양도를 단행한 것이다.

잊어서는 안 되는 것은, 이집트를 침공한 제5차 십자군과 맞서 싸울 당시의 알 카밀은 술탄의 자리에 막 오른 직후여서 권력기반이 약했었다는 사실이다. 그런 그가 십자군의 침공만 없다면 중근동의 그리스도교도와 충분히 공생할 수 있으리라고 생각했다 해도 무리는 아니다. 그리고 더이상 십자군이 원정을 오지 않도록 예루살렘을 그들에게 양도해버리면 문제가 해소되지 않을까, 라고 생각했을 수도 있다.

이는 어디까지나 나의 상상이다. 어디까지나, 둘 사이에 종교의 차이가 있었어도 이해하고 협조할 여지 또한 있지 않았을까, 라는 생각을 떨쳐버리지 못하는 자의 상상이다.

그러나 이런 상상에라도 기대지 않으면, 알 카밀이 결단을 내린 진짜 이유에 다가갈 수 없을 것이다.

많은 연구자들은 쉰 살을 앞둔 알 카밀이 열다섯 살이나 어린 프리드리히에게 개인적인 호의를 가졌기 때문이라고 설명하는데, 이런 이유로는 충분하지 않다. 두 번이나 파문당한 프리드리히의 난처한 입장에 알 카밀이 동정심을 보였다는 이유만으로도 다 설명할 수 없는 것이다.

예루살렘이 이슬람교도에게도 '성도'인 이상, 바위 사원과 알 아크사 사원이 있는 '이슬람 지구'를 제외한 예루살렘 전체를 그리스도교 측에 양도하겠다는 결정은 이슬람 세계의 지도자로서 엄청난 위험을 감수하는 일이었다. 당시에도 강한 반발이 일어났고, 그로부터 8백 년 가까이 지난 지금까지도 '굴욕'으로 단정되고 있다는 것이 그 증거다.

알 카밀은 이런 위험을 감수하고 '프리드리히와 알 카밀의 강화'를 성립시켰다. 그리고 위험을 감수한 것은 프리드리히도 마찬가지였다. 게다가 알 카밀보다 열다섯 살이나 젊었던 프리드리히에게는 이때 감수한 위험이 평생 따라다니게 된다.

사자심왕 리처드도 로마 교황이 말하는 '불신앙의 무리'와 강화를 맺었다. 하지만 리처드는 살라딘을 상대로 격렬한 전투를 거듭한 후에 그 '불신앙의 무리'와 강화를 타결했다. 그런데 프리드리히는 전투 한번 벌이지 않고 '불신앙의 무리'와의 협의만으로 강화를 이끌어낸 것이다.

성도 예루살렘을 끝내 탈환하지 못한 리처드와, 탈환에 성공한 프리드리히에 대한 로마 교황청의 평가가 달랐던 것은 이 때문이다.

거듭 말하지만 로마 교황청은 성지 팔레스티나나 성도 예루살렘이나 그리스도교도가 피를 흘려 '해방'해야 하는 곳이라고 생각했다. 그래야 비로소 이에 참가한 모든 이들에게 면죄라는 보상이 주어지는 것이다.

'성도' 방문

1229년 2월 18일 강화에 서명하고 날인한 프리드리히는 그뒤로 각지의 성채를 시찰하다가 3월 17일 예루살렘에 도착했다. 성문 앞까지 마중 나온 예루살렘 총독 알 가우지가 황제에게 예루살렘 성문의 열쇠를 헌정하는 것으로 예루살렘 양도 의식은 마무리되었다.

서른다섯 살의 황제는 우선 병원 기사단의 병원에 인접한 기사들의 숙소로 향한다. 이곳을 숙소로 정한 것은 예루살렘에서 그리스도교 세계의 군주가 묵을 만한 장소가 그곳밖에 없었기 때문이다. 살라딘에 의해 이슬람화된 뒤로는 병원 기사단이 운영하는 이 '병원'만이 순례자를 위한 시설로서 잔류를 허락받았고, 그 외의 왕궁이나 대주교의 관저는 전혀 없었다. 예루살렘의 방어기지이기도 한 '다윗 탑'은 지금껏 주둔하고 있던 이슬람 병사들이 이동하느라 몹시 혼잡했다.

병원 기사단 건물에 자리를 잡은 프리드리히는, 저녁식사 전 잠시 소수의 일행만 이끌고 성묘교회로 향한다.

살라딘은 병원 기사단의 병원에 근무하는 의사와 마찬가지로 성묘교회를 관리하는 수도사들도 예루살렘에 머무르는 것을 인정했으므로, 그들 역시 예루살렘이 이슬람 지배하에 있던 42년간 계속 이 성도에 머물러온 그리스도교도들이었다. 하지만 황제가 파문당했다는 사실은 그들도 알고 있었기 때문에, 프리드리히를 어떻게 맞아야 좋을지 당혹스러워하고 있었다.

그러나 이런 것을 신경 쓸 프리드리히가 아니다. 갈팡질팡하는 수도사들 사이를 빠져나간 프리드리히는 수행한 일행을 대기하게 하고 혼자 제단으로 향했다. 제단 앞에 무릎을 꿇은 황제는 잠시 혼자 기도를 올렸다. 그리고 기도가 끝나자 여전히 허둥대고 있는 수도사들을 뒤로하고 숙소로 돌아갔다.

다음 날인 3월 18일 아침에는, 성묘교회에서 예루살렘 왕의 대관식을 거행하기로 되어 있었다.

프리드리히도 처음에는 대관식 전에 열리는 미사에 참석할 생각이었다. 하지만 그런 그에게 튜턴 기사단의 단장 헤르만이 한 가지 충고를 한다. 파문당한 몸으로 그리스도교의 중요한 의식인 미사에 참석했다는 사실이 알려지면 로마에 있는 교황의 분노에 기름을 붓는 격이 될지도 모른다는 것이었다. 프리드리히는 헤르만의 충고를 받아들였다.

미사가 끝난 뒤 들어간 성묘교회 안에는 미사를 보기 위해 와 있던 순례자들도 남아 있었다. 정식 황제 복장을 입고 들어온 프리드리히를 보자 그들 사이에서는 자연스레 커다란 환호성이 터져나왔다. 그들에게는 이제야 그리스도교도의 수중에 들어온 성도에서, 게다가 예수 그리스도의 묘 위에 세워진 이 성묘교회에서 기도를 올릴 수 있는 것만으로도 기쁜 일이었고, 설령 그것이 파문당한 자가 이룬 일일지라도 상관없었던 것이다.

엉겁결에 길을 열어준 군중을 뚫고 황제는 제단 앞으로 나아갔다. 그러나 왕관을 수여하는 의식은 주교 이상의 성직자에게만 허락된다. 이날 예루살렘에는 대주교는 물론 주교도 없었다.

서른다섯 살의 황제는 제단 위에 놓인 왕관을 자기 손으로 들어올려 머리에 썼다.

이날 성묘교회에 있던 이들 중 이 유례없는 행위에 이의를 제기한 자는 없었다. 나중에 튜턴 기사단 단장 헤르만이 나서서, 오늘 프리드리히가 한 행동은 어디까지나 황제로서 신에게 감사를 표한 것이다, 라고 애매모호한 사후설명을 한 것이 효과가 있었는지도 모른다. 그 자리에는 중근동에서 오래 살아온 영주들을 비롯해 종교 기사단의 단장까지 참석하고 있었다. 사후설명이란 이미 어느 정도 상황을 알고 있는 이들에게만 효과가 있다.

중근동 그리스도교 세력의 유력자라고 할 수 있는 이들은, 대관식이 끝난 후 예루살렘의 통치를 논의하기 위해 프리드리히가 소집한 회의에도 참석했다.

이 자리에서 프리드리히는 알 카밀과 맺은 강화의 각 조항을 하나하나 설명했다. 그리스도교도의 수중으로 돌아온 예루살렘의 방어를 위해서는 견고한 성벽과 상주 병력이 필요한데, 성벽 강화공사는 이미 진행되고 있었고, 남은 문제는 예루살렘 시내의 안전이었다. 성벽으로 둘러싸인 도시 예루살렘에는 예로부터 '다윗 탑'이라 불려온, 역시 성벽으로 방비되는 성채가 있었다. 프리드리히는 그곳으로 튜턴 기사단을 보낸다.

제1차 십자군이 구축한 십자군 국가령(1119년)

'하틴 전투' 후의 그리스도교 세력(1187년)

병원 기사단과 템플 기사단, 그리고 튜턴 기사단이라는 3대 종교 기사단이, 그리스도교도에게 돌아온 성지의 방어와 안전을 담당하게 된 것이다. 알 아크사 사원이 계속 모스크로 남아 본부로 복귀할 수 없게 된 것에 프리드리히에게 강력하게 반발했던 템플 기사단도, 그후 프리드리히가 그들 소유의 성채를 제시하자 강한 관심을 보이며 어느 정도 기세를 누그러뜨린 듯했다.

이처럼 당초 강화에 반발했던 사람들도 시간이 갈수록 하나둘씩 프

제3차 십자군 후의 그리스도교 세력(1192년)

프리드리히의 강화 후의 그리스도교 세력(1229년)

리드리히가 제시하는 통치와 방어계획에 협력하게 되었는데, 예루살렘 대주교만은 변함없이 단호한 거부의 뜻을 보였다.

'예루살렘 대주교'라는 지위를 지녔음에도 정작 임지인 예루살렘으로 가지 않고 아코에 머물러 있던 대주교 제라르도는, 로마 교황에게 불만과 탄식의 서신을 보내는 한편, 카이사레아 주교를 예루살렘으로 보내 이 성도를 '성무 금지'에 처한다고 통보했다.

그리스도교도의 최고 성지인 예루살렘, 게다가 이제 그리스도교도의 수중으로 돌아온 이 성도를, 파문 다음가는 중벌인 '성무 금지'에 처한 것이다. 파문당한 자의 손으로 이룬 '해방'은 인정할 수 없다는 것이 대주교가 밝힌 이유였다.

'성무 금지'에 처해진 곳에는 올바른 그리스도교도가 발을 들일 수 없다. 예루살렘 전체의 출입이 금지되면 누구보다 난처해지는 것은 순례자들이었다.

하지만 실제 상황은 대주교의 생각대로 흘러가지 않았다. 아무도 예루살렘을 빠져나가지 않았을 뿐 아니라, 새로운 순례자들이 예루살렘 성문으로 끊임없이 줄지어 들어와 감격의 눈물을 흘리며 성묘교회로 향했다. 이들에게 가장 중요한 것은 예수가 죽은 곳에서 기도를 올리는 일이었기 때문이다.

그러는 중에도 프리드리히는 예루살렘의 통치와 안전을 확립하느라 분주한 나날을 보내고 있었다. 한편으로는 측근에게 성직자들의 완고함에 대해 푸념하기도 하면서.

예루살렘이 다시 그리스도교도의 것이 되었다고 해서 지금껏 그곳에 살던 이슬람교도가 전부 사라진 것은 아니었다. '이슬람 지구'로 제한된 그들의 성지를 관리하는 이들을 비롯해 아직 많은 이슬람교도가 예루살렘에 살고 있었다. 이들의 거주는 알 카밀과의 강화로도 인정한 바였다. 그리스도교화한 예루살렘에서 퇴거당한 것은 그전까지 이 도시에 상주하던 수비대, 즉 이슬람측의 군사력뿐이었다.

또한 예루살렘은 그리스도교도만이 아니라 이슬람교도와 유대교도의 '성도'이기도 했으므로, 이 도시에는 통치자가 누구든 간에 늘 여러 종교의 사람들이 혼재했다. 따라서 통치와 방어에 다른 도시 이상의 치밀함이 요구되었다.

프리드리히가 이 도시의 통치와 방어를 정비한 성과는, 이 시기 예루살렘을 방문했던 한 그리스도교도 상인의 말에 잘 나타나 있다. 중근동과 오랫동안 교역해온 이 베네치아 상인은 프리드리히가 통치하기 이전과 이후를 비교하며 다음과 같이 말했다.

"대부분의 것들은 변하지 않았다. 그래도 변한 것을 찾는다면, 첫째로 거리에 보이는 수비대 병사가 이슬람교도에서 그리스도교도로 바뀌었다는 것, 둘째로 그리스도교 교회에서 이전보다 큰 소리로 종이 울려퍼지게 된 것이다."

교회와 모스크

프리드리히는 예루살렘에서 일주일 동안 머물렀다.

대관식을 마친 다음 날의 일이었다. 프리드리히는 이런저런 절차상의 필요 때문에 자주 만나던, 이슬람 치하 시절의 총독 알 가우지에게 물었다.

"예루살렘에 오고 나서 한 번도 무에진의 목소리를 들어본 적이 없는데, 왜 그런가?"

전 총독은 대답했다. 황제가 체재중일 때는 무에진이 기도시간을 알리는 걸 삼가라는 알 카밀의 지시가 있었기 때문이라고.

그러자 프리드리히는 웃으면서 말했다.

"그렇다면 당신들 중 누군가가 내 영지를 방문했을 때, 교회의 종을 울릴 수 없게 되지 않나."

그다음 날부터 모스크의 첨탑에서는 하루에 다섯 번, 기도시간을 알리는 무에진의 목소리가 낭랑하게 울려퍼졌다. 그리고 어느 날 프리드리히가 부하들을 거느리고 시찰중이던 때였다. 무에진의 목소리를 들은 프리드리히의 부하들 중에서 그대로 땅바닥에 엎드려 기도를 시작하는 자가 속출했다.

이 광경에 이슬람측도 깜짝 놀랐다. 그들 중 누구도 그리스도교 세계 황제의 부하 중에 이렇게 많은 이슬람교도가 있을 줄은 상상도 하지 못했던 것이다. 하지만 더 놀라운 것은, 땅바닥에 엎드렸다가 일어나기를 반복하는 이슬람식 기도를 올리는 부하들을 그대로 놔두고, 나머지 부하들만 데리고서 태연히 시찰을 계속하는 프리드리히의 모습이었다.

예루살렘에 머물던 시기의 프리드리히에 대한 이슬람교도의 증언이 몇 가지 더 남아 있다.

그중 한 사람은, 이 황제는 무신론자가 아니었을까 하고 말한다.

프리드리히는 일이 없을 때는 주로 예루살렘에 남아 있는 그리스도교의 사적을 둘러보았는데, 그 어디에서도 무릎을 꿇고 감격의 눈물을 흘리는 일이 없었다고 한다.

예루살렘에 사는 이슬람교도는 그리스도교도의 순례에 익숙해져 있었다. 그 순례자들에 비하면 사적을 둘러보는 프리드리히의 태도는 정말 그리스도교도가 맞나 싶을 만큼 '관광'에 가까운 것이었으리라.

심지어 '이슬람 지구'를 둘러보며, 바위 사원이나 알 아크사 사원의 아름다움에 감탄의 탄성을 냈을 정도니까.

또 한 사람은, 이 황제는 노예시장에 내놔도 푼돈밖에 받지 못할 거라고 혹평했다.

이슬람교도, 그중에서도 특히 아랍인이 이상적으로 생각하는 남자의 육체는 기골이 장대하거나 위풍당당하게 살집이 있거나 둘 중 하나였다.

프리드리히는 빈약한 편은 아니었지만, 그 어느 쪽에도 속하지 않았다. 게다가 아랍인의 눈에는 남자로도 보이지 않을 만큼 피부색이 희고, 머리카락은 '붉은 수염'이라는 별명을 가진 할아버지에게 물려받은 듯 붉은 기가 도는 곱슬머리였다.

예루살렘에 일주일 동안 머무른 프리드리히는 3월 25일 아코로 향한다. 아코에서는 중근동 그리스도교 영토 전체의 방어를 강화하는 작업이 기다리고 있었는데, 프리드리히를 맞이한 아코의 분위기는 예루살렘과는 사뭇 달랐다.

사실상 아코를 지배하고 있던 예루살렘 대주교는 프리드리히에 대한 태도를 전혀 바꾸지 않았다. 튜턴 기사단 단장 헤르만이 관계 개선을 위해 노력했지만, 대주교는 같은 도시 안에 있는 황제를 만나는 것조차 거부했다. 프리드리히도 굳이 자세를 굽히면서까지 그를 만날 생각은 없었다.

아코로 돌아온 프리드리히를 처음 도착 때와 전혀 다른 분위기로 맞이한 것은 대주교와 그 수하의 성직자만이 아니었다. 아코 주민의 태도도 황제를 적대시하는 쪽으로 바뀌어 있었다. 하지만 대주교와 달리 이들의 변화에는 현실적인 이유가 있었다.

프리드리히가 오기 전까지 유럽에서 오는 순례자들의 '순례 코스'는 아코에 상륙했다가 거기서 예루살렘으로 향하는 것이었다. 그런데 프리드리히가 알 카밀과의 강화 교섭을 위해 야파로 이동한 뒤 이를 체결하기까지 걸린 3개월 남짓한 기간 동안, 프리드리히는 교섭을 계속하는 한편으로 야파 항을 정비하고 이 항구도시의 방어를 강화해나갔다. 그 결과, 강화가 성립되고 난 후 야파는 아코 이상으로 안전하고 다양한 시설을 완비한 항구도시로 변모했다.

더구나 야파에서 예루살렘까지의 거리는 아코에서 가는 것보다 훨씬 가까웠다. 당연히 순례자들은 야파에 상륙하게 되었고, 아코가 순례자들에게서 얻는 수익은 격감했다. 대주교 이하 성직자들이 프리드리히를 반대한 근거도, 이런 현실적인 이유에 종교적인 색채를 조금 더한 것에 지나지 않았다.

이런 유의 적대에 그쳤다면 프리드리히는 별로 신경 쓰지 않았을 것이다. 강화를 통해 그리스도교도의 영토로 인정된 시리아와 팔레스티나 지방의 항구도시들이 다함께 번영하면, 그중 하나인 아코도 자연스럽게 활기를 띠게 된다. 따라서 아직 미완성인 대사업을 진행하기 위해 아코를 계속 본거지로 삼는 것도 주저하지 않았을 것이다.

하지만 아코에 들어간 지 얼마 되지 않아, 전혀 예상하지 못한 것은 아니지만, 설마 하며 귀를 의심하게 만드는 소식이 프리드리히에게 날아들었다.

'그리스도의 적'

로마 교황 그레고리우스가 보낸 군대가 교황청 영토의 경계를 넘어 프리드리히의 영토인 이탈리아 남부를 침공했다는 소식이었다. 교황의 깃발을 전면에 내세운 전 예루살렘 왕 브리엔이 이끄는 군대였다. 로마 교황청은 파문당한 몸인 프리드리히가 십자군을 이끌고, 게다가 전투를 시도하지도 않고 '불신앙의 무리'와 강화를 체결한 것이 공격의 이유라고 공표했다. 즉, 프리드리히가 로마 교황을 계속 적대한다고 단정짓고 그리스도의 적으로 단죄한 것이다.

프리드리히는 오리엔트로 떠나기 전 자기 영지의 방어에 대해 충분한 대책을 세우고, 신뢰할 만한 부하들에게 이를 맡겨두었다. 따라서 군사적인 면에서는 늙은 브리엔이 이끄는 군대쯤이야 간단히 격퇴할 수 있었을 것이다. 그러나 그리스도의 적으로 몰린 이상 일반 사람들의 동요를 피할 수 없었다. 교황의 뜻을 전면에 내세우고 침공한 군대 앞에 제 발로 성문을 여는 도시가 속속 늘어난 것이다.

일이 이 지경에 이르자, 주인 없는 영지를 지키는 이들은 프리드리히가 속히 귀국하기만 기다리게 되었다. 아코에 도착한 사절이 가져온 서신은 하루빨리 귀국해주기를 청하는 긴박한 내용이었다.

이는 프리드리히에게 유감스럽기 그지없는 일이었을 것이다. 그는 강화로 얻은 평화를 유지하려면 방어체제의 완비가 불가결하다는 사실을 잘 알고 있었다. 그것도 또다른 십자군 원정, 즉 새로운 대군의 도착 없이 스스로 실현해야 하는 것이다.

많지 않은 병력으로 이를 실현하려면 성채를 활용할 수밖에 없다. 그것도 새로운 성채를 세우는 것이 아니라 기존의 것을 활용해야 했다. 새로 많은 성채를 건설하면 이슬람측을 자극하게 되기 때문이다.

프리드리히는 강화가 성립된 후 예루살렘에 들어가기 전까지 한 달 사이에 이미 이 작업을 시작했다. 예루살렘에 일주일 머무는 동안은 예루살렘의 방어체제를 정비했다. 그리고 아코로 옮겨가 아코 북쪽과 동쪽에 흩어져 있는 수많은 성채들을 유기적인 네트워크로 구축해 활용할 생각이었던 것으로 보인다.

성채는 하나만으로는 그 효과가 제한적이다. 하지만 중근동 십자군 국가들의 성채에는 지금까지 네트워크라는 개념이 없었다.

그 많은 성채들은 병원 기사단, 템플 기사단, 각지의 봉건영주 등이 각자 독자적으로 세운 것이기 때문이다. 서로 협력하는 일도 거의 없었다. 예외는 트리폴리 백작령에 있는 성채들이었는데, 이는 병원 기사단이 '크락 데 슈발리에'를 중심으로 네트워크화를 실현했기 때문이었다.

프리드리히는 이런 병원 기사단의 전례를 시리아와 팔레스티나 지방, 즉 그리스도교도가 말하는 '성지' 전역으로 확대하려 했다. 새롭게 성채의 관리자로 가세한 튜턴 기사단에 기존의 병원 기사단과 템플 기사단을 더해 일원화하고, 이들 각자가 관할하는 성채를 중근동 그리스도교 세력의 방어라는 전략상의 대목적 아래 네트워크화하는 것이다.

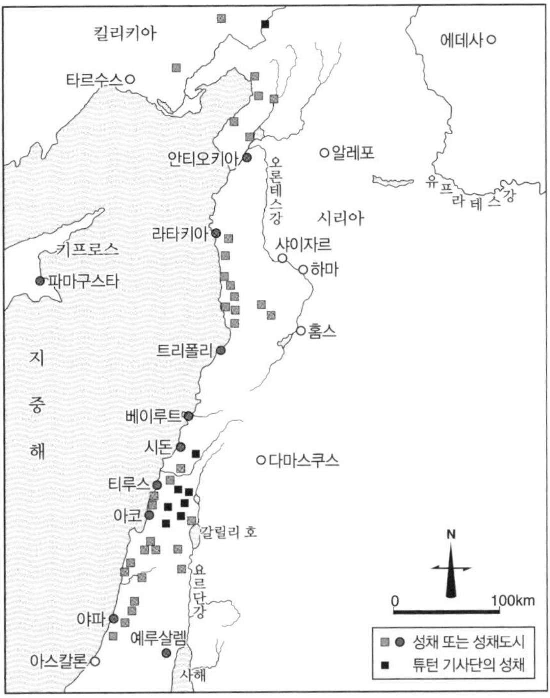

네트워크화한 그리스도교 세력의 성채군

그러면 새로운 십자군의 도착을 기다릴 것 없이, 또한 이슬람측을 자극하지 않는 방식으로, 대부분의 그리스도교도들이 살고 있는 시리아와 팔레스티나 해안 일대의 안전을 보장할 수 있었다. 네트워크를 이룬 성채들이 항구도시들의 외벽 역할을 하기 때문이다.

프리드리히의 이러한 생각은 그가 유럽에 있을 때 자신의 영지인 이탈리아 남부의 방어체제 강화를 위해 이미 추진한 것이기도 했다. 고대 로마인은 가도를 네트워크화하면 하나하나 독립되어 있을 때보다 효과가 비약적으로 향상된다는 것을 알고 이를 실행했다. 방어의 거점인 성채 역시 마찬가지로, 서로 유기적인 네트워크를 이루면 방어면에서의 효과가 비약적으로 향상된다.

그러나 이를 추진하려면 아무래도 직접 찾아가서 둘러볼 필요가 있었다. 그리고 그에 상응하는 시간도 필요하다. 그런데 지금 프리드리히는 그 시간을 잃어버릴 처지에 놓인 것이다.

어쩔 수 없이 아코에서, 그것도 단기간에 작업을 완료해야 했다. 그는 아코의 왕궁으로 3대 종교 기사단의 단장과 봉건제후들을 불러모았다.

프리드리히는 4월 내내 이 일에 매달렸다. 어느 정도까지 추진했는지는 알려져 있지 않다. 그러나 아코에 모인 대부분의 사람들은 프리드리히의 생각을 이해하고 이를 실현하기 위해 노력한 것으로 보인다. 왜냐하면 프리드리히가 떠난 후 15년 동안, 이 지역에 대한 이슬람 측의 침공이 거의 없다시피 했기 때문이다. 처음 10년은 강화로 약속된 것이었지만.

귀국

아코에서 이렇게 한 달 남짓을 보내고, 1229년 5월 1일 프리드리히는 아코를 떠났다.

제6차 십자군을 이끌고 아코에 들어온 것이 지난해 9월 7일이었으니, 프리드리히는 '성지'에 8개월밖에 체재하지 못했다. 그러나 그는 그사이 성도 예루살렘의 수복을 이루었다.

서른다섯 살 황제의 귀국길은 주민들의 욕지거리와 오물이 날아드는 와중에 시작되었다. 황제의 출항을 전송하는 성직자는 한 명도 없었다.

프리드리히는 도중에 키프로스 섬에 머물렀다. 통치개혁의 성과를 확인하기 위해서였다. 그리고 이탈리아 남부의 브린디시로 직행해 6월 10일 상륙했다.

오리엔트를 향해 이 브린디시를 출발한 것이 지난해 6월 28일이었으니, 제6차 십자군 원정은 왕복한 기간을 더해도 채 1년을 채우지 못한 셈이다.

황제가 귀환한다는 소식은 순식간에 이탈리아 남부 전역으로 퍼졌으며, 그에 그치지 않고 교황이 있는 로마와, 교황의 요청으로 병력을 제공한 이탈리아 북부로도 퍼져나갔다.

그 소식에 이탈리아 남부의 주민들이 기운을 되찾은 것을 확인한 프리드리히는 브린디시에서 북쪽으로 조금 떨어진 바를레타의 성채에서 7월과 8월을 보냈다. 바다를 면한 이 성으로 향한 것은 휴양을 위해서가 아니었다. 귀국으로 인한 반응을 지켜보며 반격을 준비하기 위해서였다.

어쨌거나 이슬람교도를 한 사람도 죽이지 않고 십자군 원정을 성공리에 마치고 돌아온 프리드리히가, 그리스도교도의 땅인 유럽에서 같은 그리스도교도를 죽인다면 그의 입장이 악화될 게 분명했다. 로마 교황의 비난도 더욱 거세질 것이다. 프리드리히는, 당장의 행동은 말할 것도 없고 자기 영지의 수복도 그리스도교도의 피를 흘리지 않고 이뤄내야 했다.

9월, 프리드리히의 군대가 움직이기 시작하자 교황군을 이끌고 온 브리엔이 제일 먼저 군대를 내팽개치고 콘스탄티노플로 도망쳐버렸다. 이어서 이탈리아 북부의 각 자치도시가 교황의 군대에 참가하기를 거부했다.

이런 소식을 들으면서 프리드리히는 군대를 이끌고 계속 북상해 나폴리에 들어섰다. 나폴리에서 카푸아까지는 나폴리 주민들이 앞장섰다.

이리하여 10월에 접어든 무렵, 프리드리히는 침공당한 모든 영토를 되찾는 데 성공했다. 교황의 군대와는 일전도 벌이지 않았다. 브린디시에 상륙한 지 채 4개월도 지나지 않은 때였다.

교황 그레고리우스는 고립당한 꼴이 되고도 항복하지 않았다. 로마 교황이 일개 황제에게 머리를 숙이는 것은 당치 않다는 것이었다.

프리드리히는 이제 완전히 외무장관 격이 된 튜턴 기사단 단장 헤르만을 교황에게 파견한다. 교황은 로마로 찾아온 헤르만을 처음에는 냉담하게 돌려보냈지만 두번째에는 만남을 허락했다. 나폴리에서 기다리는 프리드리히에게 돌아온 헤르만은 교황의 태도가 점점 누그러지고 있다고 전했다.

그러나 '교황은 태양, 황제는 달'이라고 믿는 사람을 상대로, 교황의 체면을 구기지 않고 관계를 개선하기란 쉬운 일이 아니다. 여기에는 1년 가까운 시간이 걸렸다.

명목은 교황청 국가와 프리드리히 영토의 경계선을 확정한다는 것이었지만, 실제로는 잡다한 거래만 오가던 교섭 끝에 드디어 둘은 타결에 도달했다. 교황이 아나니에 있는 생가를 방문할 때 황제가 그곳으로 문안인사를 가기로 한 것이다.

아나니는 로마 남쪽에 있는 작은 도시인데, 인노켄티우스 3세 이래로 많은 교황을 배출한 도시로 알려져 있었다.

교황 그레고리우스는 곧 황제 프리드리히를 맞이하는 성명을 발표했다.

"모든 신도의 어머니인 로마 교회는, 순종적이지 않은 아들의 귀환일지라도 진심 어린 자애의 정으로 맞이한다. 황제가 바른 길로 돌아왔으니 그리스도교 세계는 지금까지 두려움으로 가득했던 나날을 잊고, 이제 광명과 평온이 가득할 것이다."

'평화의 키스'

1230년 9월 1일, 예순 살의 교황 그레고리우스와 서른여섯 살의 프리드리히가 서로 어깨를 안고 키스하는 것으로 '화해'의 의식이 이루어졌다. 이런 키스를 유럽에서는 '평화의 키스'라고 한다. 파문은 풀렸다. 그날 교황은 생가에서 베푸는 오찬에 황제를 초대했고, 황제는 감사히 받아들였다. 오찬에는 튜턴 기사단 단장 헤르만도 동석했다.

아나니에서 '평화의 키스'를 나누고 사흘 후, 프리드리히는 일찌감치 이탈리아 남부로 돌아왔다.

팔레스티나를 떠난 뒤에도 프리드리히는 중근동의 그리스도교도를 잊지 않았다. 알 카밀과 맺은 강화의 유효기간이 10년이었으므로, 양쪽 모두 그것을 지킬 마음이 있다면 1239년까지는 평화가 지속될 터였다.

하지만 프리드리히는 그사이에도 '사후관리'를 계속했다.

즉, 서신으로 꾸준히 교류한 것이다. 그는 아랍어로 쓴 친필 서신을 강화에서 교섭을 맡았던 파라딘에게 보냈다. 물론 이것이 알 카밀에게 전해질 것을 염두에 두고 한 일이다.

귀국 직후에 교황의 군대에 대한 반격의 양상을 담아 보낸 서신은, 외교 교섭 상대라기보다 마치 새로 사귄 친구에게 쓴 것 같은 내용이었다. 강화를 지속하기를 청하는 대신 이렇게 근황을 알리거나 수학과 철학 문제를 담은 서신을 교환하는 것이 프리드리히식 '사후관리'였다.

1238년 알 카밀이 세상을 떠났다. 뒤를 이은 이는 그의 장남이었다. 그 장남에게도, 그리고 10년 후인 1248년 이 사람이 죽고 뒤를 이은 그의 동생에게도, 프리드리히의 서신 작전은 계속되었다.

이것이 효과가 있었는지는 알 수 없다. 하지만 그가 알 카밀과 체결한 강화의 유효기간이 끝난 후에도, 중근동의 그리스도교도와 이슬람교도의 공생은 아주 완벽하지는 않아도 꾸준히 이어졌다.

이 상태가 결정적으로 바뀌는 것은 1248년이다.

1248년 8월, 프랑스 왕 루이 9세가 이끄는 제7차 십자군이 프랑스 남

신성로마제국 황제 프리드리히 2세

부의 항구 에그모르트에서 이집트를 향해 출항한 것이다. 하지만 2년 후 여름, 루이는 포로가 되고 만다.

이탈리아 남부에 있던 프리드리히도 분명 이 소식을 접했을 것이다. 이 소식을 듣고 어떤 생각이 들었는지, 그는 아무 말도 남기지 않았다. 그리고 그로부터 4개월이 지난 1250년 12월 13일, 프리드리히에게 죽음이 찾아온다. 쉰여섯 살이 되기 2주 전의 일이었다.

십자군 역사의 세계적인 권위자로 평가받는 영국인 역사가 런치먼은, 황제 프리드리히를 다음과 같이 평했다.

"잔혹하고 이기적이며 교활한 남자였다. 친구로서 전혀 신용할 수 없고, 적으로 돌아서면 집요하기 짝이 없었다."

적어도 로마 교황 입장에서 보면 당연한 평가라 할 수 있을 것이다.

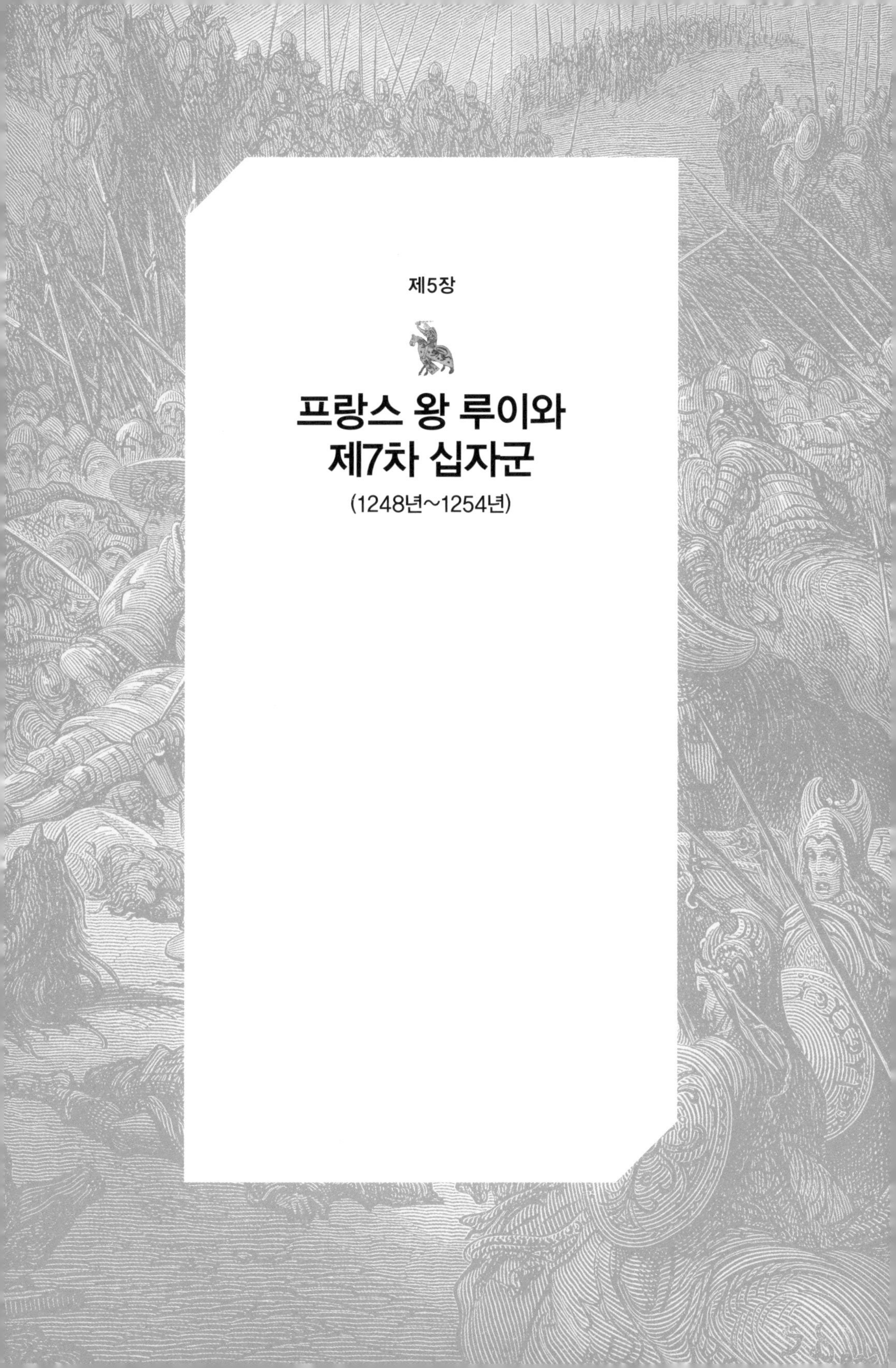

제5장

프랑스 왕 루이와 제7차 십자군

(1248년~1254년)

이상적인 군주

역사상 '성왕(聖王) 루이'라는 이름으로 남은 루이 9세가, 역대 프랑스 왕의 대관식이 거행된 랑스의 대성당에서 왕관을 머리에 쓴 것은 열두 살 때였다. 아버지 루이 8세가 불과 3년의 치세 끝에 병사하고, 세 명의 형도 그전에 이미 세상을 떠났기 때문이다.

열두 살에 왕위에 오른 루이의 치세는 어머니의 도움으로 시작되었다. 카스티야 왕가 출신의 어머니 비안카는 섭정으로도 유능했지만, 스페인 여자답게 신앙심도 깊었다.

루이는 어머니의 깊은 관심과 애정 속에서 자랐다. 다른 교육은 가정교사들에게 맡겨도 종교 교육은 어머니가 직접 맡았다. 별다른 교육은 아니고 그저 성서를 반복해서 읽는 것이었다고 하지만. 어려서 경험한 육친들의 잇따른 죽음, 그리고 매일같이 어머니와 함께 읽은 성서, 이런 환경에서 자란 루이가 성장하면서 신앙심이 깊어진 것도 당연한 일일 것이다.

어머니의 도움을 받긴 했지만, 루이는 온건하고 선정을 펼친 군주로 알려져 있다. 하지만 이것도 그가 아홉 살 때 세상을 떠난 조부 필리프 2세가 비열한 수단도 마다하지 않으며 프랑스 왕의 직할령을 확장해 주었기 때문이다. 루이의 행운은 자기 손을 더럽히지 않고 프랑스 왕의 지위를 유지할 수 있었다는 데 있었다.

당시에도 악평이 높았던, 알비파 그리스도교를 상대로 한 '십자군'은 1229년이 되어서야 20년에 걸친 전란의 막을 내릴 기미를 보이기 시작한다. 그리고 5년 후인 1234년, 스무 살이 된 루이가 알비파 중진으로 인정받던 프로방스 백작의 딸 마르그리트와 결혼함으로써, 오랜 세월에 걸친 프랑스 북부와 남부의 항쟁이 해결되었다.

루이와 마르그리트의 결혼은 전형적인 정략결혼이었지만, 젊은 왕과 왕비는 서로에게 경의와 애정을 갖고 있었던 것으로 보인다.

루이 9세는 56년의 생애 동안 열 명의 아이를 얻었다. 한편 루이보다 스무 살은 더 많았던 신성로마제국 황제 프리드리히 2세는 56년의 생애 동안 스무 명의 아이를 얻었다. 되도록 많은 후계자 후보를 만들어두는 것 또한 군주의 임무였기 때문인데, 프리드리히는 자기 아이를 낳은 여자만 열세 명에 이르렀던 반면, 루이에게서는 정부의 그림자조차 찾아볼 수 없었고, 열 명의 아이 모두 왕비 마르그리트에게서 얻은 것이었다.

이슬람의 술탄처럼 하렘을 갖고 있다며 황제 프리드리히를 비난했던 로마 교황청이, 이 루이를 그리스도교 세계의 이상적인 군주라고 칭송한 것도 당연했다. 덧붙여 프리드리히는 전장에 여자를 데려가지 않고 필요하면 그 지역에서 구하는 쪽이었지만 루이는 어디를 가든 왕비와 함께였고, 물론 십자군 원정에도 데려갔다.

프랑스 왕 루이 9세(엘 그레코의 그림)

이처럼 로마 가톨릭교회의 모범생이었던 루이를 더욱 모범생으로 만든 사건이 1244년에 일어났다.

그해가 저물 무렵, 루이는 병상에 누워 한동안 일어나지 못했다. 아마도 식중독이 원인인 탈수증세로 나날이 체력이 쇠해갔던 듯한데, 마흔 살에 세상을 떠난 그의 아버지와 같은 증상이었기에 어머니를 비롯한 주위 사람들 모두 절망에 빠졌다. 병상에 있던 루이도 아버지의 뒤를 따를지 모른다는 공포에 사로잡혀 있었을 것이다. 그래서 미약한 숨을 내쉬며 신에게 맹세했다. 건강을 되찾는다면 십자군을 이끌고 이교도와 싸우러 가겠다고.

그랬더니 정말로 쾌차했다. 아버지가 죽은 것은 마흔 살에 중병에 걸렸기 때문이고, 아직 서른 살인 루이는 그만큼 체력이 있으니 쾌차할 수 있었던 것 아니냐고 한다면, 중세 그리스도교도의 생각이라 할 수 없다. 중세 그리스도교 세계의 모범생이었던 루이는, 신이 나를 통해 무언가를 실현하고자 내 목숨을 구해준 것이다, 라고 생각했던 것이다. 이후로 루이는 그것이 자신에게 주어진 사명이라고 확고히 자각하게 되었다.

이듬해인 1245년 봄, 베이루트 주교가 예루살렘 대주교의 서신을 들고 로마 교황 인노켄티우스 4세를 찾아왔다. 대주교의 서신은 새로운 십자군 원정을 호소하는 내용이었다.

지난해 11월에 이슬람교도가 예루살렘을 점거했다는 소식을 전하면서, 성도에서 이슬람교도를 내쫓기 위해서는 새로운 십자군 원정이 필요하다는 것이었다.

성지, 즉 중근동의 가톨릭교회 최고위자인 예루살렘 대주교는 '불신앙의 무리'와의 교섭으로 성립된 프리드리히와 알 카밀의 강화를 처음부터 반대했다. 그래서 임지인 예루살렘에 발도 들여놓지 않고 계속 아코에 머무르며 반대의사를 표해왔던 것이다. 강화의 유효기간인 10년은 1239년에 이미 지난 상태였다. 하지만 그 이후에도 알 카밀의 뒤를 이은 아들 술탄이 별다른 움직임을 보이지 않았기 때문에, 프리드리히와 알 카밀이 맺은 강화가 그대로 이어지고 있었다.

그런데 1244년, 공명심에 불탄 시리아의 한 부족이, 이집트에만 전념하는 술탄의 허를 찌르고 예루살렘을 점령해버렸다.

프리드리히와 알 카밀이 세운 공생노선에 반대했던 예루살렘 대주교에게 이 일은 새로운 십자군 파견을 요청할 좋은 구실을 안겨주었다. 성도 예루살렘의 탈환은 십자군을 편성할 대의명분이 되기 때문이었다.

교황 인노켄티우스 4세도 발 벗고 나섰다. 새로운 십자군을 이끌 주인공의 인선이 시작되었다. 그해 쉰 살이 된 신성로마제국의 황제 프리드리히는 이 새로운 교황과 한창 정면으로 격돌하고 있는 상황이라 후보군에도 들지 못했다. 영국 왕은 국내 정세가 어지러워 해외로 원정을 떠날 처지가 못 되었다. 그러니 인선이라지만 사실 루이 한 사람밖에 없었던 셈이다.

게다가 루이는 로마 교황청이 이상적인 군주로 평한 사람이다. 이상적인 군주가 이끌고 가면 이상적인 십자군이 될 거라고 생각했으리라. 로마 교황청이 루이를 얼마나 신뢰하고 있었는지는 감시자 격인 '교황 대리'를 동행시키지 않았다는 점에서도 알 수 있다.

교황에게 십자군 이야기를 들은 루이는 기적적으로 쾌차한 직후이니만큼 흔쾌히 수락한다. 서른한 살의 젊은 나이, 뿐만 아니라 그는 신이 바라시는 일을 실현하겠다는 의욕에 불타고 있었다. 즉시 원정비용을 마련하기 위한 새로운 세금이 프랑스 전역에 부과되었다. 원정 중 프랑스의 통치는 섭정 시절에 꽤 좋은 실적을 남긴 어머니 비안카에게 일임하기로 했다.

새로운 십자군의 목적지는 이집트로 정해졌다. 중근동 이슬람 세계의 중심인 이집트를 공략하면 예루살렘은 자연스럽게 함락될 것이라 생각했기 때문이다. 또 다미에타 공략에 성공하고도 결국 철수하고 만 제5차 십자군의 설욕을 하겠다는 생각도 있었다.

그런데 순조롭게 시작된 이 계획은 결과적으로 3년이나 연기되고 말았다.

첫번째 이유는, 십자군을 맞이해야 할 시리아와 팔레스티나의 그리스도교도들의 태도가 미온적이었다는 점이다. 새로운 십자군의 원정에 흥분한 것은 성직자 계급뿐이고, 그 외의 사람들은 그러지 않았다.

한 부족의 폭주를 허락해버린 카이로의 술탄이 재빨리 사태 수습에 나섰고, 예루살렘이 이슬람의 지배하로 돌아갔어도 실상은 그다지 변하지 않았기 때문이다.

이전처럼 한편에서는 교회의 종소리가 울리고 다른 한편으로는 모스크에서 무에진의 목소리가 울려퍼지고, 그리스도교도가 태반인 순례자들은 변함없이 예루살렘을 방문할 수 있었다. 예루살렘에서 추방된 것은 '다윗 탑'을 본부로 삼고 있던 튜턴 기사단뿐이었다. 또 이 성도 외에 그리스도교가 지배하고 있는 항구도시 중 이슬람군의 공격을 받은 곳도 없었다.

두번째로는 이번 제7차 십자군을 오리엔트까지 수송하고, 도착한 이후 공동으로 싸울 해군력을 어디에 의뢰할지를 결정하는 데 시간이 걸렸기 때문이다. 프랑스는 육군의 나라이지 해군의 나라가 아니었다. 마르세유 외에는 항구다운 항구도 없었다. 게다가 고대부터 항구도시였던 마르세유는, 이 시기에는 프랑스 왕의 지배영역이 아니었다.

그래서 마르세유에서 서쪽으로 150킬로미터나 떨어진 에그모르트의 어항을 대대적으로 개조해 항구로 만들었는데, 해군력을 어디에 의뢰할지는 여전히 문제로 남았다.

베네치아 공화국은 처음부터 응하지 않았다. 시리아와 팔레스티나, 그리고 이집트에서도 이슬람교도와 양호한 경제관계를 구축하고 있었으므로, 십자군에 가담할 이유나 필요가 없었기 때문이다. 하물며 이 시기 베네치아 상인은 제4차 십자군 때에 획득한 오리엔트의 양대 시장, 콘스탄티노플과 이집트의 알렉산드리아에서 절대적으로 유리한 상황을 누리고 있었다.

결국 프랑스 왕이 이끄는 십자군에 협력한 것은, 베네치아에 크게 뒤처져 고민하고 있던 제노바였다.

하지만 이는 곧 루이에게 이중의 불리함을 초래하게 된다. 해군력을 '외주'한다는 것은 해군력의 운용이나 배의 제작 등에 간섭할 수 없다는 뜻이다. 루이에게 협력하기로 한 제노바 해군은 수중에 있던 배만으로 선단을 구성했다. 끝내 사용하지는 않았지만 프리드리히가 제6차 십자군을 위해 특별 제작했던 것처럼, 나일강을 거슬러오를 수 있는 구조의 배는 한 척도 없었던 것이다.

그러나 해군력을 타국에 맡긴 것에서 야기되는 진정한 불리함은 그 '운용 방식'에 있었다.

프리드리히가 해군력을 자국의 배만으로 구성했던 것은, 이탈리아 남부와 시칠리아의 해군력이 베네치아나 제노바의 그것보다 우수해서가 아니었다. 해군력까지 포함해서 지휘계통을 일원화하고자 했던 것이다.

제3차 십자군 당시 리처드는 자국 해군을 원정에 참가시키려면 대서양을 남하해서 지브롤터 해협을 통해 지중해로 들어가야 하는 불편함이 있음에도 수하 해군력의 절반 이상을 영국 배로 구성했다. 아코를 탈환하고 살라딘과 일대일 승부를 시작한 뒤로는 제노바와 피사의 갤리선을 활용했지만, 그래도 전략을 수립하는 지휘계통은 리처드 아래로 일원화되어 있었다.

전쟁에서는 지휘계통이 일원화되어 있지 않으면 이길 수 없다. 전쟁을 수행하는 중에 이곳저곳에서 쓸데없는 에너지가 소모되기 때문이다.

루이도 이 문제를 알고 있었던 것 같다. 그래서 제노바 해군의 제독으로 프랑스인 무장을 보낸다. 그러나 바다든 강이든 수상을 운항하는 데 무지한 인물을 해군 정상에 앉히면 선원들로부터 경멸을 받을 따름이다. 제노바 선원들은 이로부터 250년 후 콜럼버스를 탄생시키는 것을 제쳐두고도, 당시 최강의 해군국으로 평가되던 베네치아도 넘어서는 실력을 지닌 베테랑 집단이었다.

이러한 불리함을 지닌 채 십자군은 1248년 6월 12일 파리를 출발해 에그모르트로 향했다. 군대를 이끄는 루이는 서른네 살이었다.

화려한 출진

제7차 십자군의 참가자는 한마디로 기라성 같다고 표현할 수 있다.

유명인의 등장에 민감한 연대기 작가의 기록에 따르면 다음과 같다.

우선 늘 남편과 동행하는 왕비 마르그리트.

루이의 동생인 아르투아 백작 로베르.

또다른 동생 앙주 백작 샤를.

막내동생 푸아티에 백작 알퐁스.

세 명의 동생은 모두 이십대로, 프랑스 카페 왕조 일가가 제7차 십자군에 총출동한 셈이다.

루이의 사촌인 부르고뉴 공작 위그. 이 사람은 제6차 십자군에도 참가했는데, 교섭만 벌이고 전투는 도통 할 생각이 없는 프리드리히에게 불만을 느끼고 도중에 귀국해버렸다.

마찬가지로 왕의 사촌인 브르타뉴 백작 피에르. 이 사람도 부르고뉴 공작과 마찬가지로 제6차 십자군에 참가했다가, 역시 교섭에만 흥미를 보이는 황제가 지겨워 귀국해버렸다.

플랑드르 백작 당피에르. 제1차부터 십자군의 단골 격인 플랑드르 백작령은 이번에도 참전자를 냈다.

생 폴 백작 기.

자르브뤼켄 백작 장. 이 사람은 같은 이름의 자기 사촌을 데리고 참가했는데, 샹파뉴 백작의 수하 장수였던 이 장 드 주앵빌이 바로 루이와 제7차 십자군에 관한 기록을 남긴 사람이다.

이러한 프랑스 세력과 함께, 잉글랜드의 솔즈베리 백작 윌리엄과 스코틀랜드의 던바 백작 패트릭이 제7차 십자군에 참가했다.

기라성 같은 면면이지만 이 왕과 제후들이 실제로 이끌고 간 병력에 대해서는 주앵빌도 정확한 기록을 남기지 않았다. 남아 있는 내용만이라도 참고한다면 2천5백 명이 넘는 기사, 같은 수의 마부, 기사에 따르는 보병과 그 외에 또 1만 명이 넘는 보병, 여기에 5천 명의 석궁병(石弓兵)까지 모두 합쳐 총 2만 5천 명의 병력이었다고 한다. 원정에 동원된 말의 수는 7천에서 8천 필에 이르렀다.

루이의 조부 필리프가 제3차 십자군 때 이끌고 간 2천5백 명의 열 배에 달하는 병력이다. 마찬가지로 제3차 십자군의 사자심왕 리처드의 병력보다도 훨씬 많고, 프리드리히가 이끌고 간 병력에 비교해도 다섯 배가 넘는다. 서유럽 그리스도교 세계에서 에이스 중의 에이스로 인정받고 있던 프랑스 왕이 직접 이끌고 가는 군대인 만큼 병사 수에도 전력을 투입한 것이 분명했다.

이러한 대군을 싣고 오리엔트로 향하는 배는 38척의 대형선과 백 척이 넘는 소형선으로 구성되어 있었다. 갤리선이 주력이던 베네치아와 달리 제노바는 범선이 주력인 해운국이다. 주앵빌이 대형선으로 기록한 배들도 대부분 범선이었을 것이다. 하지만 이런 형태의 배는 나일강에 적합하지 않았다.

프랑스 왕 루이와 그의 주위에 모인 귀족들은 에그모르트에 도착하고도 2개월을 더 기다리게 된다. 제7차 십자군의 수송을 단독으로 떠맡은 제노바가 오리엔트 각지에 흩어져 있던 자국의 배를 소집해야 했기 때문이다. 그 배들이 모항 제노바에 모여 손볼 곳을 수리하고 선원을 보충한 다음 에그모르트로 돌아오기까지 그만한 시간이 걸렸던 것이다.

도착한 선단에 전군을 싣고 에그모르트를 떠난 것은 8월 28일이었다. 이들은 곧장 키프로스로 향했다. 숙련된 선원이 조종하는 대형 범선이므로 도중에 크레타나 로도스에 기항할 필요도 없었다. 꼭 그 이유가 아니더라도 제노바 입장에서는 라이벌 베네치아의 영토인 크레타 섬에 잠깐이라도 기항하고 싶지 않았을 것이다.

키프로스 섬은 그런 것을 고려할 필요가 없었다. 처음에는 리처드, 이어서 프리드리히에 의해 키프로스의 배후지화(背後地化)가 완료되었기 때문이다. 키프로스에는 9월 17일에 도착한다. 역시 제노바의 선원답게, 한 달도 안 되는 단기간에 이루어진 쾌조의 뱃길이었다.

키프로스에 도착한 루이를 중근동 그리스도교 세력의 주요인물들이 모두 모여 맞이했다. 그런데 이들은 하루빨리 이슬람교도와 일전을 벌이고 싶은 루이의 발목을 잡았다.

그들은 입을 모아 현재 중근동 이슬람 세계의 어지러운 정세를 설명하고, 그것을 활용할 것을 왕에게 진언했다. 활용이란, 둘로 분열된 세력의 한쪽을 끌어들여 다른 한쪽의 파멸을 꾀하자는 것을 의미했다.

실제로 이때 이집트에 본거지를 둔 아이유브 왕조의 술탄은 내분에 시달리고 있었다. 강고한 권력기반을 구축한 알 카밀이 죽은 지 10년이나 지났는데도, 아니 오히려 그래서인지, 그의 아들과 조카들 사이의 항쟁이 좀처럼 수습되지 않았다. 알 카밀의 장남이자 이집트의 통

루이 9세가 이끈 제7차 십자군의 진군로

치를 맡고 있는 현 술탄도 내란을 진압하기 위해 시리아에 나가 있을 정도였다.

루이가 이끄는 제7차 십자군은 다행스럽게도 적이 분열된 시기에 원정을 시작한 것이다. 이슬람 세력을 앞에 두면 우선 돌격부터 하고 보는 템플 기사단도 적의 이런 상황을 '활용'할 것을 루이에게 진언했을 정도이니, 이슬람측의 혼란이 심각했던 건 사실이었다.

그러나 루이는 이들의 진언을 거부한다. 적의 곤경을 이용하는 것은 떳떳하지 못하다는 것이었다. 하물며 적의 일부를 끌어들인다는 건 루이로서는 죽어도 할 수 없는 일이었다.

어쩐 일인지 이때 루이는 이끌고 온 군대를 키프로스에서 아코나 야파로 이동시켜 적의 혼란을 틈타 예루살렘을 되찾을 생각도 하지 못했던 것 같다. 이때는 장병들의 체력도 충분했으니 마음만 먹으면 충분히 그럴 수 있었을 것이다. 하지만 이것도 적의 허점을 노린다는 점에서는 마찬가지였으니 루이가 원한 바가 아니었을지도 모르겠다.

결국 키프로스를 뒤로한 것은 이듬해인 1249년 5월 30일이었다.

안전하고 기후가 온난한 키프로스에서 겨울을 난 것은 이해가 가는 일이지만, 그러고도 5월 말이 되어서야 출항할 수 있었던 것은 제노바 해군이 이탈해버렸기 때문이었다.

그들은 아마추어나 다름없는 프랑스인 제독과 한 달을 함께 운항하느라 아주 신물이 나 있었는데, 십자군을 수송하는 사이 팔레스티나의 한 항구도시에서 라이벌 피사인들이 시장을 침범하는 사건이 일어났다. 이 때문에 기득권이 위태로워지자 제노바 해군은 멋대로 키프로스에서 팔레스티나로 이동해버린 것이다.

소동을 수습한 이는 루이가 아니라 현지의 유력자이자 당시 아르수프 영주였던 이벨린이었다. 다만 그것도 일시휴전에 지나지 않았으므로, 제노바 해군은 제7차 십자군에 참전하는 내내 이때의 미련을 떨쳐낼 수 없었다. 최고사령관인 루이의 전략을 해군력이 전면적으로 따른다는 건 꿈같은 일이었다.

이집트 상륙

이런 온갖 말썽 속에서도 루이가 이끄는 십자군은 1249년 6월 4일 다미에타 근처에 상륙했다.

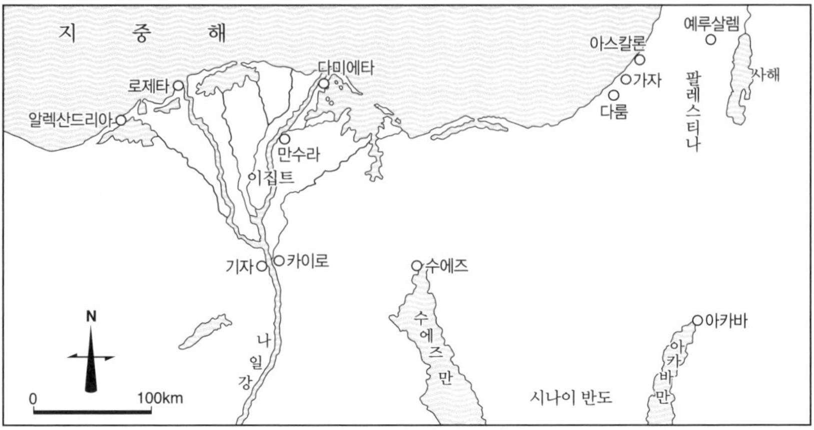

이집트와 그 주변

프랑스 왕이 상륙했다는 소식을 들은 술탄은 당시 포위하고 있던 홈스를 포기하고 서둘러 군대를 이끌고 이집트로 향한다. 당연하다. 시리아의 일개 도시를 공격하는 사이에 본국이 함락당한다면 말이 안 되기 때문이다.

그러나 루이에게 맞서기 위해 서둘러 이집트로 향하던 술탄은 이전부터 병치레가 잦았던데다 시리아에서의 전투로 체력을 소진한 상태였다. 그는 나일 삼각주의 동쪽 끝에 이르렀을 때 병으로 쓰러지고 만다. 대신 지휘를 맡은 이는 술탄의 아버지 알 카밀의 두터운 신뢰를 받았던 태수 파라딘이었다. 20년 전 황제 프리드리히와 직접 강화 교섭을 담당했던 인물이다. 파라딘은 외교관으로서는 유능해도 무장으로서는 그다지 재능이 없었던 듯하다. 루이에게는 다행이었다.

다미에타 근처에 상륙한 루이와 십자군은 이튿날부터 일찌감치 다미에타 공격을 시작한다. 군대를 내려놓은 덕에 몸이 가벼워진 제노바 해군도 바다 쪽에서 공략전에 참가했다. 다미에타는 항구도시라 육지와 바다 양쪽에서 공격할 수 있다. 게다가 나일 삼각주의 가장 하류에 위치해 지중해를 마주 보고 있다. 이 다미에타 공략은 우수한 해군력을 자랑하는 그리스도교측에게 늘 용이했으며, 실패로 끝난 제5차 십자군 때도 다미에타 공략에는 성공한 바 있었다.

제7차 십자군의 이 항구도시 공략은 제5차 때보다도 더 쉽게 실현되었다. 이슬람군의 지휘를 맡은 파라딘이 재빨리 군대를 이끌고 도망쳐버렸기 때문이다. 다미에타 근처 운하에 걸려 있는 다리를 파괴하는 것도 잊고서.

태수 파라딘은 이 책임을 추궁받고 한동안 실각하지만, 얼마 지나지 않아 새로운 술탄의 측근 자리로 돌아온다. 프리드리히와 느낌이 통했을 정도로 교양이 깊고 신의가 두터운 그의 성품을 존중하는 사람은 이슬람측에도 많았던 것이다.

그런데 상륙한 다음 날 바로 다미에타 공략에 성공했음에도 그후 십자군의 발길은 한동안 멈추고 만다. 계절도 전투에 유리한 초여름이었지만, 루이가 다미에타의 그리스도교화를 우선시했기 때문이다.

우선 다미에타 시내에 있는 모든 모스크가 그리스도교 교회로 바뀌었다. 앞으로 다미에타에 살게 될 그리스도교도를 관할하는 주교도 서둘러 임명되었다.

이렇게 기존의 모스크를 그리스도교화한 것처럼, 이슬람측이 공략했다면 반대로 그리스도교 교회의 모스크화가 진행되었을 것이다. 경비와 인력이 소모되는 성가신 작업이지만 이슬람교나 그리스도교나 일신교이기 때문에 이런 작업을 빼놓을 수 없었다.

이렇게 그리스도교화가 이루어진 다미에타로 루이는 왕비 마르그리트를 불러들였다. 그때까지 아코에 머물고 있던 왕비는 화려한 시녀 일행을 거느리고 이집트 땅으로 옮겨왔다.

또 한 가지 루이가 다미에타에서 한 일은, 해군력을 제공해 다미에타 공략에 공헌한 이탈리아 해양 도시국가 상인들에게 거류지를 할당하는 것이었다.

당연히 제노바인이 제일 유리한 곳을 차지했고, 키프로스에서 수송에 협력한 피사인이 뒤를 이었다.

또한 제노바인은 수송에도 전투에도 참가하지 않았다는 이유를 들어 베네치아인을 배제할 것을 강력하게 주장했지만, 루이는 이를 물리쳤다. 베네치아의 교역상인들도 그들만의 거류지를 설치할 수 있게 인정한 것이다.

표면적인 이유는 다 같은 그리스도교도이므로 평등한 처우를 받아야 한다는 것이었는데, 실제로는 그렇게 간단하지 않았다. 본국 정부의 명령이라 해도 참가하지 않은 건 사실이므로 베네치아인들은 이를 해명하고 사과했는데, 당시 베네치아 공화국의 정보 수집력은 발군이었다. 그래서 프랑스 왕 루이가 성유물에 사족을 못 쓴다는 것을 알고 진사(陳謝)와 함께 성유물을 바쳤던 것이다. 어쨌거나 베네치아는 앞으로도 제7차 십자군의 이집트 공략에 관여하지 않을 생각이었으니 상대가 기뻐할 만한 물건을 바치는 것 정도는 당연했다.

이때 받은 성유물이 무엇이었는지는 알려져 있지 않다. 하지만 이로부터 3년 후, 베네치아인이 루이에게 예수 그리스도가 십자가에서 처형당할 때 썼다고 전해지는 '성스러운 가시 면류관'을 터무니없이 비싼 가격에 파는 데 성공했다는 이야기도 있다.

정보 수집뿐 아니라 신규 교역상품의 개발에도 열심이었던 베네치아인은, 이후 점점 활발해지는 '성유물 사업'에서도 앞서나갔던 셈이다.

한편 이집트측은 점점 궁지에 몰리고 있었다. 다미에타를 거의 포기하다시피 넘겨준 뒤 나일강을 좀더 거슬러올라간 곳에 있는 만수라에 서둘러 진지를 구축했는데, 선두에 서야 할 술탄의 병세는 악화되기만 했다. 만수라는 다미에타와 카이로 중간에 위치한다. 이 만수라의 운명에 따라 카이로의 운명이 정해질지도 모르는 일이었다.

마음이 급해진 이집트측은 루이에게 휴전을 요청했다. 예루살렘을 다시 반환하겠다는 조건으로.

그러나 루이는 누구와도 의논하지 않고 거부해버린다. '불신앙의 무리'와는 협의하는 것조차 거부하겠다는 것이 그의 대답이었다.

강경한 진군

가을이 깊어지자 거대한 나일강도 수량이 줄어들었다. 공격하기에는 호기였다. 하지만 수뇌부 사이에서 의견이 갈렸다.

중근동 봉건제후와 종교 기사단의 후원을 받고 있던 브르타뉴 백작은 항구도시 알렉산드리아를 공략하자고 주장했다. 다미에타에 이어, 오리엔트에서 싣고 오는 생산물의 일대 집결지인 알렉산드리아 공략에 성공하면 이집트 경제에 큰 타격을 줄 수 있다는 것이다. 이것을 실현하면 이집트의 술탄이 누구든 강화를 요청해오지 않을 수 없으리라는 것이 알렉산드리아 공략을 주장하는 이유였다.

그러나 루이의 동생들을 비롯한 유럽의 제후들은 이 의견에 크게 반대했다. 술탄의 진영은 만수라 바로 근처에 있다, 이 만수라만 수중에 넣으면 카이로를 수중에 넣은 거나 마찬가지라고 그들은 주장했다. 루이는 후자의 의견에 더 끌렸다.

만수라를 공격한다는 생각 자체는 나쁘지 않았다. 그런데 그 방법이 너무나 단순했다.

1249년 11월 20일, 루이가 이끄는 전군이 다미에타를 뒤로했다. 2만 5천 명이나 되는 대군이 거의 다 일제히 나일강 상류를 향해 진군을 시작한 것이다.

여기서 의아스러운 것은, 왜 루이는 사자심왕 리처드나 황제 프리드리히의 전례를 참고하지 않았을까 하는 점이다.

제7차 십자군의 총사령관이었던 프랑스 왕 루이가, 해상 전력을 자기 군대로 구성했던 프리드리히가 나일강을 거슬러올라 카이로까지 갈 수 있도록 특별히 제작해, 실제로 사용하지는 않았어도 교섭 상대인 알 카밀에게 심리적 압박을 가하는 효과를 발휘했던 평저선, 즉 강을 운항하는 데 적합한 배를 준비하지 않은 것까지는 비판하지 않겠다. 해운의 전통이 없는 프랑스인은 해상 군사력이라는 개념 자체가 희박했고, 그래서 이때도 제노바에 일임한 것이기 때문이다.

한편 사자심왕 리처드는 수송용으로는 멀리 영국에서 온 자기 군대의 배를 사용했어도, 전투용으로는 모터 역할을 하는 노가 달린 피사나 제노바의 갤리선에 의존해야 했다.

아코를 탈환한 후 리처드는 이 크고 작은 갤리선들을, 해변을 따라 남하하는 육상군과 나란히 해상으로 남하하게 했다.

이렇게 함으로써 리처드가 이끄는 장병들은 무거운 짐을 들고 행군하는 부담에서 벗어날 수 있었던 것이다. 그사이에도 살라딘이 이끄는 이슬람군이 종종 싸움을 걸어와 행군을 저지하려 했지만, 리처드가 지휘하는 장병들은 가벼운 몸으로 맞서 싸울 수 있었다.

또한 리처드의 군대에서는 병자나 부상자가 행군의 짐이 되는 일도 없었다. 해상으로 남하하는 제노바와 피사의 갤리선은 군량과 무기를 보급하는 것뿐만 아니라 부상자를 아코로 후송하는 임무도 수행했기 때문이다. 이 '왕복수송 작전'이 바로, 남하를 저지할 목적으로 수없이 이들을 습격했던 살라딘의 작전을 실패로 돌아가게 한 요인 중 하나였다. 자신들이 버림받지 않으리라는 믿음을 심어주는 것만큼 병사들의 전투력을 돋우는 건 없기 때문이다.

프랑스 왕 루이도 자기 군대는 아닐지라도 백 척이 넘는 제노바의 소형선을 이용할 수 있었다. 평저선은 아니지만 소형 갤리선은 선저(船底)가 평평해서 유럽의 하천에서도 사용되는 배였다.

나일강에서도 하류에 해당하는 삼각주는 규모부터가 다르다. 카이로를 지나친 뒤에 나타나는 삼각주의 부채꼴 서쪽 끝에는 알렉산드리아가 있고, 동쪽 끝에는 다미에타가 있다. 그 사이로 펼쳐진 델타지대에는 무수한 수로가 나 있는데, 그중 '수로'라는 말로는 실태를 전달할 수 없을 만큼 강폭이 넓은 수로가 두 곳 있다.

하나는 훗날 원정을 온 나폴레옹이 현재 대영박물관에 소장되어 있는 '로제타 스톤'을 발견한 땅으로 유명한 로제타(현 라시드)에서 지중해에 이르는 물줄기이고, 또 하나는 다미에타까지 이어졌다가 지중해로 흘러드는 물줄기이다.

나중에 이집트를 식민지로 삼은 영국인은 전자를 '로제타 나일', 후자를 '다미에타 나일'로 부를 정도였다.

루이가 이끄는 제7차 십자군은 이 '다미에타 나일'을 따라 우선 만수라를, 최종적으로는 카이로를 목표로 행군하기 시작했다. 대형 범선은 힘들지라도 소형 갤리선 정도는 육상을 행군하는 군대와 충분히 나란히 나아갈 수 있었다.

그런데 루이는 그렇게 하지 않았다. 군량 보급에는 사용했던 듯하지만, 리처드처럼 전략적으로 활용하지는 않았다.

이집트측도, 다미에타를 간단히 잃어버린 것에 낙담한 채 만수라 근처의 전선기지에 틀어박혀 숨만 죽이고 있었던 것은 아니었다.

질풍처럼 말을 달려 습격하는 것이 특기인 사막의 백성 베두인족을 이용하여 끊임없이 행군을 방해했다.

루이는 이것에 아랑곳 않고 2만 5천 명이라는 대군을 진중하게 전진시키는 데에만 전념했으므로, 병사들은 매일같이 밤낮으로 습격해오는 베두인이 다시 바람처럼 사라져주기만 기다리는 수밖에 없었다.

습격으로 인한 전사자는 상당한 고위인사가 아닌 한 그대로 방치되

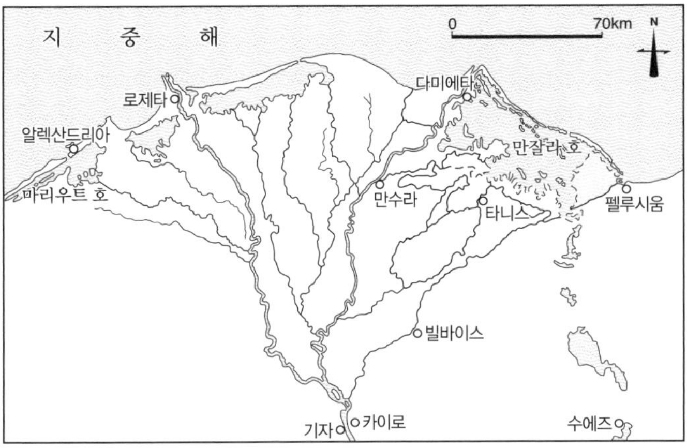

카이로와 그 주변

었다. 하지만 부상자는 루이의 강력한 의지에 따라 병사들이 짊어지거나 말에 태워 데려갔다. 이 때문에 당연히 행군 속도가 떨어졌고, 기병부대와 보병부대 사이의 간격이 점점 벌어지는 등, 전략적으로 최악의 상황이었다.

그런데도 총체적으로는 치명적인 피해를 입지 않고 행군을 속행할 수 있었던 것은, 이집트측이 대혼란에 빠져 있었기 때문이다.

루이가 다미에타를 출발해 행군을 개시한 날로부터 사흘 후, 만수라에서 병상에 있던 술탄이 세상을 떠났다. 하지만 직계 후계자인 아들은 통치를 일임받은 시리아에 있었으므로 바로 달려올 수 없었다. 그래서 죽은 술탄의 아내 중 하나였던 어떤 눈치 빠른 여인의 말에 따라, 아들이 도착할 때까지 술탄의 죽음을 알리지 않기로 했다. 그사이 만수라의 방어 책임자로 뽑힌 이가 프리드리히와의 교섭을 맡았던 파라딘이다.

하지만 술탄의 죽음은 곧 알려지고 만다. 행군중인 루이의 귀에까지 들어갔으니 이미 모든 사람이 아는 것이나 마찬가지였다. 루이는 그것을 좋은 징조로 받아들인다. 여자와 노인이 상대라면 이제 아무 문제가 없으리라 믿었던 것이다.

루이의 이런 낙관에 찬물을 끼얹은 것은 이집트측의 사정이 아니라 나일강이었다. 강물이 모여 만들어진 호수에 길이 막혀버린 것이다.

루이는 병사들에게 호수로 흘러드는 물을 막을 댐을 만들라고 명했다. 그러나 이 작업은 이집트군 병사들이 빗발처럼 쏘아대는 '그리스의 불'이라는 화염탄의 방해로 결국 포기해야 했다.

이렇게 호수를 가운데 둔 채로 십자군과 이슬람군은 6주일 동안 대치하고 있었다. 그러는 사이 해가 바뀌어 1250년이 되었다.

1250년 1월 중순, 호수를 앞에 두고 6주째 꼼짝 못하고 있던 십자군 진영으로 한 이집트인이 찾아왔다. 콥트파 그리스도교도라는 그 남자는 왕에게 직접 할 말이 있다고 청해 루이의 막사로 안내되었다. 그는 루이에게, 온통 물이 차 있는 것처럼 보이지만 이 호수의 한쪽은 얕은 여울이니 그곳으로 가면 손쉽게 건널 수 있다고 말했다.

콥트파는 가톨릭과 그리스정교, 오리엔트에 많은 네스토리우스파와 마찬가지로 그리스도교의 일파이지만, 이슬람 사회에서 신앙을 지키는 방법에는 약간 차이가 있었다.

그리스정교도나 네스토리우스교도가 이교도 이슬람 사회의 소수파로 존재해온 것과 달리, 이집트에 많이 살고 있던 콥트파는 자신들의 공동체를 이루기는 해도 거의 이슬람 사회에 동화된 상태로 신앙을 지켜온 것이다. 따라서 겉모습만 보면 이슬람교도와 구별되지 않았고, 피부색과 머리색도 다른 이집트인과 다르지 않았다.

그래도 그리스도교도는 그리스도교도다. 루이를 찾아와 중요한 정보를 제공한 콥트인은 자기가 살아온 사회인 이집트 대신 자기가 믿는 종교를 택한 것이다. 그 때문인지 이 이집트인은 이런 유의 정보 제공자치고는 이례적으로 소액의 보수밖에 요구하지 않았다.

만수라의 참극

루이는 즉시 정찰대를 보내 진위를 확인하도록 했다. 그리고 사실로 판명나자 수뇌부를 소집해 작전회의를 열었다. 결론은 바로 나왔다. 선발대를 보내 호수 건너편의 이집트측 진영을 급습하고, 그 결과가 좋으면 곧바로 본진도 호수를 건너 만수라 공략에 가담한다는 것이었다.

선발대를 이끄는 임무는 왕의 동생 아르투아 백작이 자원했다. 아르투아 백작이 이끄는 프랑스 기사들에, 영국에서 온 기사를 이끄는 솔즈베리 백작도 가세했다. 이 유럽 세력뿐 아니라 현지 팔레스티나의 상주 전력인 템플 기사단도 동행하기로 결정되었다.

여기서 '기사'라는 표현에 주목해주기 바란다. '기사'는 '기병'과 다르다.

'기사'에는 서임식이 필요하며, 신의 이름으로 서임되어야 비로소

'기사'가 될 수 있다.

하지만 '기병'은, 두 발로 달리며 싸우는 '보병'과 달리 말을 타고 싸운다는 차이밖에 없다.

'기사'의 출신계급이 중요한 것은, 그들은 태어날 때부터 '싸우는 것'이 천직인 사람들이기 때문이다. 반대로 '기병'은 원래 본업은 별도로 있으면서 말을 잘 다루어 전시에 기병으로 싸우는 남자들이다. 템플 기사단 단원이 되려면 입단 의식을 거쳐야 하는데, 이는 템플 기사단의 일원이 됨과 동시에 '기사'가 되는 의식이기도 했다.

다시 말해 1250년 2월에 결성된, 결사대라고도 할 수 있는 이 선발대는 '기사'만으로 구성된 것이다. 규모는 템플 기사단의 단원 수밖에 알려져 있지 않지만 엘리트 전력인 것은 분명했다.

선발대의 출발은 2월 8일로 정해졌다. 그런데 총사령관 루이가 초반부터 중대한 실수를 범한다. 선발대의 결과를 기다리지 않고, 6주라는 시간 동안 어느 정도 방어체제를 갖추게 된 본영의 수비를 부르고뉴 공작 위그에게 맡기고는 단독으로 본대의 절반을 이끌고 얕은 여울을 건너 이동해버린 것이다. 이 때문에 선발대를 보내고 남은 본진까지 양분되고 말았다.

하지만 루이에게는 나중에 결과가 분명해지고 나서도 자기 잘못을 깨닫지 못하는 성향이 있었다.

그러면서도 선발대를 이끌고 떠나는 동생에게는 엄중하게 지시했다고 한다. 너한테 맡긴 것은 이집트측 진영의 공격뿐이니, 만수라 공격은 내가 합류할 때까지 기다려야 한다, 고.

엘리트 집단을 투입한데다가 적이 미처 예상하지 못한 방면에서의 급습인 만큼, 습격작전은 성공한다. 전투라기보다 거의 살육에 가까웠다. 이날의 전투에서 지금까지 방어의 최전선에 섰던 태수 파라딘도 전사했다.

그런데 결사대의 선두에 서서 용감하게 싸운 아르투아 백작은 이 일로 자신들이 무적이라고 믿어버리고 만다. 젊은 솔즈베리 백작도 아르투아 백작에게 동조한다. 이 두 사람 외에 결사대에서 발언권을 갖고 있던 것은 템플 기사단이었는데, 그들은 원래부터 이슬람군을 상대하는 것이 자신들의 존재이유란 것을 잘 알고 있었기 때문에 이슬람교도를 상대로 전투를 벌이면 더없이 용맹하게 일변하는 남자들이었다.

합의에 이르는 것은 간단했다. 이대로 자기들끼리 만수라를 공격하자고 나선 것이다. 하지만 불행하게도 당시 만수라를 방어하고 있던 것은 맘루크 병사들이었다.

'맘루크'는 일반적인 의미의 '용병'과 다르다. 노예시장에서 팔려 병사로 육성된 남자들이다. 따라서 출신부족은 다양하지만, '전(前) 노예'라는 뜻의 '맘루크'는 어쨌든 무기를 받아 싸우는 것이 존재의 전부인 이슬람교도였다.

그들에게 가장 중요한 관심사는, 끊임없는 전투에서 마지막까지 살아남는 것이었다.

반면 그리스도교도 기사는 신을 위해, 주군을 위해, 그리고 경우에 따라서는 동경하는 여인을 위해 죽음도 마다하지 않았다.

당시 만수라를 지키고 있던 루큰 알딘은 맘루크의 전형으로, 어떤 지저분한 수단을 써서라도 이기는 것을 최우선으로 삼는 남자였다.

아르투아 백작을 선두로 한 엘리트 부대는 만수라의 성문이 열려 있는 것을 보고 놀랐다. 하지만 이것이 계략이라는 걸 알아챈 기사는 한 명도 없었다. 바로 근처에서 이집트군 진영이 괴멸된 것을 안 수비대가 겁에 질려 만수라를 포기하고 도망쳤다고 생각한 것이다. 도시를 에워싸고 있는 성벽 위에도 병사의 모습은 보이지 않았다.

아르투아 백작과 솔즈베리 백작을 선두로 대열을 이룬 엘리트 부대 전원이 당당하게 만수라로 들어갔다.

아랍 도시의 내부는 도로가 복잡하게 뒤얽혀 있다. 전원 말을 탄 채로 만수라로 들어간 기사들은 가늘고 긴 행렬을 이루며 좁은 길을 나아갔다.

그런 그들을 노리고, 양쪽으로 늘어선 집들의 지붕 위에서 화살이 날아오고 돌덩이가 쏟아졌다. 말을 타고 있었던데다가 좁은 길 때문에 행동이 자유롭지 못한 기사들은 꼼짝없이 좋은 표적이 되었다. 엘리트 부대는 창이나 칼 한번 제대로 휘둘러보지 못하고 살육당하고 말았다.

이 참상을 루이에게 알려준 것은, 중상을 입고도 말을 몰아 참극의 현장에서 겨우 도망쳐나온 브르타뉴 백작 피에르였다. 하지만 아르투아 백작과 솔즈베리 백작을 덮친 운명은 아직 알 수 없었다.

루이가 그것을 알게 된 것은, 참상 소식을 들은 병원 기사단의 기사

두 명이 맘루크 병사로 변장해 만수라에 잠입했다 돌아온 뒤였다. 그들은 이슬람 병사들이 십자군 기사들의 주검을 근처의 나일강에 던져넣는 광경을 보았다고 루이에게 보고했던 것이다.

같은 종교 기사단이라도 아랍어를 배우는 것조차 완강히 거부하는 기사가 대부분이었던 템플 기사단과 달리 병원 기사단의 기사들은 그런 거부반응이 없었다. 또한 정보 수집을 중시했으므로 적병으로 위장해 적진에 침투하는 데도 익숙했다.

그 덕분에 루이는 알게 되었다. 동생 아르투아 백작 로베르와 솔즈베리 백작 윌리엄 모두 살해당해, 화려한 무장과 몸에 걸친 모든 것이 벗겨진 채 나일강에 던져졌다는 것을.

루이는 나중에 신하들에게 쓴 편지에서 '울었다'고 고백한다. 젊은 동생의 죽음은 서른다섯 살의 형에게 큰 타격이었을 것이다. 하지만 병원 기사단의 두 기사가 보고한 내용에는 울고 싶어도 울 수 없는 타격도 들어 있었다.

어쩌면 맘루크 병사로 변장해 침투한 이 두 사람은, 주검을 성벽 밖으로 날라 나일강에 던져넣는 작업을 거들었는지도 모른다. 위장을 들키지 않기 위해서라도 그렇게 해야 했을 것이다.

그리고 그 덕분에 맘루크 병사들은 알아볼 수 없었을, 아르투아 백작이나 솔즈베리 백작의 시신도 분간할 수 있었던 것이다. 또한 290명의 템플 기사단 기사들 중 285명이 이때 전사해 나일강에 던져졌다는 것도 알 수 있었다.

템플 기사단의 제복은 흰색 바탕에 크고 붉은 십자가 새겨져 있으므로 누구나 쉽게 알아볼 수 있었다. 맘루크 병사들은 근사한 강철 갑옷과 투구를 쓴 아르투아 백작과 솔즈베리 백작, 그리고 부하 기사들의 무장은 벗겨냈지만, 붉은 십자가 새겨진 흰색 망토는 그들에게 가치가 없었다. 그래서 그 모습 그대로 강에 던졌고, 따라서 변장한 병원 기사단의 두 기사는 정확한 수를 헤아릴 수 있었을 것이다.

강에 던져지지 않았던 템플 기사단의 기사 다섯 명은 아마 중상을 입었지만 바로 죽음에 이르지는 않았을 것이다. 하지만 이 다섯 명도, 또다른 중상자들도, 나일강에 던져지는 시기가 조금 뒤로 늦춰졌을 뿐이었다.

맘루크는 적을 포로로 삼는 것을 싫어했다. 포로를 잡아도 그들을 석방해주는 대가로 받는 몸값은 그들의 주인인 아랍인이나 투르크인의 호주머니에 들어갈 뿐이었으니까.

전멸이라 해도 좋은 이 만수라의 참극에서 밝혀진 희생자 수는 템플 기사단의 경우뿐이다. 아르투아 백작이 지휘한 프랑스 기사들과 솔즈베리 백작이 이끈 영국 기사들은 어느 정도가 희생되었는지 대강의 숫자도 기록에 남아 있지 않다.

그래도 이 두 사람의 지위와 지금까지 템플 기사단이 참가한 전투의 예를 생각한다면, 총 병력은 기사 1천 명을 약간 웃도는 정도가 아니었을까.

1천이라는 숫자만 본다면 2만 5천은 족히 넘었던 것으로 전해지는 제7차 십자군의 규모를 생각했을 때 절망적인 손실까지는 아니다. 그러나 전원 '기사'로 이루어진 엘리트 부대가 전멸한 것이다. 만수라에서의 손실은 양이 아니라 질의 문제였다. 울고 싶어도 울 수 없을 정도의 타격이란 바로 이것이었다.

만수라의 참극이 남긴 것이 하나 더 있었다. 바로 지금까지 하급전사로만 여겨져온 맘루크에게 하극상의 계기를 던져준 것이다.

철수

만수라의 참극에서 사흘도 지나지 않은 1250년 2월 11일, 맘루크가 루이의 본진을 공격해왔다. 루이는 울고 있을 여유도 없었다.

노예 출신 병사인 맘루크의 공격은 매우 치열했다. 십자군 제후들조차 위험에 처할 만큼 격렬한 전투가 펼쳐졌다. 전략도 전술도 없는 백병전이 전개되는 가운데, 왕의 동생 푸아티에 백작은 그의 요리사가 혼전 속에서 끌고 나와준 덕에 간신히 화를 면했다. 그런 와중에도 루이는 가까스로 적을 내쫓는 데 성공했고, 맘루크들은 만수라로 철수했다.

주위가 수로로 둘러싸여 입지가 좋지 않은 본영에서 루이와 제후들은 맘루크의 다음 습격에 대비하며 밤잠도 설치는 나날을 보냈다. 하지만 그사이 맘루크의 공격은 없었다. 새로운 술탄, 즉 죽은 술탄의 아들이 드디어 이집트에 도착해 만수라로 시찰을 나왔기 때문이다.

새로운 술탄의 등장은 십자군측을 더더욱 빠져나오기 힘든 궁지에 몰아넣는다.

그의 명령으로 다수의 낙타가 모이는 한편 작은 배들이 대량 건조되었다.

이 작은 배는 낙타의 등에 실려 운반되어, 훗날 영국인이 '다미에타 나일'로 부른 강에 띄워졌다. 배에는 사공을 제외하면 모두 무장한 병사들이 승선했다. 다미에타에서 루이의 본영으로 군량을 보급하는 소형선을 저지하고 내쫓기 위한 술탄의 전술이었던 것이다.

루이 진영에서는, 다미에타에서 전선기지로의 보급을 전략상 중요하게 여기지 않았기 때문에, 그리스도교측 보급선에는 전투요원이 거의 타고 있지 않았다. 이집트측의 저지 전술이 성공하자 루이의 본영에는 식량과 물이 끊기고 말았다. 이에 만족하지 않고 새로운 술탄 투란샤는 맘루크와 베두인을 동원한 기습도 계속했다. 식량과 물의 부족은 굶주림뿐만 아니라 병까지 널리 퍼뜨렸다.

1250년 4월 초, 결국 루이는 철수하기로 결정한다. 하지만 그전에 술탄에게 휴전을 요청했다. 전임 술탄이 요청해온 것과 같은 조건, 즉 다미에타와 예루살렘을 교환하자는 것이었다.

전임 술탄은 궁지에 몰린 상태에서 이 조건을 제시했고 루이는 이를 거부했다. 그런데 이번에는 궁지에 빠진 루이 쪽에서 같은 조건을 내걸었으니, 술탄이 딱 잘라 거절한 것도 당연했다.

이 요청을 거절당함으로써, 루이가 이끄는 제7차 십자군의 철수는 한층 참담해지고 만다.

미증유의 패배

덮쳐오는 적의 공격을 막으면서 철수하는 일은 병사들뿐 아니라 루이에게도 견디기 힘든 고통의 연속이었다. 루이는 부상자를 태운 배를 앞세우고 철수하기로 결정하고, 안전을 보장하는 것이 임무인 후위를 직접 지휘했다.

철수하는 군대의 후위만큼 큰 희생을 치르는 부대도 없다. 서른여섯 살의 루이는 적을 물리치며 철수를 강행하던 중에 끝내 정신적인 피로가 쌓여 쓰러지고 만다. 정작 자신이 실려가는 처지가 된 것이다. 들것 위에 누운 프랑스 왕은 비교적 안전한 전위로 옮겨졌다.

이때 루이는 습격을 멈추지 않는 맘루크의 대장에게 휴전을 요청하기로 하고, 몽포르 백작에게 한 부대를 주어 교섭하도록 보냈다.

지금까지 십자군의 전례가 보여준 것처럼 아랍인, 혹은 이후의 투르크인과는 교섭이 가능했다. 즉 서로 어느 정도 말이 통했던 것이다. 하지만 당시의 맘루크와는 교섭 자체가 불가능했다.

이야기를 나누는 것부터 난항을 겪는 것을 본 몽포르 백작의 병사들은, 맘루크에게 죽임을 당하는 것보다는 낫다고 생각했는지 백작에게 의논도 하지 않고 항복해버렸다. 이 시기의 제7차 십자군은 하급병사의 통솔조차 제대로 이루어지지 않았던 것이다.

멋대로 항복한 것은 부상자를 실은 배의 방어를 맡고 있던 병사들도 마찬가지였다. 적의 배들에 둘러싸이자마자 그들은 곧바로 두 손을 들고 배에 타고 있던 부상자들과 함께 포로가 되고 말았다. 이렇게 하급병사들부터 차례로 이집트측의 포로가 되었다.

군대 자체가 무너지기 시작한 것이다. 루이는 이를 저지할 힘이 없었다. 얼마 안 되어 제7차 십자군은 군대 전체가 이슬람측의 포로가 되어버렸다.

이런 사태는 지금까지 150년의 십자군 역사에서, 그리고 여섯 차례에 걸친 십자군 원정에서 한 번도 없었던 일이다. 위로는 왕에서 아래로는 병졸에 이르기까지 거의 전원이 적에게 항복한 것이다. 물론 항복하자마자 모두 무장해제를 당했다.

이 참상의 자리에서 가까스로 도망친 것은 맘루크가 방치한 시종과 마부, 요리사들뿐이었고, 그 외에는 일찌감치 나일강을 타고 다미에타로 내려간 덕에 화를 면한 제노바의 선원 정도였다.

프랑스 왕 루이를 비롯한 고위인사들은 전원 만수라로 연행되어 그 도시의 태수 저택에 수용되었다.

군대 전체가 포로가 되었으므로 그 수만 해도 엄청났다. 1만 명은 확실히 넘지 않았을까 싶다. 이 정도의 인원은 도저히 만수라라는 도시 하나에 다 수용할 수 없었다. 그래서 이들은 카이로까지 연행된다.

포로가 된 십자군 전사의 대규모 행렬을 처음으로 본 카이로의 민중이 크게 기뻐한 것은 말할 것도 없다. 1만 명이 넘는 포로를 수용할 만한 장소는 대도시 카이로에도 없었기 때문에, 제7차 십자군 포로들은 카이로 교외에 있는 이집트 시대 신전 터에 한데 처넣어졌다고 한다. 중상자나 중병자는 연행을 맡은 맘루크 병사들이 이미 그전에 죽이거나 도중에 버린 뒤였다.

1250년 4월 중순의 2주 정도에 걸쳐 승자와 패자 사이의 교섭이 진행되었다.

승자 술탄은 패자 루이를 석방해주는 대가로 중근동 그리스도교도들이 지배하는 모든 도시의 반환을 요구했다.

그러나 루이는 시리아와 팔레스티나의 그리스도교측 영토 전체의 통치권은 예루살렘 왕국의 정통 계승자인 황제 프리드리히의 아들 콘라트에게 있고, 자신은 그것을 결정할 입장이 아니라고 대답했다.

프리드리히가 세상을 떠난 것은 이해 12월이다. 따라서 이때는 아직 살아 있었고, 이 프리드리히와 강화를 성립시킨 알 카밀은 현 술탄의 조부였다. 술탄 투란샤도 조부가 맺은 약속을 파기할 생각까지는 없었는지, 패자에 대한 승자의 요구는 영토에서 몸값으로 바뀌었다.

술탄이 요구한 것은 비잔틴 금화로 1백만에 달하는 거액의 '석방대금'이었다.

이 액수는 왕 이하 일개 병졸에 이르는 전원의 몸값이었다. 제7차 십자군은 군대 전체가 포로가 되었으므로, 1백만 비잔틴 금화는 곧 제7차 십자군 전체를 석방하는 대가였던 것이다.

그리고 그중 반액을 지불하면 우선 왕과 몇몇 고위인사들을 석방하겠다고 했다. 눈앞에 닥친 급선무는 일단 그 반액부터 조달하는 일이었다.

술탄의 두번째 요구는 다미에타를 포기하라는 것이었다. 그 시기는 루이가 석방되는 날로 정해졌다.

왕이 붙잡혔다는 소식에 큰 소동이 벌어진 다미에타에서는 마침 왕비 마르그리트가 아이를 낳은 참이었다. 태어난 아들에게는 장 트리스탕이라는 이름이 붙여졌다.

하지만 왕비에게는 산후조리를 하고 있을 여유가 없었다. 몸값의 조달 여부가 이 여인에게 달려 있었기 때문이다.

왕비는 우선 갖고 있던 것을 모두 팔아치운다. 보석뿐 아니라 옷가지까지 팔아치웠다. 이것으로 손에 들어온 돈과 원정비용으로 갖고 온 자금을 합해 40만 비잔틴 금화까지는 조달할 수 있었다.

왕 이하 고위인사들의 석방조건인 50만에는 아직 10만이 부족했으나, 아이유브 왕조의 마지막 술탄 투란샤가 받아준 덕분에 루이는 자유의 몸이 되었다.

1250년 5월 6일, 프랑스 왕 루이 9세는 석방되었다. 채 한 달이 안 되는 수인생활이었다. 그와 함께 왕의 두 동생을 비롯한 고위인사들도 석방되었다.

이들 모두 우선 다미에타로 돌아갔고, 루이는 왕비와 함께 거의 몸에 걸친 옷만 챙긴 상태로 다미에타를 떠나 아코에 도착했다. 카이로에 수용된 1만 명이 넘는 포로들은 아코로 돌아간 루이가 나머지 몸값을 조달할 때까지 기다릴 수밖에 없었다.

나중에 루이 9세와 제7차 십자군에 대한 기록을 남긴 샹파뉴 지방의

다미에타에서 아코로

기사 주앵빌도, 군대 전체가 포로가 된 이 상황에서 수인생활을 견뎌야 했다. 왕과 함께 석방된 고위인사 명단에도 포함되지 않았기 때문에 자신이 직접 몸값을 조달하지 못한다면 이대로 수인생활을 계속하는 수밖에 없었다.

글을 배운 만큼 다소 머리를 쓸 줄 알았던 이 사람은 자기가 프랑스 왕의 사촌이므로 석방될 자격이 있다고 주장했다. 하지만 이 말은 효과가 없었다. 하는 수 없이 이번에는 황제 프리드리히의 사촌이라고 말했는데, 이것이 예상 밖의 효과를 발휘했다.

프리드리히와 직접 교섭한 태수 파라딘은 만수르 근처의 진영에서 벌어진 전투로 전사하고 이제 없는 상태였지만, 프리드리히가 아이유브 왕조의 궁정 사람들에게 남긴 좋은 인상이 아직 남아 있었는지도 모른다.

장 드 주앵빌은 그 덕분에 몸값을 지불하지 않고도 석방되어 프랑스로 돌아갈 수 있었다.

아코에 도착한 루이는 동생 앙주 백작과 푸아티에 백작 두 사람을 먼저 귀국시킨다. 프랑스를 떠난 지 벌써 2년이 되었고, 나라의 통치를 맡겼던 어머니 비안카가 병약하다는 소식도 들려온 터였다.

하지만 루이 자신은 떠날 수가 없었다. 절반 넘게 남은 몸값을 조달하는 일이 기다리고 있었기 때문이다.

돈을 마련하는 일도 생각처럼 순조롭지 않았지만, 포로들의 석방이 늦어진 데에는 그보다 이집트측의 상황이 혼란스러웠던 탓이 더 컸다.

새롭게 술탄이 된 투란샤는, 이런 상황에서 용납될 수 없는 실수를 저질렀다.

그의 즉위에 힘을 썼던, 죽은 아버지의 아내 중 한 사람을 무시해 분노를 산 것이다. 원래 하렘의 여자였던 샤자르 알두르는 은밀히 맘루크에 접근했다. 술탄의 살해는 맘루크의 장군 바이바르스가 결행했다. 그 직후 그녀는 노령의 맘루크 장군과 결혼해 여자 술탄을 자칭한다.

이리하여 살라딘이 창설한 아이유브 왕조가 멸망하고, 이집트는 맘루크 시대로 접어들었다. 하지만 이 권력 이행기는 루이에게 오히려 다행으로 다가왔다. 상대가 아코로 공격해올 염려가 없었기 때문이다.

이러한 상황에서도 루이는 계속 돈을 마련했다. 그는 '불신앙의 무리'와의 교섭은 거부했어도, 그들과 약속한 바는 지키는 사람이었다. 무엇보다 부하들을 석방시키는 것이 우선이었다.

하지만 중근동의 그리스도교도들 중 거액의 현금을 빌려줄 수 있는 사람은 적었다. 그래서 루이는 템플 기사단에 이를 강요한다.

같은 종교 기사단 중에서도 병원 기사단의 단원은 유럽 각지에서 모인 사람들이며, 튜턴 기사단은 독일인만으로 구성된 기사단이고, 템플 기사단은 단원 대부분이 프랑스 출신이었다. 그 때문에 이들은 프랑스 왕의 강력한 요청을 거절할 수 없었다. 템플 기사단이 마련한 금액이 얼마였는지는 기록에 남아 있지 않다. 어쨌든 돌려받을 기약이 없는 돈인 건 분명했다.

이상하게도 중세시대의 프랑스 왕 중에는 빚을 갚지 않고 떼먹은 이들이 많다. 그래서 도산하는 은행도 적지 않았는데, 어쩌면 이들이 금융업을 고리대금업쯤으로 생각한 때문이었는지도 모른다. 어쨌든 템플 기사단은 제7차 십자군에서만 3백 명 가까운 단원을 잃은 것으로도 모자라, 기사단을 운용할 자금까지 루이에게 빼앗기게 된 것이다.

이렇게까지 해서 모은 몸값은 일시에 지불한 것이 아니라, 어느 정도 모이면 그에 상응하는 수의 포로와 교환하는 식으로 조금씩 남은 액수를 줄여간 것으로 보인다.

왕과 함께 자유를 되찾은 사람이 4백 명, 뒤이어 석방된 이가 1천

4백 명, 2년 후에 다시 3천 명이 석방되는 등, 여러 기록에 남아 있는 숫자를 합하면 전부 4천8백 명이 되는데, 포로가 된 사람의 총수는 1만 명을 넘어 1만 2천에 이르렀다고 주장하는 연구자도 있다. 확실한 숫자가 남아 있지 않은 것은 비참한 패배의 후일담이니만큼 기록의 필치가 무뎌졌기 때문인지도 모른다. 게다가 베네치아 공화국 같은 예외를 제외하면, 중세에는 희생자의 수에 그다지 관심을 두지 않는 것이 보통이었다.

또한 상대가 이슬람교도인 경우에는 다른 사정도 있었다. 감옥 안에서라도 이슬람교로 개종하겠다고 하면 자유를 되찾을 수 있었다. 이슬람 세계에서는 같은 신도의 노예화가 금지되어 있으므로 개종하면 노예로 팔릴 염려가 없다. 무엇보다 마구잡이로 죽임을 당할 염려가 없어진다.

어쨌든 이슬람교로 개종하기만 하면 되는 것이다. 다만 이슬람 세계가 관용을 베푼 것은 이교에서 이슬람교로 개종한 자에게만이고, 이슬람교에서 그리스도교로 개종한 자는 사형에 처했다. 일신교 세계에서의 신앙은 '일방통행'인 것이다.

그래도 농민이었다가 징집된 보병, 봉건영주의 부하에 지나지 않았던 석궁병, 또는 일반 기병 같은 이들 중에서는, 가혹한 수인생활과 노예로 팔릴지 모른다는 공포를 견디는 것보다 개종하기를 선택한 자가 많지 않았을까. 만약 그렇다면 루이가 몸값을 마련해야 할 포로의 수는 점차 줄어들었을 것이다. 포로 중에서도 사회적 지위가 높은, 개종을 절대 거부하는 기사들만 석방하면 되었으니까.

이때 자유를 획득한 이들 중에는 병원 기사단의 단장도 있었다. 그는 예루살렘이 이슬람 세력에 점령된 1244년에 포로가 되었는데, 개종을 거부한 탓에 7년이나 수인생활을 해왔던 것이다.

이런 사정을 고려하면, 나머지 5천2백이라는 숫자에서 다시 대폭 줄어들었으리라고 상상할 수 있다. 이 상상이 맞다면 루이는 비록 전투에서 변명의 여지가 없는 무능함을 보여 유례없는 패배를 당했지만, 그 희생으로 포로가 된 이들의 석방만은 변명이 가능할 만큼 감당해냈다고 할 수 있다.

제7차 십자군의 '성과'

루이가 왕비와 함께 아코를 떠나 유럽으로 향한 것은 1254년 4월 25일이다. 1248년 8월에 프랑스를 떠났으니 오리엔트에 6년이나 체재했던 셈이다. 프랑스에 도착한 것은 같은 해 7월 10일이었다.

이집트에 머무른 기간만 2년에 이른 이 제7차 십자군의 '성과'를 든다면 다음과 같을 것이다.

첫번째, 유럽 그리스도교 세계의 강국인 프랑스의 왕이 대군을 이끌고 왔음에도 철저한 패배를 맛보았으니, 유럽의 왕과 제후가 두 번 다시 십자군 원정이라는 군사행동을 하지 않으리라는 생각을 이슬람측에 심어준 것.

2만 5천에 달했던 병사들 중 귀국한 이는 5천에서 많아야 7천 명이고, 8천 명은 개종하여 이슬람 사회에 흡수되었으며, 아마도 1만 명 이상이 죽임을 당하거나 병사하여 이집트의 흙이 되어버렸다.

'성인(聖人)'이 된 루이 9세

두번째 '성과'는 중근동 그리스도교 세력의 상비전력이었던 종교 기사단의 힘을 결정적으로 감소시켜버린 것이다.

3백여 명의 기사를 한꺼번에 잃은 템플 기사단은 물론이고, 병원 기사단과 튜턴 기사단도 루이를 따라 이집트로 진격한 탓에 인력과 자금면에서 모두 엄청난 타격을 입었다.

세번째는 중근동 그리스도교 세력의 핵심을 이뤄왔던, 오랫동안 중근동에 살아온 봉건제후들의 힘도 약화시키고 만 것이다.

확실히 루이가 이끈 제7차 십자군은 칼을 들고 다른 이를 지키는 일을 존재이유로 삼는 기사의 위상까지 약화시켰다. 기사인 자가 노예 출신인 맘루크 앞에 무릎을 꿇었으니까.

시리아와 팔레스티나 지방에 줄지어 있는 항구도시들은 이제 그곳을 기점으로 이슬람인과의 교역에 종사하는 제노바와 피사, 베네치아 상인들에 의해 유지되는 것이나 마찬가지였다.

제1차에서 제7차까지의 십자군 중 루이가 이끈 제7차 십자군만큼 중근동 그리스도교 세력에 큰 피해를 입힌 십자군은 없었다. 제7차 십자군은 유럽인이 아직 '성지'라 부르던 시리아와 팔레스티나 지방을 군사적으로 공백상태로 만들어놓고 귀국한 것이다.

그러나 루이 자신은 그런 사실을 전혀 깨닫지 못했던 것 같다. 그는 석방된 후 아코에 눌러앉아 있던 1250년 8월, 포로 전원을 석방하기까지는 아직 2년이나 더 남아 있던 이 시기에, 프랑스의 신하들에게 보내는 서한을 발표했다.

"신의 이름과 영광을 걸고 전심전력을 다해 십자군의 지속을 바라는 나는"으로 시작되는 장문의 편지는, "다시 한번 실행할" 테니 "준비해두도록"이라는 말로 끝을 맺는다.

그리고 그로부터 4년 후에 귀국한 루이를 맞이한 프랑스인 수도사는, 참패하고 돌아온 왕을 위로하는 대신 지상에 신의 낙원을 건설하는 것이 당신에게 부여된 사명이라며 그를 부추겼다. 이것이 마흔 살이 된 루이의 마음을 가장 밝게 만들어준 말이었는지도 모른다.

제6장

최후의 반세기

(1258년~1291년)

몽골의 위협

티그리스와 유프라테스라는 거대한 두 강 사이에 낀 중동의 위협은 역사적으로 늘 동방에서 몰려왔다. 한편 메소포타미아 지방에서 지중해에 이르는 중근동에서는 대부분의 위협이 서방에서 시작되었다. 고대에는 로마제국, 중세에는 십자군이 있었으니까.

그런데 이 전통이 몽골인의 대두에 따라 바뀐다. 13세기 들어 급속히 세력권을 팽창한 몽골은 태조 칭기즈칸의 사후에도 기세를 누그러뜨리지 않고, 불과 반세기 만에 역사상 유례가 없는 대제국을 건설했다. 동쪽의 한반도에서 서쪽으로는 흑해를 돌아 헝가리에 이르기까지 그들의 말발굽이 미치지 않은 곳이 없었다.

티그리스강에 면한 바그다드를 중심으로 번영을 구가해온 이슬람 세계의 동쪽 절반은, 해일과도 같은 몽골의 기세 앞에서 어쩔 줄을 몰랐다.

바그다드에는 아바스 왕조의 칼리프가 있었다. 처음에 칼리프는 몽골군에 돈을 건네주고 공략을 피하려고 했다. 하지만 독자적인 기병력 외에도, 몽골군은 한번 노린 상대에게 복종과 죽음 중 하나만 선택하도록 강요하는 강경함을 지니고 있었다. 몽골군이 바그다드 성벽 앞 5킬로미터 지점까지 다가온 상황에서 벌인 교섭은 결실을 맺지 못했고, 1258년 2월 10일 칼리프 알 무스타심은 몽골에 항복했다.

바그다드는 762년에 아랍인이 건설한 이슬람·아랍세계의 수도였다. 발상지인 아라비아 반도에서 세력을 확대해나간 이슬람 세력은 처음에는 시리아의 다마스쿠스를 수도로 삼았지만, 얼마 지나지 않아 티그리스 강가에 토대부터 직접 건설하여 자신들만의 새로운 수도 바그다드를 세웠다.

이슬람교도가 가장 큰 애착을 갖고 있는 이 바그다드가 건설된 지 496년 만에 함락된 것이다. 도시는 철저하게 파괴되었고 칼리프는 무참히 살해당했다. 8만 명의 주민이 모든 재산을 빼앗기고 죽임을 당했다. 그리고 수니파 신앙의 근거지였던 아바스 왕조가 멸망했다.

몽골군이 너무 많은 사람들을 닥치는 대로 죽이는 바람에 시체 처리도 제대로 되지 않았다. 시체 더미가 방치된 채 썩어가자 승자인 몽골 병사들까지 질병의 희생자가 되기 시작했다. 이 때문에 몽골군 사령관은 병사들을 이끌고 이제 막 점령한 바그다드를 버리고 떠나야 했다. 이슬람과 아랍 사람들에게 동경의 도시였던 바그다드는, 만행이란 이런 것인가 싶을 만큼 심하게 파괴되어 아이들의 울음소리가 들리지 않는 폐허가 되었다. 그후 오랜 세월 동안 바그다드는 부흥을 꿈도 꿀 수 없었다.

1258년의 이 바그다드 함락은 이슬람 세계를 뒤흔들었다. 하지만 이것은 중동 땅에서 일어난 대사건이다. 중동과 중근동 사이에는 광대한 시리아 사막이 가로놓여 있었다.

복종이냐 죽음이냐를 따지며 밀어붙이던 몽골군은 복종을 택한 타민족을 모아 점점 팽창해갔다. 또 몽골의 초원을 달리는 데 능숙했던 이들은 사막을 답파하는 데도 능숙한 군대로 변모했다. 다만 사막지대에서도 완전한 모래사막은 피해가야 했지만.

중동을 정복한 후 중근동으로 눈길을 돌린 몽골군은 그대로 서쪽으로 나아가는 대신 일단 북쪽으로 향했다. 바그다드에 이어 메소포타미아 지방의 도시 모술을 공략하기 위해서였는데, 이 일은 간단히 끝났다. 바그다드 함락의 참상 소식을 들은 모술이 스스로 성문을 열었던 것이다.

그후 서쪽으로 방향을 돌린 몽골군은 제1차 십자군 시대에 그리스도교측이 정복하여 '에데사 백작령'으로 불렸던 땅을 횡단하며 나아갔다. 이 길이 다름아닌 중동과 중근동을 잇는, 역사상의 '간선로'였으니까.

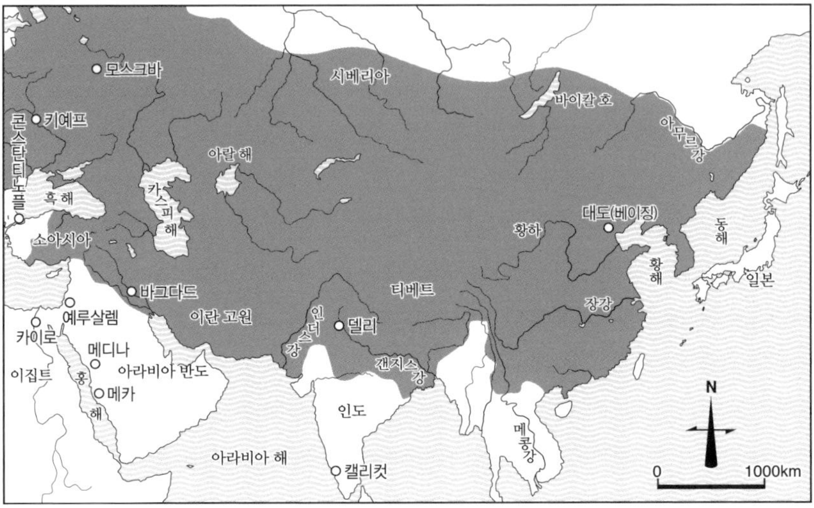

몽골제국의 세력권

이 '간선로'를 중간에서 가로막은 이슬람 도시는 알레포였다. 알레포 영주는 접근해오는 몽골군과 맞서 싸울 수 있는 상황이 아니었다. 다가오는 몽골 세력을 두려워한 수하 장수들이, 영주에게 협력해 방어에 나서기는커녕 거의 다 이집트로 도망쳐버린 것이다.

1260년 이른 봄, 시리아 제2의 도시이자 전성기의 십자군조차 공략을 포기했던 알레포는 바그다드가 함락된 지 2년 만에, 불과 사흘간의 전투 끝에 함락되었다. 그후에 자행된 몽골 군대의 잔학행위는 바그다드에서와 전혀 다르지 않았다.

알레포를 손에 넣은 몽골군이 다음으로 눈길을 돌린 곳은 당연히 시리아의 수도 다마스쿠스였다. 다마스쿠스를 향해 남하하기 시작한 몽골군은 행군 속도를 한층 높였다.

1260년 3월 1일, 다마스쿠스마저 함락된다. 승승장구하는 몽골군은 이제 중근동을 모조리 삼키고 이집트까지 넘볼 기세였다.

몽골은 이슬람 세계의 서쪽에까지 침공해왔다. 바그다드 함락으로 동쪽 절반을 잃은 이슬람 세계는, 나머지 절반까지 잃을지 모르는 미증유의 위기에 직면한 것이다.

몽골 대 맘루크

바이바르스(Baybars al-Bunduqdārī)는 노예시장에서 팔려 병사로 훈련받은 사람이므로 태어난 해를 정확히 알 수 없으나 대략 1223년 전후로 보인다. 노예 출신으로 병사가 되어 이슬람교로 개종한 자는 맘루크라고 불렸는데, 바이바르스도 그런 맘루크 중 한 사람이었다.

맘루크 병사는 프랑스 왕 루이가 이끈 제7차 십자군과의 전투에서 일약 이름을 알렸다. 그 이후 아이유브 왕조의 마지막 술탄을 죽여 아이유브 왕조의 막을 내리고 이집트의 지배권을 가져와 맘루크 왕조를 열게 되는데, 그때의 최대 공로자가 바로 바이바르스였다. 육박해오는 몽골군의 위세를 가로막을 수 있는 건 이 노예 출신 남자밖에 없었다.

바그다드와 모술, 알레포, 다마스쿠스 모두 대도시임에도 간단히 몽골군에 함락된 것은, 이들 도시의 방어 책임자인 칼리프와 태수들이 아랍인 혹은 투르크인, 즉 이슬람 세계의 기득권자였기 때문이다. 기득권자는 실패하면 잃을 것이 많으므로 과감한 행동을 할 수 없다. 실패할 것을 상상만 해도 좀처럼 결단을 내리기 힘들어지는 것이다.

이들 아랍의 기득권 계급에 비해 바이바르스가 유리했던 점은, 설령 실패한다 해도 잃을 것이 없다는 것과, 밑바닥에서부터 고생해왔다는 것이었다.

서른일곱 살이 된 노예 출신 남자는 결전에 나서기로 한다. 하지만 준비에 신중을 기할 필요가 있었다.

아마도 전장에는 동료들만 이끌고 나가기로 결심했던 듯, 보병을 주력으로 한 3만 5천 명 대부분은 그와 같은 맘루크들이었다.

결전에 이끌고 갈 군대의 준비를 갖춘 바이바르스는 본거지 이집트로 몽골군이 다가올 때까지 기다리지 않았다. 바그다드와 다마스쿠스의 참상을 알고 있던 이집트인이 동요할 것을 우려하고, 휘하 병사들의 사기를 생각했기 때문으로 보인다.

그는 결전의 장소를 '집'에서 멀리 떨어진 곳, 즉 팔레스티나 북쪽에 위치한 갈릴리 지방으로 정했다. 다마스쿠스를 함락하고 한숨 돌린 몽골군이 근처의 바알베크에서 휴식을 취한 뒤 남하를 재개할 때 덮친다는 전략이었다. 정복한 시리아의 도시에 머물러 있는 몽골의 우군이 쉽게 합류할 수 없는 지역까지 꾀어내어 결전을 치를 생각이었던 것이다.

카이로를 떠난 맘루크군은 지중해를 따라 가자까지 가서, 그곳에서 다시 북상해 아코로 향했다. 전장으로 예정한 갈릴리 지방이 그리스도교측의 영토이니만큼 미리 그리스도교측의 태도를 확인해둘 필요가 있었던 것이다.

제7차 십자군이 참담한 결과로 끝나고 루이가 프랑스로 돌아간 지 아직 6년밖에 지나지 않았다. 이제 완전히 아코를 수도로 생각하는 듯한 중근동의 그리스도교 세력은 숨을 죽이고 몽골과 이슬람의 대결 양상을 살피고 있었다. 이 상황에서는 바이바르스의 요구를 들어주는 것 말고 다른 수가 없었다. 그리스도교 세력이 별다른 움직임을 보이지 않으리란 것을 확인하자 바이바르스는 배후를 걱정하지 않고 몽골군을 상대할 수 있게 되었다.

노도와 같이 서진하던 몽골군도 지중해에 가까운 이곳 중근동까지 오자 긴장이 완전히 풀렸던 것으로 보인다. 우군과의 합류도 생각하지 않고 간단히 요르단강 서쪽으로 건너간 것이다. 그대로 앞으로 나아간 몽골군은 1260년 9월 23일, 아인잘루트(Ain-Jalut)의 들판에서 맘루크군을 맞닥뜨렸다.

바이바르스가 가장 두려워했던 것은 이제 어린애들까지 다 알고 있는 몽골의 기병이었다. 맘루크군은 기병력이 약했기 때문이다.

서른일곱 살의 노예 출신 남자는, 현대로 비유하자면 축구 경기에서와 같은 전술을 취한다. 강력한 스트라이커를 가진 팀을 상대하는 감독이 주로 사용하는 전술인데, 그 스트라이커를 철저하게 집중 마크하는 것이다. 그렇게 해서 다른 선수들과 떨어뜨려 고립시켜놓으면 아무리 천재적인 스트라이커라도 패스를 받을 수 없게 된다.

바이바르스는 그 전술을 구사했다. 몽골의 용맹한 기마군단을, 말을 달리기가 어려운 숲속으로 몰아넣은 것이다. 그러는 한편 나머지 보병 전원으로 적의 보병과 정면으로 맞부딪쳤다. 보병의 수는 맘루크

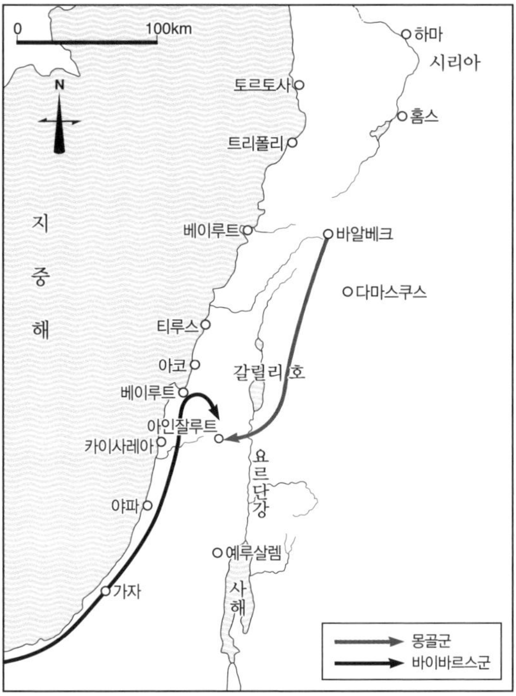

양군이 아인잘루트로 향한 진로

측이 우세했으니까.

아인잘루트 회전은 맘루크측의 승리로 끝났다.

회전의 규모로 보면 그리 큰 전투는 아니었다. 그러나 이 일전에는 이슬람 세계의 서쪽 절반을 몽골의 위협에서 구했다는 중요한 의미가 있었다.

몽골군이 가진 불패의 전통이 깨졌다. 전선이 워낙 흐트러져 있기도 해서, 이 일전에서 패한 몽골군은 유프라테스강 동쪽까지 후퇴해버린다. 별다른 고생도 없이 다마스쿠스와 알레포가 다시 이슬람측으로 돌아온 것이다.

노예 출신 남자는 이슬람 세계의 영웅이 되었다. 아무리 실력이 뛰어나도 출신이 비천해 다다를 수 없었던 술탄의 지위도, 아인잘루트에서의 일전 후에는 손에 넣을 수 있었다. 이슬람교도에게는 자신들을 지켜주는 사람이 제일이고, 그 사람이 노예 출신이라는 것은 더는 문제가 되지 않았던 것이다.

여기서 노예 출신 영웅은 실로 교묘한 행동에 나섰다. 바그다드가 함락될 때 살해당한 아바스 왕조 칼리프의 핏줄을 찾아내, 그를 카이로의 칼리프로 불러들인 것이다.

게다가 그 칼리프에게는 종교상의 권위만을 인정하고 정치와 군사에는 절대 간섭하지 못하도록 하는 이중의 교묘함도 발휘했다. 칼리프가 존재함으로써 노예 출신 술탄의 위치는 공고해진다. 그러면서도 칼리프는 술탄의 권력에 아무런 지장도 주지 못했다.

일본에서 '노예 왕조'로 번역되는 '맘루크 왕조'는 이러한 기반 위에 수립되었던 것이다.

살라딘이 창설하고 알 아딜, 알 카밀까지 3대에 걸쳐 전성기를 구가한 아이유브 왕조의 술탄들은, 칼리프를 자기 주변에 두어 종교적 권위를 확보할 필요가 없었다. 그러나 노예 신분에서 출세한 맘루크 왕조의 술탄들에게는 그런 것이 필요했다. 이것은 맘루크 왕조에서 이슬람교의 그림자를 절대 걷어낼 수 없다는 의미이기도 했다.

바이바르스는 이후 17년을 더 살다가 1277년 다마스쿠스에서 숨을 거두었다. 그가 왜 새끼사자 비슷한 문양을 자기 깃발로 삼았는지는 모르겠지만, 킵차크 지방에서 태어난 노예 출신 술탄은 자신에게 바쳐진 카이로의 모스크 내부에 훌륭한 묘를 지닌 신분으로 죽었다.

그리고 이 바이바르스로 시작된 맘루크 왕조의 술탄들은, 시리아와 팔레스티나의 해안 가장자리에 아직 건재하던 '성지'의 그리스도교측 세력의 목을 조금씩 조여오기 시작한다.

성왕 루이와 제8차 십자군

'내정'과 '외정'은 정치인 건 같아도 성격이 다르다.

국내 정치는 성심성의껏 하면 대부분의 경우 좋은 결과가 나온다. 기득권 계급의 반대를 무시하고 어떤 일을 강행하더라도 결과가 좋으면 대부분의 사람들이 납득하기 마련이고, 국익이라는 차원에서 사람들의 이해가 일치하기 때문이다.

그러나 국외 정치의 대상인 다른 나라나 사람과는 당연히 이해가 일치하지 않는다. 이 경우 성심성의껏 했다고 무조건 좋은 결과가 나온다는 보장이 없다. 아니, 종종 그 반대의 결과를 낳고 만다.

따라서 외정 담당자에게는 내정을 담당하는 자 이상의 현명함이 요구된다. 교활하거나 악랄하다고 해도 좋을 만큼의 지적 능력이 필요한 것이다.

프랑스 왕 루이 9세는 내정에서는 꽤 괜찮은 실적을 낸 군주였다. 하지만 그가 외정에 나섰을 때는……

그래도 확실한 것은 루이는 자신의 이익을 위해서는 아무것도 하지 않았다는 것이다. 조부 필리프처럼 프랑스 왕령을 확장하려 하지도 않았다. 그의 모든 행동은 신을 위한 것이자, 그가 믿는 그리스도교를 위한 것이었다. 이기주의나 자기중심주의와 무관했던 이 군주는, 그리스도교의 입장에서 보면 나무랄 데 없는 이상적인 지도자였다.

1270년, 쉰여섯 살이 된 루이는 두번째 십자군 원정을 나선다.

이끌고 간 병사의 대부분이 죽임을 당하거나 포로가 되고, 아니면 이슬람교로 개종해 이슬람 사회에 흡수됨으로써 제7차 십자군이 실패로 끝난 지 20년이 지난 때였다.

또한 루이가 포로들을 석방시키고 프랑스로 돌아온 해로부터는 16년의 세월이 흘러 있었다.

몽골군을 격파하고 이슬람 세계의 영웅이 된 바이바르스는 아직 카이로에 살아 있었고, 그의 술탄 지위는 반석처럼 튼튼했다.

게다가 당시 프랑스 왕에게 새로운 십자군 원정을 권유한 이는 아무도 없었다.

로마 교황청은 제7차 십자군이 참담한 결과로 끝난 것에 망연자실했고, 1268년 안티오키아까지 이슬람의 지배하로 들어간 뒤로는 완전히 영향력을 잃어버려, 유럽 각지에 설교사를 보내 선동할 생각조차 할 여유가 없었다.

그리고 바이바르스의 위협에 차례로 영토를 잃어가던 중근동의 그리스도교 세력도, 제7차 십자군 이후 유럽에서 새로운 십자군 원정이 시작되리라고 기대하지 않았다.

1270년 여름에 출발하기로 한 제8차 십자군은 누가 권유한 게 아니라 루이 스스로 나서서 시작한 것이었다. 끈질긴 사람이라는 생각도 들지만, 그의 입장에서는 신과 그리스도교를 위한 일이었다.

의문스러운 것은, 왜 목적지를 다른 곳도 아닌 튀니지아로 정했는가 하는 것이다.

아코를 비롯한 중근동 그리스도교도의 영토에 조금씩 손을 뻗치던 바이바르스를 측면에서 공격하면, 바이바르스가 북쪽에 집중하는 힘을 하는 수 없이 서쪽으로 향하게 될 거라고 생각했는지도 모른다. 실제로 이때는 사자심왕 리처드 이래로 계속 그리스도교도의 도시였던 카이사레아와 야파까지 바이바르스에게 빼앗긴 상태였다.

이집트를 측면에서 공격하겠다는 이 생각은 성공하면 천재적인 전략이라 할 수 있겠지만, 루이는 일단 튀니스 태수를 무너뜨리고 그리스도교로 개종시켜, 그리스도교화한 북아프리카 병사들을 이끌고 함께 이집트를 공격하려는 생각이었던 것 같다. 그리스도교에게 이교도를 그리스도교로 개종시킨다는 것은 전투에서 이기는 것 이상의 승리이기도 했다.

프랑스 왕이 직접 나서서 이끌고 가는 제8차 십자군은 제7차 십자군보다 한층 화려했다.

프랑스 왕과 두 왕자, 영국 왕자, 나바라 왕이 모두 아내를 동반하고 원정에 나선 것이다. 이들 고위인사를 따르는 기사들의 갑옷과 투구와 창이 햇빛을 받아 반짝이고, 왕비를 둘러싼 시녀들은 각양각색의 의상으로 화려함을 더했다. 마치 유한계급의 관광여행 같았지만 바닷바람은 이들에게도 예외가 아니었다.

1270년 7월 1일 에그모르트 항을 출발한 제8차 십자군은, 폭풍을 피해 사르데냐 섬 남단에 잠깐 기항했다가 곧장 튀니지아를 향해 남하했다.

그리고 7월 17일, 이유는 분명하지 않지만 옛 항구 카르타고 근처에 상륙한다.

카르타고 항은 고대에는 내내 북아프리카 물산의 집산지로 번영했지만, 중세에 접어들자 튀니스로 중심이 옮겨갔기 때문에 지금은 옛 영화의 흔적도 찾아볼 수 없는 사막에 둘러싸인 황폐한 도시로 변해 있었다. 이 사막지대에 상륙한 십자군은 야영하면서 시칠리아에서 올 앙주 백작 샤를을 기다렸다. 왕의 동생 샤를과 합류하여 튀니스로 향하기로 한 것이다.

제8차 십자군의 총 전력은 알려져 있지 않다. 제7차 때의 주앵빌 같은 기록자가 없었던 모양이다. 그래도 1만은 넘었던 것으로 추정되는데, 그만한 인원이 사막지대에서 야영을 계속하는 것은 위험했다.

루이도 그 위험을 깨달았는지, 군사력으로 해결하기에 앞서 외교를 시도해본다. 튀니스 영주인 태수에게 친서를 보낸 것이다.

"귀하가 그리스도교로 개종할 의향이 있다면, 우리 중에 자격이 있는 자가 세례를 베풀 수 있소. 그렇지 않으면 1만이 넘는 병사와 함께 우리 쪽에서 귀하를 찾아가게 될 것이오."

튀니스의 태수에게서는 즉시 답신이 왔다.

"세례에 대한 이야기는 당신과 전장에서 하겠소. 당신의 군대가 튀니스를 공격한다면 우리가 '목욕장'에 수용하고 있는 그리스도교도 노예를 모두 죽일 것이오."

'목욕장'이란 이 시대에 많이 볼 수 있었던, 북아프리카의 이슬람교도 해적에게 납치당한 남유럽 그리스도교도들을 값싼 노동력으로 혹사시키기 위해 수용하고 있던 장소의 통칭이다. 이에 관한 자세한 내용은 『로마 멸망 이후의 지중해 세계』에 쓴 바 있다.

온화한 성격의 루이는 상대가 예상 밖으로 강하게 나오자 외교전을 포기한다. 이제 군사력으로 해결할 수밖에 없다고 생각했는지, 시칠리아로 쾌속선을 보내 동생 샤를의 출발을 재촉함과 동시에 물과 식량을 보내줄 것을 요구했다.

그런데 샤를은 4년 전 황제 프리드리히의 아들 만프레디를 전투에서 죽이고 막 시칠리아의 왕이 된 참이었다. 시칠리아인들이 이 프랑스인 왕에게 호감을 보이지 않았기에, 북아프리카로 갈 병사의 징집은 커녕 물과 식량 조달조차 뜻대로 되지 않았다.

튀니지아의 한여름 태양이 작열하는 가운데 물과 식량은 점점 떨어져갔다. 게다가 충분한 준비 없이 상륙해 야영을 한 탓에 루이가 이끄는 제8차 십자군의 상황은 나날이 악화되었다. 적의 습격은 없었지만, 대신 역병이 닥쳐왔다.

8월에 들어서도 약속을 지키지 못하는 샤를에게, 루이가 병으로 쓰러졌다는 소식이 날아들었다.

루이 9세가 이끈 제8차 십자군의 진군로

그 소식에 샤를은 서둘러 조달한 얼마간의 병사와 보급물자를 가지고 시칠리아 서안의 트라파니 항을 출발했다. 샤를과 그의 군대가 카르타고에 상륙한 것은 8월 25일이었다.

하지만 상륙한 왕의 동생을 맞이한 사람은 아무도 없었다. 루이의 막사로 향한 샤를이 그곳에서 본 것은 조금 전에 숨을 거두었다는 형의 주검이었다. 루이 9세가 마지막으로 남긴 말은 "예루살렘으로, 예루살렘으로"였다고 한다.

열악한 상황에서 역병으로 쓰러진 것은 왕만이 아니었다. 교황 대리 자격으로 동행한 주교도, 제7차 십자군 때 다미에타에서 태어난 루이의 아들 트리스탕도 주검이 되어 있었다. 또다른 왕자 필리프도 병상에 드러누운 상태였다.

왕과 같은 귀인의 시신은 죽음 직후 해체되는데, 심장은 항아리에 담아 모국으로 가져가더라도 뼈는 따로 분리해 적당한 교회에 매장하는 것이 보통이다. 하지만 튀니지아에는 그리스도교 교회가 없었다. 그래서 심장과 뼈를 제외한 육체는 그 자리에서 화장했다. 그리스도교 사회에서는 원래 시신을 매장하는 것이 규칙이나, 원정중에는 이런 방식도 자주 행해졌다. 동생 샤를은 형의 시신이 해체되어 화장되는 것을 지켜볼 수밖에 없었다.

그때 튀니스 쪽에서 적군이 다가오고 있다는 소식이 날아들었다. 샤를은 서둘러 무기를 들 수 있는 병사들을 모아 맞서 싸울 진을 펼쳤다.

여러 가지 악조건이 겹쳤음에도 튀니스군과의 전투는 십자군측의 승리로 끝났다. 앙주 백작이자 시칠리아 왕 샤를은 열두 살 위의 형 루이와 달리 전투에 재능이 있었던 것이다.

튀니스의 태수는 눈앞에서 벌어진 자기 군대의 패배에 놀라 재빨리 강화를 요청해왔다. 조건은 단 하나, 튀니지아에서 물러나면 배상금을 지불하겠다는 것이었다.

십자군측에도 이 십자군의 미래에 희망을 거는 사람은 아무도 없었던 듯, 샤를과 수뇌들은 간단히 동의했다.

하지만 이들이 튀니지아 땅에서 철수한 것은 11월 20일이었다. 3개월이나 걸린 것은 태수가 '철수의 대가'로 지불하겠다고 약속한 배상금과, 튀니스와 그 근교의 '목욕장'에서 풀어준 그리스도교도들이 도착하기를 기다렸기 때문이다. 대대적인 선전을 하며 원정 온 '십자군'이 이교도의 돈만 받고 귀국한다면 신과 예수 그리스도가 용서하지 않을 테니까.

그러나 겨울에 접어든 후에 출항한 것이 제8차 십자군의 귀로마저 참담하게 만들어버린다. 상선이나 어선도 동절기의 항해는 피하는 것이 상식인데, 유럽의 내로라하는 무장들도 바다에 대해서는 잘 알지 못했던 것이다.

그들의 선단이 시칠리아 서쪽 끝에 위치한 트라파니 항에 거의 도착했을 때였다. 겨울폭풍이 덮쳐왔다. 항구로 마중 나온 사람들의 눈앞에서 열여덟 척의 배가 순식간에 파도에 휩쓸렸다. 배에 타고 있던 4천 명의 병사들은 말이며 무구(武具)와 함께 바닷속으로 사라졌다.

트라파니 주민들은 어선까지 총동원해서 침몰 직전의 배에 올라타 키를 조작하며 침몰을 막고, 침몰하는 배에서 바다로 떨어진 사람들을 건져냈다. 구조작업은 밤이 될 때까지 계속되었다고 한다.

죽은 루이의 뒤를 이어 프랑스 왕이 된 필리프, 시칠리아 왕 샤를, 나바라 왕과 영국 왕자, 그리고 루이의 아내와 필리프의 아내도 구조되었고, 루이의 딸인 나바라 왕비도 목숨을 건졌다.

시칠리아에 도착한 이후에도 튀니지아에서 걸린 역병의 희생자는 계속 이어졌다. 바다에서 구조된 나바라 왕과 왕비도 12월 4일에 병사했다.

시칠리아 왕 샤를과 프랑스의 새로운 왕 필리프는, 튀니지아에서 가져온 루이의 뼈와 왕자 트리스탕의 뼈, 그리고 나바라 왕 부부의 시신을 팔레르모 근처의 몬레알레 대성당에 매장하는 의식에 참석했다. 이때 매장한 뼈와 시신도 일부에 지나지 않았으며, 심장은 항아리에 담겨 고국으로 보내지게 되었다.

그후 고위인사들은 긴 여행을 견딜 정도로 몸 상태가 회복되는 대로 각자의 고국으로 출발하기로 했다. 이제 바닷길은 지긋지긋했으므로 전원이 육로를 택했다. 떠나기 전, 그들은 팔레르모 대성당에 참례해 신 앞에서 엄숙히 서약했다. 성도 예루살렘에 있는 성묘교회를 이슬람측으로부터 반드시 탈환하겠다고, 그러기 위해 4년 후인 1274년 7월 22일을 기해 출발하는 십자군에 참가하겠다는 서약이었다.

하지만 4년 후 그날이 되어도 이 서약을 지킨 왕이나 제후는 한 사람도 없었다.

프랑스 왕 루이의 강렬한 소망으로 실현된 제8차 십자군은, 1270년 7월 1일 프랑스에서 출발해 8월 25일 루이가 죽기까지 채 두 달도 안 되는 기간 만에 끝나고 말았다.

이 십자군에 어느 정도의 장병이 참가했는지, 그중 무사히 귀국한 사람이 얼마나 되는지에 대해서는 전혀 알려져 있지 않다.

무엇보다 제7차 십자군 때는 왕을 비롯한 십자군 전체가 포로가 되었으므로 중근동에서도 톱뉴스가 되었지만, 제8차 십자군은 지역 뉴스에 지나지 않았던 것이다. 이슬람측 기록도 대부분 무시하는 분위기다.

그러나 그리스도교 신도 사이에서는 승리한 사람보다 패했더라도 전사한 사람이 더 존중받는다. 로마 가톨릭교회는 루이가 죽은 지 27

년이 지난 1297년, 그를 모든 그리스도교도가 본보기로 삼아야 할 사람이라는 뜻의 성인으로 추존한다. 2백 년에 이르는 십자군 역사상 속계의 군주이면서 성인의 반열에 오르는 영광을 누린 사람은 이 루이 9세뿐이다. 이는 그리스도교회가 바람직한 신도로 보는 것이 어떤 사람인가를 보여주는 한 예다. 두 번이나 십자군 원정을 실행하고 두 번 다 실패했지만, 프랑스 왕 루이 9세는 역사상 '성왕 루이'라는 이름으로 남게 된 것이다.

로마에 있는 수많은 교회 중에서도 유독 많은 관광객들이 찾는 곳이 있다. 카라바조의 걸작 세 작품을 소장하고 있기 때문인데, 그곳이 루이에게 바쳐진 교회라는 사실을 아는 사람은 얼마나 될까.

입구로 들어가 바로 왼쪽을 보면 십자군 갑옷을 입은 루이의 로맨틱한 전신상이 서 있는데, 그곳이 기도 장소라는 것에는 전혀 관심 없이, 인간의 진실한 모습을 화폭에 담은 카라바조의 그림을 감상하러 온 사람들 중에는 그를 알아보는 사람이 과연 있을까.

'신이 그것을 바라신다'는 굳은 믿음으로 팔레스티나로 원정을 떠난 십자군은 성왕 루이가 이끈 제8차 십자군이 마지막이었다. 이 최후의 십자군이 남긴 것은 '성인의 반열에 오른 프랑스 왕'이 유일했다.

먼 곳에서 이 소식을 들은 팔레스티나의 그리스도교도들은 최후의 순간을 향해 조금씩 다가가고 있었다.

항구도시 아코

지금은 이스라엘 북부의 한 항구도시에 지나지 않지만, 2백 년에 이르는 십자군 역사의 후반 1백 년 동안 아코는 팔레스티나 지방 십자군 세력의 실질적인 수도로서 번영을 구가했다. 1187년 살라딘에게 탈환당했다가 1191년 사자심왕 리처드가 이끌고 온 제3차 십자군이 재탈환에 성공했을 때부터 멸망까지의 기간이다.

그사이 1229년부터 1244년까지 15년간은 예루살렘도 그리스도교측의 도시였지만, 수도 기능은 여전히 아코가 담당했다.

이유는 역대 로마 교황이 황제 프리드리히 2세와 술탄 알 카밀이 맺은 강화를 그리스도교도의 피를 한 방울도 흘리지 않고 '불신앙의 무리'와 협상한 결과로 보고 인정하지 않았기 때문이다. 프리드리히가 이끈 제6차 십자군이 예루살렘을 그리스도교도의 수중으로 되찾아왔는데도 예루살렘 왕과 대주교는 그곳으로 돌아가려 하지 않았다.

팔레스티나에 사는 모든 그리스도교도의 통솔자인 예루살렘 왕도, 종교상의 최고위자인 예루살렘 대주교도 계속 아코에 머물러 있었던 것이다. 그사이에도 줄곧 예루살렘에는 '성도'를 찾아온 유럽의 순례자들이 끊이지 않았지만 왕과 대주교는 발길을 하지 않았다.

당연히 아코는 일대 항구도시로 발전한다. 왕궁과 대주교의 저택뿐만 아니라, 피사와 제노바, 베네치아의 교역상인들이 각자 독립된 거류지를 두고 있었기 때문이다.

이 거류지는 통상센터 역할도 했으므로 유럽에 상품을 팔려는 아랍인들이 빈번히 드나들었다. 또 유럽에서 오는 상품을 선적한 피사와 제노바, 베네치아의 배도 이곳 아코로 모여들었다. 아코는 일대 자유항이 된 것이다.

수도 기능을 충족하고도 상품의 유통항으로 번영하려면 안전이 보장될 필요가 있다. 그런 점에서도 아코는 팔레스티나의 다른 항구도시보다 우위에 있었다.

중근동 십자군 세력의 상설 전력인 3대 종교 기사단, 즉 템플 기사단과 병원 기사단, 튜턴 기사단이 모두 아코에 본부를 두고 있었기 때문이다. 그중에서도 템플 기사단은 프리드리히와 알 카밀의 강화를 통해 예루살렘에 있던 자신들의 본부가 이슬람 지구에 포함되자, 아코로 옮긴 본부를 정식 본부로 삼아 만듦새부터 신경을 썼다.

병원 기사단은 그 이름이 보여주듯이 성지를 방문하는 순례자들의 치료를 목적으로 창설한 기사단이다. 따라서 그들의 본부는 항상 병원이 주체였다. 튜턴 기사단 역시 순례자들에 대한 봉사를 목적으로 창설된 독일 출신 기사 집단이므로, 아코에 있는 이 두 기사단의 '본부'는 장대하기는 해도 성채 같은 형태는 띠지 않았다.

그러나 아코에 있는 템플 기사단의 본부는 성벽으로 보호되는 아코라는 도시 안에 또다시 성벽을 둘러친 구역이었다. 즉 템플 기사단은 아코에서 유일하게, 적군 이슬람 세력에 둘러싸인 땅에나 세울 법한 완벽한 형태의 중세 서유럽식 성채를 지었던 것이다.

이는 순례자에게 봉사한다는 점은 다른 종교 기사단과 같지만 그중에서도 특히 군사력에 의한 봉사가 템플 기사단의 존재이유이기 때문

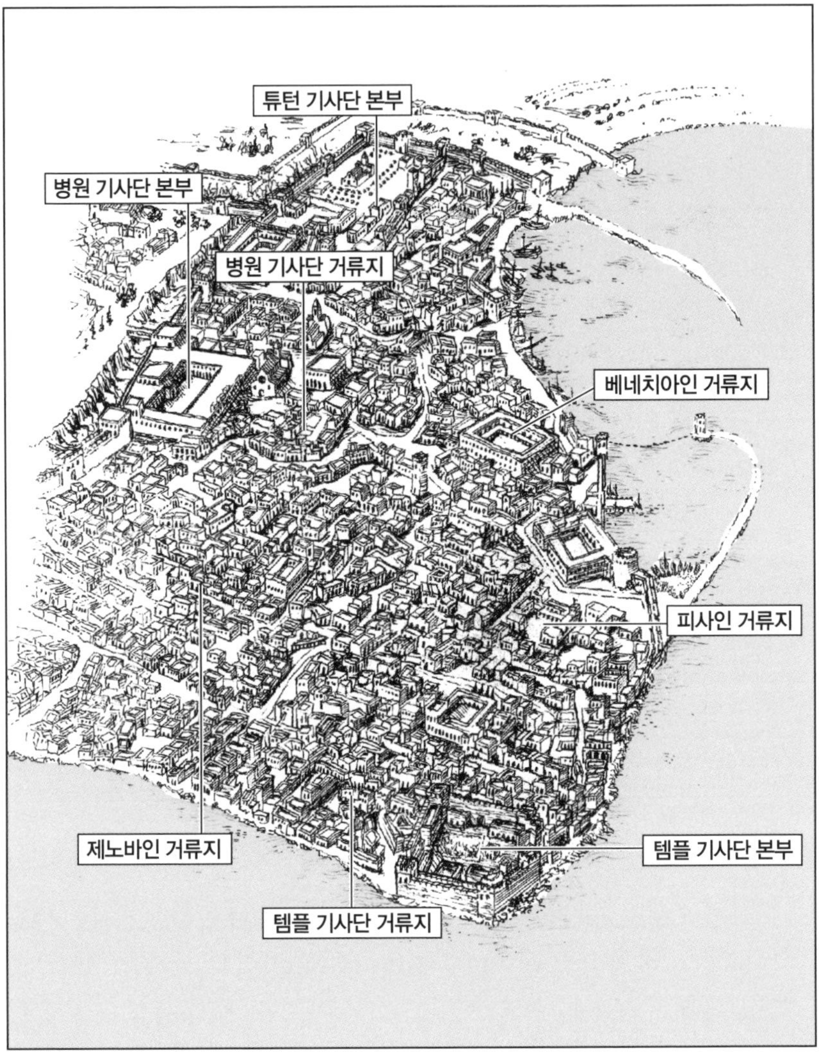
튜턴 기사단 본부
병원 기사단 본부
병원 기사단 거류지
베네치아인 거류지
피사인 거류지
제노바인 거류지
템플 기사단 본부
템플 기사단 거류지

아코 중심가

일 것이다. 두 면이 바다에 면한 높은 벼랑 위에 세워진 템플 기사단의 '본부'는, 그 자체의 위용만으로도 주위를 압도했다.

그러나 이 항구도시 아코에는 중근동에 사는 그리스도교 세력이 밀집해 있긴 해도 지휘계통이 일원화되지는 않았다. 이제 명색만 남은 예루살렘 왕위는 키프로스 섬의 왕이 겸하고 있었고, 그 왕도 키프로스에 있을 때가 더 많았다.

또한 대주교도 임지인 예루살렘 대신 아코에 망명 와 있는 것이나 마찬가지였으니, 실권이 점점 줄어드는 게 당연했다.

경제면을 각기 독자적으로 맡고 있던 이탈리아 해양 도시국가들도 서로 라이벌 의식이 강했기에 일원화는 꿈같은 이야기였다. 그들은 피사 거류지, 제노바 거류지, 베네치아 거류지로 독립된 곳에서 각자 치외법권을 누리고 있었다.

또한, 서로 독자적인 '쿼터'를 유지하며 그 안에서 치외법권을 누렸던 것은 종교 기사단도 마찬가지였다.

튜턴 기사단은 독일 황제에 속해 있지만, 템플 기사단과 병원 기사단은 로마 교황의 관할하에 있었다. 예루살렘 왕과 대주교는 이 기사들에게 명령할 권리가 없었다. 기사단에 유일하게 지시를 내릴 수 있는 것은 로마 교황인데, 멀리 떨어진 로마에 지령을 청하고 그에 대한 답을 받기까지는 반년이나 걸렸다. 자연히 성지에 있는 종교 기사단은 독자적으로 행동했다.

이러한 사정으로, 십자군 역사 후반부의 수도였던 아코에는 여러 세력이 어깨를 견주며 혼재해 있었다. 하지만 오히려 이렇게 규제가 없는 상태였기 때문에 번영을 구가할 수 있었는지도 모른다.

아코는 육지 쪽이 이중 성벽으로 보호되고, 그 안의 건물은 대부분 석조로 지어진 유럽식 도시였다. 그러나 무더운 중근동이니만큼, 서유럽식으로 지으면서도 아치를 많이 사용해 개방적인 느낌을 주는 건물이 많았다.

그중에서 아랍 양식의 흔적을 찾아본다면, 집들의 지붕이 삼각형이 아니라 평평한 옥상으로 만들어졌다는 것 정도일 것이다. 비가 적게 내리고 눈은 아예 오지 않는 중근동에서는 지붕을 삼각형으로 만들 필요가 없었던 것이다. 그와 같은 이유로 도시 여기저기에 있는 상설시장에는 천막 형태로라도 꼭 지붕을 만들어놓았는데, 이는 비 때문이 아니라 강렬한 햇빛을 막아 사람과 상품을 보호하기 위해서였다.

그 상설시장을 피부색이며 복장이 각양각색인 사람들이 오간다.

흰색 바탕에 붉은색 십자가 새겨진 망토를 휘날리는 템플 기사단의 기사와, 흰색 터번에 알록달록한 바지를 입은 아랍인이 스쳐 지나간다.

가슴에 흰색 십자를 새긴 병원 기사단의 기사가, 융단을 파는 페르시아 상인과 아랍어로 뭔가 이야기를 나누고 있다.

흰색 바탕에 검은색 십자를 새긴 튜턴 기사단의 기사들도 시장에서는 독일 억양이 섞인 프랑스어로, 역시 억양이 강한 프랑스어를 쓰는 유대인 상인과 가격 흥정을 한다.

그 뒤로는 십자군 국가의 봉건제후 부인이 하인을 데리고 지나간다. 제1차 십자군 이래 오랫동안 이 지역에서 살아온 제후들 중에는 오리엔트의 그리스도교도인 아르메니아 여인을 아내로 맞이한 사람이 많았으므로, 그 하인에 이슬람교도 여자가 적지 않았다.

한편 이탈리아인 거류지로 한 발짝 들여놓으면, 긴 옷과 베레모로 한눈에 이탈리아 상인임을 알 수 있는 남자들이, 터번을 두른 이슬람교도 상인들과 진지한 얼굴로 이야기를 나누고 있다. 이슬람 영토인 내륙부에 일종의 지점인 상관을 개설하는 일을 상의하는 것일까.

이제 막 항구에 도착한 배에서 내린 순례자들이, 성도 예루살렘을 보기도 전부터 한껏 고양된 표정으로 그 옆을 줄지어 지나간다. 그들과 대조적으로 무표정한 투르크인 항만 인부들은 배에서 부린 짐을 거류지의 창고로 운반하기 위해 그 옆을 지나간다.

이것이 13세기가 끝나가던 무렵 아코의 일상 풍경이었다.

피부색이며 머리색, 종교, 몸에 두른 옷, 쓰는 말 등, 하나부터 열까지 전부 다른 사람들이 뒤섞여 공존했던 것이 이 시기의 아코였다.

당시 아코에서는 모든 이들이 각자의 방식으로 이익을 얻고 있었다. 손해를 보는 자는 없었다. 적어도 아코를 파괴하려는 마음을 먹을 만큼 손해를 보는 자는 없었던 것이다.

그러나 마키아벨리였는지 귀차르디니였는지 확실치 않지만, 2백년 후 르네상스 시대를 살았던 한 이탈리아인은 이렇게 말했다.

"현실주의자의 잘못은, 상대도 자신과 마찬가지로 현실적으로 생각해 어리석은 행동을 하지 않으리라고 믿는 것이다."

이 시기 아코의 운명을 쥐고 있었던 것은, 아이유브 왕조의 술탄이 아니라 맘루크 왕조의 술탄이었다.

'그리스도교도는 마지막 한 사람까지 지중해에 처넣어주겠다'

아이유브 왕조의 창시자인 살라딘은 '지하드'를 선언함으로써 그리스도교군에 대한 본격적인 반격에 나설 수 있었다. 십자군이라는 성전 사상으로 침공해온 그리스도교군에 이슬람측도 '성전'으로 상대한 것뿐이다. 하지만 덕분에 그때까지 오랫동안 분열되어 있던 이슬람 세계를 통합하고, 그들의 성도 예루살렘을 탈환하는 데 성공했다.

그러면서도 항상 종교와 거리를 둬온 이 이슬람의 영웅은, '지하드'의 목표는 예루살렘 탈환으로 달성되었다고 보고, 시리아와 팔레스티나 지방 해안에 늘어서 있는 십자군측 항구도시는 성전의 대상으로 생각하지 않았다.

살라딘은 사자심왕 리처드와의 강화를 통해 이 항구도시들을 그리스도교측이 계속 지배하는 것을 명쾌하게 인정했다. 또한 유럽에서 찾아오는 순례자와 교역상인에게 자유로운 행동과 안전을 보장해주었다.

그리고 살라딘의 조카 알 카밀이 황제 프리드리히와 맺은 강화에서도, 순례자와 상인의 자유로운 활동과 안전을 재차 언급했다.

이것이 살라딘, 살라딘의 동생 알 아딜, 그리고 알 아딜의 아들 알 카밀로 이어진 아이유브 왕조의 역대 술탄들이 그리스도교도에게 보여온 태도였다. 아코는 이 아이유브 왕조 술탄들의 공생노선으로 이익을 누린 항구도시 중에서도 최대의 혜택을 누린 도시였다.

그러나 똑같이 '지하드'를 선언했어도 맘루크 왕조의 술탄이 생각하는 '성전'은 달랐다. 그들이 말하는 '지하드'는 '중근동 전역에서 그리스도교 세력을 일소하는 것'이었다. 순례자든 상인이든 가리지 않았다. 순례와 통상을 인정해 이익을 얻은 것은 이슬람측도 마찬가지인데도.

그 이유는 무엇일까.

아이유브 왕조의 역대 술탄, 살라딘과 알 아딜, 알 카밀은 모두 뛰어난 정치가였을 뿐만 아니라 고도의 교육을 받은 일급 교양인이었다. 교양이란 균형감각을 갖추게 해준다.

반대로 맘루크 왕조의 초대 술탄 바이바르스와 2대 술탄 칼라운은 노예 출신으로 군사훈련을 받은 군인이다. 전장에서 보여준 뛰어난 전투력 덕에 노예에서 술탄으로까지 출세했지만, 교육과 교양은 충분하지 않았다. 이슬람 세계의 공용어인 아랍어조차 자유롭게 구사하지 못했다고 한다. '맘루크'라는 말 자체가 아랍어로 '노예 출신 병사'를 뜻했다.

노예 출신 술탄에게 자신을 뒷받침해줄 기존 권위가 필요했던 것도 무리는 아니다. 바이바르스는 몽골이 괴멸시킨 바그다드에서 참살당한 아바스 왕조 칼리프의 핏줄을 카이로로 불러들여 새로이 칼리프 제도를 부활시켰다. 파티마 왕조의 칼리프가 자연사한 이후로 정교분리로 일관한 아이유브 왕조의 술탄과는 이런 면에서도 달랐다.

그러나 십자군 시대의 이슬람교도가 로마 교황을 그리스도교도의 칼리프라는 뜻으로 이해했던 것에서도 알 수 있듯이, 칼리프 제도란 칼리프의 주변을 지키는 수많은 '이맘', 즉 이슬람교 학자와 성직자들이 있어야 비로소 완전해진다. 그러므로 카이로에 칼리프가 정주하게 되었다는 것은, 카이로라는 도시가 교황과 성직자가 상주하는 로마와 비슷해진다는 뜻이기도 하다.

마키아벨리는 그의 저작에서 교황청 따위는 스위스로 가버리면 좋겠다고 썼고, 귀차르디니도 죽기 전에 보고 싶은 세 가지 중 하나로 교황과 성직자의 철저한 정치참여 배제를 들었을 정도다.

맘루크 왕조의 창시자 바이바르스는 자기 영지의 수도인 카이로에 칼리프 제도를 부활시키는 조건으로, 술탄이 행하는 정치와 군사에 칼리프가 일절 관여하지 않는다는 조항을 넣었다. 그러나 종교의 본산으로서의 영향이 완전히 사라질 리는 없었다. 맘루크 왕조의 성전 사상이 과격해진 것은, 아이유브 왕조의 술탄 이상으로 이슬람적인 무언가를 어필할 필요를 느낀 노예 출신 남자들의 초조함에 기인한 것인지도 모른다. 하지만 그에 더해 술탄 가까이에 살게 된 칼리프와 이맘, 학자들이 끼치는 영향도 조금씩 드러나기 시작했다. 어쨌든 이런 유의 사람들은 말주변만은 능숙했으니까.

종교에 일생을 바친 이들 중에는 세속의 이익을 무시해야 종교의 순수함을 유지할 수 있다고 믿는 사람이 많다. 이들에게는 그리스도교도 순례자들이 쓰고 가는 돈도, 그리스도교도 상인과의 교역에서 얻는 수익도 이슬람교의 순수함을 유지하는 데 방해가 되는 것이다.

맘루크 왕조의 술탄이 나타났을 때 이미 '중근동 전역에서 그리스도교도 세력을 일소하겠다'는 이슬람측의 뜻이 밝혀진 것이나 마찬가지였다. 이것이 이슬람교도의 두번째 '지하드'의 목표였다. 그런데 그리스도교도측은 이를 저지하려 노력하기는커녕 길을 터주는 것이나 다름없는 행동만 계속했다.

1250년, 이집트로 침공해온 프랑스 왕 루이 9세가 이끄는 제7차 십자군은 군대 전체가 죽임을 당하거나 포로가 되는 철저한 패배로 끝났다. 왕까지 포로가 된 형국이었고, 루이는 몸값을 지불해야 하는 휘하 병사 대부분을 인질로 남겨놓고 석방되었다. 그후 2년 남짓한 기간 동안 몸값을 지불해 결국 부하들은 자유의 몸이 되었지만, 이 제7차 십자군은 그리스도교측과 이슬람측 양쪽 모두에, 과거 여섯 차례에 걸친 십자군과는 비교할 수 없는 큰 영향을 미쳤다.

제7차 십자군은 유럽 제일의 강국 프랑스의 왕이 직접 이끌고 원정한 것이었다. 그런데도 그토록 참담한 결과로 끝나자, 이슬람 세계는 당연히 집안싸움을 잠시 잊고 다함께 개가를 올렸다. 한편 그리스도교측은 당연히 낙담했지만, 양자가 도달한 결론은 같았다.

이제 유럽에서 대규모의 본격적인 군대가 원정을 오는 일은 없으리라는 것이었다.

루이가 이끈 제7차 십자군은 중근동의 이슬람 세계에 또 하나의 선물을 남겼다. 점점 약화되어가던 아이유브 왕조에서 노예 출신이지만 강력한 실력을 갖춘 맘루크 왕조로의 배턴 터치를 결과적으로 도와준 것이다. 제7차 십자군을 실제로 패배시킨 것은 맘루크 병사들이었고, 이것이 노예 출신 병사에게 술탄의 자리로 가는 길을 열어준 것이다.

그러나 맘루크 왕조를 일으키고 술탄 자리에 앉은 바이바르스는 이 시기, 즉 1250년대에 곧바로 중근동의 그리스도교 세력을 일소하러 나설 수가 없었다. 멀리 동방의 아시아에서 몽골의 기마군단이 일으키는 흙먼지가 다가오고 있었기 때문이다.

1258년, 이슬람 세계 동쪽 절반의 수도로 번영해온 바그다드가 함락되었다.

1260년, 알레포와 다마스쿠스 등 시리아의 주요도시가 차례로 몽골에 항복했다. 몽골군은 파죽지세로 이슬람 세계의 절반을 점령하고 남은 절반을 향해 침공해오고 있었다.

이에 맞선 바이바르스가 이끄는 맘루크군이 아인잘루트 회전에서 승리한 것이 바이바르스의 위세를 결정짓는다. 몽골의 서진을 막음으로써, 이슬람 세계 서쪽 지역에 사는 이슬람교도들에게 노예 출신이 술탄에 오르는 것의 당위성을 인식시킨 것이다.

승부를 걸었던 바이바르스는 물론이고 그를 따라 싸운 이슬람교도들도 이때는 안도의 한숨을 내쉬었을 것이다. 아인잘루트 평원을 향해 나아가던 그들에게는 이제 이집트밖에 남아 있지 않았으니까.

그러나 단 한 번의 전투에 패해 유프라테스강 동쪽으로 철수했다고 해서 몽골의 위협이 완전히 사라진 것은 아니었다. 그후 20년 남짓한 세월 동안 맘루크 왕조의 술탄은 항상 동방을 주시하며 중근동의 방어를 확립하는 데 힘썼다.

살라딘은 1187년에 예루살렘을 탈환한 직후 팔레스티나 지방에 있는 십자군측 성채를 공략하고는 파괴한 상태 그대로 방치했다. 십자군의 기지로 사용되는 것만 막으면 충분했고 자신들이 사용할 생각은 없었던 것이다.

그런데 바이바르스는 공략한 후 공격중에 파괴된 부분을 굳이 수리하게 했다. 성채 중의 성채로 유명한 '크락 데 슈발리에(기사들의 성)'에도 유독 다르게 보이는 부분이 있는데, 이 역시 맘루크가 공략 후 복구한 부분이다.

십자군 성채는 모두 동방을 바라보고 세워져 있다. 아이유브 왕조 시대에는 몽골의 위협이 없었지만, 맘루크 시대에는 동방에서 몽골이 습격해올 것을 항상 의식해야 했다. 그래서 성채에 틀어박혀 싸우는 관습이 없던 이슬람군도 성채를 필요로 하게 된 것이다.

원하는 건 성채뿐이니, 병력의 손실 없이 이것만 손에 넣을 수 있다면 그보다 좋은 방법은 없었다. 맘루크들은 성채에 틀어박혀 철저한 항전 자세를 취하는 종교 기사단의 기사들에게 '명예로운 철수', 즉 무장해제 없이 가진 것 전부를 갖고 퇴거해도 좋다는 관대한 조건을 제시했다. 이제 어디에서도 원군이 오지 않을 상황이었으므로 성채를 지키던 기사 중에는 '명예로운 철수'를 선택하는 자가 많았다.

이런 일이 반복되며 중근동 그리스도교 세력의 '외곽 해자'는 조금씩, 그러나 착실히 사라져갔다.

팔레스티나에서 이런 상황이 전개되던 무렵, 또다시 프랑스 왕 루이가 굳이 하지 않아도 될 일에 나섰다. 1270년에 결행한 제8차 십자군이다.

이 십자군은 튀니지아에 상륙한 후 곧바로 루이가 세상을 떠나는 바람에 어이없이 끝나고 말았는데, 그 결말은 곧 중근동 땅의 그리스도교도와 이슬람교도에게 결정적으로 작용했다. 이제 유럽에서 십자군이 원정 올 일은 결코 없으리라고 누구나 확신하게 된 것이다.

바이바르스는 1277년에 세상을 떠났다. 아들이 그 뒤를 이었지만 너무 무능력했던 나머지 2년도 버티지 못하고 칼라운으로 교체된다. 맘루크 왕조의 2대 술탄이 된 칼라운은 바이바르스의 부하로 공적을 쌓아온 무장이었는데, 그 역시 '노예 출신 병사'로 바이바르스의 노선을 계승한 자였다.

1270년에서 1290년까지 20년 동안 바이바르스와 칼라운 등 맘루크 술탄이 속속 등장하면서, 중근동의 주도권은 완전히 맘루크측으로 넘어갔다. 이 두 사람은 노예 출신이라는 게 믿기지 않을 만큼 교묘한 방식으로 그리스도교측을 궁지에 몰아넣었다.

중근동의 그리스도교 세력은 사실상 아코를 수도로 둔 옛 예루살렘 왕령 외에도 안티오키아 공작령과 트리폴리 백작령으로 나뉘어 있었는데, 맘루크 왕조의 두 술탄은 이 셋과 개별적으로 '휴전'을 맺었다.

아이유브 왕조와는 영 다른 맘루크 왕조 술탄의 태도에 전전긍긍하던 그리스도교도들은 그의 휴전 요청을 곧바로 받아들인다.

지중해 동쪽 해안의 가장자리만 겨우 유지하고 있는 상황에서 일시적이라도 평화를 갖길 바랐기 때문일 것이다. 하지만 휴전할 때마다 영지와 성채를 빼앗기는 것은 늘 그리스도교측이었다.

게다가 이 '휴전'은 협정으로 정한 기간, 즉 기한이 만료될 때까지 지켜진 적이 없었다. 예외라면 맘루크측이 이집트 남쪽에 있는 누비아 지방을 제압하느라 시간이 걸렸을 때뿐이었다.

이렇게 해서 안티오키아 공작령이 사라지고 트리폴리 백작령도 곧 그 뒤를 이었다. 맘루크와 '휴전'을 할 때마다 영토를 잃은, 제1차 십자군 원정 이래 이 지역에 정착한 '프랑크인'들은 대부분 '성지'를 버리고 키프로스로 이주했다.

해상에 떠 있는 섬인 키프로스에서는, 맘루크 왕조가 권력을 잡은 후에도 여전히 해상에서 취약한 이슬람 세력의 위협을 피할 수 있었기 때문이다.

인간을 인간답게 만드는 것 중 하나는 신의다. 다시 말해 약속한 것을 지키는 자세다. 아무렇지도 않게 그것을 깨는 상대와는 협정을 맺어봐야 소용없지만, 달리 방책이 없으면 그것에라도 매달리게 마련이다.

2백 년 동안이나 이 땅에서 살아와 이제 유럽에는 돌아갈 집도 없는 사람들이 맘루크와의 협정에 매달린 심정을 이해 못 하는 건 아니다. 그러나 일국의 왕까지 똑같은 행동을 한다면 절망적이다.

에드워드가 영국 왕이 되기 전에 십자군을 시도했던 적이 있다. 역사 연구자 중에는 이것을 제9차 십자군으로 부르는 이도 있으나 도저히 그럴 만한 것은 못 되었다. 맘루크에게서 10년간의 휴전을 얻어냈다며 의기양양하게 귀국했지만, 영국보다 강국인 프랑스의 왕까지 굴복시킨 맘루크가 그를 존중했을 리 없었다.

휴전협정에 조인하고도 이를 밥 먹듯이 어기는 맘루크 왕조의 술탄에게, 키프로스 왕이자 명목상 예루살렘 왕이던 사람까지 속아넘어간다. 그 역시 맘루크가 10년간 평화를 약속했으니 이제 안심하라며 키프로스로 돌아가버린 것이다.

이리하여 아코 공격까지 남은 시간은 조금씩, 그러나 확실하게 줄어들고 있었다.

1290년, 그리스도교 세력과 휴전중인 것도 개의치 않고 술탄 칼라운은 '지하드'를 수행하기 위한 준비를 착착 진행하고 있었다. 남은 일은 협정을 깰 명분을 찾는 것뿐이었다.

표적은 좁혀졌다

그해 11월 칼라운이 세상을 떠났다. 이제 안심할 수 있겠다는 그리스도교측의 기대는 곧바로 배반당한다.

술탄은 부하 맘루크들이 임종을 지켜보는 가운데 아들 카릴에게 '지하드'의 수행을 서약하게 하고 숨을 거두었다. 죽은 자신의 뒤를 이은 아들이 술탄의 지위를 확고히 하려면 그리스도교도 일소를 목표로 내건 '성전'을 실행하지 않을 수 없게 해두고 죽은 것이다.

'지하드'의 명분은 그해 8월에 이미 마련되어 있었다.

이제 그리스도교도가 안전하게 상륙할 수 있는 땅은 아코뿐이었으므로 유럽에서 오는 순례자들은 아코로 집중되었다. 순례이니만큼 무장은 하지 않았지만 마음속까지 무조건 평화적인 것은 아니었다.

이 사람들이 국제도시 아코 시내의 광경을 보고 분개한다. 태어날 때부터 '불신앙의 무리'라고 교육받아온 아랍인과 투르크인, 유대인들과 태연히 교유하는 그리스도교도들을 보고, 배반이고 타락이라며 분노한 것이다.

그리고 이들 중 혈기왕성한 몇 명이 시장에 있는 이슬람교도를 덮쳤다. 아랍인이나 투르크인은 복장만으로 금방 알아볼 수 있었다.

이 폭거는 순식간에 순례자 무리 전체를 끌어들이는 규모로 확대되었다. 아코에 사는 그리스도교도에 대한 분노에 더해, 한동안 예루살렘 순례가 중지되는 바람에 아코에 상륙한 뒤로 계속 발목이 잡혀 있는 것에 불만이 쌓인 것도 원인이었다. 폭동은 일시적으로 아코에 사는 그리스도교도들도 손댈 수 없을 만큼 크게 번졌다.

결과적으로 상당수의 아랍 상인과, 아코에 농산물을 팔러 온 투르크인 농민이 죽거나 부상을 당했다.

그리고 그달 말쯤, 사상자 가족과 현장에 있다 목숨을 구한 사람들이 카이로의 술탄을 찾아가 피범벅이 된 옷을 보여주며 그리스도교도에 대한 복수를 요구했다.

이것은 '사고'였다. 하지만 단순한 '사고'일지라도 이를 이용할 마음을 먹은 사람의 손에 넘어가면, 행동으로 이어질 이유가 되고 계기가 된다.

아코측에서 이 위험을 깨달은 이는 템플 기사단의 단장 기욤 드 보죄였다. 그는 이슬람교도의 괴멸을 모토로 삼고 이슬람측과의 공생을 완강하게 거부하며 아랍어조차 절대 익히려 하지 않는 다른 템플 기사단 기사와는 조금 달랐다.

프랑스의 고명한 귀족 출신에 루이 9세와 친족관계인 그는 그 때문인지 1270년 루이가 튀니지아로 이끌고 간 제8차 십자군에도 참가한 바 있었다.

어이없이 비참한 결과로 끝난 십자군이 스무 살 젊은이에게 무슨 생각을 하게 했는지는 알 수 없다. 그는 이듬해 템플 기사단에 입단한다. 화려하고 안정된 프랑스에서의 귀족생활을 버린 것이다.

템플 기사단 단장으로 선출된 것은 1273년, 스물세 살도 되지 않은 때였다. 프랑스 왕실과의 관계 때문에 당시 로마 교황의 총애를 받았던 덕분인지도 모른다.

그후 2년간 로마 교황이 소집하는 공의회를 거드는 등의 일을 하고, '성지'로 불리는 팔레스티나에 들어간 것은 1275년이었다. 그때도 아직 스물다섯 살이었지만 템플 기사단의 단장이라는 위치상 '성지'의 그리스도교 사회 수뇌부의 일원이 된다.

그리고 이 수뇌는 템플 기사단의 전통에 반하는 일도 과감하게 실행했다. 시리아의 이슬람 영주들과 교유할 뿐 아니라 이집트 술탄의 측근 한 사람과도 양호한 관계를 맺었다. 아랍어도 일찌감치 습득했는데, 기사단 내부에서는 이 단장에게 반발하는 단원이 적지 않았다.

이 젊은 단장은 1288년에 이미 술탄 칼라운이 '지하드'에 보이는 열의를 아코에 있는 다른 수뇌부에 전하고, 그에 대비할 필요성을 제언한 바 있었다. 하지만 다른 수뇌들은 맘루크와 휴전협정을 맺었으니 걱정할 것 없다며 그의 말을 들으려고도 하지 않았다.

1290년 8월에 일어난 사고의 수습에 나설 것을 처음으로 주장한 사람도 템플 기사단 단장 기욤이었다. 그래서 그를 포함한 사절단이 해명을 위해 술탄을 찾았는데, 술탄 칼라운의 태도는 강경했다. 상인과 농민을 죽이고 부상을 입힌 범인들을 찾아내 막대한 배상금을 지불하게 하라는 것이었다.

그러나 폭도로 일변해 이슬람교도를 덮친 이들이 순례자들이라는 것은 알고 있었지만, 그중 누가 범인인지 가려내는 것은 쉽지 않았다. 자기가 했노라고 나서는 이도 없었고, 고발하는 자도 없었다. 또한 배상금도 상식을 벗어난 액수였다. 예루살렘 대주교를 비롯한 아코의 유력자들은 술탄의 요구를 거절했다.

이에 대해 기욤은, 배상금 지불은 차치하고라도 범인을 인도할 필요는 있다고 주장했다. 아코의 감옥에 수용되어 있는 범죄자, 즉 살인이나 상해죄로 감옥에 갇혀 있는 자들을 술탄에게 넘겨주면 어떻겠느냐고 말한 것이다.

하지만 이것도 아코 수뇌들의 동의를 얻지 못했다. 설왕설래하는 사이 사태를 수습할 기회를 놓치고 말았다. 1290년 말에야 겨우 세 명의 사절을 보냈지만, 그들은 이제 막 술탄이 된 카릴을 만나보지도 못하고 그대로 감옥에 갇히고 말았다. 아이유브 왕조의 술탄들은 외교사절의 안전을 보장했지만, 맘루크 왕조의 술탄은 협정을 어길 뿐만 아니라 외교사절의 안전도 보장해줄 생각이 없었던 것이다.

그러나 스물여덟 살에 술탄 자리에 오른 카릴은 면식이 있는 템플 기사단 단장에게 개인적인 친분의 정을 느꼈는지, 기욤에게 다음과 같은 서신을 보내왔다. 서신은 지극히 이슬람 세계의 권력자다운 수사로 시작된다.

"술탄 중의 술탄이며 군주 중의 군주인 알 말리크 알 아슈라프는, 엄격함을 신조로 삼으며, 따라서 반대하는 자를 타도하는 채찍이며, 프랑크인과 타타르인과 아르메니아인을 궁지에 몰아넣는 자이며, 불신앙의 무리가 소유하는 성채의 강탈자이며, 두 바다(지중해와 홍해를 말하는 듯하다)의 지배자이며, 두 순례 성지(메카와 예루살렘을 말하는 듯하다)의 수호자로, 카릴 알 살리히라 칭하는 자다.

그런 내가 템플 기사단의 고결한 단장인 당신에게 고한다. 항상 우리를 진정한 남자로 대해준 당신에게, 나도 응당 우리의 진의를 밝히기로 했다.

조만간 우리는 당신도 지키는 자의 일원으로 있는 땅으로, 잘못된 것을 바로잡으러 갈 것이다.

이미 확정한 이상 이제 아코에서 사절을 파견하거나 서한이나 선물을 보내는 것은 소용없는 짓이며, 어떤 사람이 보낸 것이든 모두 물리치리라는 것을 알려둔다."

표적은 아코로 좁혀졌다. 그 이유, 카릴이 말한 '잘못된 것'이 이슬람교도 상인과 농민 몇 명을 살해한 일을 말하는 것인지, 아니면 제1차 십자군 이래 2백 년에 걸친 십자군 원정을 뜻하는 것인지는, 표적을 정한 지금은 이제 상관없는 일이었다.

1290년부터 1291년에 걸친 겨울, 시리아의 숲에서 대량의 목재를 구해 1백 대의 투석기를 만들라는 술탄 카릴의 명령이 하마 태수에게 내려졌다. 완성된 투석기는 일단 바알베크로 모은 후, 베카 고원을 내려가 다마스쿠스로 옮겨져, 최종 목적지인 아코의 성벽 아래로 운반된다. 이 모든 과정을 하마 태수가 책임지고 수행해야 했다. 맘루크의 술탄은 아이유브 왕조의 몇 안 되는 생존자인 하마 태수에게 이런 중책을 맡긴 것이다.

베카 고원에서 다마스쿠스로, 다마스쿠스에서 다시 아코까지, 사막을 지나고 강을 건너고 산악지대를 넘어 1백 대나 되는 투석기를 운반하는 일이다. 엄청난 인력을 동원해야 실행할 수 있는 대사업이었지만, 이 일에 목숨이 달려 있는 만큼 하마 태수의 태도는 진지했고, 언제나 그렇듯 이슬람측에는 인력이 부족하지 않았다.

이와 때를 같이하여 '지하드'를 내걸고 대규모 병사를 징집하라는 명령이 각지의 태수와 영주에게 내려졌다. 그리스도교도에 대한 '성전'을 기치로 내걸었으니 모든 이슬람교도가 참가하는 것이 당연했다. '지하드'에서는 전사한다 해도 순교자가 되는 것이다.

십자군측에게 최후의 해가 된 1291년 3월 3일, 가장 먼저 아코 성벽 앞에 도착한 이슬람측 군대는 누비아 제패를 지휘하던 중 급히 불려온 알 아흐람이 이끄는 맘루크의 선발대였다.

그리고 20일 후 완성된 투석기 1백 대와 함께 하마 태수가 다마스쿠스에 도착한다. 이후 이 투석기를 아코까지 운반하는 데 19일이 더 소요된다. 그리스도교 일소를 기치로 내건 군대가 움직이기 시작한 것이다.

하마 태수는 술탄의 엄명을 지키기 위해 휘하의 군대를 이끌고 먼저 출발했으므로, 이 시리아 북부의 군대가 아코에 도착한 것은 3월 26일이었다.

그 이튿날 다마스쿠스 총독인 맘루크 무장이 이끄는 시리아 남부의 군대도 아코에 도착한다. 그리고 시나이 반도를 행군할 예정이라 시일이 많이 걸리는 술탄의 이집트 본대는 3월 6일 카이로를 출발했다.

카이로에서는 술탄이 출발하기 일주일 전부터 칼리프를 비롯한 이슬람 성직자들이 전 술탄 칼라운에게 바쳐진 새로 지은 모스크에 모여 코란을 낭송하며 성전의 승리를 기원했다. 술탄 카릴도 그에 화답해 카이로의 빈민들에게 돈을 나눠주었다. 어쩐 일인지 이슬람 세계에서는 성전과 빈민구제가 늘 같이 이루어진다.

술탄이 아코에 도착한 것은 카이로를 떠난 지 한 달 만인 4월 5일이었다. '지하드'에 참가할 전군이 이미 도착해 있었기 때문에 포진은 순조롭게 진행되었다. 술탄은 먼저 도착한 알 아흐람의 진언을 받아들여 아코를 둘러싼 육지 쪽 성벽의 동쪽에 본진을 두었다. 이 일대를 아코 공략의 주체로 삼고, 다마스쿠스와 하마에서 온 군대가 옆에서 보조하는 포진이었다. 공격 개시는 이튿날인 6일 아침으로 정해졌다.

아코 공방전

'지하드'의 깃발 아래 결집한 이슬람군의 총전력은 보병 16만 명과 기병 6만 명이었다고 한다. 만약 이것이 사실이라고 해도, 보병의 대부분은 갑자기 징집되어 전선으로 끌려온 농민들이라 무기를 제대로 다룰 줄도 몰랐다. 그래도 육지 쪽 성벽의 바깥을 둘러싸고 있는 참호를 메우는 작업에는 동원할 수 있었다. 또한 대군을 징집한 의도 중 하나는 아코를 육지 쪽으로는 개미 한 마리 기어나올 틈 없이 에워싸려는 데 있었다. 머릿수가 많으면 많을수록 아코 안에 틀어박혀 방어하는 측의 심리적 압박감도 높아질 터였다.

기병의 경우 역시 제대로 된 병사를 6만 명이나 모았을 것 같지는 않다. 바그다드를 중심으로 한 동쪽 이슬람 세계가 몽골을 상대하느라 긴장상태인 이 시기에, 말을 달리면서 화살을 적중시키기로 유명했던 페르시아의 경기병이 지중해 근처에까지 모습을 드러냈으리라고는 생각하기 어렵기 때문이다.

따라서 보병과 기병을 합쳐 22만 명이라는 건 상당히 미심쩍은 숫자이지만, 어쨌거나 대군을 이끌고 왔다는 것만은 분명했다. 이 대군이 아코라는 한 도시의 공격에 투입된 것이다.

이만한 대군을 거느리고 왔음에도 술탄 카릴은 바다 쪽에는 배나 사람을 전혀 투입하지 않았다. 그리스도교측의 이탈리아 해양 도시국가 세력이 제해권을 완전히 장악하고 있으니 배를 투입해봤자 쓸모없다는 것을 맘루크측도 알고 있었던 것이다.

한편 아코의 방어력은 4만 명이었지만, 이는 민간인을 포함한 숫자이므로 순수 전력이라 할 수 없다. 전력만 따지면 보병 1만 4천 명, 기병 7백 명, 기사를 따라 싸우는 것이 임무인 종병이 1천3백 명. 모두 합쳐도 1만 6천 명에 지나지 않았다.

게다가 총사령관 한 사람의 명령 아래 싸우는 형태가 아니었기에 내부사정도 복잡했다.

1만 4천 명의 보병 중에는 그리스도교도인 투르크 병사도 있고, 무기를 들고 싸우기로 결의한 순례자도 있었다. 또한 이 숫자에는 이탈리아인도 포함되어 있었다.

여기서 말하는 이탈리아인은 아코에 거류지를 두고 있던 이탈리아 해양 도시국가, 그중에서도 피사와 베네치아의 남자들이다. 그들은 아코 방어에 적극적으로 참전했다. 교역상인이든 선원이든 갤리선의 조수든, 전투가 벌어지면 모두 '해병'으로 일변하는 남자들이었다.

이탈리아 해양국가 중 제노바는 얼마 전에 맘루크와 강화를 맺었기 때문에 이 아코 공방전에 참가하지 않았다. 그러나 개인적으로 아코에 머무는 것을 택하고 공방전에 참전해 열심히 싸운 제노바인도 몇 명 있었다.

하지만, 중세의 전투에서 주된 전력은 언제나 기사들이다.

이 7백 명의 기병에는, 제7차 십자군에서 완패한 프랑스 왕 루이 9세가 속죄의 뜻으로 매년 성지에 보냈던 1백 명의 기병도 포함되어, 함께 아코 공방전에 참전했다.

그러나 이 1백 명은 '기병'이지 '기사'가 아니었다. '싸우는 사람'을 의미하는 '기사'는 말을 탈 수 없는 상황에서도 보통사람 이상으로 싸울 수 있지만, 기병은 말을 타야 비로소 전력을 발휘한다. 당시 현장 증인의 기록에도 프랑스에서 온 1백 명은 성벽을 방패로 삼은 방어전에 적합하지 않았다는 내용이 나와 있다.

이렇게 되면 이 1백 명을 제외한 기사 6백 명이 아코 공방전의 주된 전력인 셈이다. 그리고 그 책무는 종교 기사단의 몫이었다. 성지에서 탄생해 그 성지를 지금껏 지켜온 종교 기사단은, 결국 최후까지 성지와 운명을 같이하게 된 것이다. 그중에서도 3대 기사단으로 불린 템플 기사단, 성 요한 병원 기사단, 그리고 튜턴 기사단이 그들이었다.

템플 기사단은 마흔한 살이 된 단장 기욤 드 보죄가 이끌었다. 이 사람에게 무슨 일이 생기면 곧바로 지휘를 대신할 부단장은 피에르 드 스브레. 둘 다 프랑스 태생이며, 젊은 나이에 성지에 와서 남자로서 생애 최고의 시기를 중근동에서 보냈다는 공통점이 있었다.

아코 방어를 위해 일어선 템플 기사단의 기사가 몇 명이었는지는 알려져 있지 않다. 각지의 성채에서 기사들을 끌어내 최대한 아코 방어에 투입했다고 하지만, 현대 연구자가 현대군의 특수부대에 해당한다고 표현하는 종교 기사단이니 3백 명이 넘지는 않았을 것이다.

마찬가지로 십자군의 '특수부대'인 병원 기사단을 이끈 것은 템플 기사단의 단장 기욤과 동년배로 추정되는 단장 장 드 빌리에. 이쪽도 정확한 수는 알려져 있지 않다. 하지만 이들은 항상 템플 기사단보다 수가 적었으니 3백 명 이하였다는 것은 확실하다. 두 종교 기사단은 평소 거의 독자적으로 행동했지만, 아코 공방전에서는 내내 끝까지 힘을 합쳐 싸웠다.

독일 기사만으로 구성된 튜턴 기사단도 아코 공방전에서 분투했는데, 하필 이때 단장이 유럽에 가 있었기 때문에 템플 기사단이나 병원 기사단의 단장 휘하에서 싸우게 되었다. 그래도 아코 성내에 황제 프리드리히가 마련해준 본부가 있었기에 그곳을 기점으로 각자 독일인의 혼을 충분히 발휘하며 건투했다. 후발주자인 만큼 단원 수는 템플 기사단과 병원 기사단에 비해 크게 적었다.

이 세 기사단 외에도, 아코에는 연구자들이 작은 기사단이라고 부르는 두 기사단이 있었다. 이들 역시 아코 공방전에서 3대 종교 기사단 못지않은 활약을 했다.

그중 하나는 성 토마스 기사단으로, 여기에는 영국 출신의 단원이 많았다.

또 하나는 성 라자로 기사단이라는 이름의, 나병 환자만으로 구성된 기사단이었다. 유럽에서는 나병을 신이 내린 징벌로 여겨 환자들이 도시 바깥에 따로 모여 살아야 했지만, 오리엔트에서는 달랐다. 난치병이긴 해도 신에게 버림받은 존재로 생각하지는 않았다. 때문에 행동도 상당히 자유로웠다. 예루살렘 왕이었던 보두앵 4세의 예만 봐도 알 수 있다.

기사단에 입단했을 정도이니 성 라자로 기사단의 남자들은 한때 나병을 앓았더라도 완치된 상태였을 것이다. 그들의 수가 어느 정도였는지는 알려져 있지 않다. 알려진 것은 아코에서 전멸했다는 것뿐이다.

이 '특수부대'를 더해도 1만 4천 명밖에 되지 않는 전력으로 어떻게 22만 명의 적을 상대할 마음을 먹었을까. 이것은 누구나 품을 수 있는 의문이다.

그러나 아코는 포위된 상태가 아니었다. 바다 쪽은 완전히 그리스도교측이 쥐고 있었으므로 키프로스에서 군량을 보급받을 수 있었고, 이로써 장기전을 치를 첫번째 조건은 갖춘 셈이었다.

또한 공격하는 측은 야영을 하며 생활해야 한다. 대군일수록 물과 식량 부족, 위생상태 악화로 역병이 발생할 위험성은 더욱 크게 상존하는 법이다. 주위 사람들이 픽픽 쓰러지기 시작하면 병사들은 하나 둘 도망치게 된다. 이런 움직임이 퍼져나간 뒤에는 '지하드'도 별 도움이 되지 않는다.

공격하는 술탄측도 그 위험을 알고 있었다. 예의 살라딘조차 시도하지 않았던 대량의 투석기를 만들어 가져온 것은 단기간에 결판을 내려 했기 때문이었다. 투석기는 방어병을 죽이기 위한 것이 아니다. 성벽을 무너뜨리는 게 목적이다. 이중으로 둘러쳐진 아코의 성벽만 무너뜨리면, 성내로 난입하는 것은 농민 병사들로도 충분하다.

요컨대, 아코측은 장기전으로 끌고 갈 수 있느냐 없느냐에 모든 것이 달려 있었다.

그러나 설사 버텨낸다 해도 '한동안'만이라면 의미가 없다. 중근동에 살고 있지만 이슬람교도가 '유럽에서 온 그리스도교도'라는 뜻으로 '프랑크인'이라 불렀던 이들의 모국, 즉 유럽에서 본격적인 원군을 보내주리라는 기대를 전혀 할 수 없었기 때문이다.

1년 이상 버텨낸다면 유럽인들도 감격하여 의용군 형태로나마 원군을 보내줄지도 모른다. 그러나 그러기 위해선 1년 이상의 지구전을 벌여야 했다.

그러므로 왜 이런 상황에서 방어에 나설 생각을 했을까 하는 의문은 여전히 남는다.

아코를 잃으면 과거 2백 년간 십자군이 이뤄온 모든 것이 사라진다는 위기감과 절망감 때문이었을까. 아니면 방어를 위해 일어선 남자들 한 사람 한 사람의 마음에 타오르던 자긍심 때문이었을까.

아코 방어전에 나선 1만 4천 명을 이끄는 최고사령관은 없었다고 앞에서 말했지만, 명목상으로는 존재했다. 키프로스 왕이자 예루살렘 왕인 앙리 2세였다. 아코를 방어할 의무가 있었던 그는 자신은 나중에 가겠다고 말하고 대신 동생 아모리를 보내왔다. 앙리는 스무 살, 아모리는 열아홉 살이었다.

의욕 하나는 충분했던 아모리는 자청해서 자신의 담당구역을 술탄 카릴이 직접 이끄는 맘루크군과 맞서는 남쪽으로 정한다. 그러나 열아홉 살인 그가 할 수 있었던 것은 거기까지였고, 방어전의 실질적인 지휘는 자연스럽게 사십대에 접어든 템플 기사단의 단장과 병원 기사단의 단장이 맡게 되었다.

따라서 이 두 종교 기사단은 담당구역의 방어에만 전념할 수가 없었다. 종종 아모리의 구역으로 달려가야 했던 것이다. 아코 성벽을 사이에 두고 대치하는 양군의 포진은 그리스도교측에서 가장 강력한 템플

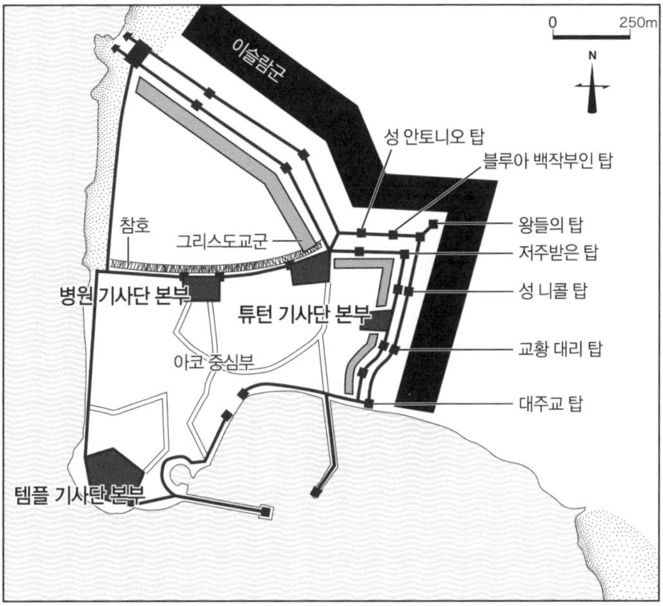

아코 중심부 양군의 포진 양상

기사단과 병원 기사단이 이슬람측에서 비교적 약체인 하마와 다마스쿠스의 군대를 담당하고, 이슬람측에서 가장 강력한 맘루크군은 아모리가 지휘하는, 병사 수는 많지만 실제 전력은 약체인 현지 세력 혼성군이 담당하는 형태가 되어버렸기 때문이다.

1291년 4월 6일 아코 공방전의 막이 올랐다. 하지만 처음 닷새는 이슬람측의 함성과 북소리, 나팔 소리만 시끄럽게 울리는 가운데 흘러갔다.

그러나 이슬람측에 투석기가 도착한 4월 11일부터 전황은 일변한다.

1백 대의 투석기 중 실제 사용이 가능했던 것은 67대였다. 그중 15대는 대형 투석기이고, 나머지 52대는 소형이어서 병사 몇 명만으로도 조종할 수 있었다. 그 외에 다섯 대의 대형 석궁기(石弓器)가 있었는데, 이것은 불을 붙인 큰 화살을 적진으로 쏘는 용도였다.

공격하는 측이 이렇게 기계화되어 있었다면, 방어하는 측도 지지 않았다. 제해권을 장악한 이점을 이용해, 해상으로 나가 배의 갑판 위에 투석기를 설치하고 적진을 향해 돌포탄을 쏘아댄 것이다. 이 전법은 피사 '해병'들의 특기였는데, 그들은 이 방식을 맘루크군 진영뿐 아니라 하마 진영에도 거듭 사용했다.

그러나 이 전법에는 결함이 있었다. 해상에 설치한 만큼 아무래도 안정성이 떨어졌고, 특히 바람과 파도에 취약했다. 최악의 사태는 4월 13일에 일어난다. 강풍을 맞고 많은 배들이 전복된 것이다. 이후 피사 부대는 아모리의 부대에 합류해, 육상에서 투석기를 쏘는 전법으로 전환해야 했다.

총 67대의 투석기에서 밤낮을 가리지 않고 돌포탄이 날아들었다. 이슬람측은 이들 '포병'을 4교대로 운영했기 때문에, 돌덩이가 성벽에 부딪히는 소리가 하루 종일 끊이지 않았다.

이 '포격'이 시작되고 나흘 후인 4월 15일에서 16일로 넘어가는 밤중에, 방어측은 적의 투석기를 파괴하기 위해 성벽 밖으로 결사대를 내보내기로 했다.

목표구역은 하마 태수가 담당하는 전선. 지휘는 템플 기사단 단장 기욤 드 보죄가 맡았다. 3백 명의 기사와 50명 전후의 보병으로 구성된 이 결사대에는, 영국 왕 에드워드의 신하이기도 한 오손 드 그랜드슨이 성 토마스 기사단을 이끌고 참가했다. 또한 성 라자로의 나병부대도 가세했다.

템플 기사단 단장의 계획은, 적의 투석기를 직접 때려부수는 것이 아니라 투석기의 각 부분을 연결하는 밧줄을 불에 태워 투석기를 해체시키는 것이었다. 말을 타고 나가는 기사를 따르는 보병들은 '그리스의 불'이라 불린 수류탄을 던져 밧줄을 태우는 역할을 맡고, 기사들은 이를 눈치채고 달려드는 적병의 접근을 막는다는 것이었다.

템플 기사단 단장 기욤은 가장 중요한 임무인 첫번째 수류탄 투척을 오랫동안 아코를 방어해온 프랑스 남부 출신의 한 남자에게 맡겼다.

그런데 이 남자는 성벽 위를 지킨 경험은 충분했지만 적진에 침입해 혼전을 벌인 경험은 많지 않았던 듯하다. 공포를 견디지 못한 그가 던진 '그리스의 불'은, 투석기에 미처 다다르지 못하고 그 앞의 풀밭에 떨어지고 말았다.

기름을 넣은 항아리에 불을 붙여 던진 것이었으니, 바닥에 떨어지자마자 불길이 타올라 주위가 온통 환해졌다.

어두웠던 무대에 갑자기 조명이 들어온 것 같았다. 단장 기욤은 곧바로 철수하라고 외쳤지만, 사방에 빽빽한 적의 천막을 지탱하는 로프에 말의 다리가 걸려 많은 기사들이 낙마하고 말았다. 그 기사들을 노리고 이슬람 병사들이 달려들었다.

이날 밤의 출격으로 십자군측은 18명의 기사를 잃었다. 이튿날 아침 하마 태수는 죽은 기사들의 머리를 안장에 매단 말 몇 필을 술탄에게 헌상했다. 그 말들 역시 기사들이 타고 있던 것이었다.

그리고 이틀 후 18일과 19일 사이의 밤, 두번째 결사대의 출격이 정해졌다. 이번에는 병원 기사단 단장 장 드 빌리에가 이끄는, 병원 기사단과 템플 기사단의 혼성부대였다. 목적은 첫번째 출격과 마찬가지로 투석기의 파괴. 단 이번 목표구역은 적의 본진인 맘루크 진영이었다.

야습인 만큼 출격은 극비리에 진행되어, 출격하는 기사들도 말을 타기 전까지는 목적지가 어디인지 알지 못했다.

그러나 정보가 어디에서 샜는지 기습은 실패한다. 결사대가 성 안토니오 문을 소리없이 열었을 때, 눈앞에 맘루크 군대가 기다리고 있었던 것이다.

다급하게 문을 닫았지만 적들이 일제히 쏘아댄 화살에 말 몇 필이 부상을 입었다. 인력 손실은 겨우 면했다.

세번째 출격은 성 토마스 기사단의 단장 그랜드슨이 이끈 결사대에 템플 기사단과 병원 기사단이 가세하여 4월 20일 밤에 결행되었다.

하지만 이때도 성과를 내지 못하고 돌아올 수밖에 없었다. 아코에 있는 이들 중 누군가가 화살에 편지를 묶어 성벽 밖으로 쏘아 맘루크 측에 출격 사실을 알린 것이었다.

이와 같이 4월 15일부터 20일까지 닷새 동안 결사대의 출격이 세 차례 있었지만 이는 3백 명 전후의 기병으로 결행한 본격적인 출격만 따진 것이고, 1백 명 전후의 기병으로 이루어진 출격은 그사이에도 여러 차례 결행되었다. 주체는 모두 종교 기사단의 기사들이었다. 방어측도 성벽 안쪽에 웅크리고만 있었던 건 아니었다.

4월 6일 공격이 시작된 이후 4월 말까지 3주간, 아코를 지키는 성벽은 견고히 유지되었다.

바깥 성벽은 종종 무너질 뻔했지만, 그때마다 기사들이 달려가 무너진 곳으로 침입하려는 적병을 최전선에서 격퇴했다.

이제는 키프로스 왕의 동생이나 튜턴 기사단, 병원 기사단, 템플 기사단도 서로의 담당구역 같은 것을 구별하지 않았다. 위험에 처한 곳이라면 갈 수 있는 자 누구나 달려갔다.

기사의 애마도 올라타서 싸우기 위한 용도가 아니라 위태로운 곳으로 달려가기 위한 용도로만 쓰이게 되었다. 말을 탄 기사 뒤를 따르는 시종의 역할은, 말에서 내려 칼이며 창을 들고 적을 향해 달려가는 주인의 뒷모습을 지켜보며 말고삐를 쥐고 기다리는 것뿐이었다. 그리고 갈수록 그들의 주인이 돌아오지 못하는 경우가 많아졌다. 그런 때에도 시종은 말고삐를 쥐고 주인을 찾으러 갔다. 지금까지 일심동체로 싸워온 사이다. 인간사회에서의 신분은 달라도 가슴속 생각은 같았던 것이다. 아코를 버티게 해준 것은 기사에서 종병까지 종교 기사단의 모든 남자들이었다.

공방전이 시작된 지 한 달이 되어가는 5월 4일, 드디어 키프로스 왕 앙리 2세가 40척의 배에 1백 명의 기병과 2천 명의 보병을 태우고 아코에 도착했다. 방어측은 이제 전선에 한층 힘이 보태지겠다는 생각으로 그를 맞이했지만, 스무 살의 앙리는 아코의 상황을 보자마자 술탄에게 휴전을 요청하는 사절을 보내기로 결심한다.

아코에 도착하고 사흘 후인 5월 7일, 왕은 술탄에게 두 명의 사절을 보냈다. 사절을 접견한 술탄은 대뜸 아코 성문의 열쇠를 가져왔느냐고 물었다. 사절이 아니라고 답하자 술탄 카릴은, 측근이 말리지 않았다면 두 명의 사절을 그 자리에서 베고도 남을 만한 기세로 화를 냈다. 그리고 분노에 떨면서 사절에게 내뱉었다. "불신앙의 놈들을 하나도 남기지 않고 지중해에 처넣어주겠다."

돌아온 두 사절이 전한 말에 아코 전역은 절망에 빠졌다.

그때까지 아코에 남아 있던 사람들 중 3천 명이 아코를 버리기로 마음을 정했다. 키프로스군을 싣고 온 배는 곧 이 난민을 키프로스로 수송하는 배가 되었다.

이미 아코에 살고 있던 많은 그리스도교도가 키프로스로 도망간 상태였다. 키프로스 섬에 거처가 있던 상류계급은 지난해 가을부터 처자식들을 피난시켰다. 이슬람군의 포진이 시작되었을 당시 아코에 여자들의 모습이 보이지 않았던 것은 그 때문이다. 따라서 공방전이 시작된 지 한 달이 지난 지금 아코를 떠나기로 결정한 3천 명은 대부분 남자들이었다.

아코 말고 달리 갈 곳이 없는 서민들은 계속 남아 있었다. 공방전이 시작된 당초에는 여자와 아이들도 물을 나르며 도왔지만, 전황이 격렬해지자 밖으로 나오지 말라는 지시를 받고 집 안에서 숨을 죽이고 있었다. 이리하여 거의 전투원의 도시가 된 아코에는 자산도 없고 도망갈 곳도 없으며, 설령 포로로 잡힌다 해도 몸값을 지불할 능력이 없는 서민들만 남게 되었다. 왕 앙리는 이곳 아코에 남기로 결정한다. 단 11일 동안만이었지만.

술탄의 최후통첩을 받은 다음 날 방어측의 수뇌부가 모여 협의한 결과, 적진 쪽으로 가장 돌출되어 있는, 바깥 성벽을 수비하는 '왕들의 탑'이라는 탑 두 개를 포기하기로 결정했다. 더이상 이쪽을 지킬 수 없었던 것이다. 점점 줄어드는 병력을, 아직 버티고 있는 다른 부분으로 돌릴 필요가 있었다.

하지만 이는 조금씩 후퇴하는 행보의 첫걸음이나 마찬가지였다. 또한 적이 더욱 기세를 몰아 그 부분에 공격을 집중하게 되는 결과도 낳았다.

그후 5월 9일부터 16일까지 일주일 동안, 아코를 둘러싼 바깥 성벽을 지켜온, 즉 방어의 요소였던 탑들이 차례로 적의 수중에 들어갔다.

북쪽에서 남쪽으로 '블루아 백작부인 탑' '왕들의 탑' '성 니콜 탑' '교황 대리 탑' '대주교 탑'까지, 아코에 사는 사람들뿐 아니라 이곳에 상륙해 성지를 순례한 후 다시 아코를 통해 유럽으로 떠나간 순례자들에게도 매우 친숙한 이 탑들이 하나둘 함락된 것이다. 적의 집중 공격을 받은 바깥 성벽의 절반 정도가, 투석기로 공격하거나 지하도에 화약을 설치하여 폭파시키는 등의 방법으로 붕괴되었다.

그 바로 안쪽에 펼쳐진 '성 안토니오 탑'에서 '성 니콜 탑'까지가 다름아닌 아코 방어의 '열쇠'였다. 종교 기사단 기사들의 방어가 이 일대에 집중된 것도 당연했다. 이곳이 적의 수중에 들어가면 아코의 운명도 끝장나는 것이었다.

이 일대 방어의 '핵심'은 '저주받은 탑(Torre Maledetta)'이라는 특이한 이름으로 불려온 탑이었다. 병원 기사단의 부단장 마티외 드 클레르몽이 이끄는 기사들이 이 탑을 사수하기 위해 투입되었다. 소속에 상관없이 함께 싸운 그들의 분투 덕에 일단 적의 기세를 멈추게 하는 데에는 성공했다.

그러나 이슬람측은 머릿수에서 단연 우세하다. 또한 단기간에 결판을 내려는 술탄의 의지도 여전했다. '지하드'는 효과적이지만 극약이므로 장기간에 걸쳐 사용할 수는 없다. 예전에 살라딘이 그랬듯이 술탄 카릴도 이 극약의 사용법을 알고 있었다. 그래서 한번 반격을 당해 물러선 곳에 계속 매달려 시간을 허비하지 않았다. 공격에 나선 지도 벌써 42일이었다.

5월 17일 밤, 술탄 카릴은 각자 군대를 이끌고 있는 태수와 총독 전원을 자신의 막사로 불러모아, 이튿날인 18일을 기해 총공격을 감행하도록 명했다. 성벽을 무너뜨리는 데 성공하건 못 하건 무조건 전군이 공격하라는 것이었다. 무너진 곳으로 돌입하라. 이것이 술탄이 내린 명령이었다. 게다가 5월 18일은 금요일이다. 이슬람교도에게 금요일은 중대사를 결행하기에 걸맞은 날이었다.

최후의 날

1291년 5월 18일, 이날이 사실상 '아코 최후의 날'이 되었다. 이때의 상황에 대한 상세한 설명은 '티루스의 템플 기사단 기사'로만 알려져 있는 무명 기사가 남긴 기록을 따라가는 형태를 취하려 한다. 아직 젊었던 이 기사는 후세 연구자 중 한 사람이 '십자군 국가의 피로 물든 황혼(Bloody sunset of the Crusader states)'이라 명명한 장면에 대한 글을 이렇게 시작했다.

"동트기 전 한층 크고 강한 북소리가 울려퍼지는 것을 신호로 사라센인이 대거 공격해왔다.

맨 앞에서 대형 방패를 든 병사들이 나란히 진군해왔다. '그리스의 불'을 던지는 병사들이 뒤를 잇고, 또 그 뒤로 화살을 쏘고 창을 던지는 무리가 이어졌다. '저주받은 탑'을 지키고 있던 우리는 노도와 같은 적들의 돌진에 물러설 수밖에 없었고, 적군은 탑 옆으로 뚫린 문을 통해 아코 성내로 침입하려 했다."

안쪽 성벽 수비의 핵심인 이 탑을 잃으면 아코 전체를 잃게 된다. 이 탑을 방어하기 위해 곳곳에서 기사들이 달려왔다.

먼저 병원 기사단의 부단장인 마티외 드 클레르몽이 애용하던 큰 창을 들고 달려왔다. 뒤이어 병원 기사단의 단장 장 드 빌리에도 칼을 빼들고 달려왔다. 위기상황에 모습을 드러내지 않은 적이 없는 템플 기사단의 단장 기욤 드 보죄는 이날도 최전선에서 지휘했다. 그때의 상황을 '티루스의 템플 기사단 기사'는 이렇게 묘사했다.

"적병들이 '그리스의 불'을 쉴새없이 던졌기 때문에 주변 일대가 온통 연기로 뒤덮여 바로 옆에서 싸우는 아군의 모습도 간신히 보이는 상황이었다. 또 적의 궁병들이 쏘아대는 화살이 격렬하게 쏟아져내려 우리측 병사와 말이 차례로 쓰러졌다.

영국에서 온 한 젊은 시종은 불쌍하게도 '그리스의 불'을 정통으로 맞아 입고 있던 옷에 불이 붙어 순식간에 화염에 휩싸였다. 적의 공격이 맹렬히 진행되던 중이라 아무도 이 젊은이를 구할 수 없었다. 젊은이는 비명을 지르며, 마치 송진으로 만든 인형처럼 산 채로 불타 버렸다.

이 광경에는 사라센 병사마저 숨을 삼키며 움직임을 멈추었다. 하지만 그것은 순간이었다. 큰 소리를 지르며 침입을 재개한 적군은, 결국 '저주받은 탑'을 돌파해 성내로 난입하기 시작했다."

'저주받은 탑'을 둘러싸고 전개된 이 격렬한 전투에서 병원 기사단 단장 장 드 빌리에가 중상을 입었다. 기사와 시종도 대부분 전사하거나 중상을 입어 움직이지 못했다.

그나마 아직 움직일 수 있었던 병원 기사단의 기사 몇 명이 중상을 입은 단장을 옮겼다. 내버려두라는 단장의 목소리를 아랑곳하지 않고, 피란하는 사람들을 싣고 있던 베네치아 배에 태웠다. 항구는 도망가려는 사람들과 그들을 최대한 많이 태우려는 배로 혼잡하기 이를 데 없었다.

예상대로 이슬람군은 아코를 둘러싼 성벽 중 가장 수비가 탄탄했던 템플 기사단과 병원 기사단의 담당구역을 피하고, 비교적 수비가 약한 '성 안토니오 탑'에서 '저주받은 탑'을 거쳐 '대주교 탑'에 이르는 동쪽 성벽으로 대거 침입했다.

이 적군의 침입로에 해당한 튜턴 기사단 본부는 순식간에 적의 물결에 휩쓸리고 말았다. 그러나 튜턴 기사단 기사들이 필사적으로 버틴 덕에, 황제 프리드리히에게서 하사받은 광대한 본부 건물만은 지킬 수 있었다.

하지만 이 일대의 방어 책임자였던 키프로스 왕과 그의 동생은, 항구에 정박해 있던 키프로스 배를 타고 그전에 일찌감치 도망쳐버렸다. 그래도 자신의 직속 무장들과 도중에 만난 주요인물들은 모두 태우고 퇴각했다.

안쪽 성벽이 무너진다는 소식을 듣자마자 재빨리 도망친 것은, 명색일 뿐이라 해도 예루살렘 대주교인 사람도 마찬가지였다. 대주교는 전용 배를 갖고 있어 안전하게 키프로스로 도피할 수 있었지만, 항구까지 도망쳐온 서민 여자와 아이들을 자기 배에 최대한 많이 태우려고 했던 게 화근이었다. 피란민을 가득 실은 대주교의 배는 겨우 항구를 나서기는 했지만, 너무 무거운 나머지 그대로 침몰하고 말았다. 대주교도 그들과 함께 바닷속으로 사라졌다.

템플 기사단의 단장 기욤 드 보죄도 중상을 입어 꼼짝 못하게 된 이들 중 하나였다. '티루스의 템플 기사단 기사'는 그에 대해 이렇게 썼다.

"적이 던진 창 하나가 우리 단장을 관통했다. 왼팔을 들어올리는 참에 그 틈을 비집고 들어온 창에 찔린 것이다. 단장은 그날 방패를 들고 있지 않았다. 칼은 너무 많은 적병을 베어 무뎌지고 부러져 더는 쓸 수가 없어 내버리고 말았다. 그래서 그에게는 오른손에 든 지휘봉이 전부였다. 적병이 던진 창은 겨드랑이 아래 흉갑과 팔을 보호하는 무구의 틈새를 직격해서, 반대쪽으로 손바닥 길이가 넘게 꿰뚫고 나왔다.

그가 평소에 창이나 화살이 간단히 관통할 만한 무구를 착용했던 건 아니었다. '저주받은 탑'이 위태롭다는 말을 듣고 서두르는 바람에 주변에 있던 가벼운 갑옷과 투구만 걸치고 달려나왔던 것이다."

심각한 부상이라는 건 누가 봐도 분명했다. 중상을 입은 템플 기사단 단장 기욤 드 보죄는 피가 철철 흐르는 와중에도 정신은 또렷했으나 목소리를 낼 수는 없었다.

그런 그를, 옆에서 함께 싸워온 병원 기사단의 부단장 마티외 드 클레르몽이 주위에 있던 템플 기사단 기사들의 도움을 받아 아코 성내에 있는 건물로 옮겼다.

그러나 그의 상태는 절망적이었다. 기욤 드 보죄는 마티외 드 클레르몽에게 안긴 채 숨을 거두었다. 마흔한 살에 맞이한 죽음이었다.

전우의 시신을 조용히 땅에 눕힌 마티외 드 클레르몽은, 그의 동료인 병원 기사단 기사들이 도피해 있는 기사단 본부로 향하지 않았다. 대신 이미 항구 근처까지 밀어닥친 적진으로 뛰어들어갔다.

템플 기사단과 병원 기사단이 이슬람을 상대하는 전투집단으로 활동하기 시작한 1118년부터 이 아코 공방전까지 173년 동안, 두 기사단은 함께 협력해 싸운 적이 한 번도 없었다.

두 기사단 모두 성지 수호를 기치로 내세운 십자군의 상설 군사력이었다. 단원 수는 적어도 개개인의 전투능력이 뛰어난 특수부대라는 공통점이 있었지만, 그만큼 라이벌 의식도 강했다.

또한 당시 유럽에 많았던 '떠돌이' 기사, 즉 주군이 없는 자도 가입할 수 있었던 템플 기사단과, 왕이나 봉건영주의 가계와 연관이 있는 이른바 귀족 출신만 단원으로 받아들였던 병원 기사단은, 단원의 일상생활부터 조직의 구조, 그리고 가장 중요한 전투방식에 이르기까지 모든 것이 달랐다.

게다가 템플 기사단의 단원이 대부분 프랑스 태생인 데 비해, 병원 기사단의 단원은 유럽 각지에서 모였다는 차이점도 있었다.

십자군의 역사를 통틀어 주역을 맡아온 이 두 종교 기사단의 기사들이 소속의 경계를 넘어 함께 싸운 것은 이 아코 공방전이 처음이자 마지막이었다.

템플 기사단 단장과 병원 기사단 부단장이 마치 등을 맞대고 싸우듯 함께 분투한다.

중상을 입고 쓰러진 템플 기사단 단장을 병원 기사단 부단장이, 아직 적이 침입하지 않은 건물로 옮긴다.

그리고 병원 기사단 부단장의 품에 안긴 채, 템플 기사단의 단장이 숨을 거둔다.

전우의 죽음에서 무엇을 느꼈는지, 병원 기사단 부단장은 자신의 위치를 내버리는 행동을 한다. 그가 속한 기사단의 단장이 중상을 입고 키프로스로 탈출했으므로, 이제 아코에 남은 단원들을 이끄는 임무는 그에게 있었다. 그런데도 동료들이 피해 있는 본부로 향하지 않고, 밀려드는 적들 속으로 뛰어들어가 장렬한 죽음을 맞는 쪽을 택한 것이다.

그런 그의 뒷모습이, 지금까지 현장을 증언한 템플 기사단의 젊은 기사에 의해 후세에 전해진다.

이러한 일은 173년 동안 단 한 번도 일어난 적이 없었다. 이때 아코에서가 처음이었다.

술탄 카릴이 명한 총공격의 성과는 5월 18일 해가 지기도 전에 분명해졌다.

석양이 지는 아코에서 볼 수 있었던 것은, 주민들의 집에서 끄집어낸 약탈품을 서로 차지하려고 다투는 맘루크 병사들과, 그들 사이로 말을 달리며 질서를 잡으려 애쓰는 이슬람 기병대의 모습이었다.

승리한 이슬람군에게 짓밟히지 않은 곳은 템플 기사단, 병원 기사단, 그리고 튜턴 기사단의 본부 세 군데뿐이었다. 전투에서 살아남은 기사들이 도피해 있던 이 본부 건물은 승리에 의기양양해진 맘루크 병사들도 쉽게 침범하지 못했다.

그러나 두 면이 바다인 벼랑 위에 지어진 성채와도 같은 템플 기사단의 본부와 달리 병원 기사단의 본부는 광대하긴 해도 병원이 중심인 석조건물에 지나지 않았으며, 튜턴 기사단의 본부 역시 아코에 흔히 있던 큰 건물 중 하나일 뿐이었다. 도저히 장기간에 걸친 농성전을 버텨낼 수 없는 곳이었다.

그래도 이 두 곳으로, 마지막까지 아코 방어를 위해 분전했던 남자들이 도피해왔다.

아코 공방전

성 토마스 기사단의 영국인. 튜턴 기사단의 독일인. 그리고 병원 기사단에 소속된, 프랑스를 비롯한 유럽 각지에서 온 기사들.

또한 아코 공방전에서 전사로 싸운 피사와 베네치아의 남자들과, 자신들의 본부로 미처 도피하지 못한 템플 기사단의 기사들도 몇 명 있었다. 유일하게 한 명도 찾아볼 수 없었던 것은 성 라자로 기사단이었다. 그들 중에는 살아남은 사람이 아무도 없었던 것이다.

이슬람 병사들이 가득한 아코 전역에서, 이 남자들은 스스로 자신들의 운명을 결정해야 했다.

그날 밤 어둠 속에서 은밀히 한 이슬람교도가 병원 기사단의 본부를 찾아왔다.

그는 하마 태수가 담당한 지역에서 싸운 무장 중 한 사람으로, 예전에 술탄 바이바르스의 지휘로 병원 기사단의 성채 '크락 데 슈발리에'를 공격했을 때 중상을 입고 포로가 된 적이 있었다. 그리고 자신을 포획한 병원 기사단 기사들로부터 극진한 치료를 받고 완쾌해, 그후 포로교환 때 귀국할 수 있었다. 아이유브 왕조와 관련이 있었던 듯한 이 이슬람교도는, 자신이 할 수 있는 일이 있다면 하고 싶다며 찾아온 것이었다.

예상치 못한 방문자와 그의 입에서 나온 요청에, 병원 기사단은 다른 사람들까지 불러 협의했다. 그 결과 이 무장의 권유대로 술탄 카릴에게 '은사(恩赦)'를 요청하기로 한다.

번역하자면 '은사' 내지 '특사'가 되지만, 무장을 해제하지 않고 자주적으로 퇴거하는 것이니 '명예로운 퇴거'라는 의미에 더 가까웠다.

가까이에 있는 튜턴 기사단의 본부에도 술탄에게 이런 요청을 하겠다는 결정을 전달했고, 그들도 이에 동의했다. 그러나 아코 성내를 가로질러가야 하는 템플 기사단의 성채에는 이런 뜻을 전달할 수단이 없었다.

술탄 카릴은 이슬람 무장이 중개한 이 '명예로운 퇴거'를, 몸에 걸친 옷만 입고 나간다는 조건하에 수락했다. 젊은 술탄은 다음 일을 서둘러야 했다. 아코를 함락한 기세를 몰아 아직 그리스도교측에 남아 있는 도시 티루스와 시돈도 함락하고 싶었다. 그것을 완수하기 전에는 '그리스도교도를 하나도 남김없이 지중해에 처넣겠다'는 목표로 시작한 지하드가 끝나지 않기 때문이다.

아코가 함락된 지 이틀 후인 5월 20일, 도피해 있던 생존자 전원이 '명예로운 퇴거'라는 형태로 술탄에게 항복했다. 그리고 술탄의 마음이 바뀌기 전에 재빨리 본부를 버리고 항구로 향해, 함락 직후의 혼란 속에서도 여전히 항구에서 기다려준 피사와 베네치아의 배를 타고 아코를 떠났다. 행선지는 다른 아코 주민들이 피란처로 선택한 키프로스였다. 제해권을 장악했다는 장점은 역시 강력했다. 바다로 나가기만 하면 이슬람 병사가 쫓아오지 못했으니까.

이리하여 이슬람 병사들로 가득한 아코에서 템플 기사단의 본부가 유일하게 그리스도교측 세력으로 남게 되었다. 견고한 성채로 지어진 그곳에는 살아남은 템플 기사단의 기사들만 1백 명 남짓 도피해 있었

아코와 그 주변

고, 그 외에 미처 도망치지 못한 서민들도 피란 와 있었다.

그들은 이후로도 8일이나 더 버텼다. 그렇지만 필사적으로 방어전을 펼친 것이 아니라, 그저 '명예로운 퇴거'를 얻을 기회를 놓친 것뿐이었다. 술탄은 원한다면 그들에게도 은사를 베풀겠다고 전했다.

그러나 템플 기사단은 이슬람군을 상대하는 용맹함으로는 타의 추종을 불허했지만 외교에는 능숙하지 못했다. 맘루크의 술탄과도 양호한 관계를 구축했던 단장 기욤 드 보죄는 이 기사단에서 예외 중의 예외였다.

전사한 단장을 대신해 기사들의 운명을 결정하는 입장에 선 부단장은, '명예로운 퇴거'를 하는 대신 성채의 탑에 자신의 깃발을 내걸라는 술탄의 요구를 단호히 거절했다. 이에 격노한 술탄은 다시 한번 '명예로운 퇴거'를 인정한다고 말했지만 이것은 함정이었다. 이에 응해 성채에서 나온 부단장 이하 모든 기사들을, 포로로 잡지도 말고 그 자리에서 살육하라고 명령한 것이다.

그래도 그리스도교도의 신은 템플 기사단에 우호적이었던 것 같다. 성채 내부로 난입한 맘루크 병사들과, 이에 최후의 응전을 벌인 템플 기사단 기사 모두, 성채의 천장이 무너져 한꺼번에 죽고 말았으니까.

이로써 템플 기사단은, 마지막 남은 한 사람까지 성지 수호를 위해 싸우다 죽었다는 영예를 후세에 남겼다.

정복한 아코, 이슬람측에서 보면 탈환한 아코를, 술탄 카릴은 철저하게 파괴하라고 명했다. 그리스도교도 대신 이슬람교도가 사는 도시로 만드는 것이 아니라, 토대부터 완전히 부수고 항구마저 사용할 수 없게 파괴한 것이다. 그의 말을 빌리면 "두 번 다시 그리스도교도가 상륙할 수 없도록" 하기 위해서였다.

아코를 파괴하는 임무를 맡은 병사 외에는 모두 티루스와 시돈 공략에 투입됐다. 이 두 항구도시의 공략은 간단히 끝났다. 그리스도교도 주민들이 이미 키프로스로 도망쳤기 때문이다.

이리하여 제1차 십자군의 예루살렘 '해방'으로 시작된 십자군 전쟁은 아코 공방전을 마지막으로 종말을 맞았다.

성도 예루살렘을 '해방'한 1099년부터 아코가 함락된 1291년까지 정확히 192년의 세월이 흐른 뒤, 가톨릭 · 그리스도교도는 시리아와 팔레스티나 전역에서 일소되었다.

예루살렘의 '해방'이 이슬람교도와 그리스도교도 양쪽 모두 피를 흘린 뒤에야 실현되었듯이, 아코가 함락될 때도 양쪽의 희생이 불가피했다.

그러는 한편 이 2백 년 동안 몇 차례나 양쪽의 공생을 모색하는 시도가 있어왔다. 하지만 그때마다 파탄 나고 말았다.

장기간에 걸쳐 전개된 전쟁의 역사는 전투로만 점철되지는 않는다. 여러 차례의 공생 시도와 그에 이은 파탄, 그럼에도 여전히 그곳에서 살아가려 한 사람들의 이야기이기도 한 것이다.

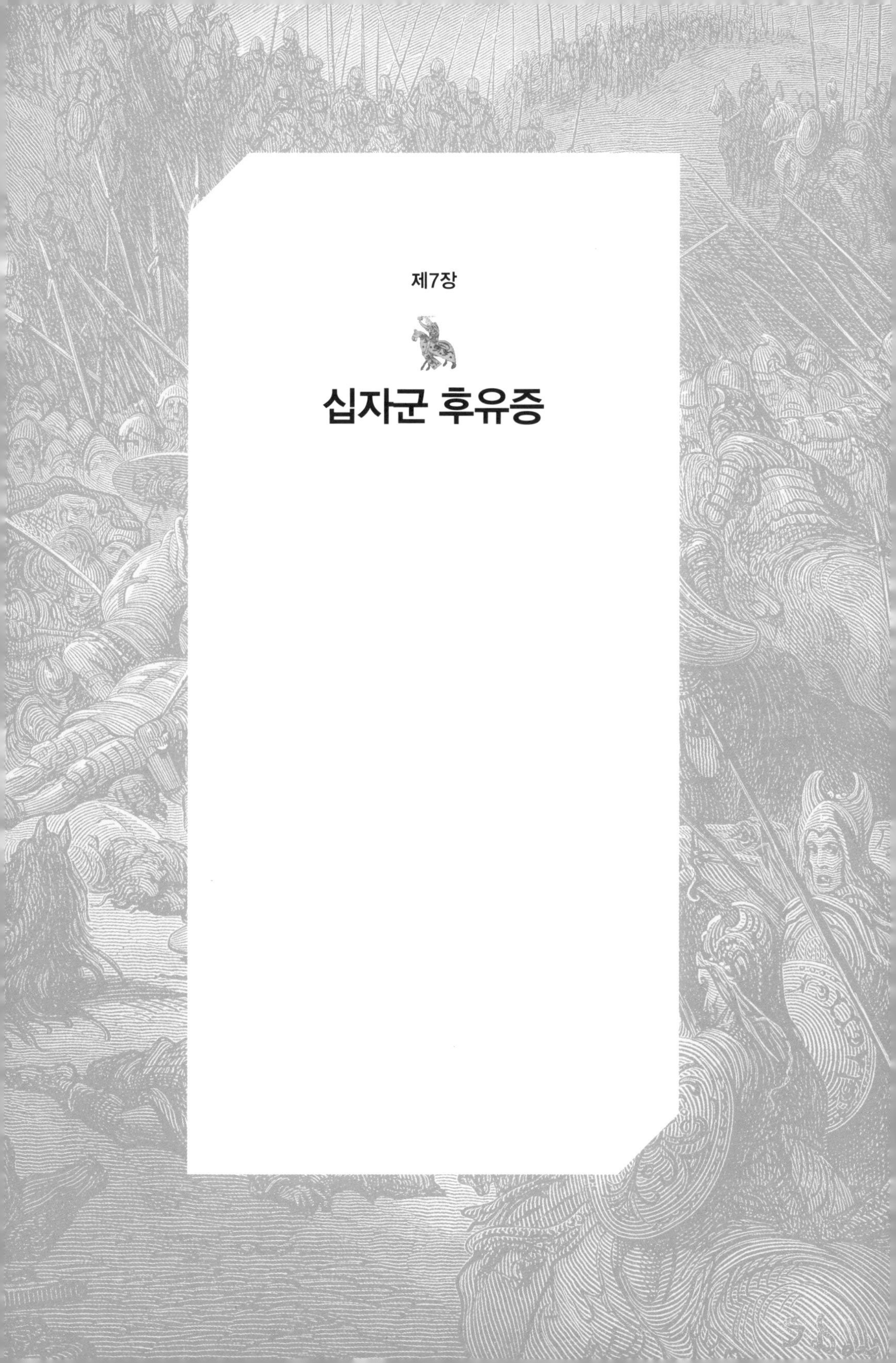

제7장

십자군 후유증

'로도스 기사단'에서 '몰타 기사단'으로

아코에서 싸우다 살아남은 사람 대부분이 피신해온 키프로스는 해상에 떠 있는 섬이었으므로 해군력이 취약한 이슬람 세력으로부터 안전했고, 게다가 항구도시인 아코와 비교할 수 없을 만큼 넓었다. 난민이 된 그리스도교도와의 공존이 가능할 듯 보였다.

그러나 아코와 달리 키프로스에는 왕이라는 명확한 통치자가 있었다. 일국의 왕에게 소속된 적이 없는 종교 기사단과 공존하기는 어려웠다. 또 난민은 동정을 받을지언정 환영받지는 못하는 존재다.

성 토마스 기사단은 영국으로 돌아갔다.

튜턴 기사단도 북해에 가까운 북유럽 땅에서 아직 그리스도교화되지 않은 지방을 정복하라는 새로운 임무를 맡아 독일로 돌아갔다.

이 두 종교 기사단은 역사가 짧고 소규모였기 때문에, 시리아와 팔레스티나에서 그리스도교 세력이 일소되었다는 일대 충격 속에서도 비교적 쉽게 새로운 존재이유를 찾을 수 있었다. 문제는 '성지' 없이는 존재이유도 사라지는 템플 기사단과 병원 기사단이었다.

병원 기사단은 이때도 현실을 보는 냉철한 통찰력과, 그로 인한 새로운 환경에 대한 적응력을 보여준다. 성지로의 복귀를 고집하지 않고, 그리스도교도 왕이 통치하는 키프로스 섬과 그리스도교도 국가인 베네치아 공화국이 영유하는 크레타 섬 사이에 있는 로도스 섬을 주목한 것이다.

이들은 비잔틴제국 영토였던 로도스 섬에 진료소를 건설한다는, 비잔틴제국 황제도 반대할 수 없을 이유를 내세워 침공의 손길을 뻗쳤다. 아닌 게 아니라 병원 기사단의 기사들은 의료 종사자이기도 하다. 기사들이 눈에 띄지 않게 조금씩 거처를 옮겨가서 1310년에 최종적으로 로도스 섬의 완전한 영유가 이루어졌다. '로도스 기사단'의 시대에 접어든 것이다.

아코에서 쫓겨난 지 20년 만에 자신들만의 거처를 확보한 셈이었다. 그에 필요한 자금은 경제거점인 성지를 잃은 베네치아 공화국이 원조했다.

거처를 확보하더라도 타당한 존재이유 없이는 조직을 유지할 수 없다. 의료라는 표면적인 간판은 여전했지만, 성지순례가 두절되어버린 이 시기에는 그것만으로 존재이유를 삼기엔 부족했다.

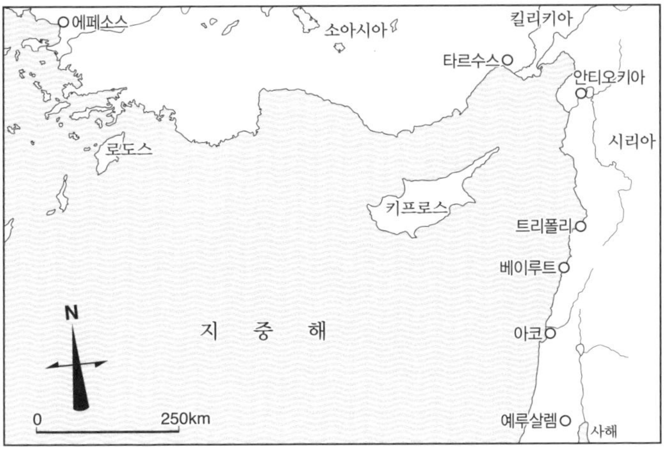

키프로스 섬과 로도스 섬

이에 '로도스 기사단'의 기사들은 이슬람 배만 보이면 습격하는 해적으로 일변한다. 이슬람교도의 입장에서는 '목에 걸린 가시' 같은 존재가 된 것이다. 정식 명칭이 '성 요한 병원 기사단'인 이 종교 기사단은 맘루크 왕조 이후 이슬람 세계의 맹주가 된 투르크제국 대군의 공격을 몇 번이고 격퇴했다. 결국에는 격렬한 공방전 끝에 로도스 섬에서 퇴거했지만, 그후에 몰타 섬으로 옮겨가서 슐레이만 대제가 보낸 투르크제국 전성기의 대군에 맞서 장렬한 공방전 끝에 승리한다. 그러나 그것은 이때로부터 2백 년 후의 이야기다.

이렇듯 십자군 시대의 산물인 '병원 기사단'은, '로도스 기사단' '몰타 기사단'으로 이름을 바꾸면서도 늘 이슬람 세계와의 최전선에서 기사단의 존재이유를 유지해나갔다.

또한 그들은 중근동에 있던 시절부터 '크락 데 슈발리에'를 비롯한 성채 건설에서는 타의 추종을 불허했다.

로도스 섬은 그들의 또다른 '크락 데 슈발리에'가 되었고, 근처의 코스 섬을 '마르카브'로, 이윽고 소아시아 최서단에 있는 보드룸까지 영유해 새로운 '벨부아'로 만들었다. 육상에서 요소요소에 성채를 세워 그 주변 일대를 지배했듯이, 해상에서는 요새화된 섬이 그 역할을 대신한 것이다.

이렇듯 병원 기사단은 삶의 터전이 육상에서 해상으로 바뀐 뒤에도 제해권 확보가 가장 중요하다는 사실을 재빨리 깨닫고 행동했던 것이다.

반면 의료 같은 간판 없이 순수한 전투집단으로 시작해 2백 년 동안 이어져온 템플 기사단은, 시대 변화에 대응하는 데 다른 어느 기사단보다도 큰 어려움을 겪었다.

템플 기사단의 최후

아코에서 쫓겨났을 때, 팔레스티나로 다시 돌아가는 것에 가장 집착한 이들이 템플 기사단이었다. 현재 레바논에 속하는 토르토사 앞바다의 작은 섬이 아직 템플 기사단 소유로 남아 있었으므로, 키프로스에서 보낸 기사들이 그곳을 기지 삼아 성지 복귀를 시도했던 것이다. 하지만 그 시도는 기사 전원이 맘루크 세력에 몰살당하는 참담한 결과로 끝났다.

이 일은 원래부터 템플 기사단과 양호한 관계가 못 되었던 키프로스 왕의 태도를 한층 강경하게 만들었다. 키프로스 왕은 맘루크군이 이곳까지 공격해오는 것을 가장 두려워했는데, 템플 기사단의 이런 시도가 술탄에게 침략의 빌미를 줄 수 있다고 생각했던 것이다.

자크 드 몰레

키프로스에 계속 남아 있기도 힘들어지고, 존재이유를 재건할 길도 끊겨버린 템플 기사단은, 아코 함락으로부터 15년이 지난 1306년 결국 프랑스로 돌아가기로 결정한다. 단원 대부분이 프랑스 출신이었으므로 유럽으로 돌아간다면 당연히 목적지는 프랑스가 될 터였다.

다만 젊은 기사들은 이미 전투에서 전사해버렸기 때문에, 이때 프랑스로 돌아간 것은 예순세 살의 단장 자크 드 몰레를 비롯한 노령 세대들이었다.

그런데 마치 이를 기다리고 있었다는 듯이, 템플 기사단을 표적으로 삼은 프랑스 왕의 모략이 작동하기 시작한다. 여러 증거에 기초해 죄를 입증하는 것이 아니라, 처음부터 유죄라고 못박아놓고 그에 맞춰 증거를 모아가는 방식이었다.

이 모략은 한 범죄자의 고발로 표면화되었다.

그 남자는 자신이 감옥에 있을 때 그 안에서 템플 기사단에서 추방당한 전직 기사를 만나 다음과 같은 이야기를 들었다고 주장했다.

템플 기사단의 입단식은 보통 비밀리에 이루어졌는데, 입단을 희망하는 자는 단장을 비롯한 기사단 주요인사들 앞에서 신을 모독하고, 십자가에 침을 뱉으며, 윗사람에게 절대 복종한다는 의미로 남색행위까지 허용한다는 맹세를 해야 비로소 입단이 허락되었다는 것이다.

자기가 직접 본 것도 아니고 다른 사람에게 들은 것을 전한 증언에 불과했지만, 이후 증언대에 선, 역시 템플 기사단에서 추방당한 또다른 기사 세 명에게서도 동일한 증언이 나오자 확실한 것으로 간주되었다. 그리고 그후에도 증언 수집과 그에 기초한 죄상 조작이 은밀히 이어졌다.

1307년, 프랑스 각 지방에 흩어져 있던 템플 기사단의 기사, 시종, 기사단 소속 사제, 그리고 하인에 이르기까지 1만 명 이상의 관계자 전원이 일제히 체포된다. 그중 대부분은 곧 석방되었지만, 기사들은 제외되었다.

기사단장 자크 드 몰레가 체포된 것은 그해 10월 13일이었다. 파리에 있던 138명의 기사들도 단장과 함께 체포되었다.

지방에서의 대규모 체포 행렬이 파리에 미치기까지는 3주일이 걸렸다. 왜 그들은 그사이에 도망치지 않았을까. 어쩌면 도저히 이런 상황을 믿을 수 없었기 때문이었는지도 모르고, 혹은 템플 기사단 특유의 강경함으로 사태를 가볍게 판단했는지도 모른다.

하지만 이날부터 기사들 전원에 대한 무시무시한 고문이 시작되었다.

프랑스 왕 필리프는 교활하게도, 체포 이후 고문을 포함한 심문과 재판을 모두 이단재판소에 일임했다. 속계의 군주가 재판하는 것이 아니라, 기사이자 수도사인 그들이 속한 성직계가 재판하는 형태를 취한 것이다.

앞서 1231년에 창설된 '이단재판소'는 이교도를 재판하는 것이 아니라 이단자, 즉 그리스도교에 대한 신앙방식이 그릇된 사람이나 그가 속한 조직을 재판하는 것이 목적이었다. 훗날 불을 뿜은 마녀재판이나 그리스도교로 개종한 유대교도를 표적으로 삼은 재판도 이 '이단재판소'의 관할이었다.

다만 이곳도 가톨릭교회의 한 기관에 불과하므로, 고문을 포함한 심문과 재판, 판결이 끝나면 형의 집행은 다시 속계의 권력에게 돌아간다. 화형을 선고하는 것까지가 '이단재판소'의 일이고, 형을 집행하는 것은 왕과 제후의 병사들이었다.

성지에 세운 십자군 국가를 2백 년 동안 지탱해온 기둥 중 하나로, 그동안 2만 명이 넘는 단원을 희생해온 템플 기사단은, 그릇된 신앙방식을 고발하는 '이단재판'의 심판을 받게 된 것이다. 이 사실 하나만으로도 감옥에 갇힌 기사들을 절망의 구렁텅이로 몰아넣기에 충분했다.

프랑스 카페 왕조에는 루이와 필리프라는 이름이 반복해서 등장하기 때문에 왕들을 별명과 함께 부르는 것이 보통이다. '미남왕(le Bel)'으로 불렸던 프랑스 왕 필리프 4세는 당시 서른아홉 살이었다. 이 왕이 뒤에서 모든 일을 조종했던 것이다.

그런데 왜 미남왕 필리프는 템플 기사단을 그토록 적대시했을까.

첫째로, 아코 함락으로 충격을 받은 유럽에서 새로운 십자군 원정을 요구하는 목소리가 높아져갔고, 그것을 이끌 이는 프랑스 왕밖에 없다는 분위기가 팽배했다는 점을 들 수 있다.

카페 왕조의 권력을 확립하는 데 여념이 없던 미남왕은 십자군 원정을 떠날 생각이 전혀 없었다. 한편 템플 기사단은 새로운 십자군의 실현밖에 살아남을 길이 없었고, 프랑스로 돌아간 것도 이를 위해 적극적으로 움직이기 위해서였다. 미남왕에게 이 템플 기사단은 눈엣가시 같은 존재였던 것이다.

둘째는, 당시 프랑스 왕가가 극도의 재정난에 시달리고 있었다는 점이다. 이때보다 조금 앞서 프랑스의 통화가치는 대폭 하락했다. 그리고 템플 기사단이 막대한 자산을 소유하고 있다는 사실은 이전부터 유명했다.

게다가 프랑스 왕가는 템플 기사단에 진 거액의 빚을 아직 갚지 못하고 있었다. 반세기도 더 전에 템플 기사단이 대신 치른 루이 9세와 군대의 몸값을 아직 돌려주지 못한 상태였다.

셋째, 결과적으로 장대한 실패로 끝난 십자군 원정의 책임을 누군가에게 전가하지 않으면, 프랑스 왕가가 이를 뒤집어쓸 위험이 있었다는 점이다.

프랑스 왕은 제2차, 제7차, 제8차에 걸쳐 세 번이나 십자군을 이끌고 원정을 떠났으나, 매번 처참한 실패로 끝났다.

또한 그 외에도 프랑스는 황제 프리드리히가 이끈 제6차를 제외한 모든 십자군에 주력으로 참가했다. 라틴어 외에도 프랑스어가 십자군의 공용어로 쓰였을 정도였으니까.

프랑스 왕 필리프 4세

프랑스 왕가가 십자군 운동 실패의 책임을 피하기 위해서는, 즉 깨끗이 발을 빼기 위해서는 대신 책임을 질 만한 구체적인 대상을 만들어낼 필요가 있었다. 당연히 로마 교황에게도 책임이 있었지만, 지상에서 신을 대리하는 이에게 책임을 지울 수는 없는 노릇이었다.

127가지로 늘어난 템플 기사단의 고발 이유 중에 템플 기사단이 이교도 이슬람과 내통하여 중근동에 세운 십자군 국가를 팔아넘겼다는 항목이 있었다. 2백 년 동안 2만 명의 주검을 성지에 바친 템플 기사단의 기사들이 들으면 무덤에서 뛰쳐나올 법한 소리지만, 프랑스 왕의 입장에서는 십자군 운동 실패의 책임을 템플 기사단에게 돌릴 수 있는 기회였다.

미남왕의 조부 루이 9세는 10년 전인 1297년 성인의 반열에 올랐다.

제7차와 제8차 십자군 실패의 책임은 누가 봐도 그에게 있었다. 하지만 프랑스 왕가의 일원인 그는 원정에는 실패했지만 순교자의 자격으로 '성 루이'가 되었다. 집안에서 순교한 성인을 배출했으니 프랑스 왕가의 책임이 상쇄되었다는 것이 미남왕의 생각이었다. 그리고 이 주장을 더 완전하게 만드는 방법으로는 책임을 전가할 대상을 따로 마련하는 것이 가장 효과적이었다. 템플 기사단은 말하자면 희생양이 된 것이다.

프랑스에서 체포된 기사들은 대부분 이미 노령에 접어든 사람들이었다. 템플 기사단에서는 젊은이들은 성지의 전투에 내보내고, 나이가 들면 귀국해 프랑스 각지에 있는 기사단 소유의 농지를 운영하게 했다. 성지에 보내진 자들은 대부분 전사했으므로, 체포된 사람들 중 노령자가 많았다는 것도 당시 템플 기사단의 실태를 말해주는 것이었다.

이들은 가혹하기 그지없는 고문을 받았다. 뼈가 드러날 만큼 모진 채찍질을 당하는 것은 그나마 나은 편이고, 피부를 벗겨낸 뒤 불로 지지는 것부터 입을 강제로 벌리고 대량의 물을 먹이는 고문을 일주일 넘도록 계속하는 것까지, 암흑의 중세라고밖에 표현할 수 없는 고문이 반복되었다.

고문이 시작되고 1308년 1월까지 3개월 사이, 파리에서 체포된 기사 138명 중 134명이 온갖 날조로 점철된 죄상을 모두 인정하고 서명했다.

단장 자크 드 몰레는 체포 당시 예순네 살이었다. 그는 스물두 살에 입단해 스물일곱 살이 되던 해에 성지로 보내진 뒤로 20년간 용맹함으로 널리 알려진 템플 기사단의 기사로서, 마찬가지로 용맹함으로는 뒤지지 않는 맘루크 병사를 상대로 쉴새없이 싸워왔다. 아코 공방전 때는 키프로스 섬에 있어서 참전하지 못했지만, 그가 전투에서 죽음과 마주한 순간은 헤아릴 수 없이 많았다.

이 단장과 함께 체포당해 고문을 받은 기사들도, 젊은 시절 전장에서 입은 큰 부상을 견뎌내고, 혹은 포로가 되어 이슬람측 감옥에서 개종의 유혹을 완강히 거부하며 언제 올지 모르는 아군의 구원을 기다리는 나날을 보냈다는 점은 마찬가지였다.

그런데도 이러한 왕년의 역전의 용사들은 간단히 무너지고 말았다. 당시의 재판기록을 읽으면서도 왜 그렇게 간단히 죄상을 인정해버렸는지 좀처럼 이해할 수 없었다. 고문이 가혹했던 건 분명하다. 하지만 이 남자들은 더욱 가혹한 상황에서도 살아남았던 이들이다.

그러나 모든 재판기록을 살펴보고 난 지금은 알 것도 같다.

자신들의 존재이유를 모두 빼앗겨버린 뒤, 그들은 어찌해볼 도리 없는 상실감에 휩싸였던 것은 아닐까 하고.

그렇지 않다면 악마를 숭배하고, 십자가에 침을 뱉고, 그리스도교도의 중죄, 즉 성지를 이슬람측에 팔아넘긴 반역죄를 저질렀다는 등의 127가지 죄상이 열거된 자백서에 서명할 수 없었을 것이다. 왜냐하면 그들 대부분은 끝내 감옥 안에서 죽었으니까.

남색에 대해서는, 남자들만의 집단이었던 만큼 아주 없었다고는 할 수 없다. 그리고 템플 기사단 기사들이 본부 밖에서 아랍인이나 투르크인 여자를 첩으로 두었다는 것도 성지에 사는 그리스도교도들 사이에서는 주지의 사실이었다.

그러나 민중 사이에서 템플 기사단의 인기는 매우 높았다. 사자심왕 리처드도 프랑스 왕 몰래 귀국하기 위해 유럽에 상륙했을 때 템플 기사단의 기사로 변장했었다. 미남왕 필리프도 이러한 민중의 마음을 완전히 무시할 수는 없었다.

맹렬한 선전이 시작되었다. 글자를 못 읽는 민중을 위해, 오싹할 정도로 모욕적인 템플 기사단 기사들의 그림이 대량 제작되어 프랑스 전역에 배포되었다.

동시에 왕은 어떻게 하면 합법적으로 템플 기사단의 괴멸을 정당화할 수 있는가에 대한 답신을 파리 대학의 교수들에게 요청했다. 물론 교수들도 왕이 원하는 것의 법적 타당성을 찾아내는 정도의 일밖에 할 수 없었다.

미남왕의 뜻을 따라야 했던 것은, 프랑스 태생이었던 로마 교황 클레멘스도 마찬가지였다.

종교 기사단은 여타 수많은 수도회나 수도원과 마찬가지로 로마 교황의 직접적인 관할하에 있었다. 템플 기사단도 왕이나 제후, 혹은 대주교(파트리아르카)나 주교(베스코보)에 속하지 않았다. 요컨대 그들은 오직 로마 교황의 명령에만 복종했던 것이다.

프랑스 왕의 표적이 되어버린 템플 기사단을 구할 수 있는 것은 로마 교황밖에 없었다. 하지만 교황은 이미 프랑스 왕에게 구속된 상태였다.

역사상 '아비뇽 유수'로 알려져 있는 로마 교황의 프랑스 '이주'가 시작된 것은 1306년이며, 템플 기사단의 기사들이 체포된 것은 1307년이었다.

로마 교황 클레멘스 5세

체포된 지 5년이 지난 1312년, '템플 기사단의 괴멸과 전면적인 해산'을 선고한 로마 교황 클레멘스 5세의 교서가 공표되었다.

그 어떤 그리스도교도든 템플 기사단 입단을 원하거나, 흰색 옷에 붉은색 십자가 새겨진 기사단의 제복을 가지고 있기만 해도 죄가 되었다. 템플 기사단이라는 이름을 입에 담는 것도 그리스도교도가 해서는 안 되는 일로 간주되었다.

템플 기사단이 프랑스에서 소유하고 있던 자산은 죄다 몰수되어 프랑스 왕의 금고로 들어갔고, 그중 8분의 1에 해당하는 금액은 재판비용이라는 명목으로 이단재판소에 지급되었다.

템플 기사단이 소유하고 있던 부동산은 병원 기사단에 양도하는 것으로 판결이 내려졌다. 하지만 로도스 섬을 한창 새로운 본거지로 만들고 있던 병원 기사단은 이 일에 연관되는 것을 피했으므로, 프랑스 왕은 프랑스 내에 있는 부동산은 모두 돈으로 바꿔 챙겼고, 프랑스 밖에 있는 부동산 일부도 병원 기사단에 강매해 그 돈까지 수중에 넣었다.

미남왕은 그후에도 틀림없이 템플 기사단의 숨겨진 자산이 더 있을 거라고 믿고 여기저기 찾아보게 했지만 이는 헛수고로 끝난다. 이것이 후세에 '템플 기사단의 보물' 전설을 낳게 되었다.

이 모든 일이 끝나고 2년이 지난 1314년 3월 18일, 죄인의 형이 집행되었다.

파리 시테 섬에 있는 노트르담 사원 뒤의 형장에서, 템플 기사단의 마지막 단장 자크 드 몰레와 한 노기사가 산 채로 화형을 당했다. 두 사람은 체포되어 고문을 받고 죄상을 인정했으나 나중에 그것을 철회하고, 그후로 계속 억울함을 호소해왔다.

이 두 사람 외에도 프랑스 각지에서 기사들이 화형을 당했다. 하지만 체포된 기사들은 대부분 이미 감옥에서 죽은 뒤였다.

1118년에 창설된 템플 기사단은 로마 교황이 해산을 선고한 1312년에 이미 절멸했다. 그러고 나서 2년 후에 집행된 노기사 두 명의 화형은, 민중에게 그 사실을 구체적인 형태로 보여줄 목적으로 시행된 잔인한 구경거리에 지나지 않았다.

그로부터 불과 한 달이 지난 4월 20일, 쉰 살도 되지 않은 교황 클레멘스가 세상을 떠난다. 그리고 같은 해 11월 29일, 마흔일곱 살인 미남

화형에 처해지는 자크 드 몰레

왕 필리프도 사냥을 하다 심장마비를 일으켜 죽었다. 역시 신은 존재하나보다, 는 생각이 들 정도다.

템플 기사단에 대한 재판은, 가톨릭교회와 왕이 꾸민 '날조된 재판'이라는 점에서 한 세기 후 일어난 잔 다르크의 재판과 쌍벽을 이루는 것으로 평가된다.

잔 다르크는 근년 들어 로마 교황청이 명예를 회복시켰을 뿐만 아니라 성녀로도 인정했지만, 템플 기사단에 관해서는 아직까지 시치미를 떼고 있다. 그러나 인터넷상에서는 일명 '템플 기사단 팬클럽'들을 지겨울 정도로 많이 찾아볼 수 있다.

'아비뇽 유수'

희생양이 되지는 않았지만, 로마 교황과 가톨릭·그리스도교회 역시 완전히 위세가 실추되었다. 아코 함락에서 9년이 지난 1300년을 '성년(聖年)'으로 정하고, 로마로 순례를 와도 예루살렘을 순례하는 것과 마찬가지로 면죄를 얻을 수 있다고 발표했지만, 그 정도로는 성지를 잃은 절망감을 메울 수 없었다.

고등학교 세계사 교과서에서도, 중세 중기에 해당하는 이 시기의 그리스도교 세계를 서술할 때 빼놓지 않는 세 가지 사건이 있다.

'카노사의 굴욕'
'십자군 원정'
'아비뇽 유수'

'카노사의 굴욕'이란 1077년 로마 교황에게 파문을 선고받은 속계의 최고권력자 신성로마제국의 황제 하인리히가, 용서를 구하기 위해 교황이 머무르고 있던 카노사 성으로 찾아가 눈이 퍼붓는 성 밖에 허름한 옷차림으로 사흘 밤낮을 서 있었던 사건이다. 로마 교황의 위세가 황제를 능가함을 그리스도교 세계 전체에 과시한 사건으로 유명하다.

'십자군 원정'은 로마 교황 우르바누스 2세가 프랑스 중부의 클레르몽에서 선언한 1095년에 시작되어, 1291년 아코가 함락될 때까지 8차에 걸쳐 진행된 역사상의 일대 운동이다.

그리고 '아비뇽 유수'는 미남왕 필리프 이래로 70년 동안 프랑스 왕들이 역대 로마 교황을 아비뇽으로 '납치'한 일이다.

'유수(幽囚)'라지만 감옥에 들어갔던 것은 아니다. 그러나 이 시기 프랑스 남부에 있는 아비뇽은 시가지 전체가 프랑스 왕의 감시를 받았고, 그 도시에서 살던 교황이 죽은 뒤 다음 교황을 정하는 교황 선출 콘클라베도 아비뇽에서 열렸으며, 프랑스 왕의 뜻대로 프랑스 태생 성직자가 교황으로 뽑히는 일이 7대째 이어졌다. 그사이 로마의 교황궁 라테르노 궁은 주인을 잃었으며, 산피에트로 대성당에서 열리는 미사도 주최자가 없는 상황이 이어졌다.

'카노사의 굴욕'과 비교하면 격세지감이라고밖에 할 수 없는, 교황의 극단적인 권위 실추였다. 그리고 '카노사의 굴욕'과 '아비뇽 유수' 사이에 '십자군 원정'이 끼어 있는 것이다.

그러나 교황의 권위가 이렇게까지 실추된 것은, 십자군 원정이 실패로 끝난 책임을 추궁당했기 때문이 아니었다.

로마 교황은 지상에서 신을 대리하는 이로 여겨졌다. 신의 뜻을 신도들에게 전하는 사람으로 생각되었던 것이다. 신은 잘못을 범하지 않으므로, 그 뜻을 전하는 이도 잘못을 범하지 않는다. 적어도 16세기 들어 루터가 이에 의문을 표하기 전까지는 그렇게 생각되어왔다.

끝내 실패로 끝난 십자군 원정도 그것을 바라고 선동한 신과 교황에게는 책임이 없고, 어디까지나 신에 대한 믿음이 부족해 실행방식에서 잘못을 저지른 인간의 책임으로 간주되었다. 템플 기사단 고발도 이런 생각에 기초한 것이다.

따라서 로마 교황은 결코 책임을 추궁당하지 않았다. 그렇다면 왜 교황의 권위가 실추된 것일까.

결론부터 말하자면, 한쪽에만 너무 힘을 실어주었기 때문이다.

로마 교황에게는 직접 운용할 수 있는 군사력이 없다. 그래서 십자군도 왕과 제후를 통해 실현해야 했는데, 이런 입장에 있는 사람이나 조직은 항상 복수의 선택지를 손에 쥐고서 어느 한쪽이 강력해지지 않도록 주의를 기울여야 한다.

중세 유럽의 대국으로는 신성로마제국과 프랑스 왕국을 들 수 있었는데, 교황은 황제 프리드리히에 대한 적개심에 불탄 나머지 신성로마제국을 약화시키는 데 열중하고 말았다. 전투에 능숙한 프리드리히가 살아 있는 동안에는 무너뜨릴 수 없었지만, 그의 아들 대에 이르자 교황 주도로 호엔슈타우펜 왕조를 괴멸시키는 데 성공한다. 하지만 이 일은 라이벌이 사라진 프랑스 왕의 힘을 강화시키는 데만 도움을 주었다.

영국은 아직 약체였다. 스페인은 이슬람교도를 상대로 한 '레콘키스타(재정복)'에 여념이 없었다. 이탈리아는 많은 도시국가로 분립되어 있어 이탈리아라는 국가조차 없는 상태였다. 그런 와중에 십자군 원정을 떠났다가 목숨을 잃은 국내 유력 제후들의 영지를 차례차례 직할령으로 삼아가던 프랑스 왕의 권력이 강해진 건 당연했다. 사실 프랑스의 중앙집권화는 십자군 시대의 종언과 함께 시작된 것이나 마찬가지였다.

1303년, 일시적이지만 로마 교황이 프랑스 왕의 병사들에게 붙잡히는 사건이 일어났다. 그뒤로 로마 교황이 프랑스에 발이 묶이기까지는 채 3년도 걸리지 않았다. 로마 교황의 권위 실추를 상징하는 '아비뇽 유수'가 시작된 것이다.

이탈리아의 경제인들

아코가 함락된 후 한동안 시리아와 팔레스티나에서는 그리스도교도의 모습을 찾아볼 수 없었다. 하지만 이런 상황은 오래지 않아 개선된다. 패배하고 떠난 그리스도교측이 원했기 때문만은 아니다. 승리한 이슬람측도 바라는 바였다.

아코가 함락되어 중근동에서 그리스도교도가 일소된 해로부터 10년이 지난 1302년, 베네치아 공화국은 맘루크 왕조의 술탄과 통상협정을 맺었다.

'지하드'를 내세워 '불신앙의 무리'를 일소했지만, '불신앙의 무리'

들과의 사업은 계속하고 싶다는 자국 경제인들의 의향을 술탄도 무시할 수 없었던 것이다.

아랍인을 중심으로 한 이슬람 세계의 경제인들은 2백 년의 십자군 시대 동안 서유럽과 사업하는 묘미를 알아버리고 말았다.

오리엔트의 물산은 어느 것이나 훌륭한 품질의 고급품이었다. 따라서 고가였고, 이슬람 세계에서 이를 구입하는 계층도 제한되어 있었다. 반면 서유럽에서는 우후죽순처럼 도시국가가 생겨나고, 자신의 두뇌와 기술로 직접 생산활동을 하는 중산계급이 대두했다. 오리엔트에서는 태수가 아니면 몸에 걸칠 수 없는 호화로운 다마스쿠스산 옷감으로, 이탈리아에서는 한 도시국가의 유력자가 옷을 지어 입기도 했다.

뛰어난 사업감각을 지닌 아랍 상인들이 이 거대한 시장을 놓칠 리 없었다. 또한 양쪽을 중개하며 이익을 얻고 있던 이탈리아의 교역상인들도, 아코가 함락된 정도로 모든 것을 포기할 남자들이 아니었다.

십자군 시대처럼 독자적인 거류지를 갖고 치외법권을 인정받는 것은 이제 불가능했다. 그러나 건물 하나에 상관을 설립하고 그곳을 거점으로 자유롭게 교역활동을 하는 정도는 그 지방의 태수만 허락해주면 실현할 수 있었다. 그리하여 이탈리아의 상인들은 일소당했던 중근동 각지로 돌아온 것이다.

그러나 베네치아인과 제노바인, 특히 경제활동에서도 전략적인 기질을 발휘하는 베네치아인은, 십자군의 종언 이후 오리엔트 사람들과의 관계를 바꾸어나간다.

어느 한 명의 유력자, 어느 한 국가에 집중하는 것이 아니라, 철저하게 위험을 분산하는 방식을 취한 것이다.

맘루크 왕조의 술탄과 통상협정을 맺었다 해도 베네치아의 상선은 이집트의 카이로나 알렉산드리아로만 향하지 않았다. 콘스탄티노플, 시리아, 팔레스티나 등으로 분산시켰다. 신용할 수 없는 상대와의 관계를 지속하려면 철저하게 위험을 분산하는 방법밖에 없었기 때문이다.

다만 이런 방식이 계속 기능하기 위해서는, 즉 꾸준히 높은 이윤을 얻기 위해서는 분산한 분야에 투자하는 자본이 많을수록 유리하다.

그래서 베네치아는 이전부터 있던 '콜레간차'라는 제도를 한층 강화했다. 직역하면 '연대(連帶)'라는 뜻인데, 교역업이나 운송업과 상관없는 일에 종사하는 시민까지 개인투자가로 바꾸어놓았다는 점에서 현대 주식제도의 선구라고 할 수 있다.

이로써 베네치아 경제인들이 모은 자본은 자본금 조달처가 혈연관계에 머물러 있던 아랍이나 유대 경제인의 자본을 훨씬 뛰어넘는 수준으로 증강되었다. 같은 제도를 제노바에서는 '콤멘다(commenda)'라고 했는데, 이 이탈리아의 경제인들은 신용하는 사람의 범위를 '친족'에서 '타인'으로 확대하는 것의 유리함을 다른 유럽인에게도 일깨우는 첫걸음을 내디딘 셈이다. 일해서 모은 사유재산을 맡길 수 있을 정도의 신뢰관계는 전에 없던 것이니까.

베네치아는 이렇게 모인 자본을 보다 이윤이 높은 고급품 수출에 쏟는 동시에 '납기'를 지키는 데에도 투자한다. 여러 명의 조수가 필요하기 때문에 돛으로만 나아가는 배보다 많은 인건비가 드는 갤리선을 상선단의 주력으로 삼았다. 조수가 일종의 '모터' 역할을 하는 갤리선을 사용하면 바람에 좌우되는 비율이 낮아져 그만큼 항해 일정을 세우기가 쉬워진다. 성공적인 사업에는 상대와의 지속적인 관계를 쌓아가는 것도 중요한 요소였던 것이다.

나아가 위험 분산과 납기 엄수가 모두 제대로 이루어지려면 정확한 정보 수집을 빼놓을 수 없다. 베네치아 공화국은 이미 이 시기부터, 훗날 대영제국의 첩보관계자가 감탄할 만한 정보입국(情報立國)의 모습을 갖춰갔다.

이러한 정보에 기초해 신속한 결단을 내리는 데 필요한 정책 결정과정의 효율화를, 베네치아는 아코 함락 이후 불과 6년 만에 이뤄낸다. 이는 불확실한 시대를 예측하고 대처한 것에 따른 통치능력의 향상이라고밖에 표현할 수 없다.

게다가 이 모든 노력을 뒷받침하는 강력한 해군력을 유지하고 한층 강화하는 것도 잊지 않았다. 십자군 시대의 종언이라는 일대 위기를, 베네치아는 매우 훌륭하게 극복해나간 것이다.

베네치아 공화국은 이제야 비로소 진정한 의미의 경제대국이 되었

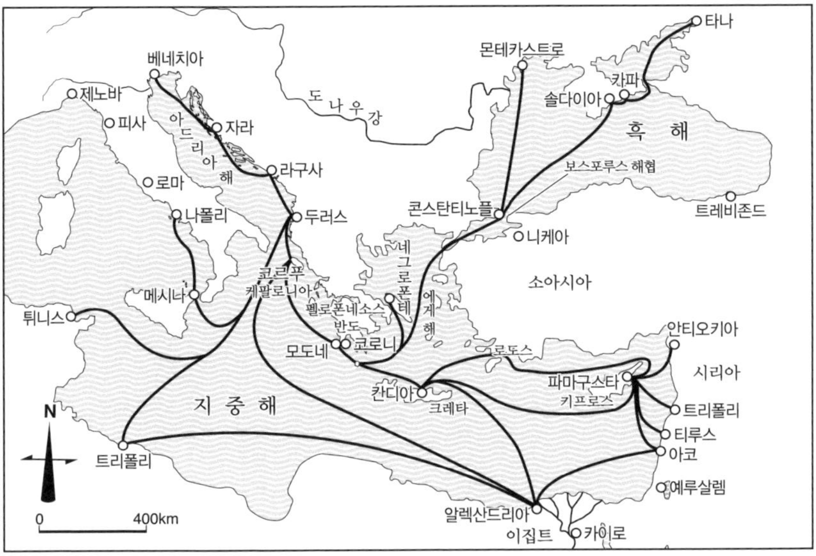

십자군 이후에 구축된 베네치아의 지중해 동쪽 네트워크

다. 베네치아의 통화인 '두카트 금화'는 이전의 비잔틴 통화나 이슬람 세계의 디나르를 대체하는 지중해 세계와 유럽의 국제통화가 되었다. 모든 금액을 두카트 단위로 표시하게 된 것이다. 카이로와 콘스탄티노플, 파리, 런던에서도.

나아가 이 도시국가의 시민들은 르네상스로 가는 길을 닦게 되었다. 스스로 생산활동을 하는 중산계급이 창조해낸 문화와 문명인 르네상스를.

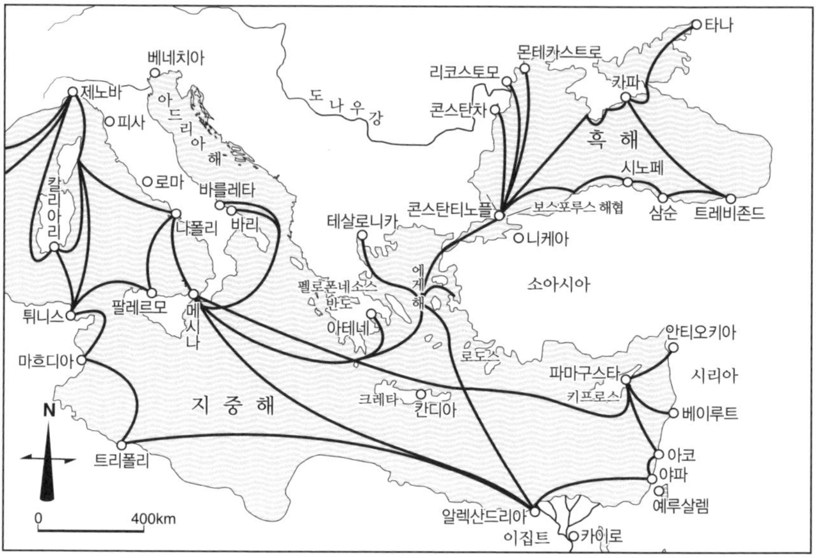

십자군 이후에 구축된 제노바의 지중해 동쪽 네트워크

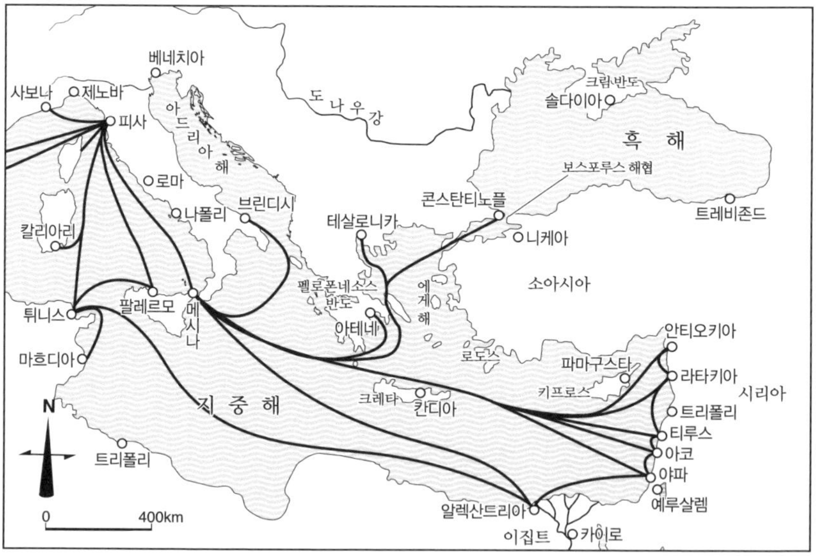

십자군 이후에 구축된 피사의 지중해 동쪽 네트워크

성지순례

교역상인 외에 중근동에 다시 모습을 보인 것은 순례자들이었다.

순례의 재개도 그리스도교측과 이슬람측의 이해가 맞아떨어졌기 때문에 가능했다. 예루살렘의 산업은 성도라는 것 말고는 없었고, 이슬람교도보다 압도적으로 많은 그리스도교도가 이 땅을 순례하길 원했다. 이슬람교도의 첫번째 성지는 메카였기 때문인데, 방문한 자들이 돈을 쓰고 간다는 점에서는 순례나 관광이나 마찬가지였다.

베네치아인은 이 성지순례까지도 영리사업으로 성공시켰다. 자세한 내용은 『바다의 도시 이야기』의 '성지순례 패키지 투어' 부분에 나와 있다. 그것을 읽으면 중세 베네치아인의 철저한 이코노믹 애니멀 정신에 감탄의 웃음을 터뜨릴 것이다. 이들은 그리스도교도 순례자들이 저항감을 보이는, 이슬람측에 지불하는 '성지 참배료'도 전체 여행비에 포함해 신경 쓰이지 않게 했을 정도였다.

베네치아는 이렇게 패키지 형태의 단체여행 방식을 개발해 부지런히 순례자들을 내보내고 맞이함으로써, 불신앙의 무리와 사업을 한다는 유럽의 원리주의적 그리스도교도의 비난을 피할 수 있었다.

맺음말

십자군 시대가 막을 내린 후에도 그리스도교측과 이슬람측은 여러 차례 전투를 벌였다. 역사상 특별히 기록될 만한 전투만 꼽아도 다음과 같다.

1453년—콘스탄티노플 함락.

비잔틴제국이 멸망하고, 수도였던 콘스탄티노플은 이스탄불로 이름이 바뀌어 투르크제국의 수도가 되었다.

1492년—그라나다 함락.

이슬람교도가 스페인에서 일소되었고, 그리스도교측의 '레콘키스타(재정복)'가 완료되었다.

1522년—로도스 섬 공방전.

'이슬람의 목에 걸린 가시'를 빼내고자 투르크제국이 보낸 대군에 맞선 병원 기사단 기사들은, 이번에는 전과 달리 패하고 말았다. '명예로운 퇴거'는 이루었지만 더이상 '로도스 기사단'이라 칭할 수 없게 되었다.

1529년—빈 공방전.

빈까지 진군한 투르크제국은 결국 철수하고 서진을 중단했다.

1565년—몰타 섬 공방전.

몰타 섬으로 옮겨간 병원 기사단은 투르크제국의 대군을 맞아 장렬한 공방전을 벌인 끝에 격퇴하는 데 성공했다. 이후로도 '몰타 기사단'이라는 이름으로 이슬람 세력에 맞서며 그리스도교도의 보루로 남았다.

1571년—레판토 해전.

베네치아, 교황청, 스페인 연합함대와 투르크 함대가 그리스의 레판토 앞바다에서 격돌해 그리스도교측의 대승으로 끝났다. 이로써 해상에서의 투르크제국 서진이 저지당했다.

1645년—크레타 섬 공방전.

25년간 이어진 공방전 끝에, 베네치아 공화국은 결국 이 '지중해의 항공모함'을 내놓게 되었다.

1683년—두번째 빈 공방전.

이때의 패배를 마지막으로 투르크제국은 육상에서도 서진을 포기했다.

만약 그리스도교측이 레판토와 빈에서 패했다면, 유럽은 그때부터 이슬람화되었을지도 모르는 일이다.

그러나 이 전쟁들은 더이상 종교전쟁이라고 할 수 없었다. 영토와 이권을 둘러싼 전쟁에 종교를 덧입혔을 뿐, 실상은 일반적인 전쟁과 마찬가지였다. 그리스도교측이 가슴에 큰 십자를 새기고 싸운 것도 로도스와 몰타 공방전 때뿐이었는데, 이는 그 전쟁의 당사자가 십자군 시대의 유물인 성 요한 병원 기사단이었기 때문이다.

종교를 전면에 내세우고, 또한 대부분의 사람들이 그 사실을 믿고서 싸운 것을 꼽는다면, 역시 1291년의 아코 공방전이 마지막일 것이다. 그리스도교측에도, 이슬람측에도.

그러나 인간은 영토와 이권을 둘러싼 전쟁만으로는 아무래도 마음의 평안을 얻지 못하는 듯하다.

십자군에 관해 많은 저작을 남긴 런던 대학의 교수 조너선 라일리스미스(Jonathan Riley-Smith)는, 자신의 저서『The Crusades — A Short History』를 다음과 같은 말로 끝맺는다.

"유럽인의 십자군에 대한 열정은 조금씩 식어갔다. 아마 14세기 말에는 그 매력만으로는 민중을 움직일 수 없게 되었을 것이다. (중략) 그리고 '성전'이라는 말은 조금씩 '정전(正戰)'으로 대체되어갔다."

옳은 것만 말하는 신이 바란 일이니 옳은 전쟁임에 틀림없을 것이다. 따라서 신의 존재가 후퇴한 뒤에도 '옳은 전쟁'만은 남았다. 아니, 적어도 이 정도는 남기고 싶다고 인간이 생각했기에 남은 것인지도 모른다.

그리고 그것은 20세기에 맹위를 떨치고 21세기인 지금까지 계속 남아, 전쟁을 이끌어내는 측이나 이끌려나간 측 모두, 옳은가 옳지 않은가 하는 문제를 두고 고민하게 만드는 것이다.

끝

부록

연표

참고문헌

서기	중근동 · 소아시아 · 이집트	유럽	그 밖의 세계
1077		신성로마제국 황제 하인리히 4세, 카노사에 있는 로마 교황 그레고리우스 7세를 찾아가 파문을 풀어줄 것을 간청('카노사의 굴욕')	
1095		교황 우르바누스 2세, 클레르몽 공의회에서 십자군 결성을 호소함.	
1096		은자 피에르, '민중 십자군'을 조직해 중근동으로 출발. 헝가리에서 수탈을 거듭하며 콘스탄티노플에 도착. 툴루즈 백작 레몽, 로렌 공작 고드프루아와 그의 동생 보두앵, 풀리아 공작 보에몬드, 보에몬드의 조카 탄크레디 등이 중근동으로 출발. 가을에서 겨울 사이 콘스탄티노플에 도착.	
1097		비잔틴제국 황제 알렉시우스, 제후들에게 신하의 예를 강요. 제후는 형식적으로 이를 받아들이고, 셀주크투르크 지배하의 소아시아로 출발.	
	제후들의 십자군, 소아시아에 들어가 니케아, 도릴라이움을 차례로 제압. 보두앵, 본대에서 이탈해 에데사에 도착. 현지 영주의 양자로 들어가 에데사 백작이 됨. 최초의 십자군 국가 성립.		
1098	7개월간의 전투 끝에 시리아 제일의 대도시 안티오키아를 제압. 돌파의 계기를 만든 보에몬		

	드가 영주가 되어 안티오키아 공작을 자칭함.		
1099	십자군, 팔레스티나로 행군 개시. 7월, 오랫동안 이슬람측의 지배하에 있던 예루살렘이 함락. 로렌 공작 고드프루아가 '성묘의 수호자'를 자처하며 실질적인 왕이 됨.		
1100	팔레스티나 연안의 아르수프, 카이사레아, 아코 등이 고드프루아에게 강화를 신청하며 십자군의 패권하에 들어옴. 7월, 고드프루아 사망. 동생 보두앵이 에데사에서 소환되어 예루살렘 왕으로 즉위. 이들의 사촌 보두앵이 에데사 영주로 파견됨.		
1105		보에몬드, 유럽으로 귀국. 각국의 수뇌에게 꾸준히 십자군 파견을 요청.	(한국) 고려 윤관 장군 여진 정벌(1107)
1118	보두앵, 이집트를 견제 공격하러 가던 중 사망. 에데사 백작이던 사촌형제가 보두앵 2세로 예루살렘 왕으로 즉위. 전승에 따르면, 이 무렵 템플 기사단이 결성되어 보두앵 2세 치하의 예루살렘을 방어하는 임무를 맡음. 같은 무렵, 당초 의료에 종사하는 수도사 집단으로 결성되었던 성 요한 의료 수도회가 '성 요한 병원 기사단'으로 변모해, 템플 기사단과 나란히 유력한 전력이 됨.		(한국) 이자겸의 난(1126) (중국) 금, 북송을 멸망시킴(1127)

1131	13년의 치세 끝에 보두앵 2세 사망. 사위 앙주 백작 풀크가 예루살렘 왕으로 즉위. 십자군 국가 방어의 요소인 성채 건설에 힘을 쏟음.		(한국) 묘청의 난 (1135)
1143	풀크 사망. 열세 살의 아들 보두앵 3세와 그의 어머니 멜리장드가 공동으로 왕위에 오름.		
1144	모술과 다마스쿠스를 지배하고 있던 이슬람의 태수 장기가 에데사를 제압하고 파괴. 최초의 십자군 국가 상실.		(한국) 김부식, 『삼국사기』 편찬 (1145)
1146		시토파 수도사 베르나르두스, 프랑스의 소도시 베즐레의 광장에서 십자군 결성을 촉구. 루이 7세가 이에 응함. 이어서 신성로마제국 황제 콘라트 3세를 설득하는 데도 성공해, 제2차 십자군의 파견이 결정됨.	
1147		콘라트와 루이가 중근동으로 출발.	
1148	콘라트와 루이, 예루살렘에 도착. 예루살렘 왕과 함께 다마스쿠스를 공격하기로 결정. 알레포를 물려받은 장기의 차남 누레딘이 다마스쿠스 영주의 지원 요청을 받고 다마스쿠스로 접근. 십자군은 그다음 날 철수를 결정. 콘라트, 일찌감치 팔레스티나를 떠나 콘스탄티노플을 경유해 귀국.		
1149	루이, 시칠리아를 경유해 귀국.		

	누레딘, 형의 죽음으로 모술을 지배하게 됨.		
1150		루이와 그의 아내이자 아키텐의 상속인 엘레오노르의 결혼이 무효가 됨.	
1152		엘레오노르, 노르망디 공작이자 훗날 잉글랜드 왕이 되는 앙리와 결혼.	
1154	누레딘, 다마스쿠스를 제압하고 이슬람 전역의 지배자가 됨.		
1156	시리아에서 대지진이 일어남. 누레딘, 지배지역의 부흥에 힘씀.		(일본) 호겐의 난
1158	보두앵 3세, 비잔틴제국 공주와 결혼. 안티오키아의 영유권을 비잔틴제국에 양도.		(일본) 헤이지의 난(1159)
1162	보두앵 3세 사망. 동생 아모리가 예루살렘 왕으로 즉위.		
1169	누레딘 수하의 장수 시르쿠, 조카 살라딘과 함께 파티마 왕조의 이집트를 침공해 제압. 시르쿠의 사망으로 조카 살라딘이 이집트 재상으로 취임.		
1170	이집트의 파티마 왕조 멸망. 살라딘, 새롭게 아이유브 왕조 창시.		(한국) 정중부 등이 무신정변을 일으킴.
1174	아모리 사망. 나병 환자인 아들 보두앵 4세가 예루살렘 왕으로 즉위. 누레딘 사망. 젊은 아들이 뒤를		

	잇자 살라딘은 표면상 충성을 서약하지만, 다마스쿠스를 실질적으로 영유하는 데 성공함.		
1182	살라딘, 알레포를 지배하에 둠.		
1185	보두앵 4세 사망. 전년도부터 공동 통치자가 된 여덟 살 조카 보두앵 5세가 왕위에 오름.		(일본) 단노우라 전투 (일본) 이 무렵 미나모토노 요리토모가 각 지방에 슈고, 지토 설치(가마쿠라 시대 개막)
1186	살라딘, 이라크의 주요도시 모술을 손에 넣어 이슬람 세계의 실질적인 통합에 성공. 보두앵 5세 사망. 부모 시빌라와 기 드 뤼지냥이 예루살렘의 지배자가 됨.		
1187	살라딘, 대군을 이끌고 그리스도교 세력권 침입. 뤼지냥이 이끄는 그리스도교군이 하틴 평원에서 살라딘군과 격돌해 완패. 예루살렘 왕 뤼지냥은 이슬람측의 포로가 됨. 살라딘, 티베리아스를 비롯해 아코를 중심으로 한 항구도시를 지배하에 둠. 살라딘, 예루살렘 함락. 예루살렘이 88년 만에 이슬람 지배하로 돌아감.		
1188	살라딘, 티루스 공략 실패.	신성로마제국 황제 프리드리히, 군대를 이끌고 중근동으로 출발.	

1189	살라딘, 뤼지냥을 풀어줌. 뤼지냥, 이벨린과 함께 아코 공격을 개시.	리처드 1세, 잉글랜드 왕으로 즉위.	(일본) 미나모토노 요리토모, 오슈 정벌
1190	프리드리히, 소아시아에 도착하나 코니아 부근의 괴크스강에서 익사. 독일군은 행군을 계속하기로 한 일부만 남고 귀국함.	리처드와 프랑스 왕 필리프 2세가 베즐레에서 합류, 제3차 십자군이 중근동으로 출발.	
1191	필리프, 아코에 도착해 공방전에 참가. 리처드, 당시 비잔틴제국의 지배하에 있던 키프로스에 도착해 불과 닷새 만에 정복. 이후 키프로스는 십자군 세력의 보급지가 됨. 리처드, 아코에 도착해 공방전에 참가. 아코측이 전면강화를 요청. 필리프 귀국. 이어서 독일군을 이끌던 오스트리아 공작도 전선을 이탈하고, 튜턴 기사단만 남게 됨. 리처드가 이끄는 십자군, 아르수프로 행군 시작. 행군중 살라딘군과 전투를 벌여 승리. 아르수프도 지배하에 두게 됨. 십자군, 야파와 아스칼론을 수복. 예루살렘을 침공할 준비에 착수.		(일본) 에이사이, 송나라에서 일본으로 건너와 임제종을 보급
1192	뤼지냥을 대신해 몬페라토 후작 코라도가 예루살렘 왕으로 즉위하지만 이슬람측에 암살당하고, 샹파뉴 백작 앙리가 그 뒤를 이음. 리처드와 살라딘의 강화 성립. 이슬람측이 예루살렘을 계속 영유하지만 그리스도교의 안전한	필리프, 리처드의 지배지역에 침입.	(일본) 미나모토노 요리토모, 세이이타이쇼군이 됨

	순례를 보장하기로 하고, 팔레스티나 항구도시의 영유권은 그리스도교측에 양도됨. 리처드, 자국으로 출발.		
1193	살라딘 사망. 광범위한 지배영역이 세 아들과 동생 알 아딜에게 분할되나, 아들들 사이에서 세력 다툼이 일어나 알 아딜이 이슬람 세계 전역의 술탄이 됨.		
1194		리처드, 잉글랜드로 귀국. 필리프와의 세력 다툼이 본격화됨.	(한국) 최충헌이 정권 장악, 최씨 무신정권 수립 (1196)
1198		인노켄티우스 3세가 로마 교황으로 즉위.	
1199		리처드 사망. 샹파뉴 백작, 블루아 백작, 플랑드르 백작 등의 프랑스 제후가 제4차 십자군 결성을 서약.	
1201		제4차 십자군의 사절이 베네치아를 방문해 협력을 요청. 도제 단돌로는 이집트를 침공하지 않겠다는 밀약을 알 아딜과 맺은 뒤 제4차 십자군 요청을 수락.	
1202		제4차 십자군과 베네치아 해군이 출발하나, 해상 수송 비용을 지불하지 못한 십자군측은 주도권을 쥐지 못하고, 베네치아의 계획에 따라 아드리아 해 연안의 도시 자라를 침공해 제압. 자라에 체재중인 제4차 십자군에 비잔틴제국 황자가 찾아와, 아버지를 살해하고 황위에 앉은 숙부를 타도할 것을 의뢰. 십자	

		군측은 이 요청을 받아들이고 행선지를 콘스탄티노플로 변경함.	
1203		십자군과 베네치아 해군, 콘스탄티노플에 도착.	
1204		10개월의 공방 끝에 콘스탄티노플 함락. 비잔틴제국 황제 자리가 공석이 되어 새롭게 '라틴제국'이 수립됨.	(몽골) 칭기즈칸, 화베이 침입을 개시(1211)
1212		소년들이 중심이 된 '소년 십자군'이 일어남.	(일본) 가모노 조메이, 『호조키』 완성
1218	예루살렘 왕 장 드 브리엔이 로마 교황청의 촉구로 제5차 십자군을 조직. 이집트 다미에타를 침공. 알 아딜 사망. 이집트 통치를 맡고 있던 장남 알 카밀이 후계자가 됨.		(몽골) 칭기즈칸, 서역 정벌 시작(1219) (한국) 몽골과 통교(1219) (일본) 겐지 멸망, 호조 집권 개시(1219)
1220	제5차 십자군, 다미에타 제압.	프리드리히 2세가 신성로마제국 황제에 즉위.	
1221	제5차 십자군, 나일강 범람으로 철수.		(일본) 조큐의 난
1225		프리드리히, 장 드 브리엔의 딸과 결혼해 예루살렘 왕으로 즉위.	
1227		교황 그레고리우스, 여러 차례 십자군 원정을 요청했음에도 계속 미루기만 하는 프리드리히를 파문.	(일본) 도겐, 송나라에서 일본으로 건너와 조동종을 보급

1228		교황, 재차 프리드리히를 파문. 프리드리히, 제6차 십자군을 조직해 중근동으로 출발.	
1229	프리드리히와 알 카밀이 석 달에 걸친 교섭 끝에 강화를 체결. 전투 없이 예루살렘 탈환에 성공하고 자국으로 돌아감.		(한국) 몽골의 고려 침공(1231) (한국) 강화 천도(1232) (몽골·중국) 오고타이한국, 금을 멸망시킴(1234)
1244	시리아의 한 부족이 예루살렘을 점거. 15년간 지켜온 강화가 깨짐.		
1248		프랑스 왕 루이 9세, 교황 인노켄티우스 4세의 요청을 받아 제7차 십자군을 조직.	
1249	제7차 십자군, 다미에타에 상륙해 만수라로 진군.		
1250	제7차 십자군, 노예 출신 병사 맘루크 군대와의 전투에서 패해, 중심적인 존재인 기사들이 전멸. 왕 루이를 포함한 제7차 십자군 전체가 포로가 됨. 루이는 막대한 보석금을 지불하고 석방됨.		
1254	루이, 프랑스로 돌아가기 위해 아코를 떠남.		
1258	몽골제국이 서진해 바그다드 함락. 이어서 알레포와 다마스쿠스를 침공.		

1260	사실상 이집트의 지배자가 된 맘루크 출신의 바이바르스, 몽골군 격파.		
1270	제8차 십자군, 튀지니아에 상륙하나 역병이 만연해 한 달 만에 철수. 루이도 현지에서 사망.	루이, 두번째 십자군 원정을 결의. 제8차 십자군이 튀니지아로 출발.	(한국) 개경 환도, 삼별초의 대몽 항쟁 (몽골 · 중국) 쿠빌라이칸이 원 왕조 세움(1271) (일본) 원의 침략(분에이노에키, 1274) (일본) 원의 침략(고안노에키, 1281)
1291	맘루크 왕조의 술탄 카릴이 마지막 남은 그리스도교측의 도시 아코를 총공격함. 5월 18일 아코 함락. 그리스도교측은 중근동의 모든 영지를 상실. 주된 잔존 세력은 키프로스로 피난.		
1306		템플 기사단, 프랑스로 본거지를 옮김. 프랑스 왕 필리프 4세가 교황 클레멘스 5세와 교황청을 아비뇽으로 옮김. 아비뇽 유수 시작.	
1307		템플 기사단에 대한 탄압이 시작됨.	
1309	병원 기사단, 로도스 섬으로 본거지를 옮기고 이후 로도스 기사단을 자칭.		
1312		교황, 템플 기사단의 해산을 선고.	

Abel F.M., *Lettre d'un Templier trouvée récemment à Jérusalem,* 《Revue biblique》 35 (1926), pp.288-295.

Abu'l-Fida (tr. P.M. Holt), *The Memoires of a Syrian Prince; Abu'l-Fida, Sultan of Hamah (672-737/1273-1331),* Wiesbaden 1983.

Abulafia D.S.H. (edit.), *Commerce and Conquest in the Mediterranean, 1100-1500,* London 1933.

Addison C.G., *The Knights Templar History,* AMS Press, New York 1912 and 1978.

Airaldi G. - Kedar B.Z. (a cura di), *I Comuni Italiani nel Regno Crociato di Gerusalemme,* Genova 1986.

Alphandery P., *Les Croisades d'Enfants,* in 《Revue de l'Histoire des Religions》, vol.LXXIII, Paris 1916.

Alphandéry P., Dupront A., *La cristianità e l'idea di Crociata,* il Mulino, Bologna 1983.

Ambroise, *Estoire de la Guerre Sainte,* ed. G. Paris, Imprimerie Nationale, Paris 1897.

Ambroise, *The Crusade of Richard Lionheart,* trans, Hubert M.J. and La Monte J., New York 1941.

Andressohn J.C., *The Ancestry and Life of Godefroy of Bouillon,* 1947.

Angold M., *The Byzantine Empire 1025-1204. A political History,* London 1984.

Anna Comnene, Alessiade, in B. Leib (ed.), *Collection Byzantine de l'Association Guillaume Budé,* 3 vol., Paris 1937-45.

Annales de Terre Sainte, edited by Röhricth, in *Archives de l'Orient Latin,* vol.II, Paris 1884.

Anon. (ed, R.C, Johnston), *The Crusade and the Death of Richard I: Anglo-Norman Tests XVII,* Oxford 1961.

Anon. (ed.), *Acri 1291-la fine della presenza degli ordini militari in Terra Santa... a cura di Francesco Tommasi,* Biblioteca di Militia Sacra 1, Perugia 1996.

Anon. (ed. H.J. Nicholson), *The Chronicle of the Third Crusade: The Itinerarium Peregrinorum et Gesta Regis Ricardi,* Aldershot 2001.

Archer T.A., *The Crusade of Richard I,* G.P. Putnam's Sons; AMS Prints, New York 1897, 1978.

Ardouin E., *Essai sur l'Armée Royale au Temps de Philippe Auguste*, Paris 1913.

Auvray L. (ed.), *Les Registres du Grégoire IXe*, Paris 1896-1955, 4 vol.

Avissar M. - Stern E., 'Akko, the Citadel', *Excavations and Surveys in Israel*, XIV, 1994, pp.22-25.

Ayalon D., *The Mamluk Military Society*, London 1979.

Bahā al-Dīn ibn Shaddād, *The Life of Saladin*, trans. C.W. Wilson and C.R. Conder, Palestinian Pilgrims Text Society, London 1897.

Baldwin M., *Raymond III of Tripolis and the Fall of Jerusalem*, Princeton, 1936.

Baldwin W., *The Government of Philip Augustus. Foundations of French Royal Power in the Middle Ages*, Berkeley-London 1986.

Baluze S., *Vitae Paparum Avenionensium*, 2 vol., Paris 1643.

Barber M., *The Trial of the Templars*, Cambridge University Press, Cambridge 1978.

Barber M., *The New Knighthood: A History of the Order of the Temple*, Cambridge University Press, Cambridge 1993.

Bartolf de Nangis, *Gesta Francorum Iherusalemn Expugnantium, in Recueil des Historiens des Croisades : Historiens Occidentaux*, vol.III.

Beck A., *Der Untergang der Templer*, Verlag Herder, Freiburg 1992.

Becker A., *Papst Urban II (1088-1099)*, I, 1964.

Ben-Ami A., *Social Change in a Hostile Environment: The Crusaders' Kingdom of Jerusalem*, Princeton 1969.

Bennet M., 'La Règle du Temple as a military manual, or how to deliver a cavalry charge', in C. Harper-Bill, et al., edits (edits.), *Studies in Medieval History Presented to R. Allen Brown*, Woodbridge 1989, pp.7-19.

Bernard St., 'Liber and milites Templi de laude novae militiae', in *Sancti Bernardi Opera*, a cura di J. Leclerq, III, Roma 1963.

Billings M., *The Cross and the Crescent*, London 1987.

Blake E.O - Morris C., 'A Hermit goes to War: Peter and the Origins of the First Crusade', in *Studies in Church History*, 21, 1984.

Boase T.S.R., *Boniface VIII*, London 1933.

Boase T.S.R., 'Military Architecture in the Crusader States in Palestine and Syria', in K.M. Setton (ed), *A History of the Crusades*, vol.IV, Madison 1977.

Boaz A., 'Bet Shean, Crusader Fortress - Area Z', *Excavations and Surveys in Israel*, IX, 1989-90, 129.

Bohn H. (ed.), *Chronicles of the Crusades: contemporary narratives of the Crusade of Richard Coeur de Lion by Richard of Devizes and Geoffrey de Vinsauf and of the crusade of Saint Louis by the Lord John de Joinville*, H.G. Bohn, George Bell and Sons, London 1848, 1900.

Boissonade P., *Cluny, la Papauté et la première grande Croisade internationale contre les Sarrasins d'Espagne*, in 《Revue des Question Historiques》, vol.CXVII, Paris 1932.

Bombaci A., 'The Army of the Saljuqs of Rum', *Istituto Orientale di Napoli, Annali*, 38, 1978, pp.343-69.

Bordonove G., *Les Templiers: histoire et tragédie*, Fayard, Paris 1977.

Bordonove G., *La vie quotidienne des Templiers au 13° siècle*, Éditions Famot, Genf 1978.

Bradbury J., *Philip Augustus: King of France, 1180-1223*, London 1997.

Bradford E., *The Shield and the Sword*, London 1972.

Brand C. M., *Byzantium Confronts the West, 1180-1204*, Harvard University Press, Cambridge, Mass. 1968.

Bredero A.H., *Bernard de Clairvaux: Between Cult and History*, Edinburgh 1996.

Breysig T., *Gottfried, von Bouillon vor dem Kreuzzüge*, in 《Westdeutche Zeitschrift für Geschichte》, XVII, Trier 1898.

Brice M., *Forts and Fortresses*, Oxford 1990.

Brosset M.F., *Collection d'Historiens Arméniens*, 2 vol., Sankt-Peterburg 1874-76.

Browne E.J., *La médecine arabe*, Paris 1933.

Brundage J., *The Crusades: a documentary survey*, Marquette University Press, Milwaukee, Wisconsin 1962.

Bruno S.-J., *The Letters of Saint Bernard of Clairvaux*, London 1953.

Bull M., 'The Capetian Monarchy and the Early Crusader Movement: Hugh of Vermandois and Louis VII', *Nottingham Medieval Studies*, 40, 1996, pp.25-46.

Bull M.G. - Leglu C. (eds.), *The World of Eleanor of Aquitaine: Literature and Society in Southern France between the Eleventh and Thirteenth Centuries*, Woodbridge 2005.

Burwan E., *The Templars: Knights of God*, Destiny Books, Rochester 1986.

Cahen C., *Indigènes et Croisés*, in 《Syria》, vol.XV, Paris 1934.

Cahen C., *La Syrie du Nord à l'époque des croisades et la principauté franque d'Antioche*, Geuthner, Paris 1940.

Cambridge Medieval History, directed by J.B. Bury, 6 vols., Cambridge 1911-36.

Cappelletti L., *Storia degli ordini cavallereschi*, Livorno 1904, pp.358-361.

Cardini F., *Il Movimento Crociato*, Sansoni, Firenze 1972.

Chaffanjon A., *Les Grands Ordres de Chevalerie*, Paris 1970.

Chalandon F., *Histoire de la Domination normande en Italie et en Sicilie*, 2 vol., Paris 1907.

Champdor A., *Saladin, le plus pur Héros de l'islam*, Éditions Albin Michel, 1953.

Charpentier J., *L'Ordre des Templiers*, La Colombe 1962.

Charpentier L., *I misteri dei Templari*, Roma 1981.

Chaumeil J., *Lue du premier au dernier Templier*, Paris 1985.

Chaytor H.J., *The Troubadours*, Cambridge 1912.

Chehab M.H., 'Tyr à l'epoque des Croisades', *Bullettin du Musée de Beyrouth*, XXXI, 1979.

Cheney O.R., 'The Downfall of the Templars and a letter in their defence', in *Medieval Miscellany presented to Eugéne Vinaver*, Manchester 1965.

Chevedden P.E., The Hybrid Trebuchet: the Halfway Step to the Counterweight Trebuchet', in D.J. Kagay - T.M. Vann (eds.), *On the Social Origins of Medieval Institutions: Essays in Honor of Joseph F. O'Callaghan*, Leiden 1998, pp.179-222.

Chevedden P.E., 'Fortification and the Development of Defensive Planning in the Latin East', in D. Kagay and L.J.A. Villalon (eds.), *The Circle of War in the Middle Ages*, Woodbridge 1999, pp.33-43.

Clifford E.R., *A Knight of Great Renown, The Life and Times of Othon de Grandson*, Chicago 1961.

Constable G., 'The Financing of the Crusades in the Twelfth century', in B.Z. Kedar (ed.), *Outremer: Studies in the History of the Crusading Kingdom of Jerusalem*, Jerusalem 1982, pp.64-88.

Crawford P. (tr.), *The Templar of Tyre: Part III of the Deeds of the Cypriots*, Aldershot 2003.

Crozet R., *Le Voyage d'Urbain II et ses arrangements avec le Clergé de France*, in 《Revue Historique》, vol.CLXXIX, Paris 1937.

Curtis Van Cleve T., *The Emperor Frederick II of Hohenstaufen, Immutator Mundi*, Oxford 1972.

Da Mosto A., *I Dogi du Venezia*, Aldo Martello-Giunti Editore, 1977.

Dailliez L., *Histoire de l'Ordre du Temple*, Alpes-Mediterranées Éditions/Impres du Sud, Nice 1980.

Daimberto, arcivescovo di Pisa e patriarca di Gerusalemme, lettera XVIII e XXI, in Hagermeyer, *Die Kreuzzugsbriefe*.

Dajani - Shakeel H., 'Diplomatic Relations between Muslim and Frankish Rulers

1097-1153 AD', in M. Shatzmiller (ed.), *Crusaders and Muslims in Twelfth-Century Syria*, Leiden 1993, pp.190-215.

Dal Borgo F., *Diplomata Pisana*, Pisa 1765.

R. Davico, *Cultura araba ed ebraica nella scuola medica salernitana del Medioevo, in Salerno e la sua scuola medica*, a cura di I. Gallo, Salerno 1994, pp.53-87.

De Expugnatione Terrae Sanctae per Saladinum Libellus, excerpts tuans. Brundage J.A. in the *Crusades: A Documentary Survey*, Milwaukee 1962, pp.153-63.

Dean B., 'A Crusader Fortress in Palestine (Montfort)', *Bulletin of the Metropolitan Museum of Art*, 22/2, 1927, pp.91-97

Delacroix P., *Vrai Visage de Saint Bernard, Abbé de Clairvaux*, Angers 1991.

Delaville-Leroulx E., *De Prima Origine Hospitaliorum Hierosolymitanorum*, Cartolaire général des Hospitaliers de Saint-Jean, 4 vol., Paris 1894

Delaville-Leroulx E. (ed.), *Cartulaire Général de l'ordre de S. Jean de Jérusalem, 1100-1310*, 4 vol., E. Leroux, Paris 1894-1906.

Delaville-Leroulx E., *Les Hospitaliers en Palestine et à Cypre, 1100-1310*, Paris 1904.

Delaville-Leroulx E., *Les Hospitaliers à Rhodes*, Paris 1913.

Delisle L., *Mémoire sur les opérations financiéres des Templiers*, in《Mémoires de l' Institut de France. Académie des Inscriptions et Belles-Lettres》, XXXIII, 1888, part II.

Demurger A., *Vita e morte dell'ordine dei Templari* Garzanti, Milano 1987.

Der Nersessian S., *Armenia and the Byzantine Empire*, Cambridge, Mass. 1945.

Deschamps P., 'Deux Positions Stratégiques des croisés à l'Est du Jourdain: Ahamant et el Habis', *Revues Historiques*, CLXXII, 1933, 42-57.

Deschamps P., *Les Châteaux des Croisés en Terre Sainte : le Crac des Chevaliers*, Paris 1934.

Deschamps P., *La Défense du Royaume de Jérusalem*, 2 vol., Paris 1939.

Deschamps P., *La Toponomastique en Terre sainte au temps des Croisades, in Recueil de travauz...*, Geuthner, Paris 1955.

Deschamps P., *Les Châteaux des Croisés en Terre Sainte, III, La Defence du comte de Tripoli et de la principaute d'Antioche*, 2 vol., Paris 1973.

Desmond S., *The Monks of War*, London 1972.

Desquesnes R. - Faille R. - Faucherre N. - Prost P., *Les Fortifications du Littoral: La Charente-Maritime*, Chauray 1993.

Donovan J.P., *Pelagius and the Fifth Crusade*, Philadelphia 1950.

Du Chesne A., *Historiae Francorum Scriptores*, 5 vol., Paris 1636-49.

Ducange C. du F., *Les Familles d'Outremer*, edited by E.G. Rey, Paris 1869.

Duez J., *Rituels secrets des Templiers: initations, écuyer-novice, écuyer du Temple, chevalier-novice, rituels de reception*, J. Bersez, Villeneuve-sur-Bellot 1985.

Duffy E., *Saints and Sinners: A History of the Popes*, New Haven, CONN, 1997.

Duncalf F., *The Pope's Plan for the First Crusade, in The Crusades and other Historical Essays presented to D.C. Munro*, New York 1928.

Edde A.M., 'Kurdes et Turcs dans l'Armée ayyoubide de Syrie du Nord' in Y. Lev (ed.), *War and Society in the Eastern Meditterranean, 7th-15th Centuries*, Leiden 1996, pp.225-236.

Edbury P.W. - Gordon Rowe J., *William of Tyre*, Cambridge 1988.

Edbury P.W., 'Castles, towns and rural settlements in the Crusader kingdom', *Medieval Archaelogy*, XLII, 1988, pp.191-193.

Edbury P.W., *The Kingdom of Cyprus and the Crusades, 1191-1374*, Cambridge 1991.

Edbury P.W, *Propaganda and Faction in the Kingdom of Jerusalem: the Background to Hattin*, in Shatzmiller M. (ed), *Crusaders and Muslims in Twelfth Century Syria*, Leiden 1993, pp.173-89.

Edbury P.W., 'The Templars in Cyprus', in M. Barber (ed.), *The Military Orders: Fighting for the Faith and Caring for the Sick*, Variorum, Aldershot 1994.

Edbury P. W., *The Conquest of Jerusalem and the Third Crusade* (Sources in Translation), Ashgate, Hampshire 1998.

Edwards R. W., *The Fortifications of Armenian Cilicia*, Washington 1987.

E. Egidi, *La colonia saracena di Lucera e la sua distruzione*, in 《Archivio storico per le province napoletane》.

Ehrenkreutz A.S., 'The Place of Saladin in the Naval History of the Meditterranean Sea in the Middle Ages', in *Journal of American Oriental Studies*, LXXV, 1995, pp. 100-116.

Eidelberg S. (ed. and tr.), *Jews and Crusaders: the Hebrew Chronicles of the First and Second Crusades*, Madison 1977.

Elbeheiry S., *Les Institutions de l'Egypte au Temps des Ayyubides*, Lille 1972.

Elisseeff N., *La description de Damas d'Ibn 'Asakir*, Damas 1959.

Elisseeff N., *Nur-ad-Din, un grand prince musulman de Syrie au temps des croisades*, Institut français de Damas, 1967.

Ellenblum R., 'Frankish and Muslim Siege Warfare and the construction of the

Frankish concentric castles', in M. Balard (ed.), *Die Gesta per Francos*, Aldershot 2001, pp.187-198.

Ellenblum R., 'Three generations of Frankish castle-building in the Latin Kingdom of Jerusalem', in M. Balard (ed.), *Autour de la Première Croisade*, Paris 1996, pp.517-551.

Epistola de Morte Friderici Imperatoris, in Chroust A. (1928).

Eydoux H-P., 'L'architecture militaire des Francs en Orient', in J. P. Babelon (edit.), *Le Château en France*, Paris 1986, pp.61-77.

Favier J., *Philippe le Bel*, Paris 1978.

Favreau - Lilie M. -L., 'The Military Orders and the Escape of the Christian Population from the Holy Land in 1291', *Journal of Medieval History* XIX, 1933, pp.201-227.

Favreau - Lilie M. -L., 'The Teutonic Knights in Acre after the fall of Montfort(1271): Some Reflections', in B.Z. Kedar (ed.), *Outremer: Studies in the History of the Crusading Kingdom of Jerusalem*, Jerusalem 1982, pp.272-84.

Fedden R. - Thomson J., *Crusader Castles*, London 1977.

Fiene E., *St. Hilarion, Buffavento, Kantara: Bergburgen in Nordzypern*, Hannover 1992.

Filippo da Novara, *Mémoires, in Gestes des Chiprois*, trans. of La Monte and Hubert (ed.), *The Wars of Frederick II against the Ibelins in Syria and Cyprus*, New York 1936.

Filippo da Novara, *Guerra di Federico II in Oriente (1233-1242)*, intr., testo critico, trad. e note a cura di S. Melani, Napoli 1994.

Flori J., *Richard cœur de Lion, le roi-chevalier*, Collection 'Biographie', Paris 1999.

Forey A.J., 'The Failure of the siege of Damascus in 1148', *Journal of Medieval History*, 10, 1984, pp.13-23.

Forey A.J., *Novitiate and instruction in the military orders during the 12th and 13th centuries*, 《Speculum: a journal of medieval studies》, vol.61, n.1 (1986), pp.1-17.

Forey A., *The Military Orders: From the Twelfth to the Early Fourteenth Centuries*, Macmillan, London 1992.

France J., 'Crusading warfare and its adaption to Eastern conditions in the twelfth century' in *Mediterranean Historical Review*, 15, 2000, pp.49-66.

Frolow A., *Reserches sur la déviation de la quatrième crusade vers Constantinople*, 1955.

Gabrieli F., *Storici arabi delle Crociate*, Einaudi, Torino 1957.

Gabrieli F., *Friedrich II. und die Kultur des Islam, in Stupor mundi. Zur Geschichte Friedrichs II. von Hohenstaufen*, G. Wolf (ed.), Darmstadt 1982, pp.76-94.

Galterius Cancellarius (franç. Gautier), Bella Antiochena, in *Recueil des Historiens des Croisades: Historiens Occidentaux*, vol.V.

Gerish D., 'The True Cross and the Kings of Jerusalem', *Journal of the Haskins Society*, 8, 1996, pp.137-55.

Gertwagen R., 'The Crusader Port of Acre: Layout and Problems of Maintenance', in M. Balard (ed.), *Autour de la Première Croisade*, Paris 1996, pp.553-582.

Gertwagen R., 'Venetian Modon and its Port (1358-1500)', in Cowan A. (ed.), *Mediterranean Urban Culture 1400-1700*, Exeter 2000, 128-48.

Gertwagen R., 'The Venetian Colonies in the Ionian Sea and the Aegean in Venetian Defence Policy in the Fifteenth Century', *Journal of Mediterranean Studies*, 12, 2002, pp.351-84.

Gesta Innocenti III, in MIGNE, *Patrologia Latina*, vol.CCXIV.

Gesta Obsidionis Damiete, in Röhricht, *Quinti Belli Sacri Scriptores Minores*.

Giardina A., Sabbatucci G., Vidotto V., *Manuale di Storia: il Medioevo vol.1*, Editori Laterza, Bari 1989.

Gibb H.A.R., 'The Arabic sources for the life of Saladin', *Speculum*, 25, 1950.

Gibb H.A.R., *The Aiyūbids*, in *A History of the Crusades*, K.M. Setton (ed.), Madison-London 1969, II, pp.693-714.

Gibb H.A.R., *The Life of Saladin*, Oxford 1973.

Gilles R., *Les Templiers sont-is coupables? Leur histoire, Leur règle, leur procès*, Guichaoua 1957.

Gillingham J., 'Roger of Howden on Crusade', in Morgan D.O. (ed.), *Medieval Historical Writing in the Christian and Islamic Words*, School of Oriental and African Studies, London 1982.

Gillingham J., 'Richard I and the Science of War in the Middle Ages', in Gillingham J. and Holt J.C. (eds.), *War and Government in the Middle Ages: Essays in honour of J-O. Prestwich*, D.S. Brewer, Cambridge 1984.

Gillingham J., *Richard the Lionheart*, II edn., London 1989.

Gindler P., *Graf Balduin von Edessa*, Halle 1901.

Giovanni dal Pian del Carpine, *Historia Mongolorum*, in Pulle (ed.), Firenze 1913.

Glubb J., *Soldiers of Fortune: The Story of the Mamluks*, Dorchester 1988.

Gore T.L., *The Campaigns of Saladin: Hattin and Arsuf 1187 and 1193 AD*, New York 1991.

Gottschalk H.L., *al-Malik al-Kamil von Egypten und seine Zeit*, 1958.

Gravett C. - Hook R., *Medieval Siege Warfare*, London 1991.

Gregoire H., *The Question of the Diversion of the Fourth Crusade*, in 《Byzantion》, vol. XV, Boston 1941.

Grifone E., *La vita dei Templari*, 《Osservatore Romano》 n. 93 (1952), p.3.

Grousset R., *Histoire des croisades e du royaume franc de Jérusalem*, 3 vol., Paris 1936.

Guardini A., *Origine e fondatione di tutte le religioni e militie di cavallieri, con le croci e segni usati da quelle, erette da principi diversi in varii tempi...Ristampati per opera del Sig. Giacomo Cataneo*, Appresso Valentino Mortali, Venezia 1666, pp.22sgg..

Guillaume le Breton (ed. F. Delaborde), 'Gesta Philippi Augusti', in *Œuvres de Rigord et de Guillaume le Breton*, tome 1, Paris 1882.

Guillelmus Tyrensis (engl. William of Tyre), 'Guillelmus Tyrensis archiepiscopus, Historia rerum in transmarinis partibus gestarum', in *Recueil des historiens des croisades: Historiens occidentaux*, 5 vol., Paris 1844-95.

Guillemus Tyrensis (franç. Guillaume de Tyr), *Die latieinische Fortsetzung*, Salloch (ed.), Leipzig 1934.

Guillelmus Tyrensis (franç. Guillaume de Tyr), *Tractatus de Statu Saracenorum*, in Prutz, Kulturgeshichte der Kreuzzüge, p.118.

Hallam E. (edit.), *Chronicles of the Crusades - Eyewitness Accounts of the War between Christianity and Islam*, Weidenfeld and Nicolson, London 1989.

Hamilton B., 'The Elephant of Christ: Reynald of Chatillon', in Baker D. (ed.), *Religious Motivation: Biographical and Sociological Problems for the Church Historian, Studies in Church History*, 15, 1978.

Hamma Z., *Syria: The Castles and Archaeological Sites in Tartous (Governorate)*, Damascus 1994.

Hammer J. Von, *Histoire de l'Ordre des Assassins*, Paris 1833.

Harper R.P. 'Belmont Castle (Suba) - 1987', *Excavations and Surveys in Israel*, CII-VIII, 1988-89, pp.13-14.

Harris J., *Byzantium and the Crusades*, London 2003.

Hefele C.J., *Histoire des Conciles*, trans. H. Leclerq, Paris 1907.

Henry of Huntingdon, *De Captione Antiochiae, in Recueil des Historiens des Croisades* : Historiens Occidentaux, vol.V, part II.

Heyd W., *Histoire du Commerce du Levant*, trans. Furcy Raynaud, 2 vol., Leipzig

1936.

Hillenbrand C., *A Muslim Principality in Crusader Times: Tarikh Mayyafariqin* (partial trans. of Ibn al-Azraq), Leiden 1990.

Historia et Gesta Ducis Gotfridi, in *Recueil des Historiens des Croisades: Historiens Occidentaux*, vol.V, part II.

Historia Diplomatica Friderici Secundi, J.L.A. Huillard- in Bréholles, (ed.), 6 vol., Paris 1852-61.

L'Histoire de Guillaume le Maréchal, ed. P. Meyer, 3 vol., Librarie Renouard, SHF, Paris 1891-1901.

Historia Peregrinorum, in Chroust A. (1928).

Hitti P.H. (trans.), *Memoirs of an Arab-Syrian Gentleman(Usam ibn Munqidh)*, Beirut 1064 (reprint).

Hodgson M., *The order Assassins*, Mouton, l'Aia, 1955.

Hoch M., 'The Choice of Damascus as the Objective of the Second Crusade; a Re-evaluation', in M. Balard (ed.), *Autour de la Première Croisade*, Paris 1996, pp.359-69.

Holt P.M., *The Age of the Crusades: The Near East from the Eleventh Century to 1517*, London 1986.

Holt P.M., *Early Mamluk Diplomacy(1260-1290): Treaties of Baybars and Qalaun and the Crusaders*, Leiden 1995.

Holtzamann R., *Wilhelm von Nogaret*, Freiburg im Breisgau 1898.

Holtmann W., *Die Unionsverhandlungen zwischen Kaiser Alexios I und Papst Urban II im Jahre 1089*, in 《Byzantion》, vol.XXVIII, Leipizig 1928.

Housley N.J., *The Italian Crusades*, 3 vols., 1970-86.

Housley N., *The Later Crusades, 1274-1580; From Lyons to Alcazar*, Oxford 1992.

Howarth S., *The Knights Templar*, Collins 1982.

Hume E.E., *Medical Work of the Knights Hospitallers of Saint John of Jerusalem*, Baltimore 1940.

Huygens R.B.C., *De constructione castri Saphet*, 1981.

Ibn al-Athīr, *El-Kamel Altevarykh, in Recueil des Historiens des Croisades: Historiens Orientaux* 1-2, 1872.

Ibn al-Qalanisi (tr. R. Le Tourneau), *Damas de 1075 á 1154: traduction annotée d'un fragment de l'histoire de Damas d'Ibn al-Qalanisi*, Damas 1952.

Ibn Bibi, *Histoire des Seldjouqides*, in Houstman (ed.), *Textes relatifs à l'histoire des Seldjouqides*, vol.III-IV, Paris 1902.

Ibn Wasil, *Histoire des Ayyubides*, in Reynaud, *Extraits*, in *Bibliothèque* de Michaud.

'Imād al-Dīn al-Isfahānī, *Conquête de la Syrie et de la Palestine par Saladin* (tr. Henri Massé), Paris 1972.

Iorga N., *Les Narrateurs de la Première Croisade*, Paris 1928.

Irwin R., 'The Mamluk Conquest of the County of Tripoli', in P.W. Edbury (ed.), *Crusade and Settlement*, Cardiff 1985, pp.246-50

Itinerarium Peregrinorum et Gesta Regis Ricardi, in Stubbs (ed.), 《Rolls Series》, London 1864.

Jacoby D., *Recherches sur la Mediterranée Orientale du XIIe au XVe Siècle*, London 1979.

Jacoby D., 'Crusader Acre in the Thirteenth Century: urban layout and topography', *Studi Medievali*, 3 ser. XX, 1979, pp.1-45.

Jacoby D., 'Mortmussard, Suburb of Crusader Acre: The First Stages of its Development', in *Outremer: Studies in the History of the Crusading Kingdom of Jerusalem presented to Joshua Prawer*, Jerusalem 1982. 205-217

Jacoby D., 'Les communes italiennes et les ordres militaires à Acre', in M. Balard (ed.), *Etat et colonisations au Moyen Age et à la Renaissance*, Rheims 1988, pp.193-214.

Jacoby D., *Conrad, Marquis of Montferrat, and the Kingdom of Jerusalem (1187-1192)*, in Balletto L. (ed.), *Dai feudi monferrini e dal Piemonte ai nuovi mondi oltre gli Oceani*, Biblioteca della Società di Arte e Archeologia per le Province di Alessandria e Asti, 27, Alessandria 1993, pp.187-238.

Jacoby D., *Trade, Commodities and Shipping in the Medieval Meditterranean*, London 1997.

Jardin P. - Guyard P., *Les Chevaliers de Malte*, Perrin, 1974.

Al-Jazari, *Chronique de Damas*, trans. de Sauvaget, Paris 1949.

Jean de Ibelin, Le Livre de Jean d'Ibelin, in *Recueil des Historiens des Croisades Lois*, vol.I.

John of Salisbury, *Historiae Pontificalis quae Supersunt*, in Lane-Poole (ed.), Oxford 1927.

Johns C.N., 'Excavations of Pilgrim's Castle, 'Atlit (1932-3) : Stables at the south west of the suburbs', *Quarterly of the Department of Antiquities of Palestine*, V, 1935, pp.31-60.

Joinville J. sieur de, *Histoire de Saint Louis*, Wailly (ed.), Paris 1874

Jones Ph., *The Italian City-State. From "Comune" to "Signoria"*, Oxford 1997.

Jordan E., *Les Origines de la Domination Angevine en Italie*, Paris 1909.

Jordan W.C., *Louis IX and the Challenge of the Crusade*, 1979.

Kantorowicz E., *Frederick the Second*, London 1931.

Kedar B.Z., 'A Western Survey of Saladin's Forces in the Siege of Acre', in B.Z. Kedar (et al eds.), *Montjoie: Studies in the Crusade History in Honour of Hans Eberhard Mayer*, Aldershot 1977, pp.113-122.

Kedar B.Z. et al.(edits.), *Outremer: Studies in the Crusading Kingdom of Jerusalem Presented to Joshua Prawer*, Jerusalem 1982.

Kedar B.Z., *Crusade and Mission*, 1984.

Kedar B.Z., (ed.), *The Horns of Hattin: Proceedings of the Second Conference of the Society for the Study of the Crusades and the Latin East*, Jerusalem - London 1992.

Kedar B.Z., *The Franks in the Levant, 11th to 14th Centuries*, London 1993.

Kedar B.Z., 'The Outer Walls of Frankish Acre', *'Atiqot*, XXXI, 1997, 157-180.

Kennedy H., *Crusader Castles*, Cambridge 1994.

King E.J., *The Rule, Statutes and Customs of the Hospitallers(1099-1310)*, London 1924.

Kloner A. - Chen D., 'Bet Govrin: Crusader Church and Fortifications', *Excavations and Surveys in Israel*, II, 12-3, 1983.

Kluger H., *Hochmeister Hermann von Salza Kaiser Friedrick II. Ein Beitrag zur Frühgeschichte des deutschen Ordens*, Marburg 1987.

Knappen M.M., *Robert II of Flanders in the First Crusade*, in *The Crusades and other Historical Essays presented to D.C. Munro*, New York 1928.

Knowles D., *Christian Monasticism*, London 1969.

Kügler B., *Bohemund und Tankred*, Tübingen 1862.

La continuation de Guillaume de Tyr(1184-97), ed. M.R. Morgan, Paul Geuthner, Paris 1982.

La Monte J.L., 'Taki ed Din, Prince of Hama', in *The Moslem World*, XXXI, 1941, pp.149-160.

La Monte J.L., *The Lords of Sidon*, in 《Byzantion》, vol.XVII, New York 1944.

La Monte J.L., *The Lords of Caesarea in the period of the Crusades*, in 《Speculum》, vol. XXII, Cambridge, Mass. 1947.

Lamy M., *Les Templiers. Ces Grand Seigneurs aux Blancs Manteaux*, Bordeaux 1997.

Lane C. Frederic, *Venice. A Maritime Republic*, The Johns Hopkins University Press, 1973.

Lane-Poole S., *Saladin and the fall of Jerusalem*, Greenhill Books, London 2002.

Lawrence T.E., *Crusader Castles*, edited by D. Pringle, Oxford 1988.

Leclerq J., 'L'attitude spirituelle de S. Bernard devant la guerre', *Collectanea Cisterciensis*, 36, 1974, pp.195-225.

Le Goff J., *Marchands et banquiers du Moyen Age*, P.U.F., Paris 1956 (tr. it. *Mercanti e banchieri nel Medioevo*, D'Anna, Firenze-Messina 1976).

Le Goff J., *La civilisation de l'Occident médiéval*, Arthaud, Paris 1964 (tr. it. *La civiltá dell'Occidente medievale*, Einaudi, Torino 1981).

Le Goff J., *Pour un autre Moyen Age. Temps, travail et culture en Occident*, Gallimard, Paris 1977 (tr. it. *Tempo della chiesa e tempo del mercante: e altri saggi sul lavoro e la cultura nel Medioevo*, Einaudi, Torino 1977).

Le Goff J., *Saint Louis*, Éditions Gallimard, Paris 1996.

Le Goff J., *Saint François d'Assise*, Éditions Gallimard, Paris 1999.

Lehmann J., *I Crociati*, Garzanti, Milano 1978.

Levis - Mirepoix Duc De, *Philippe le Bel*, Paris 1936.

Lewis B., 'Saladin and the Assassins' in *Bulletin of the School of Oriental and African Studies*, 15, 1952, pp.239-245.

Lewis B., *The Assassins: A Radical Sect in Islam*, London 1967.

Ligato G., 'Saladino e i prigionieri di guerra', in G. Cipollone (ed.), *La liberazione dei 'captivi' tra Cristiantità ed Islam*, Vaticano 2000, pp.649-654.

Lillie R -J. (tr. J.C. Morris - J.E. Riding), *Byzantium and the Crusader States 1096-1204*, Oxford 1993.

Little D.P., 'The Fall of 'Akka in 690/1291' (Muslim accounts including eye-witnesses and participants), in *Studies in Islamic History and Civilization in Honour of Professor David Ayalon*, edited by M. Sharon, Jerusalem - Leiden 1986.

Lizerand G., *Les dépositions du grand-maître Jacques de Molay au procès des Templiers (1307-1314)*, Champion, Paris 1913.

Loewe H.M.J., *The Seljuks*, in *Cambridge Medieval History*, vol.IV, cap.X,B, Cambridge 1923.

Longnon J., *L'Empire Latin de Constantinople*, Paris 1949.

Lotharii Cardinalis (Innocentii III), *De miseria humanae conditionis*, a cura di M. Maccarone, Lucca 1955.

Louis IX, Lettre, in Baluzius, *Collectio*, vol. IV.

Lundgreen F., *Wilhelm von Tyrus und der Templerorden*, Berlin 1911.

Lyons U. - Lyons C. (tr.), *Ayyubids, Mamluks and Crusaders: Selections from the Tarikh al-Duwal wa'l-Muluk of Ibn al-Furat*, Cambridge 1971.

Lyons M.C., Jackson D.E.P., *Saladin: The Politics of the Holy War*, CUP, Cambridge 1982.

Maalouf A., *Les Croisades vues par les Arabes*, Jean Claude Lattès (ed.), 1983.

Maissoneuve H., *Études sur les origines de l'inquisition*, Paris 1960.

Manselli R., *Normanni d'Italia alla Prima Crociata: Boemondo d'Altavilla*, in 《Iapigia》, vol.IX, Napoli 1940.

Markowski M., 'Richard Lionheart: bad king, bad crusader?', *in Journal of Medieval History*, 23, 1997, pp.351-365.

Marshall C.J., 'The Use of Charge in Battles in the East, 1192-1291', *Historical Research*, LXIII, 1900, pp.221-6.

Martin E.J., *The trial of the Templars*, AMS Press, New York 1978.

Marulli da Barletta G., *I natali delle religiose milizie dei Cavalieri Spedalieri e Templari e della religione del tempio l'ultima roina*, Malta 1643.

Mayer H.E., 'The Wheel of Fortune: Seigneurial Vicissitudes under King Fulk and Baldwin III of Jerusalem', *Speculum*, 65, 1990, pp.157-67.

Mayer H.E., *Kings and Lords in the Latin Kingdom of Jerusalem*, London 1994.

Melville M., *La Vie des Templiers*, Paris 1978.

Menache S., *Clement V*, Cambridge 1998.

Ménard P., 'Les combattants en Terre Sainte au temps de Saladin et de Richard Cœur de Lion', in J. Paviot-J. Verger (eds.), *Guerre, pouvoir et noblesse au Moyen Age: Mélanges en l'honneur de Philippe Contamine*, Paris 2000, pp.503-511.

Mesqui J., *Châteaux d'Orient, Lyban, Syrie*, Paris 2001.

Michaud J., *L'Histoire des croisades*, 1817-1822.

Michel A., *Amalfi und Jerusalem im griechischen Kirchenstreit, Orientalia Christiana Analecta*, n.121, Roma 1939.

Moeller C., *Godefroy de Bouillon et l'Avouerie du Saint-Sépulchre, in Mélanges Godfried Kurth*, vol.I, Liège 1908.

Mollat G., *The Popes at Avignon*, 1305-1378, London 1963 (tr.).

Morgan D.O., 'The Mongols in Syria, 1260-1300', in P.W. Edbury (ed.), *Crusade and Settlement*, Cardiff 1985.

Muhi ad-Din Ibn Abdazzahir, *Vies des Baybars et Qalawun*, in Reynaud, Extracti, in *Bibliothèque* de Michaud.

Muldoon J., *Popes, Lawyers and Infidels*, 1979.

Munro D.C., *The Speech of Pope Urban II at Clermont*, in 《American Historical Review》, vol.XI, New York 1906.

Munro D.C., *The Children's Crusade*, in 《Amarican Historical Review》,vol.XIX, New York 1914.

Narratio Itineris Navalis ad Terram Sanctam, in Chroust A. (ed.), 1928.

Nerses Shnorhali, catholicus, Elegia sulla caduta di Edessa, *in Recueil des Historiens des Croisades: Documents Arméniens*, vol.I.

Nicolau - Konnari A., 'The Conquest of Cyprus by Richard the Lionheart and its aftermath', in *Epitirida tou Kentrou Epistimonikon Evrenon*, 26, Nicosia 2000, pp.25-123.

Nicholson R.H., *Tancred*, Chicago 1940.

Nicholson R.L., *Joscelyn III and the Fall of the Crusader States*, 1134-99, Leiden 1973.

Nicholson H., *Templars, Hospitallers and Teutonic Knights: Images of the Military Orders 1128-1291*, Leicester 1993.

Nicholson H., 'Women on the Third Crusade', *Journal of Medieval History*, 1997.

Nicholson J.H., *The Chronicle of the Third Crusade: The Itinerarium Peregrinorum et Gesta Regis Ricardi*, Ashgate, Hampshire 1997.

Nicholson H. - Nicolle D., *God's Warriors: Knights Templar, Saracens and the Battle for Jerusalem*, Osprey Publishing Ltd., Oxford 2005.

Nicolle D., *Saladin and the Saracens*, Osprey Publishing Ltd., Oxford 1986.

Nicolle D., 'Ain al Habis. The Cave de Sueth', *Archéologie Médiévale*, XVIII, 1988, pp.113-128.

Nicolle D., *Hattin 1187: Saladin's greatest victory*, Osprey Publishing Ltd., Oxford 1993.

Nicolle D., *The Mamluks 1250-1517*, Osprey Publishing Ltd., London 1993.

Nicolle D., *Knight of Outremer 1187-1344 AD: weapons, armour, tactics*, Osprey Publishing Ltd., Oxford 1996.

Nicolle D., *Arms and Armour of the Crusading Era, 1050-1350 (Islam, Eastern Europe and Asia)*, Greenhills Books, London 1999.

Nicolle D., *Knight Hospitaller (1): 1100-1306*, Osprey Publishing Ltd., Oxford 2001.

Nicolle D., *Knight Hospitaller (2): 1306-1565*, Osprey Publishing Ltd., Oxford 2001.

Nicolle D., *The First Crusade 1096-99*, Osprey Publishing Ltd., Oxford 2003.

Nicolle D., *Crusader Castles in the Holy Land 1097-1192*, Osprey Publishing Ltd., Oxford 2004.

Nicolle D., *Crusader Castles in the Holy Land 1192-1302*, Osprey Publishing Ltd., Oxford 2005.

Nicolle D., *Acre 1291: Bloody sunset of the Crusader states*, Osprey Publishing Ltd., Oxford 2005.

Nicolle D., *The Third Crusade 1191: Richard the Lionheart, Saladin and the struggle for Jerusalem*, Osprey Publishing Ltd., Oxford 2005.

Nicolle D., *Crusader Castles in Cyprus, Greece and the Aegean 1191-1571*, Osprey Publishing Ltd., Oxford 2007.

Nicolle D., *Teutonic Knight 1190-1561*, Osprey Publishing Ltd., Oxford 2007.

Nicolle D., *The Second Crusade 1148: Disaster outside Damascus*, Osprey Publishing Ltd., Oxford 2009.

Norwich J.J., *Byzantium: The Apogee*, London 1991.

Norwich J.J., *Byzantium: The Decline and Fall*, London 1995.

Oldenbourg Z., *Les Croisades*, Gallimard, Paris 1965.

Ollivier A., Les Templiers, Éditions du Seuil, Paris 1958.

Otto of Friesing (tr. C.C. Mierow), *The Deeds of Frederick Barbarossa*, New York 1953.

Papa Gregorius VIII's bolla, *Audita tremendi* (October-November 1187), trans. in Riley-Smith J., *The Crusades: Idea and Reality*, 1095-1274, London 1981.

Papa Gregorius IX, Epistolae, in *Monumenta Germaniae Historica, Epistolae Saeculi XIII*, vol.I.

Papa Innocentius III, Epistolae, in *MIGNE, Patrologia Latina*, voll.CCXIV-CCXVII.

Papa Paschalis II, Epistolae XIX and XXII, in Hagenmeyer, *Die Kreuzzugsbriefe*.

Papa Paschalis II, Epistolae, in *MIGNE Patrologia Latina*, vol.CLXIII.

Papa Urbanus II, Epistolae II e III, in Hagenmeyer, *Die Kreuzzugsbriefe*.

Parodi E., *Storia dei Cavalieri di San Giovanni di Gerusalemme*, Bari 1907.

Parry V.J. & Yapp M.E. (edits), *War, Technology and Society in the Middle East*, London 1975.

Partner P., *The Murdered Magicians: The Templars and their Myth*, Oxford University Press, Oxford 1982.

Patto dei Genovesi con Boemondo, XIV, in Hagenmeyer, *Die Kreuzzugsbriefe.*

Pelliot P., *Les Mongols et la Papauté*, in 《Revue de l'Orient Chrétien》, vol.XXIII-XXIV et XXVIII, Paris 1922-32.

Pernoud R., *Les Templiers*, Presses Universitaires de France, Paris 1974.

Phillips J.P. - Hoch M. (eds.), *The Second Crusade: Scope and Consequences*, Manchester 2001.

Piers Paul Read, *The Templars*, Weidenfeld & Nicolson, Great Britain 1999.

Piquet J., *Les Banquiers du Moyen Age: Les Templiers*, Paris 1939.

Potthast A., *Regesta Pontificum Romanorum*, 2 Bde., Berlin 1874-75.

Powell J.M., 'Frederick II, the Hohenstaufen, and the Teutonic Order in the Kingdom of Sicily', in M. Barber (ed.), *The Military Orders: Fighting for the Faith and Caring for the Sick*, Aldershot 1994, pp.236-44.

Prawer J., 'The Battle of Hattin', in *Crusader Institutions*, Oxford 1980 (previously published as 'La Bataille de Hattin', in *Israel Exploration Journal*, XIV, 1964).

Prawer J., *Histoire du royaume franc de Jérusalem*, C.N.R.S., Paris 1975.

Prawer J., 'Crusader Cities', in H.A. Miskimin et al. (edits.), *The Medieval City*, New Haven 1977, pp.179-99.

Prestwich J.O., 'Richard Cœur de Lion: Rex Bellicosus', in J.L. Nelson (ed.), *Richard Cœur de Lion in History and Myth*, London 1992.

Pringle D., 'King Richard I and the Walls of Ascalon', *Palestinian Exploration Quarterly*, 116, 1984.

Pringle D., 'Reconstructing the Castle of Safad', *Palestine Exploration Quarterly*, CXVII, 1985, pp.139-149.

Pringle D., 'A Thirteenth Century Hall at Montfort Castle in Western Galilee', *The Antiquaries Journal*, LXVI, 1986, pp.52-81.

Pringle D., 'Towers in Crusader Palestine', *Château Gaillard 1992*, XVI, Caen 1992, pp.335-370.

Pringle D., 'Town Defences in the Crusader Kingdom of Jerusalem', in Corfis, I.A. and Wolfe M. (ed.), *The Medieval City under Siege*, Woodbridge 1995, pp.69-121.

Pringle D., 'The Castle and Lordship of Mirabel', in Kedar B.Z. (ed.), *Montjoie-Studies in Crusader history in Honour of Hans Eberhard Mayer*, Aldershot 1997, pp.91-112.

Pringle D., 'Templar castles between Jaffa and Jerusalem', in Nicholson H. (ed.), *The Military Orders: Welfare and Warfare*, Ashgate, Aldershot 1998.

Pringle D., *Fortification and Settlement in Crusader Palestine*, Aldershot 2000(reprint).

Pringle D., - De Meulemeester J., *The Castle, of al-Karak, Jordan*, Namur 2000.

Pringle D., - Harper R., *Belmont Castle, the Excavation of a Crusader Stronghold in the Kingdom of Jerusalem*, British Academy monographs in Archaeology 10, Oxford 2000.

Pryor J.H., 'Transportation of horses by sea during the era of the Crusades: Eighth century to 1285 A.D.', *The Mariner's Mirror*, vol. LXVIII, 1982, pp.9-27 and 103-125.

Pryor J.H., 'The Naval Architecture of Crusader Transport Ships', in *The Mariner's Mirror*, 70, 1984.

Pryor J.H., *Geography, Technology and War: Studies in the Maritime History of the Mediterranean 649-1571*, CUP, Cambridge 1988.

Pryor J.H., *The Crusade of Emperor Frederick II; 1220-29: The Implications of the Maritime Evidence*, in 《The American Neptune》, 52, 1992, pp.113-32.

Pulle L., *Dalle Crociate ad oggi. Rassegna deli ordini militari ospitalieri religiosi e di cavalleria di tutto il mondo 1048-1904*, Menotti Bassani & Co., Milano 1905.

Purcell M., *Papal Crusading Policy* 1244-91, 1975.

Recueil des Historiens des Croisades, L'Academie des Inscriptions de Belles-Lettres, 16 vol., Imprimerie Nationale, Paris 1841-1906:

Documents Arméniens, 2 vol., 1869-1906.

Historiens Grecs, 2 vol., 1875-81.

Historiens Occidentaux, 5 vol., 1844-95.

Historiens Orientaux, 5 vol., 1872-1906.

Regan G., *Saladin and the Fall of Jerusalem*, London 1987.

Regan G., *Lionhearts, Saladin and Richard* I, London 1998.

Rey E.G., *Les Seigneurs de Barut et Les Seigneurs de Montréal et de la Terre d' Oultrejourdain*, in 《Revue de l'Orient Latin》, vol. IV, Paris 1896.

Riant P., *Expéditions et Pèlerinages des Scandinaves en Terre Sainte*, Paris 1863.

Richard of Devizes, *The Chronicle of Richard of Devizes of the Time of King Richard the First*, ed. and trans. J. Appleby, Nelson, London and Edinburgh 1963.

Richards D., "Imād al-Dīn al-Isfahānī: Administrator, Littérateur and Historian', in Shatzmiller M. (ed.), *Crusaders and Muslims in twelfth century Syria*, E. Brill, Leiden 1993.

Richards D.S., *The Rare and Excellent History of Saladin* (or *al-Nawādir al-Sultāniyya, wa'l-Mahāsin al-Yūsufiyya* by Bahā' al-Dīn Ibn Shaddānd), Ashgate, Hampshire 2002.
Richard J., *Chypre sous les Lusignans: Documents chypriotes es archives du Vatican (XIVe et Xve siècles)*, 1962.
Richard J., *Philippe Auguste, la croisade et le royaume*, in Bautier H. (ed), *La France de Philippe Auguste: Le temps des mutations*, Paris 1982, pp.411-424.
Richard J., *Croisés, missionaires et voyageurs*, London 1983.
Richard J., *Saint Louis*, 1983.
Rihaoui A., *The Krak of the Knights*, Damascus 1996.
Riley-Smith J., *The Knights of St. John in Latin Syria*, Cambridge 1964.
Riley-Smith J., *The Knights of Saint John in Jerusalem and Cyprus c.1050-1310*, London 1967.
Riley-Smith J., 'The Templars and the castle of Tortosa in Syria; an unknown document concerning the acquisition of the fortress', *English Historical Review*, LXXXIV, 1969, pp.278-288.
Riley-Smith J., 'A Note on the Confraternities in the Latin Kingdom of Jerusalem', *Bulletin of the Institute of Historical Research* 44, 1971, pp.301-08.
Riley-Smith J.S.C., 'Government in Latin Syria and the Commercial Privileges of Foreign Merchants', in D. Baker (ed.), *Relations between East and West in the Middle Ages*, 1973.
Riley-Smith J., *The Feudal Nobility of the Kingdom of Jerusalem*, Macmillan, London 1973.
Riley-Smith J.S.C., 'The Council of Clermont and the First Crusade', in *Studia gratiana*, 20, 1976.
Riley-Smith J.S.C., *What were the Crusades?*, 1977.
Riley-Smith J., 'The Survival in Latin Palestine of Muslim Administration', in *The Eastern Mediterranean Lands in the Period of the Crusades*, P.M. Holt (ed.), 9-23, Warminster, England 1977.
Riley-Smith J.S.C., 'The Templars and the Teutonic Knights in Cilician Armenia', in T.S.R. Boase (ed.), *The Cilician Kingdom of Armenia*, London 1978, pp.92-117.
Riley-Smith, Louise and Jonathan Riley-Smith, *Crusades: Idea and Reality 1095-1274. Documents of Medieval History*, 4, Edward Arnold, London 1981.
Riley-Smith J.S.C., *The First Crusade and the idea of crusading*, 1986.
Riley-Smith J.S.C., *The Crusades-A Short History*, Yale University Press, 1987.

Riley-Smith J.S.C., 'The Venetian Crusade of 1122-24', in *I comuni italiani nel regno latino di Gerusalemme*, edited by B.Z. Kedar and G. Airaldi, 1987.

Riley-Smith J., 'Family Tradition and Participation in the Second Crusade', in M. Gervers (ed.), *The Second Crusade and the Cistercians*, St. Martin's Press, New York 1991.

Riley-Smith J., *The Atlas of the Crusades*, New York 1991.

Riley-Smith J., 'History, the Crusades and the Latin East, 1095-1204: A Personal View', in M. Shatzmiller (ed.), *Crusaders and Muslims*, Brill, Leiden 1993.

Riley-Smith J. (ed.), *The Oxford Illustrated History of the Crusades*, Oxford University Press, New York 1995.

Riley-Smith J., 'The Crusading Movement and Historians', in J. Riley-Smith (ed.), *The Oxford Illustrated History of the Crusades*, 2-12, Oxford University Press, New York 1995.

Riley-Smith J., 'The Minds of Crusaders to the East, 1095-1300', in J. Riley-Smith (ed.), *The Oxford Illustrated History of the Crusades*, 2-12, Oxford University Press, New York 1995.

Riley-Smith J., 'Revival and Survival', in J. Riley-Smith (ed.), *The Oxford Illustrated History of the Crusades*, 2-12, Oxford University Press, New York 1995.

Riley-Smith J., *The First Crusaders, 1095-1131*, Cambridge University Press, Cambridge 1997.

Riley-Smith J., *Hospitallers: The History of the Order of St. John*, Hambledon Press, 1999.

Roche J.T., 'Conrad III and the Second Crusade; Retreat from Dorylaion', *Crusades*, 5, 2006, pp.85-98.

Roger of Howden, *Gesta Regis Henrici Secundi*, ed. W. Stubbs, 2 vols., RS 49, Longman, London 1867.

Roger of Howden, *Chronica*, ed. W. Stubbs, 4 vols., RS 51, Longman, London 1868-71 (translated by H.T. Riley (1853), as *The Annals of Roger of Hoveden*).

Rogers R., *Latin Siege Warface in the Twelfth Century*, Oxford 1992, pp.212-236.

Röhricht R. (ed.), *Regesta Regni Hierosolymitani*, 2 vols., Libraria Academica Wagneriana, Innsbruck 1893, 1904.

Röhricht R., *Etudes sur les Derniers Temps du Royaume de Jérusalem, in Archives de l'Orient Latin*, vol.II, Paris 1884.

Röhricth R., Lettres de Ricoldo de Monte-Croce sur la prise d'Acre (1291)', in *Archives de l'Orient Latin II*, Paris 1981 (reprint 1964), pp.258-296.

Roll I., 'Medieval Apollonia-Arsuf; A Fortified Coastal Town in the Levant of the Early Muslim and Crusader Periods', in M. Balard (ed.), *Autour de la Première Croisade*, Paris 1996, pp.595-606.

Roscher H., *Papst Innocenz III und die Kreuzzüge*, 1969.

Round J.H., 'Some English Crusaders of Richard I', in *English Historical Review*, XVIII, 1903.

Runciman S., *The Holy Lance found at Antioch*, in 《Analecta Bollandiana》, vol. LXVIII, Bruxelles 1950.

Runciman S., *A History of the Crusades*, Cambridge University Press, 3 vols., London 1951-54.

Russell F.H., *The Just war in the Middle Ages*, 1975.

Sadeque S.F., *Baybars I of Egypt*, Oxford 1956.

Salvemini G., *L' abolizione dell' Ordine dei Templari* (*a proposito di una recente pubblicazione*), 《Archivio storico italiano》,Quinta Serie, Tomo XV (1895), pp.225-264.

Sanudo Marino, *Chronique de Romanie*, in Mas Latrie (ed.), *Nouvelles Preuves*.

Sauvaget J., *Historiens arabes*, Adien-Maisonneuve, Paris 1946.

Schlumberger G., *Campagnes du roi Amaury Ier de Jérusalem en Egypte*, Plon, Paris 1906.

Selcer R., The Captive King: Richard the Lionheart', in *Medieval History*, 12, 2004, pp.28-39.

Setton K.M., *A History of the Crusades*, 6 vols., Philadelphia/Madison 1955-89.

Smail R.C., 'Crusaders' Castles in the Twelfth Century', *Cambridge Historical Journal*, X, 1950-52, pp.133-149.

Smail R.C., 'The Predicaments of Guy of Lusignan, 1183-87', in *Outremer*, ed. by B.Z. Prawer, Jerusalem 1982.

Smail R.C., Crusading Warface (1097-1193), II ed., Cambridge 1956, 1995.

Smith J.M., 'Ayn Jalut: Mamluk Success or Mongol Failure?', *Harvard Journal of Asiatic Studies*, XLIV/2 (1984).

Soci C., *Origine, processo e condanna dei Templari*, Cellini, Firenze 1870.

Sorio B., Due Lettere: Missiva di Federico II (1857), Kessinger Publishing, 2010.

Southern R.W., *Western Views of Islam in the Middle Ages*, Cambridge, MA, 1962.

Spencer R., *The Politically Incorrect Guide to Islam and the Crusades*, Regnery Publishing Inc., Washington 2005.

Spiteri S. C., *Fortresses of the Knights*, Books Distributors Limited, Malta 2001.

Spufford P. - Williamson W. - Toley S., Handbook of Medieval Exchange, Royal Historical Society, London 1986.

Strayer J.R., *The Reign of Philip the Fair*, Princeton 1962.

Stubbs W., *Chronicles and Memorials of the Reign of Richard I*, 1: *Itinerarium Peregrinorum et gesta regis Ricardi, auctore, ut veidetur, Ricardo canonico Sanctae Trinitatis Londoniensis*, RS 38, Longman, London 1864.

Stürner W., *Friedrich II*, 1194-1250, WBG (Wissenschaftliche Buchgesellschaft), Darmstadt 2009.

Talmon - Heller D., 'Muslim martyrdom and the quest for martyrdom in the Crusading period', *Al-Masaq*, 14, 2002, pp.131-39.

Thibaudet A., *Cluny*, Paris 1928.

Thiriet F., *La Romanie Vénitienne au Moyen Age*, Paris 1955.

Thorau P., 'The Battle of 'Ayn Jālāt: a Re-examination', in P.W. Edbury (ed.), *Crusade and Settlement*, Cardiff 1985, pp.94-104.

Tolan J., 'Mirror of Chivalry: Salah al-Din in the Medieval European imagination', in *Images of the Other. Europe and the Muslim World before 1700, Cairo Papers on Social Science*, 19, 1997, pp.7-38.

Torraca T. e al. (ed.), *Le origini. L'eta sveva*, in Storia della Università di Napoli, Napoli 1924.

Trimingham J.S., *The Sufi Orders in Islam*, Oxford 1971.

Tritton A.S. - Gibb H.A.R., 'The First and Second Crusades from an Anonymous Syriac Chronicle (Part Two)', *Journal of the Royal Asiatic Society*, 1993, pp.273-305.

Tronci P. (ed.), Annales Pisani, 4 voll., Pisa 1828-29.

Turner R.V. - Heiser R.R., *The Reign of Richard Lionheart: Ruler of the Angevin Empire 1189-1199*. London 2000.

Vacandard E., *Vie de Saint Bernard, Abbé de Clairvaux*, 2 vol., Paris 1895.

Van Cleve T.C., 'The Fifth Crusade', in K.M. Setton (ed.), *A History of the Crusades*, Madison-London 1969, II, pp.429-62.

Van Cleve Th.C., *The Emperor Frederich II of Hohenstaufen. Immutator Mundi*, Oxford 1972.

Van Otroy F., *Saint François et son Voyage en Orient*, in 《Analecta Bollandiana》, vol. XXXI, Bruxelles 1912.

Villehardouin G. de, *La Conquête de Constantinople*, Faral (ed.), 2 vol., Paris 1938-39. *Vita Urbani II, in Liber Pontificalis*, vol. II.

Walker A., *The Knights Templar*, Aberdeen 1887.

Ward J.M.U., *The Rule of the Templars: The French Text of the Rule of the Order of the Knights Templar*, Woodbridge 1992.

Winkelmann E., *Kaiser Friedrich II.*, Leipzig 1889-97, 2 Bde..

Wise T., *The Knights of Christ*, London 1984.

Wolf G. (ed.), *Friedrich Barbarossa*, Darmastadt 1975.

Wolff R.L., *The Latin Empire of Constantinople 1204-1261*, in K.M. Setton (ed.), *A History of the Crusades*, Madison-London 1969, II, pp.187-233.

Yewdale R.B., *Bohemund the First*, New York 1917.

Yunini, Qutb al-Din al- (ed. and tr. A. Melokonian), *Die Jahre 1287-1291 in der Chronik al-Yuninis* (Dhayl mir'at al-Zaman), Frieburg 1975.

Zacharuadou E., *Trade and Crusade: Venetian Crete & the Emirates of Menteshe and Aydin, 1330-1415*, Venezia 1983.

Ziadeh N.A., *Urban Life in Syria under the Early Mamluks*, Westport 1953.

Ziegler G., *Les Templiers. Culture, art, loisirs*, Paris 1973.

Zinsmaier P., *Zur Diplomatik der Reichsgesetze Friedrich II. (1216, 1220, 1231/32, 1235)*, in 《ZRG. Germ. Abt.》, 80, 1963, pp.82-117.

| 도판 출처 |

표지, 속표지 그림 : Gustave Doré

25쪽, 96쪽, 97쪽, 137쪽, 248쪽(플랑드르 백작), 273쪽, 486쪽 그림 : 畠山モグ

221쪽 사진 : © Paul Bonugli

227쪽 그림 : 작자 불명, 이탈리아 몬테카시노 성 베네딕트 수도원 소장

© Bridgeman Art Library

259쪽 그림 : 개인 소장(François Michaud, *History of the Crusades*, vol. I & II, Barrie Philadelphia, 1880에서)

324쪽 그림 : 치마부에(Cimabue), 이탈리아 아시시 프란체스코 성당 소장

© Alinari Archives

357쪽, 386쪽, 388쪽 그림 : 畠山モグ(Giovanni Villani, *Nuevo Cronica*의 삽화 모사, 바티칸 도서관 소장)

417쪽 사진 : © Antonio Scimone

423쪽 그림 : 엘 그레코(El Greco), 프랑스 파리 루브르 박물관 소장

© Alinari Archives

460쪽 사진 : 青木登(신초샤 사진부)

525쪽 그림 : 도미니크 파프티의 유채화를 기초로 한 판화, 스페인 바르셀로나 카탈로니아 국립도서관 소장

© Alinari Archives

537쪽 그림 : 작자 불명, 프랑스 파리 프랑스 국립도서관 소장

© Bridgeman Art Library

541쪽 그림 : 작자 불명 © Bridgeman Art Library

545쪽 그림 : 작자 불명 © Alinari Archives

547쪽 그림 : 작자 불명 © AKG-images/PPS

지도 제작 : 종합정도연구소(綜合精圖研究所, JAPAN)

옮긴이 **송태욱**

연세대학교 국문과를 졸업하고 같은 대학 대학원에서 문학박사 학위를 받았다. 도쿄외국어대학원 연구원을 지냈다. 지은 책으로 『르네상스인 김승옥』(공저)이 있고, 옮긴 책으로 『사랑의 갈증』 『세설』 『만년』 『환상의 빛』 『형태의 탄생』 『천천히 읽기를 권함』 『번역과 번역가들』 등이 있다.

감수자 **차용구**

고려대학교 사학과를 졸업하고, 독일 파사우대학교에서 서양 중세사 연구로 석사와 박사 학위를 받았다. 현재 중앙대학교 인문대학 역사학과 교수로 재임하고 있다. 지은 책으로 『로마제국 사라지고 마르탱 게르 귀향하다』 『중세 유럽 여성의 발견』이, 옮긴 책으로 『중세의 빛과 그림자』가 있다.

십자군 이야기 3

1판 1쇄 2012년 5월 16일
1판 19쇄 2025년 2월 18일

지은이 시오노 나나미
옮긴이 송태욱
감수자 차용구

기획 강명효 | 책임편집 양수현 | 편집 강명효 염현숙
독자 모니터 김경범 | 디자인 윤종윤 유현아 | 저작권 박지영 형소진 오서영
마케팅 정민호 서지화 한민아 이민경 왕지경 정유진 정경주 김수인 김혜원 김예진
브랜딩 함유지 박민재 김희숙 이송이 김하연 박다솔 조다현 배진성
제작 강신은 김동욱 이순호 | 제작처 영신사

펴낸곳 (주)문학동네 | 펴낸이 김소영
출판등록 1993년 10월 22일 제2003-000045호
주소 10881 경기도 파주시 회동길 210
전자우편 editor@munhak.com | 대표전화 031)955-8888 | 팩스 031)955-8855
문의전화 031) 955-1927(마케팅) 031) 955-1917(편집)
문학동네카페 http://cafe.naver.com/mhdn
인스타그램 @munhakdongne | 트위터 @munhakdongne
북클럽문학동네 http://bookclubmunhak.com

ISBN 978-89-546-1522-8 04920
978-89-546-1523-5 (세트)

잘못된 책은 구입하신 서점에서 교환해드립니다.
기타 교환 문의: 031) 955-2661, 3580

www.munhak.com